JN016184

Daily
Legal Dictionary

デイリー
法学用語
辞典 ◇第2版◇

三省堂編修所 [編]

三省堂

はじめに

本書は、大学の法学部生、法律系資格試験受験者、ビジネスにおいて法務を担当する一般社会人の便宜に資するため、難解な法律用語をわかりやすく解説した法学用語辞典である。

以下に、本書の特徴と効果的な利用法について記す。

● 初学者に読みやすく、学習に役立ち、時事問題にも強い

法律の初心者にもわかりやすいように、できるだけ孫引きをせずに読める解説をめざした。定義集としても使いやすいよう、各見出し語の冒頭には端的に定義を述べた上で、理解を助けるための具体例をできるだけ多く掲げた。

また、司法試験、公務員試験その他法律系の各種資格試験、大学・法科大学院での学習に役立つ基本用語を厳選したほか、「マタニティ・ハラスメント」「忘れられる権利」「つながらない権利」など、時事用語や近時注目されている重要用語についても取り上げ、日常的にも活用できるように努めた。

● 収録語は最新かつ必要十分

「及び／並びに」「又は／若しくは」といった法律を理解するための基本用語をはじめ、基本六法（憲法・民法・刑法・会社法・民事訴訟法・刑事訴訟法）の用語を中心に、行政法、労働法、倒産法、知的財産法など約3700語を掲載した。

また、平成29年の民法債権法改正や平成30年の民法相続法改正、令和元年の会社法改正など、編集時点での直近の改正状況を踏まえたうえで、最新の法令に基づき解説した。

● 利用上の注意点

・見出し語の配列

見出し語の配列は、50音順による。「与える債務／なす債務」のように、スラッシュで併記した用語については、最初の用語（上例では「あたえるさいむ」）を基準に配列した。なお、オンビキの取扱いについては、その直前の文字の母音を基準とする。たとえば、「クーリング・オフ」は「くうりんぐ・おふ」を基準として配列している。

・スラッシュを用いた見出し語の併記

　「与える債務／なす債務」「以前／前」など、対になる用語、関連づけて説明することが効果的な用語については、あわせて解説するように心がけた。この場合、たとえば「なす債務」を検索すると、「☞与える債務／なす債務」と参照指示をするよう配慮した。

・中黒を用いた見出し語の併記

　併記する用語の独立性がそれほど高くないもの、あるいは、用語の配置関係などの観点からスラッシュによる処理がなじみにくいものについては、中黒（「・」のこと）で併記した（「■休憩時間・休息時間」など）。

・法律名の表記

　通称が一般化しているものについては、原則として通称で記載し、用語の解説等の観点から必要に応じて正式名称を掲載している。

　なお、法律名自体を見出し語として掲載する場合は、原則として略称を見出しとして立て、正式名称については、☞マークで略称の見出しを参照するよう指示している。

・数字、年月日の記載

　記載する数字は原則として算用数字を用いている。ただし、法令用語として漢数字の記載が適している用語については、漢数字を用いている。

　年月日の記載は、原則として和暦で表記している。

　社会情勢の劇的な変化に伴い、さまざまな法改正、新法の制定が相次いでいる昨今、本書がはじめて法律を学ぶ人のための一助になり、より多くの人にご活用いただければ幸いである。

三省堂編修所

あ

■ 相手方
[あいてかた]

相手側の者のこと。契約など、双方行為の場合には、一方の当事者に対して、他方当事者のことをいい、単独行為の場合には、これを受ける者のことをいう。たとえば、売主に対する買主のことであり、取消権者に対して取り消される側の者のことである。行政行為の場合は、処分を受ける者のことを相手方という。訴訟上も一方当事者に対する他方当事者のことを相手方という。たとえば、原告に対する被告がこれに当たる。

■ 青色発光ダイオード事件
[あおいろはっこうだいおーどじけん]

東京地裁平成16年1月30日判決。電子工業製品メーカーであるY会社の従業員Xは青色発光ダイオードを発明したが、Y会社はY会社を特許権者として、発明の設定登録を受けた。Xは、本件発明の特許権の一部はXに属すること、仮にY会社に属するとしても職務発明であり、改正前の特許法35条3項・4項に基づく相当対価の支払いをXにすべきであることを求めて訴えた。

東京地裁は、改正前の35条4項の文言に沿って相当対価の額を算定すべきことを理由として、Xの請求額200億円を認容した。その後、Y会社は控訴したが、高裁で和解がなされ、Y会社がXに対し約8億4000万円の支払いがなされることになった。

■ 煽る
[あおる]

他人を刺激して、違法行為に駆り立てること。煽動すること。法文上は、国家公務員法110条1項17号や地方公務員法61条4号が、公務員の争議行為を煽る行為を処罰対象とし、出入国管理法24条4号ハが、他の外国人が不法に本邦に入りまたは上陸することを煽ることを退去強制の理由として挙げるなど、違法な行為を煽動する行為を禁止する際に用いられている。なお、判例によれば、「あおり」とは、違法行為を実行させる目的をもって、他人に対し、その行為を実行する決意を生じさせるような、またはすでに生じている決意を助長するような勢いのある刺激を与えることをいう。

■ アカデミック・ハラスメント
[あかでみっく・はらすめんと]

大学などの教育機関で、教職員等が権力を濫用して、学生や部下の教職員等に対して行う、強圧的な言動などによる嫌がらせをいう。略称では、アカハラと呼ばれており、上下関係を利用したパワー・ハラスメントの一種とされている。

学生に対するアカデミック・ハラスメントの例としては、学位または単位を不当に認定しないことなど、不公平・不公正な対応が挙げられる。また、教職員等に対するアカデミック・ハラスメントとしては、些細なミスによって退職を促す行為などが挙げられる。

アカデミック・ハラスメントに対する救済方法としては、都道府県の弁護士会に対する人権救済の申立てがある。また、あまりにも重大なアカデミック・ハラスメントに対しては、刑事訴訟では、侮辱罪や名誉毀損罪、脅迫罪に該当する場合があり、民事訴訟では、不法行為に基づく損害賠償責任が発生する場合もある。

■ 悪意
[あくい]

☞善意／悪意

■ 悪意占有
[あくいせんゆう]

☞善意占有／悪意占有

■ 悪意の遺棄
[あくいのいき]

配偶者または養親・養子の一方が正当な理由もなく、民法が定める同居、協力、扶助義務（養親子関係の場合は扶養義務など）を、倫理的な意味の悪意を持って行わないこと。ここでの悪意とは、同居、協力、扶助義務（扶養義務など）に違反することによって、婚姻生活（養親子関係）を継続することが難しくなることを知りながらも、あえてこれらの義務に違反することをいう。具体的な例としては、生活費を渡さない、家出を繰り返す、理由もなく別居するなどがある。配偶者の一方から悪意の遺棄が行われた場合には、裁判上の離婚原因となる。また、養親・養子の一方から悪意の遺棄が行われた場合には、裁判上の離縁原因となる。

■ 悪意の抗弁
[あくいのこうべん]

手形や小切手に瑕疵があることを知った上で、手形・小切手債務者を害することを知りながら、あえてその手形や小切手を取得し支払いを求める所持人に対して、手形金の支払いを拒否できる手形・小切手債務者の主張のこと。手形法や小切手法は、「債務者ヲ害スルコトヲ知リテ」手形や小切手を取得した者に対しては、人的関係に基づく抗弁（人的抗弁）を主張することができると規定している。

たとえば、手形を振り出して代金の支払いに充てた場合に、その売買契約が解除され、または詐欺などを理由に取り消された場合など、手形振出しの原因関係に問題（人的抗弁）があっても、受渡しをした当事者間でしかそれを主張できず、受渡しに関係のない所持人には主張できない（人的抗弁の切断）。

したがって、A → B → Cと手形が流通し、AがBに対して原因関係の解除や取消しなどを主張できる場合であっても、通常はAがCに対して原因関係の解除や取消しなどを主張できない。しかし、そうした事情を知りつつ取得した所持人までも保護する必要はない。上記例で、Cが原因関係の解除または取消しなどを知りつつ手形を取得した場合には、AはCにも原因関係の解除または取消しなどを主張し、手形金の支払いを拒否できる。

■ アクセス権
[あくせすけん]

文書や情報、あるいは国や地方公共団体の制度など、特定の目的物について内容を公開させたり、利用を請求したりする権利。憲法理論においては、マス・メディアに対する権利として使われることが多い。この場合、情報の受け手である一般市民が、送り手であるマス・メディアに対して意見（とくに反論）発表の場を提供するように求める権利を意味することが多い。もっとも、市民にアクセス権を認めることには、マス・メディアの報道の自由を侵害し、批判的表現を委縮させるという問題がある。

判例においては、新聞の意見広告で他党に批判された政党が、新聞社に反論文を載せることを要求した事件で、アクセス権が問題になった。判決は、反論文の掲載に紙面を割かなければならない新聞社は、批判的記事の掲載を躊躇するおそれがあり、表現の自由を間接的に侵害する危険があるとして、反論権という意味でのアクセス権の行使を具体的な法律上の根拠がない限りたやすく認めることはできないと判断した。

■ アクティビスト・物言う株主
[あくてぃびすと・ものいうかぶぬし]

一定程度の株式を取得した上で、その保有株式を背景に、上場会社の経営陣に対して積極的な提言を行い、企業価値の向上をめざす株主のこと。「物言う株主」ともいう。経営改革を働きかけるために、

株主総会において議題や議案を提出したり、取締役を送り込んだりすることもある。

■ 悪法もまた法なり
[あくほうもまたほうなり]

たとえ悪い法律であっても、法は法だから通用しているうちは守らなければならないという意味の法諺。死刑判決を受けた古代ギリシアの哲学者ソクラテスが、法に従って刑死する際に言ったと伝えられている。悪法に法的な拘束力を認めるかという問題に対しては、社会の安定といった面から妥協して認めるべきだという立場と、人権を守るために抵抗権を認めるべきだという立場の間で議論されている。

■ 朝日訴訟
[あさひそしょう]

最高裁昭和42年5月24日判決。X（朝日茂）は、生活保護法により生活扶助と医療扶助を受けていたが、実兄による仕送り開始に伴い、市の社会福祉事務所長は、Xの生活扶助を廃止し、かつ、仕送りを医療費の一部として負担させる旨の保護変更決定をした。そこで、XはY（厚生大臣）に対し当該決定の不服申立てを行ったが却下されたため、Xが却下裁決の取消しを求めて出訴した。

この裁判では、Yの設定した生活保護の受給金額が、健康で文化的な最低限度の生活水準を維持できない違憲・違法なものであるかが争われた。

最高裁は、上告中にXが死亡したことを理由とし、生活保護受給権は相続の対象とならないことから訴訟は終了したと判示した。その上で、憲法25条1項は、国の責務を宣言したにとどまり、国民に具体的な権利を付与したものではないと判示し、同条項の具体的権利性を否定した。そして、何が健康で文化的な最低限度の生活であるかの判断は、厚生大臣の裁量に委ねられており、厚生大臣が裁量

を逸脱・濫用した場合に違法になると判示した。

■ 足尾鉱毒事件
[あしおこうどくじけん]

1800年代後半より足尾銅山から流失した鉱毒が原因で、渡良瀬川周辺の農業や漁業が被害を被った公害事件。この地区の国会議員田中正造は、再三にわたり国会で公害被害を訴えたが改善されず、ついには田中による天皇への直訴や、農民らによる暴動にも発展したが、政府により弾圧され、公害被害は解決されなかった。日本の公害事件の端緒とされる。

■ 預合い
[あずけあい]

☞見せ金／預合い

■ 与える債務／なす債務
[あたえるさいむ／なすさいむ]

物を与えることを内容とする債務のことを与える債務という。反対に、物を与えることを内容とせず、債務者の行為を目的とする債務をなす債務という。たとえば、商店の店主が客に商品を引き渡す債務は与える債務であり、歌手がコンサートで歌う債務はなす債務である。なす債務は、一定の積極的な行為をすることを内容とする作為債務と、一定の行為をしないことを内容とする不作為債務に分類できる。

■ あっせん
[あっせん]

一般用語として、第三者が間に入って世話をすることをいう。労働法上は、労働争議の調整方法をさす言葉として用いられている。第三者である斡旋員が争議当事者である労使の間に入って、争点を確認し、助言を行い、最終的に当事者双方の話し合いによって解決するよう促す制度である。公害紛争の処理手続や土地収用法にも同様の制度がある。

■ あっせん利得罪
[あっせんりとくざい]

依頼を受けた公職者（国会議員・地方公共団体の長・地方議会議員）または議員秘書（公設秘書・私設秘書）が、国・地方公共団体が締結する契約や行政庁の処分に関し、権限に基づく影響力を行使して、公務員に対して職務上の行為をするようにまたはしないようにあっせんし、そのあっせんの対価として報酬を受け取る罪。たとえば、支持者から依頼を受けた議員秘書が、警察官に対して、支持者の交通違反を取り消すように依頼する行為が挙げられる。

本罪は、刑法ではなく、あっせん利得処罰法上の犯罪類型である。職務の公正とこれに対する社会一般の信頼を保護するために規定された。

公職者が主体の場合には3年以下の懲役、議員秘書が主体の場合には2年以下の懲役に処せられる。刑法上も公務員のあっせん行為は処罰されるが、政治家によるいわゆる賄賂政治の横行を受けて、公務員のなかでもとくに公職者と議員秘書を処罰することになった。あっせん行為の範囲も刑法より広く、本罪では職務上適正な行為であっても処罰されうる。

■ あてはめの錯誤
[あてはめのさくご]

刑罰法規の解釈を誤り、客観的には刑罰法規に該当する行為をしているにもかかわらず、主観的には該当しないと錯誤し、違法性の意識を欠いた状態をいう。この場合、違法性の意識を欠いたことについて相当の理由があれば、犯罪は成立しない。

■ 後日付小切手
[あとひづけこぎって]

実際に振り出した時にはすでに呈示期間が経過している日付を振出日として記載した小切手のこと。後日付小切手は、呈示期間が経過しているため善意取得の対象とならず、また支払委託を取り消すこともできることから、真の権利者の保護が図られる。

■ あへん煙に関する罪
[あへんえんにかんするつみ]

あへん煙の吸引その他これを助長するおそれのある行為を内容とする罪。あへんは濫用されると国民生活を退廃させ、さまざまな害悪を生む危険があることから、本罪は、公衆の健康を守り、薬物から生じる有害な事態を防止するため規定された。刑法はあへん煙に関する犯罪として、あへん煙輸入罪（6月以上7年以下の懲役）、あへん煙吸食器具輸入罪（3月以上5年以下の懲役）、税関職員によるあへん煙等輸入罪（1年以上10年以下の懲役）、あへん煙吸食罪（3年以下の懲役）、あへん煙吸食場所提供罪（6月以上7年以下の懲役）、あへん煙等所持罪（1年以下の懲役）を設けている。

■ 安全衛生委員会
[あんぜんえいせいいいんかい]

労働者を使用する事業場において、労働者の意見を集約し、事業場の安全と衛生に関して調査や審議を行うなど、将来の労働災害等を防ぐことを目的とした機関。労働安全衛生法は、一定の基準（事業所の規模、業種）に該当する場合、事業場に労働者の安全に関する安全委員会や労働者の健康に関する衛生委員会を設置しなければならないが、両方の委員会を設置しなければならない事業場は、統合した安全衛生委員会を設置することができると定めている。安全委員会は、主に林業、鉱業、建設業、運送業など、危険を伴う業種に関する安全を確保するための対策をとることが目的である。衛生委員会は、長時間労働に伴う健康の悪化や、劣悪な環境の下での労働による健康被害の発生を防ぐことを目的としている。2

つの委員会によって、労使が共同して労働災害の発生を防止する制度が築かれている。

■ 安全配慮義務
[あんぜんはいりょぎむ]

契約の相手方の生命および健康などを危険から保護するよう配慮すべき義務のこと。かつては、労働者が使用者の落ち度により勤務中事故に遭った場合、これを使用者の不法行為責任と構成すれば、労働者の損害賠償請求権の消滅時効期間は原則3年であり、他方、これを雇用契約に基づく安全配慮義務に違反した債務不履行責任と構成すれば、労働者の損害賠償請求権の消滅時効期間は10年であった。このため、労働者の権利保護の観点から、使用者に債務不履行責任を追及することをめざして、安全配慮義務の理論は雇用関係を中心に発展してきた。しかし、平成29年の民法改正により、安全配慮義務違反のような人の生命、身体の侵害による損害賠償請求権の消滅時効期間については、不法行為または債務不履行どちらの責任によるとしても、原則5年、例外20年に統一された。

■ 安全保障条約／日米安全保障条約
[あんぜんほしょうじょうやく／にちべいあんぜんほしょうじょうやく]

安全保障条約とは、外部からの侵害に対して、国家の安全を維持することを目的として結ばれる条約である。実質的な軍事同盟を形成することが多く、個別的または集団的自衛権について明記されることがある。2国間条約に限られず、NATO（北大西洋条約機構）のもとになっている北大西洋条約のような多国間条約も存在する。

わが国において「安全保障条約」といった場合、通常はアメリカ合衆国との間で締結された「日米安全保障条約」をさす。日本の施政下における一方への攻撃

にともに対処すること、日本国の安全に寄与し、並びに極東における国際の平和および安全の維持に寄与するため、アメリカ軍が日本国の施設および区域を使用することを許すことなどが定められている。

■ 安全保障理事会
[あんぜんほしょうりじかい]

国際の平和と安全の維持に責任を負う国際連合の中心機関。アメリカ、ロシア、イギリス、フランス、中国の5か国の常任理事国と、任期2年の10か国の非常任理事国によって構成されている。略称は安保理。紛争を平和的手段によって解決することを要請し、適当な解決条件を勧告するなどの権限をもつ。また、経済制裁などの非軍事的措置の実施、PKOや多国籍軍の派遣などの軍事的制裁措置に関する決議を行う。決議においては常任理事国に拒否権が認められ、1国でも反対すれば決議は成立しない。

■ 安楽死
[あんらくし]

治癒の見込みのない末期がんなどで、耐え難い肉体的苦痛があり死期が迫っている患者に、死期を早める手段をとって死亡させること。

安楽死には、ⓐ苦しみを長引かせないため、延命治療を中止して死期を早める消極的安楽死、ⓑ苦痛を除去・緩和するための措置をとり、それが同時に死を早める間接的安楽死、ⓒ苦痛から免れさせるため意図的積極的に死を招く措置をとる積極的安楽死の3種類がある。日本では法律上、安楽死は認められていないが、安楽死に関する法整備を行った国もある。

い

家永教科書裁判
[いえながきょうかしょさいばん]

最高裁平成9年8月29日判決。X（家永三郎）は教科書検定の申請を行ったところ、文部大臣は教科書の記述について修正意見を付した条件付合格処分を行った。文部大臣の措置は違憲、違法であり、精神的苦痛を受けたとして、Xが国に対し国家賠償を求めて出訴した事件。この裁判では、教科書検定制度が検閲に該当するか、学問の自由を侵害するか、文部大臣が裁量権を逸脱・濫用したかが争われた。

最高裁は、検定制度は検閲に該当せず、学問の自由も侵害せず、合憲と判示した。そして検定の判断において、修正意見の一部に看過しがたい誤りがあることを理由に、裁量権の逸脱があり違法であるとして、Xの請求を一部認容した。なお、家永教科書裁判は、複数回行われており、この判決内容は第3次訴訟のものである。

以下／未満／満たない／下る／下回る
[いか／みまん／みたない／くだる／したまわる]

「以下」とは、数量を限定する場合に、基準となる数値を含み、それより下であることを示す語である。「以上」と対比される。

「未満」「満たない」「下る」「下回る」とは、数量を限定する場合に、基準となる数値を含まず、それより下であることを示す語である。「超える」「超過する」と対比される。

たとえば、「1万円以下の金額」といった場合は、1万円を含むが、「1万円に満たない金額」といった場合は、1万円を含まない。

威嚇
[いかく]

威力をもって脅すこと。実際の攻撃ではなく、それを行おうとする姿勢を見せることで対象を脅かすこと。たとえば、憲法9条1項は、武力による威嚇を禁止しており、これは直接軍事力を行使しなくても、軍事力を背景に相手国を要求に従わせようとすることをいう。

伊方原発訴訟
[いかたげんぱつそしょう]

最高裁平成4年10月29日判決。愛媛県西宇和郡伊方町に原子力発電所の建設を計画した四国電力株式会社は、その旨申請し、内閣総理大臣より原子炉設置許可を受けた。これに対し伊方町とその周辺に居住するXらが、本件許可の取消しを求めて訴えた事件。内閣総理大臣の判断に裁量性が認められるかが主な争点となった。最高裁は、原子炉の安全性審査は専門技術的であることなどを理由として、内閣総理大臣の裁量性を認め、結論としてXらの請求を棄却した。

遺棄
[いき]

元いた場所から引き離すことまたは置去りにすることにより、要扶助者（助けを必要とする者）を生命の危険にさらす行為のこと。遺棄罪の実行行為である。遺棄には、作為によって安全な場所から危険な場所に移す移置と、不作為によって危険な場所に放置する置去りという2つの形態がある。単純遺棄罪（刑法217条）の遺棄は移置のみ、保護責任者遺棄罪（同218条）の遺棄は移置に加えて置去りも含むと解されている。たとえば、生命の危険がある場所にいる幼児について、見て見ぬふりをしても、一般の人は罪（単純遺棄罪）には問われないが、保護責任者である親権者が同様のことをすると置去りとして罪（保護責任者遺棄罪）に問われ

る可能性がある。なお、死体遺棄罪（同190条）における遺棄とは、社会通念上、埋葬とは認められない方法で死体を放置することである。

☞遺棄罪

■ 委棄
[いき]

自己の権利を放棄すること。私法上、原則として財産権は権利者が自由に放棄できるとされる。相続放棄が一例。ただし、自己の権利の放棄であっても、第三者の権利を害するような場合には権利を放棄できないと解釈されている。たとえば、転借人がいる場合には、賃借人は賃貸借契約を合意解除できない。

■ 異議
[いぎ]

①訴訟手続の中で、裁判所や相手方の訴訟行為の違法性をめぐって争うことをいう。たとえば、民事訴訟のうち手形訴訟や少額訴訟では、当事者が裁判所の判決に対し異議を述べることができる。刑事訴訟では、相手方の証人尋問が刑事訴訟規則で禁じられている誘導尋問である場合などに、裁判所に対して異議を述べることができる。

②平成26年改正前の行政不服審査法は、行政庁の処分に対する不服申立てとして、処分を受けた者は処分庁に対し異議申立てができるとしていた。しかし、改正後の行政不服審査法では、原則として不服申立てが審査請求に一本化された結果、異議申立ては廃止された。なお、処分庁に対する不服申立てとして再調査の請求が新設されたが、これは個別の法律に再調査の請求ができるとの規定がある場合に限って認められる手続である。

■ 域外適用
[いきがいてきよう]

国家が自国の法令を自国の領域外においても適用すること。国家は原則として自国の領域外においては自国の法令を適用できないが、例外的に独占禁止法や刑事手続において域外適用が認められる場合がある。

■ 遺棄罪
[いきざい]

老年、幼年、身体障害、病気のために助けを必要とする者を遺棄する罪。遺棄の意義として、要扶助者を場所的に移動させる移置と、要扶助者を放置したまま立ち去る置去りの2種類がある。移置の例として、山に乳児を捨てにいく行為が、置去りの例として、乳児を部屋に放置して旅行に行く行為が挙げられる。

刑法は遺棄罪として、単純遺棄罪、保護責任者遺棄罪、これらの結果的加重犯である遺棄等致死傷罪を規定した。本罪の保護法益は、生命・身体の安全である。

■ 異議の申出
[いぎのもうしで]

行政不服審査法が適用されない行政庁の行為につき、法律によりとくに異議を申し出ることができると規定された場合の申出のこと。行政不服審査法により救済できない事態に対処するため、個別の法律により申し出ることが認められている。たとえば、公職選挙法では、選挙人名簿の登録に関する規定がある。

■ 異議申立て
[いぎもうしたて]

①民事訴訟法では、簡易な手続である手形訴訟または少額訴訟の判決に不服のある当事者、書記官からの支払督促に対して不服のある当事者が、判決裁判所、書記官の属する裁判所に対して、通常の訴訟による審理を要求する手続のこと。一般の不服申立ての手続が上級の裁判所に対してなされることと区別される。

刑事訴訟法では、証拠調べの請求など、証拠調べに関して、検察官・被告人または弁護人が不服を申し立てる手続を異議

として規定している。

②平成26年改正前の行政不服審査法で規定されていた、処分庁（処分をした行政庁）または不作為庁（不作為をしている行政庁）に対してする不服申立てのこと。改正された行政不服審査法では、異議申立てが廃止され、不服申立ては処分庁・不作為庁以外に対する審査請求に一本化された。現在では、例外的に処分庁・不作為庁に対する不服申立てができる場合であっても、その不服申立ては審査請求として扱われるのが原則である。

■ 異議申立前置主義
[いぎもうしたてぜんちしゅぎ]

平成26年改正前の行政不服審査法において、個別の法律がある処分について異議申立てと審査請求の両方が可能である場合には、まず異議申立てを行うとする原則。改正された行政不服審査法では、異議申立てが廃止され、不服申立てを審査請求に一本化した結果、異議申立前置主義は廃止された。

改正された行政不服審査法では、個別の法律により、処分庁以外の行政庁に対して審査請求ができる場合、処分庁に対する不服申立てとして再調査の請求ができると定めることができる。しかし、再調査の請求ができる場合であっても、直ちに処分庁以外に対する審査請求をすることができるため、再調査の請求の前置は採用されていない。

■ 育児・介護休業法
[いくじ・かいごきゅうぎょうほう]

「育児休業、介護休業等育児又は家族介護を行う労働者の福祉に関する法律」の略。育児・介護休業法は、育児または家族の介護を行う労働者が、職業生活と家庭生活を両立できるように支援することを目的としている。育児・介護休業法の中心となる制度が、育児休業と介護休業の2つである。育児休業とは、労働者が事業主への申請により、原則として1歳に達するまでの子の育児をするために取得することができる休業である。介護休業とは、同じく労働者が事業主への申請により、常に介護が必要な家族（対象家族）の介護をするため、対象家族1人につき通算93日を限度として取得することができる休業である。介護休業は最大3回に分割して取得可能である。他にも子の看護休暇や介護休暇に関する制度や、事業主が講ずべき措置などが定められている。

■ 育児休業
[いくじきゅうぎょう]

原則として1歳に達していない子を養育する男女の労働者が、育児・介護休業法に基づいて取得することのできる休業のこと。例外的な措置として、1歳到達後も、保育所に入所できないなど一定の事由がある場合には、最長で子が2歳に達するまで休業期間を延長することができる。

■ 育児時間
[いくじじかん]

生後1歳未満の乳児を育てる女性労働者が、一般の休憩とは別に請求できる授乳等のための時間のこと。女性労働者は、30分以上の時間を、1日に2回育児時間として与えるよう請求することが認められている。ただし、育児時間中の給与の有無は、労使間の合意により使用者に支払義務はない。

■ 違憲
[いけん]

憲法が定めている内容に違反している状態のこと。憲法は国の最高法規であるが、たとえば、憲法よりも下位の規範である法律が、憲法の規定に反する内容を定めることがあり得る。また、国家権力が、憲法の目的である人権保障を否定するような形で行使されることも考えられ

る。このような憲法の崩壊ともいえる違憲状態を、事前・事後に防止するためのしくみを憲法保障制度と呼ぶ。日本国憲法においては、各国家権力が相互に抑制と均衡を保つための権力分立制を採用していることや、公務員の憲法尊重擁護義務（憲法99条）で憲法保障が図られている。しかし、歴史的に法律が人権を侵害することが多かったことから、憲法81条が、通常裁判所に一切の法律、命令、規則または処分が、憲法に適合しているか否かを判断する権能（違憲審査権）を与えたことが、憲法保障にとって重要であると考えられている。

■ 意見広告
[いけんこうこく]

個人または団体が、法律問題や政治問題など、社会で問題となっている特定の事柄について、意見を主張するために行う広告のこと。主張広告とも呼ばれている。自らの意見を新聞や雑誌を通じて発表することで、理解や賛同を得ることを目的に行われる。たとえば、「稼働中の原発を停止しよう」というタイトルで、原発に対する反対意見を表明する新聞広告などが挙げられる。

■ 意見公募手続／パブリック・コメント
[いけんこうぼてつづき／ぱぶりっく・こめんと]

行政機関が命令等（政令、省令等）を定めようとする場合に、あらかじめ案を示して、広く一般の人々の意見を求めるための手続をさす。平成17年成立の行政手続法改正によって法律上の制度として確立した。パブリック・コメントと呼ばれることもある。行政機関は命令等の案や関連資料を公示した上で、広く一般の人々の意見を原則30日以上の期間を定めて募集し、集まった意見等を十分に考慮して命令等を制定しなければならない。

また、実際に制定した命令等に意見等が反映されたかどうか、その結果を公示しなければならない。

■ 意見書
[いけんしょ]

一般に、ある事柄に対する考えを他者に示すために記した書面。とくに、公的サービスなど住民その他の人々に広く影響を及ぼす事項についての行政の決定に対して、意見を陳述するための方法として用いられる。たとえば、廃棄物処理法では、廃棄物処理施設の設置許可が行われる場合に、生活環境の保全の立場から意見書の提出を行うことができると定められている。また、特許や商標など知的財産法の分野で、たとえば、特許の申請を拒絶する場合に、審査官は理由を通知し、出願人に意見や反論を述べるための機会を与えなければならず、そのための書面をさして意見書の語が用いられる場合もある。

■ 意見書の提出
[いけんしょのていしゅつ]

地方自治法に基づいて地方公共団体の議会が、地方公共団体の公益に関する事柄について、議会の意思として採択された意見を国会や関係行政庁に提出すること。地方の意見を国政に反映させることを目的とするが、提出による法的拘束力は発生せず、事実上尊重されるにとどまる。

■ 違憲審査権
[いけんしんさけん]

裁判所が、国会の定めた法律や、内閣をはじめ行政機関が行う処分など、国の他の機関の行為が、憲法の規定に適合しているかどうかを判断する権能のこと。違憲立法審査権や法令審査権と呼ばれることもある。わが国では、裁判所に対して一切の法律・命令・規則または処分が憲法に適合しているかどうかを審査する権限が与えられている（憲法81条）。憲法

に反する法令等の効力を否定する違憲審査権の目的は、憲法の最高法規性により人権を保障することにあるが、とくに最高裁判所は、終審裁判所として違憲審査を行う機関であるため「憲法の番人」であるといわれている。

■ 違憲審査制
[いけんしんさせい]

裁判所が、国会の定めた法律や、内閣などの行政機関が行う処分など、国の他の機関の行為が、憲法の規定に適合しているかどうかを判断するための制度。最高法規としての憲法に違反する法令等の存在は許されないため、憲法保障制度として重要な役割を果たしている。違憲審査制の方式は国ごとに異なっており、主に抽象的違憲審査制と付随的違憲審査制に分かれる。抽象的違憲審査制とは、特別に置かれた憲法裁判所が具体的な紛争に関係なく、法令等の違憲審査自体を訴訟の争点として判断する方式をさす。これに対して、付随的違憲審査制は、通常の裁判所が、具体的な事件を解釈するにあたって、その事件解決に必要な範囲でのみ、適用される法令等の違憲審査を行うにとどまる方式をいう。わが国は付随的違憲審査制を採っていると考えられている。

■ 違憲審査の対象
[いけんしんさのたいしょう]

違憲審査の対象となる事項のこと。憲法81条は、違憲審査の対象について「一切の法律、命令、規則または処分」であると定めている。ここに条約が列挙されていないことから、条約が対象に含まれるか争いがある。判例・通説は、国内では条約も国内法と同等の効力を持つため、違憲審査の対象に入ると考えている。

また、法令などが定められていないこと（立法の不作為）が違憲である場合が、違憲審査の対象となるのかについても議論がある。判例は、国民の権利侵害が明白な場合や、国民の権利行使の機会を確保するための立法措置をとることが必要不可欠で明白にもかかわらず、正当な理由なく長期にわたって怠っている場合などには、立法不作為は国家賠償法上違法になるとしている。

■ 違憲判決の効力
[いけんはんけつのこうりょく]

裁判所が違憲審査権の行使によって、違憲の判断を下した場合に、その判決が持つ効力のこと。裁判所が、ある事件において、ある法律を違憲無効であると判断した場合に、違憲と判断された法律の効力がどうなるのかという形で問題となる。学説においては、一般的効力説と個別的効力説の対立が見られる。一般的効力説は、判決において違憲と判断された以上、その事件を超えて、当然に法律としての効力を失うと考える。しかし、わが国の違憲審査制は、具体的な事件を解決するにあたって、必要な場合のみ違憲審査を行うと考えられているため（付随的違憲審査制）、当該事件の当事者に対して、その法律の適用が排除されるにとどまるとする個別的効力説が一般には妥当と考えられている。

もっとも、個別的効力説の立場からも、違憲判決を受けて、国会による当該法律の改廃措置や、行政機関が問題になっている法律に基づく処分等を控えることなどが期待されており、上記学説の対立は近接傾向にあるといわれている。

■ 以降・以後
[いこう・いご]

以降とは、基準となる一定の日時を含む、それより後の時間の広がりをいう。以後も同じ意味である。たとえば、「本施策は、来年4月以降に実施される」といえば、4月を含んでその月から継続して実施されることを表している。以降と以後

の差異は、以降の方が、その後の経過も意識して用いられることが多く、反復継続する事柄について用いられることが多いという点にある。なお、「後」といった場合には、以降・以後とは異なり、基準となる日時を含まない。

■ 遺言
[いごん]

自分の死後に効力を生じさせようという目的をもって、一定の方式に従って行う単独の意思表示のこと。法律用語としては「いごん」といわれるが、日常用語としては「ゆいごん」と呼ばれるのが一般的である。内容的には、相続分の指定、認知、遺贈、推定相続人の廃除などが法的に有効と認められている。要式行為であるため、民法の定める方式に従っていない遺言は無効とされる。

たとえば、自筆証書遺言の場合、遺言の全文と日付、氏名を自分自身の手で紙に書いて、それに印を押さなければならない。ただし、平成30年の民法改正（相続法改正）によって、自筆証書遺言に添付する財産目録に限り、すべてのページに署名押印することを条件に、自分自身の手で書くことを要しないとされた。

遺言については、特別な事情のある場合を除き、通常は、自筆証書遺言の他、証人の立会いのもと、公証人が遺言者の意思を文書にして作成する公正証書遺言や、遺言者が自ら作成した遺言を署名押印して封印し、証人の前で公証人に提出する秘密証書遺言の方式に従って行われる。

■ 遺言執行者
[いごんしっこうしゃ]

相続にあたり、被相続人が遺言を遺している場合に、その内容を実現させることを職務とする者のこと。遺言者は、遺言で遺言執行者を指定することができる。遺言による指定がない場合や、遺言執行者が死亡した場合は、利害関係人の申立てにより、家庭裁判所が選任することがある。そして、指定・選任された遺言執行者が職務を開始した場合には、遺言の内容を相続人に通知する義務を負う。

遺言執行者は、遺言の内容を実現するため、遺言の執行に必要な一切の行為をする権利義務を有しているため、相続人は、このような遺言執行者の行為を妨げることができない。遺言執行者は、財産目録の作成、預貯金や不動産の名義変更などを、遺言に忠実に従って執り行う。

遺言執行者は、相続人全員の代理人であるが、遺言内容の実現の観点から、独自の立場で遺言の執行を行うとされている。なお、未成年者や破産者は、遺言執行者となることができない。

■ 遺言自由の原則
[いごんじゆうのげんそく]

被相続人が遺言によって自己の財産を自由に処分できるという原則。民法では、遺言は15歳以上の者であれば、誰でも行うことができ、一度行った遺言は、一定の方式に従えば、自由に撤回できる。被相続人に対して虐待や重大な侮辱を行い、または著しい非行があった遺留分を有する推定相続人を、遺言で廃除することができる。また、詐欺や強迫による遺言は取り消すことができる。なお、遺言自由の原則は、相続人に対する相続期待権を保護する遺留分の制度により、一部制限されている。

■ 遺言書保管法
[いごんしょほかんほう]

自筆証書遺言の保管制度に関する法律のこと。正式名称は「法務局における遺言書の保管等に関する法律」である。自筆証書遺言を確実に保管することで、その隠匿や内容の改変を防ぐとともに、相続人等が遺言書の存在を把握しやすい制度を整えることを目的に制定された。令和2年7月10日より施行される。

遺言書保管法では、自筆証書遺言の保管機関は法務局が担当する。遺言者本人が保管申請を行い、方式に不備がなければ、遺言書の原本が法務局に保管されるとともに、その内容が画像データとしても記録・管理される。また、遺言書保管法では、保管申請の撤回や、遺言書保管の有無などに関する証明書（遺言書保管事実証明書）の交付請求に関する手続などが規定されている。

■ 遺言撤回の自由
[いごんてっかいのじゆう]

一度行った遺言を、一定の方式に従って、自由に撤回できること。遺言自由の原則のひとつ。同一人物が2つの遺言をした場合には、先にした遺言を後にした遺言で撤回したものとみなされ、後の遺言が効力を有する。また、遺言をした後、遺言と矛盾するような生前行為があった場合には、遺言は撤回したものとみなされる。なお、後の遺言により撤回となった先の遺言は、後の遺言が取り消されても復活しない。

■ 遺言能力
[いごんのうりょく]

他人からの影響を受けるおそれがなく、完全に有効な遺言を行うことができる能力。民法上、15歳に達した者は、単独で遺言することができる。未成年者が法定代理人の同意を得ないで財産上の行為をした場合、それを取り消すことが可能である。しかし、遺言に関しては、15歳以上であれば、未成年者が法定代理人の同意を得なくても、単独で遺言をすることができる。一方、成年被後見人の場合は、意思能力回復時に医師2人以上の立会いがあれば、単独で遺言をすることができる。

■ 遺言の方式の準拠法に関する法律
[いごんのほうしきのじゅんきょほうにかんするほうりつ]

遺言の方式（自筆証書遺言、公正証書遺言等）の準拠法に関して必要な事項について規定した法律。1961年のハーグ国際私法会議により成立した「遺言の方式に関する法律の抵触に関する条約」に基づき制定された。遺言をできるだけ有効に成立させるために、遺言者と合理的関連性を有する国または地域の法律を準拠法として認めている。

■ 遺言の無効・取消し
[いごんのむこう・とりけし]

遺言の無効とは、はじめから遺言がまったく効力を持たなかったという意味である。遺言は法律で定められた一定の方式によってなす必要があり、この方式に従わないでなされた遺言は無効である。

一方、遺言の取消しとは、外見的には有効に成立しているが瑕疵のある遺言をした者またはその相続人が、さかのぼって遺言の効力を失わせることをいう。詐欺や強迫によりした遺言を、後からその効力を無効にすることなどが該当する。これに対して、瑕疵なく有効に成立した遺言を将来に向かって効力を失わせることを、遺言の撤回という。

■ 遺産
[いさん]

相続人によって相続される財産の総称。相続財産ともいう。現金や預金などの積極財産だけでなく借金などの消極財産も含む。

■ 遺産相続
[いさんそうぞく]

☞相続／遺産相続

■ 遺産分割
[いさんぶんかつ]

相続人が複数いる場合に、各共同相続人が具体的に取得する個別の財産を決定する手続。相続人の遺産の全部を分割する他、その一部だけを分割することも可能である。遺産分割の方法は、遺言が遺されているときはそれに従い、遺されて

いないときは、共同相続人が協議・調停を行い、合意により決定する。協議不調の場合は、相続人の請求により家庭裁判所が決定する。

遺産分割は、遺産に属する物または権利の種類・性質、各相続人の年齢、職業その他一切の事情を考慮して行う。そのため、現物を物理的に分割をすることなく、「配偶者は家、長男は土地、長女は株式」などというように配分することもできる。

なお、被相続人の遺言、共同相続人の特約、家庭裁判所の審判によって、一定の期間、遺産分割を禁止することができる。

■ 遺産分割前の預貯金債権の行使
[いさんぶんかつまえのよちょきんさいけんのこうし]

相続人が、被相続人が生前持っていた預貯金債権について、遺産分割手続より前に、一定金額の払戻しを受けることができる権利。平成30年の民法改正により新設された。相続人が払戻しを受けることが可能な金額の上限は、被相続人の口座ごとに「被相続人が死亡した時点での預貯金債権額の3分の1×相続人の法定相続分」である（1つの金融機関あたり150万円の上限もある）。

■ 違式の裁判
[いしきのさいばん]

本来なすべきであった裁判の形式と異なる形式でなされた裁判のこと。たとえば、判決によって裁判すべき事項につき、決定・命令によって裁判がなされた場合が挙げられる。この場合には、決定・命令に対する不服申立ての一種である抗告をすることができる。判決をもって裁判をすることができない事項につき、判決をもって裁判がされた場合は、控訴・上告ができると解釈されている。

■ 意思主義／表示主義
[いししゅぎ／ひょうじしゅぎ]

意思表示の本質は、法律効果を発生させようという内心の意思（効果意思）であるとする考え方。意思表示をする際に、効果意思と外部への表示が食い違った場合、実際に表示された内容にかかわらず、効果意思を重視して意思表示の効力を決定する考え方。反対に、外部への表示を重視して、実際に表示した内容を重視して意思表示の効力を決定する考え方を表示主義という。

たとえば、契約書に売買代金1000円と書くつもりで1万円と書いてしまった場合、意思主義では錯誤に該当し、原則として契約を取り消すことができると考える。一方、表示主義では1万円での契約が成立すると考える。多くの法律では、いずれかの主義を貫いた立法が行われることは少なく、双方の主義を折衷する形での立法が行われていることが多い。

■ 遺失物
[いしつぶつ]

占有者の意思に基づかずにその占有を離脱した物であって、誰の占有にも属していないか、委託関係に基づかないで、ある者の占有に帰属した物をいう。前者の例としては、営業中の駅のベンチなどに置き忘れられた荷物が挙げられる。後者の例としては、つり銭を多くもらったことを家に帰ってからはじめて気づいた場合のつり銭が挙げられる。

■ 遺失物横領罪／占有離脱物横領罪
[いしつぶつおうりょうざい／せんゆうりだつぶつおうりょうざい]

遺失物、漂流物、占有者の占有を離れた他人の物を横領する罪。占有離脱物横領罪ともいう。物に対する所有権を保護するために規定された。1年以下の懲役または10万円以下の罰金もしくは科料に処せられる。遺失物はいわゆる落とし

物のことであり、公園のベンチに置き忘れた物などをさす。漂流物は、遺失物が水中にある場合をいう。占有に委託信任関係がない点で、通常の（委託物）横領罪と異なる。

■ 遺失物の特則／盗品・遺失物の特則
[いしつぶつのとくそく／とうひん・いしつぶつのとくそく]

即時取得の目的物が盗品や遺失物であった場合に、権利者の保護を図るための特則をいう。そのため、盗品・遺失物の特則とも呼ばれている。民法では、目的物を取引によって取得した第三者が即時取得の要件を満たしていても、目的物が盗品・遺失物である場合、盗難・遺失のときより2年以内であれば、被害者・遺失主は第三者に対し、物の回復請求ができると定められている。たとえば、泥棒にカメラを盗まれ、そのカメラが盗品や遺失物であることを知らず、かつ、知らないことに不注意がない（善意無過失）第三者に譲渡されたとしても、2年以内であれば、権利者は第三者に対し、カメラの返還を請求することができる。盗品・遺失物のように権利者の意思に基づかずに占有を離れた場合には、権利者の責任が乏しいことから、即時取得の適用を制限する趣旨で規定された。

ただし、権利者は、一般の店舗や露天商、行商などから、盗品や遺失物であることを知らずに（善意）買い受けた場合や、競売で取得した者に対しては、代価を弁償しなければ回復請求できない。

■ 意思と表示の不一致
[いしとひょうじのふいっち]

本人の真意（内心的効果意思）と、相手方に表示した意思表示の内容（表示上の効果意思）が異なること。意思の欠缺、意思表示の不存在ともいう。民法では、心裡留保、通謀虚偽表示、錯誤の3種類が規定されている。

まず、心裡留保による意思表示は、本人が真意と異なるのを自覚しているので、原則として有効とする。次に、本人と相手方の双方が真意と異なるのを自覚している通謀虚偽表示による意思表示は無効とする。また、本人が真意と異なるのを自覚していない錯誤による意思表示は、原則として取消しができるとする。平成29年の民法改正により、錯誤による意思表示が無効事由から取消事由に変更された。

ただし、その意思表示を信じて取引に入った第三者を保護するために、一定の場合には、意思表示の無効または取消しの主張を第三者に対してすることができなくなる。

なお、意思と表示の不一致は、詐欺や強迫による意思表示など、内心的効果意思と表示上の効果意思は一致するが、内心的効果意思の形成過程に問題のある「瑕疵のある意思表示」と対比される。

ただし、その意思表示を信じて取引に入った第三者を保護するために、一定の場合には、意思表示の無効または取消しの主張を第三者に対してすることができなくなる。

なお、意思と表示の不一致は、詐欺や強迫による意思表示など、内心的効果意思と表示上の効果意思は一致するが、内心的効果意思の形成過程に問題のある「瑕疵のある意思表示」と対比される。

■ 意思能力
[いしのうりょく]

自分の行為の意味や結果を理解し、判断し予測することのできる精神的能力のこと。意思能力の有無は、形式的、画一的に判断されるものではなく、具体的なケースごとに判断される。通常、幼児、泥酔者、心神喪失者には意思能力がないとされている。

意思能力がない者（意思無能力者）によ

る法律行為は、自己の意思に基づく行為とはいえず、その行為は無効とされるとともに、意思無能力者本人は不法行為責任を問われない。なお、平成29年の民法改正により、意思無能力者の法律行為が無効であることが明文化された。

■ 意思の通知
[いしのつうち]

各種の催告や拒絶など、意思を相手方に伝えること。債務の履行の催促や、弁済の受領の拒絶、契約を取り消すか否かの確答を促す行為などが該当する。たとえば、債務の履行を催告した場合、進行していた時効の完成が猶予されるという効果が生じる。当事者が法律効果の発生を望むか否かに関わりがなく、意思が通知されることで、法律の規定により当然に一定の効果が付与される。意思の通知は、法律効果を直接発生させるものではない点で意思表示とは異なる。

■ 意思表示
[いしひょうじ]

ある特定の法律効果の発生を望む当事者の意思を外部に表示すること。伝統的理論によると、意思表示は、表意者の心理的過程に即して、3段階に分かれるとされている。つまり、ⓐ一定の法的効果の発生を欲する意思（効果意思）が生じると、ⓑその効果意思を外部に向けて表示しようとする意思（表示意思）を持つに至る。そして、ⓒ実際に外部に表示する行為（表示行為）につながるという、3つの要素により意思表示が成立すると考えられている。

たとえば、スマートフォンを買おうとする場合であれば、ⓐスマートフォンを買おうと欲すること（効果意思）、ⓑそのことを販売員に言おうと思うこと（表示意思）、ⓒ実際に「このスマートフォンをください」と言うこと（表示行為）からなる。意思表示の方法には、会話、文章など言語によるもののほか、態度やジェスチャーなども含まれる。

■ 意思表示の瑕疵
[いしひょうじのかし]

☞瑕疵ある意思表示

■ 慰謝料
[いしゃりょう]

精神的な損害を償うために支払われる金銭のこと。精神的に受けた苦痛を金銭に置き換えたものといえる。生命・身体、名誉、自由などが侵害されたときのほか、財産権が侵害されたときや、有責離婚、内縁関係や婚約などの不当破棄、貞操侵害などにおいても認められる。

なお、民法では、不法行為によって被害者の生命が奪われた場合には、一定の近親者が慰謝料請求できることが定められている。また、判例は、精神的損害についての損害賠償請求権は相続の対象であり、被害者の相続人である近親者が慰謝料を請求できる場合があるとしている。

■ 意匠
[いしょう]

一般には、広くデザインのことをいう。意匠法は、物品の形状や色彩などの外観的な形態で、視覚を通じて美感を起こさせるものを保護の対象にしている。意匠法に基づいて登録された意匠は、意匠権として法律上の保護の対象になる。

☞意匠法

■ 以上／超える／超過する
[いじょう／こえる／ちょうかする]

「以上」とは、数量の基準となる数値を含み、それより上であることを示す語である。「以下」と対比される。

「超える」「超過する」とは、数量の基準となる数値を含まず、それより上であることを示す語である。「未満」「満たない」「下る」「下回る」と対比される。

たとえば、「高さ10m以上の建築物」といった場合は10mを含むが、「高さ10

mを超える建築物」といった場合は10 m
を含まない。

■ 囲障設置権
[いしょうせっちけん]

　2棟の建物があり、その間に囲障が設置できる空間がある場合、その各所有者が、その空間に囲障を設ける権利。囲障とは、隣り合った建物の所有者が、敷地の境界上に設けた塀や柵などの囲いのことである。この権利によって、囲障を設ける場合には、費用は、各当事者が均等割合で負担する。また、囲障の様式は各当事者が協議により定めるが、協議が調わない場合には、板塀や竹垣、またはこれに類する材料で、高さが2mのものと法定された基準に従う。同種の権利として境界標設置権がある。

■ 意匠法
[いしょうほう]

　意匠登録の要件、付与の手続、効力などを規定する法律。意匠法は、意匠の保護および利用を図ることにより、意匠の創作を奨励し、もって産業の発達に寄与することを目的としている。

■ 移審
[いしん]

　ある裁判所に係属している事件が、上訴によって上訴審の裁判所に移ること。たとえば、地方裁判所で判決が下された事件について控訴がなされると、その事件は高等裁判所に移審する。なお、係属とは、訴訟事件が裁判所に係わっており、審理中であることをいう。

■ 以前／前
[いぜん／まえ]

　「以前」とは、基準となる一定の日時を含んだ、それより前の時間的広がりのこと。
　「前」とは、基準となる一定の日時を含まない、それより前の時間的広がりをいう。
　たとえば、4月1日以前といった場合は4月1日を含み、4月1日前といった

場合には4月1日を含まない。

■ 移送
[いそう]

　訴訟事件の係属している裁判所が、その事件を他の裁判所に移すこと。管轄違いの裁判所に訴えが起こされた場合のほか、訴訟の著しい遅滞を避けるために行われる場合や、当事者間の衡平（つりあい）を図るために行われる場合などがある。移送については、民事訴訟法のほか、刑事訴訟法、行政事件訴訟法にも定めがある。

■ 遺贈
[いぞう]

　遺言者が死亡した場合に、遺産の全部または一部について、特定の者に対して贈与することを、生前の意思表示として遺言に遺すことをいう。相続財産のすべてを与えるという内容などの包括名義で行われる遺贈は、包括遺贈と呼ばれる。これに対して、たとえば特定の財産を与えるというような場合など、遺贈の目的物が特定される場合には、特定遺贈という。遺贈を受ける者は、受遺者と呼ばれ、相続人を含め誰でも受遺者になることができる。

　なお、遺贈と類似した概念に死因贈与がある。死因贈与は、贈与者の死亡を条件に財産を贈与するという契約である。したがって、死因贈与の場合、贈与者は、生前に受遺者の承諾を得て契約を結んでおく必要がある。

■ 遺贈の放棄
[いぞうのほうき]

　遺贈を受けることができる者（受遺者）が、遺言者が死亡した後に、遺贈を受けることを拒否することをさす。遺言者が死亡した後であれば、いつでも放棄することができる。遺贈の放棄をすると、遺言者が死亡した時点にさかのぼって、遺贈が行われなかったことになる。いった

ん遺贈の放棄を行うと、任意に撤回することはできない。

■ 委託
[いたく]

一般には、契約に基づいて、業務などを自分の代わりに第三者に頼んで委ねることをいう。委託者と受託者との間の信任関係に基づくものとされる。

公法関係では、国や公共団体が一定の行政上の事務を公共団体や私人などに対して依頼することをいう。

■ 一罪・一逮捕・一勾留の原則
[いちざい・いちたいほ・いちこうりゅうのげんそく]

同一の犯罪事実（一罪）については、同時に２個以上の逮捕・勾留を行うことができないこと。この場合の一罪の範囲については、通説は、実体法上の一罪を基準とする。たとえば、A事実について逮捕・勾留がなされ、起訴され、保釈された被疑者が、保釈中にA事実と常習一罪の関係にあるB事実を実行したような場合には、一罪・一逮捕・一勾留の原則からは、B事実について逮捕・勾留はできないことになる。しかし、A事実についての逮捕・勾留中にB事実について捜査することは不可能なので、B事実について逮捕・勾留を認めるのが多数説である。

■ 一事不再議の原則
[いちじふさいぎのげんそく]

会議では、一度決定した問題については同じ会期中、重ねて審議できないという原則。憲法上、一度議院が議決した案件と同じ案件を、同じ国会会期中に再び審議できるかが問題となる。明治憲法では明文でこの原則を認めていたが、現行憲法にはそうした規定がない。これは衆議院に法律案の再議決権を認めていることとの矛盾防止がその理由とされる。しかし、一事不再議は、会議の効率運営を趣旨とする原則であり、現行憲法もこの

原則を全面的に否定してはいないと解されている。

■ 一事不再理の原則
[いちじふさいりのげんそく]

主に刑事訴訟で、有罪・無罪の判決または免訴の判決が確定した場合には、同一事件について再び審理することができないという原則。誤って再び同一事件について公訴が提起された場合には、免訴判決で手続を打ち切らなければならない。

■ 一人会社
[いちにんがいしゃ]

株主または社員が１名で構成される会社のこと。株式会社の場合には、その発行済株式のすべてを１人の株主が所有する会社のことをいう。なお、持分会社の場合、合同会社と合名会社については一人会社が認められているが、合資会社については、認められていない。

■ 一年税主義／永久税主義
[いちねんぜいしゅぎ／えいきゅうぜいしゅぎ]

一年税主義とは、税法の効力を１年に限定して、毎年国会が決議することによってはじめて税の徴収が可能になるという考え方。一年税主義では、財政の支出状況に応じて、その時々に適切な課税を行うことができるというメリットがある。これに対して、永久税主義とは、いったん法律を定めれば、変更しない限りは毎年国会の決議を経ることなく課税を行うことができるという考え方である。日本では永久税主義が採られており、新たな税金を課したり、現在の課税を変更するためには、国会の定めた法律に基づかなければならないが、一度法律を定めれば、それが廃止されるまで課税は継続されることになる。

■ 一部裏書
[いちぶうらがき]

手形金の全部ではなく、一部だけを裏

書譲渡すること。たとえば、手形金額の一部を譲渡して残部を裏書人に留保する場合が挙げられる。手形法は、一部裏書を無効として認めていない。権利行使に際し複雑な問題が生じ、手形金額単一の原則に反するからである。

■ 一部実行全部責任
[いちぶじっこうぜんぶせきにん]

共同正犯について、実行行為を一部でも分担した者は、発生した犯罪結果すべてについて責任を負うという考え方。たとえば、AとBが殺人を共謀してCに対して同時に発砲し、Aの弾丸のみが命中してCが死亡した場合に、A・Bともに殺人罪の既遂として処罰されるということである。一部実行全部責任が認められる根拠は、共同正犯が、共犯者それぞれの犯罪の意思を強化し合い、犯罪行為の実行のしやすさや犯罪結果発生の確率を上げる犯罪形態であるため、単独で犯罪を行った場合以上の処罰の必要性と、これを支える責任の増大が認められることにある。

■ 一部執行猶予
[いちぶしっこうゆうよ]

懲役刑や禁錮刑を科せられた者に対して、刑期の一部分まで服役させ、残りの期間については執行を猶予する制度のこと。平成25年の刑法改正に伴って新設された制度である。主として初犯者や薬物犯罪者などを対象としている。たとえば、懲役2年の刑が科せられた者に対して、1年のみ服役させ、残り1年の刑期について執行を3年間猶予するという場合が挙げられる。執行が猶予された期間中は、受刑者には保護司などによる保護観察が付けられ、社会貢献活動を行うことを義務づけることもできる。

■ 一部支払
[いちぶしはらい]

支払いをなす者が手形金額の一部だけの支払いをなすこと。一部支払により、遡求義務者はその一部について遡求義務を免れることになる。そのため手形法は、手形の所持人は、一部支払の受領を拒むことはできないと規定している。

■ 一部事務組合
[いちぶじむくみあい]

地方公共団体（都道府県・市町村・特別区）が、個別の事務について、共同で処理をすることが適切である場合に、設けられる特別地方公共団体のこと。都道府県の加入するものは総務大臣、その他のものは都道府県知事の許可が必要である。環境衛生（ごみ処理・し尿処理・上水道など）事務のために設けられる組合がその例である。

■ 一部上訴
[いちぶじょうそ]

刑事訴訟で、裁判の一部だけの取消しまたは変更を求めて上級裁判所へ不服を申し立てる（上訴する）こと。たとえば、2つの犯罪が併合して審理され、1つは無罪、もう1つは有罪となった場合、2つとも上訴するのではなく、有罪部分だけ上訴することをいう。

■ 一部請求
[いちぶせいきゅう]

金銭などの給付訴訟において、原告が債権の一部について給付を申し立てること。一部請求については、その判決が確定したときに、既判力が残部請求に対してどのように影響するのかが問題となる。この点について、判例は、給付を求めている部分が債権の一部であることが明示されている場合には、その一部のみが審判の対象となり、既判力はその範囲で生じると解し、残部請求が許されるとしている。

■ 一物一権主義
[いちぶついっけんしゅぎ]

同一内容の物権は、1つの物に対して

1つしか成立しないという原則（物権の排他性）。また、物権の対象となる物は、その物の全体であって一部であってはならないという原則。前者の原則から、所有権などの物権は物を直接支配する排他的な権利であるから、1つの物に対して、同時に同一内容の物権は複数成立しないとされる。また、後者の原則から、1つの物権の対象となる物は、たとえば、自動車の2分の1というようなことはなく、自動車1台全体でなければならないとされる。

■ 一部判決／全部判決
［いちぶはんけつ／ぜんぶはんけつ］

民事訴訟手続で、同一手続で審判を求められている請求の一部についてなされる判決を一部判決といい、請求の全部についてなされる判決を全部判決という。一部判決の例としては、数人の連帯債務者に対する訴訟で、その1人に対する判決をするような場合がある。

■ 一部引受け
［いちぶひきうけ］

為替手形の支払人が手形金の支払義務の一部を負担することを表示する行為。引受人（引受けをした支払人）は、その引き受けた金額について手形上の責任を負う。手形の所持人は、その残額についてだけ引受拒絶があったものとして遡求することができる。

■ 一部露出説／全部露出説
［いちぶろしゅつせつ／ぜんぶろしゅつせつ］

殺人罪（刑法199条）などの対象（客体）である「人」の意義をめぐり、いつから人と呼ぶのかについての見解である。一部露出説は、胎児が母体から一部でも露出した時点で、人となると考える見解である。刑法では判例・通説の立場であり、一部露出した時点で、独立して攻撃の対象とすることが可能になるため、保護の

必要性があることを根拠としている。これに対して、全部露出説とは、胎児が母体から全部露出した時点で人となると考える見解である。刑法では、保護の時期が最も遅れる見解であると考えられているが、民法3条1項にいう出生の解釈としては、全部露出説が判例・通説の立場である。

■ 一覧後定期払手形
［いちらんごていきばらいてがた］

一覧のために呈示し、一定期間経過後を満期とする手形。たとえば、「一覧後10日」と表示されている場合、振出人は一覧したことを記載し、一覧のための呈示の日付を付して署名する。この日付の10日後が満期となる。

■ 一覧払手形
［いちらんばらいてがた］

満期の種類のうちのひとつであり、所持人が支払呈示する日を満期とする手形。「一覧次第」「請求次第」などと表示される。手形法は、一覧払手形は、振出日付より1年以内に支払呈示をしなければならないと規定している。通常、国外取引における輸入代金支払のために利用される銀行振出の為替手形は、一覧払いである。

■ 一厘事件
［いちりんじけん］

大審院明治43年10月11日判決。政府に納入すべき葉煙草のうち、約1厘分を自ら消費したYが、旧煙草専売法違反として起訴された事件。法益侵害が軽微な場合に、可罰的な違法性が認められるかが争点になった。大審院は、Yの行為はとくに危険視すべきではなく、犯罪を構成しないと判示し、Yを不可罰とした。

■ 一括売却
［いっかつばいきゃく］

不動産を一括して売却すること。不動産執行において、不動産相互の利用関係から見て、ある不動産をほかの不動産と

一括して同一の買受人に買い受けさせることが相当であると認めるときに行われる。「相互の利用関係から見て相当」であるとは、たとえば、土地と建物を一括して買い取らせる場合などがある。

■ 一件記録
[いっけんきろく]

裁判所に係属したある事件についての一切の記録をまとめてつづったもの。

■ 逸失利益
[いっしつりえき]

債務不履行や不法行為がなければ得られたはずの利益のこと。得べかりし利益、消極的損害ともいう。財産を積極的に減少させる損害である積極的損害に対応する語である。たとえば、暴行を受けてケガをした場合、ケガの治療費は積極的損害となり、ケガのせいで仕事を休まざるを得なくなり、そのためにもらえなかった給料は逸失利益（消極的損害）となる。

■ 一身専属権
[いっしんせんぞくけん]

ある特定の者だけが持つことができる権利で、それを他人が取得・相続・行使することができない権利。どのような権利が一身専属権であるのかは、権利の性質や内容によって定まるものであり、個別の法律によって、特定の者のみが行使できることが想定されて規定が置かれている場合もある。たとえば、夫婦の同居・協力・扶助義務、親権のような身分法上の権利や、子育てや労働の提供、絵を描く、講演するなど、他人が代わって行うことができない性質の権利が一身専属権であると考えられ、相続の対象とならないと規定されている。

■ 一身的刑罰阻却事由／人的処罰阻却事由
[いっしんてきけいばつそきゃくじゆう／じんてきしょばつそきゃくじゆう]

犯罪の成立要件は満たしているが、犯罪行為者が一定の身分や、その行為者特有の事情があるために、刑罰を加えることができなくなる事由。人的処罰阻却事由とも呼ばれる。親族間の犯罪に関する特例での、直系血族、配偶者、同居の親族という身分関係がその例である。たとえば夫Aが、妻Bが持っているダイヤの指輪を盗んだ場合、窃盗罪に当たるが、AがBの配偶者であるという身分があるために、刑が免除される。

そのほかに、国会議員が議院内での発言について免責特権を持っていることも、一身的刑罰阻却事由であると考えられている。

■ 一定期日払いの原則
[いっていきじつばらいのげんそく]

☞賃金支払いの五原則

■ 一般会計
[いっぱんかいけい]

国や地方公共団体の会計区分のうち、その収入および支出について一般的・包括的に経理を行うこと。国や地方公共団体の財政状況は、国民・住民にとって明確にされることが望ましい。そこで、すべての会計について、これを一般会計として予算を単一化することで、適切な形で公開し、透明性が確保されている。もっとも、特定の事業に関して、特定の収入や支出によって運用され、一般会計とは別に経理する必要があると認められるものは、特別会計として区別して経理が行われている。

■ 一般危急時遺言
[いっぱんききゅうじいごん]

病気やその他の理由によって、死亡のおそれが迫っている者が遺言をしようとする場合の特別の遺言方式。単に危急時遺言というときは一般危急時遺言をさす場合が多い。まさに死が差し迫っている者のために特別に簡易な方式によって遺言をすることを認めたものであり、遺言

者の署名や押印が不要である。3人以上の証人の立ち合いが必要で、そのうちの1人に遺言の内容を口授することで遺言を行うことができる。ただし、この遺言は、遺言の日から20日以内に家庭裁判所に請求して確認の審判を得なければ、効力が認められない。

■ 一般債権者
[いっぱんさいけんしゃ]

特定人に対する権利（債権）を持つ者のうち、担保を持たない債権者のこと。一般債権者は、優先的担保物権の対象となっているもの以外の財産（責任財産）から弁済を受けることができるにとどまる。また、複数の一般債権者がいる場合には、各自の債権額に応じて（按分）弁済を受けられるにすぎない（債権者平等の原則）。

たとえば、債務者A（1000万円の土地を財産として持つ）に対して、一般債権者Bが200万円、一般債権者Cが400万円、土地に抵当権を設定した抵当権者Dが700万円の債権を持っているとする。債務者Aが破産などをした場合には、まず、抵当権者Dが土地の競売代金から700万円を優先的に回収でき、残り300万円について、Bが100万円、Cが200万円の弁済を受けることになる。

■ 一般財産
[いっぱんざいさん]

すべての債権者の債権の引当てとして、強制執行の対象となる債務者のすべての財産のこと。責任財産ともいう。これに対して、担保物権などが設定された財産は、一般財産には含まれず、担保物権者等が優先的に弁済を受けることができる。

一般財産のみを引当てに期待する債権者（一般債権者）は、債権を回収できる可能性が低いといえる。そこで民法は、一般財産の保全のために、債権者代位権や詐害行為取消権を規定している。

なお、一般財産の語は、組合財産や相続財産など、特定の目的のために使い途が特定された特別財産に対する概念として用いられることもある。

■ 一般財団法人
[いっぱんざいだんほうじん]

一般社団法人及び一般財団法人に関する法律（一般法人法）に基づいて設立される法人であって、一定の目的のために設立される財産の集合体。設立者によって、設立の際に300万円以上の財産が拠出されなければならない。一般財団法人の例としては、工業標準化および品質管理の普及・推進により、社会生活の向上をめざしてJIS規格の発行を行っている日本規格協会などが挙げられる。類似概念に一般社団法人があるが、財産の集合体である一般財団法人には社員がいない点で一般社団法人とは異なっている。

■ 一般社団法人
[いっぱんしゃだんほうじん]

一般社団法人及び一般財団法人に関する法律（一般法人法）に基づいて設立される法人であって、一定の目的のために設立される人の集団。社団の構成員は一般に社員と呼ばれるが、一般社団法人を設立するためには、社員2名以上が必要である。一般社団法人は、社員が一定の目的をめざして、意思を統合して自律的に活動する集合体であると考えられているため、意思決定機関である社員総会が設置されている。

一般社団法人の例としては、作詞者・作曲者、音楽出版社などの権利者から委託を受けて、著作権の管理業務を行うことを目的に設立された日本音楽著作権協会などが挙げられる。類似概念に一般財団法人があるが、これは一定の目的のために設立された財産の集合体であるため、社員や社員総会という機関が存在しない。

■ 一般承継／包括承継／特定承継

[いっぱんしょうけい／ほうかつしょうけい／とくていしょうけい]

一般承継とは、ある者が他の者の権利および義務を一括して承継することをいう。特定承継に対する語であり、包括承継ともいう。一般承継の例としては、相続によって相続人が被相続人の権利義務を承継する場合や、会社が合併して消滅会社の権利義務を存続会社または新設会社が承継する場合がある。

特定承継とは、ある者の特定の権利または義務を他の者が承継することをいう。一般承継、包括承継に対する語である。

特定承継は、売買契約による所有権の移転のように、個々の原因に基づいて個別に行われる。

■ 一般条項

[いっぱんじょうこう]

具体的な記述を避けて、一般的・抽象的な規定または価値判断を含むような語を用いて規定されている条項をさす。

法律の条文の多くは、具体的な要件・効果が定められているのが通常であるが、必ずしも具体的に規定するのが適切ではない事柄について、一般条項が置かれることがある。たとえば、信義誠実の原則や権利濫用の禁止、公の秩序・善良の風俗、公共の福祉、正当な事由や著しい障害などが例として挙げられる。

一般条項の具体的な適用については、最終的には裁判に委ねられるため、裁判の適切な運用が求められる。

また、国民の刑罰に関する定めである刑法においては、罪刑法定主義が採られており、一般条項によることは避けるべきであると考えられる。しかし、実際には証人等威迫罪における「正当な理由」のように、一般条項的な規定がなされている例がある。

■ 一般的・抽象的法規範説

[いっぱんてき・ちゅうしょうてきほうきはんせつ]

国会が制定する法規範（憲法 41 条の「立法」）の内容に関しては、不特定多数の人に対して、不特定多数の場合や事件に適用されるような内容でなければならないという考え方。

一般的・抽象的法規範説は、法律の適用対象者も、法律が適用される場合や事件も、不特定多数とすることで、法律の平等性や一般国民の予測可能性を担保することができるとしている。

■ 一般の先取特権

[いっぱんのさきどりとっけん]

特定の債権について、債務者の総財産（動産・不動産・債権など）を対象に、優先的に弁済を受けることができる権利。民法は、共益の費用、雇用関係、葬式の費用、日用品の供給といった、4 種類の債権について、一般の先取特権が成立すると定めている。一般の先取特権は、引渡し・登記などの公示方法を備えていない場合でも行使できる。

先取特権には、ほかに、債務者の特定の財産についてのみ優先的に弁済が受けられる特別の先取特権がある。これはさらに、特定の財産が動産か不動産かによって、動産の先取特権と不動産の先取特権とに分かれる。

■ 一般法／特別法

[いっぱんほう／とくべつほう]

一般法とは、対象とする事柄について全般的な規律を設けている法律をいう。適用される範囲について、とくに限定が設けられていないため、普通法とも呼ばれている。これに対して、特別法とは、特定の領域を対象に特別の規律が置かれた法律をいう。専門的な事項についての定めが設けられていることが多い。

たとえば、民法はすべての取引に適用

されるため一般法と呼ばれ、商法は取引のなかでも商取引に限って適用されるため、民法の特別法となる。ただし、その商法も、金融商品取引法との関係でいえば一般法となるように、一般法と特別法の関係は、相対的なものである。

特別法が適用される領域では、特別法が一般法よりも優先して適用されることになり、一般法は特別法に規定のない場合に限り補充的に適用されることになる。

■ 一般予防／特別予防
[いっぱんよぼう／とくべつよぼう]

一般予防とは、法律により刑罰を予告し、さらに実際の犯罪に刑罰を科すことで、社会の不特定多数の者を犯罪から遠ざけようとする考え方である。これに対して、特別予防とは、犯罪者の更生に重きを置き、刑事施設などでの教育や職業訓練などの社会復帰に向けた措置を通じて、犯罪者自身の将来の再犯を防ぐという観点から刑罰の効果を説明する考え方である。

高齢者による犯罪などは特別予防を期待することは困難であり、一般予防による説明が説得力を持つ一方、軽微な窃盗を繰り返す者には、特別予防による犯罪の抑止が有効に働く場合があることから、現在の通説的見解は、刑罰の効果を一般予防、特別予防の両者を併存的に用いて説明している。

■ 一筆
[いっぴつ]

土地を数える単位であり、土地の登記簿の表題部に登記されている土地を一筆の土地という。通常は1つの所有権の対象になる。ただし、一筆の土地を区分して一部を売買することや、一筆の土地の一部を時効取得することは可能である。一筆の土地を分けることを分筆、二筆以上の土地をまとめることを合筆という。

■ 一票の格差／議員定数不均衡問題
[いっぴょうのかくさ／ぎいんていすう
ふきんこうもんだい]

国会議員もしくは地方議会議員の選挙で、人口数（有権者数）と選挙区の議員定数の配分に不均衡があり、選挙人の1票の重みに不平等が存在している状態をさす。憲法14条が規定する法の下の平等に反し違憲ではないかが争われている。議員定数不均衡問題とも呼ばれる。

たとえば、衆議院の小選挙区選挙では、A選挙区（人口1万人）とB選挙区（人口5000人）で同じく1人の議員が選出されるが、これはA選挙区の選挙人の投票の価値は、B選挙区のそれの半分しかないということであり、憲法の定める平等選挙に違反しているのではないかが問題となっている。

最高裁判所はとくに衆議院選挙について、これまでのところ違憲と判断しても選挙自体は有効と結論付けているが、下級審では複数の裁判で違憲無効判決が下されるなど、昨今注目を集めている。

■ 移転登記
[いてんとうき]

現在、登記名義人とされている登記記録を変更し、新たにその物について権利を取得した者に名義を移すために行われる登記のこと。登記簿上の権利者の交代を表す登記。移転の原因として売買、贈与、相続などがある。また、所有権以外の物権である地上権、永小作権、担保物権である抵当権や質権についても、売買や贈与などにより権利者が交代した場合には移転登記を行う。なお、移転登記は、原則として、新たに名義人になる者を登記権利者、これにより名義人でなくなる者を登記義務者として、共同で申請する。

■ 囲繞地／袋地
[いにょうち／ふくろち]

ある土地が隣地に取り囲まれ、公道に

通じる通路を有しない場合、取り囲んでいる土地を囲繞地、取り囲まれている土地を袋地という。袋地の所有者は、囲繞地である隣地の通行権を有するとされる。もし、袋地の所有者が公道に出るための囲繞地通行権を持たないとすると、公道に出ることが不可能となり、現実問題として袋地である土地を利用することができなくなるからである。

なお、「囲繞地」という文言は、平成16年の民法改正で条文からは削除されたが、適切な文言が他にないため、現在でも一般に使われている。

■ 委任
[いにん]

当事者の一方が法律行為をすることを相手方に委託し、相手方がこれを承諾することを内容とする契約。たとえば、弁護士への訴訟代理の依頼や、株式会社・取締役間の職務に関する契約は委任契約である。

受任者は、自らの裁量によって働く点で、労働者（被用者）が使用者に従う雇用契約と異なる。法律行為でない事務を委託する医療契約などは、準委任契約といい、委任の規定が準用される。

■ 委任統治
[いにんとうち]

国際連盟が置かれていた時代に認められていた国際的な統治形態の一種。第一次世界大戦後に、旧ドイツ・トルコ領の植民地を対象に用いられていた制度である。委任統治の下では、国際連盟理事会の委任を受けた国が、国際連盟理事会の監督の下で統治を行う。趣旨は植民地化を防ぐことであったが、実際は植民地支配と変わらない点が多く、国際連合が置かれた後は、信託統治に受け継がれることになった。

■ 委任命令
[いにんめいれい]

行政機関により定められる命令（行政立法）のうち、法律自体が定めた特別の委任に基づいて制定される法規のこと。これに対して、事務細則など法律の規定の単純な執行のために、特別の委任を受けずに定めた法規を執行命令と呼んで区別している。

委任命令の例としては、政令・省令・内閣府令などが挙げられる。委任命令は、法律の委任の範囲を超えてはならず、また委任する法律なども委任の趣旨が明確でないもの（包括委任や白紙委任）は認められない。違法な委任命令は法的な効力が否定されると考えられている。

■ 委任立法
[いにんりっぽう]

立法機関（国会）以外の行政機関などが、国民の権利を制限し、または国民に義務を課すような規範（法規）を定めること。法律が委任することによって、国の唯一の立法機関である国会以外の機関が法規を定めることが可能になる。すべての事柄を法律で定めることは困難であることから、基本的な事項を法律で定めて、詳細について行政機関が命令で定める、という形で用いられている。ただし、法律が基本的事項をも含めて全面的に命令に委任すること（白紙委任）や、委任された事柄を超える形で、委任命令を定めることはできない。

■ 威迫
[いはく]

威圧的な言動により、他人に不安を生じさせること。たとえば、刑法は105条の2において証人等威迫罪を規定して、被告人に不利な証言をした証人に対する被告人等のいやがらせ行為を防止し、もって裁判の適正と証人の私生活の安全を図ろうとしている。

■ 違法／不法／不当
[いほう／ふほう／ふとう]

違法とは、法令に違反している行為または状態をいう。適法に対する語で、不法もほぼ同義である。刑法における違法性や、民法における不法行為のように固定された用語法も多いが、意味内容としては違法と不法に本質的な差異はない。

これに対して、不当とは、違法に対する語として用いられる場合が多く、この場合には、法令には反しないが妥当とはいえない行為または状態をさす。たとえば、道徳的には非難されるべき行為であっても、法律には違反していない行為は、不当ではあるが違法（不法）ではない。

■ 違法行為差止請求権
[いほうこういさしとめせいきゅうけん]

他人の違法な行為によって、利益または権利を侵害されるおそれのある者が、その行為をやめるように請求する権利。違法行為に対する請求としては、ほかに損害賠償請求権があるが、これは事後救済の方法であるのに対して、違法行為差止請求権は、事前に救済を行うことを目的とする。たとえば、特許権者の承諾を得ずに、特許の対象となった発明品を売却している者に対して、特許権者は差止めを求めることができる。

また、株式会社の取締役・執行役が任務に反して、会社の目的外の行為や法令・定款に違反する行為を行い、会社に損害が生じるおそれがあるときは、他の取締役や監査役が差止めを行わない場合には、株主が差止請求を行うことができる。

■ 違法行為の転換
[いほうこういのてんかん]

そのままでは違法となる行政行為を、別の行政行為として見直すことで適法な行政行為として存続させること。違法行為の転換は、違法行為の取消後に、改めて別の適法な行政行為をしなければなら

ないという非効率を防ぐ効果を持つ。裁判例でも、旧自作農創設特別措置法施行令43条等で定められた買収計画としては必要な請求を欠いていても、同施行令45条に基づく買収計画と読み替えることで、適法な行政行為であると判断した事例がある。

■ 違法執行
[いほうしっこう]

民事執行法上、強制執行の要件を満たしておらず、執行手続に違法がある執行のこと。たとえば、債務者の生活に必要不可欠である衣服など、差押えが禁止されている動産に対して執行を行った場合などが挙げられる。違法執行に対する救済手段としては、執行異議や執行抗告などがある。なお、民事執行法上は強制執行の要件を満たしているが、実体法上の執行を正当化する根拠がない執行を、不当執行と呼んで区別している。

■ 違法収集証拠排除法則
[いほうしゅうしゅうしょうこはいじょほうそく]

捜査手続に違法があった場合に、その結果得られた証拠の証拠能力を否定し、証拠として用いることを排除する原則。違法捜査を抑制し、手続の適正を確保する狙いがあるとされる。たとえば、警察官による逮捕手続が違法であった場合には、その逮捕を利用して採取された尿は証拠から排除されることになる。

■ 違法性
[いほうせい]

一般的に、法秩序に違反することを意味する。民法では、不法行為や債務不履行の要件のひとつとして用いられることが多い。

刑法では、処罰に値する害悪をもたらし、法的に許容されないことを意味し、構成要件該当性・責任と並ぶ、犯罪成立要件のひとつである。

■ 違法性阻却事由

[いほうせいそきゃくじゆう]

刑法において、構成要件に該当する行為について、例外的に違法性が否定される根拠となる事由。明文規定があるものとして、正当防衛、緊急避難、正当行為の３つがある。

たとえば、人を殺した場合、形式的には構成要件に該当するが、正当防衛が認められれば、違法な行為ではなくなるということである。条文に書かれていない自救行為など、超法規的違法性阻却事由を認める見解もある。

民法においては、不法行為による損害賠償責任の成立に関し、通常は違法性がある場合でありながら、違法性がないとされる特別な理由をさす。正当防衛・緊急避難、正当業務行為などがある。たとえば、人を傷つける行為は通常不法行為だが、それが手術という医師としての正当業務行為であれば、違法性が否定される。

■ 違法性の意識

[いほうせいのいしき]

主に刑法の分野で、行為者が自分自身の行為が法律上許されないものであることを意識している場合をさす。違法の認識ともいう。犯罪が成立するためには故意が必要であるが、故意または責任の要素として違法性の意識が必要かどうか、学説上争いがある。

■ 違法性の錯誤

[いほうせいのさくご]

☞法律の錯誤／違法性の錯誤／禁止の錯誤

■ 違法性の承継

[いほうせいのしょうけい]

①連続する複数の行政行為のうち後行行為の違法性を争う訴訟で、先行行為の違法事由を主張することを認めること。行政行為の違法性を訴訟で争う場合、一定期間（出訴期間）の経過後は出訴ができな

くなるが、違法性の承継を認めると、先行行為の出訴期間が経過していても、後行行為の違法事由として、実質的に先行行為の違法性を争うことができる。たとえば、東京都建築安全条例に基づく接道義務に関する都知事による安全確認の違法性は、その後の建築確認を対象とする取消訴訟で主張することが許されるとする判例がある。もっとも、課税処分と滞納処分のように、連続する行政行為であっても、それぞれ独立性が高い行政行為の間では違法性の承継が否定されるなど、いかなる場合に承継が認められるかは、必ずしも明確ではない。

②証拠収集手続自体は適法であるが、この手続のきっかけとなった捜査手続に違法がある場合、捜査手続の違法を理由に証拠収集手続で収集された証拠の証拠能力を否定すること。たとえば、違法な取調べによりなされた自白をもとに、捜索差押手続をして証拠を収集した場合が挙げられる。

刑事訴訟法上、違法収集証拠排除法則と関連して議論されるが、どのような場合に承継を認めるかについては、判例も一貫していない。

■ 違法配当

[いほうはいとう]

株式会社で分配可能額を超えて配当を行うこと。違法配当は会社の債権者等を害する危険があり、会社財産の違法な減少をもたらす行為である。たこが空腹時に食べていはいけない自分の足を食べるように、配当してはいけない財産を配当することから、たこ配当とも呼ばれている。

たとえば、本当は分配可能額が２億円であるにもかかわらず、架空の利益を計上して20億円の配当を行うことなどが挙げられる。会社法は、違法配当が行われた場合、会社や会社債権者は、株主に対して配当された金額の返還を求めるこ

とができる。もっとも、株主が多数存在する株式会社では、株主に返還を求めるのは困難であるため、会社法は、業務執行者や違法な剰余金などの配当議案を提出した取締役等に、違法配当に相当する金額の支払義務を課している。

■ 意味の認識
[いみのにんしき]

犯罪構成要件の要素に、精神的な価値判断（評価）を必要とする要素が含まれている場合に、その要素に対する認識をさす。たとえば、わいせつ物頒布罪（刑法175条）の文書の「わいせつ」性などが挙げられる。犯罪の成立には故意が必要であるが、意味の認識は故意の有無に影響を与える。たとえば、被告人Aがわいせつ文書Xを頒布した罪で起訴された場合、Aに故意を認めるには、文書Xを頒布することの認識に加え、Xがわいせつな文書であることの認識（意味の認識）が必要になる。AにXがわいせつな文書であることの認識が欠けている場合は、故意がないと判断される。

■ 違約金
[いやくきん]

契約を結ぶ際に、債務不履行があった場合に債務者が債権者に支払うことをあらかじめ当事者間で約束した金銭のこと。民法は、後に当事者間で紛争が生じることを防ぐ目的で、違約金について、損害賠償額の予定であると推定規定を設けている。したがって、債務不履行があった場合には、あらかじめ定めておいた違約金の額が、債務者から債権者に支払われることになる。もっとも、当事者間で、別の取決めを行うことは可能である。その場合には、違約金の定めとは別に、実際に生じた損害額について、債権者が債務者に請求することも可能になる。

■ 違約手付／解約手付／証約手付
[いやくてつけ／かいやくてつけ／しょうやくてつけ]

違約手付とは、手付を交付した者が契約で定めた債務を履行しない場合に、受領者が手付を没収できるという性質の手付をいう。手付の没収という契約上の制裁（違約罰）を定めておくことで、手付を交付した者が契約を履行することを確保する目的がある。

解約手付は、当事者が契約を解除する権利を留保する目的で交付する手付をいう。契約の相手方が履行に着手していない限りは、手付の交付者は手付を放棄さえすれば、また、手付の受領者は手付の倍額を提供することで、任意に契約を解除することができる。

証約手付とは、契約が成立したことの証（あかし）として、交付される手付をいう。すべての手付は、少なくとも証約手付としての性質を持っている。

■ 医薬品医療機器等法
[いやくひんいりょうききとうほう]

正式名称は、「医薬品、医療機器等の品質、有効性及び安全性の確保等に関する法律」。医薬品等の有効性及び安全性の確保のために必要な規制等を行う。かつては薬事法という名称だったが、平成25年の法改正により名称が変更された。

医師の処方箋が不要な一般用医薬品は、副作用等の危険性に応じて、第一類医薬品、第二類医薬品、第三類医薬品に分類されている。また、医師による処方は不要でも、適正な使用のために薬剤師による情報の提供や指導が必要な医薬品は、要指導医薬品と定められている。改正法では、一般用医薬品はすべてネット販売が可能になったが、要指導医薬品、医療用医薬品は、対面販売が義務づけられている。

■ 入会権
[いりあいけん]

　特定の地域の住民が、特定の山林原野（いわゆる里山）などにおいて、共同してその草木などを採取する慣習上の権利。民法上の物権として認められている。山林原野の土地の権利は、地域住民という団体自体に属しており、各住民は持分を持っていない。したがって、各住民は土地を売るようなことはできないが、草木などは相当な範囲内で自由に利用できる。

■ 遺留分
[いりゅうぶん]

　遺産について、一定の相続人に対して相続が確保された割合のこと。遺産は原則として被相続人が遺言によって自由に処分できるが、相続人の生活保障、相続人の平等の観点から、遺留分として、被相続人の処分に制限が加えられている。遺留分を有する者（遺留分権利者）は、配偶者、子、直系尊属であり、被相続人の兄弟姉妹には遺留分はない。具体的には、遺留分権利者が直系尊属のみの場合は法定相続分の3分の1、それ以外の場合は法定相続分の2分の1が遺留分となる。

■ 遺留分侵害額請求権
[いりゅうぶんしんがいがくせいきゅうけん]

　被相続人による遺贈や贈与により遺留分を侵害された遺留分権利者が、遺贈や贈与を受けた相手方に対して遺留分の回復を請求する権利。平成30年の民法改正により、遺留分減殺請求権から名称が変更された。

　遺留分権利者とは、被相続人の配偶者、子、直系尊属であり、遺留分は、相続人が配偶者、子の場合は法定相続分の2分の1、直系尊属だけの場合は3分の1である。兄弟姉妹には遺留分がない。

　遺留分侵害額請求権の対象となるのは、原則として遺贈と相続開始前1年以内になされた贈与である。ただし、相続人に対する贈与は、原則として相続開始前10年以内のものが対象になる。

　遺留分侵害額請求権の行使は、相続開始および遺留分侵害の事実を知った時から1年以内、かつ相続開始の時から10年以内に行う必要がある。この請求権の行使に際しては、遺贈や贈与を受けた相手方に対して遺留分侵害額に相当する金銭の給付を請求する。改正前の遺留分減殺請求権では認められていた、遺留分を侵害する遺贈や贈与された物の返還（現物返還）は請求できなくなった。

■ 医療過誤
[いりょうかご]

　医療現場で起こる人身事故のうち、医療従事者が注意義務に違反して被害を発生させる場合をさす。たとえば、患者に対してAという薬剤を注射しなければならないところを誤ってBという薬剤を注射してしまったために、投与を受けた患者が死亡した場合などが挙げられる。医療過誤に対しては、民事法上は債務不履行責任または不法行為責任を追及することができる。しかし、患者側が医療従事者の過失を証明しなければならないため、患者等の保護に十分ではないと批判されている。過失の程度が著しい場合には、刑法の業務上過失致死傷罪の責任が問われる場合もある。

■ 医療保険
[いりょうほけん]

　疾病や負傷、出産や死亡等のリスクに備えて、あらかじめ被保険者が支払った保険料を財源として、上記の事態が生じた場合に、金銭その他の給付を受けることができる契約や制度をさす。個人が民間の保険会社との間で結ぶ医療保険契約をさして医療保険の言葉が用いられることが多いが、社会保険のひとつである公的医療保険制度を含めて、この言葉が用

いられることもある。

　疾病や負傷などは誰にでも起こり得るリスクであり、これらによって起こる収入の減少などにあらかじめ備えておく必要があることから、わが国ではすべての国民を何らかの公的な医療保険に加入させる国民皆保険の制度が採られている。

　なお、医療保険には、被用者保険と国民健康保険の区別があるが、いずれの場合も被保険者とその者の一定の親族は、医療機関の窓口で、医療費用の全額のうち3割（高齢者を除く）を負担することによって、医療の提供を受けることができる。

■ 威力
[いりょく]

　暴行や脅迫に限らず、人の自由な意思決定に影響するだけの勢力を用いること。威力には、暴行・脅迫はもちろん、地位や権勢を利用する場合も含まれる。たとえば、威力を用いた犯罪として、威力業務妨害罪がある。

■ 因果関係
[いんがかんけい]

　原因と結果の関係。つまり、あるBという事実（結果）が、それに先行するAという事実によってもたらされている（原因）といえるときの、AB間の関係をさす。

　一般に刑法上の因果関係の有無は、条件関係が認められることを前提として判断される。条件関係とは「あれなければこれなし」の関係をいい、原因がなければ結果がなかったという関係が認められれば、条件関係が認められることになる。たとえば、Aが毒を入れた飲み物を、Bが飲んだ後に死亡した場合、「Aが毒を入れなかったらBは死亡しなかった」といえるならば、条件関係が認められる。刑法の因果関係論での学説の対立は、上記のような犯罪行為（Aの毒混入）と発生した結果（Bの死亡）との間の条件関係が存

在することを前提とした上で議論される。

　また、民法上の損害賠償の範囲に関しても因果関係の議論がある。条件関係が認められることを前提として因果関係を判断する点は、刑法と同様である。

■ 因果関係の錯誤
[いんがかんけいのさくご]

　刑法で、行為者があらかじめ考えていた行為と犯罪結果自体は一致しているが、結果が発生するまでの過程が、行為者が考えていた認識・予見と食い違った場合をさす。たとえば、Aが、Bを溺死させるつもりで橋から突き落としたところ、実際にはBが頭部を橋脚に激突させて死亡した場合などが挙げられる。

　因果関係も犯罪構成要件のひとつであり、犯罪構成要件事実である因果関係の錯誤がある場合に故意を認めることができるかが争われている。判例・通説は、犯罪行為と犯罪結果との間に因果関係が存在するかどうかを重視して、因果関係の錯誤がある場合でも、錯誤が相当因果関係の範囲内のものである限り、故意を認めることができると考えている。

■ 因果関係の断絶
[いんがかんけいのだんぜつ]

　刑法で、ある結果に向けられた行為がその効果を発揮する前に、その行為とは無関係な事実によって結果が発生した場合の、その行為と結果との間の関係（条件関係）をさす。たとえば、AがBを毒殺しようと考えて、実際にBに毒を飲ませたとする。しかし、毒の効果が発生する前に、偶然、落雷が起こり、これによってBが死亡した場合などが挙げられる。わが国では、因果関係をめぐりさまざまな学説が主張されているが、いずれの立場を採っても、条件関係が断絶する場合には、因果関係は否定されると考えられている。

■ 因果関係の中断論

[いんがかんけいのちゅうだんろん]

刑法で、犯罪行為と犯罪結果との間の因果関係を判断するにあたって、第三者の行為や自然の力が介在した場合などに、因果関係を否定するための解釈方法をさす。

とくに、「あれなければこれなし」という条件関係のみで因果関係を判断する立場（条件説）では、たとえば、Aが自動車事故を起こし、Bを自動車の屋根に跳ね上げたときに、Aと関係なく同乗者のCがBを路上に引きずりおろして死亡させた場合でも、Aの行為とBの死亡との間の因果関係が肯定されてしまう。そこでCの行為が介在したことで、因果関係が中断されると理解する考え方が主張された。

もっとも、わが国では相当因果関係説が通説であり、因果関係の中断という概念を使わなくても、相当性がないという形で因果関係を否定することが可能であることから、因果関係の中断は多くの支持を得ていない。

☞相当因果関係説

■ 因果的行為論／目的的行為論／社会的行為論／人格的行為論

[いんがてきこういろん／もくてきてきこういろん／しゃかいてきこういろん／じんかくてきこういろん]

因果的行為論とは、刑法上の処罰の対象となる人の行為について、意思に基づく身体の動静であるとする立場である。自然的行為論とも呼ばれる。

目的的行為論とは、刑法上の処罰の対象となる人の行為について、目的をもった意思に基づく作為（不作為を含まない）とする立場である。

社会的行為論とは、刑法上の処罰の対象となる人の行為について、社会的に意味のある身体の動静とする立場である。

人格的行為論とは、刑法上の処罰の対象となる人の行為について、行為者人格の主体的実現化と見られる身体の動静とする立場である。

このように、一般に、構成要件の判断に入る前に、刑法上問題とすべき「行為」とは何かを論じることを行為論という。たとえば、因果的行為論は、意思に基づかない身体の動静は「行為」でないと考えるため、咳やくしゃみといった身体の反射運動に過ぎないものや、無意識に行った動作といったものは、「行為」から除外される。他の説も、「行為」に当たらない身体の動静を「行為」から除くことに意味がある。

■ インカメラ審理

[いんかめらしんり]

裁判官だけが文書等を直接見分する方法により行われる非公開の審理である。民事訴訟法では文書提出命令に対する文書提出義務が一般的に認められているが、一定の秘密等が記載されている文書等は除外される。この除外事由があるか否かの審理にあたっては、裁判所がその判断をする必要がある場合に限り、裁判官が公開せずにその文書を見ることができる。

■ 印鑑登録証明書・印鑑証明書

[いんかんとうろくしょうめいしょ・いんかんしょうめいしょ]

個人が所持している印鑑が、事前に市区町村役場に届け出て登録（印鑑登録）されている印鑑であることを証明する書類。印鑑証明書とも呼ばれる。印鑑登録をした印鑑を「実印」という。印鑑登録証明書は、不動産や自動車の売買、公正証書の作成、遺産分割のような重要な手続をするときや、許認可の申請をするときなどに必要とされる他、印影の正当性を保証する書類でもある。印鑑登録証明書の交付を受けるためには、印鑑登録の際に交付される印鑑登録証または印鑑登録カードと手数料が必要である。

なお、法人の場合は、原則として設立

時に代表者の肩書きの入った印鑑（代表者印）を法務局に届け出て登録する。そして、代表者印であることを証明する書類として、法務局に申請することで印鑑証明書が交付される。

■ 淫行勧誘罪
[いんこうかんゆうざい]

もともと不特定の人と性交渉を持つ習慣（淫行の常習）がない女子に対して、営利目的で勧誘して、第三者と性行為を行わせる罪。3年以下の懲役または30万円以下の罰金に処せられる。保護法益は、健全な風俗や性道徳、性秩序の維持であると考えられている。性行為に及んだ男女ではなく、これを営利で媒介（あっせん）した者が処罰の対象となっており、売春防止法と趣旨を同じくすると考えられている。

■ インサイダー取引
[いんさいだーとりひき]

☞内部者取引／インサイダー取引

■ 印紙税
[いんしぜい]

文書に課税の根拠となる取引金額が記載されている場合に、その文書に対して課される税金のこと。事業活動上、取引時に作成される文書（契約書など）は、その取引内容を明確にし、法律上の権利義務を安定化させる。文書の内容に取引金額の記載があれば、それを根拠に課税取引が発生する。そこで、文書自体にも経済的利益があるとし、課税文書として税金を課している。課税文書には契約書のほか、証券や手形も含まれており、課税文書の内容によって印紙税の金額も細かく設定されている。

■ 印章
[いんしょう]

文字や形が彫刻され、文書等に押されることで、押印した者の責任や権限を表すしるしをさす。一般には判子をさすが、法令上は判子そのものをさす場合と、朱肉で判子を押し文章に残った印をさす場合がある。押印されている文書は、民事訴訟法上は本人が押したものと推定される。

■ 印章偽造の罪
[いんしょうぎぞうのつみ]

ある者が権限なく、他人を表す象形（氏名印など）の印影や署名などを作成して、紙の上などに表すことなどによって成立する罪、または、偽造された印章・署名などを使用することによって成立する罪の一群をさす。刑法は、天皇の印章等に関わる御璽等偽造・不正使用罪、公務所や公務員等の公印等偽造・不正使用罪、公記号偽造・不正使用罪、それ以外の私印偽造・不正使用罪を定め、それぞれ刑罰を科している。保護法益は印章・署名、記号の真正さに対する社会的信用である。もっとも、文書偽造や有価証券偽造などの手段として行われることが多く、これらの罪が成立する場合には、印章偽造罪はこれらの罪に吸収される。

■ 引致
[いんち]

刑事訴訟で、逮捕または勾引によって身柄を拘束した者を、実際に捜査や裁判をする一定の場所へ強制的に連行すること。

■ 隠匿
[いんとく]

人や物を人目に触れないように隠してしまうことで、その利用や発見を妨害する行為のこと。隠匿を行うことによって、刑法上の犯罪が成立する場合もある。たとえば、AがBに宛てた葉書を、Cが地面に埋めて隠してしまった（隠匿）場合、Cは信書隠匿罪に問われる場合がある。また、たとえば罰金以上の刑にあたる罪を犯した者を自宅にかくまって隠匿する行為は、刑法上では、犯人蔵匿罪に当たり処罰される。

■ 隠避
[いんぴ]

犯人などに場所を提供してかくまう（蔵匿）以外の方法によって、犯人や逃走者の発見や逮捕など身柄の確保を困難にする一切の行為をいう。蔵匿行為とともに、隠避を行った者には、犯人蔵匿罪が成立する。たとえば、逃亡先を明示して逃亡を勧告する行為、逃亡資金の供与、留守宅の状況や捜査状況を知らせること、捜査機関を惑わすような虚偽の情報の提供、第三者を身代り犯人に仕立てることなどが挙げられる。

■ インフォームド・コンセント
[いんふぉーむど・こんせんと]

医療行為に際して、医師によって適切な情報が十分に与えられたうえでの患者の同意のこと。医療法は、医師等の医療従事者は、医療の提供にあたり、適切な説明により患者等の医療を受ける者の理解を得るよう努めなければならないと規定している。インフォームド・コンセントを得ずになされた医療行為は、医療行為自体は適切なものであったとしても、説明義務違反として、債務不履行や不法行為の責任を問われる可能性があり、専断的治療行為として傷害罪が成立する可能性もある。

■ 陰謀・隠謀
[いんぼう・いんぼう]

犯罪の実行に着手する前に、2人以上の者が、特定の犯罪行為を実行することについて、具体的に相談を行い、合意に至ること。犯罪の準備行為としては、類似概念に「予備」があるが、「予備」は準備行為の物理的側面に関する語であり、「陰謀」はその心理的側面に関する語である。なお、「陰謀」が、刑法により処罰の対象となるのは、内乱罪など国の存亡に関わる一定の重大犯罪の準備行為として行う場合に限定される。

■ 員面調書
[いんめんちょうしょ]
☞司法警察員面前調書

■ 引用
[いんよう]

自分の著作物の中に、他人の著作物の一部を採り入れて利用すること。たとえば、自己の見解を論文などで発表するために、自己の見解と異なる見解が書かれた論文などの一部を掲載して、論評する場合などが挙げられる。引用が認められる根拠は、新たな著作物は先人の文化的遺産を土台に形成されるのが通常であり、公正な方法で用いる限り、他人の著作物を自己の著作物に一部採り入れることが必要となる場合があると考えられているためである。

もっとも著作権法は、引用にあたり、引用される側の著作物と引用する著作物とを明確に区別し、報道や批評、研究などの正当な目的がある場合でなければならないなどの要件を定めている。

■ 飲料水に関する罪
[いんりょうすいにかんするつみ]

人の飲用用の水に対して、清潔な状態を失わせたり、毒物を混入したりする罪。刑法は、浄水汚染罪、水道汚染罪、浄水毒物混入罪、浄水汚染等致死傷罪、水道毒物等混入及び同致死、水道損壊及び閉塞の6種類の犯罪を規定している。保護法益は、不特定多数の人の生命や身体の安全であると考えられている。飲料水に適する程度の清潔さを持った水が対象となり、浄水には水道だけではなく水がめや井戸水も含まれる。

う

■ ウェーバーの概括的故意
[うぇーばーのがいかつてきこい]

犯罪行為を行った者が、第1行為によって犯罪結果を発生させようと考えていたが、実際にはその後の第2行為によって結果を発生させた場合の故意についての考え方。実際に結果を発生させた第2行為の時点では、犯人に故意が欠け、故意既遂犯の罪責を問えないのではないかが問題となる。

たとえば、AがBを殺害するつもりで首を絞め、Bが動かなくなったとする。そして、Aが罪を隠すために、Bを海に突き落としたところ、実際にはBは絞首では死亡しておらず、海で溺死した場合などが挙げられる。

因果関係の錯誤の一種と考えられているが、判例は、第1行為と犯罪結果との間に因果関係が認められ、第2行為はそれを妨げるものではないため、殺人罪が成立するという立場を採っている。

■ 請負契約
[うけおいけいやく]

当事者の一方である請負人が、ある仕事の完成を約束し、その相手方である注文者がその仕事の結果に対して報酬を支払うことを約束する契約。たとえば、家を建てたり、物を運ぶことを内容とする契約や、演奏を行うなどの仕事を内容とする場合も、請負契約に当たる。

請負契約は、仕事の完成を目的としているため、労務それ自体が目的となる雇用契約や、単に事務処理を目的とし、必ずしも仕事の完成を必要とすることのない委任契約とは性質が異なるとされる。

■ 受取証書
[うけとりしょうしょ]

弁済の受領を証明する文書。いわゆる領収書などのことである。債務者が弁済したことの証拠となる受取証書は、二重弁済などの紛争を防止するために、重要な役割を果たす。そこで、債務者は受取証書の交付と引換えに弁済をすればよく、弁済と受取証書の交付は同時履行の関係に立つ。

なお、平成29年の民法改正により、受領権限のない受取証書の持参人への弁済は、弁済者が受領権限がないことにつき善意無過失の場合に有効とする規定が削除された。民法改正の施行後、受領権限のない受取証書の持参人への弁済は「受取権者としての外観を有する者（債権の準占有者）に対する弁済」の問題として処理される。

■ 氏
[うじ]

名とともに氏名を構成するもので、社会生活を送るうえで、人の同一性を明示する呼称のこと。日常的には、姓または名字ともいう。戸籍法では、同一戸籍に記載される夫婦と子は同じ氏であり、戸籍実務では、戸籍の変動の届出により戸籍に記載される氏を「民法上の氏」という。たとえば、婚姻の際は、夫または妻の氏のどちらかで届出をして、婚姻関係にある夫婦の子は父母の氏で届け出る。

また、戸籍に記載されている氏それ自体を「呼称上の氏」という。通常、「民法上の氏」と「呼称上の氏」とは一致するが、婚氏続称により、両者が異なる場合が生じる。たとえば、鈴木一郎と花子が離婚すると、民法上は婚前の氏に戻ると規定されている。そのため、婚前の氏が高橋である花子の民法上の氏は高橋である。しかし、戸籍法の定める届出をすることで、離婚の際に用いていた氏を名乗ることができる。

上記例で、花子が婚氏続称を行うと、呼称上の氏は鈴木になるため、「民法上の

氏」と「呼称上の氏」とが一致しない状態になる。なお、「呼称上の氏」の変更には、家庭裁判所の許可が必要となる。

■ 疑わしきは被告人の利益に
[うたがわしきはひこくにんのりえきに]

刑事訴訟手続において、裁判所が犯罪事実について確信を得られない場合には、被告人に有利な判断を下さなければならないという原則。裁判所の有罪判決があるまで、被告人を無罪として扱う推定無罪の原則と同義に扱われることが多い。いかなる者であってもまずは無罪と推定し、裁判所が有罪の確信を抱いた場合にのみ有罪とすることで、冤罪をできるだけ防止しようとする狙いがある。もっとも、「疑わしきは被告人の利益に」の原則は、有罪・無罪の決定のみではなく、自白の任意性や訴訟条件の有無などについても適用されると考えられている。最高裁は、再審事由の判断に関しても、「疑わしきは被告人の利益に」の原則を適用した。

■ 宴のあと事件
[うたげのあとじけん]

東京地裁昭和39年9月28日判決。小説家であるY（三島由紀夫）は、元外務大臣Xをモデルとした「宴のあと」という小説を雑誌に連載した。この小説により、私生活を暴露され、プライバシー権が侵害されたとして、XがYと出版社に対し損害賠償を求めて出訴した事件。裁判所は、YによるXのプライバシー権侵害を認め、Xの請求を容認した。

■ 内金
[うちきん]

売買代金や請求代金の一部を前もって支払うこと、またはその支払われた金銭。債務が履行されるにあたり、代金や報酬の一部として組み入れられる点では、手付と相違ないが、内金という名称で支払われる金銭の中には、証約手付の性質を有するものや、解約手付の趣旨で支払わ

れている場合があることに注意が必要である。契約成立の際に、内金であるか手付であるかを明確にしておくのが望ましい。なぜなら、内金ではなく、たとえば解約手付として交付された場合には、手付を放棄すれば契約を解除することができ、また債務不履行の場合に手付が没収されるなど、内金にはない効果が生じる場合があるためである。

■ 訴え
[うったえ]

原告が被告に対し一定の権利を主張し、裁判所に対しその当否について審理・判断を求めること。民事訴訟において訴えは、給付の訴え、確認の訴え、形成の訴えの3つの類型に区別される。

■ 訴えなければ裁判なし／不告不理の原則
[うったえなければさいばんなし／ふこくふりのげんそく]

民事裁判について、訴えが提起されていない場合には、裁判所が勝手に裁判をはじめてはならないことを表した法格言。この考え方から、ⓐ訴訟を起こすかどうか、ⓑ訴訟で訴える内容、ⓒ訴訟を終局判決以前の段階で終了させることなどは、当事者の自己決定に委ねられるという処分権主義の原則が導かれると考えられている。

たとえば、貸主Aが100万円の貸金の返還を借主Bに対して求めているが、Aが訴訟を起こすつもりはないと考えていたとする。このとき、当事者が訴えていない以上、裁判所が勝手にAB間の紛争を取り上げて、裁判を行うことは許されない。国家機関が裁判を提起する刑事裁判と異なり、民事裁判では、裁判を起こすかどうかは、私人の選択に任せられているという趣旨である。不告不理の原則とも呼ばれている。

また、刑事訴訟においては、不告不理

の原則は、近代的な刑事裁判の原則のひとつを表す言葉として用いられている。公訴提起の効力は、特定された被告人以外の者にはたとえ共犯者であっても及ばず、特定された公訴事実以外の犯罪事実にも及ばないものと考えられている。

■ 訴えの客観的併合
[うったえのきゃっかんてきへいごう]

民事訴訟で、原告が1つの訴えで被告に対する複数の請求について審判を求めること。訴訟主体（原告または被告）が複数の場合である訴えの主観的併合に対する語である。訴えの客観的併合の態様には、原告がとくに条件を付すことなく審判を申し立てる単純併合、数個の請求のうちいずれかが認容されることを解除条件としてほかの請求の審判を申し立てる選択的併合、数個の請求について順位をつけ、先順位の請求は無条件に審判を求め、先順位の請求が認められない場合に次順位の請求の審判を求める予備的併合の3つがある。

■ 訴えの主観的併合
[うったえのしゅかんてきへいごう]

民事訴訟において、1つの訴訟手続の中で、原告または被告の側に、複数人の当事者が存在する場合をいう。一般に、多数当事者訴訟と呼ばれる形態である。とくに、当事者は訴訟における主観的地位であるといわれており、複数の当事者が同一の訴訟手続の中で訴訟を行うことをさして、訴えの主観的併合の言葉が用いられている。訴えの主観的併合の種類としては、両立できない複数人の訴えについて、順序づけを目的に行われる主観的予備的併合、訴訟の係属中に第三者が当事者として参加するに至る主観的追加的併合などがある。もっとも、主観的予備的併合は判例で否定されている。対立概念は、訴えの客観的併合である。これは、原告が被告に対して、複数の請求を行う

場合であり、一般に請求の併合と呼ばれるものである。

■ 訴えの提起
[うったえのていき]

ある者（原告）が特定の者（被告）を相手に権利関係または法律関係の存否を主張して、その当否について裁判所の審理・判決を求める手続をさす。訴えの提起によって、民事訴訟または行政事件訴訟が開始される。

たとえば、Aが、Bが占拠しているのは自分が所有する家屋であると主張して、家屋の明渡しを求める訴訟を裁判所に提起することなどが挙げられる。訴えの提起には、時効の完成猶予など、一定の効果が認められている。訴えが提起されると、裁判所は原則として口頭弁論を開き、事件を審理・判決する義務を負う。

■ 訴えの取下げ
[うったえのとりさげ]

民事訴訟で、原告が訴えの全部または一部を撤回することをさす。訴えの取下げは、終局判決が確定するまで自由に行うことができるが、被告が口頭弁論を行った後などは被告の同意が必要となる。たとえば、AがBに100万円の貸金の返還を求める訴訟を提起していたが、BがAに80万円を支払うという和解が裁判外で成立し、もはや訴訟を継続する必要がなくなった場合などに用いられる。訴えが取り下げられると、初めから訴えが裁判所に係属していなかったことになる。

■ 訴えの併合／請求の併合
[うったえのへいごう／せいきゅうのへいごう]

訴えの併合とは、民事訴訟で、複数の請求が併合されていることをいう。訴えの併合には、同一の当事者間で複数の請求が審理される場合である訴えの客観的併合と、原告または被告が複数の場合である訴えの主観的併合の双方が含まれる。

請求の併合とは、同一の当事者間で複数の請求が審理される場合であり、訴えの客観的併合と同義である。

■ 訴えの変更
[うったえのへんこう]

民事訴訟で、訴訟係属後に請求の内容を変更する原告の申立てのこと。訴えの変更は、訴えの基礎に変更がないこと、著しく訴訟手続を遅滞させないこと、事実審の口頭弁論終結前であることという要件を満たしたときに認められる。訴えの変更には、従来の請求に新たな請求を追加する追加的変更と、従来の請求に代えて新たな請求を定立する交換的変更がある。

■ 訴えの利益
[うったえのりえき]

民事訴訟制度の利用が認められるための正当な利益ないし必要性のこと。訴えの利益には、権利保護の資格と権利保護の利益の2つが含まれる。権利保護の資格とは、請求の内容が本案判決を受けるだけの一般的な資格があることであり、権利保護の利益とは、原告に判決を求める現実の必要性があることである。訴えの利益を欠く訴えは不適法であり、却下される。

■ 宇奈月温泉事件
[うなづきおんせんじけん]

大審院昭和10年10月5日判決。宇奈月温泉を経営するY社は、温泉の湯を引くため7.5kmにわたって引湯管を敷設していた。この引湯管が第三者Aの土地を2坪ほど通過していたが、YはAより利用権の設定を受けていなかった。Aからこの土地を譲り受けたXが、Y社に対して、土地所有権に基づき、引湯管の撤去を求めて妨害排除を請求した事件。この裁判では、妨害を除去するための負担よりも、妨害による損害の方が小さい場合に、妨害排除請求が認められるかが争われた。大審院は、Xの請求が権利濫用に

あたることを理由として、妨害排除請求を認めず、請求を棄却した。

■ 裏書
[うらがき]

手形の譲渡行為のこと。裏書は、手形法に定められた方式によらなければならない。記名式裏書と白地式裏書の2種類がある。両者の主な違いは、被裏書人の記載があるか否かであり、白地式裏書には記載がない。裏書の効力として、権利移転的効力、担保的効力、資格授与的効力の3つがある。

また、譲渡行為としての裏書(譲渡裏書)以外にも、裏書人が被裏書人に対して手形上の権利行使の権限を与える取立委任裏書や質権を設定する質入裏書もある。

■ 裏書禁止裏書
[うらがききんしうらがき]

新たな裏書を禁止する旨を記載することにより、裏書人(受取人)が担保責任を負わなくなる裏書のこと。

通常、手形が裏書により連続して複数人に譲渡されると、最終の被裏書人は振出人に手形金の請求をすることができるとともに、振出人が支払わないときは、今までの裏書人に対して手形金を請求することができる。しかし、裏書人が新たな裏書を禁止する旨を記載して裏書することで、その後さらに連続して裏書がされたとしても裏書人は自分の直接の被裏書人より後の被裏書人に対して手形金の支払を拒むことができることになる。

■ 裏書禁止手形／指図禁止手形
[うらがききんしてがた／さしずきんしてがた]

裏書禁止手形とは、振出人が「指図禁止」またはこれと同一の意義を有する文言によって、裏書を禁止する旨の記載をして振り出した手形のこと。指図禁止手形ともいう。裏書禁止手形は、債権譲渡の方法および効力をもってのみ譲渡する

ことができる。「債権譲渡の方法」とは、譲渡人から振出人に対する譲渡の通知か、振出人の承諾が必要になるということであり、さらに、手形の交付も必要であると解されている。また、「債権譲渡の効力のみを有する」とは、通常の手形の裏書譲渡の場合に認められる善意取得、人的抗弁の切断、資格授与的効力などが認められないということである。

■ 裏書の抹消
[うらがきのまっしょう]

裏書の裏書人の氏名と被裏書人の氏名の双方または一方の記載を抹消すること。手形法、小切手法では、抹消された裏書は「記載セザルモノト看做ス」と規定されており、裏書の連続との関係では記載されなかったのと同じ扱いになる（手形法16条1項、小切手法19条）。被裏書人の氏名のみの抹消について、裏書人欄全部の抹消と解する説と白地式裏書となる説が対立しているが、判例は白地式裏書になると解する。

■ 裏書の連続
[うらがきのれんぞく]

証券の券面上の記載において、各裏書が間断なく続いていること。たとえば、受取人が第一裏書人となり、その被裏書人が第二裏書人となるように、受取人から最終の被裏書人に至っているような場合である。裏書の連続した証券の所持人は、証券上の権利者と推定される。裏書の連続の有無は形式的に判断され、裏書の途中に実質的に無効な裏書が介在していても、裏書の連続が害されることはない。逆に、同一人が別名を使った場合のように、実質的には連続していても、外形的に受取人（または被裏書人）と裏書人が違っているときには、裏書は不連続となる。ただし、受取人（または被裏書人）の表示と裏書人の表示は正確に一致しなくても、社会通念上、両者が同一であると観念さ

れるものであれば足りる。たとえば、「A会社代表取締役B」と、「A会社B」には裏書の連続が肯定される。

■ 売主の契約不適合責任・売主の担保責任
[うりぬしのけいやくふてきごうせきにん・うりぬしのたんぽせきにん]

引き渡された目的物や権利が契約の内容に適合しない場合に、売主が買主に対して負う責任のこと。平成29年の民法改正により、売主の担保責任から名称が変更されるとともに、その法的性質も法定責任（法律が定める特別の責任）から債務不履行責任へと変更された。なお、民法改正の施行後も、品確法（住宅の品質確保の促進等に関する法律）では売主の瑕疵担保責任の言葉を残すものの、契約不適合責任と同じ意味になるように改正される。

たとえば、買主Aが売主Bから中古建物を買い受けたが、その土台部分がシロアリに食われていた場合、売買契約の対象となっている中古建物の品質が契約の内容に適合しない（契約不適合がある）と考えられるため、BはAに対して契約不適合責任を負うことになる。買主は、契約不適合責任に基づき、民法562条以下に規定する追完請求権、代金減額請求権、契約解除権、損害賠償請求権を行使することができる。

改正前における担保責任の代表例である瑕疵担保責任は、要件として、目的物につき「隠れた瑕疵」を要求していた。つまり、売買の目的物が取引上一般に要求される品質を備えていないことにつき、買主が善意無過失であることが要求される。しかし、契約不適合責任の場合は、目的物が契約の内容に適合する品質などを備えているかどうかが問題となり、買主の善意無過失が要求されない点に違いがある。

■ 売渡担保
[うりわたしたんぽ]

外見は物の売買契約の形式をとっているが、その実質は売主が買主から売買代金という名の融資を受け、売主が一定期間内に目的物を買い戻すことを約する物的担保の一形式。債権担保の目的で行われる非典型担保の一種であり、質権と異なり物の占有移転を伴わない点に特徴がある。譲渡担保の一種だが、被担保債権に当たるものが、売渡担保には形式的には存在しないという相違点がある。

たとえば、AがBへ工作機械を売却し、その売買代金という形式で資金の融資を受け、一定の期間の経過後、AがBに売買代金に利息を加えた額を提供して、Bから工作機械を買い戻すという形式の担保契約を結ぶ場合がこれに当たる。売買代金と引換えに形式的には工作機械の所有権はBに移るが、実際はAの手元に機械は残るので、Aは経済活動を継続できる点が大きなメリットである。

■ 上乗せ・横出し条例
[うわのせ・よこだしじょうれい]

上乗せ条例とは、国の法律で定められている事項について、法律の基準よりも厳しい基準を規定している条例のこと。

横出し条例とは、国の法律で規制されていない部分に関して、新たに規制を制定している条例のこと。

本来、条例は「法律の範囲内」でしか制定することができない。しかし、判例は、条例が法律に反するかどうかは、法律と条例の趣旨や内容を総合的に比べて、矛盾抵触があるかないかで判断するとしており、上乗せ条例・横出し条例の有効性は当然には否定されない。

■ 運送営業
[うんそうえいぎょう]

営利目的で運送を引き受けること。運送とは、物品または旅客を場所的に移動させることをいい、陸上運送、海上運送、航空運送の3つの類型に区別される。平成31年施行の商法改正で、陸上運送に関する規定が海上運送や航空運送にも適用されるものとして位置づけられた。

■ 運送保険
[うんそうほけん]

陸上運送によって運搬される貨物について、盗難、破損、火災などの偶然に起こる事故によって生じた損害を填補するために設定される保険のこと。損害保険の一種である。なお、海上輸送における運送品に関しては、同じく損害保険の一種である海上保険が適用される。一般的に運送保険という場合、それは陸上運送に関する保険をさし、海上運送に関するものは含まない。

■ 運輸の先取特権
[うんゆのさきどりとっけん]

旅客や荷物の運送料（付随費用も含む）に関して、運送人の占有する荷物の上に発生する先取特権のこと。たとえば、荷物の送り主が荷物の運送料を支払わなかった場合、その荷物の運送人は、自己の占有する荷物を競売し、その競売代金の中から、他の債権者に優先して、未払いの運送料を回収できる。民法によって規定されている動産の先取特権の一種である。

■ 運用違憲
[うんよういけん]

違憲訴訟における違憲判断の方法のひとつで、法令自体は合憲であることを前提に、その法令が憲法に反する形で運用されている処分を違憲と判断する方法のこと。

え

■ 永久税主義
[えいきゅうぜいしゅぎ]

☞一年税主義／永久税主義

■ 営業
[えいぎょう]

営業には、主観的営業と客観的営業の2つの概念がある。

主観的営業とは、利益を得る目的で、同種の行為を反復継続的に行うことである。営利目的で当初から反復継続して営業を行う意思があれば、1回でやめたとしても営業に該当する。

客観的意義の営業とは、営業用の財産を意味する。これには、人的物的施設の統一体が広く含まれると考えられており、たとえば、経営組織や店舗、または得意先関係など、必ずしも金銭で評価することができないものも、営業の構成要素であるといわれている。なお、会社法では、営業ではなく、事業という言葉が用いられている。

■ 営業所
[えいぎょうしょ]

商人の営業活動が行われる場所であり、独自の意思決定を行えるだけの一定の人的組織を備えている場所のこと。商人の営業活動の中心となる場所であるため、ある程度の継続性が要求される。個人の住所に認められる法律効果が、商人の営業所に対して認められる。たとえば、商人の場合には営業所が、債務の履行場所や裁判管轄の基準になる。

■ 営業譲渡
[えいぎょうじょうと]

営業そのものの全部または重要部分を譲渡すること。譲渡により、譲受会社は譲渡会社の営業活動を受け継ぐ。たとえば、営業譲渡により、譲受会社の所有する主要工場およびその土地、工場で使われている機械、労働者等がそのまま譲受会社に受け継がれ、譲受会社は、受け継いだ工場等を用いて、譲渡会社と同様の営業活動をすることになる。譲渡会社は、譲渡の限度で競業避止義務を負う。

営業譲渡は商法上の用語であり、会社法においては事業譲渡と言い換えられている点で商法と異なるが、その実質的な規制の内容はほぼ同じである。

■ 営業的商行為
[えいぎょうてきしょうこうい]

営業としてするという認識の下で、商行為として扱われる行為のこと。商法は、特定の行為を営業的商行為として規定している。「営業としてする」とは、営利の目的で反復継続して行うことをさす。商法502条に13種類が列挙されている。主要な営業的商行為として、場屋取引と両替その他の銀行取引が挙げられる。場屋取引には旅館、飲食店、パチンコ店等の営業が含まれる。両替その他の銀行取引の例としては、いわゆる銀行の営業が挙げられ、預金と貸金の双方が含まれる。なお、貸金業者の営業は預金行為をしないため、「両替その他の銀行取引」に該当しない。

■ 営業能力
[えいぎょうのうりょく]

自ら営業活動を行う能力。自然人であれば当然に営業能力を有するというわけではなく、民法の行為能力に関する一般原則に従う。たとえば、未成年者には原則として営業能力がないが、法定代理人の許可を得て行う営業については、完全に有効な行為をすることができる一方、成年被後見人には営業能力がない。

■ 営業の自由
[えいぎょうのじゆう]

自分が選択した職業について、それを継続して行う自由のこと。憲法22条1項

は職業選択の自由を認めているが、ただ従事する職業を決定する自由だけでは、経済活動の保障として十分ではないため、あわせて営業の自由も含めて保障したものと考えられている。もっとも無制限な職業活動を許すと、社会生活の安全や秩序を乱すおそれもあるため、たとえば医師や弁護士などの職業では、免許による資格制が採られるなど、規制が許されている場合がある。

■ 営業秘密
[えいぎょうひみつ]

企業内で秘密として管理されている、公然と知られていない生産方法・販売方法その他の事業活動に有用な技術上または営業上の情報のこと。たとえば、商品の製造に関するノウハウやセールスマニュアル、顧客リストなどが該当する。不正競争防止法により、企業の知的財産権のひとつとして保護されている。

■ 永小作権
[えいこさくけん]

小作人が耕作や牧畜などをするために、小作料を支払って他人の土地を使用できる権利。永小作権は登記や譲渡、転貸もできる。存続期間は20年以上50年以下である。存続期間が長いことから、最近では比較的短い賃借権が使われることが多い。

■ 永世中立
[えいせいちゅうりつ]

条約などによって、自ら戦争を開始しないこと、および、他国間の戦争にあたり、いずれかの国の側に立って、戦争に参加することが認められていない地位をいう。永世中立の地位にある国家を永世中立国という。他の条約当事国は、永世中立国の独立と領土保全を保障する。永世中立国は、外交上、軍事同盟への加盟や軍事条約の締結は許されない。他国が戦争状態にある場合に中立を守る義務を負うが、平和主義や非武装とは意味合いが異なり、自衛のための武力行使は容認される。スイスは1815年に国際的に永世中立国と認められて以来、永世中立の立場を堅持している。

■ 営造物
[えいぞうぶつ]

一般に、公共利用のための施設と、その施設を運用する人的体制も含めた施設全体を意味する。旧地方自治法はこの用語を使用していたが、定義規定がなく解釈上問題が生じ、現行の地方自治法ではこの用語は廃止され、「公の施設」という用語が定義づけられて使用されている。国家賠償法上は、「公の営造物」という用語を用いて、人的要素を除いた個々の建築物・物的施設そのものをさす。

■ 営造物法人
[えいぞうぶつほうじん]

独立の法人格を与えられた営造物をいう。特殊法人、政府関係機関、政府関係企業などともいう。

■ 栄典
[えいてん]

国家や公共に対する功労者を表彰するため、国家が与える待遇・地位・称号などの総称。栄典の授与は、内閣の助言と承認により行われる天皇の国事行為のひとつとされている。もっとも、首相や知事が栄典を授与する制度を設けることが禁止されるわけではない。なお、栄誉、勲章その他の栄典の授与は、いかなる特権もなく、またその効力は、これを有している者の一代に限られる。

■ 英米法／大陸法
[えいべいほう／たいりくほう]

世界の法体系は、大きく英米法系と大陸法系とに分かれている。このうち、英米法とはイギリス・アメリカ・オーストラリア・ニュージーランドなどの英米諸国を中心に形成された法体系である。イ

ギリスの国王裁判所により全国に一様に適用される法として確立されたコモンローと、それを補う大法官府の判例によって成立したエクイティ（衡平法）をもとに発展し、不文法である判例の蓄積が法（判例法）として確立したことが特徴的である。

一方、大陸法とはヨーロッパ大陸を中心に形成されてきた法体系をさす。ローマ法の影響を強く受けて、制定法を第一次的な法源として、それを解釈・適用することで事件の解決が行われるという特徴を持っている。わが国は、大陸法を中心として発展してきた経緯があるが、とくに戦後、英米法の影響を強く受けるに至っている。

■ 営利法人
［えいりほうじん］

事業によって得た利益を、法人の出資者（構成員）に対して分配することが予定されている法人。営利法人の設立に関しては、あらかじめ法律で定めた要件を満たせば、当然に法人格を付与する準則主義が採用されている。営利法人になることができるのは、社団法人に限られ、財団法人はなることができない。

■ 営利目的等略取および誘拐罪
［えいりもくてきとうりゃくしゅおよびゆうかいざい］

営利目的、わいせつ目的、結婚目的、または生命・身体に対する加害目的で、暴行を加え、またはだまして人を略取・誘拐する罪。

保護法益は、被拐取者の自由である。1年以上10年以下の懲役に処せられる。営利目的等略取および誘拐罪の例としては、たとえば、借金の返済のために売春に従事させる目的で誘拐する行為が挙げられる。

■ ADR
［えーでぃーあーる］

裁判所も含めた第三者機関が関与することによって裁判以外の方法で法的なトラブルを解決すること。正式名称は、裁判外紛争解決手続という。解決方法としては、調停、仲裁、あっせんなどがある。英語の頭文字をとって ADR と呼ばれる。裁判所が取り扱う民事調停や家事調停、行政委員会などの行政機関が取り扱う手続のほか、「裁判外紛争解決手続の利用の促進に関する法律」に基づき、法務大臣の認証を受けた民間機関が行う手続もある。いずれの機関が行う場合も、裁判と比べて費用も安価で、簡易・迅速・柔軟な紛争解決が期待できる。

■ 疫学的因果関係
［えきがくてきいんがかんけい］

とくに公害や薬害などの事例で、問題となっている公害や薬害などと発生した損害との間の因果関係を証明するための方法として主張された考え方。厳格な証明が要求される刑事裁判でも、限定的ながら疫学的因果関係の手法を用いた証明が行われる場合があるが、主に、不法行為に基づく損害賠償請求（民法709条）に関して用いられることが多い。たとえば、工場の排気ガスによって発生した大気汚染によって呼吸器系の疾患を患ったとして損害賠償請求を行う場合、原告は排気ガスに含まれる有害物質（原因因子）がどのように作用して疾病を発生させたかを証明しなければならず、これは被害者にとって困難であった。そこで疫学の考え方に沿って、原因因子が疾病発生前から作用しており、因子の増大に伴い疾病等の発生リスクが高まり、因子がないところではその疾病などの発生率が低下する関係にあること、そして、因子と疾病などの発生の関係が生物学的に説明可能である場合には、因子と疾病などの間に因果関係があると判断してよいという考え方が主張された。

■ エストッペル／禁反言の原則
[えすとっぺる／きんはんげんのげんそく]

すでに表明した自己の言動と矛盾するような言動を行ってはならないという原則。禁反言の原則とも呼ばれている。また、故意または過失により事実に反する外観を作出した者は、その外観を信じて取引に入った、事実に反することを知らない（善意の）第三者に対して、その外観が虚偽であることを主張できないという法律上の原則のことをいう場合もある。これは外観主義または表示による禁反言とも呼ばれる。

■ 閲覧
[えつらん]

ある情報等を知ることを望む者が、その情報を保有している機関等に請求することによって、その情報に関する文書や物件などを見ること。

■ 恵庭事件
[えにわじけん]

札幌地裁昭和42年3月29日判決。北海道千歳郡恵庭町（現恵庭市）にある自衛隊演習場付近では、射撃演習の爆音などによる乳牛への被害を避けるため、自衛隊が酪農家に対して、射撃演習の際に事前連絡をする取決めがあった。しかし、連絡なしに射撃演習がなされたため、Yら（被告人）は抗議をしたがなお演習が続行された。これを受け、Yらが自衛隊の電話線を数箇所切断したところ、この行為が自衛隊法121条の防衛用器物損壊罪に問われ起訴された。この裁判では、自衛隊の合憲性をめぐって激しく争われたが、裁判所は、最終的には自衛隊の合憲性について判断せず、被告人の行為が121条に該当しないことを理由として、被告人を無罪と判示した。

■ NPO法人
[えぬぴーおーほうじん]

特定非営利活動促進法（NPO法）に基づいて設立される、福祉・環境・国際協力などの分野で活動する法人のこと。NPO法人を設立するには、かつては厳格な要件を満たさなければならなかったが、NPO法制定後、NPOとして活動する市民団体などが、簡易にNPO法人になることができるようになった。

もっとも、活動範囲は、保健・医療・福祉、社会教育に関する活動などに限定されている。NPO法人の例としては、骨髄バンクの推進を目的に設立される全国骨髄バンク推進連絡協議会などが挙げられる。

■ 愛媛玉串訴訟
[えひめたまぐしそしょう]

最高裁平成9年4月2日判決。愛媛県は、靖国神社が行った春秋の例大祭に際して玉串料などを奉納したが、これは公金から支出されたものであった。そこで、愛媛県の住民Xらが知事Yらに対し、公金の支出によって県が損害を被ったとしてその賠償を求めて出訴した。この裁判では、公金の支出が政教分離原則に反するかが争われた。最高裁は、玉串料などの奉納は慣習化した社会的儀礼行為とはいえず、その目的は宗教的意義を持ち、その効果も特定の宗教を援助、助長するものであることを理由として、公金の支出は政教分離原則に反し、憲法89条に違反するとして、違憲判決を下した。

■ M&A
[えむあんどえー]

企業の合併や買収の総称。mergers and acquisitions（合併と買収）の略称。M&Aの具体的な法的手段としては、対象会社の営業の全部または一部の譲受け、対象会社の吸収合併、対象会社の吸収分割、対象会社の株式の譲受けなどがある。

■ MBO
[えむびーおー]

経営陣による事業の買収のことをいう。

management buyout の略称。経営陣買収と訳される。MBO が利用される場合としては、企業グループの中のある会社がグループから分離するときに利用されるほか、敵対的買収の回避策として、経営陣が市場の株式を買い集め、上場を廃止し、非公開とする場合などがある。

なお、会社の従業員による事業の買収は、EBO（employee buyout、従業員買収）といわれる。

■ ＬＲＡの基準／より制限的でない他の選びうる手段の基準

　　[えるあーるえーのきじゅん／よりせいげんてきでないたのえらびうるしゅだんのきじゅん]

違憲審査基準のひとつであり、当該規制と比較してより緩やかな規制手段がない場合に限り合憲と判断する手法。Less Restrictive Alternative の略称。表現の時・所・方法を規制する立法の合憲性を判断する場合に用いられるとする学説が有力である。ただし、わが国の裁判例においてLRA の基準が用いられたと見られる例は、多くない。LRA の基準とより制限的でない他に選びうる手段の基準の関係については、同義であるとする見解や異なる基準であるとする見解があり、必ずしも一貫した用法で用いられているわけではい。

■ 冤罪

　　[えんざい]

無実の者が犯罪者として扱われること。有罪判決が確定した場合でも、刑事訴訟法に規定される再審制度によって救済される可能性はあるが、判決確定後に裁判所が再審請求を受け入れる事例はあまり多くない。冤罪被害者には特別な補償が規定されており、無罪判決を受けた場合には刑事補償法によって、嫌疑なしの理由で起訴されずに釈放された場合には被疑者補償規程によって補償が行われる。

■ 延焼罪

　　[えんしょうざい]

人が住んでいない自己所有の建造物等または建造物等以外の物に放火し、公共の危険を発生させた上、建造物等に延焼させた場合、または、建造物等以外の自己所有の物に放火し、公共の危険を発生させた上、他人の所有する建造物等以外の物に延焼させた場合に成立する罪。前者は3月以上10年以下の懲役、後者は3年以下の懲役に処せられる。火力の不正な使用による公衆の生命・身体・財産に対する危険を防止するために規定された。延焼の結果について認識がある場合には、本罪ではなく、その延焼した客体についての放火罪が成立する。

■ 演奏権

　　[えんそうけん]

著作権者が、演奏によって得られるはずの対価を受け取れないといった事態を防ぐための権利。著作権法に規定されている。演奏者は、基本的には著作権者の許可を得て演奏することになる。演奏には、生演奏だけでなくCD などに録音されたものの再生も含まれる。

なお、非営利での演奏については例外とされる。たとえば学校の音楽会で生徒が演奏する場合には、著作権者の許可は必要ない。

■ 延滞金

　　[えんたいきん]

地方税を納期限までに納めない場合に課される徴収金をいう。本来の納期限の翌日から納付日までの期間に応じて、一定割合の金額を本来の税額に加算して納付しなければならない。期限内納税者との負担の公平と、期限内納税の促進の意義をもつ。地方税以外でも、国の債権の管理等に関する法律、農地法、厚生年金保険法などでも延滞金という言葉が用いられている。

■ 援用
[えんよう]

　ある法律効果を発生させる事実が存在する場合に、法律効果が発生することで生じる利益を受けるために、その事実の存在を主張すること。たとえば、時効の援用、証拠の援用、抗弁の援用などといった形で用いられる言葉である。法律上、援用が規定されている場合には、援用があってはじめて法律上の効果が発生する場合がほとんどで、援用がない限り、たとえ事実が発生または存在していたとしても、本人に対して何らの効果も与えない。たとえば、取得時効が成立した場合、当事者がそれによる利益を得たければ、相手方に対して取得時効の成立を主張しなければならない。

お

■ 黄金株
[おうごんかぶ]

　株主総会決議事項等について拒否権を行使できる株式のこと。たとえば、敵対的買収によって普通株式を買い占められたときでも、黄金株を保有する株主は、合併提案等の重要事項の議決を拒否できる。通常、黄金株は、ごく少数（多くの場合は1株）のみが発行され、法律的には、拒否権付種類株式を発行することによる。

　拒否権付種類株式とは、株主総会（取締役会設置会社では株主総会または取締役会）が決議すべき事項のうち、当該決議のほか、当該種類株式を持つ株主による種類株主総会の決議があることを必要とするものをいう。

■ 押収
[おうしゅう]

　捜査機関が物の占有を取得すること。差押えと領置がその典型であり、どちらも強制力が働く。差押えは、物を強制的に取得することをいう。領置は、遺留された物や所有者から任意に提出された物を取得することをいい、取得の際には任意の形をとるが、いったん領置された物は強制的に占有できる点で強制力が働く。

■ 押収拒絶権
[おうしゅうきょぜつけん]

　一定の者が、公務上の秘密、業務上の秘密について、押収を拒むことができる権利。公務上の秘密については、公務員または公務員であった者が保管し、または所持する物については、本人または公務所（市役所など国や地方公共団体が設置する官公署）から職務上の秘密に関するものであることが申し立てられたときには、監督官庁の承諾がなければ、押収をすることができない。また、医師、歯科医師、助産師、看護師、弁護士、弁理士、公証人、宗教の職にある者またはこれらの職にあった者は、業務上委託を受けて、保管し、または所持する他人の秘密に関する物について、押収を拒むことができる。

■ 応訴管轄
[おうそかんかつ]

　主に民事訴訟で原告が管轄違いの裁判所に訴えを起こした場合に、被告がこれに対して異議を唱えることなく、応訴することで生じる管轄のこと。応訴管轄が生じるのは第一審に限られ、また、専属管轄については応訴管轄は生じない。

■ 応報刑主義／目的刑主義
[おうほうけいしゅぎ／もくてきけいしゅぎ]

　刑法が犯罪に対して刑罰を科すことの根拠を説明するための理論は、応報刑主義と目的刑主義という考え方に分かれている。応報刑主義とは、いわゆる「目には目を、歯には歯を」というように、刑罰は犯罪を行ったことに対する報い（応報）として科されるという考え方をいう。

これに対して、目的刑主義とは、刑罰には犯罪を防止・抑止する効果があるから正当化されると説明する。さらに、目的刑主義でとくに犯人の改善・更生を重視する立場は、教育刑主義と呼ばれている。

■ 往来危険罪
[おうらいきけんざい]

鉄道の線路に障害物を置いたり、トンネル・信号機を破壊するなどして、汽車・電車に脱線・転覆・衝突の危険を生じさせ、または灯台の灯りを消したり、ブイを破壊するなどして、艦船に転覆・沈没の危険を生じさせる罪。鉄道、船舶等の公衆の交通の安全を守るために規定された。2年以上の懲役に処せられる。

電車や艦船は主要な交通機関であるため、一般の往来妨害よりも重い刑罰が科せられる。

☞往来妨害罪

■ 往来妨害罪
[おうらいぼうがいざい]

道路・河川・運河・橋等を破壊したり、これらに障害物を置いたりして、通行を不可能または困難にする罪。道路、船舶等の公衆の交通の安全を守るために規定された。往来妨害罪は2年以下の懲役または20万円以下の罰金が、同致死傷罪は致傷の場合は15年以下の懲役または50万円以下の罰金、致死の場合は3年以上の懲役が科される。

■ 横領罪
[おうりょうざい]

自己の占有する他人の物を領得する罪。物に対する所有権を守るために規定された。刑法は横領罪の類型として、単純横領罪、業務上横領罪、占有離脱物横領罪を規定し、それぞれ5年以下の懲役、10年以下の懲役、1年以下の懲役または10万円以下の罰金もしくは科料を科している。たとえば、他人から保管を依頼された物品を勝手に売却した場合には、単純

横領罪が成立する。背任罪との区別が難しいが、事務処理権限を逸脱した場合が横領罪であり、権限内で濫用した場合が背任罪とする見解が有力である。

■ 横領罪に関する親族間の特例
[おうりょうざいにかんするしんぞくかんのとくれい]

配偶者、直系血族または同居の親族との間で横領の罪を犯した者は刑を免除され、また、その他の親族との間で横領の罪を犯した場合は親告罪とされることをいう。刑法上、親族間における窃盗罪の特例が横領罪にも準用されている。家庭内のもめごとは家庭内で処理すべきとする「法は家庭に入らず」という法諺に基づき制度化された。

■ 大阪空港訴訟
[おおさかくうこうそしょう]

最高裁昭和56年12月16日判決。大阪空港の騒音被害にあった周辺住民Xらが、国に対し、夜間の空港使用の差止めと、過去・将来の損害賠償を求めて出訴した事件。最高裁は、大阪空港は国営空港であり、国の航空行政権が及ぶため、民事訴訟の対象にはならないことを理由として、差止めについては訴えを却下した。また、過去の騒音被害についてはXらの請求を認容したが、将来の騒音被害については、裁判時には未だ騒音の事実が発生しておらず、今後騒音が発生しない可能性があることを理由として、Xらの訴えを却下した。

■ 公の営造物
[おおやけのえいぞうぶつ]

国または地方公共団体などの行政主体により、行政の目的に供用される人的物的手段の総合体をさす。これに対し公物という概念があるが、こちらは、国または地方公共団体などの行政主体により、直接、行政の目的に供用される個々の有体物を意味する。公の営造物は、公物よ

り広い概念であり、不動産だけでなく動産も含み、道路などの人工公物、河川・海などの自然公物の双方を含む。公の営造物の設置または管理の瑕疵によって他人に損害を与えた場合には、国または公共団体は賠償義務を負う。

■ 公の施設
[おおやけのしせつ]

地方公共団体が住民の福祉を増進する目的をもって設置する施設をいう。例として、学校、公園、道路、図書館、病院などが挙げられる。地方自治法は、公の施設の利用にあたって、住民が役務の提供（サービス等）を等しく受ける権利をもっていることを規定している。

■ 公の秩序または善良の風俗／公序良俗
[おおやけのちつじょまたはぜんりょうのふうぞく／こうじょりょうぞく]

公の秩序とは、国家や社会の一般的利益のことをいい、善良の風俗とは、国家や社会の一般的倫理をいう。これらをあわせて公序良俗と呼ぶ。公序良俗に反する契約は無効である。たとえば、愛人契約や賭博の資金の貸付は公序良俗違反により無効となる。

■ おとり捜査
[おとりそうさ]

捜査機関がおとりとなり、被疑者に対して犯罪を行うように働きかけをし、被疑者が犯行に出たところを逮捕する捜査手法をいう。被疑者は自己の意思で行動し何ら強制されていないことから、おとり捜査は任意捜査であるとするのが通説である。おとり捜査には、犯罪の意思を有していない者に対して働きかけをして犯罪を実行させる犯意誘発型と、犯罪の意思をすでに有している者に対して働きかけをして犯行の機会を提供する機会提供型の2種類がある。犯意誘発型は、捜査機関が犯罪者を創出するといえ、任意

捜査の限界を超え違法とする見解が有力である。機会提供型は、捜査機関の働きかけが常軌を逸している場合を除き、適法とする見解が有力である。たとえば、覚せい剤密売は密行性が高く犯罪の摘発が難しい犯罪であるから、機会提供型のおとり捜査の場合には、適法になりやすい。

■ 親会社
[おやがいしゃ]

子会社たる株式会社の経営を支配している法人のこと。親会社は子会社の株式を保有し、議決権の過半数を保有するなどして経営を支配する。一方で、子会社が親会社の株式を保有することは原則として禁止されている。親会社の経営者等が自己の支配権を維持する目的で子会社を利用することを防ぐためである。

■ 親子会社
[おやこがいしゃ]

一方の会社が他方の会社の経営を支配している関係にある会社のこと。他社の経営を支配している会社を親会社といい、その会社に経営を支配されている会社を子会社という。

■ 及び／並びに
[および／ならびに]

「及び」とは、語句を並列的に連結する接続詞である。「並びに」も同じ意味である。意味的には同じ「及び」と「並びに」であるが、法令用語としては、使われる場面が異なる。並列される語に段階がないときは、「及び」を用い、並列する語に段階があるときは、もっとも小さな段階の接続に「及び」を用い、それよりも大きな接続にはすべて「並びに」を用いる。たとえば、AとBという2つの語を並列するときは、「及び」が用いられ「A及びB」となり、これを1つのまとまりとして、それとCと並列するときは「並びに」が用いられ、「A及びB並びにC」となる。

■ 恩赦
[おんしゃ]

刑事手続によらないで行政権によって刑罰権の全部または一部を消滅させ、またはその効力を減殺する制度のこと。恩赦の内容としては、大赦、特赦、減刑、刑の執行の免除および復権がある。また、方法上の相違から、政令によって一律になされる政令恩赦（一般恩赦）と、特定の者に対して個別的になされる個別恩赦（特赦）とに区別される。

■ 温泉権／温泉専用権
[おんせんけん／おんせんせんようけん]

温泉源を排他的に利用できる権利。温泉専用権とも呼ぶ。源泉を直接利用する権利のほか、引湯管等を用いて引き湯する権利も含まれる。民法に温泉権という物権は規定されていないが、古くから多くの村落共同体等で慣習によって温泉湧出地の所有権とは別個の権利として取引されてきた。判例においても、慣習法上の物権として認められている。

■ オンブズマン
[おんぶずまん]

独立の立場から、公的機関の活動を監視し、苦情を処理する役職ないし機関のこと。もともとはスウェーデンを起源として北欧諸国で発達した制度であり、現在では世界的な広がりを見せている。日本では、条例によって導入する地方公共団体が増えているが、国のレベルではまだ導入されていない。オンブズマンには、議会に設置される議会型と、行政機関に設置される行政型があり、日本では行政型が一般的である。なお、上記は、公的に認められたオンブズマンであるが、市民団体などが、行政や企業を監視する目的で設立した団体を、オンブズマンと呼んでいる場合もある。

■ オンライン申請
[おんらいんしんせい]

インターネットを利用して役所に対して許認可や登記の申請を行うこと。たとえば、不動産登記や商業登記、供託に関しては、法務省が「登記・供託オンライン申請システム」をインターネット上に設定しており、このシステムを利用して申請することができる。登録免許税も、インターネットバンキングなどを利用して電子的方法で支払うことができる。

登記に関するオンライン申請の場合には、本人確認の方法として、電子署名および電子証明書が用いられている。

か

海外渡航の自由
[かいがいとこうのじゆう]

外国に旅行する自由のこと。憲法22条2項が外国への移住の自由を認めていることから、判例・通説は、移住に類似するものとして、海外渡航の自由もまた憲法22条2項が保障していると理解している。これに対して、学説では憲法22条1項の居住・移転の自由に含まれると理解する立場や、幸福追求権（憲法13条）の一種であると考える立場もある。もっとも、海外渡航には旅券の所持が義務づけられており、旅券法が旅券の発行を拒否する場合を規定しているように、一定の制約がある場合もある。

概括主義
[がいかつしゅぎ]

行政不服審査法において、原則として、行政庁の処分または不作為のすべてについて不服申立てを認める立場のこと。一般概括主義ともいう。行政不服審査法7条は、例外的に不服申立ての対象とならない事項を列挙している。なお、行政不服審査法における「不作為」とは、法令に基づく申請に対して何の処分もしないことをさす。

概括的故意
[がいかつてきこい]

刑法で、犯罪の成立に必要な故意に関して、不特定の客体（対象）に犯罪結果を生じさせることを意図または認識している状態をさす。たとえば、歩行者天国の真ん中に爆弾を投げ込むように、「誰かが死ぬだろう」と認識していた場合などが挙げられる。この場合、爆発によって死亡した人について故意が認められ、殺人罪が成立すると考えられている。

外患罪
[がいかんざい]

外部から日本国の存立を脅かす罪。日本国の存立を守るために規定された。刑法は外患罪の類型として、外患誘致罪、外患援助罪、それらの未遂罪、予備・陰謀罪を規定し、それぞれ死刑、死刑または無期もしくは2年以上の懲役、1年以上10年以下の懲役を科している。これらは、日本国に対して外部から武力を行使させたり、外部からの武力の行使があった場合に加担する行為を犯罪として罰している。

会期
[かいき]

議会が活動することができる期間のこと。わが国の国会は、一定の限られた期間（会期中）だけ活動すべき状態におかれる会期制がとられている。国会の会期には、通常国会、臨時国会、特別国会の3種が定められており、たとえば通常国会の会期は150日間である。会期の延長もできるが、回数制限等がある。

これに対して、定例会や臨時会がある地方議会では、議会自体が会期を決め、延長することができる。

会議の公開
[かいぎのこうかい]

議会で行われる会議が、議員以外の者にとって開かれている状態をいう。国会の場合、衆議院・参議院ともに、本会議について、原則として公開が義務づけられている。公開とは、会議の内容を国民一般が見たり聞いたりできる状態であり、傍聴の自由のほか、報道の自由を保障する趣旨が含まれていると考えられている。また、議事録の公表も義務づけられており、会議公開の趣旨が反映されている。もっとも、会議の公開が定められているのは本会議に限られ、委員会は非公開が原則となっている。

■ 会期不継続の原則
　[かいきふけいぞくのげんそく]

　議会の会期は独立しており、前の会期で審議が終了しなかった案件については、後の会期に持ち越すことはないという原則。わが国では、国会法が会期不継続の原則を定めている。したがって、同一の案件を後の会期で審議するためには、改めてその案件を提出しなければならない。懲罰事犯などについては例外的に継続して審議することもできるが、その場合には、前の会期で議決を終えている議院であっても、改めて議決をやり直さなければならず、議案が継続しても議決は継続しないという国会の慣行が存在する。

■ 開業準備行為
　[かいぎょうじゅんびこうい]

　会社成立後、速やかに営業をするための準備行為のこと。具体的には、店舗を確保しておく、人を雇っておく、資金を確保しておくなどといった行為がこれに当たる。さらに、会社設立を条件として、会社が第三者から特定の財産を譲り受けることを約する財産引受けもこれに含まれる。商法では、商人が営業のためにする行為を附属的商行為というが、開業準備行為はこれに該当する。

■ 会計監査
　[かいけいかんさ]

　会社の計算書類について監査すること。監査とは、法令などの基準に則っているかを評価すること。監査役は、原則として会計監査を含む業務監査を行い、会計監査人は、会計監査を行う。

■ 会計監査人
　[かいけいかんさにん]

　計算書類等の監査を行い、会計監査報告を作成することを職務とする者のこと。会計監査人は、公認会計士か監査法人でなければならない。

■ 会計監査人設置会社
　[かいけいかんさにんせっちがいしゃ]

　会計監査人を置く株式会社のこと。指名委員会等設置会社、監査等委員会設置会社および大会社は、会計監査人を置かなければならない。それ以外の会社では定款に定めることで会計監査人を置くことができるが、会計監査人を置く場合には、指名委員会等設置会社、監査等委員会設置会社を除いて監査役を置かなければならない。

■ 会計検査院
　[かいけいけんさいん]

　毎年、国の収入支出の決算の検査を行う報告機関。憲法に定められている機関である。行政機関とされているが、中立的な立場から検査するため、行政活動全体を統括する内閣から独立している。組織・構成・権限など詳細は会計検査院法で定められている。

■ 会計参与
　[かいけいさんよ]

　取締役と共同して計算書類等を作成し、会計参与報告を作成することを職務とする者のこと。会計参与は、公認会計士もしくは監査法人または税理士もしくは税理士法人でなければならない。

■ 会計帳簿
　[かいけいちょうぼ]

　事業活動で生じた会計取引をすべて記載した帳簿をいう。会計帳簿には主要簿と呼ばれる仕訳帳や総勘定元帳、補助簿と呼ばれる補助元帳や補助記入帳がある。これらの会計帳簿は、事業年度における財政状態や経営成績を表す貸借対照表や損益計算書の基礎となる。

■ 解雇
　[かいこ]

　使用者の一方的な意思表示により、労働契約を解除すること。解雇には、普通解雇、整理解雇、懲戒解雇がある。

か行

普通解雇は、能力不足、勤務態度不良など労働者側に解雇事由がある場合に行われる。整理解雇は、使用者の経営上の理由から、人件費削減のためになされる解雇である。懲戒解雇は、労働者の不正行為など、職場秩序違反に対する制裁として行われるものである。

もっとも、突然の解雇は、労働者の生活の基盤を脅かすため、使用者が労働者を解雇する場合には、一定期間前に告知しなければならないと定められている（解雇予告制度）。

また、解雇権は、使用者の自由に行使することが許されるのではなく、客観的にみて合理的な理由を欠く解雇は無効となる（解雇権濫用の法理）。

■ 外交特権
[がいこうとっけん]

外交使節団やその構成員に対して認められている特権。外交特権には、主に外交使節団の外交特権と、外交官の外交特権とがある。外交使節団の外交特権には、接受国の官吏が外交使節の同意なく公館に立ち入ることができない、といった公館の不可侵などがある。そして、外交官の外交特権としては、身体の不可侵といった不可侵権、一定の訴訟を除く裁判権からの免除や抑留・拘禁といった行政権からの免除が認められている。

■ 介護休業
[かいごきゅうぎょう]

労働者が、要介護状態にある家族を介護するために、事業主に申し出て一定期間休業を取得すること。休業取得の基準は育児・介護休業法で定められている。

要介護状態とは、負傷、疾病または身体上あるいは精神上の障害により、2週間以上の期間にわたって常時介護を必要とする状態であり、介護保険制度の要介護状態より広い。労働者は、事業主に申し出ることで、要介護状態の家族（対象家族）1人について通算93日まで、最大3回に分けて介護休業を取得できる。事業主は、事業の繁忙や経営上の理由などにより、介護休業の取得を妨げることはできない。

なお、通院の付き添いなど短期間の介護をする際の制度として、介護休業とは別に介護休暇の取得が可能である。介護休暇は、要介護状態の家族の世話を行う場合に、事業主に申し出ることにより年5日を限度として取得できる。

■ 戒告
[かいこく]

①公務員の行った職務上の義務違反に対してなされる、最も軽い懲戒処分をいう。懲戒処分は、戒告、減給、停職、免職の順に重くなる。一般的には、始末書をとらないで将来を戒める処分であるが、給与の査定や昇格の判断の際に不利に働く。②行政上の義務の不履行に対して、それが継続した場合には代執行を行うという通知行為。行政代執行法による代執行を行う場合の事前の通知のことをいう。

■ 外国移住の自由
[がいこくいじゅうのじゆう]

個人が外国に移り住むことを、公権力によって制約されないという自由をさす。憲法22条2項が保障しているが、外国移住の自由は、外国に永住することだけでなく、長期間にわたる居住の自由を含み、また、判例・通説は一時的な外国への旅行の自由も、外国移住の自由に含まれると考えている。もっとも、国の利益や公安を害するおそれがある者に対しては、旅券の発行を拒否することができると定められており（旅券法13条1項7号）、出国に必要な旅券の発行が拒否される場合があり、外国移住の自由が制限されることがある。

■ 外国会社
[がいこくがいしゃ]

　外国の法令に準拠して設立され、わが国の会社法上の会社と同種、または類似の法人その他の外国の団体のこと。外国会社が日本で継続して取引をするには、日本における代表者を定め、当該外国会社について登記しなければならない。外国会社の日本における代表者のうち1人以上は、日本に住所を有していなければならない。

　なお、外資系企業という概念があるが、これは、外国資本の企業という意味であって、日本法に準拠して設立される場合もあり、外国会社とは異なる。

■ 外国国章損壊罪
[がいこくこくしょうそんかいざい]

　外国に対して、侮辱する目的でその国の国章を損壊する罪。2年以下の懲役または20万円以下の罰金に処せられる。保護法益は、わが国の外交上の利益であると理解されている。国章とは、国旗のほか陸海空軍旗、大使館徽章などが含まれ、これらを損壊、除去したり、ペンキや汚物を付着させて汚損することが処罰の対象となっている。

■ 外国通貨偽造および行使罪
[がいこくつうかぎぞうおよびこうしざい]

　日本国内で、事実上流通している外国の貨幣、紙幣または銀行券を、行使する目的で偽造または変造する罪。または、偽造または変造された外国の通貨等を行使し、または行使目的で他人に交付・輸入する罪。2年以上の懲役に処せられる。保護法益は、通貨の真正に対する公共の信用であると考えられている。たとえば、外国の紙幣をカラーコピーなどにより作成する行為などが偽造の例であるが、わが国の通貨に対する偽造・行使罪に比べて、法定刑は低く定められている。

■ 外国判決の効力
[がいこくはんけつのこうりょく]

　外国の裁判所でなされた確定判決の自国での効力のこと。

　民事訴訟においては、ⓐ外国裁判所が適法に管轄権を有すること、ⓑ敗訴被告に適切な手続上の保護がなされたこと、ⓒ判決の内容および訴訟手続が日本における公序良俗に反しないこと、ⓓ相互の保証があること（日本の判決が判決国によって同等の条件で承認されること）、という要件を満たす場合に、外国判決の効力が認められる。

　刑事訴訟においては、外国判決の効力は認められない。ただし、すでに外国において刑の全部または一部の執行を受けたときは、刑の執行が減軽または免除される。

■ 外国法人
[がいこくほうじん]

　外国法に準拠して設立された法人。外国法人は、国、都道府県や市町村（国の行政区画）および外国会社に限り、国内の法人として活動を行うことが承認（認許）されている。また、法律または条約の規定により認許された外国法人も認められる。認許された外国法人は、外国人が享有することのできない権利および法律または条約中に特別の規定がある権利を除き、日本において成立する同種の法人と同一の私法上の権利を持つ。

　法人税法上は、内国法人（国内に本店または主たる事務所を有する法人）以外の法人を外国法人という。

■ 解雇権の濫用
[かいこけんのらんよう]

　解雇が客観的に合理的な理由を欠く場合や、社会通念（社会一般に通用している常識または見解）上の相当性を欠く場合をいう。このような場合には、権利（解雇権）の濫用があったとされ、その解雇は

無効になる。

そもそもこの考え方は、解雇権濫用の法理として判例で蓄積され、ルール化されてきたものである。それが法定化され、現在、労働契約法16条に、「客観的に合理的な理由を欠き、社会通念上相当であると認められない場合」には、その解雇を無効とすると定められている。

■ 解雇の予告
［かいこのよこく］

使用者が労働者を解雇しようとするとき、労働者に対してあらかじめ解雇する旨を告知すること。民法では、この予告は、解雇の2週間前までにすればよいが、労働基準法では、30日前までにしなければならないと延長されている。なお、この30日という期間は、平均賃金を1日分支払うごとに1日短縮される。30日分の平均賃金を支払った場合、解雇の予告をせずに即時解雇ができる。天災などにより事業の継続が不可能になった場合、労働者の責めに帰する事由により解雇する場合には、行政官庁の認定を受けることで、この予告は不要になる。

■ 介護保険
［かいごほけん］

平成12年4月から実施された社会保険制度で、要介護状態や要支援状態にある者に対して、保健医療や福祉サービスを給付する制度。介護保険制度の被保険者は、65歳以上の者（第1号被保険者）と、40〜64歳の医療保険加入者（第2号被保険者）である。

要介護者を対象とするケアプラン（介護サービスの利用計画）、要支援者を対象とする介護予防ケアプランに基づき、訪問介護などのサービスを利用できる。原則として1割の利用負担でサービスを利用することができるが、平成27年8月以降は、一定所得者以上の者の自己負担割合が2割となった。さらに、平成30年8月

以降は、2割負担者のうちとくに所得の高い者の自己負担割合が3割となった。

なお、民間の保険で、介護を要する状態になったときに保険金が給付されるものについても、介護保険という名称が用いられている。

■ 会社
［かいしゃ］

対外的活動により利益を得て、構成員に分配することを目的にした、人的結合に基づく（社団性）法人をいう。利益の分配は、金銭などの財産上の利益により行われる。

人・物・資本の結合体。会社法においては、株式会社・合同会社・合資会社・合名会社の4種類が規定されている。このうち、株式会社は物的会社とされ、合資会社・合名会社は人的会社とされる（合同会社は両方の性質を有する）。物的会社とは、人的結合の弱い会社であり、人的会社とは、人的結合の強い会社である。会社を設立するメリットは、個人の事業に比して継続性が高まること、危険が分散されること、資金の確保が容易となること、などがあげられる。

■ 会社解散命令
［かいしゃかいさんめいれい］

裁判所が会社の解散を命じること。公益を確保するため必要と認められる場合に行われる。具体的には、ⓐ会社の設立が不法な目的に基づいてなされたとき、ⓑ会社が正当な理由がないのに成立の日から1年以内に事業を開始せず、または引き続き1年以上その事業を休止したとき、ⓒ業務執行取締役等が、法令もしくは定款で定める会社の権限を逸脱・濫用する行為または刑罰法令に触れる行為をした場合である。ⓒについては、法務大臣から書面による警告を受けたにもかかわらず、継続・反覆して当該行為をしたときに解散を命じることができる。

会社計算規則
[かいしゃけいさんきそく]

　会社の会計に関わる事項を定めた法務省令のこと。会社は会社法という法律に従って運営しなければならない。ただし、会社法では、会社の会計についての細かいルールまでは定めておらず、会社法から委任される形で会社計算規則を設け、さまざまな会計の規則を定めている。たとえば、会社が会計帳簿に記すべき資産・負債の評価額、会計帳簿に基づき作成される貸借対照表や損益計算書など計算書類の形式、勘定科目ごとの表示方法などについての定めなどが規定されている。

会社更生手続
[かいしゃこうせいてつづき]

　経済的苦境に立たされた株式会社の経済的更生を図ることを目的とし、企業の事業を継続しつつ再建を図る制度のこと。

　手続の申立てがなされると、会社財産についての管理処分権は裁判所の選任した保全管理人に移転する。保全管理人は会社再建の見込みがあるか否かの調査をして、裁判所に報告する。裁判所が再建の見込みありと判断した場合には、会社更生手続が開始され、裁判所の選任した更生管財人が原則として経済的更生を図るための計画案を立てることになる。この過程を経ることで、手続の透明性を確保し、会社債権者と従業員等会社関係者との利害調整を図る狙いがある。

会社更生法
[かいしゃこうせいほう]

　経営が難しくなった株式会社を、事業を継続しながら再建する手続について定めた法律。裁判所に申し立てることにより、裁判所の監督の下で再建をめざす。裁判所は更生管財人を任命し、更生管財人は更生計画の作成や債権者などの利害関係人との調整を行う。事業を継続しながら再建をめざすため、事業を終わらせる

破産や特別清算とは異なる。また、民事再生がすべての個人や法人を対象としているのに対し、会社更生は株式会社を対象としている。

会社債権者
[かいしゃさいけんしゃ]

　会社に対して債権を有する者のこと。会社債権者には、会社財産の変動等によって会社債権者の利害に影響を及ぼす可能性が高い行為について異議を述べる機会が与えられている。たとえば、資本金の減少、合併等で異議を述べることができる。異議を述べた債権者に対しては、債権者を害するおそれがないときを除いて、弁済や担保の提供等がなされる。

会社代表
[かいしゃだいひょう]

　会社を代表する者のこと。原則として、株式会社では取締役、持分会社では業務執行社員が会社を代表する。株式会社で代表取締役を定めた場合には、代表取締役が会社を代表する。代表とは対外的に業務を執行することであり、代表者がその地位に基づいて第三者との間でなした行為は、会社自身の行為として扱われる。

会社・取締役間の訴え
[かいしゃ・とりしまりやくかんのうったえ]

　会社と取締役の間で行われる訴えのこと。取締役の責任を会社が追及する訴えや、会社と取締役の間の取引で生じた債務の履行を求める訴えなどがこれに当たる。会社・取締役間の訴えの際には、監査役設置会社では、監査役が会社を代表し、指名委員会等設置会社では、監査委員会が選定する監査委員が会社を代表する。監査等委員会設置会社においては、監査等委員が会社を代表する。

　ただし、監査委員・監査等委員が当該訴えに係る訴訟の当事者である場合には、取締役会が定める者（株主総会が当該訴えについて会社を代表する者を定めた場合に

あっては、その者）が会社を代表する。

　上記を除く監査役設置会社以外の会社では、株主総会が当該訴えについて会社を代表する者を定めることができ、取締役会設置会社では、株主総会の定めがある場合を除き、取締役会が会社を代表する者を定めることができる。

■ 会社の解散
[かいしゃのかいさん]

　会社が法人格を失い、事業を停止する手続をいう。解散事由として、定款で定めた存続期間の満了、解散事由の発生、株主総会決議、合併、破産手続開始の決定、解散命令・判決などがある。解散に続く清算手続の完了により、法人格は消滅する。

■ 会社の機関
[かいしゃのきかん]

　会社の意思決定をはじめ、運営や管理をする個人や組織のこと。また、運営や管理に対して監査を行う個人や組織もこれに含まれる。会社の機関が行った行為は、その会社の行為とされる。株式会社では、機関として、株主総会と取締役が必ず置かれる。その他にも、株式会社の設計や規模などに応じた会社法の定め、または定款の定めにより、取締役会、会計参与、監査役、監査役会、会計監査人、委員会（指名委員会等・監査等委員会）などが置かれる。

■ 会社の継続
[かいしゃのけいぞく]

　いったん解散した会社が再び解散前の状態に復帰すること。会社を解散した後は清算により法人格を消滅させるが、清算手続の実施中に再度会社の事業を再開させたいという要望に応えるための制度設計である。会社の解散事由のうち会社の継続が認められるのは、定款で定めた存続期間の満了・解散事由の発生の場合と、株主総会の決議で解散した場合である。これらの場合は会社を継続しても何

ら弊害がないが、破産や解散を命ずる裁判により会社を解散した場合には、会社の継続は認められない。

　手続として、株主総会特別決議を経ることと、会社継続登記を行うことが要求される。

■ 会社の組織に関する訴え
[かいしゃのそしきにかんするうったえ]

　会社の組織に関する各種の訴えのこと。具体的には、会社の設立無効、新株発行の無効・不存在確認、株主総会決議の取消し・無効・不存在確認、資本減少無効、吸収合併無効等、解散を主張する訴えをさす。会社の組織に関する訴えには、法的安定性に対する配慮から、提訴期間の限定、提訴権者の限定、無効判決の対世効、無効判決の効力がさかのぼらないことなどの規定が置かれている。

■ 会社の不成立
[かいしゃのふせいりつ]

　会社は設立登記によって成立するが、それに至る前の段階で、設立行為が断念された場合のこと。会社の不成立は、設立無効に訴えによることなく、誰もが期間制限なく主張できる。会社の不成立の場合、発起人は、連帯して株式会社の設立に関してした行為について責任を負う。また、株式会社の設立に関して支出した費用を負担する。

■ 会社の不存在
[かいしゃのふそんざい]

　設立登記をせずに会社として活動している、あるいは会社の設立登記のみが存在し、設立手続をまったく踏んでいないなど、会社の設立手続の外形が存在していない場合をいう。会社の不存在は、誰もが期間制限なく主張できる。

■ 会社分割
[かいしゃぶんかつ]

　1つの会社を2つ以上の会社に分けること。会社分割には、事業に関して有す

る権利義務の全部または一部を既存の会社に承継させる吸収分割と、新しく会社を設立して、その会社に承継させる新設分割とがある。

■ 会社法
　　［かいしゃほう］

　会社に関して、その設立、組織、運営および管理について規定する基本的な法律。平成17年に、従来の商法第2編を分離独立させ、有限会社法・商法特例法などとあわせて再編成し、会社関係の規律を体系化して成立した法律である。

　会社法に定める会社は、株式会社・合名会社・合資会社・合同会社の4種類をいう。なお、有限会社法によって規定されていた有限会社は、株式会社の一種である「特例有限会社」として存続しているが、新たに設立することはできない。

■ 会社法人等番号
　　［かいしゃほうじんばんごう］

　日本の登記所が商業・法人登記の登記記録を識別するために付した数字12桁からなる番号のこと。主に登記手続で利用され、不動産登記や商業・法人登記の申請時に会社法人等番号を使用すれば、代表者の資格証明書や登記事項証明書などの添付書類を省略できる。会社法人等番号は登記事項証明書を取得する他、インターネットサイト「登記情報提供サービス」などで確認することができる。

■ 会社役員賠償責任保険
　　［かいしゃやくいんばいしょうせきにんほけん］

　会社役員が、会社、株主、第三者（取引先など）から職務の遂行に関する行為によって損害賠償責任を追及された場合に、保険期間中の総支払限度額（保険金の最高限度額）の範囲内で、会社役員に生じた損害賠償金や訴訟費用などの損害に対して、保険会社が保険金を支払うとするもの。D&O保険ともいう。D&Oとは「Directors

and Officers」の略称で、取締役、執行役、監査役、会計参与といった会社役員をさす。D&O保険の契約者（保険金を支払う者）は会社、被保険者（保険金の支払いを受ける者）は会社役員となるのが原則である。会社以外においても、医療法人や社会福祉法人などの役員を被保険者とするD&O保険が販売されている。

■ 拐取／誘拐／略取
　　［かいしゅ／ゆうかい／りゃくしゅ］

　拐取とは、誘拐と略取の総称。

　誘拐とは、偽計または誘惑を手段として他人を自己または第三者の支配下に置く行為をいう。たとえば、幼児に菓子をあげるとだまして車に連れ込む行為が挙げられる。

　略取とは、暴行または脅迫を手段として他人を自己または第三者の支配下に置く行為をいう。たとえば、被害者を羽交い絞めにして連れ去る行為が挙げられる。

　人を拐取する罪は、未成年者拐取罪を除き、営利目的・身代金目的など一定の目的の存在を要件とする目的犯である。これらの目的で未成年者を拐取した場合は、未成年者拐取罪ではなく当該目的犯が成立することになる。

■ 解除
　　［かいじょ］

　契約当事者の一方の意思表示によって、契約の効力をさかのぼって消滅させること。解除によって、まだ履行されていない債務は履行が不要となり、すでに履行された債務は原状回復の義務が発生する。

　解除の意思表示をする権利のことを解除権といい、その発生原因によって、当事者が合意して契約中に定めておく約定解除権と、法律の規定によって与えられる法定解除権に区別される。債務不履行による解除権は法定解除権の代表例である。債務不履行による解除の場合、債務者の帰責事由のある損害があれば、債務

者がその賠償もしなければならない。

なお、解除は当事者の一方による意思表示で契約の効力を消滅させるものであるが、両当事者の合意で契約を消滅させることもできる。これを合意解除（解除契約）というが、それ自体が新たな契約であり、解除とは異なる。

■ 海商法
[かいしょうほう]

主として海上運送に関する商取引を定める法律のこと。独立した法典ではなく、商法3編「海商」などに規定されているものをさす。海上企業が直面する危険や、使用する船舶が高額であることなど、海上企業の特殊性を考慮して規定された特則である。船舶先取特権、船舶抵当権、海上保険など、海上企業に特有の制度が複数設けられている。危険を伴う海上企業の保護が主な目的である。

■ 解職請求／リコール
[かいしょくせいきゅう／りこーる]

地方自治法等で認められた一定の公務員の解職を請求する権利のこと。憲法が公務員の選定と罷免（辞めさせること）を国民固有の権利であると定めていることを受けている。いわゆるリコールの一種。地方自治法は、議会の議員、長（知事もしくは市町村長）、副知事もしくは副市町村長などについて、地方自治体の住民に解職請求権を認めている。

■ 解除権の留保
[かいじょけんのりゅうほ]

解除権を手元に残しておくこと。代表例は解約手付である。契約の際に手付を交付する場合には、相手方が契約の履行に着手する前であれば、手付を交付した者は手付を放棄して、相手方はその倍額を提供して、契約を解除できる。この手付を交付する行為が、解除権の留保に該当する。解除権の留保は、契約の段階で、状況の変化により契約の実行が不可能に

なる可能性がある場合などに利用される。

■ 解除条件
[かいじょじょうけん]

法律効果の発生・消滅を、将来発生するか否かが不確実な事実にかからせる約定のことを条件といい、その条件が成立することで、法律効果が消滅する場合のことを解除条件という。解除条件に対して、それが成立することによって法律行為の効力が発生する条件のことを停止条件という。たとえば、「進級できなかったときには仕送りをやめる」というのは、進級できないことが解除条件であり、「子どもが産まれたら自動車を買ってあげる」という場合は、子どもが産まれたことが停止条件である。

■ 解任
[かいにん]

一定の地位・任務にある者を、その地位・任務から解くこと。例として、株主総会による役員（取締役、会計参与および監査役）の解任などがある。

■ 回避
[かいひ]

☞除斥／忌避／回避

■ 界標設置権
[かいひょうせっちけん]

土地の所有者と隣地の所有者が、共同の費用で境界標を設置する権利のこと。境界標がない場合には、隣地所有者間で境界争いが起きやすい。そこで民法は、紛争の防止のための境界標を、隣地所有者の共同の費用により設置することができると規定している。境界に関する権利には、2棟の建物の間の空地に、建物所有者の共同の負担で、囲障を設置できる囲障設置権などがある。

■ 回復登記
[かいふくとうき]

登記簿自体や元々あった登記の全部または一部が滅失したり不適法に抹消され

た場合に、それらをもう一度復活させるために行う登記のこと。登記簿自体が火事や水害で全部または一部が消滅した場合に、それを回復する滅失回復登記と、詐欺、強迫または錯誤などにより正当な理由なく抹消された登記を回復する抹消回復登記の2種類がある。抹消回復登記においては、登記を回復するにあたり、抹消後に新たに権利を取得した者など、利害関係を有する第三者がある場合には、その者の承諾が必要になる。

■ 買戻し
[かいもどし]

売買契約と同時に、買主が支払った代金と契約の費用を後日売主が返すことで、元々の売買契約を解除することを約束すること。債権の担保機能を有しており、解除権留保付売買契約に基づいてなされる。売主は、一定期間内に、売買代金または合意により定めた金額と契約費用相当額を提供することにより、目的物を買主から取り戻すことができる。民法においては、買戻しについて厳格な要件を設けている他、不動産のみに買戻しを認めている。

■ 解約
[かいやく]

継続的契約関係において、一方当事者の意思表示により、将来に向かって契約の効力を消滅させること。告知または解約告知ともいう。解除が契約の効力を当初にさかのぼって消滅させるのと対比される。もっとも、民法などの条文では、解約の意味でも「解除」の文言が用いられていることも多い（民法620条）。たとえば、賃貸借契約の場合、契約を当初にさかのぼって消滅させるのは、当事者に不測の損害を与えかねないため、将来に向かって契約の効力の消滅を認めることになる。

■ 解約手付
[かいやくてつけ]

☞違約手付／解約手付／証約手付

■ 解約の申入れ
[かいやくのもうしいれ]

賃貸借契約、雇用契約や委任契約などの継続的契約を将来に向かって解消する（解約）ことを、契約の一方当事者が相手方に意思表示として伝えることをさす。契約終了をもたらす類似の概念に解除があるが、解除の意思表示により契約の効力が直ちに終了するのに対して、解約の申入れは、申入れ後一定の猶予期間が経過した後に効力が生じる場合が多い。たとえば、建物を対象とする賃貸借契約の解約の申入れが行われると、3か月経過後に賃貸借契約が終了すると規定されている（民法617条1項後段）。

■ 改良行為／利用行為／管理行為
[かいりょうこうい／りようこうい／かんりこうい]

民法上、代理権限の定めがない代理人が行いうる行為類型をいう。このうち、改良行為は、代理の目的とされる物や権利の価値を増加させる行為である。たとえば、建物をリフォームしたり、田畑に肥料を施す行為が該当する。利用行為は、財産の現状を維持する行為をいうが、代理の目的とされる物や権利の範囲内で収益を図るものである。たとえば、建物や土地を貸し付けたり、金銭を預金したりする行為が該当する。改良行為、利用行為と、財産の現状を維持する行為である保存行為をあわせて管理行為という。

■ 価額
[かがく]

具体的に特定した財産などについて、評価を加えて金銭的価値に置き換えた場合の額をさす。たとえば、株式会社では、市場価格が存在しない株式について、その会社の事業活動から将来どれだけの収

益を上げるのかを予測して、企業価値が評価され、株式の評価額が決定されることが多い。また、相続に関して、遺留分侵害額請求権の対象となる財産を遺贈または贈与された者（受遺者または受贈者）が、遺留分権利者の請求に基づき、その財産の価値に相当する金銭を支払うと規定されており（民法1046条）、これは価額による弁償にあたる。

■ 科学的捜査
[かがくてきそうさ]

捜査機関による科学技術を利用した証拠を収集する活動のこと。科学的捜査には、DNA鑑定や、筆跡鑑定、声紋鑑定、ポリグラフ検査（うそ発見器）などがある。科学的捜査によって収集された証拠は、証拠の関連性（自然的関連性）の有無や、その収集の仕方が問題とされることがある。なお、証拠の関連性とは、証拠に必要最小限度の証明力が認められることをいう。

■ 下級裁判所
[かきゅうさいばんしょ]

裁判所のうち、最高裁判所以外の裁判所であり、主に第一審および控訴審の判断を行う裁判所をさす。裁判所法によって、高等裁判所、地方裁判所、家庭裁判所、簡易裁判所の4種類の裁判所が設置され、それぞれの裁判所が扱う事件が規定されている。

下級裁判所は、それぞれ独立して裁判権を行使でき、最高裁判所の指揮監督を受けない。ただし、わが国は同じ事件を他の階級の裁判所に反復して審判させる審級制度を採っている。そのため、裁判所間には上下関係があり、最高裁判所の判断が下級裁判所の判断より優先し、下級裁判所の判断を拘束する場合がある。

たとえば、ある刑事訴訟で、高等裁判所が無罪判決を下した事件があるとする。最高裁判所は、証人Xが被告人Yを犯行現場で見たという証言の証拠能力を認め、さらに審理を行わせるために、高等裁判所に差し戻すとの判決を下した。この場合、差戻審では、証人Xの証言の証拠能力について、最高裁判所と異なる判断を下して判決を行うことはできない。

■ 閣議
[かくぎ]

国務大臣全員により構成される内閣総理大臣主宰の会議のこと。毎週定日（火曜日と金曜日）に開かれる定例閣議と、必要に応じて開催される臨時閣議とがある。すべての大臣は、案件の内容を問わず内閣総理大臣に閣議を求めることができると規定されている。また、法律に規定はないが、閣議の議事は秘密会で行われ、議決は全会一致で行われるという慣行が定着している。

■ 学習権
[がくしゅうけん]

子どもが教育を受けて学習することによって、人間的に発達・成長していく権利。かつては、教育を受ける権利（憲法26条1項）は、経済的な事情に関係なく、均等に教育機会を与えることを国家に要求する権利と考えられていた。しかし、今日では、子どもに対して保障される権利として、国に対して、教育制度の維持や教育条件の整備を要求する権利としてとらえられている。子どもの学習権の要請を受けて、教育基本法や学校教育法などが定められ、義務教育を中心とする教育制度が設けられている。

■ 確信犯
[かくしんはん]

犯罪を行うにあたり、政治的・思想的・宗教的信念が決定的な動機になる犯罪のこと。自分の行為が正しいと確信して罪を犯していることが特徴的である。しばしば、自己の行為が犯罪に該当することを知りながら行為することの意味で用い

られるが、これは単なる故意犯であり、誤用である。刑法上の責任故意において議論されている違法性の意識の要否で問題となり、厳格故意説に対しては、確信犯を故意犯として処罰できなくなるという批判がある。

■ 隔地者間の契約
[かくちしゃかんのけいやく]

意思表示が即時に届かない離れた者同士の間で結ばれた契約をさす。これに対して、実際に会って締結する当事者間の契約を対話者間の契約と呼ぶ。

平成29年の民法改正により、隔地者間であるか対話者間であるかを問わず、意思表示は相手方に到達した時点で成立すると規定された（到達主義）。さらに、平成29年の民法改正前は、隔地者間の契約の承諾について発信主義（承諾の意思表示を発した時点で契約が成立すること）を採用していたが、民法改正に伴い、到達主義に変更された。

■ 拡張解釈
[かくちょうかいしゃく]

法令解釈のひとつで、法制度の趣旨を考慮して、条文の文言を拡張的に解釈すること。たとえば、刑法38条3項本文が規定する「法律」について、政令や条例などを含むと解釈することなどが挙げられる。

■ 確定期限
[かくていきげん]

期限とは、条件と異なり、いずれ到来することが確実な場合をいうが、期限のうち、到来する時期についても確定している場合を確定期限という。たとえば、「○月○日」とは、確定期限である。確定期限として定めた日時が到来することで、法律効果が発生ないし消滅する。

■ 確定判決
[かくていはんけつ]

通常の申立方法（控訴、上告）によって

は、判決を取り消すことができなくなった状態のこと。確定判決は、民事訴訟においては、判決の内容に応じて既判力、執行力、形成力の効力があり、刑事訴訟においては、一事不再理の効力がある。ただし、判決が確定した後であっても、判決に重大な瑕疵がある場合等については、再審によって取り消される可能性は残る。

■ 確定日付
[かくていひづけ]

特定の種類の証書に付された作成の日時（日付）をさし、完全な証明力が認められる日付をいう。民法施行法は、証書の作成日について完全な証拠力が認められる制度について定めており、この制度によって証明される日付のことを確定日付という。具体的には、公正証書の日付、内容証明郵便の日付などが、確定日付として認められている。

たとえば、契約解除の意思表示を内容証明郵便でしておけば、後に契約解除の時について争いが生じても、内容証明郵便の日付によって証明をすることができる。また、債権の譲渡は、確定日付のある証書によってしなければ、第三者に対抗できない。

■ 確定日払手形
[かくていびばらいてがた]

満期として特定の日付が記載されている手形のこと。手形の満期の記載方法としてはほかに、日付後定期払（振出の日から一定の期間が経過した末日が満期）、一覧払（支払提示をした日が満期）、一覧後定期払（一覧のため手形を提示してから一定の期間が経過した末日が満期）がある。

■ 確認
[かくにん]

行政庁による行政行為のうち、法律効果の発生を意欲する効果意思に相当するものがなく、単に事実の存否、あるいは法律関係の存否を確定するにとどまる行

為のこと。準法律行為的行政行為（意思表示以外の精神作用を要素とする行政行為）の一種である。もっとも、確認には法律によりさまざまな効果が与えられている。

たとえば、土地収用における事業認定によって、起業者は土地の収用や使用が可能になる。また、共済年金の裁定によって受給権者は共済年金の支給を受けることができるようになる。

■ 確認の訴え
[かくにんのうったえ]

一定の権利関係または法律関係の存否の確認を求める訴えのこと。給付の訴え、形成の訴えとともに、訴えの類型のひとつである。確認の訴えの対象は理論上無限定である（あらゆる権利関係が確認の訴えの対象になり得る）ので、確認の利益によって、限界付けがなされている。

■ 確認の利益
[かくにんのりえき]

原告の権利または法的地位に対して、危険や不安がまさに存在しており、判決を得ることで、その危険や不安を除去することができる状態のこと。民事訴訟上、確認の訴えを適法に提起するための要件（訴訟要件）のひとつである。

確認の訴えは、確認の対象が無限定になるおそれがあり、裁判所の負担が過多になることを防ぐために、訴えが認められる場合を限定する機能を果たす。

一般に、確認の利益は、以下の3つの観点から判断されると考えられている。まず、ⓐ単なる事実関係ではなく、法律関係が対象となっているかという確認対象選択の適切性が問題になる。また、ⓑ給付訴訟や形成訴訟ではなく、あえて確認訴訟によることで、紛争が解決できることが必要である（確認訴訟によることの適切性）。そして、ⓒ原告の権利や法的地位が危険や不安な状態にあり、確認判決を受ける必要性が認められなければならない（即時確定の利益）。

■ 学問の自由
[がくもんのじゆう]

個人の人権として認められた学問に関する自由をさす(憲法 23 条)。憲法はあわせて、大学での学問の自由を確保するために制度として大学の自治を保障している。学問の自由の内容は、学問研究の自由、研究発表の自由、教授の自由に分かれると考えられている。

学問の自由の中心となる真理の発見・探究を目的とする学問研究の自由およびそれを発表する自由は、内面的精神活動の自由と結びつくため、安易な規制は許されないと考えられている。教授の自由は、従来は大学などでの教授の自由のみをさすといわれてきたが、近時では小・中学校や高等学校の教師にも、完全な自由ではないものの、教授の自由から導かれる教育の自由が認められると考えられるようになっている。

■ 隠れた瑕疵
[かくれたかし]

買主が取引上一般に要求される程度の注意をしても発見できない瑕疵（欠点、欠陥）のこと。平成 29 年の民法改正により、売買の目的物に隠れた瑕疵があった場合に、売主が買主に対して負担する瑕疵担保責任に関する規定が削除され、その代わりに契約不適合責任が導入された。

■ 隠れた質入裏書
[かくれたしちいれうらがき]

質入の目的であることが券面上は表示されず、通常の譲渡裏書と同じ形式でなされる質入裏書のこと。隠れた質入裏書では、被裏書人に質権者としての固有の利益が認められるため、隠れた取立委任裏書の場合と異なり、抗弁切断の効果が認められることに争いはない。

■ 隠れた手形保証
[かくれたてがたほしょう]

　形式的には裏書や引受といった手形保証以外の手形行為がなされているが、実質的な目的は手形債務を保証することにある場合のこと。隠れた手形保証は、券面上に明らかな形で保証をすることは、かえって被保証手形債務者の信用の不安定さが示されることになるため、保証であることを券面上では明らかにしないことを目的に行われる。隠れた手形保証がなされた場合には、その法律関係は手形行為の形式に基づいて判断され、隠れた手形保証であることは、当事者間の人的抗弁となるに過ぎない。

■ 隠れた取立委任裏書
[かくれたとりたていにんうらがき]

　実質的には取立委任の目的があるが、形式的には通常の譲渡と同様に行われる手形の裏書のこと。隠れた取立委任裏書は、形式的には裏書であるが、実質的には取立委任の目的であるため、手形所持人が裏書人に対して有する抗弁をもって被裏書人に対抗できないとすると不当な結果となる。そこで、この点に関して、隠れた取立委任裏書の法的性質と関連して争いがある。手形上の権利は被裏書人に移転すると解しつつ、被裏書人に固有の経済的利益が認められないことなどを理由に抗弁切断を認めない説や、権利濫用の抗弁を認める説などがある。

■ 科刑上一罪
[かけいじょういちざい]

　行為者に複数の犯罪が成立している場合に、刑を科すうえでは一罪として扱うこと。数罪は原則として併合罪となり、例外的に科刑上一罪となる。観念的競合と牽連犯の2種類がある。たとえば、1個の爆弾で複数の人間を殺害した場合には、複数の殺人罪の観念的競合になり、窃盗の目的で住居に忍び込んだ場合には、窃盗罪と住居侵入罪が牽連犯になる。

■ 加工
[かこう]

　他人が持っている動産に対して、何らかの工作を加え、別の新たな物を製作すること。たとえば、ダイヤの原石をカットして指輪を作ることが挙げられる。加工物は、原則として材料の所有者に属する。上記例では、ダイヤの所有者に指輪の所有権が属する。ただし、工作によって生じた価格が材料の価格を著しく超えるか、または加工者が材料の一部を供した場合において、その材料の価格に工作によって生じた価格を加えたものが、他人の材料の価格を超えるときは、例外的に加工物の所有権は加工者に属する。

　上記例では、著名な宝石デザイナーが指輪を作ったため工作によって生じた価格がダイヤの価格を超えたとき、または指輪のリング部分を加工者が提供した場合に、リング部分の価値と工作によって生じた価格の合計がダイヤの価値よりも高かったときには、指輪の所有権は加工者に属する。

■ 瑕疵
[かし]

　通常備わっているべきものが備わっていない状態のこと。何らかの欠点、欠陥があること。たとえば、民法が規定する詐欺や強迫による意思表示は、意思表示の形成過程に欠陥があり、このような意思表示を瑕疵ある意思表示と呼ぶ。

　なお、国家賠償法2条が規定する営造物責任における公の営造物の設置・管理の瑕疵とは、公の営造物が通常有すべき安全性を欠いていることをさす。

■ 瑕疵ある意思表示
[かしあるいしひょうじ]

　他人からの違法な干渉により効果意思が形成され、違法な干渉がなければ意思表示をしなかったであろうと考えられる

場合をいう。民法上は詐欺または強迫による意思表示が瑕疵ある意思表示にあたる。瑕疵ある意思表示をした者は、その意思表示を原則として取り消すことができる。意思の不存在にあたる心裡留保、虚偽表示、錯誤との違いは、表意者の効果意思と実際に表示された内容が一致している点にある。

■ 瑕疵ある行政行為
［かしあるぎょうせいこうい］

行政行為が違法または不当である場合をいう。行政行為が違法である場合には、行政庁に不服を申し立てる行政不服審査や、裁判所に訴訟を提起する行政訴訟でその行政行為の効力を否定することができる。また、行政庁が自ら違法と判断すれば、不服申立てがなくても、職権で取り消すことができる。

行政行為が不当である場合には、行政不服審査か職権取消しのみで行政行為の効力を否定することができ、行政訴訟で効力を否定することはできない。裁判所は行政行為が法令に違反するか否かを判断する権限は有しているが、当不当の判断をする権限は有していないからである。

■ 貸金業法
［かしきんぎょうほう］

消費者金融等の貸金業者の登録に関する手続や、貸金業者の業務に対するさまざまな規制について定めた法律。平成18年、深刻化していた多重債務問題を解決することなどを目的として法改正が行われ、平成22年6月に完全施行された。たとえば、個人が借金できる総額を年収の3分の1までに制限する総量規制や、利息制限法の上限金利と出資法の上限金利の間に存在したグレー・ゾーン金利の撤廃などが新たに規定された。また、貸金業への参入条件の厳格化や、ヤミ金融に対する罰則の強化なども行われ、業務の適正化を図っている。

■ 家事事件手続法
［かじけんてつづきほう］

家事審判と家事調停からなる家事事件の手続を定める法律。現代社会の家族観に適合させ、国民がより利用しやすいよう、平成23年に家事審判法に代わるものとして制定され、平成25年1月に施行された。家事事件手続法により、当事者の適正手続の保障が強化され、当事者が主体的に紛争を解決できるようなしくみが整えられた。たとえば、申立書の写しを相手方に送付することや、審判における当事者の閲覧謄写請求を原則として許可することなどが盛り込まれている。

■ 家事審判
［かじしんぱん］

家庭に関する事項について、当事者から提出された書類や調査官の調査結果をもとに裁判官が決定を下すことをいう。

対象となる事項は、家事事件手続法の別表第1と別表第2に分類されている。別表第1の事項は公益に関するので、家庭裁判所が後見的な立場から関与する。当事者間に対立のある事件ではないため、専ら審判によって解決される。たとえば、後見開始がこれに当たる。別表第2の事項は当事者間に争いがあるので、審判だけでなく調停でも扱われる。たとえば、遺産の分割がこれに当たる。

■ 瑕疵担保責任
［かしたんぽせきにん］

売主が負う担保責任のうち、目的物に物質的または法律的な瑕疵（欠陥）があった場合の責任のこと。この場合の瑕疵は、隠れた瑕疵（取引一般に要求される程度の注意をもってしても発見できなかった瑕疵）である必要があり、瑕疵担保責任の効果としては、買主による解除・損害賠償請求が認められる。商人間の売買では、瑕疵担保責任を追及するためには、買主は直ちに目的物を検査し、瑕疵を発見

したことを売主に通知しなければならない。なお、平成29年の民法改正により、契約不適合責任が導入されることに伴い、瑕疵担保責任に関する規定は削除された。

■ 家事調停
[かじちょうてい]

家庭に関する事件について、裁判官と民間人からなる調停委員の下、当事者の話し合いを経て紛争解決を図ること。たとえば、親権者の変更、養育料の請求、遺産分割が挙げられる。話し合いが合意に至ると、調停調書が作成され調停は終了となるが、調停が不成立の場合には審判手続に移行する。

■ 過失
[かしつ]

注意義務に違反して、認識すべきことを認識しなかったこと。認識の有無で故意と区別される。不注意が甚だしい場合を重過失といい、これに対して通常の過失を軽過失という。

また、重過失と同様に、通常の過失よりも不注意の程度が甚だしい場合として、業務上過失がある。業務上過失は、反復継続して行う社会的な地位に基づく行為（業務）について問題になる。たとえば、医療過誤の場合などに認められることが多い。民法上は、過失ある行為によって他人に損害を与えた場合には、不法行為責任を負い、刑法上は、故意処罰の原則から、とくに過失を処罰する犯罪類型に限って処罰の対象になる。

■ 果実
[かじつ]

物から生じる経済的な収益をいい、天然果実と法定果実に分かれる。天然果実は、物の経済的用途に従い収取する産出物である。たとえば、牛から牛乳を取る場合の牛乳は、天然果実に当たる。法定果実は、物を使用させた対価として受けるべき金銭その他の物である。たとえば、アパートを貸している対価として受け取る賃料などは、法定果実に当たる。

■ 過失運転致死傷罪
[かしつうんてんちししょうざい]

自動車運転の際に必要な注意を怠ったことにより、人を死傷させる罪。本罪は、刑法ではなく、自動車運転死傷処罰法に規定されている。7年以下の懲役もしくは禁錮または100万円以下の罰金が科されるほか、無免許だった場合には10年以下の懲役に加重される。

■ 過失往来危険罪
[かしつおうらいきけんざい]

過失により、汽車、電車もしくは艦船の往来の危険を生じさせる罪。30万円以下の罰金を科される。鉄道、船舶などの公衆の交通の安全を守るために規定された。往来の危険とは、汽車・電車の転覆・破壊または艦船の転覆などの具体的危険を生じさせることをいう。

■ 過失責任主義
[かしつせきにんしゅぎ]

故意または過失によって他人の権利を侵害し損害を与えた場合でない限り、賠償責任を負わないとする原則。とくに不法行為責任で用いられる原則であり、無過失の場合には責任は負わないことを意味する。

ただし、例外的に無過失責任を負わせる規定もあり、工作物責任における所有者の二次的責任がこの例である。

■ 過失相殺
[かしつそうさい]

損害賠償責任またはその金額を定めるにあたって、その過失を斟酌し、責任を免除しまたは金額を減額すること。債務不履行責任または不法行為責任を追及する際に、債務不履行では債権者、不法行為では被害者にも過失がある場合に行われる。債務不履行の場合、過失相殺は必要的で、責任の免除もできると解されて

おり、不法行為の場合、過失相殺は任意的で、責任の免除はできないと解されている。

過失致死傷罪
[かしつちししょうざい]

過失傷害罪と過失致死罪の総称。過失により人を傷害する罪を過失傷害罪、過失により人を死亡させる罪を過失致死罪という。過失傷害罪は30万円以下の罰金または科料に処せられ、過失致死罪は50万円以下の罰金に処せられる。過失傷害罪は親告罪である。

過失による教唆・幇助
[かしつによるきょうさ・ほうじょ]

行為者が、過失により教唆または幇助行為をした場合をいう。過失の教唆・幇助犯の成立は、ともに否定されると考えられている。前者の例として、CがDに犯罪を唆す故意はなかったにもかかわらず、Cの軽率な言動によりDに犯罪の決意を生じさせ、Dが実行した場合が挙げられる。後者の例として、EはFの犯罪の実行を容易にする故意はなかったにもかかわらず、EがFに武器を売った結果、Fがその武器を用いて犯罪を実行した場合が挙げられる。刑法38条1項ただし書によれば、過失を処罰するためには特別の規定が必要であるが、過失による教唆・幇助犯のいずれについても処罰する規定はないことから、これらの犯罪は成立しない。

過失の推定
[かしつのすいてい]

不法行為に基づく損害賠償請求をする場合において、権利侵害者の過失を推定すること。たとえば特許法に過失推定の規定がある。民法上、賠償請求をする側が、権利侵害者の過失を立証するのが原則であるが、証拠の収集などの点から侵害者の過失を立証することは容易ではないことが多い。そのため、特許法において

は、立証の困難を緩和するべく、権利侵害者の故意・過失を推定する規定が置かれている。

過失犯
[かしつはん]

過失による行為により、処罰される犯罪をいう。刑法38条は故意処罰を原則とすることを明示しており、過失犯は特別の規定がある場合にのみ処罰される。具体的には、過失傷害罪や過失致死罪といった生命・身体に対する結果犯や、失火罪などがあり、過失犯の処罰は個人の重要な法益である生命・身体に関する罪と公共の利益に関する罪に限られている。もっとも、交通事犯など行政目的に違反する行為に刑罰を科す行政刑法は、過失犯を処罰する明文がなくても、過失行為に刑罰を科すことが可能と考えられている。

判例によれば、行政刑法の規定の目的から、過失行為を処罰する趣旨が読み取ることができることが根拠であるといわれている。

過失犯の教唆
[かしつはんのきょうさ]

行為者が、正犯たる過失犯に対して教唆行為を行った場合をいう。通説は、過失犯に対する教唆犯の成立を否定する。たとえば、医師が看護師に薬と偽って毒薬を渡し、看護師が不注意にも確かめずに毒薬を患者に投与し、患者を死亡させた場合が挙げられる。この場合、正犯たる看護師には業務上過失致死罪が成立するが、医師にその教唆犯が成立するかが問題となる。

通説は、教唆とは犯罪の故意を生じさせることをいうが、看護師はそもそも自己が犯罪を犯すことすら気づいていない以上、医師の行為は教唆行為とはいえず、過失犯の教唆の成立を否定する。ただし、医師には業務上過失致死罪の間接正犯は成立しうる。

■ 過失犯の共同正犯
[かしつはんのきょうどうせいはん]

過失により犯罪を共同した場合のこと。

過失犯の共同正犯が成立するかについて学説上争いがある。たとえば、AおよびBが共同で、コンロで煮炊きを行い、過熱発火を防止する措置を怠り（過失）、失火を起こし、結果として建物を焼損させたが、いずれの過失が失火の原因となったかが不明な場合が挙げられる。このような例で、過失犯の共同正犯の成立を肯定して、それぞれの行為者に失火罪の共同正犯を成立させることができるかといった形で問題となる。

この場合、過失と結果との因果関係が不明である以上、単独犯としての失火罪は成立しない。また、過失の未遂を処罰する規定はないことから、仮に共同正犯の成立を否定すると、行為者全員が不可罰になる。

通説である新過失論からは、過失を行為としてとらえる以上、これを共同することは可能であることを理由とし、過失犯の共同正犯の成立を認める。

上記例においても、A・B相互について、過熱発火防止のための措置を採るという、共同の注意義務が存在し、その共同の注意義務に共同して違反した場合には、行為者全員に失火罪の共同正犯が成立する。

判例は過失犯の共同正犯を認める傾向にある。

■ 過失割合
[かしつわりあい]

不法行為での損害額を算定する際に、被害者側の過失を考慮した場合の過失の程度をいう。たとえば、Aが運転する自動車が、Bが運転する自転車に衝突して、Bがケガを負い、その損害が総額1000万円であるが、被害者Bに不用意に高速度で走っていたという過失があったとする。

裁判所が過失割合を8：2であると判断したとすると、加害者側は被害者に800万円を支払えば足りることになる。

■ 瑕疵のある占有
[かしのあるせんゆう]

完全な占有としての効果発生を妨げる事情を伴う占有のこと。たとえば、悪意、過失、平穏でない（強暴）、公然でない（隠避）占有が挙げられる。瑕疵ある占有の場合には、取得時効や即時取得の要件を満たさないと判断される場合や、要件が加重される場合がある。

■ 瑕疵の承継
[かしのしょうけい]

占有の承継を主張する場面において、前主の占有もあわせて主張する場合に、前主の占有に瑕疵があるときには、その瑕疵も承継すること。たとえば、取得時効の要件として、善意無過失の場合は10年、それ以外は20年の占有を要するが、この場合、自分の占有だけでなく、前主の占有もあわせて主張できる。ただし、前主が悪意占有だとその瑕疵も承継され、自分の占有が善意占有であっても、20年の占有の承継が必要となる。

■ 瑕疵の治癒
[かしのちゆ]

行政行為がなされた時点では適法要件を欠いていたが、以後、要件が充足された場合に、当初の行政行為の効力を維持する理論をさす。行政行為をやり直すよりも効率的であり、私人にとっても酷にならなければ、例外的に認められる。

農地買収計画に対して訴願（不服申立て）が提起されたときは訴願に対する棄却裁決を経た後でなければ農地を買収できないにもかかわらず、知事が買収を行ったが、買収後に訴願棄却裁決が下されたという事件で、判例は瑕疵の治癒を認めた。

■ 過剰避難
[かじょうひなん]

自己または他人の現在の危難を避けるためになした行為であり、その行為が避難の程度を超えた場合をいう。緊急避難との違いは、補充性の原則に反したか、法益権衡の原則に反したかによる。前者の例として、人を突き飛ばさなくても逃げることができたにもかかわらずあえて人を突き飛ばして逃げた場合が、後者の例として、飼い犬を守るために人に傷害を加えた場合が挙げられる。過剰避難に当たる場合には、情状により刑が減軽または免除されうる。

■ 過剰防衛
[かじょうぼうえい]

急迫不正の侵害を受けた者が、当該侵害に対し、防衛の程度を超えた反撃行為をすることをいう。必要以上に強い反撃行為をなす質的過剰の場合と、相手方の侵害行為がやんだ後も反撃行為を続ける量的過剰の場合とがある。たとえば、素手の相手に対して包丁で反撃した場合が質的過剰の例で、行為者の防衛行為のため逃げ出した相手方を追撃して殴打する場合が量的過剰の例である。過剰防衛に当たる場合には、情状により刑が減軽または免除されうる。

■ 課す・科す
[かす・かす]

「課す」とは、制裁的な意味を持たず、何らかの義務や負担を与えることをいう。これに対して、「科す」は刑罰や制裁を加えることをいう。たとえば、税を負担させる場合は、「課す」であり、懲役刑を負わせる場合は、「科す」である。なお、過料は行政罰であり刑罰ではないが、「科す」を用いる。懲罰にも「科す」を用いる。

■ かすがい現象
[かすがいげんしょう]

併合罪となるべき数罪が、それぞれある罪と科刑上一罪の関係になることにより、数罪全体が科刑上一罪と扱われること。たとえば、Aが、BとCの住む住居に侵入したうえで、両者を殺害した場合が挙げられる。Aには、1個の住居侵入罪と2個の殺人罪が成立するが、この場合に、殺人罪2個と住居侵入罪とを結びつけ、全体を1個の牽連犯として扱う。

■ ガス漏出罪
[がすろうしゅつざい]

ガス・電気・蒸気を放出させたり、これらの供給を止めたりすることによって、人の生命・身体・財産に危険を生じさせる罪。たとえば、自殺目的でマンションの自室にガスを充満させる行為は、他の住人など人の生命に危険を生じさせるものとして、本罪に該当する。3年以下の懲役または10万円以下の罰金に処せられる。人の生命・身体・財産に対する危険の発生を防止するために規定された。

本罪を犯した結果、人を死傷させたときは、結果的加重犯としてさらに重く処罰される。

■ 河川法
[かせんほう]

河川の管理や治水を定めた法律。河川に関する災害を防止し、河川を適切に利用し、河川環境を管理することによって、公共の安全を保持し、かつ公共の福祉を増進する目的がある。

■ 仮装売買
[かそうばいばい]

売買をする意思がないにもかかわらず、相手方と通じて、目的物を譲渡する意思表示をすること。民法上、このような売買契約は虚偽表示として原則無効となる。

■ 家族法／身分法
[かぞくほう／みぶんほう]

民法の「第4編 親族」と「第5編 相続」をあわせた総称。民法「第4編 親族」だけをさして家族法と呼ぶ場合もあ

る。また、財産関係に関する規定（財産法）に対して、身分上の法律関係に関わる規定が置かれているため、身分法とも呼ばれている。親子関係、婚姻関係、養子縁組、相続、遺言などについての規定が定められている。

■ 課徴金
［かちょうきん］

国・地方公共団体などが国民から徴収する金銭のうち、租税を除いたものをいう。罰金や手数料をはじめ、独占禁止法に違反し、不当に得た利益と認定された金銭の徴収などがある。

■ 加重収賄罪
［かちょうしゅうわいざい］

公務員や議員の候補者など公務員になろうとする者が、収賄行為の後に不正な職務行為をするかもしくは相当な職務をしなかった罪。または、不正な職務行為をするかもしくは相当な職務をしなかった後に収賄行為をする罪。たとえば、依頼を受けて賄賂を収受した県会議員が、公共事業の受注を取り次ぐために、入札の最低予定価格を知らせるなどの行為は、受託収賄罪後の不正な職務行為として、本罪により罰せられる。公務員の職務の公正およびそれに対する社会の信頼を守るために規定された。1年以上の懲役に処せられる。本罪は、収賄行為に関連して職務違反の行為がなされた場合に、とくに重く処罰するための規定である。

■ 加重逃走罪
［かちょうとうそうざい］

身柄拘束された被疑者・被告人・証人が、手錠を破壊したり、看守を暴行・脅迫したり、身柄拘束された者同士で脱走の相談をしたりして、逃走する罪。3月以上5年以下の懲役に処せられる。国家の拘禁作用を守るために規定された。

本罪は、単純逃走罪の加重類型であり、行為態様が悪質であるものについて、主体を勾引状の執行を受けた者にまで広げて処罰するものである。

■ 合筆
［がっぴつ（ごうひつ）］

土地の個数は一筆、二筆と数えるが、複数ある筆を1つにまとめること。これと反対に、一筆の土地を複数の筆に分割することを分筆という。

■ 割賦販売法
［かっぷはんばいほう］

クレジット取引等を対象に取引の公正さを確保し、購入者の損害を防止する目的のため、事業者が守るべきルールを定めた法律。対象の取引形態は、ⓐ割賦販売、ⓑローン提携販売、ⓒ信用購入あっせん（クレジット）、ⓓ前払式特定取引に分類される。

ⓐ割賦販売とは、事業者と消費者間で信用を付与して契約を締結し、2か月以上かつ3回払い以上に分割して代金の弁済を受けることをいう。ⓑローン提携販売とは、消費者が事業者の保証をもとに金融機関から融資を受け、2か月以上にわたり3回以上に分割して借入金を弁済することをいう。ⓒ信用購入あっせん（クレジット）とは、クレジット会社と契約を結んだ消費者が事業者と取引した場合に、クレジット会社が事業者に代金を一括払いし、消費者はクレジット会社に分割して代金を返済するものをいう。ⓓ前払式特定取引とは、消費者が先に対価を支払っておき、後に商品または役務の提供を受けるもので、冠婚葬祭の互助会などがこれに当たる。

■ 合併
［がっぺい］

現存する複数の会社の一部または全部が消滅し、存続する会社または新設される会社に、その権利義務のすべてが包括承継される。合併する会社（合併当事会社）すべてが消滅して、1つの会社が新

設される場合を新設合併という。また、合併当事会社の一部が存続する場合を吸収合併という。合併がなされると、解散した会社の社員や財産は当然に新設会社や存続会社に承継され、解散会社の清算手続は行われない。

■ 合併交付金
[がっぺいこうふきん]

合併対価として、新設会社・存続会社から消滅会社の株主が受ける金銭。通常、合併対価として新設会社・存続会社の株式の交付がなされるが、新設会社等と消滅会社の株式の価値が等しいとは限らないことから、端数が生じた場合の調整の手段として用いられることが多い。

■ 合併対価
[がっぺいたいか]

合併による消滅会社の株主が、持株数に応じて存続会社の株式等、または新設会社の株式等の交付を受けること。株式が交付される場合、消滅会社と存続・新設会社の株式の価値が等しいとは限らない。そこで、割当ての比率を定めてそれまで有していた消滅会社の株式と同じ価値の株式が割り当てられる。新株の代わりに、存続会社の自己株式の交付や、親会社の株式、金銭等も合併の対価として認められている。

■ 合併登記
[がっぺいとうき]

会社が吸収合併された際に行われる変更登記。吸収合併により存続する会社の場合には、吸収合併をしたことや、合併に伴って変更された資本金や株式数、役員、商号、会社の目的やその他の登記すべき事項の変更を登記する。吸収合併により消滅する会社の場合は、吸収合併により解散したことを登記する。

なお、存続会社の変更登記と消滅会社の解散登記は、存続会社の本店を管轄する登記所を経由して、同時に申請する必要がある。

■ 家庭裁判所
[かていさいばんしょ]

夫婦関係や親子関係の紛争などの家庭内の紛争についての調停や審判および非行を犯した少年の事件についての審判を行う下級裁判所。審判は非公開で行われ、法律的に白黒をつけるのではなく、それぞれの事案に応じた適切妥当な措置を講じることにより解決を図るという理念に基づいている。ただし、審判に不服がある場合は高等裁判所に2週間以内に不服を申し立てることができる(即時抗告)。家庭裁判所とその支部は、地方裁判所とその支部の所在地と同じ所にある。このほか、家庭裁判所出張所が設けられている。

■ 可罰的違法性
[かばつてきいほうせい]

刑法において、刑罰を科すに値するだけの違法性のこと。犯罪行為が行われたとしても、それが軽微であり、刑法が規定する法定刑による処罰に値する程度の違法性を欠く場合には、犯罪の成立が否定される。絶対的軽微型と相対的軽微型という2類型がある。絶対的軽微型とは、一枚の紙片は、窃盗罪の対象である「財物」に当たらないとして、これを盗んでも窃盗罪の成立を否定するような場合をいう。これに対して、相対的軽微型は、行き過ぎた争議行為は威力業務妨害罪を構成するが、争議行為が行われた状況・目的など社会通念に照らし、許容される余地があるような場合に、違法性が阻却されるとして、犯罪の成立が否定されるような場合をさす。

■ 株券
[かぶけん]

株式を表章する有価証券のこと。旧商法の下では株式会社は株券を必ず発行しなければならなかったが、会社法の下では株券不発行制度が採られている。株券

発行会社は原則として、株式発行以後遅滞なく株券を発行しなければならない。株券に記載する事項は、会社の商号、株式数、譲渡制限の定めがあるときはその旨などであり、さらに代表取締役の署名・記名押印がなされる。

■ 株券喪失登録制度
[かぶけんそうしつとうろくせいど]

株券発行会社において、株券を喪失した者が、会社に対し、株券を喪失したことの申請をし、会社がそれを喪失登録して、登録後1年経過後に株券の再発行をする制度。株主が株券を紛失した場合には、所持人（拾得者など）に善意取得されるおそれがある。また、株券発行会社の株式譲渡には株券が必要であることから、喪失した場合には株主は譲渡を自由にできなくなるなど、株券の喪失により株主は不利益を被る。そこで、同制度による手続を経て、株券の再発行を可能にした。

■ 株券の善意取得
[かぶけんのぜんいしゅとく]

株券発行会社の株式について、無権利者から株券の交付を受けた者が、無権利であることを知っている（悪意）、または著しい不注意で知らない（重過失）以外の場合に、その株券にかかる株式についての権利を取得する制度。無権利者による譲渡は本来無効であるが、前主が権利者のような外観を備え、譲受人が悪意・重過失でない場合に、譲受人を権利者とすることで、有価証券取引の安全を図ろうとした制度である。

■ 株券の不発行
[かぶけんのふはっこう]

株券を発行しないこと。現在の会社法の下では、上場会社においては株券のペーパーレス化を図ること、中小会社においては株式の流通性を高める必要がないことなどを理由として、株券を発行しない形態が原則である。また、株券発行会社であっても、株券不所持制度の利用を希望する株主には、株券を発行しない。

■ 株券発行会社
[かぶけんはっこうがいしゃ]

定款に株券発行の定めのある会社。現在の会社法の下では、会社は原則として株券を発行しないものとし、株券の発行を定款で定めた場合に限り株券を発行することにした。異なる種類の株式を発行している会社において株券を発行する場合には、特定の種類の株式についてだけ株券発行の定めをすることはできず、すべての種類の株式について株券発行の定めをしなければならない。

■ 株券不所持制度
[かぶけんふしょじせいど]

株券発行会社において、株主による不所持の申し出があった株券を不発行とすること。株券の占有者は適法な所持人と推定される反面、株主は株券を紛失すると、他の者に株式を善意取得されるおそれがある。そこで、株券を不発行とすることで、株券の所持を望まない株主の便宜を図る目的がある。株券発行後に株主が不所持の申し出をした場合には、株主は株券を会社に提出し、その株券を無効にする。

■ 株式
[かぶしき]

株式会社の出資者（社員）としての地位を示すもの。株式会社には多くの資金が必要であり、この必要な資金を会社が集めるためには、多数の者が参加できる制度が必要である。そこで株主としての地位を、株式として割合の形で細分化することにより、会社は不特定多数の者から、資金を調達することが可能になった。1人の者が複数の株式を持つことが許され、持つ株式の数に応じて、株式会社への影響力が異なることになる。株式を持つ者には、剰余金の配当を受ける権利や

株主総会での議決権の行使などが認められる。なお、会社に出資された資金は、会社にとって不可欠な資本であるため、原則として株式を払い戻すことはできない。そのため、株主が、自らが投資した資本を回収するために、原則として株式の譲渡は自由であると定められている。

株式移転
[かぶしきいてん]

ある株式会社が他の会社の100%子会社となる手続のうち、その親会社が新設会社である場合をいう。既存の会社の株主は、有する株式のすべてを新設会社に移転し、新設会社の株式の割当てを受ける。

持株会社の設立を容易にしたり、企業買収の手段として利用するため制度化された。株式移転により、完全親子会社関係がもたらされるが、株主が移動するだけであり、消滅する会社もなく、会社財産の変動もない点に特徴がある。

株式会社
[かぶしきがいしゃ]

社員である株主の地位が株式の形をとり、その者から出資を受けて経営をなすことを目的とする会社のこと。株主の地位を細分化された均一的な割合的単位である株式とし、株主の会社債権者に対する責任を出資額を限度とする有限責任とすることで、多数の者から出資を集めることが可能である。会社債権者の引当ては会社財産のみであるため、会社財産がなくなるのを防ぐため、株主に対して株式の払戻しを伴う退社制度は認められていない。その代わり、投下資本回収の手段として、株主には株式譲渡の自由が認められている。他の特徴としては、多数人の出資が予定され、また出資者は経営の能力や関心を持ち合わせていないことも多いことから、所有と経営が制度上分離されていることが挙げられる。

株式買取請求権
[かぶしきかいとりせいきゅうけん]

株式会社の株主に認められた権利のひとつであり、一定の場合に自分が持つ株式を株式会社に公正な価格で買い取るよう請求できる権利をさす。とくに、株主総会での決定に反対する株主が行使する株式買取請求権が重要であると考えられている。反対株主は、会社が、事業譲渡を行う、合併を行う、株式の譲渡を制限するなど、株主の権利に影響を与えるような一定の事項を決議する株主総会を開催しようとしている場合に、株主総会に先立って反対の意思を通知し、実際に反対の議決権を行使した場合に買取請求権を行使できる。

株式公開買付け／公開買付け／TOB
[かぶしきこうかいかいつけ／こうかいかいつけ／てぃーおーびー]

株式会社を買収する方法のひとつ。株式公開買付け（単に公開買付けといわれることもある）の語源は、Take-Over Bid であり、頭文字を取って TOB と呼ばれることも多い。買収者が被買収会社の株主に対し、一定期間内に、一定価格で、一定数の株式を買い付けることを公告する手法をいう。東京証券取引所などが開設する市場で株式を買い付ける場合には、原則として公開買付けをする必要はない。公開買付けが必要となるのは、取引所（金融商品市場）外で買い付ける場合において、買付者の所有割合が5％を超えるような場合である。公開買付けは、対象会社の発行済株式の全部を対象とすることもでき、部分的にもできる。ただし、買付者の株式所有割合が3分の2以上になるような買付けをする場合には、買付者に応募株式の全部の買付義務が発生する。

■ 株式交換
[かぶしきこうかん]

　完全子会社となるべき会社（A社）の株主が有する株式の全部を、完全親会社となるべき会社（B社）に取得させ、代わりにA社の株主にはB社の株式等を交付すること。これにより、A社とB社に完全親子会社の関係が成立する。株式交換の対価は、親会社となる会社の株式のほか、金銭などの財産でもよい。株式交換の手続は合併とほぼ同様で、株主総会の特別決議による株式交換契約の承認が必要であり、反対株主には株式買取請求が認められる。もっとも、株式交換では株主が変動するだけで、消滅する会社はなく、各当事会社の財産も変動しないので、原則として会社債権者異議手続は必要ではなく、検査役の調査も不要である。株式交換の効力は、株式交換契約で定める株式交換の日に生じる。

■ 株式交付
[かぶしきこうふ]

　株式会社（株式交付親会社）が他の株式会社を子会社にするために、その株式会社（株式交付子会社）の株式を譲り受け、株式交付子会社の株式の譲渡人に対しては、その株式の対価として株式交付親会社の株式を交付すること。令和元年の会社法改正で導入された。株式交付親会社は、株式交付子会社の株式と併せて株式交付子会社の新株予約権を譲り受けることも可能である。

　株式交付親会社となる株式会社は、株式交付をする場合には、株式交付子会社の株式の譲渡しの申込期日や、株式交付の効力発生日など、所定の事項を定めた株式交付計画を作成しなければならない。そして、株式交付を希望する株式交付子会社の株式の譲渡人は、株式交付計画で定めた申込期日までに、氏名（名称）、住所、譲り渡そうとする株式交付子会社の株式の数を記載した書面を株式交付親会社に交付して、株式交付子会社の株式の譲渡しの申込みを行う必要がある。

■ 株式交付の無効の訴え
[かぶしきこうふのむこうのうったえ]

　株式会社が行った株式交付が無効であることを主張するための訴え。令和元年の会社法改正で、株式交付の制度が導入されたことに伴い新設された。株式交付の無効は、株式交付の効力発生日から6か月以内に、訴えによってのみ主張することが許される。株式交付の無効の訴えは、株式会社の組織の関する訴えに含まれる。

　株式交付の無効の訴えは、株式交付親会社の株主等（株主、取締役、清算人、監査役、執行役）、株式交付の効力発生日において株式交付親会社の株主等であった者、株式交付に際して株式交付子会社の株式や新株予約権を譲り渡した者、破産管財人、株式交付を承認しなかった債権者に限って提起することができる。これに対し、株式交付の無効の訴えの被告になるのは株式交付親会社である。

■ 株式質
[かぶしきしち]

　株式を担保とすること。会社法上、略式質と登録質が認められ、明文はないが譲渡担保も認められている。略式質とは、当事者間の質権設定の合意と株券の交付が効力発生要件であり、かつ株券の占有継続が株式質を第三者に主張するための要件である質権をいう。登録質とは、略式質の要件に加え、質権設定者の請求により会社が株主名簿に質権者の氏名などを記載する質権をいう。

■ 株式譲渡自由の原則
[かぶしきじょうとじゆうのげんそく]

　株式会社の社員たる株主が、その有する株式を自由に譲渡できるという原則。株式会社では社員たる株主は有限責任を

負うにすぎないことから、会社債権者の引当ては会社財産のみである。債権者保護の観点から、払戻しを伴う退社制度は株主に認められていないため、株主の投下資本回収を保障するために、株式譲渡自由の原則が認められている。例外として、法律・定款・契約による制限が可能である。

株式譲渡制限会社
[かぶしきじょうとせいげんがいしゃ]

発行するすべての株式の譲渡につき、株式会社の承認を要することが定款に記載されている会社。非公開会社とも呼ばれている。同族会社のような小規模閉鎖会社において、経営上好ましくない者の参加を排除し、会社経営の安定を図ることができる。対概念は公開会社である。

株式等売渡請求
[かぶしきとううりわたしせいきゅう]

株式会社の株主が、少数株主を株式会社から退出させるための制度。少数株主に対して金銭を交付して株式会社から締め出すための方法をキャッシュ・アウトと呼んでおり、株式等売渡請求は、キャッシュ・アウトの一種である。

株式売渡請求を行うためには、株式会社の総株主の議決権の9割以上を持つ株主（特別支配株主）でなければならず、その株主が他の株主等に対して、保有する全部の株式を売り渡すよう請求できる。対価として交付する金銭の額や、売渡株式の取得日などの法定された事項を会社に通知し、承認を受けなければならない。

特別支配株主は、売渡株主に対して取得日の20日前までに法定された事項の通知または公告をなすことで、その取得日に、売渡株式のすべてを取得することができる。

株式の消却
[かぶしきのしょうきゃく]

会社がその存続中に特定の株式を消滅させる行為のこと。会社法上、自己株式を消却する場合に限定されている。特定の株式の消滅である点で、全部の株式の消滅である会社の解散と異なり、株式自体の消滅である点で、株券の失効とも異なる。

株式の譲渡
[かぶしきのじょうと]

株主たる地位を第三者に移転すること。株式の譲渡によって、株主の資格において有する一切の権利が一括して承継される。

株式は原則として自由に譲渡できるが、定款によって譲渡制限が可能である。また、権利株の譲渡制限などの時期的な制限や、子会社による親会社株式の取得の制限など、一定の場合には譲渡制限がなされている。

株券発行会社でない会社においては、意思表示のみによって株式を譲渡することができる。もっとも株式の譲渡を株式会社その他の第三者に対抗するためには、その株式を取得した者の氏名または名称および住所を株主名簿に記載または記録しなければならない。株券発行会社では、株式の譲渡には株券が必要であり、株券の占有者は適法な権利者と推定される。

株式の相互保有
[かぶしきのそうごほゆう]

A社がB社の株式を保有すると同時に、B社もA社の株式を保有するといったように、複数の株式会社で互いの株式を持ち合うことをいう。株式を相互に保有することによって、企業間の結びつきが強固になり、企業グループを形成する手段となる。一方で、現経営者の意向で企業グループ全体の動向が左右されかねないなどの弊害が指摘される。そこで、会社法では、株式の相互保有がなされている株式について、議決権を行使できない場合を定めている。

■ 株式の引受け
[かぶしきのひきうけ]

株式会社を設立するとき、出資者になること。設立事務を執行する発起人だけがすべての株式を引き受ける設立形態を発起設立、発起人以外にも出資者を募集して、株式を引き受けてもらう設立形態を募集設立という。

■ 株式の分割
[かぶしきのぶんかつ]

既存の株式を細分化して、より多数の株式とすること。具体的には、株主総会（取締役会設置会社では取締役会）の決議によって、分割によって増加するだけの数の新株を発行して、株主に対して持株数に応じて配分することによって行われる。1株と2株に分割（1株の持株に1株の新株を配分）するような場合が典型例である。

しかし、株式の分割比率は整数倍である必要はなく、1株を1.1株に分割（10株につき11株を配分）するといったことも認められる。このとき1株に満たない端数が生じる場合には、その端数の合計数に相当する数の株式を競売し、端数に応じて競売によって得られた代金を株主に交付するなどの処理を行う。株式の分割は、1株の市場価格を下げ、流動性を向上させる目的で行われたり、株主に対する利益還元として株式を無償交付することを目的として行われる。

■ 株式の併合
[かぶしきのへいごう]

株式会社において、すでに発行した株式について、複数の株式を1つにまとめることにより、元の株式よりも少数の株式にすることをいう。たとえば、2株を1株に、3株を2株にすることが挙げられる。併合により1株に満たない端数が生じた場合には、競売して代金が分配されるといった処理が行われる。1株の価値が上がることから株主にとって譲渡し

にくくなり、また、端数処理により株主としての地位を失うおそれもあり、株主にとって不利とされていることから、併合の要件は厳しく、株主総会の特別決議が必要である。

■ 株式の無償割当て
[かぶしきのむしょうわりあて]

会社が株主に対し、保有株式数に応じて、当該会社の株式を無償で交付することをいう。新株がいわば無償で発行されることと同じであり、既存株主の権利関係に実質的な影響はない。そのため、要件は緩やかであり、取締役会設置会社では取締役会決議で決定される。株式の分割と類似しているが、無償割当ては異なる種類の株式を割り当てることも可能であり、また自己株式は割当てを受けない点で株式の分割とは異なる。

■ 株式の申込み
[かぶしきのもうしこみ]

株式会社の設立の際、あるいは募集株式の発行の際に、株主の募集があった場合、株式を引き受けたいとする意思表示。株式の申込みをするには、申込者の氏名または名称と住所、引き受けようとする募集株式の数を記載した書面または電磁的記録（コンピュータで作成したデータ等）によってしなければならない。

■ 株式の割当て
[かぶしきのわりあて]

発起人または取締役が、株式の引受けの申込みがあった場合、申込者の中から株式を割り当てる者とその株式の数を定めること。発起人または取締役は、割り当てる株式の数を申込者の希望する株式の数よりも少なくすることができる。金銭払込期日までに払込みをしない株主は、株式の割当てを受ける権利を失う。

■ 株式保有の制限
[かぶしきほゆうのせいげん]

市場の独占などを防ぐため、企業が他

の企業の株式を保有することを制限すること。独占禁止法は、一定の取引分野における競争を実質的に制限することになる他の会社の株式の保有や、不公正な取引方法による他の会社の株式の保有を禁止している。

■ 株主
[かぶぬし]

株式会社に対して出資を行うことで株式を所有している者のこと。株主の資格には制限がなく、自然人はもちろんのこと、法人、保護者の同意等を受けた制限行為能力者、外国人でもなることができる。また、株主の責任は有限で、会社がどんなに多額の借金を抱えていようが、株主は自らの所有する株式の引受価額以上の責任を会社債権者に対して負わない。これを株主有限責任の原則という。会社に対する株主の権利には、配当などを受ける権利である自益権と会社の経営に参画する共益権の2種類がある。

■ 株主資本等変動計算書
[かぶぬししほんとうへんどうけいさんしょ]

貸借対照表の「純資産の部」について、一会計期間における変動状況を表した財務諸表のこと。主として、株主に帰属する部分である株主資本の各項目の変動事由を報告するために作成されるものである。平成17年の会社法制定に伴い、株式会社の利益処分（剰余金の配当、役員賞与支給など）については、定時株主総会以外でも会社法の個別の規定に基づいて行うことができるようになった。そのため、「純資産の部」の変動状況をより詳しく開示する必要性から、すべての株式会社に対し作成が義務づけられている。

■ 株主総会
[かぶぬしそうかい]

株式会社の機関のうち、株主によって構成された最高意思決定機関のこと。すべての株式会社は、株主総会を置かなければならない。また、株主総会では、少なくとも会社法によって定められた事項または会社の根本規則である定款で定められた事項について決議を行う。なお、株主総会の決議は、通常は、議決権の過半数を有する株主が出席し、その過半数で決められるが、一定の重要な事項に関しては、その要件が加重されている。

■ 株主総会決議取消しの訴え
[かぶぬしそうかいけつぎとりけしのうったえ]

株主総会の決議に手続上・内容上の瑕疵がある場合に、その決議の取消しを求める訴えのこと。手続の法令・定款違反・著しい不公正、決議内容の定款違反、特別利害関係人が議決権を行使した結果、著しく不当な決議がなされたときに、取消しが認められる。

たとえば、一部の株主に対する招集通知が欠けていた場合や定款所定の定員を超える取締役選任決議がなされた場合が挙げられる。

重大な瑕疵ではないため、法的安定性が重視され、提訴権者と提訴期間が制限されている。決議の有効性は株主・会社関係者等多数人の利害に影響を与えるため、法律関係が確定される必要があり、判決については、当事者だけでなく第三者に対しても効力が生じる。

■ 株主総会決議不存在確認の訴え
[かぶぬしそうかいけつぎふそんざいかくにんのうったえ]

株主総会決議における手続上の瑕疵が著しい場合に、その決議の不存在確認を求める訴えのこと。法律上は総会決議が存在すると認められないような場合に、不存在確認の訴えを提起できる。

たとえば、議事録は作成されているが、総会はまったく開催されなかった場合、代表取締役でない取締役が取締役会決議を

経ずに総会を招集した場合が挙げられる。

瑕疵が重大であるため、確認の利益がある限り、誰でも、いつでも訴えを提起できる。決議の有効性は株主・会社関係者など、多数人の利害に影響を与えるため、法律関係が確定される必要があり、判決については、当事者だけでなく第三者に対しても効力が生じる。

■ 株主総会決議無効確認の訴え
[かぶぬしそうかいけつぎむこうかくにんのうったえ]

株式会社において、株主総会決議の内容が法令に違反する場合に、その決議が無効であることの確認を裁判所に対して求める訴えのこと。たとえば、株主平等原則に違反する決議が挙げられる。瑕疵が重大であるため、確認の利益がある限り、誰でも、いつでも訴えを提起できる。決議の有効性は株主・会社関係者など、多数人の利害に影響を与えるため、法律関係が確定される必要があり、判決については、当事者だけでなく第三者に対しても効力が生じる。

■ 株主総会招集請求権
[かぶぬしそうかいしょうしゅうせいきゅうけん]

株主が株主総会の招集を請求する権利のこと。株主総会は、取締役会設置会社では取締役会が招集に関する事項を決定し、代表取締役が招集するのが原則であり、その招集に株主は関与しない。ただし、役員の選任、解任等、取締役自身の利害が関わる議案の場合には、取締役会が株主総会の開催を決定しないこともある。そこで例外的に、一定の要件を満たす株主（少数株主）は、まず取締役に招集を請求し、それでも招集手続がとられないときに、裁判所の許可を得て株主が招集することができる。

■ 株主総会の決議
[かぶぬしそうかいのけつぎ]

株主の総意によって会社の意思を決定する決議のこと。取締役会設置会社以外では、総会の決議により会社に関するすべての事項を決定することができるが、取締役会設置会社では、基本的事項を決定するにすぎない。決議方法として、普通決議、特別決議、特殊決議の3種類がある。

■ 株主代表訴訟／責任追及等の訴え
[かぶぬしだいひょうそしょう／せきにんついきゅうとうのうったえ]

株主が、会社のために取締役等に対する会社の権利を行使し、訴えを提起すること。会社が取締役らに対して訴えを提起する場合を責任追及等の訴えと呼ぶが、そのうち、株主が会社を代表して訴えを提起する場合が株主代表訴訟となる。取締役等の責任追及は、本来は会社がすべきであるが、取締役間の同僚意識からなされない可能性があり、結果的に株主の利益が害されるおそれがあることから制度化された。

株主は、まず会社に対して訴えを提起するように請求し、会社が訴えを提起しない場合に、自ら訴えを提起することができる。代表訴訟の対象となるのは、役員等に対する責任追及、違法な利益供与を受けた者からの利益の返還、不公正価格での株式等引受けの場合の出資者からの差額支払である。

なお、令和元年の会社法改正で、責任追及等の訴えにおいて、監査役設置会社、監査等委員会設置会社、指名委員会等設置会社が和解をするためには、それぞれ各監査役、各監査等委員、各監査委員の同意が必要であるとした。

■ 株主提案権
[かぶぬしていあんけん]

ⓐ一定の事項を株主総会の目的とする

ことを請求する議題提案権、ⓑ株主総会の目的である事項（議題）につき提出しようとする議案の要領を株主に通知する（株主総会の招集通知に記載する）ことを請求する議案通知請求権、ⓒ株主総会において議題につき議案を提出する議案提出権の総称。取締役会設置会社の場合、議題提案権と議案通知請求権は少数株主権であって、株主総会の日の8週間前まで（定款により短縮可）に取締役に対して請求しなければならないが、議案提出権は単独株主権である。株主提案権には、株主総会の活性化を図り、株主の意見が会社に反映されるようにする狙いがある。議題は議事のテーマそのものであるのに対し、議案はそのテーマに対する具体的な各提案である。たとえば、議題が取締役選任の件であれば、議案はAを取締役に選任する件となる。

なお、令和元年の会社法改正で、取締役会設置会社の株主の場合、ⓑ議案通知請求権の対象となる議案の数は10が上限であるとし、10を超える場合には、原則として取締役が議案通知請求権の対象となる議案を決定できるとした。一方、ⓑ議案通知請求権とⓒ議案提案権について、専ら人の名誉侵害や侮辱を目的とする場合などは、株主の権利行使を認めないことができるとする案は、会社側の濫用のおそれがあることから導入されなかった。

■ 株主平等の原則
[かぶぬしびょうどうのげんそく]

株主と会社との関係においては、株主は平等に取り扱われなければならないとする原則。株式の内容および数に応じた取扱いを要求する原則であり、株主としての資格に基づく法律関係については、株主ごとに異なった取扱いをすることが原則として禁止される。

株主平等の原則に反する定款の定め、株主総会の決議、取締役会の決議、取締役会の業務執行等は、無効である。ただし、公開会社でない会社については、剰余金の配当、残余財産の分配、株主総会における議決権について、株主ごとに異なる取扱いを行うことを定款で定めることができる。

■ 株主名簿
[かぶぬしめいぼ]

株主の会社に対する権利行使を管理するための帳簿。株主の氏名や保有株式数、株式を取得した日等が記載されている。多数で絶えず変動しうる株主を取り扱ううえで便宜を図る狙いがある。株券発行会社では、会社に対する関係で株式譲渡を対抗するためには、譲受人は名簿の名義人を自己に書き換えてもらう必要がある。これに対し株券不発行会社では、名義書換が会社および第三者に対する対抗要件となる。

■ 株主名簿管理人
[かぶぬしめいぼかんりにん]

株主名簿の作成・備置き、名義書換などの株主名簿に関する事務の代行をするため、会社から委託を受けた者のこと。管理費用の節約の目的でなされる。わが国では信託銀行などが委託を受け、行っている。

■ 株主有限責任の原則
[かぶぬしゆうげんせきにんのげんそく]

株主が、会社債権者に対して、株式の引受けの際に支払った価額以上の責任を負わないという原則。会社に多額の借金がある場合でも、株主は、会社の債権者から会社に代わって借金の支払いを求められることはない。この原則により、経営と所有の分離という株式会社の大前提が実現される。また、投資家は、出資した金額以上の責任を負わなくなるため、投資が促進され、大規模会社になることが可能になる。

■ 株主優待制度
[かぶぬしゆうたいせいど]

株主に対して特典を与える制度。たとえば、百貨店を営む株式会社の株主が、その百貨店で買い物をする場合、一般の顧客に比べて特別に割り引かれた価格で商品を購入できる場合などが挙げられる。株主権には、会社の利益の分配を受ける権利である自益権と、会社の経営に参加する権利である共益権があるが、それ以外にも、この制度により、さまざまな特典が与えられることがある。これらは株式の購入意欲を増進させる効果を持つ。

なお、株式会社の株主には、株式の内容および持株数に応じて平等に取り扱われなければならないという株主平等の原則があるが、株主優待制度は、一定数以上の株式を有する者に一律に付与されるため、この平等原則に反するとの指摘もある。

■ 株主リスト
[かぶぬしりすと]

株式会社の株主の氏名（名称）、住所、株式数、議決権数（種類株式発行会社は種類株式の種類および数）、議決権数割合を記載した書面のこと。登記すべき事項について株主総会決議（種類株主総会決議）を要する場合や、株主（種類株主）全員の同意が必要な場合に、株主リストを商業・法人登記の申請書に添付することが必要である。株主総会決議の偽造などによる犯罪・違法行為を防止する狙いがある。株主リストには、議決権数上位10位、あるいは議決権割合が2/3までに達する株主のうち、いずれか少ない方の株主が記載される。

■ 株主割当て
[かぶぬしわりあて]

株式会社が株式を発行する際、その株式の引受人をその会社の株主とすること。株式の引受人を株主以外の第三者とする第三者割当ての対義語である。旧商法において、新株発行の際に優先的にそれを引き受けることができる権利である新株引受権を株主に割り当てることを認めていたが、それを平成17年制定の会社法において実質的に引き継いだ制度である。

■ 可分物／不可分物
[かぶんぶつ／ふかぶんぶつ]

可分物とは、性質や価値を損なわずに分割できる物をいう。たとえば、金銭や土地が挙げられる。不可分物とは、分割により性質や価値を損なう物をいう。たとえば、1頭の馬が挙げられる。

■ 貨幣
[かへい]

広義には、商品やサービスの交換価値をいう。商品やサービスを売買するときの媒介物として用いられ、法律によって強制通用力が認められている。「金銭」と同義で、この場合は紙幣、硬貨ともに貨幣に含まれる。

狭義には、「通貨の単位及び貨幣の発行等に関する法律」上で、硬貨が貨幣であると規定されている。貨幣の発行権限は政府にあり、独立行政法人造幣局が製造後、日本銀行に交付される。日本銀行が発行する紙幣とは明確に区別されている。

■ 下命／禁止
[かめい／きんし]

行政機関が国民に対し、一定の作為を命じる行為を下命といい、不作為を命じる行為を禁止という。行政行為の分類としては、私人がもともと持っている自由を制限・禁止する行為である。たとえば、建築物の移転命令や営業停止命令が挙げられる。

■ 仮差押え
[かりさしおさえ]

金銭債権に関して、後に強制執行が不可能または著しく困難になることを防ぐため、債務者の責任財産に対する暫定的

な差押命令を裁判所に発してもらうこと。これにより債権者は、債権を保全することが可能になる。

たとえば、貸金返還請求訴訟において、債権者が勝訴判決を得ても、債務者が唯一の財産である不動産をすでにほかに移転してしまっていた場合には、差し押さえることができない。この場合、別の訴訟を提起しなければ、債務者のもとに当該財産を戻すことはできず、その訴訟で勝訴する保証もない。このような事態になることを防ぐため、あらかじめ仮差押えにより債務者の責任財産を保全するのである。

■ 仮差押命令
[かりさしおさえめいれい]

債務者の財産を仮に差し押さえる旨の裁判をいう。債権を回収するためには、債務者の財産に強制執行をする必要があり、そのためには裁判に勝訴して債務名義を取得する必要がある。勝訴するまでの間に、債務者の財産が散逸することも少なくなく、裁判が徒労に終わるおそれもあることから、あらかじめ裁判の前に強制執行の対象となる財産を差し押さえておくため、制度化された。

■ 仮執行
[かりしっこう]

判決の確定前に仮に強制執行をすることをいう。仮執行宣言に基づいてなされる。仮差押え・仮処分と異なり、執行保全の段階にとどまらず、原則として判決の確定前でも確定判決による強制執行と同じように勝訴者の権利が実現できる段階まで効力が及ぶ。

■ 仮執行の宣言
[かりしっこうのせんげん]

未確定の終局判決に対し、確定判決と内容上同一の執行力を付与する裁判のこと。判決は確定してはじめて執行力が生じ、勝訴者は敗訴者に対して強制執行を

することができるが、上訴権の濫用を抑止し、勝訴者の権利を早期に実現をするため、制度化された。

上訴による取消しの可能性がある状態で勝訴者の権利実現を図るため、原状回復が可能で、金銭賠償による処理が可能な財産上の請求に限られる。たとえば、消費貸借契約に基づく貸金返還請求権が挙げられる。

■ 仮執行免脱の宣言
[かりしっこうめんだつのせんげん]

仮執行宣言の際に、被告の申立てによりまたは職権で裁判所が行う、担保を供すれば仮執行を免れることができることの宣言。仮執行宣言により、敗訴者は判決の内容を履行しなければ執行をされる立場に置かれるが、担保を提供し、仮執行免脱の宣言がなされると、執行を免れることができる。

■ 仮釈放
[かりしゃくほう]

禁錮または懲役の刑を受けている者が、刑期を終える前に一定の条件の下で釈放されること。釈放されるためには、有期刑の場合は刑期の3分の1、無期刑の場合は10年を経過していること、および受刑者に改悛の状が認められることが条件となる。無用の拘禁を避けるとともに、刑期後の社会復帰を容易にさせたり、将来に希望を与えて受刑者の改善更生を図るのが目的である。改悛の状が認められるか否かは、再犯のおそれがないことや被害者感情も加味して判断される。

■ 仮出場
[かりしゅつじょう]

拘留に処せられた者や、罰金・科料を完納することができないために労役場に留置された者について、情状を考慮し、行政官庁の処分によって、留置されている場所から仮に出場することを許すこと。類似の概念に仮釈放がある。しかし仮釈放

については、改悛の状があるときであって、有期刑の3分の1、無期刑では10年経過後でなければ許されないが、仮出場は、必ずしも改悛の状が必要ではなく、また、刑期の経過にかかわらず、いつでも認められる場合があるという違いがある。

■ 仮処分
[かりしょぶん]

　債権者の権利執行を保全するために裁判所が決定する暫定的処置。保全される債権が金銭債権以外である点で、仮差押えと異なる。裁判などで争っている間に債権者の損害が拡大するおそれがある場合や、原告たる債権者を窮状から救う必要がある場合などに、裁判所は、請求により仮処分をすることができる。たとえば処分禁止の仮処分や会社を解雇された場合の賃金仮払いの仮処分などがある。

　なお、仮処分手続は、裁判所が仮処分を認めるか否かを判断する仮処分命令とそれに基づき執行する段階に分かれる。

■ 仮処分解放金
[かりしょぶんかいほうきん]

　民事保全法上の仮処分手続において、仮処分の執行停止を得るため、または、すでに行われた仮処分の執行を取り消してもらうために、債務者が供託する金銭のこと。仮処分の対象は必ずしも金銭の支払いで解決できる性質ではないため、裁判所は、債権者の意見を聴いて、金銭の支払いで解決できると判断した場合に、供託すべき金銭の額を定める。金銭の支払いで解決できる仮差押えの際には必ず定めなければならない仮差押解放金と異なる。

■ 仮登記
[かりとうき]

　将来の本登記に備えて、あらかじめ登記簿上の順位を保全しておくために行う登記。仮登記には対抗力はないが、仮登記をしておくと、後に本登記をしたとき

に対抗力が仮登記の時にさかのぼる。たとえば、売買の予約をしたときには、まだ売買自体は行われていないので移転登記はできない。しかし、このまま放置しておくと、第三者が先に売買をして登記を備えてしまう危険性がある。このようなときに、仮登記をしておけば、本登記をした際に仮登記の時まで対抗力がさかのぼるので、仮登記の後に第三者が登記をしていたとしても、先に仮登記をしておいた者が優先できるということになる。

■ 仮登記原因
[かりとうきげんいん]

　仮登記をするための原因となる要件。不動産登記法において次の2つが規定されている。1つ目は、登記の原因である実体的な物権変動はすでに発生済みであるが、登記に必要な第三者の承諾や行政庁の許可などがまだ済んでいない場合である。たとえば、土地の売買契約は済んだが、登記に必要な農地法の許可がまだ得られていない場合が該当する。もう1つは、物権変動はまだ生じていないが、物権変動を生じさせる請求権は発生している場合である。たとえば、将来の一定の事由の発生により売買を行うことを予約した場合が該当する。

■ 仮登記担保
[かりとうきたんぽ]

　仮登記を用いた担保方法のこと。金銭債務を担保するために、債務不履行の際には債権者に所有権などの権利を移転することを目的に、売買契約の予約、停止条件付代物弁済契約などを締結し、その権利について仮登記が行われる。債務不履行の際には、債権者は仮登記を本登記にすることで対抗要件を具備し、所有権などを取得することができるので、担保の手段となる。担保権実行の手続などは、仮登記担保契約に関する法律(仮登記担保法)で規律されている。

■ 仮の義務づけ
[かりのぎむづけ]

行政庁に対して一定の処分を行うよう求める義務づけ訴訟の本案判決前における仮の救済制度をいう。判決まで待っていたら手遅れとなるようなケースにおいて、国民の権利利益を救済する観点から制度化された。たとえば、年金の給付や生活保護申請が拒否された場合など、即時に仮の義務づけをしないと原告の生活の維持が困難となるような場合に利用される。

■ 仮の差止め
[かりのさしとめ]

行政庁の処分についての差止訴訟の判決が下されるまで、仮の救済措置として、暫定的に行政庁が当該処分をしてはならないことを命じてもらうしくみ。平成16年の行政事件訴訟法改正により新設された（37条の5第2項）。たとえば、公有水面埋立免許処分がされると良好な景観が永久的に害される場合に、差止訴訟の提起とともに、仮の差止めを申し立てることで、暫定的に当該処分をしないよう裁判所に命じてもらうことができる。

■ 過料
[かりょう]

刑罰である罰金や科料とは区別される金銭罰のこと。経済的苦痛を与えることで、主に行政上の義務違反などに対して、後に経済的苦痛が与えられることが心理的抑止となって、義務を履行させることを促す機能があるといわれている。そのため、過去の犯罪行為に対する制裁としての刑罰とは性質を異にする。刑法総則や刑事訴訟法の適用を受けない。科料と区別するために、「あやまちりょう」とも称される。

過料には主に、「執行罰」と「秩序罰」の2類型がある。執行罰は、砂防法36条に例が見られるのみであるが、一定期間内に義務を履行しないと金銭を徴収することを通告し、義務の履行を強制する形態である。秩序罰は、転入届を期間内に市町村長に提出しなかった場合に科されるなど、軽微な手続違反等への制裁として徴収される過料をいう。

■ 科料
[かりょう]

犯罪に対して科される刑罰として、一定額の金銭を徴収することを内容とする財産刑のうち、金額が少額の刑罰をいう。1000円以上1万円未満である。過料と区別するため、「とがりょう」と称されることもある。軽犯罪法違反など比較的軽微な犯罪に対して科されることが多い。科料を完納することができない者は、1日以上30日以下の範囲で、労役場で、完納すべき科料の額に相当するような軽作業などの労働（労役）を課せられる（労役場留置）。

■ カルネアデスの板
[かるねあですのいた]

船が難破し海に投げ出された場合に、すでに人がしがみついている1人分の浮力しか得られない板を奪って、自分が代わりに助かることは許されるかという問題のこと。古代ギリシアの哲学者カルネアデスが提起した。刑法上は、板を奪ったことにより、すでにしがみついている人が死亡した場合、板を奪った行為は殺人罪の構成要件に該当するが、緊急避難に当たり違法性は阻却される。

■ 過労死
[かろうし]

日常的な長時間労働や不規則勤務で働き過ぎの状態に至り、肉体的疲労や精神的疲労が蓄積し、それが起因となって、急性心不全や脳出血、精神疾患などを発症して死亡すること。

厚生労働省では、脳血管疾患および虚血性心疾患等（負傷に起因するものを除く）

による過労死の認定基準を定めている。それによれば、ⓐ発症直前から前日までの間、精神的、身体的負荷、作業環境の変化など異常な出来事に遭遇したこと、ⓑ発症に近接した時期（発症前おおむね1週間）にとくに過重な業務に就労したこと、ⓒ発症前の長期（発症前おおむね6か月）にわたり、著しい疲労の蓄積をもたらすとくに過重な業務に就労したこと、のいずれかに該当すれば、過労死と認定されることになる。

■ 過労自殺
[かろうじさつ]

労働者が、長時間労働や仕事上のストレスが原因でうつ病等の精神疾患を発症し、その後、自殺に至ること。自殺と労働者の業務との間に相当因果関係が存在することの認定が困難であり、損害賠償請求の認否においてもその因果関係の存否が重要な問題となっている。平成26年6月に過労死等防止対策推進法が成立し、過労死・過労自殺の対策を国の責務において推進することが明記された。

■ 川崎民商事件
[かわさきみんしょうじけん]

最高裁昭和47年11月22日判決。旧所得税法には、収税官吏は税務調査に際し、納税義務者に対して質問し、帳簿などを検査することができ、納税義務者がこれを拒否した場合には罰則が適用されることが規定されていたところ、川崎民主商工会員Ｙが調査を拒否したため、起訴された事件。本件は調査が無令状でなされたが、Ｙが無令状で行うことは憲法35条に反すると主張し、行政手続に憲法35条の令状主義が適用されるかが争われた。最高裁は、行政手続にも35条の適用を認めつつ、ⓐ本件の調査が刑事責任追及を目的としておらず、ⓑ強制の態様も間接的なものにとどまり、また、ⓒ無令状の調査が租税の公平確実な賦課徴収という

目的のために不可欠な手段であることなどを理由として、35条に反しないと判示し、上告を棄却した。

■ 為替手形
[かわせてがた]

振出人が第三者に対し、受取人・指図人へ一定の金額を支払うことを委託する形式の有価証券。受取人が、発行された手形を第三者（主に銀行）に提示することで、支払いを受けることができる。遠隔地との取引の決済手段として有用であり、主に国際貿易で利用される場合が多い。小切手と同様に支払委託証券に分類される。

■ 簡易合併
[かんいがっぺい]

存続会社が交付する対価の額が、会社の純資産額の20％以下の場合に、当該会社の株主総会の承認を要せずにする組織再編のこと。消滅会社の規模が小さく、株主の利益に与える影響が少ないことから、株主総会決議を要しないとされた。ただし、一定期間内に反対の意思を通知した株主が総議決権の一定割合に達する場合には、株主総会の承認を要する。

■ 簡易公判手続
[かんいこうはんてつづき]

刑事訴訟において、比較的軽微な事件で、犯罪の成立に争いがない（被告人が有罪を認めている）場合に行われる簡易化された公判手続。証拠調べの方式などの規定は適用されず、伝聞証拠も禁止されない。

■ 簡易裁判所
[かんいさいばんしょ]

訴訟の請求金額が140万円を超えない民事事件および比較的軽い罪に関する刑事事件について、第一審の裁判権を持つ裁判所。裁判は1人の簡易裁判所判事によって行われる。

■ 簡易送致
[かんいそうち]

家庭裁判所に送致された少年事件であ

って、通常よりも簡易な手続により裁判所に送致される場合のこと。家庭裁判所送致になる場合として、ほかに司法警察員からの送致、検察官からの送致がある。少額の万引きなど一定の軽微な犯罪のみ、簡易送致となる。

■ 簡易の引渡し
[かんいのひきわたし]

相手方がすでに物理的に支配している物につき、当事者間の意思表示だけで相手方に引き渡したことにすること。たとえば、建物の賃貸借がなされ、借主がすでに建物に居住していた場合において、貸主・借主間でその建物の売買がなされたときが挙げられる。譲渡人がいったん目的物を取り戻し、改めて現実の引渡しをする手間を省く目的がある。

■ 換価
[かんか]

差押財産を金銭に換えること。差押財産を競売したり、第三債務者に債権の弁済を要求することによりなされる。

■ 管轄
[かんかつ]

広義には、国または地方公共団体の機関が取り扱う事務の地域的、事項的、人的範囲をいうが、一般に管轄といえば、裁判管轄をさす場合が多い。

裁判管轄とは、訴えが提起された場合に、どの裁判所が事件を担当するかという裁判権行使の分担のことである。

管轄には、裁判を担当する地域についての土地管轄、事件の軽重・種類によって定まる事物管轄、裁判権の作用をどの裁判所に分担させるかについての職務管轄（職分管轄）などがある。

また、管轄が発生する根拠の観点から、法定管轄、指定管轄、合意管轄、応訴管轄の区分がなされ、強制力の有無の観点から、専属管轄、任意管轄が区別される。たとえば、土地管轄は、法律によって定められる法定管轄であるが、当事者の合意で変更が可能な任意管轄である。

なお、上記は主に民事訴訟を念頭に説明したものであるが、刑事訴訟でも管轄の問題はあり、犯罪の軽重（事物管轄）、犯罪地、被告人の住所（土地管轄）などからいずれの裁判所に管轄があるかが決められる。

■ 管轄違い
[かんかつちがい]

提起された訴訟について、その裁判所が管轄権を持たないこと。管轄の有無は裁判所が職権で調査するが、管轄がないと判明した場合には、民事訴訟では移送がなされ、刑事訴訟では原則として管轄違いの判決がなされる。

■ 環境権
[かんきょうけん]

良好な自然や環境を享受する権利。生存権を維持する条件として、憲法25条や憲法13条によって根拠づけることができると主張される。新しい概念であるためその内容も明確ではなく、最高裁判決をはじめ、裁判所が正面から認めたものはない。

■ 看護休暇
[かんごきゅうか]

労働者が、小学校就学前の子が病気やけがをした場合に、その看病や通院などをするために取得することができる休暇のこと。事業主は、業務の繁忙などを理由に、看護休暇の申出を拒むことはできない。看護休暇は、有給休暇とは別に、年間5日（小学校就学前の子が2人以上の場合は年間10日）まで取得できる。もっとも、勤続6か月未満の労働者等に関しては、労使協定の締結により、看護休暇を取得する対象労働者から除外することができる。

■ 監獄
[かんごく]

☞刑事施設／監獄

■ 監護権

[かんごけん]

☞身上監護権／監護権

■ 監護者わいせつ及び監護者性交 等罪

[かんごしゃわいせつおよびかんごしゃ せいこうとうざい]

18歳未満の者に対して、その者を現に監護する者（監護者）であることの影響力に乗じて、わいせつな行為または性交等をする罪。平成29年の刑法改正で新設された。保護法益は18歳未満の者の性的自由である。わいせつな行為をした場合には、6か月以上10年以下の懲役が科され、性交等をした場合には、5年以上の有期懲役が科される。

監護者とは、18歳未満の者の生活全般に必要な費用を負担するなど、経済的・精神的に、その者の意思決定に対して影響力を与える者をいう。民法上の親権者などが挙げられるが、必ずしも法的な監護権だけに限らず、18歳未満の者との同居の有無、生活費の支出など、生活全体への干渉の度合いを考慮して判断される。本罪は、監護者に該当する者のみが犯すことができる身分犯である。

■ 監査委員

[かんさいいん]

会社法上は、指名委員会等設置会社における監査委員会の構成員のこと。執行役等の職務執行の監査および監査報告の作成等、一般の会社の監査役の権限のほかに、妥当性監査の権限も有する。監査委員は取締役の中から取締役会決議で選定されるが、監査委員の過半数は社外取締役でなければならない。指名委員や報酬委員を兼ねることもできる。

なお、監査等委員会設置会社においては、監査委員と類似の権限を持つ監査等委員が任命される。

地方自治法上は、地方公共団体の財務や事務を監査する機関のことをいう。地方公共団体の長が議会の同意を得て、原則として識見を有する者と議員の中から選任する。

■ 管財人

[かんざいにん]

①契約や法律の規定に基づいて、他人の財産を管理することを職務とする者のこと。管理人ともいう。民法上の制度として、不在者の財産管理人、相続財産の管理人がある。

②民事再生手続または会社更生手続において、再生債務者または更生会社の業務の遂行並びに財産の管理および処分をするために裁判所によって選任された者のこと。なお、破産管財人等のことをさして、単に管財人という場合がある。

■ 監査等委員

[かんさとういいん]

株式会社のうち、監査等委員会設置会社に置かれる監査等委員会の構成員のこと。3名以上が必要であり、その過半数は社外取締役でなければならない。たとえば、監査等委員が4名選任される場合には、3名は社外取締役でなければならない。監査等委員は取締役であるが、その他の取締役とは区別して株主総会によって選任される。任期は、選任後2年以内に終わる事業年度のうち、最後のものに関する定時株主総会の終了までである。取締役の業務執行について、適法に行われているかを監督する権限や、取締役として議決権を行使して、経営判断として妥当であるかどうかまでを監査・監督できるという特徴がある。

■ 監査等委員会設置会社

[かんさとういいんかいせっちがいしゃ]

定款の定めによって監査等委員会を置くことを定めた株式会社のこと。平成26年の会社法改正で新設された株式会社の類型である。取締役会設置会社であり、か

つ、会計監査人設置会社でなければ、監査等委員会を設置することはできない。とくに、上場会社を中心に、社外取締役による監査・監督機能を働かせるために、会社法で従来から置かれていた監査役会や指名委員会等設置会社よりも、株式会社にとって利用しやすい制度としての運用が期待されている。監査等委員は、監査役と同様の監査・監督機能を果たす一方で、あくまでも取締役として、経営の良し悪しを評価することができる。そのため、監査等委員会は、取締役会内部による監査・監督体制としての性格をあわせ持つと考えられている。

■ 監査法人
[かんさほうじん]

公認会計士法の規定に従って、5人以上の公認会計士が社員である、財務書類の監査・証明を行う法人。財務書類の調製、財務に関する調査、財務に関する相談を受けることなどを業務に含めることもできる。会社法上、会計監査人、会計参与となる資格がある。社員の全部が有限責任社員である有限責任監査法人と、社員の全部が無限責任社員である無限責任監査法人とがある。監査法人は、公認会計士である社員が4人以下になった状態は法定の解散事由となる。

■ 監査役
[かんさやく]

取締役および会計参与の職務執行を監査する機関のこと。その職務は、会計の監査を含む会社の業務全般に及び、業務執行の法令・定款違反または著しい不当性の有無について判断する。取締役の不正行為を発見した場合には、遅滞なく取締役会に報告する義務を負う。その職務の性質上、監査役は取締役・支配人などとの兼任を禁止されている。

■ 監査役会
[かんさやくかい]

指名委員会等設置会社および監査等委員会設置会社以外の大会社で公開会社である会社に置かれる、監査役全員で構成される機関のこと（その他の会社でも任意で設置可能）。その業務として、監査報告の作成、常勤の監査役の選定および解職、監査の方針などに関する事項の決定が挙げられる。監査役会設置会社においては、監査役は3人以上で、かつその半数以上は社外監査役でなければならない。

■ 監査役会設置会社
[かんさやくかいせっちがいしゃ]

監査役会が設置された会社。監査役会を設置する場合には、公開会社・非公開会社にかかわらず、取締役会を設置しなければならない。監査等委員会設置会社と指名委員会等設置会社は、監査役会を設置することができない。

■ 監査役設置会社
[かんさやくせっちがいしゃ]

監査役が設置された会社。取締役会を置いた場合には、監査役または指名委員会等（三委員会）・執行役、監査等委員会のいずれかを置く必要がある。ただし、大会社以外の非公開会社では、会計参与を置けば監査役を置く必要はない。

■ 慣習刑法の禁止
[かんしゅうけいほうのきんし]

犯罪と刑罰は、法律の形式によって明文で規定することを要し、慣習法を刑法の法源とすることは認められないとする原則。慣習刑法の禁止は、罪刑法定主義の派生的原理のひとつである。慣習法は、内容や効力発生時期などが不明瞭であり、慣習刑法によって裁判が行われると裁判官の恣意的な判断が大幅に認められることになるため、罪刑法定主義の下では許されない。もっとも、慣習刑法とは、犯罪と刑罰がもっぱら慣習法だけで定めら

れている場合を意味し、構成要件の一部が慣習法によって定まることは、慣習刑法の禁止に反しない。

■ 慣習法
[かんしゅうほう]

一般社会において繰り返される事柄（慣習）のうち、法的効力を有するに至った慣習をいう。日本では成文法、実定法が原則であるが、慣習として長きにわたり繰り返されている約束が法的拘束力を持つこともある。法の適用に関する通則法3条は、法令に規定されていない事柄については、公の秩序や善良な風俗に反しない慣習が法律と同一の効力（法的拘束力）を持つと定めている。たとえば、賃貸借契約における支払時期などで、当事者が慣習である前払いに従う意思を有していたと認められる場合は慣習が優先される。

■ 看守者等逃走援助罪
[かんしゅしゃとうとうそうえんじょざい]

拘禁されている者を看守する者や護送する者が、その拘禁されている者を逃走させる罪。1年以上10年以下の懲役に処せられる。保護法益は国家の拘禁作用であると考えられている。犯罪を行う者が看守者等に限定されている身分犯である。逃走に関する罪の中で、最も重い法定刑が定められているが、これは、単に国家の拘禁作用を侵害するだけでなく、本来、拘禁作用を担当するべき者によって犯される罪であることを考慮して、いわば国民の信頼する適正な公務の執行を害していることが理由であると考えられている。たとえば、刑務所に服役している者を逃がす行為が典型例であるが、一般的には、逃走をそそのかしたり、逃走を容易にする行為一切を含むと考えられている。

■ 間接教唆
[かんせつきょうさ]

教唆犯を、さらにそそのかす罪。教唆の教唆であるから、正犯にとって間接的な教唆を与えたものとして、間接教唆と呼ばれている。刑法61条2項は、間接教唆の場合も、教唆犯と同様、正犯の刑を科すると規定している。たとえば、AがBに対して、Dを殺すようそそのかしたところ、さらにBがCをそそのかしたために、CがDを殺したとする。このとき正犯者はCであるが、正犯者Cを教唆したBを教唆犯として、さらにそそのかしたAを間接教唆犯として、刑法61条2項に従って、正犯の刑が科されるということである。

■ 間接強制
[かんせつきょうせい]

債務不履行に対し一定の不利益を課すことによって、債務の履行を強制すること。たとえば、家庭裁判所の審判で定めた養育費の分担に関する金銭債務について、債務者が履行に応じない場合に、債務者に、一定期日ごとに一定の金額の支払義務を課すことにより心理的に圧迫し、その履行を間接的に強制する方法がこれに当たる。以前は、債務者以外の者が代わってそれを履行（代替執行）できない債務にのみ行うことができたが、平成15年の民事執行法改正により、代替執行ができる場合でも、一定の場合には債権者の申立てにより裁判所が間接強制を採用することができるようになった。

■ 間接事実
[かんせつじじつ]

主要事実の存否を推認させる事実のこと。たとえば、消費貸借契約に基づく貸金返還請求訴訟においては、金銭授受、返還合意、弁済期の合意と到来が主要事実となる。これに対して、契約前は被告の生活は困窮していたにもかかわらず、契約後は高級品を買うなどして金回りが良いとの事実は、金銭授受を推認させる間接事実となる。

■ 間接証拠
[かんせつしょうこ]

☞直接証拠／間接証拠

■ 間接侵害
[かんせつしんがい]

直接には知的財産権を侵害する行為ではないが、最終的に侵害を引き起こす可能性が高いため、法律的に侵害とみなされるもの。たとえば、特許物の部品や材料を製作したり販売したりすること。擬制侵害ともいう。

■ 間接税
[かんせつぜい]

☞直接税／間接税

■ 間接正犯
[かんせつせいはん]

他人の行為を道具のように利用したために、自ら犯罪行為を実行したのと同様に扱われる場合をいう。たとえば、Aが、精神的にいまだ成熟していない幼児である自らの子Bに対して、指図をしてC宅に放火させる場合などが挙げられる。このような場合に、親であるAに正犯としての責任を認めるのが、間接正犯の理論である。

■ 間接選挙
[かんせつせんきょ]

☞直接選挙／間接選挙

■ 間接占有／代理占有
[かんせつせんゆう／だいりせんゆう]

他人の所持を通じて間接的に行う占有をいう。代理占有とも呼ばれている。たとえば、建物の賃貸人や動産の寄託者は、直接的には建物や動産を所持していない。しかし、賃借人や受寄者の占有を通して、建物や動産に対する占有を取得していると考える。対立概念は、占有者が自ら、直接的に目的物を所持する直接占有（自己占有）である。

■ 間接反証
[かんせつはんしょう]

ある主要事実について証明責任を負う者が、その主要事実を推認させるに十分な間接事実を一応証明した場合に、相手方がその間接事実とは別個の、しかもこれと両立しうる間接事実を本証の程度に立証することによって、主要事実の推認を妨げる立証活動のこと。

たとえば、認知の訴えにおいて、主要事実がA・Bの血縁上の親子関係であった場合に、原告AがAの母とBの性交渉の事実を本証したため、この事実を反証することは困難であるときに、被告Bが、この事実と両立する事実である、Aの母がB以外の男性とも性交渉をしたという事実を本証することで、A・Bの血縁上の親子関係を反証するのが、間接反証である。間接反証は、主要事実を真偽不明にすればよいという点で反証であるが、間接事実の存在については本証である。

■ 間接民主制／代表民主制
[かんせつみんしゅせい／だいひょうみんしゅせい]

国民が投票により代表者を選び、代表者が権利を行使することにより、国民が政治に参加する民主主義の制度。代議制または代表民主制とも呼ばれている。権力は国民の代表者が行使するという日本国憲法の原理に基づくものである。また、国民に選ばれた代表者は、議会を通して国民の意思を政治に反映させる。なお、国民が直接国政に参加する直接民主制による制度には、憲法改正の国民投票などがある。

■ 間接有限責任／直接有限責任
[かんせつゆうげんせきにん／ちょくせつゆうげんせきにん]

間接有限責任とは、会社の負債に関して、自らが会社に払い込んだ財産の価額の範囲内において責任を負うが、会社債

権者から直接弁済の請求は受けない責任をいう。つまり、出資したものがかえってこないリスクのみを負担することをいう。

一方、直接有限責任とは、会社の負債に関して、自らが会社に払い込んだ財産の価額の範囲内において責任を負う上、出資額の限度で会社債権者から直接弁済の請求を受け得る責任をいう。

■ 完全親会社・完全子会社
[かんぜんおやがいしゃ・かんぜんこがいしゃ]

完全親会社とは、子会社の発行済株式のすべてを保有する会社。完全子会社とは、発行済株式のすべてを親会社に保有される会社。両者の関係は、株式交換、株式移転などにより生じる。

■ 換地処分
[かんちしょぶん]

土地区画整理事業または土地改良事業において、土地の提供者に対して、代わりの土地を配分するか、または精算金を支払う行政処分。たとえば、土地区画整理事業において、道路・公園等の公共施設を整備するために、計画予定地の土地所有者に土地を提供してもらい、その後区画を整理したうえで、従前の所有者に土地を再配分することが挙げられる。

☞区画整理

■ 鑑定
[かんてい]

ある目的物について専門的知識を持つ者が、科学的、統計的な分析を加えることによって、その物の価値や性質を判断すること。たとえば、不動産の価値を評価する目的で行われる不動産鑑定などが挙げられる。もっとも、以下のような訴訟法上の語として用いられることが多い。

民事訴訟においては、裁判所がその判断能力を補充するため、特別な学識経験者に専門的知識またはそれによる判断を訴訟の中で報告させることをいう。裁判

所が、官公署その他相当の設備のある者に鑑定を依頼することは「鑑定の嘱託」という。

刑事訴訟においても同じ意味で使われるが、報告そのものをさすこともある。また、刑事訴訟において「鑑定の嘱託」とは、裁判所ではなく、捜査機関が、官公署（役所）その他相当の設備のある者に鑑定を依頼することをいう。

■ 鑑定書
[かんていしょ]

裁判所の命じた鑑定人が作成した鑑定の経過および結果を記載した書面のこと。たとえば、精神鑑定書が挙げられる。鑑定書は、専門性を有し特別の知識経験のある者により作成されることから、その内容の正確性が担保されている。また、その内容の専門性から口頭よりも書面の方が正確性を保ちやすいことから、鑑定人の口頭による説明だけでなく、書面自体も証拠となりうる。

■ 鑑定証人
[かんていしょうにん]

専門の学識経験により認識しえた具体的事実について供述する者。証人尋問手続により供述する。たとえば、交通事故による不法行為に基づく損害賠償請求訴訟において、後遺症障害を争う場合に、治療をした医師に対して患者の病状などについて尋問する場合が挙げられる。

■ 鑑定人
[かんていにん]

民事訴訟において、裁判所に鑑定を依頼された特別な学識経験者。事件に関係のない第三者でなければならない。鑑定人は、宣誓義務を負う。専門知識やそれによる判断を報告する点で、証人とは異なる。たとえば、交通事故による損害賠償事件で、治療した医師に当時の傷の態様を尋問する場合、具体的事実を述べるだけであるため、証人となる（鑑定証人）。

一方、同じ医師に、後遺症の程度の予測を質問する場合、専門知識やそれによる判断の報告になるので、鑑定人となる。

刑事訴訟においても同様の意味で使われる。刑事訴訟の鑑定人は、裁判所の許可を受け、人の住居等に立ち入り、身体を検査し、死体を解剖し、墳墓を発掘し、物を破壊できる。捜査機関に鑑定の嘱託を受けた者は「鑑定受託者」と呼ばれる。

■ 鑑定留置
[かんていりゅうち]

刑事手続で、被告人または被疑者の精神状態や身体について鑑定を行うため、継続的な観察や処置の必要がある場合に、病院など適切な場所に拘束すること。裁判所が鑑定留置状を発して、期間を定めたうえで行われる。また、裁判所が必要であると考えた場合には、留置の期間を延長または短縮することも認められている。

■ 監督過失
[かんとくかしつ]

犯罪結果を直接引き起こした者を監督するべき地位にある者が、過失により、その監督を怠ること（広義の監督過失）。監督者自身が、被監督者に対する指導・訓練・監督自体を怠るなど、直接的に監督にあたって過失がある場合（狭義の監督過失）はもちろん、安全体制を確立していれば結果の発生を防ぐことができた場合（管理過失）も含むと考えられている。

たとえば、現場の作業員がミスをして事故が起きた場合に、行為者が未熟でミスを起こしやすいとの認識または予見可能性があったにもかかわらず、ミスを防止する何らの安全対策も取っていなかった場合には、監督過失が認められると考えられている。

■ 監督者責任
[かんとくしゃせきにん]

責任能力がない者によって行われた不法行為責任について、その者を監督する立場にある者が、被害者に対して損害賠償責任を負うこと。たとえば、未成年者である5歳のAが投げた石が通行人Cの顔面に当たり、けがを負わせた場合に、Aの親（親権者）であるBが損害賠償責任を負担するという場合などが挙げられる。監督者責任が成立するためには、責任無能力者の行為が、責任能力以外の不法行為の要件を満たしていること、そして、監督者が監督義務を怠ったことが必要である。監督義務を尽くしたことを証明すれば、監督者は責任を免れる。

■ 観念的競合
[かんねんてききょうごう]

刑法において、1個の犯罪行為について、2個以上の罪名をつけることが可能である場合をいう。数個の罪名の中から最も重い刑が科される。つまり、罪を問う際には一罪として扱われる。たとえば、Aが仕事中の公務員Bに対して、けがを負わせるほどの殴打を加えて職務の執行を妨害した場合には、傷害罪とともに公務執行妨害罪が成立する余地がある。この場合、Aについて傷害罪と公務執行妨害罪のうち、その最も重い刑が科せられ、観念的競合として、一罪として処理される。

■ 観念の通知
[かんねんのつうち]

法律効果の発生を意図せず、一定の事実を認識し、それを通知する行為のこと。結果的に一定の法律効果が発生することもあるが、観念の通知によって、直接に法律効果が発生するわけではない。したがって、法律効果が直接発生する意思表示とは区別されている。また、本人の意思を含まない点においても、意思表示とは異なる。債権譲渡の通知などがこれに該当する。

■ 還付
[かんぶ]

行政機関または裁判所が、押収物など

を所有者に返還すること。たとえば、捜査に伴う押収物の返還や、還付金の返還が挙げられる。

■ 官報
[かんぽう]

独立行政法人国立印刷局が発行する国の機関紙。国および地方公共団体の決定事項などを広く国民に知らせる役割を持ち、法律、政令、条約などの公布や、入札や落札などの公告を掲載している。行政機関の休日を除いて毎日発行され、本紙以外に号外も発行される。

■ 元本
[がんぽん]

金銭消費貸借における利息などを除いた貸金の元の部分のこと。利息計算において利率を乗ずる際に対象となる元の金額のことである。たとえば、100万円を年10％の利息で1年間貸し付けた場合、返済期日には110万円が返却されるが、この110万円のうち、100万円が元本で10万円が利息となる。

■ 元本の確定
[がんぽんのかくてい]

根抵当権により担保されていた不特定の元本債権の範囲が定まること。元本確定後に生じた元本債権は根抵当権では担保されない。根抵当権は、元本が確定すると、通常の抵当権とほぼ同様に扱われることになる。元本確定期日を定めていない場合、元本確定の効力は、ⓐ根抵当権者が請求した場合には、その時に生じるのに対し、ⓑ根抵当権設定から3年を経過した後に根抵当権設定者から請求があった場合には、請求の時から2週間を経過することによって生じる。

■ 監理
[かんり]

監督し、取り締まること。全体を統制するという意味で用いられる管理とは区別される。たとえば、工事監理と工事管理は明確に区別され、工事監理は法令違反がないかなどを監督するという意味、工事管理は作業日程の調整や現場への指示など、現場を監督するという意味で用いられる。

■ 管理行為
[かんりこうい]

☞改良行為／利用行為／管理行為

■ 管理人
[かんりにん]

他人の財産を管理する者のこと。たとえば、民法上は相続財産管理人や不在者財産管理人が、会社更生法上は保全管理人が挙げられる。

■ 関連裁判籍
[かんれんさいばんせき]

1つの訴訟について裁判所が管轄権を持っていれば、それに関連する他の事件や請求に関しても、その裁判所の管轄権が生じること。たとえば、併合請求の裁判籍や反訴が挙げられる。原告の便宜を図り、訴訟に巻き込まれる被告にとっても不利益とならない場合に認められる。

き

■ 議案
[ぎあん]

株主総会で決議される議題についての具体的な提案のこと。たとえば、議題が取締役選任である場合には、議案は「Aを取締役に選任する件」ということになる。

■ 議員定数不均衡問題
[ぎいんていすうふきんこうもんだい]

☞一票の格差／議員定数不均衡問題

■ 議院内閣制
[ぎいんないかくせい]

議会（立法）と内閣（行政）の関係について、両者は一応独立しているが、内閣の存立が議会に依存し、内閣が議会に連

帯責任を負う制度設計を採用すること。内閣が議会に対して連帯責任を負うことから、緩やかな分離であるといわれている。議会から独立した政府の長（大統領）を置く大統領制と対比される。わが国は、内閣の連帯責任の原則が定められるなど、議院内閣制を採用していることは明らかである。

議院内閣制に関しては、議会の不信任に対して内閣が議会の解散権を有することが、議院内閣制の本質的内容であるか否かをめぐり、議会と内閣の均衡を重視し解散権を本質であると考える立場（均衡本質説）と、不要であると考える立場（責任本質説）との対立がある。

■ 議員の資格争訟の裁判
[ぎいんのしかくそうしょうのさいばん]

現在、議員である者について、その資格の有無を争うための争訟を行う制度のこと。国会議員の資格の争訟に関する裁判は、衆議院および参議院自らが行うと定められている（憲法55条）。資格がないことを議決するためには、出席議員の3分の2以上の多数による必要があると定められている。なお、議員の資格争訟については、一般的に議院の自律権に関する事柄であり、議院の行った議決に対して、裁判所に訴えを提起することはできないと考えられている。

■ 議院の自律権
[ぎいんのじりつけん]

衆議院・参議院それぞれが、内閣や裁判所などの他の国家機関から監督や干渉を受けることなく、内部の組織や運営などに関して自主的に決定することができる権能。内部組織に関する自律権としては、会期前に逮捕された議員の釈放を要求する権利や、議員の資格争訟に関する裁判権、役員選任権などが挙げられる。そして、運営に関する自律権として重要なものに、内部の事項に関して自主的に議

事規則を定めることができる権利（議院規則制定権）および議員懲罰権が挙げられる。

■ 議員の懲罰
[ぎいんのちょうばつ]

衆議院・参議院が、内部の秩序を乱した議員に対して行うことができる制裁。議院の自律権の一種として認められている。たとえば、正当な理由がないにもかかわらず会議に出席しない、秘密会での秘密事項を漏らすなどの行為が、懲戒の対象となる行為として挙げられる。議員の懲罰の種類として、公開議場における戒告、公開議場における陳謝、一定期間の議院への登院停止、除名処分の4種類が国会法に規定されている。このうち除名処分は、議員の身分を奪うものであるため、情状が重い場合に限られ、とくに出席議員の3分の2以上の多数による議決が必要であると定められている。

■ 議院法制局
[ぎいんほうせいきょく]

国会議員の立法活動を補佐するために国会法によって設置された機関。衆議院には衆議院法制局、参議院には参議院法制局が設置され、それぞれ独立して議員立法の立案、それら法律案の国会審議における答弁の補佐等を行っている。
☞内閣法制局

■ 議員立法
[ぎいんりっぽう]

議会に所属する議員の発議により成立した法律のこと。立法行為自体をさすこともある。国会においては、原則として衆議院で20人以上、参議院で10人以上の法案賛成者がなければ、法律案を提出することはできない。また、自治体においても、条例案を提出するためには、議員定数の12分の1以上の賛成者がなければならない。

■ 議会の解散
[ぎかいのかいさん]

国会および地方議会の議員全員について、任期満了の前に議員としての資格を失わせる行為をさす。国会では、衆議院についてのみ解散が認められており、内閣の助言と承認に基づいて、天皇が詔書によって行う。衆議院で内閣不信任決議案が可決、または信任決議案が否決された場合には、内閣は10日以内に、総辞職するか衆議院を解散しなければならない。

衆議院の解散についての実質的解散権の所在については争いがあるが、国事行為に対する内閣の助言と承認を根拠に、内閣に実質的な解散権があると解する立場が有力である。地方議会については、住民の解散請求に基づく解散や、長が不信任を受けた場合に行う解散などが地方自治法で定められている。また、国会と異なり、議会が自らの議決で解散することも認められている。

■ 議会の解散請求
[ぎかいのかいさんせいきゅう]

日本国民である普通地方公共団体の住民で、選挙権を持つ者が、その地方公共団体の議会の解散を請求すること。地方自治法が定める直接請求の一種である。地方公共団体の議会が住民の意思を反映していない状態にあるときに、これを是正する目的で認められている。選挙権者総数の3分の1（総数が40万を超える場合は例外がある）以上の署名によって請求が行われ、住民投票が行われる。そして、過半数の同意があった場合には、議会を解散させることができる。

■ 企画業務型裁量労働制
[きかくぎょうむがたさいりょうろうどうせい]

事業の企画・立案・調査および分析に関わる業務に従事する労働者を対象とした、労働時間のみなし制度の一種。このような業務は、性質上、管理者が労働時間を管理するより、労働者自身においてそれを管理させることが適切な場合もある。そこで、このような業務に従事する労働者の同意の下で、実際の労働時間とは無関係に、労使委員会の5分の4以上の多数で議決した時間を労働したものとみなし、管理者による労働時間の管理は行わないとすることができる。

■ 期間
[きかん]

ある時点から他の時点までの長さのこと。たとえば、借地権の存続期間や国会の会期など。期間を計算するときは民法または特別法による。民法では初日不算入の原則を定めているが、国会の会期は召集の当日から起算されるなどの例外もある。

■ 機関委任事務
[きかんいにんじむ]

地方公共団体が行う事務の一種で、地方公共団体の機関（とくに都道府県知事・市区町村長）を国の機関と扱ったうえで、国から処理を委任された事務をさす。かつては、機関委任事務の執行にあたっては、知事は主務大臣の指揮監督の下に置かれ、市町村長は国の機関としての知事の指揮監督に服するしくみが採られていた。そのため地方公共団体は、国の出先機関に過ぎない地位に置かれ、そのことが地方自治の障害になっていた。そこで、平成11年の地方自治法改正によって、機関委任事務は廃止された。現在では、かつての機関委任事務は、国の直接執行事務、自治事務、法定受託事務に振り分けられている。

■ 機関訴訟
[きかんそしょう]

国または公共団体の機関同士の間で生じた、権限の有無や権限の行使についての紛争を解決するための訴訟。個人の権

利利益にかかわらない客観訴訟の一種である。たとえば、地方公共団体の議決または選挙に関する議会と長との間の訴訟、法定受託事務の執行を求めて各大臣が知事を相手に提起する代執行訴訟、国の関与に対して地方公共団体の執行機関が提起する訴訟などが挙げられる。

■ 機関投資家
[きかんとうしか]

個人や企業などから資金を集めて継続的に投資を行う法人投資家の総称。顧客から集めた大量の資金を運用するため、市場に与える影響は大きい。金融商品取引法では、証券会社、保険会社、銀行など、有価証券投資に関する専門知識と経験を有し、内閣府令で定める者を適格機関投資家として規定している。

■ 期間の定めのない労働契約
[きかんのさだめのないろうどうけいやく]

労働契約において、雇用期間を定めないでする契約のこと。主として、正社員を対象とした労働契約である。労働基準法では、期間の定めのある労働契約の雇用期間は、原則として3年を超えることができないと定めている。そこで、3年を超える雇用期間を前提とする場合には、期間を設けないで契約を締結する。これが期間の定めのない労働契約である。会社の倒産や定年退職、辞職がない限り、基本的には終身にわたり雇用期間が存続する。また、解雇する場合にも、厳しい法律上の制限が課せられている。

■ 毀棄
[きき]

一般的には物を物理的に壊す行為をいうが、刑法上はこれに限られず、物の効用を害する行為も含む。たとえば、食器に放尿して物を心理的に使用不能にする行為や物を隠す行為は、物の効用を害する行為といえるため、毀棄に当たる。毀棄罪の典型例は、刑法261条の器物損壊

罪である。

■ 毀棄罪
[ききざい]

物の本来の効用を害する一切の行為を行うことによって成立する罪。保護法益は、財物の効用および利用可能性であると考えられている。刑法は、公用文書毀棄罪、私用文書毀棄罪、建造物損壊罪、器物損壊罪、信書隠匿罪を規定している。法文上の損壊・隠匿の語も上記の毀棄と同義であると考えられている。たとえば、食器を割るような物理的な損壊を含むことはもちろん、食器に放尿して心理的に利用困難にした場合、学校の校庭に杭を打ち込み授業等に支障を生じさせた場合、建造物等に多数のビラを貼るなど効用を減少させるような行為などはすべて、毀棄に含まれると考えられている。

■ 棄却／却下
[ききゃく／きゃっか]

民事訴訟上の棄却とは、裁判所が原告の請求を審理した結果、理由なしと判断して排斥する判決のことをいう。原告にとって敗訴判決となる。却下とは、訴えという手続そのものが必要な要件を欠く場合に、本案の審理を打ち切ることをいう。たとえば、判決による紛争解決の必要性と実効性（訴えの利益）がない場合には、原告の請求の当否を審理することなく却下判決がなされる。

刑事訴訟にも公訴棄却と呼ばれる棄却の裁判があるが、本案審理に入らず手続を打ち切る裁判を意味し、民事訴訟の棄却とは異なる。

■ 危急時遺言
[ききゅうじいごん]

死亡時期が差し迫っているために、口伝えによって遺言を行うこと。民法は危急時遺言として、一般危急時遺言と船舶遭難者遺言を規定している。一般危急時遺言とは、疾病その他の事由により死亡

の危急が迫っている場合に認められる遺言方式をいう。これに対して、船舶遭難者遺言とは、船舶の遭難という緊急事態を想定して規定された遺言方式をいう。危急時遺言は、通常の遺言によることができない場合の特別方式として規定されている。

■ 企業会計原則
[きぎょうかいけいげんそく]

すべての会社に共通し、従うべきであると考えられている、会社の会計に関する慣行のうち、公正で妥当と考えられるものをまとめ上げた会計基準。会社が会計処理をする際には、必ず準拠すべき基準である。

■ 企業結合
[きぎょうけつごう]

複数の企業が利益の拡大や経営の合理化を目的として結合すること。たとえば、合併、株式交換等の会社法上の組織再編行為や企業買収が挙げられる。企業結合が過度になると、自由な競争を阻害するおそれがあるため、独占禁止法により規制されている。

■ 企業担保権
[きぎょうたんぽけん]

株式会社の発行する社債にかかる債務を担保するために、個々の会社財産に担保権を設定するのではなく、すべての会社財産を一体として担保の目的とする担保権のこと。企業担保法がこの権利の根拠となる。企業担保権の設定は、公正証書によって行うことが必要であり、その得喪・変更は、登記簿に記載しなければ効力を生じない。企業担保権は、会社財産全体を一体として担保の目的としているため、個々の会社財産について担保権が公示されない。そのため、担保権の効力としては非常に弱く、租税債権や後から登記された個々の担保権などよりも優先順位が低い。したがって、優先弁済をなか

なか受けることができない担保権である。

■ 企業内容等開示／ディスクロージャー
[きぎょうないようとうかいじ／でぃすくろーじゃー]

企業が投資家や取引先などに対して、経営内容に関する情報を公開すること。「情報公開」を意味するディスクロージャーという言葉も、一般的に企業内容等開示をさして用いられることが多い。企業がその経営に関する情報を公開することは、投資家などが株式を購入する際や、取引先が新しい取引をはじめる際の判断を適切に行うために必須である。金融商品取引法においても、有価証券報告書の開示、決算に関する情報、影響の大きな出来事に関する発表など、情報の公開に関する義務が規定されている。

■ 既決／未決
[きけつ／みけつ]

一般的には、刑事手続において刑が確定したことを既決、まだ確定していないことを未決という。なお、既決または未決で、裁判の執行により拘禁されている者は刑法の逃走罪の主体となるが、この場合、逮捕段階の者は含まれない。

■ 議決権
[ぎけつけん]

株主総会の意思決定に関与することができる権利。個々の株主の議決権の数は、原則として1株につき1個の議決権であり、これを一株一議決権の原則という。行使の方法としては、株主自らが株主総会に出席してその議決権を行使するのが原則であるが、一定の場合、代理行使や書面による行使も認められている。

■ 議決権行使書面
[ぎけつけんこうししょめん]

株主総会に出席しない株主が書面による議決権行使をする場合に、会社に提出する書面のこと。議決権を有する株主数

が1000人以上の会社、または書面による議決権行使を採用している会社において用いられる。書面によって行使した議決権の数は、出席した株主の議決権の数に算入される。

■ 議決権制限株式
[ぎけつけんせいげんかぶしき]

株主総会の全部または一部の事項について議決権を行使することができない株式として、定款に定められたものをいう。配当などに期待し、議決権の行使には関心のないような株主に配慮した制度であり、従来の支配関係に変動を与えずに資金調達ができるというメリットがある。

公開会社では、議決権制限株式の総数が発行済株式の2分の1を超えた場合、会社は2分の1以下にする措置をとらなければならない。少ない株式を有するに過ぎない者が実質的に会社を支配することが可能になり、会社支配の状況として好ましくないからである。

■ 議決権の代理行使
[ぎけつけんのだいりこうし]

株主が株主総会で議決権を行使する際に、自身は総会に出席せずに、代理人を出席させ、議決権の行使も代理人を通じて行うこと。株主または代理人は、株主総会ごとに代理権を証明する書面(委任状)を提出して、議決権を代理人によって行使することができる。会社が代理人の資格を株主に限ることも原則として許される。

■ 議決権の不統一行使
[ぎけつけんのふとういつこうし]

2個以上の議決権を有する株主が、同じ議案に関し、その一部を賛成、他の一部を反対として議決権行使することができること。

たとえば、株式の信託(管理信託、投資信託)などの場合、株式は、株主名簿上の1人の株主に形式的には帰属する。し

かし、実質的には、委託者である複数の実質株主に帰属するものである。そのような場合、一株一議決権の原則から、委託者個々の意思に基づいて議決権を行使することを認めている。

■ 期限
[きげん]

法律効果の発生・消滅を、将来到来することが確実な一定の日時にかからせる場合のその日時のこと。期限には、到来時期が確定している確定期限と、いつか到来することは確実だが、正確にいつ到来するのかわからない不確定期限とがある。たとえば、「何月何日」という場合は確定期限であり、「今度雨が降った日」というのは不確定期限である。

■ 危険運転致死傷罪
[きけんうんてんちししょうざい]

自動車の運転により人を死傷させる行為等の処罰に関する法律(自動車運転死傷処罰法)が定める罪のひとつ。自動車の無謀運転により悪質で重大な交通事故を起こし、人を死傷させることによって成立する。かつては刑法208条の2に規定されていたが、平成25年の刑法改正によって、危険運転致死傷罪を含めた自動車事故に関する罪が、刑法から新法である自動車運転死傷処罰法に移された。自動車運転死傷処罰法における危険運転致死傷罪の適用範囲は従来より広い。かつては、幻覚や発作を伴う病気により正常な運転が困難な状態である場合や、無免許のために自動車を制御する技能をもたない場合などが処罰対象に含まれていた。自動車運転死傷処罰法により、これらの場合に加えて、通行禁止道路を進行して重大な交通の危険を生じさせる速度で自動車を運転する場合なども処罰対象に含めることになった。

■ 期限後裏書
[きげんごうらがき]

支払拒絶証書の作成後またはその作成期間（小切手では呈示期間）経過後にされた裏書のこと。小切手については、拒絶証書と同一の効力を有する宣言の作成後の裏書も含む。債権譲渡の効力のみが認められ、担保的効力はなく、人的抗弁の切断や善意取得の保護も受けない。期限後裏書は、本来支払われるべき期間を経過しているにもかかわらず手形の支払いがないことが明らかであり、通常の裏書に認められている流通の保護を与える必要がないからである。

■ 危険責任
[きけんせきにん]

一般に危険であると考えられている活動を、その危険性を認識しながらあえて行っている者は、その活動から生じた損害について、過失の有無を問わず損害賠償責任を負うという考え方。無過失責任を認めるための根拠のひとつであると考えられている。危険責任の原理を反映した規定として、工作物責任、製造物責任、自動車の運行供用者の責任などが挙げられる。

■ 期限の利益
[きげんのりえき]

期限が到来していないことによって法律行為の当事者が受ける利益。たとえば、お金を借りた場合、債務者は、返済期日までは、返済を請求されない利益がある。当事者のどちらに期限の利益があるかは場合によるが、民法では、債務者にあると推定している（136条1項）。利益を持つ当事者は、期限の利益を放棄できるが、相手方にも利益がある場合は、賠償をしなければ放棄できない（同条2項）。破産手続開始の決定を受けるなど債務者の信用がなくなるような事由が発生した場合、債務者は期限の利益を失い、直ちに債務の履行をしなければならない。実務上は、当事者間の特約で、法律で定められた事由以外でも期限の利益を失う旨の規定（期限の利益喪失約款）が置かれることも多い。

■ 危険犯
[きけんはん]

法益侵害の結果（実害）が現実に発生しなくても、その危険が発生すれば成立する犯罪。具体的危険犯と抽象的危険犯に分かれる。具体的危険犯では、法益侵害の危険が具体的に発生することが必要だが、抽象的危険犯では、構成要件所定の行為があれば当然に危険が発生したものとみなされる。たとえば、「放火して」「公共の危険を生じさせた」ことを構成要件とする建造物等以外放火罪は、具体的危険犯の例である。一方、「公共の危険」の文言を欠き、所定の行為がなされれば「公共の危険」があるとみなされる現住建造物等放火罪は、抽象的危険犯の例である。

■ 危険負担
[きけんふたん]

売買における不動産の引渡と代金の支払いのように、お互いの債務が対価関係にある双務契約において、一方の債務が当事者に責任のない理由で履行ができなくなった場合に、その危険をいずれの当事者が負担するのかという問題のこと。家屋など不動産の売買において問題になることが多い。

たとえば、家屋の売買契約が成立した後、お互いの債務が履行される前に、家屋が隣家の失火で類焼し、家屋を引き渡す債務が履行できなくなった場合、買主が代金支払債務の履行を拒絶することができるとし、売主が危険を負担する考え方に立っている。これを債務者主義という。平成29年の民法改正により、不動産など特定物の売買における危険負担が、債権者主義から債務者主義へと変更され

か行

た。この債務者主義が適用される買主は、代金支払債務の履行拒絶ができるとともに、売買契約の解除もできる。

なお、売主が買主に特定物（特定された種類物を含む）を引き渡した場合において、引渡し時以後にその特定物が当事者に責任のない事由で滅失・損傷したときに、買主が代金支払債務の履行拒絶を行えないことが、平成29年の民法改正で明文化された。

■ 期限前の弁済
[きげんまえのべんさい]

債務者が、弁済期の到来前に債務の弁済をすること。なお、民法は、期限前の弁済をした場合、債務者は、後から取り返すことはできないと規定している。また、債務者の期限前の弁済が錯誤に基づく場合には、債権者は、これによって得た利益を返還しなければならないとも規定している。

なお、一般には、債務者が期限前に弁済した場合でも、債権者は、弁済時から本来の期限までの利息を請求できるとされている。

■ 期日
[きじつ]

①ある行為がなされる日、または、ある事実が発生するとされる日のこと。債務の弁済期日、申請書の提出期日などという使い方をする。1月1日から5日間というように、一定の時間的な幅を表す「期間」とは異なり、特定の日を意味する言葉である。

②訴訟法上、裁判所や当事者その他の訴訟関係人が、訴訟に関する行為を行うための日時をいう。口頭弁論の期日、判決の期日という使い方をする。

■ 期日前投票
[きじつぜんとうひょう]

選挙において、職務やその他の事由により投票日に投票することが困難である

と考えられる者が、事前に選挙人名簿登録地（自分の住所がある市区町村）において投票することができる制度。選挙の公示日または告示日の翌日から投票日前まで行うことができる。期日前投票を行う者は、選挙人名簿登録地である市区町村の選挙管理委員会の管理する投票所に赴き、投票日に投票ができない理由について宣誓書を提出して、通常と同様の方法により投票を行うことができる。

これに対して、不在者投票とは、選挙期間中、選挙人名簿登録地以外の市区町村に有権者が滞在する場合、その市区町村の選挙管理委員会で投票する制度である。指定施設（病院、老人ホームなど）に入院・入所している有権者が、その施設内で投票する制度も不在者投票にあたる。

■ 擬似発起人
[ぎじほっきにん]

株式会社設立を募集設立手続で行う際、発起人でないにもかかわらず、株式の募集に関する公告などに、自己の氏名、名称、設立を賛助する旨を記載した者や、記載することを承諾した者のこと。

擬似発起人は、会社設立の責任に関して発起人とみなされるため、発起人と同様の責任を負う。たとえば、出資額不足の塡補責任や任務懈怠責任、第三者に対する損害賠償責任などを負うことになる。

■ 汽車等転覆・破壊罪
[きしゃとうてんぷく・はかいざい]

人が乗車している汽車・電車を転覆・破壊し、または人が乗船している艦船を転覆・沈没・破壊する罪。鉄道、船舶等の公衆の交通の安全を守るために規定された。無期または3年以上の懲役に処せられる。転覆・破壊により人を死亡させた場合には、死刑または無期懲役に処せられる。ここでいう「人」には、汽車・電車・艦船の内部にいる者だけでなく、外部にいて巻き込まれた者も含まれる。

■ 基準日
[きじゅんび]

権利を行使できる株主を定める日のこと。株式会社においては、「○月○日現在株主名簿に記載されている株主に対して、配当を実施する」などと定めることが多い。ここでの○月○日が基準日に相当する。なお、基準日を定める場合、基準日と権利行使の日の間が3か月を超えてはならないことが、会社法により規定されている。

■ 偽証罪
[ぎしょうざい]

法律により宣誓した証人が虚偽の陳述をする罪。国家の審判作用を守るために規定された。3月以上10年以下の懲役が科される。事件の当事者は証人にはなりえないため、本罪の主体から除外される。「虚偽」とは、自己の記憶に反することを意味するとする主観説が判例である。その理由は、証人の役割は自己の体験したことをそのまま忠実に語ることであるため、証人がその記憶に反する陳述をすれば、本罪の保護法益である国家の審判作用を害することになるからとされる。

■ 議事録
[ぎじろく]

会議における議題に関する審議を記録した書面をいう。株式会社においては、株主総会議事録、取締役会議事録などがこれに該当する。会社に関する登記の申請の際には、その登記の内容が正式な議事を経て決定されたことを証明するために、それらが添付書類として利用される。その際の議事録には、通常は、出席した代表取締役、取締役などの責任者の押印と、一定の場合には印鑑証明書が添付され、それによりその真正性が担保される。

■ 既遂
[きすい]

犯罪について、構成要件要素すべてが充足されることによって犯罪が完成したことをさす。とくに法益侵害結果を生じることで成立する侵害犯では、所定の犯罪結果が発生することによって既遂に達する。たとえば、殺人罪では、被害者が死亡することによって既遂に達する。既遂の対抗概念は未遂であり、犯罪行為には着手したが、犯罪結果の実現に至らない場合をいう。刑法は既遂を処罰することを原則とし、未遂は特別の規定がある場合にのみ処罰できると定めるにとどまる。

■ 擬制
[ぎせい]

法律的に処理する際の便宜を考慮して、ある事実を、それとは異なる事実と同一のものとして扱い、その事実と同様の法律効果を及ぼすこと。たとえば、失踪宣告を受けた者を死亡したとみなすことや、窃盗罪について電気を財物とみなす規定などが挙げられる。擬制は法文上で「みなす」の語が用いられることが多く、反証を許さない絶対的な性質を持つ。

これに対して、類似概念の「推定」は、一応ある事柄を特定の事実であると判断することであり、反対の証拠が存在すれば、推定された事実は覆される点で擬制と異なる。

■ 擬制自白
[ぎせいじはく]

民事訴訟の当事者が、口頭弁論または弁論準備手続において、相手側の主張する自分に不利益な事実について争う態度を明らかにしない場合、それを認めた（自白した）とみなすこと。裁判所は自白したものとみなされた事実に拘束され、それに反する事実を認定してはならない。当事者もそれを証明する必要はない。争う態度の有無は、第一審と控訴審までを含めた全体で判断する。当事者が期日に出頭しない場合も、争う態度がないとして擬制自白が成立する。ただし、その欠

席者が公示送達で呼出しを受けている者である場合は成立しない。

既成条件
[きせいじょうけん]

条件付法律行為（条件が付けられた法律行為）が成立した時点ですでに成就している条件をいう。条件の成就とともに法律効果が発生する停止条件であれば、それは無条件を意味する。たとえば、「結婚すれば自動車を無償譲渡する」という条件付譲渡契約を締結した段階で、すでに結婚しているような場合が該当する。また、条件の成就とともに法律効果が消滅する解除条件であれば、無効になる。たとえば、次期人事異動で東京本店への異動が決まれば家屋の使用貸借は終了するという契約を締結した段階で、すでに東京本店への異動が決まっている場合が該当する。

条件とは、将来発生するかどうかが不確実なことを意味するものだから、既成条件は正確には条件に該当しないともいえる。

擬制商人
[ぎせいしょうにん]

商行為を営利目的を持って反復・継続して行っていないにもかかわらず、商法が特別に商人に当たると規定した者のこと。対立概念は固有の商人であり、商法が定める商行為を自己のために反復継続的に行う者をいう。

たとえば、営利目的で購入した商品を販売することで利益を得る行為は商行為であるから、これを行う者は固有の商人であるが、自分の果樹園で作った果物を販売する者は、どんなに経営が大規模でも、固有の商人には当たらない。そこで、固有の商人には当たらないが、現実の経済社会で大きな役割を果たしている者について、商人の概念を広げて（擬制して）商法の適用を認めることにした。商法は、

店舗やそれに類似する設備による物品の販売を行う者や、鉱業を営む者を擬制商人であると規定している。

規制目的二分論
[きせいもくてきにぶんろん]

経済的自由に対する規制の合憲性判定の際に、立法の規制目的を二分して審査基準を使い分けること。規制目的は、消極目的規制と積極目的規制に分けられる。

消極目的規制は、一定の害悪発生の危険を防止するための規制であり、政策的判断の余地が少ないため裁判所の判断になじむことから、やや厳格な審査基準となる。

積極目的規制は、政策的判断が不可欠であり裁判所は立法府の判断を尊重すべきであるから、緩やかな審査基準となる。たとえば、小売店の営業を守るために、大型スーパーの進出を抑える立法は、積極目的規制であるから、明白性の原則が妥当することになる。

帰責事由
[きせきじゆう]

責任を負わなければならない理由のこと。条文では「責めに帰すべき事由」と表現されることが多い。平成29年の民法改正により、帰責事由があるかどうかは、契約その他の債務の発生原因および取引上の社会通念に照らして判断することが明文化された（415条1項ただし書）。これによって、帰責事由が必ずしも故意または過失を意味しないことが明らかになったと解されている。さらに、平成29年の民法改正では、債務不履行による契約の解除について、債務者の帰責事由を不要とした。一方、債務不履行による損害賠償請求は、債務者の帰責事由を要件のひとつにしている。

キセル乗車
[きせるじょうしゃ]

乗車駅と下車駅では外形上有効な乗車

券等を示して、途中区間の運賃の支払いを免れる交通機関の不正な利用行為のこと。たとえば、A駅からD駅まで電車を利用する場合に、A・B駅間の乗車券を購入してA駅の改札を通過して電車に乗り、あらかじめ所持していたC・D駅間の定期券を、D駅の改札で提示して通過した場合、B駅からC駅間の運賃の支払いを免れており、このような行為が例として挙げられる。キセル乗車が詐欺罪を構成するかについては争いがあり、いくつかの裁判例では詐欺罪の成立が認められている。もっとも、自動改札装置の普及に伴い、詐欺罪が成立する余地は小さくなっているといわれている。キセル乗車については、詐欺罪の成否とは別に、鉄道営業法29条に規定される不正乗車罪が成立する。

■ 起訴
[きそ]

刑事訴訟で、検察官が訴訟を起こすこと。公訴の提起ともいう。わが国では検察官に、被疑者を起訴するかどうかを決定する権限が与えられている。したがって、すべての被疑者を必ず起訴しなければならないわけではない。たとえば、無罪判決が下される可能性が高い場合などには、不起訴処分にする場合がある。

また、被疑者が自首してきた場合などのように、有罪判決が見込まれる場合であっても、被疑者の性格や年齢・境遇などを考慮して、起訴の必要がないと検察官が判断した場合には、起訴しないことができる。これを起訴猶予処分という。

なお、民事訴訟では、訴訟を起こすことを「訴えの提起」というが、講学上「起訴」と呼ぶ場合もある。

■ 偽造
[ぎぞう]

正当な権限がないにもかかわらず、権限があるかのように、通貨や他人名義の文書、有価証券、印章などを作成すること。刑法において、偽造行為は通貨偽造罪、文書偽造罪、有価証券偽造罪、印章偽造罪といった犯罪になる。

偽造は新たな物を作り出すことであるのに対し、変造は既存の物に権限なく変更をすることである。本質的な部分を変更して新たな物を作り出したといえる程度になると、偽造となる。なお、証拠隠滅罪で内容虚偽の証拠を作ることも偽造というが、この場合には権限の有無は問わない。

■ 偽造公文書等行使罪
[ぎぞうこうぶんしょとうこうしざい]

偽造・変造または虚偽に作成された公文書、公図画を行使する罪。または、不実の記載がなされた電磁的記録を公正証書の原本として供用する罪。それぞれの客体ごとに、偽造・変造、虚偽作成、不実記載と同様の刑罰が科される。保護法益は、文書に対する公共の信用である。行使とは、偽造ないし虚偽の文書を真正なものとして人に認識させ、または認識可能な状態に置くことをいう。たとえば、呈示・交付はもちろん、無人貸付機のディスプレイへの表示なども、偽造文書の行使であると考えられている。

■ 偽造私文書等行使罪
[ぎぞうしぶんしょとうこうしざい]

偽造・変造された私文書、私図画を行使する罪。または、虚偽の診断書を公務所に提出する罪。私文書の偽造・変造、虚偽記載と同様の法定刑が科される。行使の意義は、偽造公文書等行使罪と同様で、偽造ないし虚偽の文書を真正なものとして人に認識させ、または認識可能な状態に置く一切の行為を含む。私文書偽造・変造罪、そして、詐欺罪とは目的・手段の関係に当たることから、牽連犯として処理される。

■ 偽造通貨行使罪
[ぎぞうつうかこうしざい]

偽造または変造された貨幣、紙幣または銀行券を行使または行使の目的で交付、輸入する罪。無期または3年以上の懲役に処せられる。保護法益は、通貨の真正に対する公共の信用である。行使する偽造または変造された通貨は、行使の目的（真貨として流通に置く目的）で作成されたものである必要はない。たとえば、演劇用の小道具として作成した通貨を、真正な通貨として代金の支払いに用いる行為（行使に当たる）や、偽造した通貨であることを告げて相手方に渡す行為（交付に当たる）などが挙げられる。偽造通貨行使罪は、通貨偽造罪と目的・手段の関係にあるため、牽連犯として処理される。

■ 偽造通貨等収得罪
[ぎぞうつうかとうしゅうとくざい]

偽造または変造された貨幣、紙幣または銀行券を行使する目的で収得する罪。3年以下の懲役に処せられる。保護法益は通貨の真正に対する公共の信用である。収得とは、偽造・変造された通貨を自分自身のために取得する一切の行為をさす。たとえば、偽造通貨を買い受けること、無償で交付を受けること、拾うこと、窃取すること、だまし取ることなどが挙げられる。収得後に実際に行使した場合には、偽造通貨行使罪が成立し、目的・手段の関係にあることから牽連犯として処理される。

■ 規則
[きそく]

①一般的には、人が従うべき行為の基準。または、ある集団の構成員に対してのみ適用される行為の基準をさす場合にもこの語を使用する。例としては、会社における就業規則などが挙げられる。
②議院や最高裁判所などの機関、または地方公共団体の執行機関が制定する法の

一類型。国が制定した規則は、法律に劣る。また、地方公共団体の制定した規則は、法律および命令に劣る。例としては、最高裁判所規則、会計検査院規則、人事院規則などがある。

■ 羈束行為（羈束処分）
[きそくこうい（きそくしょぶん）]

行政行為のうち、法律が要件・内容について厳格に規定し、行政庁の判断（裁量）の余地が残されていない行政行為。たとえば、古物営業法4条2号は「禁錮以上の刑に処せられ」「その執行を終わり、または執行を受けることのなくなった日から起算して5年を経過していない者」の申請を許可してはならないと定めている。この要件に該当する者が許可申請した場合、行政庁は他の判断を下す裁量が認められておらず、申請を拒否しなければならない。対立概念は裁量行為である。

■ 羈束裁量
[きそくさいりょう]

行政行為を行うにあたり行政庁に裁量が与えられている場合で、法律がその裁量の客観的基準を定めている場合をさす。自由裁量に対する概念。その判断の誤りは、裁判所の審理に服すると考えられている。法規裁量ともいう。

今日では、羈束裁量と自由裁量の区別は相対化している。

■ 帰属清算型
[きぞくせいさんがた]

譲渡担保の実行の際の清算方法のひとつ。譲渡担保を実行する場合に、譲渡担保権者に譲渡担保の目的である財産の所有権を移転し、その目的物の評価額が被担保債権の価額を上回る場合には、その差額を譲渡担保権者が設定者に支払う形で実行する方式。所有権が担保権者に移るため帰属型という。譲渡担保の目的物を競売し、その代金から被担保債権の弁済を受けるという処分清算型に対比される。

■ 規則制定権
[きそくせいていけん]

最高裁判所や議院が他の機関の干渉を受けずに、独自の権限で規則を制定する権利。憲法77条1項、58条2項で認められており、国会中心立法の原則の例外とされている。最高裁判所が制定した規則を裁判所規則、議院が制定した規則を議院規則という。

裁判所規則は司法に関する事項を定めており、民事訴訟規則・刑事訴訟規則、法廷等の秩序維持に関する規則がこれに当たる。これらの事項は、国会が法律で定めるよりも、裁判所自身が決定する方が実情に合っており、また、司法権の独立を強化する機能があると考えられている。

議院規則は議院の運営などの事項を定めており、衆議院規則や参議院規則がこれに当たる。

■ 起訴後の勾留
[きそごのこうりゅう]

身柄を拘禁する刑事手続上の強制処分のうち、被告人を対象に行われるものをさす。被告人の出廷を確保するために、被告人に定まった住所がないときや、被告人が逃亡または罪証を隠滅するおそれがあるときに、勾留することができる。被疑者に対する勾留と異なり、裁判所の職権で行われ、検察官に請求権はない。勾留期間は2か月で、とくに必要があれば1か月ごとに更新することができる。もっとも、罪証隠滅のおそれがあるなど、特別の理由がなければ、更新は1回に限られている。

■ 起訴状
[きそじょう]

公訴提起に際し、検察官から裁判所に提出される文書のこと。起訴状の提出により、事件は裁判所に係属する。起訴状には被告人を特定する事項、公訴事実、罪名などを記載しなければならない。

■ 起訴状一本主義
[きそじょういっぽんしゅぎ]

検察官が訴えを起こすときには、裁判所に対して起訴状のみを提出しなければならないという考え方。刑事訴訟上、裁判官に予断や偏見のない状態で公判に臨ませ、裁判の公平性を保つことが目的である。これによって、裁判官は事件に対して予断を持つことなく、審理に当たることができると考えられている。具体的には、事件について思い込みを抱かせるおそれのある書類を添付したり、その内容を引用することを禁じている。これに違反した訴えは、不適法として公訴棄却される。

■ 起訴前の勾留
[きそぜんのこうりゅう]

起訴前に被疑者に対して行われる勾留のこと。被疑者勾留ともいう。

■ 起訴前の和解
[きそぜんのわかい]

民事訴訟で訴えを起こす前に、当事者が簡易裁判所に申し立ててする和解。条文上の用語は、訴え提起前の和解。即決和解、訴訟防止のための和解ともいう。和解が成立すれば、和解調書に記載され、調書の記載は確定判決と同じ効力を有する。和解が成立しなかった場合、当事者双方から申立てがあれば訴訟に移行する。

■ 起訴独占主義
[きそどくせんしゅぎ]

刑事手続で、公訴を提起して公判を維持する職責を、もっぱら検察官にのみ認める原則のこと。法律の専門家である検察官に委ねることで、妥当な法令解釈が行われ、統一的な公判の運用が行われることが期待されている。もっとも、起訴・不起訴の決定が検察官の判断だけで行われることから、本来であれば起訴すべきであるにもかかわらず、不当に起訴しないなどの問題が起こり得る。そこで、現

行法は検察審査会や付審判請求手続をおいて、起訴独占主義の例外を設けている。

起訴便宜主義
[きそべんぎしゅぎ]

刑事手続で、犯罪が成立したと思われ訴訟条件を備えている場合であっても、検察官の裁量によって、起訴猶予処分として訴追をしないことを認める法制度。わが国は起訴便宜主義が明文で定められている。起訴猶予とする方が再犯の防止に役立つと判断される場合など、刑事政策的理由から処罰が不要と思われる場合に、柔軟な判断が可能になる利点がある。しかし、検察官の主観的判断に影響されるおそれがあるため、検察官の訴追に関する裁量の範囲を統制しようとする理論（公訴権濫用論）が提唱されている。起訴便宜主義の対立概念は、起訴法定主義である。

起訴法定主義
[きそほうていしゅぎ]

刑事手続で、犯罪の客観的な嫌疑と訴訟条件が備わっていれば、検察官は必ず公訴を提起しなければならないという法制度。起訴便宜主義の対立概念である。検察官の主観的判断に影響を受けない利点がある反面、軽微な犯罪などもすべて起訴しなければならず、捜査機関や裁判所の負担が大きくなるおそれがある。わが国は、起訴にあたって検察官に裁量を与える起訴便宜主義を採用している。

起訴猶予
[きそゆうよ]

刑事訴訟上、起訴する条件が整い犯罪の嫌疑があるにもかかわらず、検察官が処罰の必要がないと考えて、起訴をしないこと。犯人の性格、年齢、境遇、犯罪の軽重、情状、犯罪後の情況を総合的に考慮して決定される。刑罰を科さない方が犯人の社会復帰を容易にする場合もあることから、刑事訴訟法はこうした判断

の余地を検察官に与えている。検察官にこのような裁量を与える制度を起訴便宜主義という。

毀損
[きそん]

有形物、無形物を問わず、壊したり傷つけたりすること。たとえば他人の食器を割って壊す行為などの物理的な損壊にとどまらず、食器に放尿して心理的に使用不能にするなど、物の効用を害する一切の行為が含まれる。また、刑法は、名誉毀損罪や信用毀損罪を定め、無形物である名誉や信用を害する行為に関しても、毀損の語を用いている。

期待可能性
[きたいかのうせい]

犯罪行為を行った者について、行為当時に違法な行為をしないことが期待できる可能性のこと。期待可能性が認められるとは、違法行為をしないことが期待できたにもかかわらず、あえて違法行為を選択したことをさす。期待可能性があるにもかかわらず違法行為に出た者に対しては、非難をすることが可能であるため、刑罰を科すことができると考えるのである。期待可能性が否定される場合は、他の犯罪構成要件が備わっていても、例外的に責任を欠くため不可罰となると考えられている。

期待権
[きたいけん]

ある状況において、将来的に一定事実が発生することで、一定の法律的利益を受けることができると期待する地位。相続権や条件付権利について生じる。

たとえば、相続人になることができる地位は、被相続人の死亡という事実が発生することによって、はじめて得ることができる。相続開始前は、推定相続人と呼ばれ、将来相続することが予定される地位にすぎない。したがって、相続する

権利は期待権であるといわれている。推定相続人は、まだ確定した相続人ではないため、確立した法的な地位を持っているわけではない。そこで、推定相続人を保護するために、欠格事由がなければ推定相続人の地位は奪われないなど、法律により保護が与えられている。

■ 議題提案権・議案提出権
[ぎだいていあんけん・ぎあんていしゅつけん]

株主が一定の事項を議題（株主総会の目的）とすることを請求する権利を議題提案権といい、株主総会において議題につき株主が議案を提出する権利を議案提出権という。議題と議案の関係については、たとえば、「取締役解任の件」が議題であるのに対し、「○○と△△を取締役から解任する件」が議案である。

取締役会非設置会社では、議題提案権は単独株主権とされており、期間制限も設けられていない。しかし、取締役会設置会社では、その濫用防止の観点から、議題提案権は持株要件のある少数株主権とされており、株主総会の日の8週間前まで（定款により短縮可）という期間制限も設けられている。これに対し、株主総会の場においては議案提出権が認められており、これは取締役会設置会社でも単独株主権である。

■ 寄託
[きたく]

ある物を保管することが契約内容であり、預ける者（寄託者）が預かる者（受寄者）に対して、その物（寄託物）を保管することを委託し、受託者がこれを承諾することによって成立する契約のこと。平成29年の民法改正により、寄託が要物契約から諾成契約へと変更された。

寄託には、寄託者が保管料を支払う有償寄託と、これを支払わない無償寄託とがある。有償寄託の受寄者は善管注意義務が求められるが、無償寄託の受寄者は自己の財産に対する注意と同一の注意義務が求められるにとどまる。

■ 規範
[きはん]

人の行為の基準とするべき規則や物事の判断、評価の根拠となるべき基準。規範には強制力が伴わないが、法は、公権力により強制されるため、強制力を持った規範とも考えられる。この場合の作用としては、国民の行為の基準となる法規範、裁判基準としての法規範、国家機関の組織編成や権限を定める法規範などがある。

■ 規範違反説
[きはんいはんせつ]

違法性の実質について、社会倫理規範に違反することをいうとする立場のこと。日本では、法益侵害またはその危険を考慮せず社会倫理規範違反だけを問題にする純粋な規範違反説を採る立場は少数であり、社会倫理規範に違反する法益侵害の惹起をいうとする二元説を採る立場が多い。なお、違法性の実質とは、行為が全体としての法秩序に実質的に違反する性質（実質的違法性）をいい、行為が形式的に刑法上の行為規範（命令・禁止）に違反する性質をいう形式的違法性に対する語である。

■ 規範的構成要件要素
[きはんてきこうせいようけんようそ]

裁判官による規範的・価値的な評価を加えなければ、その意味が明らかにならない構成要件要素のこと。規範的構成要件要素は、価値判断を入れずに裁判官の認識的活動によって確定できる記述的構成要件要素に対する語である。規範的構成要件要素の例としては、公然わいせつ罪における「わいせつ」、礼拝所不敬罪における「不敬な行為」などがある。

■ 規範的効力
[きはんてきこうりょく]

労働協約に定める労働条件その他の労働者の待遇に関する基準が持つ効力のこと。労働協約に定められた労働者の待遇に関する基準は、個別の労働契約に優先する効力を持ち、これと矛盾する労働契約は、その部分に関しては無効となり、無効となった部分は労働協約の内容が基準になる。労働契約に定めがない事項も、労働協約の内容が基準となる。

■ 規範的責任論／心理的責任論
[きはんてきせきにんろん／しんりてきせきにんろん]

規範的責任論とは、犯罪における責任の本質を非難可能性に求める結果、行為者に適法行為の期待可能性の存在を要求し、責任能力および故意・過失が存在しても、期待可能性がなければ責任がないとする立場である。

心理的責任論とは、犯罪における責任の本質として、責任能力および故意・過失などの心理的事実そのものを責任の本質とする立場である。

■ 既判力
[きはんりょく]

最高裁判所の判決が出たこと、あるいは上訴期間内に上訴しなかったことなどにより、判決が確定した事件については、当事者、裁判所は確定判決の判断に拘束されるとする裁判の効力。たとえば、土地Aの所有権を争って敗訴判決が確定した場合、再び別の裁判所で、前の裁判の口頭弁論終結時までに生じた事実をもって、土地Aの所有権を争うことはできない。また、裁判所も確定判決と矛盾する裁判を行うことができない。この例外として再審がある。

■ 忌避
[きひ]

☞除斥／忌避／回避

■ 器物損壊罪
[きぶつそんかいざい]

他人の財物を物理的に破壊したり、その効用を失わせたりする罪。動物の死傷行為も含まれる。また、自己の所有物であっても、差し押さえられたり、賃貸したりしている物に対しては本罪が成立する。効用を失わせるとは、たとえば食器に放尿して心理的に使えなくする行為が挙げられる。個人の財産である物とその効用を保護するために規定された。3年以下の懲役または30万円以下の罰金もしくは科料が科される。本罪は親告罪である。

■ 基本的人権
[きほんてきじんけん]

人間が、国家などから与えられたものではなく、それ以前に、生まれながらにして有している権利をさす。もっとも、現在では、前国家的な権利だけでなく、国民が人間らしい生活を送るために、国家が与える権利を含めて基本的人権の言葉が用いられている。人間であることにより当然に有している（固有性）こと、とくに国家権力により侵されないこと（不可侵性）、人種・信条・性別などにより差別されることなく認められること（普遍性）といった性質をもつ自然権的な権利として保障されている。

■ 義務教育
[ぎむきょういく]

国民がその保護する子女に対して義務的に受けさせなければならない普通教育のこと（憲法26条2項）。わが国では、学校教育法により義務教育の年限は9年と定められている。公立学校は、経済的事情にかかわらず、無償で均等に教育機会が与えられることが重視されている。

■ 義務づけ訴訟
[ぎむづけそしょう]

行政庁（各省大臣、都道府県知事など）に、

一定の処分をするよう義務づける判決を裁判所に求める訴訟。義務づけ訴訟には、直接型（非申請型）義務づけ訴訟と申請型義務づけ訴訟の2つの訴訟類型がある。直接型は、申請権限のない者が、行政庁の具体的な権限行使を求める訴訟である。たとえば、周辺住民による違法建築物の除却命令処分の義務づけ訴訟などである。申請型は、行政庁に申請した者が拒否処分などを受け、それを不服として、行政庁に一定の処分をすべきことを義務づける訴えである。たとえば、生活保護処分の義務づけ訴訟などがある。

■ 義務の衝突
[ぎむのしょうとつ]

刑法で、行為者にとって両立することができない複数の義務が同時に存在する場合に、一方の義務を果たそうとすると、他方の義務を怠る以外に方法がない場合をさす。たとえば、溺れている2人の子を父親が同時に救助すべき義務（作為義務）がある場合に、一方の子しか救助できない状況であるとき、2個の作為義務が衝突している状態である。一般に、義務の衝突がある場合には、義務の軽重を比較して、果たすことができた義務が、放置した義務と同等以上のものであるときには、違法性が阻却されるものと考えられている。

■ 記名式裏書
[きめいしきうらがき]

裏書人の署名のほか、裏書文句と被裏書人の名称を記載した裏書のこと。裏書日付も記載するのが慣例であり、日付の記載のない裏書は、拒絶証書作成期間経過前の裏書と推定される。

■ 記名式所持人払証券
[きめいしきしょじにんばらいしょうけん]

債権者を指名する記載がなされている証券であって、その証券の所持人に弁済することが付記されているもの（民法520

条の13）。平成29年の民法改正により、有価証券の一種として明文化された。記名式所持人払証券の譲渡は、証券を交付しなければ、その効力が発生しない。

■ 記名社債
[きめいしゃさい]

会社が発行する社債で、社債権者の氏名や名称および住所が社債原簿に記載されている社債のこと。会社が社債券を発行している場合は、社債原簿と社債券面の両方に社債権者の氏名などが記載されている。そして、記名社債の譲渡の効力が生じるには、意思表示のほかに社債券の交付が必要になる。対立概念は無記名社債である。

もっとも、会社が社債券を発行している場合は、無記名社債と記名社債との間の相互の転換は自由である。

■ 記名証券
[きめいしょうけん]

債権者を指名する記載がなされている有価証券。無記名証券に対する概念である。平成29年の民法改正により、記名証券については、①指図証券、②記名式所持人払証券、③その他の記名証券の3つに分類されることになった。

■ 逆送
[ぎゃくそう]

家庭裁判所が、死刑・懲役または禁錮にあたる罪を犯した少年について、犯した罪の性質や情状を考慮して、刑事処分を行うのが適切であると判断した場合に、事件を再び検察官に送致すること。検察官送致（検送）ともいう。14歳未満の者は刑事責任能力がなく、刑事処分を行うことができないので、犯した罪を問わず逆送は行われない。これに対して、故意の犯罪行為によって被害者を死亡させた少年については、犯行時に16歳以上であれば、原則として逆送が義務づけられている。

客体の錯誤
[きゃくたいのさくご]

　刑法における事実の錯誤の一種で、犯罪行為の客体について、実際に犯罪結果が生じた客体と行為者が認識していた客体との間に食い違いがあることをいう。たとえば、XがAを殺害するつもりでピストルを発射したが、その相手が実際にはBだった場合（人違い）などが挙げられる。判例・通説の立場（法定的符合説）では、上記の場合、Xが認識した「その人」について確かに殺害結果が生じているため、故意に欠けることはなく、Bに対する殺人罪（既遂）が成立する。

客体の不能
[きゃくたいのふのう]

　刑法で、客観的な状況として客体が存在しないなどの理由で、犯罪行為に着手しても犯罪結果が発生する可能性がない場合をさす。不能犯の一種である。たとえば、人であると思ってピストルを発射したら仏像であった場合などが挙げられる。不能犯は、客観的に見て犯罪結果の発生する危険がまったくない場合は不可罰となると考えられている。しかし、判例は、行為の性質上、犯罪結果が生じることが通常予想されるような場合には、未遂犯が成立するという立場を採っていると考えられている。

却下
[きゃっか]

☞棄却／却下

却下裁決
[きゃっかさいけつ]

　本案の審理を拒絶して不適法な審査請求をしりぞける裁決のこと。審査請求や再審査請求が、期間経過後になされたものであるとき、そのほか不適法であるときになされる。

却下処分
[きゃっかしょぶん]

　申請に対する処分で、申請手続の方式に違法や不備がある場合に、申請内容とは関わりなく申請を拒否する行政庁の処分。申請内容に理由がないことを理由とする棄却処分を含めて、却下処分ということもある。

客観主義
[きゃっかんしゅぎ]

　犯罪の本質についての捉え方のひとつで、刑事責任の基礎を犯人の反社会的性格に求める主観主義に対して、刑事責任の基礎を外部的に表現された犯人の行為に求める立場のこと。

客観訴訟
[きゃっかんそしょう]

　客観的な法秩序の適正性を確保するために、特別に法律が認めた訴訟類型。個別の法律によって、特定の者が原告となって行政活動の違法性を争うことが認められた訴訟である。対立概念は主観訴訟。客観訴訟には、民衆訴訟と機関訴訟の2種類がある。

客観的違法論
[きゃっかんてきいほうろん]

　刑法理論において、犯罪行為者の主観にかかわらず、客観的に法秩序に反することを違法であると評価する考え方。主観的違法論に対する語である。

　客観的違法論の立場からは、行為の違法性は行為者の故意・過失、責任能力の有無とは関係がなく、客観的に法秩序に矛盾する事態が発生した場合は違法となる。

　たとえば、客観的違法論からは、自然の災害や動物による被害も違法性を有することになるため、正当防衛の要件である不正な侵害と解しうることになる（対物防衛の肯定）。

　なお、主観的違法論とは、規範を理解してこれに従って行動することができる

者の行為だけを違法とする立場である。

客観的危険説
[きゃっかんてきききけんせつ]

刑法理論において、絶対的不能の場合に不能犯を認め、相対的不能の場合に未遂犯を認める立場のこと。不能犯と未遂犯の区別について、不能には、一般的に犯罪を実現することが不能な場合を絶対的不能といい、特別の事情のために犯罪を実現することが不能な場合を相対的不能と区別することに基づいている。絶対的不能・相対的不能説ともいう。この立場からは、たとえば、死者を生きた人と誤信してこれを殺す意思で発砲するような場合は、絶対的不能であるため不能犯となり、人を殺す意思で発砲したが、たまたま行為者が弾丸を装てんし忘れていた場合は、相対的不能であるため未遂犯となる。

客観的構成要件
[きゃっかんてきこうせいようけん]

刑罰法規に定められている構成要件のうち、外見的・客観的な要素のこと。主観的構成要件に対する語である。客観的構成要件には、行為の主体、行為の客体、行為の状況、結果、行為と結果の因果関係などが含まれる。なお、主観的構成要件とは、故意・過失など、構成要件のうち、行為者の内心的・主観的な要素をいう。

客観的処罰条件／処罰条件
[きゃっかんてきしょばつじょうけん／
しょばつじょうけん]

成立した犯罪について、それが存在しなければ処罰できない要件をいう。単に、処罰条件とも呼ばれている。客観的処罰条件は、行為の犯罪性とは無関係な処罰のための客観的条件であるため、客観的に存在すれば足り、故意の対象とならない。客観的処罰条件の例としては、事前収賄罪における「公務員となった場合」（刑法197条2項）、詐欺破産罪における

「破産手続開始の決定が確定したとき」（破産法265条）などがある。

旧過失論
[きゅうかしつろん]

犯罪事実の予見可能性を過失の前提として重視し、予見可能であるのに予見しなかったという注意義務違反を過失犯の本質と解する立場である。旧過失論は、過失犯と故意犯とは、構成要件・違法性の段階では共通であり、責任の段階で区別されることを前提としている。過失犯と故意犯とを構成要件・違法性の段階ですでに異なるものと考え、過失犯の本質を結果回避義務違反と理解する新過失論と対立している。

旧株主による責任追及等の訴え
[きゅうかぶぬしによるせきにんついき
ゅうとうのうったえ]

親会社の株主が子会社の役員等の責任を追及する訴えを提起できる制度のひとつ。株式交換や株式移転、吸収合併などにより、株式会社の株式を失ったが（旧株主）、その株式会社の完全親会社の株式を取得し、持ち続けている場合には、もともと株式をもっていた株式会社の役員等に対する責任追及をすることができる。たとえば、株式会社Aが株式会社Bを吸収合併した場合に、その効力が生じる6か月前からB社の株主であるXは、吸収合併により、B社の完全親会社A社の株式を取得する。このとき、B社の株式を失っても、その効力が発生する時点ですでに生じていたB社の役員等の責任を追及する訴えを提起することができる。

求刑
[きゅうけい]

刑事訴訟で、証拠調べが終了した後に、検察官が事実や法律の適用に関して意見を述べる（論告）中で、科されるべき刑の種類や量刑について述べる意見をさす。論告と並べて論告求刑と呼ばれることも

ある。裁判所は、量刑を判断するにあたって求刑を参考とすることができ、均衡のとれた量刑の指針となる役割が期待されている。もっとも、求刑は検察官の意見にすぎないため、裁判所を拘束するものではなく、実際に言い渡される刑が、求刑よりも重い刑であっても許されると考えられている。

■ 休憩時間・休息時間
[きゅうけいじかん・きゅうそくじかん]

休憩時間は労働基準法で定められた休み時間のこと。同法では、労働時間6時間超の場合には45分以上、労働時間8時間超の場合には1時間以上の休み時間をその間に与えなければならないと規定している。原則として無給である。

休息時間は、休憩時間以外の会社の就業規則などで定められる時間である。時間の長さについては自由に定めることができる。通常は15分程度であるが、原則として有給である。

■ 休日
[きゅうじつ]

労働契約上、労働者が労務提供義務を免除された日のこと。使用者は、労働者に対して、少なくとも週に1回の休日を与えなければならない（法定休日）。ただし、4週間を通じ4日以上の休日を与える場合、週に1回与えなくてもよい。これを変形休日制、または変形週休制という。なお、労働基準法は、労働条件の最低基準を定めたものであるため、法定休日を超えた日数を付与することもできる。これを法定外休日といい、週休二日制は、法定休日と法定外休日をあわせて付与したものである。

■ 休日労働
[きゅうじつろうどう]

労働基準法に定める休日（法定休日）に労働すること。労働基準法および割増賃金令により、使用者は、従業員に休日労働をさせた場合、通常の労働時間の賃金の35%以上の割増賃金を支払わなければならない。なお、労働基準法は労働条件の最低基準を定めたものであるため、就業規則等にそれ以上の割増規定が定められていれば、就業規則等に従うことになる。

■ 吸収合併
[きゅうしゅうがっぺい]

2つ以上の会社が合一して1つの会社になる合併のうち、1つの会社が合併後も存続して（存続会社）、合併により消滅する他の会社（消滅会社）の一切の権利義務を承継すること。たとえば、A会社とB会社が、A会社を存続会社として吸収合併を行うと、吸収合併後はA会社という1つの会社となり、消滅したB会社の権利義務はすべてA会社に引き継がれる。

合併には、ほかに新設合併があるが、新設合併では消滅会社が受けていた営業の許認可等が消滅し、新たに作られる会社のために再度許認可等を得る必要があり、手続が不便であるため、吸収合併が多く用いられている。

■ 吸収関係
[きゅうしゅうかんけい]

刑法上、1個の行為で数個の犯罪が成立するように見えても、ある犯罪行為の内容が他の犯罪行為の内容を含む（吸収する）と評価できる場合に、1つの犯罪行為のみが成立すると処理すること。法条競合の一種である。たとえば強盗罪は、暴行・脅迫を手段とするが、暴行罪・脅迫罪が別個に成立することなく、強盗罪一罪が成立する。なお、学説では、吸収関係について包括一罪として扱うべきであると主張する立場もある。

■ 吸収分割
[きゅうしゅうぶんかつ]

ある会社が、その事業に関して持っている権利・義務の全部または一部を他の

会社に承継させる会社分割のうち、すでに存在している会社（承継会社）が、分割後の会社（分割会社）の権利・義務を承継するという形で行われる分割方法のこと。たとえば、デパート事業を営むA会社が、その事業のみを独立させて、B会社に承継させる場合などが挙げられる。分割会社と承継会社が吸収分割契約を結び、原則として各会社の株主総会の承認を受ける必要がある。

■ 求償
[きゅうしょう]

法律上返還義務または返済義務のある他人のために、自らの財産をもって返還または返済を立て替えた場合に、その立替分の返還を請求すること。たとえば、主たる債務者に代わって保証人が弁済した場合、保証人が主たる債務者に対して、弁済額の返還を求める場合が該当する。

また、他人の行為によって損害賠償義務を負う者（事故を起こした労働者の使用者など）が賠償をした場合、その賠償金額の全部または一部について本人による弁済を求めた場合なども、これに該当する。

■ 休職
[きゅうしょく]

労働者の身分が保障され、企業に在籍した形のまま、長期間仕事を休むこと。一般に、企業では、労働者が何らかの理由で就業できなくなった場合、企業に在籍したまま長期間の労働義務が免除される休職制度を就業規則などに定めていることが多い。もっとも、法律上、休職制度を定めることが強制されているわけではなく、就業規則等で定める場合でも、その内容は自由に定めることができる。

休職の理由には、ⓐ私傷病（業務に起因しないけがや病気）による休職、ⓑ刑事起訴された場合の起訴休職、ⓒ不正を働いた場合の懲戒休職、ⓓ出向休職、ⓔ海外留学等の自己都合休職などがある。

休職中の賃金は原則として支払われないが、休職中であっても労働契約は維持されているので、健康保険や厚生年金保険の会社負担分については、会社が継続してその支払責任を負う。

■ 旧派／古典学派
[きゅうは／こてんがくは]

イタリアのベッカリーア、ドイツのフォイエルバッハらが提唱した刑法学派の名称。古典学派とも呼ばれる。啓蒙主義的合理主義思想の見地から自由意思の存在を前提とし、犯人の自由な意思決定に基づいて行われた客観的行為を処罰の対象とし（客観主義）、自由な意思決定に基づいて犯罪を行った以上、行為者は道義的に非難されると主張する（道義的責任論）。また、刑罰は行為に均衡する応報として犯人に科される害悪であり（応報刑論）、刑罰は一般人を威嚇し、犯罪を予防することに役立つとする（一般予防主義）。旧派に対して、ロンブローゾ、フェリー、リストらが提唱した刑法学派を新派（近代学派）という。

■ 給付の訴え
[きゅうふのうったえ]

原告が、被告に対する給付請求権を主張し、被告に給付義務の履行を命じるよう裁判所に求める訴えのこと。給付訴訟ともいう。確認の訴え（確認訴訟）、形成の訴え（形成訴訟）とともに、訴えの類型のひとつ。履行期がすでに到来している給付請求権を主張する場合を現在の給付の訴え、いまだ履行期が到来していない給付請求権を主張する場合を将来の給付の訴えという。給付の訴えの認容判決には、給付請求権の存在を確定する既判力と給付命令を実現する執行力が認められ、棄却判決には、給付請求権の不存在を確定する既判力が認められる。

■ 休眠会社
[きゅうみんがいしゃ]

当該株式会社に関する登記が最後にあった日から12年を経過した株式会社のこと。休眠会社は、一定の要件を満たした場合には解散したものとみなされる。

■ 休眠法人
[きゅうみんほうじん]

登記簿上法人としての登記はあるが、最終の登記から一定年数経過していて、その間登記事項に何ら変動のない一般社団法人または一般財団法人のこと。法人に関する登記が5年以上なされていない場合に、その法人は、法務大臣による一定の手続により解散したものとみなされるが、この手続の対象となった法人のことである。類似のものに休眠会社がある。

■ 糾問主義
[きゅうもんしゅぎ]

裁判官が、審理判決を行うだけでなく、検察官と並んでまたこれに代わって職権で手続を開始し、事件を取り調べる権限を持つ刑事訴訟の方式のこと。また、被疑者追及的、自白追及的な捜査のやり方や、職権主義的な公判の運営を批判する際に、用いられたりもする。なお、糾問主義に対する概念である弾劾主義とは、刑事訴訟において、訴追する者と審理判決する者を区別し、原告・被告および裁判所の三面構造とする立場である。

■ 教育委員会
[きょういくいいんかい]

教育委員による合議制の委員会。広義では、教育長や事務局を含めて教育委員会と呼ぶ場合もある。政治的な中立性が必要であり、教育という専門的な知識が要求されることから、首長の管理から一応独立した行政委員会の一種である。原則5名で、地方公共団体の長が議会の同意を得て任命する。心身の故障等特別な事情がない限り、罷免されることはない。

学校の設置・管理、教育職員の人事、生徒の入学・転学・退学、教育課程の編成、校舎などの区域内の教育に関する事務全般にわたって、広く権限を有している。

■ 教育刑論
[きょういくけいろん]

刑罰の目的は、行為者の反社会性ないし危険性を矯正・改善して再社会化するための教育にあると解する立場のこと。教育刑論の立場からは、刑罰の個別化、不定期刑の必要性が主張される。なお、対立概念である応報刑論は、刑罰を行為に均衡する応報として犯人に科される害悪であると解する立場である。

■ 教育権
[きょういくけん]

子どもの学習権(憲法26条)を保障するために、具体的な教育内容を決定し、それを実施するための権能。教育内容について国が決定する権能を持つとする立場(国家教育権説)と、子どもの教育については、親および親から信託を受けた教師を中心とする国民全体であると考える立場(国民教育権説)との対立がある。最高裁判所は、いずれの立場も極端であり、国も一定程度、教育内容に関与する権限を有するとして、教育の全国的水準を維持するために、教科や授業時間数といった大綱(学習指導要領)を定めることができると判断している。

■ 教育の機会均等
[きょういくのきかいきんとう]

憲法14条における平等原則が、教育の領域で具体化された原則をいう。憲法26条1項は教育を受ける権利について、「その能力に応じて、ひとしく」という文言を置いている。また、教育基本法4条1項も、人種、信条、性別、社会的身分、経済的地位または門地(家柄)によって教育上差別されてはならないと定めている。これにより、入学に際して、家庭・経済

的事情による選別は許されないが、公正な入学試験による選別は許される。各人の適性や能力の違いに応じて、異なる内容の教育を行うことは許される趣旨であると考えられている。

■ 教育の自由
[きょういくのじゆう]

教育をする自由のこと。教育に関する自由を広くさしていう場合もある。子どもの教育を受ける権利（憲法26条）を保障し、過度な国家干渉を排除するために必要とされた憲法原理。教育がさまざまな主体により行われることから、内容も多様であり、子どもの学習の自由、親の教育の自由、教師の教育の自由などが含まれる。

■ 教育の政治的中立
[きょういくのせいじてきちゅうりつ]

学校で行う教育活動について、政治的に中立を保たなければならないという教育基本法上の原理。教育基本法は、学校が特定の政党を支持したり反対したりするための政治教育や政治活動を行ってはならないと規定している。とくに小・中学校といった義務教育課程では、教職員団体に対して、政治教育や政治活動によって、特定の政党を支持または反対させるようそそのかす行為やあおる行為は、1年以下の懲役または3万円以下の罰金が科されることが特別法により定められ、刑罰をもって政治的中立性を保護している。

■ 教育を受ける権利
[きょういくをうけるけんり]

学習する権利を保障した憲法上の権利（憲法26条1項）。一般的には、普通教育の保障が中心であり、子どもの学習する権利を保障したものと考えられている。もっとも、成人が社会教育や生涯教育を受けることについても保障していると考える立場もある。自由権としての性質も持つが、国家に対して、学校設備や図書館など合理的な教育条件の整備と、適切な教育を行うことを求める社会権としての性格が重要であると考えられている。

■ 共益費
[きょうえきひ]

複数の債権者が存在する場合に、各債権者の共同の利益のために支出する費用。具体的には、債務者の財産の減少を防ぐための費用や、債権が時効によって消滅することを防ぐために支出した費用などがこれに当たる。債権者の1人が共益費を支出したときは、債務者の全財産から他の債権者よりも先に支払いを受けることができる。

なお、不動産用語では、マンションなどの居住者が共用しているエレベーターなどの管理・維持のために支出する費用について共益費という語を用いている。

■ 共益費用の先取特権
[きょうえきひようのさきどりとっけん]

複数の債権者がいる場合に、各債権者の共同の利益のために債務者の財産の保存、清算、配当をしたとき、それに要した費用を債務者の財産から優先して回収することができる権利のこと。たとえば、債務者が持っている不動産について、第三者が時効取得することを防ぐために、債務者に代わって時効の完成猶予・更新のために支出した費用などが挙げられる。

■ 境界確定訴訟
[きょうかいかくていそしょう]

裁判所に土地の境界線を確定することを求める訴えのこと。筆界確定訴訟ともいう。境界確定訴訟においては、原告は隣接する土地の境界線を定めることを申し立てれば足り、確定を求める特定の境界線を示す必要はなく、特定の境界線を示したとしても、裁判所はそれに拘束されない。なお、不動産登記法には、より簡便な手続である筆界特定の手続が定められている。

■ 教科書検定
［きょうかしょけんてい］

文部科学大臣が、民間で著作・編集された図書について、教科書として適切であるか否かを審査すること。創意工夫に満ちた民間の著作・編集図書を対象に検定を行うことで、適切な教育水準を確保することが目的とされている。教科用図書検定基準に基づき、学習指導要領に照らして、記述の客観的公正さや教育的配慮の適切性といった観点から実施されている。教科書検定制度が表現の自由や学問の自由を侵害するか否かが争われたが、最高裁判所は、教科書検定の合憲性を肯定している。

■ 恐喝罪
［きょうかつざい］

人を脅して財物または財産上の利益を交付させる罪。10年以下の懲役に処せられる。保護法益は、人の意思決定や行動の自由を侵害するため、個人の自由を含むが、主として個人の財産であると考えられている。恐喝とは、被害者の反抗を抑圧するに至らない程度の暴行・脅迫を用いて、財物や財産上の利益の交付を求めることをいう。反抗を抑圧する程度の暴行・脅迫をした場合は、恐喝罪ではなく強盗罪が成立する。

■ 凶器準備集合および結集罪
［きょうききじゅんびしゅうごうおよびけっしゅうざい］

2人以上の者が、他人の生命・身体・財産に対して共同で害を加える目的で、凶器を準備して集合する罪。2年以下の懲役または30万円以下の罰金に処せられる。また、凶器を準備して、または、凶器があることを知って人を集合させた者は、3年以下の懲役に処せられる。保護法益は、個人の生命・身体・財産とともに、公共的な社会生活の平穏であると考えられている。もともと暴力団同士の抗争が人身に不安を与えていたことに対応するために規定されたが、学生運動や過激派の集団同士の抗争にも多く適用されている。

■ 協議・合意制度
［きょうぎ・ごういせいど］

一部の財政経済犯罪と薬物銃器犯罪について、弁護人の同意の下、検察官と被疑者・被告人との間で、被疑者・被告人が他人の犯罪を明らかにするための供述をすることなどの協力を行い、その見返りに検察官が被疑事件・被告事件について起訴を見送ったり、求刑を軽くしたりすることを内容とした合意をすることができる制度。司法取引のうち捜査・公判協力型に分類されるので「捜査・公判協力型協議・合意制度」とも呼ばれる。

被疑者・被告人に対して協議・合意制度を適用するためには、被疑者・被告人と検察官に加え、弁護人を交えて協議および書面による合意が必要である。協議・合意制度の対象になる「一部の財政経済犯罪」には、文書偽造、贈収賄、詐欺、横領、租税に関する法律違反、金融商品取引法違反等が含まれる。

たとえば、会社代表の主導の下、組織的に詐欺などを行っていた場合、それに関与していた従業員が会社代表の主導であることを供述したり、証拠物を提出したりすれば、検察官は見返りとして、その従業員を不起訴処分や軽い求刑等とする場合が考えられる。そして、これらの供述や証拠物に基づき、首謀者である会社代表を摘発することになる。

☞司法取引

■ 協議上の離縁
［きょうぎじょうのりえん］

養親と養子の合意により養子縁組を解消すること。戸籍上の届出によって効力を生じる。養子が未成年者である場合には、満15歳に達しているときは単独で当

事者になることができるが、15歳未満のときには、離縁後に養子の法定代理人となる者が養親と協議する。協議がまとまらない場合には、家庭裁判所に離縁調停を申し立てることができる。離縁後、養子は原則として縁組前の氏に戻る。なお、特別養子縁組については、協議上の離縁は認められていない。

協議上の離婚
[きょうぎじょうのりこん]

夫婦が、婚姻を解消するという内容の合意に至ることによって離婚すること。浮気や暴力などの離婚原因がなくても、戸籍上の届出によって効力が生じるが、未成年の子がいる場合には、親権者を決定し、離婚届に記載しなければ成立しない。また、他方の同意がなく出された離婚届は無効である。届出には、婚姻の場合と同様に2人以上の証人が必要である。婚姻の際に氏を変更した夫または妻は、離婚によって婚姻前の氏に戻るのが原則であるが、戸籍法の定めるところにより届け出ることによって、離婚の際に称していた氏を称することができる。

競業避止義務
[きょうぎょうひしぎむ]

特定の者の行う事業と同種の事業を行わない義務。代表的なものは、会社の承認を得ない限り、会社の取締役は、自己または第三者のために、会社の事業の部類に属する取引を行ってはならないという会社法356条の規定である。会社のノウハウを熟知した取締役が勝手に会社と同種の事業を開始すると、会社は大変な損失を被るため、この規定が設けられた。

強行規定／任意規定
[きょうこうきてい／にんいきてい]

強行規定は、当事者の意思にかかわらず適用される規定である。強行規定に反する契約は無効となる。主として公の秩序を維持することが目的である。

任意規定は、当事者の意思が明確ではない場合に、その基準として適用される規定である。任意規定に反する契約がなされても、その契約は有効である。

教唆の未遂
[きょうさのみすい]

ある者が他の者に対して犯罪行為を行うようそそのかしたが、そそのかされた者が犯行の意思を持つに至らなかったり、実際には犯罪行為には及ばなかった場合、または、犯罪行為には着手したが、それが教唆行為と無関係に及んだものであった場合などをさす。たとえば、AがBに対して窃盗をするようそそのかしたが、Bが窃盗行為を行わなかった場合などが挙げられる。わが国の判例・通説の立場（共犯従属性説）は、不可罰であると解している。

教唆犯
[きょうさはん]

ある者が、特定の人に対して犯罪行為を実行するようそそのかし、実際にその人が犯罪行為を実行することによって成立する罪。共犯の形態の一種であり、正犯に科される法定刑の範囲内で処罰される。

教示制度
[きょうじせいど]

行政処分を行うにあたり、行政庁が相手方に、不服申立てができること、不服申立てを行うべき行政庁、不服申立て可能な期間などを書面で示すべきという制度。行政不服審査法に規定が置かれ、国民が不服申立てをしたいと考える場合に、手続に迷うことを防ぐ目的がある。

なお、平成16年の行政事件訴訟法改正により、行政庁は、取消訴訟の被告とすべき者、出訴期間などを書面で示さなければならないという、取消訴訟などに関する教示制度を採用することになった。

供述拒否権
[きょうじゅつきょひけん]

　証人においては有罪判決を受けるおそれがある証言等について、被疑者・被告人においては一切の証言について、供述することを拒否できる権利。証人については、証言拒絶権ともいわれる。

　刑事訴訟では、何人も自己または自己の配偶者・親族等が刑事訴追を受け、または有罪判決を受けるおそれのある供述を拒むことができる。さらに、被疑者・被告人は、一切の供述を拒むことができ、この権利は、被疑者・被告人に対して告知しなければならないものとされている。また、医師や弁護士等の一定の職にある者またはあった者には、業務上知り得た秘密について証言を拒否する権利が認められている。

　民事訴訟では、証人に対して、自己または自己の配偶者・親族等が刑事訴追を受けまたは有罪判決を受けるおそれがある事項に関して証言拒絶権を有することを定めており、これらの者の名誉を害する事項についても同様である。また、公務員、医師、弁護士等の一定の職にある者またはあった者が職務上知り得た秘密や、技術または職業の秘密についても証言拒絶権が認められている。

供述証拠
[きょうじゅつしょうこ]

　証拠の一種として、言語またはそれに代わる動作により表現された内容をいう。証人の証言、供述調書等がこれに当たる。供述証拠以外の証拠を非供述証拠という。供述証拠は、人の記憶に残っている犯罪の現象を再現する証拠であるため、それを知覚して記憶し、その後表現し叙述するという各過程において誤りが入り込む危険性がある。そのため、刑事訴訟では、供述証拠は、相手方の反対尋問を経るなどして誤りの有無や程度を確かめたうえ

でなければ証拠とすることができない。このことから、公判廷外の供述を内容とする証拠で、その供述の内容の真実性を証明しようとする証拠（伝聞証拠）は原則として証拠とすることができない。これを伝聞法則という。

供述調書
[きょうじゅつちょうしょ]

　供述者が他人に話したことを、その他人が録取した（書き取った）書面のこと。供述録取書ともいう。供述調書に対して、供述者本人が自ら供述を記載して作成した書面を供述書という。供述調書は、公判廷外の供述を内容とする証拠であるから、伝聞法則の適用があり、原則として証拠能力が認められない。伝聞法則の例外として、供述者の署名または押印のある供述調書は、一定の要件を満たした場合に限って、証拠能力が認められる。

教授の自由
[きょうじゅのじゆう]

　憲法が保障する学問の自由（憲法23条）の一環として認められる自由。学問の自由の内容は、学問研究の自由とその研究内容を発表する自由であるが、とくに大学その他の高等学術研究機関が、広く真理を探究するという本質を持っていることを考慮して、大学などの研究者に対して重ねて研究内容を教授する自由を保障したものと考えられている。もっとも、今日では、大学とまったく同程度のものではないものの、初等中等機関の教師に関しても、教育の自由として教師の教授の自由が認められている。

行政
[ぎょうせい]

　実質的意味においては、行政の作用自体に着目し、統治権の作用から立法作用、司法作用を除いた国家の作用をいう。このような考え方を控除説といい、通説的な見解である。形式的意味においては、行

政組織に着目し、行政組織が行う一切の作用をいう。形式的意味の行政には、立法的な作用（委任立法）や司法的な作用（行政争訟）も含まれる。

■ 行政機関
[ぎょうせいきかん]

　国の行政事務または地方自治行政等の事務を担当する機関。行政組織を構成する基礎単位であると考えられており、行政庁、補助機関、諮問機関、執行機関に分類される。このうち、国や地方自治体などの行政主体のために意思決定を行い、それを外部に表示する権限を持つ行政庁は、とくに重要である。たとえば、税務署が課税処分を下すにあたり、直接課税を行う権限を持っている行政庁は税務署長である。行政庁である税務署長は、国や都道府県という行政主体のために、課税権限を行使するものと考えられている。以上は、行政官庁法理に基づく行政機関概念と呼ばれている。これに対して、外務省や総務省、海上保安庁、各省庁・委員会などは、国の行政機関であると規定されている。これは、行政上の事務配分に従った分類であり、事務配分的行政機関概念と呼ばれている。

■ 行政機関による終審裁判の禁止
[ぎょうせいきかんによるしゅうしんさいばんのきんし]

　行政機関は、終審として裁判を行うことができないという原則。大日本帝国憲法下で行政機関による終審裁判が認められていたことで、行政権に対して司法の統制が及ばなかった反省から、現在の憲法で行政機関による終審裁判の禁止が定められた。もっとも、行政の範囲が拡大し、専門的・技術的な事項に関しては、行政審判の方が適切に事件を解決することが可能な場合もあることから、終審でなく前審としてであれば、行政機関による裁判（行政審判）も認められる。たとえば、

国家公務員法に基づく人事院の裁定などが挙げられる。

■ 行政規則
[ぎょうせいきそく]

　行政機関が制定する定め（行政立法）のうち、国民の権利義務にかかわらない内部基準にとどまる規則をいう。行政規則は、実際にはさまざまな名称が付されており、たとえば、訓令・通達、解釈基準、給付基準、行政指導指針、裁量基準などがある。対立概念は法規命令であり、国民の権利・義務に関する規範である。内部的な定めである行政規則は、原則として法律の根拠なく定めることができるとともに、行政規則に反する行政活動を、裁判所で争うことはできないと考えられてきた。もっとも、最近では行政規則が、行政の内部基準にとどまらず、国民に対して直接的な影響を持つようになっており（行政規則の外部化）、裁判による救済が認められる場合があると考えられる。

■ 行政救済法
[ぎょうせいきゅうさいほう]

　行政活動によって受ける不利益からの救済を目的とする法令の総称。行政救済法は、目的に応じて、行政不服審査法、行政事件訴訟法、国家賠償法、損失補償規程（講学上の概念として損失補償法と呼ばれることもある）に分類される。不当ないし違法な行政活動に対する救済を望む場合は、行政不服審査法または行政事件訴訟法などによって、是正を求めることができる。そして、違法な行政活動によって生じた損害の賠償を求めるときには、国家賠償法に基づく損害賠償請求を行うことができる。さらに、適法な行政活動であっても、特別の財産の損失を被った場合には、損失の補償を求めることができる。

■ 行政強制
[ぎょうせいきょうせい]

　行政機関が、人の身体または財産に対

して実力を加えることによって、行政上の必要な目的を達成すること。行政強制には、行政上の強制執行と即時強制の2種類がある。さらに、行政上の強制執行は、代執行、執行罰、直接強制、金銭の強制徴収という4種類に分類されている。たとえば、違法建築物の除却命令に相手方が従わない場合、行政庁が代わって取り壊し、費用を相手方から徴収することが行政上の強制執行（代執行）の例である。即時強制の例としては、精神障害者や感染症患者の強制入院などが挙げられる。

■ 行政計画
[ぎょうせいけいかく]

行政活動に関して、設定した目標とそれを実現するための手段を定めた計画のこと。さまざまな形態が存在し、たとえば、土地利用計画、経済計画、長期計画など、目的や期間の長さに応じてさまざまな形態がとられている。原則として、事実行為にとどまる場合は、法律の根拠なく定めることができる。内部的な定めにすぎず、従来は行政計画を訴訟で争うことはできないと考えられてきた。しかし近時の判例は、土地区画整理事業計画の決定について、行政処分性を肯定しており、訴訟による救済の可能性が開かれている。

■ 行政警察
[ぎょうせいけいさつ]

公共の秩序を維持し、その障害を取り除くために国民の自由を制限する公権力をさす。犯罪に直接かかわらない警察活動の総称。交通安全保持のための交通警察、飲食物の取締りなどの衛生警察、古物営業の取締りや風俗営業の取締りなどの営業警察などが例として挙げられる。これに対して、犯罪の証拠の収集や被疑者の逮捕など司法作用に関する警察活動は、司法警察と呼んで区別している。

■ 強制競売
[きょうせいけいばい]

債権者が、債務者の財産を差し押さえて競売を申し立て、その競売代金から債権の回収を図ること。不動産に対する強制執行の方法のひとつ。この手続は、ⓐ債権者による競売の申立て、ⓑ裁判所による強制競売開始決定および対象財産の差押え、ⓒ裁判所による入札および売却、ⓓ裁判所による競売代金の配当による支払い、の順に行われる。なお、強制競売が手続的に違法な場合、債務者は、執行異議の申立てにより、その取消しなどを求めることができる。

■ 行政刑罰
[ぎょうせいけいばつ]

行政上の義務違反者に対して科される刑罰。刑罰であるため、刑法や刑事訴訟法の適用を受け、種類も刑罰と同様で、懲役、禁錮、拘留、罰金、科料などがある。行政上の義務の不履行に対する制裁である行政罰の一種である。行政刑罰の例として、たとえば、火薬類取締法は、許可を受けずに火薬類の製造業を営んだ者に対して、3年以下の懲役または100万円以下の罰金を科すと定めていることが挙げられる。

もっとも、軽微な道路交通法違反行為を反則行為と呼んで、公安委員会が通告する反則金を納付すれば刑事訴追がなされないなど、特別の定めを置いている場合がある。

■ 行政契約
[ぎょうせいけいやく]

行政主体と私人との間で結ばれる契約の総称。私法上の契約と同様の性質を持つ契約が多いが、解除権が制限されるなど契約自由の原則が修正されている契約もある。たとえば、庁舎建設の請負契約や事務用品の購入などは、民法上の契約と異なるところはない。これに対して、

（市町村が経営する）水道事業者と給水を受ける者との間で結ばれる給水契約は、行政契約の一例であるが、正当の理由がなければ給水契約の申込みを拒否することはできないなど、特別の契約方式を採用している。

■ 行政権
[ぎょうせいけん]

法律の執行を中心にする、政治の執行権を示す包括的な概念。憲法は、内閣に行政権が属することを定めている（憲法65条）。もっとも、具体的に何が行政権に当たるのか定義することは困難であり、わが国の通説的見解（控除説）は、あらゆる国家作用から立法作用と司法作用を取り除き、残ったものをさすと考えている。現代の社会国家においては、行政権は多様な活動を担うことが期待され、行政権の肥大化と呼ばれる現象が起きているといわれる。

■ 行政行為
[ぎょうせいこうい]

行政機関がその権限を行使して、対外的に具体的な法律効果を生じさせる行為。行政法上の学術用語であり、行政法関連の法文で使われる「行政処分」「処分」とほぼ同じ意味である。たとえば、課税処分、違法建築物の除去命令、料理飲食業の営業許可などがある。法規命令を作るような立法行為は、個人の権利に具体的に効果が及ぶものではないため行政行為ではない。行政指導や道路工事は、直接法律効果を生じさせない事実行為であり、行政行為ではない。また、行政組織内部の通達や訓令も、国民に対するものではないため行政行為ではない。

■ 行政行為の瑕疵
[ぎょうせいこういのかし]

行政行為について、法令違反や適切ではない点がある（不当）などの欠陥（瑕疵）がある状態をさす。法令に違反する

行政行為を違法な行政行為と呼び、不適切な行政行為を不当な行政行為と呼んで区別している。行政行為の瑕疵について私人が争おうとする場合、違法な行政行為と不当な行政行為とでは採るべき手段が異なる。つまり、違法な行政行為については、行政行為は取り消されるまでは一応有効な行政行為であると考えられているため（公定力）、裁判所に対して抗告訴訟（とくに取消訴訟）を提起することで、瑕疵を争わなければならない。もっとも、判例・通説は、瑕疵が重大かつ明白である場合には、無効等確認訴訟を提起することができると考えている。これに対して不当な行政行為については、行政機関が職権によって取り消すか、あるいは行政不服申立てによって、行政機関が取り消すことで是正される。

■ 行政行為の撤回
[ぎょうせいこういのてっかい]

行政行為が適法に成立した後に、後発的な事情の変化によって当該行為の効力を維持することが必ずしも妥当でなくなった場合に、行政機関が将来的に効力を失わせること。行政行為の撤回は、行政行為の成立に瑕疵があった場合に、遡及的に行政行為の効力を失わせる行政行為の取消しと対比される。もっとも、撤回と取消しの区別は理論上のものであり、条文上は撤回の意味で「取消し」という語が使われる場合が多い。撤回がなされる場合の例としては、交通違反を理由とする運転免許の取消しや、公共事業の実施を理由とする行政財産使用許可の取消しなどがある。

■ 行政行為の取消し
[ぎょうせいこういのとりけし]

行政行為の成立に瑕疵があった場合に、遡及的に行政行為の効力を失わせること。行政行為の取消しには、行政行為の名宛人が行政不服審査法や行政事件訴訟法な

どによる争訟手続によって取消しを申し立てた場合に、その裁断機関によってなされる争訟の取消しと、私人からの法的請求によらず、行政の側が自発的に取り消す職権取消しがある。行政行為の取消しは、行政行為の適法な成立後、後発的な事情の変化により、当該行政行為を将来的に無効とする撤回と対比される。

■ 行政行為の不可争力／不可争力
[ぎょうせいこういのふかそうりょく／ふかそうりょく]

行政不服申立てや取消訴訟の争訟提起期間が過ぎた後は、私人の側から行政行為の効力を争うことができなくなるという行政行為の効力のこと。単に、不可争力ともいわれるが、形式的確定力と呼ばれることもある。行政上の法律関係の安定性のための制度である。もっとも、処分庁が自ら取り消し、撤回することは不可争力と抵触しない。また、不可争力によって違法な行政行為の瑕疵が治癒されるわけではないため、国家賠償を請求することも可能である。

■ 行政行為の不可変更力／不可変更力
[ぎょうせいこういのふかへんこうりょく／ふかへんこうりょく]

行政行為のうち、行政上の不服申立てに対する裁決のような争訟裁断行為について、行政庁がそれを自ら取り消したり、変更したりできなくなる効力のこと。単に、不可変更力と呼ばれることもある。不可変更力は、行政上の法律関係の安定性と争訟裁断行為に対する信頼保護のために認められる。なお、処分庁だけでなく、上級庁、裁判所も取消し・変更ができない場合を実質的確定力という。

■ 行政行為の附款／附款
[ぎょうせいこういのふかん／ふかん]

行政行為の附款とは、行政行為の本来的な効果に付加された付随的な効果のことである。行政行為の附款には、行政行為の効果発生や消滅に制限を加える条件や期限、撤回権の留保、付随的に義務を課す負担の4種類がある。行政庁は、法律上の根拠がある場合のほか、裁量行為については裁量権の範囲内で附款を付すことができる。行政行為の附款は、許認可などの処分を行うか拒否処分を行うかという二者択一以外の選択肢を与え、状況に柔軟に適合した処分を可能にすることを目的とするもので、実務上広範に用いられている。

附款とは、行政行為に限定されず、広く条件や期限など、法律行為から生じる効果を制限するために、表意者がその法律行為の一部としてとくに付加する制限をさして用いられる言葉をさす。

■ 行政行為の無効
[ぎょうせいこういのむこう]

行政行為としての外見は有しているが、その成立に一定の瑕疵（無効事由）があるために、権限ある機関の取消しを待たずに当初から行政行為としての効力を認めないこと。無効な行政行為は、取り消すことができる行政行為とは異なり公定力（違法な行政行為であっても、それが取り消されるまで有効なものとして扱われる効力）を持たない。そのため、取消訴訟以外の訴訟（無効確認訴訟、争点訴訟、当事者訴訟など）においても無効事由の存在を争うことができる。無効事由となる瑕疵の内容については争いがあるが、重大かつ明白な瑕疵と解するのが判例・通説である。

■ 行政国家
[ぎょうせいこっか]

立法・行政・司法という三権分立構造の中で、行政権が肥大化した国家のこと。三権分立の要請によれば、行政は法律を執行する機関である。しかし、行政国家現象が起きると、法律を執行する際に、行政としての一定の規範を定立して活動を

行うようになり、行政が国の政策決定の中心的な役割を担うようになる。

■ 強制採血・強制採尿
[きょうせいさいけつ・きょうせいさいにょう]

強制採血とは、被疑者の意思に反して強制的に血液を採取する刑事手続。飲酒運転の被疑者が呼気検査を拒否している場合や、被疑者が意識を失っており、同意を得た上で採血を行うことが困難である場合などに行われる。人間の生体の一部である血液を採取する行為であるため、実務上は鑑定処分許可状と身体検査令状の併用により行われる。

強制採尿とは、被疑者の意思に反して強制的に被疑者の尿道にカテーテル（導尿管）を挿入し、尿を採取する刑事手続をいう。覚せい剤の自己使用罪の捜査などで使われる。捜索差押令状で行うが、その際に、医学的に相当であると認められた方法により医師に行わせることという条件記載が必要であると理解されている。

■ 行政裁判所
[ぎょうせいさいばんしょ]

行政事件を裁判する行政権管轄の裁判所をいう。通常の司法裁判所とは異なる裁判所であり、フランスをはじめとする大陸法系の国家において採用されている。日本においては、大日本帝国憲法下で行政裁判制度が採用されていたが、日本国憲法により廃止され、現在では行政事件も通常の司法裁判所により処理されている。

■ 行政裁量／裁量行為
[ぎょうせいさいりょう／さいりょうこうい]

法律が行政機関に独自の判断の余地を与え、一定の活動の自由を認めている場合をいう。裁量行為とも呼ばれている。行政裁量は、適法であるかについての客観的な基準により行われる。裁判所の審査対象となる法規裁量（羈束裁量）と、行政

行為をするかどうかなどについては行政庁の自由に任せられており、原則として裁判所の審査対象とならない自由裁量（便宜裁量）とに分かれる。もっとも、行政庁が処分を行う際に裁量が認められている場合であっても、裁量権の範囲を逸脱、または濫用している場合には、裁判所により違法と判断される対象になる。

■ 行政作用
[ぎょうせいさよう]

行政の国民に対する働きかけ全般のこと。行政作用には、行政立法、行政規則、行政行為、行政契約、行政指導、行政計画などが含まれる。

■ 行政事件訴訟法
[ぎょうせいじけんそしょうほう]

行政が行った処分、裁決等に対し、取消しなどを求めて裁判所に提訴する際の手続等を定めた法律のこと。その目的は、行政によって国民の権利、利益が侵害された場合の救済と行政の適法性の確保である。行政事件訴訟は、ⓐ主観訴訟（個人的な権利利益の保護を目的とする訴訟）と、ⓑ客観訴訟（客観的な法秩序の適正維持を目的とする訴訟）に分類される。なお、平成16年の法改正により、義務づけ訴訟と差止訴訟が新設された。

■ 強制執行
[きょうせいしっこう]

債権者が債務者に対して有する私法上の請求権を、確定判決などの債務名義に基づき、国家権力によって強制的に実現する手続。

行政手続においては、行政機関が私人に義務を履行させるために、行政代執行法や国税徴収法などの規定に基づいて強制的な手段を用いることをいう。

■ 強制執行妨害罪
[きょうせいしっこうぼうがいざい]

人をだましたり脅したりして、強制執行を妨害する罪。あるいは、強制執行の

申立てをさせない目的または申立てを取り下げさせる目的で、申立人やその代理人に対し、暴行・脅迫を加える罪。債権者の保護を図るとともに、強制執行の適正な運用を図るために規定された。3年以下の懲役もしくは250万円以下の罰金またはこれらの併科となる。

■ 行政指導
[ぎょうせいしどう]

行政機関が行政目的を達成するため、法律上の強制力を伴わない手段によって、事業者などに対して、一定の行為をすること（作為）、あるいはしないこと（不作為）を求めること。一般に、指導、勧告、助言などがこれにあたる。たとえば、違法建築物の所有者に対する警告、産廃業者に対する操業自粛の指導などがある。

行政指導は、法的強制力がなく、行政処分に該当しない。あくまでも、事業者などの協力を求める事実行為であるにすぎない。そのため、行政指導を断ることもできる。しかし、これまでは行政機関との関係悪化、事後の企業活動の支障などを考慮して、不当な行政指導であっても事業者などが服従する傾向があった。そこで、行政指導の不透明性などの問題点を解決するため、行政手続法に行政指導に関する条項が規定されている。また、平成26年の改正行政手続法により、違法な行政指導の中止等を請求することができる制度が導入されている。

■ 行政上の強制執行
[ぎょうせいじょうのきょうせいしっこう]

行政上の義務の履行を強制する作用のこと。その手段として、代執行、執行罰、直接強制、強制徴収がある。このうち、金銭納付義務以外の義務の履行を強制する一般的な制度は代執行であり、直接強制は個別法によりとくに認められた場合にのみ用いることができる。強制徴収は、金銭納付義務についての強制執行の手段で

ある。強制徴収の手続については、一般法は存在しないが、国税徴収法に基づく滞納処分手続によると個別の法律に定められている場合が多い。なお、執行罰（一定期間に履行をしないと過料を科すことを予告し、その心理的圧迫によって義務を履行させる制度）は現在では基本的に用いられておらず、砂防法に規定が残るのみである。

■ 行政処分
[ぎょうせいしょぶん]

国民の権利義務ないしは法律上の地位に直接的かつ具体的な法律上の影響を与える行政機関の行為。たとえば、飲食店を営むAが、行政庁Bから営業許可取消処分を下される場合などが、行政処分の例として挙げられる。

■ 強制処分法定主義
[きょうせいしょぶんほうていしゅぎ]

強制的な手段を用いた捜査は、法律の定めに基づいてのみ行い得るとする刑事捜査の原則。強制的な処分（強制捜査）が法定されている場合に限って許されていることから、捜査はできる限り任意捜査であるべきという原則（任意捜査の原則）が導かれる。また、法律上、原則として強制捜査にあたっては令状が必要であるとされており、令状主義が強制処分法定主義を手続上保障しているという関係にある。

■ 行政審判
[ぎょうせいしんぱん]

通常の行政機関から一定の独立性を持つ行政委員会またはこれに準じる行政機関が、裁判に準じる手続によって紛争を解決する手続。行政機関と名宛人が対審構造で審理を行うことにより、とくに名宛人の手続的保障を図る狙いがある。

たとえば、名宛人が、特許権の付与を拒絶するという特許庁の判断に対して不服を申し立てる拒絶査定不服審判が挙げられる。行政審判の結果に不服がある場

合には、審決の取消訴訟を提起すること
になる。

■ 強制性交等罪
[きょうせいせいこうとうざい]

13歳未満の者に性交・肛門性交・口腔
性交をする罪、および暴行または脅迫を
用いて13歳以上の者に性交・肛門性交・
口腔性交をする罪のこと。保護法益は個
人の性的自由である。従来の強姦罪と異
なり、肛門性交・口腔性交が同一の処罰
対象に追加された結果、女性だけでなく、
男性も強制性交等罪の被害者となり得る
ことになった。強制性交等罪には5年以
上の有期懲役が科される。

心神喪失の状態または物理的・心理的
に抵抗不能な状態にした上で、その状態
を利用して性交・肛門性交・口腔性交を
した者も、強制性交等罪と同様の扱いに
なる（準強制性交等罪）。さらに、強制性
交等罪または準強制性交等罪を犯し、そ
れによって人を死傷させたときは、刑が
加重され、無期または7年以上の懲役に
処せられる（強制性交等致死傷罪）。

なお、従来の強姦罪・準強姦罪は親告
罪とされていたが、平成29年の刑法改正
に伴い、強制性交等罪・準強制性交等罪
は非親告罪に変更された。さらに、強制
性交等罪・強制性交等致死傷罪の法定刑
が集団強姦罪（4年以上の有期懲役）・集団
強姦致傷罪（6年以上の有期懲役）の法定
刑を超えたため、集団強姦罪・集団強姦
致傷罪を廃止し、強制性交等罪・強制性
交等致死傷罪で処罰することになった。

■ 強制選挙
[きょうせいせんきょ]

☞自由選挙／強制選挙

■ 強制捜査
[きょうせいそうさ]

逮捕・勾留などの身柄の確保や捜索・
押収などの証拠物の入手について、その
対象とされる者の意思に関わりなく行う

こと。強制捜査は被疑者などの対象者や
関係者の者の権利を侵害する度合いが非
常に高い。したがって、現行犯逮捕、逮
捕に伴う捜索・差押え・検証の場合以外
は、原則として裁判官の令状により行う。

■ 行政争訟
[ぎょうせいそうしょう]

行政上の法律関係において紛争がある
場合に、それを解決する手段として行わ
れる審判手続のこと。行政争訟には、行
政機関に対して審査を求める不服申立
と、裁判所に提訴する行政訴訟がある。不
服申立てのみを狭義の意味の行政争訟と
呼ぶこともある。どちらの審判手続を選
択するかは原則として自由である。ただ
し、国税に関する処分など法律に定めが
ある場合は、不服申立てを先に行うこと
になっている（不服申立前置主義）。

不服申立ては、行政機関が審査の主体
となるため、簡易迅速な救済が得られる。
また、適法か違法かのみを審査する裁判
所と異なり、裁量が不当かどうかについ
ても審査できるというメリットがある。
一方、中立性や手続の慎重さに欠けると
いうデメリットもある。

■ 行政組織法
[ぎょうせいそしきほう]

行政主体や行政機関について定めた法
の総称。行政主体とは、国、地方公共団
体、その他の公の団体のことであり、行
政機関とは、行政主体の事務が配分され
る単位（大臣や知事など）のことである。
行政組織法の具体例としては、内閣法、国
家行政組織法、地方自治法などがある。

■ 行政訴訟
[ぎょうせいそしょう]

裁判によって違法な行政作用を是正し、
行政作用により侵害された国民の権利利
益を救済することを目的とする訴訟のこ
と。行政事件訴訟法は、抗告訴訟、当事
者訴訟、民衆訴訟、機関訴訟の4つの訴

訟類型を定める。

■ 行政代執行法
[ぎょうせいだいしっこうほう]

国や地方公共団体などの行政機関の命令（撤去、排除など）に従う義務を有する者が、その命令に従わない場合、義務者に代わって行政主体が自ら命令内容を執り行い、それに要した費用を義務者から徴収するための要件と手続を定めた法律。

行政代執行は、期日を限り、その期限内に履行されなければ代執行を行う旨の文書を通知し（戒告）、それでも履行されない場合、代執行を行う期日や執行者、費用・見積もりなどを通知して代執行を実施する。

■ 行政庁
[ぎょうせいちょう]

国や地方公共団体等の行政主体の意思または判断を決定し、これを外部に表示する権限を有する行政機関。行政法学上で行政庁という場合には、たとえば、厚生労働省や市役所、保健所のような組織体ではなく、各省大臣、都道府県知事、市長村長等をさす。1人で意思決定を行う独任制が原則だが、複数人の合議を経て意思決定を行う合議制の行政庁も存在する。合議制の行政庁の例としては、公正取引委員会、人事院、公安委員会、教育委員会等がある。国の行政庁を行政官庁、地方公共団体の行政庁を行政公庁と分類することもある。

■ 行政調査
[ぎょうせいちょうさ]

行政機関によって、行政目的の達成のために行われる調査活動・情報収集活動のこと。行政調査には、強制力を有する強制調査と、任意の協力によってなされる任意調査がある。強制調査は、以下の2つに分類される。1つは、相手方の抵抗を実力で排除できる調査であり、たとえば国税通則法に基づく犯則調査などが

挙げられる。もう1つは、罰則によって調査に応じる義務の履行が担保されている調査であり、国税通則法に基づく税務調査（質問調査権）などがこれに当たる。

■ 強制徴収
[きょうせいちょうしゅう]

租税などの金銭債権に対する行政上の強制執行の手段。強制徴収について定めた一般法は存在しないが、国税徴収法が滞納処分手続を定めており、他の法律では、「国税滞納処分の例による」といった規定が置かれている場合が多い。

■ 強制貯金
[きょうせいちょきん]

使用者が労働者の賃金の一部を強制的に貯金させること。労働基準法では、使用者が労働者に貯蓄契約を結ばせることを禁止している。ただし、社内預金は一定の制約の上で認められている。つまり、労働者の代表と使用者の間で、預金者の範囲や預金額の限度などを定めた労使協定を結び、労働基準監督署に届け出る必要がある。また、労働者が貯蓄金の返還を請求したときは、遅滞なく返還しなければならない。さらに、社内預金には、厚生労働省令で定める利率（下限利率）以上の利子を付けなければならない。なお、労働者がそれを希望しないと申し出た場合には契約手続はできない。

■ 行政手続法
[ぎょうせいてつづきほう]

①国民の権利や利益に直結する行政活動が行われる過程を明らかにするために、手続における共通事項を定めた法律。行政手続法は、行政処分、行政指導および届出に関する手続並びに命令等を定める手続を対象に規定を置いている。行政運営での公正の確保と透明性の向上を図り、国民の権利利益の保護に資することを目的にしている。

②一般に、行政機関が活動するにあたっ

ての手続を規律する法律。行政の内容を規定する行政実体法と対置される。

■ 強制認知

[きょうせいにんち]

父または母の任意による認知に対して、裁判所の判決によってなされる認知のこと。認知の訴えでは、子、その直系卑属またはこれらの者の法定代理人が原告となる。父または母が死亡した場合には、3年以内であれば、検察官を被告として訴えを提起できる。

■ 行政罰

[ぎょうせいばつ]

行政法での義務違反行為に対して科される制裁。過去の義務違反に対する制裁である点で、将来の義務履行確保をするための執行罰と区別される。

行政罰は、行政刑罰と行政上の秩序罰に分かれる。行政刑罰は刑罰なので、原則として、刑法総則、刑事訴訟法の適用がある。したがって、懲役や罰金、科料といった刑罰が科される。行政上の秩序罰は、刑罰ではない。したがって、過料という金銭罰が科される。行政刑罰と行政上の秩序罰が区別されている理由は明確ではないが、反社会性が強い行為には行政刑罰が科され、単純な義務違反には行政上の秩序罰が科されると解されている。

■ 行政犯

[ぎょうせいはん]

☞自然犯／法定犯／刑事犯／行政犯

■ 行政不服審査法

[ぎょうせいふふくしんさほう]

行政庁の違法または不当な処分等について不服のある者が、原則として処分等をした行政庁以外の行政庁に対して不服を申し立てるための手続を定めた法律。行政不服審査法の適用対象になる行政庁の処分等は、行政庁の処分と不作為である。行政不服審査法上の不作為とは、法令に基づく申請に対して何らの処分もし

ないことをいう。

不服申立ての種類は、審査請求、再審査請求、再調査の請求がある。平成26年の行政不服審査法改正で、かつて存在した異議申立ては廃止されたが、処分をした行政庁（処分庁）に対する再調査の請求が新設された。ただし、再調査の請求ができるのは、法律に再調査の請求ができるとの定めがある場合に限られる。また、再調査の請求ができる場合であっても、直ちに審査請求を行うことができる。

審査請求とは、原則として処分等をした行政庁以外の行政庁に対して不服申立てをする手続をいうが、処分等をした行政庁に対する不服申立てであっても、再調査の請求に該当する場合を除き、審査請求の手続になる。再審査請求とは、審査請求の裁決を経た後、さらに不服申立てをする手続をいう。ただし、再審査請求ができるのは、法律に再審査請求ができるとの定めがある場合に限られる。

■ 行政法

[ぎょうせいほう]

行政の組織・作用・統制に関する国内公法の総称。組織法、作用法、救済法に分類されると考えられており、行政法という名の法典はない。また、これらの分類は、あくまで講学（学問）上の分類であり、現実の法律の分類ではない。たとえば、独占禁止法は公正取引委員会の権限について規定しており、その意味では組織法である。しかし、同時に私的独占の禁止および違反への制裁も規定しており、その意味では作用法である。救済法も同様であり、たとえば、国税通則法は納税者からの不服申立て・訴訟を規定しており、その意味では救済法である。同時に国税不服審判所の権限を定める組織法でもあり、国税の納付等について規定している作用法でもある。

行政命令
[ぎょうせいめいれい]

行政組織の内部でのみ効力を有し、国民の権利義務と直接関わらない法規範のこと。行政規則、行政規定と同義である。

強制履行／履行の強制
[きょうせいりこう／りこうのきょうせい]

債務不履行の際、債権者が、民事執行法等の法律に従い、裁判所への請求に基づいて、債務者に強制的に債務を履行させること。民法上の「履行の強制」のこと。主な強制履行には、直接強制、代執行、間接強制、意思表示の擬制という4種類がある。

ⓐ直接強制とは、裁判所が債務者の財産を取り上げて競売した上で、その代金を債権者に分配するなどによって、直接に債権の実現を図る方法をいう。ⓑ代執行は、第三者が債務者に代わって債務を履行し、その費用を債務者に負担させる方法である。ⓒ間接強制とは、代執行が不可能な債務に対して、一定期間ごとに金銭の支払いを課すなどによって、心理的に圧迫して債務を履行させる方法である。ⓓ意思表示の擬制とは、債務者が意思表示をしない場合に、裁判所の判決をもってその意思表示があったものとする強制執行の方法である。

行政立法
[ぎょうせいりっぽう]

議会が制定した法律や条例を具体化するために行政機関が定める法規範のこと。行政立法は、国民の権利・義務に関わるか否かによって、法規命令と行政規則（行政命令）に分かれる。また、法規命令には、法律または上級行政庁の命令について、それが委任に基づくかどうかによって、委任命令と執行命令に分類されている。

強制わいせつ罪
[きょうせいわいせつざい]

13歳以上の男女に対し、暴行・脅迫を手段としてわいせつな行為をする罪、または13歳未満の男女に対し、わいせつな行為をする罪。個人の性的自由および性的感情を守るために規定された。6月以上10年以下の懲役に処せられる。13歳未満の男女に対する場合には、暴行・脅迫を手段にしなくても、また、相手方が同意していた場合であっても、本罪が成立する。本罪の主体・客体には、男女の双方が含まれる。

供託
[きょうたく]

法律の規定に基づいて、供託所等に金銭等を預けること。供託には、ⓐ弁済のために行う供託（弁済供託）、ⓑ担保のために行う供託（担保供託）、ⓒ保管のために行う供託（保管供託）、ⓓ強制執行のためにする供託（執行供託）、ⓔ特別の政策目的で行われる供託（特殊供託）などがある。このうち多く用いられているのは、弁済供託である。弁済供託は、債権者が弁済を受けることを拒んだとき、弁済を受けることができないとき、弁済者が債権者を過失なく知ることができないときに行われる。たとえば、建物の賃貸借契約で、値上げを要求する賃貸人が従来額の賃料を受け取ろうとしないとき、そのままにしておくと、賃借人は賃料不払いとなり、契約を解除される可能性がある。このとき、賃借人は、供託所に賃料相当額を供託することができ、これによって債務不履行を免れる。

共同遺言
[きょうどういごん]

2人以上の者が同一の証書で遺言をすること。民法は、共同遺言を禁止している。遺言においては、遺言者の最終意思が尊重される必要があり、本来自由に撤回できる遺言が、他方の遺言者の意思によって撤回が制限されることを防止する趣旨である。たとえ夫婦であっても、共

同遺言は禁止される。

■ 共同意思主体説
[きょうどういししゅたいせつ]

共謀共同正犯について、一定の犯罪を実現しようとする共同目的の下に2人以上の者が一体となって共同意思主体を形成し、その共同意思主体の活動として共同者中の1人以上の者が犯罪を実行したときには、共同者全員が共同正犯になるとする学説。共謀共同正犯を理論的に基礎づけるものとして提唱されたが、共同意思主体という超個人的な主体を認めることが、近代刑法学における個人責任の原則に反し、団体責任を認めることになると批判され、学説上は少数説にとどまっている。

■ 共同実行の意思
[きょうどうじっこうのいし]

各行為者が相互に他人の行為を利用・補充し合って構成要件を実現する意思のことであり、共同正犯の要件である。共同実行の意思は、通常は明示的方法によって発生するが、行為者相互に暗黙の認識がある場合にも認められ、共同者中のある者を通じて他の者に順次連絡されたことによって間接的に生じた場合でもよい。

■ 共同実行の事実
[きょうどうじっこうのじじつ]

2人以上の行為者が共同してある犯罪を実行することであり、共同正犯の要件である。「共同して」とは、共同者全員が相互に他人の行為を利用・補充し合って犯罪を実行することをいう。

■ 共同正犯
[きょうどうせいはん]

複数の者が、共同で行う意思に基づいて、犯罪を実行すること。関与した全員が正犯として処罰される（刑法60条）。たとえば、AとBが共同で強盗を行ったとする。このとき、Aが暴行を行い、Bが財物奪取を担当した場合、共同正犯規定

が存在しなければ、Aは暴行罪、Bは窃盗罪の責任のみを負うことになる。しかし、AとBは、互いに物理的心理的に利用補充し合い、犯罪結果の発生の可能性を高めたものであるから、このような結論は妥当とはいえない。そこで、共同して犯罪を実行したといえる関係にある場合には、関与した者全員が正犯としての罪責を負うものとするのが共同正犯である。なお、実行行為の一部さえも分担しない共同正犯（共謀共同正犯）を肯定すべきかについては、かつては学説上の争いが存在したが、現在では肯定する立場が判例・通説である。

■ 共同相続／単独相続
[きょうどうそうぞく／たんどくそうぞく]

共同相続とは、被相続人の権利・義務を複数の相続人が共同で承継すること。共同相続では、遺産分割の協議などを行った後、分割された権利・義務を各相続人が承継取得することになる。つまり、相続財産の分割が行われるまでは、相続財産は相続分に応じた共同相続人の共有になる。

単独相続とは、被相続人が有していた権利・義務を、被相続人の死亡によって1人の相続人がすべて承継取得することをいう。

■ 共同相続財産
[きょうどうそうぞくざいさん]

2人以上の相続人によって共同相続された財産。相続開始時には、各相続人は遺言または法律で定められた相続分に応じた持分を有していることになる。つまり、相続財産の分割が行われるまでの間、共同相続財産は共同相続人の共有になる。共同相続財産の分割は、遺言による指定がある場合にはそれに従い、指定がない場合は共同相続人全員の遺産分割協議で行う。協議が成立しない場合、または協議ができない場合には、家庭裁判所の審

判に分割を委ねることになる。

■ 共同訴訟
[きょうどうそしょう]

民事訴訟で原告または被告が複数である訴訟の形態。共同訴訟には、通常共同訴訟と必要的共同訴訟とがある。

通常共同訴訟とは、本来別々に提起することができる訴えを、当事者の便宜、判決の矛盾防止などの目的で、同時に審理することを認めた訴訟形態である。

必要的共同訴訟とは、各当事者に対する判決が合一確定されなければならない（当事者によって別々の内容の判決になってはならない）訴訟である。必要的共同訴訟のうち、共同訴訟によることが法律上強制される場合を固有必要的共同訴訟といい、強制はされないが、共同訴訟とした場合には判決の合一確定が要求される場合を類似必要的共同訴訟という。

■ 共同訴訟参加
[きょうどうそしょうさんか]

訴訟参加の形態のうち、従来の当事者と参加人の間に共同関係がある訴訟形態。これに対して、参加人が共同関係に立たないものを独立当事者参加という。共同訴訟参加は、訴訟の目的が当事者の一方および第三者について合一に確定すべき場合に可能である。共同訴訟参加の要件として、参加人たる第三者は、当事者間の判決効が及ぶ者であり、当事者適格を有する者でなければならない。

■ 共同訴訟的補助参加
[きょうどうそしょうてきほじょさんか]

判例や学説によって認められた補助参加の形態のひとつであり、当事者適格が認められないため共同訴訟参加できない者に対して判決の既判力が拡張される場合に、その者に対して例外的に認められる補助参加の形態。例としては、破産管財人を当事者とする訴訟に破産者が参加する場合などがある。補助参加の利益、補

助参加の手続、裁判の効力などは、通常の補助参加と共通である。

■ 共同訴訟人独立の原則
[きょうどうそしょうにんどくりつのげんそく]

通常共同訴訟において、各共同訴訟人は他の共同訴訟人に制約されることなく、それぞれ独立に相手方に対する訴訟を追行するという建前のこと。共同訴訟人の1人の訴訟行為、共同訴訟人の1人に対する相手方の訴訟行為、および共同訴訟人の1人について生じた事項は、他の共同訴訟人に影響を及ぼさない。具体的には、請求の放棄・認諾、和解、訴えの取下げなどの訴訟の継続に関わる訴訟行為の効力や、事実の主張や自白などの訴訟資料に関わる行為の効力は、当該行為の主体と相手方たる共同訴訟人の間でのみ生じ、他の共同訴訟人に影響を及ぼさない。

■ 共同代表
[きょうどうだいひょう]

株式会社において、代表取締役数人が共同で会社を代表すること。通常は、数人の代表取締役を置く場合には、各自がそれぞれ会社を代表する。しかし、この規定に制限を加えて、「そのうちの数人の代表取締役が共同で会社を代表する」と定めることも可能とされている。

なお、かつて、この共同代表の定めは登記事項であったが、現在は廃止されている。したがって、この制度は、単なる会社内部での制限と位置づけられる。

■ 共同抵当
[きょうどうていとう]

債権者が同一の債権の担保として、複数の不動産に対して抵当権を有すること。1つの不動産では担保としての価値が不十分である場合や、何らかの事情により担保の目的物の価値が下落する危険に備える場合などに利用される。また、わが国では土地と建物は別個の不動産として

とらえられているため、土地とその上の建物に抵当権を設定しようとする場合に、共同抵当の形式が採られることがある。この場合、土地・建物が共同抵当の目的となっていることが登記事項となる。

■ 共同根抵当
[きょうどうねていとう]

同一の債権を担保するために複数の不動産上に共同根抵当権であるとわかるように登記された根抵当権のこと。登記簿上は共同担保目録により、一緒に共同根抵当権が設定されている他の不動産の所在場所が表示されている。根抵当権の場合、抵当権とは異なり設定と同時に複数の不動産につき根抵当権の登記をした場合に限り、共同根抵当権の設定ができる。これが設定されると、複数の不動産に別々に設定された抵当権（累積式共同根抵当）に比べて、代価の配分の各不動産での按分（等しい割合で分配）に関する規定や、次順位の抵当権者の代位行使に関する規定など、さまざまな特別な規定が適用されるようになる。

■ 共同不法行為
[きょうどうふほうこうい]

複数の者によって行われる不法行為。民法は狭義の共同不法行為、加害者不明の共同不法行為、教唆者および幇助者という3種類の共同不法行為を規定している。

狭義の共同不法行為とは、数名で家屋を破壊するなど、数人が共同で行う不法行為である。この場合、各人が連帯して損害賠償責任を負担する。

加害者不明の共同不法行為とは、共同行為者のうち誰が損害を加えたのかが不明な場合であり、たとえばAとBがCに暴行を加えCが裂傷を負ったが、これがABいずれの暴行が原因であるのか不明確な場合である。このとき、両者が連帯してCに損害賠償責任を負担するとされている。

そして、他人をそそのかして不法行為をする意思を決定させた者（教唆者）や泥棒などに道具を提供した者など不法行為の補助を行った者（幇助者）も、共同不法行為者であるとみなされる。

■ 共同謀議
[きょうどうぼうぎ]

①2人以上の者が犯罪行為を遂行する合意をすること。日本では、犯罪処罰には実行行為の存在が不可欠であると考えられており、陰謀を処罰する内乱罪や外患罪などの特殊な犯罪類型を除いて、合意のみでは基本的に処罰はなされない。かつて、組織的犯罪処罰法（組織的な犯罪の処罰及び犯罪収益の規制等に関する法律）の改正として共謀罪の導入が検討されたが、廃案となっている。

②共謀共同正犯や、公務員の同盟罷業の共謀などで用いられる共謀と同義で用いられる場合がある。

■ 共同保証
[きょうどうほしょう]

同一の主たる債務について、数人が保証すること。保証人が数人いる場合、各保証人は保証人の数だけ頭割りにして債務額を負担する。たとえば、主たる債務者が100万円の債務を負い、保証人が2人いる場合には、保証人はそれぞれ50万円ずつの保証債務を負担することになる。保証債務の額が人数分の頭割りになることを分別の利益という。

■ 強迫
[きょうはく]

害悪を告げることによって、相手に恐怖心を生じさせること。相手の自由な意思決定を妨害することから、強迫によってなされた意思表示は取消しが可能になる。たとえば、「殴られたくなかったら署名しろ」と言いながら、その相手に契約書に署名させて契約を成立させようとする場合などが挙げられる。なお、刑事法

上の犯罪としては、「脅迫」の文字が用いられ、表記で区別が図られている。

■ 脅迫
[きょうはく]

生命、身体、自由、財産に対して害を加えることを相手に告知して、相手に恐怖心を生じさせること。刑法はこれを脅迫罪として処罰の対象としている。たとえば、ナイフを示して「殺すぞ」と脅かしたような場合が挙げられる。

■ 脅迫罪
[きょうはくざい]

相手方またはその親族の生命や身体、自由、名誉または財産に対して、危害を加えることを告げ、相手方に恐怖を与える罪。2年以下の懲役または30万円以下の罰金に処せられる。保護法益は、私生活の平穏と解する立場と、個人の自由な意思決定であると解する立場がある。判例においては、火事でもないのにもかかわらず、対立するグループの者に対して「出火お見舞い申し上げます」と書いたはがきを郵送することは、生命・身体に対して危害を加える告知にあたり、脅迫罪が成立するとされた。

■ 共犯
[きょうはん]

複数の者が関与・協力して犯罪を実行すること。主体が1人の単独犯に対する概念である。役割分担により実行面で犯罪が容易となること、および複数の者に生まれる群集心理が犯罪を促進することから、処罰の必要性は高い。刑法は、単独犯として規定されている犯罪を複数人で実現する任意的共犯と、そもそも多数人の協力がなければ成立しない必要的共犯を定めている。

任意的共犯は、数人が共同して犯罪行為を行う共同正犯、人をそそのかし犯罪を実行させる教唆犯、そして犯罪の実行を支援する幇助犯に分類される。また、必要的共犯の例としては、内乱罪や凶器準備集合罪などが挙げられる。

■ 共犯関係からの離脱
[きょうはんかんけいからのりだつ]

刑法で、共犯関係が成立している状態から、一部の者が犯罪をやめようと思い直し、共犯関係を断ち切ること。共犯関係から離脱できるか否かの基準について、かつては、実行の着手前の離脱と実行の着手後の離脱の2類型に分け、それぞれに離脱態様が変わるという見解が通説であった。しかし、最近では、共犯者間の関係・離脱者の影響力・被離脱者の承諾の有無など、諸々の事情を考慮して離脱の有無を判断する見解が通説的地位にある。そのため、実行の着手の有無も、諸々の事情の一事情に過ぎなくなった。最近の判例も、住居侵入・強盗の事案において、この見解に沿った判断をしていると考えられている。

■ 共犯者の自白
[きょうはんしゃのじはく]

「被告人と一緒に罪を犯した」という内容の共犯者の供述のこと。共犯者の自白には、共犯者が自己の刑事責任を免れたり軽くしたりするために、被告人に責任を転嫁しようとする危険性がある。そこで、共犯者の自白を被告人の有罪認定のための証拠として用いる点につき、「共犯者の自白は被告人との関係では自白には当たらないが、共犯者の自白のみで被告人を有罪にするべきではなく、補強証拠が必要であると解するべきではないか」という議論がある。判例・多数説は、共犯者は被告人本人ではなく、反対尋問（反対質問）の機会が与えられていることから、補強証拠は必要でないとする。

■ 共犯と身分
[きょうはんとみぶん]

刑法において、一定の身分があることが犯罪の成立要件または刑の加重要件に

なっている犯罪（身分犯）について、身分を持たない者が共犯として関与している場合をいう。

刑法は、身分を持っていることが犯罪の成立要件になっている犯罪については、身分を持たない関与者に対する共犯の成立を認めると規定している。たとえば、公務員である夫Aをもつ妻Bが、Aとともに賄賂を受け取る場合が挙げられる。賄賂罪は、公務員の身分を有していることが成立要件になるため、公務員でないBに賄賂罪は成立しないのが原則である。しかし、Bは公務員Aとともに賄賂罪という犯罪に加功しているため、Bに賄賂罪の共犯が成立する。

また、身分があることが刑の軽重に影響する犯罪については、身分を持たない者には、通常の刑が科されると規定されている。たとえば、CとDが窃盗をともに犯した場合に、Cが窃盗常習者、Dが初犯であるときが挙げられる。常習者か否かで、刑の重い常習累犯窃盗罪か軽い窃盗罪かが決まるため、常習者ではないDには、窃盗罪の刑が科されるにとどまる。

■ 共犯の従属性
[きょうはんのじゅうぞくせい]

共犯行為（教唆・幇助）は、単独では処罰の対象にならず、共犯を処罰するためには、何らかの正犯の行為が常に必要になるという考え方。共犯の独立性に対する語である。共犯の独立性を肯定する立場は現在ではほとんど見られず、共犯の従属性を肯定することには、ほぼ争いがない。もっとも、従属性の程度については争いがあり、通説は、正犯の行為が構成要件に該当しかつ違法であることを要し、有責であることは要しないと解している。

■ 共犯の独立性
[きょうはんのどくりつせい]

狭義の共犯（教唆犯・従犯）について、正犯が犯罪を実行することを可罰性の要件とせず、教唆行為ないし幇助行為が存在すればそれだけで犯罪が成立するという考え方。教唆行為や幇助行為も正犯行為と同様に反社会的性格を徴表するものであり、正犯が犯罪を実行した否かは重要ではないと解する立場である。共犯の独立性は、主観主義の立場から主張されたが、現在は支持されない説となっている。

■ 共謀共同正犯
[きょうぼうきょうどうせいはん]

犯罪の実行行為を分担していなくても、自己の犯罪として何らかの関与をした者には、共同正犯としての責任を負わせる理論。最高裁判決の立場によれば、2人以上の者が特定の犯罪を行うために、共同意思のもと一体となって、互いに他人の行為を利用して、犯罪行為を実行に移すという内容の共謀に参加していれば、たとえ実行行為を担当していない者であっても、共同正犯としての責任が追及できると考えられている。たとえば、暴力団の組長のような支配者に対して、子分が行った犯罪の罪責を問うような場合が挙げられる。このような場合に、組長は指図する地位にあったにもかかわらず、共謀共同正犯を認めないと、正犯として処罰することができない。そこで、いわば犯罪の黒幕である組長について、共同正犯として重い罪責を問うことができるという点で、共謀共同正犯を肯定することにメリットがあるとされる。もっとも、共謀共同正犯の理論によらなくても、教唆犯として同じ罪責を問うこともできる。

■ 業務監査
[ぎょうむかんさ]

会社の業務全般を対象とする、監査役の職務と権限のこと。監査とは業務執行の法令・定款違反または著しい不当性の有無を指摘することであるが、取締役の裁量的判断の一般の当否をチェックする

ことは含まない。なお、監査の対象については業務と会計が観念されるが、業務監査について会計監査を除外した部分とみることもある。

■ 業務災害
［ぎょうむさいがい］

労働者が業務上の原因により被った傷病等のこと。原則として、使用者が、労働基準法に基づいて、労働者に対して災害補償をすべきとされる。「業務上の原因により」といえるためには、事業主の支配下にあるときに起こった傷病等であること（業務遂行性）、業務と傷病の間に一定の因果関係があること（業務起因性）の2つの要件を満たす必要がある。なお、実際の災害補償は、国が運営する労働者災害補償保険法に基づく保険給付により行われることが多い。

■ 業務執行取締役
［ぎょうむしっこうとりしまりやく］

株式会社で、会社の事業活動に関与する取締役のこと。代表取締役、および取締役会によって業務を執行する取締役として選任された者をさす。また、取締役会に選任された者ではないが、事実上業務の執行を行った取締役を含めて、業務執行取締役の語が用いられることもある。近年の株式会社に対しては、社外の者による監査・監督を受ける機会を設けることが課題となっている。そこで、指名委員会等設置会社や監査等委員会設置会社で置かれる委員は、過半数が社外取締役でなければならないと規定されている。これに対して、会社の日々の事業に携わる業務執行取締役は、経営を担う者であるといえるため、経営の監査・監督を目的とする社外取締役の要件を満たさないと規定されている。

■ 業務上横領罪
［ぎょうむじょうおうりょうざい］

業務上、委託を受けて他人の物を占有している者が、その物を横領する罪。10年以下の懲役に処せられる。保護法益は、個人の財産である。単純横領罪に比べて刑が加重されている。業務とは、社会生活上の地位に基づいて反復継続して行われる業務をさし、本罪では、質屋、銀行や倉庫業のように他人の物の占有・保管をするものが該当する。たとえば、銀行職員が、扱っている顧客の預金を着服した場合に、業務上横領罪が成立する。

■ 業務上過失
［ぎょうむじょうかしつ］

業務を行う際に要求される注意義務に違反すること。業務とは、社会生活上の地位に基づき反復継続して行う行為のうち人の生命・身体に危害を及ぼす危険がある行為をいう。刑法は、211条前段で業務上過失致死傷罪を規定している。

■ 業務上過失致死傷罪
［ぎょうむじょうかしつちししょうざい］

業務上必要な注意を怠り、人を死傷させる罪。5年以下の懲役もしくは禁錮または100万円以下の罰金に処せられる。保護法益は、個人の生命・身体である。ここでいう業務とは、社会生活上の地位に基づいて反復継続して行う行為のうち人の生命・身体に危害を及ぼす危険がある行為をさす。たとえば、医師が患者に投与すべき薬品の量を誤ったために副作用を引き起こし、患者が意識不明に陥ったり死亡した場合には、業務上過失致死傷罪が成立する。

■ 業務妨害罪
［ぎょうむぼうがいざい］

真実に反するような事項を世の中に流したり、人をだましたり脅したりして、商業活動や仕事を妨害する罪。業務活動を保護するために規定された。3年以下の懲役または50万円以下の罰金が科される。本罪の業務とは、人の社会的経済的活動全般をいう。なお、警察官の業務の

ような権力的な公務を妨害した場合には、本罪ではなく公務執行妨害罪により処罰される。

■ 共有
[きょうゆう]

数人がそれぞれ持分を有して1つの物を所有する場合をいう。たとえば、共有者3人で1台の車を所有する場合が挙げられる。各共有者は、その持分に応じて共有物の全部を使用することができるが、共有物の売却などの変更行為は全員の同意が、共有物の賃貸などの管理行為は持分の価格の過半数の同意が必要である。

■ 共有障壁の増築権
[きょうゆうしょうへきのぞうちくけん]

相隣者（隣接した不動産の所有者）の1人が、隣人と共有する障壁の高さを増す工事をする権利。障壁がその工事に耐えられないときには、自己の費用で必要な工作を加え、またはその障壁を改築しなければならない。増築によって障壁の高さを増した部分は、工事をした者の単独所有となる。

■ 共有物不分割特約／不分割特約
[きょうゆうぶつふぶんかつとくやく／ふぶんかつとくやく]

共有物を分割しない特約（特別の合意）のこと。単に、不分割特約と呼ばれることもある。共有者は、いつでも共有物を分割することを請求できるのが原則であるが、5年を超えない期間内であれば分割をしない旨の契約をすることができる。この契約は5年を超えない範囲で更新することができる。

■ 共有持分
[きょうゆうもちぶん]

共有物に対する各共有者の権利のこと、または権利の割合のこと。単に持分ともいう。共有者は、共有物の全部について持分に応じた使用をすることができ、共有物の管理に関する事項は、共有者の持分の過半数で決せられる。持分は自由に処分することができる。共有者の1人がその持分を放棄したとき、または死亡して相続人がないときは、その持分は、他の共有者に帰属する。

■ 強要罪
[きょうようざい]

相手方またはその親族の生命・身体・自由・名誉・財産に害を加えると脅迫し、もしくは暴行を用いて義務のないことを行わせたり、相手方の権利の行使を妨害する罪。3年以下の懲役に処せられる。保護法益は、個人の意思決定の自由や意思活動の自由である。たとえば、ナイフを突きつけて、理由なく謝罪文を書かせることが「義務のないことを行わせること」の例である。また、相手の目前でその子どもに暴行を加えることで、告訴を中止させる行為が、「権利の行使を妨害する行為」の例として挙げられる。

■ 共用部分
[きょうようぶぶん]

建物の区分所有で、専有部分（区分所有権の目的たる建物の部分）以外の建物の部分、専有部分に属しない建物の附属物および規約により共用部分とされた附属の建物のこと。たとえば、マンションの廊下、エレベーターといった建物の構造として必然的に共用される部分、規約で共用することが決められた事務所や倉庫などである。共用部分は、区分所有者全員の共有に属し、各共用者は共用部分をその用法に従って使用することができる。共用者は専有部分と分離して共用部分の持分を処分することができない。共用部分の管理に関する事項は集会の決議で決せられるが、共用部分の変更は、原則として区分所有者およびその議決権の各4分の3以上の多数による集会の決議で決定される。

■ 許可
[きょか]

本来私人が自由に行える行為をいったん全員に禁止したうえで、特定の条件を満たす相手に対してのみ、その禁止を解除する行政行為。たとえば、飲食店営業の許可、輸出入の許可がある。条文では「許可」以外の言葉を用いてこの意味を表現している場合もある。また、条文上は「許可」であってもこの意味で使っていない場合もある。本来自由に行える行為を回復させるものであるから、あえて特別の権利を私人に与える「特許」や、私人間の法律行為の有効要件となる「認可」とは区別される。

■ 許可抗告
[きょかこうこく]

高等裁判所の決定・命令に対する抗告の可否を高等裁判所自身が決定する抗告のこと。許可抗告には、高等裁判所の許可にかからしめることによって、最高裁判所の負担を軽くするとともに、最高裁判所の審理が必要なものについては抗告を認めることで法令解釈の統一を図る目的がある。そこで、民事訴訟法は、抗告を許可しなければならない場合を定めている。最高裁判例と矛盾する判断がなされている場合、法令の解釈に関する重要な事項を含む場合には、抗告が許可される。

■ 許可主義／免許主義
[きょかしゅぎ／めんきょしゅぎ]

主務官庁の許可を要件として、法人の設立を認める立場。免許主義と呼ばれることもある。かつては民法上の公益法人の設立は許可主義をとっていたが、現在では一般財団法人、一般社団法人の設立は準則主義によっている。法人の設立の際の方式としては、許可主義のほかに、特別の立法を必要とする特許主義、一定の要件を満たして認可を受ける認可主義、法律に定める要件を備えれば法人となる

準則主義がある。

■ 虚偽
[きょぎ]

偽ること。民法では、相手方と通謀して行われた偽りの意思表示を通謀虚偽表示と呼び、原則として無効となると規定している。たとえば、Aが債権者からの差押えを防ぐために、自己所有の土地を友人Bに売ったことにする場合などが挙げられる。

また、刑法では、他人に刑事処分または懲戒処分を受けさせる目的で、担当する機関に対して偽りの告訴や告発、その他の申告をすることを、虚偽告訴等の罪として、処罰の対象としている。たとえば、A女がまったく関係ないB男から暴行を受けて負傷したと主張して、B男の処罰を求める場合などが挙げられる。

■ 虚偽鑑定罪
[きょぎかんていざい]

法律に基づいて宣誓した鑑定人、通訳人または翻訳人が、自己の記憶に反する偽りの鑑定や通訳・翻訳を行う罪。3月以上10年以下の懲役に処せられる。保護法益は、裁判や懲戒処分などの適正な国の審判作用であると考えられている。たとえば、DNA鑑定について、鑑定人がそのデータを被告人のDNAであると考えているにもかかわらず、それを他人のDNAであると陳述する場合などが挙げられる。

■ 虚偽公文書作成罪
[きょぎこうぶんしょさくせいざい]

公文書の作成権限を有する公務員が、真実の文書として使用する目的を持って、内容虚偽の公文書を作成したり、真正な公文書に変更を加えて内容虚偽の公文書にしたりする罪。公文書に対する公衆の信用を守るために規定された。文書に公務所・公務員の印章・署名がある場合には1年以上10年以下の懲役、ない場合は

3年以下の懲役または20万円以下の罰金が科される。なお、作成権限がない者により偽造・変造された場合には、本罪ではなく偽造罪が問題となる。

■ 虚偽告訴罪
[きょぎこくそざい]

他人に刑事処分や懲戒処分を受けさせる目的で、処分を担当する機関に対し、真実に反する告訴・告発・申告をする罪。国の審判作用の適正な運用を守るとともに、個人が不当な刑事・懲戒処分の対象とされないようにするために規定された。3月以上10年以下の懲役に処せられる。本罪を犯した者が、裁判確定前または懲戒処分が行われる前に自白したときには、刑が任意的に減免される。

■ 虚偽診断書等作成罪
[きょぎしんだんしょとうさくせいざい]

医師が、国や地方公共団体の機関に対して提出するべき診断書や、検案書または死亡証書に、自己の認識または判断に反する記載をする罪。3年以下の禁錮または30万円以下の罰金に処せられる。保護法益は、文書に対する公共の信用である。医師の診断書などは、権利・義務についてとくに重大な関係を持つことが多いため、特別に規定されたものである。たとえば、病状を偽った診断書や、死因、死亡の日時などを偽った検案書・死亡証書を作成することなどが挙げられる。なお、医師が同時に公務員（国公立病院の医師など）である場合は、虚偽公文書作成罪が成立する。

■ 虚偽表示／通謀虚偽表示
[きょぎひょうじ／つうぼうきょぎひょうじ]

相手方と通謀して行う虚偽の意思表示のこと。通謀虚偽表示ともいう。真意でない意思表示に法的保護を与える必要はないため、当事者間では無効である。しかし、その意思表示が虚偽表示であること

を知らずに法律関係に入った（善意の）第三者を保護するため、善意の第三者に対しては、無効を主張することはできない。たとえば、AとBが通謀して土地の売買契約を装って、AがBに土地の所有権移転登記をなし、この事情を知らないCがBから土地を買ったとする。この場合、AはCにAB間の意思表示が虚偽表示であったことを主張できない。

■ 虚偽文書
[きょぎぶんしょ]

文書の作成権限を有する者が作成した内容虚偽の文書をいう。たとえば、ある大学の学長が、学長名義でその大学の学生ではない者につき卒業証明の文書を作成した場合が挙げられる。学長の行為を虚偽作成と呼び、刑法上、無形偽造と呼ぶこともある。偽造に当たらない場合にはじめて、虚偽作成が問題となる。

■ 極度額
[きょくどがく]

根抵当権の被担保債権の範囲を限定し、根抵当権者が根抵当権を実行することができる金額の限度を示す金額の限度をいう。根抵当権は、対象となる範囲内の債権を一定の金額内で担保しているが、その枠のことをさす。この範囲内であれば、確定した元本、利息その他定期金、債務不履行による損害などすべてを無制限に担保できる。極度額の変更は、元本の確定前でも、元本の確定後でも行うことができる。

■ 居住移転の自由
[きょじゅういてんのじゆう]

自己の住所または居所を自由に決定し、移動する自由を保障した憲法上の権利。憲法22条1項は、職業選択の自由とあわせて居住移転の自由を保障している。自己の欲する地に住所または居所を定め、あるいはそれを変更する自由とともに、意思に反して居住地を変更されることの

ない自由をも含むと考えられている。旅行のような一時的な移動も居住移転の自由に含まれるかについて、学説上積極説と消極説の2つに分かれている。

■ 居住権
[きょじゅうけん]

家屋に居住している者が、引き続き自己の住居に居住する権利。学説において主張された概念であるが、その根拠は生存権に求められると考えられている。たとえば、借家の賃借人が死亡した場合に、賃借人の地位を相続することができない内縁の妻などが引き続きその借家に居住するために、居住者としての権利を保護することが目的とされている。

居住権の表れであると考えられる法律上の制度として、死亡した賃借人の相続人が不存在の場合に、内縁者が賃借権を承継することができるとする借地借家法36条による保護や、平成30年の民法改正で新設された配偶者居住権・配偶者短期居住権を挙げることができる。

■ 居所
[きょしょ]

人にとって生活の中心となっている地。類似概念に住所がある。住所は、人の実質的な生活関係の中心となる場所として、「生活の本拠」となっている地をさすが、居所は、ある程度継続的に滞在・居住しているといった、生活とのかかわりで足りると考えられている。ある人にとって、住所がわからないときや日本に住所を持たないときは、居所が住所の代わりを果たす。

■ 挙証責任／証明責任
[きょしょうせきにん／しょうめいせきにん]

ある法律効果を発生させる事実について証明ができず、真偽不明になった場合に、その法律効果の発生が認められないことによって不利益を受ける一方当事者の負担のこと。証明責任ともいう。

裁判所は事実に基づいて裁判を行うが、当事者が主張を尽くしても事実の存否が明らかにならない場合には、一方当事者が挙証責任を負っている事実について存在しないものとして扱うことで裁判をする。たとえば、貸金返還請求訴訟では、弁済の有無は債務者が証明しなければならず、弁済の有無が明らかにならなかった場合には、弁済はなかったものとされる。これを、貸金返還請求訴訟においては、「債務者が弁済の事実について挙証責任を負っている」と表現する。

■ 居所指定権
[きょしょしていけん]

身上監護権のひとつで、監護・教育のために必要な範囲で、子に対して居所を指定して居住させる権利。とくに意思能力を有していない幼児が親権者の指定した場所に居住することを第三者が妨害しているような場合には、親権者は子の引渡しを請求することができる。もっとも、子の引渡請求は、身上監護権そのものに対する侵害を根拠に請求することができると考えられている。そのため、居所指定権が直接問題になることは少ないともいわれている。

■ 居所地法
[きょしょちほう]

複数の国に係わる法律問題が生じたときに、準拠法となり得るもののひとつで、当事者が一時的な生活の場所としていた土地（居所地）の法律のこと。法の適用に関する通則法では、当事者が2個以上の国籍を有し、いずれかに常居所地があるとき、または当事者の本国法による場合に当事者がその国籍を有しないときは、常居所を有する国の法律を適用するとし、当事者の常居所地法によるべき場合において、その常居所が知れないときは、その居所地法によるとしている。なお、居

所とは一時的な生活の場所であるが、常居所とは、人が相当期間居住し、現実に生活している場所をさす。

■ 拒絶証書
［きょぜつしょうしょ］

支払いまたは引受け等が拒絶されたことを証明する公正証書のこと。手形または小切手の遡求を行うためには、呈示期間内に呈示をなし、その結果、支払いまたは引受けが拒絶されたことを証明する公正証書を作成するのが原則である。この公正証書を拒絶証書という。もっとも、実際の手形や小切手では、拒絶証書の作成は免除されていることが多い。

■ 許諾
［きょだく］

相手の希望や願いを聞き入れること。承諾とほぼ同義である。たとえば、議院による国会議員の逮捕許諾、著作権者による著作物の使用許諾などがある。一般に禁止されていることが、許諾によって可能になるという場合に用いられる語である。

■ 許諾実施権
［きょだくじっしけん］

特許権者、実用新案権者または意匠権者の許諾によって生じる特許、実用新案、または意匠を実施する権利のこと。権利の内容は設定行為によって定められる。許諾実施権には、独占的に実施できる権利である専用実施権と通常実施権とがある。

■ 挙動犯
［きょどうはん］

刑法上、犯罪成立の要件が、一定の行為があることで足りると考えられている犯罪をさす。単純行為犯とも呼ばれる。対立概念は結果犯である。たとえば、殺人罪は、人が死亡するという結果が犯罪成立の要件となるため結果犯に当たる。これに対して、犯罪結果の発生を必要としない偽証罪や公然わいせつ罪などが挙動犯に当たる。

■ 拒否権
［きょひけん］

①行政府が立法府の法律案、予算案等を拒否する権限のこと。例として、アメリカ大統領の法律拒否権がある。
②国際連合の安全保障理事会において、常任理事国（イギリス・アメリカ・フランス・ロシア・中国）が持つ特権をいう。安全保障理事会の非手続事項の決議において、常任理事国の1国でも反対すれば、他のすべての理事国が賛成しても表決は否決される。

■ 寄与分
［きよぶん］

相続人が被相続人の財産の維持・増加に特別の寄与をした場合に、相続分に付加される財産のこと。寄与分は相続人のみを対象とする制度である。たとえば、被相続人の相続財産が3000万円で、息子2人が相続するとき、家業を手伝っていた長男が1000万円分の寄与をしていたとする。このとき長男の相続分は、寄与分1000万円を相続財産から除いて、残り2000万円を2人で分け（1000万円ずつ）、この1000万円に寄与分1000万円を加えることによって求められる。

なお、平成30年の民法改正により、相続人以外で被相続人の財産の維持・増加に無償で特別の寄与をした被相続人の親族が、相続人に対して、寄与に応じた額の金銭の支払いを請求することが可能になった（1050条）。相続人以外は寄与分の対象外であるが、無償で特別の寄与をした親族（子どもの妻など）の貢献に報いるために導入された制度である。

■ 御名御璽
［ぎょめいぎょじ］

天皇の署名のことを御名といい、天皇の印章のことを御璽という。御名御璽は、法律を公布する際など、文書でなされる

天皇の国事行為に使用される。現在では、専ら慣例によって使用されており、御名御璽を用いる場合について定めた法律はない。

■ 緊急行為
[きんきゅうこうい]

国民の生命・健康等を保護するため、行政が緊急の規制措置をとること。法律による行政の原理から、侵害的行政行為について行政が規制措置をとるためには法律の根拠が必要である。そこで、法律の根拠がない場合に緊急行為が許されないかが行政法上の問題となっている。たとえば、町長が条例の定めなく漁港内の鉄杭撤去を強行した事案において、判例は、根拠法なく緊急行為をすることは漁港法および行政代執行法違反であるが、損害賠償責任を認定するうえでの違法にはあたらないと判示した。

なお、刑法においては、違法性阻却事由である正当防衛と緊急避難を総称して緊急行為という。

■ 緊急執行
[きんきゅうしっこう]

被疑者を逮捕、あるいは被告人を勾留する場合に、緊急の必要があるときには、手元に令状を所持していなくても、逮捕・勾留を可能とする制度のこと。すでに令状が発付されていることが前提であり、被疑者・被告人に被疑事実または公訴事実の要旨および令状が発付されていることを告げて行う。この場合、できる限り速やかに被疑者・被告人に令状を示さなければならない。

■ 緊急集会
[きんきゅうしゅうかい]

衆議院が解散され、総選挙によって新たな衆議院が成立するまでの間に、緊急の判断が必要となった場合に、内閣が求めることによって行われる参議院の集会をさす。本来、衆議院が解散された場合は、参議院も同時に閉会となるが、緊急集会での参議院は国会の権能を代行する。議員には、会期中の議員と同様に、議員が持つ特権が付与される。もっとも、緊急集会でとられた措置は、次の国会が開会された後10日以内に衆議院の同意が得られなければ、将来に向かってその効力を失う。

■ 緊急逮捕
[きんきゅうたいほ]

刑事手続で、重大犯罪を行ったと疑う理由が十分にあり、裁判官の逮捕状を請求する時間的余裕がない場合に、そのことを告げて、被疑者の身体を拘束すること。一般に被疑者を逮捕する前に、逮捕状を請求しなければならない。しかし、重大な罪を犯した疑いがあるが、逮捕状を請求している間に被疑者が逃亡してしまうおそれがある場合は、その後の逮捕が困難になる。そこで、緊急逮捕の制度が認められた。もっとも、逮捕後速やかに裁判官に逮捕状を請求しなければならず、逮捕状を得られない場合には、被疑者を釈放しなければならない。

■ 緊急避難
[きんきゅうひなん]

急迫の危難を避けるため、他人の法益を害すること。危難とは、法益に対する侵害または差し迫った危険のこと。

刑法上、緊急避難は違法阻却事由となり、自己または他人の生命、身体、自由または財産に対する現在の危難を避けるため、やむを得ずにした行為は、処罰の対象とならない。ただし、生じた害が避けようとした害の程度を超えなかった場合に限られる。たとえば、暴漢に襲われた人が、隣家の柵を壊して庭に逃げ込んでも緊急避難となり、器物損壊罪は成立しない。なお、生じた害が避けようとした害の程度を超えた場合には、過剰避難として処罰の対象になるが、刑が減軽ま

たは免除され得る。

民法上、緊急避難とは、他人の物から生じた危難を避けるため、その物を損壊することであり、この場合、他人の物を損壊しても不法行為は成立しない。刑法の場合と違って、物から生じた危難を避けるためにその物を損壊することに限られる。たとえば、隣家の柵を壊して逃げたという場合は、その物から生じた危難ではないので、緊急避難とはならず、民法上は正当防衛の成否の問題になる。これに対して、襲ってきた飼犬を叩いて撃退するのは、危難を生じさせた物を損壊することなので、緊急避難に当たる。

■ 緊急命令
[きんきゅうめいれい]

①緊急の必要がある場合に、議会にかけずに行政府が出す命令のこと。大日本帝国憲法下の緊急勅令がこれに当たるが、日本国憲法下では認められていない。
②労働委員会の不当労働行為の救済命令に対して使用者が裁判所に訴えを提起した場合に、受訴裁判所が使用者に対し救済命令の全部または一部に従うべき旨を命じること。裁判が続いている間は使用者が救済命令に従わなくてよいものとすると、不当労働行為が長期に継続されることになるため、それを防ぐ目的で行われる。

■ 禁錮
[きんこ]

刑事施設に拘束されるが、刑務作業は強制されない刑罰のこと。自由刑の一種であり、無期と有期の2種類がある。懲役も身体の自由を奪うという自由刑である点では同一であるが、懲役は強制的に刑務作業に従事させられる点で、禁錮と異なる。しかし、禁錮刑でも申し出により刑務作業を行うことができる。このため、禁錮と懲役を区別する意義は薄いとする議論もある。

■ 金庫株
[きんこかぶ]

☞自己株式

■ 禁止の錯誤
[きんしのさくご]

☞法律の錯誤／違法性の錯誤／禁止の錯誤

■ 近親婚
[きんしんこん]

親族関係の近い者同士が婚姻関係を結ぶこと。民法では、ⓐ直系血族間（祖父と孫など）、ⓑ直系姻族間（嫁と舅など）、ⓒ3親等内の傍系血族間（叔父と姪など。ただし、養子と養方の傍系血族は除く）の婚姻を、近親婚として禁止している。なお、近親婚の禁止は、直系姻族関係や養親子関係が離婚・離縁により終了した後も、なくなることはない。

■ 禁制物
[きんせいぶつ]

麻薬やわいせつ文書など、法令で所有や売買が禁止されている物品。禁制品と同義で用いられる場合には、関税法によってその輸出・輸入が禁止されている物品も含む。輸出については、麻薬などのほか、特許権等を侵害する物品、輸入については、輸出禁制品に加えて銃砲弾および拳銃部品、有価証券の偽造品なども禁制品となり、これらの物品を輸出入した場合には関税法などによって処罰される。

■ 金銭債権
[きんせんさいけん]

金銭の支払いを目的とする債権のこと。たとえば、売買契約における代金債権や貸金の返還債権などがある。金銭債権の不履行は、不可抗力による場合でも免責されることはない。また、債権者は、金銭債権の不履行の際には、現実の損害の額とは無関係に、法定利率に基づく損害賠償を請求することができる。

■ 金銭債務
[きんせんさいむ]

一定額の金銭の支払いを目的とする債務のこと。金銭債務は通常、履行不能にならない。たとえば、手持ちの1万円札が燃えてなくなったとしても、別の1万円札で支払うことが可能であり、金銭には滅失がありえないからである。

金銭債務については、民法上、債務者は履行遅滞が不可抗力に基づくものであっても、損害賠償責任を免れることはできない。また、債権者は、債務者の履行遅滞による損害を立証しなくても、損害賠償請求ができる。

■ 金銭執行
[きんせんしっこう]

金銭債権を実現するためになされる強制執行手続のこと。目的物を差し押え、競売等で金銭に換価し、債権者に配当することになる。差押財産の種類により、不動産執行、動産執行、債権執行などに分かれる。

■ 金銭賠償
[きんせんばいしょう]

損害賠償の方法であり、損害を金銭に評価してその額を支払うこと。民法は金銭賠償を原則とするが、特約があれば金銭賠償以外の方法を用いることもできる。

■ 近代学派
[きんだいがくは]

☞新派／近代学派

■ 禁治産者
[きんちさんしゃ]

☞成年被後見人

■ 欽定憲法／民定憲法
[きんていけんぽう／みんていけんぽう]

欽定憲法とは、君主が制定して国民に授与したという形式を採る憲法のこと。これに対して、民定憲法とは、国民によって制定された憲法をいう。大日本帝国憲法は欽定憲法、日本国憲法は民定憲法

である。

■ 禁反言の原則
[きんはんげんのげんそく]

☞エストッペル／禁反言の原則

■ 均分相続
[きんぶんそうぞく]

相続人が複数いる場合に、それぞれの相続分を均等にする相続形態をいう。民法は、配偶者を除く他の共同相続人間では、均分相続性を原則とする。たとえば、相続人として配偶者と子が2人いる場合には、それぞれが3分の1を相続するのではなく、配偶者の相続分は2分の1、子の相続分はそれぞれ4分の1となる。従来は嫡出子と非嫡出子の相続分に差を設けていたが、平成25年の民法改正により両者間の相続分が均等となった。

■ 金融商品販売法
[きんゆうしょうひんはんばいほう]

投資信託、株式等、多種多様な金融商品を販売する金融商品販売業者の説明義務を明確にし、顧客を保護することを目的とした法律。正式名称は「金融商品の販売等に関する法律」。業者は、元本割れのリスク等の重要事項の説明義務を負い、義務違反があって顧客が損害を被った場合には、業者が損害賠償責任を負わなければならない。民法上の不法行為による損害の立証責任と比べると、顧客の立証責任が軽減され、裁判の迅速化が図られている。

■ 勤労の権利・義務
[きんろうのけんり・ぎむ]

人間らしい生活の実現のために、国民は勤労する権利を持つと同時に、勤労により生活を維持する義務を負うこと。憲法27条が規定する。勤労の権利は、国民が国に対して労働の機会を確保するための諸政策の立案・実施を要求できる権利と解され、この権利を具体化するために、職業安定法、雇用対策法、男女雇用機会

均等法等が制定されている。勤労の義務は、国が国民に労働を強制するという意味ではなく、働く能力がある者は自分の勤労によって生活を維持すべきだという考え方を示したものである。したがって、勤労の義務に反したために、罰則や法的制裁が加えられることはない。

く

■ 偶然防衛
[ぐうぜんぼうえい]

急迫不正の侵害に対し、防衛の意思なく、偶然に防衛の結果を生じさせた場合をいう。たとえば、AがBをピストルで撃ち殺したが、実はAが発砲した瞬間にBはCをまさに殺そうとしており、結果的にAの行為によりCの生命が救われた場合が挙げられる。Aの行為に正当防衛が成立するか否かが、正当防衛の成立要件としての防衛の意思の要否と関連して学説上争われている。結果無価値論からは、防衛の意思は不要であり、Aの行為につき正当防衛の成立を認めるが、行為無価値論からは、防衛の意思は必要であり、Aの行為につき正当防衛の成立を認めない。

■ クーリング・オフ
[くーりんぐ・おふ]

消費者が、訪問販売などの法律で定める特定の契約を結んだ場合、一定期間内であれば、無条件・無理由で、契約の申込みの撤回や契約の解除を認める消費者保護の制度。クーリング・オフに理由は必要なく、事業者は契約でクーリング・オフ期間を短縮できない。クーリング・オフができる特定の契約は、個々の法律で定められている。たとえば、特定商取引法での訪問販売、訪問購入（押し買い）、連鎖販売取引（マルチ法）、保険業法で

の保険契約、預託法での預託取引などが挙げられる。また、法律で定められていなくても、契約書にクーリング・オフの記載があれば行使することができる。法律で認められているクーリング・オフは、必ず書面により行う必要があり、書面を発した時点で、契約の申込みの撤回や契約の解除の効力が生じる（発信主義）。書面による送付は、簡易書留や内容証明郵便による書面送付が一般的である。

■ 区画整理
[くかくせいり]

土地の区画を変更し、道路等を新設すること。一定の区域の土地について、より快適・安全に居住することを目的とする。たとえば、袋小路や狭い道路を整形し広い道路を新設することで、消防車や救急車の出動を容易にするために、区画整理が行われる。元の土地の所有者には土地の持分に応じて新たな土地が分配されるが、価値が下がる場合には精算金や減価補償金が支払われる。

■ 苦情処理
[くじょうしょり]

行政機関が、その業務に関する国民の苦情を聴いたうえで、何らかの対応をすること。行政機関側に苦情処理をする法的義務があるわけではなく、事実上の対応がなされるにすぎないが、厳格なルールがない分、正式な争訟手続に乗せる負担がなく柔軟な解決を図ることができるというメリットをもつ。

制度化されたものとして、たとえば行政相談員の制度があり、住民の行政サービスに対する苦情や相談を受け付けている。

■ 具体的危険説
[ぐたいてきききけんせつ]

不能犯と未遂犯を区別する基準のひとつ。行為者がとくに認識していた事情および一般人が認識し得た事情を基礎として、行為の時点に立って、一般人の見地

から危険性の有無を判断する基準のこと。この見解における「行為者が認識していた事情」は、客観的事情をさす。たとえば、Aが、死んでいるBを生きていると誤信して殺意をもって発砲したという事案では、客観的にはBは死亡しているため、Bが生きているとのAの認識は基礎事情となり得ない。しかし、一般人がBは生きていると認識し得たのであれば、生きているBに殺意を持って発砲したことが基礎事情となり、殺人未遂罪が成立することになる。一般人がBは死亡していると認識し得なかったのであれば、死亡したBに発砲したことが基礎事情となり、殺人との関係で不能犯となる。

■ 具体的危険犯
[ぐたいてきききけんはん]

法益侵害の危険が現実に発生することが構成要件要素となっている犯罪のこと。たとえば、自己所有の非現住建造物等放火罪、建造物等以外放火罪などがある。これらの犯罪では、公共の危険（不特定または多数人の生命・身体・財産を侵害するおそれ）が発生した場合のみ処罰される。具体的危険犯に対して、法益侵害の危険が現実に発生することを要件とせず、一般的に法益を侵害する危険が存在すると認められれば足りる犯罪を抽象的危険犯という。

■ 具体的事実の錯誤
[ぐたいてきじじつのさくご]

事実の錯誤のうち、同一構成要件の範囲内の具体的な事実について錯誤がある場合のこと。具体的事実の錯誤の態様には、客体の錯誤、方法の錯誤、因果関係の錯誤がある。

客体の錯誤とは、たとえば、Aを殺すつもりで狙った相手が実はBだった（人違い）というように、行為の客体自体に錯誤がある場合である。

方法の錯誤とは、Aを狙って拳銃を発砲したところ、そばにいたBに当たったというように、行為の結果が認識内容と異なる客体に生じた場合である。

因果関係の錯誤とは、Aを溺死させようと橋から突き落としたところ、川底の岩に頭部を強打してAが死亡したというように、行為者が認識していた因果経過と現実に発生した因果経過が一致しなかったが、結果が発生した場合である。

具体的事実の錯誤があった場合に故意が阻却されるか否かについては、学説上具体的符合説と法定的符合説の対立がある。

具体的符合説とは、行為者が認識した内容と発生した事実とが具体的に符合しない限り故意を阻却する立場である。法定的符合説とは、認識内容と発生した事実とが構成要件の範囲内で符合している限り故意を阻却しない立場である。法定的符合説が判例・通説である。なお、具体的符合説であっても、客体の錯誤（人違い）については、故意を阻却しないとするのが一般である。

■ 具体的相続分
[ぐたいてきそうぞくぶん]

遺産分割において、法定相続分・指定相続分に特別受益や寄与分の調整を施して算出した取り分のこと。相続によって特定の相続人が不当に利益を得たり、または不当に利益を害されたりすることがないように、相続人間の公平をめざして調整が行われる。

具体的には、相続人が被相続人から生前贈与（生計資本、婚姻、養子縁組を目的とする場合に限る）または遺贈を受けていた場合（特別受益）には、その分を法定相続分・指定相続分から差し引いて、その相続人の具体的相続分が算出される。反対に、相続人が被相続人の財産の維持・形成に特別の寄与をしていた場合（寄与分）には、その分を法定相続分・指定相続分に加算して、その相続人の具体的相続分

が算出される。

■ 具体的符合説
[ぐたいてきふごうせつ]

刑法上の事実の錯誤があった場合に、行為者の認識した内容と発生した事実とが具体的に符合しない限り、故意は認められないと考える立場のこと。たとえば、Aを狙った弾が逸れてBに当たり、Bが死亡した場合、行為者の認識と発生した事実が具体的に符合しないため、故意が認められず（重）過失致死罪が成立すると解釈する。

☞法定的符合説

■ 下る
[くだる]

☞以下／未満／満たない／下る／下回る

■ 国地方係争処理委員会
[くにちほうけいそうしょりいいんかい]

国が地方公共団体に関与した場合に、国の関与の正当性を争うために置かれた紛争処理機関。地方公共団体は、国の処分に不服がある場合には、当該委員会に審査の申し出をし、当該委員会が国の処分に違法があると認めたときは、国に対して勧告がなされる。

■ 区分所有建物
[くぶんしょゆうたてもの]

建物の一部は各人の単独所有に属するが、建物全体は多数の者によって所有される建物。たとえば、分譲マンションが挙げられる。各人が所有するマンションの一室は専有部分と呼ばれる。これに対して、廊下やエレベーターなどは共用部分と呼ばれ、原則として区分所有者全員の共有に属する。共用部分は専有部分の処分に従う。たとえば、区分所有者が自己の専有部分に抵当権を設定した場合には、抵当権の効力は共用部分にも及ぶ。

■ 区分地上権
[くぶんちじょうけん]

土地のある空間に工作物を所有するた

め上下の範囲を定めて設定する権利。この権利を設定すると、建物や地下鉄、モノレールなど複数の空間利用が可能である。区分地上権は、登記することによって第三者に対抗できる。

■ 組合
[くみあい]

２人以上の当事者が出資して、共同の事業を営むことを約する契約。構成員が直接業務を行うことが原則であるため、会社のように、構成員と離れて独立した団体は、観念されない。そのため、組合は、原則として構成員間相互の契約として規定されており、会社のように組合自体は独立した法人格を持たない。組合財産は、組合員の共有に属するが、分割請求に制限が加えられているため、その所有形態は合有とも呼ばれる。組合の業務の執行は、組合員が直接執行するほか、組合員の委任を受けた業務執行者により行われる場合もある。

■ クラス・アクション／集団訴訟
[くらす・あくしょん／しゅうだんそしょう]

共同訴訟人となり得る法的地位にある者の一部が、他の者の同意を得ることなく、全体を代表して訴訟を提起することをいう。たとえば、薬害事件が大規模で起きた場合に、被害者の有志が他の被害者の同意を得ることなく損害賠償訴訟を提起することが挙げられる。

他の者の意見を聴くことなく訴訟手続を進行できるため、迅速な紛争解決を望めるメリットがある。判決の効力は、訴訟を提起しなかった者を含め、共同訴訟人となり得る法的地位を有する者全員に及ぶ。とくにアメリカにおいて法整備されているものである。

日本においても、共同訴訟人となり得る者の中から代表者を選び、訴訟を提起する制度として選定当事者制度がある。もっとも、判決の効力は積極的に選定当

事者を選んだ者（選定者）にしか及ばず、共同訴訟人となり得る法的地位を有していても選定者として訴訟に参加しなかった者には及ばない点で、クラス・アクションと異なる。

また、消費者裁判手続特例法により、平成28年10月から消費者団体訴訟（被害回復裁判手続）のための手続が導入された。消費者団体訴訟は、日本版クラス・アクションともいわれているが、直接の被害者ではない特定適格消費者団体が原告になる団体訴訟の一類型であり、直接の被害者が原告となるアメリカのクラス・アクションとは異なる。
☞消費者裁判手続特例法

■ クリーン・ハンズの原則
[くりーん・はんずのげんそく]

著しく手の汚れた者は法の保護には値せず、法を守る者だけが法の保護を求めることができるという原則。わが国では、民法に規定されている信義誠実の原則や、公序良俗違反にその根拠を求めることができると考えられている。また、クリーン・ハンズの原則は、不法原因給付に関する規定に見られる。たとえば、愛人契約のような反社会的な契約を原因とする給付は、契約の無効を主張して給付の返還を求めても、返還請求が否定されるという例が挙げられる。

■ 君主主権
[くんしゅしゅけん]

国の政治のあり方を最終的に決定する力または権威が君主に存すること。対概念は国民主権である。大日本帝国憲法は君主主権を採用したが、日本国憲法は国民主権を採用している。

■ 訓令
[くんれい]

行政の一体性を保持するため、上級官庁から下級官庁になされる命令のこと。行政内部を規律するための基準であり、たとえば、法律の文言に解釈が複数あり得るような場合に、統一のとれた行政を展開するため、訓令によりあらかじめ行政の立場を決めておくことがある。訓令が書面化されたものを通達という。

け

■ 刑／刑罰
[けい／けいばつ]

法律に定められた罪を犯した者に科される制裁。刑罰、刑事罰ともいう。何が犯罪で、どのような刑が科されるかは、あらかじめ法律で定められ、国民に知らされていなければならない。わが国では、死刑、懲役、禁錮、罰金、拘留、科料、没収の刑を設けている。これらの刑は、行政処分によって課される反則金などとは異なり、刑事手続に基づくものであるため刑事処分とも呼ばれる。

■ 計画審理
[けいかくしんり]

裁判所・当事者に民事訴訟手続の計画的な進行を義務づけ、両者協議のうえで計画を定め、これに従って審理を進めることをいう。事件が複雑で適正迅速な審理のため必要な場合になされる。

計画審理の導入により、提訴前証拠収集、専門委員制度が設けられた。また、知的財産権関連訴訟の第一審の管轄を東京地裁と大阪地裁とし、その控訴審の管轄を東京高裁としたのも計画審理化の表れである。

■ 経験則
[けいけんそく]

実際に経験した事柄から得られた法則。広く一般に知られている常識的なものから、科学的研究によって得られた専門的なものまでを含む。裁判官が証拠から事実認定をする際に用いられる。

■ 傾向犯

[けいこうはん]

行為者の特定の心情または内心の傾向を構成要件要素（主観的違法要素）とする犯罪。かつては、強制わいせつ罪は傾向犯とされ、客観的に強制わいせつにあたる行為をしても、それが復讐心などによるもので、行為者がわいせつの心情（性的意図）を有していない場合には、強制わいせつ罪は成立しないとするのが判例であった。しかし、平成29年の判例変更により、強制わいせつ罪において、故意以外の行為者のわいせつの心情を一律に成立要件とすることは相当でないと判断している。

■ 経済的自由権

[けいざいてきじゆうけん]

市民が自由な経済活動を行うための権利。日本国憲法は、職業選択の自由、居住・移転の自由、財産権を経済的自由権として保障する。ただし、保障は無制約ではなく、公共の福祉による制限を受ける。経済的自由権は、立法府による利益考量の必要性が強いことなどから、表現の自由などの精神的自由権と比べて、より強い制約を受けやすい。

■ 経済法

[けいざいほう]

国家権力が市場経済に介入し、経済秩序を規律する法の総称。資本主義社会の高度化により生じた弊害に対処するため、私法領域での私的自治の原則を修正し、国家が介入することになった。独占禁止法・不正競争防止法などが、経済法の代表例とされる。

■ 警察官職務執行法

[けいさつかんしょくむしっこうほう]

個人の生命・身体・財産を保護し、犯罪を予防するなど、警察官の職務を遂行するために必要な手段を定めた法律。警察官は警察官職務執行法を根拠に、職務質問、立ち入り、武器の使用等ができる。活動の限界も示されており、権限を濫用することがあってはならないと規定されている。

■ 警察権の限界

[けいさつけんのげんかい]

警察権の行使は無制約ではなく、条理上の一定の制限に服すること。警察公共の原則、警察責任の原則、警察比例の原則の三原則がある。警察権の限界を超えた行使は違法となる。

■ 警察公共の原則

[けいさつこうきょうのげんそく]

行政法上の警察権は、社会公共の安全と秩序維持についてのみ発動されるという原則。これと直接関係のない私生活や民事関係については原則として発動できないと考えられている。たとえば、兄弟間で遺産をめぐって紛争が起きても、警察権が、強制的にこれを仲裁するために介入することはできない。ただし例外的に、社会公共の安全と秩序に関する限度で介入することができる。たとえば、国民の生命や健康に関する食品安全のための規制や、建築物に加えられる規制などが挙げられる。

■ 警察国家

[けいさつこっか]

国家権力としての警察が、治安維持にとどまらず、広く公共の福祉を実現させるべく国民生活に介入する国家のこと。主に、絶対君主時代に用いられていた概念であり、国家の後見的な監護が、個人生活への過度な干渉に陥っているという意味で用いられる言葉である。また、警察が国民を監視する国家をさして、警察国家の言葉が用いられることもある。

■ 警察責任の原則

[けいさつせきにんのげんそく]

警察権力を行使するには、社会秩序を妨げる障害の発生について責任のある者

にだけ行使しなければならないという原則。したがって、責任のない者に対しては、原則として警察権を行使することはできず、法律等がとくに認める場合のみ許されることになる。警察権の限界の一種である。

■ 警察比例の原則
[けいさつひれいのげんそく]

警察権の行使がもたらす人権等に対する侵害は、警察権を行使する目的や必要性に適していなければならないという考え方。ある目的を達成するために、国民の権利に対する侵害の程度がより少ない手段が他にある場合には、警察権の行使は許されないことになる。警察権の限界の一種である。

■ 警察法
[けいさつほう]

警察組織について定める警察活動の基本法。個人の権利・自由を保護し、公共の安全と秩序を維持するために、警察の組織を定めることを目的とする。内閣総理大臣の下に国家公安委員会が置かれることや、その委員長を国務大臣とすることなどが規定されている。

■ 計算書類
[けいさんしょるい]

会社法で、会社が事業年度ごとに作成しなければならないと定められている書類。具体的には貸借対照表、損益計算書、株主資本等変動計算書および個別注記表をさす。

■ 刑事学
[けいじがく]

犯罪学と刑事政策学の総称。基礎刑法学の一分類である。犯罪学は犯罪と刑罰に関する実証科学であり、刑事政策学は犯罪学を基礎とする犯罪対策学である。

■ 形式婚主義
[けいしきこんしゅぎ]

婚姻の成立に宗教上または法律上の一定の形式を必要とする婚姻形態。日本は戸籍法の定めに基づく届出の提出を必要とし、形式婚主義である。

■ 形式裁判
[けいしきさいばん]

刑事訴訟で、申立て自体の有効・無効について判断する裁判。形式裁判では、被告事件の実体について判断することなく、訴訟条件を備えていないという理由などで訴訟手続は打ち切られる。たとえば、管轄違いの判決や公訴棄却の判決・決定が挙げられる。

■ 形式的意味の憲法
[けいしきてきいみのけんぽう]

憲法という名で呼ばれる成文法。タイトルが憲法であればこれに当たり、内容は一切問われない。対概念は実質的意味の憲法である。

■ 形式的確定力
[けいしきてきかくていりょく]

判決が、当該訴訟手続内で取り消される可能性が消滅した状態をいう。上訴によって当事者が争うことができない状態になると、当該訴訟手続内で判決が取り消される可能性はなくなる。上訴を許さない判決がなされるか、上訴期間または異議申立期間が経過したか、当事者が上訴権を放棄したかのいずれかにより、形式的確定力が生じる。

なお、行政法においても行政行為の不可争力の意味として、形式的確定力の言葉が用いられる。

☞行政行為の不可争力／不可争力

■ 形式的形成訴訟
[けいしきてきけいせいそしょう]

具体的な形成要件が法定されていない形成訴訟のこと。形式的形成訴訟では、法適用によるのではなく、裁判所の健全な良識に基づく裁量に委ねられた合目的的処分がなされる。たとえば、共有物分割の訴えや父を定める訴えが挙げられる。

土地境界確定訴訟についても、形式的形成訴訟であるとするのが判例である。形成要件が法定されていない点で通常の形成の訴えと異なり、法律関係の変動に判決が必要とされる点は、通常の形成の訴えと共通している。

■ 形式的証拠力
[けいしきてきしょうこりょく]

民事訴訟において文書の証拠力を認定する際の判断過程のひとつであり、挙証者の主張どおり、文書がある特定人の一定の思想内容を表現したものであると認められることをいう。たとえば、文書の名義人と作成者が一致しない偽造文書の場合や、下書き・習字のために書かれた文書の場合には、形式的証拠力は認められない。形式的証拠力が認められる場合には、実質的証拠力を検討し、これが認められると事実が認定されることになる。

☞実質的証拠力

■ 形式的真実主義
[けいしきてきしんじつしゅぎ]

当事者間において争いのない事実は、真実として扱うという原則。客観的真実と異なる場合であっても、真実として扱われる。民事訴訟において、当事者間で争いのない事実は、裁判所はそのまま裁判の基礎にしなければならないという弁論主義の派生原理は、この原則の現れである。民事訴訟は当事者間の争いを相対的に解決することを目的とすることから、その解決手段も当事者の意思を尊重することが望ましいという考えに基づく。

■ 形式的当事者訴訟
[けいしきてきとうじしゃそしょう]

行政事件訴訟法が規定する当事者訴訟のうち、当事者間の法律関係を確認あるいは形成する処分または裁決に関する訴訟。法令によりその法律関係の当事者の一方を被告とすることが定められている。処分・裁決を争う訴訟であるにもかかわらず、抗告訴訟ではなく、当事者訴訟の形式をとるべきものとされることから、形式的当事者訴訟と呼ばれる。

たとえば、土地収用法では、収用委員会による裁決について、補償金額に関する部分（補償裁決）に不服があるときは、収用を申し立てた起業者と土地の権利者との間で訴訟を行うべきことが規定されている。形式的当事者訴訟に対して、公法上の法律関係を訴訟物とする訴えを実質的当事者訴訟という。

■ 形式犯
[けいしきはん]

☞実質犯／形式犯

■ 刑事施設／監獄
[けいじしせつ／かんごく]

刑務所、拘置所、少年刑務所の総称。拘置所は、主に刑事裁判が確定していない被疑者・被告人を収用する施設であり、刑務所・少年刑務所は、主に刑事裁判確定後の受刑者を収容する施設である。受刑者は、刑事施設内で、物の製作等の刑務作業に従事し（懲役刑の場合）、場合によっては義務教育に相当する教科指導を受け、薬物依存等の依存症から抜け出すための改善指導を受ける。受刑者に犯罪の責任を自覚させ、社会生活に適応するための能力を得させる狙いがある。従来は監獄と呼ばれていた。

■ 刑事収容施設法
[けいじしゅうようしせつほう]

刑事収容施設の適正な管理運営と、受刑者等の適切な処遇を目的とした法律。正式名称は「刑事収容施設及び被収容者等の処遇に関する法律」。受刑者の社会復帰に向けた処遇の充実や、受刑者の人権尊重などを改正点として、従来の監獄法に代わって制定された。受刑者の処遇に関しては、監獄法に規定されていた作業に加えて、改善指導と教科指導が規定され、社会生活に適応する能力の育成を目

的として行われる。

■ 刑事政策
[けいじせいさく]

犯罪を防止するための国家による政策。広い意味では、経済政策、福祉政策、教育政策等も含めた、犯罪減少に役立つすべての政策をさす。狭い意味では、犯罪・非行者の処遇制度、防犯活動等を内容とする、犯罪防止を直接目的とする施策をさす。

■ 刑事責任年齢
[けいじせきにんねんれい]

刑事責任を問われる年齢。刑法41条の規定によって14歳未満の者は処罰対象から除外されることから、14歳以上の者が刑事責任を負うことになる。かつては14歳以上16歳未満の者は、少年法上保護処分の対象とされていたが、平成12年の少年法改正によって、刑事処分可能年齢が16歳以上から14歳以上に引き下げられ、刑事責任が問われる年齢は14歳以上であるということが明確化された。

■ 刑事訴訟規則
[けいじそしょうきそく]

規則制定権（憲法77条）に基づき、裁判所により定められた刑事手続に関する規則のこと。その内容は、主として刑事手続を円滑迅速に進行するべく刑事訴訟法をより詳細に定めた規則であり証人尋問の方法等も定められている。

■ 刑事訴訟費用等に関する法律
[けいじそしょうひようとうにかんするほうりつ]

刑事訴訟法に規定された訴訟費用の負担につき、被告人が負担すべき費用の範囲について定めた法律。証人等の旅費・日当、国選弁護人の旅費・報酬、鑑定料等について規定されている。なお、これらの費用については、貧困のため完納できない事情がある場合には、執行の免除の申立てをすることができる。

■ 刑事訴訟法
[けいじそしょうほう]

刑法を具体的に適用するための手続法。捜査、公訴提起、公判手続、不服申立ての過程を経て進行する刑事手続について定めたものである。真実発見と被告人の人権を保障することを目的とする。

■ 刑事犯
[けいじはん]

☞自然犯／法定犯／刑事犯／行政犯

■ 刑事補償
[けいじほしょう]

無罪判決を受けた者や、免訴・公訴棄却の裁判を受け、仮に免訴・公訴棄却の裁判がなければ無罪の裁判を受けたであろう者に対し、刑事補償法に基づいて国が行う補償。たとえば、有罪判決を受けて拘禁されたが、後に冤罪と判明した場合には、拘禁の日数に応じて1日1000円以上1万2500円以下の額が補償金として支給されることになる。

■ 刑事補償請求権
[けいじほしょうせいきゅうけん]

裁判による無罪の確定後、その間の抑留・拘禁の日数等に応じて、国にその補償を求めることができる権利。憲法40条に規定されている。無罪となった被告人が被った損害は、国が補償しなければならず、具体的な補償内容は刑事補償法に規定されている。同法には、抑留・拘禁以外にも、死刑、罰金・科料・追徴、没収についての補償内容が規定されている。

■ 刑事未成年
[けいじみせいねん]

14歳に満たない者のこと。刑法41条によって処罰対象から除外されている。刑事未成年で刑罰法令に触れる行為をした者を触法少年と呼び、少年法に優先して児童福祉法が適用される。都道府県知事または児童相談所長からの送致を受けた場合に限って家庭裁判所の審判対象と

なる。

■ 刑事免責
[けいじめんせき]

　刑事訴訟では、黙秘権の行使により証言（供述）が得られないという事態に対処するため、主に共犯の関係にある証人に対して、証言やその証言から派生した証拠に基づいて刑事訴追をしないことを約束する代わりに、証言を義務づけること。刑事免責の適用により証言を義務づけられた証人は、刑事訴追を受けないという恩恵を受ける代わりに証言拒絶権を奪われ、証言を拒絶できなくなる。被疑者・被告人、検察官、弁護人の合意による司法取引とは異なり、刑事免責の適用による証人尋問を検察官が裁判所に対して請求し、裁判所がこの証人尋問を行うと決定することで、被告人の同意を経ずに行われるのが刑事免責である。わが国の刑事免責は、2018 年施行の刑事訴訟法改正で導入された（刑事訴訟法 157 条の 2、157 条の 3）。刑事免責の適用によって、証言やその証言から派生した証拠を、主に証人と共犯の関係にある他人の有罪を立証するために用いることができる。

　刑事免責は、アメリカにおいて確立した制度として機能しているが、かつての日本では制度化されていなかった。判例ではロッキード事件において問題となったが、裁判所は刑事免責と引換えに得られた供述を証拠として採用せず、刑事免責に関する立法がない日本においては運用上も許されないという立場がとられていた。
　☞司法取引

■ 形成権
[けいせいけん]

　一般的な私法上の法律関係が当事者の合意によって変動するのに対して、取消権や解除権のように、一方の当事者の意思表示のみによって法律関係を変動させる権利のこと。請求権が、他人の行為を請求することができる権利であることと対比される。つまり、請求権は他人の行為を求める権利であるため、実際に法律関係が変動するには他人の行為が必要だが、形成権の行使がなされると、それだけで法律関係が変動する。たとえば、相殺権を有する者が相殺の意思表示をすると、相手方の意思とは関係なく、それだけで互いの債務が対当額（同額）で消滅する。

■ 形成的行為
[けいせいてきこうい]

　行政庁の行為のうち、一般私人に対して特別な権利や能力を与える性質を持つ行為のこと。行政庁の行為によって、法律効果が発生する法律行為的行政行為の一種であるといわれている。形成的行為は、一般に特許と認可に分かれると考えられている。もっとも、法令上の文言が同一であっても、これによって特許と認可とに区別できるわけではないことに注意が必要である。

　特許とは、私人が本来的に自由を持っていない事柄について、行政庁が特権を与える行為をいう。たとえば、本来公共のために用いられるべき河川や道路について、電柱やガス管を配置するために道路・河川の占有許可が下される場合などが挙げられる。

　認可とは、私人が行った行為に対して、行政庁が補充的な行為を行うことによって、法律効果が発生する行為をいう。たとえば、農地法上の許可が挙げられ、農地の売買契約は当事者間の契約とともに、農業委員会の許可を受けることで、はじめて売買契約の効果が発生すると規定されている。

■ 形成の訴え
[けいせいのうったえ]

　原告が法律に定める要件・原因に該当

する事実があることを主張して、判決による権利関係の発生、消滅または変更を求める訴え。給付の訴え、確認の訴えとともに、訴えの分類の一類型である。形成の訴えの例としては、離婚の訴えがあり、妻が夫と離婚したいが夫が同意しないような場合、妻は離婚の訴えを提起することができる。裁判で民法が定める離婚原因があることが認められれば、判決によって離婚の効果が生じる。

なお、形式的形成訴訟とは、法律に形成原因が定められていない場合であり、裁判所は裁量で法律関係を形成する。形式的形成訴訟は、訴えの三類型（形成の訴え、給付の訴え、確認の訴え）とは別個の類型であると考えられている。

■ 形成力
[けいせいりょく]

形成判決が確定した場合に、その判決どおりの変動を生じさせる効力。たとえば、離婚の訴えが提起され、請求認容判決が確定した場合には、形成力によって、離婚という法律効果が生じることになる。

■ 係争物に関する仮処分
[けいそうぶつにかんするかりしょぶん]

金銭債権以外の係争物（訴訟における争いの目的物）に関して、将来の強制執行に備えて、現状を維持するためになされる仮処分。係争物に関する仮処分は、債権者の権利が実行できなくなるおそれ、または著しく困難になるおそれがあるときに発せられ、裁判所は、債務者に対し一定の行為を命じる、または禁止するなど必要な処分をすることができる。たとえば、不動産の登記請求権を有する土地の買主が、売主が第三者に土地を売却してしまうことを防ぐため、土地の処分禁止を申し立てるような場合である。

■ 継続審理主義／集中審理主義
[けいぞくしんりしゅぎ／しゅうちゅうしんりしゅぎ]

口頭弁論期日、または公判期日が複数回にわたって行われる場合に、できるだけ期日の間隔を空けず、集中的に行う審理方式のこと。集中審理主義ともいう。同一の裁判官が複数の事件を同時並行的に審理する並行審理主義に対する語である。

■ 継続的債権関係
[けいぞくてきさいけんかんけい]

一定期間継続する給付を内容とする債権関係のこと。たとえば、不動産の賃貸借契約や雇用契約が挙げられる。継続的契約の特殊性から、契約を解除しても、通常の解除と異なり遡及消滅せず、将来に向かって消滅する点に特徴がある。

■ 継続犯
[けいぞくはん]

刑法上、犯罪が既遂に達した後も法益を侵害している状態が継続する犯罪をさす。たとえば、逮捕・監禁罪は継続犯であると考えられている。AがBを自宅に監禁した場合、Bの身体活動の自由を奪った時点で犯罪は既遂に達するが、その状態が続いている間は、ずっと法益侵害が継続する。対立概念に、即成犯と状態犯がある。

■ 継続費
[けいぞくひ]

国家の本予算の内容のひとつに当たり、数年度にわたる経費について、あらかじめ一括して議会の議決を得ておくことで、毎年議決を受けることなく、継続して支出することができる費用。たとえば、大規模な公共事業などは、完成までに数年必要であり、継続費が認められると、円滑に継続して事業を進めることが可能になる。もっとも、国の予算は毎会計年度予算として国会の議決を得るのが原則であるため、必要理由とともに総額や年割額

を示すことが必要であり、また、原則5年以内に限って例外的に認められている。

■ 刑の加重・減軽
[けいのかちょう・げんけい]

法定刑よりも刑罰を重くすることを刑の加重といい、軽くすることを刑の減軽という。加重減軽事由には、法律上の加重減軽事由と、裁判上の減軽事由がある。法律上の加重事由として、併合罪と累犯がある。法律上の減軽事由には、必要的に減軽される場合として、心神耗弱、中止犯、従犯などがあり、任意的に減軽される場合として、自首、未遂などがある。裁判上の減軽事由には、酌量減軽がある。法律上の減軽事由が複数存在する場合でも、減軽できるのは1回に限られるが、法律上の加重減軽事由がある場合でも、酌量減軽をすることはできる。

なお、裁判上の加重事由は存在しない。具体的な加重減軽の方法は、刑法13章が規定している。

■ 刑の時効
[けいのじこう]

刑の言渡しがなされたが、一定期間、刑の執行がされなかったときに、刑の執行が免除されること。たとえば、保釈事件で裁判がなされ確定したが、犯人が逃亡し、時効期間が経過したような場合が挙げられる。法定刑が無期懲役の場合、時効期間は30年である。公訴時効との違いは、判決が確定しているか否かにある。

■ 刑の執行
[けいのしっこう]

刑事裁判で刑の言渡しが行われ、裁判が確定することで、国家の刑罰権が現実に発動し、被告人が受刑者としての地位につくこと。

■ 刑の執行の免除
[けいのしっこうのめんじょ]

刑そのものを免除するのではなく、その執行だけを免除すること。刑の免除の場合には、その者が再び罪を犯しても累犯加重はなされないが、刑の執行の免除の場合は、刑に処せられたものと扱われるため、累犯として刑が加重される。刑の執行が免除される場合としては、刑の時効が完成したとき、外国において言い渡された刑の全部または一部の執行を受けたとき、恩赦の一種として行われるときがある。

■ 刑の執行猶予
[けいのしっこうゆうよ]

宣告した刑期の全部または一部の執行を猶予すること。かつての刑の執行猶予は、刑期の全部の執行を猶予する制度（全部執行猶予）だけが存在していたが、刑の一部を執行した後、残りの刑期の執行を猶予するという刑の一部の執行を猶予する制度（一部執行猶予）が、平成25年成立の刑法改正に伴い、平成28年から導入されている。

全部執行猶予では、原則として3年以下の懲役・禁錮または50万円以下の罰金の言渡しを受けた場合に、情状によって、1年以上5年以下の期間、刑の全部の執行を猶予できる。これに対し、一部執行猶予では、原則として3年以下の懲役・禁錮の言渡しを受けた場合（罰金が含まれていない）において、再犯防止に必要かつ相当と認めるときに、1年以上5年以下の期間、刑の一部の執行を猶予できる。たとえば、懲役2年の刑を言い渡した場合、その全部の執行を3年間猶予するのが全部執行猶予である。これに対し、1年の刑期のみ執行するとし、残り1年の刑期について執行を3年間猶予するのが一部執行猶予である。

■ 刑の併科
[けいのへいか]

刑事裁判で、2つ以上の刑が言い渡されること。刑法は、罰金、拘留、科料、没収につき併科されることを規定する。たと

えば、刑法256条2項の有償処分あっせん罪では、懲役刑と罰金刑が併科される。

■ 刑の免除
[けいのめんじょ]

犯罪が成立する場合であっても、刑の免除事由があるときに、裁判官が刑を言い渡さずに刑を免除すること。有罪であることが示されるだけであり、刑は執行されない。必要的免除事由と任意的免除事由があり、必要的免除事由の例としては内乱予備罪での暴動に至る前の自首が、任意的免除事由の例としては親族間における犯人隠匿罪が挙げられる。

■ 刑の量定
[けいのりょうてい]

☞量刑／刑の量定

■ 競売
[けいばい]

売主が、複数の購入希望者の中から最も高い値を申し出た者に、対象物を販売する売買の方式。競り売りのこと。たとえば、債務不履行があった場合に、債権者が債務者の財産を差し押さえて、その代価から債権の回収を行うために、競売が行われる。一般の商業においてもよく行われているが、法律上の制度としては、民事執行法による不動産や船舶に対する強制競売、抵当権などの担保権の実行としての競売、民法や商法などの規定による換価のための競売などがある。

■ 競売等妨害罪
[けいばいとうぼうがいざい]

☞公契約関係競売等妨害罪／競売等妨害罪

■ 刑罰
[けいばつ]

☞刑／刑罰

■ 刑罰不遡及の原則
[けいばつふそきゅうのげんそく]

☞事後法の禁止／刑罰不遡及の原則

■ 軽犯罪法
[けいはんざいほう]

軽微な犯罪行為について拘留、科料の刑を定めている法律。廃墟への侵入、正当な理由がなく危害を加える器具の携帯、公共の場での粗野な言動、乞食をするなど34種類の行為が規定されている。ただし、行為の程度によっては、より厳罰規定が定められた刑法や条例違反に問われる場合がある。また、本来の目的を逸脱して他の目的のために軽犯罪法の適用を濫用してはならないと規定されている。

■ 景品表示法
[けいひんひょうじほう]

商品・サービスの取引に関連する不当な景品類の提供や、不当な表示によって顧客が誘引されるのを防ぐことで、事業者間の公正な競争と一般消費者の利益を保護するために制定された法律。正式名称は「不当景品類及び不当表示防止法」。景表法とも呼ばれる。事業者が一定の不当な表示を行った場合、内閣総理大臣（消費者庁長官に委任）によって、差止めや再発防止などの措置命令や、金銭的負担を命じる課徴金納付命令がとられることがある。

■ 刑法
[けいほう]

一般に、犯罪と刑罰に関する法規のこと。社会生活の中で、他人の利益を侵害する行為を犯罪として取り出して規定している。そして犯罪に対して、国家的な制裁として、死刑や懲役に代表される刑罰を与えることが目的に定められている。広義には、刑法典だけでなく、たとえば軽犯罪法・売春防止法やストーカー規制法など犯罪と刑罰を規定した法令（特別刑法）すべてを含む。

■ 刑法の適用範囲
[けいほうのてきようはんい]

刑法の効果が及ぶ範囲のこと。刑法の

適用範囲で問題となるものとしては、ⓐ時間的適用範囲、ⓑ場所的適用範囲、ⓒ人的適用範囲がある。

ⓐ時間的適用範囲とは、刑法の効力が開始する時点から、失効する時点までの範囲のことである。刑法は、その施行の時以降の犯罪に対して適用され、施行前の行為に対してさかのぼって適用されることはないことを原則とする（事後法の禁止）。ただし、刑法6条は、犯罪後の法律によって刑の変更があったときは、その軽いものによると定め、軽い刑を定めた法律については遡及を認めている。

ⓑ場所的適用範囲とは、刑法の効力が及ぶ地域のことである。場所的適用範囲については、属地主義（自国の領土内の犯罪に自国の刑法を適用する原則）、属人主義（自国民が国外で自国の刑法に反する行為をした場合に自国の刑法を適用する原則）、保護主義（犯人の国籍を問わず、自国・自国民の利益を守るために刑法を適用する原則）、世界主義（いかなる地域で行われたかを問わず自国の刑法を適用する原則）の4つの原則がある。日本の刑法は、属地主義を原則とし、他の原則を補充的に採用している。

ⓒ人的適用範囲とは、刑法が適用される人の範囲のことである。時間的・場所的適用範囲に属している者である限り、何人に対しても刑法の効力が及ぶことが原則である。例外的に、刑法の適用自体はあるが、刑罰権が発動しない対象として、天皇や摂政、両議院の議員などがある。もっとも、退任後の摂政や、院外での議員の発言等については、刑法の効力が排除されることはない。

■ 契約
[けいやく]

私法上、相対立する複数の当事者の意思表示の合致などによって成立し、当事者間に権利義務の関係を作り出す法律行為のこと。たとえば、「売る」という意思表示と、「買う」という意思表示の合致によって成立するのが売買契約である。

■ 契約社員
[けいやくしゃいん]

専門的技術や知識を有する労働者で、契約によって一定期間だけ雇用される者のこと。一般には、正社員とは異なり、雇用期間の定めがある契約を結んだ労働者全般をさすことが多い。労使双方が合意すれば契約を更新できるが、使用者が更新を拒否することで期間満了によって契約が終了する「雇止め」が問題とされている。この点は、一定の場合には雇止めを認めないとする「雇止め法理」が判例によって確立されていたが、平成24年の労働契約法改正によって、この雇止め法理が明文化され、契約社員に対する保護規定が強化された。

■ 契約自由の原則
[けいやくじゆうのげんそく]

契約を結ぶか結ばないか、契約の形式や内容をどのようにするのかなどについては、契約する当事者が自由に決めることができ、国家が干渉してはならないという原則。しかし、現在では、弱い立場にある者を保護することを理由として、労働契約、賃貸借契約、消費者契約などに国家が介入して、契約自由の原則が制限されることも多くなっている。

■ 契約上の地位の移転
[けいやくじょうのちいのいてん]

債権譲渡や債務引受と異なり、個々の債権・債務が移転するだけでなく、契約当事者に発生する権利・義務関係のすべてを移転すること。従来から主張されている理論であるが、平成29年の民法改正により明文化された。

契約上の地位の移転は、解除権や取消権なども含む一切の権利・義務を、契約

当事者の地位として、いわば契約当事者の交替があったと考える。たとえば、債権譲渡の場合、債権者Ａが債務者Ｂに対して持っている売買代金債権をＣに譲渡しても、売買契約の当事者の地位はＡＢにあり、Ｃは契約の解除権や取消権の行使ができない。他方で、契約上の地位の移転の場合は、譲渡債権を含めた契約当事者の地位がＣに移転し、ＢＣの契約関係と扱われるため、Ｃは契約の解除権や取消権の行使ができる。民法上、契約上の地位の移転が認められるためには、ＡＣ間の合意に加え、債務者であるＢの承諾を必要とするのが原則である。ただし、不動産の賃貸人たる地位については、債務者である賃借人の承諾がなくても、第三者に移転させることができる（605条の2、605条の3）。

契約締結上の過失
[けいやくていけつじょうのかしつ]

契約の一方当事者による契約の準備交渉段階での言動が原因となって、他方当事者が損害を被った場合に、その他方当事者に対して負うべき責任。契約の準備交渉段階にある当事者は、相手方に損害を被らせないようにする信義則上の義務を負うことが根拠とされている。

たとえば、Ａが、契約の締結に先立ち、信義則上の説明義務に違反して、契約を締結するか否かの判断に影響を及ぼす情報を相手方Ｂに提供しなかった場合、Ａは、Ｂが契約を締結したことにより被った損害について、不法行為による損害賠償責任を負うとした判例がある。

契約の延長
[けいやくのえんちょう]

☞更新／契約の延長

契約不適合責任
[けいやくふてきごうきにん]

引き渡された目的物が種類、品質、数量に関して契約の内容に適合しない場合、または売主が買主に移転した権利が契約の内容に適合しないものである場合に、売主が買主に対して負う債務不履行責任のこと。平成29年の民法改正で導入された制度で、これにより売主の瑕疵担保責任や追奪担保責任が廃止された。かつての瑕疵担保責任や追奪担保責任は、債務不履行責任とは異なる法定責任であると考えられていたのに対して、契約不適合責任は債務不履行責任のひとつである。

契約不適合責任に基づき、買主は、売主に対して、ⓐ追完請求権、ⓑ代金減額請求権、ⓒ契約解除権、ⓓ損害賠償請求権を行使できる。ⓐについては、目的物の修補、代替物の引渡し、不足分の引渡しを請求できる。また、ⓒについては民法541条・542条、ⓓについては民法415条という債務不履行責任の原則に基づいて行使できる。

なお、契約不適合責任は、請負契約など売買契約以外の有償契約にも準用される（民法559条）。

激発物破裂罪
[げきはつぶつはれつざい]

火薬、ボイラー等の激発物を破裂させて、建造物等または非建造物等を損壊させる罪。激発物とは、急激に破裂して、生命・身体・財産に危害を加える程度の破壊力をもつ物質をいい、たとえば高圧ガス、液化ガスが挙げられる。生命・身体・財産とともに、公衆の安全を保護するために規定された。放火罪と同様の定めが置かれており、損壊させた目的物により法定刑が異なる。

欠格事由
[けっかくじゆう]

個人や法人が法律上特殊な地位や資格を取得するために要求される条件などを欠く（欠格）原因となる事情。たとえば、被相続人を殺した者はその相続人になることができない（相続欠格）というよう

に、さまざまな場面で欠格事由が定められている。なお、2019年成立の「成年被後見人等の権利の制限に係る措置の適正化等を図るための関係法律の整備に関する法律」に伴い、成年被後見人や被保佐人であることを欠格事由とする法律の規定が一括して廃止されることになった。

結果責任
[けっかせきにん]

故意・過失の有無にかかわらず結果に対して責任を負うこと。刑法上、結果的加重犯の加重結果に対する責任や、行政刑法の両罰規定に基づく事業主体の責任が結果責任であるといわれることがある。もっとも、現在では、結果的加重犯の加重結果については、過失を要求する立場が有力である（判例は不要とする）。両罰規定に基づく事業主体の責任については、選任監督上の過失に処罰根拠を求める判例がある。

結果的加重犯
[けっかてきかちょうはん]

人を傷害した者が、予期せず人を死亡させてしまった場合に成立する傷害致死罪のように、一定の犯罪を犯した際に、より重大な結果を引き起こした者に、加重された刑が科される犯罪類型。たとえば、強盗の機会に人を死傷させた場合には、強盗致死傷罪となる。ここでいう「強盗の機会」に生じた死傷結果とは、強盗の際に被害者に加えた暴行を原因とする死傷には限られず、強盗犯から逃走しようとした被害者が誤って自ら負傷した場合なども含まれる。このように結果的加重犯の重い結果は、基本となる犯罪の実行行為から直接生じたものには限られない。もっとも、基本となる犯罪と重い結果の間には相当因果関係が必要であると考えるのが学説の多数説である。

結果犯
[けっかはん]

刑法上、犯罪の成立要件として、実行行為だけでなく犯罪結果の発生、または、少なくとも犯罪結果発生の危険があることが必要な犯罪。このうち、犯罪結果の発生を必要とするものを侵害犯と呼ぶ。たとえば殺人罪などが挙げられ、人の死亡という結果の発生によって犯罪が成立し、犯罪行為に及んでも死亡結果がなければ、殺人未遂にとどまる。これに対して、法益侵害の危険を必要とする犯罪は危険犯といわれる。たとえば建造物等以外放火罪などが挙げられ、危険の発生が構成要件上要求されている。結果犯の対立概念は、挙動犯（単純行為犯）であり、犯罪行為に及ぶことによって直ちに犯罪が成立するものをさす。

結果無価値
[けっかむかち]

刑法上、違法性の実質に関する立場のひとつであり、法益侵害またはその危険を違法の本質であるとする考え方。違法性の実質を結果無価値性に求める立場を、結果無価値論と呼ぶ。結果無価値の対立概念は、行為無価値である。行為無価値は、違法の実質を法益侵害に尽きるものとはせず、行為の反社会性・反倫理性にも求める考え方であり、これに基づいて違法性の実質を社会規範違反に求める立場を行為無価値論という。結果無価値論と行為無価値論との対立は、刑法上のさまざまな問題に対する解釈上の争いに影響している。

欠陥
[けっかん]

一般には、欠けて足りないこと、不備・不足のあること。製造物責任法では、欠陥とは、製造物の特性、通常予見される使用形態、その他の製造物に係る事情を考慮して、製造物が通常有すべき安全性

を欠いていることをいう。製造物責任法は、製造業者等が、製造物の欠陥により他人の生命、身体または財産を侵害したときは、過失の有無にかかわらず、生じた損害を賠償する責任があることを定めている。このように、製造物責任法上は、安全性にかかわらないような単なる品質上の不具合は、欠陥には当たらないことになる。もっとも、そういった不具合は、民法上の債務不履行責任（とくに契約不適合責任）や不法行為責任による賠償の対象になり得る。

■ 決議
[けつぎ]

合議体による意思決定の結果をいう。たとえば、国会における衆議院・参議院の決議、株式会社における株主総会決議が挙げられる。

■ 結合犯
[けつごうはん]

それぞれが独立して罪となる2つ以上の行為を結合した犯罪。たとえば、強盗罪は、暴行や脅迫行為と財物を奪う行為から成り立っている。しかし、暴行と財物の奪取については、暴行罪と窃盗罪が成立して、それらが科刑上一罪として扱われるのではない。この場合に、強盗罪が単純一罪として処理されることが、結合犯の例として挙げられる。結合犯とされるのは、刑法が、犯罪構成要件として、複数の行為が存在することをあらかじめ想定している場合である。

■ 結社の自由
[けっしゃのじゆう]

多数人が、政治・経済・宗教・芸術・学術や社交など、共通の目的を持って継続的に結合する自由。集会の自由とあわせて、表現の自由の一形態として、憲法により保障されている（憲法21条）。集会よりも継続的に結合する団体が結社であると理解されており、団体を結成し、加入・活動する自由、逆に団体を結成しない・加入しない・脱退する自由を含むものと考えられている。ただし、犯罪行為を目的とするような結社は許されない。

■ 結審
[けっしん]

訴訟で、口頭弁論を終結することをさす語として、実務で慣習的に用いられている語。審理の終了を意味する。一般的には、結審後は、判決の言渡しを待つのみである。もっとも、一度結審した後であっても、さらに審理を必要とすることが認められる場合には、弁論の再開が認められている。

■ 血族
[けつぞく]

父母と子、兄弟姉妹など、血縁のある者をいう。自然の血のつながりがある自然血族と、養子縁組によって作り出される法定血族がある。先祖・子孫という縦の関係にあるものを直系血族、兄弟姉妹のように枝分かれして横の関係にあるものを傍系血族と呼ぶ。民法では、6親等内の血族と3親等内の姻族を親族と規定している。なお、法定血族関係は、離縁によって消滅する。

■ 決定
[けってい]

☞判決／決定／命令

■ 原因関係
[げんいんかんけい]

手形の振出しや裏書などの手形行為の原因となる法律上の関係をさす。たとえば、A（売主）とB（買主）との間で売買契約が結ばれ、Bが代金の支払いを約束手形の振出しによって行ったとする。このとき、約束手形の振出し（手形行為）は、売買契約が原因となって行われており、この場合の売買契約を原因関係と呼ぶ。

もっとも、原因関係の無効や不存在は、原則として手形関係に影響を及ぼさない

と理解されており、とくに第三者に対しては、原因関係の消滅などを主張することは、原則としてできない。たとえば、上記の例で約束手形を受け取ったＡが、さらにＣに裏書していれば、たとえＡＢ間の売買契約が無効であっても、Ｂは原則としてＣからの手形金の請求を拒むことはできない。

■ 原因において自由な行為
[げんいんにおいてじゆうなこうい]

責任無能力状態または限定責任能力状態で犯罪を実行したため、完全な刑事責任を問えないように見えるが、その責任無能力状態または限定責任能力状態は、行為者自身が作り出したものであった場合のこと。たとえば、ＡがＢを殺害しようと決意し、勢いをつけるために飲酒したところ、酩酊し心神喪失状態になり、その状態でＢを殺害したような場合である。

刑法上、責任能力は実行行為の時に存在しなければならないとされている（行為と責任の同時存在の原則）から、行為時に責任能力を欠いている原因において自由な行為に可罰性が認められるかが議論される。学説上は、間接正犯と同一視し、原因行為（飲酒行為）に実行行為の開始を認めるものや、行為と責任の同時存在の原則を修正し、結果行為（殺害行為）に実行行為を認めながら、責任能力については原因行為時にあれば足りるとする説などがある。

■ 検閲
[けんえつ]

外部に発表される思想の内容についてあらかじめ審査を行い、内容が不適切であると判断された場合にその発表を禁止すること。憲法は、表現の自由を保障しており、検閲は表現活動に対する強度の規制に当たるため、明文で禁止されている（憲法21条2項）。もっとも、検閲を行う主体に関して争いがある。学説において

は、公権力が行う思想内容の審査が検閲であると考えられているが、判例は、検閲を行う主体は行政権であるという立場を採っている。

■ 厳格故意説／制限故意説／責任説
[げんかくこいせつ／せいげんこいせつ／せきにんせつ]

刑法上、違法性の意識の要否およびその体系的地位に関する学説。

厳格故意説とは、故意が成立するためには、違法性の意識が必要であるとする立場である。厳格故意説に対しては、常習犯人や確信犯については、違法性の意識が欠けるかその程度が低くなるため、常習犯人に対する刑の加重や、確信犯の可罰性が説明できないという批判がある。

制限故意説とは、故意が成立するためには、違法性の意識自体は必ずしも必要ではないが、違法性の意識の可能性が必要であるとする立場である。

責任説とは、違法性の意識の可能性は、故意とは別個の責任要素であるとする立場である。

制限故意説と責任説は、違法性の意識の可能性によって故意の成立範囲を決めるという点で共通するが、制限故意説では、違法性の意識の可能性がない場合でも過失犯が成立する可能性が残るのに対し、責任説では、過失犯も成立しないと解する点が異なる。

■ 厳格な基準
[げんかくなきじゅん]

憲法訴訟で用いられる違憲審査基準の中で、より厳しい（違憲と判断されやすい）審査基準。規制目的が必要不可欠なもので、規制手段が目的を達成するための必要最小限のものに限定されることを要求する基準などといわれる。二重の基準論を採用する立場からは、精神的自由権に対する規制立法の審査には厳格な基準が妥当し、経済的自由権に対する規制立法

の審査にはより緩やかな基準が妥当するとされる。

■ 厳格な合理性の基準
[げんかくなごうりせいのきじゅん]

憲法訴訟で、裁判所が規制の合憲性を判断するにあたって、立法の目的が重要なものであり、規制手段が目的と実質的な関連性を有する場合に、合憲であると解釈する基準。判例（薬局距離制限事件）で用いられた、規制の必要性・合理性および同じ目的を達成できるより緩やかな規制手段の有無を立法事実に基づいて審査するという基準を厳格な合理性の基準と表現することもある。

厳しい（違憲と判断されやすい）審査基準である厳格な審査基準と、緩やかな（合憲と判断されやすい）審査基準である合理性の基準の中間的な基準であるとされることがある。学説上、経済的自由権に対する規制立法のうち、消極・警察目的規制について、厳格な合理性の基準で審査すべきであると主張されている。ほかに、精神的自由権に対する内容中立規制や、労働基本権、社会権の規制立法に厳格な合理性の基準を用いるべきであるとする主張もある。

■ 厳格な証明／自由な証明
[げんかくなしょうめい／じゆうなしょうめい]

厳格な証明とは、利用できる証拠、証拠調べの手続が厳格に制限された証明であり、これらの制限がない証明が、自由な証明である。厳格な証明では証拠能力のある証拠しか用いることができず、証拠調べは、法律に定められた証拠調べの方法に従って行われなければならない。

両者の違いは、証明の程度ではなく、証明の方法にある。具体的には、犯罪事実やそれに準ずるような重要な事実は厳格な証明の対象となる。量刑事実については、自由な証明で足りるとされることも

あるが、実務上は厳格な証明によっている場合が多いとされる。これに対して、訴訟法上の事実（訴訟手続に関係する事実）は自由な証明で足りるとされる。

なお、厳格な証明、自由な証明の概念は刑事訴訟で用いられる場合が多い。民事訴訟で用いられる場合は、法定の証拠調べ手続の方式によって行われる証明を厳格な証明といい、この方式によらない証明を自由な証明という。民事訴訟では、原則として証拠能力に制限がないため、証拠能力の有無は問題とならない。

■ 検挙
[けんきょ]

犯罪について被疑者を特定し、事件を検察官に送致ないし送付するなど必要な捜査を行うこと。警察用語として用いられている。類似の概念として逮捕がある。逮捕は、被疑者の身体を強制的に拘束して、指定の場所に引致することをいう。

これに対して、検挙においては、必ずしも被疑者の身体拘束を意味せず、検察に送付せずに手続を終わらせる微罪処分や、書類送検の場合に必要な捜査などを広く含み、この点で区別が図られる。

■ 減軽
[げんけい]

☞刑の加重・減軽

■ 減刑
[げんけい]

行政権や司法権によって、刑罰の効果を一部消滅ないし減軽する制度である恩赦の一種。確定判決により決定された刑を減軽し、または刑の執行を減軽することをいう。たとえば、死刑を無期懲役刑に変更することが刑の減軽の例であり、刑期はそのままであるが、一定期間刑の執行を免除することなどが、刑の執行を減軽した例である。該当する者に一律に認められる一般減刑と、特定の者を対象に認められる個別減刑とに分かれる。刑

の執行の減軽は、個別減刑の場合にのみ認められるものである。

■ 欠缺
[けんけつ]

欠けていることを意味する言葉。法律の有効要件を欠いている場合や、適切な法規がない場合を、法の欠缺と呼ぶ。最近では「不存在」などに言い換えられ、「欠缺」という語は使われなくなってきている。かつては、効果意思と表示行為が一致しない場合を「意思の欠缺」と呼んでいたが、平成16年の民法現代語化に際して民法101条の「意思の欠缺」は「意思の不存在」に改められた。

■ 権限・権原・権能
[けんげん・けんげん・けんのう]

権限とは、行政法では、国または公共団体の機関が、その取り扱う事務につき限界づけられている範囲をいう。民法では、代理人が本人のためにすることができる行為の範囲をいう。

権原とは、ある行為を正当なものとする法律上の根拠のことをいう。たとえば、賃借人等が正当な権原によって付属させた物については、所有権を留保でき、不動産に付合しない。また、占有に至った原因のことも権原といい、この場合はそれが正当なものであるか否かを問わない。

権能とは、ある事柄について権利を主張し、行使できる能力のことをいう。権限とほぼ同義に用いられるが、権限がその限界について主眼を置いているのに対して、権能ではその能力の内容に主眼を置いている。

■ 権限の委任
[けんげんのいにん]

ある行政機関の権限の一部を、別の行政機関に任せること。権限の委任を受ける機関は、通常委任した行政機関の補助機関や下級機関であることが多い。委任した行政機関は、委任した事項に関し

ては、その事項を処理する権限を失う。権限の委任は法の定める権限の主体を変更する行為であり、法律の根拠がなければ行うことはできないと考えられている。類似の概念として、権限の代理がある。

■ 権限の代理
[けんげんのだいり]

ある行政機関の権限を、別の行政機関が代わって行使すること。類似概念に権限の委任がある。権限の委任は、委任した行政機関は委任事項について権限を失うのに対して、権限の代理では、元の行政機関の名で事務を処理し、事務処理の効果も元の機関の行為として効果が生じる点で、権限の委任と異なる。法律によって、当然に代理関係が生じるものを法定代理と呼び、代理される機関が授権することで生じる代理関係を授権代理と呼ぶ。

■ 現行犯逮捕
[げんこうはんたいほ]

現に犯罪を行う者または現に犯行を行い終わった者（現行犯人）を逮捕すること。犯罪を行い終わってから間もないと明らかに認められる者も現行犯逮捕の対象となる（準現行犯逮捕）。現行犯逮捕には逮捕状が不要であり、私人を含め誰でも行うことができる。

■ 原告
[げんこく]

民事訴訟や行政訴訟において、裁判所に対して訴えを起こし、判決が下されることを望む者のこと。とくに第一審での呼び名が原告である。これに対して、訴えを提起された側を被告という。たとえば、A（貸主）がB（借主）に対して、貸金の返還訴訟を提起した場合、原告に当たるのは訴えを起こした貸主であるA、被告に当たるのがBである。

■ 原告適格
[げんこくてきかく]

原告として判決を求め、訴訟を追行す

ることができる地位のこと。

　民事訴訟では、原告適格と被告適格を包含した概念である当事者適格の問題として論じられることが多い。権利関係の主体であると主張する者には、通常当事者適格がある。当事者適格を欠いた訴えは却下される。

　行政訴訟においては、法律上の利益を有する者に原告適格があるとされる。法律上の利益を有する者について、判例は、当該処分により自己の権利もしくは法律上保護された利益を侵害され、または必然的に侵害されるおそれのある者をいうとしている。たとえば、自分が対象となっていない行政処分の取消訴訟を提起するような行為は、原則として法律上の利益を欠き否定されることになる。なお、刑事訴訟では原告は検察官に限られるので、原告適格の問題は生じない。

■ 現在の給付の訴え
[げんざいのきゅうふのうったえ]

☞将来の給付の訴え／現在の給付の訴え

■ 検索の抗弁権
[けんさくのこうべんけん]

　保証人が債権者から債務の履行を求められたとき、自ら主たる債務者に弁済できる財産があることと、主たる債務者に対して簡単に執行ができることを証明し、先に主たる債務者の財産から執行するように求める権利のこと。これ以外にも、保証人の抗弁権には、債務の履行の請求はまず主たる債務者に対してなすべきであると主張できる、催告の抗弁権がある。なお、連帯保証の場合にはこの2つの抗弁権は認められていない。

■ 検察官
[けんさつかん]

　捜査権、公訴権などの公益の代表者として与えられた権限を行使することを任務とする行政官のこと。裁判官に準じた身分の保証があり、一人ひとりが検察権

を行使する独任制の機関である。もっとも、裁判官のように職権行使の独立が認められているわけではなく、法務大臣を頂点に上命下服の関係にあり、これを検察官同一体の原則という。

■ 検察官送致
[けんさつかんそうち]

　刑事手続において、捜査権限を持つ司法警察職員等が、犯罪の捜査に関する書類や証拠物などをあわせて、事件を検察官に対して送り届けること。

　また、家庭裁判所が検察官から送致された少年事件について、刑事処分が相当だと判断した場合に、検察官に送致することをさす場合もある。この場合、逆送とも呼ばれている。少年は成人と同じように刑事裁判を受けることになる。検察官送致は、死刑、懲役または禁錮に当たる罪の事件について、その罪質および情状に照らして刑事処分が相当だと認められるときに行われる。犯行時16歳以上の少年が故意の犯罪行為により被害者を死亡させた場合には、家庭裁判所は、原則として、事件を検察官に送致しなければならない。

■ 検察官同一体の原則
[けんさつかんどういったいのげんそく]

　検察官が、全国的に統一的・階層的な組織をなし、一体として検察事務を行うこと。検察官は一人ひとりが独任制の官庁であるが、検察官同一体の原則の下、個々の検察官は上級者の指揮監督に従わなければならない。また、検察官が審理の途中で交代しても、裁判官が交代したときとは異なり公判手続の更新（公判手続をやり直すこと）は行われない。

■ 検察官面前調書
[けんさつかんめんぜんちょうしょ]

　検察官の面前における供述を録取した書面のこと。略して検面調書とも呼ばれる。検察官面前調書は、伝聞証拠である

ので、原則として証拠能力が認められない。例外として、供述者が死亡するなど供述不能の場合、または公判期日もしくは公判準備における供述と矛盾する供述をしたときで前の供述を信用すべき特別の情況がある場合には、検察官面前調書を証拠とすることができる。

■ 検察事務官
[けんさつじむかん]

検察庁の職員であり、検察庁の事務を行うほか、検察官を補佐してともに捜査にあたり、検察官の指揮を受けて自らも捜査権を行使する者。刑事訴訟法上、被疑者の取調べ、令状による被疑者の逮捕、捜索・差押えなどの権限が与えられている。

■ 検察審査会
[けんさつしんさかい]

起訴、不起訴など検察官の裁量に基づく公訴権の行使について、その濫用がないように、民間から選ばれた者が審査する機関。有権者の中からくじで選ばれた11人の検察審査員で構成され、告訴人などからの申立てがあったときなどに、検察官の起訴、不起訴について相当かどうかを審査する。検察官の不起訴処分が不当と判断された場合、一定の要件の下で裁判所の指定する弁護士が公訴を提起する。

■ 検査役
[けんさやく]

株式会社の設立手続などで、会社の財産を脅かすおそれなどがある場合に、法律が定める事柄を検査する機関のこと。必要に応じて、裁判所により選任される。選任された検査役は、必要な調査を行い、その調査結果を裁判所に報告する。会社法上、株式発行や株主総会招集の場面でも、同様の手続が定められている。

■ 検視
[けんし]

死体について、その状況を調べること。検視には、司法検視と行政検視がある。司法検視は、変死者（犯罪による死亡の疑いがある死体）または変死の疑いのある死体があるときに行われる。司法検視は、検察官、検察事務官、司法警察員が行う。行政検視は、犯罪の疑いがない死体について、行政目的から行われる。たとえば、戸籍法92条1項は、死亡者の本籍が明らかでない場合または死亡者を認識することができない場合に、警察官が検視調書を作って市町村長に死亡の報告をしなければならないと定めている。

■ 原始取得
[げんししゅとく]

ある物に対して、まったく新しい物権を取得すること。前にその物に対して権利を持っていた者から権利を譲り受けるのでなく、これとは無関係に物権を取得する方法である。民法では、原始取得として、時効取得、即時取得、無主物先占、遺失物拾得、埋蔵物発見、添付（付合、混和、加工）の6種類を定めている。対立概念は承継取得である。承継取得は、前主の物権をそのまま引き継ぐことであり、売買、贈与、相続などが挙げられる。

■ 現実の提供
[げんじつのていきょう]

債務の履行につき、弁済者が、債権者が受領しさえすればよい状態まで給付行為を行い、その受領を求めること。たとえば、持参債務の債務者が債権者の住所まで目的物を持参し、債権者に受領を求めることが挙げられる。

■ 現実の引渡し
[げんじつのひきわたし]

占有権を移転する意思の合致と実際の占有の移転により効果が生じる占有の移転方法。たとえば、売買契約が成立した場合、売買の対象物（商品）を、売主から買主に引き渡すこと。占有移転の方法には、このほか、簡易の引渡し、占有改定、指図による占有移転がある。

■ 現実売買
[げんじつばいばい]

売買の目的物を受け取るのと同時に現金を支払う形態の売買契約。商店で商品を買う場合などの、日常的な売買の多くは現実売買に当たる。民法が想定する典型的な売買契約は、まず売買契約を結び、その契約によって物の移転債務と代金支払債務が発生するという構成を採るため、現実売買の法的な性質が議論されることがある。物権の移転のみを目的とする契約であるとする説（物権契約説）や、債務も発生するが即時に履行されるとする説（債権契約説）がある。もっとも、適用の余地がない一部の規定（民法573条など）を除いて、売買契約の規定が適用されるとすることに争いはなく、両説の結論には大きな差異はない。

■ 原始定款
[げんしていかん]

会社を設立する際に最初に作成される根本規則。会社法において作成が義務づけられている。原始定款には、会社の目的、商号、本店の所在地、設立に際して出資される財産の価額または最低額、発起人の氏名（名称）および住所を必ず記載しなければならない。

■ 原始的不能／後発的不能
[げんしてきふのう／こうはつてきふのう]

原始的不能とは、契約を締結したときに、すでに債務の履行が不可能であることをいう。たとえば、すでに焼失してしまった建物の売買契約を締結した場合などが挙げられる。

後発的不能とは、契約の成立後に、債務の履行が不能になることをいう。契約が成立した後に、建物が焼失した場合などが、後発的不能にあたる。

かつては原始的不能の場合は契約が当然に無効であり、債権債務は成立しないのに対し、後発的不能の場合は契約が無効とならず、履行不能による債務不履行の問題になると考えられてきた。しかし、平成29年の民法改正により、原始的不能であるか後発的不能であるかを問わず、契約は無効とならず、履行不能による債務不履行の問題になることが明文化された。

履行不能となった場合、債権者は、債務者に対して債務の履行を請求することができなくなるが、債務者の帰責事由の有無を問わず、契約を解除することができる。一方、履行不能について債務者に帰責事由がある場合には、債権者は、契約を解除するとともに、債務者に対して損害賠償請求をすることも可能となる。ただし、履行不能について債権者に帰責事由がある場合には、契約の解除ができない。

また、締結した契約が売買などの双務契約である場合、履行不能について当事者双方に帰責事由がないときは、危険負担の問題になる。

■ 限時法
[げんじほう]

有効期間がある法律。法律自体に有効期間が定められている。限時法は、有効期間が過ぎれば当然に失効する。なお、限時法のうち、一時的な事態に対応するために立法された法律で、有効期間が定められていないものは臨時法という。

■ 元首
[げんしゅ]

対内的には国政を統轄し、対外的に国家を代表する資格を持つ国家機関をさす。君主制を採っている国では、一般に君主が元首としての地位をあわせ持っているのが通常であるが、必ずしも一致するとは限らない。なお、共和制の国では、大統領が元首であるといわれている。元首は、外国と条約を結ぶ権能や外交使節を任免する権限を持っている。わが国では、大日本帝国憲法下では天皇が元首である

ことが明示されていたが、日本国憲法では規定されておらず、国の象徴である天皇が依然として元首であるのかどうかについて争いがある。

■ 現住建造物等放火罪
[げんじゅうけんぞうぶつとうほうかざい]

人が住居に使用しているか、現に人がいる建造物、汽車、電車、艦船、鉱坑に放火して焼損させる罪。人が住居に使用している建造物には、学校の宿直室のように夜間だけ使用される場所も含まれる。焼損とは、建物の一部が独立に燃焼する状態をいう。個人の生命・身体・財産とともに、公衆の安全を保護するために規定された。死刑または無期もしくは5年以上の懲役に処せられる。

■ 検証
[けんしょう]

場所、物または人について、その存在、内容、状態、性質等を、五官の作用で認識する強制処分。検証の結果は検証調書に記載され、証拠資料になる。刑事訴訟法では、裁判所・裁判官・捜査機関が行う。民事訴訟では、裁判所のみが行う。

■ 原状回復義務
[げんじょうかいふくぎむ]

現在の形態を、ある事実が起こる前の状態に戻す義務のこと。たとえば、契約が解除された場合には、各当事者に原状回復義務が生じる。具体的には、各当事者は、受け取った金銭や物を相手方に返還する義務を負うことになる。さらに、金銭の場合は受領時からの利息、物の場合は受領時以後に生じた果実についても、あわせて返還する義務を負う。

■ 検証調書
[けんしょうちょうしょ]

裁判所・裁判官あるいは捜査機関が行った検証の結果を記録した書面のこと。刑事訴訟で、裁判所・裁判官が作成した検証調書は、無条件に証拠能力が認めら

れる。検察官・検察事務官・司法警察職員が作成した検証調書は、供述者（検証を行い調書を作成した者）が公判期日で証人として尋問を受けて、真正に作成されたものであることを供述したときには、証拠能力が認められる。

なお、「真正に作成されたものであることを供述する」とは、調書の作成名義が真正であること（真に調書の名義人が作成したものであること）を供述するだけでなく、検証結果を正確に記載したものであることについても供述することをいう。

■ 原処分主義
[げんしょぶんしゅぎ]

行政不服申立てを経由した後に取消訴訟を提起する場合、原処分の違法を主張するには、処分の取消しの訴えを提起しなければならないとする原則。不服申立てを経由した後に提起する取消訴訟には、原処分の取消しの訴えと、裁決の取消しの訴えがあり得る。このうち、裁決の取消しの訴えでは裁決固有の瑕疵を争うことしかできず、処分の違法を理由として取消しを求めることができない。このことから、処分の違法を争うためには処分の取消しの訴えを提起しなければならないという原処分主義が導かれる。

■ 原審
[げんしん]

訴訟において、上訴審から見て直前の審理をした裁判所またはその裁判所がした裁判。上告審では控訴審、控訴審では第一審のことである。原裁判所・原裁判ともいう。

■ 現存利益
[げんぞんりえき]

正当な権原なく利益を受けた者（不当利得者）が、損失者に返還すべき現在も残っている利益。

たとえば、Aが正当な権原なく100万円の利益を得たが、それにより損失を被

ったBがその利益の返還を請求したとする。この場合、Aがその100万円を全部自分の生活費に使えば、ある時点において、Aには本来自分のお金を使わなければならないところ、他人のお金を使ったわけであるから、生活の維持という利益がAに残存している。これが現存利益に該当し、AはBに100万円を支払う義務を負う。一方、Aがこのお金をすべてギャンブルにつぎ込んだ場合には、Aの手元には何も残っていないので、現存利益は0円となり、Bに対する支払いは不要である。

なお、自己に正当な権原がないことを知っている者（悪意者）が利益を得た場合には、得た利益のすべてに加えて利息、損害賠償などを支払う必要がある。

■ 建築基準法
[けんちくきじゅんほう]

建築物を建築するために必要な手続や建築物に関する最低限の基準を定め、建築関係法規の一般法的な位置づけにある法律。建築物に関する行政機関等による規制の根拠となっている。この法律に違反する建物を建築した場合には、建物の使用禁止、建物の除去などが命じられる。新たに建築物の工事に入る場合には、事前にこの法律に基づく確認（建築確認）が必要になる。建築物の安全性や居住の快適性などを確保することにより、国民の生命、健康および財産の保護を図り、もって公共の福祉の増進に資することを目的とする。

■ 限定承認
[げんていしょうにん]

相続人が、相続によって得た財産の範囲内で被相続人の債務および遺贈の義務を負担するという条件つきの相続のこと。相続債務がどの程度あるか不明であり、清算の結果、積極財産が残る可能性がある場合に有利な制度といえる。限定承認は、相続人全員が共同して行う必要がある。

■ 限定責任能力
[げんていせきにんのうりょく]

刑法で、責任能力が著しく限定されている状態をさす。刑法は限定責任能力者として、心身耗弱者の規定を置いている（刑法39条2項）。限定責任能力者は、責任能力自体は持っていても、減弱しているために責任減少が認められ、刑が必ず減軽される（必要的減軽）。

■ 検認
[けんにん]

家庭裁判所が、公正証書遺言以外の遺言に関して、どのような内容の遺言書が実際に存在するのかを確認する手続。民法は、「遺言書の保管者または発見者は、相続の開始を知った後、遅滞なくこれを家庭裁判所に提出して、その検認を請求しなければならない」と規定している。この請求を受けた家庭裁判所は、遺言の存在とその内容を相続人に知らせるとともに、遺言書の内容を確認して、その後の変造・偽装を防止することができる。

なお、平成30年に制定された遺言書保管法（法務局における遺言書の保管等に関する法律）により、同法の手続に従って法務局に保管された自筆証書遺言についても、公正証書遺言と同様、検認手続が不要となる。

■ 現場助勢罪
[げんばじょせいざい]

傷害の罪を生じさせる暴行がなされている場所で、野次馬的な声援を送る罪。1年以下の懲役または10万円以下の罰金もしくは科料に処せられる。喧嘩をしている2人のどちらに加勢するというわけでもなく、単にはやしたてるに過ぎないような見物人の行為が、本罪により罰せられる。特定の傷害犯人の暴行をとくに応援し、その犯人を精神的に励ますような行為は、本罪ではなく、傷害罪の幇助

犯として処罰される。

■ 元物
[げんぶつ]

経済的な利益を生じるもととなる物。これに対して、それによって生じた利益のことを果実という。たとえば、羊が元物であれば、羊毛が果実であり、リンゴの木が元物であれば、リンゴの実が果実である。このような果実を天然果実という。これに対して、たとえば、土地を賃貸した場合には、元物である土地について、地代が果実として生じる。このような果実を法定果実という。

■ 現物出資
[げんぶつしゅっし]

会社設立や株式発行の際に、現物を出資すること。現物には金銭以外の財産が広く含まれる。出資される財産の例としては、不動産、有価証券、特許権、ノウハウなどがある。現物出資は、出資される財産が過大に評価されると、会社の資本の充実が損なわれ、金銭出資した他の出資者との不公平にもなるので、会社法によって規制されている。株式会社設立の際の現物出資者は発起人に限られ、変態設立事項のひとつとして定款に記載される。原則として検査役の調査が必要になる。募集株式の発行の際には、現物出資者の資格に制限はなく、定款への記載は不要であるが、株主総会、取締役会等の決定事項とされている。この場合も原則として検査役の調査が必要である。

■ 現物配当
[げんぶつはいとう]

金銭以外の財産による配当のこと。現物配当を実施する場合には、原則として株主総会の決議（株主に金銭分配請求権を与えない場合は特別決議）が必要になる。なお、現物配当は、企業グループ再編の手段として用いられることがある。たとえば、子会社が有する孫会社の株式を、現物配当で親会社に配当すれば、親会社が直接、孫会社の株式を保有する形に変更できる（孫会社を子会社にすることができる）ことになる。

■ 建蔽率（建ぺい率）
[けんぺいりつ]

建物を建築する場合に、建築予定の敷地面積のうち、実際に建物を建築することができる最大の面積を計算するための割合のこと。建築基準法により建築物に適用される建築制限の一種。都市計画法によって定められた用途地域（工業系地域、商業系地域、住居系地域）などに応じて、異なった建蔽率が定められている。一般的には、商業系地域では建蔽率は高く、住居系地域では低くなっている。敷地に適度な空き地を確保することにより、日照、採光、通風の確保および延焼の防止を図り、良好な環境の形成を目的とする。

■ 憲法
[けんぽう]

憲法という名の成文法典（形式的意味の憲法）。もっとも、特定の内容を持った法を憲法と呼ぶ場合もある（実質的意味の憲法）。実質的意味の憲法には、固有の意味の憲法と立憲的意味の憲法の2つがある。固有の意味の憲法とは、政治権力の主体と機関を明らかにした国家の統治の基本を定めた規範をさす。これに対して、立憲的意味の憲法とは、18世紀の近代市民革命を経て、国家権力を制限できるような統治機構を備えて、国民の権利・自由を保障することを目的とする憲法をいう。立憲的意味の憲法は、今日の憲法を考えるうえで、最も重要な概念であると考えられている。

■ 憲法改正
[けんぽうかいせい]

憲法が定める手続に従って、成文憲法の内容について修正・削除・追加、または新しい条項を加える増補を行うこと。

憲法自らが定める手続に従って行われる。わが国では、各議院の総議員の３分の２以上の賛成によって発議し、国民投票によって過半数の賛成による承認を必要とする（憲法96条）という厳格な手続が要求されている。

■ 憲法裁判所
[けんぽうさいばんしょ]

法令が憲法に適合しているかどうかを判断するために置かれた専門の裁判所。組織や裁判官の選任をめぐり特別の定めが置かれることもある。ドイツをはじめ外国では、憲法裁判所が置かれている例が見られる。わが国では、違憲立法審査権が憲法裁判に類似の性質を持つが、通常の司法手続の中で行使されるものにすぎず、憲法裁判所と同視することはできない。

■ 憲法審査会
[けんぽうしんさかい]

憲法と、憲法と密接に関連する法律に関して調査を行う機関。衆参各議院に設置されている。以前は、憲法調査会が置かれていたが、平成19年に国民投票法が制定されたことに伴い、国会法の改正によって、憲法調査会の後継組織として設置された。憲法および憲法に密接に関連する法制度について広範かつ総合的に調査を行い、憲法改正原案や憲法改正の発議または国民投票に関する法律案などを審査する権限を持っている。憲法改正原案に関する審議権を持つことから、憲法改正を具体化させることが目的であると考えられている。

■ 憲法制定権力
[けんぽうせいていけんりょく]

憲法よりも先に存在し、憲法を生み出すことができる権力のこと。制憲権も同義である。国会の立法権などの憲法によって作られる権力とは区別される。「国民主権」とは、憲法制定権力が国民にあることを意味する。

■ 憲法訴訟
[けんぽうそしょう]

何らかの憲法上の争点を含んだ訴訟の総称。わが国は通常の訴訟手続の中で、その紛争解決に必要な範囲に限って違憲審査が行われるしくみ（付随的違憲審査制）を採用している。そのため、具体的な紛争が存在せず、抽象的に、ある法令が憲法に適合しているかどうかを争点に訴訟を行うこと（抽象的違憲審査制）は許されていない。わが国で、裁判所が判断を行うことができるのは、法律上の争訟（裁判所法３条１項）に限られている。つまり、個別具体的な国民の権利・利益に関わる争いであって、法律を適用することによって終局的に解決可能であるような司法権の範囲内で憲法訴訟が行われる。また、わが国の裁判所は、国会や内閣といった政治部門に配慮して、過度な司法の介入を避ける形で、憲法訴訟の運用を行っているといわれている（司法消極主義）。

■ 憲法尊重擁護義務
[けんぽうそんちょうようごぎむ]

天皇または摂政および国務大臣、国会議員、裁判官その他の公務員に対して課せられた、憲法を尊重し守らなければならない義務をさす。憲法が国家の根本的な組織や作用を定める法規範であるということは、同時に、すべての国家機関は、憲法が定める基本的な枠組みに従って組織され、権限が与えられているということを意味する。したがって、憲法尊重擁護義務は、憲法が、一義的には国家の権力を担当する者に対して向けられた規範であるために、これらの者が憲法を守らなければならないという近代立憲主義の大前提を定めたものであると考えられている。

■ 憲法の変遷
[けんぽうのへんせん]

　慣行や国家機関の解釈などによって、憲法の条項自体には変更がないが、そのさし示す意味が変更され、それが長期間にわたって継続することで、変更された意味が正しい解釈であると一般的に認められるようになった状態をさす。憲法の条項自体に対する変更である憲法改正や、非合法的な憲法の破棄とは区別されなければならない。憲法制定当時に予想できなかった事態が生じたときなど、政府等が従来と異なる憲法解釈を柔軟に行う必要性が主張されることもあるが、わが国のように憲法の改正手続を厳格にした硬性憲法では、改正手続を経なくても実質的な改正をもたらす憲法の変遷には批判も強い。わが国ではとくに、戦争放棄の意義をめぐり憲法9条に対する憲法の変遷の有無が争われている。

■ 憲法判断回避の原則
[けんぽうはんだんかいひのげんそく]

　訴訟で、当事者が憲法問題を提起した場合であっても、憲法問題を判断せずに妥当な結論を導ける場合には、裁判所は、憲法判断を回避すべきであるという原則。憲法判断回避の原則は、付随的違憲審査制の下では、事件の解決に必要な限りで憲法判断が行われるのが建前であり、裁判所は必要以上に政治部門の判断に介入すべきではないと考えられることから主張されている。憲法判断回避の方法には、違憲の争点に関する判断を避ける憲法判断そのものの回避と、法令を救済する解釈をとる法律の違憲判断の回避（合憲解釈）の2つがある。

■ 憲法保障
[けんぽうほしょう]

　憲法の最高法規性を守るためのしくみ。たとえば、憲法よりも下位の規範である法律が、憲法に定められた基本的人権を否定するかのような規定を置くようなことは許されない。憲法秩序を崩壊させるような国家権力の暴走を事前に防止し、または、事後に是正するための制度が、憲法保障制度である。最高法規性の宣言（憲法98条）、公務員の憲法尊重擁護義務（憲法99条）、事後の是正として重要であると説かれる違憲立法審査権（憲法81条）などが、憲法自体に定められた制度として存在している。また、憲法自体には定められていないが、内乱罪（刑法77条）や破壊活動防止法上の規定などが憲法保障を定めた規定であるといわれている。

■ 憲法優位説
[けんぽうゆういせつ]

　憲法の効力と条約の効力とでは、憲法の効力の方が勝っていると考える立場のこと。条約優位説と対立する立場。憲法優位説の根拠としては、条約が憲法に優位すると解すると、憲法に違反する条約が締結されたとき、法律よりも簡易な手続で成立する条約によって、憲法が改正されたのと同様の結果を招くことの不当性などが指摘されている。

　もっとも、憲法優位説をとる立場の中にも、条約が憲法81条の違憲審査の対象から除かれていることや、条約は国家間の合意であるという特質を持つことから、条約は違憲審査の対象とはならないと解する説もある。学説上は、憲法優位説が有力であり、少なくとも条約の国内法的効力については違憲審査の対象となると解している。判例も砂川事件判決で、条約が違憲審査の対象となる可能性を認めている。

■ 原本
[げんぽん]

　公文書や私文書といった一定の内容を表示または確定するために作成された書類そのもの（実物）をいう。原本の全部の写しを謄本、その一部分の写しを抄本

という。

　なお、登記申請において、会社の議事録などの原本を提出してしまうと困るような場合がある。この際、議事録の写しをとって、第三者に、議事録の原本とその写しが間違いなく一致することを証明してもらい、その写しを申請書に添付することがある。これを原本証明という。

■ 顕名主義
[けんめいしゅぎ]

　代理人が代理行為を行う際に、本人のためにすること（顕名）を示さない限り、代理行為の効果が本人に帰属されないとする制度をいう。顕名を示さないで行った代理人の代理行為の効果は、代理人に帰属する。ただし、例外的に、代理人が本人のために代理行為を行っていることを相手方が知っていたかまたは知ることができた場合には、その効果は本人に帰属する。

■ 検面調書
[けんめんちょうしょ]

☞検察官面前調書

■ 謙抑主義
[けんよくしゅぎ]

　刑法は、あらゆる違法行為を対象とするべきではなく、刑罰が科される場合も、必要やむを得ない場合に限定されるべきであるという原則。刑罰は、人の生命や身体の自由、財産を奪う過酷な制裁であるため、犯罪を防止するための最後の手段とすべきであり、生活領域すべてを対象とするのではなく、社会の秩序維持または法益を保護するうえで必要な事情が認められない限り、処罰を加えるのは差し控えるべきであるという考えを内容とする。罪刑法定主義や自由主義を根拠とする近代刑法の原則であると考えられている。

■ 権利
[けんり]

　ある行為をし、またはしないことができる資格・地位。わが国では、紛争を解決する機関として裁判所が設置されている。そして、紛争を解決する基準は法律である。したがって、法的紛争で用いられる「権利」という用語は、とくに法律によって保護される利益であると考えられている。憲法上の権利などを含む公権と債権・物権に代表される私権の区別または請求権や訴権といった訴訟上の権能を表す用語として用いられるなど、権利はさまざまな法形式の中で異なった態様を持つ概念である。

■ 権利外観法理
[けんりがいかんほうり]

　真の権利者が自ら、他人が権利者であるような外観を作り出した場合、その外観を信じて取引した第三者を保護すべきという理論をさす。権利外観法理は、取引の安全・迅速性を保護することが目的である。たとえば、Aが、実際には委任していないBを代理人として、Cに紹介したとする。その後、BがAの代理人としてCと取引した場合、真実はBがAの代理人ではなくても、その取引の効果は、Aに帰属するべきであるという考えのことである。

■ 権利株
[けんりかぶ]

　会社が成立する以前の段階で、発起人や株式引受人が、出資を実際に行いさえすれば、株主となることができる地位。すでに出資を履行した発起人や株式引受人が、会社成立後に、自動的に株主となることができる権利をさして、権利株と呼ぶ場合もある。いずれの場合も、会社成立前に権利株を第三者に譲渡しても、成立後の会社は、元の発起人や株式引受人を株主として扱えばよく、譲渡したこと

を会社に対抗することはできないとされている。

■ 権利金
[けんりきん]

建物等の賃貸借契約を締結する際に、借主から貸主に支払われる賃料以外の金銭。礼金とも呼ばれ、地域的慣習として支払われるなど、貸主に対するお礼の意味合いが強い。類似の金銭に敷金があるが、敷金が家賃の未払いなどの債務を清算した後に残額を返還されるのとは異なり、貸主は原則として権利金の返還義務を負わない。

■ 権利抗弁
[けんりこうべん]

民事訴訟で、事実の主張だけでなく、権利を行使する旨の当事者の意思表示が必要とされる抗弁のこと。裁判所は、口頭弁論で当事者から基礎となる事実の主張がなされていても、権利を行使する旨が主張されない限りは、権利抗弁を判決の基礎にできない。留置権や同時履行の抗弁権がこれに当たる。たとえば、売買代金の請求訴訟で、売主が商品を引き渡していない事実が明らかになっても、買主の側で同時履行の抗弁を主張していなければ、裁判所は同時履行の抗弁を認定できないため、引換給付判決がなされることはなく、売主の請求がそのまま認容されることになる。もっとも、基礎となる事実が弁論に表れているときには、裁判所は釈明権（陳述の不十分な点を指摘して立証を促す権能）を行使すべきであるとされる。前述の例でいえば、裁判所は買主に対して、同時履行の抗弁が主張されていないことを指摘し、主張する意思がないのかを確認すべきであるということになる。

■ 権利質
[けんりしち]

質権の目的物が財産権である質権のこと。地上権や永小作権、賃借権、株式や手形などの有価証券、特許権や著作権などの知的財産権、そしてゴルフクラブの会員権など、動産・不動産を除く財産権が広く対象とされている。もっとも、譲渡が禁止された財産権は、質権の目的物とすることが禁止されている。また、たとえばBがCに対して有する売掛金債権を担保に、Aから金銭を借りる（金銭債権）場合など債権に質権を設定するときには、質権設定者Bが第三債務者Cに対して、質権の目的物となったことを確定日付ある証書をもって通知するか、Cの承諾を得なければ、質権者Aは自らが質権を有していることを、第三者に対抗することができない。

■ 権利失効の原則
[けんりしっこうのげんそく]

権利が長期間放置され、権利の相手方としても権利が行使されないことを期待している場合、権利の行使ができなくなるという原則。長期間経過後の権利行使が、民法の信義誠実の原則に反するものとされるためである。なお権利の失効は、消滅時効より優先され、消滅時効の期間が経過する前であっても権利の行使ができなくなるとされている。

■ 権利自白
[けんりじはく]

民事訴訟で、自己に不利益な事実の存否を認める陳述を自白というが、具体的な事実ではなく、権利関係や法律効果の存否を認める場合を権利自白という。権利自白がなされると、相手方は一応その権利関係・法律効果を基礎づける事実を主張・立証することが不要になるが、裁判所はそれに拘束されないと解するのが通説的な見解である。

■ 権利者参加
[けんりしゃさんか]

☞独立当事者参加／権利者参加

■ 権利能力
[けんりのうりょく]

　私法上、権利や義務の主体となりうる地位をさす。権利能力を持たない者については、単独で財産を持つことや、他者と契約を結ぶことなどは許されない。人間（自然人）は生まれながらにして権利能力をもっているとされ、会社などの法人にも権利能力が認められている。ただし、外国人は、法令や条約に基づき権利能力が制限される場合がある。

■ 権利能力のない社団等／人格のない社団等
[けんりのうりょくのないしゃだんとう／じんかくのないしゃだんとう]

　実質的には、一般法人法が定める社団法人や財団法人と同様の組織等を備えているが、法人格を得ていない団体のこと。とくに法人税法では、「人格のない社団等」と呼ばれている。また、民事訴訟法では、「法人でない社団または財団で代表者または管理人の定めがあるもの」と定義されている。権利能力のない社団であると認められた団体については、預金債権や建物の賃借権などの財産権は、団体の構成員の総有の形で帰属すると考えられている。

　また、可能な限り社団法人に準じた法律上の取扱いがなされている。たとえば、権利能力のない社団の代表者が他人に加えた損害は、一般法人法の規定が類推適用され、団体の財産で賠償が行われる。

■ 権力分立
[けんりょくぶんりつ]

☞三権分立／権力分立

■ 権利濫用
[けんりらんよう]

　外形上は正当な権利の行使のように見えても、実質的には、その権利が持つ本来の目的を逸脱しているために、正当な権利の行使とは認められない行為のこと。

権利があるとはいえ他人の権利を著しく妨害するような行使の仕方は、公序良俗に反するため、法は権利濫用を許さないとしている。権利濫用が行われた場合、権利行使の効果は否定され、逆に不法行為責任を負ったり、権利自体が剥奪されることがある。

■ 牽連性
[けんれんせい]

　留置権の要件のひとつで、留置権によって保全される債権は、その物（留置物）に関して生じたものでなければならないこと。牽連性が認められる場合には、債権が物自体から生じた場合と、債権が物の返還義務と同一の法律関係または事実関係から生じた場合がある。前者の例としては、他人の物の占有者が必要費や有益費を支払ったときの費用償還請求権などがある。後者の例としては、同一の法律関係から生じるものとして、売買契約から生じる物の引渡債務と代金債権、物の修理委託契約から生じる修理物引渡債務と修理代金債権などがあり、同一の事実関係から生じるものとしては、傘を取り違えて持ち帰った者が相互に返還する場合などがある。

■ 牽連犯
[けんれんはん]

　犯罪の手段となる行為と目的となる行為、あるいは原因となる行為と結果となる行為が、それぞれ別の罪名に触れるとき、そのうちの最も重い刑で処断されること。複数の行為を科刑において一罪として扱ったもの（科刑上一罪）であるが、いかなる場合に牽連犯が認められるのかは明確ではない。判例では、住居侵入罪と窃盗罪、公文書偽造罪と同行使罪などが、牽連犯として扱われている。したがって、たとえば留守中の他人の家に入り込み（住居侵入罪）、宝石を盗んだ（窃盗罪）者は、窃盗罪の刑で処断されることになる。

なお、殺人罪と死体遺棄罪については併合罪となり、牽連犯とはならない。

■ 言論の自由
[げんろんのじゆう]

個人が思想や意見などを外部に発表する自由をさす。憲法21条1項は、集会・結社の自由とともに、言論、出版その他一切の表現の自由を保障している。もっとも、一般に印刷物を示す出版に対して、口頭による表現を表す言論は、形式的には区別可能であるが、憲法は一切の表現行為を保護しており、憲法上の保護においては、表現行為の形態による差はない。言論の自由をめぐっては、とくに営業広告などの営利的言論が、思想や意見の表明を行う一般的な言論と比較して、憲法上の保護に差が生じるかどうかが争われている。

こ

■ 故意
[こい]

刑法上は、犯罪に当たることを認識して、その内容を実現しようとする意思。犯罪事実の認識または認容があれば故意が認められ、積極的な意欲までは必要ないと考える立場が通説であると考えられている。たとえば、自動車の進行方向に歩行者がいて、このまま進めばひいてしまうという場合、「死んでほしい」と積極的に思わなくても、「仮に死んでもかまわない」という認容があれば、故意があると認定される。

民法上は、不法行為の要件のひとつであり、自己の行為が他人の権利・利益を侵害することを認識しながら、あえて行為する心理をいう。

■ 故意ある道具
[こいあるどうぐ]

間接正犯で、被利用者に故意がある場合のこと。たとえば、公務員である夫が身分のない妻に賄賂を収受させる場合（身分なき故意ある道具）や、事情を知らない印刷工に、行使の目的を持って通貨を偽造させる場合（目的なき故意ある道具）がある。

被利用者は正犯にはなり得ない者であるが、故意に犯罪行為に加担しているため、道具として利用したとはいえないのではないかが問題となる。故意ある道具を利用する行為については、通説は間接正犯の成立を認めるが、教唆犯が成立すると考える説もある。

■ 公安委員会
[こうあんいいんかい]

警察機構の管理を行う行政委員会の一種。国に置かれたものを国家公安委員会、都道府県に置かれたものを都道府県公安委員会という。警察を民主的に管理・運営することを目的とした合議制の行政機関である。なお、北海道は広大であるため、さらに方面公安委員会が置かれている。

■ 皇位
[こうい]

天皇という名の国家機関の地位のこと。わが国の皇位は、現在の天皇と血統を同じくする者が代々継承していく世襲制を採用している（憲法2条）。また、皇位継承の詳細について規定している皇室典範は、男系の男子に皇位継承の資格を限定している。したがって、現行法の下では、皇位には男系の男子のみが就くことが予定されているが、近時、男系の女子や女系の男性・女性への皇位継承の是非に関して議論がある。

■ 行為
[こうい]

一般に、人間の身体の動静をさす。刑

法では、犯罪とは行為であると考えられていることから、行為がいかなる意味を持っているのか争いがある。通説は、意思に基づく身体の動静をいうと理解している。この立場に従えば、たとえば、睡眠中などの無意識のうちに行われている身体の動静は行為ではないと考えられる。

■ 行為共同説／犯罪共同説
[こういきょうどうせつ／はんざいきょうどうせつ]

共犯または共同正犯の本質に関する学説。

行為共同説とは、2人以上の者が特定の犯罪を共同して実現する場合だけでなく、単なる行為を共同して各自の意図する犯罪を実現する場合についても共犯とする立場である。

犯罪共同説とは、2人以上の者が特定の犯罪を共同して実現する場合を共犯とする立場である。犯罪共同説には、1個の同一の故意犯を共同して実現する場合にのみ共犯を認める完全犯罪共同説と、異なる構成要件にわたる行為を共同した場合でも、構成要件が同質的で重なり合うものであるときには、その範囲の限度で共犯を認める部分的犯罪共同説とがある。

たとえば、AとBが共同して強盗罪を実現した場合において、Aは強盗の故意、Bは窃盗の故意で共同していたときには、完全犯罪共同説は共犯の成立を否定し、部分的犯罪共同説は、窃盗の範囲の限度で共犯の成立を認める（Aについては、さらに強盗罪の単独犯が成立し、観念的競合となる）。これに対し、行為共同説は、強盗と窃盗の共犯の成立を認める。

■ 広域連合
[こういきれんごう]

都道府県や市町村など、単一の地方公共団体の枠を超え、広範囲な地域にわたって行政に対する要求が存在する事項について、その需要に応えるために設立される地方公共団体の組合のこと。1つの地方公共団体では処理することが困難な広域に関連する事務について、協力・共同して行政活動が行われる。広域計画を作成し、実施にあたって協議により規約を定めて組合を設置する。特別地方公共団体のうちの地方公共団体の組合の一種である。

もう1つの地方公共団体の組合である一部事務組合が、同種の事務の共同処理しかできないのに対して、広域連合は、同種の事務に限定されず、国や地方公共団体に対して事務の委任を要請することも、逆に、要請を受けることもできるという特徴がある。実施例としては、島根県と3町1村が加入している隠岐広域連合などがあり、病院の設置管理・運営などを共同で行っている。

■ 行為責任
[こういせきにん]

刑事責任の根拠を、個々の（犯罪）行為そのものにあると考える立場。道義的責任論の中心的概念である。刑事責任の根拠を行為者の人格または性格に求める性格責任と対立する。

■ 合一確定共同訴訟
[ごういつかくていきょうどうそしょう]
☞必要的共同訴訟／合一確定共同訴訟

■ 行為と責任の同時存在の原則
[こういとせきにんのどうじそんざいのげんそく]

刑法上、責任能力は犯罪行為の時点で存在する必要があるという原則。犯罪行為の段階で責任能力を欠いた者を法的に非難することはできないことを根拠とする。たとえば、飲酒により酩酊状態の者が、犯罪行為時に心神喪失状態であれば、処罰することはできない。もっとも、処罰を免れるために、自ら飲酒などによって心神喪失状態を作り出した者まで処罰できないとするのは適当ではないため、原因行為時点で責任能力があれば、実際

の行為時に心神喪失であっても処罰できるという考え方が、行為と責任の同時存在の原則の例外として主張されている（原因において自由な行為）。

■ 行為能力
[こういのうりょく]

単独で完全に有効な法律行為をすることができる地位をさす。民法は、行為能力を欠いている者や行為能力が不十分な者のことを、未成年者、成年被後見人、被保佐人、被補助人の4つに類型化して、制限行為能力者としている。こうした制限行為能力者が、たとえば物を売却するなど財産上の行為をした場合、法定代理人などによって取り消すことができるとされている。

■ 行為法／組織法
[こういほう／そしきほう]

人の行為そのものを規制対象とする法のこと。人の行為の基礎となる組織や設備を規制の対象とする法である組織法に対する概念である。行為法、組織法の区別は、とくに商法で用いられ、商行為法は行為法に属し、商法総則、会社法、手形法、小切手法などが組織法に属するものとされる。行為法は、自由主義の原則が支配し、任意法規が多く、組織法は、厳格主義の原則が支配し、強行規定が多い。

■ 行為無価値
[こういむかち]

刑法で違法性の実質に関する考え方のひとつであり、社会倫理規範に反するような犯罪行為そのものが違法の本質であるという考え方。違法性の実質として行為無価値性を重視する立場を、行為無価値論という。対立概念は、結果無価値である。

■ 勾引
[こういん]

被告人が定まった住居を有しないとき、正当な理由なく召喚に応じないときまた

は応じないおそれがあるとき、証人が召喚に応じないときに、裁判所が一定の場所に強制的に連行する強制処分のこと。

■ 公印偽造罪
[こういんぎぞうざい]

真正な印章として使用する目的をもって、公務所または公務員の印章または署名を偽造する罪。印章・署名の真正に対する公共の信用を保護するために規定された。3月以上5年以下の懲役に処せられる。印章などの偽造が、文書・有価証券の偽造の手段として行われた場合には、文書・有価証券偽造罪に包摂され、印章等偽造罪は成立しないが、文書・有価証券の偽造が未遂に終わった場合には、印章偽造罪として処罰される。

■ 公益通報者保護法
[こうえきつうほうしゃほごほう]

公益のために事業者による一定の法令違反行為の通報（公益通報）を行った労働者に対する解雇等の不利益な取扱いを禁止する法律。公益通報者の保護を図るとともに、事業者の法令遵守経営を強化するため、平成18年に施行された。公益通報の対象となる法令違反行為や、通報先等が規定され、通報対象事実について処分または勧告等をする権限を有する行政機関には、公益通報に対して必要な調査や適当な措置をとる義務が課されている。

■ 公益法人
[こうえきほうじん]

学術、技芸、慈善、祭祀、宗教など23種類の事業で、提供するサービスにより直接利益を受ける者が不特定多数に及ぶ公益性の高い事業を行う法人。従来は官庁ごとに法人の設立・運営にばらつきがあったが、平成20年施行の公益法人制度改革により、一般社団（財団）法人である団体が、内閣府もしくは都道府県に申請を行い、一定の基準を満たすと認められれば、公益認定を受け、公益社団（財

団）法人になることができるようになった。一定の基準を満たしているかどうかについては、民間の有識者による公益認定等委員会や都道府県の合議制機関によって、中立・公正な審査が行われ、内閣府や都道府県が最終的に判断する。公益法人については、法人税において公益目的事業が非課税（収益事業は課税）になり、公益法人への寄附者に対する寄附税制の優遇措置がある。

公海
[こうかい]

国家が領有、または排他的に支配することができない海域のこと。いずれの国の内水や領海、群島水域、排他的経済水域にも含まれない海洋のすべての部分をさす。公海では公海自由の原則が適用され、どの国も公海となる海域部分の領有を禁止され、国際法上の条件に従う限り、どの国も自由に公海を使用することができる。また、各国とも、自分の国の船舶に対してのみ自国の法令を適用することができる（旗国主義）。

更改
[こうかい]

債務の要素を変更することによって、旧債務を消滅させ、新たな債務を成立させる契約。債権の消滅原因のひとつである。債務の要素の変更には、ⓐ従前の債権者が第三者と交替するもの、ⓑ従前の債務者が第三者と交替するもの、ⓒ従前の給付内容について重要な変更を加えるもの（例金銭債務を物の引渡債務に変更する場合）がある。

更改では、旧債務と新債務には同一性がないため、旧債務の担保権は引き継がれないのが原則である。ただし、債権者（ⓐの場合は更改前の債権者）が、あらかじめまたは同時に、更改の相手方（ⓐの場合は債務者）に対する意思表示によって、質権または抵当権を新債務に移すことが

できる。さらに、旧債務の抗弁権も消滅して、新債務には引き継がれないのが原則である。この点について、平成29年の民法改正により、ⓐの場合で債務者が異議をとどめずに承諾したときは抗弁権が切断されるとする規定（旧民法516条）が削除された。

公開会社
[こうかいがいしゃ]

発行する全部または一部の株式の内容として、譲渡による株式の取得について当該会社の承認が必要であるという定款の定めを設けていない株式会社。つまり、譲渡に会社の承認を必要としない株式（自由に譲渡できる株式）を一部でも発行している会社を公開会社と呼ぶ。公開会社に対して、すべての株式の譲渡による取得について会社の承認を必要とするものが「公開会社でない株式会社」である。会社法は公開会社についてのみ定義するが、公開会社でない株式会社のことを、便宜上、非公開会社や株式譲渡制限会社と呼ぶことがある。公開会社では、不特定多数の者が株主となることが想定されるため、取締役会の設置を義務づけるなど、所有と経営の分離を前提とした機関設計がなされている。

なお、株式が証券取引所に上場されている会社のことを公開会社ということがあるが、会社法上の概念とは異なる。

公開買付け
[こうかいかいつけ]

☞株式公開買付け／公開買付け／TOB

公開裁判
[こうかいさいばん]

裁判において、国民の傍聴を認める制度のこと。公正な裁判を確保するためには、その重要な部分は公開される必要があるため、裁判において当事者が口頭でそれぞれの主張を述べる手続（対審）および判決は、公開の法廷で行わなければ

ならない（憲法 82 条）。もっとも、公序良俗を害するおそれがある場合は、例外として公開の停止も認められるが、政治犯罪や出版に関する犯罪または基本的人権に関する事件は、必ず公開で行わなければならない。

■ 効果意思
[こうかいし]

　法律効果を発生させようとする意思のこと（内心的効果意思）。これと表示行為が一体となって、意思表示が成立する（表示上の効果意思）。たとえば、「リンゴをあげたい」という効果意思と、「リンゴをあげます」という表示行為が一体となり、「贈与します」という意思表示が成立する。内心的効果意思と表示上の効果意思が一致しない場合には、心裡留保、錯誤、虚偽表示などの問題が発生する。また、効果意思と表示は一致するが、効果意思の形成過程に問題があるものとして、詐欺、強迫による意思表示がある。

■ 公開主義
[こうかいしゅぎ]

　訴訟の弁論や証拠調べ、または判決の言渡しなど重要な部分について、一般国民が傍聴できる状態で行わなければならないという原則。わが国では、原則として公開裁判が義務づけられている（憲法82条）。秘密裁判を防ぎ、司法の公正と国民の信頼を維持することが目的である。

　民事訴訟では、口頭弁論、判決の言渡しについて公開主義がとられ、刑事訴訟でも基本的に公開主義に則っているが、公判の準備や勾留質問など、付随的な手続は公開されていない。

■ 公害防止協定
[こうがいぼうしきょうてい]

　公害の発生原因となるような事業活動を行う事業者と地方公共団体あるいは近隣住民との間で結ばれる協定。公害を防止するための措置や立入調査権等に関す

る取決めをさす。とくに地方公共団体で、公害防止対策として重要な役割を果たしている。協定書、覚書などさまざまな名称で呼ばれている。公害防止協定の法的性質をめぐり、これに法的拘束力を認める契約とみるのか、それとも事業者の道義的責任を宣言したにすぎない紳士協定と見るのかについて争いがあるが、判例は前者の見解（契約説）に立っているとされている。

■ 効果裁量
[こうかさいりょう]

　行政庁が行政行為を行うにあたり、具体的にどのような内容の行政行為をするかを決定する段階で認められる裁量のこと。対立概念は要件裁量であり、これは、行政行為に必要な要件を満たすかどうかを認定する段階で認められる裁量をいう。効果裁量の例としては、ある国家公務員が国家公務員法上の非行に当たる行為をした場合、懲戒処分である免職、停職、減給または戒告のうち、任命権者が制裁として適切と思われる処分として、停職処分を選択するような場合が挙げられる。

■ 交換契約
[こうかんけいやく]

　物と物とを取り替える場合のように、金銭以外の財産権を当事者が互いに移転する契約。民法上の典型契約のひとつで、有償、双務、諾成、不要式の契約である。

■ 強姦罪
[ごうかんざい]

　平成 29 年の刑法改正前における、13歳未満の女子に性交をする罪、および暴行または脅迫によって 13 歳以上の女子に性交をする罪のこと。
　☞強制性交等罪

■ 合議制
[ごうぎせい]

　機関の制度として、その機関の意思決定が複数人の構成員の合議に基づくこと。

議会、裁判所、内閣など、いずれも合議制を採る組織（合議体）である。訴訟法上の裁判所においては、1人の裁判官で裁判所を構成する場合を単独制、複数の裁判官で裁判所を構成する場合を合議制という。わが国では、最高裁判所、高等裁判所および地方裁判所が一定の事件を審理する場合には、合議制によって裁判が行われることになっている。そのうちの1人の裁判官が裁判長となって訴訟指揮をし、裁判所としての意思決定を統合する役割を果たす。

なお、行政法上の分類では、合議制の対立概念として、独任制の言葉が用いられている。

■ 公共危険罪
［こうきょうきけんざい］

不特定または多数の人の生命・身体や財産に対する侵害の危険が生じることにより成立する罪。刑法は、人による公共危険罪として騒乱罪を、火による公共危険罪として放火・失火罪を、水による公共危険罪として出水罪を規定している。また、交通機関に対する侵害である往来妨害罪や、公衆の健康に対する罪であるあへん煙に関する罪、飲料水に関する罪も公共危険罪であると考えられている。要求される危険とは、具体的な危険の発生が要求されるもの（具体的危険犯）と、一般的・抽象的な危険行為が要求されるもの（抽象的危険犯）とに分かれるが、これは犯罪の性質によって異なると考えられている。

■ 工業所有権／産業財産権
［こうぎょうしょゆうけん／さんぎょうざいさんけん］

知的所有権（無体財産権）の一種で、主に企業活動・産業活動に関する権利をいう。工業所有権には、特許権、実用新案権、意匠権、商標権が含まれ、権利者は、これらの権利を独占的・排他的に行使す

ることができる。現在では、その範囲が工業に限られないことや、知的財産戦略大綱で用語を改めることが明記されたことから、工業所有権に代わって、産業財産権という用語が一般化しつつある。

■ 公共の危険
［こうきょうのきけん］

刑法上、不特定または多数の人の生命・身体や財産等に対する危険が認められる状態。放火の罪では、公共の危険が要件となっているか否かで抽象的危険犯か具体的危険犯かを区別している。たとえば、非現住建造物等放火罪のうち、自己所有の非現住建造物等放火罪では、条文上、公共の危険の発生が要件とされているため、本罪は具体的危険犯である。

どのような危険があれば公共の危険があるかについて、従来から物件への延焼の具体的な危険が必要であると考えられていた。しかし、近時の最高裁判例は、建造物等以外放火罪にいう公共の危険について、特定の物件に対する延焼に限らず、不特定または多数人の生命・身体・財産に対する危険という、より抽象的な危険の状態についても含む概念であると判断している。

■ 公共の福祉
［こうきょうのふくし］

憲法で保障された個人の基本的人権を制約するための原理をいう（憲法12条・13条）。経済的自由に関しては、公共の福祉による制限が明文で規定されている（憲法22条・29条）。

基本的人権に対して、具体的にどのような制約をもたらすのかについて、学説はもともと、主に一元的外在制約説と内在・外在二元的制約説とに分かれていた。一元的外在制約説は、経済的自由に関する憲法22条・29条は特別な意味を持たず、基本的人権はすべて憲法12条・13条の公共の福祉による制約を受けると考え

る。他方、内在・外在二元的制約説は、憲法12条・13条は倫理的な規定に過ぎず、人権制約の根拠とはならないため、公共の福祉による制限は、明文にある経済的自由や、社会権にしか及ばないと考える。

もっとも近時は、公共の福祉は人権同士の衝突を調整する実質的な公平の原理を表したものと考える見解（一元的内在制約説）が有力化している。たとえば、自由権は重要な権利であるとして、規制をする場合、必要最小限にとどめなければならないというように、人権の種類や性質により、制約のあり方は異なると考える。

■ 拘禁
[こうきん]

逮捕に引き続く身柄拘束のうち、比較的長期の拘束をさす。刑事訴訟法では、勾留や鑑定留置などがこれに当たる。類似概念に抑留があるが、これは拘禁に比べて比較的短期な拘束をさす。憲法は、拘禁される際の理由の告知を受ける権利や弁護人を依頼する権利を保障している（憲法34条）。また、不当な長期拘禁後の自白は、証拠とすることができないと規定し（憲法38条2項）、被拘束者の保護が図られている。

■ 公金支出の禁止
[こうきんししゅつのきんし]

国または地方公共団体が、その目的を達成するのに必要な金銭（公金）について、宗教上の組織・団体の使用、便益もしくは維持のため、または公の支配に属しない教育もしくは博愛の事業に対して支出することを禁じる原則。公金その他の公の財産は、国民の税負担と密接に関連するので、それを適正に管理し、民主的にコントロールする趣旨である。宗教上の組織・団体への公金の支出を禁止することは、政教分離の原則を財産面から保障していると理解されている。

■ 公契約関係競売等妨害罪／競売等妨害罪
[こうけいやくかんけいけいばいとうぼうがいざい／けいばいとうぼうがいざい]

旧刑法では、競売等妨害罪は、人の判断を誤らせるようなことをしたり脅したりして、公の競売または入札の公正を害する行為をする罪をさしていた。平成23年の刑法改正により、強制執行に関する妨害罪から独立させて、公共工事の入札などに対する妨害罪について、これを公契約関係競売等妨害罪と規定した。3年以下の懲役もしくは250万円以下の罰金またはこれらの併科となる。競売・入札の適正な運用を図るために規定された。たとえば、公共工事を請け負わせる業者を選定するための競争入札において、予定価格を、特定の入札予定者に漏示する行為などが挙げられる。

■ 攻撃防御方法
[こうげきぼうぎょほうほう]

民事訴訟において、当事者が提出する一切の訴訟資料のこと。自身の申立ての根拠とするために提出されるものを広く含む。具体的には、事実上・法律上の主張や、相手方の主張に対する認否、証拠の提出などがある。攻撃防御方法のうち、攻撃方法とは、原告が訴訟資料を提出することをさし、防御方法とは、原告の攻撃方法を受けて、被告が訴訟資料を示して主張を行うことをいう。攻撃防御方法は、訴訟の進行状況に応じて、適切な期間に提出しなければならず（適時提出主義）、時機に後れた攻撃防御方法は、却下されることもある。

■ 公権
[こうけん]

公法上の権利のこと。私法上の権利である私権に対する語である。公法上の義務のことは公義務という。公権には、国・公共団体が私人に対して持つ国家的公権

（刑罰権、警察権、財政権など）と、私人が国・公共団体に対して持つ個人的公権（参政権、受益権など）とがある。

かつては、公権には一身専属性があり譲渡性がないといった特殊な性質があり、公権と私権には本質的な差異があるという議論がなされた。現在では、公権と私権を概念的に二分するのではなく、個別の法令の規定・趣旨・目的に従って、個々に特殊性の有無を判断すべきとする立場が有力である。

後見
[こうけん]

民法において、法律行為を単独で行うことが難しい制限行為能力者を保護するための制度。未成年者に対する親権者は、原則として父母であるが、適切な親権者がいない場合には、未成年者の身上の監護・教育や、財産を管理するために、未成年後見人が置かれる。また、成年者であっても、行為の結果を弁識する精神能力を欠くのが通常の状態である者に対して、成年後見開始の審判があったときに、成年被後見人の生活や療養看護および財産の管理に関する事務を行う成年後見人が選任される。未成年後見人や成年後見人は、法律が定める法定後見の類型に当たる。

これに対して、任意後見という制度を利用することも可能である（任意後見契約に関する法律）。任意後見制度は、法定後見が必要となるような心身の状況に陥った場合に、自分の法律行為の全部または一部を任せるという契約をあらかじめ結んでおくことにより利用可能な制度である。後見人は、本人である被後見人の財産に関する法律行為について、代理権を持つ。しかし、本人の利益に反するような行為（利益相反行為）を行うことはできない。

後見開始の審判
[こうけんかいしのしんぱん]

自分の行為について認識することや判断することができない状況が常に続く精神状態にある場合に、家庭裁判所が本人等の請求により後見人を選任する手続。後見開始の審判が行われると、その者は成年被後見人となり、成年後見人と呼ばれる身分上、財産上の保護者が選任される。成年後見人は、成年被後見人の法律行為に関する広範囲な代理権、日常生活に関するものを除く法律行為に関する取消権、被後見人の法律行為に対する追認権などを持つ。

後見監督人
[こうけんかんとくにん]

行為能力が制限された本人を保護・支援する目的で選任された後見人に対して、事務を監督し、または必要に応じて後見人の事務を代理して行う機関のこと。必ず置かれる機関ではなく、家庭裁判所が必要であると判断した場合などに選任される。

後見人が不正な行為や権限を濫用することにより、本人（被後見人）に不利益が生じるおそれがある場合に、後見人の解任を家庭裁判所に請求するなど、さまざまな措置を採ることが認められている。とくに人数などの制限はないが、後見人の配偶者や直系血族、兄弟姉妹などは後見監督人となることができない。

黄犬契約
[こうけんけいやく]

雇主が労働者に対し、雇用の条件として、労働組合に加入しないこと、または労働組合から脱退することを挙げて、労働者の団結を妨げる内容の雇用契約のこと。このような契約は団結権の侵害に当たるため（不当労働行為）、現在では禁止されている。

■ 合憲限定解釈
[ごうけんげんていかいしゃく]

憲法訴訟で、字義どおりに解釈すれば違憲になる可能性がある広範な法文の意味を限定し、違憲となる可能性を排除することによって、法令の効力を維持する解釈のこと。合憲限定解釈を行ったとされる判例として、都教組事件がある。判決では、処罰の対象となる行為について、争議行為・あおり行為とも違法性の強いものに限られるという限定解釈の手法をとり、地方公務員法を違憲とすることを避けるとともに、被告人を無罪としている。

■ 合憲性推定の原則
[ごうけんせいすいていのげんそく]

裁判所が法律の合憲性を判断するにあたっては、法律は合憲であると推定されるとする考え方。国民の代表者から組織される国会の判断には合理性があることを前提とすべきであると考え、違憲判断を下すには慎重であるべきであるとする立場である。もっとも、規制に慎重であるべき精神的自由権の規制立法など一定の法領域では、合憲性の推定は及ばないと解する立場も有力である。

■ 後見人
[こうけんにん]

未成年者や成年被後見人の保護に当たる者。後見人は、未成年者や成年被後見人の生活、療養看護、財産の管理に関する事務を行う。とくに、財産の管理において代理権を持ち、法律行為を代理することが重要である。

未成年者の後見は、その未成年者に対して親権を行う者がいないときや、親権を行う者はいても管理権を有しないとき、または、それらの者に後見開始の審判があったときに始まる。その未成年者が成年に達した時、または婚姻をした時に後見は終了する。成年後見は、裁判所の審判によって始まる。そして、成年被後見人の能力が回復し、後見開始の審判が取消しになったときなどに終了する。

■ 公権力の行使
[こうけんりょくのこうし]

法が認めた地位に基づいて、行政庁がその優越的な意思を発動する行為のこと。国・公共団体がなす権力的な行為全般をさす。もっとも、国家賠償法1条の「公権力の行使」は、もっと広い概念であり、判例・通説によれば、国・公共団体の作用のうち、純粋な私経済作用と同法2条の営造物の管理責任を除くすべての作用が含まれるとされる。具体的には、非権力的活動である公立学校の教育活動や行政指導も、国家賠償法上の公権力の行使に含まれると解されている。

■ 公告
[こうこく]

ある事柄について、広く一般に知らせること。通常は、官報や新聞に掲載することによって行われることが多い。たとえば、国が公共事業として橋を新設するにあたり、工事請負業者を選定するために、一般競争入札を行うことを知らせることなどが挙げられる。また、会社が決算書類等を知らせることも公告という。

■ 抗告
[こうこく]

判決以外の裁判に対して上級裁判所に不服を申し立てる方法。

民事訴訟では、決定および命令に対する上訴方法として抗告が規定されている。本案との関係性が強くない派生的な事項に対して、早期に決着をつけたい場合や他に争う機会がない場合に行う。法律が認めた場合にのみ提起できる。

抗告の例としては、移送の決定や移送の申立てを却下した決定に対する即時抗告が挙げられる。

抗告の種類には、通常抗告と即時抗告、許可抗告、特別抗告とがある。通常抗告

と即時抗告は、決定・命令に対する抗告である点で共通する。相違点は、即時抗告は抗告可能な裁判の告知を受けた日から1週間以内に行わなければならない点である。許可抗告とは、高等裁判所の決定・命令に対する抗告であり、高等裁判所の許可により最高裁判所にする抗告である。特別抗告とは、通常抗告、即時抗告が許されない場合に、憲法違反を理由に最高裁判所にする抗告である。

刑事訴訟では、裁判所の決定に対する上訴方法として、抗告の用語が用いられる。最高裁判所に対する特別抗告と、それ以外の一般抗告とに分かれ、たとえば、勾留決定に対する不服の申立てなどが一般抗告の例である。一般抗告について、通常抗告と即時抗告の区別があることは民事訴訟と同様である。特別抗告は、刑事訴訟法により抗告することが認められていない決定や命令に対して、憲法違反などを理由に申し立てる場合に限られる。

■ 抗告訴訟
[こうこくそしょう]

行政庁による公権力の行使・不行使について、その是正を求める訴訟。行政事件訴訟法が規定している抗告訴訟は、処分の取消しの訴え、裁決の取消しの訴え、無効等確認の訴え、不作為の違法確認の訴え、義務付けの訴え、差止めの訴えの6種類である。もっとも、抗告訴訟はこの6種類には限定されず、行政事件訴訟法に規定がない形式の抗告訴訟を無名抗告訴訟という。

■ 公告方法
[こうこくほうほう]

会社が公告をする方法。会社は、公告方法として、官報に掲載する方法、日刊新聞紙に掲載する方法、電子公告のいずれかを定款で定めることができる。定款に定めを置かない場合は、官報に掲載する方法によることになる。公告方法は登

記しなければならない。

■ 交互計算
[こうごけいさん]

継続的な取引をしている場合、毎回債権債務を決済するのではなく一定期間を定め、その期間内の債権債務を相殺してその残額を支払うことを約する契約。この契約が締結できるのは、商人間、または商人と商人でない者の間である。継続的な取引のある商人などは、互いに多数の債権債務を持つことが多いが、それをまとめて決済することによって、決済の簡易化を図っている。商法により規定されており、附属的商行為に分類される。

■ 交互計算不可分の法則
[こうごけいさんふかぶんのほうそく]

交互計算契約が締結された場合に、その対象となった債権債務について適用される特別のルール。たとえば、交互計算期間内に生じた債権債務は、相殺の時まで支払いが猶予される。同時に、個々の債権債務の相殺は禁止される。さらに、それらの債権については、譲渡が禁止され、また個々の債権については、当事者以外の者による差押えや転付命令はその効力を有しない。この法則により、期間の終期における一括相殺の機能が担保される。

■ 交互尋問
[こうごじんもん]

証人尋問において、最初にその尋問を申し出た当事者、次に相手方当事者といったように、両当事者が交互に尋問する方式。交叉尋問ともいう。尋問の申し出をした当事者の尋問を主尋問、相手方当事者の尋問を反対尋問という。民事訴訟法、刑事訴訟法ともに交互尋問に関する規定が置かれている。

■ 公債
[こうさい]

国または地方公共団体が、金銭を支出する（歳出）ための財源を確保するため

に負担する債務一般をさす語。狭義には、国または地方公共団体が、償還期限が一会計年度を超えて、有価証券の形で負担する債務のことをさすことが多い。国が発行するものを国債、地方公共団体が発行するものを地方債という。

工作物責任
[こうさくぶつせきにん]

土地の工作物について、設置や保存の上で、本来備えているべき性質を欠いており、それにより他人に損害を与えた場合に発生する民法上の損害賠償責任のこと。一次的には、工作物の占有者が負う責任であるが、占有者が損害発生を防止する注意を怠らなかった場合には、工作物の所有者が責任を負う。所有者の責任は、免責事由が認められない無過失責任である。

たとえば、賃借人Aが住む家の屋根が老朽化により落下し、通行人Bにケガをさせた場合、AがBに対して損害賠償責任を負うのが原則である。Aが老朽化による落下防止について注意を怠らなかったことを証明すれば、Aは責任を免れる。代わって、Aの賃貸人で家の所有者であるCが、Bに損害賠償責任を負う。

公示
[こうじ]

ある特定の事柄を、広く不特定多数の人々が知ることができるような状態に備えておくこと。公の機関の発表について用いられるのが一般的である。たとえば、総選挙の施行について、天皇が詔書によって行う公示が挙げられる。

私法上でも公示は重要な役割を果たす。たとえば、民法は、不動産については登記、動産については引渡しによって、物権の存在や変動が一般的に他人に見えるような外形を整える必要があると定めている。これは公示の原則と呼ばれるものである。

合資会社
[ごうしがいしゃ]

会社債権者に対して、出資額以上の責任を負う無限責任社員と、出資額の範囲内で責任を負うにとどまる有限責任社員とが混在して構成される持分会社のこと。このため、設立時には最低2名の社員が必要となる。無限責任社員は労務出資や信用出資ができるが、有限責任社員は金銭による出資か現物出資でなければならない。また、無限責任社員は、会社の債務について会社財産をもってしても完済できなかった場合には、自己の財産をその弁済に充てることになる。有限責任社員は、履行が未完了である出資金額を限度に、直接弁済しなければならない。

公示送達
[こうじそうたつ]

裁判所書記官が送達すべき書類を保管し、いつでも送達を受けるべき者に交付すべき旨を裁判所の掲示場に掲示してする送達方法。民事訴訟法が定める送達方法のひとつである。公示送達は、当事者の住所や居所等の送達場所が不明のときなどに行われる。なお、手続保障を重視する観点から、当事者欠席の場合の擬制自白は、公示送達による呼出しの場合には成立しない。

皇室
[こうしつ]

天皇および皇族を表す用語。皇室の具体的なあり方については皇室典範により定められている。皇室制度を定め、天皇を含む皇族の体系を定めておくことで、皇位の世襲制が維持されている。

皇室財産
[こうしつざいさん]

天皇と皇族の財産のうち、とくに公的な性格が強いと判断された財産。憲法88条は、皇室財産は国に属すると規定して、国有財産に編入されると定めている。も

っとも、皇居や御用邸などは国有財産ではあるが、皇室の用に供されることとされており、皇室用財産と呼んで区別している。また、皇室用財産に含まれない天皇の私産として残されたものには、三種の神器や宮中三殿などがある。

■ 皇室典範
[こうしつてんぱん]

天皇・皇族に関する重要な事項を定めた憲法付属法典のひとつ。憲法2条の規定に基づき、皇位継承、皇族、摂政、即位の礼・大喪の礼といった儀式、皇室会議など、皇室に関わる詳細に関して規定を置いている。なお、皇室の経済については、皇室経済法が規定している。

■ 皇室用財産
[こうしつようざいさん]

国有財産法に基づいて、皇室のために用いられることとされた財産。皇室財産は、天皇の財産と皇族の財産のうち、とくに公的性格が強いものをさす。公私の区別がなかった戦前の反省に立ち、皇室財産と判断されたものは国有財産に編入されている。しかし、たとえば皇居や御用邸などは、三種の神器などの天皇の私産とは異なり、国有財産に含まれるものであるが、それでもなお、皇室の用に供されるものとして扱われている。

■ 公示の原則
[こうじのげんそく]

物権の変動には、公示（外部から認識できる一定の表象）を伴わなければならないとする原則。日本の民法は、意思表示のみで物権変動の効力が生じると規定している。しかし、物権は排他性を持つ権利であるので、物権の変動が外部から認識できないと、第三者の利益を害することになる。そのため、物権の変動には公示を伴わなければならないとする公示の原則が採用されている。民法上要求されている公示の方法は、動産については引渡し、不動産については登記である。

■ 公示方法
[こうじほうほう]

物権の変動を公示する方法。具体的には、動産についての引渡し、不動産についての登記、未登記の立木や未分離の果実についての明認方法、自動車や航空機の登録などがある。

■ 公衆送信権
[こうしゅうそうしんけん]

著作物について、公衆送信を行う権利のこと。公衆送信には、テレビやラジオ等の無線通信と、ケーブルテレビなどの有線電気通信とがある。公衆送信権は、著作権の一部であり、放送権、有線放送権、自動公衆送信権などから構成される。自動公衆送信（たとえばインターネット上のサーバにアップロードされた著作物に利用者がアクセスすることで著作物が送信される場合）については、送信可能化権を含む。

■ 公証
[こうしょう]

準法律行為的行政行為の一種で、行政機関が事実や法律関係が存在することの証明をすること。たとえば、選挙人名簿への登録、不動産の登記、戸籍への記載などがある。

■ 工場財団
[こうじょうざいだん]

工場の建物や敷地および設備などで構成され、所有権保存の登記により1つの不動産とみなされる財産の集合体をさす。工場を構成する土地、建物、付属工作物、機械、器具などの有形財産権と、工場が所有する地上権、賃借権、工業の所有権などの無形財産権からなる。これらの構成物の目録を作成し、工場財団登記簿に所有権保存登記を設定することで成立する。工場抵当法によって規定されており、この登記がなされると、工場抵当権の設定が可能になる。

■ 工場抵当
[こうじょうていとう]

工場抵当法に基づいて、工場の土地または建物に設定された抵当権。工場抵当権の効力は、附加物件（土地または建物に附加して一体となった物）や供用物件（土地または建物に備え付けた機械・器具などで工場の用に供する物）にも及ぶ。工場抵当には、抵当権の及ぶ範囲を明確にするとともに、工場の担保価値を高め、資金調達を容易にする目的がある。なお、工場抵当は、広義には工場抵当法に規定されている工場財団抵当を含む。工場財団抵当では、工場の土地・建物や機械・器具などについて目録を作成し、これを1つの財団として抵当権を設定する。

■ 公証人
[こうしょうにん]

ある事実の存在、もしくは契約等の法律行為の適法性等について、公権力を根拠に証明・認証する者のこと。公証人法に基づき、法務大臣が任命する公務員で、全国各地の公証役場で公正証書の作成、定款や私署証書（私文書）の認証、確定日付の付与などを行う。国家公務員法上の公務員には当たらないが、実質的意義の公務員に当たると解されている。また、公証人には職務専念義務があり、兼職は禁止されているので、弁護士や司法書士などの登録は抹消しなければならない。

■ 公証役場
[こうしょうやくば]

公証人が業務を行う官公庁のこと。公正証書の作成、私人が作成・署名した文書（私署証書）の証明や、会社の定款に対する認証の付与、私署証書に対する確定日付の付与などを行う。全国に約300か所設置されている。

■ 公職選挙法
[こうしょくせんきょほう]

わが国の衆議院議員・参議院議員および地方議会議員選挙に関して、選挙方法等を定めた基本法。公務員の選挙に関しては、財産の多寡に関係なく（普通選挙）、1人1票の投票権を持ち（平等選挙）、誰に投票したのかを知られることはない（秘密選挙）という権利が、選挙権として憲法によって保障されている。

公職選挙法は、憲法の規定を受けて、選挙権・被選挙権を有する者は誰か、投票や開票の手続、選挙運動に関する事柄などについて、具体的な規定を置いている。また、選挙の効力に関する争訟手続や違反者に対する罰則などについても規定している。

近年の重要な法改正として、平成27年に選挙権の年齢を20歳以上から18歳以上に引き下げたことが挙げられる。

■ 公序良俗
[こうじょりょうぞく]

☞公の秩序または善良の風俗／公序良俗

■ 更新／契約の延長
[こうしん／けいやくのえんちょう]

契約期間の満了とともに再度契約関係を結ぶことにより、契約関係を継続すること。とくに、契約期間が延長されることに着目して、契約の延長と呼ばれることもある。期間満了の際に当事者の意思表示によって行われるのが一般的である。ただし、借地借家法には、借地・借家契約の存続期間の満了時に、貸主が自分でその物件を使用するなどの正当な理由がない限り、契約は自動的に更新されるという規定がある。これを法定更新という。このように、当事者の意思表示によらずに契約が更新する場合もある。

■ 公信の原則
[こうしんのげんそく]

公示（物権の存在を表象する外形）を信頼して取引関係に入った者は、公示が実体的権利関係と一致していなくても、真実に権利が存在したのと同様に扱うとす

る原則。公信の原則の下で、公示に与えられている効力を公信力という。

たとえば、ドイツの不動産登記には公信力が与えられているので、無権利者が登記を勝手に書き換えて土地を売却した場合であっても、その登記を信用して土地を買った者は、その土地を取得することができることになる。これに対して、わが国では、登記に公信力はないので、登記を信じただけでは権利を取得することはできない。わが国では、動産の即時取得は、動産の占有（公示）を信頼した者を保護する制度であり、公信の原則を採用したものとされている。

■ 更新料
[こうしんりょう]

契約を更新する際に、更新を望む側から提供する対価。たとえば、借地借家契約において、土地や建物の賃貸借契約を更新する際、賃借人から賃貸人に賃料以外の一定の金銭を支払うケースが、これに当たる。

なお、借地や借家の場合、原則として、更新料の支払いには特約が必要とされている。したがって、特約がない場合は、賃貸人が更新料を請求してきた場合でも、賃借人は応じる必要はないとされる。

■ 公信力
[こうしんりょく]

物を占有している状態など、権利が存在すると推察される客観的事実（公示）がある場合に、その外形を信頼して取引に入った者を保護するため、真に権利が存在するのと同様の法律効果を生じさせる効力。たとえば、AがCから預かっていた時計をBに売却してしまった場合、時計を占有していた無権利者Aを真実の所有者であると信頼して、Bが取引に入ったといえる場合には、BはAとの売買契約によって、有効に時計の所有権を取得することができる（即時取得。民法192条）。

このように、民法は動産の占有について公信力を認めているが、不動産の登記には公信力を認めていない。したがって、無権利者から無権利者名義の登記がある土地や建物を買い受けた者は、他の法理（民法94条2項など）を援用しなければ、不動産に関する有効な権利を取得することができない。

■ 公図
[こうず]

法務局に保存されている地図に準ずる図面。土地の境界や建物の位置を確定するために使われる。旧土地台帳法施行規則により明治時代に作成されたもので、地図の精度は低く、土地の面積など、土地の状況を正確に把握したものとは限らない。そこで、現在の測量技術に基づいて作成した地図（不動産登記法14条地図）も登記所に備え付けられつつあるが、その数は不十分である。そのため、公図が、不動産登記法14条地図に準ずる地図として現在でもなお利用されている。

■ 更正
[こうせい]

一般に、間違いを正すこと。たとえば、民事訴訟法において、訴訟代理人が行った事実に関する陳述は、当事者が更正した場合には、効力が生じないと規定されている。税法上は、納税者の申告が間違っている場合などに、税務署長が税額を変更する処分のことをさす。

■ 硬性憲法／軟性憲法
[こうせいけんぽう／なんせいけんぽう]

硬性憲法とは、通常の法律の改正手続よりも厳格な特別の手続によらなければ改正ができない成文憲法をさす。憲法が国民の不可侵の権利を保障していることから、安易に改正を許さないという利点を持つが、時代に応じた国民の意思を反映することが困難であるという難点もある。わが国の憲法も、硬性憲法に分類さ

れる。

これに対して、軟性憲法とは、通常の法律の改正手続と同じ手続によって改正が可能な成文憲法をさす。もっとも、イギリスのように、憲法に含まれるべき規律が法律として定められており、憲法典が存在しない場合も、通常の法律改正で憲法の改正が許されたものとされるため、軟性憲法に属すると考えられている。

■ 公正証書
[こうせいしょうしょ]

公証人が法律に従って作成した公文書のこと。公正証書は強い証明力を持つ。民事執行法上、一定の要件を満たした公正証書は、執行力をもつものとされており、執行証書と呼ばれる。なお、公正証書原本不実記載罪における公正証書は、より広い概念であり、権利義務に関する事実を公的に証明する文書の一切を含む。

■ 公正証書遺言
[こうせいしょうしょいごん]

普通方式遺言のひとつ。2人以上の証人の立会いの下、遺言者が遺言の内容を公証人に口頭で伝え、公証人がそれを筆記して、遺言者、証人、公証人のそれぞれが署名押印して作成される。作成された書面の原本は、公証役場に保管される。公証人が関与することで、法律的に誤った遺言がされることを防止できる。また、改ざんや紛失のおそれも少ない。また、家庭裁判所による検認も不要である。

■ 公正証書原本不実記載罪
[こうせいしょうしょげんぽんふじつきさいざい]

公務員に対して虚偽の申立てをして、権利・義務に関する公正証書の原本またはその電磁的記録に、真実に反する記載・記録をさせる罪。5年以下の懲役または50万円以下の罰金に処せられる。保護法益は、公正証書に対する公共の信用であると考えられている。権利または義務に関する公正証書の原本とは、住民票や登記簿、戸籍簿など公務員が職務上作成して、権利・義務に関する事実を証明する効力を持つ文書をさす。たとえば、離婚の意思がないにもかかわらず外形上離婚を装って離婚届を提出して、戸籍簿の原本に離婚の記載をさせた場合などに、この罪が成立する。

なお、刑法は、公務員に対して虚偽の申立てを行い、免状、鑑札または旅券に不実の記載をさせた場合の罪を規定している。これを免状等不実記載罪という。

■ 更正登記
[こうせいとうき]

登記されている事項に誤りや漏れがある場合にする登記。たとえば、AとBがCから土地を購入した場合に、誤ってCからA名義に所有権移転登記がされたときに、これを本来の状態であるAとBの共有名義に直す登記をいう。誤った登記を正しい登記に直すという意味で、現実の変更を登記に反映させる変更登記と異なる。したがって、これが認められるためには、更正の前後で登記の同一性が維持されている場合に限られる。

■ 公正取引委員会
[こうせいとりひきいいんかい]

独占禁止法の目的を達成するために設置された合議制の行政機関であり、行政委員会のひとつ。独占禁止法の目的は、私的独占、不当な取引制限および不公正な取引方法を禁止して、公正かつ自由な競争を促進し、国民経済の民主的で健全な発達を促進することである。公正取引委員会は、行政機関のひとつでありながら、内閣から独立して職務を行う。そのため、委員長および委員には、職権行使の独立性が認められ、任命には両議院の同意を要し、身分も保障されている。

更正の請求
[こうせいのせいきゅう]

納税申告をするにあたって、納付すべき税額が過大であった場合等や、純損失の金額が過少であった場合等に、申告書を提出した者等が、課税標準等または税額等の変更を求めること。更正の請求があった場合には、税務署長は、その請求に係る課税標準等または税額等について調査を行い、請求に理由があれば更正し、理由がない場合は、請求をした者にその旨を通知する。

更生保護法
[こうせいほごほう]

罪を犯した者や非行少年の再犯を防ぎ、改善更生するため、仮釈放・仮出場や仮退院、保護観察などの制度の運用について定めた法律。更生保護法は、犯罪者予防更生法と執行猶予者保護観察法を統合した新法として平成20年に施行された。

構成要件
[こうせいようけん]

刑法で、法律上犯罪であると定められた行為の類型。たとえば、殺人罪を犯したとして、刑罰に処せられる者は、「人を殺した者」であると規定されている。したがって、殺人罪の構成要件は、「人を殺した」という行為である。

罪刑法定主義の観点から、犯罪が成立するためには必ず構成要件に該当しなければならず、構成要件に該当しない行為は、たとえ不当な行為であっても処罰できない。

構成要件的故意・構成要件的過失
[こうせいようけんてきこい・こうせいようけんてきかしつ]

構成要件的故意とは、主観的構成要件要素としての故意のことである。構成要件該当事実の認識・認容があれば、構成要件的故意があるものとされる。

構成要件的過失とは、主観的構成要件要素としての過失のことである。構成要件的過失とは、客観的注意義務に違反することである。

かつては、故意・過失は責任要素として捉えられていたが、人をナイフで刺し殺す行為は、主観面を考慮しなければ、殺人か傷害致死か過失致死かを区別することができない。そこで、故意・過失について構成要件要素としての側面を認めたのが、構成要件的故意・構成要件的過失の概念である。

構成要件要素
[こうせいようけんようそ]

構成要件の内容となっている個々の要素のこと。構成要件要素は、客観的要素と主観的要素に分かれる。客観的構成要件要素とは、その存在を外見上認識できる要素であり、主体、客体、行為、行為の状況、結果、行為と結果との因果関係などがある。主観的構成要件要素とは、その存在が外見上認識できない要素であり、故意、過失、目的犯における目的などがある。

交戦権
[こうせんけん]

日本国憲法9条をどう解釈するかにより定義が異なる。9条は侵略戦争を放棄しているにすぎず、自衛戦争は放棄していないという見解からは、交戦権は、交戦状態に入った場合に交戦国に国際法上認められる権利であると解釈される。たとえば、敵国の軍事施設を破壊したり、相手国の船舶をだ捕するなどの権利である。

9条は自衛戦争すら放棄するという見解からは、交戦権は文言どおり戦いをする権利をいうと解釈される。しかし、国際法上の用法に従って解釈するべきという見解も有力に主張されている。

交戦団体
[こうせんだんたい]

一国の内乱で、政府の転覆や本国から

の分離を目的に政府と戦闘する団体が一定の地域を占拠しているとき、その反乱軍をさす用語。内乱が起きている国の政府や、他の国が承認を行うと、交戦団体は国際法上の交戦者として扱われる。したがって、一国の内乱であっても、国家間の戦争と同様に、中立関係や、交戦団体が外国人に損害を与えた場合の責任が生じると考えられている。

■ 公然の質入裏書
[こうぜんのしちいれうらがき]

手形上の権利に質権を設定することを目的とした裏書で、裏書欄に「担保のため」、「質入のため」といった質権設定の文言を付記してなされる裏書。被裏書人は手形上の権利の上に質権を取得し、質権者として、手形より生ずる一切の権利を行使することができる。公然の質入裏書に対して、質入の目的で通常の譲渡裏書をなすことを隠れた質入裏書という。

■ 公然わいせつ罪
[こうぜんわいせつざい]

公然とわいせつな行為をする罪。健全な性的風俗を保護するために規定された。6月以下の懲役もしくは30万円以下の罰金または拘留もしくは科料に処される。「公然」とは、不特定または多数人が認識できる状態をいい、たとえ少数の者に見せる場合であっても反復すればこれに当たる。「わいせつな行為」とは、普通人に性的羞恥心を抱かせ、公衆の健全な性的感情を害するような行為をいう。たとえば性器の露出や性交を伴うショーを演じる行為がこれに当たる。

■ 公訴
[こうそ]

裁判所に刑事裁判を申し立てること。日本においては原則として検察官のみが公訴を提起できるが、イギリスでは私人が提起することもできる。公訴の提起は、検察官が起訴状を裁判所に提出すること

により行われ、起訴状以外の書類を添付してはならないとされる。

■ 控訴
[こうそ]

第一審の終局判決に対する上訴のこと。民事裁判においては、簡易裁判所が第一審である場合には地方裁判所が、地方裁判所が第一審である場合には高等裁判所が控訴裁判所となる。

刑事裁判においては、第一審が地方裁判所の場合でも簡易裁判所の場合でも、高等裁判所が控訴裁判所となる。

■ 公訴棄却
[こうそききゃく]

刑事裁判で実体審理に入らずに訴訟を終了させる形式裁判のこと。起訴の段階での門前払いのこと。

判決で公訴を棄却する場合と、決定で公訴を棄却する場合とがある。判決で公訴を棄却する場合とは訴訟条件の欠如が比較的重大な場合であり、公訴棄却事由については、刑事訴訟法に列挙されている。決定で公訴棄却を行う場合についても、同様に、公訴棄却事由が刑事訴訟法に規定されている。なお、公訴棄却の決定に対しては、即時抗告をすることができる。

■ 控訴棄却
[こうそききゃく]

民事裁判では、控訴による不服申立てに理由がないとして、原判決を維持する裁判のこと。

刑事裁判では、控訴による不服申立てを不適法として原判決を維持する裁判と、控訴による不服申立てを理由がないとして原判決を維持する裁判がある。

■ 皇族
[こうぞく]

天皇一族の集団。皇室典範5条は皇族の範囲を、皇后、太皇太后、皇太后、親王、親王妃、内親王、王、王妃および女

王に限定している。親王とは、嫡出の皇子など皇孫男子を示す用語であり、女子の場合には、内親王と呼ばれる。3世以下（3親等以上離れた者）の嫡男系嫡出の子孫である男子が王であり、女子の場合には女王と呼ばれる。出生や婚姻（女子の場合）によって、皇族としての身分を取得する。身分を離脱する場合として、本人の希望や、皇族である女子が皇族以外の男子と婚姻した場合、または強制的に離脱させる場合（やむを得ない事由がある場合に皇室会議の判断でなされる）に、皇族としての身分を失うことになる。

■ 公訴権
[こうそけん]

刑事手続において、被疑者について公訴を提起して裁判にかけるかどうかを判断する権限。日本においては、原則として検察官が独占しているが、検察官以外の者による公訴提起も例外的に認められており、検察官による不当な不起訴処分に対処するため、検察審査会制度と付審判請求手続が設けられている。

■ 控訴権
[こうそけん]

控訴の裁判を受ける権利。民事裁判においては、控訴人に原裁判に対する不服の利益（控訴の利益）があることが必要である。原則として、原裁判が全部認容判決の場合は被告のみが、全部棄却判決の場合は原告のみが、一部認容判決の場合は双方が、控訴の利益を有する。

刑事裁判では、検察官は被告人に不利益な結論を求めて控訴する場合だけでなく、被告人に無罪判決を導くために控訴することも認められる。他方、被告人は自己に不利益な結論を求めて控訴することは許されず、自己に不利益な裁判の是正を求めて控訴できるにすぎない。

■ 公訴権濫用論
[こうそけんらんようろん]

検察官が公訴を提起するにあたって、公訴権を濫用したと見られる事情があるときには、裁判所は形式裁判で訴訟を打ち切るべきであるとする理論。公訴権濫用論は、ⓐ嫌疑が不十分で有罪の見込みがない場合の起訴、ⓑ訴追裁量権を逸脱した場合の起訴、ⓒ違法捜査に基づく起訴の3類型が議論されている。ⓐについては、被告人を早期に手続の負担から解放することに意味があるとして、肯定する見解もあるが、早期に無罪判決をなすべきであり、公訴権濫用論を認める実益がないとする見解が有力である。ⓑについては、判例は、起訴自体が職務犯罪を構成するような極限的な場合に限って公訴が無効になるとする。学説からは判例は厳格に過ぎると批判されている。ⓒについて、判例は、捜査手続に違法があっても、公訴が違法・無効となるとはいえないとする。学説上は、違法捜査の抑制の観点から、少なくとも捜査手法に重大な違法がある場合には公訴は無効とすべきであるとする見解も有力である。

■ 公租公課
[こうそこうか]

国や地方公共団体に対して支払うことが要求される金銭。公租は一般的に国税や地方税等の税をさし、公課は賦課金や罰金、社会保険料等の租税以外の公共的な金銭的負担をさす。

■ 公訴時効
[こうそじこう]

時の経過によって、公訴提起ができなくなる制度のこと。公訴時効は、犯罪行為が終わったときから起算され、公訴が提起された場合や、犯人が国外にいる場合などには、進行が停止される。時効完成後に起訴された場合には、免訴の判決が言い渡される。時効期間は、犯罪の法

定刑の重さに応じて定められているが、平成 22 年の法改正により、人を死亡させた罪については特別の定めが置かれ、時効の廃止あるいは期間の延長がなされた。

■ 公訴事実
[こうそじじつ]

刑事裁判で、検察官が裁判所に対して審理を求める犯罪事実をいう。起訴状記載事項のひとつ。公訴事実は訴因を明示して記載しなければならず、できる限り日時、場所および方法をもって罪となるべき事実を特定しなければならない。

■ 公訴事実の単一性
[こうそじじつのたんいつせい]

広義の公訴事実の同一性の一種で、複数の犯罪が成立し得る場合に、1 個の起訴で処理してよいのかという問題。

たとえば、窃盗とその手段としての住居侵入は形式的には二罪ではあるが、両者が科刑上一罪を構成するので、公訴事実の単一性が認められ、（広義の）公訴事実の同一性の範囲内である。

このように、公訴事実の単一性は、罪数論上一罪（包括一罪はもちろん科刑上一罪を含む）の場合には肯定され、併合罪の関係にある場合は否定される。従来、公訴事実の単一性で議論されてきた問題は、実体法上の罪数論で解決されるので、訴訟上の基準論は不要であるとする見解も有力である。

■ 公訴事実の同一性
[こうそじじつのどういつせい]

①広義では、訴因の追加・変更が許される範囲のことである。一事不再理効は、広義の公訴事実の同一性の範囲で及ぶ。
②狭義では、審理の過程で当初の訴因とは異なる事実が表れた場合に、訴因の変更はどこまで許されるかという問題である。学説は多岐にわたり、構成要件共通説、訴因共通説、社会的嫌疑共通説などがあるが、判例は基本的事実同一説をと

っているといわれる。基本的事実同一説とは、公訴事実が同一であるか否かは、社会的事実の基本的な部分が同一であるか否かによって判断されるとする説である。

さらに判例は、公訴事実の同一性を判断する基準として、比較する訴因に非両立の関係があれば、公訴事実の同一性が認められるという基準を立てている。つまり、一方の訴因の犯罪が成立するときに、他方の訴因の犯罪は成立しないという関係にあるときには、公訴事実の同一性があるとする。

■ 控訴審
[こうそしん]

第一審の終局判決に対する上訴を審判する裁判手続。控訴審は、民事裁判・刑事裁判の両裁判で、第 2 の事実審であり、原裁判の当否を事実・法律の両面から審理する。刑事裁判においては、被告人のみが控訴した場合には、刑が重くなることを恐れて上訴をためらう事態を防ぐため、原判決の刑より重い刑を言い渡すことはできない。他方、検察官が控訴した場合には、原判決の刑より重い刑を言い渡すものでなければ、原判決より重い罪を認定することは許されるとされる。

■ 公訴の提起
[こうそのていき]

刑事訴訟において、検察官が特定の刑事事件について起訴状を裁判所に提出し、審判を求めること。起訴すること。

■ 公訴の取消し
[こうそのとりけし]

公訴提起後に公訴を取り消して訴追しない状態に戻すこと。被告人に死亡の疑いがあるなど、長期間にわたり被告人の所在が不明である場合になされる。公訴が取り消されると公訴棄却の決定がなされ、これが確定すると新たに重要な証拠を発見した場合以外には、再起訴は許されないことになる。

公訴不可分の原則
[こうそふかぶんのげんそく]

公訴提起の効力が公訴事実の同一性の範囲に含まれる事実の全体に及ぶとする原則。裁判所は、公訴事実の同一性が及ぶ範囲で、起訴状に記載されていない事柄についても、審理を行うことができる。また、公訴事実の同一性が認められる限りにおいて、公訴が提起されると、他の共犯者についても公訴時効が停止する。

後段
[こうだん]

同じ条または項の中で法文を2つに区切るときに、後ろの方の文を後段という。後段に対して、前の方の文を前段という。法文を3つに区切るときには、順に前段、中段、後段という。なお、後段が「ただし」で始まる場合は、ただし書といい、この場合に原則を定める前段のことを本文という。

拘置
[こうち]

受刑者を刑事施設に収容すること。自由刑である懲役・禁錮・拘留の場合に使用される文言であり、財産刑である罰金・科料において、完納できない者を労役場に収容するときに使用される留置とは区別される。

公知の事実
[こうちのじじつ]

世間一般に知れ渡っている事実。たとえば、天災、大事故が挙げられる。公知の事実については、客観的に明らかな事実であるため、証明が不要であり、当事者の主張さえあれば証拠調べ手続をせずに裁判の基礎とすることができる。

高知放送事件
[こうちほうそうじけん]

最高裁昭和52年1月31日判決。高知放送のアナウンサーXは、寝過ごしによる放送事故を2度起こし、高知放送より報告書の提出を求められたが、事実と異なる報告書を提出したため、高知放送より普通解雇を言い渡された。Xはこの処分を不服とし、本件解雇は解雇権の濫用であると主張し、Xが従業員であることの確認を求めて訴えた。最高裁は、放送事故は悪意や故意によるものではなく、平素の勤務成績も別段悪くないことなどを理由として、本件解雇は解雇権の濫用として無効とし、Xの請求を認容した。

公聴会
[こうちょうかい]

国や地方公共団体など公の機関が、一定の事項を決定する際に、利害関係者や学識経験者などから意見を聴く制度、またその会合のこと。国会法は、委員会は予算および重要な歳入法案について公聴会を開かなければならないと定め、地方自治法は、普通地方公共団体の委員会または議会は、予算その他重要な議案、請願等について、公聴会を開き、意見を聴くことができると定めている。また、行政機関が、法律の制定や処分の際に、適当な者から意見を聴く制度やその会合のことも公聴会と呼ばれる。この場合の公聴会は、公開の聴聞と同意義のこともある。

交通反則通告制度
[こうつうはんそくつうこくせいど]

軽微な道路交通法違反行為をした場合、行政手続として反則金を納付させることで事件を終結させる制度。道路交通法違反のなかでも、明白かつ定型的な違反行為である一時不停止、速度超過等を反則行為とし、その反則行為の違反者が現場警察官から交付された仮納付書によって、反則金を納付する。反則金を納めた者は、処分について行政訴訟で争うことができない。反則金を所定の期間内に納付しなかったときは、刑事事件として処理される。

■ 強盗・強制性交等罪
　[ごうとう・きょうせいせいこうとうざい]

　強盗罪の犯人が強制性交等罪に該当する行為をする罪、および強制性交等罪の犯人が強盗罪に該当する行為をする罪のこと。平成29年の刑法改正で、強姦罪が強制性交等罪に変更されたことに伴い、強盗強姦罪も強盗・強制性交等罪に変更された。強盗・強制性交等罪を犯した者は無期または7年以上の懲役に処せられる。さらに、強盗・強制性交等罪に該当する行為によって被害者を死亡させた者は、死刑または無期懲役に処せられる。強盗・強制性交等罪は、強盗罪と強制性交等罪という独立した犯罪行為を結合した犯罪である（結合犯）。したがって、保護法益は個人の財産とともに、個人の性的自由である。

　強盗罪と強制性交等罪のどちらかに該当する行為が既遂であって、強盗の行為と強制性交等の行為が同一の機会に行われれば、強盗・強制性交等罪の既遂として扱われる。未遂として扱われるのは、強盗罪と強制性交等罪に該当する行為の双方が未遂にとどまる場合に限られる。

■ 合同会社
　[ごうどうがいしゃ]

　社員（出資者）が間接有限責任を負う持分会社のこと。会社法の施行により導入された会社形態である。各社員は出資義務を負い、設立の登記をする時までに全額払込みをしなければならない。株式会社と同じく有限責任であること、株式会社で必要な決算公告の義務がなく、速い意思決定が可能であることから、株式会社と持分会社の両方のメリットをもつ。

■ 合同行為
　[ごうどうこうい]

　法律行為のひとつであり、同一目的に向けられた2つ以上の意思表示の合致によって成立する法律行為。たとえば、社団の設立行為が挙げられる。2つ以上の意思表示が必要とされる点で、単一の意思表示で足りる単独行為と異なる。

■ 強盗罪
　[ごうとうざい]

　相手の抵抗を抑圧する程度の暴行・脅迫を用いて財物を奪い取り、または、同様の方法で自己または他人に財産上の不法な利益を得させる罪。5年以上の有期懲役に処せられる。未遂および予備も処罰される。保護法益は個人の財産であるが、暴行・脅迫という手段が用いられているため、身体や自由に対する罪としての側面も持っている。たとえば、暴行・脅迫によって反抗が抑圧された者から金品を強奪するなどが典型的な例であり、タクシー強盗により債務免除（乗車料金を免除させるなど）をさせる行為が不法な利益の強盗の例として挙げられる。なお、暴行・脅迫が、相手の意思決定の自由を奪う程度に激しいものでなければならない。暴行・脅迫がこの程度に達しない場合は、恐喝罪にとどまる。

　そして、強盗犯人が、強盗によって人を負傷または死亡させた場合には、結果的加重犯として、強盗致死傷罪が成立する。負傷させた場合には無期または6年以上の懲役が科され、死亡させた場合は死刑または無期懲役が科される。判例・通説は、強盗の手段としての暴行・脅迫に限らず、強盗の機会に行われた暴行・脅迫により死傷させた場合が含まれるとする。

■ 高等裁判所
　[こうとうさいばんしょ]

　下級裁判所の中で最上位の裁判所をいう。全国8か所にある。地方裁判所から始まる裁判の控訴審、簡易裁判所から始まる裁判の上告審を担当することが多い。

か行

■ 口頭主義
［こうとうしゅぎ］

訴訟審理において当事者や裁判所の訴訟行為が口頭で行われ、口頭で陳述したものだけが判決の基礎となるという原則。口頭審理主義ともいい、書面主義・書面審理主義に対する語である。

必要的口頭弁論の原則を採用している民事訴訟では、口頭主義を採っていることは明らかである。そのうえで、慎重さや確実さを要求される訴訟行為では、補充的に書面主義を採用している。たとえば、訴えの提起は書面によらなければならない。

刑事訴訟では、判決は口頭弁論に基づいてしなければならず、証拠書類の取調べは朗読によるなど、口頭主義を原則としている。

■ 口頭の提供
［こうとうのていきょう］

債務者が、債務弁済の準備をして、債権者に対して債務弁済の受領をするように通知する債務弁済の提供方法のひとつ。通常の弁済は、現実の提供をするのが原則であるが、債権者が弁済を拒んでいる場合、または債務の履行について債権者の行為を必要とする場合には、例外的に口頭の提供をもって弁済の提供とすることができる。このとき、債務者は、現実の提供をしなくても、債務を履行しないことによって生ずべき責任を免れる。

■ 口頭弁論
［こうとうべんろん］

当事者による攻撃防御方法の提出と裁判所による証拠調べがなされる場をいう。当事者が主張立証を尽くし、証拠調べがなされ、裁判所が最終的な判断を下すという一連の訴訟手続がなされる。審理の適正を確保する機能を有する。口頭弁論における審理方式は、公開の法廷で、判決を行う裁判官の下で、原告被告の双方にそれぞれの主張を口頭で述べる機会を与え、これに基づいて訴訟資料を収集し、裁判を行うという方式が採られている。

■ 口頭弁論一体性の原則
［こうとうべんろんいったいせいのげんそく］

弁論や証拠調べによって得られた訴訟資料は、どの期日で得られたものでも同じ効果を持つこと。口頭弁論は、数回の期日にわたって行われるのが通常であるが、その数回の期日で行われた弁論や証拠調べは、すべて一体のものとして扱われ、どの期日で行われた弁論や証拠調べも同様に判決の基礎となる。

■ 口頭弁論の欠席
［こうとうべんろんのけっせき］

民事訴訟の当事者の一方または双方が口頭弁論期日（最初の期日又は続行期日）に裁判所に出頭しないこと。

当事者の一方が最初の期日に欠席すると、欠席者は自分が提出した書面（訴状、答弁書など）を陳述したものとみなされる（陳述擬制）。しかし、続行期日に当事者の一方が欠席した場合は欠席者に陳述擬制は認められない。ただし、簡易裁判所の期日の場合、続行期日において欠席した場合でも陳述擬制が認められる。

当事者双方が口頭弁論期日に欠席した場合、陳述擬制は認められず、期日は終了する。また、当事者から裁判所に対して1か月以内に期日指定の申立てがない場合や、期日指定の申立てがあってもその後2回連続で当事者双方が欠席した場合、裁判は終了することになる。

■ 高度プロフェッショナル制度
［こうどぷろふぇっしょなるせいど］

業務に費やす時間と業務遂行により得られる成果との間に関連性が弱い特定の業種に就く者に対して、時間外労働、休日労働、深夜労働に関する労働基準法上の規定を適用しないことが認められる制

度。「高プロ制度」「特定高度専門業務・成果型労働制」とも呼ばれている。平成30年に成立した働き方改革法に伴う労働基準法改正において導入され、平成31年4月1日から施行された。

高度プロフェッショナル制度の対象業務として、金融商品の開発、資産運用における投資判断が必要な業務、金融市場の分析業務、業務の企画運営などのコンサルタント業務が挙げられる。そして、これらの業務に従事する年収1075万円以上の者が対象労働者になる。

事業場において高度プロフェッショナル制度を導入する場合には、対象労働者の同意を書面で得るとともに、当該事業場に設置された労使委員会の決議を経た上で、その決議を所轄労働基準監督署長に届け出なければならない。

■ 高年齢者雇用安定法
[こうねんれいしゃこようあんていほう]

高年齢者の安定した雇用を目的として、定年の引上げや定年後の継続雇用制度などについて定める法律。正式名称は「高年齢者等の雇用の安定等に関する法律」である。公的年金の支給開始年齢の引上げに連動して、定年の引上げ、継続雇用制度の導入、定年の定めの廃止のいずれかを実施することが義務づけられている。なお、継続雇用制度については、かつては労使協定により、その対象者を限定する基準を定めることが許されていたが、平成25年改正法により、労使協定で対象者を制限するしくみが廃止され、継続雇用制度の対象を希望者全員とすることになった。この法律における「高年齢者」は、厚生労働省令で55歳以上と定められている。

■ 後発的不能
[こうはつてきふのう]
☞原始的不能／後発的不能

■ 公判
[こうはん]

広義には、公訴の提起以降、訴訟が終結するまでの一切の刑事訴訟手続のこと。狭義には、公判期日における審理手続をいう。公判手続と同義である。公判は、犯罪事実の存否の確認を行う手続であり、刑事裁判の中核をなす手続である。

■ 公判準備
[こうはんじゅんび]

公判のための準備活動としてなされる公判期日外の手続。裁判所が行う手続として、起訴状謄本の送達、弁護人選任権などの告知、公判期日の指定・変更等がある。また、裁判所以外が行う手続として、証拠書類や証拠物を証拠とすることに同意するか否かについて相手方に通知することや検察官・弁護人がする争点確認のための打ち合わせがある。

■ 公判前整理手続
[こうはんぜんせいりてつづき]

公判の審理を計画的かつ迅速に行うために、第1回公判期日前に事件の争点・証拠を整理し、明確な審理計画を策定する手続。裁判員対象事件においては必要的であるが、その他の事件については、裁判所が必要と認めたときに検察官や被告人・弁護人の意見を聴いたうえで当該手続に付すかどうかを決定する。

■ 公判中心主義
[こうはんちゅうしんしゅぎ]

刑事責任の存否の確認は公判期日において行われるべきであるとする原則。公判中心主義を担保するため、刑事訴訟法では、起訴状一本主義が採用されており、捜査段階の嫌疑を裁判所が引き継ぐことを禁止している。また、伝聞法則を採用することにより公判期日における証言による審理を原則としている。

■ 公判調書
[こうはんちょうしょ]

刑事裁判で、公判期日になされた手続を記載した調書。記載事項は、刑事訴訟規則に列挙されている。公判調書に記載されたことは、当該調書によってのみ証明することができるとされる。

■ 公判手続
[こうはんてつづき]

広義では、公訴提起によって事件が裁判所に係属してから、その事件について審理がなされ裁判が確定するまでの間の刑事手続全体をいう。最長で、第一審、控訴審、上告審の3段階の手続を経ることになる。

狭義では、公判期日に公判廷でなされる手続をいう。裁判所に被告人、弁護人、訴訟関係者等が集まり、訴訟行為をすることをさす。

■ 公判手続の更新
[こうはんてつづきのこうしん]

刑事訴訟において、裁判官が代わるなどの事情で、口頭主義、直接主義が害されるような事態が生じた場合に、裁判官の心証を再構築するために公判手続をやり直すこと。公判手続の更新は、ⓐ開廷後に裁判官が代わったとき、ⓑ被告人の心神喪失により停止していた公判手続を再開するとき、ⓒ開廷後長期間にわたって開廷しなかった場合で必要と認めるとき、ⓓ簡易公判手続または即決裁判手続によって審判する旨の決定が取り消されたときに行われる。

☞口頭主義
☞直接主義

■ 公判手続の停止
[こうはんてつづきのていし]

刑事訴訟において、法定の事由がある場合に公判手続を停止すること。法定の事由とは、ⓐ被告人が心神喪失の状態にあるとき、ⓑ被告人が病気のため出頭することができないとき、ⓒ犯罪事実の存否の証明に欠くことのできない証人が病気のため公判期日に出頭することができないときである。上記各事由がある場合は、検察官および弁護人の意見を聴き、裁判所が決定で公判手続を停止する。また、ⓓ訴因または罰条の追加または変更により被告人の防御に実質的な不利益を生ずるおそれがあると認めるときは、被告人または弁護人の請求により、裁判所が決定で公判手続を停止する。

■ 公判の分離
[こうはんのぶんり]

☞弁論の分離／公判の分離

■ 公布
[こうふ]

立法機関である国会が、成立した法令の内容を公表して、国民が知りうる状態に置くこと。法律は、国家機関による一定の手続を経て成立するが、それが、実際に人々に適用されるためには、通常は公布が必要である。一般的に公布は、官報または公報に掲載して行う。なお、憲法7条1号において、憲法改正、法律、政令および条約の公布は天皇が行うと規定されており、これにより、それらの公布は天皇の名において行われる。

■ 幸福追求権
[こうふくついきゅうけん]

自律的な個人が、人格的な人間として生存するのに必要不可欠であると考えられる基本的な権利。憲法13条後段が、生命、自由および幸福追求に対する国民の権利として保障している。憲法が列挙している基本的人権によってすべての人権が網羅されているわけではなく、いわゆる「新しい人権」の根拠となる一般的・包括的な権利をさす概念として用いられている。

交付送達
[こうふそうたつ]

名宛人に対して現実に送達書類の謄本を交付する送達方法。交付送達は、原則的な送達方法であり、住所、居所、営業所または事務所において行われる。送達方法には、交付送達のほかに書留郵便等に付する送達、公示送達がある。

公物
[こうぶつ]

国または地方公共団体などによって、直接公の目的で利用されることが想定されている個別の有体物。公物には、公共用物と公用物の区別がある。公共用物とは、道路・河川・公園・港湾などのように、直接的に公衆が利用することが目的となっている物をいう。これに対して、庁舎や公立学校等の建物・敷地などのように、原則として国や地方公共団体が利用することが目的となっている物を公用物と呼んでいる。公物の対立概念は私物である。もっとも、納税のために物納された土地を売却するまでの期間、国や地方公共団体が所有している場合などは、公共の利用が予定されていないため、公物には含まれず普通財産と呼ばれ、区別されている。

公文書／私文書
[こうぶんしょ／しぶんしょ]

公文書とは、公務員が職務上作成した文書をいい、それ以外を私文書という。民事訴訟法228条2項は、公文書は文書の成立の真正が推定されると規定するが、私文書にはこのような規定はなく、積極的に文書の成立の真正を立証する必要がある。

公文書管理法
[こうぶんしょかんりほう]

公文書等（行政文書、法人文書、特定歴史公文書等）に関する統一的なルールを規定した法律のこと。行政文書については、保存期間満了前後に応じて、保存期間満了前の現用文書と、保存期間満了後の非現用文書に行政文書を分類した上で、「作成・取得→整理・保存→移管・廃棄」という一連の過程に関する規定を設けている。一方、歴史資料として重要な公文書のうち国立公文書館等に移管されたものである特定歴史公文書等については、原則として永久保存が義務づけられている。

公文書偽造罪
[こうぶんしょぎぞうざい]

公務所または公務員が作成する文書・図画（公文書）を偽造または変造する罪。行使の目的を要件とする目的犯である。公務所または公務員の印章や署名がある場合には刑が加重され、1年以上10年以下の懲役が科せられ、印章・署名がない場合には3年以下の懲役または20万円以下の罰金に処せられる。保護法益は、私文書に比べて、証明力や社会的信用がより高い公文書に対する信用を保護することであると考えられている。

公平委員会／人事委員会
[こうへいいいんかい／じんじいいんかい]

公平委員会とは、市町村などの職員の勤務条件に対する措置の要求に対する審査や判定、または職員に対する不利益な処分についての不服申立てに対する裁決・決定を行う機関をさす。人口15万人未満の市町村、地方公共団体の組合に必ず置かなければならない。人口15万人以上の指定都市以外の市と特別区では、公平委員会と人事委員会のどちらかを置かなければならないと定められている。地方公共団体の長が選任した3人の委員から構成されている。

これに対して、人事委員会とは、都道府県と指定都市に必ず設置しなければならない機関をさす。委員は公平委員会と同様3人で、不利益処分の審査等を行うとともに、人事委員会規則制定権を持つ

行政委員会である。

■ 抗弁
[こうべん]

民事訴訟で、原告の主張に対する被告の対応として、原告の主張を単に否定する（これを否認という）にとどまらず、原告の主張と両立し得る、被告自らが証明責任を負う事実を主張することによって、原告の主張を排斥する防御方法のこと。たとえば、貸金返還請求訴訟において、「金は借りていない」と言えば否認になり、「金は借りたが、もう返した」と言えば抗弁になる。

■ 抗弁権
[こうべんけん]

相手方の請求を争うために、相手方の請求権の行使を阻止して請求を拒むことのできる権利。たとえば、同時履行の抗弁権などが挙げられる。売主Aが、買主Bに対して売買代金の支払いを求めた場合に、Bが、Aが売買の目的物を引き渡すまで履行を拒むと主張することが、同時履行の抗弁権の例である。

■ 公法上の契約
[こうほうじょうのけいやく]

国や地方公共団体などの行政主体が当事者となって締結する公法上の効果の発生を目的とした契約。公法上の効果の発生を目的とする点で私法上の契約と異なり、対等な当事者間の意思の合致である点で行政行為とも異なる。公法上の契約には、行政主体相互間の契約（道路費用負担割合の契約など）と、行政主体と私人との間の契約（一般廃棄物の収集、運搬を市町村以外の者に委託する場合など）がある。国や地方公共団体が契約の主体であっても、私法的効果の発生を目的とするときには、私法上の契約となる。

■ 公民権
[こうみんけん]

国または地方公共団体の公務に関与する権利。参政権と同義で用いられることが多い。わが国の憲法は、公務への参加を一定の公民に限定する公民制はとっていない。公民権がとくに問題となるのは、使用者と労働者との関係である。労働基準法は、労働者が、選挙権その他の公民権を行使し、国会議員になるなどの公務の執行に必要な時間を請求したときは、使用者は拒んではならないと規定している。

■ 公務
[こうむ]

国または地方公共団体の事務。性質に応じて、権力的公務と非権力的公務とに分類される。権力的公務とは、直接国民の権利を制限したり、義務を課したりする行為であり、たとえば、警察官による逮捕などが挙げられる。これに対して、非権力的公務とは、国民の権利・義務に直接かかわらない公務をいう。たとえば、市役所の窓口業務などが例として挙げられる。わが国の刑法は、一般に権力的公務、非権力的公務ともに、公務員が行う職務（公務）に当たると理解して、公務の執行に対して、暴行または脅迫を加えた者を公務執行妨害罪として処罰している。

■ 公務員の人権
[こうむいんのじんけん]

公務員であることを理由としてとくに制約を受ける人権に関する問題。とくに政治活動の自由の制限、労働基本権の制限が問題とされる。かつては、公務員の人権の制限は、全体の奉仕者（憲法15条2項）であることに根拠が求められていたが、現在ではたとえば、労働基本権は原則として公務員にも認められるが、公務員関係の存在と自律性を、憲法自身が構成要素として認めているためであると説明されている。

■ 公務執行妨害罪
[こうむしっこうぼうがいざい]

職務を執行している公務員に対し、暴

行・脅迫を加える罪。本罪の暴行・脅迫は、暴行罪の暴行や脅迫罪の脅迫よりも広い意味で用いられる。たとえば、公務員が差し押さえた物を破壊する行為のように、公務員に直接向けられた行為でなくても、本罪の暴行に当たる（間接暴行）。また、職務の執行は適法なものでなければならない。本罪は、公務員による公務の円滑な執行を保護するために規定された。3年以下の懲役もしくは禁錮または50万円以下の罰金に処せられる。

■ 公務の適法性
[こうむのてきほうせい]

公務執行妨害罪の成立要件のひとつ。職務行為の適法性とも呼ばれる。公務の執行が違法な場合にまで刑法が保護する必要性はないため、判例・通説は、原則として公務の適法性が必要であるとしている。公務の適法性については、まず、問題になっている公務が、そもそもその公務員の職務権限に含まれる行為であるか否かが問題になる。そして次に、その公務員が、当該公務を行う具体的な権限を持っていることが必要である。さらに、その公務員の公務の執行方法が、法律上の手続や方式の重要な部分を踏まえているか否かにより、適法性が判断されることになる。

なお、誰がその公務が適法であると考えればよいのかという点で争いがある。職務を行う公務員が適法であると信じればよいと考える見解もある（主観説）が、現在は裁判所により客観的に判断されるべきであるという客観説が通説の地位にあると考えられている。

■ 合名会社
[ごうめいがいしゃ]

すべての社員が、会社債権者に対して、出資額を超えて限りなく責任を負う無限責任社員のみで構成されている持分会社をいう。無限責任社員が1名以上いれば設立できる。社員の出資は、労務出資や信用出資も認められる。社員は、会社の債務について会社財産をもってしても完済できなかった場合、自己の財産をその弁済に充てることになる。

■ 拷問および残虐な刑罰の禁止
[ごうもんおよびざんぎゃくなけいばつのきんし]

憲法36条が定める人権保障のひとつ。拷問により得られた証拠は証拠能力が否定される。また、死刑が残虐な刑罰に当たるかどうかについては争いがあるが、判例は、現行の執行方法による死刑はこれに当たらないとする。

■ 合有
[ごうゆう]

共同所有の一形態であり、各共有者は潜在的持分を有するが、具体的持分を有しない場合をいう。たとえば、組合財産が挙げられる。潜在的持分を有するため、各共有者には脱退時における払戻しが認められるが、具体的持分を有しないため、持分の処分や分割の請求は認められない。

■ 公用収用
[こうようしゅうよう]

土地収用法に基づく土地収用のように、特定の公共事業を実施するために必要な財産を私人から剥奪して強制的に取得すること。財産権の強制的取得である公用収用には、法律上の根拠が必要であり、被収用者に対しては正当な補償がなされなければならない。

■ 公用物
[こうようぶつ]

公物のうち、直接国または地方公共団体の使用に供されるものをさす。たとえば、官公所の敷地や建物、公立学校の校舎などが挙げられる。これに対して、道路や河川などのように、直接一般の国民の共同使用に供される物は、公共用物と呼んで区別されている。

公用文書等毀棄罪
[こうようぶんしょとうききざい]

公務所がその事務を処理するにあたって保管している文書または電磁的記録を物理的に損壊したり、効果的な利用を害したりする罪。3月以上7年以下の懲役に処せられる。公務執行妨害罪と異なり、公務の適法性は要件とされておらず、たとえば、警察官の違法な取調べによって作成された供述調書であっても、将来公務所で適法に使用する可能性がある限りは、公務所が保管するべき文書として、公用文書毀棄罪の保護を受けるとされている。

合理性の基準
[ごうりせいのきじゅん]

違憲審査基準のひとつで、立法目的および立法手段の双方について、一般人を基準にして合理性が認められるかどうかを審査する基準のこと。立法府の判断に合理性があることを前提とする比較的緩やかな審査基準である。合理性の基準は、経済的自由権の規制についての違憲審査で用いられるが、さらに2つに分けて用いる立場が有力である。消極的・警察的規制（消極目的規制）については、厳格な合理性の基準を用い、積極的・政策的規制（積極目的規制）については、明白性の原則を用いると考えられている。さらに、規制の目的だけでなく、規制の態様も考え合わせるべきであるとの主張もなされている。

合理的疑いを超える証明
[ごうりてきうたがいをこえるしょうめい]

一般人であれば誰も疑問を抱かない程度の確実性を持った証明のこと。刑事訴訟における犯罪事実の証明の程度を表した語である。判例は、刑事裁判における有罪の認定にあたっては、合理的な疑いを差し挟む余地のない程度の立証が必要であるとしている。「合理的な疑いを差し挟む余地がない」とは、反対事実が存在する疑いをまったく残さないことではない。抽象的な可能性としては、反対事実が存在する余地があっても、健全な社会常識に照らして判断すると、反対事実の存在が現実的ではないと考えられる場合であれば足りるといわれている。この程度まで犯罪事実の証明が行われると、有罪の認定が可能になると考えられている。

合理的期間
[ごうりてきききかん]

衆議院議員定数不均衡訴訟で最高裁判所によって示された、定数不均衡状態が違憲と判断されるまでに合理的に要求される期間のこと。最高裁昭和51年4月14日大法廷判決は、議員定数不均衡を解消するためには、人口の変動の状態などを考慮する必要があり、議員定数に不均衡が生じていても定数配分規定は直ちに憲法違反となるものではなく、憲法が要求する合理的期間内に是正が行われなかった場合にはじめて憲法違反になると判示した。この判決で示された考え方を合理的期間論といい、以降の判例でも基本的に踏襲されている。

勾留
[こうりゅう]

被疑者・被告人の逃亡を防ぐために、身体を拘束する裁判が行われること、および身体拘束の裁判が執行されること。被疑者の公判への出頭を確保し、証拠隠滅を防ぐとともに、被告人勾留の場合には有罪判決に備えてその執行を確保する目的を有する。勾留するためには、罪を犯したと疑うに足りる相当な理由があり、かつ、住所不定か、罪証隠滅のおそれがあるか、逃亡のおそれがあるかのいずれかの要件を満たす必要がある。

拘留
[こうりゅう]

自由を剥奪する刑である自由刑のひとつ。自由刑には、ほかに懲役、禁錮があ

る。刑期は1日以上30日未満であり、刑事施設に拘置される。

■ 勾留質問
[こうりゅうしつもん]

被疑者については裁判官が、被告人については裁判所または裁判官が、勾留を決定するにあたって、被疑事実の要旨を告げて、それに対する弁解を聴く手続のこと。不当不要な勾留を未然に防ぐために行われる。

■ 勾留理由開示手続
[こうりゅうりゆうかいじてつづき]

勾留されている被疑者・被告人が、裁判官・裁判所に対して、勾留の理由を明らかにすることを求める手続。開示請求の請求権者には、被疑者・被告人のほか、弁護人、配偶者等の利害関係人も含まれる。理由の開示は公開の法廷で行われなければならず、被疑者らは、意見を述べることができる。

■ 超える
[こえる]

☞以上／超える／超過する

■ コーポレート・ガバナンス
[こーぽれーと・がばなんす]

株式会社において、株主等が、経営者の行う会社経営が適法であり、効率性を持っているかどうかを監視できるような企業体制を構築すること。企業統治とも呼ぶ。会社経営者の不祥事を防ぎ、株主の利益を守ることがその最大の目的である。株主総会、株主代表訴訟、取締役や監査役に対する責任追及の制度などがその法的な枠組みである。なお、適切なコーポレート・ガバナンスが行われることにより、会社内部だけでなく、会社債権者や一般消費者、地域社会など、広く会社外部を含めて、良好な利害調整を図ることが可能になる。

■ ゴールデン・パラシュート
[ごーるでん・ぱらしゅーと]

買収された企業の経営陣が解任や退任へ追い込まれた場合には、通常よりも多額の退職金等が支払われるしくみをあらかじめ整備しておくこと。敵対的買収に対する防衛策のひとつ。敵対的な買収を行った場合には、巨額の損失が買収対象企業に発生するしくみを導入しておくことで、買収意欲を削ぐことを目的としている。また、買収目的を達成するために、買収する側が買収される側の経営陣に対して巨額の退職金を支払うことがあり、この場合も、ゴールデン・パラシュートと呼ばれることがある。

■ 子会社
[こがいしゃ]

ある会社に総株主の議決権の過半数を取得されるなどして、支配を受けている会社。支配している側の会社を親会社という。子会社は、親会社の経営陣により、不正な会社支配、株価操作、粉飾決算などに利用されるおそれがある。そのため、会社法では、子会社による親会社の株式の取得を原則として禁止し、また、子会社の取締役、使用人などが親会社の社外取締役になれないなどの規制が施されている。

■ 呼気検査
[こきけんさ]

被験者が吐いた息を検査すること。酒気帯びの有無を判断する目的で行われる場合が多い。道路交通法が定める危険防止の措置として、行政警察活動としての呼気検査を行う権限が警察官に認められている。捜査活動として呼気検査が行われる場合には、任意捜査として行いうるものと解されている。

■ 小切手
[こぎって]

銀行など金融機関に当座預金を資金と

して一定金額の支払いを委託する証券。振出人がこれを受取人に交付し、受取人がそれを支払人である銀行等に対して提示すると、銀行が受取人に対して一定金額を交付するというしくみである。このしくみ自体は、為替手形とよく似ているが、為替手形が信用の利用手段であるのに対して、小切手は現金の授受に代わる支払手段の利用方法である。

■ 小切手契約
[こぎってけいやく]

振出人が支払人に対し、小切手金額を受取人に支払う旨委託することを内容とする契約。小切手は主として支払いの道具として用いられるため、支払いの確実性が求められている。そのため、支払人は銀行に限られ、振出しの際に小切手契約が要求されている点に特徴がある。

■ 小切手訴訟
[こぎってそしょう]

小切手に関する支払いや損害賠償請求等について、通常の訴訟よりも簡易迅速に債務名義を得ることができる特別訴訟制度。最初の口頭弁論期日において審理を完了する、証拠は原則として書証のみ、請求認容の場合には職権で仮執行宣言が付されるなどの特色がある。手形訴訟に関する規定が多く準用される。

■ 小切手法
[こぎってほう]

有価証券法のひとつであり、小切手に関して定めた法律。有価証券法には、ほかに約束手形・為替手形に関する手形法等がある。

■ 小切手保証
[こぎってほしょう]

☞手形保証／小切手保証

■ 国外移送目的拐取罪
[こくがいいそうもくてきかいしゅざい]

所在国外に移送する目的で人を略取・誘拐する罪。人身の自由を保護するために規定された。2年以上の有期懲役が科される。現実に被拐取者を国外に移送しなくとも本罪は成立する。営利・結婚などの目的が競合している場合でも、所在国外に移送する目的が認められる場合には、本罪は成立する。裁判例では、日本人妻と別居中のオランダ人の夫が、妻に付き添っていた子をオランダに連れて行く目的で、脇に抱えて連れ去り、自動車に乗せた行為について、本罪の成立を認めたものがある。

■ 国際協調主義
[こくさいきょうちょうしゅぎ]

国家間で結ばれる条約を遵守するなど国際法を守り、他の国家の権利を尊重して国際社会全体で発展をめざしていくべきであるという考え方。とくに、科学技術の発展などに伴い、環境問題など、個別の国家の利害だけではなく、国際社会全体の利益を考慮する必要がある問題が増大し、現在では、国際協調主義は国家の普遍的な義務と考えられている。わが国の憲法も、前文で国際間の協調は各国の責務であると明示しており、国際協調主義に立つことを明らかにしている。

■ 国際裁判管轄
[こくさいさいばんかんかつ]

国際的要素を伴う民事事件について、それを裁判することができる国家の権限。国際裁判管轄には、裁判所が訴えを受けた際に、自国に管轄があるか否かを判断する直接管轄と、外国裁判の執行・承認の要件として、当該判決をした外国に管轄権があったか否かを承認・執行をする国が判断する間接管轄とがある。直接管轄については、これを定める国内法の規定がない状態が長く続いていたが、民事訴訟法が改正され、国際裁判管轄を規定する条文が整備された。これにより、日本の裁判所における国際裁判管轄の予測可能性および法的安定性が確保され、国際

取引の円滑化につながることが期待されている。また、間接管轄については、民事訴訟法、民事執行法が、外国判決の承認・執行の要件について規定を置いている。

■ 国際私法
[こくさいしほう]

海外貿易や国際結婚をする場合のように、国と国をまたいで法律関係が成立するときに、いずれの国の法律に従って問題を解決すべきかを決定する法のこと。抵触法ともいう。日本が法廷地になる場合は、「法の適用に関する通則法」の第3章「準拠法に関する通則」が成文法としての主な法源となる。

■ 国際司法裁判所
[こくさいしほうさいばんしょ]

国際連合に設置された司法機関のこと（International Court of Justice）。ICJと略される。国際連盟の下での常設国際司法裁判所を引き継ぐ形で、オランダのハーグに設置された。

■ 国際人権規約
[こくさいじんけんきやく]

国際人権保障の根幹をなす条約。1966年、世界人権宣言に引き続き、国際人権の内容を詳細化し、国家の義務を明確化すべく採択された。共通1条1項が、政治的な立場を自由に選択し、経済的・社会的・文化的発展を自由に追求する権利（自決権）を認めたことが特徴的である。「経済的、社会的及び文化的権利に関する国際規約」（社会権規約またはA規約）、「市民的及び政治的権利に関する国際規約」（自由権規約またはB規約）、「市民的及び政治的権利に関する国際規約の選択議定書及び通称死刑廃止条約」からなる。わが国は、社会権規約及び自由権規約に批准している。

■ 国際捜査共助等に関する法律
[こくさいそうさきょうじょとうにかんするほうりつ]

外国から犯罪捜査に関する協力の要請があった場合に、わが国が適切な対応をすることができるよう、制度を整備するために制定された法律。刑事事件の捜査に必要な証拠を外国に提供することや、国際刑事警察機構に対して、必要な資料や情報提供等の協力をする上で、必要な規定が置かれている。協力を要請された証拠収集活動は、検察官や司法警察員が、原則としてわが国の刑事訴訟法の規定に従って行い、裁判官が発した令状によって捜索・差押えなど強制処分をすることもできる。そして、収集された証拠などは法務大臣・外務大臣を経て協力を要請した国へ送付される。

■ 国際法
[こくさいほう]

国際関係を規律する法のこと。国家間の合意に基づいて国家間の関係を規律することを原則とするが、国家以外にも、国際組織や個人を規律する場合もある。国際公法ともいう。国際法には成文国際法としての条約と、不文の国際慣習法とがある。

■ 国際連合
[こくさいれんごう]

1945年のサンフランシスコ会議により採択された国連憲章に基づき、51の原加盟国によって発足し、現加盟国193か国の国際組織。本部はニューヨークに置かれ、日本は1956年に加盟した。国際平和および安全の維持と経済・社会両面からの国際協力を2大目的として掲げている。主要機関として、国連総会、安全保障理事会、経済社会理事会、信託統治理事会、国際司法裁判所（ICJ）、国連事務局がある。安全保障の面では、必ずしも十分に機能していないと批判されること

もあるが、国際協力の面では経済協力や人権尊重活動等の分野で、大きな成果を挙げている。

■ 国際連盟
[こくさいれんめい]

第一次世界大戦後に、平和の確保と国際協力体制を築く目的で、当時のアメリカ大統領であったウィルソンの提唱によって形成された国際組織。もっともアメリカは下院の賛成が得られずに加盟せず、イギリスやフランスが主導し、わが国も常任理事国として参加した。戦争に訴える前に紛争を平和的に解決することをめざすという、世界初の取組みを一般的な制度として確立したが、連盟規約では戦争を全面的に禁止していないなど、平和の確保に対して不十分な内容であったため、第二次世界大戦の発生を防ぐことはできなかった。そして、第二次世界大戦後に組織された国際連合の発足に伴い、国際連盟は解散した。

■ 告示
[こくじ]

公の機関が意思決定または事実を一般に知らせる形式。国の場合は官報、地方公共団体の場合は公報に登載するのが通常である。

■ 国璽
[こくじ]

国家の表象として用いる印。印文は「大日本國璽」と刻してある。現在は勲記（叙勲者に勲章とともに与える証書）だけに用いられている。宮内庁法で、御璽とともに宮内庁が保管すると定められている。

■ 国事行為／天皇の国事行為
[こくじこうい／てんのうのこくじこうい]

天皇が国家機関として行うことができる、憲法に定められた国事に関する行為をさす。そのため、「天皇の国事行為」と呼ばれることもある。憲法4条1項では、天皇はこの国事行為のみを行うことがで
きると規定している。その上で、同6条および7条で、この国事行為の内容が規定されている。その内容は、内閣総理大臣の任命、最高裁判所の長たる裁判官の任命、法律や政令などの公布、国会の召集、衆議院の解散などである。なお、国事行為には、内閣の助言および承認が必要である。

■ 国政調査権
[こくせいちょうさけん]

両議院が国政に関する調査を行い、これに関して証人の出頭・証言・記録の提出を強制することができる権能。この権能を受けて議院証言法が制定され、偽証罪に罰則が設けられていることから、事実上の強制力があると考えられている。国政調査権の行使ではなく、単に参考人として呼ばれた場合には議院証言法の適用はない。

■ 国税徴収法
[こくぜいちょうしゅうほう]

国税の滞納処分その他の徴収に関する手続の執行について必要な事項を定める法律。国税と他の債権との調整を図りつつ、国民の納税義務の適正な実現を通じて国税収入を確保することを目的とする。公法上の金銭債権の徴収については、国税滞納処分の例によるとされることが多く、国税徴収法は、公法上の金銭債権の強制徴収の手続に関する基本法となっている。

■ 国税通則法
[こくぜいつうそくほう]

国税に関する一般法であり、国税の納付義務の確定、納付、徴収、還付、附帯税、不服審査、訴訟、犯則事件（2018年4月に国税犯則取締法の規定を編入）など、国税に関する共通事項を定めた法律。国税通則法は、税法の体系的な構成を整備し、国税に関する法律関係を明確にすることを目的としている。なお、附帯税と

は、国税のうち延滞税、利子税、過少申告加算税、無申告加算税、不納付加算税および重加算税をいう。

■ 国税不服審査
[こくぜいふふくしんさ]

　国税に関する不服申立ての手続。税務署長がした処分や国税局長がした処分に対して不服がある者は、処分をした税務署長や国税局長に対する再調査の請求と、国税不服審判所長に対する審査請求のいずれかを選択して行うことができる。

■ 国税不服審判所
[こくぜいふふくしんばんしょ]

　公正な第三者的立場で、国税に関する処分についての審査請求事件を審理し、裁決を行う機関。国税にまつわるトラブルについて、適正かつ迅速な裁決を通じて納税者の正当な権利や利益を救済し、かつ税務行政の適正な運営を確保することを目的とする。国税庁の附属機関として設置されたが、現在は独立した機関として機能している。

■ 国籍離脱の自由
[こくせきりだつのじゆう]

　個人が、自由な意思に基づいて国籍を離脱する自由。世界人権宣言においても、勝手に国籍を奪われることのない自由と、国籍を変更する自由が宣言されており、日本国憲法と同様の理念が反映されている。なお、国籍離脱の自由は、日本国籍を離脱する代わりに他国籍を取得することを前提としており、国籍を離脱して無国籍になる自由を認めたものではないと解釈されている。

■ 国選弁護人
[こくせんべんごにん]

　刑事訴訟手続で、一定条件下の被疑者または被告人が自ら弁護人を依頼できないときに、国が付する弁護人。被告人の貧困その他の事情に基づく被告人自身の請求により選任する場合、被告人が未成

年者や70歳以上の者などであるときに裁判所が職権で選任する場合などがある。また、死刑、無期懲役または長期3年を超える懲役・禁錮にあたる事件は必要的弁護事件と呼ばれ、裁判所の職権で被告人について弁護人が選任される。

　一方、捜査段階で身柄を拘束された被疑者は、逮捕段階では国選弁護人を選任してもらうことができないが、弁護士会から弁護士を派遣してもらう当番弁護士制度を利用できる。また、被疑者の勾留段階からは国選弁護人を選任してもらうことができ、これを被疑者国選弁護制度という。かつては被疑者国選弁護制度の対象が必要的弁護事件に限定されていたが、刑事訴訟法改正により平成30年6月以降は、すべての被疑者の勾留段階の事件に対象が拡張されている。

■ 告訴
[こくそ]

　捜査機関に対して犯人の処罰を求める意思表示で、告訴権者によってなされる。告訴権者でない者がなす場合は告発という。告訴権者は、犯罪の被害者とその親族などである。告訴は、捜査が開始されるきっかけ（捜査の端緒）となる。また、親告罪では、告訴がなければ起訴はできず、告訴なく起訴がなされた場合には公訴棄却となる。親告罪の告訴は、6か月以内になされなければならないことを原則とするが、性犯罪については、被害者の心情に配慮して、この制限が廃止された。なお、告訴と類似するものに被害届があるが、被害届は単に被害事実を申告するものであり、処罰を求める意思表示を欠く点で告訴と異なる。

■ 告訴不可分の原則
[こくそふかぶんのげんそく]

　複数人の犯人の一部や犯罪事実の一部に対してした告訴の効力は、他の犯人全員または犯罪事実の全部に及ぶとする考

えのこと。

そもそも、告訴は特定の犯罪に対して行うものであり、特定の人物に対して行うものではない。また、告訴人が告訴当時、犯人や犯罪事実についてすべてを把握することは困難な場合が多い。そのため犯人や犯罪事実の一部についてのみ告訴がされたとしても、告訴を無効とするのではなく、告訴の効力は犯人全員もしくは犯罪事実全体に及ぶとすれば、告訴人の負担の軽減にもなることから、この原則が採用された。

■ 告知
[こくち]

①一定の事柄を通知すること。
②「納税の告知」などの形で、下命行為（行政庁が私人に対して、作為・不作為・給付・受忍を命じる行為）の意味で用いられる。
③賃貸借や委任などの継続的な契約関係を当事者の一方的な意思表示によって終了させ、将来に向かって効力を消滅させる行為。解約、解約告知ともいう。講学上、効果が遡及しない点で解除と区別されるが、条文上は、告知の意味で解除という言葉が使われている場合がある。

■ 国土利用計画法
[こくどりようけいかくほう]

国土の総合的・計画的な利用を図るために必要な原則を規定した法律。投機的な取引による地価の高騰を抑制するため、規制区域や監視区域の指定や、土地の売買に関する許可・届出に関する規定が置かれている。

■ 告発
[こくはつ]

犯人以外の者で、告訴権者および捜査機関以外の者が、捜査機関に対して犯罪事実が存在することを告げて、犯人の訴追を求める意思を表示すること。告訴は被害者その他の告訴権を有する者しかできないが、告発は第三者であれば誰でもできる点で異なる。独占禁止法違反、議院証言法違反等は、告発がなければ訴追されない犯罪である。

■ 国民教育権説
[こくみんきょういくけんせつ]

教育を受ける権利（憲法26条）を子どもの学習権を中心にとらえた場合に、教育内容や方法に関して、国民全体が決定する権限を持つという考え方。この立場からは、国をはじめ公権力は、国民の義務教育が円滑に行われるよう、学校施設や各種の助成制度を設けるなど、教育条件の整備の義務を負うのみで、原則として教育の内容や方法に干渉することはできないと考えられている。これに対して、教育権の主体は国家であるとする国家教育権説が対立している。

■ 国民主権
[こくみんしゅけん]

国民こそが政治の主役として主権を持っていると考える原理。絶対主義の時代に多く見られた君主主権に対する概念である。わが国は国民主権を採用している。国民主権原理は、国民自身が憲法を制定し、国の統治のあり方を決定することができるという、憲法制定権力の思想に由来する。国民主権の要素として、国の政治の最終的なあり方を決定する権力を国民自身が行使するという権力的な契機と、国家権力の権力行使を正当化する究極的な権威は国民に存するという権力の正当性の契機の2つが含まれている。

■ 国民審査
[こくみんしんさ]

最高裁判所裁判官に対する国民によるリコール制度。任命後はじめて実施される衆議院議員総選挙の際に行われる。その後、10年経過ごとに同様の審査に付される。最高裁判所裁判官の任命自体は内閣が行うが、これを国民主権の原理に照らし、国民の目から事後的に確認するこ

とで民主的なコントロールを及ぼす趣旨である。投票用紙の罷免すべきと考える裁判官の氏名に×印を付し、罷免を可とする投票数が過半数を超えた場合には、その裁判官は罷免される。しかし、いまだ国民審査により罷免された例はなく、国民審査制度の実効性について疑問の声もある。

■ 国民投票
［こくみんとうひょう］

最高法規である憲法の厳格な改正手続の中で、国会が発議した改正案に対して国民が承認を行う手続（憲法96条）。わが国では、憲法の改正にあたっては、国会の発議だけでなく、国民投票における過半数の賛成を必要とするきわめて厳しい要件を定めている。その趣旨は、最高法規としての憲法の改正に対して、最終的な決定権を国民に確保することにあり、国民主権原理の表れであると考えられる。平成19年に国民投票法（日本国憲法の改正手続に関する法律）が制定され、国民投票運動や投票総数などに関する規定が置かれた。

■ 国民投票法
［こくみんとうひょうほう］

「日本国憲法の改正手続に関する法律」の略称として一般に用いられている名称。国民投票法は、憲法96条が規定する憲法改正のための国民投票に関する手続について定めている。

■ 国務大臣
［こくむだいじん］

内閣総理大臣とともに内閣を構成する構成員。内閣総理大臣が任命し、人数は14人以内を原則（復興庁が廃止されるまでの間は15人以内を原則）とするが、3名まで増員が可能である。国務大臣は文民でなければならず、また、過半数は国会議員から選出されることになっている。内閣の運営に参加する権能と、とくに主任の大臣となった場合には、担当する行政事務を分担管理する権能を持つ。国務大臣には、在任中は内閣総理大臣の同意がなければ訴追されないという特権が与えられている。

■ 国有財産
［こくゆうざいさん］

広義には国が所有する一切の財産をさす。狭義では、広義の国有財産のうち国有財産法により管理の対象とされた不動産、船舶等の動産、地上権、特許権、株券等の財産を示す用語として用いられている。行政目的に供されるか否かで、行政財産と普通財産に分類される。行政財産はさらに、公用財産、公共用財産、皇室用財産、企業用財産に分類されている。

■ 国有財産法
［こくゆうざいさんほう］

国有財産の管理のために制定された法律。国の負担で国有するに至った動産・不動産、知的財産権、株式等の有価証券等を対象に、取得・維持・保存または処分等について、一般的な規定を設けている。

■ 小商人
［こしょうにん］

商人のうち、営業のために使用する財産の価額が一定額以下の者。この一定額は商法施行規則により50万円と定められている。行商人や露天商など、通常の商人より活動規模の小さい商行為を営業として行う者がこれに該当する。商法の規定のうち、商業登記、商号および商業帳簿の規定は、小商人に対しては適用されない。小規模の商人に対してこれらの規定を適用することは、過酷であり、煩雑に過ぎるからである。

■ 個人情報保護法
［こじんじょうほうほごほう］

個人情報の保護に関する国や地方公共団体の責務や、個人情報取扱事業者の義務などを定めた法律。正式名称は「個人

情報の保護に関する法律」。個人情報の有用性に配慮しつつ、個人の権利利益を保護することを目的とする。個人情報保護法にいう「個人情報」とは、生存する個人の情報のうち、特定の個人を識別することができるものか、または個人識別符号（運転免許証番号、旅券番号、指紋認識データなど）が含まれるものをさす。

そして、個人情報保護法の適用対象である個人情報取扱事業者とは、個人情報データベース等（個人情報を含む情報の集合物を体系的に構成したもの）を事業の用に供している民間事業者をさす。平成29年施行の個人情報保護法改正により、個人情報取扱事業者に該当するための要件として、保有する個人情報の件数（過去6か月以内のいずれの日も5,000件超という要件）が撤廃された。

■ 個人の尊厳
[こじんのそんげん]

個々の人間は、何にもまして尊重されるべきであるという考え方。個人主義とも呼ばれる。わが国の憲法は、個人の尊重を明示したうえで、個人の生命、自由および幸福追求に対する国民の権利は、国政において最大の尊重を必要とすると規定している（憲法13条）。そして、至上の価値を持つ個人が尊厳を保ち、自律的な個人としての自由と生存を確保するために必要な一定の権利が、基本的人権であると考えられている。

■ 戸籍
[こせき]

個人の家族的身分関係を公に明らかにする公文書のこと。夫婦および未婚の子を単位として、氏名、出生年月日、父母の氏名、戸籍に入った原因などが記される。戸籍の記載事項は、原則として、私人が届け出ることにより戸籍に記載され、本籍地の市区町村役場に置かれる。

■ 戸籍謄本・戸籍抄本
[こせきとうほん・こせきしょうほん]

戸籍謄本とは、1つの戸籍に記載されている事項の全部をそのまま謄写した証書をいう。戸籍をコンピュータ化している市区町村では、戸籍謄本のことを戸籍全部事項証明（書）と呼んでいる。戸籍抄本とは、1つの戸籍に記載されている事項のうち、指定された一部の個人の事項について謄写した証書をいう。戸籍をコンピュータ化している市区町村では、戸籍抄本のことを戸籍個人事項証明（書）と呼んでいる。戸籍謄本・戸籍抄本は、ともに戸籍に記載されている本人の本籍地がある市区町村役場で申請して交付を受ける。

■ 誤想過剰防衛・誤想過剰避難
[ごそうかじょうぼうえい・ごそうかじょうひなん]

誤想過剰防衛とは、急迫不正な侵害がなく正当防衛の要件を満たさないが、これが存在すると誤信して防衛行為に出てしまい、なおかつ、その程度が許容される範囲を超えた場合をさす。一般に、防衛行為が過剰であることを認識している場合と、認識していない場合の双方を含むと考えられている。防衛行為が過剰であると認識している場合の例としては、素手による暴行を加えられると誤解して、ナイフで防衛行為に出る場合などが挙げられる。一方で、暗室で、棒で殴りつけられると誤解して、とっさに棒で防衛しようと考えたが、取り出した物が斧であった場合などが、防衛行為が過剰であると認識していない場合の例である。

判例は、過剰防衛として刑が減免される余地があるとしている。

誤想過剰避難とは、現在の危難がなく緊急避難が成立する要件を満たさないが、これがあると誤解して、過剰な避難行為を行うことをさす。基本的な内容は、誤

想過剰防衛と同様である。

■ 誤想防衛・誤想避難
[ごそうぼうえい・ごそうひなん]

誤想防衛とは、客観的には正当防衛の要件を満たすような事実がないのに、これがあると誤信し、防衛行為に出る場合をさす。たとえば、Aが鯛をおろそうと包丁を振り上げたのを、Bが自分に切りつけてきたと誤信して、Aをナイフで突き刺した場合などが挙げられる。判例によれば、故意が否定されると考えられている。これに対して、誤想避難とは、緊急避難に当たるような現在の危難がないのに、これがあると誤信する場合をさす。たとえば、実際に野犬に襲われていないのに襲われると誤解し、近くの家に許可なく逃げ込む場合などがある。誤想避難も誤想防衛と同様に故意が否定されると考えられている。

■ 国家
[こっか]

一定の領域（領土）に永続的に定住する人間が、強制力を持つ統治権（政府）の下に法的に組織されるようになった社会。領土と人民と権力は、国家を構成する三要素であると考えられている（社会学的国家論）。国際法的には、上記の対内的な実効支配とともに、国家は、対外的に他国から独立した存在である必要がある。なお、憲法で「国家からの自由」という場合の国家は、国家権力あるいは権力の組織体をさして用いられている。

■ 国会
[こっかい]

国民の代表機関であり、国権の最高機関で国の唯一の立法機関である。憲法の前文では、権力は国民の代表者が行使すると規定されており、議会を中心とする代表民主制（議会制民主主義）が採られることが予定されている。したがって、政治的な意味での代表機関に当たるのが国

会である。国権の最高機関とは、国民に直接選出されたことを根拠に、立法権などの重要な権能を持つことを表しており、唯一の立法機関とされているのは、国民の自由や財産を制限するような法規を、民主的な機関である国会が独占的に定立することを意味している。衆議院・参議院により構成されており（二院制）、法律の議決権や憲法改正発議権などの強い権能が認められている。

■ 国会単独立法の原則
[こっかいたんどくりっぽうのげんそく]

国会が法律を制定するにあたって、国会以外の国家機関が関与することなく、国会の議決のみで法律が成立するという原則。もっとも、ひとつの地方公共団体のみに適用される特別法は、国会の議決のほかにその団体の住民による住民投票による同意が必要であると定められており、国会単独立法の原則に対する例外が規定されている。また、内閣の法律発案権も立法に対する内閣の関与に見えるが、国会が自由な修正・否決権を持つため許されると考えられている。

■ 国会中心立法の原則
[こっかいちゅうしんりっぽうのげんそく]

原則として、国会による立法以外に、特定の内容を持った法規範である実質的な意味での立法を行うことはできないという原則。これは明治憲法の下で行われていた、行政権が緊急命令や独立命令の形式で議会を通さずに立法を行っていたことを許さない趣旨であると考えられている。行政権が行う立法は、法律の執行に必要な執行命令と、法律の委任に基づく委任命令に限定される。したがって、国民の権利・義務に関わる法規範の定立は、すべて国会の議決を通した立法により行われている。もっとも、各議院規則や最高裁判所規則などは例外として、国会以外の機関が定立することが認められている。

■ 国会の権能
[こっかいのけんのう]

　国会に与えられた役割のこと。国民の代表機関、国権の最高機関および国の唯一の立法機関として、それにふさわしい国政上重要な権能が与えられている。主要な権能として、憲法改正の発議権、法律の議決権、条約の承認権、内閣総理大臣の指名権、弾劾裁判所の設置権、財政の監督権などが挙げられる。

■ 国会法
[こっかいほう]

　国会の召集手続や会期などの国会の運営や、国会の権限などについて規定する法律。衆議院・参議院と政府等の外部に対する関係や、両院相互の関係についてだけでなく、議院内部の事項についても詳細な規定を置いている。そこで、議院に認められている議院規則制定権に基づき定められた規則と国会法の規定との間に矛盾する内容が定められた場合の効力関係が問題となる。学説では、規則優位説と法律優位説の対立がある。法律優位説が支配的であるが、規則固有の内部的事項に関しては規則が尊重されるべきとの指摘もなされている。

■ 国家からの自由
[こっかからのじゆう]

　国民が、国家による不当な侵害を受けることがない自由。信教の自由、言論・出版の自由、住居不可侵、財産権不可侵などの自由権がこれに該当する。この自由権の源流は、17世紀から18世紀にかけて、イギリス、アメリカ、フランスでの市民革命によって、当時の絶対王政から勝ち取られた権利である。

■ 国家教育権説
[こっかきょういくけんせつ]

　教育を受ける権利（憲法26条）を子どもの学習権を中心にとらえた場合に、教育内容や方法に関して国が関与・決定する権能を持つという考え方。教育権の主体は国家であるととらえるため、国家は、公教育を実施する教師の教育の自由に制約を加えることも許されると考える。また、民主主義では、代表者である議会を通じて、国民全体の意思が法律に反映されていると考えられるため、法律によって、広く公教育の内容および方法について定めを置いても、国民の意思に反することはなく、許されると主張している。これに対して、教育権の主体は国民全体であるという国民教育権説が対立している。

■ 国家行政組織法
[こっかぎょうせいそしきほう]

①国の行政機関の設置、組織、権限などに関する法律を総称したもの。
②内閣の統轄の下における行政機関で内閣府以外のものの組織の基準を定めている法律の名称。国家行政組織法によると、国の行政機関は、省、委員会および庁とされている。国の行政機関には、とくに必要がある場合には、法律の定める所掌事務の範囲内で、法律の定めにより、特別の機関を置くことができる。たとえば、検察庁は、法務省の附属機関である。内閣府は内閣に置かれているが、国家行政組織法ではなく、内閣府設置法が定めている。なお、会計検査院や人事院も、国家行政組織法ではなく、会計検査院法や国家公務員法に基づいて設置された機関である。

■ 国家緊急権
[こっかきんきゅうけん]

　非常事態時に、国家権力が立憲主義を停止して非常措置をとる権限。たとえば、戦争が起きた場合に、国会・内閣などの統治権を軍隊に集中させることが挙げられる。大日本帝国憲法下では緊急命令権や非常大権という形で国家緊急権が規定されていたが、現行憲法では明文の規定はない。

■ 国家公安委員会
[こっかこうあんいいんかい]

内閣総理大臣を長とする警察組織のひとつで、警察庁を管理する機関。国家の安全に関する事項や警察官の教育などに従事する。

■ 国家承認
[こっかしょうにん]

新たな国家が成立したときに、すでに存在している国家が、その国を国際法上の主体として認めることをさす。国家承認は個々の国家によって行われるため、原則として承認の効果は、承認に関与した2国間に限定されると考えられている。

■ 国家訴追主義
[こっかそついしゅぎ]

国家機関のみが公訴を提起する権限を有するとする制度のこと。検察官が公訴権を独占し、検察官の起訴によって刑事裁判を開始する制度をさす。私人による刑事訴追を認める私人訴追主義に対する語である。

■ 国家による自由
[こっかによるじゆう]

人間の自由と生存を確保するために、国家に対して、市民生活への積極的な介入を求める自由をいう。もともと、自由の概念は、国家の役割を社会秩序の維持と安全の確保に限定し、個人の自由と平等を保護すること（国家からの自由）を目的とする自由権を中心に展開していた。しかし、対等な個人の競争により発展した資本主義のもとでは、富の偏在化や地位の低い労働者に対する劣悪な労働環境などが社会問題化した。そこで、社会的・経済的な弱者が人間らしい生活を営むことができるように、国家に対して積極的な措置を採るよう求める権利が主張されるに至った。そこで、国家による自由という場合、社会的・経済的弱者を保護するために、社会権を中心とする人権がと

くに重視されている。わが国の憲法では、社会権として、生存権、教育を受ける権利、労働者の権利などが保障されている。

■ 国家賠償法
[こっかばいしょうほう]

国や地方公共団体の賠償責任について規定した法律。憲法17条の規定に基づいて、国家賠償法では、損害賠償責任が発生する場合として、公権力を行使する公務員が、職務を行う際に、故意または過失によって違法に他人に損害を加えたとき（国家賠償法1条1項）、公の営造物の設置または管理に瑕疵があったために他人に損害を生じたとき（同法2条1項）の2つを規定している。国家賠償法には、ほかに国や地方公共団体の求償権についての規定や、賠償の責任主体についての規定も置かれている。国家賠償法に定めがないものは、民法の規定によるものとされている。国家賠償法は、行政不服審査法、行政事件訴訟法とあわせて救済三法と呼ばれる。

■ 国家への自由
[こっかへのじゆう]

国家が与えたり課したりするさまざまな権利や義務の変更を、国民が自ら政治に参加することで実現する自由。一般的には、この自由は、選挙を通して実現される。つまり、国民は、国政選挙や地方選挙における投票を通じて、または、選挙に立候補することによって、ある程度、国家が課す権利や義務を自分にとって好ましいものに変えることができる。したがって、選挙権や被選挙権が、国家への自由を代表する権利である。その他にも、憲法は、憲法改正にあたっての国民投票、最高裁判所裁判官の国民審査といった参政権に関する規定を置き、国家への自由を保障していると考えられている。

国家補償
[こっかほしょう]

　国または地方公共団体の活動に起因して私人に損害ないし損失が生じた場合に、それを塡補すること。国家補償は、違法な国家作用から生じた損害を塡補する国家賠償と、適法な国家作用から生じた損失を塡補する損失補償の2つに大きく分かれる。

国家無答責の原則
[こっかむとうせきのげんそく]

　「国王は悪をなし得ず」という格言に代表されるように、国家権力が違法な損害を加えることはありえず、国家が不法行為責任を負うことはないという考え方。法律の執行である公権力の行使が違法となることは論理的にありえず、違法な行政作用は公務員個人の損害賠償責任の問題となるのみであると考えられていた。わが国でも明治憲法下では、国家無答責の原則が採られていたが、日本国憲法17条は公務員の不法行為について国家の賠償責任を認めて、国家無答責の原則を明確に排除した。それを受けて国家賠償法が制定された。

国権の最高機関
[こっけんのさいこうきかん]

　国会の地位について、憲法41条で用いられている語。通説的立場は、国会は主権者である国民により直接選任されており、国民に連結したものとして立法権をはじめ重要な権能を与えられていることから、国政上中心的な地位を占めるという意味で、最高機関という語が用いられているとされている（政治的美称説）。したがって、法的な意味で国会が他の機関に優越するという意味ではないと考えられている。

国庫
[こっこ]

　財産の主体という側面から見た国家のこと。財産上の関係については、国家にも私法が適用されるため、公権力の主体としての国家と区別し、私人と対等の立場で法の適用を受けることができるようにするための概念である。しかし、最近では、その区別の意義は薄れてきている。なお、国に属する現金などを国庫金というが、その経理や出納に関するしくみである国庫制度のことを意味する場合もある。

古典学派
[こてんがくは]

　☞旧派／古典学派

戸別訪問
[こべつほうもん]

　選挙人に投票させる目的で、選挙期間中、立候補者が不特定の選挙人の家を戸別に訪問し投票を依頼すること。公職選挙法は選挙期間か否かにかかわらず、これを禁止する。同法による規定の合憲性が争われたが、判例は、合理的関連性の基準を用いて、規定の目的である買収の危険回避や選挙人の生活の平穏などは正当で、規定との間の関連性もあるとして、合憲と判断した。学説からはLRAの基準を用いて合憲性を判断すべきとする批判が強い。

コモンロー
[こもんろー]

　イギリスにおいて、裁判所が積み重ねてきた判例により作り出された法秩序。中世イギリスでは、慣習が発展して国王を制約する根本法が作り出されていき、これがコモンローへと変化していった。

固有権
[こゆうけん]

　株主総会の多数決によっても奪うことができない株主の権利のこと。株主総会における多数決の濫用を防止する機能を有する。会社法は、剰余金の配当を受ける権利と残余財産の分配を受ける権利を両方株主に与えないことは許されないと

規定する。しかし、それ以外の権利については、具体的な法規の解釈により判断すべきであると考えられている。

なお、会社法以外においても、当然に持っている権利という意味で、固有権の言葉が用いられる場合がある。たとえば、使用者が労働者に対して懲戒解雇などの懲戒処分を下すことができる根拠について、労働契約の性質から当然に、使用者が持つ権利であると説明する立場が、学説において存在する。

■ 固有の意味の憲法
[こゆうのいみのけんぽう]

政治権力の主体が誰であって、権力をいかなる機関が行使するのかということを定めた憲法をさす。国家の政治権力の基本を定めた法規範であるといわれている。時代を問わず、いかなる社会構造を採る国家であっても、必ず固有の意味の憲法を持っていると考えられている。固有の意味の憲法は、実質的意味の憲法の一種である。

■ 固有の商人
[こゆうのしょうにん]

自己の名において絶対的商行為または営業的商行為を営業として行う者のこと。擬制商人に対する概念である。

■ 固有必要的共同訴訟
[こゆうひつようてききょうどうそしょう]

判決の合一確定が要求される必要的共同訴訟のうち、共同訴訟人となるべき者全員が揃ってはじめて訴えを提起すること、または訴えを提起されることが可能になる訴訟のこと。固有必要的共同訴訟となる場合としては、他人間の権利関係に関する訴訟の場合や、訴訟物たる権利関係を共同でのみ処分できる場合などがある。前者の例として、第三者が提起する婚姻取消しの訴えなどがあり、後者の例として、共有関係を含んだ境界確定の訴えなどがある。

■ 雇用
[こよう]

業務に従事させる目的で人を雇うこと。被雇用者が労務を提供することを約束し、雇用者がそれに対する報酬を支払う契約を締結することで成立する。労務に関する契約としては、ほかにも委任と請負があるが、被雇用者の持つ裁量権が著しく少ない点で委任と異なり、業務の完成を目的としていない点で請負と異なる。雇用は民法上の典型契約のひとつであるが、現在、雇用に関する規制は大半が労働関係諸法によるものであり、民法上の雇用に関する規制が適用されるのは、同居の親族を雇用する場合など、ごく限定的である。

■ 雇用関係の先取特権
[こようかんけいのさきどりとっけん]

給料の先取特権のこと。民法では、給与その他債務者と使用者の雇用関係によって生じた債権につき、雇用関係による債権を持つ者は、先取特権を行使できると規定している。たとえば、労働者 A が使用者 B に対して賃金の未払いによる債権を持つ場合、破産などで、使用者がその未払い分を支払えない場合には、労働者 A は、B の総財産を競売した代金から、他の一般債権者に先立って、その債権の弁済を受ける権利を有する。

■ 雇用保険
[こようほけん]

失業した労働者の生活や再就職を支援することを目的とした公的な保険制度。失業等給付のほか、労働者が自ら職業に関する教育訓練を受けた場合に給付（教育訓練給付）が行われる。また、失業の予防、雇用状態の是正および雇用機会の増大、労働者の能力の開発および向上その他労働者の福祉の増進等を図るための事業を行っている。短時間労働者についても、一定条件を満たせば、事業所規模に

関わりなく、原則としてすべて被保険者
となる。

■ 婚姻
　　[こんいん]

　結婚のこと。夫婦共同生活を送る意思
（婚姻意思）をもち、婚姻の届出を役所に
出すことにより、婚姻は成立する。相続
させるためや、子に嫡出子の身分を与え
るためだけの意思で婚姻届を出しても、
その婚姻は婚姻意思がないので無効にな
る。また、夫婦としての実体はあっても、
婚姻の届出をしていない男女は、法律上
の正式な夫婦ではない。

　令和元年現在、男は満18歳以上、女は
満16歳以上で婚姻が可能であるが、未成
年者が婚姻する場合は父母の同意が必要
である。しかし、平成30年の民法改正に
より、令和4年4月1日以降、男女を問
わず満18歳以上で婚姻が可能になると
ともに、成人年齢が満18歳になるので、
未成年婚の概念自体が消滅し、婚姻に際
して父母の同意が不要になる。

■ 婚姻適齢
　　[こんいんてきれい]

　法律上の正式な婚姻が認められる年齢。
令和元年現在、男は満18歳、女は満16
歳にならなければ婚姻できないと民法が
規定している。婚姻適齢に達していても、
未成年者が婚姻する場合は父母の同意が
必要である。ただし、父母の一方が同意
しない場合または意思表示ができない場
合には、もう一方の同意があれば足りる。
婚姻が成立すると、未成年者であっても
成年者とみなされ、単独で財産行為がで
きる。これを成年擬制という。

　平成30年の民法改正により、令和4年
4月1日以降は、男女を問わず満18歳に
ならなければ婚姻ができないことになる。
さらに、成人年齢が満18歳になるので、
婚姻に際して父母の同意が不要になると
ともに、成年擬制の制度が廃止される。

■ 婚姻の取消し
　　[こんいんのとりけし]

　有効に成立した婚姻を後に取り消すこ
と。民法では、婚姻の取消事由として、婚
姻適齢に達しない婚姻、重婚、再婚禁止
期間になされた婚姻、近親者間の婚姻、直
系姻族間の婚姻、養親子間の婚姻、詐欺・
強迫による婚姻が規定されている。

　取消しの請求権者は、原則として、各
当事者、その親族、検察官らであり、詐
欺・強迫によるものの場合は、詐欺・強
迫により婚姻した者である。なお、婚姻
の取消しの効力は、将来に向かってのみ
生じる。

■ 婚姻の無効
　　[こんいんのむこう]

　婚姻が初めから効力を有しないこと。
婚姻の取消しは、取消しまでの期間は有
効に婚姻が成立していたものとされるが、
無効の場合には、初めから成立していな
いものとされる。民法では、婚姻の無効
の要件として、人違いなどで当事者間に
婚姻意思がない場合、当事者が婚姻の届
出をしないときの2つを規定している。

■ 婚姻費用の分担
　　[こんいんひようのぶんたん]

　衣食住の費用や子の養育費・教育費な
ど、婚姻から生じる日常の生活費を夫婦
で分担すること。夫婦は、それぞれの収
入や事情を考慮して婚姻費用を分担する
義務を負う。仮に別居中であっても、自
分と同一水準の生活を維持するのに足り
る額を相手方に支払う義務を負い、支払
いがない場合には、子の養育費などの生
活費の支払いを請求することができる。
これを婚姻費用の分担請求といい、夫婦
間での協議がまとまらない場合は、家庭
裁判所の調停または審判に委ねることに
なる。

婚姻予約
[こんいんよやく]

将来婚姻することについて男女間で交わされる契約。一般的に婚約と呼ばれる。婚姻予約があることによって、相手方に婚姻を強制することはできないが、一般の契約と同様で、口約束によっても有効に成立すると考えられている。当事者は、婚約後は誠意をもって交際し、婚姻実現に努力する義務が生じる。正当な理由なく、当事者の一方が婚約を破棄した場合には、責任を追及することができる。したがって、婚姻の予約を不当に破棄して婚姻を拒絶した者は、債務不履行または不法行為に基づく損害賠償義務を負わなければならない。

婚姻を継続しがたい重大な事由
[こんいんをけいぞくしがたいじゅうだいなじゆう]

裁判上の離婚原因のひとつ。裁判上の離婚原因には、不貞行為、悪意の遺棄、3年以上の生死不明、強度の精神病があるが、これらと同等程度に婚姻の継続を困難にする事由のこと。たとえば、性格の不一致、暴力沙汰・暴言・侮辱、両親・親族との不和、信仰・宗教上の対立、罪を犯している、家事や育児に対する不協力などで、その程度がきわめて重大なものが考えられる。

婚外子
[こんがいし]

☞非嫡出子／婚外子

混合寄託契約
[こんごうきたくけいやく]

複数の者（寄託者）と相手方（受託者）との間で締結された、品質が同一の物の保管を内容とする寄託契約のこと。2020年4月1日から施行される民法改正により新設された。たとえば、複数の業者A・B・Cが、同一の業者（受託者）に対して、品質が同一のガソリンの保管を、それぞれ1000L・2000L・3000L委託した場合、受託者は、各寄託者の同意を得ることで、これらのガソリンを混合して保管する（計6000Lのガソリンとして保管する）ことが許される。そして、寄託者Aは、混合したガソリン6000Lのうち、依頼した同数量のガソリン（1000L）の返還を請求することができる。

昏酔強盗罪
[こんすいごうとうざい]

麻酔薬、睡眠薬などにより人を前後不覚にさせて財物を奪取する罪。5年以上の有期懲役に処せられる。被害者を昏酔させたのが犯人ではなく、他人が昏酔させた状態を利用した場合には、本罪でなく窃盗罪となる。

混同
[こんどう]

併存させておく必要がない相対立する2つの権利が、同一人に帰属すること。民法においては、物権、債権ともに混同は消滅原因として規定されている。物権の例では、地上権者がその土地を相続した場合が挙げられる。土地の利用につき所有権を取得したことで、地上権は不要となるため、地上権は消滅する。債権の場合も、たとえば、債務者が債権者を相続することにより、もはや債権を存続させておく必要がないときには、その債権は消滅する。もっとも、同一人に帰属した場合であっても、その権利が質権の目的物であるなど、第三者の権利に関するものである場合には、混同により消滅することはない。

コンプライアンス
[こんぷらいあんす]

法令などに従った活動を行うこと。経営の分野では、企業が法令や企業倫理を遵守することを意味する。不正会計や不正入札等、企業倫理が問われる不祥事が頻発していることから、その重要性が強

調されている。近年では、会社に対する信用を守るため、社内規程やマニュアルの作成等、コンプライアンス体制を確立することが不可欠になりつつある。また、経済犯罪の罰則が重い欧米諸国で巨額の罰金を科される例もあり、各国の法制度の理解を深めることも求められている。

混和
[こんわ]

固形物の混合と流動物の融和の総称。たとえば、水とウイスキーが混ざって水割りになった場合が挙げられる。混和された物の所有権は、原則として主たる動産の所有者に属する。上記例では、水割りの所有権は、ウイスキーの所有者に属する。ただし、混和した動産につき主従の区別をすることができないときは、各動産の所有者は、その混和のときにおける価格の割合に応じて、その混和物を共有する。

さ

サービス・マーク
[さーびす・まーく]

商標の中で、サービス（役務）について使用する商標のこと。役務商標ともいう。金融・輸送・広告・通信・宿泊・介護などが対象になる。一方、商品に使用される商標をトレード・マーク（商品商標）という。いずれも特許庁に出願することにより、登録商標として独占的な使用権を得ることができる。

再議
[さいぎ]

地方議会で議決機関が一度議決した事項について、再び審議・決議すること。地方自治法では、長に、議会の議決について異議があるときに再議に付する権限が与えられている。なかでも権限を超えた議決や法令・会議規則に違反する議決があったと認めるときや、議会が特定の経費を削除しまたは減額する議決をしたときは、理由を示してこれを再議に付さなければならない。

最恵国待遇／内国民待遇
[さいけいこくたいぐう／ないこくみんたいぐう]

最恵国待遇は、条約当事国の一方が、第三国の国民に与える最も有利な条件について、相手国の国民にも同様の待遇を行うこと。つまり、相手国をいかなる第三国よりも不利に扱わないと保証することを意味する。

これに対して、内国民待遇とは、自国の領域内で内外人を平等に扱うことである。つまり、条約当事国の一方の国内で、自国民に対して与えられている待遇と同様の待遇が、相手国の国民にも保証されるということである。

■ 罪刑法定主義
[ざいけいほうていしゅぎ]

　いかなる行為が犯罪となり、それに対していかなる刑罰が科されるかについて、あらかじめ成文の法律をもって規定しなければならないという原則。近代国家に共通する原則であり、中世の専制国家における恣意的な刑罰権行使から市民を解放するべく確立された刑法の基本原則である。罪刑法定主義から派生する主な原理として、慣習刑法の禁止、類推解釈の禁止、事後法の禁止、明確性の原則、実体的デュー・プロセスの理論などがある。

■ 裁決
[さいけつ]

　行政不服審査法が定める審査請求および再審査請求に対する審査庁（再審査請求のときは再審査庁）による判断のこと。審査請求が不適法のときは却下裁決、審査請求に理由がないときは棄却裁決、審査請求に理由があるときは認容裁決がなされる。たとえば、処分についての審査請求の認容裁決には、処分の一部または全部の取消しの裁決、事実行為の一部または全部の撤廃または変更を命じる裁決などがある。

　なお、審査庁が処分庁以外である場合は、変更の処分を命じる裁決を行えるが、申立人にとって不利益となる変更は禁止されている。また、公の利益に著しい障害を生じるおそれがある場合は、処分の違法や不当を認めるが、処分自体は維持する事情裁決も可能である。

■ 裁決主義
[さいけつしゅぎ]

　行政不服申立てを経由した後に取消訴訟を提起する場合に、裁決の取消訴訟のみを認める立場のこと。行政事件訴訟法上の原則は、原処分主義（処分の瑕疵を争うためには処分の取消訴訟によらなければならないとする原則）であり、裁決主義は

特別の規定があるときに認められる。裁決主義による場合、裁決の取消訴訟で処分の瑕疵を争うことができる。

　たとえば、弁護士会がした懲戒処分に対する審査請求が却下、棄却された弁護士が取消訴訟を提起した場合が挙げられる。

■ 裁決の取消訴訟
[さいけつのとりけしそしょう]

　審査請求、不服申立てに対する行政庁の裁決、決定その他の取消しを求める訴訟。行政事件訴訟法上の「裁決の取消しの訴え」である。行政事件訴訟法上の原則である原処分主義によると、処分の取消訴訟と裁決の取消訴訟とを提起することができる場合には、裁決の取消訴訟においては、裁決固有の瑕疵のみを争うことができる。

■ 債券
[さいけん]

　国や地方公共団体、政府関係機関、事業会社など、一定の信用ある団体が発行する資金調達のための有価証券。債券は、それらの団体に関する貸付金などの内容を、券面上に実体化して発行したものである。この債券は、株式や投資信託に比べて安全性が高い。さらに、満期には投資した金額が戻ってくるうえ、利子を得ることもできるという特徴がある。

■ 債権
[さいけん]

　特定人が特定人に対して一定の財産上の行為を請求することを内容とする権利。たとえば、売買契約における売主の買主に対する代金支払請求権がこれに当たる。債権は、契約・事務管理・不当利得・不法行為のいずれかを原因として発生する。物権と同様に財産権であるが、物権はすべての人に対し主張でき、同一物の上に同一内容の物権は複数存在できないのに対し、債権は債務者にのみ主張でき、同一内容の債権が複数成立することが可能

な点で異なる。

債権質・指名債権質
[さいけんしち・しめいさいけんしち]

　金銭債権など一般的な債権のように、債権者が特定している債権を質権の目的とする権利質のこと。たとえば、債権者Bが債務者Aに対して持つ金銭債権を担保する目的で、AのCに対する売買代金請求権（金銭債権）について質権を設定する場合が挙げられる。平成29年の民法改正により、民法上は指名債権の用語が消滅し、単に「債権」と表記されるようになったので、指名債権質についても単に「債権を目的とする質権」と表記されるようになった（民法364条）。

　債権を質権の目的としたときは、債権譲渡の対抗要件に関する民法467条の規定に従い、第三債務者に質権の設定について通知をするか、第三債務者が承諾をしなければ、質権者は第三債務者やその他の者に質権を主張（対抗）することはできない（民法364条）。上記の例で、質権設定者Aが第三債務者Cに対して質権の設定について通知をするか、Cの承諾を得なければ、BはCに対して質権の存在を主張することができない。

債権者異議手続・債権者保護手続
[さいけんしゃいぎてつづき・さいけんしゃほごてつづき]

　会社が会社債権者を害するおそれのある行為を行うにあたり、会社債権者がその行為に反対する（異議を述べる）ことができる手続。たとえば、会社の合併・分割、資本金・準備金の減少、組織変更の際に、債権者を保護するために行う手続が挙げられる。異議を述べた会社債権者に対しては、問題となっている行為が債権者を害するおそれがない場合を除き、会社は弁済などをしなければならない。なお、異議を述べなかった債権者は、合併・分割などを承認したものとみなされる。

債権者集会
[さいけんしゃしゅうかい]

　債権者の意思を決定するために置かれる債権者の機関。破産手続や民事再生手続、会社法上の特別清算手続などで設けられる。

債権者主義
[さいけんしゃしゅぎ]

　双務契約において、契約成立後、お互いの債務が履行される前に、一方の債務が当事者の責めに帰することができない事由で履行不能になった場合でも、他方の債務の履行を拒絶できないとする危険負担の考え方。平成29年の民法改正により、危険負担の債権者主義が適用されるのは、債権者の責めに帰すべき事由によって債務者の債務が履行不能となった場合に限定されることになった。かつては不動産の売買契約に代表される、特定物に関する物権の設定または移転を目的とする双務契約にも債権者主義が適用されていたが、民法改正に伴い、債務者主義に変更された。

　債権者主義の適用場面として想定されているのが、雇用契約上の使用者の責めに帰すべき事由により労働者の労務の提供が不可能になった場合である。たとえば、使用者による解雇権濫用に該当する無効な解雇で、労働者が労務を提供できなくなった場合、使用者は、労働者からの解雇期間中の賃金支払請求を拒絶できないことになる。

　☞危険負担

債権者代位権
[さいけんしゃだいいけん]

　債権者が、債務者の責任財産を保全し、自己の債権の弁済に充てるために、債務者が有する第三者に対する権利を行使する権利。債権者代位権を行使するためには、ⓐ債務者が無資力（債務を弁済するに足りる財産がない状態）であり、ⓑ債務者

が自ら権利を行使しておらず、ⓒ原則として債権者の債権が履行期にあり、ⓓ行使される債務者の権利が一身専属または差押禁止でないことが必要である。

たとえば、債権者Aの100万円の貸金債権が履行期にあるが、債務者Bが無資力で弁済をしない場合に、BがCに対して一身専属かつ差押禁止でない50万円の代金債権を有しているとする。しかし、BがCに対して代金債権を行使しようとしなければ、AはBに代わって、Cに対する代金債権を行使できる。このときの100万円の貸金債権のことを被保全債権、50万円の代金債権のことを被代位権利という。被保全債権が履行期にない場合には、被代位権利の保存行為しか認められない。

債権者代位権には、転用事例と呼ばれるものがあり、債権者が債務者に代わって、移転登記請求権を行使したり（民法423条の7）、賃借権に基づく妨害排除請求権を行使したりすることが認められている。転用事例では、債務者の責任財産保全が目的ではないため、ⓐの無資力要件が不要とされている。

■ 債権者平等の原則
[さいけんしゃびょうどうのげんそく]
　強制執行の手続等で、同一の債務者の債権者は、平等に扱われるという原則。債務者の財産が債務の全額を弁済するのに足りないときには、債権者は債権額に応じて比例した額の弁済を受ける。もっとも、債権者が担保物権（抵当権・質権・先取特権）を有する場合や、法律上の優先弁済権（租税の徴収等）を有する場合は、これらの債権者は優先して弁済を受けることができる。

■ 債権証書
[さいけんしょうしょ]
　債権が成立したときに、その事実を証明するために作成される証書。契約書、社

債券、乗車券、商品券、コンサートチケットなどが挙げられる。とくに債権者の氏名が記載されない債権証書（民法上の無記名証券に該当する）については、それを紛失せずに所持し、債権行使の際に必ずその債権証書を提示しなければならない。民法では、弁済者がすべての債務を弁済をした場合には、債権証書の返還を請求することができると定めている。

■ 債権譲渡
[さいけんじょうと]
　債権の同一性を保ちつつ移転することを目的とする契約。たとえば、債権者がその有する売買代金債権を第三者に譲渡する場合が挙げられる。「同一性を保つ」とは、債権に付随する利息債権・保証債権や、債権に付着する同時履行の抗弁権が当然に譲受人に移転することを意味する。債権は自由譲渡性を有するのが原則である。

■ 債権譲渡特例法
[さいけんじょうととくれいほう]
　債権譲渡の対抗要件に関して特例を定めた法律。正式名称は「動産及び債権の譲渡の対抗要件に関する民法の特例等に関する法律」。民法によれば、通常の債権譲渡の場合、譲受人が債権譲渡を債務者以外の第三者に対抗するためには、債権者から債務者に対する確定日付のある通知があるか、または債務者から債権者または譲受人に対する確定日付のある承諾があることが必要である。しかし、債権譲渡特例法により、法人が金銭の支払いを目的とする債権を譲渡する場合に関しては、その債権譲渡について法務局に備える債権譲渡登記ファイルに譲渡の登記がされれば、債権譲渡の対抗要件として認められることになっている。

■ 債権譲渡の対抗要件
[さいけんじょうとのたいこうようけん]
　債権譲渡を債務者その他の第三者に主

張するための要件をいう。対抗要件は、譲渡人から債務者への通知または債務者の承諾である。債権譲渡は、譲渡人（債権者）と譲受人との間の合意のみで行い得ることから、債務者との関係で債権譲渡を対抗するためには、通知・承諾が必要であるとしたものである。

そして、債権が二重に譲渡されるなどして債務者以外の第三者が生じた場合の対抗要件は、確定日付のある証書による通知・承諾である。債権が二重に譲渡され、ともに確定日付のある証書による通知・承諾がなされた場合、その優劣は、確定日付の前後ではなく、通知・承諾の到達時の前後によると解されている。

なお、債権譲渡特例法により、法人が金銭の支払いを目的とする債権を譲渡した場合には、法務局に備えられた債権譲渡登記ファイルに譲渡の登記をすることによって、対抗要件を具備する（登記のときに確定日付のある証書による通知があったものとみなされる）ことが認められている。

■ 債権侵害
[さいけんしんがい]

債権の内容の実現を妨げることをいう。債務者によって債権の実現が妨げられる場合は債務不履行のことをさし、債権者は債務者に対し債務不履行責任を追及できる。たとえば、牛の売買契約において、売主が疫病に罹った牛を販売したとする。その牛が買主の健康な牛にまで病気をうつし、買主の損害が拡大するような場合が挙げられる。

問題は、第三者によって債権の実現が妨げられた場合である。債権は債務者という特定人に対してのみ請求できる権利であるから、第三者に対しては何ら請求できないのではないかという点に問題の所在がある。侵害態様の違法性がとくに強い場合には、債権者は第三者に対し不

法行為責任を追及できるとするのが通説である。たとえば、AがBの土地を1000万円で買った後になって、CがBより2000万円で同じ土地を買い受けた結果、AのBに対する土地引渡請求債権の実現が妨げられた場合が挙げられる。Bが、より高い代金を支払うCを選ぶことは、本来自由競争として許される。しかし、Cが詐欺や強迫に近い方法で土地を購入した場合には、侵害態様の違法性が強く不法行為が成立するといわれている。

■ 債権的効力
[さいけんてきこうりょく]
☞物権的効力／債権的効力

■ 債権の準占有者
[さいけんのじゅんせんゆうしゃ]
☞受領権者としての外観を有する者

■ 再抗告
[さいこうこく]

決定や命令に対する上訴において裁判所が下した決定に、さらに抗告すること。民事訴訟法は、憲法解釈の誤りがあること、その他憲法違反があること、または決定に影響を及ぼすことが明らかな法令違反があることを理由とするときに限り、再抗告をすることを認める。刑事訴訟法は、再抗告を認めず、代わりに異議の申立てが認められている。なお、少年法上も再抗告の制度があるが、憲法違反や判例違背を理由とするものに限られる。

■ 最高裁判所
[さいこうさいばんしょ]

わが国の司法権をつかさどる最高機関をいう。最高裁判所長官1名と最高裁判所判事14名により構成されている。1つの大法廷と3つの小法廷がある。対立概念は下級裁判所であり、これには高等裁判所、地方裁判所、家庭裁判所、簡易裁判所がある。最高裁判所は、上告審および法律でとくに定められた抗告について審理・裁判を行う。最高裁判所への上告が

許されるのは、下級裁判所の判断に憲法違反などがある場合など、一定の場合に限定されている。なお、最高裁判所の裁判官については、国民審査により主権者である国民からのコントロールを受ける。

■ 最高裁判所規則
[さいこうさいばんしょそく]

最高裁判所が制定する裁判所の内部規則や訴訟事務に関する事項の定め。憲法により認められた規則制定権（憲法77条1項）に基づいて制定される。訴訟に関する事項については、国会が定める法律よりも、実際に司法手続を運営する裁判所に任せることで、適切な定めを置くことが期待できるとの趣旨で認められている。たとえば、民事訴訟規則や刑事訴訟規則、民事執行規則や民事保全規則、少年審判規則などが挙げられる。また、最高裁判所規則に関しては、検察官もこれに従わなければならない。

■ 最高法規
[さいこうほうき]

一国の中で最も強い効力を持つ規範をさす。わが国では、憲法が最高法規であることが宣言されている（憲法98条1項）。そのため、憲法に違反する法律、命令、規則その他の法令および行為は無効であると定められている。また、他の法律に比べて、制定や改正・廃止に関する手続が困難な制度が定められている（硬性憲法）ことも、最高法規としての性質であるとされている。

■ 催告
[さいこく]

相手方に対して一定の行為を行うように促すこと。催告は裁判外で行ってもかまわない。たとえば、制限行為能力者の保護者に対する追認の催告や、履行遅滞に陥った債務者に対する履行の催告が挙げられる。

法律上は、催告に対して相手方が応答しない場合に、一定の法的効果が付与されることがある。たとえば、制限行為能力者の保護者への追認の催告に対し、保護者が応答（確答）しないときは、制限行為能力者による行為を保護者が追認したとみなすという法的効果が付与される。その他には、催告があった時から6か月間を経過するまで、時効の完成が猶予されるという法的効果もある。

■ 催告の抗弁権
[さいこくのこうべんけん]

債権者が、主たる債務者に請求せずに、いきなり保証人に請求を行ってきた場合に、まず主たる債務者に請求を行うよう主張することができる保証人の権利。主たる債務者が破産手続開始決定を受けた場合や行方不明の場合には行使できない。また、連帯保証人には催告の抗弁権がない。催告の抗弁権を行使した後に債権者が主たる債務者に請求を怠った結果、債権者が全額の弁済を受けられなかった場合には、請求を怠らなければ受けられた弁済額について、保証人は責任を免れる。

■ 再婚禁止期間／待婚期間
[さいこんきんしきかん／たいこんきかん]

女性が再婚するための待婚期間。女性は、前婚解消（離婚・配偶者の死亡）または前婚取消しの日から起算して100日を経過した後でなければ、再婚することができない。前婚と後婚との間に出生した子どもの父が誰であるかわからなくなるという混乱を防ぐ趣旨である。したがって、女性が前婚解消または前婚取消しの以前に懐胎していた子を出産するなど、父が誰かわからなくなる心配がない場合には、上記期間の経過を待たずに再婚が許される。

かつては再婚禁止期間が6か月と規定されていたが、平成27年に100日を超える部分が憲法14条違反であると最高裁判所が判断したことから、平成28年に民

法が改正されたという経緯がある。

■ 財産開示手続
[ざいさんかいじてつづき]

執行力のある債務名義を有する金銭債権者の申立てに基づいて、執行裁判所において財産の状況を債務者に開示させる手続。強制執行における配当等の手続において完全な弁済を得ることができなかったとき、またはすでに判明している財産に対する強制執行を実施しても完全な弁済を得られないことの疎明があったときには、債権者の申立てにより、裁判所は、財産開示手続を実施する決定をしなければならない。実施決定が確定すると、裁判所は、債務者に財産目録の提出を命じ、財産開示期日を定めて、申立人と債務者を呼び出す。財産開示期日には、債務者に宣誓させたうえで、財産について陳述させる。開示義務者である債務者が、財産開示期日に出頭しなかった場合や宣誓を拒んだ場合、さらには宣誓を行ったにもかかわらず虚偽の陳述をしたような場合には、6か月以下の懲役もしくは50万円以下の罰金に処される。

■ 財産価格塡補責任／不足額塡補責任
[ざいさんかかくてんぽせきにん／ふそくがくてんぽせきにん]

株式会社の設立時における現物出資財産等の価額が、定款に記載された価額に著しく不足するときに、発起人および設立時取締役が連帯して不足額を支払う義務のこと。不足額塡補責任ともいう。募集株式を発行する際に株式引受人と取締役等にも同様の義務がある。

■ 財産管理権
[ざいさんかんりけん]

親権の内容のひとつ。親権者が子の財産を管理する権限をさす。

■ 財産区
[ざいさんく]

市町村および特別区の一地区で、所有する財産や公の施設の管理や処分などを行うことが認められている地区をさす。特別地方公共団体の一種であり、財産区の管理は通常、その財産区が存在する市町村や特別区の長が行い、議会が議決機関になると考えられている。財産区は、その目的上、財産や公の施設の管理・処分などの権能は持っているが、一般的な行政権能はない。財産区の財産の例としては、土地、山林、建物、温泉、漁業権などがあり、たとえば兵庫県城崎温泉の湯島財産区などが実例として挙げられる。

■ 財産刑
[ざいさんけい]

犯罪者の財産を奪う刑罰をいう。罰金と科料がある。また主刑に付加される付加刑である没収を財産刑に含めることもある。罰金とは、1万円以上の財産刑である。科料とは1000円以上1万円未満の財産刑であり、軽微な犯罪に対する刑として規定されている。なお、罰金、科料を完納することができない場合には、労役場に留置される。

■ 財産権
[ざいさんけん]

一切の財産的価値を持つ権利の総称。所有権やその他の物権、売買代金の請求権のような債権、著作権・特許権をはじめとする知的財産権、鉱業権、漁業権などの権利が例として挙げられる。憲法29条1項は、財産権の不可侵を定めるが、これは個人の具体的な財産上の権利を保障するとともに、個人が財産権を持つことができる法制度としての私有財産制を保障する、いわゆる制度的保障としての性格も持つと考えられている。もっとも、財産権は無制約ではなく、公共の福祉によって制約を受けると明示されている（憲

法29条2項)。

■ 財産権の制限／正当な補償
[ざいさんけんのせいげん／せいとうな
ほしょう]

　財産権の制限とは、財産権の内容が法律により規定され、また、公共の福祉により、一般的に制限が加えられることをいう。憲法は、私有財産は公共のために用いることができると明示している。たとえば、病院、学校、鉄道、道路、公園、ダムなどの建設のような公共事業のために個人の土地が強制収用される場合などのように、強制的に財産権が制限されることもある。

　そして、正当な補償とは、財産権が制限された者に対して、必要な補償を与えることをいう。どのような場合に補償が必要かについて争いがあるが、一般的には特別の犠牲に当たるかどうか、つまり、特定の個人に対して、財産権の制限として受忍すべき限度を超えるような制限を加えたか否かによって、補償の必要性の有無が判断されると考えられている。たとえば、道路拡張のために土地を収用された者に対して、収用された土地の市場価格のほか、移転料や営業上の損失などの補償が行われる。

■ 財産上の利益
[ざいさんじょうのりえき]

　財産に対する犯罪の対象となるもののうち、財物以外のものをいう。財物が有体物であるのに対し、財産上の利益は、目に見えない経済的な価値のあるものである。たとえば、飲食店で飲食した後、店員をだましてそのまま逃走した場合、詐欺により、飲食代金分の財産上の利益を得たことになる。また、タクシーを利用した後、運転手に暴行して料金の支払いを免れたとすれば、強盗により、タクシー代金分の財産上の利益を得たことになる。

　財産上の利益を得る罪は、詐欺・恐喝・強盗の各条2項に定められていることから、二項犯罪とも呼ばれる。

■ 財産的損害
[ざいさんてきそんがい]

　財産上の利益に対する損害。対立概念として、精神的損害（慰謝料）がある。たとえば、加害者の不法行為により、所有する自動車を破壊されたり、建物を損傷された場合などがある。なお、一般的には、財産的損害の対象となったものに特別の精神的価値があり、それが侵害されたことにより精神的苦痛が生じた場合でも、財産的損害が賠償されれば、それも慰謝され別途精神的損害の賠償請求は認められないと解されている。特段の事情がある場合には、財産上の賠償のほかに、慰謝料の請求が認められる。

■ 財産犯
[ざいさんはん]

　個人の財産を侵害する犯罪。財産犯は、他人の財産の財産的価値を消滅させる罪である毀棄罪と、他人の財産の財産的価値を不正に利得する罪である領得罪に分けられる。また、領得罪は、さらに直接領得罪と間接領得罪に分けられる。窃盗罪、強盗罪、詐欺罪、横領罪などは、直接領得罪の例である。間接領得罪とは、他者が領得した財物をさらに領得する罪であり、盗品等の譲受罪、運搬罪などがこれに当たる。

■ 財産引受け
[ざいさんひきうけ]

　発起人が会社設立の過程で、会社の成立後に財産を譲り受ける内容の契約をすること。たとえば、開業時に必要となる機械設備、OA機器などを、開業前に購入契約を結んでおくといった場合である。財産引受には、会社の資本の充実が損なわれるなど、現物出資の際に目的物を過大評価する場合と同様の問題がある。そのため、財産引受の対象となる目的物や

その価額について定款に記載する必要がある（変態設立事項）。

■ 財産分与請求権
[ざいさんぶんよせいきゅうけん]

離婚に際して、当事者の一方が他方に対し、結婚から離婚までに協働して作り上げた財産の分与を請求する権利。一方配偶者に不倫や家庭内暴力などの不法行為がある場合に支払われる慰謝料とは法概念的には区別できるが、慰謝料を実質的に財産分与に含ませるケースも多い。財産分与についての家庭裁判所に対する処分の請求は、離婚後2年以内にしなければならない。

■ 財産分離
[ざいさんぶんり]

相続が開始した場合に、相続財産と相続人自身の固有の財産とが混合してしまう前に、相続債権者、受遺者、相続人の固有の債権者（相続人に対して直接債権を持つ者）が請求して、相続人の財産の中から相続財産を分離して清算を行うこと。相続債権者および受遺者は、相続財産について相続人の固有の債権者より優先的に弁済を受けることができる。一方、相続財産から全部の弁済を受けられなかったときは、相続人の財産から弁済を受けることができるが、この場合は、相続人固有の債権者に優先される。相続債権者・受遺者と相続人の債権者との間の公平を図るために行われるものである。

■ 財産法／身分法
[ざいさんほう／みぶんほう]

財産の支配と取引に関する法律のこと。民法の物権法・債権法や商法がこれに当たる。一方、私法の中で家族関係を規律する法律を身分法といい、民法の親族法がその主要なものである。なお、民法の相続法は財産法としての側面も持つが、一般に身分法の一部として取り扱われている。

■ 財産目録
[ざいさんもくろく]

一定の時期における企業の財産の総目録となる商業帳簿のこと。企業の財産状態や担保能力を表示するために、数量と金額を調査し一覧表にしたもの。会社法は、株式会社が清算株式会社になった場合に、財産目録を作成しなければならないと規定している。それ以外では、民事再生・破産・会社更生の手続開始時について作成が義務づけられている。

なお、民法上、相続や後見など特定の場合に財産目録を作成する必要が生じるが、これは商業帳簿としての財産目録とは異なる。

■ 祭祀財産
[さいしざいさん]

系譜、祭具、墳墓等の祖先の祭祀のために使用される財産のこと。系譜とは家系図、祭具とは位牌や仏壇、墳墓とは墓石や墓地のことである。これらの所有権は、民法により、通常の財産権とは切り離されて、慣習に従って祖先の祭祀を主宰する者が承継すると規定されている。

■ 最終弁論
[さいしゅうべんろん]

刑事事件の公判手続において、証拠調べが終わった後、検察官が行った意見陳述（論告）に対抗して、被告人および弁護人が行う意見陳述のこと。弁護人の陳述を弁論、被告人の陳述を最終陳述ということがある。

証拠の証拠能力および証明力、犯罪の成否、情状、論告に対する反論などを行う。事件に無関係な事柄や裁判に現れていない資料に基づく陳述は許されない。弁論は義務ではないとされており、裁判長は機会を与えればよく、実際に行われなくてもよい。

■ 罪状認否
[ざいじょうにんぴ]

刑事訴訟の冒頭手続中、被告人および弁護人が被告事件に対して行う陳述のこと。冒頭手続は、第一審の最初に行われる審理手続である。冒頭手続では、人定質問、起訴状の朗読、黙秘権などの告知の後に、罪状認否の機会が与えられる。「公訴事実そのものを争う」「違法性阻却事由・責任阻却事由などの存在を主張する」「手続上のミスを主張する」などの行為によって、争点を明確にする。なお、重罪でない事件について、被告人が罪状認否で公訴事実を認めれば、簡易公判手続によることができる。

■ 再審
[さいしん]

刑事訴訟においては、有罪の確定判決に対して、その事実認定の重大な誤りを正すための裁判のやり直し手続のこと。請求により開始される。再審請求の対象は有罪を言い渡した確定判決である。

再審を請求するためには一定の再審事由が必要である。たとえば、「明らかな証拠を新たに発見した」ことなどが挙げられる。「明らか」とは、その証拠と他証拠とを総合的に評価して、原認定に合理的な疑いを生じさせる程度のものである必要がある。再審請求権者は、有罪の言渡しを受けた者、その法定代理人・保佐人などと、検察官である。請求期間に制限はなく、有罪の言渡しを受けた者が死亡した後でも請求を行うことができる。再審請求に理由があれば再審決定を行い、その審級に従い再審公判を開く。再審は、有罪判決を受けた者の利益となるために認められているので、有罪判決を受けた者が死亡していても公訴を棄却しない。また、心神喪失にあっても公判を停止しない。

民事訴訟においては、確定判決を取り消し、再審判を求める訴えをさす。刑事訴訟とは違って、請求ではなく、訴えの形式をとる。再審事由も異なる。原則として、再審事由を知った日から30日以内、かつ、判決確定後5年以内という期間制限もある。

■ 再審抗告
[さいしんこうこく]

民事訴訟において、即時抗告ができる決定・命令が確定した場合に、その取消しと再審理を求める申立方法。準再審ともいう。再審事由や期間制限などの手続はすべて通常の再審と同じである。刑事訴訟には、これに相当する制度はない。

■ 再審査請求
[さいしんさせいきゅう]

行政不服審査法において、処分についての審査請求の後に再度の不服審査を求めること。行政不服審査は簡易迅速を重視するので、再審査請求は例外であり、利用制限がある。請求期間は審査請求の結果（裁決）を知った日の翌日から起算して1か月以内が原則である。なお、行政事件訴訟法では、審査請求・再審査請求を含めた不服申立てをあわせて「審査請求」と呼ぶ。

■ 罪数
[ざいすう]

複数の犯罪行為が存在すると考えられる場合に、成立する犯罪の個数のこと。単純一罪、単純数罪のほか、中間的な形態として、法条競合、包括一罪、科刑上一罪、併合罪などがある。

■ 財政民主主義
[ざいせいみんしゅしゅぎ]

国の財政に関する活動は、国会の議決に基づいて行われなければならないという考え方。財政国会中心主義と同義で用いられる場合が多い。財政の監視や個々の政策を形成するうえで、終局的には主権者である国民が関与しなければならな

いという考え方に基づいている。国家が活動するうえで必要な莫大な資金は、結局、国民が負担する税金により負担するものである。そこで、適切に財政が行われることが国民にとって関心事となるため、憲法は国の財政を処理する権限を、国会の議決に基づいて行使しなければならないと規定している（憲法83条）。

■ 採石権
[さいせきけん]

他人の土地において、土地を構成する部分に当たる土砂や岩石を採ることができる権利。基本的にその内容は採石法により定められるが、民法の地上権に関する規定も多く準用される。当事者の設定行為により成立し、登記も可能である。採石法は、採石権の存続期間を20年以内と定めている。もっとも、20年を超えない範囲で更新をすることができる。また、地上権者や永小作権者の権利を妨げない範囲において、それらの権利が設定された土地に重ねて設定できる。

■ 在籍出向
[ざいせきしゅっこう]

現在在籍している会社の身分を保有したまま、出向先の会社に勤務すること。現在在籍している会社の身分を喪失し、出向先の会社の身分を取得して、その会社に勤務する移籍出向に対比される。出向により他の会社に勤務しても、元の会社ではその期間は休職扱いとなったり、賃金の全部または一部が支払われるなど、元の会社との関係が消滅しないのが特徴である。

■ 在船者の遺言
[ざいせんしゃのいごん]

船中にある者の特別方式による遺言のこと。船中にある本人が、船長または事務員1人および証人2人以上の立会いをもって、作成することができる。長期間にわたる船旅の途中で急な病気にかかり、

死が予想されるような場合に行う。なお、特別方式によるものなので、本人が普通方式の遺言ができるようになって6か月間生存すると、この遺言は無効になる。

■ 罪体
[ざいたい]

刑事訴訟法学において、犯罪事実の客観的側面の主要部分をいう。逆にいえば、犯罪事実のうち、被告人が犯人であることおよび主観的要素（故意・過失、目的犯における目的など）を除いた部分をさす。

たとえば、放火事件では「火災およびそれが誰かの放火によること」が罪体に当たる。自白の補強証拠の必要範囲を説明するために用いられる。自白偏重防止の観点からは、罪体について他の証拠が存在すれば、自白の補強証拠としては必要十分であるとされる。しかし、判例はこのような見解をとっておらず、どの範囲の事実であるかは重要ではなく自白の真実性を担保する証拠があればよい、とする。

■ 再代襲
[さいだいしゅう]

相続開始時に、相続人がすでに死亡していた場合、原則として、相続人の子が相続人になる（代襲相続）が、この相続人の子もすでに死亡していた場合、さらに相続人の孫が相続することを再代襲という。たとえば、親が死亡する以前に子と孫がすでに死亡していた場合で、その後に親が死亡したとき、本来子が相続すべき相続分をその孫（親から見ればひ孫）が相続する。なお、相続人が兄弟姉妹である場合には、再代襲は認められていない。

■ 再逮捕・再勾留の禁止
[さいたいほ・さいこうりゅうのきんし]

同一の犯罪事実の、逮捕・勾留は、時を別にして繰り返すことができないこと。もっとも、再逮捕・再勾留の禁止には例外が認められる場合がある。逮捕につい

ては、再逮捕を前提とした規定がある（刑事訴訟法199条3項、刑事訴訟規則142条1項8号）が、再逮捕が認められるのは、新証拠や逃亡・罪証隠滅のおそれなどの新事情の出現により再逮捕の必要性があり、犯罪の重大性その他諸般の事情から被疑者の利益と比較してもやむを得ない場合であって、逮捕の不当な蒸し返しといえないときでなければならない解されている。再勾留については、より厳格な要件で例外的に認められると解されている。

■ 財田川事件
　　［さいたがわじけん］

　最高裁昭和51年10月12日判決。香川県三豊郡財田村（現在の三豊市）で闇米ブローカーが殺害され金品を奪われた事件を受け、Yが逮捕・起訴された事件。Yの起訴は自白に基づくものであったが、取調べの過程で拷問に近いものがあり、自白の強要がなされていた。Yは公判において一貫して無罪を主張したが、最高裁で有罪判決が確定し、Yには死刑判決が言い渡された。その後、再審請求がなされ、検察の証拠の捏造や自白の強要などを弁護側が主張し、これらの事実が認められることを理由として再審請求が認められ、その後Yに無罪判決が言い渡された。

■ 財団
　　［ざいだん］

　一定の目的のために、他の財産から区別された財産の集合体。たとえば、財団法人は、一定の目的を持って財産を独立して運用するために、個人の財産から区別され、独自の法人格が与えられた財産である。また、財団抵当（工場財団など）や破産財団は、債権者の権利の保護を目的に、債務者の一般財産から区別されたものである。

■ 財団債権
　　［ざいだんさいけん］

　破産手続によらないで、破産財団から優先的に随時弁済を受けることができる債権。財団債権には、破産債権者の共同の利益のために必要な費用や、使用人の給料などが含まれる。

■ 財団抵当
　　［ざいだんていとう］

　工場や鉱業の企業において、経営に必要な土地・建物・機械など物的設備およびその企業に属する工場所有権などをまとめてひとつの財団を結成し、その上に抵当権を設定する制度。鉄道財団であれば鉄道抵当法によって規定されるなど、複数の特別法によって規定されている。

　財団抵当は、工場財団などの不動産財団と、鉄道財団などの物財団に分けられる。債務弁済のために競売にかけられる際、前者は必ずしも一体として競売される必要はないとされ、後者は一体として（財団の統一性を保持したまま）競売すべきとされる。

■ 再調査の請求
　　［さいちょうさのせいきゅう］

　処分をした行政庁（処分庁）自身に対して、事実関係などを再び調査して当該処分を見直すよう求める手続で、平成26年の行政不服審査法改正において新設された不服申立手続である。再調査の請求は、書類のやり取りが不要であるなど、審査請求より簡易な手続により申し立てることが可能である。しかし、行政不服審査法は、不服申立手続について、原則として審査請求を行うべきであると規定している。そして、再調査の請求は、処分庁以外の行政庁に対して審査請求ができる場合であって、個別の法律により再調査の請求ができると定められている場合にのみ許される。また、再調査の請求ができる場合であっても、直ちに審査請求を

行うことができる。

■ 裁定
[さいてい]

紛争当事者以外の第三者が判断を下すこと。裁定の効力は個別の法令が定める。行政庁が行う裁定の例としては、著作物の利用について文化庁長官が行う裁定、公害紛争について公害等調整委員会が行う裁定などがある。

■ 最低賃金
[さいていちんぎん]

賃金の最低額を法的に保障したもので、使用者が労働者に最低限支払わなければならない賃金。最低賃金の金額以下で労働者を働かせた場合は、罰則の対象となる。なお、皆勤手当、通勤手当および家族手当が除かれた、基本的な賃金が対象になる。また、最低賃金改定は毎年行われ、10月に発効する。

最低賃金には、地域別最低賃金および特定最低賃金の2種類があり、地域別最低賃金は、産業や職種にかかわりなく、都道府県内の事業場で働くすべての労働者とその使用者に対して適用される。特定最低賃金は、特定地域内の特定の産業の基幹的労働者とその使用者に対して適用される。なお、地域別最低賃金および特定最低賃金の両方が同時に適用される場合には、高い方の最低賃金額以上の賃金を支払わなければならない。

■ 再転相続
[さいてんそうぞく]

相続人が相続の承認・放棄をしないで死亡し、さらに相続が開始したときの第2の相続のこと。たとえば、祖父が死亡し、祖父の子である父が相続人となったが、その父が相続の承認・放棄をしないうちに死亡し、父の子が祖父→父間の相続と、父→子間の相続を同時にすることが挙げられる。再転相続の場合、第1の相続の熟慮期間はすでに進行し、相続財産の調査が十分になしえないことから、第1の相続の熟慮期間の起算点は、第2の相続の相続人が自己のために相続があったことを知った時となる。

■ 歳入・歳出
[さいにゅう・さいしゅつ]

国や地方公共団体の一会計年度（4月1日から翌年の3月31日まで）における一切の収入を歳入と呼び、一切の支出を歳出と呼ぶ。歳入と歳出は、歳出がさまざまな財政の需要を満たすための現金の支払いであり、そのための財源を確保するために現金を収納することが歳入であるという関係にある。歳入・歳出には、財産の取得や処分、債務の減少や負担に伴う金銭の出入も含まれる。

■ 再売買の予約
[さいばいばいのよやく]

売買に際して、売主が将来目的物を再び買い戻すことを予約すること。金銭を貸すときの担保として使われることが多い。たとえば、貸主が借主所有の不動産を買い、貸金相当額を代金として借主に支払い、借主はその貸金の元利相当額を再売買代金として再売買をすることを予約するといったことが行われている。買戻しにも同様の機能があるが、買戻しは要件が厳格なので、一般的に再売買の予約が使われる。買戻しについて設けた制限の潜脱のおそれがあるが、判例もこうした再売買の予約の使い方を認めている。

■ 再犯
[さいはん]

刑法において、懲役として罰せられた者が、懲役が終わった日またはその免除を受けた日から5年以内に再び罪を犯し、その者を有期懲役で罰すべき場合のこと。刑が加重され、その罪について定めた懲役の長期の2倍以下の刑が科される。ただし、30年を超えることはできない。

裁判
[さいばん]

司法機関である裁判所または裁判官の法律行為で、現実的に生じている紛争を解決するために行われる法的判断の表示のこと。裁判は、裁判主体や審理方法、告知方法などの違いにより判決、決定、命令の3種の形式がある。民事訴訟でも刑事訴訟でも、口頭弁論という手続保障を与えたうえで、裁判所が適式に下す裁判が判決である。訴えの認容・棄却や被告人の有罪・無罪といった、訴えの内容に対する判断は判決でなされる。これに対して、決定、命令は、訴えの内容に対する判断でなく、訴えに付随して生じる問題に対して、裁判所や裁判官が判断する裁判である。このうち、裁判所が主体となるのが決定、裁判官が主体となるのが命令である。

裁判員制度
[さいばんいんせいど]

殺人・強盗致死傷・放火など一定の重大犯罪に関する刑事裁判において、くじ引きにより選任された裁判員6人が裁判官3人と一緒に、評議・評決を行うことを原則とする制度。裁判員が参加するのは第一審だけで、評議・評決は、事実の認定、法令の適用、刑の量定について行われる。評決は、裁判官と裁判員の双方の意見を含む合議体の員数の過半数の意見によりなされる。

裁判官の身分保障
[さいばんかんのみぶんほしょう]

裁判官が他の国家機関から不当な干渉を受けずに独立して職務遂行できるように、裁判官の身分が保障されていることをいう。内容として、罷免事由の限定、行政による懲戒処分の禁止、相当額の報酬の保障、在任中の報酬減額の禁止が挙げられる。

裁判官面前調書
[さいばんかんめんぜんちょうしょ]

裁判官の面前でなされた供述を録取した書面。略して裁面調書。たとえば、捜査における証人尋問調書や証拠保全の証人尋問調書が挙げられる。裁判官の立場は公正であることや、当事者の立会いがなくても裁判官が当事者に代わって尋問することが期待できることから、裁面調書が伝聞例外となる要件はきわめて緩和されている。検面調書や員面調書が伝聞例外となるためには、特信性や証拠の不可欠性が要求されるが、裁面調書には不要である。

裁判規範
[さいばんきはん]

広義では、裁判所が具体的な争訟を裁判する際に判断基準として用いることのできる法規範のこと。狭義では、当該規定を直接根拠として裁判所に救済を求めることができる法規範をいう。たとえば、平和的生存権は法規範性を有するにすぎず、裁判規範性は有しない。国会や内閣は平和的生存権を侵害するような法を作ったり行政行為をすることはできないが、国民が自らの平和的生存権が侵害されたことを理由として裁判所に対して救済を求めることはできない。

裁判所
[さいばんしょ]

広義では、裁判官とそれ以外の裁判所職員からなる官署としての裁判所をいう。裁判所法は、最高裁判所と、下級裁判所としての高等裁判所、地方裁判所、家庭裁判所、および簡易裁判所により構成されると規定している。

狭義では、裁判機関を意味し、訴訟法上の裁判所とも呼ばれている。たとえば、判決手続を行う受訴裁判所や、民事執行手続等を行う執行裁判所が挙げられる。裁判機関としての裁判所は、最高裁判所

であれば、5人または15人による合議制がとられ、地方裁判所などは、原則として1人の裁判官による単独制が採用されている。

■ 裁判上の減軽／酌量減軽／法律上の減軽
[さいばんじょうのげんけい／しゃくりょうげんけい／ほうりつじょうのげんけい]

裁判上の減軽とは、犯罪の情状に酌量すべきものがあるときに、裁判所の裁量により刑が減軽されることをいう。犯罪の軽微性や、犯人の犯行後の後悔や犯罪の動機など、一切の事情を考慮して決定される。酌量減軽は裁判上の減軽と同義である。

法律上の減軽とは、刑法の規定により刑が減軽されることをいう。必要的減軽と任意的減軽の2種類がある。必要的減軽には、心神耗弱、中止未遂などがあり、これに当たる場合には必ず刑が減軽される。任意的減軽には、障害未遂、過剰防衛などがあり、これに当たる場合には裁判官の判断で刑が減軽されうる。

■ 裁判所規則
[さいばんしょきそく]

最高裁判所が制定する規則のこと。たとえば、民事訴訟規則、刑事訴訟規則が挙げられる。裁判所の内部規律・司法事務処理、弁護士に関する事項と、訴訟に関する手続等について定める。裁判所の自主性を確保し、実務に通じた裁判所の専門的判断を尊重する狙いがある。

■ 裁判所法
[さいばんしょほう]

裁判所の組織、裁判事務などについて定めた法律。たとえば、訴訟の対象は法律上の争訟でなければならないことなどを規定する。

■ 裁判の羈束力
[さいばんのきそくりょく]

裁判の判断内容が、当該事件の手続内で他の裁判所を拘束する力をいう。たとえば、上訴審の破棄判断は、終局的解決を図るため、差戻しを受けた下級審を拘束することが挙げられる。また、事実審で適法に確定した事実判断は、上告審を法律審として機能させるため、上告審を拘束する。

■ 裁判の公開
[さいばんのこうかい]

裁判の判決は公開法廷で必ず行い、対審は原則として公開法廷で行うこと。「公開」とは、傍聴できることをさし、「対審」とは、裁判官の面前で当事者が口頭でそれぞれの主張を述べることである。裁判の公正を確保し、裁判に対する国民の信頼を維持する目的がある。対審は、裁判官の全員一致で、公の秩序または善良の風俗を害するおそれがあると判断した場合には、例外的に公開しないことができる。

■ 裁判の迅速化
[さいばんのじんそくか]

裁判を早期に終結させるために、訴訟手続を計画的に進めるための制度や体制を整備すること。裁判の迅速化に関する法律では、第一審の訴訟手続について、2年以内の可能な限り短い期間で終結することが目標として掲げられている。これを受けて、民事訴訟では、計画審理が導入された。また、刑事訴訟は、憲法により被告人に迅速な裁判を受ける権利が保障されている。時間の経過に従い証拠が散逸することと、訴訟から早期に被告人を解放するために、たとえば、起訴状謄本の遅延による公訴の失効や公判前整理手続などが設けられている。

■ 裁判を受ける権利
［さいばんをうけるけんり］

政治権力から独立した公平な裁判所に対して、すべての個人が平等に権利・自由の救済を求めて、裁判を受けることを求める権利。個人の基本的人権を保障するうえで重要な基本権であり、国務請求権（受益権）のひとつとして憲法32条が保障している。裁判を受ける権利は、民事事件については裁判所に対して裁判の拒絶を許さないことを意味している。刑事事件については、さらに、裁判によらなければ刑罰が科されることのないことを保障したものと考えられている。

■ 歳費
［さいひ］

国会議員がその職責を果たすために国家から支給される1年間の給与。憲法に議員特権としての歳費受領権が規定され、それに基づいて制定された「国会議員の歳費、旅費及び手当等に関する法律」によって、一般職の国家公務員の最高給料額を下回らない額が国庫から支給される。なお、裁判官の報酬とは異なり、法律によって減額は可能である。

■ 財物
［ざいぶつ］

刑法235条以下に規定された財産犯の客体としての物。財産上の利益と対比される概念である。財物をめぐっては、民法上の有体物をさすと考える有体物説と、より広く管理可能であれば有体物に限られないとする管理可能性説との対立がある。実務上の運用は有体物説に従っているといわれているが、刑法245条が無体物である電気を財物とみなすという規定を設けており、電気のみが例外的に財物に含まれると考えられている。動産だけでなく不動産も財物に含まれるが、財物と呼ぶためには、財産権の客体として、所有権の目的となるという意味での財産的価値が必要である（ただし金銭的価値に限られない）。

■ 債務
［さいむ］

特定の人に対して、一定の物の給付や行為を行うまたは行わない法律上の義務のこと。債務は債権と対応関係にある。

たとえば、売買契約において、売主は代金支払請求権（債権）と目的物引渡義務（債務）を持ち、買主は代金支払義務（債務）と目的物引渡請求権（債権）を持つことになる。

■ 債務者
［さいむしゃ］

特定の者（債権者）に対して一定の事柄を行う義務を負う者をいう。事柄は、行為である場合もあれば、給付を行う義務であることもある。たとえば、Aの所有する自動車をBと売買する契約を締結した場合、自動車の給付に関しては、Aが債務者となり、AはBに対して、自動車を給付する義務を負う。一方、代金の支払いに関しては、Bが債務者となり、Bが自動車の代金をAに支払う義務を負う。なお、売買契約の場合には、このように、当事者が互いに債権者となり、債務者にもなる関係がある（双務契約）。

■ 債務者主義
［さいむしゃしゅぎ］

双務契約において、契約成立後、お互いの債務が履行される前に、一方の債務が当事者の責めに帰することができない事由で履行不能になった場合、他方の債務の履行を拒絶できるとする危険負担の考え方。たとえば、興行主Aと歌手Bとの間で、コンサートホールでの出演契約が結ばれたが、そのコンサートホールが出演前日に大地震（AとBが責めを負わない事由）によって倒壊したとする。この場合、Bの出演債務は履行不能であるため、興行主Aは、Bに対して、出演債務

の履行請求ができなくなるものの、出演料の支払債務の履行拒絶ができるとするのが債務者主義である。民法は債務者主義を原則として、例外として債権者主義を規定している（536条）。

■ 財務諸表
[ざいむしょひょう]

広義には、貸借対照表、損益計算書、株主資本等変動計算書、キャッシュフロー計算書等、会社の決算により作成された書類の総称。これらの書類は、一事業年度における財政状態や経営成績、資金の状況や資本の変動状況を、投資家や株主など利害関係者に対して明らかにするために作成される。

狭義には、金融商品取引法によって上場企業等に提出が義務づけられている有価証券報告書等のうち、貸借対照表、損益計算書、株主資本等変動計算書、キャッシュフロー計算書、附属明細表をいう。これらは「財務諸表等の用語、様式及び作成方法に関する規則」に則って作成される。

■ 債務超過
[さいむちょうか]

債務の総額が、債務者の財産の総計を上回っている状態をさす。とくに、債務者が会社などの法人である場合には、債務超過は破産手続開始の原因のひとつとされている。しかし、形式的に債務超過に陥っている企業等は多く、それらすべてが破産手続の対象になるわけではない。法人が債務超過に陥っているか否かは、一時的な債務超過状態ではなく、継続的な企業価値に照らして、回復困難であるか否かによって判断されると考えられている。

■ 債務のない責任
[さいむのないせきにん]
☞責任のない債務／債務のない責任

■ 債務引受
[さいむひきうけ]

債務者が負担する債務を、同一性を維持したまま、債務者の代わりに、または債務者とともに負担すること。債務引受けによって債務を負担することになる者を引受人という。引受人のみが債務を負担して、債務者は債務の負担を免れる場合を免責的債務引受といい、債務者とともに引受人も債務を負担する場合を併存的（重畳的）債務引受という。

☞併存的債務引受／重畳的債務引受
☞免責的債務引受

■ 債務不履行
[さいむふりこう]

債務者が、本旨に従った債務の実現をしないこと。債務不履行には、履行遅滞、履行不能、不完全履行という態様が存在する。

履行遅滞とは、たとえば、弁済期が12月1日の貸金返還債務について、当日になっても返済しないような、履行が可能であるにもかかわらず、履行期を経過しても債務者が履行をしない場合をいう。

履行不能とは、売主の不注意で目的物の建物が焼失した場合など、もはや以後の履行が不可能となった場合をさす。

不完全履行とは、たとえば自動車の修理を依頼したが、不完全な修理がなされた場合など、不完全な履行をした場合である。

債権者は、債務不履行に基づく損害賠償請求権を行使することができる（民法415条）。また、債務が履行可能なものについて、債権者は裁判所に対して履行の強制を請求することもできるが（民法414条）、とくに契約などで生じた債務の場合は、一定の手続を経て、契約を解除することもできる（民法540条以下）。

■ 債務名義

[さいむめいぎ]

法律上執行力を認められている公の文書であり、強制執行によって実現されるべき請求権の存在・範囲を表示する文書のこと。執行名義ともいう。債務名義となるのは、確定判決、仮執行の宣言を付した判決・損害賠償命令・支払督促、執行証書、確定判決と同一の効力を有するもの（たとえば裁判上の和解調書や請求の認諾調書）などがある。強制執行は、原則として執行文（債務名義の執行力の存在および範囲を公証する文言）の付された債務名義の正本に基づいて実施される。

■ 債務免除

[さいむめんじょ]

債権者が債務者の債務の全部または一部を無償で消滅させること。債権放棄という一方的意思表示で成立する債権者の単独行為である。ただし、第三者の利益を不当に害することはできない。

なお、平成29年の民法改正により、連帯債務の免除が負担部分についての絶対的効力事由から相対的効力事由へと変更された。これに加えて、債務免除を受けた連帯債務者に対し、弁済をした他の連帯債務者が求償権を行使できるとした。たとえば、債権者が連帯債務者A・B（負担部分は平等）のうちAに対して債務の全部を免除した場合、かつてはBが債務の2分の1を免除されていたが、改正後はBの債務は免除されないものの、Bが債務の全部を弁済すれば、BがAに対して債務の2分の1について求償権を行使できる。

■ 裁面調書

[さいめんちょうしょ]

☞裁判官面前調書

■ 採用の自由

[さいようのじゆう]

雇用主が労働者を採用する際に、い

かなる者を雇い入れ、いかなる条件で雇うかについて、原則として自由に決定できることをいう。三菱樹脂事件で問題となり、判例は、企業側が特定の思想・信条を有する者の雇入れを拒むことや、思想・信条を調査することは違法ではないと判示した。

■ 裁量棄却

[さいりょうききゃく]

①株主総会の決議取消しの訴えで、株主総会等の招集の手続または決議の方法が法令または定款に違反するときであっても、裁判所が請求を棄却できること。違反する事実が重大でなく、かつ、決議に影響を及ぼさないものであると認めるときに行われる。濫訴を防止することが目的である。

②離婚訴訟で、不貞行為などの離婚事由（民法770条1項1～4号）が認められる場合でも、裁判所が請求を棄却できること。離婚事由が形式的に存在しても、一切の具体的な事情を考慮すれば婚姻が相当であると認めるときに行われる。

■ 裁量権収縮論

[さいりょうけんしゅうしゅくろん]

行政庁に規制権限を発動するか否かについての裁量が与えられている場合であっても、一定の状況下では裁量権が収縮し、それがゼロに達した場合には、権限行使の義務が生じるとする考え方。たとえば、販売する薬品に副作用があった製薬会社に対して、厚生労働大臣による規制権限の行使が義務づけられるべきかどうかが問題となった事例がある。東京スモン訴訟（東京地判昭和53年8月3日）など、裁量権収縮論を採った裁判例も存在する。

■ 裁量権の逸脱・濫用

[さいりょうけんのいつだつ・らんよう]

裁量権の逸脱とは、行政庁が法の認めた裁量権の枠を超えて行為すること。裁

量権の踰越（ゆえつ）ともいう。裁量権の濫用とは、表面的には法の認めた裁量権の範囲内であるものの法の趣旨に反して裁量権を行使することである。法的効果の面で双方に差はない。行政庁に裁量権が与えられている処分でも、裁量権の逸脱または濫用があった場合には、裁判所は、その処分を取り消すことができる。

■ 裁量行為
[さいりょうこうい]
☞行政裁量／裁量行為

■ 裁量労働
[さいりょうろうどう]

業務の性質上、使用者がその遂行方法に関して具体的に指示を出すことが難しいため、その遂行の手段・方法や時間配分などの多くが労働者の裁量に委ねられている労働のこと。たとえば、企画開発業務、取材・編集業務などがこれに当たる。裁量労働には、専門業務型と企画業務型の2つの種類があり、専門業務型では労使協定、企画業務型では労使委員会の決議が必要とされる。
☞企画業務型裁量労働制
☞専門業務型裁量労働制

■ 詐害行為取消権
[さがいこういとりけしけん]

債務者が債権者を害することを知ってした行為（詐害行為）について、債権者がその取消しを請求することができる権利のこと。詐害行為の取消しを請求することを詐害行為取消請求という。債権者代位権と同様に、債務者の責任財産を保全するための制度であるが、債権者代位権と異なり、必ず裁判所に請求して行使しなければならない。詐害行為取消請求に係る訴えは、債務者が詐害行為をしたことを債権者が知った時から2年、または詐害行為の時から10年を経過すると、提起することができない。

たとえば、債権者Aが債務者Bに対し

て500万円の金銭債権（被保全債権）を持っており、債務者Bが唯一の責任財産である1000万円の土地を受益者Cに格安で売却した（詐害行為）とする。この場合、Aは、ⓐ詐害行為より前に被保全債権の発生原因が生じていたこと、ⓑBが詐害行為時・詐害行為取消権の行使時に無資力（債務を弁済する資力がない）であること、ⓒ詐害行為が財産権を目的とする行為であること、ⓓ詐害行為がAを害することをBとCが知っていたこと（詐害意思）という要件を満たす場合に、Cを被告として、詐害行為取消請求に係る訴えを提起できる。平成29年の民法改正により、詐害行為取消請求を認容する確定判決の効力が、すべての債権者に加え、債務者にも及ぶようになった（民法425条）ことに伴い、訴えの提起後は債務者に対して訴訟告知が必要になった。

■ 詐欺
[さぎ]

欺く行為（欺罔（ぎもう）行為）によって他人を錯誤に陥れる違法行為。民法では、詐欺に基づいてなされた意思表示は、取り消すことができると規定されている。たとえば、近くに糞尿処理場ができる計画があるから土地を売るなら今しかないと欺いて、高価な土地を安価で自分に売るように、売買契約を締結させる場合などが挙げられる。

刑法においては、人を欺いて財物を交付させた場合に詐欺罪が成立する。たとえば、料金を支払う意思がないにもかかわらず、食事を注文するような場合が挙げられる。

■ 先買権
[さきがいけん]

一定の物や権利が譲渡されるにあたって、他者に優先して物や権利を買い取る権利。公有地の拡大の推進に関する法律や都市計画法に規定例がある。たとえば、

公有地の拡大の推進に関する法律に基づいた制度として、都市計画区域内の一定面積以上の土地の有償取得について届出の義務を課し、届出があった土地について公共施設の整備などに必要なものと判断した場合には、市が土地所有者と協議を行い、合意に達すればその土地を買い取るといった制度がある。都市計画法に規定する土地の先買いは、さらに強力な制度で、一方的な通知によって、売買契約の成立とみなすことができる制度である。

■ 詐欺罪
[さぎざい]

他人を欺いて錯誤に陥れ、その者から財物や財産上の利益を得る罪。個人の財産権を保護するために規定された。10年以下の懲役に処せられる。

たとえば、自分の銀行口座に何者かにより誤って金銭が振り込まれたことを知った者が、その事実を告げずに銀行の窓口で払戻しを受ける行為は、詐欺罪に当たる。ATMで現金をおろした場合には、ATMという機械は錯誤に陥りようがないため、詐欺罪ではなく、窃盗罪が問題となる。

なお、財産上の利益とは、財物以外の財産的利益をいう。たとえば、債権、担保権、サービスの取得や、債務免除が挙げられる。

■ 先取特権
[さきどりとっけん]

法律に定められた一定の債権を有する者が、債務者の財産から他の債権者よりも優先的に弁済を受けることのできる法定担保物権のこと。債務者の財産のすべてから優先的に弁済を受けられる「一般先取特権」と、債務者の特定の財産ついてのみ優先弁済を受ける権利を有する「特別の先取特権」とがある。

たとえば、雇用関係から生じた使用人（従業員）の給料などの労働債権は、全額、使用者の総財産に対して先取特権（一般先取特権）を有するとされている。

■ 先日付小切手
[さきひづけこぎって]

振出人が小切手を振り出す際に、現実に振り出した日よりも将来の日を振出日として記載したうえで受取人に交付する小切手。振出時には当座預金残高が不足しているが、将来の一定の日以降には当座預金として入金できる見込みがあるような場合に利用される。

■ 作為義務
[さくいぎむ]

一定の行為をする義務のこと。これに対して、一定の行為をしない義務を不作為義務という。

■ 作為犯
[さくいはん]

一定の行為をすることによって成立する犯罪。たとえば、ナイフで他人を刺殺した場合などが挙げられる。現刑法の犯罪の多くは作為犯である。逆に、期待された作為（積極的な身体活動）を行わないことによって実現する犯罪を不作為犯という。たとえば、「病者を保護する責任のある者が」「生存に必要な保護をしなかった」という場合の保護責任者不保護罪は、不作為犯の一例である。

■ 錯誤
[さくご]

①民法では、表示から推測される意思と、表意者（意思表示をした者）の真意との間に無意識の食い違いがあること。錯誤に基づく意思表示は取り消すことができる（民法95条1項）。平成29年の民法改正により、錯誤が無効事由から取消事由に変更された。たとえば、AがBのことをCと勘違いして、絵を描く契約を申し込んだ場合などが挙げられる。

もっとも、あらゆる錯誤が取消しの対象となるのではなく、錯誤が「法律行為

さ行

の目的」および「取引上の社会通念」に照らして重要なものであることが必要である（錯誤の重要性）。たとえば、取引の相手方が誰であるかは、取引上の社会通念に照らして重要なので、契約の相手方を誤った場合（人違い）には、一般に錯誤の重要性が認められる。

なお、法律行為の基礎事情についての認識が真実に反する錯誤（動機の錯誤）の場合は、その基礎事情が相手方に表示されており、かつ、錯誤の重要性が認められる場合に限り、意思表示の取消しが認められる（民法95条2項）。
②刑法では、行為者の認識した事実と発生した事実が食い違っている場合（事実の錯誤）と、法律上許されない行為について、許されていると誤解した場合（法律の錯誤）をさす。事実の錯誤はさらに、Aを殺そうと思ったら実はBであったというような、同一の構成要件内での具体的事実の錯誤と、犬を殺すつもりが人を殺してしまったというような、異なる構成要件の間で錯誤が生じた抽象的事実の錯誤に分かれる。

■ 差押え
［さしおさえ］

①民事執行法上は、金銭債権を強制執行できるようにするため、債務者が財産譲渡などの事実上または法律上の処分をすることを禁じる目的で行われる手続をいう。差押えを行うことで、債務者の財産を確保し、散逸を防ぐことができる。
②刑事訴訟法上は、捜査機関が、個人の所持している証拠物や没収すべき物を強制的に取得する手続をいう。違法捜査抑制のため、差押令状を示して行うことが原則とされている。

■ 差押禁止財産
［さしおさえきんしざいさん］

強制執行をする際、債務者の財産のうち差押えが禁止される動産・債権のこと。

金銭債権を強制的に実現する場合、原則として債務者の全財産が差押えの対象となるが、生活に不可欠なものを除く趣旨である。たとえば、生活に不可欠な衣服、1か月の生活に必要な食料や燃料、給料債権の4分の3などが挙げられる。

■ 差押債権者
［さしおさえさいけんしゃ］

強制執行において、債務者が持っている財産から自分の債権を回収するために、差押えの申立てをした者をいう。債権執行の過程で、債権が差し押さえられた後は、第三債務者による差押債権者に対する弁済は効力を有しないため、第三債務者は、なお差押債権者に請求された場合には、差押債権者に支払いをしなければならない。

■ 指図禁止手形
［さしずきんしてがた］

☞裏書禁止手形／指図禁止手形

■ 指図証券・指図債権
［さしずしょうけん・さしずさいけん］

証券上に権利者であると指定された人またはその人から指示された人に対して弁済すべきことが記載された証券。手形や小切手が代表例である。平成29年の民法改正により、指図債権から指図証券へと名称が変更され、指図証券を有価証券の一つに含めることになった。この改正に伴い、指図証券の譲渡の要件について、民法と手形法・小切手法との食い違いを解消した。つまり、手形法・小切手法は、裏書を有価証券の譲渡の効力要件と定めている（手形法11条、小切手法14条）のに対して、かつての民法は、裏書を指図債権の譲渡の対抗要件と定めていた。しかし、平成29年の民法改正で、裏書を指図証券の譲渡の効力要件と定めるに至った（民法520条の2）。

■ 指図による占有移転
[さしずによるせんゆういてん]

　占有を移転する方法のひとつ。代理人を通じて占有している者が、その代理人に対し、以後第三者のためにその物を占有することを命じ、その第三者がそれを承諾することで成り立つ。たとえば、AがBに動産Xを預けており、BがXを保持している。Aが動産XをCに売却したことから、AがBに対して、以後は第三者CのためにXを保持せよと命じ、かつ、Cがそれを承認したとする。この場合、Xの占有権はAからCへ移る。

■ 差止請求
[さしとめせいきゅう]

　他人の行為により自己の利益や権利を不当に侵害されるおそれのある者が、その行為をやめるように求める権利。民事保全法では、当事者が裁判所に対し、差止めを求める仮処分命令の申立てを行い、裁判所が決定を出すことによって差止めが実行される。なお、会社法においては、取締役や執行役が会社に損害を与えるような行為をしようとしている場合に、株主等が事前にやめるように請求することをさして、差止請求の言葉を用いている。

■ 差止訴訟／差止めの訴え
[さしとめそしょう／さしとめのうったえ]

　行政訴訟で、自己に不利益な処分がなされることが予想されるとき、それを事前に阻止するために提起する訴訟。差止めの訴えとも呼ばれ、すべきでない処分を行政庁がしようとしている場合に、「してはならない」と行政庁に対して命じる判決を裁判所に求めるものである。たとえば、海岸の埋立て許可がされようとしているときに、周辺住民がそれを阻止するために提起する訴えがこれに当たる。適法な訴えとしての要件として、処分されることにより重大な損害が生ずるおそれなどが必要である。

■ 差戻し
[さしもどし]

　裁判の上訴段階で、事実認定に関する審理を再度やり直させるために、下級審（第一審や控訴審）に事件を戻す判断を下すこと。原判決を取り消した場合、または、上告審が原判決を破棄した場合に行われる。

　民事訴訟法においては、控訴審でも第一審と同様に事実認定を行うことが可能である（続審制）ため、控訴審が原判決を取り消す場合には、原則として自ら判決をし直さなければならない（自判）が、必要があれば第一審に差し戻すことが可能である。もっとも、第一審の手続違反を理由として取り消す場合には、事件を第一審に差し戻さなければならない。上告審は法律審であり、事実認定ができないため、上告審で原判決を破棄するには、差し戻すのが原則である。

　刑事訴訟法においては、控訴審または上告審で原判決を破棄するには、差し戻すのが原則である。

■ 詐術
[さじゅつ]

　制限行為能力者が自分を行為能力者であると誤信させるために用いる手段。詐術を用いたときまで、制限行為能力者を保護する必要はないため、詐術を用いた制限行為能力者の行為は取り消すことができない。未成年者であるにもかかわらず、偽造した戸籍謄本を見せながら自分は成年者であるといって相手方をだますような場合が例として挙げられる。

■ 殺人罪
[さつじんざい]

　故意に他人の生命を奪う罪。死刑または無期もしくは5年以上の懲役に処せられる。保護法益は人の生命である。実行行為には他人の死に対して原因となる行為を広く含み、手段・方法を問わない。人

の始期については、胎児の身体の一部が母体外に露出したときに始まると考える一部露出説が判例・通説の立場であり、一部露出した胎児を攻撃して死亡させた場合には、堕胎罪でなく殺人罪が成立する。

■ 三六協定
[さぶろくきょうてい]

時間外労働および休日労働に関して結ばれる労使間の取決めのこと。労働基準法36条に規定があることに由来する名称である。使用者は、その事業場の労働者の過半数で組織する労働組合（ない場合は労働者の過半数を代表する者）と書面により協定を結び、その協定を労働基準監督署に届け出なければ、労働者に時間外労働・休日労働をさせることはできない。

■ 猿払事件
[さるふつじけん]

最高裁昭和49年11月6日判決。北海道猿払村の郵便局員Yが、衆議院議員選挙に際してある政党の候補者のポスターを掲示・配布したところ、この行為が国家公務員法102条の禁止する政治的行為に当たるとして起訴された事件。この裁判では、同法102条が公務員の政治活動の自由を侵害し違憲かが争われた。最高裁は、公務員は全体の奉仕者であることを理由として、公務員の政治活動の自由は特別の制約に服するとしたうえで、同法102条による制約は、合理的で必要やむを得ない限度を超えるものではなく合憲と判示した。

■ 三角合併
[さんかくがっぺい]

株式会社の吸収合併において、消滅する会社の株主に対して、存続する会社の親会社や関係会社の株式を交付する方法で合併すること。

従来、吸収合併において消滅する会社の株主には、存続する会社の株式以外の財産を交付することができなかった。し

かし、会社法では存続会社の株式以外の財産を交付することが認められるようになった（対価の柔軟化）。これにより、外国企業が日本の企業を、現金を使うことなく子会社化することができるようになった。

■ 参加支払
[さんかしはらい]

手形の主たる債務者（約束手形の振出人および為替手形の引受人）または保証人以外の第三者が本来の支払いに代わる支払いをなすもの。手形の引受または支払いが拒絶された場合に、遡求権の行使を防ぐために行われる。

■ 参加承継
[さんかしょうけい]

訴訟承継のうち、承継人が積極的に手続に参加して、それまでの訴訟の成果を承継しようとすること。たとえば、AがBに対して貸金返還請求訴訟を提起していたが、訴訟物である貸金債権をAがCに譲渡した場合が挙げられる。AがCへの譲渡を争う場合には、CはAに確認訴訟を提起し、さらにBに対して給付訴訟を提起することになり、Cは独立当事者参加の形式で当事者になる。AがCへの譲渡を争わない場合には、CはBに対する請求のみを定立すれば足り、Cは片面的独立当事者参加の形式で当事者となり、AはBの同意を得て訴訟から脱退することができる。

■ 参加的効力
[さんかてきこうりょく]

民事訴訟において、補助参加人に対して生じる裁判の効力。たとえば、債権者Aが保証人Cに対し、保証債務履行請求訴訟を提起したとする。主債務者Bは、保証人Cを勝訴させるため訴訟参加したが、結局Cは敗訴した。その後、保証人Cは主債務者Bに対し、求償請求訴訟を提起した。この場合、前訴に参加した主債務

者Bは、主債務の存在について争うことができなくなる。

■ 参加人
[さんかにん]

すでに係属している他人間の訴訟に加入してその訴訟手続に関与し、自己の名において訴訟行為をする第三者。当事者として参加する独立当事者参加、共同訴訟参加と、当事者とはならない補助参加、共同訴訟的補助参加の制度がある。

■ 参議院
[さんぎいん]

国会において、衆議院に対する第二院として設置されている議院。任期は6年で、衆議院議員の任期（4年）より長い。衆議院と異なり任期途中での解散がなく、3年ごとに半数改選が行われる。議員定数は公職選挙法で定められている。被選挙権は衆議院が25歳であるのに対し、参議院は30歳である。また、緊急集会は参議院にのみ認められている。

■ 残虐な刑罰の禁止
[ざんぎゃくなけいばつのきんし]

残虐な刑罰を許さないという憲法上の要請。残虐な刑罰とは、不必要な精神的・肉体的苦痛を内容とする人道上残酷と認められる刑罰をいう。死刑が残虐な刑罰に当たるかが争われたが、判例は、現行の執行方法はこれに当たらないと判示した。

■ 産業財産権
[さんぎょうざいさんけん]

☞工業所有権／産業財産権

■ 三権分立／権力分立
[さんけんぶんりつ／けんりょくぶんりつ]

国家の作用を性質に応じて立法・行政・司法に区別し、それらを異なる機関に担当させるように分離し、相互に抑制と均衡を保たせようとする制度。権力分立ともいう。国家権力が単一の機関に集中することで権力が濫用され、国民の権利が侵害されてきたことへの歴史的な反省から、国民の権利・自由を守るため、多くの国家で採用される原理である。

■ 参考書類
[さんこうしょるい]

株主総会の議案や、議案の提案理由、監査役による調査結果など、株主総会において、株主が議決権を行使する際に参考となる事項を記載した書類。書面投票や電子投票を採用する会社では、招集通知とともに交付することが義務づけられている。具体的な内容は会社法施行規則に定められている。

■ 参考人
[さんこうにん]

一般に、ある事柄や事件などについて参考となる意見や専門知識、情報などを有している者。衆参両議院の議院規則では、委員会において審査または調査のため必要があるときは、参考人の出頭を求め、その意見を聴くことができるとされている。証人喚問とは異なり、参考人の出頭や証言は任意であり、虚偽の証言を述べても偽証罪による処罰はない。

刑事訴訟法では、捜査機関が、被疑者以外の者で事件について参考となり得る情報や専門知識を知っている者（目撃者、医師、通訳者など）を参考人として取り調べること、または鑑定、通訳もしくは翻訳を嘱託することが認められている。

■ 三審制
[さんしんせい]

ひとつの事件について、審級の異なる裁判所において裁判を3回受けることができる制度。公正で慎重な裁判をすることによって、人権を保護する目的がある。敗訴するなどして第一審の判決に不服がある場合には、上級審に不服申立てをすることができ、これを控訴という。控訴審の判決に不服がある場合の不服申立ては上告という。

参審制
[さんしんせい]

一般国民の中から選任された参審員が、裁判官とともに合議体を構成して裁判をする制度。国民が司法に参加する制度であり、ヨーロッパ大陸諸国に多い。日本で実施されている裁判員制度は、参審制の一種である。

参政権
[さんせいけん]

主権者としての国民が、直接または代表者を通じて（間接的に）政治に参加する権利。基本的人権の1つとして、憲法は、選挙権・被選挙権、公務員になる権利、公務員を罷免する権利などを保障している。

暫定真実
[ざんていしんじつ]

ある法律効果を発生させる要件が複数の事実からなる場合に、特定の事実が確定されたときに他の事実を推定すること。暫定真実を規定した条文は、他の条文と結びつくことによって、証明責任を転換する効果をもたらす。

たとえば、ある土地の所有権を時効により取得したと主張したい者がいたとする。時効により取得したことを主張するためには、所有の意思を持って占有したこと（自主占有）が必要である（民法162条）。そして、民法186条1項によれば、占有をしている者は所有の意思を持っていると推定されるので、土地を占有していることさえ証明すれば、所有の意思を持って土地を占有していることが推定される。これが暫定真実の例である。この場合、占有者は、所有の意思自体について自ら証明する必要がなくなり、それを争う相手方に証明責任が転換される。

暫定予算
[ざんていよさん]

予算が会計年度開始前に成立しない場合に、一定期間のために作成される予算。暫定予算は、当該年度の予算が成立したときは失効し、暫定予算に基づく支出や債務の負担は、本予算によるものとみなされる。

残念事件
[ざんねんじけん]

大審院昭和2年5月30日判決。事故に遭って死亡した被害者の相続人が、加害者に対して、不法行為に基づく損害賠償請求を求めて訴えた事件。相続人が慰謝料を請求できるかが争われた。大審院は、慰謝料請求権の根拠は主観的な感情であるから、相続の対象にならないが、本人がそれを請求するという意思表示をすれば、通常の金銭債権となって相続されるとした。本件においては、「残念、残念」と叫びつつ死亡した被害者の言葉は、慰謝料請求の意思表示であることを理由として、相続人による慰謝料請求を認めた。

この判例は、被害者の死にぎわの言葉によっては相続人による慰謝料請求を否定することになり、不合理であるとして、現在では判例が変更され、相続人は当然に慰謝料請求権を相続すると判示されるに至っている。

残部判決
[ざんぶはんけつ]

民事訴訟において、一部判決がされた後に、審理が続行されていた請求の残部に対してなされる判決のこと。結末判決ともいう。

参与機関
[さんよきかん]

行政庁が意思決定を行う際の要件となる議決を行い、その議決によって行政庁の意思決定に参加する機関。参与機関の議決に行政庁は拘束される。国家行政組織法が定める附属機関に当たると理解されており、たとえば、検察官適格審査会や電波監理審議会が参与機関の例として挙げられる。類似概念である諮問機関と

の区別が困難な場合が多いが、議決に拘束力があるものが参与機関であり、拘束力まで持たないものが諮問機関であると、一般的には区別されている。

■ 残余財産分配請求権
[ざんよざいさんぶんぱいせいきゅうけん]

会社や組合を清算する際に、会社や組合の債務をすべて弁済しても、なお財産が残った場合に、社員や組合員がその財産の分配を請求する権利。株式会社では、株式数に応じて残余財産の分配を請求でき、持分会社・組合では、出資の価額に応じて請求できる。

し

■ 私印偽造罪
[しいんぎぞうざい]

行使の目的で、他人の印章を偽造する罪。印章の真正に対する公衆の信用を保護するために規定された。3年以下の懲役が科される。たとえば、Aが保証契約を結んだという虚偽の保証契約書を作成する目的で、債務者BがAの印章を偽造する場合が挙げられる。「他人」とは、公務所・公務員以外の私人をいう。公務所・公務員の印章を偽造した場合には、公印偽造罪が成立する。

■ 死因贈与
[しいんぞうよ]

贈与者の死亡によって効力が生じる贈与。死因贈与は生前の契約であるから、相手方との合意が必要とされる。その点で、遺言に基づく単独行為である遺贈とは異なる。目的が死後における財産の処分である点が類似していることから、遺贈に関する規定が準用される。

■ 自衛権
[じえいけん]

外国からの急迫または現実の違法な侵害に対して、自国を防衛するために必要な程度の実力を行使する権利。自衛権が認められるための要件として、ⓐ防衛行動以外に手段がなくやむを得ない場合であること（必要性の要件）、ⓑ外国からの侵害が差し迫っており不正なものであること（急迫性の要件）、ⓒ防衛行動が侵害の排除に必要な限度にとどまっていること（均衡性の要件）が必要であると考えられている。個別的自衛権として、国連憲章51条で認められている国家の権利である。日本国憲法においても、個別的自衛権は放棄していないと解されている。

これに対して、国連憲章は、自国に対する権利侵害がなくても、他国に対する武力攻撃に対して、当該他国を援助するための防衛行動をする権利についても認めている。これを集団的自衛権という。わが国の憲法下では認められないと考えるのが一般的な理解であるが、日本政府が集団的自衛権の行使も憲法上許容されるとする閣議決定を行い、それに基づき平和安全法制（安全保障関連法）を整備するなど、議論があるところである。

■ 自衛隊
[じえいたい]

自衛隊法に基づき、わが国への外国からの直接的な侵略、および反政府団体への外国からの支援による内乱等（間接侵略）から、国家を防衛し、平和と安全を保つことを任務とする機関のこと。自衛官により構成される実力部隊としての陸上自衛隊、海上自衛隊、航空自衛隊が中心となっている。

自衛隊に関しては、憲法9条が禁止する「戦力」の保持に当たらないかについての論争がある。政府は自衛のための最小限度の実力の保持であり「戦力」にあたらないから、憲法に違反していないという解釈を採っている。平成4年にはPKO協力法の制定により自衛隊の国際平

和協力業務について定められ、平成27年には集団的自衛権の行使を許容する安全保障関連法（平和安全法制）が制定されるなど、自衛隊の活動範囲が広がっており、憲法上の自衛隊の位置づけに関する議論が絶えず行われている。

■ 資格授与的効力
[しかくじゅよてきこうりょく]

被裏書人として手形上に記載された者は、その裏書により権利を取得したものと推定されること。有効な裏書は権利移転的効力を有することから認められる。

資格授与的効力が認められるため、裏書が連続した手形の所持人は権利者と推定され、容易に権利行使をすることができる。ただし、振出人が所持人の実質的無権利を証明した場合には、振出人は支払いを拒むことができる。

■ 時間外労働
[じかんがいろうどう]

1日8時間、1週40時間（特例措置対象事業場では1週44時間）という「法定労働時間」を超える労働のこと。非常災害の場合や公務のために臨時に必要がある場合を除き、労使協定（三六協定）を書面で締結し、それを所轄労働基準監督署長に届け出なければ、労働者に時間外労働をさせることは労働基準法違反となる。使用者は、三六協定の締結・届出の有無を問わず、労働者の時間外労働に対しては、25％以上の割増率（1か月60時間を超える分は50％以上の割増率）で計算した割増賃金を支払う義務が生じる。

なお、平成31年4月施行の労働基準法改正により、時間外労働の上限が、原則として1か月45時間、1年360時間であることが明記された。使用者がこれを超える時間外労働を労働者にさせる場合には、特別条項付きの三六協定の締結・届出が必要となる。

■ 時間単位の年次有給休暇
[じかんたんいのねんじゆうきゅうきゅうか]

年次有給休暇を1日単位ではなく1時間単位で与えること。労使協定の締結により、最大5日分を上限として、時間単位の年次有給休暇を与えることが可能である。なお、この時間単位の年次有給休暇の付与は、原則として1時間が単位とされるが、労使協定で定めれば、1時間以外の時間を単位時間とすることもできる。年次有給休暇の取得を容易にして、ワークライフバランスの実現に資することが、本制度の目的である。

■ 始期／終期
[しき／しゅうき]

ともに期限の一種であり、その到来によって法律行為の効果が発生するものを始期、消滅するものを終期という。たとえば、AがBに対して、5年後の自分の誕生日に自分の財産を譲る（贈与）契約を結んだ場合などが、始期の例である。これに対して、終期の例としては、Cが大学を卒業するまでの4年間、Dが学費を支給する（贈与）という内容の契約を結ぶ場合などが挙げられる。

■ 敷金
[しききん]

☞礼金／敷金

■ 指揮権
[しきけん]

検察官を一般的に指揮監督する権限を持つ法務大臣が、個々の刑事事件の取調べや処分について、検事総長を指揮する権限。一般に指揮権といわれるときは、この法務大臣の指揮権をさしている。検察官は強大な権力を有しているが、それが政治的に利用されることを防ぐとともに、検察官の暴走を防止する役割を持つ。しかし、実際に法務大臣の指揮権が発動された例は少なく、ほとんど使われていな

いのが実態である。

また、捜査段階での司法警察職員と検察官との関係について刑事訴訟法は、警察の捜査を十分に把握し公訴の実行を適正に行うために、検察が警察捜査に介入することを認めている。これが、一般的指示権や一般的指揮権、具体的指揮権と呼ばれるものである。指揮権の語が用いられているが、上記の法務大臣の指揮権とは異なる。

■ 敷地権
[しきちけん]

区分建物所有者と敷地利用権を一体化した登記簿上の権利をいう。分譲マンションなどの区分建物において、登記を行った上で、その敷地となっている土地を利用する権利を、敷地利用権という。区分建物を所有または利用するためには、その建物が立つ敷地の利用権も同時に確保しておかなければならず、そのために敷地利用権が設定される。区分建物の処分については、区分建物所有権と敷地利用権を分離して処分することは許されない。敷地権の登記がなされると、それ以降の権利変動はその土地登記簿に記載されることはなく、建物の登記簿に一体として記録されることになる。こうして、建物の権利変動と底地の権利変動が、常に一体として登記されるようになる。

■ 時機に後れた攻撃防御方法
[じきにおくれたこうげきぼうぎょほうほう]

実際に提出された時点より以前に提出すべき機会があったにもかかわらず、その時点で提出されなかった攻撃防御方法をいう。民事訴訟上、当事者の故意・重過失によって攻撃防御方法が時機に後れて提出され、その審理によって訴訟を遅延させることになる場合には、却下される。当事者の公平や審理の効率性を確保する目的がある。たとえば、争点整理手

続を経ている事件については、争点整理後の提出は原則として時機に後れていると判断される。

■ 時季変更権
[じきへんこうけん]

労働者が請求した年次有給休暇の取得時季を、使用者が変更できる権利。労働基準法は、使用者は、労働者の請求した時季に、年次有給休暇を与えなければならないと規定している。同時に、労働者が請求した時季が事業の正常な運営を妨げる場合、使用者は、その時季を変更する権利を持っていると定められている。労使双方の事情のバランスを保つ趣旨である。

■ 自救行為
[じきゅうこうい]

刑法上、国家機関による救済を待たずに、犯罪の被害者が自らの実力で被害の回復を図ること。たとえば、窃盗の被害者が、盗品を所持している犯人を見つけたときに、警察に届け出るのではなく、自ら盗品を実力で取り返すような場合がこれに当たる。現代の法治国家では、権利の救済は公権力によることが原則であり、自救行為は原則として許されない。自救行為はまったく許されないと考えるか、例外的に許される場合があると考えるかは、立場が分かれる。なお、民事上の自力救済のことを自救行為と呼ぶ場合がある。

■ 事業譲渡
[じぎょうじょうと]

事業の全部または一部を他の会社や商人に譲り渡すこと。会社の場合には、事業の全部または重要な一部の譲渡は、株主総会の特別決議によることが必要になる。判例によれば、株主総会の特別決議を必要とする事業譲渡とは、一定の営業目的のため組織化され有機的一体として機能する財産の全部または重要な一部を譲渡することである。そして、それ以後、

譲渡会社が同種の事業を営んではならないという義務を負う（競業避止義務）と考えられている。

事業報告書
[じぎょうほうこくしょ]

会社の事業活動などに関する重要事項をまとめた文書。決算期ごとに作成される。事業年度中における会社の事業の状況や財政状態、取り巻く環境の変化やそれに対する今後の経営課題、投資活動も含めた会社の展望などが記載されている。貸借対照表や損益計算書が数値によって会社状況が説明される文書であるのに対し、事業報告書は文章によって会社状況が説明される文書である。

死刑
[しけい]

犯人の生命を絶つ刑罰。極刑ともいわれ、殺人罪・強盗殺人罪・放火罪・内乱罪などの重大な犯罪に適用される最も重い刑罰である。死刑判決が確定した者は、執行されるまで刑事施設に拘置される。わが国では、死刑は、刑事施設内において絞首により執行される。

私権
[しけん]

私法上認められている権利の総称。国家とは離れて、財産と身分の法律関係において発生するものであり、国家との関係で生じる権利である公権と対置される。私権は、さまざまな観点からの分類が行われている。たとえば、権利の内容に応じて、財産権と、人格権や家族法上の身分に基づく権利である非財産権という区分がある。また、財産権のうちでも、特定人に一定の給付を求める債権と、ある物を支配する権利である物権とに分けることができる。なお、私権の内容および行使は、公共の福祉に適合するものでなければならず、これに反した場合は無効とされる。

試験観察
[しけんかんさつ]

家庭裁判所が、少年に対する処分を直ちに決めることが困難な場合に、相当期間、家庭裁判所調査官に少年の観察を委ねること。調査官が少年に対して更生のためのアドバイスや指導を与えながら、少年が自分自身の問題点を改善しようとしているのかといった視点から観察を行う。この観察結果なども踏まえた上で、裁判官が最終的な処分を決定することになる。

事件単位の原則
[じけんたんいのげんそく]

犯罪事実を単位として逮捕・勾留の効力が決せられ、その事実に限って逮捕・勾留の効力が及ぶこと。裁判官が逮捕・勾留の必要性を審査できるのは特定の事件に関してのみであるから、逮捕・勾留の効力を事件単位とすることで、被疑者の人権を保障しようとする目的がある。たとえば、A事実について勾留請求がなされ、A事実については勾留の理由がないと判断されたが、別のB事実について勾留の理由があると判明した場合であっても、B事実については勾留請求されていない以上、B事実を考慮して勾留することはできない。

自己宛小切手・自己宛手形
[じこあてこぎって・じこあててがた]

自己宛小切手とは、振出人と支払人が同一の小切手、つまり、振出人と支払人がともに銀行である小切手である。振出人（支払義務者）が銀行であるため、不渡りになる危険性がなく、現金と同様の信用性がある。小切手とすることで、現金よりも持ち運びが容易で安全であるという利点がある。

自己宛手形とは、振出人と支払人が同一の為替手形のことである。自己宛為替手形ともいう。自己宛手形は、支払地が遠隔地である場合に、支払地にある振出

人の支店を支払人として手形を振り出すときなどに用いられる。

■ 施行
[しこう]

制定された法令が、実際に効力を持つようになること。「せこう」といわれることもある。法令は、附則でその施行日を定めることが多いが、とくに定めがないときは、法の適用に関する通則法により、公布日から起算して20日を経過した日から施行される。

■ 時効
[じこう]

一定の事実状態が一定期間継続した場合に、その事実状態を尊重して法律的に認める制度。主に法律関係の安定性という見地から設けられている。民事では、一定の期間が経過することで権利を取得することになる取得時効と、権利が消滅することになる消滅時効とがある。刑事では、一定期間の経過により刑罰権が消滅する刑の時効と、一定期間の経過により公訴権を消滅させる公訴の時効がある。

■ 時効期間
[じこうきかん]

時効が完成するために必要な一定の期間。たとえば、所有権の取得時効については、占有開始時に善意無過失の場合は、10年間の継続占有で完成し、占有開始時に悪意または有過失の場合は、20年間の継続占有で完成する。消滅時効については、債権以外の財産権（所有権を除く）の場合は、権利を行使できる時から20年間の不行使で成立し、債権の場合は、権利を行使できるのを知った時から5年間または権利を行使できる時から10年間の不行使で完成するのを原則とする。なお、所有権は消滅時効にかからない。

そして、完成した時効の効力を発生させるためには、当事者が時効による利益を受けるという意思表示をすること（時効の援用）が必要になる。

なお、平成29年の民法改正により、1年～3年の短い期間で債権の消滅時効が完成するという短期消滅時効の制度が撤廃された。

■ 施行規則・施行令
[しこうきそく・しこうれい]

施行規則とは、法律を具体的に実施するために必要な事項を定める命令をいう。通常は主任の大臣により定められる省令の場合に用いられる。たとえば、会社法施行規則が挙げられる。施行令とは、法律を具体的に実施するために必要な事項を定める政令をいう。たとえば、会社法施行令が挙げられる。

施行規則、施行令ともに、命令に分類されるが、施行令は、内閣が定める政令の形を採るため、命令としての効力は、形式的に施行令の方が上になる。

■ 時効の援用
[じこうのえんよう]

民事で、時効によって利益を受ける者が、時効による利益を受ける意思を相手に対して表示すること。時効の要件が整っていても、時効の利益を受けたくないと思う者がいることを想定して、時効の効果は、時効によって利益を受ける者の意思表示がなければ生じないとされている。そのため、当事者が時効の援用をしてはじめて、時効の利益を享受できることになる。

■ 時効の完成猶予
[じこうのかんせいゆうよ]

とくに民事において、一定の事由が発生したときに、時効の完成を一定期間猶予すること。平成29年の民法改正により、時効の停止から時効の完成猶予へと名称が変更された。時効の中断・更新と異なるのは、一定の事由の発生時までに経過した時効期間が消滅しない点である。

民法上、時効の完成猶予が生じる一定

の事由（完成猶予事由）として、裁判上の請求（147条1号）、支払督促（147条2号）、催告（150条）、協議を行う旨の合意（151条）などがある。一般に権利を行使する意思を明らかにする事実が完成猶予事由に該当すると考えられる。

■ 時効の更新
[じこうのこうしん]

時効期間の進行中に一定の事実が発生したときに、その時から新たに時効期間の進行を始めること。平成29年の民法改正により導入された概念である。時効の中断と異なるのは、時効の更新の場合は、一定の事実が発生した時点で新たな時効期間を進行させるのに対して、時効の中断の場合は、一定の事実が発生してから中断事由が解消された時点で新たな時効期間を進行させる点にある。

民法上、時効の更新が生じる一定の事実（更新事由）として、確定判決等による権利の確定（147条2項）、権利の承認（152条）等がある。一般に権利の存在について確証が得られた事実が更新事由に該当すると考えられる。

■ 時効の遡及効
[じこうのそきゅうこう]

時効の効力がその起算日にさかのぼること。たとえば、20年間土地を占有してその土地の所有権を取得した者は、その時効が完成した時からその土地の所有権者となるのではなく、占有を開始した20年前にさかのぼって、その土地の所有者であったものとみなす制度のこと。

■ 時効の中断
[じこうのちゅうだん]

時効期間の進行中に一定の事実（中断事由）が発生した場合、その時から時効期間の進行が止まり、すでに経過した時効期間が無意味になること。時効が中断すると、経過した時効期間はすべて消滅するため、中断事由が解消された後、新

たに時効期間が進行することになる。

平成29年の民法改正により、時効の中断事由が時効の更新・完成猶予のどちらかの事由へと変更された。民法の規定において、時効の中断事由として残されているのは「占有の中止等による取得時効の中断」だけである（民法164条）。

■ 時効の停止
[じこうのていし]

とくに刑事において、一定の事由が発生したときに、その事由が解消されるまで時効期間の進行を止めること。一定の事由の発生時までに経過した時効期間は消滅しない。刑事訴訟法が定める公訴時効の停止が代表例である。たとえば、被疑者が国外にいる期間は、公訴時効が停止するので（刑事訴訟法255条）、国内に戻るまでは時効期間が進行しない。

■ 自己株式
[じこかぶしき]

株式会社が保有する自己の株式のこと。取得した自己株式を社内の金庫などで保管することから「金庫株」とも呼ばれている。自己株式には議決権がなく、剰余金も分配されない。かつては自己株式の取得（自社株買い）が原則禁止されていたが、平成13年の商法改正で、一定の財源規制や手続規制を条件として、自己株式の取得が原則容認されることになり（自己株式取得の自由化）、これが会社法にも基本的に引き継がれている。自己株式の取得により、株式市場に流通する自己株式の総量を減らし、1株あたりの純利益を増やせるという利点がある。自己株式の取得は、株式市場で取引する方法、市場外の株式公開買付けにより取得する方法などがある。

■ 自己契約
[じこけいやく]

自己が当事者となる契約について、相手方の代理人となること。自己契約は、自

己の利益と相手方の利益が相反し、相手方を害するおそれが高いため、原則として禁止される。たとえば、物の売主が買主の代理人となって契約をすると、売主にとって都合がいいように契約を結べることになり、買主の利益が害される。このようなおそれが生じない債務の履行や、事前に相手方の承認が得られている場合は、自己契約は禁止されない。また、民法108条1項に違反する行為は無権代理となるため、相手方の追認は可能である。

■ 自己決定権
［じこけっていけん］

人格的に自律した個人として生きていくために重要な私的事項について、公権力の介入・干渉なしに、自由に決定できる権利。自己の情報のコントロール権（狭義のプライバシー権）と並んで、広義のプライバシーの権利として、私生活の自由であるととらえられている。いわゆる「新しい人権」のひとつとして、幸福追求権（憲法13条後段）より導かれる権利であると考えられている。具体的な内容として、たとえば、子どもを持つかどうかという家族形成に関する自由、服装・喫煙・飲酒などといったライフスタイルを決める自由、尊厳死などの自己の生命・身体の処分を決める自由などが議論されてきた。もっとも、わが国の判例では、正面から自己決定権を認めた例は見当たらない。

■ 自己拘束力／判決の自縛性
［じここうそくりょく／はんけつのじばくせい］

訴訟において、とくに裁判所の終局的判断である判決が一度下されると、裁判所自身も、もはやみだりに変更や取消しを行うことが許されないという効力のこと。判決の自縛性ともいわれている。自由に判決内容の変更を許すと、法的安定性を害することになるため、自己拘束力により国民の裁判に対する信頼を保護し

ようとするものである。もっとも、例外的に判決の更正や変更が許される場合がある。

■ 事後強盗
［じごごうとう］

窃盗犯人が、財物を取り返されることを防ぐため、あるいは逮捕を免れたり、罪跡を隠滅したりするために、暴行または脅迫を加えること。強盗と同様に扱われる（刑法238条）。「強盗と同様に扱われる」とは、たとえば、窃盗犯人が暴行を加えた際に相手を死傷させれば、強盗致死傷罪（同法240条）が成立するということである。事後強盗の暴行または脅迫は、窃盗の機会に行われなければならない。たとえば、窃盗の数日後に職務質問を受けた際に、警察官を殴って逃げた場合は、事後強盗には当たらない。

■ 自己指図手形・自己指図小切手
［じこさしずてがた・じこさしずこぎって］

自己指図手形とは、振出人と受取人が同じ手形のことである。とくに為替手形について用いられる手形の種類であり、自己受手形ともいう。自己指図手形は、手形割引を受けるために用いられる。また、取引相手を支払人（引受人）として発行すれば、相手方が約束手形を発行できないときにも、約束手形を発行した場合と同様の機能を果たすことができるため、債権の確実な回収のために用いられる場合もある。また、この場合、相手方は、満期に手形金を支払わなければならなくなるため、自己指図手形は、支払期日を明確にするために利用されることがある。

自己指図小切手とは、振出人と受取人が同一の小切手のことである。自己指図小切手は、自己の当座預金を引き出すために用いられる。

■ 自己借地権
［じこしゃくちけん］

土地の所有者が自分自身を借地権者と

して設定した借地権のこと。本来は、土地の所有者と借地人が同一に帰した場合には、混同によって借地権は消滅するが、第三者と借地権を共有する場合に限って例外を認めた。地主が分譲のマンションを建てて、借地権つきで売買する場合などに用いられる。

■ 事後従犯
[じごじゅうはん]

犯罪終了後に、犯人に一定の手助けをする罪。犯人の逃亡を容易にする犯人蔵匿罪、証拠隠滅罪、盗品等に関する罪がこれに当たる。なお、名称には従犯という語が含まれているが、従犯は実行行為終了後には成立しないため、事後従犯は従犯ではなく、独立の犯罪である。

■ 事後収賄罪
[じごしゅうわいざい]

在職中に依頼を受けて不正な職務行為をした公務員が、退職して公務員でなくなった後に、当該行為に関して賄賂を収受・要求・約束する罪。公務員の職務の公正およびそれに対する社会の信頼を守るために規定された。5年以下の懲役に処せられる。

■ 事後審
[じごしん]

上級審の審査方法として、原則として上級審では新たな裁判資料の提出を許さず、原審に提出された資料のみに基づいて、原判決の当否を審査する方式。刑事訴訟の控訴審および上告審、民事訴訟の上告審が事後審であるとされる。

なお、新たな裁判資料も加えて審理を続行する方式を続審（民事訴訟の控訴審）、原審とは関係なく新たに審判をやり直す方式を覆審という。

■ 事後設立
[じごせつりつ]

成立した株式会社が、成立後2年以内に、会社が成立する前から存在する財産を会社の純資産額の20％を超える価格で取得すること。当該財産は、事業のために継続して使用するものでなければならないが、財産取得により会社成立時の資本が散逸しないよう、株主総会の特別決議が必要とされている。

■ 自己占有
[じこせんゆう]

☞直接占有／自己占有

■ 自己の財産に対するのと同一の注意義務
[じこのざいさんにたいするのとどういつのちゅういぎむ]

自分の財産を管理するにあたって用いるのと同程度の注意をする義務のこと。一般に、特定物の引渡義務を負う者は、善管注意義務が課される（民法400条）。これに対して、自己の財産に対するのと同一の注意義務は、特別の場合に認められる軽減された注意義務である。無償受寄者の注意義務がこれに当たる（同法659条）。

なお、親権者に課される「自己のためにするのと同一の注意」（同法827条）や、相続財産についての「固有財産におけるのと同一の注意」（同法918条1項）、相続を放棄した者についての「自己の財産におけるのと同一の注意」（同法940条）も、表現は多少異なるが同じ意味である。

■ 自己破産
[じこはさん]

債務者自身の申立てにより開始される破産手続のこと。自己破産には、一般に、個人が行う自己破産手続と、法人が申立てを行う企業倒産の方法としての自己破産がある。個人が自己破産を申し立てる目的は、自己破産を申し立てることにより、免責を取得して、債務から解放されることを望んで行われることが多いといわれている。これに対して、法人が行う自己破産では、再建の見込みが立たない場合に、債務を清算するための方法とし

て用いられることが多い。個人または法人が、裁判所に対して、自己破産手続開始の申立てを行うことによって、手続が開始される。

■ 事後法の禁止／刑罰不遡及の原則
[じごほうのきんし／けいばつふそきゅうのげんそく]

実行のときに適法であった行為については、事後の法律で違法とされたとしても、遡って処罰することはできないとする原則。刑罰不遡及の原則、遡及処罰の禁止などともいわれる。また、犯罪行為の後の法律で、実行行為の時点で定められていた刑よりも重く処罰することも許されないと解されている。事後法の禁止は、憲法上も明文で定められている。なお、後の法律で刑が軽く変更された場合に行為時の法律で処罰することは、事後法の禁止には反せず、刑法6条は、変更後の軽い刑で処罰すると規定している。

■ 自殺関与罪／同意殺人罪
[じさつかんよざい／どういさつじんざい]

人をそそのかして（教唆）自殺させることによって、または、人が自殺する行為を幇助することによって成立する罪。これが狭義の自殺関与罪であるが、広義には同意殺人罪を含めて、自殺関与罪と呼ぶこともある。同意殺人罪は、本人から依頼されて殺す嘱託殺人罪、本人の承諾を得て殺す承諾殺人罪に分類される。6月以上7年以下の懲役または禁錮に処せられる。保護法益は人の生命である。生命の重要性から、自殺者や同意を与えた被害者の意思に反してでも、生命保護を貫くために犯罪として規定された。もっとも生命の侵害自体は、自殺者や同意を与えた被害者の意思に反しないため、殺人罪よりも軽い法定刑が定められている。

なお、死の意味がわからない幼児や精神障害者の同意は無効である。また、同意は任意によるものでなければならず、

暴行・脅迫によって同意を強要した場合には殺人罪が成立する。さらに、同時に死ぬ（心中する）と装って相手を自殺させたときは、判例によれば殺人罪の間接正犯が成立するとされている。

■ 持参債務／取立債務
[じさんさいむ／とりたてさいむ]

持参債務は、債務者が債権者の現在の住所または営業所などに持参して目的物を引き渡さなければならない債務のことをいう。

一方、取立債務は、債権者が債務者の住所（営業所）まで出向いて取り立てる必要がある債務のことをいう。

持参債務とするか取立債務とするかは、当事者間の合意によって定めることができる。なお、当事者間で特段の合意がなければ、特定物の引渡しを目的とした債務以外の債務は、持参債務になる。

■ 持参人払式小切手
[じさんにんばらいしきこぎって]

受取人を指定せず、小切手の所持人に支払うべきものとされた小切手のこと。「○○または持参人にお支払いください」といった記載がある選択持参人払式小切手や、受取人の記載のない小切手は、持参人払式小切手とみなされる。

■ 事実行為
[じじつこうい]

意思表示を要素とする法律行為に対する語で、意思表示に基づかず、行為のみで法律効果が発生する場合の当該行為のこと。「事実上の行為」ともいう。たとえば、持ち主のいない動産を占有した者は、所有権を取得するが、これは意思表示の効果ではないので、事実行為であるとされる。民法が規定する事実行為には、他に遺失物の拾得や、埋蔵物の発見、添付、事務管理などがある。

なお、行政法上、行政機関の法律効果を有しない活動のことを事実行為と呼ぶ

場合がある。

■ 事実婚主義
[じじつこんしゅぎ]

婚姻の成立について、習俗的な婚姻の儀式を挙げたことや、婚姻の意思を持って夫婦共同生活をはじめた（同棲）という事実をもって、法律上の婚姻が成立したと承認する考え方。これに対して、法律の要求する方式にそったものを婚姻として承認する考え方を法律婚主義という。法律婚主義では、婚姻の成立にあたって、届出やその他の形式が要求されている。わが国は、法律婚主義を採用しており、婚姻届が受理されることによって婚姻が成立する。事実婚主義は、いわば内縁関係に基づく婚姻の成立を肯定するものであるから、親族に関する法律関係が複雑化するおそれがあるため、事実婚主義を採っている国は少ないといわれている。

■ 事実上の推定
[じじつじょうのすいてい]

裁判官が、論理則や経験則を活用して、自由心証の枠内で行う推定のこと。裁判官が、証拠から直接、または間接事実に基づいて主要事実を認定する際には、事実上の推定が行われている。たとえば、金銭消費貸借に基づく金銭の返還請求訴訟で、お金に困っていた借主が、ある日を境に金回りがよくなったという事実から、その日に金銭の授受があったことを推定するといった場合である。事実上の推定は、法律上の推定（経験則があらかじめ法規化されていて、その適用として行われる推定）とは異なり、証明責任の転換の効果は有しない。

■ 事実審／法律審
[じじつしん／ほうりつしん]

事実審とは、法律上の問題だけでなく、事実に関する問題についても審理する審級をいう。民事訴訟では、一審と控訴審が事実審にあたり、とくに控訴審では、原裁判の事実認定を見直すことができる構造になっている。

これに対して、法律審とは、原則として原裁判の法令違反に関してのみ取り上げることができる審級をいう。民事訴訟において、上告審は法律審である。

刑事訴訟においては、一審と控訴審で事実誤認や量刑不当に関する審理を行う場合が、事実審に当たり、上告審が原則として法律審である。もっとも、上告審でも職権により事実誤認の有無について審理することができる。

■ 事実審理
[じじつしんり]

刑事訴訟で、証拠調べを行って公訴事実の存否を認定するための手続のこと。事実審理は、主に第一審で行われるのが原則である。もっとも、事実誤認や量刑不当を証明するために必要な場合に限り、控訴審で事実審理を行うことが可能であると規定されている。

■ 事実たる慣習
[じじつたるかんしゅう]

法律行為の解釈基準となる慣習。社会一般や特定の地域・産業などの間で共通の慣習があり、当事者が慣習を前提にしていると考えられる場合には、その慣習が契約などの解釈基準とされる（民法92条）。契約など私的自治の原則が強く働く場面では、当事者の意思に近く、解釈基準として適していると考えられているためである。もっとも、事実たる慣習は、強行規定に反してはならない。

なお、事実たる慣習は、社会の法的確信に支持されて、法規としての価値を持つようになった慣習法（法の適用に関する通則法3条）と対比される概念である。

■ 事実の欠缺
[じじつのけんけつ]

行為の主体や客体など、犯罪の構成要件の一部を欠いているのに、行為者はそ

れが存在するものとして行為している場合のこと。構成要件の欠缺ともいう。この場合、犯罪は成立しない。たとえば、相手が公務員だと誤信して、賄賂のつもりで民間人に金品を渡しても、贈賄罪は成立しない。

■ 事実の錯誤
［じじつのさくご］

犯罪を構成する事実についての錯誤があること。錯誤とは、事実と認識が一致しないことをいう。事実の錯誤は、それによって犯罪事実の認識を欠くことになる場合には、故意が阻却されると解されている。

事実の錯誤は、同一構成要件内の錯誤である具体的事実の錯誤と、異なる構成要件にまたがる抽象的事実の錯誤に分けられる。また、事実の錯誤は、錯誤が何について生じたかによって、客体の錯誤、方法の錯誤、因果関係の錯誤に分けられる。

事実の錯誤は、法律の錯誤と対比される。法律の錯誤とは、犯罪事実の認識はしているが、それが法律上許される行為だと誤信する場合である。

■ 事実の証明
［じじつのしょうめい］

名誉毀損罪の公判で、指摘された事実が真実であると証明されること。名誉毀損罪は、指摘した事実が真実であっても成立するのが原則である。たとえば、「Aは、昔刑務所に入っていた」と言った場合、それが真実であっても、名誉毀損罪は成立する。しかし、これでは正当な表現行為も処罰の対象になりかねず、表現の自由と名誉の保護との調整を図る必要がある。そこで、名誉を毀損する行為が、公共の利益に関する事実に係わるものであり、かつ、その目的が専ら公益を図ることにあったと認められる場合には、事実の真否を判断し、真実であることの証明があったときは、罰しないとされている。

■ 事実の認定
［じじつのにんてい］

裁判や行政審判などにおいて、裁判官や行政委員会が、事実関係の有無や内容についての判断をすること。

■ 使者
［ししゃ］

本人の決定した意思を相手方に表示し、または、完成した意思表示を伝達する者。類似の制度として代理があるが、代理人は自ら意思決定（意思表示）をするのに対して、使者の場合は、あくまでも意思決定自体は本人が行っていることから、決定した意思を相手に伝える役割のみを果たすという点で、代理とは異なる。そのため、使者には意思能力や行為能力は要求されず、錯誤、詐欺や強迫の有無については、本人を基準に判断される。

■ 自社株
［じしゃかぶ］

株式会社にとって、その会社自身の株式のこと。なお、株式会社自身が有する自社株のことを自己株式という。

■ 自首
［じしゅ］

犯人自身が、捜査機関に対して、自分が犯行を行ったことを主体的に申し出ること。犯罪事実があったこと、または犯人が誰であるのかが発覚する前であれば、自首することができる。一般的な犯罪捜査は、警察官の職務質問などをきっかけとして始まることが多いが、自首もまた、捜査のきっかけ（端緒）のひとつであると考えられている。なお、別事件ですでに取調べを受けている者が、未だ発覚していない犯罪について、自らの関与を供述した場合なども、自首として扱うという学説もあるが、一般に判例は否定している。刑法において自首は、刑の任意的減軽事由とされている。また、内乱予備罪など一定の罪においては、刑の免除事

由となることもある。

■ 自主占有
[じしゅせんゆう]

自分が所有する意思を持って占有している状態のこと。自主占有は、占有者が直接占有する自己占有の場合にも、代理人を通して占有する代理占有の場合でも成立する。たとえば、売買契約による買主の占有、賃貸借契約を結んでいる場合の賃貸人の間接占有は自主占有である。

なお、対立概念は、賃貸借契約における賃借人など、所有の意思を持たずに他人の物を占有している他主占有である。

■ 自手犯
[じしゅはん（じてはん）]

正犯者自らの手で実行する必要があり、間接正犯の形態ではなしえない犯罪をさす。主に学説で主張されている概念である。自首犯と区別するため、「じてはん」とも呼ばれる。たとえば、無免許運転やスピード違反行為、偽証罪は行為者自らが行うことによってのみ犯罪が成立すると考えられており、自手犯の例として挙げられる。

■ 自招危難
[じしょうきなん]

刑法で、緊急避難を行う者自身が、緊急避難の成立要件である現在の危難を招き、その危難を避けるために行った行為について、緊急避難が成立するかどうかという問題をいう。たとえば、Aが旅館の一室でガス自殺を図ろうと考えたが、途中で思いとどまり、空気を確保する唯一の手段として旅館の窓ガラスを破壊する行為などが挙げられる。判例・学説の多くは、現在の危難を行為者自身が故意または過失によって招いている以上、緊急避難は成立しないと考えている。

■ 事情裁決
[じじょうさいけつ]

処分を取り消しまたは撤廃することが公共の福祉に適合しないと認めるときに、審査庁が、処分についての審査請求を棄却する裁決のこと。行政不服審査において、処分が違法または不当ではあるが、これを取り消し、または撤廃することによって公の利益に著しい障害が生じる場合に行う。事情裁決をする場合、審査庁は、処分が違法または不当であることを宣言しなければならない。取消訴訟においても、事情判決という同趣旨の制度がある。

■ 自招侵害
[じしょうしんがい]

刑法で、正当防衛を行う者自身が、正当防衛の成立要件である急迫不正の侵害を招き、その侵害を避けるために行った行為について、正当防衛が成立するかどうかという問題。たとえば、AがBを挑発してけんかをしかけたことにより、BがAに対して殴りかかってきたところ、これに対してAが反撃を加えた場合などが挙げられる。判例・学説の多くは、急迫不正の侵害を行為者自身が招いている以上、正当防衛は成立しないと考えている。

■ 事情判決
[じじょうはんけつ]

処分や裁決が違法であることは認められるが、これを取り消した場合に公の利益に著しい障害を生じると考えられるときに、裁判所が請求を棄却する判決。事情判決は、原告の受ける損害の程度など一切の事情を考慮したうえで、処分または裁決を取り消すことが公共の福祉に適合しないと認めるときになされる。この場合には、判決の主文において、処分または裁決が違法であることを宣言しなければならない。

■ 事情変更の原則
[じじょうへんこうのげんそく]

契約が締結された後に、当事者が予測できない著しい社会事情の変化があり、契約の内容どおりの履行を認めると不合

理な結果を招く場合に、当初の契約の内容の変更や契約の解除が認められるとする原則。たとえば、急激なインフレーションなどが考えられる。借地借家法が定める地代や建物の借賃の増減請求権は、この原則の表れであるといわれている。

自助売却
[じじょばいきゃく]

債権者が弁済の受領を拒絶するときや弁済を受領できないときに、その物を競売して代金を供託する方法。弁済の目的物が供託に適しないときや、滅失・損傷のおそれがあるとき、またはその物の保存について過分の費用を要するときに、債務者は、裁判所の許可を得て自助売却をすることができる。商人間の売買では特則があり、裁判所の許可が不要であったり、売買代金への充当が認められるなど、より簡便に自助売却をすることができるようになっている。

私人間効力
[しじんかんこうりょく]

憲法の人権に関する規定を私人間にも適用して、憲法の効力を認めようとする考え方。憲法の人権条項は、本来国家と私人との関係で国家権力から私人の人権を保障するためのものである。しかし、国家だけでなく社会的権力（企業、労働組合、経済団体など）からも人権を保障すべきではないかという考え方が広まり、私人間にも憲法の保障を及ぼすべく、さまざまな説が唱えられてきた。憲法の私人間への適用を認めない無適用説や、憲法の直接適用を認める説もあるが、現在の多数説は、間接適用説である。間接適用説とは、私法の一般条項（民法90条など）に憲法の趣旨を取り込んで解釈・適用することによって、憲法の人権規定を間接的に私人間に適用するという説である。間接適用説によれば、私的自治の原則を尊重しながら、人権規定の効力の拡張の要

請を満たすことができるとされている。

私人の公法行為
[しじんのこうほうこうい]

私人が公法関係について、国や地方公共団体に対して行う行為。たとえば、公職選挙における投票行為や、国や地方公共団体に対して行う届出・申告・不服申立て・訴訟の提起などが、私人の公法行為の例として挙げられる。

自然権
[しぜんけん]

人が生まれながらにして有する侵すことのできない権利。自然権は、近代自然法思想に基礎を持つ、国家によっても侵されない前国家的な権利であり、超実体法的な権利であるとされる。

自然公物／人工公物
[しぜんこうぶつ／じんこうこうぶつ]

国や地方公共団体が、公の用に供する有体物である公物の分類の一種として、自然の状態ですでに公用が可能な実体を備えた物をさす。たとえば、河川や海浜、湖沼などが例として挙げられる。対立概念は人工公物であり、空港や道路などが挙げられ、人工公物が公物として認められるには、一般公衆のために利用することを表示すること（公用開始行為）が必要となる。これに対して自然公物は、特別に公用開始行為がなくても、自然の状態で公衆の利用に供されることで足りる点で、人工公物と異なる。

自然債務
[しぜんさいむ]

裁判によって訴求することはできないが、債務者が任意に履行すれば有効な弁済となる債務。任意に履行された自然債務は、不当利得返還請求をされることはない。時効が完成し、援用された債務等がこれに当たるとされる。なお、裁判で訴求することはできるが、強制執行することができない債務を、責任のない債務

という。

事前収賄罪
[じぜんしゅうわいざい]

公務員となろうとする者が、将来担当するであろう職務に関して、依頼を受けて賄賂を収受・要求・約束し、その後に公務員となったときに処罰される罪。たとえば、議員の候補者が、当選後の職務に関し、何らかの行為をするよう選挙運動時に支持者から依頼され、その見返りに賄賂をもらい受け、実際に選挙に当選した場合が挙げられる。本罪は、公務員の職務の公正およびそれに対する社会の信頼を守るために規定された。5年以下の懲役に処せられる。なお、依頼を受けた職務を現に行うことは要件になっていない。

自然人
[しぜんじん]

法人以外の権利・義務の主体である人、つまり生きている人間のこと。法人と対置される概念である。近代社会においては、すべての自然人が生まれながらにして権利・義務の主体となる。

自然犯／法定犯／刑事犯／行政犯
[しぜんはん／ほうていはん／けいじはん／ぎょうせいはん]

自然犯とは、法律の規定を待つまでもなく、その性質上社会倫理に反することが明らかである犯罪をさす。刑事犯ともいう。殺人罪や窃盗罪などのように刑法に規定される犯罪は自然犯（刑事犯）であることが多い。法定犯とは、元来は社会倫理に反するものではないが、法律によって犯罪とされたものをいう。行政取締目的から犯罪とされたものが多く、行政犯ともいう。たとえば、各種の道路交通法違反などが法定犯の例として挙げられる。もっとも、酒気帯び運転の罪など、本来は行政取締目的ではあるが、倫理的にも当然に非難されるべき犯罪もあり、自然犯（刑事犯）と法定犯の区別は相対化している。

自然法／実定法
[しぜんほう／じっていほう]

自然法とは、人間社会に当然に存在する法規範をさす。たとえば、人を殺してはいけないというのは、時と場所とを選ばずに、どんな時代や社会であっても必ず存在する法規範の例として挙げられる。どこの社会にも存在する法は、いわば真の法であり、最高の価値が認められるという考え方を自然法論という。

自然法の対立概念が実定法である。実定法とは、特定の社会で実効的に用いられている制定法や慣習法などの形態をとる、人間が作り出した法規範をさす。とくに、実定法のみを法であると考える立場を法実証主義という。

事前抑制の禁止
[じぜんよくせいのきんし]

表現行為がなされるに先立ち、公権力が何らかの方法でこれを抑制することを禁止することをいう。

事前抑制がなされると、発表されうる意見が事前に選別されることになるため、多様な意見が発表され競合することにより、より優れた意見が選ばれ、ひいては社会の進歩につながるという思想の自由市場原理に反する。そのため、事前抑制は原則として禁止され、厳格かつ明確な要件の下においてのみ、例外的に許容されるにすぎない。

たとえば、判例上、公職選挙の候補者に関する表現行為は、公共の利害に関する事項であるため、事前差止めは原則として許されないとしつつも、きわめて例外的な場面において許されると判示したものがある。

私戦予備陰謀罪
[しせんよびいんぼうざい]

外国に対して私的に戦闘行為をする目

的で、その予備または陰謀をする罪。国交の円滑、国家の国際的地位を保護するために規定された。3月以上5年以下の禁錮が科される。「私的に戦闘行為をする」とは、国の命令によらない、ある程度組織的な武力の行使をいう。「予備」とは、私戦の準備行為をいい、たとえば兵器、弾薬の準備が挙げられる。「陰謀」とは、私戦の実行を謀議することをいう。自首した場合には、必要的に刑が免除される。

思想・良心の自由
[しそう・りょうしんのじゆう]

精神的自由のうち、内面的な精神活動の自由を保障したもの。基本的人権の中心的地位を占める最も根本的な自由であると考えられている。明治憲法下で、特定の思想を弾圧してきたことの反省に立って、日本国憲法において、とくに保障されることを明示した自由である。思想と良心は、判例・通説はとくに区別の必要はないと考えている。したがって、世界観・人生観、主義・主張など、個人の人格的で内面的な精神作用を広く保護する自由であるといえる。思想および良心の自由の具体的な保障として、いかなる思想・良心を持とうとも、それが内心にとどまっている限りは絶対的に自由であることが保障されていることに加え、国家権力は個人の内心の思想について、これを暴露することを強制してはならないという、沈黙の自由も保障していると考えられている。なお、謝罪広告を強制することが思想および良心の自由を侵害するかが争われたが、裁判所は侵害に当たらないと判断した。

死体損壊罪
[したいそんかいざい]

死体、遺骨、遺髪、棺に納めてある物を損壊し、風俗上の埋葬とは認められない方法で遺棄し、または領得する罪。保護法益は、健全な宗教的風俗・感情であ

ると考えられている。3年以下の懲役に処せられる。損壊とは、物理的に壊すことをいう。遺棄とは、死体等を移動させた後に放棄・隠匿する行為をさす。例として、殺人犯人が犯行の跡を隠す目的で、死体を埋める行為が挙げられる。領得とは、死体等の占有を取得することをいう。

地代等増減請求権
[じだいとうぞうげんせいきゅうけん]

☞借賃増減請求権／賃料増減請求権／地代等増減請求権

下回る
[したまわる]

☞以下／未満／満たない／下る／下回る

示談
[じだん]

裁判手続によらずに、当事者間で話し合い、紛争を解決すること。損害賠償の金額や支払方法を決める。示談成立後は裁判により金額等を再度決め直すことはできないとする条項を入れることが多い。たとえば、交通事故の加害者が被害者に対して支払う治療費や慰謝料の総額を決めることが挙げられる。

質入裏書
[しちいれうらがき]

「質入のため」「担保のため」などの質権の設定を示す文言を付記してなされた裏書のこと。被裏書人は、質権者として手形上の権利を行使することができる。被裏書人は譲渡裏書や質入裏書をすることができず、被裏書人のなした裏書は、取立委任裏書としての効力しか認められない。なお、小切手では質入裏書は認められていない。

質権
[しちけん]

債権者が債権の担保として、債務者または第三者から受け取った物を留置して、弁済がなされない場合に、その目的物から優先弁済を受けることができる担保物

権。当事者間の約定によって担保を設定する約定担保物権のひとつである。

たとえば、Aが営業資金をBから借り入れるために、A所有の絵画数点をBに引き渡して質権を設定するような場合である。質権者が目的物を占有することで、債務者の弁済を心理的に強制する効力がある。とくに動産質権においては、継続した占有が質権の対抗要件とされているように、質権設定者（債務者等）が目的物を占有することは禁止されている。なお、債権、株式などを目的とする質権を設定することも可能であり、権利質と呼ばれている。

■ 自治事務
[じちじむ]

地方公共団体が、原則として国等の関与を受けずに、自主的な判断に従って処理する事務をいう。現実に地方公共団体が処理する事務は多種多様であり、定義づけることが困難であることから、法定受託事務を控除した残りの事務という概念で定義されている。国の関与の程度が少なく、法令に違反しない限り、地方公共団体が比較的自由に政策を実施できるという特徴を持つ。

■ 自治紛争処理委員
[じちふんそうしょりいいん]

普通地方公共団体同士の間、または、普通地方公共団体の機関同士の間で紛争が生じた場合などに、調停に当たる機関。また、地方自治法で、市町村の事務処理に関して都道府県が行う関与に関する審査を行うこともできると規定されている。

事件ごとに総務大臣や都道府県知事が任命する3名の委員により組織され、審査や勧告の権限を持っている。たとえば、湯河原町と熱海市との境界変更に関する調停のため、自治紛争調停委員が任命されたことがある。

■ 市町村合併
[しちょうそんがっぺい]

一般に複数の市町村を1つに組織すること。市町村の合併の特例に関する法律では、2以上の市町村の区域の全部もしくは一部をもって市町村を置き、または市町村の区域の全部もしくは一部を他の市町村に編入することで市町村の数の減少を伴うと規定されている。平成11年以降、いわゆる平成の大合併が行われ、人口減少、少子高齢化などの社会経済情勢の変化や、地方分権の担い手となる基礎自治体にふさわしい行財政基盤の確立を目的として、全国的に市町村合併が積極的に推進された。平成22年には、市町村合併に関する国や都道府県の積極的な関与は廃止され、政府主導の合併推進運動は終了した。

■ 実印
[じついん]

役所にあらかじめ登録し、必要に応じて印鑑証明を求めることができる印鑑。1人1個に限られ、個人の場合は市区町村役場に登録し、法人の代表者の場合は法務局（登記所）に登録する。申請により交付された印鑑登録証明書を添付することにより、実印が押された文書が本人によって作成されたことを証明できる。

■ 失火罪
[しっかざい]

過失により火災を発生させ、建造物・艦船・鉱坑その他の物を焼損する罪。焼損とは、放火罪と同様に、火が媒介物を必要とせずに、目的物が独立に燃焼を継続する状態になったもの（独立燃焼説）と解するのが判例・通説の立場である。保護法益は、不特定多数の人の生命や身体、財産であり、火力がそれらに対して危険を引き起こすことを考慮して規定された公共危険罪であると考えられている。50万円以下の罰金に処せられる。現住建造

物等や他人の非現住建造物等を焼損する場合は、それ自体が危険をもたらし得る行為であるため、失火により直ちに犯罪が成立することが多いが、自己所有の非現住建造物等や非建造物を焼損する場合は、具体的な危険性（公共の危険）が発生していなければ、犯罪は成立しない。また、業務上必要な注意を怠ったことにより失火罪を犯した場合（業務上失火罪）や、重大な過失によって失火罪が成立した場合（重失火罪）は刑が加重され、3年以下の禁錮または150万円以下の罰金に処せられる。

■ 失火責任
[しっかせきにん]

過失によって火災を発生させ、他人に損害を与えた場合の責任をさす。民法の一般原則に従えば、故意または過失があれば不法行為に基づく損害賠償責任を負担する（民法709条）。しかし、わが国の家屋等は木造であることが多く、失火による被害が一般的に大きくなりやすい事情があるため、失火者の責任が過大になりすぎるおそれがあった。そこで、「失火ノ責任ニ関スル法律」が制定され、失火者に故意または重大な過失があった場合にのみ損害賠償責任を負わせることと規定された。つまり、失火責任は民法上の一般的な不法行為責任の特則である。

■ 実方／養方
[じつかた／ようかた]

養子縁組を行った場合に、養子から見て、実際に血のつながりがある家族をさして、実方という。これに対して、養子縁組によって生まれた家族関係のことを、養子から見て養方と呼んでいる。普通養子の場合、養子になった後も、実方の家族との法律上の関係は切れない。相続に関しても、実方の親と養方の親の両方の相続人となることができる。他方、特別養子の場合、養子になった後は、実方の家族との法律上の関係は失われる。したがって、養方の相続人となることはできるが、実方の相続人とはなれない。

■ 失業
[しつぎょう]

雇用保険法上の概念として、働く能力と意思があり、求職活動をしているにもかかわらず仕事がない状態をいう。なお、失業者は、雇用保険制度における失業等給付や再就職支援、職業訓練の対象となる。

■ 実況見分
[じっきょうけんぶん]

捜査機関が検証を任意処分として行うこと。検証とは、場所、物または人の身体の状態を五官の作用によって感得する強制処分をいう。実況見分は、関係者の承諾を得て、または誰でも自由に出入りできる公共の場所などで行われることが多い。

■ 実況見分調書
[じっきょうけんぶんちょうしょ]

捜査機関が行った実況見分の結果を記載した調書（文書）のこと。実況見分と検証との差は、実況見分が任意処分であり、検証が強制処分である点のみであるので、実況見分調書も刑事訴訟法321条3項の書面に含まれると解されている。つまり、実況見分調書は、伝聞証拠であり原則として証拠能力が否定されるが、供述者（実況見分を行い調書を作成した者）が公判期日において証人として尋問を受け、真正に作成されたものであることを供述したときには、証拠とすることができる。

■ 失業等給付
[しつぎょうとうきゅうふ]

雇用保険法によって規定されている求職者給付、就職促進給付、教育訓練給付、雇用継続給付の総称。求職者給付は、被保険者が失業した際にその生活の安定を図ることを目的として支給される。就職

促進給付は、失業者の再就職の促進と支援を目的として支給される。教育訓練給付は、労働者の能力開発の支援を目的として支給される。雇用継続給付は、高齢者や育児休業者の雇用継続の促進と支援を目的として支給される。

■ 失権約款
[しっけんやっかん]

債務不履行の場合には、催告や解除の意思表示なく、契約は当然に解除されたものとする契約条項のこと。たとえば、建物賃貸借で、一度でも家賃を滞納すれば契約は解除されたものとするといった条項を置く場合が、これに当たる。債務者に不当な不利益となる場合は、公序良俗に反するとして無効とされたり、個別法による規制の対象となる。

■ 執行異議
[しっこういぎ]

執行裁判所が行う執行処分に対して執行抗告をすることができないもの、および執行官の執行処分とその遅滞に対して、執行裁判所に是正を求める不服申立て。執行異議は民事執行手続における救済手段であり、異議事由は原則として手続的・形式的な瑕疵に限られると解されている。ただし、例外として、不動産競売、動産競売などの担保権の実行に関しては、担保権の不存在または消滅を理由とすることが明文で認められている（民事執行法182条、191条など）。なお、執行異議は、広義では、違法・不当な強制執行に対する救済手段の総称として用いられ、執行文の付与に対する異議や請求異議等を含む。

■ 執行官
[しっこうかん]

裁判の執行等の事務を行う、地方裁判所に所属する裁判所職員。主な職務として、強制執行や強制競売手続を担当する。たとえば、債務者の責任財産を差し押さえて売却し、売却代金を債権者に配分する。また、他の職務として、裁判に関する文書を当事者に届けること（送達）も挙げられる。

■ 執行機関
[しっこうきかん]

一般的には、職務を執行する機関をいう。たとえば、会社の取締役、公益法人の理事がこれに当たる。また、地方自治法上は、地方公共団体の事務を執行する機関をいう。たとえば、地方公共団体の長がこれに当たる。

■ 実行行為
[じっこうこうい]

一般に犯罪行為として類型化された行為（構成要件に該当する行為）をいう。たとえば、刑法199条は「人を殺した者は」と規定しており、構成要件である「人を殺す行為」が実行行為に当たる。もっとも、犯罪構成要件としての実行行為には、作為と不作為の2つの類型が存在する。たとえば上記の殺人罪について、Aがナイフでbを刺して殺した場合などが、作為としての実行行為の例として挙げられる。これに対して、不作為とは、刑法上期待された行為を行わないことをさす。たとえば、保護者は、一般に自分の子を保護する義務を負うが、この義務を怠り、乳児にミルクを与えずに餓死させる場合などが、不作為による殺人の例として挙げられる。

■ 執行抗告
[しっこうこうこく]

執行異議とともに、民事執行の手続に関する不服申立ての手段のひとつで、特別の定めがあるときに限って認められる裁判所の決定、命令に対する不服申立てのこと。執行抗告は、その段階で抗告を認めなければ債務者等が大きな損害を受けることになる場合（たとえば、売却許可、不許可決定の場合）に認められる。また、執行処分によって執行手続が終了し、そ

の後は上級審の判断を得る機会がなくなってしまうような場合（たとえば民事執行手続の取消決定の場合）に行われる。即時抗告と違って、執行抗告に執行停止の効力はない。

■ 執行裁判所
[しっこうさいばんしょ]

民事執行手続を扱う裁判所をさす。訴訟法上の意味の裁判所の分類として、判決手続を行う受訴裁判所との区別に用いられる概念。民事執行処分を行い、執行官の執行処分に対して異議の申立てがあった場合の処理や、執行官の職務に協力・監督をするなどの職務を扱う。執行機関としての執行裁判所は、比較的複雑で慎重な処理が必要とされる執行（不動産に対する強制執行や債権等に対する強制執行など）を担当し、比較的簡易な行為で場合によっては威力の行使を要する執行については、執行官が担当する。

■ 執行指揮
[しっこうしき]

検察官が、裁判確定後、懲役刑や罰金刑などの裁判が正当に執行されるように指揮・監督すること。捜査や公訴の提起、公判活動とともに検察官の職務のひとつである。

■ 執行証書
[しっこうしょうしょ]

一定の額の金銭等の給付を目的とした請求について、直ちに強制執行をされてもよいという文言（執行受諾文言）が記載された公正証書のこと。執行証書は、債務名義（法律上執行力を認められている公の文書）の一種であるが、裁判所の関与なしに成立する点に特徴があり、債権者が迅速に権利の実現を図ることができる手段として利用されている。執行証書による執行は、訴訟を経ることなくなされ、簡易執行と呼ばれる。

■ 執行停止
[しっこうていし]

①処分（行政処分）の効力、処分の執行または手続の続行の全部または一部を停止すること。処分の円滑な執行を確保するため、行政不服申立て（例処分の審査請求）や行政事件訴訟（例処分の取消訴訟）によっても、処分の効力、処分の執行または手続の続行は停止しないという執行不停止の原則がある。しかし、不服申立人や原告に最終的な判断が下されるまでの仮の救済手段を認める必要もあるため、一定の要件を満たすときに執行停止をすることが認められている。

②民事執行の手続において、執行機関が将来に向かって強制執行を開始したり、続行することを止める措置をいう。民事執行法39条1項に挙げられている文書が提出された場合、執行機関は強制執行を停止しなければならない。たとえば、上訴・再審などによる原判決の取消判決などが挙げられる。

■ 実行の着手
[じっこうのちゃくしゅ]

犯罪の実行行為（構成要件に定められた行為）が開始された状態をさす。刑法は既遂犯以外でも、未遂犯として、犯罪の実行に着手してこれを遂げなかった場合を処罰の対象としている。したがって、実行の着手が未遂犯の成立の有無を左右する重要な機能を果たしている。また、予備罪も、実行行為に着手する以前の行為を対象としているように、予備についても実行の着手の有無が大きな関心事となる。未遂犯の成立時期を決めるために、実行の着手がいつであるかについては争いがある。行為者の犯行の意思が外部に表れた時点であると考える立場（主観説）もあるが、判例・通説は犯罪結果を生じさせるような行為に着手した時点であると考えている（客観説）。たとえば、空き巣

の場合に、住居に侵入しただけでは窃盗罪の実行の着手とは認められず（この時点で住居侵入罪は既遂に達する）、金品を物色する行為を始めた段階で、窃盗の未遂が成立すると考えられている（物色説）。

■ 執行の取消し・執行処分の取消し
[しっこうのとりけし・しっこうしょぶんのとりけし]

民事執行の手続において、すでにした執行処分を取り消すことをいう。強制執行を停止する場合、執行機関は、さらに、すでにした執行処分を取り消さなければならない。執行停止だけでは回復できない損害を回避する趣旨である。

■ 執行罰
[しっこうばつ]

義務が履行されない場合には過料を科すことを予告し、一定期間に義務が履行されない場合には過料を徴収する行政上の強制執行の方法。心理的な圧迫を加えることにより、義務者が自主的に義務を履行することを期待して行われる。執行罰は、義務の履行があるまで反復して科すことができ、過去の義務違反に対する制裁である行政罰とは異なる。執行罰は、かつては行政執行法で一般的な強制執行の手段として認められていたが、現在では基本的に用いられておらず、砂防法に規定が残るのみである。

■ 執行費用
[しっこうひよう]

強制執行に必要な費用。執行費用は最終的には債務者の負担になるが、執行申立ての際には、債権者が予納しなければならない。

■ 執行文
[しっこうぶん]

確定判決など強制執行を行う基礎となる文書である債務名義の内容や、権利内容を実現可能にする執行力の存在を公証するために債務名義の末尾につけられる公証文言。裁判所書記官によって付記されるのが一般的である。もっとも、債務名義が執行証書の形をとるときには、公証人によって付される。

わが国は、裁判機関と執行機関が分かれているため、裁判で勝訴判決を受けたとしても、ただちに裁判の目的となっている債権の強制執行ができるわけではない。執行文の存在により、有効な債務名義があることの証明になり、執行手続を容易に進めることが可能になる。

■ 執行文付与の訴え
[しっこうぶんふよのうったえ]

債権者が債務者を被告として、証明文書の提出に代えて執行文の付与を受ける判決を求める訴えのこと。条件成就執行文の付与を受ける際に事実の到来を証明する文書を提出できないときや、承継執行文の付与を受ける際に執行力を拡張すべき事由を証明する文書を提出できないときに用いられる。執行文付与の訴えの認容判決が確定した場合には、債権者は、判決正本を提示して執行文の付与を受けることができる。

■ 実行未遂／着手未遂
[じっこうみすい／ちゃくしゅみすい]

犯罪の実行行為自体は終了したが、犯罪結果が生じなかった場合を実行未遂という。対立概念に実行行為自体が終了しなかった着手未遂がある。たとえばAがBを射殺しようとした際に、Aがピストルを発射したが、銃弾がBに当たらずにそれてしまった場合が実行未遂であり、ピストルを発射しようしたが直前にCによって制止されてしまった場合が着手未遂である。

実行未遂と着手未遂の区別は、中止未遂の成立をめぐって問題となる。つまり、着手未遂ではまだ実行行為が終了していない状態であるから、それ以後の実行行為を止めれば中止未遂が成立し得るのに

対して、実行未遂では、すでに実行行為は終えているために、中止未遂が成立するには、犯罪結果が生じないよう特別な結果防止行為が必要となる。

■ 執行命令
[しっこうめいれい]

法規命令（国民の権利義務に係わる行政立法）の一種で、法律の存在を前提として、それを具体的に実施するための手続や形式の細目を定める命令のこと。

■ 執行役
[しっこうやく]

指名委員会等設置会社において、業務を執行するために設置される機関。

伝統的な会社の組織は、取締役会の決定に基づき、取締役が業務を執行してきた。しかし、経営のトップが他の取締役や監査役等の報酬を決定する権限を持つなど、実際上は取締役の間に上下関係があり、監視体制が不十分であった。

そこで指名委員会等設置会社では、取締役には、業務執行の監督機能を強く働かせることとし、日常の業務執行について取締役会決議で1人または2人以上の執行役が選任される。任期は1年で、取締役会決議で委任を受けた事柄について、会社の業務執行の決定や、実際の業務執行を行う。執行役が2名以上選任されている場合は、会社の業務に関するすべての代表権を持つ代表執行役を選任しなければならない。

■ 執行役員
[しっこうやくいん]

具体的な業務執行の権限を会社から委譲された者のこと。特定部署の最高責任者である従業員を執行役員とすることが多い。取締役ではないため、会社との関係は雇用関係である場合が多いが、委任関係の場合もある。経営の意思を決定する者と、それを執行する者を分離することにより、経営効率の向上を図るために設けられる。

■ 執行猶予
[しっこうゆうよ]

☞刑の執行猶予

■ 執行力
[しっこうりょく]

広義には、判決が確定した場合に、判決内容を実現することができる効力をいう。たとえば、ある土地の所有権確認訴訟で勝訴判決を受け、不動産登記簿へ登記が行われることなどが挙げられる。

狭義には、給付判決が確定することで、給付義務を実現することができる効力をいう。たとえば、AがBに対して、貸金返還訴訟を提起して勝訴すると、勝訴判決は、強制執行を行うことができる前提としての文書である債務名義になるという効力が、執行力として認められている。

■ 実子
[じっし]

親との間に生物学的な血のつながりがあると認められる子をさす。これに対して、血縁関係のない者との間で法律的に親子関係があると擬制された子を養子と呼んで区別している。実子にはさらに、婚姻関係にある父母から生まれた嫡出子と、内縁の関係など婚姻外から生まれた非嫡出子に分かれる。非嫡出子と母との親子関係は分娩の事実により当然に認められるが、父との関係は、父が認知することによってのみ成立する。もっとも、非嫡出子であっても、その後父母が婚姻した場合には、嫡出子として扱われる（準正嫡出子）。

■ 実質証拠
[じっしつしょうこ]

主要事実や間接事実を証明する証拠のこと。実質証拠に対して、実質証拠の証明力に影響を及ぼす事実（補助事実）を証明する証拠を補助証拠という。

実質的意味の憲法
　　　［じっしつてきいみのけんぽう］

　どのような形態をとって存在している
か（成文か不文か、憲法典の形をとっている
か）とは関係なく、その内容に着目して、
特定の内容を持った法を憲法と呼ぶ場合
の憲法概念。形式的意味の憲法に対する
語である。形式的意味の憲法とは、憲法
の存在形式に着目し、憲法という法形式
をとって存在しているものを憲法と呼ぶ
場合の憲法概念である。

実質的確定力
　　　［じっしつてきかくていりょく］

　審査請求に対する裁決のような争訟裁
断行為について、職権取消し・撤回を制
限する不可変更力を超えて認められる、
裁判所の判決の既判力に類似した効力。
不可変更力と整理されないまま使われる
こともある。一般の行政行為に認められ
ない効力である点では、異論はない。行
政庁以外に裁判所に対しても拘束力を認
める点では、批判が多い。農地委員会が
旧自作農創設特別措置法に基づいた農地
買収計画に対する異議申立てを受けてこ
れを自ら取り消した後、再度買収計画を
立てることを違法と判断した判例がある
が、この判例につき、実質的確定力を認
めたものなのかについて争いがある。

実質的証拠法則
　　　［じっしつてきしょうこほうそく］

　行政審判を経て裁判が提起された場合
には、審判手続において行政機関が認定
した事実は、実質的な証拠がある限り、裁
判所を拘束するという原則。実質的証拠
法則を定めた例として、電波法99条など
がある。実質的証拠法則は、司法権はす
べて裁判所に属するとする憲法に反する
か否かが問題となる。裁判所が拘束され
るのは、これを立証する実質的な証拠が
あるときに限られ、実質的な証拠の有無
は裁判所が判断すると定められているこ

とから、違憲とはならないと考えられて
いる。

実質的証拠力
　　　［じっしつてきしょうこりょく］

　証拠として採用された文書の記載内容
が、要証事実を認定するために、どの程
度役立つかということ。これに対して、文
書の記載内容が作成者の思想の表現であ
ることを形式的証拠力という。形式的証
拠力が存在して、はじめて実質的証拠力
が問題となる。実質的証拠力は、文書の
証拠価値の問題であるから、裁判所の自
由心証に委ねられる。
　　☞形式的証拠力

実質的当事者訴訟
　　　［じっしつてきとうじしゃそしょう］

　行政事件訴訟法が規定する当事者訴訟
のうち、公法上の法律関係に関する確認
の訴えやその他の公法上の法律関係に関
する訴訟。とくに、公法上の法律関係に
関する確認の訴えは、訴訟の対象が公法
上の法律関係であることから、民事訴訟
との区別は一応可能である。しかし、訴
訟の構造は、民事訴訟に限りなく近いと
いわれている。実質的当事者訴訟の例と
しては、公務員の給与請求訴訟や、損失
補償請求訴訟、日本国籍を有することの
確認訴訟などが挙げられる。

実質犯／形式犯
　　　［じっしつはん／けいしきはん］

　実質犯とは、刑罰法規が保護の対象と
している法益を侵害し、あるいは危険に
することを構成要件としている犯罪をい
う。実質犯は、侵害犯と危険犯に分けら
れる。

　侵害犯とは、実際に法益を侵害するこ
とで成立する犯罪をさし、例としては、殺
人罪や窃盗罪などが挙げられる。これに
対して、危険犯とは、実際に法益を侵害
する必要はなく、侵害の危険を生じさせ
るのみで成立する犯罪をさし、たとえば、

現住建造物等放火罪などが挙げられる。

形式犯とは、犯罪の成立に法益侵害の危険性さえも必要なく、形式的に法規に違反するだけで成立する犯罪をいう。形式犯は、行政取締法規において多く見られる。たとえば、道路交通法上の免許証不携帯罪が挙げられる。免許証の不携帯自体は交通事故等の危険を発生させないにもかかわらず、免許証の不携帯それ自体を処罰する旨が規定されている。

■ 実親子／養親子
[じっしんし／ようしんし]

血縁関係のある親子を実親子といい、養子縁組により血縁関係のない親子に法律上の親子関係を設定した場合の親子を養親子という。なお、養親子には、実親子との関係が養子縁組により途切れる特別養子縁組によるものと、実親子との関係を維持しつつ新たに養親子の関係を設定する普通養子縁組によるものの2種類がある。

■ 失踪宣告
[しっそうせんこく]

行方不明の期間が長期に渡るなど、住所や居所にすぐに戻る見込みがなく、生死が不明の状態が継続した者について、死亡したものとみなして、その者の法律関係を処理する制度。失踪宣告を受けた者については、相続が開始し、宣告を受けた者の配偶者は再婚が可能になるなどの法律効果が生じる。

民法は、普通失踪と特別失踪の2種類を定めている。普通失踪とは、不在者の生死が7年間不明の場合であり、7年の期間が満了した時点で死亡したとみなされる制度をいう。

これに対して、特別失踪とは、戦争や船の沈没に遭遇し、その後1年間生死が不明の場合に、原因となる事故等（危難）が過ぎ去った時点で死亡したとみなされる制度をいう。

■ 実体的真実主義
[じったいてきしんじつしゅぎ]

裁判における事実認定に対する考え方として、可能な限り真実を追究すべきであるとする立場のこと。これに対して、当事者間に争いがない事実については、証拠による認定をしないでこれを前提とし、争いがある事実についても、当事者が提出した証拠だけに基づいて認定する立場を形式的真実主義という。

民事訴訟においては、原則として形式的真実主義が妥当し、刑事訴訟においては、原則として実体的真実主義が妥当するとされる。なお、刑事訴訟における実体的真実主義には、犯人の処罰という積極的実体的真実主義と、無辜（罪のない人）の不処罰という消極的実体的真実主義がある。

■ 実体的デュー・プロセスの理論
[じったいてきでゅー・ぷろせすのりろん]

刑罰法規は、その形式・内容ともに適正でなければならないとする考え方。憲法31条の適正手続条項は、刑事手続の適正だけでなく、刑事立法の実体的内容の合理性をも憲法上要求し、その内容が刑罰法規として合理性を有しない場合は、違憲となるとする立場である。

■ 実体法
[じったいほう]

法律が定めた要件を満たした場合に、いかなる法律効果（権利や刑罰など）が生じるのかを明らかにした法で、権利等の発生や変更、消滅に関して定めたもの。民法や刑法などが実体法の例として挙げられる。これに対して、実体法を運用するための手続を定めた法を手続法と呼ぶ。手続法には、民事訴訟法や刑事訴訟法のほか、破産法や人事訴訟法などが含まれる。

■ 実定法
[じっていほう]

☞自然法／実定法

■ 失念株

[しつねんかぶ]

株主から株式を譲り受けた者が、会社に対して株主名簿の名義人を書き換えてもらうこと（名義書換）を怠っている状態の株式。失念という言葉を用いているが、故意に名義書換を行わない場合を含むと考えられている。

株式を譲り受けた者が会社に株主の地位を主張するには、株主名簿に自己の名を記載してもらわなければならない。これを怠った場合、会社は譲渡人を株主と扱えばよいことになる。もっとも、株式譲渡の当事者間の関係では、株主の地位は譲受人に移転しているため、判例においては、失念株の状態で株式を売却した譲渡人に対して会社が配当財産を交付した場合には、譲受人は譲渡人に対して、取得財産額の支払いを求めることが可能であると認めた（不当利得返還請求）。

今日、上場株式については、株式の譲渡は口座振替の方法が用いられるのが通常であり、株券の所持人と実際の株主が異なる失念株は、生じにくくなっている。

■ 実用新案

[じつようしんあん]

自然法則を利用した技術的思想の創作であって、物品の形状、構造または組合せに関する新たな考案のこと。自然法則を利用した技術的思想の創作である点は、特許の対象となる発明と共通するが、実用新案の対象となる考案には、方法に関わるものは含まれず、発明と異なり高度性が要求されない。実用新案法により登録されたものは、登録実用新案として実用新案権の対象となり、法的な保護を受ける。

■ 指定管轄

[していかんかつ]

①民事訴訟において、管轄裁判所が明らかでない場合に、当事者の申立てにより、関係裁判所の直近上級裁判所が定める管轄のこと。本来の管轄裁判所が裁判権を行うことができない場合や、管轄区域の境界が明確でない場合に管轄の指定がなされる。なお、「裁判権を行うことができない場合」とは、裁判官の全員に除斥事由がある場合や、天災による場合などである。

②刑事訴訟においては、検察官の請求に基づいて、関係のある第一審裁判所に共通する直近上級裁判所により指定される管轄裁判所をいう。管轄区域が明らかでない場合や、管轄違いを言い渡した裁判が確定した事件などについて指定される。また、法律が定める管轄裁判所がない場合などに、検事総長の請求によって、最高裁判所が指定する管轄をさして、指定管轄の言葉が用いられる場合もある。

■ 指定相続分

[していそうぞくぶん]

被相続人が遺言により自ら指定し、または被相続人の遺言により委託を受けた第三者が指定した、相続人の相続財産割合のこと。法定相続分に対する概念である。被相続人や委託を受けた第三者は、自由に相続人が取得する相続財産割合を指定できる。なお、兄弟姉妹を除く法定相続人について定められた遺留分を侵害する指定をすると、その法定相続人から遺留分侵害額請求権の行使を受ける場合があるが、遺留分を侵害する遺言が当然に無効となるわけではない。

■ 指定法人

[していほうじん]

特別の法律に基づいて、特定の業務を行うものとして行政庁に指定された法人。指定法人は、私法上の法人であるが、法律に基づいて、公的色彩のある特定の業務（試験、検査、検定、登録など）を行う。

建築確認を行う指定確認検査機関がこれに当たる。

■ 私的自治の原則
[してきじちのげんそく]

　私的な法律関係は、各個人がその意思によって自由に決め、その責任を負うべきであるとする原則。民法上の基本的な理念である。具体的には、法律行為自由の原則、契約自由の原則、遺言自由の原則などがこの原則の表れだといわれる。

■ 私的独占の禁止および公正取引の確保に関する法律
[してきどくせんのきんしおよびこうせいとりひきのかくほにかんするほうりつ]

☞独占禁止法

■ 支店
[してん]

　商人の営業活動の中心となる場所である営業所のうち、全営業所を統括する営業所である本店を除いたもの。支店は、本店に従属するものではあるが、一定程度の営業活動上の独立性を有していなければならない。取締役会設置会社における支店の設置、変更および廃止は、取締役会の権限である。取締役会を設置していない会社では、取締役の過半数で決定する。

■ 私道
[しどう]

　私人が所有している土地を道路として一般公衆の通行に用いているもの。公道に対する語である。私道については、原則的に私法上の規律に服する。建築基準法上、建築物は道路に接していなければならないため、道路の整備が義務づけられる場合がある。

■ 児童買春
[じどうかいしゅん]

　18歳未満の者に金銭または物品を与えて、性交や性交に類似する行為を行うこと。児童買春をした者、あっせん・勧誘をした者は、「児童買春、児童ポルノに係る行為等の規制及び処罰並びに児童の保護等に関する法律」によって処罰され

る。同法は国際動向を踏まえて制定されたことから、日本国民が国外で児童買春を行った場合にも処罰される。

■ 児童虐待防止法
[じどうぎゃくたいぼうしほう]

　児童虐待を防止し、児童の権利利益を擁護することを目的として平成12年に制定された法律。正式名称は「児童虐待の防止等に関する法律」。児童虐待の禁止、児童虐待を発見した時の通告義務等が明記されている。また、児童虐待の予防および早期発見のため、必要な体制整備や啓発活動に努めるなど、国や地方公共団体の責務が明確化されている。制定後も通告義務の範囲の拡大や立入調査等の強化といった改正が順次行われている。令和元年成立の改正では、親権者による子に対する体罰禁止が盛り込まれた。

■ 児童酷使の禁止
[じどうこくしのきんし]

　児童を過酷な労働に就かせてはならないという原則。憲法27条3項では、児童はこれを酷使してはならないと規定している。また、労働基準法では、原則として満15歳到達後の最初の年度末以前の児童の使用を禁止している。

■ 自働債権／受働債権
[じどうさいけん／じゅどうさいけん]

　自働債権とは、相殺を行う場合に、相殺を望む当事者が相手方に対して持っている債権をいう。たとえば、AがBに対して150万円の債権を有し、BがAに対して200万円の債権を有していた場合で、AがBに相殺の意思表示をすれば、Aの債務は50万円に縮減される。この場合のAがBに対して有している150万円の債権が自働債権である。これに対して、相殺される側の債権のことを受働債権という。上記の例で、BがAに対して持っている、200万円の債権が、受働債権に当たる。

自動車検問
[じどうしゃけんもん]

犯罪の予防・検挙のため、警察官が特定または不特定の車両を対象に、走行を停止させて、運転者に質問や免許の提示を求め、場合によっては車両の点検などを行うこと。

自動車検問の分類方法として、態様による分類と目的による分類がある。態様による分類は、ⓐ特定の不審車両に対するもの、ⓑ一斉に全車両へ行うもの（一斉検問）に分けられる。目的による分類は、ⓒ特定の犯罪の捜査・検挙を目的とする緊急配備検問、ⓓ交通違反の予防・検挙を目的とする交通検問、ⓔ不特定の犯罪の予防・鎮圧を目的とする警戒検問に分けられる。

特定の不審車両に対して、これらの目的で検問すること（ⓐ＋ⓒⓓⓔ）は、刑事訴訟法197条、道路交通法61条・63条、警察官職務執行法2条等により、適法である。また、一斉検問を緊急配備の目的で行うこと（ⓑ＋ⓒ）も、刑事訴訟法197条、警察官職務執行法2条により、適法である。これらに対して、一斉検問を緊急配備以外の目的で行うこと（ⓑ＋ⓓⓔ）については、明文がない。通説は、警察官職務執行法2条を根拠に、職務質問をする前提として自動車の停止を求めることができるとする。

自動車損害賠償責任保険
[じどうしゃそんがいばいしょうせきにんほけん]

自動車の保有者に加入が強制されている保険をさす。自動車損害賠償保障法で定められている。すべての自動車について保険への加入を強制することで無保険を防ぎ、自動車事故の被害者の救済を図っている。

児童相談所
[じどうそうだんしょ]

児童のいる家庭その他からの相談に応じ、個々の児童や家庭に最も効果的な援助を行うことを目的として設置された機関。児童福祉法に基づいて都道府県、指定都市に設置されている。児童福祉司等の専門家が配置され、専門的角度から調整・判定を行い、それに基づいて児童や家庭に対して必要な指導を行っている。なお、所長には、施設への入所決定、里親・保護受託者への委任、家庭裁判所への送致等の措置をとる権限が都道府県知事等から委任されている。

児童福祉法
[じどうふくしほう]

わが国の児童福祉の基本となる法律。児童の健全な育成を図るため、昭和22年に制定された。児童福祉の理念、児童福祉施設、国や地方公共団体の責務等について規定している。

支配会社
[しはいがいしゃ]

資本参加、営業の賃貸借、経営受託、役員派遣等の方法により、他の会社（従属会社）の営業活動や経営を支配している会社のこと。従属会社に対する語である。
☞従属会社

支配介入
[しはいかいにゅう]

使用者が、労働組合の結成、運営を支配し、もしくはこれに介入すること。不当労働行為（労働組合活動に対する使用者の妨害行為）として、労働組合法で禁止されている。具体的には、組合活動家の解雇・配置転換、組合幹部の買収、組合員に対して組合から脱退するように圧力をかけることなどがある。

支配人
[しはいにん]

会社（商人）によって、本店・支店（営

業所）における事業（営業）のために選任され、会社（商人）からその事業に関する一切の代理権を与えられた使用人のこと。したがって、事業に関係する行為を広く含むのはもちろんのこと、事業に関する裁判上の行為を行う権限も持っている。使用人のうち最も広い範囲の代理権を有する者であり、登記しなければならず、競業避止義務なども課せられている。

■ 自白
[じはく]

①民事訴訟では、相手方の主張に対して自分に不利益となる事実を認める一方当事者の陳述をさす。たとえば、AがBに対して貸金の返還訴訟を提起した場合に、Bが「Aから金銭を借りたことを認める」と主張することなどが自白の例として挙げられる。裁判外で行われる裁判外の自白と、口頭弁論や弁論準備手続等で行われる裁判上の自白とがある。裁判上の自白があったときは、その事実に対する証明は不要であり、裁判所は原則として自白に反する事実認定を行うことができない。相手方が主張事実を争わない場合にも、自白があったものとみなされる（擬制自白）。
②刑事訴訟では、自分の犯罪事実の全部または重要な部分を認める被疑者・被告人の供述をさす。たとえば、Aが「Bを殺したのは自分だ」と供述するような行為が自白の例として挙げられる。自白の時期、形式、相手方などは問わないが、自白は任意に行われなければならない。また、自白のみが唯一の証拠となっている場合には、有罪判決を下すことはできない。

■ 自白による刑の減免
[じはくによるけいのげんめん]

偽証罪や虚偽告訴罪等を犯した者が、裁判が確定する前または懲戒処分が行われる前に、自己が虚偽の陳述や虚偽の告訴等をしたことを告白することで、刑を軽減されたり、免除されたりすること。

■ 自白の証拠能力
[じはくのしょうこのうりょく]

自白の証拠としての許容性のこと。
刑事訴訟法においては、憲法38条2項の規定を受けて、強制、拷問または脅迫による自白、不当に長く抑留または拘禁された後の自白その他任意にされたものでない疑いのある自白は、証拠とすることができないと定めており（刑事訴訟法319条1項）、任意性に疑いのある自白の証拠能力は否定される。これを自白法則という。

■ 自白の撤回
[じはくのてっかい]

民事訴訟において、いったん成立した自白を撤回する（取り消す）こと。自白が成立した事実については証明が不要になるため、いったん自白が成立すると相手方の利益を保護する必要が生じ、任意に撤回することができなくなる。自白の撤回が許される場合には、相手方の同意があるとき、自白が相手方または第三者による刑事上罰すべき行為によって行われたとき、自白が真実に反しかつ錯誤に基づいてなされたときがある。判例は、自白した事実が真実に合致しないことの証明がなされた場合には、その自白は錯誤によるものと推定され、撤回が許されるとする。

■ 自白の任意性
[じはくのにんいせい]

刑事訴訟における自白が被告人の自由意思によってなされたこと。刑事訴訟においては、強制、拷問または脅迫による自白や、不当に長く抑留または拘禁された後の自白など、任意性に疑いのある自白は証拠とすることができない。

■ 自白法則
[じはくほうそく]

刑事訴訟上、採取される過程で強制がなされた可能性がある自白、任意性に疑

いのある自白は、証拠として採用できないとする原則のこと。法文上の根拠は、憲法38条2項と、これを受けた刑事訴訟法319条1項である。

任意性に疑いのある自白の例としては、捜査機関が、自白すれば釈放するといったような利益となる処分を約束して得た自白や、共犯者が自白したなどの虚偽の事実を告げて得た自白などがある。

任意性を欠く自白が証拠とならない根拠については争いがあり、虚偽排除説、人権擁護説、違法排除説が対立している。虚偽排除説は、強制や拷問等によって得られた任意性のない自白は、虚偽の内容を含む可能性が高く、信用性が低いので証拠にならないとする。人権擁護説は、黙秘権を中心とする被告人の人権保障の担保として、任意性のない自白は証拠にならないとする。違法排除説は、自白採取過程での適正手続を担保する手段として、任意性のない自白は証拠とならないとする。

判例は、従来虚偽排除説に立つものが多いとされてきたが、近年では違法排除説的な観点に配慮したものが見られるようになってきているといわれる。

■ 自白補強法則／補強法則
[じはくほきょうほうそく／ほきょうほうそく]

被告人を有罪とするには、被告人自身の自白以外の証拠である補強証拠が必要であるという法則のこと。単に、補強法則とも呼ばれている。

被告人の自白が仮に信用できるものであったとしても、自白だけでは被告人を有罪とすることはできない。これは、自白を強制することで被告人に対して不利益な判断がされることを防止するとともに、自白重視の考え方を排し、自白の証明力を過大評価することによる誤った判断を防止するという趣旨からきている。

被告人の有罪を認定するために必要な自白以外の証拠はどの程度のものが必要かについて、判例は「自白の真実性を保証できる程度のものであればよい」と判断している。

■ 支払委託
[しはらいいたく]

手形や小切手の振出人が、支払人に対して金銭を支払うことを依頼すること。為替手形や小切手は、振出人が手形上に記載した金額の支払いを支払人に対して委託する証券（支払委託証券）である。もっとも、為替手形は、満期まで支払いを待ってもらうという信用証券である。これに対して、小切手は、支払いの手段であり、現金の代用物であるから、支払委託こそが小切手の本体である。そこで、法は、小切手に関して、支払人の支払権限および受取人の受領権限を強化するため、支払委託の取消しを支払呈示期間の経過後に限っている。

■ 支払拒絶証書
[しはらいきょぜつしょうしょ]

手形や小切手の支払いが拒絶された場合に、それを証明する公正証書。支払拒絶証書は、「無費用償還」「拒絶証書不要」その他これと同一の意義を有する文言を記載し署名することで、作成を免除することができる。なお、実際に流通している手形・小切手では、拒絶証書の作成は免除されていることが多く、小切手の場合には、支払拒絶宣言に拒絶証書と同様の効力が認められているため、拒絶証書が用いられることはあまりない。

■ 支払停止
[しはらいていし]

債務者が、弁済期が到来している債務について、一般的・継続的に、弁済することができないことを外部に表示する行為。たとえば、発行した手形が6か月以内に2回手形交換所で不渡りになることや、いわゆる夜逃げなどが挙げられる。支

払停止自体は、破産手続の開始原因にはならないが、破産法では、支払停止が、破産手続の開始原因である支払不能を推定させる事実であると規定している。

■ 支払呈示
[しはらいていじ]

手形や小切手の所持人が、支払いを求めるために手形や小切手を呈示する行為。遡求権を行使するためには、適法な支払呈示が必要であり、適法な支払呈示といえるためには、呈示の場所、呈示の期間などについての条件を満たす必要がある。

■ 支払呈示期間
[しはらいていじきかん]

手形については、支払をなすべき日およびそれに次ぐ2取引日内、小切手については、振出から10日以内の期間である。手形や小切手は、この期間内に支払呈示をしなければならない。支払呈示期間内に支払呈示がなされない場合、所持人は遡求権の行使ができなくなる。なお、支払をなすべき日とは、基本的には満期の日であるが、満期日が休日の場合は、その翌日になる。

■ 支払督促
[しはらいとくそく]

金銭その他の代替物などの給付に関する請求において、債権者に簡易・迅速に債務名義を取得させるための略式の手続。債務者の言い分を聴くことなく発せられ、実質的な審理が行われないため、一般の訴訟手続とは区別されている。支払督促の申立ては、請求額に関係なく、裁判所書記官に対して行う。

なお、支払督促が債務者に送達され2週間が経過すると、債権者は支払督促に仮執行宣言を付けるよう申し立てることが可能になる。

■ 支払人
[しはらいにん]

振出人から一定の金額の支払いを依頼され、為替手形および小切手の券面上に、その金額を支払う者として記載された者。支払人の資格は、小切手では銀行に限られる。支払人は、支払人として券面上に記載されただけでは手形債務者とはならない。為替手形については、支払人は、引受けをすることによって主たる債務者である引受人となる。小切手については、支払人は、支払保証をすることによって支払義務者となる。

■ 支払不能
[しはらいふのう]

債務者に債務を返済するだけの財産や能力がない状態にあること。一時的な返済不能とは異なり、客観的に、債務を弁済できない状態が継続しており、財産があっても金銭に換えることが困難な場合は支払不能と判断される。支払不能は、破産手続開始の原因となる。

■ 支払保証
[しはらいほしょう]

支払人である銀行が「支払保証」などの文言を小切手の表面に表示して署名をすることによって行われる小切手行為。小切手の支払人は、小切手上の債務を負担しているわけではないが、支払保証をすることで、支払義務を負担することになる。もっとも、支払保証人が支払義務を負うのは、呈示期間内に支払呈示がなされ、拒絶証書等でそれが証明されたときのみである。なお、現在では小切手の支払いを確実にする手段としては、銀行振出の自己宛小切手が用いられており、支払保証がなされることはあまりない。

■ 支払用カード電磁的記録に関する罪
[しはらいようかーどでんじてききろくにかんするつみ]

クレジットカードを偽造したり、偽造したカードを用いた場合に成立する罪。現代では、クレジットカード、プリペイ

ドカードなどの支払用カードが普及し、通貨などとともに重要な決済手段として社会的機能を果たしている。その支払用カードの電磁的記録の情報を不正に取得し（スキミング）、偽造した支払用カードを利用して商品の購入等が行われることが多発したため、それに対する対処として刑罰が定められた。

■ 自判
[じはん]

上訴審で、原審の判決を不当として取り消すか、または破棄するとともに、自らが訴えに対する判決を下すこと。民事訴訟の場合、控訴審では第一審判決を取り消して自判するのが原則であるが、上告審では破棄差戻しや移送が原則であり、原審の認定した事実に基づいて判断が可能と思われるような例外的な場合には自判しなければならない。刑事訴訟の場合、控訴審でも上告審でも差戻しや移送が原則であり、自判は例外的にできる。

■ 自筆証書遺言
[じひつしょうしょいごん]

普通方式の遺言のひとつ。遺言者が、遺言の全文、日付、氏名を自分自身の手で書き（自書）、それに押印することで成立する。自書をしていない遺言は無効である。ただし、平成30年の民法改正により、自筆証書遺言に添付する財産目録は、すべてのページに署名押印することを条件として、自書を要しないことになった。

なお、普通方式の遺言には、自筆証書遺言以外にも、公正証書遺言と秘密証書遺言がある。自筆証書遺言（遺言書保管法に基づき保管されたものを除く）および秘密証書遺言は、相続開始後、保管者または相続人が、遺言書を家庭裁判所に提出して検認を受けなければならない。

■ 事物管轄
[じぶつかんかつ]

民事訴訟については訴額、刑事訴訟については犯罪の種類を基準に、裁判所法で定められる第一審の管轄のこと。

民事訴訟においては、訴額が140万円を超えない請求について、簡易裁判所が管轄する。そして、それ以外の請求について地方裁判所が管轄権を持つ。なお、公職選挙法が高等裁判所に専属して事物管轄を与える場合など、法律に特別の規定が設けられている場合もある。

刑事訴訟においては、罰金以下の刑に当たる罪や、選択刑として罰金が定められている罪などについて簡易裁判所が管轄権を持つ。そして、より重い罪などについては、地方裁判所が管轄を持つ。なお、選択刑として罰金が定められている刑などは、簡易裁判所と地方裁判所の管轄が競合することになる。また、内乱に関する罪などについては、とくに法律によって、高等裁判所が事物管轄を持つと定められている。

■ 支分権
[しぶんけん]

①基本権に基づき、一定の期限の経過とともに発生する具体的権利のこと。たとえば、厚生年金保険や国民年金保険などによる年金の場合、生涯にわたる年金の受給権自体が基本権であり、毎月発生する具体的な年金の給付に対する請求権が、支分権である。

②基本権を構成する個々の権利のこと。たとえば、著作権は、複製権、翻訳権、同一性保持権など複数の権利の集合体として成立している。この著作権を基本権というのに対して、複製権など、その要素となる権利を支分権という。

■ 支分債権
[しぶんさいけん]

一定の期間を通して結んだ契約に基づいて存在する抽象的な1つの債権を基本債権と呼ぶのに対して、基本債権から生じる個別・具体的な債権を支分債権とい

う。たとえば、金銭の消費貸借契約において、毎月月末に利息を支払うと約した場合、最初に貸し与えた金銭が基本債権である。一方、毎月月末に発生する利息が支分債権となる。支分債権は、一度発生すれば基本債権とは別個の債権となり、基本債権と分離して譲渡したり、弁済を実行して消滅させたりすることができる。

■ 私文書
[しぶんしょ]

☞公文書／私文書

■ 私文書偽造罪
[しぶんしょぎぞうざい]

行使の目的で、他人名義の権利・義務または事実証明に関する文書・図画を偽造または変造する罪。他人の印章または署名の有無で刑に加重がある。有印の場合には3月以上5年以下の懲役に、無印の場合には1年以下の懲役または10万円以下の罰金に処せられる。保護法益は、私文書が持つ公共の信用である。権利・義務に関する文書とは、私法上または公法上の権利・義務の発生・変更・消滅を目的とする意思表示を内容とする文書をさし、借用証書や弁論再開申立書などが例として挙げられる。事実証明に関する文書とは、社会生活に交渉を持つ事項を証明する文書をいうと考えるのが判例の立場であり、郵便局への転居届、求職のための履歴書などが例として挙げられる。

■ 紙幣
[しへい]

紙製の通貨。金属製の硬貨と区別する表現として使用される。政府が発行する政府紙幣と日本銀行が発行する銀行券があり、どちらも強制通用力が認められる。わが国で「紙幣」といった場合、通常は日本銀行券をさす。日本銀行券は国立印刷局で印刷され、偽造防止のために「ホログラム」や「すかし」などの偽造防止技術が施されている。なお、日本で政府

紙幣は1953年に廃止されて以来、発行されていない。

■ 司法
[しほう]

具体的な法律上の争いに対して、法規を適用することで解決することを目的とする作用。一般に、国家権力は三権に分類して説明される（三権分立）が、立法・行政に並ぶ、重要な国家権力のひとつである。わが国の司法権は、すべて最高裁判所および下級裁判所に帰属すると定められており（憲法76条1項）、それ以外の特別裁判所を置くことは許されない。司法権の及ぶ対象について、裁判所法3条は「法律上の争訟」でなければならないと定める。つまり、紛争当事者間の具体的な権利・義務または法律関係の存否に関する争いであって、その紛争が法律を適用することによって最終的な解決に導くことができるものに限られるということである。もっとも、法律上の争訟であると認められても、国会または議院の懲罰や議事手続などは自律権に基づき司法権は及ばず、さらに、国防などの直接国家の統治に関する事柄（統治行為）は、司法権が及ばないと一般的に考えられている。

■ 私法／公法
[しほう／こうほう]

私法とは、私人間の法律関係に関する法規範をいう。一般に、法の規律を受ける相対立する当事者の双方が私人である場合が想定されている。そして、当事者の間に権力関係は存在せず、対等な関係にあることが前提になっている。また、私的な利益に関する法規範をさすことが多く、民法や商法が私法の一般法である。

公法とは、公的な権力関係を規律する法規範をいう。一般に、法の規律を受ける相対立する当事者のうち、一方が国家などの権力を持つ主体であり、他方が権力に服する一般私人である場合が想定さ

れている。公益に関する法規範が多いといわれており、憲法が公法の基本法であるといわれている。また、犯罪と刑罰に関する規範である刑法や、行政の組織と活動についての規範である行政法も公法に含まれると考えられている。もっとも、今日では、私法と公法という区別は相対的であり、両者を明確に区別する見解に対しては批判も加えられている。

死亡危急者の遺言
[しぼうききゅうしゃのいごん]

特別方式の遺言のひとつ。疾病などにより死亡の危急が迫った者が、3人以上の証人の立会いの下で、そのうちの1人に対して遺言の趣旨を口述する。口述を受けた者がそれを筆記し、かつ、これを遺言者および証人に読み聞かせや閲覧によって、正確であるとの承認の印を受けることで成立する。なお、この遺言は、遺言の日から20日以内に家庭裁判所の確認を得なければ効力を生じない。

司法警察員
[しほうけいさついん]

司法警察職員のうち、捜査の中心を担う者。階級が巡査部長以上であることが通常である。刑事訴訟法上、司法巡査には行い得ない権限を多数有する。たとえば、令状請求権限、通信傍受令状の請求権限、逮捕された被疑者を釈放する権限などが与えられている。

司法警察員面前調書
[しほうけいさついんめんぜんちょうしょ]

司法警察職員の面前での供述を録取した書面のこと。略して員面調書とも呼ばれる。司法警察員面前調書は、伝聞証拠であるので、原則として証拠能力が認められない。例外として、供述者が死亡するなど供述不能の場合で、証拠として不可欠であり、かつ司法警察職員の前で行われた供述を信用すべき特別の情況があるときには、司法警察員面前調書を証拠

とすることができる。

司法警察職員
[しほうけいさつしょくいん]

警察官のうち、刑事司法作用に関わる者。司法警察員と司法巡査からなる。捜査の第一次的な担い手であり、司法巡査が司法警察員を補助して捜査を行う。

司法権の独立
[しほうけんのどくりつ]

裁判官がいかなる外部からの圧力や干渉からも独立して職務を果たす必要があるという原則。司法権の独立には具体的に2つの意味があるといわれている。司法権が立法権や行政権から独立していること、および、裁判官は良心に従い独立して職責を行い、憲法および法律にのみ拘束されるということである。さらに、裁判官の職責の独立を側面から支えるために、憲法は裁判官の身分保障について定めを置いている。

司法国家
[しほうこっか]

近代憲法の多くが採用する権力分立主義における三権のうち、司法権に優越的な地位を与える国家のこと。裁判所が違憲立法審査権を持つという特徴がある。つまり、特別の行政裁判所を設けずに、一般の司法裁判所が、行政事件を含めてすべての裁判作用を担当する国家のことをいう。わが国は司法国家ということができる。対立概念は行政国家であり、国家機能の重点を行政権に置き、または行政事件について特別の行政裁判所を設けるような国家をさす。

司法事実／判決事実
[しほうじじつ／はんけつじじつ]

裁判所の審理では、当事者の主張・立証に基づいて認定し、それに対して法の適用が行われることになるが、この認定すべき事件の個別的な事実のことを司法事実という。判決事実ともいう。たとえ

ば、○月○日にAがBから金銭を借りたという事実や、Cが○月○日に酒気帯び運転でDをはねて重傷を負わせたなどの事実が司法事実（判決事実）の例として挙げられる。

司法事実または判決事実の対立概念に、立法事実がある。立法事実とは、問題になっている立法の基礎を作り、その合理性を支える社会的事実・経済的事実等の一般的事実をいう。

☞立法事実

■ 司法消極主義・司法積極主義
[しほうしょうきょくしゅぎ・しほうせっきょくしゅぎ]

違憲立法審査権の行使のあり方に関する立場は、大きく司法消極主義と司法積極主義とに分かれる。司法消極主義とは、裁判所が違憲審査にあたって、政治部門（立法権・行政権）の判断を尊重し、介入することをできるだけ控えようとする考え方である。これに対して、憲法の価値や理念を維持するためには、政治部門の判断に対して、裁判所が積極的に違憲立法審査権を行使して、国民の権利保障を確保すべきであるという立場を司法積極主義という。わが国の現状は、司法消極主義の立場で違憲立法審査権が運用されている。

■ 司法取引
[しほうとりひき]

刑事裁判において、ⓐ被告人側が自らの有罪を認める代わりに、検察側が事件の求刑を軽くしたり、他の事件の起訴を見送ったりする制度と、ⓑ被告人側が他人の事件への捜査・公判に協力する見返りに、検察側が被告人側の事件の求刑を軽くしたり、起訴を見送ったりする制度。ⓐを自己負罪型、ⓑを捜査・公判協力型という。

日本では、平成28年の刑事訴訟法改正に基づき、平成30年6月からⓑの司法取引である「協議・合意制度」が導入されている。協議・合意制度の適用が認められるためには、被疑者または被告人と検察官に加え、必ず弁護人を交えて協議を行い、書面によって合意することが必要である。さらに、協議・合意制度の対象となる犯罪は、一部の財政経済犯罪と薬物銃器犯罪に限定されている。

一方、日本ではⓐの司法取引は導入されていない。ただ、被疑者に異議がない場合（有罪を認めている場合）に、簡易公判手続、即決裁判手続、略式手続といった簡易化された刑事裁判の手続を採ることを認める制度がある。

■ 資本・資本金
[しほん・しほんきん]

会社財産維持の基準となる一定の数額のこと。株式会社における資本（金）の額は、原則として株式の払込額の全額であるが、その2分の1までの額は、資本（金）としないことが認められる。この場合、資本（金）としなかった額は、資本準備金としなければならない。資本（金）は、計算上の抽象的な金額であって、実際の会社財産とは無関係である。

■ 資本確定の原則
[しほんかくていのげんそく]

定款で資本金の額を確定し、その全額が引き受けられなければ、株式会社の設立・増資を認めないとする原則。資本確定の原則は、無責任な設立・増資を防止するためのものである。会社成立前から、引受け・払込みがあった部分だけで新株発行の効力が認められていたが、会社法の下では、設立時にも払込みがあった部分だけで株式会社が設立されることを認めている。そのため、現在では資本確定の原則は採用されていないと解されている。

■ 資本減少
[しほんげんしょう]

　会社法の定める手続に従って、資本金の額を減少すること。資本減少にあたっては、株主総会決議と債権者異議手続を経ることが必要である。株主総会決議は、原則として特別決議によるが、会社に生じた欠損を補う目的で行われる資本減少で定時株主総会の決議による場合は、普通決議で足りる。

■ 資本充実・維持の原則
[しほんじゅうじつ・いじのげんそく]

　資本金の額に相当する財産が実際に会社に拠出され（資本充実の原則）、それが維持されること（資本維持の原則）。

　資本充実の原則については、会社法の下でも出資全額払込主義などがその原則の表れであるとされることがあるが、資本金の最低額の定めがなくなったことから、資本充実の原則は会社法では採られていないと解されている。

　資本維持の原則については、会社法においては、純資産額が300万円を下回る場合には剰余金の配当が禁止されるなど資本金の額とはかかわらない規制もなされており、会社財産維持における資本金額の意義は低下しているといわれる。もっとも、剰余金の配当規制にあたっては資本金の額が基準のひとつとされており、資本維持の原則はなお維持されていると解されている。

■ 資本準備金
[しほんじゅんびきん]

　会社法で積み立てることが義務づけられている、資本取引から生じる法定準備金のこと。資本準備金に対して、法定準備金のうち、利益剰余金を原資とする準備金を利益準備金という。

　株式の発行に際して資本金として計上しなかった払込財産額の2分の1を超えない額は、資本準備金として計上しなければならない。その他、剰余金の配当の際に法律上要求される積立てや、資本金または剰余金を減少させる場合に資本準備金に組み入れると定められた額などが、資本準備金に当たる。準備金（資本準備金および利益準備金）は、資本金への組入れや、欠損の填補などに用いられる。

■ 資本剰余金
[しほんじょうよきん]

　株式会社において、新株発行の際に資本に組み入れなかった額や、資本を減少させる際に欠損の填補の後に残った額などの資本取引から生じた剰余金のこと。資本剰余金は、資本準備金とその他資本剰余金から構成される。

■ 資本不変の原則
[しほんふへんのげんそく]

　会社の資本金の額の自由な減少を許さないという原則。資本金に関する原則としては、資本金に相当する財産が会社に維持されることを求める資本維持の原則があるが、資本金の額自体が自由に減少できたのでは資本の維持はできないので、資本維持の原則と資本不変の原則の2つの原則によって、会社財産は維持されることになる。もっとも、法定の手続（株主総会決議および債権者異議手続）を踏んだ上で、資本の減少をすることは許されている。

■ 事務管理
[じむかんり]

　法律上の義務を負っていないにもかかわらず、他人の事務を処理（管理）すること。たとえば、隣人Bが海外旅行に行っている間に台風が接近してBの家屋が倒壊するおそれがあったため、Aがその修理を施す場合などが挙げられる。本来、Aは修理する義務などを負わないが、本人（B）の利益になる行為であるため、Aが事務管理行為を行うことにより、本人と管理者との間に委任契約に類似の債権

債務関係が生じるものと規定した。事務管理が成立すると、管理者は、報酬を求めることは原則としてできないが、物の改良其の他物の価値の増加に結びつく行為に必要とした費用（有益費）の償還を求めることができる。その一方で、いったん事務を引き受けた以上は、本人がその事務を行うことができる状態になるまで、管理を続ける義務を負う。

なお、義務なく他人の事務を処理する事務管理は、原則として、本人の意思に反して行うことや、本人の不利益になるような事務の処理を行うことはできない。

■ 指名委員会
[しめいいいんかい]

株式会社のうち、指名委員会等設置会社に置かれる3つの委員会のひとつ。指名委員会は、株式会社において、株主総会に提出する取締役などの選任・解任に関する議案について、決定する権限を持っている。通常、取締役などの選任・解任議案を株主総会に提出する権限は、取締役会にある。ところが、影響力の強い取締役が、独断で選任・解任を決め、他の取締役はその決定に従わざるを得ない場合が少なくない。そこで、社外取締役が過半数を占める指名委員会が、会社の業績など立ち入った評価を行って選任・解任の手続に関与することで、特定の取締役の独断を防ぐことができると期待されている。

■ 指名委員会等設置会社
[しめいいいんかいとうせっちがいしゃ]

株式会社のうち、定款によって指名委員会、監査委員会、報酬委員会の3つの委員会を設置した株式会社のこと。平成26年の会社法改正による監査等委員会設置会社の創設に伴い、従来の「委員会設置会社」から「指名委員会等設置会社」に名称変更された。

■ 指紋押捺拒否問題
[しもんおうなつきょひもんだい]

外国人に保障される人権をめぐって、旧外国人登録法によって要求されていた外国人登録原票などへの指紋押捺の義務づけが、個人の尊厳やプライバシー（憲法13条）、不合理な差別の禁止（憲法14条）や国際人権規約等に反するかどうかが争われた問題。最高裁判所は、個人の私生活上の自由のひとつとして、何人もみだりに指紋の押捺を強制されない自由を持ち、指紋の押捺を強制することは憲法13条の趣旨に反すると認めたが、外国人登録法の規定自体は憲法に反しないとの判断を示していた。もっとも、平成11年の外国人登録法改正で、指紋押捺制度は廃止された。

■ 諮問機関
[しもんきかん]

行政庁の諮問を受けて、審議や調査を行い、答申を行う権限を持つ機関。行政活動の公正・中立を保ち、専門的な知見を活用することが目的である。審議会、協議会、調査会、会議などさまざまな名称がつけられている。行政機関の附属機関に当たると考えられている。なお、諮問機関の答申や意見については、行政庁は尊重すべきではあるが、法的に拘束されるものではない。

■ 社員
[しゃいん]

法人格を与えられた人の集団である団体（社団法人）において、その集団を構成する個人をさす。団体や法人の運営に一定の発言権を持つ者のことを表している。会社（株式会社や持分会社）は社員が同時に出資者でもあるという特徴を持つ。これに対して、一般社団法人の社員は、運営に参加する構成員ではあるが出資者ではない。なお、株式会社では、社員をとくに株主と呼んでいる。

社員権

[しゃいんけん]

社員と社団との間に生じる権利義務関係を総体として捉えたもの。社員権に属する個々の権利や義務を別個に処分することはできないと解されている。社員権には、議決権のような社団の運営に関与する権利である共益権と、利益配当請求権のように社団から経済的利益を受ける権利である自益権とがある。社員の義務には、出資義務などがある。

社員総会

[しゃいんそうかい]

社員全員からなる一般社団法人の根本的な意思を決定する機関。理事会が設置されているか否かにより、権限内容が異なる。理事会非設置一般社団法人においては、一切の事項を決議できる意思決定機関となる。理事会設置一般社団法人においては、一般社団・財団法人法に規定された事項および定款で定められた事項についてのみ決議できる意思決定機関となる。

社会学的代表

[しゃかいがくてきだいひょう]

代表民主制の下での代表について、選挙により表明される国民の多元的な意思、社会の実勢力が国会にできるだけ忠実に反映することを意味すると解するもの。代表機関の行為が代表される者（国民）の行為とみなされるという趣旨ではない。半代表もほぼ同義であると考えられている。社会学的代表は、政治的代表と対比される。政治的代表とは、代表について、国民は代表機関を通じて行動し、代表機関は国民意思を反映する政治的な意味と解するものである。

社外監査役

[しゃがいかんさやく]

株式会社の監査役であって、後述の現在要件および過去要件という資格要件を

すべて満たす者をいう。社外監査役は、社内の人間関係や指揮命令関係の影響を受けずに適正に監査することが期待され、健全な株式会社の経営に向けた役割を果たすと考えられている。社外監査役の資格要件は、平成26年成立の会社法改正により、現在要件を厳格にして、過去要件を緩和する形で変更されている。

現在要件は、ⓐ株式会社を支配する個人でないこと、または株式会社の親会社の取締役、監査役、執行役、支配人その他の使用人でないこと、ⓑ株式会社の兄弟会社の業務執行取締役等でないこと、ⓒ株式会社の取締役、監査役、執行役、支配人その他の重要な使用人の配偶者または2親等内の親族でないことである。

過去要件は、ⓓ就任前10年間、株式会社またはその子会社の取締役、会計参与、執行役、支配人その他の使用人であったことがないこと、ⓔ就任前10年内に株式会社またはその子会社の監査役であったことがある者は、株式会社またはその子会社の取締役、会計参与、執行役、支配人その他の使用人であったことがないことである。

社会規範

[しゃかいきはん]

社会生活において、守らなければいけないとされている規則のこと。法も社会規範であるが、社会規範には他に道徳、礼儀、社会倫理、慣習など、さまざまなものがある。法は、国家によって強制されることを原則とする点が他の社会規範と異なる。

社会契約説

[しゃかいけいやくせつ]

人間が生まれながらにして持つ自然権を確実なものとするために、政府に権力の行使を委任する契約を結ぶと考えることで、社会や国家の成立の根拠を、この社会契約に求める立場。社会契約説以前

には、国家の成立の根拠を神の創造に求め、君主主権が絶対視され、貴族の特権を保護する封建的な絶対王政が採られていた。この中世の権力構造と対立し、国民の権利や自由を保障するために、ロックやルソーといった思想家が中心となり、社会契約説を唱えて、自由で平等な個人が自分の権利や自由を保障するために国家と契約を結ぶという統治の基本原則を示したことに意義があった。したがって社会契約説は、近代的な憲法の基礎であると理解されている。

■ 社会権
　　[しゃかいけん]

　社会・経済的弱者が人間に値する生活を営むことができるように、国家に対して配慮を求める権利。資本主義の高度化に伴って生じた貧困・失業等の弊害から社会・経済的弱者を守るために保障されるに至った。日本国憲法はその内容として、生存権、教育を受ける権利、勤労の権利、労働基本権をそれぞれ保障している。

■ 社会国家／積極国家／福祉国家
　　[しゃかいこっか／せっきょくこっか／
　　ふくしこっか]

　社会国家とは、人間の自由と生存を確保するために、市民生活の領域に一定程度まで積極的に介入して、社会的・経済的弱者を救済することが役割として期待されている国家をさす。国家による積極的な介入が必要とされていることから、積極国家または福祉国家とも呼ばれている。

　対立概念は、自由国家、消極国家または夜警国家であり、これは国家の役割を秩序維持に限定し、経済や政治に対して国家が関与することを認めない国家観であった。

　自由国家がもたらした資本主義の浸透に伴い、富の偏在が起こり、社会的・経済的弱者に対する手当てが必要になったことから、社会国家の考え方が生まれた。

現在立憲国家の多くは、社会国家の要素を備えていると理解されている。

■ 社会通念
　　[しゃかいつうねん]

　社会で一般に受け入れられているものの見方や考え方。直接的には法源として用いられることはないが、たとえば、婚姻を継続し難い事由（民法770条）など、社会通念に照らし合わせて判断される場合がある。

■ 社会的行為論
　　[しゃかいてきこういろん]

　☞因果的行為論／目的的行為論／社会的行為論／人格的行為論

■ 社会的責任論
　　[しゃかいてきせきにんろん]

　責任に関する刑法の学説のひとつで、社会にとって危険な者は、社会がその危険に対して取る防衛手段としての刑罰を甘受しなければならず、その刑罰を受けるべき法的地位が責任であると解する立場。新派（近代学派）が採用する決定論（犯罪は素質と環境によって決定された必然的行為であると解する立場）から主張される。旧派（古典学派）が主張する道義的責任論と対比される立場である。

■ 社会的相当行為
　　[しゃかいてきそうとうこうい]

　刑法で、客観的には法益を侵害するような違法な行為であるが、社会通念に照らし合わせて違法性が阻却されると考えられる行為をさす。たとえば、外科手術など患者の身体に医療的措置を加えると、傷害罪に当たるような行為が行われるが、治療目的であり、医学上一般に承認された方法が用いられている場合には、傷害罪は成立しないと考えられている。なお、権利を侵害された者が自らその回復を行うような行為（自救行為）について、現在回復しなければ、それ以後回復することが困難となるような事情がある場合など、

例外的な事例に限って社会的相当行為に含まれるとする学説もある。

■ 社会的身分
[しゃかいてきみぶん]

人が社会生活の上で属している地位。社会的身分の理解については主に2つの説の対立がある。狭義にとらえ、たとえば被差別部落出身であるなどの、自己の意思では離れることができない固定した生来の身分をさすという立場と、広く人が社会で継続的に占めている地位であると理解する判例の立場である。もっとも、憲法14条はあらゆる分野で、国民が平等に扱われることを要求しており、上記見解の対立は、結論の差をもたらさないと理解されている。

■ 社外取締役
[しゃがいとりしまりやく]

現在および就任前の10年間、その株式会社または子会社の業務執行取締役、執行役、支配人その他の使用人であったことがない者など、会社法2条15号イ〜ホの要件をすべて満たす者。社外取締役を選任することで、会社の内部で選任された取締役などの経営者の会社運営に関して、監督の目を行き渡らせることが目的であると考えられている。

会社法では、特別取締役を選任する場合に社外取締役を置かなければならないと規定している。さらに、令和元年の会社法改正で、金融商品取引法24条1項により発行株式について有価証券報告書を内閣総理大臣に提出しなければならない監査役会設置会社(公開会社かつ大会社に限る)は、社外取締役を置かなければならないと規定された。

■ 社会法
[しゃかいほう]

個人主義かつ自由主義の思想を修正するための法。対立概念は、所有権絶対の原則や契約自由の原則などに基づく市民法である。市民法の考え方を押し進めていくと、自由な資本主義社会の中で、競争に敗れ最低限度の生活を営むことさえ困難となる場合がある。そこで、生存権や勤労権、団結権などの社会的基本権の考え方を基礎として、労働法や社会保障法、その他社会福祉立法が生まれた。それらの総称として、社会法の用語が用いられるようになった。たとえば、生活に困窮する国民に最低限度の生活を保障する生活保護法などが例として挙げられる。

■ 社会防衛論
[しゃかいぼうえいろん]

刑罰を科すことによって改善できる犯罪者は矯正して社会復帰させ、改善不能の犯罪者を不定期の拘禁などに処することで、社会を犯罪から防衛することを刑罰の目的と考える立場。新派(近代学派)が主張する立場であり、旧派(古典学派)が主張する応報刑論と対比される。

■ 社会保険
[しゃかいほけん]

狭義には、被保険者に、疾病、負傷、老齢、障害、分娩などという保険事由が生じたときに、必要な給付を行う制度。保険方式により運営される国民年金保険、厚生年金保険、健康保険、介護保険などのことをいう。広義には、失業や業務上の災害を保険事由とする雇用保険や労働者災害保険などの労働保険も含めて、全体として社会保険ということもある。

■ 社会保障法
[しゃかいほしょうほう]

国民生活における公的保障の費用負担や給付について定めた法律の総称。公的扶助や社会福祉を中心としている。労働者や高齢者だけではなく、子どもから大人まで幅広い国民の公的な保障を対象としている。社会保障法には、児童福祉法、健康保険法、雇用保険法、国民年金法、生活保護法などがある。

■ 社会留保説
［しゃかいりゅうほせつ］

　侵害行政（個人の権利を制約し義務を課す行政活動）に加え、給付行政（個人や公衆に便益を給付する行政活動）についても法律の根拠が必要であるとする立場。社会留保説は、法律の留保（いかなる性質の行政活動について法律の根拠が必要となるか）についての考え方のひとつであり、侵害行政についてのみ法律の根拠を要求する侵害留保説と対比される考え方である。社会留保説は、給付行政が公平適正に行われるためには法律による規律が必要であると主張する立場である。たとえば、補助金交付決定には、侵害留保説では法律の根拠を要しないが、社会留保説では法律の根拠を要することになる。

■ 借地権
［しゃくちけん］

　建物の用地として地代を支払って他人の土地を使用する権利。建物の所有を目的とする地上権と土地の賃借権の総称。借地権には、民法の特別法である借地借家法が第一次的に適用され、借地権者の保護が図られている。

■ 借地借家法
［しゃくちしゃっかほう］

　建物の所有を目的として設定される地上権や土地賃貸借（借地権）に関する事項、または建物賃貸借（借家権）に関する事項についての民法の特別法にあたる法律。かつての建物保護法、借家法、借地法の3法を統合する形で、平成3年に制定された。借地借家法は、民法の規定よりも強力に借地人や借家人を保護している。たとえば、借地契約や借家契約の更新は、一方当事者から契約更新を拒絶する通知を行わない限り、原則として自動的に契約が更新される（法定更新）。そして、地主や家主の側から契約更新を拒絶するためには、正当事由が必要である。

■ 借賃増減請求権／賃料増減請求権／地代等増減請求権
［しゃくちんぞうげんせいきゅうけん／ちんりょうぞうげんせいきゅうけん／じだいとうぞうげんせいきゅうけん］

　借賃増減請求権とは、借地借家法が適用される借地契約や借家契約において、当事者が将来に向かって、その借賃の増減を請求する権利をいう。賃料増減請求権とも呼ばれている。借地契約である場合には、地代等増減請求権と呼ばれることもある。言葉としては「請求権」であるが、通説は、その法的性質を形成権と解している。借地借家法では、土地や建物に関する租税などの負担の変動や経済情勢の変化、土地や建物の価額の変動、近傍同種の土地や建物の価額の変動により、当初の契約で定められた借賃が不相当になった場合には、この請求権を行使できると規定している。増減額につき協議が調わない間は、賃借人は自らが相当と思う額を支払えばよい。たとえば、賃貸人が増額請求をしてきても、賃借人が従来の借賃を相当と考えるなら、従来の借賃を支払えば足りる。ただし、この場合、後に裁判などで借賃の増額が確定したときは、その増額分に年1割の利息を付して精算しなければならない。

■ 釈放
［しゃくほう］

　逮捕・勾留された被疑者・被告人の身体の拘束を解くこと。逮捕後留置の必要がないと司法警察員・検察官が判断した場合、勾留後勾留の必要がないと裁判官が判断した場合に、釈放される。

■ 釈明権・釈明義務
［しゃくめいけん・しゃくめいぎむ］

　釈明権とは、民事訴訟において、当事者の主張から事実関係や法律関係が明らかにならない場合に、裁判所が、当事者に対して、より詳細に立証活動を行うよ

うに促す権能をいう。民事訴訟では、争点について、当事者自身が主張を裏づける証拠を提出して、立証活動を行うことが原則である（弁論主義）。しかし、当事者の主張について、裁判所が明らかに不十分であると考える場合に、適切に釈明権が行使されることで、国民の裁判所に対する信頼が保たれると考えられている。たとえば、当事者の主張の意味が不明瞭な場合や前後に矛盾がある場合に、質問を行うことなどが、釈明権の行使の例として挙げられる。また、裁判所が一方当事者に偏った判断を下すおそれがない範囲では、当事者に対して必要な主張が行われていないことを指摘することが許される場合もあると考えられている。

釈明義務とは、裁判所が釈明権を行使すべき義務を負っているという考え方をさす。釈明権は、原則として裁判所の権能であると考えられている。しかし、国民の司法に対する信頼を保つために、釈明権の行使は一種の義務であると考える見解がある。もっとも、この見解の中でも、釈明権が行使されずに下された判決が違法であり、上訴理由になるか否かについては争いがある。

■ 釈明処分
[しゃくめいしょぶん]

民事訴訟において、訴訟関係を明確にするため、裁判所が行う処分のこと。具体的には、ⓐ当事者や法定代理人の出頭を命じること、ⓑ当事者のために事務を処理する者等に陳述をさせること、ⓒ文書等を提出させること、ⓓ検証・鑑定を命じること、ⓔ調査を嘱託することなどがある。釈明処分は、弁論の内容を整理し事件の内容をつかむためのものであり、証拠資料を収集するために行われる証拠調べとは区別される手続である。

釈明処分は、釈明権の行使と類似するが、釈明権が当事者に訴訟行為を促す手段であるのに対し、釈明処分は裁判所自身の行為によって事実関係を明らかにする手段である点で異なる。

■ 借家権
[しゃくやけん]

建物の賃貸借契約において、借家人（賃借人）に認められる権利。借地借家法により民法の規定よりも厚く保護される。たとえば、借家人は、登記がなくても建物の引渡しがあれば、借家権を第三者に主張することができる。また、賃貸人が賃貸借契約を解除するには、賃貸人の側に正当事由が必要である。さらに、借家人の死後、内縁の妻などの相続人以外の者にその承継を認める場合があるなど、民法にはない規定が適用される場合がある。

■ 酌量減軽
[しゃくりょうげんけい]

☞裁判上の減軽／酌量減軽／法律上の減軽

■ 社債
[しゃさい]

一般企業が資金調達の目的で付与する債権のこと。会社が資金調達を行う際には、原則として権利を表象した社債券を発行する。社債は法的には金銭債権に過ぎないが、大量性、対公衆性を特徴とするものであるから、社債権者を保護するために会社法や金融商品取引法が規制を設けている。

■ 社債管理者
[しゃさいかんりしゃ]

社債権者のために、弁済の受領、債権の保全その他の社債の管理を行う者のこと。社債管理者は、銀行、信託会社などでなければならない。社債管理者は、社債権者のために弁済を受ける権限を有し、債権の実現を保全するために必要な一切の裁判上または裁判外の行為をする権限を有する。なお、令和元年の会社法改正で、各社債の金額が1億円以上であるた

め社債管理者を置く必要がない場合であっても、社債管理補助者を定め、社債管理の補助を委託することができるとした。

■ 社債管理補助者
[しゃさいかんりほじょしゃ]

株式会社の委託によって社債権者のために設置する社債の管理の補助を行う者のこと。令和元年の会社法改正で導入された。社債の管理については、通常は社債管理者が設置される。しかし、各社債の金額が1億円以上である場合や、社債権者の保護が十分であると認められる場合などは、社債管理者を設置する必要がない。この場合、株式会社は、社債管理者の資格を持つ者の中から、社債管理補助者を定めて、社債の管理の補助を委託することができる。

社債管理補助者は、社債権者のために、①破産手続参加など、②強制執行や担保権実行の手続における配当要求、③債権の申出を行う権限が認められている。委託に関する契約の目的の範囲内で、社債に関する債権の弁済を受領することも可能である。その一方で、社債管理補助者は、委託に関する契約に従い、善良な管理者の注意をもって社債の管理の補助に関する事務を行う義務のほか、社債権者に対して社債の管理に関する事項を報告する義務などを負う。

■ 社債権者集会
[しゃさいけんしゃしゅうかい]

社債権者による集会であり、社債の種類ごとに組織され、法定の事項および社債権者の利害に関する事項について決議することができる集会。法定の事項には、社債の期限の利益喪失や資本金減少・合併などに対する異議などがある。

なお、社債発行会社や社債管理者は、いつでも社債権者集会を招集することができる。また、令和元年の会社法改正で、社債権者の招集請求があった場合などには、社債管理補助者が社債権者集会を招集することが認められた。

■ 謝罪広告
[しゃざいこうこく]

他人の名誉や信用を毀損した者（加害者）に対して、被害者の請求に基づき裁判所が命じる「名誉を回復するのに適当な処分」のひとつ。新聞に謝罪広告を掲載する方法が一般的である。なお、判例は、加害者の意思に反して謝罪広告を強いても、思想・良心の自由を侵害しないとしている。

■ 社団
[しゃだん]

法人格を与えられた自然人の団体。組合との区別が問題となるが、社団は団体性が強く、個人の個性が薄弱であるのに対し、組合は団体性が弱く、個人の個性が顕著である点で異なる。

■ 遮蔽措置（遮へい措置）
[しゃへいそち]

刑事訴訟手続において、被告人と証人との間、または傍聴人と証人との間で、一方からまたは相互に相手の状態を認識することができないようにするための措置。たとえば、被告人と証人との間の遮蔽（遮へい）措置は、犯罪の性質、証人の年齢、心身の状態、被告人との関係その他の事情により、証人が被告人の面前において供述するときに圧迫を受け精神の平穏を著しく害されるおそれがあると認める場合であって、相当と認められるときに行われる。なお、被告人から証人の状態を認識することができないようにするための措置をとることは、弁護人が出頭している場合に限り許される。

■ 受遺欠格
[じゅいけっかく]

遺贈により財産をもらう受遺者となる資格を欠くこと。これに該当する者は、遺贈を受けることができない。なお、この

要件は、相続人の欠格事由の要件と同じである。つまり、遺贈者を死亡させたり死亡させようとして刑に処せられた者、遺贈者の殺害を知って告発しなかった者、詐欺・強迫により遺言を妨げた者、遺言書を偽造した者などが該当する。

■ 受遺者
[じゅいしゃ]

遺贈によって利益を受ける者をいう。受遺者は遺贈の効力発生のときに生存していることを要する。法人も受遺者になり得る。受遺者は、遺言者の死亡後、いつでも遺贈を放棄することができる。

■ 自由委任
[じゆういにん]

議会を構成する議員は、自分の信念に基づいて発言し、表決することができ、選挙の母体である選挙区や後援団体などによって拘束されないという原則。わが国では、議員は全国民の代表であると規定しており、自由委任の原則を表していると考えられている。かつての階級制が敷かれていた社会では、特定の身分集団の訓令に議員が拘束されており（命令委任）、議会が独立の会議体として機能しなかったことの反省から、自由委任の原則は近代議会制の基本原則であると考えられている。なお、党議拘束が自由委任に反するのではないかが議論されている。

■ 集会の自由
[しゅうかいのじゆう]

多数の人間が、政治・経済・学問・芸術・宗教など特定の事柄に対して共通の目的を持ち、一定の場所に集まる自由のこと。表現の自由の一環として憲法によって保障されている（憲法21条1項）。たとえば、公園で行われるデモ集会などが挙げられる。もっとも、集会の自由は表現活動を内容とするものであり、他者の人権と衝突しやすく、いわゆる公安条例による規制など人権同士の調節のために必要不可欠な規制は許されると考えられている。公共施設の利用許可申請が拒否されたことの是非が争われた事件で、最高裁判所は「明らかな差し迫った危険の発生が具体的に予見されることが必要である」と判断し、集会の自由を規制することが許されるかどうかは慎重な判断が必要であるとしている。

■ 重過失
[じゅうかしつ]

注意義務違反の程度が著しい過失。重大な過失の略称で、通常の過失（軽過失）に対比される概念。たとえば、失火責任法は、日本の家屋が燃えやすいことから、とくに重過失のある者についてのみ失火責任を負わせている。

私法上は、重過失がある者を保護しない規定が見られる。たとえば、重過失によって錯誤に基づく意思表示を行った場合には、原則として、その意思表示を取り消すことができない。

これに対して刑法上は、重過失があることで、通常の過失犯より刑が加重される場合がある。たとえば、過失傷害罪は30万円以下の罰金または科料に処せられるが、重過失致死傷罪は、5年以下の懲役もしくは禁錮または100万円以下の罰金に処せられる。

■ 終期
[しゅうき]
☞ 始期／終期

■ 衆議院
[しゅうぎいん]

国会において、参議院に対する第一院として設置されている議院をいう。参議院とともに国会を構成している議院。日本国憲法は二院制を採用しているが、参議院とは任期や定数、選挙方法が異なる。衆議院の任期は4年で、参議院は6年である。また、衆議院議員の被選挙権の年齢要件は25歳以上で、参議院は30歳以

上である。

なお、衆議院には解散があり、衆議院に優先的な議決権を与えるなど、憲法は2つの議院に違いを設けている。

■ 衆議院の解散
［しゅうぎいんのかいさん］

任期満了前に衆議院の議員全員の資格を失わせる行為。内閣による議会への抑制と、解散に続く総選挙により国民の審判を求める機能を有する。手続としては、衆議院で内閣不信任の決議が可決されるか、信任の決議が否決された場合に、内閣が10日以内に解散権を行使したときに、衆議院は解散する（憲法69条）。もっとも、天皇の国事行為に対して責任を持つ内閣の権限として、憲法7条3号に基づき衆議院を解散することもできると考えられている。なお、解散の日から40日以内に衆議院議員の総選挙が行われる。

■ 衆議院の優越
［しゅうぎいんのゆうえつ］

衆議院が参議院に対して有する優越的な権限・議決の効力のこと。権限事項での優越として、予算先議権、内閣不信任決議権、議決の効力での優越として、法律案の議決、予算の議決、条約承認の議決、内閣総理大臣の指名がある。

■ 就業規則
［しゅうぎょうきそく］

使用者が、賃金・労働時間などの労働条件や、職場における規律などを定めた規則のこと。「社規」「従業員規則」などさまざまな名称で呼ばれるが、いずれも就業規則に当たる。常時10人以上の労働者を使用する使用者は、労働者の意見を聴いて就業規則を作成し、労働基準監督署に届け出て、労働者に周知させることが義務づけられている。

■ 従業者発明
［じゅうぎょうしゃはつめい］

企業や公共団体の従業員や職員がした発明のこと。従業者発明には、使用者の業務範囲に属さない発明である自由発明、使用者の業務範囲に属しており、発明するに至った行為が従業者の職務に属する職務発明、使用者の業務範囲に属するが、従業者の職務とは関係なく発明に至った業務発明とがある。特許法上、職務発明については、契約、勤務規則その他の定めにより、使用者にⓐ特許を受ける権利を取得させること、ⓑ特許権を承継させること、ⓒ専用実施権（特許を独占的に実施することができる権利）を設定させることなどができるとする一方、従業者は相当の利益を受けられるものとしている。

■ 終局裁判
［しゅうきょくさいばん］

訴訟の全部または一部を完結させる裁判のこと。判決だけでなく、命令や決定もこれに当たる。たとえば、民事訴訟では訴え却下判決、訴状却下命令が、刑事訴訟では、有罪判決、免訴判決などが挙げられる。

■ 終局登記／本登記
［しゅうきょくとうき／ほんとうき］

仮登記がなされた後に、それを確定するために行う正式の登記をさす。本登記と同義である。将来の本登記に備えて順位のみを確保しておく仮登記に対する概念である。仮登記がなされた後、この登記がなされると、仮登記により確保した順位が最終的に確定する。また、これにより、登記本来の効力である物権変動の第三者への対抗力が生じる。

■ 終局判決
［しゅうきょくはんけつ］

当該審級の審理を完結させる裁判のこと。判断内容により、本案判決と訴訟判決の2種類がある。本案判決は、訴訟物である権利・法律関係の存否の判断に至り、請求の当否について裁判所が判断を下す判決である。原告が勝訴する場合を

請求認容判決、敗訴する場合を請求棄却判決という。訴訟判決は、訴訟物の存否の判断に至る前に、訴訟要件の欠けていることが明らかになった場合に下される判決であり、訴えの却下判決となる。

住居侵入罪
[じゅうきょしんにゅうざい]

正当な理由がないのに人の住居または人が看守する邸宅・建造物・艦船に侵入する罪。広義には、住居に立ち入った者が、退去してほしいとの要求を受けたにもかかわらずその場から退去しなかった場合に成立する不退去罪も含めて、住居侵入罪と呼ぶことがある。3年以下の懲役または10万円以下の罰金に処せられる。

保護法益については争いがある。1つは誰に建物などへの立入りを認めるか選ぶ自由であると考える見解であり（住居権説）、もう1つは、住居などの事実上の平穏であると考える立場である（平穏説）。かつて住居権は、家長などにのみ認められると理解されてきたが、現在ではより広くその建物の同居人などにも認められると考える見解が、判例・通説の立場であるといわれている。

なお、住居とは人の寝食に使用される場所であると理解されており、一時的な使用であっても建物の一区画でもよいと考えられている。たとえば、ホテルの一室なども本罪における住居に含まれる。

住居の不可侵
[じゅうきょのふかしん]

正当な理由もなく、不法な捜索等のために、住居に侵入することは許されないことをいう。わが国の憲法は、住居等の不可侵を被疑者の権利として認めている（憲法35条）。住居の不可侵を保障することで、人の私生活の中心を保護しようとする趣旨である。もっとも、捜索する場所や押収する物を明示した令状による場合と、適法な逮捕に伴う合理的な範囲内の捜索差押えであれば、令状がなくても、住居等に侵入して証拠収集等を行うことが許される。

自由刑
[じゆうけい]

受刑者の身体を拘束してその自由を奪うことを内容とする刑罰をさす。現行刑法では、懲役・禁錮・拘留の3種が規定されている。懲役・禁錮は、無期および有期の場合があり、有期は1月以上20年以下と定められている（刑法12条1項、13条1項）。これに対して、拘留は30日未満の短期的な自由刑であり（刑法16条）、軽微な犯罪に対する刑として置かれている。

自由権
[じゆうけん]

国家権力の干渉や介入を排除して、個人の自由を確保するための権利の総称。基本的人権のひとつであり、「国家からの自由」とも呼ばれている。日本国憲法が規定している自由権の内容は、3種に分類することができる。1つは精神的自由であり、たとえば、思想および良心の自由、信仰の自由などが挙げられる。2つ目は経済的自由であり、職業選択の自由などがその例である。そして、3つ目は人身の自由であり、たとえば奴隷的拘束からの自由が挙げられる。

集合犯
[しゅうごうはん]

犯罪の構成要件が、はじめから同種の複数の行為が行われることを想定している犯罪をさす。数個の行為であっても単純一罪として、全体として1つの罪が成立すると考えられている。常習犯や営業犯などに多く見られる。たとえば、常習として数回賭博をした者に対しては、複数回の賭博行為が認められるにもかかわらず、常習賭博罪が一罪成立するのみである。また、わいせつ図画販売罪も、性質上繰り返される販売行為に対して、一

罪が成立するにとどめられている。もっとも、確定判決を受けた後に行った同種の犯罪行為は、別罪として処理される。

■ 集合物
[しゅうごうぶつ]

複数の物について、種類や場所等によって範囲を特定して、ひとつの統一された集合体として扱う物をいう。一物一権主義の例外である。たとえば、企業は社屋や工場およびその中の設備などが結びついて成り立っており、その価値は単純にひとつひとつの財産を合計した評価よりも大きくなる。そこで、工場抵当法や企業担保法では、企業の総財産を集合物とみて1個の担保権を設定することが認められている。

また、上記のように法律で認められる場合以外にも、当事者間の契約で認められる場合もある。たとえば、倉庫内の商品のように、どんどん入れ替わっていくようなものでも、種類や所在場所、量的範囲の指定によって目的の範囲を特定できれば、集合物として譲渡担保の対象にできることを判例は認めている（最判昭和54年2月15日）。したがって「倉庫内のリンゴすべて」というような、物を集合的に見た取引が可能になっている。

■ 自由国家／消極国家／夜警国家
[じゆうこっか／しょうきょくこっか／やけいこっか]

自由国家とは、個人は自由かつ平等であるという自由主義を原理として、個人の自由な意思に基づく経済活動が広く認められる国家をさす。自由かつ平等な個人が競争を通して調和が達成されるという考え方に基づき、国家の役割は、経済的または政治的干渉を行わずに、最小限度の秩序維持と治安の確保という警察的な任務に限られるという思想を背景に持つ。国家の役割が消極的であることから消極国家、または夜警国家ともいう。対立概念は社会国家ないし積極国家である。おおむね、自由国家により生じた富の格差を是正するために、世界的に自由国家は社会国家へと移り変わる傾向にある。

■ 重婚
[じゅうこん]

配偶者を持つ者が、重ねて別の者と婚姻すること。わが国のように、婚姻に際して届出など法律上の形式を要求する法律婚主義をとる場合、法律上の形式を満たしていない事実上の婚姻が重なっていたとしても、重婚にはならない。民法によって重婚は禁止されている（民法732条）。

重婚が生じ得るのは、ⓐ誤って婚姻届が重ねて受理された場合、ⓑ離婚後再婚したが、離婚が無効となりまたは取り消された場合、さらにⓒ失踪宣告を受けた者の配偶者が他人と婚姻したところ、後に失踪宣告が取り消された場合などが挙げられる。重婚は、後から生じた婚姻については婚姻の取消事由となり（民法744条）、前婚については離婚原因となると理解されている。

なお、重婚は犯罪として処罰の対象となっている（刑法184条）。一夫一婦制という婚姻制度を保護法益とし、2年以下の懲役に処せられる。重婚の相手方となった者も、同様に処罰される。

■ 私有財産制
[しゅうざいさんせい]

広義には、個人の経済的な欲求に基づき、広く財産を私有して排他的な支配権を持つことを保障する制度。狭義には、財産や土地などについて、私人が所有権を持つということを法律上保障する制度。わが国の憲法は、財産権を保障している（憲法29条1項）が、個人の財産権を保障するとともに、私有財産制度を、制度として保障している。たとえば、所有権という権利が成り立つのは、民法をはじめ財物に対する私的所有を認める法制度の

さ行

存在があるからであり、このような一定の法制度の存在を憲法が保障することで、個人の財産権が保障されることにつながるという考え方に基づいている。

自由裁量／法規裁量
[じゆうさいりょう／ほうきさいりょう]

自由裁量とは、何が行政の目的に合致するか、行政庁が行政行為をするかどうか、どのような行政行為をするかについて、行政庁が自由に判断できることである。これに対して、法規裁量とは、法令で定められた客観的基準に依拠して判断される裁量をいう。自由裁量は便宜裁量、法規裁量は羈束（きそく）裁量ともいう。法規裁量違反は司法審査の対象になるのに対して、自由裁量では、当不当の問題は生じても原則として司法審査の対象とはならないとされる。もっとも、自由裁量行為であっても、裁量権の範囲を越えまたはその濫用があった場合には司法審査の対象となるため、実際には自由裁量と法規裁量の区別は相対化している。

自由主義
[じゆうしゅぎ]

個人の自由が最も尊重されるべきものであるとして、自由かつ平等な個人を通じて、社会に調和がもたらされるという考え方。日本国憲法も自由主義に立脚している。このことは、人間が自律的な個人として自由と生存を維持するための権利である基本的人権を、永久不可侵の権利と定めている（憲法11条）ことから、明らかであると考えられている。なお、自由主義に基づく国家を自由国家と呼んでいる。

住所
[じゅうしょ]

人の生活の本拠である場所のこと。会社においては、本店の所在地が住所地となり、一般社団法人・一般財団法人においては、主たる事務所の所在地が住所地

となる。住所は、債務の履行地や、裁判管轄などの決定の際の基準となる。

終審
[しゅうしん]

裁判における審級制度の最終段階をさす語。わが国のように三審制を採用する場合には、原則として第三審が終審となる。民事訴訟では、最高裁判所または高等裁判所が上告審を担当する終審裁判所である。ただし、決定や命令に対する上訴方法である抗告に関しては、原則として高等裁判所が終審裁判所となる。刑事訴訟での終審裁判所は、最高裁判所のみである。

自由心証主義
[じゆうしんしょうしゅぎ]

裁判において事実認定を行うにあたり、審理で提出された証拠などの資料や状況等について、判断への採用の有無に関して、裁判官が自由に決定することができるという考え方。ただし、自由な判断といっても裁判官の恣意を認めるものではなく、論理法則や経験則に基づく合理的なものであることを要する。刑事裁判・民事裁判のいずれでも採用されている。

終身定期金契約
[しゅうしんていききんけいやく]

ある者が死亡するまでの期間中、定期的に継続して、金銭やその他の物を給付するという内容の契約。民法に規定されている典型契約のひとつ。他人を扶養するための生活費の支給などがこれに当たるが、わが国では国民年金や厚生年金などの公的年金制度が充実しているので、実際に行われる例はあまりない。

修正された構成要件
[しゅうせいされたこうせいようけん]

基本的構成要件を前提として、それを修正して設けた犯罪類型のこと。予備罪・陰謀罪、未遂犯、および共犯がある。基本的構成要件は、単独の行為者が犯罪を

完全に実現することを前提に定められているため、それに犯罪の発展段階や、複数人の関与といった見地から修正を加えたものが、修正された構成要件である。

■ 修正予算
[しゅうせいよさん]

国や地方公共団体の予算が成立した後になって発生した事柄のために、もともと決まっていた予算に対して変更を加えること。かつては予算を追加することを追加予算と呼び、追加以外の変更を加える修正予算と区別していた。現在では、修正予算は、追加予算とともに補正予算という形式に分類されているため、区別する実益は少ない。修正予算は、本予算と同様に、内閣や地方公共団体の長が修正予算案を作成し、議決手続を経て成立する。

■ 自由選挙／強制選挙
[じゆうせんきょ／きょうせいせんきょ]

自由選挙とは、国民が投票を棄権したとしても、罰金、公民権停止、氏名の公表などの制裁を受けない選挙制度をさす。自由投票ともいう。対立概念は、強制選挙である。これは、選挙の公務性を重視して、正当な理由がなく投票を棄権した選挙人に対して制裁を加える選挙制度をいう。強制選挙では、棄権率の低下を防ぐことができるという利点があるが、選挙権はあくまでも権利であることを考慮すると、投票をするしないを含めて、選挙人に自由に選択の余地がある自由選挙の方が自然であるという考え方もある。

■ 従属会社
[じゅうぞくがいしゃ]

他の会社（支配会社）に従属している会社のこと。子会社のように、株主総会の議決権の大半を他の会社に握られている場合などをさす。
☞支配会社

■ 住宅品確法
[じゅうたくひんかくほう]

住宅の品質を確保し、住宅購入者等の利益を保護するために制定された法律。正式名称は「住宅の品質確保の促進等に関する法律」。住宅の構造の安定や高齢者等への配慮に関する住宅性能表示制度や、住宅に係る紛争の裁判外処理体制を整備している。また、民法上の契約不適合責任の特例として、新築住宅の構造耐力上、主要な部分の瑕疵（種類または品質に関して契約の内容に適合しない状態）に関して瑕疵担保責任を負う期間を、最低でも10年間義務づける規定を置いている。

■ 従たる権利
[じゅうたるけんり]

物などが持っている基本的な権利（主たる権利）に付随して存在する権利。たとえば、土地所有権とそれに設定された抵当権の関係では、土地所有権を主たる権利といい、抵当権をその従たる権利という。なお、原則として、主たる権利が売買などによってその権利が移されれば、従たる権利もそれに従って移転する。

■ 従たる債務
[じゅうたるさいむ]
☞主たる債務／従たる債務

■ 集団行動の自由
[しゅうだんこうどうのじゆう]

集団行進や集団示威行動を行う自由。デモ行進などが典型例であり、その性質を「動く公共集会」とみて集会の自由と考える見解が有力であり、表現の自由（憲法21条）の一環として保障されていると考えられている。集団行動は一定の行動を伴うものであるため、他の国民の権利や自由との調整が必要であり、特別の規制が加えられることが許される場合がある。とくにその規制の合憲性が争われているのが、各地方公共団体の公安条例である。

集団示威運動の自由
[しゅうだんじいうんどうのじゆう]

デモ行進や集団行進などの集団行動をとることによって、一定の思想を表現する自由をいう。政治運動の手段として用いられることが多い。憲法上は、動く公共集会として集会の自由に含まれるとする見解が有力である。

集団訴訟
[しゅうだんそしょう]

☞クラス・アクション／集団訴訟

集団的安全保障
[しゅうだんてきあんぜんほしょう]

対立関係にある国も含めて、多数の国家が互いに武力の行使を禁止し、他国を攻撃したり平和を乱したりする国が出た場合は、残りの国すべてが共同して鎮圧することにより、国際的な平和を維持しようとするしくみをさす。

かつては、各国家が自国の軍備を備え、同盟関係を結んで国家間の勢力均衡を保つことで国際平和が維持されると考えられていた。しかし、各国が軍備を拡大した結果、かえって対立を激化させる結果を招いた。これに対して、集団的安全保障は強大な軍備が必要でなく、対立関係を助長するおそれがないといわれている。現在の国際連合は、平和に対する脅威や侵略行為の存在を安全保障理事会で集権的に決定するしくみを持っており、集団的安全保障体制を採っていると理解されている。

集団的自衛権
[しゅうだんてきじえいけん]

同盟関係にある国などが第三国から攻撃を受けている場合に、自国は直接攻撃を受けていなくても共同して防衛行為を行うこと。国際連合憲章によって認められた権利である。もっとも、日本では憲法9条との関係で、集団的自衛権の行使が認められるかが問題とされているが、平成27年には集団的自衛権行使を許容する安全保障関連法（平和安全法制）が制定されている。

集団犯
[しゅうだんはん]

複数の者が同一の目的に向けて一体となって行う犯罪。刑法は、内乱罪、騒乱罪、凶器準備集合罪などを規定している。集団犯は、多数人が犯罪に関与することが必要不可欠であるため、必要的共犯の一種である。単独では及ばないような行為を、多人数の群集心理によって達成できてしまう危険性を考慮して処罰対象としていると考えられている。首謀者など主導的な役割を果たした者については、とくに刑罰が重く規定されている。

周知商標
[しゅうちしょうひょう]

商品やサービスに付す名称やマーク（商標）の中でも、事業者や消費者などに広く知れわたっている商標をさす。周知商標の中でもとくに著名なものは、著名商標という。周知商標や著名商標と同一または類似の商品やサービスに付けられる名称やマークは、商標登録を受けることができない。

集中証拠調べ
[しゅうちゅうしょうこしらべ]

争点および証拠の整理手続の段階で、できる限り争点と証拠を出しつくし、証拠調べはその整理が終わった後の口頭弁論期日に集中して行うこと。当事者に争いのない点や当事者の有する証拠を洗い出し、本人尋問や証人尋問をしなければならない点を浮き彫りにする。証拠審理の充実と促進の実現を目的とする。

集中審理主義
[しゅうちゅうしんりしゅぎ]

☞継続審理主義／集中審理主義

■ 収得後知情行使罪
[しゅうとくごちじょうこうしざい]

貨幣や紙幣または銀行券を収得した後、それが偽造または変造されたものであることを知って、それを行使し、または行使する目的で他人に交付する罪。収得した偽造通貨等の額面価格の3倍以下の罰金または科料に処せられ、その額は2000円を下回ることはできない。保護法益は、通貨の真正に対する公共の信用である。はじめから偽造通貨等であることを知って収得し、これを行使するなどの行為よりも、軽い法定刑が定められている。

■ 自由な証明
[じゆうなしょうめい]

☞厳格な証明／自由な証明

■ 収入印紙
[しゅうにゅういんし]

国庫の収入となる租税・手数料などの収納金の徴収のために財務省が発行する証票。印紙税の納付、許可申請時の手数料、不動産登記の登録免許税の支払いなどに使用する。

■ 従犯／幇助犯
[じゅうはん／ほうじょはん]

正犯を幇助した者をいう。従犯は幇助犯と同義である。幇助とは、正犯に援助を与えることにより、正犯の犯罪行為を容易にすることをいう。たとえば、金銭や凶器の提供、精神的に正犯を励ます行為が挙げられる。幇助はすでに犯罪の決意をしている者に対してのみ成立する点で、犯罪の決意をいまだしていない者に対してなされる教唆とは異なる。

■ 従物
[じゅうぶつ]

☞主物／従物

■ 周辺事態安全確保法
[しゅうへんじたいあんぜんかくほほう]

日本国周辺地域における危険な事態がわが国に及びそうな場合に、わが国の平和および安全を確保するための措置を定めた法律。「周辺事態に際してわが国の平和及び安全を確保するための措置に関する法律」の略称。この法律によって、日米安保条約の目的の達成に寄与する活動を行っている米国の軍隊への後方地域支援が合法化され、自衛隊の日本の領土外での活動が可能になった。

■ 銃砲刀剣類所持等取締法
[じゅうほうとうけんるいしょじとうとりしまりほう]

銃砲・刀剣類の所持、刃体の長さが6センチメートルを超える刃物の携帯、模造けん銃の所持、模造刀剣類の携帯などを原則として禁止し、違反者に対する罰則を規定した法律。通称は「銃刀法」。銃砲・刀剣類の所持については、原則として都道府県公安委員会の許可を受けなければならない。その他、けん銃等（けん銃、小銃、機関銃、砲）の輸入、譲渡、貸付、譲受、借受の禁止も規定されている。なお、平成21年施行の改正では、銃砲刀剣類所持者に関する「公安委員会に対する申出制度」が創設されている。

■ 住民監査請求
[じゅうみんかんさせいきゅう]

地方公共団体の住民が、地方公共団体の執行機関または職員による財務会計上の違法・不当な行為または不作為の防止・是正・損害補塡の措置を直接請求すること。住民は単独で請求できる。対象は、財務会計上の違法・不当な行為である。違法性だけでなく、妥当性も問題となる。

たとえば、市が行っている外部委託の調査費用が高額すぎるから是正してほしいといった請求も可能である。監査委員に監査を求め、防止・是正などの措置を講じるよう請求する。監査委員は、その請求に理由があれば、議会、長その他の執行機関または職員に必要な措置を講じるよう勧告する。勧告を受けた者は、措

置を講じなければならない。

住民基本台帳法
[じゅうみんきほんだいちょうほう]

住民に関する記録を統一して管理し、正確に記録することを目的とする法律。住民基本台帳制度が定められている。住民基本台帳は、個人や世帯単位の住民票により編成されており、氏名、生年月日、性別、本籍、住所をはじめ、選挙人名簿の登録、国民健康保険や国民年金の被保険者の資格、個人番号（マイナンバー）、住民票コードが記載されている。

平成24年から、在留外国人にも本法の適用がある。たとえば、在留外国人が転居する場合には市区町村に転居届が必要である。また、個人番号カード（マイナンバーカード）の発行に伴い、平成27年12月をもって住民基本台帳カード（住基カード）の発行が終了している。

住民自治
[じゅうみんじち]

地方の行政を、中央政府の指揮監督によるのではなく、その地域の住民の意思と責任の下で実施する原則をさす。地方自治の要素のひとつ。たとえば、地方公共団体の長や議員を住民が直接選挙によって選出するのは、住民自治の表れである。

住民訴訟
[じゅうみんそしょう]

住民監査請求をしたが、その結果などに不服があるとき、裁判所に対して、住民監査請求に関する違法な行為などについて是正を求めて争う訴訟。地方公共団体の機関や職員の違法な財務会計上の行為について争うことが目的であり、自分自身の法律上の利益とは関係なく提起できる訴訟（民衆訴訟）の一種である。住民監査請求をした者しか原告になることができない。対象は住民監査請求と同じ財務会計上の行為であるが、住民監査請求と違い、不当の問題は争えず、違法性しか争えない。

主な請求内容としては、差止請求や取消請求、損害賠償請求・不当利得返還請求の義務付け請求などがある。住民訴訟は、自分自身の利益のために提起する訴訟ではないため、損害賠償請求・不当利得返還請求の義務付け請求については、違法な財務会計上の行為を行った者が支払いの義務付けに応じない場合には、別途、地方公共団体がその者を被告として支払いを求める訴訟を起こさなければならない。

住民投票
[じゅうみんとうひょう]

地方公共団体において、その地域の課題について、投票という形で住民の総意を確認する方法をいう。直接民主制の一方式。代表民主主義の欠陥を補完する。現行法では以下の4種類がある。

ⓐ地方議会の解散請求がなされた場合などにその是非を問う住民投票。

ⓑ特定の地域のみに適用される特別法の制定にあたり行われる地方自治特別法の賛否投票。

ⓒ市町村合併の是非を決する住民投票。

ⓓ地方公共団体が住民投票条例を制定して行う住民投票。

住民の総意となるように、成立要件を設ける場合もあるが、成立要件の必要性、成立要件の程度が論議されている。

収用委員会
[しゅうよういいんかい]

土地収用法に基づいて、特定の公共事業等の用に供するために、土地の収用裁決等を行う機関をさす。地方公共団体に置かれる行政委員会の一種である。都道府県に置かれ、議会の同意を得たうえで都道府県知事が任命する。任期は3年であり、人数は7名である。

■ 重要影響事態安全確保法・周辺事態安全確保法

[じゅうようえいきょうじたいあんぜんかくほほう・しゅうへんじたいあんぜんかくほほう]

放置すれば日本に対する直接の武力攻撃に至るおそれのある事態等、わが国の平和および安全に重要な影響を与える事態（重要影響事態）がある場合に、わが国の平和および安全を確保するための措置を定めた法律。「重要影響事態に際して我が国の平和及び安全を確保するための措置に関する法律」の略称。平成27年成立の安全保障関連法により、かつての周辺事態安全確保法から名称が変更された。周辺事態安全確保法によって、日米安保条約の目的の達成に寄与する活動を行っている米国を含めた外国軍隊への後方支援が合法化され、自衛隊の日本の領土外での活動が可能になっている。

■ 重要事項説明書

[じゅうようじこうせつめいしょ]

不動産売買契約等が行われる前に、仲介業者が買主等となるべき者に交付する契約内容を説明するための書面のこと。宅地建物取引士の資格を持つ者が、この説明書を交付・説明しなければならない。この説明書においては、取引の対象となる土地に設定された登記上の権利、法令上の制限、私道の負担、手付金保全措置の内容などの説明事項を記載すべきことが、宅地建物取引業法に規定されている。

■ 縦覧

[じゅうらん]

一般に、行政上の書類を私人が自由に見ることができる制度ないし実際に見ることをさす語。たとえば、選挙人名簿の縦覧、固定資産税台帳の縦覧などがある。行政上の書類を一般の私人が見ることができるようにすることで、書類の内容が公正であることを担保し、また、私人に情報収集の機会を与えることを目的としている。

■ 重利

[じゅうり]

弁済期限の到来した利息を元本に組み入れ、その総額に利息をかけること。利息につけられる利息である。重利には、当事者の合意に基づいて行われる約定重利と、民法の定めに基づく法定重利がある。約定重利について、判例は、組み入れる利息とこれに対する利息との合計額が、本来の元本との関係で、利息制限法の制限利率の範囲を超えない範囲で有効であると判断している。法定重利は、民法405条の規定により、ⓐ利息の支払いが1年以上延滞している、ⓑ債権者が催告しても債務者が支払わない、という要件を満たしたときに認められる。

■ 収賄罪

[しゅうわいざい]

公務員が職務に関して賄賂を受け取り、または賄賂を要求もしくは約束する罪。単純収賄罪は収賄罪の基本類型であり、5年以下の懲役に処せられる。収賄罪には、事前収賄罪や受託収賄罪など、周辺類型や刑の加重類型が規定されており、広義にはこれらを含めて収賄罪の語を用いることもある。

保護法益は、判例・通説によれば公務員の職務の公正とこれに対する社会一般の信頼を保護することと理解されている。収賄罪の対象となる職務行為は、賄賂と対価関係にある公務として行われる一切の執務をさすと理解されており、賄賂とは、職務行為の対価として与えられる不正な利益をいう。たとえば、税務署の職員が、所得税の調査を他の者に比べて緩やかに行うことで金銭を収受した場合などが、（単純）収賄罪の例として挙げられる。

■ 受益権

[じゅえきけん]

国民が国家に対して、ある特定の行為や給付を要求する権利。人権保障を確実にするために、憲法が個人に保障している基本権であると考えられている。国務請求権ともいう。請願権（憲法16条）、裁判を受ける権利（憲法32条）、国家賠償請求権（憲法17条）、刑事補償請求権（憲法40条）などが憲法において定められている。自由権とは異なり、原則として、憲法の規定を具体化する法律が定められることによってはじめて具体的な請求権が生じると考えられている。

■ 受益者

[じゅえきしゃ]

利益を受ける者。さまざまな場面で異なる意味に用いられる。たとえば、不当利得返還請求（民法703条）では、他人の財産または労務によって利益を受ける者を受益者と呼ぶ。詐害行為取消権（民法424条）では、債務者の詐害行為により利益を受けた者を受益者と呼ぶ。信託では、信託行為によって利益を受ける者を受益者と呼ぶ。

■ 授益的行政行為

[じゅえきてきぎょうせいこうい]

主に国民に権利を与えたり、義務を免除することを内容とする行政行為をさす。たとえば、補助金の交付決定や生活保護決定などが挙げられる。

■ 主観主義

[しゅかんしゅぎ]

刑法理論において、犯罪の本質を行為者の内部的要素に求める立場をいう。行為者の内部的要素としては、犯罪行為を反復するであろう性格の危険性や、将来犯罪を行い社会に危険をもたらすであろう社会的危険性などがある。客観主義に対する語である。

■ 主観訴訟

[しゅかんそしょう]

個人の権利や義務に関する訴訟をさす。とくに、行政事件訴訟法が定める訴訟類型を分類するための概念として用いられることが多い。行政事件訴訟法が規定する抗告訴訟や無効等確認訴訟は、違法な公権力の行使に対して、個人の権利・義務の救済を求める訴訟であるため、主観訴訟であると考えられている。対立概念は、客観訴訟である。

主観訴訟の例としては、飲食店を営む者が、違法な営業停止処分を受けたとして、営業停止処分の取消訴訟を提起する場合などが挙げられる。

■ 主観的違法要素・主観的構成要件要素

[しゅかんてきいほうようそ・しゅかんてきこうせいようけんようそ]

主観的違法要素とは、違法性に影響を与える行為者の主観的な要素のことをいう。主観的構成要件要素とは、行為者の主観的な要素が構成要件要素となるものをいう。

たとえば、目的犯における目的や、故意・過失が挙げられるが、これらが、主観的違法要素なのか、主観的構成要件要素なのか、さらにはどちらでもないのではないかについて、学説上さまざまな見解が唱えられている。たとえば、構成要件が違法性および有責性の類型であるとする立場のうち、主観的違法要素を構成要件段階で考慮する見解に立てば、目的犯の目的等は、主観的構成要件要素ということになる。

■ 主観的追加的併合

[しゅかんてきついかてきへいごう]

民事訴訟において、ある訴訟の最中に、当事者の第三者に対する請求または第三者の当事者に対する請求を追加し、一緒に審理することを求めること。いったん

別の訴えを提起して、それを改めて併合するという手間を省く趣旨である。すでに行われている訴訟を利用でき、裁判手数料が必要ないなどの利点がある。明文に根拠のない主観的追加的併合が認められるかについて論議されているが、判例は、訴訟の複雑化、軽率な提訴の増加などを理由に認めていない。

主観的予備的併合
[しゅかんてきよびてきへいごう]

民事訴訟で、共同訴訟の形をとりつつ、複数の相手方に対する請求に順位をつけて審判を申し立てること。原告または被告が数人いて、それぞれの請求が論理上両立しない関係にあり、どの請求が認められるかわからない場合に申し立てられる。

たとえば、土地工作物の瑕疵による損害賠償請求（民法717条）において、第1次的には占有者を被告として、第2次的には所有者を被告として請求するような場合である。また、債権の譲受人が債務者に履行を求めたところ、債務者が債権譲渡の効力を争うので、第1次的には譲受人が原告として、第2次的には譲渡人が原告として請求する場合がある。紛争の統一的解決に役立つという利点がある。

しかし、判例は、被告が複数である事案において、被告の不安定・不利益という理由でこれを認めていない。そこで、同時審判申出共同訴訟が立法化された。これにより、原告が同時に審判することを申し出ることで、共同被告に対して、相互に法律的に保存することができない関係についての訴訟を、弁論を分離させずに行うことができることになった。そのため、主観的予備的併合としてとらえる必要がなくなったともいわれている。

縮小解釈
[しゅくしょうかいしゃく]

法令解釈の方法のひとつで、法制度の趣旨を考慮して条文に用いられている文言を縮小的に解釈することをいう。対立観念は拡大解釈。

縮小認定の原則
[しゅくしょうにんていのげんそく]

刑事訴訟で、訴因の中に包含された犯罪事実を認定するには訴因変更を要しないとする原則のこと。縮小認定が許される理由としては、訴因事実と認定事実が全体と部分の関係にあるときには、認定事実も検察官によって黙示的・予備的には主張されていたと解されること、被告人に不意打ちとはならないと解されることがある。縮小認定として許される例として、強盗罪の訴因で恐喝罪を認定する場合や、殺人罪の訴因で同意殺人罪を認定する場合、殺人未遂罪の訴因で傷害罪を認定する場合などがある。

主刑
[しゅけい]

それだけを独立して科すことができる刑罰のこと。わが国の刑法は、死刑、懲役、禁錮、罰金、拘留、科料を主刑として規定している（刑法9条）。これに対して、主刑に付加してのみ科すことができる刑罰を付加刑といい、没収がこれに当たる。

受継
[じゅけい]

民事訴訟で、当事者の死亡などのため中断している訴訟手続を新たな当事者などが受け継ぐこと。受継申立ては、相続人などの新当事者が行うが、相手方が行うこともできる。受継の申立てがあった場合には、裁判所は職権で調査をし、申立てに理由がないと認めるときは、却下決定をする。申立てに理由があるときは、受継決定がされ、訴訟追行が許される。

主権
[しゅけん]

ⓐ統治権、ⓑ国家権力の属性としての最高独立性、ⓒ国政についての最高決定

権の3つの意味がある。ⓐは、立法・行政・司法などの、国家権力そのもののことをいう。ⓑは、主権国家という場合の主権のことであり、対外的に他の国家に隷属しておらず、独立していることをいう。ⓒは、国政における主権の所在のことをいい、たとえば君主主権や国民主権をいう。

■ 授権行為
[じゅけんこうい]

任意代理の場合に、本人が他人に代理権を授与する行為のこと。法的性質について、通説は委任契約などの内部契約とは別個の、代理権を授与する旨の非典型契約と解釈している。

■ 授権資本制度
[じゅけんしほんせいど]

会社法において、新株の発行の権限が株主総会または取締役会等に与えられていること。株式会社の設立に際して、定款に定められた発行可能株式総数の一部だけ発行し、残りを会社設立後、必要に応じて取締役会の決議等により発行できる。この範囲内であれば定款変更は必要がないため、取締役会等は原則として株主総会の意向を聴くことなく、その裁量で新株を発行できる。一方で、あまりにも広い裁量を取締役会等に与えては既存株主に不利益であるため、発行可能株式総数の範囲内という制約を置いている。かつては、定款に記載された株式数はすべて発行しなければならず、新株発行には定款の変更が必要となり、不便だったため、授権資本制度に改められた。

■ 授権代理
[じゅけんだいり]

本人の意思に基づき、代理人に代理権を与える行為（授権行為）によって、代理権が発生する場合をいう。ある一定の事由が生じたときに、法律の規定により当然に代理権が発生する法定代理に対立する概念である。委任という授権行為または意思表示によるため、委任代理、または任意代理とも呼ばれている。

■ 主権免除
[しゅけんめんじょ]

国家は外国の裁判権に服さないということ。かつては国家のあらゆる活動について裁判権からの免除を与えるという絶対免除主義がとられていたが、現在では国家の主権的行為については免除されるが、私法的な行為については免除されないとする制限免除主義が有力であり、判例もこの立場をとっている。

■ 取材の自由
[しゅざいのじゆう]

報道機関が、報道の前提として自ら情報を獲得するための自由をいう。最高裁は、報道の自由を認めつつ、取材の自由に対しては憲法21条の精神に照らし十分尊重に値すると述べるにとどまり、人権とは言い切っていない。

■ 主尋問
[しゅじんもん]

交互尋問方式によって証人を尋問する場合に、その証人の尋問を請求した当事者が最初に行う尋問のこと。直接尋問ともいう。証人尋問の順序については、民事訴訟では、民事訴訟法202条、民事訴訟規則113条が交互尋問方式によることを規定している。刑事訴訟では、法律上は裁判官が先に質問することになっている（刑事訴訟法304条1項）が、実際にはこの順序を変えて（同法同条3項）、交互尋問方式がとられている（刑事訴訟規則199条の2）。

■ 受託裁判官
[じゅたくさいばんかん]

訴訟が係属している裁判所が他の裁判所に対して、特定の事柄の処理を依頼した場合に、その処理に当たる裁判官をさす。裁判所間の共助として行われる。た

とえば、証拠調べや被告人の勾引、押収、捜索などが依頼される事項の例として挙げられる。訴訟が係属している裁判所から、証拠物が遠隔地にある場合などに依頼が行われる場合が多い。

■ 受託者
[じゅたくしゃ]

委託や信託を受けた者のこと。法律行為や事実行為を委託された者（受託者）は、委託者のために法律行為や事実行為を行い、信託を受けた者（受託者）は、委託者から譲渡された財産について、受益者のために管理処分を行う。

■ 受託収賄罪
[じゅたくしゅうわいざい]

公務員が、担当する職務に関し、依頼を受けて賄賂を収受・要求・約束する罪。公務員の職務の公正およびそれに対する社会の信頼を守るために規定された。7年以下の懲役に処せられる。本罪は、公務員が依頼を承諾した上で賄賂を受け取ることを重視して、単純収賄罪よりも重く処罰している。

■ 主たる債務／従たる債務
[しゅたるさいむ／じゅうたるさいむ]

主たる債務とは、本来の債務者が負う債務のこと。これに対して、債務者の保証人が負う債務を従たる債務という。たとえば、AからBが融資を受け、CがBの保証人になった場合、Bが負う債務が主たる債務、Cが負う債務が従たる債務である。

従たる債務は、主たる債務が存在しなければ成立せず、主たる債務より重い負担を課せられることはない。

■ 手段審査／目的審査
[しゅだんしんさ／もくてきしんさ]

いずれも違憲審査の際に用いられる手法である。

手段審査とは、基本的人権を規制する立法について、その規制手段の合理性の有無に着目して審査するものである。これに対して、目的審査とは、基本的人権を規制する立法について、その規制目的の正当性の有無に着目して審査するものである。

手段審査と目的審査は、規制目的自体に正当性がなければ、手段の正当性を問題にするまでもなく違憲となるという関係にある。したがって、実際の違憲審査では、手段審査に先立って、目的審査が行われることになる。国民の代表者が制定した立法の目的について、裁判所が違憲の判断を下すには、十分に説得力のある理由が必要であると解されるため、目的審査の結果として違憲判断がなされることは実際には考えにくい。これまでに最高裁が下した違憲判断も、手段審査によるものと解されるものが多い。

■ 主張／立証
[しゅちょう／りっしょう]

主張とは、訴訟で、請求を基礎づける具体的事実の陳述をいう。立証とは、訴訟において、事実を証拠により証明することをいう。たとえば、貸金返還請求訴訟において、原告は、返還合意と金銭授受、弁済期の到来の事実を主張し、これらを立証しなければならないが、借用証書の存在は返還合意の事実を証明する証拠となる。

■ 首長制
[しゅちょうせい]

☞大統領制／首長制

■ 主張責任
[しゅちょうせきにん]

訴訟で、自己に有利な事実を主張しておかなければ、その事実は存在しないものとして扱われる当事者の不利益をいう。当事者の意思を尊重すべきとする弁論主義から導かれる原則である。たとえば、貸金返還請求訴訟では、客観的には返還合意の事実があったにもかかわらず、原告

がこれを主張しない場合には、返還合意の事実は存在しないものとして扱われることになる。主張責任は、当事者に争点の形成を促し、裁判所に審判対象を明示するとともに、相手方に攻撃防御の対象を明示する機能を営む。

■ 出捐
[しゅつえん]

自己の財産を他人に供与すること。提供する側に何ら見返りがないことが特徴であり、たとえば、財団法人を設立するにあたり、財産を提供することをさして出捐の言葉が用いられることがある。

■ 出向
[しゅっこう]

企業外への人事異動のこと。出向には2種類ある。1つは、出向元の会社の社員としての身分を保持しつつ、出向先の会社で勤務する在籍出向である。もう1つは、出向元の社員の身分を失い、出向先の社員の身分を取得したうえで、出向先で勤務する移籍出向である。どちらの出向も、出向期間中は、出向先の会社の指揮・命令を受けることになる。なお、出向の期間については、法律上で別段の定めは設けられていない。

■ 出資
[しゅっし]

事業を営むために必要な金銭その他の財産、労務、信用を事業主体に提供すること。事業主体が個人的結合の色彩が濃い人的会社の場合は、労務、信用の出資も許されるが、資本結合に重点が置かれる物的会社の場合には、財産出資に限られる。

■ 出資法
[しゅっしほう]

貸金業者などを規制する目的で制定された、出資金の受入れを制限し、浮貸しや高金利などを取り締まる法律のこと。正式名称は「出資の受入れ、預り金及び金利等の取締りに関する法律」。なお、浮貸しとは、金融機関の役員などが、その地位を利用し、自己または第三者の利益を図るため、金銭の貸付けなどの行為をすることをいう。

■ 出生
[しゅっしょう]

胎児が母体から生まれ出ることをいう。法律上、人は、出生によって権利能力を有することになる。民法上は、生きて母体から全部露出した時が出生である（全部露出説）とするのが通説である。一方、刑法上は、堕胎罪と殺人罪を区別するために出生の時期が問題となるが、判例によって、胎児の一部でも露出すれば出生であるとされている（一部露出説）。

■ 出水および水利に関する罪
[しゅっすいおよびすいりにかんするつみ]

刑法10章に規定されている罪をさす。出水罪は、公共危険罪である。たとえば、他人が管理しているダムや堤防を決壊させる行為などによって成立する。

水利に関する罪とは、水利権を侵害する行為によって成立する。水利権とは河川の流水を工業用水や灌漑用水、水道用水などに利用する権利をいう。たとえば、工業用水として利用することが予定されている貯水を流出させるなどの行為が例として挙げられる。

■ 出訴期間
[しゅっそきかん]

行政処分や裁決の取消しを求める訴訟（取消訴訟）について、提起可能な期間のこと。処分・裁決のあったことを知った日から6か月以内が原則である。出訴期間を経過すると、行政処分の違法性を取消訴訟では争うことができなくなる。これを不可争力という。出訴期間経過後であっても、瑕疵が重大・明白な行政処分については、処分が無効であることを主張する無効確認訴訟を提起できる。

■ 出入国管理及び難民認定法

[しゅつにゅうこくかんりおよびなんみんにんていほう]

わが国に入国し、またはわが国から出国するすべての者の出入国の公正な管理と、難民認定手続の整備を目的とした法律。「入管法」と省略して呼ばれることが多い。入管法では、ⓐ出入国に関する審査と手続、ⓑ外国人の在留に関する許可要件と手続、ⓒ難民認定手続等について規定している。平成31年4月より、出入国や在留の管理等を行う行政機関が、法務省の内部部局である入国管理局から新たに設置された出入国在留管理庁へと変更され、入国管理局は廃止された。

■ 主登記

[しゅとうき]

登記を行うにあたって、新たに登記される場合など、それ自体が独立した順位を持っている登記をいう。登記の際に新しい順位番号がつけられず、既存の登記の順位番号と同じ順位番号で登記される付記登記に対する概念。独立登記ともいう。たとえば、乙区1番で抵当権の設定登記がなされた後で、さらに抵当権の設定登記をすれば、主登記として、乙区2番で抵当権設定の登記が行われる。これに対して、1番抵当権の移転登記をすれば、乙区1番付記1号で抵当権移転の付記登記がされることとなる。

■ 受働債権

[じゅどうさいけん]

☞自働債権／受働債権

■ 受働代理／能働代理

[じゅどうだいり／のうどうだいり]

受働代理とは、代理人が相手方から意思表示を受けることをいう。反対に、代理人から、相手方に意思表示をすることを能働代理という。たとえば、AがBの代理人として、Cとの間で売買契約を結ぶ場合に、契約の成立後、CがBの代理

人Aに対して、契約取消しの意思表示や、契約の無効確認の請求をした場合には、Aの受働代理が成立する。これに対して、そもそもAがCに対して売買契約を申し込む行為などが、能働代理の例として挙げられる。

■ 取得時効

[しゅとくじこう]

一定期間継続して他人の物を占有した場合に、その物の所有権を取得する制度のこと。たとえば、AがBの土地を、所有する意思をもって、平穏かつ公然と占有し続けた場合に、Aが土地の所有権を取得することになる。もっとも、占有開始時に、Bの土地であることを知らず、かつ、知らないことがAの不注意によらない場合には、10年間の占有で足りるが、もともとB所有の土地であることを知っていた場合には、20年間の占有が必要である。取得時効は、永年重ねられた事実状態を尊重することを趣旨としている。なお、所有権以外の財産権も、取得時効の対象になる。

■ 取得条項付株式

[しゅとくじょうこうつきかぶしき]

会社法において、一定の事由が生じたことを条件として、株主の同意なく強制的に株式会社が取得することができる株式。取得条項付株式を発行するには定款で必要事項を定めなければならない。具体的な日や具体的な事件を一定の事由にしてもよく、別途取締役会や株主総会を開いて決定するというように、白紙委任的に定めてもよい。対価は、金銭、社債、新株予約権、他の種類の株式、それ以外の財産でもよい。既発行の株式を取得条項付株式にしたり、取得条項付株式の条件を変更したりする場合、通常の定款変更の手続に加え、その株式を持っている株主全員の同意が必要である。なお、全部取得条項付種類株式とは全くの別物な

ので、注意が必要である。

■ 取得請求権付株式
[しゅとくせいきゅうけんつきかぶしき]

株主が会社に対して自己の株式の取得を請求することができる株式。株主が請求した場合、会社はその株式を取得しなければならない。投資家向けのサービスで使われることが多い。たとえば、会社の業績が悪い間は議決権の制限された優先株式を持ち、会社の業績が向上した場合に取得請求権を行使して会社に株式を買い取らせ、普通株式を交付してもらうといった形で用いられる。

取得請求権付株式を発行するには、定款で必要事項を定めなければならない。対価は、金銭、社債、新株予約権、ほかの種類の株式、それ以外の財産でもよい。取得を請求できる期間も定める。請求日に当然に取得の効力が生じる。

■ 受忍限度
[じゅにんげんど]

互いに相手に対してかけている迷惑を社会的に認容すべき範囲のこと。飛行場の騒音、工場排水の臭気などの公害問題や、隣家の飼い犬がうるさい、マンションの上階で子供が走り回るといった近隣トラブルなどに関する裁判において、受忍限度の範囲を超えたかどうかが争われる。受忍限度の範囲についての明確な規定はないが、身体的・精神的な健康への影響や物的被害の程度、当該地域の歴史や性質、被害防止への取り組み、社会的な影響といったことを考慮して判断すべきとされている。

■ 主犯
[しゅはん]

2人以上の者が共同して犯罪を行った場合に、主導的な役割を果たした者をさす。法令上の用語ではなく、一般に「犯罪の中心人物」といった程度の意味である。

■ 守秘義務
[しゅひぎむ]

職務上知りえた秘密を保持する義務をいう。たとえば、弁護士、医師、公務員などに課せられている。守秘義務違反は、刑法をはじめとする法律により罰せられる場合がある。

■ 種苗肥料供給の先取特権
[しゅびょうひりょうきょうきゅうのさきどりとっけん]

債務者の財産のうち、種苗や肥料に対する代価や利息などの債権者が有する先取特権をさす。種苗肥料供給の先取特権者は、債務者の財産のうち、種苗や肥料を用いて土地から生じた果実や蚕種による繭などの財産から、他の債権者に優先して弁済を受けることができる。

■ 種苗法
[しゅびょうほう]

植物の品種登録制度や種・苗の表示に関する規制を定めた法律。新品種の創作促進と種・苗の流通を適正に行わせることを目的としている。種苗法に基づき品種登録を受けることで、出願者は育成者権（登録品種を業として生産販売などをする権利）を取得することができる。

■ 主物／従物
[しゅぶつ／じゅうぶつ]

独立の物であって、他の物（主物）がその経済的な効用を継続的に果たせるようにするために結合した物を従物といい、結合された物を主物という。たとえば、家屋の畳や、料亭の庭の石灯籠などは、主物である建物の従物とされる。主物が売買などにより処分される場合、従物も同時に処分されたものとして扱われる。

■ 主文
[しゅぶん]

裁判における結論を示した部分。民事訴訟の判決における主文には一般に3通りの記載がある。まず、原告の訴えが不

適法である場合には、原告の訴えを「却下する」との判決が下され（却下判決）、請求に対する実質的な判断は示されない。次に、原告の訴えに理由がない場合には、原告の請求を「棄却する」との判断が示される（棄却判決）。そして、原告の請求に理由がある場合に下されるのが、認容判決である。たとえば、原告が売買契約の代金支払いを請求した訴訟で、原告の請求が認められた場合に、「被告は原告に対して金員 100 万円を支払え」などと主文に記載される。

また、刑事訴訟で有罪判決が下される場合には、「被告人を懲役 1 年に処する」といったように、主文で刑の言渡しが行われる。

■ 受命裁判官
[じゅめいさいばんかん]

裁判長の命により、合議体としての裁判所を代表して、特定の訴訟行為を行う裁判官をさす。原則として、命じられた事項については、裁判所または裁判長と同一の権限を持つ。民事訴訟では、和解の試み、証拠調べ、書面による準備手続などが命じられる。刑事訴訟では、押収、捜索の裁判、検証、証人尋問などを合議体を代表する単独の裁判官に命じることがある。

■ 主要事実
[しゅようじじつ]

権利の発生、変更、消滅という法律効果の判断に直接必要な事実のこと。たとえば、売買契約に基づく代金請求訴訟では、売買の合意があったことが代金請求権の発生を基礎づける主要事実となる。弁済や消滅時効は、代金請求権の消滅を基礎づける主要事実となる。

■ 受理
[じゅり]

従来の講学（学問）上の概念としては、行政庁が、私人の届出や申請などを有効なものとして受理する行為をさし、それ自体は直接法律効果を生じさせない準法律的行政行為のひとつといわれてきた。しかし、受理の前に行政庁が内容的な審査を行い、申請の取下げや変更を指導し、それに従わない場合には受理を拒絶するという、事実上強制的な作用を生じることが多かった。そのため、行政手続法は受理という概念を採用せず、申請が物理的に事務所に到達することによって、形式面と内容面双方の審査義務が発生するとした。

☞行政手続法

■ 受領権者としての外観を有する者
[じゅりょうけんしゃとしてのがいかんをゆうするもの]

受領権者（債権者または弁済の受領権限を与えられた第三者）でないのに、取引上の社会通念に照らして受領権者らしい外観を有する者のこと。平成 29 年の民法改正により、条文上の名称が「債権の準占有者」から「受領権者としての外観を有する者」に改められた。たとえば、銀行の預金通帳と印鑑を盗み出して預金を引き出そうとする者、詐称代理人、表見相続人などが挙げられる。取引の安全と真の債権者の保護とのバランスを図るべく、受領権者としての外観を有する者に対する弁済は、弁済者が善意無過失の場合に限り有効になる。弁済が有効となった場合における真の債権者の保護は、受領者に対する不当利得返還請求または不法行為に基づく損害賠償請求によって図られる。

■ 受領遅滞
[じゅりょうちたい]

債務の履行につき、受領その他債権者の協力を必要とする場合に、債務者が債務の本旨に従った弁済の提供をしたにもかかわらず、債権者が協力しないために履行が遅れていること。たとえば、絵画の売買で、売主である画商が買主の自宅

まで絵画を持参し、引渡債務の履行を提供したにもかかわらず、買主が絵画を受け取らない場合が挙げられる。

受領遅滞の前提として債務者による弁済の提供があるため、受領遅滞が認められる場合には、弁済の提供の効果が生じる。つまり、債務者は履行遅滞の責任を免れる。その他、受領遅滞によって履行費用が増加した場合、その費用は債権者負担になる。なお、債権者に受領義務を認め、その違反に対する解除や損害賠償請求を認めるか学説上争いがあるが、民法はこの点を明確にしておらず、判例は原則として認めていない。

■ 受領能力
[じゅりょうのうりょく]

意思表示を受領することができる能力。民法上、未成年者、成年後見人には受領能力が認められない。これらの者に対して意思表示をしても、表示した者は相手方に対抗できないが、法定代理人が知ったときは、その効力を主張できる。受領能力は対抗の問題であるため、制限行為能力者の側から、意思表示の効力を主張することは可能である。

■ 種類株式
[しゅるいかぶしき]

一定の事項について他の株式と内容が異なる株式。株式会社はさまざまな内容の種類株式を発行できる。それによって、さまざまな目的を持つ投資家のニーズに対応でき、会社にとっても資金調達が容易になる。しかし、場合によっては既存の株主の利益を害することもあるので、種類株式を発行する場合には、定款に発行可能種類株式総数と一定の事項を定めておかなければならない。

たとえば、役員選任決議については議決権を持たない等の議決権制限株式がこれに当たる。また、譲渡するには会社の承認を得なければならないと定める譲渡制限株式が、種類株式として発行される場合がある。

■ 種類株式発行会社
[しゅるいかぶしきはっこうがいしゃ]

権利内容の異なる複数の種類の株式を発行する株式会社。株式による資金調達の多様化と支配関係の多様化の機会を会社に与える狙いがある。

たとえば、新株発行をする際に、議決権制限種類株式を発行すると、既存株主による支配関係に変動を与えないメリットがある。

■ 種類株主総会
[しゅるいかぶぬしそうかい]

会社が種類株式を発行した場合に開催される、その種類の株式の株主を構成員とする株主総会。主として、異なる種類の株主間で利害調整が必要となる場合に開催され、たとえば株式の内容の変更や株式の併合がなされる場合には、必ず開催されなければならない。

■ 種類債権
[しゅるいさいけん]

種類物の給付を目的とする債権をいう。種類物とは、物としての個性を持たない物をいい、たとえば、大量生産が可能な銘柄のジュースが挙げられる。種類債権の引渡債務の債務者は、特定するまで調達義務を負う。種類債権は、その物が市場からすべて滅失するなどの特殊な場合以外は履行不能にならないため、調達義務は理論上は無限に広がりうる。

■ 種類物
[しゅるいぶつ]

☞不特定物／種類物

■ 順位確定の原則
[じゅんいかくていのげんそく]

抵当権の順位に関する原則のひとつ。抵当権の順位は登記の先後により確定的に定まり、その後に先順位の抵当権が消滅するなど、他の順位の抵当権者に変動

があっても、その抵当権の順位は変わらないとする原則。

たとえば乙区1番でAの抵当権、乙区2番でBの抵当権が設定されていた場合、Aの抵当権が被担保債権の弁済などにより消滅しても、Bの抵当権は乙区1番に上昇することなく、乙区2番を維持し続けるというものである。

この原則は、日本の民法では採用されていない。

なお、いったん登記されると、後から設定された担保物権に先を越されることがないという原則をいうこともある。

■ 順位昇進の原則
[じゅんいしょうしんのげんそく]

抵当権の順位に関する原則のひとつ。先順位の抵当権が消滅すれば、後順位の抵当権の順位が上昇するという原則のこと。

たとえば、乙区1番のAの抵当権、乙区2番のBの抵当権がある場合、Aの抵当権が被担保債権の弁済などによって消滅した場合、乙区2番のBの抵当権の順位が2番から1番に上昇する原則のことである。わが国の登記制度では採用されているが、この原則をとらない国もある。

■ 準委任
[じゅんいにん]

法律行為ではない事務の委託をすること。例として、不動産の管理契約や医師との診療契約などがある。準委任に対して、法律行為を委託することを委任という。もっとも、準委任には、委任の規定がすべて準用されるため（民法656条）、両者を区別する実益はとくにない。

■ 準起訴手続
[じゅんきそてつづき]

特定の罪について告訴が行われたが、検察官が不起訴処分を行った場合に、不起訴処分に不服を持つ告訴人等が、その事件について、裁判所の審判を受けることができるよう請求することをいう。付審判請求手続ともいう。

公務員の職権濫用等の罪について、請求することができる。検察審査会による起訴議決とともに、検察官による不当な不起訴処分に対する抑制手段である。請求を受けた裁判所が審判に付する決定をしたときは、その事件は公訴提起があったものとみなされる。

■ 準強制わいせつ罪・準強制性交等罪
[じゅんきょうせいわいせつざい・じゅんきょうせいせいこうとうざい]

準強制わいせつ罪とは、人の心神喪失または反抗不能な状態に乗じて、わいせつな行為をする罪をいう。準強制性交等罪とは、女子の心神喪失または反抗不能な状態に乗じて、性交、肛門性交、口腔性交をする罪をいう。それぞれ強制わいせつ罪、強制性交等罪と同様の刑に処せられる。保護法益は個人の性的自由である。なお、強制性交等罪と同様、平成29年の刑法改正により、準強姦罪の代わりに準強制性交等罪が設けられた。これにより、女性だけでなく男性も準強制性交等罪の被害者となる余地が生じる。

心神喪失とは、失神、睡眠、泥酔や重度の精神障害などによって自己の性的自由が侵害されていることについての認識がない場合をいう。そして、反抗不能とは、極度の畏怖状態など物理的・心理的に抵抗が著しく困難な場合をさす。

■ 準共有
[じゅんきょうゆう]

ある財産に関して、複数の人が所有権以外の財産権を持つこと。法令に特別の定めがあるときを除いて、共有の規定が準用される。

民法では、地上権、永小作権、地役権などの用益物権、そして、抵当権などの担保物権について、準共有が成立する。債権に関しては、使用貸借契約や賃貸借契

約における借主の権利などには、準共有が成立すると考えられている。しかし、それ以外の債権は、一般に準共有ではなく、債権者または債務者が複数存在する場合の規定に従って処理される。一方、特許権や著作権などが、複数人に帰属する場合には、準共有になると考えられている。

■ 準拠法
[じゅんきょほう]

国と国との間にまたがる法律問題が生じた場合に、その問題に適用される法律のこと。いずれの国の法律が適用されるかを判断する法律（あるいは法分野）のことを国際私法といい、この判断の結果、適用されるものとされた法律のことを準拠法という。

■ 準現行犯
[じゅんげんこうはん]

法令上、現行犯とみなされる者をいう。刑事訴訟法は、犯人として追跡されている者、盗品・犯罪に使用したと思われる凶器を所持している者や、犯罪の痕跡が強く残っている者などが、犯罪終了後まもないと考えられる場合に、準現行犯であると規定している。たとえば「泥棒」といわれながら追われている場合などが挙げられる。

■ 準抗告
[じゅんこうこく]

①刑事訴訟法上、裁判・処分の取消し・変更を求める不服申立てをいう。裁判官の命令に対するものと捜査機関の処分に対するものがある。裁判官の命令に対する準抗告は、たとえば、勾留・押収物の還付に関する裁判への準抗告がある。これに対して、捜査機関の処分に対する準抗告は、たとえば、弁護人と被疑者との接見等の日時・場所・時間の指定への準抗告がある。
②民事訴訟法上、受命裁判官または受託裁判官の命令に対して、受訴裁判所へ異議の申立てを行うことが準抗告といわれることもある。たとえば、合議体から特定の行為を命じられた裁判官（受命裁判官）が発する命令には、合議体である裁判所（受訴裁判所）が指示を与えているのが通常である。そこで不服のある者は、上級裁判所に対して抗告を行うのではなく、直接、受訴裁判所に対して異議を申し立てることができると規定された。

■ 準婚
[じゅんこん]

実質的に夫婦同様の生活を営んでいるが、婚姻の届出をしていないため婚姻が成立していない男女関係をいう。内縁関係と同義である。

単なる愛人関係とは区別されるが、法律上は非婚姻の関係として扱われる。しかし、夫婦同様の関係にあることから、これを婚姻に準ずる関係ととらえ、扶助義務や財産分与請求権などは準用される。また、準婚関係の不当破棄は、破棄した側に損害賠償責任が生じる。

もっとも、婚姻にのみ認められる効果もある。たとえば、配偶者に認められる相続権は、法律上の婚姻にのみ認められている。

■ 準詐欺罪
[じゅんさぎざい]

未成年者の知識が乏しく思慮が浅い状態、または精神障害者などの判断能力の乏しい状態を利用して、財物・財産上の利益を得る罪。詐欺行為を行わない場合であっても、本罪の行為をなしたときには、詐欺に準じて、10年以下の懲役に処せられる。

■ 準事務管理
[じゅんじむかんり]

管理権限を持たない者が、他人のためではなく自分の利益のために、他人の事務を管理したとき、民法の事務管理や不当利得の規定が適用できないため不当な

結果が生じることを避けるために、事務管理の規定を適用することで妥当な結論を導く理論。たとえば、Aの作成したキャラクターを商品化したBが莫大な利益を得た場合、Bには他人のためにする意思がないので事務管理の規定はそのまま適用できない。また、Aには損失がないので、不当利得返還請求権も生じない。そこで、事務管理の規定、具体的には民法701条を準用し、同条がさらに準用する委任に関する646条に基づいて、AからBに対する全利益の請求を認めることになる。なお、特許法などの無体財産権の分野では、このようなケースでは、相手の得た利益を権利者の損害と推定する規定が設けられている。

■ 準消費貸借
[じゅんしょうひたいしゃく]

金銭その他の給付を約束する債務を、消費貸借の目的に切り替える契約。最初から消費貸借契約を締結するのではなく、すでにある債務を途中で変更する点において、通常の消費貸借契約と異なっている。たとえば、買主Aが自動車を売主Bから500万円で購入したが、購入代金の弁済が困難になったとする。このとき、Aの申入れによって、500万円を金銭消費貸借に変更した場合などが、準消費貸借契約の例として挙げられる。

■ 純粋共同根抵当
[じゅんすいきょうどうねていとう]

複数の不動産で1つの根抵当権を負担すること。対立する概念に累積根抵当がある。たとえば、同一の根抵当権者がA土地とB土地に、極度額1000万円の根抵当権の設定を受けた場合、純粋共同根抵当は、A土地とB土地があわせて1000万円を担保する。一方、累積根抵当の場合には、A土地とB土地がそれぞれ1000万円ずつ独立して担保する。なお、純粋共同根抵当の債務者、債権の範囲、極度額は、A土地とB土地で完全に一致しなければならない。

■ 準正
[じゅんせい]

出生した時点では、父母が婚姻関係にないために、非嫡出子であった子どもについて、父母の間に生まれた子（嫡出子）としての身分を取得させる制度。民法は、婚姻準正と認知準正の2種類を規定している。

婚姻準正とは、父親の認知を受けていた子どもについて、後に父母が婚姻したために準正が認められる場合をいう。これに対して、認知準正とは、婚外子として出生した子について、認知が行われる前に、父母が婚姻し、その後に認知された場合に認められる準正をいう。

■ 準占有
[じゅんせんゆう]

物に対する事実上の支配が占有権として保護されるのと同様に、権利に対する事実上の支配状態を保護するもの。たとえば、他人の預金通帳と印鑑を持って、自分の預金債権であるかのように払戻しを求める者は、債権の準占有者（受領権者としての外観を有する者）である。

準占有が認められる権利としては、抵当権、債権、知的財産権（囲特許権、著作権、商標権）などがある。財産権の準占有には、占有に関する規定が準用される（民法205条）。

■ 準備金
[じゅんびきん]

資本金と同じく貸借対照表上の「資本の部」に計上される計算上の数値をいう。資本準備金と利益準備金の2種類がある。
☞資本準備金
☞利益準備金

■ 準備書面
[じゅんびしょめん]

民事訴訟上、当事者が口頭弁論で主張

することを予定している内容、または、相手方の主張に対する応答の内容について記載した書面をいう。あらかじめ裁判所に提出し、相手方には直送する。相手方に応答の準備をする機会を与え、また裁判所の訴訟の運営を容易にすることを目的とする。相手方が口頭弁論に出席していないときは、準備書面に記載されていないことは主張できない。被告が提出する最初の準備書面を答弁書という。

■ 準備的口頭弁論
[じゅんびてきこうとうべんろん]

口頭弁論を争点および証拠の整理の目的のために利用する場合の口頭弁論。争点および証拠を整理し、当事者・裁判所間で事件の概要を把握し、紛争を適正かつ迅速に解決するために制度化された。社会の耳目をひく事件や、当事者・関係人が多数の事件に適用される場合が多い。準備的口頭弁論も口頭弁論であるため、口頭弁論や準備書面に関する規定が適用される。

■ 準備手続
[じゅんびてつづき]

①民事訴訟では、当事者・裁判所間で立証すべき事実を明確にし、争点や証拠などの内容をあらかじめ知り、その後の口頭弁論が迅速に進行するように行われる手続をいう。迅速な審理を実現するために制度化された。たとえば、弁論準備手続が挙げられる。
②刑事訴訟では、訴因・罰条を明確にし、争点および証拠などの整理をする手続のことをいう。迅速な審理を実現するために制度化された。たとえば、公判前整理手続が挙げられる。

■ 準物権行為
[じゅんぶっけんこうい]

物権以外の財産権について、発生、変更、消滅という効果を直接生じさせる法律行為をいう。具体的には、債権の譲渡、

債務の免除、無体財産権の売買などが挙げられる。

■ 準法律行為
[じゅんほうりつこうい]

直接、法律効果の発生を目的としていない表示行為をいう。準法律行為は、一般に表現行為と非表現行為とに分類される。表現行為とは、たとえば債権者が債務者に対して、債務の履行を催告する場合などが挙げられる（意思の通知）。また、債権者Aが債務者Bに対して、自分の債権を第三者Cに譲渡したことを通知する場合など、観念の通知と呼ばれる表示も表現行為に当たる。非表現行為の例としては、事務管理における他人のためにする意思など、一定の行為の前提として持っている意思等が挙げられる。

■ 準法律行為的行政行為
[じゅんほうりつこういてきぎょうせいこうい]

☞法律行為的行政行為／準法律行為的行政行為

■ 準用
[じゅんよう]

ある事柄に対する規定を、別の類似した事柄について論理的に必要な修正を行ったうえで、元となる規定にあてはめることである。たとえば、株式会社の取締役の資格制限に関する規定は、指名委員会等設置会社の執行役に準用されている。準用にあたっては、その旨の明文の規定が置かれることが多く、同様の条文の繰返しを避けるという立法技術上の要請から用いられる。また、準用は、法令上の明文規定がない場合に、解釈によってなされることもある。

■ 承役地／要役地
[しょうえきち／ようえきち]

他人の土地を自己の土地の便益の用に供する地役権において、他人の土地を承役地、自己の土地を要役地という。たと

えば、Aの田畑に水を引くために、それに隣接するBの土地に水路を設ける地役権を設定した場合、この地役権により便益を受けるAの土地が要役地、逆に、他人であるAの土地の便益のために用に供されるBの土地が承役地である。

■ 場屋営業・場屋取引
[じょうおくえいぎょう・じょうおくとりひき]

不特定多数の客が集まってくる旅館や飲食店などの場屋で行われる営業。飲食業や旅館業のことなどである。また、場屋を利用させることを目的とする契約を総称して場屋取引という。これには、売買、賃貸借、請負、これらの混合など、さまざまなものが該当する。営業的行為にあたる。

■ 照会
[しょうかい]

一般に、問い合わせて情報を得ることをいう。たとえば、弁護士は裁判上必要な証拠を得るため、弁護士会に対し、官公庁や企業への照会を求めることができる（弁護士会照会制度）。

■ 常会／臨時会／特別会
[じょうかい／りんじかい／とくべつかい]

常会とは、国会の活動形態の一種で、毎年1回召集される国会のことをさす。一般的に通常国会と呼ばれる。1月中に召集されるのが通例であり、会期は150日である。ただし、1回に限って、両議院の一致の議決によって会期を延長することができる。

これに対して、臨時会とは、常会のほかに必要に応じて臨時に召集される国会である。臨時国会ともいう。内閣が要求する場合、いずれかの議院の総議員の4分の1以上の要求がある場合、または、衆議院議員の任期満了による総選挙または参議院議員の通常選挙が行われたときに召集される。会期は召集日に両議院の一致で議決され、延長は2回まで認められている。

特別会とは、衆議院の解散による総選挙が行われた後に召集される国会であり、総選挙の後30日以内に開かれる。

■ 傷害罪
[しょうがいざい]

人の身体を傷害する罪。保護法益は人の身体。15年以下の懲役または50万円以下の罰金が科される。傷害とは、人の生理的機能に障害を与えることをいう。たとえば、骨折、失神、病気に感染させることが典型である。本罪は、行為を暴行に限定していないため、暴行によらないで傷害が生じた場合も含む。たとえば、いやがらせにより抑うつ状態に陥れた場合も傷害に当たる。

■ 障害者基本法
[しょうがいしゃきほんほう]

障害者の自立と社会参加の支援等のための施策を総合的・計画的に推進することを目的として制定された法律。昭和45年制定の「心身障害者対策基本法」を平成5年に改正・改題して現在の名称になった。障害者の自立や社会参加の支援等のための基本原則や、国や地方公共団体の責務等について規定している。平成16年の改正により、障害を理由とする差別の禁止が追加された。さらに、平成23年の改正により、国連総会で採択された「障害者の権利に関する条約」の考え方に合わせて、国際協調に関する規定が置かれた。

■ 障害者雇用促進法
[しょうがいしゃこようそくしんほう]

障害者の雇用を促進することにより、その職業と生活の安定を図ることを目的として制定された法律。正式名称は「障害者の雇用の促進等に関する法律」。昭和35年制定の「身体障害者雇用促進法」を昭和62年に改称して現名称になった。職業リハビリテーションの推進、障害者職業

さ行

センターの設置、雇用義務制度、障害者雇用納付金の徴収等について規定している。なお、障害者雇用納付金とは、障害者雇用調整金等の財源にあてるため、障害者の雇用が基準雇用率に達していない事業者から徴収される金銭のことである。

■ 障害者総合支援法
[しょうがいしゃそうごうしえんほう]

障害者や障害児の日常生活について総合的観点から支援を行うことを目的に制定された法律。正式名称は「障害者の日常生活及び社会生活を総合的に支援するための法律」である。障害者総合支援法上の障害者は、18歳以上の身体障害者・知的障害者・精神障害者・発達障害者・難病患者である。これに対し、18歳未満の身体障害児・知的障害児・精神障害児・発達障害児・難病患者を障害児としている。難病患者に該当する対象疾病は、関節リウマチ、パーキンソン病、もやもや病など361疾病（令和元年7月改定）が指定されている。

障害者総合支援法に基づいて障害者や障害児に提供される障害福祉サービスには、介護給付、訓練等給付、地域生活支援事業などがある。

■ 傷害致死罪
[しょうがいちしざい]

他人に傷害を加えて、その結果その人を死亡させる罪。3年以上の有期懲役に処せられる。保護法益は、人の身体および生命である。傷害罪の結果的加重犯である。傷害罪は暴行罪の結果的加重犯でもあるため、傷害致死罪は、二重の結果的加重犯としての側面も有している。

■ 障害未遂
[しょうがいみすい]

犯罪の実行に着手したが、外部的事情により結果が発生しなかったことをいう。刑が任意的に減軽される。自己の意思により犯行を中止する中止未遂（中止犯）に

対する概念である。

■ 少額訴訟
[しょうがくそしょう]

民事訴訟のうち、原則として1回の審理で紛争解決を図る特別な訴訟手続。簡易裁判所での簡易迅速な処理をめざし、請求の対象が60万円以下の支払いを求める場合にのみ提起することができると規定されている。証拠書類や証人は、審理の日にその場で調べることができるものに限られ、原則として即日判決が下される。判決に対しては控訴をすることができず、判決を下した簡易裁判所への異議の申立てに限り認められている。

■ 消火妨害罪
[しょうかぼうがいざい]

火災の際に、消火用の物を隠匿し、もしくは損壊し、またはその他の方法により消火を妨害する罪。公衆の生命・身体・財産の安全を保護するために規定された。1年以上10年以下の懲役が科される。「その他の方法」とは、消火活動を妨害する一切の行為をいい、たとえば、消防車の運行を不可能にすることが挙げられる。

■ 召喚
[しょうかん]

刑事手続で、裁判所（もしくは裁判長・裁判官）が、被告人・証人・鑑定人等に対し、裁判所などへの出頭を強制的に命じること。召喚状を発して行う。一定の猶予期間をおいて行う。応じないときは強制的に連行される（勾引）。類似の概念として、検証の立会いの場合などに利用される出頭命令・同行命令があるが、これらは令状を発しない点、猶予期間を要しない点で異なる。

■ 商慣習法
[しょうかんしゅうほう]

商取引において、法規範としての性質を持つ慣習（不文法）のこと。成文法である商法には劣後するが、民法には優先す

るとされている。商慣習法は、複雑化し激しく変化する商取引に対応するために、有用かつ重要な法源であるといわれている。

■ 試用期間
　　［しようきかん］

　採用後に従業員としての適性を観察・評価するために企業が設けた期間。民間企業の労働者について、試用期間を定めた法律はないが、試用期間中の企業と従業員の間には、解約権留保付労働契約が成立していると考えられる。判例は、実際に就労を開始した後、能力面など従業員としての適性に欠けると企業が判断した場合、解雇権の濫用とならない限り、留保解約権の行使が法的に認められるとしている。

■ 小規模個人再生
　　［しようきぼこじんさいせい］

　個人である債務者が利用できる民事再生手続。本来個人事業者を対象とした制度であるが、給与取得者であっても利用可能であり、継続した収入が見込まれ、債務総額が5000万円を超えない者であれば利用できる。従来、法人にとっては利用しやすく個人にとっては利用しにくかった民事再生手続を、個人でも利用しやすくするようにしたもので、再生計画が認可されると、債務者は再生計画に従って債務を弁済することになる。

■ 情況証拠
　　［じょうきょうしょうこ］

　刑事訴訟において、証拠により証明すべき事実を要証事実というが、それを間接的に証明する証拠。間接証拠と同義であり、間接事実と同義に用いられる場合もある。
　「AによるC宅への放火」という要証事実があるとする。「Aの自白」「目撃証人Bの供述」は、要証事実を直接証明するので直接証拠である。一方、「Aのガソリン所持」「AのCへの恨み」「Aの着衣の

煤」という事実は、直接証明するものではないが、間接的に証明する事実なのでこれを間接事実という。情況証拠は、間接事実を認定する根拠となる証拠である。たとえば、「Aのガソリン所持」という間接事実に対して「その目撃供述」などが情況証拠の例として挙げられる。

■ 商業使用人
　　［しょうぎょうしようにん］

　雇用契約により特定の商人（営業主）に従属し、その商人の営業について補助する者のこと。商法が定める商業使用人には、支配人、ある種類または特定の事項の委任を受けた使用人、物品の販売等を目的とする店舗の使用人とがある。なお、支配人とは、本店または支店の営業の主任者のことであり、ある種類または特定の事項の委任を受けた使用人には、会社の部長、課長、係長などが該当し得る。

■ 商業帳簿
　　［しょうぎょうちょうぼ］

　商法で作成を義務づけている書類。具体的には、事業を営む個人が作成すべき書類で、会計帳簿と貸借対照表のことである。個人つまり個人事業主が作成する商業帳簿であっても、法人が作成する計算書類と同様に、一般に公正妥当と認められた企業会計原則およびその他の会計基準に基づき作成する。

■ 商業登記
　　［しょうぎょうとうき］

　会社の商号をはじめとする会社の概要、代表取締役や取締役・監査役等の役員、資本金の額や株式数、発行する株式の内容などに関する登記をいう。これにより、会社の商号や会社自体に対する信用を維持し、かつ、会社と取引をしようとする者が安全にそれを行うことができるようにすることが目的である。事前に商業登記を調べてから取引に臨むことにより、取引相手の状態を正確に把握でき、詐称代表

取締役による詐欺や、資本金の額の誇大表示による詐欺を防止することができる。

■ 消極国家
[しょうきょくこっか]

☞自由国家／消極国家／夜警国家

■ 消極目的による規制
[しょうきょくもくてきによるきせい]

経済的自由権に対する規制目的について、消極・積極に分ける二分論に立つ場合、国民の生命・健康・公衆衛生・治安などに対する危険を防止するために加えられる規制のこと。たとえば、善良な風俗の維持を目的とする風俗営業への許可制や、直接国民の生命や健康に関わる医療行為を行う者を医師などに限定する資格制が挙げられる。

■ 償金請求権
[しょうきんせいきゅうけん]

物の付合などによって、所有権を失うなどの損失を受けた者が、それにより利益を得た者に対して、その償金を請求する権利。たとえば、Aの建物にBの動産を取り付けて分離困難となった場合、付合によりAが動産の所有権を取得する。この際、BはAに対して、動産の所有権を失ったことに対する償金を請求できる。

■ 承継取得
[しょうけいしゅとく]

所有権の取得原因のひとつであり、前主の権利を引き継ぐ形で権利を取得する場合をいう。対概念は、原始取得である。

承継取得は、移転的承継と設定的承継に分かれる。移転的承継とは、物権の主体が変更することをさし、これが契約で行われる場合には、譲渡と呼ばれている。移転的承継は、さらに、売買契約などにより特定の物権を個別に承継する特定承継と、相続や会社の合併などにより物権を包括して取得する包括承継とに分かれる。

これに対して、設定的承継とは、すでに存在する物権者の権利を土台にして、その上に、内容の制限された別の物権を設定・取得する場合をいう。たとえば、他人が所有権を持つ土地に永小作権を設定する場合などが挙げられる。

■ 承継的共犯
[しょうけいてききょうはん]

ある者が犯罪を開始したところ、その終了前に、他の者がそれまでの事情を知りながら、その犯罪に途中から関与する形態の共犯。後から関与した者に、関与前の行為の責任までを負わせてよいかが問題となる。たとえば、Aが強盗殺人の意思でCを殺害した後に、事情を知ったBが登場し、AとBが共同してCの財布を奪った場合、Bの刑事責任は、強盗全体に及ぶのか、財布を奪った部分に限定されるのかが問題となる。

判例の立場は、犯罪類型により必ずしも一定ではない。強盗殺人の事案で犯罪全体に責任を認めた大審院の判例がある。学説では議論が分かれている。

■ 証言
[しょうげん]

証人による供述のこと。民事訴訟、刑事訴訟を問わず、日本の裁判権に服する者には一般に証言の義務があり、裁判所は何人に対しても、証人として尋問することができると定められている。また、正当な理由なく証言を拒んだ場合には、10万円以下の罰金または拘留などの罰則が定められている。

■ 条件
[じょうけん]

将来ある事実が発生するか否かによって、法律行為の効力を発生・変更・消滅させるもの。この場合の事実は、発生するか否かが特約の時点で不確実なものでなければならない。事実の発生が確実な場合は期限といい、条件とは区別される。条件には、条件の成就によって法律行為の効力が発生する停止条件と、条件の成

就によって法律行為の効力が消滅する解除条件がある。

たとえば、「大学に合格したら、車を買ってあげる」というのは停止条件の例であり、「進級できなかったら、仕送りを止める」というのは解除条件の例である。

なお、「別荘を買ってくれたら結婚してあげる」などのような、身分行為に条件を付すことは、公序良俗に反するとして認められず、単独行為に条件を付すことも、相手方の地位を不安定にするため、認められない。

条件関係
[じょうけんかんけい]

実行行為と結果との間に、「あれなければこれなし」という関係が認められることをいう。刑法上の因果関係が認められるために必要な要素である。たとえば、AがBに対してピストルで心臓を撃ちぬき死亡させた場合、「Aがピストルを発射させなければBは死ぬことがなかった」ことから、Aの発射行為とBの死亡との間に条件関係が認められることになる。

証言拒絶権
[しょうげんきょぜつけん]

証人が一定の場合に証言を拒める権利。民事訴訟でも刑事訴訟でも認められる場合は、次のとおりである。
ⓐ証人自身または一定の範囲の近親者が刑事訴追を受けるおそれがある場合。
ⓑ公務員が職務上の秘密につき尋問を受けた場合に監督官庁の承認・承諾がないとき。
ⓒ医師、弁護士、宗教職などの職に従事する証人が職務上知りえた秘密について尋問を受ける場合。

民事訴訟については、証人が証言することで、技術や職業の秘密を公開することになり、職業に影響を与えるような事項についても証言拒絶権を認めている。報道記者が取材源につき証言を拒絶でき

るかには議論がある。民事訴訟の判例はこれを認めるが、刑事訴訟の判例はこれを認めていない。

条件説
[じょうけんせつ]

条件関係さえ認められれば、刑法上の因果関係が肯定されるとする見解。たとえば、AがBを殺害する意図で、AがBに対してピストルを発射したが、弾がそれてBはかすり傷を負うにとどまり、傷の手当てのために立ち寄った病院での医療ミスによりBが死亡した場合が挙げられる。Aがピストルを発射しなければ、Bは病院に行くこともなく、医療ミスにあうこともなかったのであるから、Aの発射行為とBの死亡結果との間に条件関係が認められ、Aは殺人罪の既遂が成立する余地があることになる。

通説からは、この場合にAを殺人罪の既遂とするのは、処罰範囲が広がりすぎるとして批判が強い。

条件付権利
[じょうけんつきけんり]

法律行為の効力の発生・消滅に条件が付された場合において、条件成就に寄せる当事者の期待権をいう。

条件が成就した場合には、停止条件であれば法律行為の効力が生じ、解除条件であれば効力を失う。条件成就によって不利益を受ける者が、故意に条件の成就を妨害した場合には、相手方は条件が成就したものとみなすことができる。

証券的債権
[しょうけんてきさいけん]

権利が証券に結合しており、債権の成立や行使などに証券が必要となる債権をいう。民法が規定する指図証券（520条の2〜）、記名式所持人払証券（520条の13〜）、無記名証券（520条の20）が当てはまる。証券的債権の例として、指図証券である手形・小切手が挙げられる。手形・

小切手においては、権利の発生、移転、行使のいずれにも証券が必要となる。

■ 証券取引所
[しょうけんとりひきじょ]

株式等の有価証券の売買取引を行う市場を開設することを目的として設立された金融商品会員制法人（金融商品取引市場の開設を目的とする会員制の法人）または株式会社。平成19年施行の金融商品取引法によって法律上は金融商品取引所と呼ばれるが、従来どおりの「証券取引所」の名称使用は認められている。株式の市場流通性を高めるとともに、公正な価格形成を図ることがおもな役割である。証券取引所における取引は、上場されている株式について、投資家から証券会社等を通じて売買注文が行われる。

■ 証券保管振替機構
[しょうけんほかんふりかえきこう]

有価証券を集中的に保管・振替する日本で唯一の専門機関。通称は「ほふり」。有価証券の流通の円滑化を目的とし、証券決済機関として照合、清算、決済についてのサービスを提供している。平成21年に実施された株券電子化によって、株券の発行・保管・受渡に係るコストの削減や決済の迅速化が可能になった。

■ 証拠
[しょうこ]

裁判において、権利関係、事実関係の有無を判断する際に必要になる資料をいう。人証と物証に区別され、人証の種類として証人、当事者本人、鑑定人が、物証の種類として文書、検証物がある。

■ 証拠隠滅罪
[しょうこいんめつざい]

他人の刑事事件に関する証拠を隠滅または偽造・変造し、もしくは偽造・変造した証拠を使用する罪。3年以下の懲役または30万円以下の罰金に処せられる。保護法益は、刑事司法作用である。自己の刑事事件については、証拠を保全することが期待できない（期待可能性がない）ため対象外とされている。

証拠の隠滅とは、証拠物を隠す行為はもちろん、証人や参考人をかくまう行為も含まれる。証拠の偽造・変造とは、実在しない証拠を作出する行為が偽造であり、すでに存在する証拠に変更を加えるのが変造である。偽造・変造されたことを知りつつ、その証拠を裁判所等に提出することなどが、偽造・変造された証拠の使用に当たる行為である。

■ 商号
[しょうごう]

会社や商人が営業（事業）活動で、自己を表すために用いる名称のこと。どのような名称にするかは原則として自由であるが、会社は商号を1つだけしか持つことができない。なお、あえて他社と誤認されるおそれのある商号を使用することや、不正競争防止法が禁止する態様で商号を用いることは許されない。

■ 商行為
[しょうこうい]

会社（商人）の営利活動で、商法によって規定され商法が適用される行為のこと。商行為には3種類あるとされる。行為自体が商行為としての性質が強い絶対的商行為、営業として行った場合に商行為になる営業的商行為、商人が営業として行うことによって商行為になる附属的商行為である。

☞営業的商行為
☞絶対的商行為
☞附属的商行為

■ 商号使用権
[しょうごうしようけん]

商号に関する権利のひとつ。登記の有無にかかわらず自分の商号を、他人の権利を妨げない範囲で、自由に使用する権利のこと。商号の使用権者は、他人によ

るその商号の使用を許諾できる。ただし、取引先が商号の誤認により損害が受けた場合、それを賠償する責任を負う。

■ 商号選定自由の原則
［しょうごうせんていじゆうのげんそく］

商人は、自分の商号を自由に定めることができるという原則。ただし、会社法上の株式会社などは、その会社の種類に応じて、「株式会社」などをその名称の中に用いなければならない。また、会社でないものは、会社と誤認させるような紛らわしい名称を用いてはならない。さらに、銀行法などの特別法による会社は、商号に銀行を用いねばならないといった一定の制約がある。

■ 商号専用権
［しょうごうせんようけん］

商号に関する権利のひとつ。自分の商号を、他人が不正の目的をもって勝手に使用した場合、その禁止や損害賠償を求める権利のこと。商号使用権とあわせて、商号に関する権利を構成する。商法では、他人による商号の不正使用により営業上の損害を受けた商人は、その侵害の停止などを求めることができると規定している。会社法にも、会社について同様の規定がある。なお、商号専用権は、商号の登記をしていなくても行使できる。

■ 商号単一の原則
［しょうごうたんいつのげんそく］

1つの営業につき、商人が使用できる商号は1つであるという原則。1つの営業につき、同一の商人が複数の商号を持つことで取引相手が混乱し、それを防ぐためにこの原則が採用されている。

なお、商人が複数の営業をする場合には、複数の商号を持つことが可能である。また、会社の場合には、複数の営業を持つ場合でも、単一の商号でなければならない。ただし、会社の場合、商号に支店名などを付加することは可能である。

■ 証拠開示
［しょうこかいじ］

刑事裁判で、相手方に対し、自己の有する証拠を示し、閲覧や謄写をさせること。

とくに、被告人から検察官の有する証拠に対する開示請求で問題となる。強力な権限を持った捜査機関が証拠収集を行うことから、刑事裁判では、証拠のほとんどを検察官側が有していることになる。裁判では、収集された証拠を厳選して証拠の取調べをするが、裁判で取り調べる予定のない証拠の中にこそ、被告人に有利な証拠が残されている可能性がある。しかし従来、証拠開示は制度化されていなかった。判例は、このような検察官手持ちの証拠について、被告人側が開示を請求した場合には、裁判所の判断で一定の場合に開示請求を認めると判示したその後の法改正で、公判前整理手続に付される事件については、一定の要件と手続によって証拠開示がなされることが規定された。

■ 証拠共通の原則
［しょうこきょうつうのげんそく］

当事者の一方が提出した証拠は、その者に有利な事実の認定に用いることができるほか、相手方が証拠調べの援用をしなくても、当然に、相手方にとって有利な事実の認定に用いることができる原則をいう。

民事訴訟法では、証拠の証拠力の評価は、裁判官の自由な判断に委ねられるという自由心証主義を採用しているため、裁判所は、証拠を提出者の有利に認定しなければならないという制約はないという考えに基づいている。

証拠共通の原則により、証拠調べ開始後は、相手方に有利な証拠資料が得られる可能性があるため、相手方の同意がない限り、証拠申出（証拠調べを裁判所に請求する申立て）の撤回はできないとされて

いる。また共同訴訟で、共同訴訟人の1人が提出した証拠は、他の共同訴訟人と共通または関連する事実であれば、事実認定の資料とすることができることを、「共同訴訟人間の証拠共通の原則」と呼んでいる。この原則を認めるか否かについては、学説上争いがある。

■ 上告
[じょうこく]

裁判が確定する前に、控訴審の終局判決に対して、取消しや変更などの不服を申し立てることをいう。上告審は法律審であり、事実審理は行われず、その審理対象は法律問題に限定される。当事者の権利としての最高裁への上告については、憲法違反、判決に影響を与えるような明らかな法令違反等、限定的であるが、権利としての上告ができない場合であっても、一定の事件においては、最高裁の裁量で上告事件として受理することがある。民事訴訟において、高等裁判所が上告裁判所になるときには、判決に影響を及ぼすことが明らかな法令違反がある場合も上告理由として認められる。

■ 上告棄却
[じょうこくききゃく]

民事訴訟では、上告審に対する不服の主張について理由のない場合にされる裁判のこと。上告裁判所が最高裁判所である場合には、決定で上告を棄却することができるが、高等裁判所が上告を棄却する場合には、判決でしなければならない。上告の適法要件を欠いた場合になされる判断は、上告却下である。

刑事訴訟では、上告の適法要件を欠いた場合、および上告審に対する不服の主張につき理由のない場合にされる裁判をいう。前者は上告棄却の決定がなされ、後者は判決がなされる。

■ 上告受理申立て
[じょうこくじゅりもうしたて]

上告理由を欠く場合であっても、判例違反がある場合など、法令の解釈に関して重要な事項を含むと認められる事件について、最高裁判所に上告審として受理するよう申し立てること。受理するか否かは最高裁の裁量に属する。判例の統一や法律の解釈に関する重要な事項について最高裁としての判断を示すという機能を有する。

■ 証拠契約
[しょうこけいやく]

民事訴訟において、権利関係の成立について判定する方法（証拠方法）に関する訴訟当事者間の合意をいう。たとえば、当事者間で、ある証拠を提出しないと合意すること（証拠制限契約）が挙げられる。証拠契約は原則として許されるが、自由心証主義の要請から、証拠力を制限する契約や、証拠調べ後にその証拠を制限する契約は許されないとされる。証拠契約に反して証拠が提出された場合には、証拠能力を欠くものとして扱われる。

■ 証拠決定
[しょうこけってい]

当事者からの証拠調べの請求に対して裁判所が行う証拠調べをする旨の決定または請求を却下する旨の決定、もしくは職権によって証拠調べをする旨の決定のこと。

■ 証拠原因
[しょうこげんいん]

裁判官の心証形成の基礎となった資料。証拠方法が取り調べられた結果得られる証拠資料のうち、裁判所が信用できるとして採用したものをさす。

■ 証拠裁判主義
[しょうこさいばんしゅぎ]

刑事訴訟法では、事実の認定は証拠に基づくものでなければならないとするこ

とをいう。古代の不合理な証拠による裁判を排除し、人間の理性によって裁判が行われなければならないという考えに基づいている。また、犯罪事実は、証拠能力を持ち、適式な証拠調べを経た証拠によって証明しなければならないと考えられている。

■ 証拠書類
[しょうこしょるい]

　刑事訴訟で、書証のうち、書面の記載内容だけが証拠となるものをいう。この場合、証拠物の取調べ方式としては、朗読だけで足りる。たとえば、捜査段階における被疑者の供述内容を記載した書面（供述調書）や、私人が犯罪を通報する場合に作成する被害届などが挙げられる。これに対し、偽造した文書のように、記載内容とともにその状態も証拠価値を有している書面は、「証拠物たる書面」と呼ばれ、取調べ方式として朗読だけでなく展示も必要となる。

■ 証拠調べ
[しょうこしらべ]

　当事者の提出した人証、物証から証拠資料を得ること。たとえば、人証である証人から証言内容を供述させること、当事者から主張を供述させること、物証である文書から記載内容を閲読すること、検証物を知覚・認識することなどが挙げられる。

■ 証拠資料
[しょうこしりょう]

　証拠方法の取調べから得られる資料。たとえば、人証である証人からは証言内容、当事者からは供述内容、物証である文書からは記載内容、検証物からは検証結果が証拠資料として得られる。

■ 証拠能力
[しょうこのうりょく]

　証拠となり得る資格をいう。民事訴訟では、原則として証拠能力に制限はない。刑事訴訟では、伝聞法則、自白法則などにより証拠能力に大幅な制限が設けられている。

■ 証拠方法
[しょうこほうほう]

　証拠調べで、取調べの対象となる有形物のこと。取調べの対象が人である場合を人証、物体である場合を物証、書面の内容となる場合を書証という。証拠方法の種類として、民事訴訟では、証人、鑑定人、訴訟当事者本人、という人証の3種類と、文書、検証物という物証2種類の、合計5つが規定されている。刑事訴訟では、証人、鑑定人などの人証、そして、物証、書証に分かれる。

■ 証拠保全
[しょうこほぜん]

①刑事裁判で、被疑者・被告人・弁護人が裁判官に対し、証拠の押収、捜索、検証などの処分を請求できる制度をいう。第1回公判期日前で、かつあらかじめ証拠を保全しておかなければ散逸等により使用することが困難な状況にあるときに限られる。

②民事裁判で、本来の証拠調べが行われるまで待っていては証拠調べが困難になるおそれがある場合に、本来の証拠調べ以前にあらかじめ証拠調べを行う制度をいう。物証だけでなく人証についても可能である。たとえば証人が重病で、本来の証拠調べ手続まで待っていたのでは尋問できないような場合になされる。

■ 商事仲裁
[しょうじちゅうさい]

　企業関係の紛争についての仲裁手続。当事者が仲裁人を選ぶことができるので、紛争の内容に応じた専門家による判断が期待できる。手続が非公開であるため、企業秘密の漏洩を防ぐことができる。手続にかかる期間も短い場合が多く、迅速性、経済性に優れるなどの特徴がある。これ

らの特徴から、仲裁は商事に関する紛争の解決に適している。とくに、国際間の商取引では、契約の中に仲裁条項が盛り込まれることが多い。

■ 商事売買
[しょうじばいばい]

商人間の売買のこと。商取引には迅速性が要求されるため、商法は、商事売買について民法上の規定に対する特則を設けている（商法524条以下）。たとえば、商事売買の買主には、目的物を遅滞なく検査し、不適合があることを発見した場合には、直ちに通知する義務がある。また、買主には、契約を解除した場合でも、目的物を保管・供託する義務があり、滅失・損傷のおそれがある物については競売し、その代金を保管・供託する義務がある。

■ 使用者
[しようしゃ]

労働者を使用する者のこと。一般的には、事業主のことをさすが、労働基準法では、使用者をより広義に定めている。つまり、同法が定める使用者は、事業主以外にも、事業の経営担当者など、事業主のために行為をするすべての者が含まれるとされる。したがって、取締役、人事部長、工場長なども使用者に該当する。「労働条件は、使用者と労働者が対等な立場で決定すべきもの」というように、労働者と対になって使用される場合が多い。

■ 使用者責任
[しようしゃせきにん]

他人に使用されている者が、その使用者の事業を執行するにつき他人に損害を加えた場合に、使用者等が負担する賠償責任をいう。使用者は他人を使うことにより利益を拡大していることから、その他人から発生した不利益をも負担すべきという報償責任の原理に基づく。たとえば、八百屋で配達のアルバイトをしている学生が、客の家に品物を届ける途中で交通事故を起こした場合には、八百屋の店長が責任を負うことになる。

■ 召集・招集
[しょうしゅう・しょうしゅう]

召集とは、期日および場所を指定して国会議員に集会を命じる行為をさす。国会については、集会の日に会期が始まるため、召集は、国会の活動能力を発動させるための行為と考えられている。なお、召集は、天皇が内閣の助言と承認を受けて、詔書によって行う行為である。

これに対して、招集とは、一般に人に対して集合するよう求める行為をいう。とくに、ある合議体を有効に成立させるために、厳格な手続を経て、合議体の構成員に対して集合を求める行為をさす場合が多い。たとえば、株式会社の株主総会、取締役会、皇室会議などについて、法令上の用語として、招集が使用されている。国会については、上記のように召集の語が用いられているが、性質は招集と同一であると理解されている。

■ 常習賭博罪
[じょうしゅうとばくざい]

常習として賭博をする罪。国民の勤労によって生計を維持するという風習を堕落させることを防止するために規定された。3年以下の懲役が科される。本罪は、行為者に常習性がある場合の加重類型である。賭博の常習とは、賭博行為を反復して行う習癖を有することをいう。

■ 常習犯
[じょうしゅうはん]

習癖により一定の犯罪を重ねて犯すこと。わが国の刑法では、一定の犯罪につき、常習性に基づいて刑の加重が定められている。たとえば、賭博罪は50万円以下の罰金または科料に処せられるのに対し、常習賭博罪では、刑が加重され、3年以下の懲役に処せられる。

■ 情状
[じょうじょう]

　刑事訴追を行うか否かの判断、または、刑の量定の判断の段階で考慮されるさまざまな事情をさす。刑法では、情状により刑の執行猶予が認められており、検察官が起訴を猶予する場合にも情状が考慮される。情状は、被疑者・被告人にとって、不利な事情も含めて考慮される。

■ 上場
[じょうじょう]

　金融商品取引所または商品取引所の取引の対象として認められること。取引の対象として認められるための基準を上場基準という。たとえば、株式は金融商品取引所が開設する株式市場で取引されるので、株式市場への株式の上場は、その株式の発行会社の申請に基づき、金融商品取引所が上場審査を経て承認し、内閣総理大臣に届出をすることで認められる。

■ 情状酌量
[じょうじょうしゃくりょう]

　犯罪の動機、方法、結果および社会的影響や、犯人の年齢、性格および犯罪後における犯人の態度などといった情状を考慮して、刑を減軽すること。酌量減軽のこと。たとえば、犯人が犯罪後に真に後悔・反省していたり、被害弁償に努めた場合に認められることが多い。

■ 詔書偽造罪
[しょうしょぎぞうざい]

　行使する目的で、天皇・日本国の印章や天皇の署名を使用して、権限なく詔書等を作成（偽造）し、または、偽造した天皇の印章等を用いて詔書等を作成する罪。詔書とは、一定の国事行為に関して意思表示を公示した文書をさし、たとえば、国会召集の証書等、天皇による国事行為の際に用いられる文書や天皇名義の文書が挙げられる。また、天皇・日本国の印章や天皇の署名が表示された真正な上記文書に変更を加えて（変造）、虚偽の文書に変えた場合も、同様に処罰される。天皇名義の文書に対する公衆の信用を保護するために規定が置かれている。無期または3年以上の懲役に処せられる。一般の公文書偽造罪よりも法定刑が重くなっている。

■ 消除主義／引受主義
[しょうじょしゅぎ／ひきうけしゅぎ]

　消除主義とは、担保不動産競売で、担保権の実行の際、担保不動産上に存在する利用権をすべて消滅させることをいう。たとえば、第2順位の抵当権が実行された場合、第1順位の抵当権も消滅し、第1順位の抵当権者が優先弁済を受けることになる。現行法上、消除主義が原則である。

　引受主義とは、担保不動産競売で、担保権の実行の際、担保不動産上に存在する利用権を消滅させず、買受人に引き受けさせることをいう。

■ 証書真否確認の訴え
[しょうしょしんぴかくにんのうったえ]

　直接的に法律関係の存否を証明することができる書面（証書）について、作成名義人とされている者の意思に基づいて作成されたかどうかを確認するための訴えをいう。たとえば、相続人が遺言の無効を主張したい場合に、証書真否確認の訴えを提起し、当該遺言が被相続人の意思に基づいて作成されていないことを主張することが挙げられる。確認の訴えでは、単なる事実の確認は原則として許されないとされるが、証書真否確認の訴えでは、民事訴訟法上、例外的に許容されている。

■ 商事留置権
[しょうじりゅうちけん]

　商法および会社法に定められている特別な留置権。信用取引の迅速と安全のため民法の留置権とは異なる部分がある。

狭い意味では、⒜商人間の留置権をさす。広い意味では、それに加え、⒝代理商の留置権および問屋の留置権、⒞運送取扱人・運送人・船舶所有者等の留置権をさす。⒜⒝は、被担保債権と留置物との牽連性を必要としない点で民法上の留置権と異なる。

承水義務
[しょうすいぎむ]

土地を所有している者が、隣地から水が自然に流れてくることを妨げてはならないという義務。たとえば、高地から雨水が自然に流れてくる場合、低地所有者は、その流れを妨げてはならない。たとえ、そのために所有地が水浸しになるとしても、工作物等を設けて、水流を止めることはできない。

ただし、その雨水が工作物を介して流れてくる場合には、その差止請求や損害賠償請求ができる。高地の有効利用のために、この規定が設けられた。

少数意見
[しょうすういけん]

一般的には、多数決による決議がなされた場合に、賛同者が集まらずに多数を占めなかった意見。最高裁判所による裁判では、多数意見となりえなかった意見をいう。最高裁では、少数意見も含め、各裁判官それぞれの意見が判決書に記載される。

少数株主権
[しょうすうかぶぬしけん]

株主が持っている権利のうち、一定の割合の株式や議決権を持つ者だけが行使できる権利。複数の株主が共同で行使する場合には、各株主の株式や議決権を合計することによって行使可能である。たとえば、取締役の解任の訴えを提起しようとする場合には、総株主の議決権の3％以上または発行済株式の3％以上の株式を6か月前から引き続き持つ株主でな

ければならないと定められている。

対立概念は単独株主権であり、1株でも株式を持っていれば行使できる権利をいう。

少数代表制
[しょうすうだいひょうせい]

各選挙区の少数派にも得票数に応じて議員選出の可能性を与えることを目的とした選挙制度。多数派が議員を独占する多数代表制に対するもので、比例代表制がその典型例である。平成6年の公職選挙法改正までわが国で行われていた1選挙区につき3名から5名を選出する中選挙区制は、少数代表制の一形態といってよい。

使用窃盗
[しようせっとう]

他人の財物を一時使用する目的で占有し、使用後にその財物を元の場所に戻すこと。たとえば、返還する意思で所有者に無断で自転車を短時間、限られた場所で運転する行為が挙げられる。学説上は窃盗罪の成否につき争いがあるが、判例は不法領得の意思に欠けるとして、窃盗罪の成立を否定し、使用窃盗の可罰性を否定している。

小選挙区
[しょうせんきょく]

選挙において当選者が1人である選挙区。小選挙区は、1つの選挙区が小さいので有権者との距離が近いが、死票が多く少数政党に不利であるとされている。英国・米国などで採用されており、日本では平成6年の公職選挙法改正以降、衆議院議員選挙では、小選挙区比例代表並立制が採られている。なお、衆議院議員の定数は465名であるが、このうち小選挙区選挙から289名が選出され、176名が比例代表選挙により選出される。

小選挙区比例代表併用制

[しょうせんきょくひれいだいひょうへいようせい]

各党の得票数に応じて総議席を配分後に、小選挙区当選者を引いた残りの議席を比例名簿から選出する選挙制度。投票は個人名と政党名の計2票を投票する。各党の議席獲得数を、比例代表選挙により決定し、各党が獲得した議席の中で、小選挙区選挙で当選した者に、議席を割り当てるしくみを採っている。多様な民意を反映でき、少数派も議席を確保できるという長所がある一方、小党分立を招きやすく、連合政権ができやすいといった短所もある。また、しくみが複雑でわかりにくいといった批判もある。ドイツは小選挙区比例代表併用制を採用している。

なお、わが国の衆議院議員選挙では、小選挙区比例代表並立制が採られている。

小選挙区比例代表並立制

[しょうせんきょくひれいだいひょうへいりつせい]

小選挙区選挙と比例代表選挙を別個に行う選挙制度。平成6年からわが国の衆議院議員選挙で採用されている。類似の概念として小選挙区比例代表併用制がある。並立制も併用制も、同じく個人名と政党名の計2票を投票する。しかし、併用制では、基本的に比例代表選挙により、各政党の議席獲得数を決定し、各政党の割り当てられた議席を小選挙区選挙の当選者に優先配分する。これに対して衆議院議員選挙で採用されている並立制では、定数465名のうち、あらかじめ小選挙区から289名、比例代表選挙から176名が選出され、それぞれの選挙が並行して行われる。並立制には、政局の安定と民意の反映の調和ができ、少数派も議席を確保できるという長所がある一方、大政党に有利で、中小政党の議席が減ることや、小選挙区の数が少なく、1選挙区あたりの有

権者数が多すぎるといった短所もある。

上訴

[じょうそ]

裁判所の判断を不服とする者が、上級の裁判所に不服を申し立てること。上訴が可能である限り、当該事件に関する裁判は、いまだ未確定の状態である。一般に上訴の種類には、控訴、上告、抗告などがある。わが国では、一般に第一審、控訴審、上告審と3回の裁判を受ける機会を保障する三審制が採られている。

肖像権

[しょうぞうけん]

自分自身の容ぼう等を正当な理由もなく、写真や絵画、彫刻などに許可なく用いられることを認めない権利をいう。違法に侵害された場合には、不法行為に基づく損害賠償請求を行うことができ、場合によっては使用の差止めを求めることも可能であると考えられている。とくに有名人の肖像は、商品やサービスについて顧客を吸引する力を持っているため、財産権としての側面が強く、これをパブリシティ権と呼んでいる。また、一般的に、憲法上の権利としても肖像権は認められていると考えられており、判例は、個人の容ぼう等をみだりに撮影することは憲法13条の趣旨に反して許されないとしている。また、捜査官が行う捜査目的の写真撮影が肖像権を侵害するかどうかについて争いがある。

上訴期間

[じょうそきかん]

第一審または控訴審の裁判に不服がある者が、控訴・上告をすることができる期間のこと。民事訴訟法では、控訴・上告ともに2週間、即時抗告は1週間、刑事訴訟法では控訴・上告ともに14日、即時抗告は3日と定められている。なお、民事訴訟、刑事訴訟とも、通常抗告には期間の定めはない。

■ 上訴権
[じょうそけん]

上訴をすることができる訴訟上の権利のこと。上訴の種類によって、控訴権、上告権、抗告権に分かれる。民事訴訟、刑事訴訟ともに上訴権を放棄することができると規定されている。なお、民事訴訟では、当事者が不控訴の合意をした場合、控訴権は発生しない、あるいは消滅するものと考えられ、合意に反する控訴は不適法なものとなる。

■ 焼損
[しょうそん]

判例・通説上は、建物の一部が独立に燃焼する状態をいう。放火罪の既遂時期を決する概念である。たとえば、ライターで住居近くのゴミ箱に火をつけた場合には、ゴミ箱の火が燃え広がって住居に燃え移り、住居が独立に燃焼する状態がこれに当たる。

■ 使用貸借契約
[しようたいしゃくけいやく]

無償で他人の物を借り、使用収益した後でその物を返還することを約束する契約。平成29年の民法改正により、要物契約から諾成契約へと変更された。

■ 状態犯
[じょうたいはん]

犯罪行為によって法益侵害が発生し、犯罪行為自体は終了するが、その後も法益が侵害された状態が継続する犯罪をいう。状態犯は、犯罪成立後に行為者により新たな行為がなされたとしても、その行為は当初の構成要件によって評価され尽くされていると考えられ、別個の犯罪を構成しない。たとえば、窃盗犯人が盗んだ財布を中身だけ抜き取って燃やしたとしても、燃やした行為につき器物損壊罪は別途成立しない（不可罰的事後行為）。

■ 承諾
[しょうだく]

民法上、申込みの意思表示に対応した契約を成立させる意思表示のこと。たとえば、Aが「自分の自動車を100万円で売りたい」とBに申し出た場合（申込み）、Bが「100万円で買う」と応答することが承諾である。Bは「50万円であれば買う」というように、承諾に対して条件をつけることはできず、条件をつけた承諾は新たな申込みとみなされる。

かつては隔地者間（当事者同士が離れた場所にいるとき）の契約は、承諾の意思表示を発した時点で成立するとされていた（発信主義）。しかし、平成29年の民法改正で、契約の承諾の意思表示も到達主義の原則を採用し、発信主義に関する規定は削除された。

■ 承諾殺人罪
[しょうだくさつじんざい]

☞自殺関与罪／同意殺人罪

■ 承諾転質
[しょうだくてんしち]

質権を有している者が、質権設定者（債務者等）から許可を得て、自らの債務の担保として質物に新たな質権を設定すること。これに対して、質権設定者の承諾を得ずに行う転質のことを責任転質という。たとえば、AがBに対する債権の担保として、B所有の100万円相当の花びんに対して質権をもっている場合に、AがCに対して負担している債務の担保として、その花びんに対してBの承諾を得て質権を設定する場合が挙げられる。承諾転質は、もともとの債務が消滅した後（BのAに対する債務が弁済等により消滅した後）も、転質権は消滅しない。

■ 承諾料
[しょうだくりょう]

賃貸借契約で、賃借人が転貸借を行おうとする場合に、賃貸人の承諾を得るた

めに支払われる金銭。たとえば、A（賃貸人）から30万円で土地を借りているB（賃借人）が、その土地をさらにC（転借人）に40万円で貸し出そうとする際に、BがAに対して転貸借の承諾を得るにあたって3万円を支払う場合などが、例として挙げられる。

■ 象徴天皇制
[しょうちょうてんのうせい]

天皇は日本国および日本国民統合の象徴であるとするわが国の制度。明治憲法下では、統治権の総攬者として強い権力を持ち、戦時中の軍国主義を支える体制であったことを反省し、天皇が国の象徴であるという以外の役割を持たないことを強調する趣旨であると考えられている。象徴天皇制の下では、天皇は国政に関する権能を有せず、憲法に列挙して定められている国事に関する行為を内閣の助言と承認によって行うことができるのみである。

■ 譲渡権
[じょうとけん]

著作者が、著作物やその複製物の意に反する譲渡を制限することができる権利。譲渡権は、該当する著作物やその複製物が最初に譲渡される際に限って行使できる権利とされている。ただし、違法に複製された著作物等に対しては最初の譲渡に限らず、譲渡権の行使が可能である。なお、映画著作物については頒布権があるため、譲渡権の対象外である。

■ 譲渡制限株式
[じょうとせいげんかぶしき]

株式会社が定款で譲渡を制限した株式。とくに、すべての株式を譲渡制限株式とした会社のことを非公開会社と呼ぶ。株式会社では、原則として株式の譲渡が自由に行われているが、とくに株主の個人的な信頼関係が重要視されているような会社では、会社にとって好ましくない者が株主となることを防ぐ必要がある。そのための方法として、定款で定めることを条件に株式の譲渡制限が認められた。

■ 譲渡制限の意思表示
[じょうとせいげんのいしひょうじ]

債権者と債務者が、債権を第三者に譲渡することを禁止し、または制限する意思表示（特約）をすること。かつては譲渡禁止特約に反する債権譲渡が、譲受人が悪意または重過失の場合には無効とされていた。しかし、平成29年の民法改正により、譲渡制限の意思表示に反する債権譲渡も有効となる。ただし、悪意または重過失の譲受人に対して、債務者は債務の履行を拒むことができる。

■ 譲渡担保
[じょうとたんぽ]

債権者が、貸し付けた金銭等の担保として、債務者等が持っている不動産や大型の動産等を一度買い受けて（譲渡）、債務が返済されたときに、その不動産の所有権を債務者に戻すという形式による担保方法のこと。民法が規定する担保物権（典型担保）ではないため、非典型担保の一種であるといわれている。

工場の設備などの動産に対して担保を設定するためには、質権の設定などが考えられる。しかし、質権の設定にあたっては動産の占有を債権者に移転しなければならず、設備を稼働することにより収益を上げて、そこから債務の返済を希望する債務者にとって、適切な担保方法ではない。

そこで、譲渡担保によって、後に所有権を債務者に戻すことを予定して、一度債権者に設備等を売ったことにすることで、設備などの占有を債務者に残すことができ、債務者は設備等を使用し続けることが可能になる。

■ 譲渡命令
[じょうとめいれい]

　民事執行法上の債権の執行に関して、差し押さえた債権を金銭に代えて、債権を回収するための方法のひとつ。差し押さえられた債権について、執行処分を行う裁判所が定めた金額を、債権の支払いに代えて、差押債権者に譲渡することを命じることをさす。差し押さえた債権が条件付のものである場合など、取立てが困難である場合に、債権を回収する方法として用いられる。たとえば、債権者Aが債務者Bの第三債務者Cに対する債権を差し押さえた場合に、債権の性質上、Aが直接Cから債権を取り立てることができないとき、裁判所が定めた価額でその債権がAに譲渡されることになる。

■ 使用人
[しようにん]

　会社と雇用関係にある者をさす。とくに特定の商人に従属して、商業上の業務を対外的に補助する者を商業使用人という。

■ 承認
[しょうにん]

　一般には、ある事柄について事実であると認めることをいう。この意味で用いられるときは、一般用語としての意味に近い。たとえば、債務の承認や嫡出の承認が例として挙げられる。

　多くの場合は、法律効果の発生を伴わない観念の通知であると考えられているが、相続の承認などの場合は、意思表示（法律行為）であると考えられている。

　また、憲法上では、国または地方公共団体の機関が一定の行為を行おうとする場合に、事前または事後に必要となる他の機関の同意をさして、承認の語が用いられている。たとえば、天皇が国事行為を行うにあたり必要になる内閣による助言と承認や、内閣が締結する条約に対する事前または事後の国会の承認などが挙げられる。承認が得られなかった場合には、その行為の効力の有無に影響が及ぶ場合がある。

　なお、国際法上では、新たな国家が成立した場合にすでに存在する他の国家が、国際法上の主体としての地位を認める行為をさして、承認の語を用いている。

■ 商人
[しょうにん]

　商行為を行う者。商法4条は、商行為を業としているかによって、固有の商人と擬制商人とに区別している。固有の商人とは、自己の名をもって商行為を業とする者である。つまり、反復継続して営利を目的とし、法律上の権利・義務の主体となって商行為を行う者である。これに対して、擬制商人とは、本来は商人に当たらないが、固有の商人と同一に扱うのが適当であるとして、商法がとくに定めた場合に当たる者をいう。たとえば、自分の生産した農作物を、店舗を設けて販売する直売を営む者などが、擬制商人に当たる。

■ 証人
[しょうにん]

　裁判所その他の機関に対して、自分の経験から知ることができた事実に関して供述する義務を負う第三者をさす。供述義務は、原則として拒むことができない。

　民事訴訟では、原告・被告・法定代理人などを除く第三者が証人となり得る。虚偽の証言は偽証罪の対象となるが、一定の場合には証言を拒絶することが認められている。

　また、刑事訴訟では、原則として誰であっても証人として尋問することが可能であるが、精神的事情により証言能力を持たない者には証人尋問をすることはできない。また、公務上の秘密に関しては公務員等を証人とすることはできず、被告人自身はもちろん、その事件に関与し

た裁判官や検察官等も証人となることが
できない場合がある。さらに、自分や近
親者が刑事訴追を受けるおそれがある内
容や業務上の秘密については、証言拒絶
が認められる。

■ 常任委員会
[じょうにんいいんかい]

国会の両議院に置かれる常設の委員会。
審議事項の有無にかかわらず置かれなけ
ればならず、議員は少なくとも1個の常
任委員とならなければならない。たとえ
ば、科学技術委員会や環境委員会などが
これに当たる。

■ 証人喚問
[しょうにんかんもん]

刑事被告人が、自分のために強制的な
手続によって証人を申請すること。憲法
37条2項後段は、公費で証人を申請する
権利（証人喚問権）を保障したものと理解
されている。もっとも、判例によれば、被
告人が申請した証人すべてを裁判所は喚
問する必要はなく、裁判に必要かつ適切
な証人を喚問すればよく、公費で喚問す
ることについても、有罪判決を受けた場
合には、被告人に対して証人喚問に必要
な費用を負担させることも許されると考
えられている。

■ 証人審問権
[しょうにんしんもんけん]

刑事被告人が証人に対して自ら直接審
問する機会を与えられる権利。憲法37条
2項前段が、証人審問権の根拠規定とし
て挙げられる。つまり、被告人が審問の
機会を与えられなかった証人の証言には、
原則として証拠能力が認められないとい
う考え方を示したものである。また、公
判期日外で行われた供述内容を記した書
面や、公判期日外に行われた他の者の供
述内容を供述した伝聞証拠も、原則とし
て証拠能力を持たないと規定されている
（刑事訴訟法320条1項）。

■ 証人等威迫罪
[しょうにんとういはくざい]

刑事事件で、捜査や審判に必要な知識
を持っていると思われる証人やその親族
に対して、正当な理由なく面会を強要
して、要求に応じるよう迫ったり、言動
により不安に陥れたりする罪。1年以下
の懲役または20万円以下の罰金に処せ
られる。保護法益は、公正な刑事司法作
用の保護と理解されているが、さらに証
人等の安全や平穏を保護しているとする
立場もある。たとえば、刑事事件の被告
人が暴力団の幹部であり、暴力団員が証
人に対して、被告人に不利な証言をしな
いよう威圧的な言動を加える場合に、本
罪が成立する。

■ 少年院法
[しょうねんいんほう]

少年を社会復帰させるために矯正教育
する施設に関する法律をいう。少年院は、
家庭裁判所から保護処分として送致され
た少年を収容する法務省矯正局管轄の施
設であるが、刑事施設には区分されない
ため、少年刑務所とは異なる施設である。
平成26年に全面改正された少年院法で
は、入所少年の権利などが具体的に明記
されることになった。また、かつては少
年院法に規定されていた少年鑑別所に関
して独立した法律が制定された。さらに、
かつての少年院の年齢区分も廃止され、
現在は少年の年齢、心身の状況、非行傾
向などを基準として、第1種、第2種、第
3種、第4種の4種類に少年院が区分さ
れている。

■ 少年鑑別所法
[しょうねんかんべつしょほう]

少年鑑別所を適正に管理運営し、鑑別
を適切に行うとともに、在所者の人権を
尊重した観護処遇を行い、非行や犯罪の
防止に関する援助を目的とする法律。か
つて少年鑑別所については少年院法にわ

ずかに規定されるのみであった。しかし、少年に対して保護処分や刑事処分をするためには、適切な鑑別が行われる必要があるため、平成26年の少年院法の全面改正とともに、少年院法とは独立した法律として少年鑑別所法が制定された。少年鑑別所法では、在所者の権利義務の範囲、生活に対して規制を行うための要件・手続、健全な育成のための支援などについて規定するとともに、在所者が行使できる不服申立ての制度を整備している。

■ 少年審判
[しょうねんしんぱん]

　家庭裁判所が、少年（20歳未満の者）の起こした事件に関して、非行事実があるかないか、保護処分を行うことが適切かどうかについて審理・判断を行う手続。手続の具体的な内容については、少年法と少年審判規則に定められている。少年を罰することを目的としていないので、刑事訴訟手続とは異なる。一定の場合を除いて検察官は関与せず、公開もされない。

■ 少年法
[しょうねんほう]

　少年（20歳未満の者）に適用される刑法・刑事訴訟法の特別法。矯正に向けた教育的措置を採ることにより、少年が人格的に成長できるよう促して、社会的に支援を与えることを目的にしている。更生の可能性が高い少年に対しては、刑罰によって制裁をするのではなく、特別な処分（保護処分）をすることで社会復帰を図るべきという考えから、成人とは異なる扱いがなされている。平成26年の改正により、少年審判手続において、少年に国選付添人（弁護士）を付すことができる事件や検察官が関与できる事件の範囲が拡大した他、少年の刑事事件に関する処分について不定期刑の長期を引き上げるなどの見直しが行われた。

　なお、成人年齢を満18歳とする民法改正が2022年4月に施行されることが決定しているが、少年法の適用対象年齢をこれに合わせて18歳未満とするか、それとも現行どおり20歳未満とするかが議論されている。

■ 消費寄託契約
[しょうひきたくけいやく]

　ある物の保管を依頼して、依頼された者がその物を保管する寄託契約で、受寄者が寄託物を消費することができ、後に消費した物と同種・同品質・同量の物を返還するという内容の契約をいう。銀行や郵便局への預金契約が典型例である。たとえば、AがB銀行に対して100万円の普通預金をしている場合、Aが寄託者でありB銀行が受寄者である。B銀行は、Aから預け入れられた金銭を運用資金として消費することができるが、Aが払戻しを求めたときは、いつでも預金額について払い戻す義務を負う。このときB銀行は、Aから預け入れられた金銭そのものを返還しているわけではなく、いわば同量の金銭を返還しているため、消費寄託契約であるといわれている。

■ 消費者契約法
[しょうひしゃけいやくほう]

　一般の消費者と事業者が契約を結ぶ際に、両者の情報の質・量や交渉能力に格段の差があることを考慮して、消費者にとって不当に不利な契約が締結されることのないようにルールを定めた法律。事業者の行為によって消費者が誤認・困惑した場合には、契約の申込み・承諾の意思表示の取消しを認めている。また、事業者の損害賠償責任を免除する条項など、消費者の利益を不当に害する条項を無効にする等の規定を置いている。

■ 消費者裁判手続特例法
[しょうひしゃさいばんてつづきとくれいほう]

　平成28年10月1日に施行された「消

費者の財産的被害の集団的な回復のための民事の裁判手続の特例に関する法律」のこと。内閣総理大臣が認定した特定適格消費者団体が、消費者被害を集団的に回復するために、2段階型の被害回復裁判手続を追行することを内容とする。

まず、ⓐ特定適格消費者団体が原告となり、事業者を被告として、その事業者に共通義務（相当多数の消費者に生じた財産的被害について共通する責任）があるか否かを審理する「共通義務確認訴訟」を提起する。次に、共通義務確認訴訟で勝訴判決を得た場合には、ⓑ共通義務の存在を前提として、個別の消費者との関係で事業者が具体的な金銭支払義務を負うか否かを判断する「対象債権の確定手続」を行う。事業者の責任を確定させた後に個別の消費者を手続に参加させる方が、消費者が参加しやすく、事業者の責任に関する審理が効率化されるので、このような2段階型を採用している。

■ 消費者団体訴訟
［しょうひしゃだんたいそしょう］

直接の被害者ではない消費者団体が、消費者に代わり事業者に対して訴訟をする制度のこと。日本で法整備された団体訴訟のひとつである。具体的には、消費者契約法、景品表示法、特定商取引法、食品表示法において、内閣総理大臣が認定した適格消費者団体が、消費者全体の利益のために、強引な勧誘、不当な契約、誤った内容の表示等の行為に対して差止めの請求をする制度が導入されている。差止請求訴訟の結果や和解の内容は、消費者や事業者に公表される。その他、消費者裁判手続特例法に基づく制度も消費者団体訴訟に含まれる。日本版クラス・アクションといわれているが、原告が被害者の有志ではない点で、アメリカで整備されているクラス・アクションとは異なる。
☞クラス・アクション／集団訴訟

■ 消費者庁
［しょうひしゃちょう］

省庁ごとに縦割りになっていた消費者行政の一元化を図る目的で平成21年に設置された行政機関。内閣府の外局として、食品・製品等の表示、商品・金融等の取引等、消費者の安全・安心に関わる問題を幅広く所管している。消費者を保護するための情報の集約・調査・分析や注意喚起等の情報提供、消費者教育の推進をおもな役割とする。その他、関係各省庁への措置要求も行うことができ、対応省庁がない「すき間事案」については自ら措置を行うことができる。

■ 消費貸借契約
［しょうひたいしゃくけいやく］

借主が貸主に対し、種類・品質・数量の同じ物をもって返還することを約束して、金銭その他の代替可能な物を受け取ることで成立する契約。金銭消費貸借契約が最もポピュラーである。消費貸借契約は原則として要物契約であるが、平成29年の民法改正により、書面または電磁的記録する消費貸借契約に限り、諾成契約として扱われることになった（民法587条の2）。

一般的な貸借（賃貸借・使用貸借）の場合には、借りた物それ自体を返還するのに対して、消費貸借の場合には、借りた物は借主が消費し、後から借りた物と同等の代替物による返還が可能であるという点に大きな特色がある。

■ 商標権
［しょうひょうけん］

指定した商品やサービスについて登録された名称・マーク・色彩・音などを独占的に使用できる権利。商標登録すれば、商標の信用性や商標から生じる利益が保護され、他人が同一・類似の商品やサービスにおいて同一・類似の商標を使用することを排除することが可能となる。

■ 商標法
[しょうひょうほう]

　商品やサービス（役務）に付す名称やマークなどに関して、特定の使用者に独占的な使用権（商標権）を与え、業務上の信用維持と消費者を保護することを目的とした法律。識別力を登録の要件にするなど商標権が付与されるための手続や、登録商標を使用するなどの効力等について規定している。平成26年の改正により、わが国の企業側のニーズや国際的な動向に合わせて、色彩のみ、音、動き、ホログラム、位置も商標として登録することが可能になった。

■ 商標法条約
[しょうひょうほうじょうやく]

　世界各国の商標制度の調和を図り、手続の簡素化を行うことを目的として作成された条約。1994年に成立した条約であり、日本は1997年に加入している。

■ 商法
[しょうほう]

　狭義では、商法という名称を持った法律のことをいう（形式的意義の商法）。広義では、主に企業をめぐる経済主体間の権利義務関係を規律する法を包括して商法ということもある（実質的意義の商法）。たとえば、会社法・手形法・小切手法が商法典とは別に制定されており、これらは実質的意義の商法の例として挙げられる。

■ 情報公開制度
[じょうほうこうかいせいど]

　行政が保有している情報を、一般市民の請求を受けて開示することを義務づける制度。国民の知る権利や、行政の説明責任を全うするため、平成11年に行政機関情報公開法が制定された。行政機関情報公開法では、国会や裁判所などを除く国の行政機関は、開示請求を受けてから、原則として30日以内に開示が義務づけられている。ただし、行政文書の中に個人情報や国家の外交上不利益をもたらすような不開示情報が含まれているときは、例外的に一部もしくは全部について、不開示とすることができる。

■ 小法廷
[しょうほうてい]

☞大法廷／小法廷

■ 情報提供義務
[じょうほうていきょうぎむ]

　民法が規定する保証人への情報提供義務のこと。平成29年の民法改正により新設された。保証契約の継続中における情報提供義務と、保証契約の締結時における情報提供義務に分類される。

■ 消防法
[しょうぼうほう]

　火災を予防するために必要な措置や、実際に発生した場合の鎮火などについて規定し、火災から国民の生命、身体、財産を保護するための法律。また、火災に限らず地震などの災害による被害軽減や傷病者の適切な搬送などについても定められている。

■ 抄本
[しょうほん]

☞謄本／抄本

■ 証明
[しょうめい]

　裁判官が要証事実の存在につき確信を抱いた状態、または確信を得させるためにする当事者の行為をいう。

　民事訴訟上、確信の程度としては、通常人が合理的な疑いを容れない程度の心証（ある事柄が真実であることが、ほぼ確実であると考え得る程度）をもって足りるとされる。証明を要する事項は、主に主要事実であり、証明を要しない事項には、当事者間に争いのない事実や顕著な事実などがある。

　刑事訴訟上、確信の程度としては、通常人が合理的な疑いを差し挟む余地のな

い程度の心証（反対事実が存在する余地はあるが、社会常識からすれば現実的でないと考えられる程度）が必要になる。証明の種類として、厳格な証明、自由な証明、対立概念として疎明がある。

■ 証明責任
[しょうめいせきにん]

☞挙証責任／証明責任

■ 証明責任の転換
[しょうめいせきにんのてんかん]

通常の証明責任の分配とは別に、法律によって、相手方当事者に反対事実についての証明責任を負担させることをいう。権利行使を容易にするなどの政策的考慮に基づく。

証明責任の転換の例として、使用者責任で、選任・監督についての過失がないことの証明責任を使用者が負うことが挙げられる。不法行為責任一般では、故意・過失の証明責任は被害者側が負うとされるが、使用者責任では、被用者の選任・監督について相当の注意をしたこと、または相当の注意をしても損害が生じたことを使用者が証明しなければならない。

■ 証明妨害
[しょうめいぼうがい]

訴訟において、ある事実を証明しようとしている当事者に対して、その事実について証明責任を負っていない相手方が、訴訟上の義務に違反して故意に相手方の立証を妨げること。この場合には、証明妨害をした当事者にとって不利な事実認定をしてよいとする民事訴訟法の規定もある。当事者間の平等と証拠収集妨害予防を目的とする。たとえば、文書提出命令に従わない場合や、相手方の文書使用を妨害する場合が挙げられる。

■ 証明力
[しょうめいりょく]

訴訟で、一定の証拠資料が、事実認定にどの程度影響を与えるのかという程度をいう。証拠力ともいう。自由心証主義では、いかなる証拠にどの程度の証明力を認めるかは、裁判官の自由な判断に委ねられている。

■ 消滅時効
[しょうめつじこう]

権利を行使できるにもかかわらず、行使しない状態が一定期間継続した場合に、その権利が消滅する制度。長年にわたり権利が行使されない状態で積み重ねられた事実状態を尊重し、いわゆる「権利の上に眠る者」の保護を拒否することを趣旨としている。たとえば、債権者Aが債務者Bに対して100万円の貸金債権を持っている場合に、返還を求めず放置すると、その後に支払いを求めて訴訟を起こしたとしても、Bが完成した消滅時効を主張（時効の援用）すれば、100万円の貸金債権が消滅し、Aは100万円の支払いを受けることができなくなる。

平成29年の民法改正により、債権の短期消滅時効が廃止され、令和2年4月1日以降に発生した債権は、権利を行使できる時から10年間（人の生命・身体の侵害による損害賠償請求権の場合は20年間）行使しないとき、または権利を行使できるのを債権者が知った時から5年間行使しないときに、消滅時効が完成するのを原則とした。なお、債権や所有権を除いた財産権は権利を行使できる時から20年間行使しないときに消滅時効が完成する点、所有権は消滅時効にかからない点は、従来と変わらない。

■ 条約
[じょうやく]

国家間において、文書の形式で締結された国際的な合意。広義の条約は、協定、規約、憲章、議定書、宣言、交換公文などさまざまな名称で呼ばれるものを広く含む概念として用いられる。条約には、立法条約と契約条約、二国間条約と多数国

間条約といった性質・機能による分類がある。条約は、合意に参加した国家のみを拘束するのが原則である。今日、世界レベルの関心事に対して利害関係が完全に一致することは困難であり、共通の国際法を定立することは困難である。そこで、多数国間条約を締結することで、1つの問題に対して、複数の国家が共通した対応を採ることを可能にする機能を果たしている。

■ 証約手付

[しょうやくてつけ]

☞違約手付／解約手付／証約手付

■ 賞与

[しょうよ]

企業の成績を考慮して労働者に支払われる報酬をさす。一般にボーナスと呼ばれる。労働基準法では、通常の給料や手当とともに、賃金として規定されている。わが国の大多数の企業では、夏季と年末に支給されることが多い。多くの企業では賞与の支給基準が、就業規則や労働協約に規定されている。また、会社法では、取締役や監査役に対する賞与は報酬等に含まれ、金額や具体的な算出方法について、定款または株主総会決議で定めなければならないと規定されている。

■ 剰余金

[じょうよきん]

貸借対照表上の純資産額から資本金と準備金の額などを差し引いた額をいう。剰余金の配当請求権は株主にとって最も関心の高い権利のひとつであるが、他方で会社債権者の利益を保護する必要性もあることから、会社法は剰余金の配当についてさまざまな規制を設けている。

■ 剰余金配当

[じょうよきんはいとう]

会社が利益その他の剰余金を株主に配当すること。原則としてその都度、株主総会普通決議によって、配当される財産の種類と帳簿価額の総額、配当される財産の割当てに関する事柄、そして、剰余金の配当の効力が生じる日を定めなければならない。剰余金の配当は、分配可能額の範囲内で行わなければならない。

■ 将来債権

[しょうらいさいけん]

現時点では発生していないが、今後発生することが予定されている債権のこと。以前から判例によって将来債権の譲渡は有効であると扱われていたが、平成29年の民法改正により、将来債権の譲渡の有効性が明文化された(民法467条1項)。将来債権の譲渡についても、通常の債権譲渡と同様、譲受人が債務者に対して譲渡を主張するためには、譲渡人からの通知または債務者の承諾が必要となる（対抗要件）。なお、対抗要件を備える前に譲渡制限の意思表示がなされていた場合には、譲受人が譲渡制限の意思表示を知っていたとみなされるので、債務者は譲受人に対して債務の履行を拒絶できる。

■ 将来の給付の訴え／現在の給付の訴え

[しょうらいのきゅうふのうったえ／げんざいのきゅうふのうったえ]

口頭弁論終結時までに履行すべき状態にならない給付請求権の存在を主張する訴えを将来の給付の訴えという。いまだ履行しなくてもよい請求権に判決の拘束力を認める訴えであるから、あらかじめその請求をする必要がある場合に限り認められる。たとえば、扶養料請求のように履行遅滞による損害が重大な結果をもたらす場合に可能とされる。

他方で、すでに履行すべき状態になっている給付請求権の履行を請求する訴えを現在の給付の訴えという。一般的に給付の訴えは、相手方が履行すべきであるのにそれをしないがために、裁判所へ提起するのが通常である。そのため、大半

の給付の訴えは、現在の給付の訴えである。現在の給付の訴えは、すでに履行すべき状態であることを主張して提起するため、あらかじめその請求をする必要があるか否かを問題にする必要がない。たとえば、すでに履行遅滞状態にある貸金債権の支払いの訴えにおいて、貸主が履行遅滞であることを主張すれば、あらかじめ請求をする必要があるか否かを問題にする必要はない。

■ 条理
[じょうり]

ものごとの正しい道筋をいう。法令、慣習、判例法がない事柄について、最後の拠りどころとして、条理が民法の法源であると考えられている。もっとも、現在は法令が幅広い分野に渡って整備されており、民法においては一般条項（信義誠実の原則や権利濫用禁止の原則）を活用することで裁判が行われ、条理により裁判が行われることは、ほとんど例が見られない。

■ 省令
[しょうれい]

行政機関が定立する規範である命令のうち、主任大臣が定立するものをいう。「〜法施行規則」「〜組織規則」というタイトルを付けられることが多い。これに対して、内閣が定立する命令を政令という。

■ 条例
[じょうれい]

地方公共団体の議会が、自主立法権に基づき制定する法をいう。憲法は、条例は法律に反しない範囲で制定しなければならないと規定している。条例の効力は当該地方公共団体の区域に限定されるが、区域内であれば住民以外の者にも適用される。

■ 条例の制定改廃請求
[じょうれいのせいていかいはいせいきゅう]

有権者の総数の50分の1以上の署名をもって、地方公共団体の長に対し、条例の制定・改廃を請求する制度のこと。住民の意思を地方自治に反映させる目的がある。議会の審議により、請求が認められるか否かが決定される。

■ 職業選択の自由
[しょくぎょうせんたくのじゆう]

自己が従事する職業を決定する自由をいう。憲法により保障されている。自ら選択した職業を行う自由である営業の自由も、これに含まれる。職業選択の自由は無制約に認められるものではなく、公共の福祉による制限を受ける。たとえば、医師や薬剤師は誰もがその職業に就けるわけではなく、国民の健康に対する危険を防止するため、資格制が採用されている。

■ 嘱託登記
[しょくたくとうき]

国や地方公共団体の機関である官公署から登記所に申請される登記のこと。登記申請は、原則として、当事者が共同して行うか、官公署の嘱託によらなければならない。嘱託登記は、官公署が不動産を購入した場合、官公署が公有地を売却し、買主から請求があった場合などにする登記が該当する。その他にも、不動産の処分に制限がかかった場合の処分制限の登記、公売による権利の移転登記などは裁判所の嘱託により行われる。

■ 食品衛生法
[しょくひんえいせいほう]

広く公衆衛生のために、飲食が原因になる危険の発生を防ぎ、食品の安全を確保することで、国民の健康の保護を図ることを目的とする法律。食品、食品添加物、器具、容器包装などに関する基準や措置について定めている。平成30年成立

の改正により、国際標準と整合的な食品衛生管理を求めるため、原則としてすべての食品等事業者を対象とするHACCP（原材料受入から製品出荷までの各工程における衛生管理手法）に沿った衛生管理を制度化した他、特別の注意を要する成分を含む食品による健康被害情報の収集などが定められた。

■ 職分管轄
[しょくぶんかんかつ]

どの種類の職務をどの裁判所が担当するかについての配分に関する定め。たとえば、審級管轄が挙げられ、第一審は簡易裁判所か地方裁判所が管轄する。

■ 職務強要罪
[しょくむきょうようざい]

公務員に対して、ある処分をさせるか、もしくはさせない目的で、またはその職を辞させる目的をもって、暴行または脅迫を加える罪。公務員の職務行為の自由を守ることによって公務の公正かつ円滑な執行を守るために規定された。3年以下の懲役もしくは禁錮または50万円以下の罰金が科される。たとえば、課税方法を是正させる目的で、税務署長を脅迫する行為が挙げられる。本罪は将来の公務員の職務執行に向けられた点で、現在の執行に向けられた公務執行妨害罪と異なる。

■ 職務質問
[しょくむしつもん]

すでに犯罪をしたか、または、これから犯罪をしようとしていると疑われる者に警察官が行う質問をいう。たとえば、異常な挙動をしている者に対して行われる。警察官職務執行法2条に規定されている。行政警察活動のひとつであり、捜査などの司法警察活動ではない。そのため、職務質問に強制力を働かせることはできないが、一定の限度で有形力の行使が認められ、人の肩や腕に手をかけて呼び止める程度の有形力の行使であれば許されるとされる。

■ 職務発明
[しょくむはつめい]

法人の従業員などが、職務の範囲内で行った職務上の発明のこと。就業規則などによってあらかじめ定めておけば、職務発明を発明者自身ではなく、法人に帰属させることができる。ただし、この場合は相当の対価を発明者に支払わなければならない。

■ 職務命令
[しょくむめいれい]

公務員関係において、上司から部下に対して発せられる職務遂行のための命令。部下は原則として拒むことができず、適法な職務命令については忠実に従わなければならない。

■ 除権決定
[じょけんけってい]

有価証券上の権利と証券との結びつきを解いて、証券を無効にする制度。有価証券上の権利は証券と固く結びついており、権利行使には証券の所持が必要であるため、証券を紛失・滅失した場合には、権利者は権利行使の手段を失うことになる。こうした場合に、有価証券上の権利と証券との結びつきを解き、権利者が証券がなくても権利行使できることを認めるため、制度化されたのが除権決定である。公示催告手続を必要とする。

■ 所持品検査
[しょじひんけんさ]

職務質問の際に持ち物を検査すること。かつては本人の承諾がない場合には一切できないとする見解が有力であったが、現在は職務質問に付随して行うことができるとする見解が通説である。判例も、本人の承諾を得て行うのが原則であるが、捜索に至らない程度の行為は、強制にわたらない限り、一定の場合、本人の承諾なし

に所持品検査が許容されると判示した。

■ 所掌
[しょしょう]

ある業務がどの機関の権限の範囲に属するかにつき、法令によって定められた配分をいう。たとえば、警察庁の交通局の所掌事務は、交通警察に関する事務であると表現する。

■ 書証
[しょしょう]

その思想・内容が証拠資料となる文書のこと。たとえば、売買契約書、判決書、日記、メモなどが挙げられる。

刑事訴訟においては、さらに証拠書類と証拠物たる書面とに分けられ、書面の存在自体も問題となるか否かにより区別される。たとえば、偽造された文書のように記載内容とともにその存在自体も問題となる文書は証拠物たる書面であり、文書が手書きかパソコンで作成されたか等、その状態も問題となるため、証拠調べの形式として朗読のほかに展示が必要となる。

■ 除籍
[じょせき]

婚姻・離婚、死亡、本籍地の移転（転籍）によって、戸籍に記載されていた人が記載されなくなる状態になった戸籍のこと。また、除籍によって、もともと戸籍に記載されていた人全員が記載されなくなった場合には、その戸籍全体が除籍となる。

■ 除斥／忌避／回避
[じょせき／きひ／かいひ]

担当裁判官が個々の事件について特殊な関係にある場合に、当該裁判官を当該事件から排除する制度。裁判の公正を確保する目的がある。

除斥とは、裁判官が事件の当事者や被告人・被害者の親族であるなど、法定の事由に当たる場合に、その事件について、

法律上当然に、その裁判官が職務執行から排除されることをいう。除斥原因がある場合には、訴訟行為は無効になる。

忌避とは、除斥原因以外で裁判の公正を妨げるような事由のある場合に、当事者の申立てにより、裁判官を職務執行から排除することをいう。忌避の裁判が確定することにより、当該裁判官は職務執行ができなくなる。

回避とは、除斥または忌避の原因があると考える裁判官が、自発的に職務執行から離脱することをいう。

■ 除斥期間
[じょせききかん]

権利関係を速やかに確定するために定められた、固定された権利の消滅期間のこと。除斥期間は、時効と異なり、当事者が援用する必要はなく、完成猶予や更新の制度もない。条文では「時効」と記されていても、実際には除斥期間であるのか時効であるのかを区別することが困難なものも多く、権利の性質や法律の趣旨を考慮して、個別に判断する必要があると考えられている。

■ 処断刑
[しょだんけい]

☞法定刑／処断刑／宣告刑

■ 職権主義
[しょっけんしゅぎ]

訴訟追行の主導権を裁判所が持つ建前をいう。当事者主義の対概念である。旧刑事訴訟法では、職権主義を原則としていた。現行の刑事訴訟法は当事者主義を原則とするが、職権証拠調べや訴因変更命令などでは、補充的に職権主義を採用している。

☞当事者主義

■ 職権証拠調べ
[しょっけんしょうこしらべ]

当事者による証拠調べ請求によらずに、裁判所の職権により証拠調べをすること。

刑事訴訟法上は当事者主義が採用されていることから、職権証拠調べが認められるのは例外的な場面である。たとえば、公判準備として実施された証人等の尋問、検証などの結果を記載した書面の取調べが挙げられる。

民事訴訟法上は弁論主義が原則であり、同原則が妥当する範囲内では、当事者尋問などでのみ職権証拠調べが認められるにすぎない。職権探知主義が妥当する範囲内では、広く職権証拠調べが認められている。

■ 職権進行主義
[しょっけんしんこうしゅぎ]

訴訟手続の進行面に関する権限を裁判所に付与することをいう。中立公平で迅速な手続進行を図る目的がある。内容として、たとえば期日の指定・変更、弁論の制限・分離・併合、攻撃防御方法の却下が挙げられる。ただし、当事者の訴訟主体性も重視すべき要請から、一定の場合に当事者に訴訟指揮権の発動を求める申立権が認められる。たとえば、裁量移送、期日指定が挙げられる。

■ 職権探知主義
[しょっけんたんちしゅぎ]

民事訴訟で、裁判所が、当事者の主張に拘束されず、職権で事実を探知し、証拠調べを行うとする考え方。職権探知主義は当事者による事実と証拠の提出を前提としながらもそれに拘束されない制度である。民事訴訟では、事実と証拠の収集は当事者の権能かつ責任とする弁論主義が原則であるが、私人の自由な処分ができない事項や公益性が見られる事項については、当事者に委ねるのは妥当でないため、職権探知主義が採用される。

たとえば、当事者の実在、専属管轄、訴訟能力などの訴訟要件に関する事項や、会社訴訟など、判決効が広く第三者に及ぶ訴訟において採用される。

■ 職権調査事項
[しょっけんちょうさじこう]

当事者の申立てを待たずに裁判所が職権で調査を開始する事項のこと。判決の正当性確保や訴訟機能維持といった公益性を有する事項は、当事者に委ねるのは相当でないため、職権調査事項とされる。たとえば、管轄権、当事者能力、当事者適格などの訴訟要件に関する事項がこれに当たる。

■ 職権登記
[しょっけんとうき]

登記官の職権による登記のこと。登記は、原則として当事者間の共同申請または官公署（役所）の嘱託によるが、この原則の例外である。職権登記を行うためには、必ず法律上の規定が必要である。職権登記ができるのは、たとえば、表示登記、区分建物に関する敷地権の登記、一定の信託登記、土地の分合筆に関する一定のものなどである。これらは、すべて不動産登記法において、その登記が職権で可能なものとして規定されている。

■ 職権濫用罪
[しょっけんらんようざい]

公務員がその職権を濫用して、人に義務のないことを行わせるか、または権利の行使を妨害する罪。公務の適正な執行とともに、職権濫用の相手方となる個人の利益を守るために規定された。2年以下の懲役または禁錮が科される。たとえば、私的な交際を求める意図で、裁判官が自分の担当する女性被告人を喫茶店に呼び出す行為が挙げられる。

■ 処罰条件
[しょばつじょうけん]

☞客観的処罰条件／処罰条件

■ 処罰阻却事由
[しょばつそきゃくじゆう]

犯罪が成立したが、一定の事由が存在するために処罰されなくなる場合の事由。

たとえば、親族相盗例（親族間の犯罪に関する特例）が挙げられる。

処分禁止の仮処分
[しょぶんきんしのかりしょぶん]

裁判所が仮処分債務者に対し、仮処分の目的財産につき一切の処分の禁止を命じる処分。たとえば、売買契約における引渡債務者が土地の引渡し・移転登記に協力しない場合に、引渡債務者が他の者に当該土地を二重譲渡することを防ぐために、引渡債権者が当該土地の処分の禁止を裁判所に申し立て、裁判所が申立てを相当と判断したときに仮処分がなされる。

処分権主義
[しょぶんけんしゅぎ]

訴訟の開始、審判対象の特定、判決によらない訴訟の終了等に関する権能を当事者に認める建前をいう。この原則により、民事訴訟は当事者の訴えによりはじめて開始され、裁判所は当事者の申立事項に拘束され、判決によらなくても当事者の意思で訴訟手続を終了させることができる。

処分行為
[しょぶんこうい]

①民法上は、財産の現状・性質を事実上変更したり、財産権に法律上の変動を生じさせる行為をいう。たとえば、前者は物を壊して滅失する行為が、後者は物の売買が挙げられる。管理行為の対概念であり、権限の範囲を画するときに問題となる。
②刑法上は、意思に基づいて財物を終局的に相手方に移転させる行為をいう。強盗罪や詐欺罪において問題となる。

処分証書
[しょぶんしょうしょ]

意思表示などの法律行為があったことを示す文書。たとえば、公文書としては判決書が、私文書としては遺言書、売買契約書、手形が挙げられる。

処分清算型
[しょぶんせいさんがた]

担保権の実行の方法のひとつ。債務不履行があり、担保権を実行する場合、まず担保物件を競売にかける。そして、その代金から債権の弁済を受け、差額があれば、それを債務者に返還するという方法である。対立概念である帰属清算型は、債権者が担保物件の所有権を取得し、その評価額が被担保債権の価額を上回る場合に、その差額を債務者に支払う。どちらの場合も、差額清算金の支払いと担保物件の引渡しは、同時履行の関係にある。

書面決議・書面によるみなし決議
[しょめんけつぎ・しょめんによるみなしけつぎ]

株主総会の決議事項について、議決権を行使できる株主全員が書面（電磁的記録による場合を含む）によって提案内容に同意をした場合をいう。この場合、株主総会を開催せずに、提案を可決とする株主総会決議があったものとみなす。決議事項の提案については、株主または取締役が行うと定められている。書面決議を用いると、各株主は一定の時・場所に集合する必要がなく、効率的であるとともに、円滑に決議を行うことが可能になる。また、取締役全員が、ある提案に対して、書面（電磁的記録による場合を含む）により同意する意思を示したときに、その提案を可決する取締役会決議があったとみなされることも、書面決議という。

書面審理主義
[しょめんしんりしゅぎ]

当事者が訴訟資料を書面の形式で裁判所に提出し、裁判所がこれに基づいて審判をすること。対概念は口頭（審理）主義であり、民事訴訟・刑事訴訟においては、口頭審理主義が原則である。

■ 書面による議決権行使・書面投票
[しょめんによるぎけつけんこうし・しょめんとうひょう]

株主総会に出席しない株主が、書面により議決権を行使すること。議決権を有する株主が 1000 人以上の会社にとっては必須の制度である。書面により議決権を行使する際は、議決権行使書面に所定の記載をして、法務省令で定めるときまでに会社に提出しなければならない。

■ 所有権
[しょゆうけん]

物を全面的・独占的に支配し、自由に使用、収益、処分することができる権利。物権の中で最も代表的な権利である。近代的所有権は、18 世紀のヨーロッパの市民革命により生成した。その当時は、所有権絶対の原則により、その権利行使に制限が加えられることは少なかった。しかし、その後、この原則は大幅に修正され、現在では、公共の福祉の観点から、さまざまな制限が加えられている。現在の民法でも、所有権は、法令の制限内において、自由にその所有物を使用、収益、処分できる権利とされている。

■ 所有権絶対の原則
[しょゆうけんぜったいのげんそく]

所有権は、所有物を全面的に支配する権利であり、すべての侵害者に対して主張できるという原則。所有権が、誰の妨害も受けることなく、対象財産を自由に取得・保持・売買・廃棄することができる権利であることをさしている。契約自由の原則、過失責任の原則とともに、近代私法の 3 大原則を構成する。なお、近代的所有権の生成当時は、この原則はほぼ完全に認められていたが、その後、大幅に修正され、現在では法令により大幅な制限が加えられている。

■ 所有権の移転時期
[しょゆうけんのいてんじき]

売買等の契約がなされた場合、その対象財産の所有権が、売主から買主に移転する時期のこと。民法では、物権の設定および変更は、当事者の意思表示で定まるとしている。したがって、移転時期は意思表示の時、つまり、契約締結時である。しかし、実務上は、代金支払時、引渡時、登記・登録完了時とする場合も多い。代金の支払いや引渡し・登記などがないにもかかわらず所有権が移転するという法律の規定は不自然であることから、民法の規定より実務上の考えの方が有力である。

■ 所有権留保
[しょゆうけんりゅうほ]

売買契約の売主が、買主に目的物を引き渡したうえで、代金が完済されるまで、その目的物の所有権を売主のもとに留めておくことをいう。通常の売買契約においては、少なくとも売買契約の目的物が買主に引き渡された場合には、目的物の所有権は買主に移転する。しかし、所有権留保では、買主が代金を支払うことができないときには、売主は契約を解除して、留保しておいた所有権に基づき目的物の返還請求を行うことができる。したがって、代金債権を担保する機能を果たす。クレジットカードによる商品購入や割賦販売などで多く用いられている。

■ 所有者抵当
[しょゆうしゃていとう]

抵当権を設定した債務者が、弁済を行うことによって、自らの物件に対して、債務者自身が抵当権を取得する制度。わが国の民法では認められていない。たとえば、A 所有の土地について、B が 8000 万円（1 番抵当権者）、C が 2000 万円（2 番抵当権者）の債権を被担保債権として、それぞれ抵当権を取得したとする。このと

き、Aが8000万円について、先にBに弁済した場合、1番抵当権者の存在を知りつつ、低い価額の債権について抵当権を設定したCが1番抵当権者に上がるのではなく、Aが自身の土地について抵当権を取得すると処理することで、Aが8000万円を限度として、他から金銭等を融通する途を残しておくことが所有者抵当の目的であるといわれている。

■ 所有と経営の分離
[しょゆうとけいえいのぶんり]

株式会社において、会社の所有者である株主が直接経営に関わるのではなく、経営の専門家である取締役に経営を任せること。株主は株主総会を通して基本事項に関する意思決定には参加するが、具体的な業務に関する意思の決定や、現実の業務執行は取締役が担当する。このような役割分担をすることで、経営判断の効率化を図っている。

■ 白地刑罰法規
[しらじけいばつほうき]

法律では法定刑のみを規定し、構成要件の内容については下位の法規や行政処分に委ねている刑罰法規のこと。たとえば、国家公務員法102条1項は、「人事院規則で定める政治的行為をしてはならない」とのみ定め、違反する行為に刑罰を科している（同法110条1項19号）。白地刑罰法規は、法律の定める手続によらなければ刑を科せられないとする憲法31条や、とくにその法律の委任がある場合を除いて政令には罰則を設けることができないとする憲法73条6号但書との関係が問題となり得る。もっとも、白地とすることに合理的な理由があり、特定の事項に限定されている限り、合憲であると解されている。

■ 白地式裏書
[しらじしきうらがき]

被裏書人の名称を記載しないでする裏書をいう。裏書文句を記載しないで証券の裏面に署名するだけでもよい。白地式裏書のなされている手形の譲渡には、資格授与的効力が認められ、善意取得・人的抗弁の主張の制限の規定が適用される。

■ 白地手形
[しらじてがた]

後日、手形の取得者に補充させる目的で、手形要件の全部または一部を未記載のまま手形行為をした手形のこと。手形要件を満たさない手形は、本来手形としての効力は認められないが、弁済期が決まっていない場合や将来発生すべき不確定の債権を担保する場合など、満期や金額を記載しないで手形を交付する実際上の必要があり、白地手形は商慣習法上認められている。

■ 自力執行力
[じりきしっこうりょく]

行政庁が、行政行為によって私人に対して課した義務内容を、裁判所の強制執行手続を経ることなく自力で実現できる効力のこと。執行力ともいう。自力執行力は、かつては国家権力の発動である行政行為に当然に備わっている効力であると考えられていたが、今日では、制定法の定めに基づくものと解されている。

■ 事理弁識能力
[じりべんしきのうりょく]

物事の道理や行為の結果を理解することのできる能力のこと。たとえば、信号が赤の場合には、道路を渡ってはいけないと認識できることが挙げられる。責任能力よりも低い能力とされ、一般に4歳から5歳程度であれば、事理弁識能力はあるとされる。民法上の過失相殺では、事理弁識能力さえあれば、被害者の過失を考慮でき、責任能力までは不要とされる。

■ 知る権利
[しるけんり]

情報を自由に受け取り、または受け取

るために国等に対して情報提供を求める自由をいう。憲法21条の表現の自由として保障されている。マスメディアの発達により、情報の送り手と受け手が分離し、国民の大多数が受け手に回った。そのため、送り手の思想・情報を発表する自由を保障するだけでは、国民は十分な情報を得ることができなくなったため、受け手側の自由として保障されるようになった。知る権利の具体化された法律として、情報公開法がある。

■ 侵害的行政行為
[しんがいてきぎょうせいこうい]

行政活動のうち、国民の権利・自由を奪ったり、国民が本来自由に行うことができる活動や行動を制限する作用を持つ行為。侵害行政とも呼ばれている。市民の財産権に対する侵害となる課税処分が典型例であり、ほかにも建築規制や交通規制、営業停止処分などの営業規制が例として挙げられる。これに対して、国民に対して社会保障や公的サービスを給付するような作用を持つ行政活動を授益的行政行為という。

■ 侵害犯
[しんがいはん]

保護法益を現実に侵害したことが構成要件要素となっている犯罪のこと。たとえば、被害者の生命という保護法益の侵害が要件である殺人罪が挙げられる。対概念は危険犯である。

■ 人格責任論
[じんかくせきにんろん]

刑事責任の基礎を自ら主体的に形成した人格を現実化するものとして犯罪行為が行われたことに求める学説。人格責任論は、行為の背後には潜在的な人格体系があるとし、その人格は主体的に形成されてきたものであるから、行為責任の背後には人格形成の責任が認められなければならないとする。

■ 人格的行為論
[じんかくてきこういろん]

☞因果的行為論／目的的行為論／社会的行為論／人格的行為論

■ 人格のない社団等
[じんかくのないしゃだんとう]

☞権利能力のない社団等／人格のない社団等

■ 新過失論
[しんかしつろん]

過失犯の構造に関する学説のひとつ。過失を責任の問題として論じる以前に違法性の場面で取り上げるべきであるとし、客観的注意義務の内容として結果回避義務を重視する立場。従来の結果予見可能性を中心に考える旧過失論では、自動車を運転すれば事故の生じる予見可能性がほとんどの場合で存在するように、処罰範囲が広くなりすぎることから、結果予見可能性があっても、結果回避義務を果たしていれば過失犯は成立しないとする。

■ 新株発行
[しんかぶはっこう]

株式会社設立後、主に資金が必要になった場合に、新たな株式を発行して資金を調達すること。とくに株主以外の者に対して株式を新たに発行するときは、既存株主の持株比率の低下を招くことになる。そのため、会社法には新株発行について、既存株主と新株主との間の利害を調整する規定が置かれている。

■ 新株発行差止請求権
[しんかぶはっこうさしとめせいきゅうけん]

会社の新株発行に対して、株主がその差止めを求める権利のこと。新株発行が法令や定款に違反する場合、または著しく不公正な方法で行われる場合に認められる。なお、この権利を株主が行使するには、違法または不当な新株発行により株主が不利益を受けるおそれがあること

が必要である。この請求権は、訴訟外でも行使できるが、一般的には、訴訟により行使する。

■ 新株発行の不存在確認の訴え
[しんかぶはっこうのふそんざいかくにんのうったえ]

新株発行の実体がないのにその外観が存在する場合に、訴えをもってその不存在の確定を求めること。類似のものに、新株発行の無効の訴えがある。新株発行の無効確認の訴えは、新株発行の実体はあるが、法令等に違反するためその無効を主張する訴えである。

なお、無効判決には、新株発行の無効は将来に向かってのみ認められ、過去には遡及しないという原則がある。しかし、この不存在確認の訴えにおいては、そもそも効力の有無が問題となっている株式発行の実体が存在しないため、遡及の否定という問題は生じない。

■ 新株発行の無効の訴え
[しんかぶはっこうのむこうのうったえ]

株式会社の新株の発行が、一定の事由に該当する場合、株主が裁判所にその発行の無効を訴えること。「一定の事由」とは何かについて、会社法上規定はない。学説上は、新株発行が重要な法令に違反するといった、重大な瑕疵がある場合にのみ、「一定の事由」が認められると考えられている。新株発行の差止請求が、株主の事前的な対抗手段であるのに対し、新株発行の無効の訴えは事後的な対抗手段である。なお、この訴えが認められると、一度払い込まれた金銭を新株主に返却するなど負担が大きいため、出訴期間などに制限が設けられている。

■ 新株予約権
[しんかぶよやくけん]

株式会社から株式の交付を受ける権利をいう。新株予約権の取得自体は無償でも可能であるが、権利を行使し、株式を交付してもらうためには、一定の価額を支払う必要がある。株式会社は、新株予約権を持つ者に対して、株式を交付する義務を負う。新株予約権の行使価額が1万円である場合に、現在の株式の価値が1万1000円であるとき、この権利を行使すると、1000円の利益がある。また、株価が9000円のときには、新株予約権を行使せず、市場で購入した方が安く株式を取得できるというメリットが権利者にある。

■ 新株予約権付社債
[しんかぶよやくけんつきしゃさい]

新株予約権の付いた社債のこと。社債権者は、会社の業績が低いうちは社債の保有者として安定した地位が得られ、会社の業績が上がれば新株予約権を行使して株主になることができる。会社としては、業績が低いときでも金利を抑えた社債を発行することにより、資金調達を容易に行える点で、社債権者、会社双方にメリットがある。

■ 新株予約権無償割当て
[しんかぶよやくけんむしょうわりあて]

株主に対して、新たに払込みをさせずに新株予約権を割り当てることをさす。類似の概念に募集新株予約権の無償発行があるが、これは株主からの申込みが必要であるのに対し、新株予約権無償割当ては、株主の意思に関係なく割り当てられる。

わが国では、新株予約権無償割当ては、会社の資金調達方法のひとつであると理解されている。たとえば、市場では1株1000円の株式について、行使価格が1株600円の新株予約権無償割当てを行えば、株主は安い価格で株式を取得できる反面、会社は株主の払込みによって資金を調達することができる。

なお、従来は、新株予約権行使期間の初日の2週間前までに、新株予約権無償

割当通知が行わなければならない旨が定められており、資金調達まで相当程度時間がかかっていた。そこで平成26年の会社法改正によって、割当ての通知は新株予約権無償割当ての効力発生後、遅滞なく行われなければならないと改められ、以前より会社が短い期間で資金調達を行うことができる途を開いた。

■ 信義誠実の原則・信義則
[しんぎせいじつのげんそく・しんぎそく]

社会で共同生活している1人の人間として、権利の行使および義務の履行は、信義に従い誠実に行わなければならないとする原則。略して信義則ともいう。近代社会における自由な個人間の取引は、相互の信頼に基づいてはじめて成立するため、信義誠実の原則は近代法の基本原則とされる。

■ 審級
[しんきゅう]

階級の異なる裁判所間の上下関係。わが国では、三審制が採用されている。原則として、上訴ができるのは判決に不服のある当事者に限られる。

■ 信教の自由
[しんきょうのじゆう]

ある特定の宗教を信じる自由、または、信じない自由をいう。憲法20条1項により、何人に対しても信教の自由が保障されている。信教の自由の内容として、信仰の自由、宗教的行為の自由、宗教的結社の自由が含まれていると理解されている。

信仰の自由とは、宗教を信仰し、または信仰しないこと、信仰していた宗教を変更する自由をいう。宗教的行為の自由とは、宗教上の祝典や儀式を行う自由をいう。そして、宗教的結社の自由とは、特定の宗教の宣伝や、宗教的行為を目的とする団体を結成する自由をいう。また、信教の自由の保障を強化する目的で、憲法は政教分離を制度として保障している。

■ 審決
[しんけつ]

特許庁による審判手続を経てなされた判断のこと。専門性を要する分野につき知識を有する行政機関が準司法の作用を担うことにより、迅速な判断が期待できるという狙いがある。たとえば、特許を申請したが拒絶された者は、拒絶査定不服審判を請求できるが、これに対する判断が審決となる。拒絶審決がなされた場合には、特許を申請した者は、拒絶審決の取消訴訟を提起できる。

■ 親権
[しんけん]

親が未成年の子を監護し、またはその財産を管理するために行う権利義務の総称をいう。親権には、子の世話や教育を行う身上監護権と、子の財産の管理や法律行為を代理する財産管理権がある。父母が離婚する際に未成年の子がいる場合には、どちらが親権を持つのかを決める必要がある。

なお、身上監護権のひとつである懲戒権（民法822条）に関しては、児童虐待の助長になりかねないとの批判があり、そのあり方が検討されている。

■ 信玄公旗掛松事件
[しんげんこうはたかけまつじけん]

大審院大正8年3月3日判決。信玄公が旗を掛けたとの言い伝えのある松が、国鉄の煤煙により枯れたとして、松の所有者が国に対し、不法行為に基づく損害賠償請求を求めて訴えた事件。大審院は、公共事業である鉄道業務であっても、権利濫用がある場合には業務に違法性が認められるとし、本件でも権利濫用があることを理由として、国の不法行為責任を認め、所有者の請求を容認した。

■ 親権者
[しんけんしゃ]

未成年の子に対して親権を行う者。子

の監護、教育を行い、財産の管理を行う。親権に服する子の父母が婚姻中であれば、その父母が共同の親権者であるが、父母の一方が親権を行使できないときは、他の一方が親権者となる。父母が離婚するときは、どちらか一方が親権者となるが、子の出生前に離婚するときには、原則として母が親権者となる。家庭裁判所は、必要な場合には親権者を他の一方に変更でき、父母がともに親権を失うことになる場合には未成年後見人を選任する。

■ 人権宣言
[じんけんせんげん]

人権保障を内容とする宣言。わが国の憲法も、基本的人権の尊重を最も重要な基本原理として、人が生まれながらにして持っている侵すことができない権利として保障しており、人権宣言の性質を有している。イギリスのマグナ・カルタが発端であり、その後の権利の章典やアメリカ州憲法、そしてフランス人権宣言へと普及していった経緯がある。

■ 親権の喪失
[しんけんのそうしつ]

父または母による子の虐待または悪意の遺棄があるときなどに、家庭裁判所の審判によって、その子の親権を失わせる制度。家庭裁判所は、子（本人）、子の親族、検察官、未成年後見人、児童相談所長などの申立てによって、親権の喪失の審判を行うことができる。増加する児童虐待から子を守るために、平成23年の民法改正によって親権の喪失の原因が明確化され、請求権者も拡大された。

■ 親権の停止
[しんけんのていし]

親権者の虐待などから子を保護するために、家庭裁判所の審判によって、最長2年間にわたり親権を行うことができないようにする制度。親権の喪失の要件を満たさない場合でも、必要に応じて期限付きの親権の制限を可能とするために、平成23年の民法改正で創設された。親権の停止の審判申立てができるのは、子（本人）、子の親族、検察官、未成年後見人、児童相談所長などである。

■ 人権擁護委員
[じんけんようごいいん]

人権擁護委員法に基づいて全国の各市町村に配置されている非常勤職で、市民からの人権に関する相談を受けたり、被害者の救済、人権についての啓発活動を行う。給与は支給されない民間のボランティアである。市町村長が選び、議会の意見を聴いたうえで推薦された候補者の中から、弁護士会などに意見を求め検討した後、法務大臣が委嘱する。任期は3年で再任も可能である。人権思想の普及と人権侵犯事件の調査を主な任務とし、人権相談などの活動も行っている。

■ 人工公物
[じんこうこうぶつ]

☞自然公物／人工公物

■ 親告罪
[しんこくざい]

検察官が起訴（公訴の提起）をするためには、被害者やその法定代理人などの告訴が必要とされる罪。名誉毀損罪などが親告罪にあたる。検察官の起訴に告訴を必要とする理由は、起訴することによって犯罪事実が公になることが、かえって被害者の名誉を傷つけるなどの不利益をもたらす場合があるためである。親告罪について告訴がないにもかかわらず、検察官が起訴をした場合には、その手続が無効であり、裁判所は公訴棄却の判決を下さなければならない。

なお、平成29年の刑法改正で、かつては親告罪であった刑法上の強制性交等罪（強姦罪）、強制わいせつ罪などの性犯罪が、すべて非親告罪に変更された。

さ行

■ 審査請求
[しんさせいきゅう]

　行政庁の処分や不作為に対して不服を申し立てること。平成28年施行の行政不服審査法改正により、異議申立てが廃止され、不服申立ては審査請求に一元化された。審査請求は、法律に特別の定めがある場合を除き、処分庁や不作為庁の最上級行政庁に対して申し立てるのが原則である。しかし、最上級行政庁がない場合には、法律に特別の定めがある場合を除き、処分庁や不作為庁に対して申し立てることになる。

■ 審査請求期間
[しんさせいきゅうきかん]

　行政庁の処分に対して審査請求をすることができる期間のこと。原則として、処分があったことを知った日の翌日から起算して3か月以内（主観的請求期間）、または処分があった日の翌日から起算して1年以内（客観的請求期間）に申し立てなければならない。もっとも、正当な理由がある場合には、上記の期間を経過しても、審査請求が提起できる場合があるという例外が定められている。処分の法的効果の早期安定を図る趣旨で設けられた。ただし、不作為に対する審査請求については、審査請求期間の制限はなく、不作為状態が続く限りいつでも請求することが可能である。

■ 審査請求前置主義
[しんさせいきゅうぜんちしゅぎ]

　行政処分について不服を申し立てる場合に、先に審査請求手続を経た後でなければ、行政処分の取消訴訟を提起することはできないという考え方。不服申立前置主義ともいう。わが国の行政事件訴訟法では、行政上の不服申立て（審査請求）と取消訴訟のいずれを選ぶのかは、原則として本人の自由に任せられている。もっとも、国税通則法や国民年金法上の規定など、審査請求前置を設けておかなければ、大量の不服申立てを裁判所が一括して処理しなければならず、負担が過大になる場合には、審査請求前置が規定されている。

■ 審査請求中心主義
[しんさせいきゅうちゅうしんしゅぎ]

　処分に対する不服申立ては審査請求を原則にするべきという不服申立ての制度の考え方。かつての不服申立ての制度は、処分に対する審査請求と異議申立ての関係について審査請求中心主義を採用して、処分庁に上級行政庁がある場合にはその上級行政庁に対して審査請求を行うべきで、上級行政庁がない場合に処分庁に対する異議申立てができるという原則的な振分けが行われていた。

　しかし、平成28年施行の行政不服審査法改正により、異議申立てが廃止され、処分に加えて不作為に対する不服申立ても審査請求に一元化された。つまり、処分庁や不作為庁に対する不服申立ても審査請求となるのが原則である。なお、処分については法律の定めがある場合は、処分庁に対する再調査の請求が可能であるが、この場合であっても、再調査の請求を経ずに直ちに審査請求ができる。

■ 人事委員会
[じんじいいんかい]

☞公平委員会／人事委員会

■ 紳士協定
[しんしきょうてい]

　当事者同士の間で結ばれる事実上の約束をさす。法的効果はなく、当事者が自発的に協定内容を実現することが望まれている。たとえば、公害防止協定について、これを法的効果のない紳士協定とする見解がある（紳士協定説）。しかし、判例は紳士協定説を採用せず、当事者を拘束する法的効果を認めていると考えられている（契約説）。

人事訴訟

[じんじそしょう]

身分関係の確認や形成を目的に行われる訴訟をいう。たとえば、婚姻または親子などの人事的な法律関係に対する訴訟がこれに当たる。たとえば、婚姻中のA（夫）とB（妻）において、BがAに対して、「AとBとを離婚する」という判決を求めて提起する訴訟である。

人事訴訟法

[じんじそしょうほう]

人事訴訟に関する手続を定める法律。身分関係の形成または存否の確認を目的とする訴えについて、民事訴訟法の特則を定めた法律である。人事訴訟の対象となる身分関係には、真実発見の要請が強く、画一的確定の必要があることから、当事者の私的自治に委ねることは相当ではない。そこで、人事訴訟法には、事実や証拠を裁判所が積極的に収集すること（職権探知）や、判決の効力の拡張などの特別規定が置かれている。

人種差別撤廃条約

[じんしゅさべつてっぱいじょうやく]

人種、民族に対する差別の撤廃を目的とし、各国に対し具体的な措置を義務づけるため、1965年12月に第20回国連総会で採択された条約。正式名称は「あらゆる形態の人種差別の撤廃に関する国際条約」。わが国は、条約に定められている内容が憲法と抵触するおそれがあるとして批准せずにいたが、その後、条件つきで、1995年12月に批准した。

信書隠匿罪

[しんしょいんとくざい]

他人の信書を隠匿する罪。個人の財産としての信書の効用を保護するために規定された。6月以下の懲役もしくは禁錮または10万円以下の罰金もしくは科料が科される。本罪は親告罪である。信書とは、特定人から特定人にあてられた意

思を伝達する文書をいう。信書開封罪と異なり、封緘された信書に限られず、郵便葉書もこれに含まれる。隠匿とは、信書の発見を妨げる行為をいう。

心証

[しんしょう]

裁判官が事実認定をする際に、証拠を取捨選択しながら経験則に基づいて形成する内心のこと。刑事裁判・民事裁判のいずれも、心証形成の方法を裁判官の自由な判断に委ねる自由心証主義を採用している。

☞自由心証主義

人証

[じんしょう]

人を証拠調べの対象とする証拠方法のこと。人的証拠ともいう。

刑事訴訟では、証人、鑑定人、通訳人または翻訳人が証拠方法となる。証拠調べの方法は、尋問または質問である。

民事訴訟では、証人、当事者本人、鑑定人が証拠方法となる。

身上監護権／監護権

[しんじょうかんごけん／かんごけん]

親権者が、未成年の子の世話やしつけなどをすることにより子を保護監督し、教育を受けさせる権利。単に「監護権」と呼ぶこともある。親権の内容のひとつ。具体的には、子の居所を指定する居所指定権、子に対して懲戒・しつけをする懲戒権、子が職業を営むにあたってその職業を許可する職業許可権が民法に規定されている。また、未成年者の婚姻に対する同意権など、身分上の行為の同意権や代理権についても規定されている。

信書開封罪

[しんしょかいふうざい]

正当な理由がないのに、封をしてある信書を開ける罪。個人の秘密を保護するために規定された。1年以下の懲役または20万円以下の罰金が科される。本罪は

親告罪である。

■ 心神耗弱
[しんしんこうじゃく]

　精神の障害により、行為の違法性を弁識する能力が著しく減退しているか、または、弁識に従って行動する能力が著しく減退していること。心神耗弱者は、刑法上限定責任能力者とも呼ばれる。心神喪失との区別は裁判所によりなされ、医師の鑑定とは異なる判断を裁判所自らがすることもできる。刑法39条2項は、心神耗弱者の行為は必要的に減軽されると規定する。

　☞限定責任能力

■ 心神喪失
[しんしんそうしつ]

　精神の障害により、行為の違法性を弁識する能力がまったくないか、または、弁識に従って行動する能力がまったくない状態。たとえば、重い精神病や知的障害、人格障害により精神に障害を負っている場合が挙げられる。また、アルコールによる酩酊状態、催眠状態、激情などによる意識障害も含まれる。刑法39条1項は、心神喪失者は責任能力を欠き（責任無能力）、その行為は不可罰になると規定する。

■ 心神喪失者等医療観察法
[しんしんそうしつしゃとういりょうかんさつほう]

　心神喪失等の状態で重大な他害行為を行った者に対して、適切な医療を提供し、社会復帰を促進することを目的とした法律。正式名称は「心神喪失等の状態で重大な他害行為を行った者の医療及び観察等に関する法律」。精神障害のために善悪の区別がつかないなど、刑事責任を問えない状態で殺人、放火、強盗等を行い、不起訴処分となるか無罪等が確定した者、または、心神耗弱者で有罪判決を受けたが刑が減軽され、実刑を受けない者など

が対象である。検察官が申立てをして、裁判官と精神保健審判員の合議体による審判で入院などの医療行為が決定されることなどが規定されている。

■ 人身の自由／身体の自由
[じんしんのじゆう／しんたいのじゆう]

　不当な逮捕や監禁、拷問を受けることがない自由をさす。身体の自由と同義である。わが国の憲法でも、奴隷的拘束からの自由を保障し（憲法18条）、違法な身体の拘束や本人の意思に反する労役を強制されないことを保障している。また、憲法31条は法律の定める手続によらずに自由を奪われないと規定して、適正手続の保障が人身の自由の基本原則であることを明示している。

■ 人身売買罪
[じんしんばいばいざい]

　刑法は人身売買罪として、以下の5つの犯罪を規定している。人の身体の自由を保護するために規定された。

　人身買受け罪とは、成年者を買い受ける罪。3月以上5年以下の懲役が科される。買受け行為とは、対価を支払って、現実に人身の引渡しを受けることをいい、たとえば金銭と引換えに人身の引渡しを受けることが挙げられる。

　未成年者買受け罪とは、未成年者を買い受ける罪。未成年者の保護を図る観点から、人身買受け罪を加重したものであり、3月以上7年以下の懲役が科される。

　営利目的等買受け罪とは、営利、わいせつ、結婚または生命もしくは身体に対する加害の目的で、人を買い受ける罪。わいせつなどの目的を有する場合には、自由に対する侵害の危険がとくに大きいことから、人身買受け罪を加重したものであり、1年以上10年以下の懲役が科される。

　人身売渡し罪とは、人を売り渡す罪。1年以上10年以下の懲役が科される。人を売り渡すとは、対価を得て相手方に人身

を引き渡すことをいう。

　所在国外移送目的人身売買罪とは、所在国外に移送する目的で、人を売買する罪。2年以上の懲役が科される。本罪は、売主および買主双方に成立する。

■ 申請主義
[しんせいしゅぎ]

　当事者の申請によって手続を開始する原則。当事者申請主義ともいう。登記法上、登記手続は、法令に別段の定めがある場合を除いて、当事者の申請または官庁の嘱託がなければすることができないと定められており、申請主義がとられている。

■ 真正不作為犯
[しんせいふさくいはん]

　構成要件が不作為の形式で定められている犯罪のこと。多衆不解散罪、不退去罪などがこれに当たる。なお、作為を予定している犯罪を不作為によって犯す場合を不真正不作為犯という。

■ 真正身分犯
[しんせいみぶんはん]

　行為者が一定の身分を有することによって、はじめて可罰性が認められる犯罪のこと。偽証罪、収賄罪などがこれに当たる。なお、身分があることによって法定刑が加重または軽減される犯罪を不真正身分犯という。

■ 新設合併
[しんせつがっぺい]

　合併の当事者である会社がすべて消滅し、新しく設立した会社にその権利義務を承継させる合併方法をいう。たとえば、A株式会社とB株式会社が、新たにC株式会社を設立する場合などが挙げられる。合併により、A社とB社は、その権利義務の全部をC社に承継し、解散する。以後は、C社がA社とB社に代わって企業活動を続けることになる。

■ 新設分割
[しんせつぶんかつ]

　新たに会社を設立し、その会社に分割元の会社の事業の一部を引き継がせること。各事業部門を独立させ、経営の合理化を図る手法。新しく設立した会社の株式を、分割元の会社に割り当てる物的新設分割と、分割元の会社の株主に割り当てる人的新設分割がある。これに対して、新設分割のように新しく会社を設立することなく、既存の会社に分割元の事業を引き継がせることを吸収分割という。この2つが会社法上の会社分割を構成する。

■ 親族
[しんぞく]

　血縁関係や婚姻関係にある者相互の法律上の身分関係。出生によって生ずる自然血族関係、養子縁組によって生ずる法定血族関係、婚姻によって生ずる姻族関係がある。親族の範囲は民法上、6親等内の血族、配偶者、3親等内の姻族と規定されている。親族間には扶養の義務や近親婚の禁止などの特殊な法的義務が発生する。

■ 親族間の犯罪に関する特例
[しんぞくかんのはんざいにかんするとくれい]

　親族間の犯罪に関する特例は、刑法上3種類に分けられる。

ⓐ配偶者、直系血族または同居の親族との間で窃盗罪、不動産侵奪罪、これらの未遂罪を犯した者の刑を免除し、その他の親族間で行われた場合を親告罪とすること。親族相盗例ともいう。詐欺、恐喝、横領にも準用される。「法は家庭に入らず」という法諺の由来であり、親族間の財産関係に関する問題は、親族内部において解決させるべきという政策的考慮に基づく。

ⓑ配偶者、または親族の配偶者との間で、盗品等に関する罪を犯した場合、刑を

免除すること。親族が窃盗等を犯した場合に、盗品の処分に関与して庇護する心情は、一般的に理解されるものであるため、関与者の適法行為の期待可能性が減少すると考えられている。これを根拠に、裁判所が刑を免除することを定めた。@と根拠が異なることに、注意が必要である。

©犯人の親族が、犯人の利益のために犯人蔵匿罪、証拠隠滅罪を犯した場合に、刑を免除できること。根拠は⑥と同様である。

■ 迅速な裁判
[じんそくなさいばん]

被告人が迅速な裁判を受ける権利のこと。訴訟が長引くほど証拠が散逸し、真実発見が困難になり、また被告人にも重い負担が課せられるため、できるだけ迅速な訴訟手続の進行が求められる。迅速な裁判を実現させるために、公判前整理手続、期日間整理手続、連日的開廷などの諸制度がある。

■ 身体の自由
[しんたいのじゆう]

☞人身の自由／身体の自由

■ 信託統治
[しんたくとうち]

未独立地域について、国際連合の信託を受けた国（施政権者）が、国際連合と結んだ信託統治協定に基づいて統治を行うことをさす。かつての国際連盟の時代に行われていた委任統治を承継した制度である。統治が及ぶ範囲は、信託統治協定により合意された地域に限られるが、自治または独立に向かって住民自治の発達や人権の尊重などを目的に、信託統治理事会と国連総会（とくに指定された戦略地域については安全保障理事会）の監督の下、統治が行われる。もっとも、平成6年にパラオが独立したことによって、信託統治地域は事実上存在せず、信託統治制度

は役目を終えたともいわれている。

■ 信託法
[しんたくほう]

信託に関する私法関係を規定する法律（形式的意味での信託法）。信託の成立、受託者の権限や義務、信託財産などについて定める。なお、実質的意味での信託法といった場合には、上記の法律に加えて、信託業法、担保付社債信託法などの信託関係やこれに基づいて発生する法律関係を規定する法律全般をさす。

■ 人定質問
[じんていしつもん]

検察官の起訴状朗読に先立ち、人違いでないことを確かめるために裁判官が被告人に質問すること。通常、被告人の氏名、年齢、職業、住所、本籍などを尋ねる。

■ 人的抗弁
[じんてきこうべん]

手形上の権利行使を受けた者が、特定の手形所持人に対してのみ主張しうる抗弁。対概念は物的抗弁である。特定の者のみに対抗しうる狭義の人的抗弁と、すべての者に対抗しうる無権利の抗弁とがある。前者の例として、意思表示の瑕疵、同時履行の抗弁が、後者の例として手形の盗取者、無権利者からの譲受人に対してする無権利の主張が挙げられる。

■ 人的抗弁の切断
[じんてきこうべんのせつだん]

手形・小切手法上の人的抗弁は、いったん善意の譲受人が生じた場合には、以降の譲受人に対しては主張できなくなるということ（手形法17条、小切手法22条）。人的抗弁の切断は、手形・小切手の流通性を確保するための制度である。たとえば、AがBに対して手形を振り出したが、売買契約が無効であったなど、原因関係に基づく抗弁を有していたとする。この場合、Bが抗弁の存在を知らないCに手形を譲渡し、CがAに対して支払を請求

した際には、AはBに対しては主張できた抗弁をCには主張できないことになる。なお、この場合の悪意とは、「所持人ガ其ノ債務者ヲ害スルコトヲ知リテ手形（小切手）ヲ取得」すること（手形法17条但書、小切手法22条但書）をいい、悪意者が人的抗弁の切断の恩恵を受けられず前者から引き継がれた抗弁を悪意の抗弁という。

■ 人的処罰阻却事由
[じんてきしょばつそきゃくじゆう]
☞一身的刑罰阻却事由／人的処罰阻却事由

■ 親等
[しんとう]

本人を基準として、親族の関係の遠近を計算する単位。これによって親族の範囲が確定され、相続順位などが決定する。親等の計算は、本人と親、本人と子を1親等とする。先祖・子孫という縦の関係にある場合を直系と呼ぶ。兄弟姉妹の場合は共通の親にさかのぼり、そこから下るので親等が1つ増えて2親等となる。このように枝分かれして横の関係になる場合を傍系と呼ぶ。なお、配偶者間には親等はない。

■ 新派／近代学派
[しんぱ／きんだいがくは]

イタリアのロンブローゾ、フェリー、ドイツのリストらによって提唱された刑法学派の名称。19世紀後半になって主張された学派であるため、近代学派とも呼ばれている。実証科学的な見地から自由意思の存在を否定し、処罰の対象は犯罪行為に徴表される行為者の社会的危険性ないし反社会性であるとし（主観主義）、行為者は、その反社会的性格を基礎として、社会的責任を負うと主張した（性格責任論、社会的責任論）。また、刑罰は行為者の反社会性ないし危険性を矯正・改善するためのものであり（目的刑論、教育刑論）、刑罰は、犯罪者を改善することによって、犯罪を予防し社会を防衛することが目的であり、一般人を威嚇するためにあるのではないとする（特別予防主義）。特別予防主義の立場からは、刑罰も保安処分も、行為者を改善するための手段としては本質を同じくするものとされる（一元主義）。新派に対して、ベッカリーア、フォイエルバッハらが提唱した刑法学派を旧派（古典学派）という。

■ 審判
[しんぱん]

訴訟においては、審理と裁判の総称である。ほかに、特許庁によりなされる審決を導くための手続をいう。

■ 審問
[しんもん]

非訟事件手続で、裁判所が、当事者等の口頭または書面による陳述を聴取すること。裁判所または裁判官が、当事者やその他の関係人に対して、陳述させることができる。また、民事訴訟で、裁判所が当事者その他の利害関係人に対し、無方式に陳述する機会を与える手続（審尋）をさして、審問の言葉が用いられる場合がある。さらに、破産手続では、破産の申立てをした場合に、審問期日呼出状が申立人に届くが、裁判官の面前でなされる手続を破産審尋または破産審問と呼ぶ。

■ 深夜労働
[しんやろうどう]

労働者が、深夜業に就くこと。労働基準法は、原則として午後10時から午前5時までの時間を、深夜労働に当たると定めている。深夜労働に対して、使用者は割増賃金を支払わなければならない。現在では、深夜労働については、2割5分以上の割増率が乗じられた金額が、賃金として支払われることになっている。

■ 信用毀損罪
[しんようきそんざい]

真実に反するような事項を世の中に流

したり、人をだましたりして、人の経済活動に関する社会的な信用を害する罪。本罪は、経済的な側面における人の社会的な評価を守るために規定された。3年以下の懲役または50万円以下の罰金が科される。

■ 信頼関係破壊の理論
[しんらいかんけいはかいのりろん]

契約の一方当事者に債務不履行があった場合でも、当事者同士の信頼関係が破壊される程度の不誠実さが認められなければ、相手方が解除権を行使できないという考え方。賃貸借契約や雇用契約など、継続的な性質を持つ契約関係において用いられる。たとえば、賃貸人Aと賃借人Bとの間で家屋の賃貸借契約を結び、Aに無断で、Bが転借人Cに、この家屋について転貸借契約を結んだとする。民法は、無断転貸の場合に、賃貸人が賃貸借契約を解除できると規定している。しかし、判例ではA・B間の信頼関係が破壊されていなければ、賃貸人Aは解除権を持たないと判断され、確立した判例理論になっている。

■ 信頼の原則
[しんらいのげんそく]

他人が予期された適切な行動に出ることを信頼できる場合には、予期に反して他人が適切な行動に出なかったために、自己の行為から犯罪結果が発生したときでも、過失責任は問われないという原則。主に、交通事犯において、運転者に過酷な過失認定が問題となり、これを修正する理論として唱えられた。

■ 信頼利益
[しんらいりえき]

契約が無効・不成立となり債権が発生していない場合に、契約が有効に成立しているものと信頼したことによって被った損害のこと。たとえば、不動産の売買契約が締結段階にあったが、締結に至る前に天災により不動産が滅失したような場合に、その不動産の検分のために要した調査費用などが挙げられる。

■ 心理的責任論
[しんりてきせきにんろん]

☞規範的責任論／心理的責任論

■ 審理不尽
[しんりふじん]

裁判において、十分な審理がなされなかったこと。たとえば、刑事裁判においては、訴因変更命令義務違反の場合や職権証拠調べ義務違反の場合には、審理不尽として刑事訴訟法379条の訴訟手続の法令違反に当たり、控訴理由となる。

■ 心裡留保
[しんりりゅうほ]

意思表示の表意者が、表示に対応する真意のないことを自ら知りながら意思表示をすること。たとえば、売主が売る気もないのに、買主に対して「この絵を10万円で売ってあげよう」ということが挙げられる。原則として心裡留保は有効であるため、上記の例では売買契約が有効となって、売主は買主に対して10万円で絵画を売らなければならない。ただし、相手方が表意者の真意でないことを知っていたか、または知ることができた場合には、例外的に心裡留保が無効となる。

す

■ 随意契約
[ずいいけいやく]

国や地方公共団体が結ぶ契約（行政契約）で、契約相手を自由に決定することができる契約。競争入札の手間が省けることから、契約担当者の事務負担を軽減できるなどの利点もあるが、公平性や透明性に欠けることから、不適正な価格で契約が結ばれる場合もある。そのため、わ

が国では国や地方公共団体が結ぶ契約は競争入札が原則となっており、随意契約は法令によって定められた場合にのみ可能である。

■ 随意条件
[ずいいじょうけん]

条件の成就が当事者の一方の意思のみに係る条件のこと。停止条件が付けられた法律行為（停止条件付法律行為）の停止条件が随意条件である場合、その法律行為は無効となる。たとえば、気が向いたら100万円をあげるという随意条件は、債務者の意思いかんで、債権者を著しく不安定な地位に置くことになるため、無効になる。

■ 推定する
[すいていする]
☞みなす／推定する

■ 推定相続人
[すいていそうぞくにん]

今現在相続が開始したならば相続人となるはずの者のこと。つまり、法定相続人のうち最も優先順位が高い者。配偶者と子は常に推定相続人となるが、直系尊属は子（直系尊属からみた孫）がいない場合、兄弟姉妹は直系尊属がいない場合にのみ、推定相続人となる。

■ 随伴性
[ずいはんせい]

主たる権利が移転すると、従たる債権・債務もともに移転すること。担保物権や保証等の担保に共通する性質である。たとえば、消費貸借契約を締結して、債務者の不動産に抵当権を設定した場合、債権者が貸金債権を第三者に譲渡すれば、当該抵当権は賃金債権とともに譲受人に移転する。

■ 水防妨害罪
[すいぼうぼうがいざい]

水害の際に、土嚢、木材、舟など、水害を防止するための物を隠匿・損壊したり、またはこれ以外の方法で水害対策を妨害する罪。水害による被害を防止することによって、公衆の安全を保護するために規定された。1年以上10年以下の懲役に処せられる。

■ 水利権
[すいりけん]

灌漑、水車、発電等のために流水を排他的に使用する権利。たとえば、農業のために河川の流水を使用することが挙げられる。河川法に基づく許可水利権と、河川法制定以前から水利の社会的承認がある慣行水利権とがある。

■ 水利妨害罪
[すいりぼうがいざい]

堤防を決壊させる行為や、水門を破壊すること、または水流を妨げるなど貯水を流出させる行為によって、水の利用を妨害することにより成立する罪。水利権を保護するために規定された。2年以下の懲役もしくは禁錮または20万円以下の罰金が科される。なお、水利権を有しない者に対して上記の行為をしても、本罪は成立しない。

■ ストーカー規制法
[すとーかーきせいほう]

ストーカー行為などに対する規制と被害者を保護することを目的として制定された法律。正式名称は「ストーカー行為等の規制等に関する法律」。この法律では、恋愛感情やそれが満たされなかったことから生じる怨恨の感情を満たすために、同じ人に対して、つきまとい等を反復してする行為を「ストーカー行為」と定義して処罰対象としている。そして、ここでの「つきまとい等」には、つきまとい、待ち伏せ、見張り、監視していると告げる行為、無言電話などに加え、拒否後に連続して、電話をかけることや、FAX、電子メール、SNS、ブログ、ホームページなどの機能を利用してメッセー

ジを送信することも含まれる。

■ ストック・オプション
[すとっく・おぶしょん]

取締役や従業員に与えられる意欲向上を目的とする報酬であり、取締役等に対し、あらかじめ設定した価格で自社の株式を購入する権利を与えること。権利者が会社に対して権利を行使したときには、会社から株式の交付を受けるという新株予約権の一種である。たとえば、行使に際して払い込む額を1株1万円と決めておくと、市場価格が1万円以上になったときに行使すれば、差額を得ることができるため、会社の業績が上がるよう、取締役・従業員は努力するようになることが期待できる。

■ ストレスチェック
[すとれすちぇっく]

労働安全衛生法に基づき実施される、労働者の心理的な負担の程度を把握するための検査のこと。事業者は、50人以上の労働者を使用する事業場において、1年以内ごとに1回、常時使用する労働者を対象に実施する義務を負う。医師や保健師などが検査を担当する。検査の内容は、職場におけるストレスの原因に関する項目、ストレスによる心身の自覚症状に関する項目などについて、質問票に回答する方式によって実施される。ストレスチェックの結果により、必要に応じて、医師による面接指導などが行われる。

■ 砂川事件
[すながわじけん]

最高裁昭和34年12月16日判決。デモ隊員Yが、東京都砂川町にある在日米軍が使用する飛行場の拡張工事に反対し敷地内に立ち入ったため、安保条約特別法違反として起訴された事件。一審で、同法が違憲と判示されたことから、この裁判では、ⓐ在日米軍が憲法9条2項の「戦力の保持」に当たるか、ⓑ条約が司法審査の対象となるかが争われた。最高裁は、ⓐについて「戦力」とは、日本が主体となって指揮権、管理権を行使できる戦力をさすとし、アメリカが主体の在日米軍は「戦力」に当たらず憲法9条2項に反しないと判示した。また、ⓑについて安保条約は国会の高度の政治的判断に委ねられること（統治行為）を理由として、一見きわめて明白に違憲無効と認められない限り司法審査の対象外とし、安保条約については一見きわめて明白に違憲ではないと判示した。

せ

■ 生活保護法
[せいかつほごほう]

生活に困窮する国民に対し、必要な保護を行い、その最低限度の生活を保障するとともに、その自立を助けるための法律。憲法上の生存権保障を具体化した法律である。生活保護には、ⓐ生活扶助、ⓑ住宅扶助、ⓒ教育扶助、ⓓ医療扶助、ⓔ介護扶助、ⓕ出産扶助、ⓖ葬祭扶助、ⓗ生業扶助、の8種類の扶助がある。

生活保護費の不正受給や受給者増加に対応するため、平成26年施行の改正により、福祉事務所の調査権限の拡大、不正受給への罰則強化、後発医療品（ジェネリック）の使用促進などが行われた。さらに、平成30年10月以降、医師や歯科医師が後発医療品の使用を認めた場合には、原則として後発医療品が給付されることになった。

■ 請願
[せいがん]

国または地方公共団体に対して希望を述べること。国務請求権の一種と考えられ、憲法において請願権が権利として認められている。憲法は、国民が損害の救

済、公務員の罷免を求める場合、法律・命令・規則の制定・改廃など、広く国務について要望を述べることができると規定している。請願を受けた機関は、それを誠実に処理しなければならないが、それに対して必ず一定の措置をとらなければならないという法的義務はない。

■ 税関検査

[ぜいかんけんさ]

物品の輸入の際に、申告書に記載された物品と実際の貨物とが適合しているかを確かめる税関職員が行う検査。関税法が規定する「公安または風俗を害する書籍、図画、彫刻」などに該当すると判断された場合には、輸入が禁止されている。学説では、憲法が禁ずる検閲に当たるという立場もあるが、判例は、税関検査は関税の確定・徴収を目的とする検査で、思想内容等を規制する性質を持たないため検閲に当たらないとしている。

■ 請求

[せいきゅう]

①何らかの行為を他人に求めること。一定の行為をすることを求める作為請求と、一定の行為をしないことを求める不作為請求とがある。作為請求の例として、履行の請求、損害賠償の請求などが挙げられる。また、不作為請求の例としては、騒音を出すことを止めるよう求めることなどが挙げられる。

②民事訴訟では、原告が被告を相手とする特定の内容の判決を裁判所に求めることを請求または訴訟上の請求という。

■ 請求異議の訴え

[せいきゅういぎのうったえ]

執行法上は有効だが、実体関係の伴わない債務名義の執行力を排除し、強制執行を阻止する訴え。債務名義に表示された請求権の存在・内容、または裁判以外の債務名義の成立について異議のある債務者が提起することができる。

強制執行は、請求権の強制的実現を図る行為であるから、請求権の存在を予定している。もっとも、制度上裁判機関と執行機関が分離しているため、執行機関は執行すべき請求権の存在や態様を審査する権限・職責を有しない。したがって、債務名義の成立後に請求権が消滅し、または態様が変更した場合などには、現在の実体関係とは合致しない債務名義によって強制執行が行われることになりかねない。そこで、不当な執行から債務者を救済する手続として請求異議の訴えがある。

確定判決についての異議事由は、口頭弁論終結後に生じたものに限られる。たとえば、債権者Aの債務者Bに対する100万円の貸金返還請求権が認められる判決がなされたとする。判決の確定後、BがAに自主的に金銭を支払った場合、判決後に請求権が消滅したことになる。この場合、Bは請求異議の訴えを提起することができる。

■ 請求棄却判決

[せいきゅうききゃくはんけつ]

民事訴訟で、原告の訴訟上の請求に理由がないとしてしりぞける判決。請求棄却判決は、訴訟物についての裁判所の判断を内容とする本案判決の一種である。これに対し、訴訟物についての判断を下すことなく、訴訟要件が欠けていることを理由に訴えを却下する場合は、訴え却下判決がなされる。

■ 請求権

[せいきゅうけん]

特定の者から特定の者に対して何らかの行為を求める権利をいう。わが国では、一般的に、債権と厳密に区別することなく使用されている概念である。もっとも、実体法と訴訟法の区別が従来から意識されており、請求権は実体法上の権利(債権や物権)から生じるものであって、これが訴訟上特定の相手方との関係で具体化

したものが、訴訟上の請求権であると説明されてきた。つまり、請求権は、債権からも物権からも生じることになる。

■ 請求認容判決
[せいきゅうにんようはんけつ]

民事訴訟で、原告の訴訟上の請求を正当と認める判決のこと。原告の請求の一部を認容する一部認容判決も可能である。

■ 請求の原因
[せいきゅうのげんいん]

訴訟物（民事訴訟での判断の対象となるもの）である権利または法律関係を発生させるために必要な法律要件に該当する事実で、訴状の必要的記載事項のひとつ。たとえば、売買代金請求事件では、売買契約締結の事実（いつ、誰と誰が、何を目的にして、いくらの代金で、売買の合意をしたか）がこれに当たる。

■ 請求の趣旨
[せいきゅうのしゅし]

訴えをもって審判を求める請求の表示をいう。原則として、請求認容判決の主文に対応する。請求の趣旨の具体例としては、「被告は原告に対し、別紙目録記載の建物を明け渡せ」「原告と被告は離婚する」といったものがある。請求の趣旨は、訴状の必要的記載事項である。

■ 請求の認諾
[せいきゅうのにんだく]

被告が、訴訟物である権利関係に関する原告の主張を認めることを、口頭弁論期日・弁論準備手続期日・和解の期日に、裁判所に対して陳述すること。請求の認諾は、裁判所が裁判所書記官に対して認諾の陳述を調書に記載させることによって、訴訟終了効および確定判決と同一の効力を生じる。認諾調書が有する確定判決と同一の効力には、執行力や形成力が含まれるが、既判力が含まれるかについては争いがある。この点については、認諾調書には既判力が認められるが、認諾

の意思表示に取消し・無効事由が認められるときには、既判力は生じないとする制限既判力説が有力である。

■ 請求の併合
[せいきゅうのへいごう]

☞訴えの併合／請求の併合

■ 請求の放棄
[せいきゅうのほうき]

原告が、訴訟物である権利関係に関する自らの主張に理由がないことを認めることを、口頭弁論期日・弁論準備手続期日・和解の期日に、裁判所に対して陳述すること。請求の放棄は、裁判所が裁判所書記官に対して放棄の陳述を調書に記載させることによって、訴訟終了効および確定判決と同一の効力を生じる。放棄調書が有する確定判決と同一の効力に既判力が含まれるかについては、認諾調書と同様に解されている。

■ 政教分離の原則
[せいきょうぶんりのげんそく]

国家と宗教を分離し、相互に干渉しないという、国家の非宗教性ないし宗教に対する中立性をいう。国家が特定の宗教と結びつくことにより、異教徒が迫害されるのを防止したり、特権を与えられた宗教が堕落したりするのを防止する目的がある。ただし、国家と宗教の一切の関わりを排除するものではなく、一定の限度で許される。たとえば、ミッション系の学校に補助金を付与したり、文化財としての神社を税金で補修することは許される。

■ 制限故意説
[せいげんこいせつ]

☞厳格故意説／制限故意説／責任説

■ 制限行為能力者
[せいげんこういのうりょくしゃ]

私法上の法律行為を単独で有効に行うことができない者のこと。民法では、制限行為能力者として、@未成年者、⑥成

年被後見人、ⓒ被保佐人、ⓓ同意権付与の審判を受けた被補助人を規定している。その種別に応じて、取消権や法定代理人の同意権等が付与され、法律的に保護されている。なお、未成年者を除く制限行為能力者には、家庭裁判所の審判で、後見人、保佐人、補助人などの保護者が選任される。未成年者でも、親権者がいない場合などには、家庭裁判所により未成年後見人が選任される。

■ 制限種類債権
　　[せいげんしゅるいさいけん]

　「米2トン」などのように、種類と数量によって目的物を決める種類債権のうち、特定の「Aという倉庫の中にある米2トン」という条件を加えることで、目的物の範囲を限定した債権のこと。一般の種類債権であれば、用意しておいた米が水害にあって全滅したとしても、同じ種類の米さえ集められれば契約どおり履行できる。しかし、制限種類債権の場合、その倉庫内の米が2トンしかなく、それが水没すれば債務の履行は不可能ということになる。

■ 制限選挙
　　[せいげんせんきょ]

　選挙人の資格を身分や財産、性別等の資格要件を設けて制限する選挙制度。普通選挙に対する語。わが国で明治23年に実施された第1回衆議院議員総選挙では、資格要件が直接国税15円以上を納税する満25歳以上の男子に制限され、人口に対する有権者の割合は1%程度だった。このように資格要件を設けることによって有権者の数が制限されることから、不平等な結果をもたらす選挙制度だといえる。大正14年には男子による普通選挙が実現、昭和20年には女性にも選挙権が与えられたことで、わが国の普通選挙が実現した。

■ 制限付自白
　　[せいげんつきじはく]

　民事訴訟で、相手方が主張する事実を認めると同時に、自らが証明責任を負う事実（抗弁事実）を付加して陳述すること。たとえば貸金返還請求訴訟で、被告が「金は借りたが返した」と陳述した場合、「金は借りた」の部分については金銭消費貸借契約の成立について自白が成立したことになり、「返した」の部分については、抗弁事実を主張したことになる。

■ 制限物権
　　[せいげんぶっけん]

　物を一定の限られた目的のために利用・支配する権利。全面的に物を支配でき、どのような目的にも利用できる所有権に対する概念。

　制限物権には用益物権と担保物権の2種類がある。用益物権には、建物等を所有する目的で土地を利用できる権利である地上権、耕作や牧畜の目的で土地を利用できる永小作権などがある。これらは土地の使用に関わるものである。一方、担保物権には、抵当権や先取特権がある。これらは、土地の使用には直接に関わらないが、担保の目的で物の価値を支配する権利である。

■ 清算
　　[せいさん]

　法人その他の団体が解散する際に、それまで蓄積した債権債務を解消し、残余財産を構成員に分配する手続のこと。会社の法人格は、解散によっては消滅せず、清算手続の完了によって消滅する。会社の清算方法は、定款または総社員の同意で会社財産の処分方法を定めて行う任意清算（合名会社、合資会社でのみ可能）と法定の手続に従って行う法定清算に分かれる。法定清算は、通常清算と債務超過の疑いがある場合などに行われる特別清算とに分かれる。

■ 清算会社・清算法人
　　[せいさんがいしゃ・せいさんほうじん]

　清算手続の過程にある会社のこと。会社は、解散後も清算が結了するまでは、清算の目的の範囲内で存続し、清算結了の登記を行うことで、株式会社は消滅する。

　清算法人とは、一般法人法が定める一般社団法人・一般財団法人について、清算手続の過程にある法人をいう。会社の場合と同様に、清算法人は、解散後も清算の目的で存続し、清算の結了をもって、その法人が消滅することになる。

■ 清算登記
　　[せいさんとうき]

　清算結了の登記のこと。会社は解散により消滅するのではなく、解散後も清算の目的の範囲内で存続する。したがって、清算結了登記により、会社は完全に消滅する。清算結了の登記は、株式会社の場合には、清算事務が終了したときに作成される決算報告書が、株主総会によって承認された日から2週間以内にしなければならない。一方、持分会社の場合には、原則として、清算事務終了後清算に係る計算をし、社員の承認を受けた日から2週間以内にしなければならない。

■ 清算人
　　[せいさんにん]

　法人その他の団体を解散するときに、清算の職務を担当する者のこと。会社において清算人となる者は、定款で定める者、株主総会の決議（持分会社では社員の過半数の同意）で選任された者、これらがない場合は取締役（持分会社では業務執行社員）である。さらに、会社が解散を決定した際にすべての取締役が退任してしまった場合など、取締役もいないときには、裁判所が選任する。清算人の職務は、現務の結了、債権の取立ておよび債務の弁済、残余財産の分配である。もっともそれに限らず、清算の目的に関する行為は、広く行うことができる。

■ 清算人会
　　[せいさんにんかい]

　清算中の株式会社の意思決定機関。存続中の株式会社の取締役会に相当し、清算人により構成される。清算会社の業務執行の決定や、清算人の監督、代表清算人の選任・解任などを行う。清算人の権限が非常に大きいため、その権限行使を慎重にするために、清算前の会社が監査役会を設置していた株式会社（大会社など）の場合に、設置が義務づけられる。なお、清算株式会社の業務の執行は、原則として、清算人会により選任された代表清算人が行う。

■ 政治資金規正法
　　[せいじしきんきせいほう]

　政治活動に使われる資金の寄付（政治献金）について規定した法律。政治活動に関する収支報告の義務づけとその公開や、政治献金について対象者や量的制限を規定することで、政治資金を規正している。規正の対象は、政治団体および公職の候補者で、政党、政治資金団体、資金管理団体、議員、議員の候補者、候補者になろうとする人などである。たとえば、企業や労働組合等の団体から公職の候補者（政治家個人）への政治献金が禁止されている。また、個人・団体から政治団体への政治献金や、個人から公職の候補者への政治献金などについて、年間あたりの量的制限が存在する。

■ 政治的行為
　　[せいじてきこうい]

　公務員に対して禁じられている政治活動の行為類型。人事院規則に規定されている。

■ 政治的代表
　　[せいじてきだいひょう]

　国会議員が全国民を代表すると規定している憲法43条について、国民が代表機

関を通じて行動し、代表機関が国民の意思を反映している、と解釈する考え方。国民の意思と議員の意思が一致していることは前提となっておらず、対立や矛盾があることを前提に、国民が世論の形成という形で政治に関与することに重点が置かれている。

代表機関の行為が国民自身の行為であるとみなす法的代表と対立する概念である。また、代表が、社会の中で多様化する国民の意思を忠実に議会に反映するための機関であると考える社会学的代表という概念も、政治的代表の考え方と立場が異なる。

政治的代表の考え方からは、議員は自分の選出母体である選挙区や後援団体に拘束されず、全国民の代表として、自分の信念に基づいて発言・表決を行うべきであるという自由委任の原則が導かれる。

■ 青少年保護条例
[せいしょうねんほごじょうれい]

青少年の健全な育成の妨げになる行為を規制する条例の一般的名称。就学前の幼児を含む場合もあるが、多くは6歳以上18歳未満を対象とし、有害図書の指定・販売の制限、淫行・わいせつ行為の禁止などが規定されている。

■ 精神的自由権
[せいしんてきじゆうけん]

人の内面的および外面的な精神活動の自由をいう。憲法は、思想および良心の自由、信教の自由、表現の自由、学問の自由を、精神的自由権として保障している。とくに、個人の内面的な精神活動に関わる思想および良心の自由（内心の自由）は、表現の自由などの外面的な精神活動の自由の基礎となるものであり、根本的な自由として、内心の領域にとどまる限りは、絶対的な自由が保障されている。

■ 精神的損害
[せいしんてきそんがい]

不法行為によって生じる損害のうち、被害者が被った苦痛や悲しみといった精神上の不利益。対立概念は財産的損害である。たとえば、Aが引き起こした交通事故によって、Bが昏睡状態に陥った場合、Bの両親は、Bが負った傷の治療費など財産的な価値で評価可能な財産的損害を被ると同時に、かけがえのないわが子Bが重傷を負ったことによる精神的なショックを、精神的な損害として被る。精神的損害に対する賠償は、一般に慰謝料と呼ばれる。損害額を算定することは困難である場合もあるが、たとえば、交通事故に基づく精神的損害などについては、実務上では「弁護士（裁判）慰謝料基準」が設けられ、それに基づいて算出される運用になっている。一般的には、精神的損害額の算定は、加害者・被害者双方の地位や故意・過失の程度などさまざまな事情を考慮して、裁判官の裁量によって決定されるといわれている。

■ 製造物責任
[せいぞうぶつせきにん]

製造物の欠陥によって人の生命や身体、財産などに損害が生じた場合に、製造業者等が負うべき損害賠償責任。平成6年に制定された製造物責任法（PL法）により、責任の所在が明文化された。被害者は、製造業者等による製造物の引渡し、その製造物の欠陥の存在、損害の発生、欠陥と損害との間の因果関係を証明すれば、製造業者等の故意または過失を証明しなくても損害賠償請求ができる。

■ 生存権
[せいぞんけん]

健康で文化的な最低限度の生活を営む権利をいい、憲法25条により保障されるものをいう。社会権のひとつ。生存権の具体化立法として、生計の困難な者や肉

体に故障のある者に対して必要な救護を与えることを目的とする生活保護法や児童福祉法、国民の生活を保障するための国家政策である国民健康保険法や雇用保険法がある。学説の立場によっては、最低限度の生活を営む権利だけでなく、より快適な生活の保障を求める権利も含まれるべきという見解もある。

■ 請託
[せいたく]

賄賂罪において、職務に関し一定の行為を依頼すること。正当な職務の依頼であっても請託に当たる。請託は、収賄罪が受託収賄罪に加重される要件になっているほか、事前収賄罪、事後収賄罪、第三者供賄罪、あっせん収賄罪の成立要件のひとつとなっている。

■ 静的安全／動的安全
[せいてきあんぜん／どうてきあんぜん]

静的安全とは、現在において人が享受している権利が他人に侵されない安全のことをいう。動的安全とは、取引を行った者の権利を守ることで、取引の安全ともいう。

たとえば、AがBの物を勝手にCに売却したとする。この場合、Bの権利を保護するためにAの行った取引は無効であると考えれば、Bの静的安全は保護されるが、取引をしたCの動的安全が害される。これに対して、取引は有効で、Bは権利を失いCが権利を取得すると考える立場では、動的安全は確保されるが、Bの静的安全が害されることになる。

民法をはじめとする私法は、静的安全と動的安全のバランスを考えながら解釈される。

■ 性的表現の自由
[せいてきひょうげんのじゆう]

性的な表現にも、憲法で定められた表現の自由（憲法21条1項）の保障が及ぶとする考え方。かつては、わいせつ文書頒布罪などが刑法に規定されていることから、性的表現は憲法で保障された表現の自由の範囲外と考える見解もあった。しかし、表現の自由の価値に重きを置いて、わいせつ文書の定義を限定して、性的な表現内容の規制をできるだけ限定して保護すべきであるという考え方が有力化しているといわれる。判例によれば、わいせつ文書とは、「いたずらに性欲を興奮・刺激させ、普通人の性的羞恥心を害するような善良な性的道徳観念に反するもの」と定義されており、これに当たらなければ、原則として性的表現も表現の自由の一環として保護され得ると考えられている。

■ 政党
[せいとう]

共通の政治的主張を持つ者が政権獲得をめざして組織する集団。国政において重要な地位を占め、民意を統合する役割を果たしている。憲法には明文規定はないが、一般には、「結社の自由」の一環として保障されていると考えられている。また、最高裁判例でも、「憲法は、政党の存在を当然に予定している」「議会制民主主義を支える不可欠の要素である」と判示されており、その存在の重要性が認めている。

■ 性同一性障害者
[せいどういつせいしょうがいしゃ]

生物学的な性別が本人の自覚する性別とは異なり、心理的には自分が別の性別であるとの持続的な確信を持っている状態にある者。平成15年制定の「性同一性障害者の性別の取扱いの特例に関する法律」に基づき、2人以上の医師の一致した診断を得て、性別適合手術（性転換手術）を受けたことなどを条件に、家庭裁判所に対して「性別の取扱いの変更の審判」を請求することができる。この審判が認められた場合、戸籍上の性別を変更

することができる。

■ 正当行為・正当業務行為
[せいとうこうい・せいとうぎょうむこうい]

　正当行為とは、社会生活上適法なものとして許容される行為をいう。正当行為に当たる場合には、構成要件に該当する行為であっても違法性が阻却される。刑法35条は、正当行為として法令行為と正当業務行為を規定するが、これら以外にも、被害者の承諾に基づく行為や治療行為なども正当行為に含まれると解釈されている。たとえば、法令行為の例として、裁判官が発した逮捕状に基づく被疑者の逮捕が挙げられる。被疑者の逮捕は、形式的には逮捕監禁罪に該当し得る行為であるが、刑事訴訟法の規定により一定の条件のもとで許容されている。

　正当業務行為とは、社会生活上正当なものとして認められる業務行為をいう。たとえば、力士による相撲やボクサーによるボクシングの試合が挙げられる。

■ 正当事由
[せいとうじゆう]

　借地借家法に基づく借地契約や借家契約で、貸主が契約の更新を拒絶する場合に必要とされる特別な理由。賃貸借契約は期間の満了によって終了するのが原則であるが、とくに借地契約や借家契約では、契約の継続性が借主にとって重要な問題である。借地借家法では、正当事由がなければ貸主が契約の更新を拒絶できないと規定して借主を保護している。具体的な正当事由の有無についての判断は、裁判所の裁量に任されており、貸主・借主双方の事情、土地や建物の利用状況、立退料の支払いの申出などの要素を考慮して判断される。

■ 政党助成法
[せいとうじょせいほう]

　政党交付金による助成を受けるための要件や手続について定めた法律。交付対象となる政党の要件、交付金の算定方法、使途の公表等について規定されている。なお、交付金の総額は国勢調査によって得られた人口×250円で計算される。

■ 正当な補償
[せいとうなほしょう]

☞財産権の制限／正当な補償

■ 正当防衛
[せいとうぼうえい]

　刑法において、急迫不正の侵害に対して、自己または他人の権利を防衛する目的で、やむを得ずに行った反撃行為のこと。正当防衛の要件を満たす行為は、構成要件に該当しても違法性が阻却され、犯罪とはならない。緊急避難との違いは、正当防衛は不正の侵害に対するやむを得ない行為であるのに対し、緊急避難は不正でない侵害（危難）を避けるためのやむを得ない行為である。

■ 制度的保障
[せいどてきほしょう]

　一定の制度そのものを保障することによって、権利や自由の保障を間接的に確保することを目的とすること。一定の制度自体を客観的に保障することで、その核心や本質的内容に対しては、立法によっても侵害することができない特別の保護を与える。たとえば、学問の自由を保護する目的で、憲法は大学の自治（憲法23条）という制度を保障している。大学の自治以外にも、地方自治、私有財産制度、政教分離の原則などが制度的保障を定めたものと考えられている。

■ 成年擬制
[せいねんぎせい]

　未成年者が婚姻することで、成年に達したとみなされる制度。その後に未成年者である間に離婚しても、成年擬制は継続する。ただし、成年擬制によって未成年者が選挙権を取得することはない。

　なお、平成30年の民法改正により、令

和4年4月1日以降、男女を問わず満18歳が婚姻適齢になることに加え、成人年齢が満18歳となる。これに伴って、成年擬制は廃止されることになる。

成年後見監督人
[せいねんこうけんかんとくにん]

成年後見人の事務を監督する者。成年被後見人、その親族、成年後見人からの請求により、または家庭裁判所の職権により、家庭裁判所が成年後見監督人を選任する。成年後見人のみでは十分な後見事務が期待できない場合や、公正な後見事務が行われないおそれがあるときに選任される。成年後見人の配偶者、直系血族、兄弟姉妹は成年後見監督人になることができない。

成年後見制度
[せいねんこうけんせいど]

精神上の障害によって、物事を弁識する能力（事理弁識能力）を欠いているのが通常の状態である者に対して、請求により家庭裁判所が後見開始の審判を開始することで、その者（成年被後見人）に成年後見人が選任される制度をさす。広義には、成年後見に加えて、精神上の障害により物事を認識する能力が著しく不十分な者について開始される保佐、および事理弁識能力が不十分な者について開始される補助を含めて、成年後見制度と呼ぶこともあるが、成年後見・保佐・補助をあわせて「法定後見」と呼ぶことのほうが多い。成年後見制度は、平成11年成立の民法改正により導入された。

なお、成年後見制度は、契約によって任意後見人が選任される任意後見や、ヘルパー制度といった知的障害者・認知症等の高齢者保護の枠組み全体を表す用語として、成年後見制度の語が用いられることもある。

成年後見登記制度
[せいねんこうけんとうきせいど]

成年後見人等の権限や任意後見契約の内容などを、コンピュータに登記し、登記官が、請求人の求めに応じ、登記事項証明書を発行する情報開示システム。かつての禁治産者、準禁治産者の制度は、戸籍にそのことが記載されるため、人権に対する配慮を欠くという問題があった。そのため、この制度が導入され、情報は戸籍には記載されなくなった。

成年後見人
[せいねんこうけんにん]

家庭裁判所で選任される成年被後見人の法定代理人のこと。成年被後見人の身上監護や財産管理を行う。平成28年の民法改正により、成年被後見人宛の郵便物の転送を受けることや、成年被後見人の死後事務を行うことが可能になった。本人、配偶者、親族、検察官らの請求により家庭裁判所が行う後見開始の審判の際に、成年後見人が定められる。成年後見人がその事務を行う場合には、成年被後見人の意思を尊重しなければならない。

成年被後見人
[せいねんひこうけんにん]

精神上の障害により、事理を弁識する能力を欠いているのが通常の状態である者のこと。家庭裁判所から後見開始の審判を受けると成年被後見人となる。原則として行為能力は認められず、自ら行った行為は、原則として取り消すことができる。法律行為は成年後見人が代理して行う。成年被後見人は、平成11年成立の民法改正前は禁治産者と呼ばれていた。禁治産者であることが戸籍に記載されるなど、人権への配慮が足りなかったため、禁治産者の名称を成年後見制度に変更した。

なお、令和元年6月に、成年被後見人や被保佐人を対象する各種資格などの欠格事由に関する規定を原則として撤廃す

る法改正が成立した。

■ 正犯
[せいはん]

犯罪の実行行為を行った者。対立概念は共犯である。行為者自らが実行行為を行う直接正犯と、他人を道具のように操って実行行為を行わせる間接正犯とがある。たとえば、宅配便で毒が入った食べ物を送り、被害者が食べたことにより死亡した場合、宅配便に荷物を預けた者が、間接正犯として殺人罪の適用を受ける場合が、間接正犯の一例である。

また、複数の者が共同して実行行為を行った場合、実行行為を行った複数の者を共同正犯と呼ぶ。たとえば、AとBが共同でCを殴り傷害を負わせた場合は、AB に傷害罪の共同正犯が成立する。

■ 成文憲法
[せいぶんけんぽう]

文書の形式によって成立している憲法典をさす。対立概念は不文憲法であるが、立憲的憲法の多くは成文憲法の形式を採る。それは、国家の根本的な制度を定めた憲法は、文章化しておくべきであると考えられたためである。また、国家の成立を国民との自由な契約によって説明する社会契約説の立場からは、根本契約である憲法は、文書の形にすることが必要であると考えられている。

■ 成文法／不文法
[せいぶんほう／ふぶんほう]

文書の形式で制定された規範のことを成文法という。何が法であるのかが明確であるという利点を持つ。これに対して、慣習法などのように文書の形式をとらない規範を不文法という。判例法も、判決文そのものではなく、そこに含まれる法原則が規範としての効力を持つために、不文法に含めて理解されている。不文法は、その時代の流れに迅速に対応することができるという点では優れているが、

法的安定性に欠けるという欠点を持っている。そこで、多くの国々は成文法を重視する考え方を採ることが多い。

■ 正本／副本
[せいほん／ふくほん]

正本とは、権限のある者が原本に基づき作成する謄本の一種で、原本と同一の効力を有する文書をいう。これに対して、副本とは、予備または事務整理のために作成される正本と同一内容の文書をいう。なお、原本とは、一定の内容を表示するため、確定的なものとして作成された文書をいい、謄本とは、原本の内容をそのまま全部写した書面のことをいう。

■ 政務活動費・政務調査費
[せいむかつどうひ・せいむちょうさひ]

政務活動費とは、地方議会議員に対して支給される費用のこと。かつては政務調査費と呼ばれていたが、平成 24 年の地方自治法改正により「政務活動費」という名称に変更された。議員活動に関連する書籍代、議員研修会の費用、事務所の費用など、議員活動に関係する費用が広く含まれると考えられている。議員活動に無関係な支出を政務活動費として計上する行為は、法令違反にあたり許されない。政務活動費を支給するかどうかは地方公共団体の裁量に委ねられており、政務活動費を支給する場合の金額や支給対象などは、各地方公共団体の条例で定められる。財政問題や政務活動費の不正使用の問題があって、政務活動費を支給しない地方公共団体も多いとされる。

■ 生命刑
[せいめいけい]

人の生命を奪うことを内容とする刑罰をいう。人道的な立場から残虐な刑の執行方法が除去される中で、死刑制度が違憲であるかどうか争いがあるが、判例は憲法 36 条の「残虐な刑罰」にはあたらないとしている。

■ 生命保険
[せいめいほけん]

　死亡または満期まで生存したことに対して、一定の保険金を支払うことを約束する保険。保障内容は、死亡保障、医療保障、老後保障などがある。一般的には死亡時に保険金が支払われる死亡保険を生命保険と呼ぶことが多い。契約時からの期間にかかわらず約束された金額が支払われることから、遺族の生活費などの経済的損失への備えとなる。また、加入者が公平に保険料を負担し合う相互扶助のしくみで成り立つ生活保障ととらえることもできる。

■ 政令
[せいれい]

　行政機関が定立する規範のうち、内閣が定立する命令をいう。「〜法施行令」というタイトルを付けられることが多い。これに対して、各省大臣が定立する命令を省令という。

■ 政令指定都市
[せいれいしていとし]

　大都市行政の効率的な運営を目的に、政令によって指定された人口50万人以上の市をさす。地方自治法に規定されているが、人口が50万人以上の市がすべて指定されるわけではない。指定都市または政令市と呼ばれることもある。現在、20市が指定されている。

　政令指定都市は、事務配分において特例が認められており、都道府県が処理する事務のうち、児童福祉や生活保護などの一部が、政令指定都市の事務になる。また、本来は都道府県の許認可が必要な事務についても、許認可を受けずに事務を処理することが認められる場合もあり、都道府県の強い監督権限が及ばないという特徴もある。

■ 世界主義
[せかいしゅぎ]

　犯人の国籍および犯罪地にかかわらず、自国の刑法を適用するという原則をさす。わが国の刑法でも一部採り入れられており、刑法第2編の罪で、条約により日本国外において犯したときであっても罰すべきものとされているものについては、わが国の刑法を適用し、処罰することができる。

■ 世界人権宣言
[せかいじんけんせんげん]

　すべての人間が生まれながらに基本的人権を持っているということを認めた宣言。人権を保護するために、すべての人民とすべての国とが達成すべき共通の基準として1948年12月10日に第3回国連総会で採択された。条約ではないので法的拘束力はない。しかし、人権保護の規範として国際人権規約をはじめとした人権保障に関する条約の母体となっている。また、30条からなる規定のほとんどが慣習法化しているといってよい。

■ 責任
[せきにん]

　一般に、自分のしたことの結果について責めを負うことや、立場上当然負わなければならない任務や義務のこと。

　民法上は、違法行為を行った者が損害賠償責任を負うことや、その他一般に義務を負うことをさす語として用いられ、債務者の財産が債務の引当てとなっていることなどをさす語としても用いられる。

　刑法上は、構成要件、違法性と並ぶ犯罪の成立要件のひとつであり、「刑事責任」などのように、刑罰を受けるべき法的地位をさす語としても用いられる。

■ 責任故意・責任過失
[せきにんこい・せきにんかしつ]

　故意・過失について、構成要件要素であると同時に責任要素でもあると解する

説によった場合の責任要素としての故意・過失のこと。責任故意が認められるためには、違法性に関する事実の認識と違法性の意識（ないしはその可能性）などが必要であり、責任過失が認められるためには、行為者が違法性に関する事実の認識を欠き、そのことにつき主観的な予見義務違反があることなどが必要である。

■ 責任主義
[せきにんしゅぎ]

行為者を非難できる場合にのみ、その行為者に行為の責任を認めるとする原則をいう（狭義の責任主義）。いかなる場合に行為者を非難できるかについて、学説上、責任能力・適法行為の期待可能性を必要とする見解や、故意・過失も必要とする見解がある。責任主義は、「責任なければ刑罰なし」という近代刑法の基本原則に基づくものである。なお、広義の責任主義には、刑罰は責任の量に比例するという量刑における責任主義を含む。

■ 責任説
[せきにんせつ]

☞厳格故意説／制限故意説／責任説

■ 責任阻却事由
[せきにんそきゃくじゆう]

該当する事実があると、責任がないことになり、犯罪の成立が否定される事由をいう。たとえば、責任能力を欠く者の行為は、責任が認められないため、犯罪とならない。また、適法行為の可能性がなく、期待可能性が存在しない場合も、行為者を非難することができないため、責任が阻却される。これらの場合、責任無能力や期待可能性の不存在が責任阻却事由となる。

■ 責任追及等の訴え
[せきにんついきゅうとうのうったえ]

☞株主代表訴訟／責任追及等の訴え

■ 責任転質
[せきにんてんしち]

質権者が、質権設定者の承諾を得ずに、質物を他の債権者に対し質入れすること。民法では、質権者は、その権利の存続期間内において、自己の責任で転質ができると規定している。転質には、質権設定者の承諾を得て行う承諾転質もある。承諾転質の場合、不可抗力による損失について質権者は責任を負わないのに対し、責任転質の場合、不可抗力により質物に損失が生じた場合であっても、質権者が損失について責任を負う。

■ 責任内閣
[せきにんないかく]

議院内閣制のもとで、内閣の存立が議会の信任に基づいており、内閣が議会に対して連帯して責任を負って国政をとり行うことが予定されている内閣をさす。対立概念に、議会に対して何ら責任を負担しない超然内閣がある。わが国の内閣は、衆議院において内閣不信任決議案が可決された場合に、内閣が衆議院を解散するか総辞職するかの二者択一を迫られること、そして、国会に対する連帯責任（憲法66条3項）が規定されており、内閣を組織する国務大臣が一体となって行動することが求められていることから、責任内閣といえる。

■ 責任能力
[せきにんのうりょく]

刑法上は、物事の善悪を認識し、その認識に従って自分自身の行為を制御する能力をいう。前者を弁識能力、後者を行動制御能力という。責任能力を有する者に対してのみ、行為に対する非難を加えることができるので、責任能力をまったく欠く者の行為は不可罰とされる。責任能力をまったく欠く者として、刑法は心神喪失者と14歳未満の者を規定する。また、責任能力をまったく欠くとまではいかな

いが、その程度が著しく低い者として、刑法は心神耗弱者を規定する。心神耗弱者の行為は、必要的に刑が減軽される。

民法上は、自己の行為が違法であることを弁識できる能力をいう。責任能力を欠く場合には、不法行為は成立しない。裁判例では、おおむね12歳未満の未成年者や重度の精神病患者は責任能力がないとされる。

責任のない債務／債務のない責任
[せきにんのないさいむ／さいむのない
せきにん]

責任のない債務とは、訴えによって債務の履行を裁判上請求することはできるが、強制執行をすることはできない債務のこと。当事者間で強制執行をしない特約をした債務は、これに当たる。責任のない債務と自然債務（裁判上請求することができない債務）をあわせて不完全債務と呼ぶ。

なお、区別すべき概念に、債務のない責任がある。これは、本来の債務者以外の者が、債務者が債務を履行しない場合に、履行義務（責任）を負う場合をいう。たとえば、物上保証人や担保権が付けられた不動産を取得した第三者などが挙げられる。

堰の設置・利用権
[せきのせっち・りようけん]

水流地の所有者が堰を設ける必要がある場合には、対岸の土地が他人の所有に属する場合でも、堰を設けることができる権利が堰の設置権である。また、対岸の土地の所有者は、水流地の一部を所有する場合には、その堰を利用できるとする権利が堰の利用権である。なお、堰とは、水をせき止めるための構造物であるが、その性質上、両方の岸に接する必要があることから、このような規定を設けて権利を調整している。

責問権
[せきもんけん]

裁判所または相手方の訴訟手続法違反の行為に対して異議を述べ、その効力を争うことができる当事者の権能のこと。たとえば、訴訟参加の方式や証拠調べの方式に関する規定違反が挙げられる。当事者が遅滞なく責問権を行使しないときは、責問権を喪失する。ただし、責問権は当事者の利益を保護するために認められる権能であるから、訴訟手続が当事者の利益保護を目的としておらず、公益性の強いものである場合には、責問権は喪失されない。たとえば、裁判官の除斥や上訴・再審に関する規定違反の場合である。

セクシュアル・ハラスメント
[せくしゅある・はらすめんと]

性的いやがらせのこと。「セクハラ」とも略される。性的な冗談を言う、相手が望まないのに身体に触れる、性的関係を強要するなどが例として挙げられる。セクハラは、男性から女性に対して行われるものに限らず、女性から男性、男性から男性、女性から女性に対して行われるものも含むが、現実には男性から女性に対するものが多い。男女雇用機会均等法では、セクハラによって労働者の労働条件に不利益を与えることや就業環境を害することがないように、事業主に対して、必要な体制の整備その他の雇用管理上必要な措置を講じることを義務づけている（措置義務）。

世襲
[せしゅう]

身分・財産・職業などを子孫が代々受け継ぐこと。憲法2条には、天皇について、「皇位は世襲のものであって、皇室典範の定めるところによりこれを継承する」と規定されている。

■ 積極国家

[せっきょくこっか]

☞社会国家／積極国家／福祉国家

■ 積極目的による人権規制

[せっきょくもくてきによるじんけんきせい]

主に経済的自由権に対する制約に関して、規制の目的による分類の一種。福祉国家の理念に基づいて、調和のとれた経済発展を確保するために、とくに経済的・社会的弱者を保護する規制のこと。たとえば、大型スーパーなどから中小企業を保護する目的で行われる営業規制などが挙げられる。積極目的規制には立法府の広い裁量が認められていることから、その規制が著しく不合理であることが明らかである場合に限って違憲となるという、いわゆる明白性の原則に従って違憲性が判断される。

■ 接見交通権

[せっけんこうつうけん]

逮捕・勾留されている被疑者・被告人が、弁護人または弁護人となろうとする者と、立会人なくして接見し、または書類もしくは物の授受をすることができる権利のこと。接見交通権は、身体を拘束された被疑者・被告人が弁護人の援助を受けるための刑事手続上最も重要な基本的権利に属するものであり、弁護人の固有権の最も重要なもののひとつである。なお、弁護人以外との接見（一般接見）は、勾留されている被疑者・被告人について、法令の範囲内で認められるにすぎない。

■ 設権証券

[せっけんしょうけん]

証券を作成することによってはじめて、その証券が表示する権利が発生する証券のこと。手形、小切手は、意思表示だけでは足りず、振出（発行）により証券を作成してはじめてその権利が生じるため、これに該当する。一方、株式会社の株式は、株券発行などの行為がなくても権利の発生が認められるので、設権証券に該当しない。

■ 窃取

[せっしゅ]

窃盗罪の実行行為。他人の占有する財物を、その占有者の意思に反して自己または第三者の占有に移転すること。

■ 摂政

[せっしょう]

天皇が未成年の場合、および精神的・身体的重患または重大な事故により、国事に関する行為を行うことができないときに、天皇の代理として国事行為を行う機関。摂政の設置に関しては皇室典範が詳細を規定している。成年に達した皇族が就任することとされており、摂政が行った国事行為の効果が、天皇が行ったのと同一の効果を持つことが認められている。

■ 接続犯

[せつぞくはん]

同一の故意に基づき場所的・時間的に近接した状況において同一の法益侵害に向けた同種行為で、包括して一罪として評価される犯罪。判例には、約2時間の間に3回にわたり同一の倉庫から3俵ずつ9俵を窃取した場合に、1個の窃盗罪が成立するとしたものがある。

■ 絶対的応報刑論／相対的応報刑論

[ぜったいてきおうほうけいろん／そうたいてきおうほうけいろん]

絶対的応報刑論とは、刑罰は過去の犯罪に対する応報であり、刑罰は犯人が罪を犯したという理由によってのみ科されなければならないと考える立場である。

相対的応報刑論とは、刑罰は犯罪防止にとって必要であり有効でなければならず、応報刑の範囲内で一般予防および特別予防の目的を達成すべきであると考える立場である。

■ 絶対的記載事項
[ぜったいてききさいじこう]

　必ず記載しなければならない事項をいう。たとえば、株式会社の定款には、目的・商号・本店の所在地・設立に際して出資される財産の価額またはその最低額・発起人の氏名または名称および住所の5つは、必ず記載しなければならない（発行可能株式総数は株式会社成立のときまでに記載すればよい）。これらの事項を欠く定款は無効になる。

　また、手形や小切手が有効に成立するための要件をさして、絶対的記載事項の言葉が用いられている。為替手形・約束手形であることを示す文字、支払人の名称、小切手を振り出す日と場所の表示、振出人の署名などは、手形や小切手に記載されていなければならない。

　なお、記載事項に関する他の概念として、相対的記載事項と任意的記載事項とがある。相対的記載事項とは、記載が義務ではないが、該当事項について、記載がなければ効力が生じない事柄をいう。任意的記載事項とは、その事項の効力に関係なく、記載が全くの任意である事柄をいう。

■ 絶対的構成
[ぜったいてきこうせい]

　民法上の意思表示について、意思が欠ける場合や欠陥（瑕疵）があっても、ひとたび事情を知らない（善意）第三者が出現すると、その者が確定的に権利を取得し、その転得者は事情を知っていても（悪意）保護されるとする考え方。

　たとえば、AがBと通謀して、A所有の土地をBに対して仮装売買したとする。このとき、AB間の売買契約は、通謀虚偽表示として無効になる（民法94条1項）のが原則である。しかしBが、AB間の売買が通謀虚偽表示であることを知らない（善意）Cに対して、土地を売却した

とする。絶対的構成によれば、Cが土地を取得した時点で、Cが確定的に所有権を取得すると考える。そのため、Cがさらに、通謀虚偽表示であることを知っている（悪意）Dに土地を売却しても、Dは所有権を取得することになる。

　一方、善意悪意は個別に判断し、Cが善意でもDが悪意であれば、Dは所有権を取得しないという考え方を相対的構成と呼ぶ。

■ 絶対的効力
[ぜったいてきこうりょく]

①法律行為などの効力を、いつでも誰に対しても主張できるということ。たとえば、法律行為に無効事由があるとき、その無効は、いつでも誰に対しても主張できる。このことを、無効には絶対的効力があるという。

②連帯債務者間で、債権者の1人と連帯債務者の1人の間に成立した事項につき、その効力がその他の連帯債務者に及ぶ場合、これを絶対的効力と表現する。更改、相殺、混同などが該当する。

■ 絶対的商行為
[ぜったいてきしょうこうい]

　商人が行わなくても、または、営業として行っていなくても商行為に分類され、商法の適用がある行為。行為の性質から、とくに営利性の強い行為が列挙されている。投機購買（安く買い入れた物を高く売ること）、投機売却（まず先に高値で売っておいた物を、他から安く仕入れて供給すること）、手形など商業証券の取引などが含まれる。

■ 絶対的不定期刑／相対的不定期刑
[ぜったいてきふていきけい／そうたいてきふていきけい]

　刑法で、自由刑を言い渡す場合に、刑の種類や刑期の一部または全部を定めないで宣告する刑を不定期刑という。不定期刑は、絶対的不定期刑と相対的不定期

刑とに分かれる。

絶対的不定期刑とは、裁判官がまったく刑期を定めないで自由刑を言い渡す場合をいう。たとえば、「懲役刑に処する」とのみ刑を宣告する場合が例として挙げられる。わが国の刑法では、罪刑法定主義の要請から、絶対的不定期刑は認められていない。

対立概念に相対的不定期刑があり、これは一定の長期および短期を定めて刑を言い渡し、その執行状況や刑期の範囲内で釈放の時期を定める自由刑をさす。わが国の少年法52条が、相対的不定期刑を定めている。

■ 絶対的不定刑
[ぜったいてきふていけい]

刑法で、刑の種類や量を全く定めないことをいう。たとえば、ある罪において、「刑に処する」とだけ規定している場合などが挙げられる。絶対的不定期と同じ意味で用いられることもある。絶対的不定刑は、刑罰法規としての適正さや明確性に欠けるため、罪刑法定主義を採るわが国では、認められず、適正手続の法定を規定する憲法31条に違反すると考えられている。

なお、たとえば殺人罪について、死刑または無期もしくは5年以上の懲役に処するというように、刑の種類や刑期が、相対的に規定されている（相対的不定刑）。相対的であれ、刑の種類や量が法定化され、国民の予測可能性を害さないため、相対的不定刑は、罪刑法定主義に反しないと考えられている。

■ 窃盗罪
[せっとうざい]

他人が占有している物を、その意思に反して取得する罪。10年以下の懲役または50万円以下の罰金に処せられる。窃盗罪の保護法益については、財物の所有権などの本権とする見解、財物の占有とす

る見解、その中間であるとする見解など、さまざまな見解がある。現在の判例は、財物の占有を保護法益としていると考えられている。

また、窃盗罪が成立するためには、窃盗の故意のほかに不法領得の意思（他人の物を自己の所有物として、物の経済的用法に従って利用・処分する意思）が必要であるかについても対立がある。判例・通説は、不法領得の意思は必要であると理解している。

■ 設立行為
[せつりつこうい]

法人格を取得するために行われる法人設立のための行為。一般法人法によれば、一般社団法人では、定款の作成、機関の選任、設立の登記等が設立のために必要な行為である。一般財団法人では、定款の作成、財産の拠出、機関の選任、設立の登記等が設立のために必要な行為である。また、株式会社では、定款を作成し、株主を確定した後、それらの者が出資の履行をすることを待って機関を選任し、設立登記によって会社が成立する。

このように、法律の定める要件を備えれば法人格を取得することができるしくみを準則主義という。ほかに、行政官庁の許可が必要な許可主義（免許主義）や、法人の設立に特別の法律が必要な特許主義などがある。

■ 設立準拠法
[せつりつじゅんきょほう]

法人を設立しようとする場合に従うべき法律。法人成立の有効性の判断や、法人の内部機関の関係などについて規定されている。この法律を、そのまま設立後の会社の運営などについて適用することを、設立準拠法主義という。これに対して、設立後の会社の運営などについて、法人の本拠地の法律が適用されるという考え方を本拠地法主義という。日本では、設

立準拠法主義が採用されている。一方、ヨーロッパなどでは本拠地法主義が採用されている。

■ 設立中の会社
[せつりっちゅうのかいしゃ]

株式会社の設立のための定款が作成された後、設立の登記がなされるまでの間の未完成の会社のこと。会社の法人格は設立の登記によって付与されるので、この間の会社は法人格を有していないが、未完成の会社として現に存在していることから、設立中の会社と呼ぶ。法律上は、権利能力のない社団として位置づけられ、設立中の会社の発起人に帰属した権利義務は、当然に、成立後の会社に引き継がれるとする説が有力である。

■ 設立登記
[せつりっとうき]

会社、各種社団法人および財団法人等の設立に際して行う登記。その団体の商号や名称、目的、本店や主たる事務所の所在地、役員の氏名等を記載した申請書を、その団体の本店または主たる事務所の所在地を管轄する法務局等に提出することにより行う。

設立登記がその団体の成立要件になる場合と、成立要件ではないが第三者に対する対抗要件になる場合がある。会社や各種協同組合の場合が成立要件になる場合に相当し、平成20年の公益法人改革以前の公益法人等が対抗要件になる場合に該当する。

■ 設立取消しの訴え
[せつりっとりけしのうったえ]

持分会社（合資会社・合名会社・合同会社）を設立するにあたり、法律が定める一定の行為を社員が行った場合に、会社の設立を取り消すための訴え。設立した会社の取消しは、その設立に関与した多数の者に重大な影響を及ぼすため、会社法が一定の場合に限定している。会社の

設立が取り消される場合には、裁判所の判決に基づく必要がある。裁判所への取消請求は会社設立後2年以内に行わなければならず、取消判決が下された場合、その効力は第三者に対しても及ぶ。ただし、設立の取消しの効力は将来に向かってのみ生じ、過去に遡及しない。

■ 設立費用
[せつりつひよう]

会社の設立のために支出される費用。会社設立に必要な経費が広く含まれ、たとえば、定款の作成費、株主募集広告費、設立事務所を借りるための賃借料などが、設立費用の例として挙げられる。しかし、開業のための土地の購入など開業準備費は含まれない。設立費用を無制限に認めると、会社の財政的基盤を危うくするため、設立準備費は定款に記載し、かつ、検査役の検査を受けた範囲内のものだけを、設立後の会社に負担させることができる。

■ 設立無効の訴え
[せつりつむこうのうったえ]

会社の設立が無効であることを主張するための訴え。会社の設立行為に無効原因がある場合に認められる。多数の関係者に多大な影響を与えるため、その訴訟上の要件および効果については、会社法で細かく定められている。主な内容は、ⓐ必ず裁判所への訴えによること、ⓑ訴えは会社成立から2年以内に行うこと、ⓒ訴えることができる者は、株主、清算人、取締役、監査役、持分会社の社員等に限られること、ⓓ無効判決の効力は、第三者に対しても効力を有するが、その効力は将来に向かってのみ生じ、過去に遡及しないこと、などである。

■ 善意／悪意
[ぜんい／あくい]

善意とは、ある事実について知らないこと、認識していないことをいう。ある事実について疑いを持っている状態は、

通常は善意に含まれる。ただし、即時取得の要件の意味合いで善意というときは、占有権原があると信じていることが必要であり、占有権原の有無に疑いを持っている場合は悪意に含まれる。

悪意とは、ある事実について知っていること、認識していることをいう。なお、例外的に、他人を害する意思という意味で悪意という語が用いられている場合がある。民法770条1項2号の「悪意で遺棄されたとき」の悪意はこの例である。

■ 善意取得
[ぜんいしゅとく]

有価証券などを譲り受けた者が、無権利者からの譲渡であったことについて、知らず（善意）、そのことにつき大きな落ち度がなかった（無重過失）場合に、その有価証券等に関する権利を取得する制度をいう。

たとえば、手形法は、裏書が連続している手形の所持人から、一般に流通する方法でその手形を取得した者は、善意無重過失である限り、手形を善意取得すると規定されている。善意取得制度により、取引行為を円滑に進めることが可能になるため、一般に流通を保護する目的があるといわれている。

なお、民法上の動産についても、善意取得の言葉が用いられる場合もある。

■ 善意占有／悪意占有
[ぜんいせんゆう／あくいせんゆう]

善意占有とは、占有のはじめに占有者が自分に所有権がないにもかかわらず、あると誤信したことをいう。悪意占有とは、占有のはじめに占有者が自分に所有権がないことを知っていたことをいう。どちらも、取得時効の要件であり、善意か悪意かにより、要求される占有期間が異なる。

■ 前科
[ぜんか]

有罪判決により、刑の言渡しを受けたという事実をいう。法令上の用語ではない。前科は、たとえば、以前禁錮以上の刑に処せられたことがある場合に執行猶予が認められないなどの効果をもつ場合がある。また、刑事訴訟における公訴事実の証拠として、類似事実である同種の前科があることを用いて立証することが許される場合があるが、偏見の入る余地があると指摘されている。

■ 全額払いの原則
[ぜんがくばらいのげんそく]

☞賃金支払いの五原則

■ 先願主義／先発明主義
[せんがんしゅぎ／せんはつめいしゅぎ]

同内容の発明について複数の特許出願があった場合、出願日の早い者に特許権を付与する考え方を先願主義という。これに対して、発明日の早い者に特許権を付与する先発明主義があるが、先発明の立証の困難性などが指摘されている。かつては、米国を除く各国が先願主義を採用しているといわれていたが、平成23年以降は、米国においても、先願主義へと移行が図られた。

なお、先願主義では、同日に同発明の複数出願がなされたとき、出願人の協議に委ねる場合や、共同出願とされる方法などが採られる。日本の特許法では、協議によるものとされ、協議が成立しないときには、いずれの出願人も特許を受けることができないと定められている。

■ 善管注意義務
[ぜんかんちゅういぎむ]

①「善良な管理者としての注意義務」のこと。平成29年の民法改正で、どの程度の注意義務を負うのかについて、「契約その他の債権の発生原因及び取引上の社会通念に照らして」判断することが明記さ

れた（民法 400 条）。たとえば、契約の性
質（有償・無償の違いなど）、契約を締結し
た目的、契約の締結までの経緯などに照
らして、要求される注意義務の程度が決
まると考えられる。民法上の注意義務の
程度として、善管注意義務は原則的なも
ので、善管注意義務よりも軽減された注
意義務である「自己の財産に対するのと
同一の注意義務」と対比される。
②会社法上、株式会社の取締役や執行役
が、その職務を遂行する上で通常期待さ
れる注意義務のこと。判例によると、法
令、定款、株主総会決議の遵守を義務づ
ける忠実義務の規定（会社法 355 条、419
条 2 項）によって、取締役や執行役の善
管注意義務が明確化されている。株式会
社という特定の団体の問題に特化してい
るため、会社法上の善管注意義務につい
ては、民法から離れて会社法固有の問題
として扱われることが多い。

■ 選挙運動の自由
［せんきょうんどうのじゆう］

選挙において、ある候補者の当選を目
的に、投票を得るために行われる一切の
行為をする自由。表現の自由としての側
面を有するため、選挙運動の自由に対す
る規制は必要最小限にとどめられなけれ
ばならないと考えられている。しかし一
方で、選挙は公正さが要求されるため、選
挙運動の期間や方法・態様などに関して
は、広く立法府の裁量が認められると理
解されている。

■ 選挙管理委員会
［せんきょかんりいいんかい］

選挙に関する事務全般を管理し、選挙
名簿の作成・保管や、投票の管理などを
行う合議制の行政委員会をいう。都道府
県および市町村に設置される。任期は 4
年で、4 人の委員によって組織される。

■ 選挙権
［せんきょけん］

主に国会議員、地方議会議員、地方公
共団体の長を選挙する権利。参政権のう
ちで、最も重要な権利である。公務員の
選挙について、憲法 15 条 4 項が成年者の
国民の選挙権を保障している。選挙権の
性質について、多数説は、公務と権利両
方の性質をあわせ持っていると考えてい
る。選挙権の基本原則としては、普通選
挙、平等選挙、自由選挙、秘密選挙、直
接選挙が挙げられる。なお、選挙に立候
補する権利を被選挙権という。

■ 選挙訴訟
［せんきょそしょう］

衆議院議員選挙・参議院議員選挙、お
よび地方議会の議員や長の選挙について、
選挙の効力を争う訴訟をさす。選挙無効
訴訟と呼ばれることもある。選挙の効力
に関して異議のある者が、選挙管理委員
会を被告として、選挙の日から 30 日以内に
高等裁判所に対して訴訟を提起すると定
められている。

■ 専決処分
［せんけつしょぶん］

普通地方公共団体の議会の権限に属す
る事項を、長が処理すること。専決処分
は、議会が成立しない場合に、長におい
て議会の議決すべき事件についてとくに
緊急を要するが議会を招集する時間的余
裕がないことが明らかであると認めると
きに認められる。また、議会の権限に属
する軽微な事項について、議会の委任に
基づいて認められる場合もある。いずれ
の場合も議会への報告が必要であり、緊
急の場合の専決処分については、議会の
承認を得なければならない。

■ 先行自白
［せんこうじはく］

通常の自白が、相手方の主張する自己
に不利益な事実を認める陳述であるのに

対して、自己に不利益な事実の陳述を先に行い、それを相手方が援用することで、自白が成立する場合のこと。相手方が援用することで自白となるため、相手方が援用する以前には、自由に撤回することができる。

宣告刑
[せんこくけい]

☞法定刑／処断刑／宣告刑

宣告猶予
[せんこくゆうよ]

被告人に対して、一定の期間、有罪の宣告や、刑の宣告を行わないこととして、その期間を経過したときには、それ以後、被告人に対する刑事責任を問わないこととする制度。イギリスで発祥し、アメリカなどで用いられているが、わが国では採用されていない。

類似の概念に、わが国で用いられている執行猶予があるが、執行猶予は、刑罰自体はすでに宣告されており、刑罰権が発生しているが、刑の執行だけが猶予されている状態である。したがって、刑罰権の発生に基づく資格制限などの効果は生じる。これに対して、宣告猶予では、いまだに有罪の宣告や刑の言渡しが行われておらず、刑罰権が発生していない点が異なる。

先使用権
[せんしようけん]

特許出願や商標登録・意匠登録された場合に、先に同じ発明や商標・意匠を使用している者に対しては、引き続き使用が認められる権利。特許権者や登録者は、該当する発明や商標・意匠の内容を知らず、先に同じ内容の発明や商標・意匠を使用していた者（準備も含む）に対して、差止請求や損害賠償請求はできないとされている。

僭称相続人
[せんしょうそうぞくにん]

☞表見相続人／僭称相続人

宣誓
[せんせい]

訴訟法上、証人や鑑定人等が、供述の真実、または鑑定等の誠実な遂行を誓うこと。民事訴訟では、正当な理由なく宣誓を拒んだ者には、罰則がある。当事者本人が宣誓を拒んだ場合には、相手方の主張が真実と認められ、宣誓した当事者が虚偽の陳述をしたときは過料に処される。刑事訴訟でも、宣誓を拒んだ者には罰則がある。虚偽の陳述をした証人や鑑定人等は、偽証罪や虚偽鑑定罪に問われる。

戦争の放棄
[せんそうのほうき]

国家間に生じた紛争を解決するために、国の主権に基づく闘争（戦争）や、事実上の武力衝突や威嚇を禁止すること。わが国の憲法9条1項は、平和主義を徹底しており、戦争の放棄を一般的に宣言すると同時に、国権の発動たる戦争、武力による威嚇、武力の行使を放棄している。憲法9条1項で放棄された戦争の意義に関して、侵略戦争にとどまるのか自衛戦争を含む戦争すべてをさすのか、学説上争いがある。通説的見解は国際法上の用例を考慮して、侵略戦争のみを放棄しているという立場を採っていると考えられている。

専属管轄
[せんぞくかんかつ]

裁判管轄に関して裁判の適正・迅速性の要請から、当事者の意思で別の管轄を生じさせることが許されていないもの。専属管轄には、裁判所内の職務権限の分担（職分管轄）などがあり、たとえば、判決裁判所と執行裁判所の管轄の分担や、人事訴訟は家庭裁判所が管轄権を持つことは、専属管轄の例である。

全体の奉仕者
[ぜんたいのほうししゃ]

憲法に定められた公務員の本質や地位を表す語（憲法15条2項）。公務員は、主権者である国民から国政について信託を受けた者として、国民全体に奉仕しなければならないことを意味する。また、特定の政党などの奉仕者であってはならず、政治的中立性を保たなければならないことをさして、全体の奉仕者の言葉が用いられる場合もある。

現在では公務員にも、一般の勤労者と同様に労働基本権が保障されていると解されているが、その職務の性質上、国民全体の利益の保障という観点からの制約を受ける場合があると考えられ、公務員が全体の奉仕者たる地位にあることは、政治活動の自由に対する制限など、公務員の人権を制限する根拠であると考えられている。

選択債権
[せんたくさいけん]

債権の対象となっている目的物が、複数の給付の中から選択可能な場合に、選択により具体的な内容が確定する債権のこと。たとえば、Aという自動車とBという自動車のいずれかを贈与する契約などが挙げられる。選択権は原則として債務者にあるが、特約により債権者または第三者と定めることができる。

選択条項
[せんたくじょうこう]

国際司法裁判所の管轄に関して、いつでも国際司法裁判所の強制管轄権を受諾する宣言を行うことができることを規定している条項のこと。条約の解釈、国際法上の問題、国際義務違反に関する紛争について、同一の義務を受諾している相手国との関係が考慮される。任意条項ともいう。受託宣言を行った国の間では、同一の義務を受諾している範囲で、国際司法裁判所の管轄権が設定される。

選択的併合
[せんたくてきへいごう]

訴えの客観的併合の態様のうち、数個の請求のいずれかが認容されることを解除条件として、他の請求について、裁判所に審理を求めること。予備的併合とは異なり、数個の請求の審判について順序は付されない。選択的併合は、所有権並びに占有権に基づいて同一物の引渡しを求めるなど、競合・両立しうる数個の請求権または形成権に基づいて、同一の趣旨の給付または形成を請求する場合に認められる。

また、訴えの主観的併合の態様として、数人による請求または数人に対する請求が両立し得る場合に、1つの請求が容認されることを解除条件として他の請求について併合する場合を、主観的選択的併合と呼ぶ場合もある。

選定当事者
[せんていとうじしゃ]

多数の者が共同の利益を有する場合に、それらの者全員が原告または被告となるのではなく、その中から1人または数人を選んで全員のために訴訟を追行させるときの、選ばれた者のこと。

権利関係の主体である多数の者が存在し、それらの者の間に共同の利益が認められる場合に選ばれる。選定当事者を選定する者のことを選定者という。訴訟係属の後で選定当事者を選定したときは、選定者は訴訟から脱退する。選定当事者は、任意的訴訟担当の一種であり、選定当事者に対する判決は、選定者にも効力を生じる。

全農林警職法事件
[ぜんのうりんけいしょくほうじけん]

最高裁昭和48年4月25日判決。全農林労組の幹部が、農林省職員に対して職場大会（争議行為に当たる）への参加をそ

そのかした行為が、国家公務員法の禁止する争議のあおり行為に該当するとして、その幹部が起訴された事件。

幹部側が、争議行為を禁止する国家公務員法の各規定は、公務員の労働基本権を侵害し憲法28条に反し違憲であると主張し、上告した。最高裁は、財政民主主義論、市場抑制力の欠如、代替措置論を理由として、国家公務員法の各規定は憲法28条に反しないと判示し、上告を棄却した。

船舶先取特権
[せんぱくさきどりとっけん]

船舶に関して生じた特定の債権の債権者が、船舶所有者等債務者の一定の財産から、他の債権者に先立って自己の債権の弁済を受ける権利のこと。商法などにより特別に認められた先取特権である。

「船舶に関して生じた債権」とは、船舶運航に直接関連して生じた人身侵害に関する損害賠償、救助料、航海継続費用、雇用契約にある船員の給料などに関する債権のことである。一方、「債務者の一定の財産」とは、船舶およびその付属物である。船舶所有者が債務不履行に陥ると、この債務者の船に関する一定の財産は競売に付され、その代金が債権者に支払われることになる。この際、船舶先取特権をもつ者は、他の債権者に優先して支払いを受けることができる。

船舶遭難者の遺言
[せんぱくそうなんしゃのいごん]

特別の方式による遺言のひとつ。民法上、船舶が遭難した場合、その船中で死亡の危急が迫った者は、証人2人以上の立会いによって、口頭で遺言することができる。なお、この遺言は、証人が筆記して、それに署名押印を行い、証人または利害関係人が家庭裁判所に請求して確認を得ることにより、効力を生じる。

先発明主義
[せんはつめいしゅぎ]

☞先願主義／先発明主義

線引小切手
[せんびきこぎって]

表面に2本の平行線が付けられた小切手をいう。横線小切手ともいわれている。線引できるのは小切手の振出人か所持人だけである。小切手は、持参した者に対して金員を支払うため（持参人払い）、小切手を紛失した場合、不正取得者が支払いを受けるおそれがある。そこで、線引小切手により、特定の相手方や銀行に対してのみ支払うことができるとしておけば、不正取得を防ぐことができる。

一般線引小切手と特定線引小切手とがある。一般線引小切手とは、2本の平行線内に、何の指定もないか、単に「銀行」などと記載したもので、支払人は、銀行または支払人の取引先に対してだけ支払いを行うことができる。

これに対して、特定線引小切手は、特定の銀行名などを記載した小切手である。特定線引小切手については、具体的な銀行の支店名等まで記載されているので、支払人は、記載されている支店等（被指定銀行）に対してのみ支払う義務を負う。もっとも、被指定銀行が支払人自身であるときは、自分の取引先に対してだけ支払うことができる。

全部執行猶予
[ぜんぶしっこうゆうよ]

宣告刑の全部の執行を猶予する執行猶予のこと。従来、刑の執行猶予には、刑期の全部の執行を猶予する制度しか存在しなかったが、懲役や禁錮の刑期を一部執行した後、残りの刑期の執行を猶予する一部執行猶予の制度が、平成28年6月から施行されている（刑法27条の2）。これにより、従来の刑の執行猶予は、刑の全部の執行猶予と称されることになった。

■ 全部取得条項付種類株式
[ぜんぶしゅとくじょうこうつきしゅるいかぶしき]

複数の種類株式を発行する株式会社で、その種類の株式の全部を株主総会の特別決議によって取得することができるとの定款の定めがある種類株式のこと。全部取得条項付種類株式では、株主の全員の同意を得ることなく種類株式の全部が取得されるので、取得されることになる株式を有する株主の利益を保護する必要がある。

そこで、その取得には株主総会の特別決議を要求するとともに、取得対価に不服のある株主には裁判所に対する価格決定の申立権が与えられている。また、ある種類株式を全部取得条項付種類株式とする定款変更をする場合には、反対株主には株式買取請求権が与えられる。

■ 全部判決
[ぜんぶはんけつ]

☞一部判決／全部判決

■ 全部露出説
[ぜんぶろしゅつせつ]

☞一部露出説／全部露出説

■ 前文
[ぜんぶん]

法令の具体的な条項の前に置かれる文章。通常、その法令の趣旨や目的、基本原則を表している。憲法に置かれているほか、いわゆる基本法といわれる法令に置かれる場合が多い。前文は法令の一部であるため、各条項の解釈を行う場合の基準を示している場合もあり、改正にあたっては、他の条項と同様に、その法令の改正手続を経なければならない。

■ 前文の法的効力
[ぜんぶんのほうてきこうりょく]

憲法前文の規定する内容が法的な効力を持つのかどうかという問題のこと。わが国では、憲法前文も憲法の一部をなす

ものとして本文と同じ法的効力を持つと理解されている。たとえば、前文1項の人類普遍の原理に反する一切の憲法、法令、詔勅を排除するという定めは、憲法の改正権について、人類普遍の原理という限界を示したものと考えられている。もっとも、前文に裁判規範としての性質まで認めることができるかどうかに関しては、学説で争いがある。一般的には、前文には裁判規範としての性質は認められず、裁判で争うことができる具体的な権利を前文から導くことはできないと考えられている。

■ 専門業務型裁量労働制
[せんもんぎょうむがたさいりょうろうどうせい]

労働基準法で規定されるみなし労働時間制のひとつ。労使協定により必要な事項を定めることにより、実際の労働時間にかかわらず、一定の労働時間だけ働いたものとみなす制度のこと。報酬が労働時間ではなく成果により決定されることが適切な業務、業務遂行に関して労働者の裁量が大きい業務などについて適用される。なお、これらの業務には、研究開発業務、情報分析業務、デザイナーの業務、公認会計士の業務などが該当する。

■ 占有
[せんゆう]

①民法上は、自己または他人のためにする意思をもって物を所持すること。所持とは、社会通念上、物がある人の事実的支配に属しているものと認められることをいう。必ずしも物理的に握持している必要はなく、たとえば、留守宅の家財道具にも所持は認められる。また、他人（占有代理人）を通じての所持も可能であり、たとえば、賃貸人には賃借人を通じての所持が認められる。占有権の移転は引渡しによってなされ、引渡しの方法としては、現実の引渡し、簡易の引渡し、占有

改定、指図による占有移転の4つの態様がある。

②刑法上は、事実上、財物を支配している状態をいう。奪取罪（窃盗罪、強盗罪、詐欺罪、恐喝罪）は、他人の占有を侵す罪である。現実的な握持までは必要ではなく、事実上の支配があるか否かは、財物の特性、占有の意思の強弱、客観的・物理的な支配関係の強弱などを総合的に考慮して判断される。他人のために物を所持する場合も、刑法上は、現実に物を所持する者に占有があると判断される。

なお、刑法上の占有概念は犯罪の罪質によって異なる。横領罪における占有は、法律上の占有を含む点で奪取罪で問題とされる占有よりも広い概念である。

■ **占有回収の訴え**
　[せんゆうかいしゅうのうったえ]

占有者がその占有を奪われたときに、奪った者に対し、その物の返還と損害の賠償を求める訴えのこと。この訴えは、占有を奪われた時から1年以内にしなければならない。また、訴えの相手方は、占有を奪った者またはその包括承継人に限られ、売買などによる特定承継人に対しては、その特定承継人が侵害の事実を知っている場合を除いて、この訴えを提起することはできない。

なお、質権者が質物を奪われた場合の質物の返還請求は、質権によることはできず、この占有回収の訴えによらなければならない。

■ **占有改定**
　[せんゆうかいてい]

民法で規定する占有権の移転方法のひとつ。自己の占有物を、以後相手方のために占有する意思を表示することにより、占有権が移転する方法。たとえば、Aが動産Xを占有している場合、Aが、Xの占有を継続しつつ、今後はBのために動産Xを占有すると意思表示することを

さす。この意思表示により、引渡しの効力が生じ、物理的な対象物の移動はないが、占有改定によって、動産Xの占有権はAからBへと移ることとなる。

なお、占有改定により占有を開始した者には、即時取得の規定が適用されないと考えられている。

■ **占有権**
　[せんゆうけん]

物を所持（事実的に支配している状態）していることを基礎にして成立している権利をいう。事実的な支配の現状は一応正しいものと推定して、たとえ真実の権利者であっても、占有者に対して自力で権利を実現させず、社会の秩序を維持する趣旨である。占有権はあくまでも事実上の支配に基づいて生じるため、占有を正当づける権利を有していない盗人であっても、占有権は有していることになる。

■ **占有者の費用償還請求権**
　[せんゆうしゃのひようしょうかんせいきゅうけん]

占有者が占有物を返還する際に、占有物の保存にかかった費用などの必要費を回復者に請求する権利のこと。または、同じく返還する際に、占有者が占有物の改良のために支出した有益費が現存する場合に、その支出した金額または現存する増加額を請求する権利のこと。

もっとも、たとえば土地の占有者が、その土地を第三者に貸して賃料を得るように、占有物から生じる果実を取得している場合がある。この場合には、通常の必要費は占有者が負担すべきものと考えられ、償還請求をすることはできない。

■ **占有訴権**
　[せんゆうそけん]

占有を侵害された者が、侵害者に対してその侵害の排除を請求する権利。物を事実上支配している状態（占有）を一応正当なものであると仮定して、占有者を

保護する制度である。所有権などの本権（占有を正当づける権利）を持っていない者であっても、占有訴権を行使することが認められている。具体的には、占有保持の訴え、占有保全の訴え、占有回収の訴えがある。

■ 占有代理人
［せんゆうだいりにん］

本人の代わりにその物を占有している者。物を事実的に支配（所持）することにより占有権の取得が認められているが、民法は、他人の所持を媒介して本人が占有権を取得する代理占有を認めている。このとき、実際に物を所持している者が代理占有者である。たとえば、賃貸人Aが所有している家屋を賃借人Bに貸しているとする。このとき、実際に家屋を所持しているのはBであるが、賃借人Bの所持を通して、賃貸人Aに、家屋に対する占有権が認められる。この場合のBのような賃借人が、占有代理人の例として挙げられる。

■ 占有の承継
［せんゆうのしょうけい］

取得時効を主張するため、現在の占有者が前主（前の占有者）の占有期間をあわせて主張すること。たとえば、前主が7年間の占有をしており、現在の占有者が5年間の占有をしていた場合には、現在の占有者はあわせて12年間の占有を主張することができる。ただし、その場合は前主の瑕疵も承継する。先の例でいえば、前主が善意無過失であれば、善意無過失で12年間占有したことになり、現在の占有者は時効取得することができるが、前主が悪意または有過失であれば、現在の占有者が善意無過失であったとしても、悪意有過失で12年間占有したことになり、時効取得を主張できないことになる。

■ 占有の推定
［せんゆうのすいてい］

占有に関して、一定の状態にあると推定すること。民法では以下の3種類の推定規定がある。

ⓐ占有者は所有の意思を持ち、善意、平穏、公然と、占有すると推定される。

ⓑ前後の両方の時点で占有していた証拠のあるときは、占有は、その間継続していたものと推定される。

ⓒ占有者が占有物について行使する権利は、適法に有すると推定される。

■ 専有部分
［せんゆうぶぶん］

1つの建物（区分所有建物）に構造上区分された数個の部分で、独立して住居、倉庫、事務所、店舗などに利用できる部分のこと。建物の区分所有等に関する法律により、所有権の対象とすることができる。マンションなどの各戸の部屋などが該当する。

■ 占有保持の訴え
［せんゆうほじのうったえ］

占有者に認められた権利として、占有が妨害された場合に、その妨害の停止、および妨害により生じた損害の賠償を請求するための訴え。たとえば、台風で隣家の大木が借地人の土地に倒れ込んできた場合、借地人は、この訴えにより、隣家の者に対して、その大木の除去と損害賠償の請求をすることができる。訴えを提起できる期間は、原則として、妨害の状態が続いている間、または妨害が停止してから1年以内である。

■ 占有補助者
［せんゆうほじょしゃ］

法人の機関（役員）や雇主の使用人等、占有について独立した権利を主張できない者。占有機関ともいう。所有者でなくても、たとえば不動産の借家人等は、占有について、自らの占有権を主張できる。

しかし、占有機関は、法人や雇主の手足にすぎないため、自ら所持していても、法人や雇主の占有として主張できるのみである。当然、占有訴権や物権的請求権の原告適格は認められていない。

■ 占有保全の訴え
[せんゆうほぜんのうったえ]

占有者に認められた権利として、占有者の占有が妨害されるおそれがある場合に、その妨害の予防、または損害賠償の担保を提供するよう求めるための訴え。たとえば、借地の隣家の石垣に崩壊のおそれがあり、その崩壊により借地人が占有する土地の占有が妨害されそうな場合は、隣家の者に対して、石垣が崩壊しないように何らかの措置をとること、または、石垣が崩壊した場合の損害賠償の担保を求めることができる。原則として、占有が妨害される危険が存在する期間のみ訴えを提起できる。

■ 占有離脱物横領罪
[せんゆうりだつぶつおうりょうざい]

☞遺失物横領罪／占有離脱物横領罪

■ 専用権
[せんようけん]

特許権や商標権など、権利者以外の者の使用を禁止または排除する権利。条文上、規定された用語ではなく、独占排他的な権利とも呼ばれる。

■ 専用実施権
[せんようじっしけん]

特許された発明をはじめ、登録された意匠や実用新案を実施できる権利のひとつ。専用実施権を設定すると、特許された発明（登録意匠・登録実用新案）を独占的に実施することができ、特許権者（意匠権者・実用新案権者）と同様に差止請求や損害賠償請求を行うことができる。ただし、専用実施権の設定・移転・変更・消滅は、当事者の合意のみでは効力が発生せず、特許庁への登録が必要となる。な

お、商標権にも同様の権利があり、これを専用使用権と呼ぶ。

■ 善良な管理者の注意義務
[ぜんりょうなかんりしゃのちゅういぎむ]

①その人の職業や社会的地位から、一般的に要求される程度の注意義務のこと。略して善管注意義務ともいう。過失責任の前提となる注意義務の程度を示す語で、注意義務の程度としては、原則的なものである。善良な管理者の注意義務は、軽減された注意義務である自己の財産に対するのと同一の注意義務と対比される。②会社法上、取締役や執行役が、その職務を遂行する上で通常期待される注意義務。会社と取締役等は、民法上の委任契約関係にあるため、上記①の善管注意義務が課せられる。もっとも、会社という特定の団体の問題に特化しているため、民法から離れて、会社法固有の問題として扱われることが多い。

■ 善良の風俗
[ぜんりょうのふうぞく]

☞公の秩序または善良の風俗／公序良俗

■ 戦力
[せんりょく]

一般的に、対外的な軍事行動のために設けられている装備や人的組織など、戦闘に用いることが可能な実力のこと。憲法9条2項は、戦力の保持を禁じており、自衛隊の合憲性に関連して、戦力をいかに理解するかが長らく争われている。通説は、軍隊や有事の際に軍隊と同様のものに転化しうる程度の実力部隊をいうと理解している。自衛隊に関して、政府は、自衛のための必要最小限度の実力は戦力には当たらないと緩やかに解釈することで、合憲であるという立場を採っている。

■ 先例
[せんれい]

法律などに明文の規範がない場合に、過去の似たような事例に対する行政庁な

どの対応を基準にして物事を決める場合の、その基準となる過去の対応のこと。先例は、わが国では法的拘束力を持つとはされていないが、先例に矛盾する行政庁などの判断がされることは少なく、事実上の強い拘束力を有している。

そ

訴因
[そいん]

刑事訴訟手続で、罪となる事実を特定して示したもの。起訴状に「公訴事実」の表題の下に記載されている。たとえば、「被告人は営利目的で、1月1日に覚せい剤10gを所持した」というように、検察官が裁判所に認めてもらいたいと考えている具体的な犯罪事実の主張となっている。

訴因変更
[そいんへんこう]

刑事訴訟手続で、審判対象である訴因の追加、撤回、または（狭義の）変更をさす。訴因の追加とは、もとの訴因に新しい訴因を付け加えることをいう。訴因の撤回とは、数個の訴因の一部を取り除くことである。そして、訴因の変更（狭義）とは、両立しない訴因について、ある訴因から別の訴因に変更することである。訴因変更は、公訴事実の同一性を害してはならない。

訴因変更命令
[そいんへんこうめいれい]

刑事訴訟手続で、裁判所が審理の経過に鑑み適当と認めるときに、検察官に対して訴因の変更を命じること。訴因変更命令を発することが裁判所の義務となる場合があるかが問題とされるが、原則として義務性はないと解されている。義務性を認める場合でも、証拠の明白性や犯罪の重大性を要件として、限られた場合

にのみ認める立場が有力である。また、訴因変更命令には形成力があるか（検察官が命令に従わなかった場合にも訴因は変更されるか）についても争いがあるが、否定する立場が有力である。

騒音規制法
[そうおんきせいほう]

工場・事業場や建設作業の騒音を規制するとともに、自動車騒音の許容限度を規定する法律。具体的には、特定工場等に関する規制、特定建設作業に関する規制、自動車騒音に係る許容限度、行政措置、罰則等を規定している。なお、相当範囲にわたる騒音を規制対象にしているので、近隣関係にとどまる程度の騒音は騒音規制法の規制対象に含まれない。

総会検査役
[そうかいけんさやく]

株主総会の招集手続や決議の方法を調査するため、裁判所が選任する検査役のこと。検査役は、それらの事項についての調査権限を有する株式会社の臨時的機関として位置づけられる。なお、総会検査役の選任は、原則として、議決権の100分の1以上を有する株主の申立てにより行われる。検査役には、検査終了後その結果を、裁判所に報告する義務が課されている。

臓器移植法
[ぞうきいしょくほう]

臓器の移植についての基本理念を定め、脳死後の臓器提供を適正に行うための手続等を規定した法律。正式名称は「臓器の移植に関する法律」。脳死後の臓器提供には本人の意思表示が必須で、15歳未満の臓器提供ができないなど、厳しい制限があり、子どもへの心臓や肺の移植を行うことができなかった。しかし、平成22年に施行された改正臓器移植法によって、家族の承諾による提供が可能となり、15歳未満の提供も可能になった。平成24年

には国内ではじめて、6歳未満の子どもの脳死判定と臓器移植が行われた。

■ 争議権／団体行動権
[そうぎけん／だんたいこうどうけん]

労働関係において、労働者が使用者を相手に、労働条件の向上などを求めて、ストライキ・怠業などで主張を表す行為（争議行為）を行う権利をいう。団体行動権ともいい、団結権、団体交渉権とともに労働三権を構成する。争議権により、ストライキなどの争議行為に対して、国家が刑罰をもって臨むことは許されず、また、使用者がそれを行った労働者に対して、解雇その他の不利益処分を行うことも許されない。

■ 倉庫営業・倉庫業
[そうこえいぎょう・そうこぎょう]

他人のために物品を倉庫に保管する営業のこと。倉庫営業は、寄託の引受けを目的とする営業的商行為であり、営業としてする（営利の目的を持って反復継続して行うこと）ときに商法が適用される。倉庫営業については、商法に特則が設けられている他、倉庫業法の適用を受ける。倉庫営業（倉庫業）を営もうとする者は、倉庫業法に基づき、国土交通大臣の行う登録を受けなければならない。

■ 捜査
[そうさ]

捜査機関が犯罪が発生したと考えるときに、公訴の提起・遂行のため、犯人を発見し、証拠を収集・確保する行為のこと。捜査は、強制処分を用いる捜査である強制捜査と、強制処分を用いない任意捜査とに分かれる。

■ 相殺
[そうさい]

互いに同種の目的を有する債務を負担する場合で、双方の債務が弁済期にあるときに、その債務を対当額で消滅させること。相殺をしようとする側の債権者の債権を自働債権といい、相殺される側の債権者の債権を受働債権という。相殺をするためには、双方の債権が相殺に適した状態にあることが必要であり、この状態のことを相殺適状という。相殺の効果は、当事者の一方的な意思表示により生じる。

■ 相殺契約
[そうさいけいやく]

当事者間の合意で相互の債権を対当額で消滅させることを目的とする契約のこと。相殺契約による場合、相殺の条件・内容・要件などは合意で決めることができ、民法の相殺に関する規定は、原則として適用されない。たとえば、民法が禁止する、悪意による不法行為に基づく損害賠償債権を受働債権とする相殺も可能である。

■ 相殺権
[そうさいけん]

①民法上、相殺をする権利のこと。相殺適状などの要件を満たしたときに発生する権利であり、形成権の一種である。
②破産法上、破産者に対して債務を負担している破産債権者が、破産債権とその債務を破産手続によらずに相殺する権利のこと。ほぼ同様の権利が、会社更生法や民事再生法などでも認められている。

■ 相殺適状
[そうさいてきじょう]

相殺をするのに適した状態のこと。具体的な要件としては、ⓐ互いに債務を負担していること、ⓑ両債権が同種の目的を有すること、ⓒ両債権が弁済期にあること、ⓓ両債権が性質上相殺を許さないものでないことの4つがある。相殺の意思表示の効力は、相殺適状が生じたときにさかのぼって発生する。

■ 相殺の抗弁
[そうさいのこうべん]

主に訴訟において、被告が原告に対し

て相殺の意思表示をし、そのことを原告の債権の消滅を求める抗弁として、訴訟で主張する行為。相殺の意思表示は、訴訟外でも可能である。民事訴訟法114条2項は、判決の既判力は相殺の抗弁として主張される反対債権にまで及ぶと規定している。

このような規定が置かれたのは、たとえば反対債権をもって別訴を提起した場合、一方の訴訟では反対債権の存在が認められて相殺がなされているにもかかわらず、他方の訴訟では、反対債権の存在が認められず請求が棄却されるなど、矛盾した判断が下されるおそれがあるためである。また、反対債権に関する裁判所の判断が2度行われて、裁判所の負担が大きくなることも理由として挙げられる。

■ 相殺予約
[そうさいよやく]

相殺の条件を定めておくことにより、相手方の債務の弁済期を待たずに、お互いの債権と債務を相殺するための手続のこと。通常、弁済期の到来していない相手方の債務を自己の債権で相殺することはできない。しかし、相手方に倒産の危機が迫っている場合などは、弁済期の到来を待たずに相殺をする必要がある。そこで、お互いの保有する債権と債務の相殺について、あらかじめ一定の条件を定めておくことができる。そして、条件を満たした時に、自由に相殺することにより、自己の債権への弁済を確保することができる。

■ 葬祭料
[そうさいりょう]

労働者が業務を行う上で死亡した場合に、使用者がその労働者の葬祭を行う者に対して支払う金銭。労働基準法・労働者災害補償保険法において、災害補償として支払われる。

■ 捜査機関
[そうさきかん]

法律上、捜査の権限と責任を与えられた機関。捜査機関には、一般司法警察職員、特別司法警察職員、検察官、検察事務官がある。一般司法警察職員とは、警察官のことであり、特別司法警察職員とは、法律の規定に基づいて特別の事項について司法警察職員の職務を行う者である。捜査を主に担うのは、司法警察職員である。もっとも、補充的な捜査が必要であると検察官が考えた場合には、検察官自らが捜査を行うこともある。検察官と司法警察職員は、対等の協力関係にあるが、検察官は、司法警察職員に対して、一般的指示権(一般的な準則を定めることによって指示する権限)、一般的指揮権(捜査の際、あらかじめ司法警察職員一般に指揮しておく権限)、具体的指揮権(個々の司法警察職員に命じて補助させる権限)を行使することができる。

■ 捜索
[そうさく]

被疑者や証拠物の発見を目的とした強制処分のこと。令状主義のもと、裁判所が主体の場合には捜索状、捜査機関が主体の場合には捜索許可状が原則として必要である。

■ 造作買取請求権
[ぞうさくかいとりせいきゅうけん]

建物の賃借人が、賃貸人の許可を受け、自らの費用負担で建物に付加した畳・建具などの造作について、賃貸人に買い取るよう請求する権利をいう。期間満了や賃借人からの解約の申入れによって賃貸借契約が終了する時に請求することができる。ただし、この権利は特約で排除することができる。

■ 捜査構造論
[そうさこうぞうろん]

刑事訴訟法が想定している捜査の構造

についての議論のこと。糺問（きゅうもん）的捜査観と弾劾的捜査観とが対立している。

糺問的捜査観は、捜査は被疑者取調べのための手続であって、強制が認められるのもそのためであり、濫用を避けるために裁判所・裁判官による抑制が行われるという考え方である。

弾劾的捜査観は、起訴前の手続の性格を、被疑者と捜査機関が対等の当事者として公判の準備を行うととらえる考え方である。捜査構造論の対立は、身柄拘束中の被疑者に取調べ受忍義務があるか、被疑者と弁護人の接見交通権の制限はどの範囲で許されるかといった論点に関連する。

■ 捜査比例の原則
[そうさひれいのげんそく]

捜査上の処分は、必要性に見合った相当なものでなければならないとする原則。捜査比例の原則は、捜査は被疑者等の自由、財産その他の利益に重大な影響を及ぼすものである以上、捜査の必要性と人権保障とは調和がとれたものでなければならないとする。この捜査比例の原則から、強制処分を用いるのは、必要性がある場合に限られるべきであり、格別の必要性がなければ任意の手段で行うべきであるとする任意捜査の原則が導かれる。

■ 葬式費用の先取特権
[そうしきひようのさきどりとっけん]

債務者の葬式の費用を負担した者が、その費用の支出により生じる債権につき、債務者の総財産に対して、他の債権者に優先して弁済を受ける権利。この権利は、一般の先取特権のひとつとして、共益の費用、雇用関係による先取特権には劣後するが、日用品の供給による先取特権には優先する。なお、この先取特権は、債務者が扶養すべき親族のためにした葬式の費用についても存在する。

■ 総辞職
[そうじしょく]

内閣総理大臣および国務大臣の全員が、同時にその地位を辞すること。内閣は、その存続が適当でないと考えるときは、いつでも任意に総辞職をすることができる。また、衆議院が内閣不信任決議案を可決して10日以内に衆議院を解散しないとき、内閣総理大臣が死亡したとき、内閣総理大臣となる資格を失ったときなど、内閣総理大臣が欠けたとき、そして、衆議院議員総選挙の後にはじめて国会が召集されたときには、必ず総辞職しなければならない。

■ 争訟
[そうしょう]

紛争が起こっている当事者間で、公の機関による解決をめざすこと、またはその手続をさす。類似の概念に訴訟があるが、争訟は、公的機関による裁断行為を広くさすため、訴訟より広い概念であると考えられている。たとえば、行政争訟とは、行政機関に対して提起する行政不服審査法上の不服申立て、および行政事件訴訟法が定める、裁判所に対して提起する行政訴訟をあわせた概念である。なお、裁判所法では、訴訟手続について、法律関係に関する現実的・具体的な利害の対立があることを、争訟性または事件性と呼んでおり、ここでも争訟の言葉が用いられている。

■ 相続／遺産相続
[そうぞく／いさんそうぞく]

死者が生前に持っていた財産上の権利や義務を、一定の遺族が受け継ぐこと。この場合、死者を被相続人といい、受け継ぐ者を相続人、そして、受け継がれる財産などを相続財産と呼ぶ。相続財産は、一般に遺産とも呼ばれ、土地や家屋、金銭といった財産（積極財産）に限られず、借金（債務）などの義務（消極財産）も含ま

れる。

　（遺産）相続は、原則として、被相続人の死亡を原因として開始される。配偶者は常に相続人となり、子・直系尊属・兄弟姉妹は、この順に先順位の者が相続人となる。たとえば、配偶者Bと子どもC・DがいるAが死亡した場合、BとC・Dのみが相続人となり、Aに父母や兄弟姉妹がいたとしても、その者は相続人とはならない。

■ 相続回復請求権
［そうぞくかいふくせいきゅうけん］

　相続権がないのにあると信じ、かつ、そう信ずべき合理的理由のある者が、相続人と称して相続財産を占有している場合に、真正の相続人からその者に対して相続財産の返還を請求する権利。この権利は、相続人などが相続権を侵害された事実を知ったときから5年で時効消滅する。

■ 相続欠格
［そうぞくけっかく］

　相続について、本来であれば相続人となることができる者が、法律に定められた不正な行為を行ったために、法律上当然に相続の資格を失うこと。民法は、相続欠格の事由として、ⓐ被相続人や相続順位が同等または上位の者を殺害しまたは殺害しようとして刑に処せられた場合、ⓑ詐欺や強迫によって被相続人の自由な遺言を妨害した場合、ⓒ被相続人の遺言書を偽造・変造・破棄・隠匿した場合などを規定している。

■ 相続債権者
［そうぞくさいけんしゃ］

　もともと被相続人の債権者であった者が、相続によって相続人の債権者となった者。遺産債権者ともいう。たとえば、Aから1000万円を借りていたBが死亡し、CがBを相続した場合、以後AはCの相続債権者となり、Cに対して1000万円を支払うように請求することができる。

■ 相続財産
［そうぞくざいさん］

　被相続人が持っていた財産のこと。一般的には遺産という。土地・建物や金銭などの積極財産だけでなく、他者に対する債務など消極財産をも含む。

■ 相続時精算課税
［そうぞくじせいさんかぜい］

　生前に贈与があった際に納めた贈与税を、相続に伴う相続税の計算時に控除するしくみ。相続税の計算では、生前贈与を受けた財産と、相続時に相続する財産を合計して相続財産とする。この相続財産を課税対象として計算した相続税額から、すでに納付した贈与税が控除される。

■ 相続税
［そうぞくぜい］

　相続に際して取得した財産に対して課される税金。わが国では、相続人が取得した遺産に対して課税する制度（遺産取得税）を採っている。この他に、被相続人の遺産を対象に課税する方式（遺産税）がある。相続によって取得した財産について、その財産を取得した際の時価が高額であるほど、多くの税を徴収する累進税率で課税される。なお、平成27年施行の改正相続税法では、基礎控除額の引下げと最高税率の引上げによって増税へと向かう一方で、小規模宅地等の特例の適用面積の拡大によって減税につながるような配慮もなされている。

■ 相続登記
［そうぞくとうき］

　相続によって、被相続人から相続人へ不動産の所有権などが移転したことを示す登記。共同相続人全員が法定相続分どおりに相続する場合、遺産分割協議または遺言により特定の不動産を特定の相続人が相続する場合などに行う。遺産分割協議の結果、特定の不動産を単独で相続することになった者は、共同相続登記を

経ないで直接自己の名義で相続登記ができる。

相続登記に関しては、平成30年の民法改正により、相続による権利の承継は、法定相続分を超える部分については、登記、登録その他の対抗要件を備えなければ、第三者に対抗できないとする規定が新設された（民法899条の2）。この規定の影響を受けるのが、特定の相続人に対して「相続させる」という内容の遺言である。かつては判例により対抗要件が不要とされてきたが、令和元年7月1日以降に発生する相続に関しては、不動産の場合は登記を備えないと、法定相続分を超える部分について第三者に対抗できないことになる。

一方、遺産分割協議による被相続人の不動産の取得を第三者に対抗するには、判例により対抗要件が必要とされており、これは民法改正後も同様である。

■ 相続人
[そうぞくにん]

相続によって、被相続人の財産上の地位を受け継ぐ一定の遺族のこと。相続が起きれば直ちに相続人になることができる資格を持つ者（推定相続人）は、被相続人の死亡によって相続人となることが確定する。民法では相続人として、被相続人の子・直系尊属・兄弟姉妹および配偶者を規定している。配偶者を除く他の相続人は、一定の相続順位が定められており、子・直系尊属・兄弟姉妹の順で相続する。また、相続人は自然人でなければならず、相続開始の時点で生存していなければならない（同時存在の原則）。ただし、胎児については、相続開始時点でまだ権利能力を持っていなくても、相続に関してはすでに生まれたものとみなされる。

■ 相続人の不存在
[そうぞくにんのふそんざい]

相続人の存在が明らかでない場合に、相続財産の管理や清算をする手続をいう。たとえば、戸籍上の相続人がいないとき、または、相続人全員が相続を放棄した場合などが挙げられる。民法は、相続人の不存在に当たる場合に、相続財産を法人として扱い、家庭裁判所が相続財産管理人を選任すると規定している。相続財産管理人は、相続人がいないことが確定すると、特別縁故者などに相続財産を分与した後に、残余部分は国庫に納めることになっている。

■ 相続の承認
[そうぞくのしょうにん]

相続で、相続人が被相続人の権利・義務をすべてまたは一部承継すること。相続の効果を受けるか否かは原則自由である。無条件の承諾を単純承認と呼ぶのに対して、積極財産の範囲内で消極財産を負担するという条件を付して相続を承認する場合を限定承認と呼ぶ。限定承認をする場合には、相続人は3か月以内（熟慮期間内）に家庭裁判所に申述しなければならず、この期間を経過すると、単純承認したものとみなされる。

■ 相続の放棄
[そうぞくのほうき]

相続で、相続人が被相続人の権利・義務について承継を拒否すること。相続放棄が認められる趣旨は、相続財産が債務などの消極財産が過大で、相続人が重過ぎる負担を負わされることを回避することにある。相続放棄をするためには、自分に相続が発生したことを知ったときから3か月以内に家庭裁判所に申述しなければならず、相続放棄をした者は、はじめから相続人とはならなかったものと扱われる。

■ 相続分
[そうぞくぶん]

相続人が複数存在する場合に、相続財産について、各相続人が、具体的な取り

分として得ることができる財産の割合。たとえば、被相続人Aの相続人としてB、C、Dがいるとする。Aの財産を、Bが2分の1、Cが4分の1、Dが4分の1ずつ相続するというように、具体的な割合をさして相続分と呼んでいる。ただし、実際に各相続人が受ける財産の価額をさす場合もある。法律上、相続分は原則として、遺言により定めるが、遺言がない場合には、法定相続分による。もっとも、最終的に相続人が取得する相続財産の価額は、各相続人間の協議により定められることになる。

■ 相続分取戻権
［そうぞくぶんとりもどしけん］

共同相続人の1人が、遺産分割協議の前に相続分を第三者に譲渡したときに、他の共同相続人がそれを譲り受ける権利。なお、取戻権を行使するには、譲渡を受けた第三者に対し、相続分の価額と譲渡費用を償還しなければならない。また、取戻権は、相続分の譲渡があってから1か月以内に行使しなければならない。この取戻権により、本来相続に関係ない第三者が相続に関わることを防ぐことができる。

■ 相対的応報刑論
［そうたいてきおうほうけいろん］

☞絶対的応報刑論／相対的応報刑論

■ 相対的構成
［そうたいてきこうせい］

ある事柄の効力などを人ごとに個別に判断する考え方。事柄の効力を一律に判断する絶対的構成と対比される。たとえば、AがBと通謀して、A所有の土地をBに対して仮装譲渡したとする。このとき、AB間の売買契約は、通謀虚偽表示として無効になる（民法94条1項）のが原則である。しかし、民法94条2項は、AB間の売買が通謀虚偽表示であることを知らない（善意）で、この土地を取得した第三者Cに対しては、意思表示の無

効を主張できないと定めている。さらに、通謀虚偽表示であることを知り（悪意）、Cから土地を取得した転得者Dがいたとする。このとき、権利者Aは悪意者Dに対しては意思表示の無効を主張できるという考え方が相対的構成説である。これに対して、いったん善意者が確定的に所有者になった以上、悪意者に対しても無効を対抗できないとする考え方は、絶対的構成といわれる。

■ 相対的商行為
［そうたいてきしょうこうい］

企業の営業活動として行われる場合にのみ商行為となる行為。営業的商行為と附属的商行為をあわせた概念。対概念は、絶対的商行為。

☞営業的商行為
☞附属的商行為

■ 相対的不定期刑
［そうたいてきふていきけい］

☞絶対的不定期刑／相対的不定期刑

■ 送達
［そうたつ］

当事者その他の訴訟関係人に対して、法定の方式に従って書類を交付し、または交付を受ける機会を与える裁判所の訴訟行為のこと。送達は、書類を手渡す交付送達が原則である。交付送達が困難な場合には、書留郵便などに付する郵便送達が行われる。さらに、送達場所が不明など、他の手段がない場合には、裁判所書記官が保管する書類を交付可能であることを、裁判所の掲示場に示す公示送達がある。

刑事訴訟法では、民事訴訟法の規定が準用されている。ただし、公示送達については、実質的に送達の作用を果たさないことも多く、被告人の利益を害することがあるため、公示送達に関する規定は準用されておらず、刑事訴訟では公示送達は認められない。

■ 争点効
[そうてんこう]

前訴判決が後訴に及ぼす効力の一種。当事者に前訴と矛盾する主張を許さず、裁判所も矛盾する判断を下せないとする点では、既判力と共通する。既判力との違いは、前訴で主要な争点として争われ、裁判所がその争点について下した判断であれば、判決理由中の判断にも生じる効力であると解されている点にある。相殺の抗弁を除いて、既判力は判決主文における判断についてのみ生じ、判決理由中の判断には生じないが、争点効の理論は、主要な争点として争った以上は、前提問題に関する前訴の判断を後訴の請求の当否の基礎とした方が当事者の公平にかなうとする考え方である。判例は争点効を否定している。

■ 争点整理手続
[そうてんせいりてつづき]

民事訴訟において、事実関係について当事者間に争いがあり、争点および証拠の整理を行う必要がある事件について、裁判所が証人尋問などの証拠調べを争点に絞って効率的かつ集中的に行えるように準備するために行う手続のこと。

手続には、準備的口頭弁論、弁論準備手続、書面による準備手続の3種類があり、事件の性質や内容に応じて最も適切な手続を裁判所が選択する。準備的口頭弁論は、公開の法廷で行われ、争点などの整理に必要なあらゆる行為をすることができる。弁論準備手続は、必ずしも公開を要しない手続であり、証人尋問ができないなどの制約がある。弁論準備手続は、電話会議システムによって手続を進めることもできる。書面による準備手続は、両方の当事者の出頭なしに準備書面の提出等により争点などを整理する手続であり、必要がある場合には電話会議システムによって争点などについて協議す

ることができる。

■ 争点訴訟
[そうてんそしょう]

訴訟としては民事訴訟であるが、行政庁の処分や裁決の効力・存否が前提問題となっている訴訟のこと。争点訴訟には、行政庁の訴訟参加や釈明処分の特則などの取消訴訟の規定が一部準用されている。争点訴訟の例としては、農地買収処分の無効を理由として土地所有権の確認を求める訴えなどがある。

■ 相当因果関係説
[そうとういんがかんけいせつ]

①刑法上、犯罪の構成要件である因果関係の認定で、行為と結果との間に条件関係があるだけでなく、さらに、社会通念（社会生活上の経験）に照らして、問題の行為から結果が生じることが相当であるといえるかどうかを問題にする考え方。たとえば、AがBをナイフで刺し、Bが救急車で搬送されたところ、救急車が崖から転落してBが死亡したとする。この場合、「ナイフで刺さなければBが死亡しなかった」という意味での条件関係は認められるが、救急車の転落は通常想定できる経過とはいえないため、刺傷行為と死亡結果の間には、相当性がなく因果関係が否定されると考えるのが相当因果関係説である。

②民法上、債務不履行や不法行為に基づく損害賠償請求について、賠償の範囲を画定するため、不履行または不法行為と損害との間に相当因果関係を必要とするという考え方。

■ 相当な補償
[そうとうなほしょう]

私有財産が公共のために用いられた場合、それによって生じた財産上の損失に対する補償として、憲法は「正当な補償」が必要であると規定する。相当な補償とは、この正当な補償に関する見解のひと

つであり、財産について合理的に算出された相当な額であれば、その財産の市場価格を下回ってもよいという考え方である。その財産の市場価格を全額補償するべきであるという完全補償説と対立する立場である。

判例は当初、農地改革に関する補償について、相当な補償で足りるという立場であった。しかし、その後は、一般論としては相当な補償でよいという立場を採っているが、土地収用の事例などで、収用の前後を通じて被収用者の財産価値が等しくなるような補償が必要であるという判断を示し、実質的に完全補償説に近い見解を示すに至っている。

☞財産権の制限／正当な補償

■ 双方審尋主義
[そうほうしんじんしゅぎ]

裁判の審理に関して、当事者双方に主張の機会を平等に与えなければならないという原則。当事者対等の原則または武器平等の原則と呼ばれることもある。民事裁判の口頭弁論期日では、裁判所は当事者双方に対して呼出しを行わなければならず、審理は必ず口頭弁論によって行うのを原則としていることから（必要的口頭弁論）、双方審尋主義が徹底されていると理解されている。

■ 双務契約
[そうむけいやく]

契約当事者双方が、互いに対価的な関係にある債務を負担する契約。売買、交換、雇用、請負、和解などが該当する。たとえば、売買の場合、売主は商品を給付する義務を負い、買主はその商品に見合う金銭などの対価を支払う義務を負う。なお、双務契約には、同時履行の抗弁権や危険負担の規定が適用される。

■ 総有
[そうゆう]

共同所有の形態のひとつで、共同所有者が1つの団体を形成し、その団体が物の管理・処分の権限を有し、個々の構成員は物の使用・収益権を与えられるに過ぎないもののこと。各構成員は、持分を持たず、分割の請求もできない。入会権の場合や、権利能力なき社団の所有形態は、総有であるといわれる。共同所有の他の形態には、共有と、共有と総有の中間的形態である合有とがある。

■ 贈与
[ぞうよ]

一方当事者が無償で財産を相手方に与える契約。相手方は何らの義務も負わないのが原則であるが、契約であるので、相手方の承諾がなければ、贈与は成立しない。民法上の典型契約のひとつで、諾成、片務、無償、不要式の契約である。書面によらない贈与は、履行が終わっていない部分に限り、解除することができる。

■ 贈与税
[ぞうよぜい]

贈与を受けた財産について、受贈者に課される税金のこと。相続税を回避するために生前贈与が行われることが多いことから、課税の公平という税の大原則に従い、相続税だけでは対応できない部分を補完するために設けられている制度である。

■ 騒乱罪
[そうらんざい]

公共の静穏を害する程度の暴行・脅迫をするのに適当な多数の人間が集合して、実際に暴行または脅迫を行う罪。3段階に分けて刑罰が定められており、首謀者は1年以上10年以下の懲役または禁錮に処せられる。他人を指揮したり率先して勢いを助けた者（率先助勢者）は6月以上7年以下の懲役または禁錮が科せられ、多衆に参加した者（付和随行者）は10万円以下の罰金に処せられる。保護法益は、不特定多数の人の生命や身体または財産

に対する侵害の危険（公共の危険）から、公共の静穏を守ることだと考えられている。

類似の犯罪に内乱罪がある。内乱罪は国家的法益に対する罪であり、首謀者の存在が必要不可欠であるが、騒乱罪は社会法益に対する罪であり、首謀者がいなくても成立し得る。都市の中心部など特定の地方の住民が、生命・財産に危害を加えられる不安を持つ程度の広範囲な多衆の集合が必要であるが、これは人数や武器の有無、組織の強弱などを考慮して判断されると考えられている。また、判例・通説は、集団に共同の暴行の意思があることが必要であるとしており、騒乱罪にいう暴行・脅迫は、人に対する暴行だけでなく、物に対する破壊などでもよいとされている。

■ 創立総会
［そうりつそうかい］

募集設立により株式会社を設立する場合、設立時株主によって構成される設立中の会社の議決機関のこと。創立総会の決議は、議決権を行使することができる設立時株主の議決権の過半数であって、出席した設立時株主の議決権の3分の2以上に当たる多数をもって行う。

■ 相隣関係
［そうりんかんけい］

隣接する土地の所有者が、互いに土地を利用しあう関係のこと。相隣関係には、ⓐ隣地使用に関するもの、ⓑ水に関するもの、ⓒ境界に関するもの、ⓓ境界を越える竹木に関するもの、ⓔ境界付近の建築などに関するものがある。相隣関係の規定は、地上権に準用されているが、永小作権や賃借権にも準用されると解されている。

■ 贈賄罪
［ぞうわいざい］

公務員に対して、賄賂を供与し、またはその申込みもしくは約束をする罪をい

う。公務員の職務の公正およびそれに対する社会の信頼を守るために規定された。3年以下の懲役または250万円以下の罰金が科される。たとえば、賄賂の供与を申し込んだが、公務員がこれを断ったとしても、本罪は成立する。

■ 訴額
［そがく］

原告勝訴の場合に原告が得るべき利益を金額として評価したもの。訴訟物の価額ともいう。訴額は、事物管轄の基準となり、140万円以下は簡易裁判所の管轄、140万円を超える場合は地方裁判所の管轄となる。また、訴え提起時に納める手数料の額の基準にもなる。非財産権上の請求や訴額の算定がきわめて困難な財産権上の請求については、訴額は、事物管轄との関係では140万円を超えるものとみなされ、手数料の額との関係では160万円とみなされる。

■ 遡及
［そきゅう］

法律を施行前の行為に遡って適用すること。法は遡及しないことが原則であり、とくに刑罰法規については、人権侵害のおそれがあるため、遡及させることはできないと解されている。

■ 遡求
［そきゅう］

手形の所持人が手形の裏書人に対して一定の金額の支払いを求めること。手形の支払いができなくなった場合や著しく不確実になった場合に認められる。そのような場合、手形の裏書人は、手形債務について担保する責任を負うので、債務不履行に陥った手形振出人などに代わり、手形の所持人に対して、一定の金額を保証のために支払う義務がある。

■ 遡及効
［そきゅうこう］

法律や法律行為などの効力がその成立

以前にさかのぼって適用されること。たとえば、遺産分割は、相続開始の時にさかのぼってその効力を生じる。その他にも、相殺や取消し、取得時効の完成にもこの効力がある。効果が遡及することによって法的な安定性が害されるため、一般的には、法律不遡及の原則により、遡及効は認められない。したがって、これが認められるのは、とくに法律上の規定がある場合のみである。

■ 遡及処罰の禁止
[そきゅうしょばつのきんし]
☞事後法の禁止／刑罰不遡及の原則

■ 即時強制
[そくじきょうせい]
行政機関が、あらかじめ国民に対して行政上の義務を課すことなく、直接的に国民の身体や財産に対して実力を加えて、行政上必要な状態を作り出すこと。類似の概念に、行政上の義務の履行を確保する手段としての直接強制がある。これは先に行政上の義務を課された者が、その義務を怠ったために、行政機関が直接的に身体や財産に働きかけて、行政上の義務を履行した状態を作り出すことであり、義務の存在の有無によって区別される。

即時強制の例としては、不法在留外国人の収用や退去強制、火災現場での消火などに必要な場合の建物の破壊、感染症患者に対する強制入院などが挙げられ、相手方に義務を課す時間の余裕がないような危険や違法状態を排除するために多く用いられている。

■ 即時抗告
[そくじこうこく]
決定・命令に対する独立の上訴（抗告）のこと。即時抗告期間（不変期間）は、民事訴訟法では1週間、刑事訴訟法では3日間と定められている。不変期間が設けられたのは、即時抗告の対象になる決定・命令の効果を早期に確定させる必要があ

るからである。なお、期間の定めのない抗告は、通常抗告と呼ばれている。

■ 即時取得
[そくじしゅとく]
民法において、無権利者から動産を譲り受けた者が善意無過失などの要件を満たした場合に、譲受人の権利取得を認める制度のこと。対象となる権利には、所有権と質権がある。動産を占有する者は、権利者である蓋然性が高く、取引の相手方にとっても、その者が真の権利者であるか否かを知ることは困難であることから、動産の占有に公信力を認め、取引の安全を保護したものである。即時取得の要件として、平穏にかつ公然と占有を開始し、善意、無過失であったことがあげられる。もっとも、平穏、公然、善意については、民法により推定されている。また、無過失についても、前主が権利者であることが推定されると規定されているため、それを信じた者の無過失が推定されると考えられている。なお、動産の即時取得につき、善意取得の言葉が用いられることもある。
☞善意取得

■ 続審
[ぞくしん]
上訴審の審理方法として、下級審に提出された訴訟資料を承継したうえ、新しい訴訟資料も補充して審理を続行すること。続審の下では、上級裁判所は、下級審の裁判後に生じた事情を考慮したり、新しい証拠を取り調べたりできる。民事訴訟の控訴審は続審である。なお、下級審に提出された訴訟資料のみに基づいて、下級審の判決の当否を審査する審理方法を事後審といい、民事訴訟の上告審、刑事訴訟の控訴審、上告審は事後審である。下級審の審理とは関係なく新たに裁判をやり直す審理方法を覆審という。

■ **属人主義**
[ぞくじんしゅぎ]

　自国民が外国で自国の刑罰法規に違反する犯罪行為を行った場合に、自国の刑法を適用する考え方。対立概念は属地主義であり、これは自国の領土内で行われた犯罪行為に対して、自国民であるかどうかを問わず、その国の刑法を適用する考え方。わが国の刑法は、現住建造物等放火、強制性交等、殺人、傷害、窃盗などを日本国民が外国で犯したときは、わが国の刑法を適用すると規定している。

■ **即成犯**
[そくせいはん]

　犯罪が完成すると同時に法益が消滅するような犯罪をさす。殺人罪や放火罪などが、即成犯の例として挙げられる。他の犯罪の種別としては、状態犯と継続犯がある。

■ **属地主義**
[ぞくちしゅぎ]

　法の適用範囲につき、犯罪地を基準として定める原則のこと。公法・刑事法分野の原則である。たとえば、刑法は国内の犯罪を処罰することを原則として、例外として国外犯を処罰する場合を定めている。

■ **組織再編**
[そしきさいへん]

　企業の合併、分割などにより、会社組織が変更されること。具体的には、合併、分割、株式交換、株式移転等が挙げられる。企業が事業を拡大する場合や、逆に事業を縮小する場合には、これらの組織再編が利用される。

■ **組織変更**
[そしきへんこう]

　株式会社が組織を変更して、合同会社・合資会社・合名会社になること。また反対に、合同会社・合資会社・合名会社が株式会社に変更すること。なお、組織変更というためには、変更の前後で、会社が、法人としての人格の同一性を維持していることが必要である。また、その変更は、持分会社と株式会社間の変更についてのみ成立する。したがって、合名会社から合資会社への変更などは組織変更ではない。

■ **組織法**
[そしきほう]

☞行為法／組織法

■ **訴訟**
[そしょう]

　国家が、裁判権の行使によって、紛争を法的に解決する手続。裁判機関や手続の種類等に応じて、民事訴訟、刑事訴訟、行政訴訟などに区分される。

■ **訴状**
[そじょう]

　民事訴訟で、原告が裁判所に提出することによって、訴えの提起を行う書面。訴状には、当事者および法定代理人、請求の趣旨および原因が記載される。請求の趣旨とは、訴えの結論として何を求めるかを簡潔に表示するものであり、請求の原因とは、請求の趣旨の内容である給付等を基礎づける権利関係を成立させる事実である。なお、簡易裁判所における訴えの提起は、口頭でも可能であるが、一般には訴状により行われる。

■ **訴訟救助**
[そしょうきゅうじょ]

　民事訴訟で、訴訟の準備や訴訟の追行に必要な費用を支払う資力がない、または支払うことで生活に著しい支障が生じる者に対して、裁判費用などの支払いを猶予する制度。費用が支払えないために裁判を受ける機会を逸することを防ぐ目的である。訴訟救助を望む者は、裁判所に申し立て、これを認める決定が下されると、訴状に印紙を添付しなくても受理され、その他の費用を予納する必要も

なくなる。もっとも、敗訴した場合は、猶予されていた費用を支払わなければならない。訴訟救助が認められるためには、少なくとも勝訴の見込みがないとはいえないことが必要である。

■ 訴訟記録
[そしょうきろく]

裁判所が作成したもの、当事者が作成したものを問わず、裁判所が保管する特定の事件に関する一切の書類。訴訟記録は、民事訴訟では、原則として誰でも閲覧でき、刑事訴訟では、判決確定後には、原則として誰でも閲覧できる。

■ 訴訟係属
[そしょうけいぞく]

訴えを提起することで、当事者（原告・被告）間の特定の紛争について、国内の裁判所が判決手続の中で判断することが可能である状態。訴訟係属は、訴状が被告に送達された時に生じると解されている。訴訟係属によって生じる効果には、関連裁判籍が生じる訴訟参加が可能になるなどがあるが、とくに、二重起訴の禁止が重要である。

■ 訴訟契約／不起訴の合意
[そしょうけいやく／ふきそのごうい]

訴訟契約とは、当事者または将来当事者となる者が、特定の民事訴訟に対して何らかの影響を及ぼすべき法効果の発生を目的として合意をすること。訴訟上の合意ともいう。管轄の合意、担保提供方法に関する合意などの明文の規定があるものと、不起訴の合意、証拠制限契約などの明文の規定がないものがある。

訴訟契約の性質、効果については議論があり、私法上の効果が生じるに過ぎないとする私法契約説と、直接に訴訟法的効果が生じるとする訴訟契約説が対立している。明文の規定がない訴訟契約については、どのような場合に許されるかが問題となるが、当該合意が処分権主義・弁論主義の範囲内であって、合意の効果を明確に当事者が予測できる場合には許されると解されている。

不起訴の合意とは、特定の法律関係について出訴しないという当事者間の合意である。不起訴の合意は、明文にない訴訟契約の一種であり、当事者の受ける不利益の程度が事前に予測可能である場合には適法であると解されている。

■ 訴訟行為
[そしょうこうい]

民事訴訟法上は、訴訟手続を構成し、それを発展させる契機となる訴訟主体の行為のこと。自ら単独で有効な訴訟行為を行うには、特定の判断能力（訴訟能力）が必要である。未成年者等は訴訟無能力者である。また、原則として、訴訟行為に期限や条件をつけることはできない。なお、訴訟行為には安定性が求められ、民法の意思表示等に関する規定は、必ずしも適用されない。

刑事訴訟法上は、訴訟の主体、関係人、および第三者の訴訟手続を構成する行為で、訴訟法上の効果と直接結びつく行為をいう。有効に訴訟行為をするには、訴訟能力が必要であり、被告人が心神喪失状態にあり訴訟能力を欠く場合には、公判手続が停止される。

■ 訴訟告知
[そしょうこくち]

民事訴訟で、当事者以外の第三者に対して、訴訟が係属したことを知らせ、訴訟への参加の機会を与える訴訟行為のこと。訴訟告知は、第三者に訴訟に参加する機会を与えるが、訴訟告知を受けた第三者（被告知者）には、訴訟に参加しなかった場合であっても参加的効力が及び、敗訴した場合の責任を分担しなければならない。訴訟告知をするかどうかは、原則として当事者の任意である（任意的訴訟告知）。しかし、平成29年の民法改正で

新設された債権者代位訴訟や詐害行為取消訴訟における債務者への訴訟告知は、訴えを提起した債権者の義務とされている（必要的訴訟告知、民法423条の6、424条の7第2項）。

■ 訴訟参加
[そしょうさんか]

訴訟において、係属中の訴訟の結果に、一定の利害関係がある者が、訴訟手続に関与して、自分自身の権利や利益の保護をめざすこと。参加態様としては、補助参加、独立当事者参加などがある。補助参加とは、当事者の一方を勝訴させる目的で、第三者が訴訟に参加する形態である。これに対して、独立当事者参加とは、第三者が、すでに係属している訴訟の当事者（原告・被告）の一方または双方に対して、独立した自己の請求を立てる形で参加する形態である。

■ 訴訟指揮
[そしょうしき]

訴訟が適法であり、能率的に行われることを監視するために、裁判所または裁判長が監視や適切な処置を行うこと。訴訟のすべてを当事者に任せてしまうと、迅速で公正な訴訟が行われることを必ずしも担保できないために認められている。たとえば、期日の指定や口頭弁論の指揮などが裁判所・裁判長に認められている。

■ 訴訟承継
[そしょうしょうけい]

訴訟係属中に当事者が死亡したり、係争の対象となっているものが譲渡されたりして、本来の当事者に交代が起きたときに、それを訴訟に反映させる手続。新当事者は、旧当事者の訴訟状態をそのまま受け継ぐことになる。訴訟承継には、法律上当然に当事者の交代が発生する当然承継と、訴訟物の譲渡による承継である参加承継・引受承継とがある。たとえば、当事者が訴訟係属中に死亡した場合、当然に当事者は承継によって変更される（当然承継）。これに対して、参加承継・引受承継では、たとえば債権譲渡などによって譲渡を受けた者（譲受人）が訴訟を承継する場合には、相手方に申し出るか、または譲受人が訴訟を承継するように、訴訟の相手方から申立てをしなければならない。

■ 訴訟条件
[そしょうじょうけん]

刑事訴訟で、公訴の提起・追行が適法・有効であるための条件のこと。起訴時に訴訟条件が欠如している場合や審理の途中でそれが欠けた場合には、裁判所は管轄違い、公訴棄却、免訴といった形式裁判で手続を打ち切る。なお、民事訴訟では、訴訟要件が訴訟条件に相当する。

■ 訴訟上の請求／訴訟物
[そしょうじょうのせいきゅう／そしょうぶつ]

訴訟上の請求とは、民事訴訟で、原告が被告に対して実現を望む法的な主張、または裁判所に対して期待する判決の内容をいう。単に請求ともいう。狭義には、原告から被告に対する権利主張のみをさして訴訟上の請求という。

訴訟物とは、原告が訴訟において、被告に対してその実現を求める権利関係のことである。訴訟物についての原告の主張を訴訟上の請求（狭義）というが、この狭義の訴訟上の請求と同義で訴訟物という語を用いる場合がある。訴訟物の具体的な内容をどのように考えるかについては、旧訴訟物理論と新訴訟物理論が対立している。

旧訴訟物理論とは、実体法上の請求権の個数に応じて訴訟物が成立しうると考える立場である。新訴訟物理論とは、実体法上の請求権によって根拠づけられる相手方から一定の給付を求める法律上の地位（受給権）が訴訟物となるとする立場

である。

たとえば、賃貸借契約の終了後に貸主が借主に対して土地の明渡しを求める際の根拠としては、所有権に基づく物権的請求権と、賃貸借契約終了に基づく債権的請求権とが考えられる。このとき、旧訴訟物理論からは訴訟物は2つ成立しうると考えられるが、新訴訟物理論では、土地の明渡しという1個の給付を求める地位を訴訟物と考えるため、訴訟物は1つとなる。この訴訟物に対する考え方の対立は、請求の併合、訴えの変更、二重起訴の禁止、申立事項の範囲、既判力の客観的範囲など、さまざまな場面に影響する。判例は、旧訴訟物理論によるとされる。

■ 訴訟上の和解
[そしょうじょうのわかい]

訴訟が係属中に、双方の当事者が、互いに自分の主張を譲り合うことで訴訟を終わらせる合意を行うことをいう。合意を調書に記載すると訴訟は終了する。和解調書は確定判決と同一の効力を有する。裁判所は、いつでも和解を試みることができ、これを和解の勧試という。簡易裁判所における起訴前の和解と、訴訟上の和解とをあわせて、裁判上の和解と呼ぶ。

■ 訴訟資料
[そしょうしりょう]

狭義では、当事者の弁論から得られた訴訟に関する資料をさす。これに対して、裁判所が証拠調べによって得た資料を証拠資料という。民事訴訟では、とくに権利の発生・変更・消滅に関する事実（主要事実）については、当事者が主張していない事実を、裁判所は判決の資料として採用してはならず（弁論主義）、当事者が主張していない事実は、訴訟資料にすることはもちろん、その事実に対する証拠調べを行うことも原則としてできない。

なお、広義では（狭義の）訴訟資料と証拠資料をあわせて訴訟資料の語が用いられる場合もある。

■ 訴訟代理権
[そしょうだいりけん]

民事訴訟で、本人に代わり、本人のために訴訟行為をする権利。訴訟代理権の存在は、書面によって相手方に通知しなければ、訴訟代理権の存在を主張することはできない。また、訴訟代理権を欠く訴訟行為は無効となる。

■ 訴訟代理人
[そしょうだいりにん]

当事者の代わりに訴訟追行をする者であり、本人の意思により選任される者をいう。特定の事件についてのみ代理権を授与される訴訟委任に基づく訴訟代理人と、実体法上本人に代わり代理権が与えられる法令上の訴訟代理人の2種類がある。前者は、弁護士による代理が、後者は、本人たる会社により選任された支配人が、その例として挙げられる。

■ 訴訟脱退
[そしょうだったい]

民事訴訟で、係属中の訴訟に訴訟参加や訴訟引受があり、第三者が新たに加入した場合に、自ら訴訟を追行する必要性がなくなった従前の当事者が、相手方の承諾を得て訴訟から脱退すること。この場合、判決の効力は脱退者にも及ぶ。

訴訟脱退は、たとえば、ある物の所有権の帰属をAとBが争っている訴訟に、Aからその物を譲り受けたと主張するCが訴訟参加した場合、Aがその譲渡を認め、訴訟を続ける必要性を感じなくなれば、Aは訴訟から脱退することができる。

■ 訴訟手続の続行命令
[そしょうてつづきのぞっこうめいれい]

中断していた民事訴訟手続を続行させる決定のこと。民事訴訟が中断していた場合に、当事者が、中断した訴訟を引き継いで訴訟を行うという申立てをしないときに、裁判所が職権で訴訟の続行を命

じる決定を下すものである。

■ 訴訟手続の中止
[そしょうてつづきのちゅうし]

民事訴訟で、裁判所または当事者が訴訟行為をすることが不可能となる事由が発生した場合に、その事由が止むまで訴訟手続を止めること。訴訟手続の中止には、天災その他の事由によって、裁判所が職務を行うことができない場合の中止と、当事者の不定期間の故障（さしさわり）によって訴訟手続を続行できない場合に、裁判所が決定で命じる中止とがある。当事者の不定期間の故障としては、天災による交通の途絶や、当事者が重病にかかった場合などが考えられる。

■ 訴訟手続の中断
[そしょうてつづきのちゅうだん]

民事訴訟で、訴訟当事者または法定代理人について、訴訟行為をする資格・能力を喪失させる事由が発生した場合に、その者またはその者に代わる者が訴訟行為をなし得る状態になるまで、訴訟手続を止めること。中断事由には、当事者の死亡、当事者である法人の合併による消滅、当事者の訴訟能力の喪失、法定代理人の死亡または代理権の消滅などがある。ただし、訴訟代理人がいる場合には、訴訟代理権は中断事由の発生によっては消滅せず、訴訟代理人は新たな当事者のために訴訟行為をすることができるから、訴訟手続は中断しない。

■ 訴訟手続の停止
[そしょうてつづきのていし]

①民事訴訟で、除斥または忌避の申立てがあったときに、申立てについての決定が確定するまで訴訟手続を進行できない状態になること。また、訴訟手続の中断と訴訟手続の中止とをあわせて訴訟手続の停止という場合がある。
②刑事訴訟で、管轄の指定・移転の請求があったとき、忌避の申立てがあったと

き、再審の請求が競合したときに、訴訟手続を進行できない状態になること。

■ 訴訟能力
[そしょうのうりょく]

訴訟の当事者として、自ら単独で有効な訴訟行為を行い、また、相手方・裁判所の訴訟行為を受けるための能力。訴訟法上の概念であり、法律行為よりも複雑な訴訟行為に関しては、民法の制限行為能力者に準じた制限規定が設けられている。

たとえば、未成年者や成年被後見人は絶対的訴訟無能力である。法定代理人の同意権は認められず、訴訟行為は原則として法定代理人によって行われる。また、被保佐人・被補助人は制限的に訴訟行為が認められている（制限的訴訟無能力者）が、一般的な法律行為とは異なり、保佐人・補助人あるいは家庭裁判所からの包括的な同意や許可が必要であり、その同意や許可について書面による証明が必要である。なお、和解などの重要な訴訟行為については、個別に同意や許可が必要とされる。

また、刑事訴訟では、被告人が訴訟手続を進めるのに必要な精神能力、つまり、被告人としての重要な利害を弁別し、それに従って相当な防御をする能力を欠いている場合には、訴訟無能力となる。たとえば、被告人が心神喪失の状態にあるときが挙げられ、この場合は、公判手続を停止しなければならない。

■ 訴訟判決
[そしょうはんけつ]

訴訟要件または上訴要件が欠けていることを理由として、訴えまたは上訴を不適法として却下する判決のこと。本案判決に対する語である。

■ 訴訟費用
[そしょうひよう]

一般に訴訟にかかる費用のことをいうが、法的には、「民事訴訟費用等に関する

法律」「刑事訴訟費用等に関する法律」に定められたものをいう。

民事訴訟では、訴訟費用は、裁判費用（裁判所を通じて国庫に納付する費用）と当事者費用（当事者が支出する費用）からなるが、訴訟委任による弁護士費用は含まれない。訴訟費用は、原則として敗訴者が負担する。

刑事訴訟では、訴訟費用には、国選弁護人の報酬、証人の旅費、日当などが含まれる。刑の言渡しがあったときは、原則として被告人に訴訟費用の全部または一部を負担させる。

■ 訴訟物
[そしょうぶつ]
☞訴訟上の請求／訴訟物

■ 訴訟要件
[そしょうようけん]

訴訟を適法に成立させ、本案判決を行うために備わるべき要件をいう。主に、民事訴訟において用いられる言葉である。刑事訴訟では、一般に訴訟条件と呼ばれている。

訴訟要件には、たとえば、訴えの提起が適法になされたこと、当事者が当事者能力を持つこと、裁判所が管轄権を持つこと、二重起訴の禁止に触れないことなどがある。訴訟要件を欠く訴えには、却下判決がなされる。本来当事者が求める実体判断はいまだ示されておらず、門前払い判決と呼ばれることがある。

■ 租税回避行為
[そぜいかいひこうい]

税負担の軽減または排除を目的として、税法上問題ないが取引一般上不自然な法形式を採用し、税負担を軽減・排除する行為。租税回避行為は、課税要件を満たしている事実を故意に隠蔽する脱税行為と異なり、課税要件を満たすこと自体を回避する行為である。

租税回避行為を否認して課税する包括

的な規定はないが、同族会社に関する規定など法人税法の一般的な否認規定、タックスヘブン対策などの個別的否認規定はある。租税回避行為に対して、否認規定がない場合にも否認して課税できるか否かについては学説上争いがあるが、判例は否認規定がなければ否認して課税することはできないと考えている。

■ 租税法律主義
[そぜいほうりつしゅぎ]

租税を課すには、必ず法律の根拠がなければならず、法律に従って行わなければならないという原則。わが国の憲法は、租税法律主義に立つことを明らかにしている（憲法84条）。租税は国民に直接負担を求めるものであるから、議会を経て国民の同意を得なければならないという考え方に基づく。具体的には、納税義務者や課税対象などの課税要件が法律により定められなければならないという課税要件法定主義と、課税要件は明確でなければならないという課税要件明確主義という2つの要素が含まれていると考えられている。

■ 措置入院
[そちにゅういん]

精神上の障害のために自己や他人を傷つけるおそれがある者を、都道府県知事が精神病院または指定病院に入院させる措置。入院者の医療および保護が目的である。具体的な手続については精神保健福祉法（精神保健及び精神障害者福祉に関する法律）に規定がある。また、麻薬中毒者に対する入院措置をさして、措置入院の語が用いられる場合もある。

■ 即決裁判
[そっけつさいばん]

刑事訴訟手続で、事件が明白かつ軽微なものについて行われる簡易迅速な審判をさす。刑事手続の合理化や効率化を目的に平成16年成立の刑事訴訟法改正に

よって導入された。被疑者の同意を得て、検察官が公訴の提起と同時に即決裁判の手続の申立てを行うが、死刑または無期もしくは短期1年以上の懲役・禁錮にあたる事件については申立てができない。即決裁判の手続をするためには弁護人が必要である。そして、即決裁判は即日判決が原則であり、懲役または禁錮を言い渡すときは、刑の執行を必ず猶予しなければならない。

■ 疎明
[そめい]

裁判官が当事者の主張内容について、一応確からしいと推測できる程度の心証を抱いている状態、またはこの状態にさせるための当事者の行為をいう。対立概念は証明であり、これは合理的な疑いを差し挟む余地がない程度に真実らしいと裁判官に確信を持たせることをいう。判決の基礎となる事実以外は、疎明で足りると考えられている。民事訴訟では、疎明の際に用いる証拠は、即時に取り調べることができるものに限られている。

■ 損益計算書
[そんえきけいさんしょ]

会社の一会計年度の経営成績を表す書類のこと。つまり、一会計年度に発生したすべての収益とこれに対応するすべての費用をまとめたものである。損益計算書では最終的に、これらすべての収益と費用を差し引きした結果である純利益もしくは純損失を計算する。

■ 損益相殺
[そんえきそうさい]

債務不履行によって、債権者が損害を受けると同時に利益を受ける場合に、損害賠償額から、得た利益を控除すること。たとえば、建物の請負契約で、注文者側の事情により契約が解除された場合、請負人は得られなかった報酬に相当する額について損害賠償を請求することになる

が、請負人が仕事を免れることによって支出せずに済んだ材料費などを控除して損害額を算定するのが損益相殺の考え方である。

なお、いかなる場合に損益相殺が認められるかは争いのあるところである。たとえば、交通事故により被害者が死亡した場合、被害者の生活費は損益相殺として控除されると考えられている。しかし、遺族が受け取った生命保険金については、判例は、すでに支払った保険料の対価の性質を持つとして、損益相殺を認めていない。

■ 損害賠償
[そんがいばいしょう]

違法な行為により他人に損害を与えた場合に、その損害を金銭等で塡補して、損害がなかった状態に回復させること。例として、債務不履行による損害賠償、不法行為による損害賠償がある。損害賠償の方法は、金銭賠償を原則とする。

■ 損害賠償額の予定／賠償額の予定
[そんがいばいしょうがくのよてい／ばいしょうがくのよてい]

契約の相手方が債務不履行に陥ることに備えて、あらかじめ、債務不履行になった場合に債務者が債権者に支払う賠償額を定めておくこと。単に、賠償額の予定とも呼ばれている。損害賠償額の予定に関する取り決めがあると、実際に債務不履行があった場合に、債権者は、債務不履行があった事実を立証するだけで、定めておいた賠償額を請求することができる。損害の発生や損害額を立証しなくてもよいという利点がある。また、債務者も、取り決めた額以上の損害賠償の請求を受けないことが保障される。

なお、損害賠償額の予定がある場合には、暴利行為（民法90条違反）などを理由とするときを除いて、裁判所は、当事者間で定めた賠償額を増減することがで

きないとされている。

損害賠償者の代位
[そんがいばいしょうしゃのだいい]

債務者が、損害賠償として、債権者に債権の目的物や権利の価額すべてを支払った場合には、その物や権利について、債務者が債権者に代わり権利を取得すること。たとえば、Bの動産を預かっていたAがその動産を紛失したため、AがBに対し、その動産の価額に相当する金銭を支払ったとする。その後、その動産が発見された場合、動産の所有権はBではなくAに帰属する。

損害賠償予定の禁止／賠償予定の禁止
[そんがいばいしょうよていのきんし／ばいしょうよていのきんし]

労働契約の締結に際し、労働者による債務不履行の場合の違約金や、損害賠償額をあらかじめ定めることを禁止すること。単に、賠償予定の禁止とも呼ばれる。労働者による債務不履行とは、主に中途退社のことをさす。中途退社等に対して違約金などが課されると、労働者の退職の自由が制限される。このため、労働基準法により、そのような定めが禁止された。もっとも、実際に労働者が使用者に損害を与えた場合に、労働者にその損害を事後的に賠償させることは可能である。

損害保険
[そんがいほけん]

偶然に一定の事故が起こることで生じる損害を埋め合わせるための保険のこと。損害額によって保険金の支払額が変わる実損払方式が中心で、この点で一定額が支払われる生命保険とは異なる保険に分類される。個人向けの自動車保険や旅行保険、法人向けの賠償責任保険や貨物・運送の保険などがある。一般的には任意に契約するが、自賠責保険のような強制保険も存在する。

尊厳死
[そんげんし]

過剰な延命措置をせず、人間の尊厳を保ちながら死を迎えること。回復の見込みがないと診断され、死期が近づいている場合に、延命措置を拒否し、苦痛を和らげるための緩和医療のみを行い、自分の意思によってできるだけ自然に安らかな死を迎えたいという患者の意思を尊重するものである。医師による薬物投与などの積極的な医療行為によって死を迎える安楽死とは異なる。現在、医師が法的責任を問われないといった内容の法制化が検討されている。

損失補償
[そんしつほしょう]

適法な公権力の行使により、特定の者に財産上の特別の損失が生じた場合に、その損害を填補すること。憲法29条3項は、私有財産が公共のために用いられる場合には、正当な補償が与えられなければならないと規定している。土地収用に対する補償などがこれに当たる。

尊属／卑属
[そんぞく／ひぞく]

尊属とは、血縁関係にある親族のうち、自分よりも前の世代の者のこと。これに対して卑属とは、自分自身よりも後の世代にある者のことをいう。たとえば、尊属の例として、父母、祖父母、おじ、おばなどが挙げられる。これに対して卑属は、たとえば、子どもや孫が当たる。また、尊属、卑属ともに、祖父母や子・孫などの血縁関係が縦につながっている直系と、おじやおばなど共通の祖先から枝分かれした傍系の区別がある。

尊属に対する罪
[そんぞくにたいするつみ]

父母など自分より上の世代に対する犯罪行為に対する加重犯罪類型。平成7年の刑法改正においてすべて削除された。

た

■ 代位
[だいい]

　他人の権利をその人の代わりに行使したり（債権者代位）、他人の権利を取得する（損害賠償による代位）など、一定の理由に基づいて、ある人の法律上の地位に他人が代わることをいう。

■ 代位原因
[だいいげんいん]

　本来の権利者に代わって、別の者がその権利を行使する場合（代位）に、別の者が権利を行使することができる法律上の原因のこと。

　法律において代位が規定されている場面は数多く存在するが、一般に、自己の他の権利を保全する必要があることが代位原因になっていることが多い。

　たとえば、債権者代位権が挙げられる。債権者Aが債務者Bに対して100万円を貸していたが、BはC（第三債務者）に対する80万円の債権以外に、とくに財産を持っていないとする。このとき、BがCに対する債権を行使しなければ、Aの債権を保全することが困難であることが代位原因となり、AはBのCに対する債権を、Bに代わって行使することができる。

　また、不動産登記法では、本来の申請人に代わり別の者が登記を行う場合には、登記に代位原因の記載が要求されている。たとえば、DがEに対して売却した土地について、さらにEからFが買い受けたとする。このとき、DE間の売買契約に基づく移転登記が行われていない場合に、Fが、所有権移転登記請求権を代位原因として、DE間の移転登記を行うことができる。

■ 代位責任
[だいいせきにん]

　不法行為に基づく損害賠償責任に関して、他人の行為についての責任について、その行為者以外の者が代わって賠償することをさす。本来、不法行為責任は自己の行為から生じた損害を賠償する責任（自己責任）であることが原則であるため、代位責任は例外的に認められる責任である。代位責任を定めた例として、未成年者など責任無能力者の行為に対する監督義務者の責任、被用者の行為に対する使用者の責任、そして、公務員の不法行為に関して国または地方公共団体が負担する国家賠償責任などが例として挙げられる。

■ 代位登記
[だいいとうき]

　債務者が所有する不動産などについての登記を、債権者が債務者に代わって行うこと。たとえば、BがAから不動産を購入した後、AからBへの所有権移転登記をしない間に、Bの債権者CがBの財産を差し押さえた場合、Cが、Bに代わって、AからBへの所有権移転登記の手続を申請できる。

■ 代位弁済／弁済による代位
[だいいべんさい／べんさいによるだいい]

　債務者以外の第三者が債務の弁済を行うこと。この意味では第三者弁済と同義であり、代位弁済の言葉はこの意味で用いられることも多い。債務の性質が第三者弁済を許さない場合や、当事者が第三者による弁済を禁じた場合などは、第三者が弁済を行うことはできない。

　また、有効に弁済をした第三者が取得する債務者への求償権を確保するため、求償権の範囲内において債権者に代位するという意味で、代位弁済の言葉が用いられる場合もある。弁済による代位の言葉は、この意味で用いるのが一般的である。「債権者に代位する」とは、本来は消

減するはずの債権者の権利（原債権）が弁済者に移転して、弁済者が原債権を行使することができるのをさす。

弁済による代位は、法定代位と任意代位に分類される。保証人、連帯債務者、物上保証人など、弁済をするについて正当な利益がある第三者が弁済をした場合には、法定代位が生じるのに対して、弁済をするについて正当な利益のない人が弁済をした場合には、任意代位が生じる。任意代位の場合は、債権譲渡の対抗要件を備えなければ、債権者に代位したのを債務者や第三者に対抗できない。しかし、法定代位の場合は、このような対抗要件を備えなくても、当然に債権者に代位したのを債務者や第三者に対抗できる。なお、平成29年の民法改正により、任意代位について債権者の承諾が不要になった。

☞債権譲渡の対抗要件

■ 大会社
[だいがいしゃ]

資本金5億円以上または負債総額が200億円以上の株式会社のこと。会社法は大会社に関して、機関等について特別の規定を設けている。大会社は、会計監査人が必置機関である。大量の計算書類をチェックし、債権者保護を図る趣旨である。また、公開会社である場合には、監査役会を設けなければならない。もっとも、指名委員会等設置会社では監査委員会が、そして、監査等委員会設置会社では監査等委員会が監査役会の業務を行うため、監査役会を設置できない。

■ 大学の自治
[だいがくのじち]

大学が構成員の意思によって自主的に運営されること。学問の自由と大学の自治は密接不可分であることから、憲法23条によって保障されるものであり、学問の自由を保障するための制度的保障であると考えられている。具体的な内容とし

ては、学長・教授その他の人事の自治、施設・学生の管理の自治が認められている。

とくに問題となったのは、警備公安活動のために警察官が大学構内に立ち入る場合の警察権との調整である。判例は、学生団体の活動について、警察官が大学構内で警備公安活動を行っていた場合に、学生団体が政治的社会的活動をする団体であるため、専ら治安目的であることを重視して、警察官の立入りが許されると判断した。学問的活動であるのか、政治・社会的活動であるのかという区別が困難であるにもかかわらず、治安目的の警察官の立入りを容易に認めたことに対しては、学説からの批判が強い。

■ 代価弁済
[だいかべんさい]

抵当権が付された不動産について、所有権・地上権を買い受けた第三者が、抵当権者の請求に応じて代価を弁済すれば、抵当権がその第三者のために消滅すること。代価弁済の趣旨は、抵当権の実行によってその地位が覆されるおそれがある第三者を保護することにある。仮に、買受人が支払った対価が債権額に満たなくても、抵当権は消滅する。もっともこの場合、抵当権者は残額について権利を失うわけではなく、一般債権者（担保物権を持たない債権者）として権利を行使することができる。

■ 待期期間
[たいききかん]

社会保険において保険事故（保険金の支払原因となる事故などの一定の事実）が生じてから、実際に給付が行われるまでの一定の期間のこと。待期期間内に、事故の軽重や受給資格の有無などを確認し、不正受給を防ぐために設けられた。たとえば、雇用保険の基本手当ては7日、労災保険の休業補償給付や健康保険の傷病手当金については3日というように、保険

の種類に応じて、異なる期間が定められている。

■ 大規模な災害の被災地における借地借家に関する特別措置法
[だいきぼなさいがいのひさいちにおけるしゃくちしゃっかにかんするとくべつそちほう]

☞被災地借地借家特措法

■ 代休
[だいきゅう]

法定休日に労働させた場合に、その後の特定の労働日の労働義務を免除すること。使用者は、代休を与えるかどうかにかかわらず、割増賃金（通常賃金の35％以上）を支払わなければならない。代休を与えるかどうかは、使用者の自由である。この点、労働日と休日をあらかじめ入れ替える振替休日とは異なる。事前に振替休日を設定した場合、使用者は割増賃金を支払う必要がない。

■ 代決
[だいけつ]

行政庁が内部的な措置として、補助機関に決裁などの事務処理を行わせること。ただし、外部に対する表示は、行政庁の名で行われることから、内部的委任と呼ばれることもある。

■ 対向犯
[たいこうはん]

犯罪の構成要件として2名以上の者の互いに対向する行為が必要な犯罪をさす。必要的共犯の一種である。対向犯はさらに3つの類型に区別される。1つ目は、関与した者について同一の犯罪が成立する場合。たとえば重婚罪が挙げられる。2つ目は、関与者について別々の犯罪が成立する場合。例として賄賂罪が挙げられる。つまり、賄賂を贈った者には贈賄罪が成立し、受けた者については収賄罪が成立する。そして3つ目は、対向者の一方のみが処罰される場合。たとえば、わ

いせつ物頒布罪では、販売者は処罰されるが、購入者は処罰規定が存在しないため、不可罰となる。

■ 対抗要件
[たいこうようけん]

法律上の権利を第三者に主張するために必要とされる要件のこと。たとえば、不動産の売買契約の場合、買主は、当事者である売主には対抗要件がなくても所有権の取得を主張できるが、これを第三者に主張するためには、対抗要件として不動産の登記を取得する必要がある（民法177条）。その他、動産の対抗要件としては引渡しが必要とされ（同法178条）、債権譲渡の対抗要件としては譲渡人から債務者への通知または債務者からの承諾が必要とされる（同法467条）。

■ 対抗力
[たいこうりょく]

権利を第三者に主張することができる効力のこと。たとえば、不動産の物権変動は、登記により対抗力を得る（民法177条）。

■ 待婚期間
[たいこんきかん]

☞再婚禁止期間／待婚期間

■ 第三債務者
[だいさんさいむしゃ]

債務者の債務者。たとえば、AがBに対して貸金返還請求権を持っているときに、BがCに対して売掛金債権を持っているのであれば、AにとってCは第三債務者に当たる。債権者代位権（民法423条）として、上記BのCに対する債権をAが代位して行使することが認められる場合がある。

■ 第三者
[だいさんしゃ]

ある法律関係の当事者以外の者。たとえば、意思表示を行う者とそれを受領する者以外の者は、第三者である。もっとも、民法177条は、不動産の物権変動を

第三者に対抗するためには登記が必要であるとしているが、ここでいう第三者は、登記の欠缺を主張する正当な利益を有する者に限定されている。また、不動産が二重に売買された場合に、第1買主に対して嫌がらせなどの目的で取引に入った第2買主などは、背信的悪意者として第三者から除かれる。このように、当事者以外のすべての者が第三者に当たるとは限らず、個別の検討が必要となる。

■ 第三者異議の訴え
[だいさんしゃいぎのうったえ]

強制執行が行われている場合に、ある財産が強制執行の対象となる責任財産に該当しないと主張して、強制執行を排除するための訴え。たとえば、登記名義はBの建物だが、実際はCの所有物である場合に、Bの責任財産に強制執行が行われると、上記建物にも強制執行の効力が及んでしまう。この場合に、強制執行の効力を排除するためにCが提起できるのが、第三者異議の訴えである。

■ 第三者供賄罪
[だいさんしゃきょうわいざい]

公務員が、担当する職務に関し依頼を受けて、第三者に賄賂を提供させるか、またはその要求・約束をする罪。公務員自らが賄賂を受け取るのではなく、第三者が受け取る点に特徴がある。第三者とは、公務員以外の者をさすが、その者が公務員の配偶者など、実質的には公務員自身が収受したと同視できる場合には、本罪ではなく単純収賄罪や受託収賄罪の問題となる。本罪は、公務員の職務の公正およびそれに対する社会の信頼を守るために規定された。5年以下の懲役に処せられる。

■ 第三者の訴訟参加
[だいさんしゃのそしょうさんか]

行政事件訴訟法が規定する抗告訴訟で、判決の効力が及ぶ第三者の利益を考慮して、第三者を訴訟に参加させるしくみをいう。たとえば、原発周辺の住民が原発施設の建設許可の取消しを求めて出訴した場合に、本来この訴訟の当事者ではない電力会社が訴訟に参加する場合などが挙げられる。

また、民事訴訟では、当事者以外の第三者が自己の権利や利益を守るために、訴訟に参加することを認めることをいう。たとえば、補助参加や独立当事者参加が挙げられる。

■ 第三者の訴訟担当
[だいさんしゃのそしょうたんとう]

当事者適格を持つ者に代わり、第三者が訴訟追行をすること。本来の利益帰属主体(本人)は当事者として表面にまったく出てこないため、代理とは異なる。判決効は本人に及ぶ。

法律の規定により当然に訴訟追行権を持つ法定訴訟担当と、本人の授権に基づいて訴訟追行権が与えられる任意的訴訟担当がある。たとえば、代位債権者や破産管財人、人事訴訟事件の成年後見人などは法定訴訟担当の例であり、複数の共同訴訟人の中から、統一的な訴訟行為を行う目的で選定された代表者である選定当事者などは任意的訴訟担当の例である。

■ 第三者のためにする契約
[だいさんしゃのためにするけいやく]

契約を結んでいる当事者の一方が、第三者に給付を与えることを内容とする契約のこと。たとえば、Aが自己の持っている宝石をBに売り、その代金については、BがCに対して支払うという内容の契約がこれに当たる。この場合、Aを要約者、Bを諾約者、そして、第三者であるCを受益者と呼ぶ。AがCに対して借りていた金銭を返済する代わりに、上記のような、Bと第三者のためにする契約を結ぶ例が多くみられる。

第三者弁済
[だいさんしゃべんさい]

本来の債務者に代わって第三者が債務を弁済すること。代位弁済と呼ばれることもある。たとえば、AのBに対する100万円の金銭債務を、CがAに代わって支払う場合が挙げられる。債務の性質が第三者弁済を許さない場合や、当事者が第三者による弁済を禁じた場合などを除き、第三者弁済は有効である。

ただし、弁済をするについて正当な利益がない第三者は、債権者や債務者の意思に反する弁済ができないのを原則とする（民法474条2項、3項）。これに該当する場合、債権者は第三者による弁済の受領を拒絶できる。一方、保証人、連帯債務者、物上保証人など、弁済をするについて正当な利益がある第三者は、債務者や債権者の意思に反しても弁済ができる。これに該当する場合、債権者は第三者による弁済の受領を拒絶できない。

上記の例で、Cが自身の建物をAのBに対する債務の担保として提供している物上保証人である場合には、Cが正当な利益がある第三者に該当するので、AやBの意思にかかわらず、有効に第三者弁済を行うことができる。

第三取得者
[だいさんしゅとくしゃ]

主に、担保物権が設定された後になって、その担保物権の目的物となっている物や権利について、所有権や用益物権を取得した第三者をさす。たとえば、Aが負担する1000万円の貸金債務について、債権者Bのために抵当権を設定した家屋をCが購入した場合に、このCが第三取得者に当たる。Aが貸金を返済せず、Bが抵当権を実行した場合、原則としてCは所有権を失う。そこで、第三取得者を保護するために、民法は代価弁済（民法378条）や抵当権消滅請求権（民法379条）の規定を置いて、抵当権者らと第三取得者の利害の調整を図っている。

なお、売買契約などの買主から、さらにその目的物を売買などによって取得した者をさして第三取得者の語が用いられることもある。

胎児
[たいじ]

母体内で受精・着床した後、いまだ出産を経ていない子のこと。民法では、母体から胎児が全部露出した段階で出生となる。胎児の段階では権利能力を有しないが、例外的に、不法行為に基づく損害賠償請求、相続、遺贈については、すでに生まれたものとみなされる。なお、刑法上は、母体から胎児が一部でも露出した段階で出生となる。

胎児傷害
[たいじしょうがい]

妊婦に危害が加えられたため、胎児が母体内で傷害を負い、その傷害が出生後も残った場合をいう。胎児性水俣病などの例がある。

傷害罪の客体は人でなければならない。しかし、刑法上、胎児は人ではないため、胎児が傷害を負っても傷害罪は成立しない。また、堕胎とは、胎児を母体内で殺すか、または自然の分娩期に先立って人工的に胎児を母体内から分離することをいうため、堕胎罪にも該当しない。そのため、胎児傷害がいかなる罪に問われるのかが問題となる。判例は、胎児は母体の一部であるとして、母体を客体とした傷害罪または過失傷害罪が成立するとする。

代執行
[だいしっこう]

他人が代わってすることができる代替的作為義務について、義務者が履行しないときに、行政庁が自ら行いまたは第三者に行わせて、その費用を義務者から徴収する制度のこと。行政上の強制執行の

一種である。違法建築建物を取り壊した
り、道路上の不法占有物を撤去したりす
る場合に行われる。

■ 大赦
[たいしゃ]

特定の犯罪者全体について、一般的に
刑罰権を消滅させること。行政権が刑罰
権の全部または一部を消滅させる恩赦の
一種である。政令で罪の種類を定めるこ
とによって行われる。すでに有罪が言い
渡されていた者に対しては、言渡しの効
力が失われ、まだ有罪の言渡しを受けて
いない者については、刑事訴訟手続を行
う検察官の権限が消滅する（公訴権の消
滅）。現在公訴係属中の者は、免訴を言い
渡されることになっており、現在服役中
の者については、釈放されることになる。

■ 退社
[たいしゃ]

持分会社の社員が社員の地位を失うこ
と。退社事由としては、法定のものとし
て、定款で定めた事由の発生、総社員の
同意、後見開始の審判を受けたこと、除
名などがあるが（法定退社）、社員が任意
で退社することもできる（任意退社）。な
お、株式会社では退社は認められず、社
員（株主）が社員の地位を離脱するには、
その地位（株式）を譲渡するしかない。

■ 貸借対照表
[たいしゃくたいしょうひょう]

一定の時期における資産、負債、純資
産の状況を表す書類で、財務諸表のひと
つ。「一定の時期」とは、一事業年度の終
了日時点のほか、会社設立時や解散、破
産時などがある。また、事業活動で調達
した事業資金をどのような形で保有して
いるかを表しているのが資産であり、事
業資金はそもそもどのようにして調達し
てきたのかを表しているのが負債や純資
産である。

■ 代襲相続
[だいしゅうそうぞく]

本来、相続人になるはずの者の子が、そ
の者に代わって相続することを認める制
度のこと。相続が開始する時点で、本来
相続人になるはずの者がすでに死亡して
いた場合や、相続欠格や廃除事由に該当
し、相続人になることができない場合に
認められる。たとえば、親よりも子が先
に死亡していた場合に、親の財産をその
者の子（孫）が相続する場合である。

■ 代償請求権
[だいしょうせいきゅうけん]

履行不能の場合に、債権者が債務者に
対して、債務者が取得した債権の目的物
に代わる権利・利益を移転することを要
求する権利。履行不能の原因と債務者が
権利・利益を得た原因が同じである場合
に認められる。たとえば、建物の賃貸借
契約の期間中に、隣家からの延焼によっ
て建物が焼失した事案で、賃貸人が火災
保険金を受け取っていた場合が挙げられ
る。火災により賃貸人の賃借人に対する
建物返還義務は履行不能になる一方で、
賃貸人は火災保険金請求権という権利を
得ている。この場合、賃借人は、建物返
還義務の履行不能の代償として、賃貸人
に対して火災保険金請求権の移転を請求
できる。従来から代償請求権は判例法理
として認められていたが、平成29年の民
法改正によって明文化された（民法422条
の2）。

■ 退職勧奨
[たいしょくかんしょう]

退職する意思のない労働者に退職の誘
引をすること。労働者がこの誘引に従っ
て退職をすると、解雇には該当せず、労
働者の自発的な退職となる。通常は、退
職金を増額する、退職後の再就職先の世
話をするなど、退職に応じた見返りが提
示される。会社が経営不振に陥り、人件

費の削減を迫られた場合、比較的穏やかな人員削減の手段としてよく利用される。社会通念上の限度を超えた退職勧奨は退職強要となる。

■ 退職強要
[たいしょくきょうよう]

退職する意思のない労働者を強引に退職させようとすること。退職の勧奨を拒否した労働者に対して、たとえば、仕事を与えない、まったく畑違いの部署に異動させる、正当な理由なく遠方の事業所に転勤させるなどによって、自発的な退職に追い込むこと。退職強要の程度があまりにも悪質である場合には、不法行為となり、損害賠償（慰謝料）の支払いが命じられることもある。

■ 退職金
[たいしょくきん]

退職した労働者に対して支払われる金銭のこと。退職金は法律上の支払義務があるわけではなく、退職金を支払うか否かは使用者が選択できる。ただし、退職金の支給を就業規則で定めた場合には、使用者にその支払義務が生じる。日本では、終身雇用制度の下、長期勤務を奨励する役割を長年果たしてきたが、最近では、退職金を廃止する企業や、賃金の一部を将来の退職金として積み立てておくか、または現在の給料に上乗せして支払いを受けるのかなどを労働者に選択させる企業が増えている。

■ 大審院
[だいしんいん]

大日本帝国憲法下における終審裁判所のこと。現在の最高裁判所に相当する。大審院の判決は現在でも一定の意味を有している。たとえば、控訴審の判決（抗告の場合は決定、命令）について、最高裁判所の判例がなく、大審院の判例に反するときには、民事訴訟法では上告受理の申立て、許可抗告の対象となり、刑事訴訟

法では上告申立理由となる。

■ 対世効
[たいせいこう]

判決の効力が、その範囲を特定することなく、広く第三者に及ぶこと。判決の効力は、当事者やその承継人などに及ぶことを原則とするが、人事法律関係や団体法律関係などの法律関係の安定の要請が強い訴訟では、第三者に判決の効力が及ぶ旨の規定が置かれている場合が多い。

■ 大選挙区
[だいせんきょく]

議員を選出するための単位となる地域区画で、議員定数が2名以上の選挙区。投票は個人名で1票を投票し、得票順に定数分まで当選する。少数勢力でも議席を確保でき、死票が比較的少ないといった長所がある一方、政策よりも個人中心の選挙になりやすいといった短所もある。わが国の衆議院議員選挙で採用されていた1つの選挙区から3〜5名を選出する中選挙区は、理論的には大選挙区の一種である。

■ 代替執行
[だいたいしっこう]

強制執行の方法のひとつで、代替的作為義務の内容の実現のため、債務者の費用で、第三者にこれをさせること。または不作為義務の内容の実現のため、債務者の費用で、債務者がした行為の結果を除去、もしくは将来のため適当な処分をすること。代替執行の際には、作為等に必要な費用についても強制執行をすることができる。

■ 代替的作為義務
[だいたいてきさくいぎむ]

債務者以外の他人が代わってすることのできる行為を内容とする義務のこと。代替的作為義務については、代替執行の方法によって債務の内容を強制的に実現することができる。

た行

■ 代替物・不代替物
[だいたいぶつ・ふだいたいぶつ]

代替物とは、大量生産品のように、物の性質上、他の物で代替することが可能なものをいう。

不代替物とは、取引上、その物の個性が重視され、他の物で代えることができないものをいう。

代替物・不代替物の区別は、取引当事者の意思によらず、物の客観的性質によって決まる点に特徴がある。これに対し、特定物・不特定物の区別は、取引当事者が物の個性に着目したか否かで決まる。

■ 代諾養子
[だいだくようし]

法定代理人の承諾により養子とされた者をいう。15歳未満の者に限定される。15歳未満の者は意思能力に乏しいため、本人の意思によるのではなく、常に法定代理人が本人に代わり、縁組の合意をなすべきであることから制度化された。

■ 代諾離縁
[だいだくりえん]

養子が15歳未満である場合に、養子の離縁後に法定代理人となるべき者が養親と協議して離縁すること。また、裁判離縁による場合にも、養子の離縁後に法定代理人となるべき者が訴えを提起し、または訴えの相手方となることができる。

■ 代担保
[だいたんぼ]

留置権が成立している場合に、債務者が留置権を消滅させるために提供する担保のこと。たとえば、腕時計を修理に出した場合、留置権が成立し、修理代金を支払うまでは腕時計の返還を請求できないが、代わりの担保（代担保）を提供することで留置権を消滅させることができる。代担保は、被担保債権額に比べて過大な価値の物が留置されているような場合に実益がある。

■ 大統領制／首長制
[だいとうりょうせい／しゅちょうせい]

国民が選出した大統領が国家元首として国家を対外的に代表する政治体制。首長制ともいう。厳格な三権分立を採用したアメリカ型の大統領制と、フランスやロシアなどの大統領制と議院内閣制の折衷型である半大統領制とに分けられる。内閣が議会の信任により構成される議院内閣制と対比される。大統領は存在するが、議会によって選出され、ほとんど権限がないドイツのような政治体制は、ここでいう大統領制には分類されない。なお、わが国の地方自治体においては、住民が選出した都道府県知事や市町村長などの長が置かれ、大統領制に類似した制度が採られている。

■ 大日本帝国憲法
[だいにっぽんていこくけんぽう]

日本初の近代的な憲法典。明治22年2月11日に公布され、翌23年11月29日に施行された。明治憲法とも呼ばれる。近代的な立憲主義に基づく憲法であるといっても、天皇の大権を認めており君主制の特色がきわめて強い。それは、主権者である天皇の地位は、神の意志に基づくため、立法・行政・司法という国家の作用すべてを天皇が治めるという、統治権の総攬者という地位に表れているといわれている。国民の権利・自由を保障しており、民主的な要素も盛り込んでいるが、「法律の範囲内」で限定して認められた「臣民権」にすぎず、日本国憲法のように、生まれながらにして持っている、侵すことのできない権利としての基本的人権が保障されているわけではない。

■ 滞納処分
[たいのうしょぶん]

法人税や所得税などの国税および地方税について、納付すべき期限までに納付がなされない場合に、納税義務者の財産

を強制的に差し押さえて処分すること。差し押さえた財産は公売され、その売却代金で未納付額が精算される。

■ 代表権

[だいひょうけん]

団体などの代表として対外的に裁判上または裁判外の行為をする権限のこと。代表権を有する者の行為は、当該団体そのものの行為と評価される。

■ 代表執行役

[だいひょうしっこうやく]

指名委員会等設置会社で、会社の業務に関する一切の裁判上・裁判外の行為をする権限を有する者。指名委員会等設置会社を代表する機関であり、その必要的機関である。代表執行役は、執行役の中から取締役会によって選任されるが、執行役が1人のときは、その者が当然に代表執行役となる。代表権の範囲などについては、一般の会社の代表取締役の規定が準用され、代表執行役は、会社の業務に関する一切の裁判上または裁判外の行為をする権限を有し、権限に加えた制限は、権限に制限があることを知らない（善意）第三者に対抗することができない。

■ 代表取締役

[だいひょうとりしまりやく]

株式会社の業務を執行し、対外的に会社を代表する取締役のこと。一般には任意設置の機関であるが、取締役会設置会社では必要的設置機関である。代表取締役の権限は、株式会社の業務に関する一切の裁判上または裁判外の行為に及ぶ。

■ 代表民主制

[だいひょうみんしゅせい]

☞間接民主制／代表民主制

■ 代物請求

[だいぶつせいきゅう]

売買契約などで、給付を受けた目的物に欠陥などがあった場合に、それに代わる物（代替物）の給付を請求すること。給付の目的物が不特定物の場合は、欠陥などのある物の給付では債務の本旨に従った履行とならないため、給付義務は消滅せず、債権者は代物請求が可能である。反対に、給付の目的物が特定物の場合は、かつての民法下における判例は、特定物を現状のまま給付することで債務の本旨に従った履行が完了したことになり、代物請求はできないとする見解（法定責任説）を基本にしていると考えられていた。この見解に対して、債務不履行の一般原則により、債権者には欠陥などのない特定物の給付を請求する権利があり、債務の本旨に従った履行が完了していなければ、特定物についても代物請求が認められるとする見解（債務不履行責任説・契約責任説）も有力に主張されていた。

もっとも、平成29年成立の民法改正によって創設された契約不適合責任は、債務不履行責任の一種であって、これが不特定物・特定物を問わず適用されることになった結果、特定物の給付についても追完請求権のひとつとして代物請求が可能になった。

■ 代物弁済

[だいぶつべんさい]

本来の給付に代えて他の給付をすることにより債権を消滅させること。たとえば、借主が100万円の借金の返済の代わりに自動車1台を貸主に給付し、それをもって借金を返済したことにする場合である。かつては代物弁済が要物契約であると考えられていたが、平成29年の民法改正により、諾成契約であることが明確にされた（民法482条）。ただし、当事者の合意だけでは債権が消滅せず、現実の代物の給付があってはじめて債権が消滅することになる。

契約自由の原則から、本来の給付と代物の給付は金銭的価値が同等である必要はなく、当事者間で自由に決定できると

いう特色がある。

■ 対物防衛
[たいぶつぼうえい]

　他人の物や他人が飼育している動物による侵害行為に対して反撃行為をすること。刑法上、「急迫不正の侵害」は人の行為に限られるとして、正当防衛は成立せず、緊急避難が成立しうるのみであるとする説と、物や動物による侵害も「急迫不正の侵害」に当たるとして、正当防衛が成立しうるとする説が対立している。

　正当防衛は成立しないとする説も、飼主が飼犬をけしかけたような場合には、飼主による侵害と評価して正当防衛の成立を認める。なお、民法上は、「他人の物から生じた」急迫の危難を避けるためにその物を損傷した場合は、緊急避難となる。

■ 逮捕
[たいほ]

①刑事訴訟法上、被疑者の身体の自由を拘束し、引き続き短時間その拘束を継続すること。逮捕には、通常逮捕、現行犯逮捕、緊急逮捕がある。通常逮捕とは、逮捕状による逮捕である。現行犯逮捕とは、現行犯人を逮捕することであり、この場合、逮捕状は不要である。緊急逮捕とは、犯罪の重大性、嫌疑の十分性、緊急性を要件に、理由を告げて被疑者を逮捕することである。この場合、逮捕後直ちに裁判官に逮捕状を求める手続をとらなければならない。なお、緊急逮捕の法的性格については、逮捕状による逮捕、または現行犯逮捕の一種であるとする説や、そもそも緊急逮捕は違憲であるとする説などが対立している。

②刑法上は、人の身体を拘束して自由を奪うことである。不法な逮捕は、逮捕罪を構成する。

■ 大法廷／小法廷
[だいほうてい／しょうほうてい]

　大法廷とは、最高裁判所の審理および裁判において、すべての裁判官（15名）によって構成される合議体をいう。小法廷とは、最高裁判所において、5人の裁判官で構成される合議体である。法律で大法廷で取り扱わなければならないと定められているものは3つある。ⓐ当事者の主張に基づいて、法律、命令、規則または処分が憲法に適合するかしないかを判断するとき（前に大法廷でした憲法に適合するとの裁判と同じであるときを除く）、ⓑその他の場合で法律等が憲法に適合しないと認めるとき、ⓒ前に最高裁判所のした裁判に反する判断をするときである。

■ 逮捕監禁罪
[たいほかんきんざい]

　不法に人を逮捕または監禁する罪。3月以上7年以下の懲役に処せられる。逮捕監禁によって死傷の結果が発生した場合には、傷害の罪と比べて重い刑が科される。保護法益は、人の身体活動の自由である。逮捕とは、直接的・強制的に移動の自由を奪うことをさす。たとえば羽交い締めや縄で縛りつける行為などが挙げられるが、多少の時間的継続が必要であると考えられている。監禁とは、一定の場所から脱出できないようにすることをさす。室内に閉じ込める必要はなく、下車できないよう疾走させた自動車に乗せておくことでも成立する。

■ 逮捕許諾請求
[たいほきょだくせいきゅう]

　議院に対して国会議員逮捕の許諾を求める請求のこと。憲法50条は、国会会期中、国会議員は法律の定める場合を除いては逮捕されず、会期前に逮捕された議員は、その議院の要求があれば、会期中これを釈放しなければならないと定めている（不逮捕特権）。この「法律の定める場合」のひとつが、所属する議院の許諾があった場合であり（国会法33条）、この許諾を求める請求が逮捕許諾請求である。

なお、国会法は、院外における現行犯の場合にも国会議員の逮捕を認める（同法同条）。

■ 逮捕・勾留の一回性の原則
［たいほ・こうりゅうのいっかいせいのげんそく］

同一の犯罪事実については、逮捕・勾留は一回しか許されないとする原則のこと。逮捕・勾留の一回性の原則は、同一の犯罪事実で同時に2個以上の逮捕・勾留をすることができないという一罪一逮捕一勾留の原則と、いったん釈放した被疑者を同一犯罪事実で再び逮捕・勾留することはできないという再逮捕・再勾留の禁止の2つの側面を有する。

■ 逮捕状
［たいほじょう］

裁判官が被疑者の逮捕を許可する令状のこと。逮捕状は、明らかに逮捕の必要がないと認められるときを除いて、被疑者が罪を犯したことを疑うに足りる相当な理由があると認められるときに発せられる。

■ 逮捕前置主義
［たいほぜんちしゅぎ］

被疑者を勾留するにあたっては、同一事実についての逮捕が先行していなければならないとする原則。逮捕をしていない被疑者をいきなり勾留することはできない。原則として、逮捕時と勾留時の2度にわたって裁判官の審査を受けることで、被疑者の拘束についての司法的抑制を徹底させる趣旨である。

■ 貸与権
［たいよけん］

著作物の複製物を公衆に貸与する権利のこと。貸レコード店の出現をきっかけに認められた権利であり、CD、雑誌、書籍などに貸与権が及ぶ。ただし、映画DVD、テレビドラマ、ゲームソフトなどの映画著作物は、頒布権（複製物を公衆に譲渡または貸与する権利）の対象となるので、貸与権の対象からは除かれる。

■ 代理
［だいり］

本人の代わりに、他人が独立して意思表示を行い、または、他者からの意思表示を受け取ることによって、本人に直接その法律行為の効果を帰属させる制度。代理が認められる根拠は、人はすべての社会活動を1人で行うことは不可能であるため、代理人の行為の効果を本人に帰属させることで、社会活動を幅広く展開することを可能にすることにある。また、幼児や制限行為能力者などの社会活動を補充する役割も担っている。

代理には、個人が必要に応じて代理人を依頼する任意代理と、法律が代理人を当然に選任する法定代理とがある。任意代理の例としては、本人Aが自己所有の土地について、不動産業を営む代理人Bに売却を依頼した場合が挙げられる。代理人Bと買主Cとの間で土地の売買契約が結ばれると、契約の効果が本人Aに帰属する。これに対して、法定代理の例としては、未成年者や成年被後見人のために、親権者や後見人などが財産管理権を行使する場合などが挙げられる。

なお、代理という用語は私法以外の場面で用いられる場合もある。たとえば、ある行政機関の権限を、他の行政機関が行使する権限の代理や、訴訟において、当事者に代わって訴訟代理人（弁護士など）が訴訟行為を追行する訴訟代理権などが挙げられる。

■ 大陸法
［たいりくほう］

☞英米法／大陸法

■ 代理権授与の表示による表見代理
［だいりけんじゅよのひょうじによるひょうけんだいり］

本人が、ある者に代理権を与えていな

いにもかかわらず、与えたと表示することで、相手方がその者に代理権がないことにつき過失がない（善意無過失）のときに、その者による代理行為の効果が本人に帰属すること。表見代理のひとつの形態である。たとえば、本人AがBとの間で土地の売買に関する代理権授与契約を結んでいないのに、Cに「土地の売買契約の関する代理権をBに授与した」と口頭で伝えたとする。その後、Bが代理人と称してCと売買契約を結び、CがBに代理権がないことにつき善意無過失のとき、BC間の売買契約の効果が本人であるAに帰属することになる。

なお、平成29年の民法改正で、代理権を与えたと表示された者が、その与えられたとされる代理権の範囲外の行為をした場合は、相手方がその者に代理権がないことにつき過失がなく、当該行為の代理権があると信ずべき正当な理由もあるときに、その者による代理行為の効果が本人に帰属することが明記された（民法109条2項）。

■ 代理権消滅後の表見代理
［だいりけんしょうめつごのひょうけんだいり］

他人に代理権を与えられた者が、代理権消滅後に、代理人として行為をした場合に、相手方が代理権の消滅を知らないことにつき過失がなければ、その者による代理行為の効果が本人に帰属すること。表見代理のひとつの形態である。代理権の消滅は内部関係で、第三者の目からは明らかでないため、代理権が存続するかのような外観を残した本人に、無権代理行為の効果を負わせる趣旨である。たとえば、中古車売却の代理権を与えられていた代理人が、本人から解任された後、持っていた本人作成の委任状を示し、代理人として中古車の売買契約を締結した場合、買主が代理権消滅を知らないことに

つき過失がなければ、中古車の売買契約の効果が本人に帰属することになる。

なお、平成29年の民法改正で、他人に代理権を与えられた者が、代理権消滅後、与えられていた代理権の範囲外の行為をした場合は、相手方が代理権の消滅を知らないことにつき過失がなく、当該行為の代理権があると信ずべき正当な理由もあるときに、その者による代理行為の効果が本人に帰属することが明記された（民法112条2項）。

■ 代理権踰越による表見代理・権限外の行為の表見代理
［だいりけんゆえつによるひょうけんだいり・けんげんがいのこういのひょうけんだいり］

代理人が、自身が持っている代理権の範囲を越えた行為について、相手方が当該行為を権限内の代理行為であると信ずべき正当な理由がある場合に、代理人とされる者による代理行為の効果が本人に帰属すること（民法110条）。表見代理のひとつの形態である。本人が一定の範囲で代理権を与えていたことから、その範囲を越えた無権代理行為の存在の原因を作り出しているといえる場合に、権限内の代理権があると信じた相手方を保護する趣旨である。たとえば、AがBに100万円を借りる代理権を与えていたが、BがAの代理人としてCとの間で300万円を借りる契約を結んだ場合、権限内の代理権がBにあると信ずべき正当な理由がCについて認められれば、BC間の契約の効果がAに帰属することになる。

■ 代理受領
［だいりじゅりょう］

債権者が債務者に融資するにあたり、債務者が第三者に対して有する債権について、債権者が債務者から取立委任を受け、債務者に代わってその債権を取り立てることによって、融資金の弁済にあて

る債権担保の方法。

債権を担保にする方法としては、債権質や債権の譲渡担保の方法があるが、代理受領は、債務者が第三者に対して有する債権が、譲渡・質入れが禁止されるものであるとき（たとえば、国や地方公共団体に対する工事請負代金債権）などに用いられる。

具体的には、代理受領は、債権者と債務者が連名で、取立てないし受領の権限を債権者のみが有することについて、第三者の承認を得ることによって行われる。この承認に反して第三者が債務者に弁済し、それによって債権者に損害が生じたときには、第三者は債権者に対して不法行為に基づく損害賠償責任を負う。

■ 代理商
[だいりしょう]

商人のためにその平常の営業の部類に属する取引の代理または媒介をする者で、その商人の使用人でないもの。この代理商のうち、代理を業とする者を締約代理商、仲介を業とするもの媒介代理商という。なお、代理商には、代理や仲介をした場合、遅滞なくその旨を会社や商人に通知する義務が課されている。また、代理商は会社などの使用人に比べて独立性が高く、代理商と会社などとの間には委任関係が成り立つ。

■ 代理占有
[だいりせんゆう]

☞間接占有／代理占有

■ 代理人
[だいりにん]

本人に代わって相手方との間で法律行為（意思表示）を行い、その法律効果を本人に取得させる者。代理人は、本人のためにすることを示して（顕名）代理行為を行わなければならないのが原則である（民法99条1項）。たとえば、本人Aが、自己所有の自動車の売却を代理人Bに依頼し、Bが第三者Cと売買契約を締結する場合、「A代理人B」という署名を行うのが原則である。代理人は、法律行為を行うにあたって、自分の意思で判断する裁量を持っており、本人が完成させた意思表示を他人に伝達するだけの使者とは異なる。

■ 対話者
[たいわしゃ]

一方当事者が発した意思表示が即座に到達する関係にある相手方のこと。意思表示が直ちに到達しない隔地者に対する語である。対話者には、直接対面している者のほか、電話で会話している者などを含む。

■ 高田事件
[たかだじけん]

最高裁昭和47年12月20日判決。Yらは、高田派出所を襲撃したとして、住居侵入罪等で起訴されたが、審理開始後しばらくして審理が中断された。そのまま15年にわたって裁判が再開されなかったため、弁護人が免訴による審理打ち切りを申し立てた。最高裁は、迅速な裁判の要請に違反する事態が起きた場合には、これを救済するための具体的な立法がなくても、憲法37条1項により被告人を直接救済できることを理由として、Yらに判決で免訴を言い渡すのが相当と判示した。

■ 瀧川事件
[たきがわじけん]

1933年、京都大学の刑法学者である瀧川幸辰教授が自由主義的な学説を紹介したところ、文部省から休職処分を受けた。これに対し、京都大学法学部の教授が一斉に辞職して抗議したが、休職処分は取り消されなかったという事件。戦後の日本国憲法では、この事件のように学問の自由が国家権力によって侵害された歴史的反省から、23条に学問の自由を置き、保障している。

■ 択一関係
[たくいつかんけい]

　法条競合の場合において、ある行為が2つの構成要件を充足するように見えるが、どちらかの構成要件が成立すれば、もうひとつの構成要件は成立しない関係にあること。たとえば、横領罪と背任罪の関係が挙げられる。特別関係として処理されることが多く、択一関係という概念が用いられることは少ない。

■ 択一的競合
[たくいつてききょうごう]

　複数の行為が競合してある結果を発生させた場合に、いずれの行為も単独で同じ結果を発生させることができる場合をいう。刑法上の因果関係が認められる前提として、条件関係の存在が必要となるが、択一的競合の場合に条件関係が認められるか否かが問題になる。

　たとえば、AとBがそれぞれ致死量の同じ毒を用意し、互いに通謀することなくCの飲み物に毒を混入させた場合が挙げられる。AとBの毒があわさることにより、Cの死期を早めた場合には、条件関係が認められることに争いはない。AとBの毒があわさっても、死期を早めずどちらの毒により死亡したのか不明な場合に択一的競合が生じる。形式的には、Aの毒入れ行為がなくてもBの毒入れ行為があるからCの死亡結果あり、といえるため、条件関係を否定し、A・Bそれぞれに殺人罪は成立しないことになるが、結論の妥当性として不合理であるとの批判が強い。有力説は、AとBの行為を一体的にとらえ、A・Bの行為がなければCの死亡結果なしと考え、条件関係を肯定する。

　なお、AとBがいずれも致死量に満たない毒を盛り、それがあわさってCが死亡した場合を、重畳的因果関係という。

■ 択一的故意
[たくいつてきこい]

　複数の客体のどれかに結果が発生することは確実であるが、どれに発生するかは不確定なものとして認識・認容している場合をいう。たとえば、行為者がピストルを発砲する際に、AとBのいずれかに弾が命中することは確実であるが、どちらに命中するかは不確定なものとして認識・認容している場合が挙げられる。

■ 諾成契約
[だくせいけいやく]

　契約の成立要件として、当事者の合意があれば足りる契約をいう。平成29年の民法改正により、書面によらない消費貸借契約を除き、民法が規定する契約は諾成契約に当たることになった。これに対して、契約成立のために物の引渡しを要する要物契約がある。

■ 諾成的消費貸借契約
[だくせいてきしょうひたいしゃくけいやく]

　金銭その他の物の受取りがなくても、当事者間の合意だけで成立する消費貸借契約のこと。民法上の消費貸借契約は、借主が同等同量の金銭その他の物を返還することを約束し、貸主から金銭やその他の物を受け取ることで成立する要物契約とするのが原則である。しかし、平成29年の民法改正により、契約書などの書面でする消費貸借契約は、合意だけで成立する諾成的消費貸借契約となることが明記された（民法587条の2）。

　たとえば、AがBに100万円を融資する契約を結び、現金は1週間後に用意するとした。Aが期日に現金を用意できなかった場合、書面によらない消費貸借契約であれば、AB間の契約は不成立となるのに対し、書面でする消費貸借契約であれば、契約自体が成立しているので、Aの債務不履行となる。

宅地

[たくち]

宅建業法上、建物が存在しているか、または、建物が建てられることを前提に取引されているような、建物の敷地に使用される土地のこと。道路、公園、河川のように、公共施設として用いられている土地は除かれる。

不動産登記事務取扱手続準則では、建物の敷地、建物の維持、建物の効用を果たすために必要な土地とされている。

定義の違いから、登記簿では宅地とされない土地であっても、宅建業法では宅地とされる場合がある。たとえば、登記簿上の土地の地目が「畑」とされている場合であっても、その土地を建物の敷地に用いる目的で取引される場合には、宅建業法上は宅地として扱われる。

宅地建物取引業

[たくちたてものとりひきぎょう]

不動産を取り扱う業種のうち、自らが宅地や建物を売買・交換する取引と、他者間の宅地や建物に関する売買・交換・賃貸を代理・媒介する取引を取り扱う業種のこと。なお、宅地建物取引業を営むには、国土交通大臣または都道府県知事の免許を受けることが必要で、さらに宅地建物取引業者の行う営業や取引行為には一定の制限や規制が定められている。

宅地建物取引士

[たくちたてものとりひきし]

不動産取引のうち、取引物件や契約内容に関する重要事項の説明（重要事項説明）、重要事項が記載された書面（重要事項説明書・35条書面）への記名押印、契約書面（37条書面）への記名押印を独占的に業務として行うことのできる資格者のこと。かつては宅地建物取引主任者と呼ばれていたが、平成26年の宅地建物取引業法改正に伴って名称が変更された。もっとも、業務内容に変動はない。

打撃の錯誤

[だげきのさくご]

☞方法の錯誤／打撃の錯誤

多重代表訴訟

[たじゅうだいひょうそしょう]

親会社の株主が、子会社取締役などの責任を追及するための訴え（特定責任追及の訴え）を提起する制度。平成26年成立の会社法改正により導入され、条文上は「最終完全親会社等の株主による特定責任追及の訴え」と呼ばれている。通常の株主代表訴訟は、その株式会社の株主でなければ訴えを提起できないが、多重代表訴訟は、その株式会社の親会社の株主（親会社の100分の1以上の議決権または株式数を持っていることが必要）が提起することができる制度である。

たとえば、株式会社Bの株式を100%持つ完全親会社Aの議決権の100分の1以上の株式を持つA社の株主Xは、B社の取締役の責任を追及することが可能になる。具体的には、A社の株主Xが、B社の取締役が負担する責任を追及する訴えを提起するようB社に請求できる。

もっとも、グループ企業の中でも大規模な完全子会社（B社）の役員等の責任のみが多重代表訴訟の対象になり、これを特定責任と呼ぶ。特定責任追及の請求後60日以内にB社が責任追及の訴えを提起しないときに、A社の株主XがB社の取締役に対して特定責任追及の訴えを提起することができる。

多衆不解散罪

[たしゅうふかいさんざい]

暴行または脅迫をするために多数人が集合し、警察官等権限のある公務員から解散命令を3回以上受けたにもかかわらず、なお解散しなかった場合に成立する罪。首謀者は3年以下の懲役または禁錮に処せられ、それ以外の者は10万円以下の罰金に処せられる。不作為によって成

立する罪（真正不作為犯）である。保護法益は、公共の静穏であると考えられている。憲法によって保障されている集会・結社の自由を規制するため、みだりに多衆不解散罪を適用することには批判が強い。騒乱罪の予備段階を処罰する犯罪であるため、実際に暴行・脅迫に及んだ場合には、騒乱罪一罪のみが成立する。

他主占有
[たしゅせんゆう]

占有者自身が所有者であるという意思を持たずまたは所有者として振るまうことなく物を占有していること。賃借人の賃借物に対する占有や、寄託契約における受寄者の預かった物に対する占有は、他主占有に該当する。

なお、他主占有者が賃貸人など自己に占有させた者に対して、以後は自己のために占有する意思表示をした場合、または、他主占有者が占有物を買い取るなどして新権原を取得した場合には、他主占有は自主占有に切り替わる。

多数代表
[たすうだいひょう]

選挙区の選挙人の多数派が、その選挙区から選出される議席のほとんどを独占することを可能とする選挙制度をさす。小選挙区制での選挙や、大選挙区であっても完全連記制（選出する議員数と同数の投票が可能な制度）での選挙が、多数代表の典型例であるといわれている。たとえば、小選挙区制は選挙区から選出される議員が1人であるが、これは選挙人の多数派がその選挙区の議席を独占した状態である。

多数代表制は、多くの死票が生まれるという問題点があるが、安定した議会勢力を作ることができるといわれている。対立概念は少数代表であり、比例代表制などが例として挙げられるが、これは選挙区の少数派からも議員が選出される余地を与える制度である。

多数当事者の債権債務関係
[たすうとうじしゃのさいけんさいむかんけい]

債権者あるいは債務者が複数存在する債権債務関係のこと。民法上の「多数当事者の債権及び債務」のこと。多数当事者の債権債務関係には、ⓐ分割債権・分割債務、ⓑ不可分債権・不可分債務、ⓒ連帯債権・連帯債務、ⓓ保証債務などがある。

堕胎罪
[だたいざい]

自然出産に先立ち、胎児を人工的に母体の外に排出し、または母体内で胎児を殺害する罪。刑法は自己堕胎罪、同意堕胎罪、業務上堕胎罪、不同意堕胎罪の4種類を規定している。

自己堕胎罪とは、妊娠中の女子が自分で堕胎を行ったときに、1年以下の懲役に処せられる罪である。同意堕胎罪とは、妊娠中の女子の依頼や同意を得て堕胎を行った場合に、2年以下の懲役に処せられる罪である。業務上堕胎罪とは、医師や助産師などが女子の依頼や同意に基づき堕胎させた場合に、3月以上5年以下の懲役に処せられる罪である。不同意堕胎罪とは、女子の依頼や承諾に基づかず堕胎させた場合に、6月以上7年以下の懲役に処せられる罪である。

保護法益は、主に胎児の生命であるが、副次的に母体の生命・身体も保護している。ただし、母体保護法が定める人工妊娠中絶として、堕胎が許される場合もある。

ただし書・但書
[ただしがき・ただしがき]

条文が2つに分かれている場合の、後段の「ただし」で始まる文章。このとき、前段の文章は、本文という。ただし書は、本文に対する除外例や、制限的・例外的条件を規定するために用いられる。

■ 立退料
[たちのきりょう]

建物や土地の賃貸借契約で、貸主が契約期間の更新を拒み、解約する場合に、貸主が、土地や建物の明渡しを条件に借主に支払う金銭。借地借家法では、貸主から土地や建物の賃貸借契約を更新しないことを申し立てる場合、または契約の更新に異議を申し立てる場合には、そのことについての正当な事由が必要とされるが、立退料はその事由の有無を判断する際の一要素とされる。

■ 脱法行為
[だっぽうこうい]

外形的には法が禁止している行為には当たらないが、実質的に法が禁じる一定の結果を実現するような行為のこと。法律の禁止を免れる目的で行われるため、実質的な内容は強行法規に違反しており、法律の規定によって無効であると定められている例も少なくない。たとえば、天引きや手数料などの名目によって事実上の高利を得る行為は、実質的には利息制限法の規制をくぐり抜けるような脱法行為であるといえるため、利息制限法は明文で、このような行為が無効であると定めている。

■ 建物買取請求権
[たてものかいとりせいきゅうけん]

借地権者または第三者が借地上の建物を時価で買い取るように地主に求める権利のこと。借地権の期間が満了して更新がなされないとき、または第三者が借地上の建物を取得したが地主が借地権の譲渡や転貸の承諾をしないときに用いられる。

建物買取請求権は形成権であり、意思表示によって当然に売買契約が成立する。建物買取請求権の制度の目的は、借地人に投下資本を回収させること、建物の取壊しから生じる国民経済的損失を防ぐこと、間接的に更新、転貸の承諾を強制す

ることにあるとされる。地主の代金支払債務と借地人の敷地明渡債務は同時履行の関係に立つ。

■ 建物譲渡特約付借地権
[たてものじょうととくやくつきしゃくちけん]

借地権の設定後30年を経過した際には、借地上の借地人の建物を土地の貸主に譲渡するという特約つきで設定される借地権のこと。借地権の存続期間が更新されない定期借地権のひとつ。このような借地権を設定した場合、貸主は、最初は土地の賃貸料収入を得る。そして、借地契約が終了して建物を譲り受けた後は、建物の賃貸人として、安定した家賃収入が得られる。主に居住用マンションの建築の際に設定される。

■ 他人の債務の弁済
[たにんのさいむのべんさい]

第三者が、本来の債務者ではないにもかかわらず、債務者の債務を自分自身が負った債務であると誤信して弁済すること。

実際には存在しない債務を弁済しており、非債弁済の一種である。そのため、原則として何ら法律上の原因なく給付を受けた債権者に対して不当利得返還請求ができるはずである。しかし、第三者の給付によって債権が消滅したと信頼して一定の行動をとってしまった債権者を保護するために、民法に不当利得返還請求が否定される場合が規定されている。つまり、債権者が証書を破棄した場合や、担保を放棄した場合などは、弁済を行った第三者から債権者に対する不当利得返還請求ができないと規定されている（民法707条1項）。

■ 他人物売買
[たにんぶつばいばい]

他人の権利（圏所有権、債権）を目的として売買契約を締結すること。民法上の「他人の権利の売買」のことである。他人

物売買も契約としては有効に成立し、売主は、目的物の権利を取得して買主に移転する義務を負う。そして、売主が権利を取得することができず、買主への権利移転の義務を果たせない場合について、かつては売主が追奪担保責任を負うとされていた。しかし、平成29年の民法改正により、売主が買主に対して契約不適合責任を負うことになった。権利移転義務を果たせないことは「売主が買主に移転した権利が契約の内容に適合しないものである場合」（民法565条）に該当する。

■ 弾劾
[だんがい]

特別に身分を保障された公務員に職務違反や非行があった場合に、当該公務員を訴追し、罷免または処罰する手続のこと。日本の弾劾制度には、裁判官の弾劾と人事官の弾劾の2つがある。裁判官の弾劾は、憲法64条に基づき裁判官弾劾法が定める弾劾裁判において、問題になっている裁判官に対して行う。人事官の弾劾は、国家公務員法9条に定める弾劾裁判であり、人事院を構成する人事官に対して最高裁判所が行う。

■ 弾劾裁判所
[だんがいさいばんしょ]

裁判官が職務上の義務に著しく違反したか、職務を甚だしく怠ったとき、または、裁判官としての威信を著しく失うべき非行があったときに、当該裁判官を罷免するか否かを決定する裁判所のこと。

裁判官はその身分が保障されており、心身の故障のために職務を執ることができないと裁判（分限裁判）によって決定された場合を除いては、公の弾劾（弾劾裁判所による裁判）によらなければ罷免されない。弾劾裁判所は、衆議院議員および参議院議員7人ずつの両議院の議員で組織される。罷免の裁判の宣告を受けた裁判官は、罷免される。

■ 弾劾主義
[だんがいしゅぎ]

刑事訴訟において、裁判所以外の者の訴追によって手続が開始され、その後の手続では、裁判所・訴追者・被告人の三者が主体となる三面構造をとるとする主義のこと。また、弾劾主義に基づいて、捜査段階での被疑者と捜査機関等が対等の当事者として公判の準備を行うという考え方を、弾劾的捜査観と呼んでいる。対立概念は糺問主義であり、弾劾的捜査観に対する言葉は、糺問的捜査観と呼ばれている。

訴追と裁判の機能を分離しない糺問主義の下では、被告人は必然的に糺問（罪を厳しく問いただすこと）の客体となり、自白強要目的で拷問などの人権侵害が行われることにつながった。このことの反省から、裁判所を公平な審判機関たらしめるために、訴追と裁判の機能を分離する弾劾主義が採用されるようになった。

■ 弾劾証拠
[だんがいしょうこ]

①刑事訴訟において、犯罪事実の存否の証明に向けられた証拠（実質証拠）の証明力を弱める働きをする証拠のこと。実質証拠の証明力に影響を及ぼす事実を証明するための証拠を補助証拠といい、そのうち証明力を弱める証拠を弾劾証拠、証明力を強める証拠を増強証拠、いったん弱められた証明力を回復する証拠を回復証拠という。たとえば、目撃証言の証明力を弱めるために、犯行時刻には周囲は薄暗い状況であったことを証明する事実は、弾劾証拠である。証拠能力が制限される伝聞例外に当たらない書面または供述であっても、弾劾証拠としては証拠とすることができる。
②民事訴訟において、要証事実（証明が必要な事実）の存否を証明する証拠（実質証拠）の証明力を弱める働きをする証拠

のこと。証人尋問等に使用する予定の証拠は、相当期間前までに提出しなければならないが、弾劾証拠として使用する証拠については、相当期間前までに提出しなくてもよい。

■ 短期消滅時効
[たんきしょうめつじこう]

平成29年の民法改正前における旧民法167条が定める原則（権利を行使できる時より10年間）より短い期間を定めた債権の消滅時効のこと。たとえば、旧民法では、職業別に1年間〜3年間の短期消滅時効を定めていた。商法では、商行為によって生じた債権について5年間の短期消滅時効を定めていた。

しかし、平成29年の民法改正により、短期消滅時効を廃止し、債権については、権利を行使できる時から10年間、または権利を行使できるのを債権者が知った時から5年間、それぞれ行使しないときに時効消滅するのを原則とした。

■ 短期賃貸借
[たんきちんたいしゃく]

樹木の栽植または伐採を目的とする山林の賃貸借は10年、それ以外の土地の賃貸借は5年、建物の賃貸借は3年、動産の賃貸借は6か月を限度とする賃貸借契約のこと。なお、処分の権限を持たない者は、賃貸借に関しては、この短期賃貸借しかすることができない。

■ 団結権
[だんけつけん]

労働者が労働者による団体を結成したり、すでに存在する団体に加入したりする権利。憲法28条によって保障されている権利であり、団体交渉権、団体行動権とともに、労働三権と呼ばれる。団体は、主として永続的な団体である労働組合を意味するが、争議行為を行うために一時的に結成される団体（争議団）も含む。使用者による団結権を侵害する行為は、不

当労働行為として禁止されている。なお、警察職員、消防職員などの一部の公務員には、団結権は保障されていない。

■ 単元株
[たんげんかぶ]

一定数以上の株式をまとめて1単元とし、1単元につき1議決権を株主に認める制度のこと。1単元に満たない株式は、単元未満株式と呼ばれ、議決権はなく、他の権利も制限される場合がある。単元株式数は、株式の種類ごとに定款で定めなければならない。単元未満株式について制限することのできる権利は、単元未満株式の買取請求権、残余財産の分配請求権などを除く権利であり、定款に定めを置くことで制限することができる。

■ 単元未満株式
[たんげんみまんかぶしき]

株式会社が単元株制度を採用している場合に、1単元に満たない株式のこと。単元未満株式を有する株主は、株主総会で議決権を行使することができない。また、会社法が規定する一定の権利を除いて、定款によって単元未満株式についての権利を制限することができる。単元未満株式を有する株主は、会社に対して単元未満株式の買取りを請求する権利を有する。また、単元未満株式を有する株主が、会社に対して、有する単元未満株式の数とあわせて単元株式数となる数の株式を売り渡すことを請求することができることを定款に定めることができる。

■ 談合罪
[だんごうざい]

公正な価格を害しまたは不正な利益を得る目的で、談合をする罪。自由競争を前提とする公の競売・入札の公正を守るために規定された。3年以下の懲役もしくは250万円以下の罰金またはこれの併科となる。「公正な価格を害する目的」とは、たとえば、談合のうえ、本来的な価

格よりも高い入札金額を入札書に記載させ、自らはそれよりも低い入札金額を記載して入札したような場合が挙げられる。

談合とは、競争に加わる者が通謀して、特定の者を落札者とするために、一定の価格以下または以上に入札しないことを協定することをいう。

■ 短時間労働者
[たんじかんろうどうしゃ]

1週間の所定労働時間が通常の労働者よりも短い労働者。パートタイム労働者とも呼ばれる。通常の労働者は、正社員など、期間の定めのない労働契約により雇用される者等で、各事業所によって所定労働時間が定められている。これに対して、短時間労働者は、この所定労働時間よりも短い時間が労働時間として定められている者をいう。短時間労働者を使用する場合、使用者に対して、雇用期間や所定労働時間により、雇用保険や健康保険・厚生年金保険に加入させる義務が生じる。

■ 短時間労働者及び有期雇用労働者の雇用管理の改善等に関する法律
[たんじかんろうどうしゃおよびゆうきこようろうどうしゃのこようかんりのかいぜんとうにかんするほうりつ]

☞パート有期労働法

■ 単純遺棄罪
[たんじゅんいきざい]

心身が衰えた高齢者、幼い子ども、身体障害や疾病のために助けを必要とする者を遺棄する罪。単純遺棄罪における遺棄とは、一般に要扶助者を場所的に移動させて（移置）、新たな危険を作り出すことをいうと考えられている。たとえば、山に乳児を捨てる行為や、屋内で寝ている病人を道路に追い出す行為などが挙げられる。本罪は、生命・身体の安全を守るために規定された。1年以下の懲役に

処せられる。

■ 単純一罪
[たんじゅんいちざい]

外形上1個の構成要件に1回該当することが明白な場合に、一罪として処理されること。たとえば、Aが、Bに対する殺意をもってBのみを殺した場合が挙げられる。対概念には、法条競合、包括一罪がある。

■ 単純収賄罪
[たんじゅんしゅうわいざい]

公務員が、担当する職務に関し、賄賂を収受・要求・約束する罪。収賄罪の基本となる類型である。賄賂とは、公務員の職務に対して支払われる不正の報酬としての利益をいう。たとえば、金銭や不動産が典型であり、債務の肩代わりや料亭での接待も、判例上賄賂に当たるとされた。5年以下の懲役に処せられる。

■ 単純承認
[たんじゅんしょうにん]

相続人が、被相続人の権利義務を全面的に承継することを承認してする相続のこと。相続人による積極的な意思表示があればもちろん単純承認がなされるが、民法は、相続財産の処分、熟慮期間の徒過、背信行為により単純承認したものとみなすことを規定する。単純承認により、相続人は、無限に被相続人の権利義務を承継する。

■ 単純逃走罪
[たんじゅんとうそうざい]

勾留状の執行により身柄拘束された被疑者・被告人や、自身に下された判決の確定により刑事施設に身柄拘束された者が逃走する罪。看守の支配する領域から脱した時点をもって、本罪は既遂となる。刑事施設内の自室から脱出したが、なお刑事施設内にとどまる場合は、行為者は看守の支配する領域内にいるため、本罪の未遂となる。本罪は、国家の拘禁作用

を守るために規定された。1年以下の懲役に処せられる。

■ 単純併合
[たんじゅんへいごう]

訴えの客観的併合の態様のひとつで、原告がとくに条件を付することなく、数個の請求を申し立てる場合のこと。選択的併合、予備的併合に対する語である。単純併合では、裁判所は、数個の請求の全部に対して判決をなす義務を負う。もっとも、他の併合と異なり、裁判所は請求の弁論を分離して、別々に判決をすることができる。

また、原告がとくに条件を付することなく数人で行う請求または数人の被告に対する請求が両立し得る場合に、併合して請求することを主観的単純併合と呼ぶことがある。

■ 男女雇用機会均等法
[だんじょこようきかいきんとうほう]

職場における男女の均等な取扱い等を規定した法律。正式名称は「雇用の分野における男女の均等な機会及び待遇の確保等に関する法律」。とくに働く女性を尊重し、その能力を十分に発揮できる環境を整備することを目的として改正を重ねているが、条文で明記がない限り、男性労働者も保護の対象になる。具体的には、性別を理由とする差別の禁止、間接差別の禁止、特例としての女性の優遇措置、婚姻・妊娠・出産を理由とした女性の不利益な取扱いの禁止、セクハラ防止の措置義務、母性健康管理に関する措置などが規定されている。平成25年の施行規則改正では、間接差別の対象範囲が拡大されるとともに、セクハラ防止への対策も強化された。また、令和元年の法改正では、職場における性的言動や妊娠・出産等に関する言動に起因する問題に関する国・事業主・労働者の責務が明文化された(11条の2、11条の4)。

■ 団体交渉
[だんたいこうしょう]

労働者が労働組合などの団体を結成して、使用者と対等な立場で、労働条件など労働関係上の事柄について、交渉して取決めを行うこと。団体交渉をする権利(団体交渉権)は、憲法28条によって保障されている。労働組合の代表者または労働組合の委任を受けた者は、労働組合または組合員のために使用者またはその団体と労働協約の締結その他の事項に関して交渉する権限を有する。使用者側は、団体交渉に応じなければならず、正当な理由なく団体交渉を拒否することはできない。

■ 団体行動権
[だんたいこうどうけん]

☞争議権／団体行動権

■ 団体自治
[だんたいじち]

地方公共団体が、国から独立した団体として、その公共団体に関する事務を、自己の意思と責任において処理すること。地方自治が住民の意思によって行われるという住民自治とともに地方自治の本旨(憲法92条)の要素であると考えられている。わが国の都道府県や市町村は、団体自治が認められた団体である。憲法は、地方公共団体に財産の管理、事務の処理、行政の執行権を与え、法律の範囲内で条例の制定権を与えるなどによって、団体自治を保障している(憲法94条)。

■ 団体訴訟
[だんたいそしょう]

多数の者の共通の利益が侵害された場合に、これらの者を法律上または事実上代表する団体(消費者団体や環境保護団体など)が原告となって提起する訴訟。直接の被害者ではなく、認定を受けた団体に原告としての資格を与える点で、直接の被害者を原告とする集団訴訟と区別される。

法律で規定された団体訴訟の制度として、消費者団体訴訟制度がある。その対象は、消費者契約法に違反するものから、景表法違反の表示行為や、訪問販売や通信販売に関するものに拡大されている。

■ 単独株主権
[たんどくかぶぬしけん]

株式を1株でも有していれば行使できる株主の権利。権利行使のために、一定割合あるいは一定数以上の株式を有している必要がある少数株主権と対比される。自益権(株主が会社から経済的利益を受ける権利)はすべて単独株主権であり、共益権(会社の経営に参与する権利)のなかでも議決権は単独株主権である。共益権のうち監督是正権については、単独株主権として行使できる権利(株主代表訴訟を提起する権利や取締役の違法行為差止請求権など)と、少数株主権として行使できる権利(株主提案権や帳簿閲覧権など)がある。

■ 単独行為
[たんどくこうい]

法律行為のうち、単一の意思表示により構成される行為。たとえば、遺言、取消しが挙げられる。

■ 単独相続
[たんどくそうぞく]

☞共同相続／単独相続

■ 担保
[たんぽ]

債務者が債務を完全に弁済・給付しない場合に備えて、債権者があらかじめ債権の回収方法を確保しておくこと。民法は物的保証と人的保証について規定を置いている。

物的保証の例として、土地に対する抵当権の設定を挙げることができる。たとえば、債権者Aが債務者Bに対して1000万円を貸し付けるにあたり、B所有の土地(1500万円相当価額)に抵当権を設定しておけば、債務者Bが返済しない場合、競売して、金銭に換えることにより、債権者Aは自己の債権を回収することができる。

また、人的保証として保証人が挙げられる。たとえば上記の例で、債務者Bの友人Cが、債権者Aと保証契約を結ぶことで、債務者Bが支払わない場合に、債権者Aは保証人Cに対して支払いを求めることが可能になる。

■ 担保権の実行
[たんぽけんのじっこう]

担保権の対象物を競売にかけたり、任意に売却すること。たとえば、Aが自分の不動産に抵当権を設定して、Bから金銭を借り入れたが、返済期日にAが借金を返済することができなかった場合、BはAの不動産を競売にかけ、または任意に売却し、その売却代金からAに貸した金銭を回収することができる。この過程での不動産の競売や任意売却の手続が担保権(抵当権)の実行である。なお、競売による担保権の実行は、民事執行法の規定により行われる。

■ 担保責任
[たんぽせきにん]

売買や請負などの有償契約で、給付した目的物や権利に欠陥がある場合、目的物や権利を給付した人が負担する責任のこと。当事者間の公平を図る目的で規定されるのが一般的である。

かつての民法では、とくに売買契約の売主が負担する担保責任として、目的物に瑕疵がある場合の瑕疵担保責任、権利に瑕疵がある場合の追奪担保責任が存在していたが、平成29年の民法改正により、売主の担保責任が廃止され、代わりに契約不適合責任が導入された。なお、「競売における担保責任等」(民法568条)のように、契約不適合責任がそのままの形では当てはまらない場面で、担保責任の言葉が残されている。競売における担

保責任等では、競売の目的物の種類や品質に関する不適合について責任を追及できないからである。

■ 担保提供命令
[たんぽていきょうめいれい]

裁判所が、訴訟費用の支払いを担保したり、訴訟行為により相手方に生ずる損害等を担保したりするため、担保の提供を命じること。例として、民事訴訟法における訴訟費用の担保や、会社法における原告敗訴の場合に発生する損害賠償の担保の規定などがある。

■ 担保手形
[たんぽてがた]

債務の履行の担保のために振り出される手形のこと。担保目的であることは人的抗弁になるため、抗弁の切断を防ぐ目的で裏書禁止手形として振り出されることが多い。債務の履行の担保のために裏書譲渡される手形も担保手形と呼ばれる。

■ 担保的効力
[たんぽてきこうりょく]

手形の裏書により認められる効力のひとつ。裏書した手形を所持する者は、手形の本来の支払人（約束手形の振出人、為替手形の支払人・引受人など）が支払いを拒絶した場合には、裏書人に対して支払いを請求することが認められている。このように、手形金の支払いが担保される効力を担保の効力という。裏書人が支払いをした場合には、裏書人は手形を受け戻す権利がある。なお、小切手を裏書する場合にも、この効力が認められる。

■ 担保物権
[たんぽぶっけん]

債権者が、特定の債権の引当てとして、債務者や第三者が持っている物的財産から優先的に回収するために設定される物権のこと。民法は2種類の担保物権を規定している。1つは留置権と先取特権であり、担保物権の設定に当事者の意思が不要であることから、法定担保物権と呼ばれる。もう1つは質権と抵当権であり、設定に際して当事者が約定を結ぶため、約定担保物権と呼ばれている。実務上は、約定担保物権が用いられることが多い。担保物権には、すべてではないが、付従性、随伴性、不可分性、物上代位性という共通の性質があるといわれている。

■ 担保不動産競売
[たんぽふどうさんけいばい]

不動産を目的とする担保権の実行のうち、競売による担保権の実行方法。担保不動産競売には、強制競売の規定の多くが準用されているが、強制競売と異なり、債務名義は必要とされない。担保不動産競売には、債務名義の代わりに法定の証明文書（担保権の存在を証する確定判決や公正証書の謄本、担保権の登記に関する登記事項証明書など）の提出が必要である。また、強制競売では競売開始前には売却のための保全処分ができないが、担保不動産競売では可能である。なお、不動産を目的とする担保権の実行には、担保不動産競売のほかに、不動産から生ずる収益を被担保債権の弁済に充てる方法である担保不動産収益執行がある。

■ 担保不動産収益執行
[たんぽふどうさんしゅうえきしっこう]

債務の弁済が滞ったとき、担保となっている不動産に管理人を選任し、その不動産から得られる収益を弁済に充てること。担保不動産収益執行の手続は、民事執行法が定めた文書を提出することで開始する。執行開始が決定すると、抵当不動産の差押えが宣言されて、債務者による収益の処分は禁止され、賃料は執行裁判所によって選任、監督された管理人が受け取る。管理人は、善管注意義務を負い、受け取った賃料の配当を行う。

ち

■ 地役権
[ちえきけん]

　自分の土地の便益のために、他人の土地を利用する権利。地役権設定契約または時効取得により発生する。この場合、自己の土地のことを要役地、他人の土地のことを承役地と呼ぶ。相互に近接する土地の利用調節を行うための用益物権の一種である。用水路を設置するために設定される引水地役権や、袋地から公道に出るために設定される通行地役権が一般的である。

■ 地役権の時効取得
[ちえきけんのじこうしゅとく]

　地役権を時効により取得すること。民法は、継続的に行使され、かつ、外形的に認識できるものに限って時効による取得ができると規定している。つまり、季節的な引水のための地役権は継続しておらず、また、観望地役権など外形から認識できない地役権について時効による取得はできない。通行地役権について、判例は、土地の上に通路を開設し、しかもその通路の開設が地役権によって利益を受ける土地（要役地）の所有者によって行われたことが、継続的な利用の要件として必要であるとしている。

■ 地役権の不可分性
[ちえきけんのふかぶんせい]

　共有関係にある土地について分割や譲渡などが行われても、地役権は不可分であるという法的性質をさす。具体的には、以下の4つの内容を含んでいる。
ⓐ要役地・承役地の共有者の1人は、地役権全体を消滅させることができないだけでなく、持分に相当する地役権の部分的な消滅を行うこともできない（消滅の禁止）。

ⓑ共有である要役地・承役地が分割または一部譲渡された場合は、分割または譲渡された部分それぞれについて地役権が存在する。
ⓒ要役地の共有者の1人が時効取得した地役権は、共有者全員について効力を持つ。
ⓓ要役地の共有者の1人に地役権の消滅時効の更新や完成猶予が生じた場合、共有者全員について効力が生じる。

■ チェック・オフ
[ちぇっく・おふ]

　天引きにより、労働者の賃金から直接労働組合費を支払わせる方法のこと。チェック・オフは、労働組合の経費徴収を容易にすることにより、労働組合の活動を保障するものである。チェック・オフは、賃金の全額払いの原則に違反するため、これを行うには、過半数労働組合または労働者の過半数を代表する者との書面による協定が必要になる。なお、争議行為が禁止または制限されている公務員等は、チェック・オフを行うことが禁止・制限されている。

■ 遅延賠償
[ちえんばいしょう]

　債務者が、債務の履行を遅延したことにより生じた損害について、賠償を行うことをいう。たとえば、金銭債権について、返済が遅れた場合に支払う遅延利息などが挙げられる。

■ 遅延利息
[ちえんりそく]

　金銭債務について、債務者に不履行があったために生じた損害を賠償するために支払われる金銭をいう。たとえば、売買契約を締結した場合、買主は弁済期までに代金を支払うべき金銭債務を負うが、支払いをしなかったときには、元金に加え、売買代金に対して一定の比率で計算した金銭を支払う必要がある。

地下権
[ちかけん]

　土地の地下の部分を利用する目的で設定される地下に関する利用権のこと。民法上区分地上権の一種とされているが、地下の利用権を設定するには、利用する範囲を定めなければならない。主に、地下駐車場や地下鉄のトンネル建設の際に設定される。

竹木
[ちくぼく]

　土地上の樹木や竹のこと。通常、土地に生えている樹木のことを立木と呼ぶが、これには竹を含まないため、これを含めて広く竹木という。民法233条は、隣地の竹木の枝が境界を越える場合には、その竹木の所有者にその切除を請求でき、また、隣地の竹木の根が境界を越える場合には、土地所有者はそれを切り取ることができると規定している。

知事
[ちじ]

　普通地方公共団体の長として、都道府県に置かれる者のこと。任期は4年で、日本国民である30歳以上の者が被選挙権を持つ。議会への議案の提出や、予算の調製・執行など、都道府県の事務を管理・執行する執行機関に当たり、都道府県を統轄し、代表する権限を持つ。そして、事務の処理にあたって規則を制定することもできる。

地上権
[ちじょうけん]

　他人の土地を利用する権利。他人の土地の上に工作物や竹木を所有するために設定される物権である。工作物とは、たとえば家屋や橋梁、池、トンネルなどである。植林や建物所有を目的とするものが多く見られる。土地の所有者は、地上権者が自己の土地を利用するのを妨げないという消極的な義務を負う。また、地上権者は土地の所有者に対して、定期的に地代を支払うのが一般的である。なお、建物所有を目的とする地上権には、借地借家法が適用される。

地積
[ちせき]

　土地の面積のこと。土地登記簿に、土地の表示に関する登記事項として、土地の所在する市区郡町村および字、地番、地目などとともに記載される。

父を定める訴え
[ちちをさだめるうったえ]

　嫡出推定の重複が生じた場合に、裁判所が証拠に基づき、裁判によって子の父を定める制度。たとえば、離婚した女性Aについて再婚禁止期間中に誤って婚姻届が受理され、Aが離婚した日から300日以内、かつ、Aが再婚した日から200日経過後にAの子が生まれた場合には、前夫の子とも後夫の子とも推定されるため（嫡出推定の重複）、父を定める訴えによりAの子の父が定められる。

秩序罰
[ちつじょばつ]

　行政上の秩序に障害を与える危険がある義務違反に対して科される金銭的制裁をいう。過料とも呼ばれる。反社会性の弱い行為に対する制裁であることが多い。たとえば、転入届や転出届を正当な理由なく届け出なかった者には、5万円以下の過料が科される。

知的財産基本法
[ちてきざいさんきほんほう]

　知的財産の創出によって産業の国際的な競争力を高めることや知的財産を活用することで経済社会を活発化させることなどを目的とした法律。知的財産に関する定義や知的財産の取扱いに関する国・地方公共団体等の責務、基本的施策や計画等が定められている。

■ 知的財産高等裁判所
[ちてきざいさんこうとうさいばんしょ]

　知的財産に関する事件を専門的に取り扱うために東京高等裁判所に設置された特別の支部。全国すべての特許権に関する控訴事件や特許庁の審決に対する訴訟事件をはじめとして、知的財産に関するものである限り、同裁判所が取り扱うとされているすべての事件を取り扱う。

■ 地番
[ちばん]

　土地を特定するために、登記所がつけた1筆の土地ごとの番号をいう。土地登記簿に、土地の表示に関する登記事項として、土地の所在する市区郡町村および字、地積、地目などとともに記載される。

■ 地方開発事業団
[ちほうかいはつじぎょうだん]

　地方公共団体が、開発事業を総合的に実施する必要があると判断した場合に、一定の地域の施設工事などを、他の地方公共団体と共同して委託するために設けた組織や財務体制のこと。たとえば、住宅、工業用水道、道路、港湾、水道の建設などのために用いられる。地方開発事業団に関する規定は、平成23年の地方自治法改正により廃止され、現在は1事業が残っているだけで、新たな地方開発事業団を設けることはできない。

■ 地方公共団体
[ちほうこうきょうだんたい]

　都道府県や市町村のように、一定の地域を基礎に、その地域内の住民を構成員として、その地域内の行政を行うために、憲法・法律によって認められた自治権を行使することができる団体。

　地方自治法は、地方公共団体を普通地方公共団体と特別地方公共団体とに二分する。普通地方公共団体には、都道府県と市町村が含まれる。これに対して、特別地方公共団体は、特別区・地方公共団体の組合・財産区をさす。ⓐ特別区とは東京23区のことである。ⓑ地方公共団体の組合は、さらに一部事務組合と広域連合とに分けられる。一部事務組合とは事務の一部を共同処理するために作られる組合であり、広域連合は、廃棄物の処理や環境汚染対策などで広域的な処理が望まれる分野で用いられる制度である。ⓒ財産区とは、市町村等で所有する財産などの管理や処分を行う権限を持った団体である。たとえば、兵庫県城崎温泉の湯島財産区などが挙げられる。

■ 地方公共団体の組合
[ちほうこうきょうだんたいのくみあい]

　地方公共団体が、共同で事務を処理することを目的に設置する組合のこと。地方自治法は、地方公共団体の組合として、一部事務組合と広域連合とを規定している。一部事務組合とは、都道府県や市町村・特別区（東京23区）が設ける組合であり、環境衛生や防災、教育、総合開発など多様な事務の共同処理のために、設置されることが多い。たとえば、小規模な市町村が大学等を運営するために、釧路市と周辺町村により設置された釧路公立大学などが挙げられる。これに対して、広域連合とは、廃棄物処理や環境汚染対策など広域にわたって処理することが期待される事務を、共同して処理するための方式である。たとえば、島根県と他の町村により設置された隠岐広域連合が挙げられ、病院の共同設置・管理・運営や介護保険等を行っている。

■ 地方債
[ちほうさい]

　地方公共団体が歳入の不足を補うために、金銭を借り入れることで負担する債務のこと（狭義）。地方債を起こす目的、限度額、起債の方法、利率などについて予算で定め、議会の議決を得なければならない。狭義の地方債に加え、一時的な

不足を補い年度内に償還される一時借入金を含めて地方債ということもある（広義）。借り入れる主体によって、都道府県債、市町村債などに区別され、一般に次年度以降の地方公共団体の収入によって償還されることが予定されている場合が多い。

■ 地方財政法
[ちほうざいせいほう]

地方公共団体の財政に関する法律であり、地方財政の健全性を確保し、地方自治の発達をめざして制定された。地方債の制限や財務処理の基本原則を定める他、国と地方公共団体との経費負担の関係、都道府県と市町村との財政関係などについて規定を置いている。

■ 地方裁判所
[ちほうさいばんしょ]

他の裁判所が受け持つ特別な事件を除いて、すべての第一審事件の裁判権を持つ裁判所。また、簡易裁判所の民事事件の控訴を審理する第二審の裁判所でもある。大多数の事件は単独裁判官によって審理されるが、裁判員制度による裁判等、法律によって定められた事件等では、3人の裁判官からなる合議体による裁判が行われる。各都府県に1か所、北海道には4か所の計50か所の本庁と203の支部が設置されている。

■ 地方自治
[ちほうじち]

地方での政治と行政を、その地域の住民の意思に基づき、国から独立した機関である地方公共団体が、権限と責任を持って自主的に処理すること。

地方自治という概念は、地方自治の本旨といわれる2つの要素から成り立っている。まず、地方の政治は国から独立した団体に委ねられ、団体自らの意思と責任のもとで行われる団体自治の要素である。そして、実際の事務処理にあたって

は住民の意思に基づいて行われるという住民自治の要素が重視されている。わが国の憲法は、地方自治の本旨に基づいて地方自治制度が置かれるべきこと（憲法92条）や住民投票に関する規定を設けている（憲法95条）。

また、地方公共団体には、住民の権利を制限し、義務を課す条例の制定権が認められている（憲法94条）。地域の実情に応じた政治を行うことが可能であるため、統一的で中央集権的な国の政治に比べて、効率的で実効性のある地方自治の役割は高まってきているといわれている。

■ 地方自治特別法
[ちほうじちとくべつほう]

1つの地方公共団体のみを適用の対象にする法律。一般の法律の制定手続と異なり、その地方公共団体の住民投票によって過半数の同意を得ることによって成立する（憲法95条）。特定の地方公共団体の行政事務や住民の権利・義務に影響を与えるため、住民の意思を問う特別の手続が置かれた。たとえば、広島平和記念都市建設法や長崎国際文化都市建設法などが地方自治特別法の例として挙げられるが、近年ではその例は多くない。

■ 地方自治の本旨
[ちほうじちのほんし]

地方自治の基本原則のこと。地方公共団体の組織や運営に関する事項を法律で定める際の基準（憲法92条）。地方自治の本旨は、住民自治と団体自治からなる。住民自治とは、地方自治が住民の意思に従って行われることであり、団体自治とは、国から独立した団体によって、団体自らの意思と責任で地方自治が行われることをいう。したがって、地方自治を廃止するなどの措置は、地方自治の本旨に反するため、違憲になると考えられている。

た
行

地方自治法
[ちほうじちほう]

地方自治に関する基本法。憲法が定める地方自治の本旨に基づき、地方公共団体の区分、住民の権利、地方公共団体の組織や運営、国と地方公共団体との関係などを規定している。具体的には、普通地方公共団体と特別地方公共団体の区分に関する規定、地方公共団体の長や議員の直接選挙、直接請求権などの住民の権利に関する規定、首長制、行政委員会制度、百条委員会などの組織や運営に関する規定などを内容としている。

地目
[ちもく]

土地の主たる用途を表すため、土地に付された区分。土地登記簿に、土地の表示に関する登記事項として、土地の所在する市区郡町村および字、地積、地番などとともに記載される。不動産登記規則は、田、畑、宅地、学校用地、鉄道用地、池沼、山林、原野、公衆用道路、公園などの23区分を規定している。

嫡出子
[ちゃくしゅつし]

婚姻関係にある男女間に懐胎または出生した子をいう。民法は、婚姻の成立から200日経過後、または婚姻の解消等から300日以内に生まれた子について、婚姻中の夫の子と推定し、嫡出子にあたると規定している。非嫡出子であっても、準正により嫡出子の身分を取得することができる。

嫡出推定
[ちゃくしゅつすいてい]

婚姻成立から200日経過後、または婚姻の解消等から300日以内に生まれた子が、夫の子（婚姻中に懐胎した）と推定されること。嫡出推定を受ける子は夫の嫡出子とされ、嫡出性を否定するためには、嫡出否認の訴えによらなければならない。

なお、婚姻成立から200日を経過する前に生まれた子であっても、内縁中に懐胎した場合には、内縁の夫の子であると信頼できる場合（事実上の推定）が多いと考えられる。そこで戸籍実務では、婚姻後に生まれた子は、すべて嫡出子として届け出ることが可能である。これを推定されない嫡出子といい、この場合に嫡出であることを否定するためには、親子関係不存在確認の訴えによらなければならない。

嫡出否認の訴え
[ちゃくしゅつひにんのうったえ]

嫡出推定が及ぶ場合に、父子関係を否認するべく夫が起こす訴えのこと。父子関係の存否は重要な問題であるため、当事者の合意や父側の一方的な主張によって、その関係を否認するのは妥当でない。そこで、訴えによってのみ嫡出否認の主張ができることとした。ただし、胎児でいる間や子が死亡した場合には訴えを提起できない。請求が認容されると、遡及的に非嫡出子になる。

着手未遂
[ちゃくしゅみすい]

☞実行未遂／着手未遂

チャタレイ事件
[ちゃたれいじけん]

最高裁昭和32年3月13日判決。Y_1は、その内容に露骨な性描写があることを知りながら、D.H. ロレンス原作の「チャタレイ夫人の恋人」の翻訳をY_2に依頼し、書物として出版したとして、わいせつ文書販売罪（刑法175条）で起訴され、またY_2もY_1の行為に加担したとして起訴された。この裁判では、刑法175条が表現の自由を侵害しないかが争われた。最高裁は、表現の自由は、性的秩序、性道徳を維持しようとする公共の福祉による制約を受けることを理由に、刑法175条は憲法に反しないとし、Y_1とY_2を有罪と

判示した。

■ 治癒
[ちゆ]

①法令上瑕疵（欠陥）のある行政行為が、その後の事情の変化によって、その瑕疵を主張するに値しなくなった場合をいう。または、行政行為の瑕疵がきわめて軽微なため、その行為を前提に次の手続に進んだ場合などにも、（行政行為の瑕疵の）治癒という言葉が用いられる。

②社会保険などで、これ以上治療しても傷病等の症状の改善が見込めなくなった状態のこと。日常用語として普通に使う「治癒」とは異なり、完全な健康を回復していない場合も、この要件に該当すれば「治癒」に当たる。

■ 注意義務
[ちゅういぎむ]

他人の権利などを侵害しないように注意を払う義務のこと。

民法上は、注意義務に違反した行為には過失があるものとされ、損害賠償責任を負う可能性がある。

刑法上は、通説によれば、注意義務に違反し、死傷の結果を生じさせた者には、過失犯が成立するとされている。ここにいう注意義務とは、犯罪結果の発生を予見しなければならない義務（結果予見義務）と、予見した結果の発生を回避しなければならない義務（結果回避義務）から成り立っているとされる。

■ 中核市
[ちゅうかくし]

政令で指定する人口20万人以上の市のこと。中核市は、政令指定都市が処理することができる事務のうち、都道府県が一体的に処理することが中核市によるよりも効率的な事務、その他中核市が処理することが適当でない事務以外の政令で定める事務を処理することができる。政令指定都市（政令で指定する人口50万人

以上の市）とともに日本の大都市制度のひとつである。

■ 中間確認の訴え
[ちゅうかんかくにんのうったえ]

民事訴訟係属中に、請求の対象である権利や法律関係（訴訟物）の前提となる権利関係の確認を求める申立てのこと。

判決の既判力は、訴訟物についての判断に限定される。そのため、前提問題にすぎない法律関係（先決関係）は理由中の判断に示されるのみであり、これに関する裁判所の判断には既判力は生じない。そこで、先決関係について争いがある場合に、それを訴訟物とすることで、先決関係について既判力ある判断を得るための手続が、中間確認の訴えである。中間確認の訴えは、原告が提起するときは訴えの追加的変更、被告が提起するときは反訴となる。

■ 中間最高価格
[ちゅうかんさいこうかかく]

履行期ないし不法行為時以降に目的物の価格が高騰し、その後に下落した場合に、最も高騰していたときの価格のこと。損害賠償を請求する際の損害額の算定の時期は、履行期ないし不法行為時の価格となるのが原則であり、中間最高価格で賠償を請求できるかが問題となる。判例は、これを民法416条2項の「特別の事情」の問題であるとして、中間最高価格での賠償が認められるには、その時点で被害者が他に転売するなどして確実に利益を得たであろう特別の事情があり、それを行為当時に加害者が予見可能であったことを原告の側で証明する必要があるとしている。

■ 中間搾取の禁止
[ちゅうかんさくしゅのきんし]

他人の取引に第三者が介入して利益を得ることを禁止すること。とくに、労働関係においては、第三者が労働者から謝

礼を受けたり、賃金の一部を受け取ることなどをいい、俗に賃金のピンハネともいう。他人の就業に関して行う中間搾取は、労働基準法で禁止されている。また、職業紹介、労働者供給などを営業として行うことも、職業安定法などで規制されている。

中間省略登記
[ちゅうかんしょうりゃくとうき]

不動産の物権変動の過程を忠実に登記に反映させず、中間を省略して行う登記のこと。たとえば、不動産がAからB、BからCへと順次売買された場合、その所有権移転登記を、中間のAからBへの移転に関する部分を省略して、Aから直接Cに対して行うこと。すでになされた中間省略登記については、現在の権利関係と一致していれば原則として有効とされている。また、中間省略登記を請求することは原則としてできないが、中間者を含めたすべての当事者の同意がある場合は、例外的に認められる場合がある。ただし、実務上は、登記申請の時点で登記原因証明情報により中間省略登記の申請であると明らかにわかる場合は、登記の申請を却下する取扱いになっている。

中間配当
[ちゅうかんはいとう]

①取締役会設置会社が、事業年度の途中において1回に限り、取締役会の決議によって行う剰余金の配当のこと。中間配当を行うには定款で定めることが必要であり、配当財産は金銭に限られる。
②破産手続で、最後配当に先立って行う配当のこと。中間配当は、破産管財人が、一般調査期間の経過後または一般調査期日の終了後であって破産財団に属する財産の換価（財産を金銭に換える）の終了前において、配当をするのに適当な破産財団に属する金銭があると認めるときに行うことができる。

中間判決
[ちゅうかんはんけつ]

当事者間で争点となった事項につき、審理の途中でなされる判決のこと。審理の整理と終局判決を準備する目的を有する。たとえば、売買代金支払請求訴訟において、売買代金の数額につき審理した後、売買契約はなかったことが判明した場合に審理が非効率的になることから、売買契約の存在につき中間判決を出しておく場合が挙げられる。中間判決の対象となる事項として、それだけで独立した法律効果を発生させる事実に関する主張（独立した攻撃防御方法）、訴訟要件など本案判決に先立って判断されるべき事項（中間の争い）などが挙げられる。

中間利息の控除
[ちゅうかんりそくのこうじょ]

将来受け取るべき時期までに発生する利息を差し引くこと。たとえば、交通事故で後遺障害が残った場合、交通事故がなければ得られたであろう収入などの利益は逸失利益として損害賠償を請求できる。しかし、その賠償金は、利益が得られたであろう本来の時期よりも前に全額支払われることになるため、支払時期から本来得るべき時期までの間に利息（中間利息）が発生する。そこで、逸失利益の算定において、法定利率での中間利息の控除が行われている。

これを踏まえて、平成29年の民法改正により、損害賠償請求権の発生時の法定利率で中間利息を控除することが明文化された（民法417条の2）。

仲裁
[ちゅうさい]

紛争当事者の合意に基づいて、第三者（仲裁人）の判断によって紛争を解決すること。仲裁判断は確定判決と同一の効力を有し、当事者を拘束する。仲裁には、国際商取引の紛争解決に利用される仲裁

（国際商事仲裁）、労働委員会による仲裁、公害等調整委員会や都道府県公害審査会による仲裁などがある。

■ 注視区域
［ちゅうしくいき］

国土利用計画法上の土地取引が規制される区域のひとつ。地価が一定の期間内に社会的・経済的事情の変動に照らして相当な程度を超えて上昇し、または上昇するおそれがあり、適正かつ合理的な土地利用の確保に支障が生じると認められる場合に、都道府県知事または政令指定都市の長によって指定される。注視区域に指定されると、注視区域内の一定以上の面積の土地を取引しようとする者は、あらかじめ知事に届け出ることが必要になる。

なお、国土利用計画法が定める土地取引が規制される区域には、注視区域、監視区域、規制区域があり、後者になるほど規制が厳しくなる。

■ 忠実義務
［ちゅうじつぎむ］

株式会社の取締役や執行役が法令・定款・株主総会決議を守り、会社のために職務を忠実に行う義務のこと。取締役と会社の関係は、雇用契約ではなく委任契約であるが、忠実義務は委任契約から生じる善管注意義務を明確化したものと解釈されている。たとえば、取締役が、会社との利益相反取引を取締役会の承認なしに行った場合に、忠実義務違反となりうる。

■ 中止犯・中止未遂
［ちゅうしはん・ちゅうしみすい］

犯罪行為の実行には着手したが、行為者が自らの意思によって犯罪を中止したため、構成要件的結果が不発生となった場合をいう。この場合には、刑が必要的に減免される。たとえば、他人を刃物で刺したが、救急車を依頼し、重傷を負った被害者を救急隊員とともに看護した場合が挙げられる。法的性質につき学説上争いがあるが、結果不発生に向けられた真摯な努力により、行為者の非難可能性が減少するとする責任減少説が有力である。

■ 抽象的違憲審査制／付随的違憲審査制
［ちゅうしょうてきいけんしんさせい／ふずいてきいけんしんさせい］

抽象的違憲審査制とは、具体的な事件とは関係なく、憲法裁判所が違憲審査を行うこと。

付随的違憲審査制とは、具体的な事件を裁判する際に、通常の裁判所が、事件の解決に必要な限度で、適用法条の違憲審査を行うことをいう。わが国では、付随的違憲審査制が採られていると考えられている。

■ 抽象的危険犯
［ちゅうしょうてきききけんはん］

法益侵害の危険が現実に発生したことを構成要件要素としない犯罪。たとえば、現住建造物等放火罪では、放火行為があり、現住建造物が焼損に達すれば危険があると擬制され、実際に公共の危険が発生したことは要求されない。抽象的危険犯の対概念は、条文上、危険の発生を要求している具体的危険犯である。たとえば建造物等以外放火罪が挙げられる。

■ 抽象的事実の錯誤
［ちゅうしょうてきじじつのさくご］

異なる構成要件間で、認識していた犯罪事実と発生した犯罪事実とが一致しない場合をいう。たとえば、ベンチに座っている人を殺すつもりでピストルを発射したが、人には命中せず、ベンチにあたりベンチが壊れた場合が挙げられる。この場合に、殺人未遂罪は成立するが、ベンチに対する器物損壊罪の故意犯も成立するかが刑法上問題になる。

通説である法定的符合説は、認識して

いた犯罪事実と発生した犯罪事実とが異なる構成要件にまたがっている場合には、原則として故意は認められないが、保護法益や行為態様の点で構成要件に実質的な重なり合いがある場合には、その限度で故意が認められるとする。具体例でいうと、殺人罪と器物損壊罪の保護法益は、それぞれ人の生命と物・物の効用であるから、実質的な重なり合いはなく、構成要件的故意は認められず、器物損壊罪は成立しない（過失の器物損壊は不可罰）。

■ 抽象的符合説
[ちゅうしょうてきふごうせつ]

刑法上、事実の錯誤があった場合に、行為者が認識した内容と発生した結果とが抽象的に符合していれば、故意を認めてよいと考える立場をいう。たとえば、他人の飼い犬を殺す意思で、誤って飼主を殺してしまった場合には、法定的符合説では過失致死罪が成立すると解釈する。これに対して抽象的符合説では、過失致死罪に加え、軽い罪について行為者の犯罪意思が実現（抽象的に符合）しているため、器物損壊罪の既遂の成立を認める。

■ 中選挙区
[ちゅうせんきょく]

1つの選挙区から選出される議員の数が、3名から5名の選挙区をさす。選挙区制度は、選挙区から1人の議員を選出する小選挙区と、2名以上の議員を選出する大選挙区とに分けられるのが一般的である。しかしわが国では、平成6年の公職選挙法改正まで、衆議院議員選挙で、府県を単位とする選挙区ではなく、それよりも小規模の定数3名から5名の議員を選出すると定められており、これを中選挙区と呼んでいた。もっとも現在では、衆議院議員選挙では、選挙区から1人の議員を選出する小選挙区制がとられるとともに、比例代表選挙をあわせた小選挙区比例代表並立制がとられている。

■ 中立
[ちゅうりつ]

国家間の戦争状態または交戦団体承認がある場合の内戦が生じた際に、戦争に参加しない国が交戦国に対する関係で置かれる戦時国際法上の地位。中立国は交戦国に対し、避止（回避）義務、防止義務、黙認義務という3つの義務を負う。避止（回避）義務とは、中立国は、交戦国に対して戦争遂行に寄与する援助を直接・間接に供与することを慎まなければならないという義務である。防止義務とは、中立国は、自国の領域が交戦国の戦争遂行に利用されることを防止するため、あらゆる必要な措置をとらなければならないという義務である。黙認義務とは、中立国は、交戦国の海上捕獲や封鎖によって自国民が被った不利益を一定範囲で黙認し、損害賠償などを求めることができないという義務である。避止（回避）義務と防止義務をあわせて公平義務と呼ぶことがある。

■ 中立命令違反罪
[ちゅうりつめいれいいはんざい]

外国が戦争状態に達した際に、日本国がそのいずれにも加担せず、日本国民はいずれに対しても便益を与えてはならないという局外中立に関する命令に違反する罪。国際法上の義務に基づく外国の法益を保護するために規定された。3年以下の禁錮または50万円以下の罰金に処せられる。

■ 懲役
[ちょうえき]

受刑者を拘禁し、所定の作業に服させることを内容とする刑。類似の自由刑である禁錮は、所定の作業が課せられない点が異なる。懲役の種類には、有期懲役と無期懲役がある。有期懲役は1月以上20年以下であり、30年以下に加重することができ、反対に、減軽する場合には、

1月未満に引き下げることが認められている。懲役は、刑法に規定されている主要な犯罪に対する刑罰として多く用いられており、死刑に次いで重い刑罰であると考えられている。

■ 懲戒解雇
[ちょうかいかいこ]

労働者を、企業秩序違反に対する制裁として解雇すること。制裁の中で最も重いもので、たとえば、横領や傷害などの罪を犯した場合、2週間以上無断欠勤をした場合、採用時に重大な経歴詐称があった場合などに、その労働者に対して行われる。通常、退職金は支払われず、また、労働基準監督署の認定を得て、解雇予告手当ての支払いなしに、または、解雇予告期間を置かず、即時に解雇する場合が多い。

■ 懲戒権
[ちょうかいけん]

親権者が子どもを教育する目的で子どもを叱ったり注意したりする権利。民法は、親権者や未成年後見人など親権を行う者は、その親権に服する子に対して、懲戒権を行使することができると規定している。なお、親権者等の懲戒権の行使が度を越している場合には、子の親族または検察官の請求により、親権の喪失・停止や後見人の解任が行われる場合がある。

■ 懲戒処分
[ちょうかいしょぶん]

義務違反があった労働者に対して行う制裁のこと。懲戒処分の一般的な種類としては、軽い順に、本人の将来を戒める旨の申渡しをする戒告、給与を減額する減給、一定期間の出勤停止を命じる停職、現在就いている職務の等級を下げる降級、職員・社員の身分を失わせる免職がある。

■ 超過差押えの禁止
[ちょうかさしおさえのきんし]

民事執行上、差押えができるのは、差押債権者が執行債権の回収に必要な限度の財産に限られるということ。

動産執行については、民事執行法が、債権および執行費用の弁済に必要な限度を超えて差押えをしてはならないと規定している。

債権執行では、1個の債権については、その全部につき執行できるが、差し押さえた債権の価額が差押債権者の債権および執行費用の額を超えるときは、他の債権を差し押さえてはならないという形で、超過差押えの禁止が規定されている。

不動産執行では、1個の不動産に対する差押えはその全部に効力が及ぶので、超過差押えもやむを得ない面があり、超過差押えを禁止する規定は置かれていない。ただし、超過売却になる場合について特別の規定が置かれている。なお、国税徴収法にも、超過差押えを禁止する規定がある。

■ 超過する
[ちょうかする]

☞以上／超える／超過する

■ 超過売却の禁止
[ちょうかばいきゃくのきんし]

複数の不動産を競売する場合に、そのうちのいくつかの不動産の買受申し出の価格が執行債権の回収に十分であるときは、その他の不動産を競売してはならないこと。超過売却の可能性があるときは、執行裁判所は売却決定を留保する。全部を弁済することができる見込みがある不動産が数個あるときは、執行裁判所は、債務者の意見を聴いたうえで、売却の許可をすべき不動産を選択する。売却許可のあった不動産について代金が納付されたときは、執行裁判所は、留保された不動産に関わる強制競売の手続を取り消す。

■ 調査の嘱託
[ちょうさのしょくたく]

民事訴訟において、裁判所が、官庁、商

工会議所、取引所その他の団体に、必要な調査をして報告を求めること。調査の嘱託は、裁判所が証拠調べの一種として行うものであり、調査の結果は、裁判所が口頭弁論に提出し、当事者に意見を述べる機会を与えれば、そのまま証拠資料となる。調査の嘱託は、手元の資料で簡単に結果が得られる事実について行われる。たとえば、気象台に特定の日時の天候の調査報告を求める場合や、取引所に相場価格の調査報告を求める場合などがある。

■ 調書
[ちょうしょ]

①一般に、調べた事実を記載した文書のこと。

②訴訟法上、裁判所書記官などが作成する訴訟の内容を記録した文書のこと。公務員が職務の執行として作成する公文書であるから証明力が一般に高いと考えられ、特別な証明力が与えられている場合がある。たとえば、口頭弁論の方式に関する規定の遵守についての民事訴訟法の規定や、公判期日における訴訟手続についての刑事訴訟法の規定がある。

③行政上、特定の事実や状況、人の供述の内容などを記載・記録した文書のこと。たとえば、行政手続法は、聴聞調書について定めている。

■ 重畳的因果関係
[ちょうじょうてきいんがかんけい]

ある事実について、単独では結果を発生することが考えられない行為であっても、それらが複数重なる（重畳）ことによって結果を発生させることをいう。刑法上、この場合に条件関係が認められるかが問題となる。

たとえば、AとBがそれぞれ致死量に満たない毒を用意し、互いに通謀することなくCの飲み物に毒を混入させ、2人の毒があわさったことにより致死量に達

し、Cが死亡した場合が挙げられる。Aの毒入れ行為・Bの毒入れ行為がなければCの死亡結果は発生しなかったといえるため、この場合に条件関係が認められることに争いはない。ただし、因果関係の相当性が認められるかどうかについては、議論が分かれる。

なお、A・Bがそれぞれ致死量を超える毒を盛り、Cが死亡した場合を択一的競合という。

■ 重畳的債務引受
[ちょうじょうてきさいむひきうけ]
☞併存的債務引受／重畳的債務引受

■ 調書判決
[ちょうしょはんけつ]

判決書が作成されず、調書が作成される判決のこと。民事訴訟においては、被告が口頭弁論において原告の主張した事実を争わず、その他何らの防御方法も提出しない場合や、被告が公示送達による呼出しを受けたにもかかわらず口頭弁論の期日に出頭しない場合に、原告の請求を認容するときは、判決の言渡しは判決書の原本に基づかないで行うことができる。

調書判決が行われるときは、判決書が作成される代わりに、裁判所書記官が、当事者および法定代理人、主文、請求、理由の要旨を、判決の言渡しをした口頭弁論期日の調書に記載しなければならない。

また、刑事訴訟では、地方裁判所または簡易裁判所において、上訴の申立てがない場合には、裁判所書記官が、判決主文、並びに罪となるべき事実の要旨、および適用した罰条を判決の宣告をした公判期日の調書の末尾に記載して、判決書に代えることができる。

■ 調停
[ちょうてい]

紛争が生じたときに、第三者が両当事者を仲介して、適正かつ妥当な解決を図る制度。裁判所が行う調停には、民事調

停、家事調停などがある。

調停前置主義
[ちょうていぜんちしゅぎ]

訴訟を提起しようとする者が、調停を経てからでなければ訴えを起こすことが認められないという考え方。調停前置主義が妥当する事件においては、先に訴訟を提起したとしても、調停に回される。人事訴訟や家事事件において、調停前置主義が採用されている。

調停離婚
[ちょうていりこん]

夫婦間の話し合いによる離婚の合意（協議離婚）ができない場合に、家庭裁判所の調停委員が双方の主張を聴き、双方を合意に導いて成立させる離婚をいう。調停離婚が成立しない場合は、裁判離婚となるが、調停を経ずに裁判を提起することはできない。

なお、協議離婚では、市区町村役場に対する離婚届の提出日が離婚の効力発生日となるが、調停離婚では、調停成立日に離婚の効力が生じ、成立日から10日以内に調停調書の謄本を添えて市区町村役場に届け出なければならない。

懲罰的損害賠償
[ちょうばつてきそんがいばいしょう]

主に不法行為に基づく損害賠償請求訴訟において、加害者の行為が強い非難に値すると認められる場合に、実際に生じた損害の補填としての賠償に上乗せして支払いを命じる賠償のこと。

懲罰的損害賠償は、加害者に制裁を加え、かつ、将来の同様の行為を抑止する目的で課される。日本の損害賠償制度は、被害者が受けた損害を金銭的に評価し、その支払いを加害者に命じて損害を補填し、不法行為がなかったときの状態に回復させることを目的としており、懲罰的損害賠償は認められていない。

超法規的違法性阻却事由
[ちょうほうきてきいほうせいそきゃくじゆう]

違法性阻却事由として刑法に規定されている法令行為・正当業務行為・正当防衛・緊急避難以外であっても、違法性が阻却される場合に当たる事由をいう。判例上はこの種の違法性阻却事由を認めない趣旨と解釈されている。学説上、自救行為を超法規的違法性阻却事由と位置づける見解がある。また、被害者が同意を与えている場合（被害者の承諾）は、違法性阻却事由に当たると考える見解もあるが、保護すべき法益がないとして、そもそも犯罪の構成要件に該当しないという学説上の立場もある。

帳簿閲覧請求権
[ちょうぼえつらんせいきゅうけん]

株主が会社の業務や財産状況について調査をするために認められた権利で、会社の会計帳簿と関係資料の閲覧・謄写を求める権利のこと。

帳簿閲覧請求権は、濫用を防ぐため、総株主の議決権の100分の3以上の議決権を有する株主または発行済株式の100分の3以上の数の株式を有する株主が行使することができる少数株主権とされている。帳簿閲覧請求権を行使するには、請求の理由を明らかにしなければならない。

なお、計算書類および計算書類附属明細書の閲覧請求権は、単独株主権である。

聴聞
[ちょうもん]

行政機関が不利益処分をする際に、処分の相手方や利害関係人の意見を聴く手続。聴聞が必要とされる場合については、行政手続法に規定が置かれており、許認可等を取り消す処分や、資格または地位を剥奪する処分等の不利益の程度が大きい処分について聴聞手続を行うと定めている。なお、不利益の程度が小さいもの

は、弁明の機会の付与の対象になる。

■ 直接強制
[ちょくせつきょうせい]

①民事執行では、債務者の協力的な行為なしに、執行機関が直接的に請求権の内容を実現することをいう。金銭債権の執行や不動産の引渡債権の執行に用いられる。代替執行、間接強制に対する語である。
②行政上の義務を履行しない者に対して、直接的に実力を加えて、義務内容を実現する行政上の強制執行の方法。行政上の強制執行の中心は代執行であり、直接強制は個別法によりとくに認められた場合に限って用いることができる。立法例として、成田国際空港の安全確保に関する緊急措置法3条6項、学校施設の確保に関する政令21条がある。

■ 直接主義
[ちょくせつしゅぎ]

訴訟法上、裁判官が直接取り調べた証拠のみに基づいて判決がなされる原則。

民事訴訟においては、口頭弁論に関与した裁判官が判決をなすことを定めているのは直接主義の表れであり、裁判官が交代した場合には弁論の更新手続がとられ、一定の場合には証人尋問のやり直しが行われる。

刑事訴訟においては、裁判官が交代した場合には公判手続の更新が行われる。伝聞証拠が排除されることも、直接主義の表れであるといわれることがある。

■ 直接証拠／間接証拠
[ちょくせつしょうこ／かんせつしょうこ]

①民事訴訟において、証拠資料が直接に主要事実の存否を判断するのに役立つ場合を直接証拠という。そして、証拠資料が、間接事実や補助事実を判断するのに役立つ場合を間接証拠という。たとえば、債権の発生を証明する借用証は直接証拠の例であり、金銭の授受を証明するために、当事者の金回りが急によくなったと

いう事実を証明する証拠は間接証拠の例である。
②刑事訴訟において、直接証拠とは、犯罪事実の存否を直接に証明する証拠であり、間接証拠とは、間接事実や補助事実を証明する証拠である。たとえば、犯罪現場を目撃した証人の証言は直接証拠の例であり、アリバイの証言は間接証拠の例である。

■ 直接税／間接税
[ちょくせつぜい／かんせつぜい]

直接税とは、税を納める人が実質的にその税を負担する税金のこと。納税者の経済力などに応じて課税できる一方で、税収が景気に左右されやすいという特徴がある。主な直接税には、所得税、法人税、相続税、固定資産税などがある。

間接税とは、税を納める人と税の金銭的な負担をする人とが異なる税金のこと。広く全体に対して均一に課税する場合に採用される。主な間接税には、消費税、酒税、関税などがある。

■ 直接請求
[ちょくせつせいきゅう]

住民が地方自治体に一定の行為を要求する直接民主制的制度のこと。地方自治法が定める直接請求は、条例の制定改廃の請求、監査の請求、議会の解散請求、議員・長・役員の解職請求の4種類である。

■ 直接選挙／間接選挙
[ちょくせつせんきょ／かんせつせんきょ]

直接選挙とは、一般選挙人自らが投票等をすることにより、代表者である議員その他の公務員を選出する選挙をいう。わが国では、地方公共団体の長や地方議会議員などの選挙について、住民による直接選挙によることが明記されている（憲法93条2項）が、国会議員の選挙については、明文による定めがない。

対立概念は、間接選挙である。これは、有権者がまず選挙委員を選び、その選

委員が公務員を選出するという選挙方法である。アメリカの大統領制などが例として挙げられるが、選挙人に全面的な信頼を置かない制度といえ、民主政治の発達とともに、実質的には直接選挙に移行してきているといわれる。

■ 直接占有／自己占有
[ちょくせつせんゆう／じこせんゆう]

直接占有とは、占有者が自ら直接目的物を所持する占有のこと。自己占有とも呼ばれている。直接占有は、事実的に支配して、その物を所持していれば認められる。たとえば、自己所有の建物を占有している場合はもちろん、建物の賃借人に対しても、その建物について直接占有が認められている。対立概念は、他人の所持を通じて間接的に占有を行う間接占有（代理占有）である。

■ 直接払いの原則
[ちょくせつばらいのげんそく]

☞賃金支払いの五原則

■ 直接民主制
[ちょくせつみんしゅせい]

国民が直接的に政治を行う制度。民主主義の理念に最も忠実な制度であると考えられている。国民が直接、投票等により事実上重要な政策の決定を行い、また、行政府の長を直接選挙によって選出することができるという制度を伴っているのが一般的である。対立概念は、国民が代表者を選出することによって、代表者が政治を行う間接民主制である。

小規模で単純な社会構造の中では、直接民主制は機能しやすいと考えられているが、近代国家では、一堂に会して直接国民が政策等を決定しなければならない時間的、物理的な負担を考慮して、間接民主制が採用されることが多い。わが国も国家の統治制度としては、間接民主制を採用しているが、地方公共団体の長を住民が直接選出するしくみを採っている

など、直接民主制の要素も一部採用している。

■ 直接有限責任
[ちょくせつゆうげんせきにん]

☞間接有限責任／直接有限責任

■ 著作権
[ちょさくけん]

著作物を創作した者が有する権利で、著作財産権と著作者人格権の2つに分類される。一般的に著作権といえば著作財産権のことをさす。著作財産権は、複製権、上演権、演奏権、公衆送信権、伝達権、口述権、展示権、頒布権、譲渡権、貸与権、翻訳権、翻案権、二次的著作物の利用権などに分かれ、これらを総じて支分権という。

■ 著作権の存続期間
[ちょさくけんのそんぞくきかん]

著作権が著作権法上の権利として保護される期間（保護期間）のこと。著作権は著作物を創作した時点で自然に発生するとされており、著作者の死後70年が存続期間と定められている。ただし、無名・変名による著作物、団体名義の著作物、映画の著作物は、公表後70年が存続期間と定められている。著作権の存続期間は、計算を簡潔にするため、死亡や公表があった年の翌年の1月1日から起算することになっている。

これに対し、著作隣接権の存続期間は、実演やレコードの発行が行われた日の属する年の翌年から起算して70年、放送や有線放送が行われた日の属する年の翌年から起算して50年と定められている。

平成30年のTPP11協定に伴う著作権法改正により、平成30年12月30日以降、著作権や著作隣接権の存続期間のうち「50年」と定められていたものが「70年」に延長された（放送や有線放送を除く）。存続期間の延長は、平成30年12月30日の時点で存続期間を経過していない著作物

が対象になる。存続期間の延長は、平成30年12月30日の時点で存続期間を経過していない著作物が対象になる。

著作権法
[ちょさくけんほう]

著作物、実演、レコード、放送、有線放送に関して、著作者やこれに隣接する者の権利を定め、著作者等の権利保護と文化の発展に寄与することを目的に定められた法律。著作権法では、文化的創作物の公正な利用に留意しつつ、著作者の権利の保護を図るものとしている。

平成26年の改正では、紙の書籍が前提であった出版権の対象が電子出版にも拡大された。平成30年の改正では、著作権の存続期間が70年に延長されるとともに、デジタル化・ネットワーク化の進展に対応した柔軟な権利制限規定が整備された。後者の改正により、書籍などの所在検索サービスや、論文盗用などの情報解析サービスの提供が、著作権者に無許諾で可能になった。

著作者人格権
[ちょさくしゃじんかくけん]

著作物を創作した者が有する非財産的な権利。狭義の著作権(著作財産権)と異なり、人格的な権利を保護する。著作物を公表するか否か、いつどのように公表するかを決定する公表権、著作物に氏名を表示するか否か、実名か変名かを決定する氏名表示権、著作物の内容等を意に反して勝手に改変されない同一性保持権がある。なお、著作者人格権は著作権(財産権)とは異なり、一身専属の権利で、著作者の死亡(法人の場合は解散)により権利は消滅し、相続されない。

著作物
[ちょさくぶつ]

思想や感情を創作的に表現したものをいう。著作権法は、文芸、学術、美術または音楽に関する創作物を著作物として規定している。言語の著作物、音楽の著作物、建築の著作物、地図・図形の著作物、映画や写真の著作物などがある。なお、コンピュータ・プログラムやコンピュータで検索できるデータベースも著作物に含まれる。

著作隣接権
[ちょさくりんせつけん]

著作者以外の者のうち、著作物の伝達に重要な役割を果たす一定の者に認められる権利。具体的には、実演家、レコード製作者、放送事業者等である。著作隣接権者は、著作権者とは別に、複製権や放送権等のさまざまな権利を有する。

直系／傍系
[ちょっけい／ぼうけい]

直系とは、祖先・子孫のように血のつながりが縦の関係にある場合をいう。自分の父母や子を直系血族、配偶者の父母を直系姻族と呼ぶ。また、父母・祖父母のように自分より前の世代を直系尊属、子・孫のように自分より後の世代を直系卑属と呼ぶ。

傍系とは、兄弟姉妹、おじ・おば、いとこのように血のつながりが枝分かれして横の関係にある場合をいう。自分の兄弟姉妹等を傍系血族、配偶者の兄弟姉妹等を傍系姻族と呼ぶ。また、自分より前の世代を傍系尊属、後の世代を傍系卑属と呼ぶ。

直系尊属・直系卑属
[ちょっけいそんぞく・ちょっけいひぞく]

直系尊属とは、血統が直上する形で連絡する、自分より前の世代に属する親族のこと。たとえば、父母、祖父母が挙げられる。

直系卑属とは、血統が直下する形で連絡する、自分より後の世代に属する親族をいう。たとえば、子、孫が挙げられる。

■ 賃金支払いの五原則
[ちんぎんしはらいのごげんそく]

労働基準法が規定する労働者に対する賃金の支払いに関する原則。労働者にとっての生活保障の手段である賃金を確実に労働者が入手できるようにするための法律上の制限である。具体的には、賃金の支払いに関して、通貨払い、直接払い、全額払い、毎月払い（毎月1回以上、定期払い）、一定期日払い、の5つの原則が定められている。

■ 賃借権
[ちんしゃくけん]

賃貸借契約に従って、その契約の対象となる目的物を使用収益するなどの賃借人の権利。民法上、賃借人は、目的物を使用収益することができる点から、使用収益に必要な範囲で、賃貸人に対して修繕を求めることができる。また、修繕費用を賃借人が負担した場合には、これを賃貸人に償還するよう請求することができる。さらに、目的物の価値の増加が現存するような改良行為を行った場合、賃借人は、負担した費用または価値の増加額にあたる金銭を賃貸人に請求することができる。賃借権の存続期間は、平成29年成立の民法改正により、最長20年から最長50年に延長されている。

なお、賃借権は債権であり、原則として賃借権を第三者に主張することはできない。しかし、不動産賃借権については、借地借家法や農地法により賃借人の権利が強化されている（賃借権の物権化）。

■ 賃借権の更新
[ちんしゃくけんのこうしん]

賃貸借契約の期間満了後に、これを継続すること。民法上は、期間が満了した賃貸借契約を更新するか否かは、当事者の自由に任されている。しかし、不動産の賃貸借の場合、それでは賃借人の生活基盤を脅かすおそれがあるため、借地借家法により、修正が加えられている。同法によれば、借地権や借家権の目的物である不動産の賃貸人の側から更新を拒絶する場合には、正当事由が必要であり、正当事由の有無を判断する際には、立退料の支払いや賃貸人においてその不動産を使用する必要性などが考慮されなければならない。

■ 賃借権の譲渡
[ちんしゃくけんのじょうと]

賃借人（譲渡人）と譲受人との間の契約により、賃借人の地位が譲受人に移転されることをいう。民法は無断の賃借権の譲渡を禁止しており、賃貸人の承諾が必要であると規定している。賃貸人の承諾を得ると、元の賃借人は賃貸借契約関係から完全に離脱することが可能になる。

たとえば、賃貸人Aと賃借人Bとの間で、建物の賃貸借契約を締結していたところ、賃借人Bと第三者Cとの間で、賃借権の譲渡契約が結ばれたとする。そして、賃貸人Aが譲渡を承諾すると、もともとAB間で結ばれていた賃貸借契約は、賃借人をCとするAC間の賃貸借契約となり、元の賃借人Bは、この契約関係から完全に離脱する。

これと区別するべき概念に転貸借がある。転貸借を行う場合にも、賃貸人の承諾が必要であるが、元の賃借人が契約関係から離脱しない点で、賃借権の譲渡とは異なる。

■ 賃借権の対抗力
[ちんしゃくけんのたいこうりょく]

賃貸借契約において、賃借人が契約の目的物を使用収益することができる権利（賃借権）を、賃貸人以外の第三者に対して主張することができる効力のこと。

民法上、賃借権は債権であるため、原則として、賃借人は第三者に対して、賃借権を主張することはできない。しかし、不動産の賃借権については、賃借権の登

記を得ることで、第三者に主張することが認められている。

さらに、借地借家法において、賃借人の地位がより保護されている。つまり、土地賃借権は土地上の建物に登記があること、そして、借家権については建物の引渡しがあれば、賃借権の登記がなくても、第三者に賃貸借を主張することが認められている。

■ 賃借権の物権化
[ちんしゃくけんのぶっけんか]

特別の立法を通して、不動産賃借権が、存続期間・対抗力その他の面で、物権に近い効力を与えられるようになった現象。

本来、賃借権は債権であるため、債権関係にない第三者に賃借権の存在を主張（対抗）することはできない。しかし民法は、賃借権も登記を備えれば、第三者に対抗できると規定している。また、借地借家法は、借地上の建物について登記を備えているか、または、借家の引渡しを受けていると認められれば、対抗が可能であるという規定を設けている。

存続期間についても、賃貸人が異議や正当な事由を述べなければ、契約期間満了後も契約が更新される法定更新が制度化され、更新拒絶や解約申入れに正当な事由を必要とする定めが置かれるなど、賃借人を手厚く保護する規定が充実している。

■ 賃借権の無断譲渡
[ちんしゃくけんのむだんじょうと]

賃借人が賃貸人に無断で賃借人の地位を第三者に移転すること。賃借人は賃貸人に無断で賃借権を第三者に譲渡することはできず、無断譲渡は賃貸借契約の解除原因となるというのが、民法上の原則である。

もっとも、判例は、賃借人の無断譲渡行為が賃貸人に対する背信的行為と認めるに足りない特段の事情がある場合にお

いては、解除権は発生しないとしている。親から同居の息子へ賃借権の譲渡がなされた場合のように、譲渡がなされても利用の主体が実質的に変わらないときがこれに当たる。

なお、土地の賃貸借については、地主が賃借権の譲渡を承諾しなくても、地主の承諾に代わる許可を裁判所に求めることができる場合がある（代諾許可）。

■ 陳述
[ちんじゅつ]

訴訟法上、当事者やその他の訴訟関係人が、裁判所または裁判官に対して、口頭または書面で、法律上の主張または事実の供述をすること。

■ 賃貸借
[ちんたいしゃく]

貸主が借主に対して、ある物を使用収益させることを約束し、これに対して借主が賃料を支払うこと、および引渡しを受けた物を契約終了時に返還することを約束する契約。賃貸借契約は、貸主が目的物、借主が賃料という対価的意義のある給付をする有償契約で、貸主の目的物を使用収益させる債務と借主の賃料支払債務や目的物返還債務が対価関係にある双務契約である。さらに、実際の物の引渡しがなくても成立する諾成契約である。

なお、建物賃貸借契約または建物所有目的の土地賃貸借契約の場合、一般的に弱い立場にある借主の地位を考慮して、借地借家法によって借主の保護が行われている。

■ 沈黙の自由
[ちんもくのじゆう]

国民がいかなる思想を持っているかについて、表明することを強制されない自由。思想及び良心の自由（憲法19条）の保障の一形態である。

■ 賃料増減請求権
[ちんりょうぞうげんせいきゅうけん]

☞借賃増減請求権／賃料増減請求権／
地代等増減請求権

つ

■ 追加判決
[ついかはんけつ]

裁判所が請求の一部について判断をしなかった場合（裁判の脱漏）に、その部分について裁判所がする判決のこと。補充判決ともいう。

■ 追加予算
[ついかよさん]

予算作成後に生じた事由により必要となった経費の支出のために本予算に追加される予算のこと。予見し難い事態への対応としては、予備費の計上が認められているが、予備費でも対応できないような事態が生じた場合に、追加予算が編成される。なお、追加予算と修正予算とをあわせて補正予算という。

■ 追奪担保責任
[ついだつたんぽせきにん]

平成29年の民法改正直前に、売主の買主に対する法定責任として、ⓐ権利の全部または一部が他人に属する場合、ⓑ対抗力のある他人の権利（用益権、担保権）が存在する場合、ⓒ数量の不足または物の一部滅失の場合に、契約解除、代金減額請求、損害賠償請求等を定めていたもの。平成29年の民法改正により、契約不適合責任が導入されたことに伴い、追奪担保責任は廃止された。

■ 追徴
[ついちょう]

①納税額等が不足した場合に、後から徴収すること。
②刑法上、没収の目的物の全部または一部が没収できないときに、その物の価額の納付を強制する処分のこと。追徴は、犯罪時に没収可能であったが、事後的に法律上・事実上没収できなくなった場合に認められる。刑法総則が規定する通常の没収・追徴は、任意的なものであるが、賄賂については必要的である。このように刑法総則の規定とは異なる内容の追徴が認められている例として、通常は没収の対象とならない犯罪組成物件の価額の追徴が認められる例や、はじめから没収が不能あるいは不相当である場合にも追徴が認められる例がある。

■ 追認
[ついにん]

取消事由のある法律行為を後から確定的に有効とする意思表示。たとえば、未成年者のした法律行為を法定代理人が追認することにより、その法律行為は確定的に有効となり、以後取り消すことはできなくなる。また、無権代理において、効果帰属を認める本人の意思表示の意味としても使用される場合がある。

■ 通貨偽造罪
[つうかぎぞうざい]

行使する目的で、わが国で強制的な通用力を持つ貨幣や紙幣、銀行券など（内国通貨）を偽造または変造する罪。無期または3年以上の懲役に処せられる。外国の通貨を偽造・変造することによって成立する外国通貨偽造罪や偽造通貨を収得したことによって成立する偽造通貨収得罪などを含めて、通貨偽造罪の語を用いることもある。保護法益は、取引の基礎といえる通貨に対する公共の信用であることには異論がない。もっとも、さらに国の通貨発行権をも含めて保護しているとみるかは争いがある。

通貨の偽造とは、たとえば、カラーコピーなどによって偽の紙幣を作成することが挙げられる。しかし、一般人に真正

の通貨であると誤認させる程度のものでなければならず、この程度に至らない場合には、通貨及証券模造取締法の対象となるにすぎない。

これに対して、通貨の変造とは、権限のない者が、真正な貨幣を加工して、真正な貨幣に類似する物を作成することをいう。たとえば、紙幣に記載されている銀行券番号を変更する場合などが挙げられる。

■ 通貨偽造等準備罪
[つうかぎぞうとうじゅんびざい]

貨幣・紙幣・銀行券を偽造するか、真正な貨幣等を加工して虚偽の貨幣等を作成する目的で、印刷機等の器械やインク等の原料を準備する罪。本罪は、器械または原料の準備行為をとくに処罰する規定である。そのため、印刷機やインクを購入するために資金を調達する行為が、通貨偽造等準備罪の幇助犯に当たるか争いがあるが、判例は肯定している。通貨に対する公衆の信用を守るために規定されている。3月以上5年以下の懲役に処せられる。

■ 通貨払いの原則
[つうかばらいのげんそく]

☞賃金支払いの五原則

■ 通勤災害
[つうきんさいがい]

労働者が通勤途中に遭遇する負傷、疾病、障害または死亡といった災害をいう。労働者が通勤途上で交通事故に遭って、それが原因で負傷や障害を負った場合などが該当する。通勤災害と認定されると、労災保険から各種の給付が受けられる。

なお、通勤途上の事故によるものであれば、常に通勤災害に該当するのではなく、寄り道をして、普段の通勤の経路からはずれた場所で事故に遭った場合には、通勤災害とは認められない。

■ 通行地役権
[つうこうちえきけん]

地役権のうち、とくに他人の土地を通行する権利を目的とする権利をさす。地役権とは、自己の土地の便益のために、他人の土地を使用する権利のこと。たとえば、A所有の甲土地が周囲をBの乙土地に囲まれていて、公道に出るためには乙土地を通らなければならない場合、Bの承諾を得て、甲土地を要役地、乙土地を承役地として、Aが乙土地を通行することを目的とした通行地役権を設定できる。

■ 通告処分
[つうこくしょぶん]

罰金に相当する金額および没収に該当する物件または追徴金に相当する金額を納付すべき旨を通告する行政処分のこと。間接国税、関税等に関する犯則事件の調査によって、犯則の心証を得た場合に、反則者に対して理由を明示してなされる。

法定の期間内に納付が行われた場合には、以後同一事件について公訴を提起されることはないが、納付が行われない場合は、告発の手続がなされ、刑事手続に移行する。通告処分に対する不服は、刑事手続で争うべきものとされ、行政争訟の対象とはならない。

■ 通常共同訴訟
[つうじょうきょうどうそしょう]

共同訴訟の形態のひとつで、判決内容が共同訴訟人間で同一になる必要がなく、もともと別個の訴訟で審理されてもかまわなかったものが併合されたもの。必要的共同訴訟に対する語である。

通常共同訴訟においては、共同訴訟人の1人の訴訟行為、共同訴訟人の1人に対する相手方の訴訟行為および共同訴訟人の1人について生じた事項は、他の共同訴訟人に影響を及ぼさない（共同訴訟人独立の原則）。通常共同訴訟においては、裁判所は、ある共同訴訟人の訴訟について

弁論を分離することができ、一部判決をすることもできる。

■ 通常実施権
[つうじょうじっしけん]

特許法に基づき設定され、特許された発明を実施することができる権利。通常実施権を設定する場合は、専用実施権を設定する場合とは異なり、特許権侵害者に対する差止請求や損害賠償請求をすることはできない。また、独占的ではなく単に発明を実施できる権利のため、特許権者は同一内容の実施権を複数設定することができる。

■ 通常総会／定時総会／臨時総会
[つうじょうそうかい／ていじそうかい／りんじそうかい]

通常総会とは、毎年1回、決算期ごとに開催される株主総会または社員総会のことをいう。定時総会とも呼ばれている。年に2回以上利益配当を行う会社では、毎決算期ごとに開催する必要がある。本来は決算に関する決議を行うために開催されるが、その他の事項を決議することも可能であり、定款の変更や取締役の選任などの決議も行われる。

これに対して、臨時総会とは、必要に応じて随時招集される株主総会または社員総会のことである。通常総会（定時総会）と臨時総会の違いは、招集の時期にあり、決議できる事項には原則として違いはない。

■ 通常逮捕
[つうじょうたいほ]

裁判官があらかじめ発する逮捕状を執行することによってなされる逮捕。通常逮捕を行おうとする場合には、逮捕状を被疑者に示して行わなければならないのが原則である。なお、逮捕状の有効期間は7日間である。

■ 通信の秘密
[つうしんのひみつ]

手紙、電話、電報等の通信の秘密が保護されることをいう。憲法21条2項に規定され、その内容としては、公権力によって通信の内容および通信の存在自体を調査されないことと、通信業務従事者によって職務上知りえた情報を漏洩されないことが挙げられる。たとえば、犯罪捜査のために、通信事業従事者は、通信記録を自主的に捜査機関に報告することは、原則としてできない。ただし、在監者や破産者には一定の制限が設けられ、在監者の信書の発受や破産者による郵便物の開封は制限を受ける。

■ 通信販売
[つうしんはんばい]

一般的に新聞や雑誌、テレビ、インターネットを広告媒体とし、郵便、電話、メール等の通信手段により売買する取引のこと。通信販売では、消費者が商品を正確に認識できず、返品や解約といったトラブルが多いため、特定商取引法によって「返品の可否」「返品条件」「返品時の送料」などの表示義務や誇大広告禁止といった規制が定められている。

■ 通信傍受
[つうしんぼうじゅ]

今まさに行われている電話などの通信を、通信当事者以外の者がひそかに受信してその内容を調べること。平成11年に通信傍受法が制定され、捜査官がいずれの当事者の同意も得ることなく通信傍受を行うことが、強制処分の一種として許されている。通信傍受の対象は、電話・ファクシミリ・コンピュータ通信など電気通信が広く含まれる。通信傍受のためには、強制処分である点から、裁判官が発した傍受令状が必要である。

通信傍受の対象犯罪は、かつては組織的殺人、薬物関連犯罪、銃器関連犯罪、集

団密航に限定されていたが、平成28年の通信傍受法改正により、爆発物使用、現住建造物等放火、殺人、傷害、逮捕監禁、略取誘拐、窃盗、強盗、詐欺、恐喝、児童ポルノ関係犯罪が加えられた。いずれの対象犯罪も、通信傍受を行うためには、数人の共謀と疑われる状況にあることが必要である。

■ 通水用工作物の使用権
[つうすいようこうさくぶつのしようけん]

他人が設置した通水用の工作物を、土地所有者が利用する権利のこと。たとえば、土地の所有者が、所有地の水を流すために、高地または低地の所有者が設置した側溝や排水管などを利用する場合などが挙げられる。なお、土地所有者は、通水用の工作物を利用する限度において、工作物の設置の費用および保存の費用を分担しなければならない。

■ 通達
[つうたつ]

上級行政機関が下級行政機関に対して行う行政組織内部における命令。行政事件訴訟法上、通達の取消しを求めることができるかが争われたが、最高裁は通達が行政内部における命令に過ぎないことから、取消訴訟の要件である処分性を否定し、通達についての取消訴訟につき訴えを却下している。

■ 通謀虚偽表示
[つうぼうきょぎひょうじ]

☞虚偽表示／通謀虚偽表示

■ 付添人制度
[つきそいにんせいど]

①刑事訴訟で、証人に付添人を付き添わせることを認める制度のこと。証人の年齢や心身の状態、その他の事情を考慮して、証人が不安や緊張を感じるおそれがある場合には、裁判所は、検察官および被告人または弁護人の意見を聴いて、付添人をつけることができる。なお、被害者参加人が公判期日などに出席する場合にも、被害者参加人の諸事情を考慮の上、付添人を付き添わせることも認められている。

②少年事件で、事実認定の正確性、非行事実や要保護性に応じた処遇、少年のより良い処遇の実現を図るため、弁護士が少年に付き添って活動する制度。

■ 津地鎮祭事件
[つじちんさいじけん]

最高裁昭和52年7月13日判決。三重県津市は、体育館を建てるに際し、地鎮祭の費用を公金から支出した。この支出が憲法89条に反するとして、市議会議員Xが住民訴訟により訴えた。本件では、地鎮祭が憲法20条3項の禁止する宗教的活動に当たるかが争われた。最高裁はいわゆる目的・効果基準を持ち出し、本件地鎮祭の目的は専ら世俗的なものであり、その効果は、神道を援助、助長、促進し、または他の宗教に圧迫、干渉を加えるとは認められないことを理由として、憲法20条3項に反しないと判示し、Xの請求を棄却した。

■ つながらない権利
[つながらないけんり]

労働者が勤務時間外において、業務に関する連絡や業務への対応を拒否することができる権利。携帯電話やSNSの普及により、いつでも、どこにいても連絡を取ることが可能になったため、労働者の休日や休憩時間を尊重する観点から提唱されている概念である。完全ログアウト権と呼ばれることもある。

平成29年にフランスの法改正で、50人以上の労働者を雇用する企業を対象にして、労働者のつながらない権利に関する労使協定の締結などが明記されたことが契機になり、つながらない権利という概念が広がりつつある。日本では、いまだ法制化に至っていないが、労働者の休

日や休憩時間を確保する手段として注目されている。たとえば、休日に電子メールを受領できないシステムを導入している企業などが存在する。

て

■ 出会い系サイト規制法
[であいけいさいときせいほう]

出会い系サイトの利用に起因する児童買春その他の犯罪から児童を保護することを目的として制定された法律。正式名称は「インターネット異性紹介事業を利用して児童を誘引する行為の規制等に関する法律」。出会い系サイトの定義、罰則、児童の出会い系サイト利用の禁止、児童買春等の誘引行為の禁止などを規定している。平成20年成立の改正により、出会い系サイト運営者に対する規制が強化され、出会い系サイトを運営しようとする場合に公安委員会への届出が義務づけられた。

■ DNA鑑定
[でぃーえぬえーかんてい]

DNAの塩基配列を鑑定対象として個人識別を行う手法。判例は、DNA鑑定が理論的な正確性を持ち、実施につき技術を習得している者が科学的に信頼された方法で行った場合には、証拠として用いることができるとしている。また、DNA鑑定の証拠価値については、科学技術の発展により、新たに解明された事項等を加味して、慎重に検討すべきとの立場を示している。

■ TOB
[てぃーおーびー]
☞株式公開買付け／公開買付け／TOB

■ DV防止法
[でぃーぶいぼうしほう]
☞配偶者暴力防止法

■ 定款
[ていかん]

法人の組織と活動に関する根本規則。またはそのような規則を記載した書面または電磁的記録のこと。株式会社を設立するには、発起人が定款を作成し、全員の署名または記名押印が必要である。一般社団法人、一般財団法人にも同様の定めが置かれている。目的や名称など、定款に記載しなければ定款自体が無効になるような事項を絶対的記載事項という。

これに対して、定款に記載しなくても定款の有効性に影響は与えないが、記載しなければその事柄に効力が認められない事項を相対的記載事項という。その他の事項を定款に記載することも許されており、任意的記載事項と呼ばれている。

■ 定款変更
[ていかんへんこう]

定款を変更すること。定款とは、法人の根本規則であるから、その変更には慎重な手続が要求されており、一般社団法人では、原則として社員総会の特別決議が必要とされ、株式会社では、原則として株主総会の特別決議が必要とされる。もっとも、行政区画の変更の場合のように当然に定款変更がされる場合もあり、株式会社の特殊決議のように、定款変更を行うにはより厳格な要件が課されている場合もある。

■ 定期金債権
[ていききんさいけん]

定期的に、一定の金銭やその他の代替物の給付を受けることを目的とする債権。終身年金や恩給、地代、養育費などを受ける権利が該当する。終身年金を例にとると、権利の内容としては、生涯にわたって年金を受ける権利（基本権）と、その権利を前提にして、一定の期間の経過とともに、具体的に発生したその期間ごとの年金の給付を受ける権利（支分権）に分

けられる。定期金債権とは基本権をさし、支分権の方を定期給付債権という。

■ 定期行為・定期売買
［ていきこうい・ていきばいばい］

一定の期日ないし期間に履行がなされなければ、履行することに意味がなくなる行為のこと。とくに債務の性質が定期行為である売買契約のことを定期売買または確定期売買という。たとえば、子どもの誕生会のために予約したケーキの売買契約が定期売買に当たる。民法は定期行為について、当事者の一方が履行をしないで履行期が経過したときは、相手方は催告をせずに契約を解除することができると規定する。さらに、商法には定期売買に関する特則があり、商人間における定期売買は、当事者の一方が履行をしないでその時期を経過したときは、相手方が直ちにその履行の請求をした場合を除いて、契約の解除をしたものとみなされる。

■ 定期借地権
［ていきしゃくちけん］

借地借家法が存続期間について特別の定めを置いた借地権。契約の更新が行われず、当事者が予定した時期に、借地権を確実に消滅させることができるという性質を持つ。対立概念は普通借地権である。以下の3つの類型の定期借地権が定められている。

ⓐ一般定期借地権は、存続期間が50年以上の借地権を設定する場合に用いることができる。存続期間満了後、建物買取請求権を行使せず、建物を収去して更地にして土地を明け渡す特約を結ぶことになる。一般定期借地権の設定は、必ず書面で行わなければならない。

ⓑ事業用定期借地権は、存続期間を10年以上50年未満とする量販店や外食産業などの事業用借地権を設定するものである。居住用では設定できない。一般定期

借地権と同様、存続期間満了後、建物買取請求権を行使せず、建物を収去して更地にして土地を明け渡す特約を結ぶことになる。事業用定期借地権の設定は、必ず公正証書で行わなければならない。

ⓒ建物譲渡特約付借地権は、借地権設定の際に、30年以上を経過した日に、借地権の目的である土地の上の建物を、地主に相当の対価で譲渡する特約を結んでおくものである。つまり、譲渡時に借地権が消滅するという借地権である。建物譲渡特約付借地権の設定は、法律上は口頭でも可能である。

■ 定期借家権
［ていきしゃくやけん］

一定の期間が満了することにより、賃貸借契約が更新されることなく終了する借家権。借地借家法により、定期建物賃貸借として認められている。かつては、療養や親族の介護など、特定の事情がある場合にのみ、更新のない期限つきの借家契約を認めていた。現在では、このような特別な事情がなくても、一般的に定期借家権を設定する契約を結ぶことが可能になった。もっとも、定期借家権を設定するためには、賃貸人は、あらかじめ公正証書等により、契約の更新がないことを示し、賃借人にその旨の説明をしなければならないと規定されている。

■ 定期贈与
［ていきぞうよ］

定期の給付を目的とする贈与のこと。たとえば、在学中の学生に対して、毎月一定額の金銭を贈与するという契約などが該当する。定期贈与を行う期間については、当事者が契約で定める場合と定めない場合があるが、どちらの場合でも、特約がなければ、贈与者または受贈者の死亡により、この契約は終了する。

■ 帝銀事件

[ていぎんじけん]

最高裁昭和30年4月6日判決。帝国銀行椎名町支店で、行員と用務員16人に対し、薬と偽り毒物を飲ませ、12人が死亡した事件を受け、Yが逮捕・起訴された事件。Yは薬に関する知識がない画家であり、公判では一貫して無罪を主張していた。本件は初期捜査が遅れ、物証が乏しく、Yの自白が主たる証拠であったが、取調べの過程で拷問に近いことがなされ、自白の強要があったことが判明している。

しかし最高裁では、Yが真犯人であるとして、Yに死刑判決が言い渡された。死刑確定後、再三にわたり再審請求がなされたが、いずれも却下され、死刑は執行されないまま、Yは95歳で獄死した。

■ 定型約款

[ていけいやっかん]

定型取引において契約の内容とすることを目的として、特定の者により準備された条項の総体のこと。ここでの「定型取引」とは、特定の者が不特定多数の人を相手方として行う取引であって、その内容の全部または一部が画一的であることが当事者双方にとって合理的なものをさす。約款を利用した取引が一般化していることを踏まえて、平成29年の民法改正により明文化された。たとえば、オンラインショップの運営会社が準備する販売規約などが「定型約款」に該当する。

ただし、定型約款を契約内容とするためには、相手方が合意するか、または定型約款準備者があらかじめ定型約款を契約内容とすることを相手方に表示していたことが必要である。また、定型約款で示された契約内容が相手方の利益を一方的に害するものである場合には、定型約款としての効力が否定される。

■ 抵抗権

[ていこうけん]

国家権力が法や権利を侵害した場合に、人民が公権力に抵抗する権利のこと。人権思想の発達のうえで大きな役割を果たした考え方である。国家権力が人間の尊厳を侵害するような行為を行った場合に、国民自身が自分の権利や自由を守るため、他の合法的な救済手段が存在しないときに、法律上の義務を拒否するなどの抵抗行為を行うことがこれに当たる。

もっとも、現在の憲法の多くは、不法な権力の行使に対してあらかじめ憲法に是正手段を定めておくという憲法保障制度を置いているため、これによって憲法上の秩序が保たれると考えられている。わが国の憲法も、憲法の最高法規性を明らかにしており、事後的に違法な国家権力の行使を是正する違憲立法審査制が置かれており、抵抗権を認めているかどうかは明らかではない。

■ 停止条件

[ていしじょうけん]

将来発生するか否かが不確実である事実の発生を条件とし、その条件成就により、法律効果が発生すること。法律行為の効力の発生を停止している状態であることから、停止条件と呼ばれている。対立概念は、法律行為の効力が条件成就によって消滅する解除条件である。

停止条件の例として、「資格試験に合格したら学費を負担する」という場合が挙げられる。学費の負担という贈与契約の効力が、将来発生するか不確実な資格試験への合格という条件によって停止されている状態であり、条件が成就することで贈与契約の効力が生じることになる。

■ 呈示証券

[ていじしょうけん]

権利の行使のために、その証券の呈示が必要な証券。たとえば、約束手形は呈

示証券の例として挙げることができる。約束手形を所持している者は、手形金の支払いを受けるためには、振出人などの支払い義務を負う者に対して、実際に手形を示さなければならない。

なお、呈示証券の場合、証券に記載されている履行期日が経過しても、証券の所持人がそれを呈示して支払いを求めるまでは、債務者は履行遅滞の責任を負わないという特徴がある。

■ 定時総会
[ていじそうかい]

☞通常総会／定時総会／臨時総会

■ 抵触
[ていしょく]

一般に物事が衝突、矛盾することをさす。法的には、複数の法規範の間や、複数の権利の間、あるいは法律行為と法令の規定の間などで矛盾や齟齬が生じていること。また、ある行為が法令やルールに反していることも抵触という。

■ ディスクロージャー
[でぃすくろーじゃー]

☞企業内容等開示／ディスクロージャー

■ 貞操義務
[ていそうぎむ]

夫婦は互いに配偶者以外の者と性的関係をもってはならず、それぞれが性的純潔を保たなければならないという義務。民法に明文規定はないが、配偶者には同居・協力・扶助の義務が課されること、配偶者の不貞行為は離婚原因となり、不法行為として損害賠償責任の原因ともなることから、法律上の義務と解されている。

■ 定足数
[ていそくすう]

合議体の機関が議決をなす際に必要になる出席者の数のこと。たとえば、株主総会の普通決議においては、議決権を行使することができる株主の議決権について過半数を有する株主の出席が必要になる。

■ 低地通水権
[ていちつうすいけん]

高地の所有者が、所有地が浸水した際に乾燥させる必要がある場合、または、農工業用の余水を通過させるために、公の水流または下水道に至るまで、低地に水を流すことができる権利。この権利が認められないと、高地所有者は、莫大な経費をかけて排水施設を設置しなければならなくなり、高地の利用が妨げられることになる。それを防ぐため、民法によってこの権利が設けられた。なお、低地に水を流す場合には、低地の所有者に対して最も負担の少ない方法を選ばなければならない。

■ 定着物
[ていちゃくぶつ]

土地に付着する物。土地とあわせて不動産と呼ばれている。建物や樹木、土地に固定した機械が定着物の例として挙げられる。継続的に一定の土地に付着して使用されることが、その物の取引を行ううえでの性質であると認められたものでなければならない。たとえば、樹木は仮植なのか定植なのかによって、また、機械はボルトで固定しているものなのかコンクリートで定着しているものなのかという、土地に対する定着の度合いによって判断されることになる。もっとも、一定の条件を満たした樹木は、立木法に基づく登記により、土地とは独立の不動産とみなされる場合がある。

■ 抵当権
[ていとうけん]

目的物の引渡しを受けないで、その目的物の価値のみをあらかじめ把握しておくことで、債務者が債務を弁済しない場合に、その物を売却した価格から優先的に債権の弁済を受けることができる担保物権。目的物を実際に債権者のもとに引き渡させる質権や留置権とは異なり、目

的物自体は債務者の占有にとどめて使用収益を認めておき、価値のみを継続的に把握するところに特徴がある。債権が特定している（普通）抵当権と、極度額のみが定められており、不特定の債権のために設定される根抵当権の2種類がある。

たとえば、債権者Aから500万円を融資してもらった債務者Bが、債権の担保として、自己所有の土地（1000万円相当額）に、債権者Aのために抵当権を設定したとする。Bは、土地の使用収益を継続することで弁済の原資を得ることができる一方、仮にBが500万円を返済できなければ、Aは最終的にこの土地を売却した金銭から、債権を回収することができる。

抵当権消滅請求
[ていとうけんしょうめつせいきゅう]

抵当権が設定された不動産を売買等により取得した第三者が、抵当権者に対して、一定の金額を支払うことにより抵当権の消滅を請求する権利。抵当不動産について、抵当権の実行として差押えの効力が生じる前であれば、いつでも行使することができる。

抵当権消滅請求権は、抵当権が設定された不動産を取得した者について、抵当権が存在することで、以後の不動産の運用が困難になるなどの負担から解放される手段を与えることが目的である。抵当権消滅請求を受けた抵当権者は、呈示された金額に承諾して受け取るか、または、金額に不服のときは、抵当権を実行して競売を申し立てることができる。

なお、類似の概念に代価弁済がある。抵当権消滅請求は、抵当不動産を取得した第三者側から、抵当権者に対して、抵当権の消滅を請求する制度である。これに対して、代価弁済は、抵当権者が主体になって、第三者に代価を要求し、これに第三者が応じて弁済した場合に、抵当権が第三者のために消滅する制度である。
☞代価弁済

抵当権設定登記
[ていとうけんせっていとうき]

抵当権が設定されたことを登記簿に記載して、第三者に対する対抗力を付与すること。たとえば、抵当権が設定された土地が第三者に譲渡されて所有権移転登記がなされても、抵当権者は、この設定登記により、その新所有者に対して抵当権を主張できる。

登記申請の際に必要な登記事項（絶対的登記事項）としては、債権額、債務者の表示、複数の権利者がある場合の持分がある。また、利息に関する定め、債権に付した条件などがある場合には、それらも登記事項（相対的登記事項）になる。

抵当権の順位
[ていとうけんのじゅんい]

1つの物に対して複数の抵当権が設定されていて、抵当権が実行された場合に、優先的に弁済を受けることができる順位のこと。一般に、抵当権の順位は、登記の順番により決定される。抵当権の順位は、原則として入れ替えることはできないが（順位確定の原則）、順位が高い抵当権が消滅した場合には、それより順位が低い抵当権の順位が繰り上がることになる（順位昇進の原則）。もっとも、民法は例外的に、順位が変更される各抵当権者が合意している場合、順位に変更を生じる抵当権等についての利害関係人が承諾している場合などについて、順位の変更を認めている。

抵当権の順位の譲渡・放棄
[ていとうけんのじゅんいのじょうと・ほうき]

抵当権の順位の譲渡とは、先順位の抵当権者が後順位の抵当権者に順位を譲渡することである。抵当権が実行されて配当を受ける場合、この譲渡があると、後

順位の者が先順位の者に優先する。ただし、それぞれが受けられる優先弁済額に変更はない。

一方、抵当権の順位の放棄は、先順位の抵当権者がその順位を放棄することである。同じく配当を受ける場合、先順位の者と後順位の者が同順位となる。どちらも抵当権の処分に該当する。

■ 抵当権の順位の変更
[ていとうけんのじゅんいのへんこう]

抵当権の順位を変更すること。たとえば、乙区1番でAの抵当権、乙区2番でBの抵当権が登記されている場合、原則として、抵当権の順位は登記の順番によるので、Aの抵当権がBの抵当権に優先する。この順位は、AとBの合意により変更できると定められており、たとえば、AとBが合意によって、登記の順番とは逆に、Bの抵当権がAの抵当権に優先すると定めることもできる。ただし、この合意は、順位変更の登記をしなければ効力を生じない。

類似概念に抵当権の順位の譲渡がある。上記例で、Aの債権額が600万円、Bの債権額が900万円であったとする。この場合に、Aが自分の抵当権の順位をBに譲渡すると、Bは第1順位で、Aの債権額600万円の範囲で、優先的に弁済を受けることができる。優先弁済を受けることができる順位のみが譲渡されるのみで、優先弁済される債権額は、譲渡人の債権額の範囲に限られる点で、順位の変更と異なっている。

■ 抵当権の譲渡・放棄
[ていとうけんのじょうと・ほうき]

抵当権の譲渡とは、抵当権者がその抵当権を他の無担保の債権者に譲渡して、自分の債権を無担保にすること。抵当権の譲渡後、その抵当権は、譲受人の債権を担保することになり、譲渡人の担保はそれに劣後することになる。

一方、抵当権の放棄は、抵当権者が無担保の他の債権者に対して、その抵当権に基づく優先弁済権を放棄することである。抵当権の実行による配当に関して、放棄した抵当権者Aと放棄を受けた無担保の債権者Bは、同順位となる。つまり、放棄があると、Aの優先弁済権の枠内で、AとBの債権額で按分した金額の配当をAとBがそれぞれ受けることになる。

■ 抵当権の処分
[ていとうけんのしょぶん]

抵当権の譲渡・放棄、および抵当権の順位の譲渡・放棄の総称。単なる譲渡・放棄と、順位の譲渡・放棄は、原則として、処分の相手方が無担保の債権者か、それとも登記済みの抵当権者かで区別される。また、譲渡の場合は、譲受人が譲渡人に優先するが、放棄の場合は、放棄した者と受けた者が同順位となるという点で違いがある。

■ 抵当権の侵害
[ていとうけんのしんがい]

抵当権が設定されている不動産の価値を減少させる行為のこと。たとえば、その不動産を不法に占有する行為がこれに該当する。抵当権の侵害があると、抵当権の実行としての競売が妨げられ、抵当権の優先弁済請求権の行使が困難になる。

抵当権を侵害する行為に対しては、抵当権者に、侵害差止請求権、所有者への返還請求権、不動産の明渡請求権、損害賠償請求権が認められている。

■ 抵当権抹消登記
[ていとうけんまっしょうとうき]

抵当権が消滅した場合に、その抵当権に関する登記簿上の記載を抹消する登記。抵当権の抹消原因としては、弁済・混同・代物弁済・放棄・主債務の消滅・解除などがある。この登記は、原則として、抵当権設定者を登記権利者、抵当権者を登記義務者として、共同申請により行う。

■ 抵当直流れ
［ていとうじきながれ］

抵当権を設定しているが、被担保債権の弁済がされない場合に、強制執行の手続によらずに抵当不動産の所有権を抵当権者に直接移転させたり、抵当不動産を換金して弁済したりすること。いわゆる抵当権の私的実行に当たるので、当事者間での特約がなければ実行できない。

類似の概念に、質権に関する流質がある。このため、抵当直流れを流抵当という場合もある。なお、流質は法律で禁止されているが、抵当直流れは禁止されていない。ただし、抵当直流れが暴利行為となる場合には、公序良俗違反で無効になると解されている。

■ 抵当証券
［ていとうしょうけん］

抵当権とその被担保債権を1つに化体させた有価証券をさす。抵当証券法が規定している。経済的には金融商品のひとつ。不動産を担保に融資を行った抵当権者（抵当証券会社）が、債務者の同意を得たうえで法務局に申請し抵当証券の交付を受ける。抵当証券会社は抵当証券を小口化して、一般投資家（購入者）に販売する。そして、抵当証券会社は、債務者が定期的に支払う返済金の中から、購入者に元利金（元金と利息）を支払う。

■ 締約代理商
［ていやくだいりしょう］

代理商のうち、取引の代理を行う者のこと。たとえば、他の旅行業者のために旅行者との契約締結の代理をする旅行代理店が挙げられる。相手方と契約を締結する点で取次商と類似するが、代理商は本人の代理人として行動する点で、自己の名で行動する取次商とは異なる。

■ 定例会
［ていれいかい］

普通地方公共団体の議会で、定期に開かれる会期をさす。条例で定められた回数、開かれる。国会における通常国会（常会）に当たるものである。対立概念は臨時会であり、これは特定の事項について議決されるために招集されるものである。

■ 手形
［てがた］

発行者が、ある期日に一定の金額を支払うことを委託または約束することを記載した有価証券。証券上の権利の移転・行使だけでなく、その発生も証券によりなされる完全有価証券である。権利の流通促進という目的を達成するべく、画一的処理を可能にするため、権利と証券を結合させ、適法に証券を取得すれば確実に権利を行使できるようにした制度である。

■ 手形貸付け
［てがたかしつけ］

金銭の貸付けがなされる場合に、借用証書に代わって、またはそれとともに手形を交付すること。手形貸付けには、ⓐ手形不渡りになることを避ける必要があるため返済される確率が高くなる、ⓑ履行されなかった場合には手形訴訟という簡便な手続の訴訟ができる、ⓒ手形割引によって支払期日前に現金化することができるというメリットがある。

■ 手形行為
［てがたこうい］

手形を通じてなされる法律行為であり、署名を要件として、手形上の法律関係を発生または変動させる行為のこと。具体的には、約束手形、為替手形に共通するものとして、振出し、裏書、保証があり、為替手形についてのみなされるものとして、引受け、参加引受がある。

■ 手形行為独立の原則
［てがたこういどくりつのげんそく］

手形の振出し、裏書、第三者による保証などの行為が、それぞれ独立したものであることをいう。1つの手形になされ

た1つの行為が無効であっても、その無効は、その手形になされた別の行為には影響を与えない。この原則により、たとえば、前の手形の裏書が無効の場合であっても、後からなされた手形の裏書が無効になることはない。このように、先行の手形行為の有効性を確認することなく、後の手形行為を行うことができるため、先行の手形行為の有効性を確認する負担が軽減される。

手形行為能力
[てがたこういのうりょく]

有効な手形行為をすることができる能力のこと。民法の行為能力の規定が適用される。つまり、民法上の制限行為能力者は、手形行為能力を欠くことになる。手形行為無能力の抗弁は、物的抗弁として、善意の手形取得者に対しても主張できる。

手形交換
[てがたこうかん]

銀行が取引先から受け入れた他行払いの手形・小切手などを手形交換所に持ち寄って、銀行相互間で集団的に決済すること。

手形抗弁
[てがたこうべん]

手形上の権利行使に対して、その権利行使を拒むために手形債務者が主張する事由をいう。物的抗弁と人的抗弁の2種類があり、物的抗弁はすべての手形所持人に対して主張することができるが、人的抗弁は特定の所持人に対してのみ主張できる。

手形訴訟
[てがたそしょう]

手形による金銭の支払いを請求するために提起される訴訟のこと。手形が、簡易迅速な決済方法として、次々と流通することが予定されている有価証券であることを考慮して、手形訴訟も迅速な解決に向けられた諸制度が置かれている。た

とえば、証拠は原則として書証に限定され、また期日も原則として1日で終了させなければならない。

手形能力
[てがたのうりょく]

手形の権利義務の帰属主体になることができる地位（権利能力）と、手形法上の行為を有効に行うことができる能力（行為能力）のこと。手形行為が有効に成立するための実質的要件であるといわれている。手形権利能力は民法の権利能力に対応し、手形行為能力は行為能力に対応する。

手形の書換え
[てがたのかきかえ]

手形の満期日が到来した場合に、新しい手形を振り出して、実質的に手形の返済期日を延期すること。手形ジャンプともいう。一度振り出した手形の満期日を後から延期することになるので、本来は例外的な措置である。しかし、商業手形貸付を専門に行う業者などは、この手形の書換えを当然に予定している場合がある。満期日が訪れるたびに手形の書換えを繰り返すことによって、長期間にわたり資金の貸付けを行うことが可能になる。

手形の偽造・変造
[てがたのぎぞう・へんぞう]

手形の偽造とは、権限のない者が他人の名称を用いて手形に署名すること。一方、手形の変造とは、権限のない者が手形の内容を変更すること。偽造が名義を偽って手形行為をする行為であるのに対して、変造は、手形の内容を無権限で変更する行為である。変造があった場合には、変造後の署名者は変造後の文言による責任を負い、変造前の署名者は原文言による責任を負う。

手形の善意取得
[てがたのぜんいしゅとく]

裏書の連続のある手形を譲り受けた者

は、たとえ譲渡人が無権利であったとしても、譲渡人が権利を持たないことを知らず（善意）、知らないことに著しい不注意がない（無重過失）者が手形を取得すれば、権利者として保護されるとする制度。譲渡人が無権利の場合だけでなく、譲渡行為の瑕疵（代理権の欠缺や意思表示の瑕疵等）についても善意取得の対象になるかについては争いがあるが、近時の多数説は善意取得の成立を認めている。

■ 手形引受け
　　［てがたひきうけ］

　振出人から指定を受けた為替手形の支払人が手形債務を負担する行為。手形引受けは、券面上に「引受け」などの文言と署名を記載することでなされ、これによって引受人は、為替手形の主たる債務者となる。

■ 手形法
　　［てがたほう］

　広義には、手形に関する私法的規定の全体をさし、これを実質的意義の手形法という。狭義には、同名の法律をさし、これを形式的意義の手形法という。手形法は、手形の確実な支払いと流通性確保のため、手形の振出し、権利の移転、支払い、支払拒絶後の取扱いなどを全般的に規定している。

■ 手形保証／小切手保証
　　［てがたほしょう／こぎってほしょう］

　手形（小切手）の支払いを担保する行為で、券面上または補箋に「保証」などの文言と署名を記載することによってなされる手形（小切手）行為のこと。保証人は、債務者と同一の責任を負い、債務者が支払うべき金額や時効期間については、保証人にも適用される。また、債務者の債務が、手形の方式に欠陥（瑕疵）があることに基づく場合以外の原因で無効になっても、原則として保証債務は有効であると規定されている。

小切手の場合も、保証は認められているが（小切手保証）、支払人が保証することは小切手法により禁止されている。

　手形保証がなされると、むしろ保証された債務者の資力が疑われることになるので、共同振出や裏書の形式で事実上の保証（隠れた手形保証）がなされることが多い。

■ 手形要件
　　［てがたようけん］

　手形の振出しが有効となるための形式的要件であり、手形に必ず記載しなければならない法定の事項をいう。必要的記載事項、絶対的記載事項ともいう。たとえば約束手形文句、手形金額、満期が挙げられる。手形要件を欠く手形は無効である。手形要件は法定され、手形要件が具備されているか否かの判断は券面上可能であることから、手形要件の欠缺による無効主張は物的抗弁となる。

■ 手形割引
　　［てがたわりびき］

　満期前に手形を現金化するために、手形の所持人が、金融機関に手形を裏書譲渡すること。手形所持人は、満期日までの利息に相当する額や手数料を差し引いた金額を満期を待たずに入手することができる。手形割引の法的性質については、手形を担保とした消費貸借とみる説もあるが、手形上の権利の売買と解するのが多数説である。

■ 適格消費者団体
　　［てきかくしょうひしゃだんたい］

　消費者全体の利益を擁護するために活動するNPO法人や社団法人等であって、適格性を備えているとして消費者団体の認定を内閣総理大臣から受けた団体をさす。消費者トラブルを抱えた個人に代わって業者に対する差止請求を行うことができる。

　なお、平成25年に成立した消費者裁判

た行

手続特例法では、一定の要件を満たすとして内閣総理大臣が認定した特定適格消費者団体のみが、相当多数の消費者に生じた財産的被害の回復を目的とする被害回復裁判を提訴できるとされている。

■ 適時提出主義
[てきじていしゅつしゅぎ]

民事訴訟において、適正・迅速な審理を実現するため、訴訟資料の提出時期を進行に応じた適切な時期に限るとする原則。かつては、攻撃防御方法を随時提出できるとする随時提出主義が採用されていたが、訴訟遅延防止の観点から現行法では適時提出主義が採用された。適切な時期に提出されなかった訴訟資料も当然に失権するものではないが、当事者は適切な時期に提出できなかったことの説明義務を負い、時機に後れた攻撃防御方法として却下される場合がある。

■ 適正手続／デュー・プロセス
[てきせいてつづき／でゅー・ぷろせす]

人権保障を全うするため、人権を制約するときは、適正かつ公正な手続を踏まなければならないとする考え方をさす。アメリカ合衆国憲法において、デュー・プロセスと呼ばれている考え方であり、「適正手続」と和訳されて、わが国にもたらされた概念である。わが国の憲法では、法律の手続によらなければ、生命・自由を奪われ、またはその他の刑罰が科されることはないと定められている（憲法31条）。さらに、刑事手続を法定するだけでは足りず、そこで規定される内容が適正であることも含めて、適正手続の語を用いる立場もある（実体的デュー・プロセスの理論）。また、行政手続についても適正手続の保障が及ぶ余地があると考えられており、判例でも肯定されている。

■ 敵対的買収
[てきたいてきばいしゅう]

買収の対象会社の経営者に対して友好的ではない買収をさす言葉。通常は、買収対象会社の取締役会による同意を得ずに、既存の株主から株式を買い集めて企業を買収することをいう。議決権の3分の1以上の株式を保有することで株主総会の特別決議を拒否することができ、過半数を保有することで経営を支配することができることから、対象企業の株式の議決権の3分の1以上、もしくは過半数の取得を目標に買収活動が行われる。

■ 適用
[てきよう]

法令が予定している事象に対して、現実にその規定をあてはめること。たとえば、殺人犯Aに死刑（刑法199条）を科す場合には、「Aに対して刑法199条が適用された」と表現する。適用は、法令が予定している対象に対して行われる点で、類推適用と異なる。

☞準用

☞類推適用・類推解釈

■ 適用違憲
[てきよういけん]

違憲訴訟における違憲判断の方法のひとつで、法令の規定自体は違憲とせず、当該事件における具体的な適用だけを違憲と判断する方法のこと。適用違憲には、法令の限定解釈が不可能である場合と、内容としては合憲的な法令を違憲となるように解釈運用する場合の2類型がある。

限定解釈が不可能な場合とは、合憲的に適用できる部分と違憲的に適用される可能性がある部分とが不可分な場合に、法令全体を事件に適用することが違憲であると解釈する方法である。

法令を違憲となるように解釈運用する場合とは、法令の合憲解釈が可能であるにもかかわらず、あえて憲法で保障された権利・自由を侵害するような形で、その法令を解釈適用する行為を違憲とする解釈する方法をいう。

■ 適用除外
[てきようじょがい]

法律の規定を一定の場合に適用しないこと。特定の人や事項に適用しない場合や、適用されないケースを設ける場合などがある。

■ 撤回
[てっかい]

意思表示の効果を将来に向けて消滅させること。これに対して、過去にさかのぼって意思表示の効果を消滅させることを取消しという。撤回と取消しは概念上区別されるが、条文上は、撤回を表す場合に「取消し」の語が用いられていることがある。取消しについては、取消原因がない場合には取り消すことができない。撤回の場合は、取消原因は不要であるが、当事者間ですでに権利義務が生じている場合には、原則として撤回することはできない。

■ 手付
[てつけ]

売買契約や請負契約を結ぶ際に、買主や注文主が相手方である売主や請負人に対して交付する金銭その他の物をさす。一般的には金銭であることが多いので、手付金ともいう。

手付が交付される場合には、目的に応じてさまざまな効力が認められている。たとえば、手付の交付が契約締結の証拠となる場合（証約手付）があり、すべての手付に備わっている効力であると考えられている。また、契約違反があった場合に、損害賠償とは別に没収される金銭として、手付が交付される場合（違約手付）もある。そして、手付の金額に相当する額の損失のみを負担することによって、任意に契約を解除することができるという機能を果たす手付（解約手付）もある。

民法は、当事者が解除権を留保するために手付を交付したもの（解約手付）と推定するという規定を置いている。つまり、買主は交付しておいた手付の返還をあきらめることで、自由に契約を解除することが可能になり（手付流し）、売主としても、手付金額の倍額を交付することで、契約を解除することができる（手付の倍返し）。

■ 手付流し・手付倍返し
[てつけながし・てつけばいがえし]

手付流しとは、売買契約に際し、買主が手付を放棄して売買契約を解除することである。買主は、手付を放棄すれば、これ以外に手付流しによる契約の解除に伴う損害賠償を行う必要はない。

一方、手付倍返しとは、売買契約に際し、手付の交付を受けた売主が、手付の倍額を支払って契約を解除することである。売主は、手付の倍額を支払えば、これ以外に手付倍返しによる契約の解除に伴う損害賠償を行う必要はない。

■ 手続法
[てつづきほう]

実体法上の権利や義務を実現するための手続や方法に関する法律のこと。技術的な定めや、具体的な手段に関する規定が多く置かれている。たとえば、民事訴訟法や刑事訴訟法が典型例である。対立概念は実体法である。

■ デット・エクイティ・スワップ
[でっと・えくいてぃ・すわっぷ]

会社の財務改善の手法のひとつ。負債（デット＝DEBT）と資本（エクイティ＝EQUITY）を交換（スワップ＝SWAP）すること。英語の頭文字をとってDESということもある。

たとえば、ある金融機関が、会社に3000万円を貸し付けていたとすると、会社は形式的には3000万円を返済するが、実際にはこの3000万円をそのまま会社の増資（株式発行）に充てるという手法である。この操作によって、会社としては返済義務のある借金が減り、返済の必要のない

資本が増えることになる。債権者は貸付金を回収できない代わりに、会社の経営に参加することができるようになる。

■ デュー・プロセス
[でゅー・ぷろせす]

☞適正手続／デュー・プロセス

■ 電気窃盗
[でんきせっとう]

電気を盗んで用いること。窃盗罪が成立するためには、窃盗の客体が財物であることが必要であるが、旧刑法下においては、電気が財物に当たるか否かが争われた。現行の刑法は、財物の中に電気が含まれることを明らかにしている。

■ 典型契約／有名契約
[てんけいけいやく／ゆうめいけいやく]

法律に名称や内容が定められている契約類型をさす。民法は、贈与、売買、交換、消費貸借、使用貸借、賃貸借、雇用、請負、委任、寄託、組合、終身定期金、和解の13種類の契約に関して規定を置いている。法律で名称が規定されていることから、有名契約とも呼ばれている。

対立概念は、非典型契約ないし無名契約と呼ばれるものである。法律に名称や内容が規定されていないため無名契約と呼ばれている。たとえば、出版契約やラジオ・テレビへの出演契約、プロ野球やプロサッカー選手の専属契約、ホテルの宿泊契約、リース契約などが例として挙げられる。

■ 電子記録債権
[でんしきろくさいけん]

発生または譲渡について電子記録債権法の規定による電子記録を要件とする金銭債権のこと。事業者は、インターネットを通じた債権の売買も可能で、期限前の換金や分割換金も可能になる。また、電子記録債権法は、取引の安全を重視し、一定の瑕疵ある意思表示による取消しの対抗力を弱める規定などを置いている。

■ 電子計算機使用詐欺罪
[でんしけいさんきしようさぎざい]

銀行が管理するATM機等、取引上使用される電子計算機に、虚偽・不正の指令を与えて財産権に関する虚偽の電磁的記録を作るか、または虚偽の電磁的記録を取引上使用して、財産上不法の利益を得る罪。たとえば、銀行のATM機に、実際には入金がないのにあったかのような情報を与える行為は前者の類型として、内容虚偽のプリペイドカードを使用する行為は後者の類型として、本罪により罰せられる。

本罪の立法趣旨は、詐欺にも窃盗にも当たらないような、コンピュータに対する詐欺的行為を処罰する点にある。保護法益は、個人の財産である。10年以下の懲役に処せられる。

■ 電子計算機損壊等業務妨害罪
[でんしけいさんきそんかいとうぎょうむぼうがいざい]

人が商業活動や業務上使用するコンピュータ等の電子計算機、もしくはそのディスク内に内蔵されているデータ等の電磁的記録を損壊するか、または電子計算機に虚偽の情報・不正な指令を与え、もしくはその他の方法で電子計算機の動作を阻害する罪。不正な指令として、コンピュータウイルスに感染させることが、その他の方法として、通信回路の切断や、温度・湿度などの動作環境の破壊が挙げられる。今日では、コンピュータが損壊される形での業務妨害が最も深刻であることから、偽計・威力業務妨害罪よりも重く処罰される。保護法益は、電子計算機による業務の円滑な遂行である。5年以下の懲役または100万円以下の罰金に処せられる。

■ 電子公告
[でんしこうこく]

公告方法のうち、電磁的方法により不

特定多数の者が情報の提供を受けることができる状態に置く措置であって、法務省令で定める方法のこと。具体的には、会社がインターネット上の Web サイトに公告することをさす。電子公告を会社の公告方法とした場合には、会社はその URL を登記しなければならない。

■ 電子署名／電子認証
[でんししょめい／でんしにんしょう]

電子署名とは、電子情報の発信者が確かに本人であることを確認するための技術。当該情報が当該措置を行った者の作成によるものであることを示すことが可能になり、当該情報について改変が行われていないかどうかを確認することができる。電子署名は、紙文書における署名に当たり、受領した電子文書に電子署名が行われていれば、電子文書の作成者を特定することが可能になり、電子署名が行われて以降、誰も電子文書の改ざんを行っていないことを証明することができる。電子署名がなされた電磁的記録は、真正に成立していると推定される。

電子認証とは、電子署名が本人のものであることを証明することをいう。

■ 転質
[てんしち]

質権者が、質物を自己の債務の担保としてさらに質入れすること。転質には、質権設定者の承諾を得て行う承諾転質と、その承諾を得ないで行う責任転質がある。

■ 電子提供措置
[でんしていきょうそち]

インターネット上のウェブサイトでの情報の提供など、電磁的方法によって株主が必要な情報を得ることができる状態にしておくこと。株式会社が電子提供措置をとる場合には、定款に電子提供措置をとる定めを置くとともに、その定めを登記しておく必要がある。

電子提供措置により株主に提供することができる情報として、①株主総会参考書類、②議決権行使書面、③計算書類や事業報告、④連結計算書類が挙げられる。たとえば、電子提供措置をとることについて定款で定めを置いている株式会社の取締役は、株主総会の通知を電磁的方法により通知する場合には、株主総会の日の3週間前の日、あるいは株主総会の招集通知を発した日のいずれか早い日から、株主総会の日から3か月を経過するまでの間、継続して電子提供措置をとらなければならない。

■ 電磁的記録
[でんじてききろく]

電子的または磁気的な方法によって、人の視覚や聴覚などの知覚で認識することができないような記録のこと。電子計算機 (コンピュータ) による情報処理が行われることが予定されているものをいう。たとえば、磁気テープ、磁気ディスク、ICメモリーなどが例として挙げられる。刑法は、電磁的記録を不正に作出すること、および不正に作出した電磁的記録を他人の事務処理に使わせる行為を犯罪として処罰の対象としている。

■ 電磁的記録不正作出および供用罪
[でんじてききろくふせいさくしゅつおよびきょうようざい]

電磁的記録不正作出罪とは、業務上の処理を誤らせる目的で、銀行の預金ファイルなど、その業務で使用される電磁的記録を不正に作出する罪。たとえば、はずれの勝ち馬投票券の裏の磁気情報部分を改ざんする行為などが挙げられる。電磁的記録に対する公衆の信用を守るために規定された。5年以下の懲役または50万円以下の罰金に処せられる。また、公務所または公務員により作られるべき電磁的記録を不正に作出したときは、10年以下の懲役または100万円以下の罰金に処せられる。

電磁的記録不正供用罪とは、不正に作られた電磁的記録を、業務上の処理を誤らせる目的で、その業務の際に使用させる罪。たとえば、電磁的記録として存在している銀行の顧客元帳ファイルに対して、不正に虚偽の情報を入力する行為などが挙げられる。保護法益、法定刑は不正作出罪と同様である。

■ 電磁的方法による議決権行使
[でんじてきほうほうによるぎけつけんこうし]

電子メール等によって議決権を行使することである。電子投票ともいわれる。株式会社の取締役は、株主総会に出席しない株主が電磁的方法によって議決権を行使することができる旨を定めることができる。取締役会設置会社では、取締役会の決議によって定める。この場合、株主は電磁的方法で議決権を行使することができ、その議決権数は、出席株主の議決権数に算入される。

■ 電子投票
[でんしとうひょう]

①選挙人が、投票所において電磁的記録式投票機を操作することにより投票を行うこと。投票機に記録されている公職の候補者のうちその投票しようとする者を選択し、かつ、当該公職の候補者を選択したことを電磁的記録媒体に記録する方法によって行う。条例の定めにより、地方公共団体の議会の議員および長の選挙について、電子投票によることができる。
②一般に、選挙やアンケートなどの投票をコンピュータやネットワークを利用して行うこと。
③会社法が定める電磁的方法による議決権行使のこと。

■ 電子認証
[でんしにんしょう]
☞電子署名／電子認証

■ 転籍
[てんせき]

戸籍法上、本籍地を変更すること。転籍により本籍が別の市町村となる場合は、新しい本籍地を管轄する役所で戸籍が編製され、それまでの戸籍は除籍される。なお、人事異動の方式として、労働契約関係を解消し、新たに別の雇用先と労働契約関係を成立させ、移籍することも転籍と呼ばれる。

■ 伝染病隔離者の遺言
[でんせんびょうかくりしゃのいごん]

伝染病により隔離された場所にいる場合に、警察官1人と証人1人の立会いの下で作成する遺言のこと。遺言者、立会人は各自遺言書に署名押印する必要がある。ただし、普通方式の遺言をすることができるようになり、その時から6か月間生存した場合は、伝染病隔離者の遺言方式で行った遺言の効力は生じなくなる。

■ 転貸借
[てんたいしゃく]

賃借人が賃借物を第三者に貸すこと。賃借人を転貸人、第三者を転借人とする転貸借契約が締結される。たとえば、賃貸人Aが賃借人Bに建物を月10万円で賃貸していたところ、BがAから賃借した建物を転借人Cに月12万円で賃貸する場合が挙げられる。転貸借があっても、賃借人（転貸人）Bが契約関係から離脱せず、賃貸人との間では賃借人の地位のままである。

転貸借をする場合には、賃貸人の承諾が必要であり（民法612条）、承諾がない転貸借（無断転貸）は、賃貸人による契約解除事由となる。賃借人が賃貸人の承諾を得て適法に転貸借をしたときは、転借人は、賃貸借契約に基づく賃借人の債務の範囲を限度として、賃貸人に対して転貸借に基づく債務を直接履行する義務を負う（民法613条1項）。上記事例のCは、

ＡＢ間の賃貸借契約における月10万円の範囲を限度として、Ａに対して直接賃料を支払う義務を負う。

■ 転抵当
　[てんていとう]

　抵当権者が抵当権を自己の債務の担保とすること。たとえば、ＡがＢに対して抵当権付債権を有している場合、ＡがＣから借入れをするときに、Ｂに対する抵当権を担保としてＣに提供する場合などが挙げられる。この場合、原抵当権が実行されると、まずＣが優先弁済を受け、残余があればＡに配当される。

■ 転得者
　[てんとくしゃ]

　①目的物の売買を起点として、買主からその目的物を取得した第三者がおり、さらにその第三者から目的物を取得した者をさす。たとえば、売主Ａが買主Ｂに不動産を売った場合、買主Ｂから不動産を取得したＣが第三者、さらにそのＣから不動産を取得したＤが転得者にあたる。②詐害行為取消権を行使する場合に、受益者から詐害行為の対象物を譲り受けた者をさす。たとえば、ＡがＢに金銭債権を有していた場合で、Ｂが唯一の財産をＣ（受益者）に譲渡し、さらにＣがその財産をＤに譲渡したとき、Ｄが転得者にあたる。平成29年の民法改正により、転得者に対して詐害行為取消権を行使するための要件が厳格化された。具体的には、Ｃに対して詐害行為取消権を行使できる場合で、Ｄが転得時にＢからＣへの譲渡がＡを害することを知っていたときに限り、ＡはＤに対して詐害行為取消権を行使できる。かつてはＣが善意でもＤが悪意であれば、Ｄに詐害行為取消権を行使できた。しかし、改正後はＣが善意のときは、ＣだけでなくＤにも詐害行為取消権を行使できないことになる。

■ 天然果実
　[てんねんかじつ]

　ある物（元物）を、経済的な利用方法に従って用いることで得られる収益のこと。たとえば、牛から産出する牛乳や、果物などが挙げられる。対立概念は、法定果実である。

■ 天皇機関説
　[てんのうきかんせつ]

　天皇を国家という法人の機関であると考える見解。明治憲法下で、美濃部達吉が唱えた主張である。元々ドイツで主張されていた、国家法人説を日本に当てはめた見解である。天皇を国家の最高機関と位置づけつつも、統治権自体は国家という法人にあると解する見解であったため、天皇の神格化が強調されていた明治憲法下では弾圧の対象となり、著書の発売や学校でこの説を教授することが禁止された。

■ 天皇の権能
　[てんのうのけんのう]

　天皇が有する権利ないし能力のこと。日本国憲法は、天皇の権能を大幅に限定しており、形式的・儀礼的な国事に関する行為（国事行為）のみを行い、国政に関する権能を持たないとしている（憲法4条）。国事行為の具体的な内容は、憲法6条・7条に列挙されている。すべての国事行為には、内閣の助言と承認が必要である。

■ 天皇の公的行為
　[てんのうのこうてきこうい]

　天皇の行為のうち、象徴としての地位に基づいて認められる行為。国事行為でもなく、純粋な私人としての行為でもないため境界が不明確であり、天皇の行為としてこのような類型を認めるべきか争いがある。公的行為には、たとえば、国会開会式に参列して「おことば」を述べるような行為が含まれる。

■ 天皇の国事行為
　　[てんのうのこくじこうい]
　　☞国事行為／天皇の国事行為

■ 添付情報
　　[てんぷじょうほう]

　登記を申請するために提出する情報で、申請情報に関する登記が申請できる根拠を証明するための情報のこと。平成17年の不動産登記法改正前の書面による登記申請の場合には、添付書類といわれていたが、改正によりオンライン申請が導入されたため、添付情報といわれるようになった。具体的には、登記義務者本人が申請していることを確認する登記識別情報、登記の原因を示す登記原因証明情報、第三者の許可または承諾を証する情報などがこれに当たる。

■ 転付命令
　　[てんぷめいれい]

　債権執行の方法のひとつ。被差押債権を、支払いに代えて差押債権者に移転させる裁判所の命令のこと。これにより差押債権者は事実上の優先弁済を受けられるが、第三債務者が現実に弁済できるかどうかについては、差押債権者がリスクを負担しなければならない。
　　☞第三債務者

■ 伝聞証拠
　　[でんぶんしょうこ]

　公判廷における供述に代えて書面を証拠とする場合、または、公判廷外における他の者の供述を内容とする供述を証拠とする場合であって、原供述の内容の真実性が問題となる証拠のこと。
　伝聞証拠は、公判廷における供述と異なり、宣誓証人のように偽証罪に問われるおそれもなく、反対尋問による真実性のチェックもなされず、裁判官が証人の供述態度等を観察することもできないため、真実性の担保が低い。そこで、伝聞証拠は、原則として証拠能力が否定される。とくに、相手方当事者による反対尋問は重視されており、そもそも伝聞証拠の定義について、反対尋問によるテストを経ていない供述証拠であると解する立場もある。
　なお、伝聞証拠に原則として証拠能力を認めない原則を伝聞法則という。もっとも刑事訴訟法は、伝聞法則の例外にあたる場合を複数規定している。

■ 伝聞法則
　　[でんぶんほうそく]

　伝聞証拠（反対尋問を経ていない供述証拠）の証拠能力が原則として否定されるという法則。もっとも、伝聞証拠は、すべて排除されるわけではなく、伝聞証拠を利用する必要性と、原供述がなされたときの情況から見て、反対尋問による吟味に代わる程度の信用性の情況の保障があるときには、例外的に許容される。この信用性の情況的保障のことを、特信性や特信情況という。伝聞証拠が例外的に許容される場合について、刑事訴訟法が、書面および証言の性質に応じて、規定を置いている。

■ 填補賠償
　　[てんぽばいしょう]

　債務不履行があった場合の損害賠償の種類のひとつで、本来的給付に代わる賠償のこと。「債務の履行に代わる損害賠償」ともいう。遅滞賠償（債務の履行が遅れたために生じた損害の賠償）に対する概念である。平成29年の民法改正により、ⓐ履行不能のとき、ⓑ債務者が債務の履行を拒絶する意思を明確に表示したとき、ⓒ債務が契約によって生じたものである場合に、その契約が解除され、または債務不履行による契約解除権が発生したときに、填補賠償を請求できることが明示された（民法415条2項）。

■ **転用物訴権**
　　［てんようぶつそけん］

　契約上の給付が、契約の相手方のみならず第三者の利益にもなった場合に、当該給付者が、第三者に直接利得の返還を請求する権利のこと。

　たとえば、AがBにブルドーザーを賃貸していたが、Bが使っているうちに故障してしまい、BはCに修理を依頼した。Cが修理を終えたブルドーザーをBに返却したところ、Bは倒産し、Aは賃貸していたブルドーザーを引き上げた。このとき、Cが資力のないBではなく、Aに対して不当利得の返還を請求したという場合である。この例は、ブルドーザー事件といわれる判例の事案であるが、判例は、Cの損失とAの利益を認め、両者の間には直接の因果関係があるとして、Cによる不当利得返還請求を認めた。

と

■ **問屋**
　　［といや］

　自己の名をもって他人のために物品の販売または買入れをすることを業とする者のこと。「自己の名をもって」とは、行為から生じる権利義務の主体に自己がなることをいう。「他人のために」とは、行為の経済的効果が他人に帰属することをいう。たとえば、証券会社が挙げられ、客から株式売買の依頼を受け、証券会社が株式売買の当事者となるが、その経済的効果は客に帰属する。

■ **問屋営業**
　　［といやえいぎょう］

　自分が直接売買契約の当事者となって、他人の計算で物品の販売または買入れをする営業のこと。「他人の計算」とは、取引による損益が他人（委託者）に帰属する

ことを意味する。問屋営業の典型例として、証券会社における証券の売買仲介がある。

■ **同意殺人罪**
　　［どういさつじんざい］

　☞自殺関与罪／同意殺人罪

■ **同意書面**
　　［どういしょめん］

　検察官と被告人がともに証拠とすることに同意をした書面。同意書面は、伝聞証拠に当たる場合であっても、その書面が作成されたときの情況を考慮して相当と認めるときには証拠とすることができる。条文上は明示されていないが、弁護人も包括代理権に基づいて、被告人の意思に反しない限り、同意することができる。

　なお、被告人が出頭しなくても証拠調べを行うことができる場合において、被告人が出頭しないときは、代理人または弁護人が出頭したときを除いて、同意があったものとみなされる。これを擬制同意という。

■ **同意堕胎罪**
　　［どういだたいざい］

　妊婦の依頼を受け、または妊婦の同意を得て堕胎させる罪。胎児の生命・身体の安全とともに、母体の生命・身体の安全を守るために規定された。2年以下の懲役に処せられる。

■ **統一手形用紙・統一小切手用紙**
　　［とういつてがたようし・とういつこぎってようし］

　全国銀行協会連合会が、手形や小切手の基準を統一化して、手形等の濫用を防ぐ目的で、規格や様式を定めた用紙のこと。一般的に手形用紙・小切手用紙というときは、統一手形用紙・統一小切手用紙をさし、各銀行で採用されている。手形を資金化するためには、統一手形用紙を使用している必要があり、この用紙を使用したものでなければ銀行で支払いを

受けることができない。同様に、小切手の受取人が銀行から支払いを受けるためには、統一小切手用紙を持参しなければならない。

■ 同一労働同一賃金
[どういつろうどうどういつちんぎん]

提供された労働の価値が同じであれば、それに対して支払われる賃金も同じでなければならないという原則。労働基準法3条では、労働者の国籍、信条、社会的身分を理由に、労働条件について差別的取扱いをしてはならないと規定し、同法4条では、女性であることを理由に、賃金について男性と差別的取扱いをしてはならないと規定している。これらの規定が同一労働同一賃金の根拠となる。

もっとも、わが国では正規雇用者（正社員）と非正規雇用者（非正規社員）との間には、賃金をはじめとする労働条件に大きな格差があるのが現実である。そのため、パート有期労働法では、ⓐ職務内容（業務の内容・責任の程度）が正規雇用者と同一で、ⓑ職務内容の範囲や配置の変更の範囲も正規雇用者と同一と見込まれる非正規雇用者について、待遇に関する差別的取扱いを禁止することが規定されている（均等待遇規定）。その他にも、平成30年に厚生労働省が「同一労働同一賃金ガイドライン」を公表しており、待遇差の改善に向けた基本的な考え方などを示している。

■ 登記
[とうき]

登記官が、登記簿という公の帳簿に一定の事項を記載・記録する行為、またはその記載自体のこと。登記には、土地や建物に関する不動産登記、会社等に関する商業登記、成年後見制度の利用者の公示に関する成年後見登記、動産の譲渡の記録に関する動産譲渡登記などの種類がある。たとえば、不動産登記の場合には権利の内容や権利の帰属先が、商業登記の場合には会社等の所在地や規模、代表者等の概要が、登記により広く社会に公示されることになる。登記に記載された事項が広く開示されることで、権利の保護や取引の安全が図られる。わが国では、登記は第三者に対する対抗要件と位置づけられており、虚偽の登記名義人から財産を取得した者に対して、その所有権を認めるという公信の原則は採用されていない。

■ 動議
[どうぎ]

合議体の会議において、予定以外の議題をその構成員が提出すること、また、提出された議題のこと。国会法や地方自治法では、修正動議や懲罰動議の発議には一定の数以上の賛成者を必要とする旨を定めている。

■ 登記原因
[とうきげんいん]

登記の対象となる権利変動の原因となった事実のこと。たとえば、所有権の移転登記であれば売買、贈与、代物弁済、時効取得等が、登記原因に該当する。また、更正登記を申請する場合にも、必ずその原因となる事実を表記しなければならない。更正登記の登記原因としては、たとえば、錯誤や遺漏などが挙げられる。

■ 登記権利者・登記義務者
[とうきけんりしゃ・とうきぎむしゃ]

申請される登記により登記上の利益を受ける者を登記権利者、同じくそれにより不利益を受ける者を登記義務者という。たとえば、AがBに対して土地を売却した場合に行う所有権移転登記に関しては、この登記により新しく登記名義人となるBを登記権利者、反対にこれにより登記名義人ではなくなるAを登記義務者という。なお、登記義務者と登記権利者の双方が申請人となって行う登記の方式を

共同申請という。

党議拘束
[とうぎこうそく]

国会での議決や内閣総理大臣の指名選挙などの際に、政党の執行部から政党所属議員に対して、特定の行動をとるよう働きかけること。たとえば、Aという法案について、賛成の票を投じるよう働きかけることなどが挙げられる。政党ないし会派が、国会の中で一体として行動するために党議拘束がかけられるが、議員が事実上政党の指図に縛られて行動することになり、選挙母体等に縛られず議員自身の信念に基づいて発言・表決するべきという原則（自由委任の原則）に反するかどうかが争われている。

登記識別情報
[とうきしきべつじょうほう]

登記が完了したときに新たに登記名義人となった者に交付される情報（コード）のこと。12桁の英数字により構成される。登記識別情報は、登記名義人が登記義務者として登記を申請することの意思を確認するために、登記申請の添付情報として提出が求められている。そのため、何らかの理由で登記識別情報を提出できない場合は、登記官による事前通知の手続や司法書士などの代理人による本人確認情報などにより、登記名義人の登記申請意思を確認することになる。なお、登記識別情報の再発行はできない。

登記事項証明書
[とうきじこうしょうめいしょ]

電子的な方法により記録されている登記記録の内容の全部または一部を、公に証明するための証明書のこと。その物件の所在地を管轄する法務局やその支局などで、手数料を納付すれば、交付を受けることができる。かつての登記簿の閲覧制度は、この登記事項証明書の制度の導入により廃止された。なお、法令の適用

に関して、登記事項証明書は、登記簿の謄本または抄本と同一の効力を有する。したがって、各種申請の際に、公の証明として利用することができる。

登記所
[とうきしょ]

登記の申請手続や登記に関する相談および登記事項証明書をはじめとした登記に関する各種証明書の交付などを取り扱う国の機関のこと。不動産登記や商業登記、後見人に関する登記など、登記事務全般を扱っている。行政組織上は「登記所」という機関は存在せず、法務局や地方法務局などで登記に関する事務全般を取り扱っている。

登記済証
[とうきずみしょう]

かつて権利証と呼ばれていた書面のこと。平成16年の不動産登記法改正により登記識別情報に切り替えられた。しかし、改正前に登記権利者となった者が登記義務者となる登記申請においては、現在でも登記権利者の本人確認情報として利用されている。

登記請求権
[とうきせいきゅうけん]

不動産登記について、登記権利者が登記義務者に対して、登記の申請にあたり協力を求める権利のこと。登記申請協力請求権とも呼ばれている。

たとえば、売主A所有の土地（現在の登記名義人はA）について、買主Bがこの土地を買い受けると、土地の所有権がAからBに移転する。権利の移転を登記に反映するために、Bが登記義務者であるAに対して、登記請求権を行使して協力を求めることになる。

このように、登記請求権は、物権変動に伴い生じるのが一般的であるが、売買等以外の場合で、真実の物権者と登記名義人とが食い違っている場合などにも、

登記請求権が発生すると考えられている。

■ 登記能力
[とうきのうりょく]

①有効に登記申請をするための意思能力。民法上は、おおむね小学校入学程度で意思能力ありと判断されるのが原則である。しかし、登記申請の場面では、18歳程度で意思能力が認められると考えられている。

②登記記録や登記簿に記録または記載することより権利関係を公示することができる性質のこと。たとえば、入会権は、登記することができない。この場合、入会権には登記能力がないという。また、温泉のお湯を利用する権利を持つ人から、そのお湯を分けてもらう権利（分湯権）や、リゾートの利用権は、実際に取引の対象となっているが、これらの権利についても登記能力はない。

■ 登記の公信力
[とうきのこうしんりょく]

登記が真実ではない場合でも、登記を信頼して取引した者に、登記が真実である場合と同様の効果を認める効力。たとえば、不動産の真実の所有者がＡで、その不動産の登記名義人がＢであった場合、Ｂからその不動産を購入したＣに対して、登記名義人がＢであることを理由として、その所有権の取得を認めることである。なお、わが国では、登記の公信力は認められていない。

■ 動機の錯誤
[どうきのさくご]

意思を形成するに至った内心上の原因（動機）に錯誤があること。たとえば、鉄道が敷設されると誤信して土地を高値で買った場合などが挙げられる。動機の錯誤は、意思の形成過程に錯誤があるに過ぎず、内心の意思と表示行為に不一致はないので、原則として民法95条の「錯誤」にあたらないが、動機が表示されて

意思表示の内容となったときは「錯誤」にあたるとするのが判例・通説である。

平成29年の民法改正では、この考え方が条文に取り入れられた。まず、動機の錯誤を「表意者が法律行為の基礎とした事情についてのその認識が真実に反する錯誤」と定義した。そして、動機（法律行為の基礎とされている事情）が表示されていたときに限り、動機の錯誤が重要部分の錯誤にあたる場合に、錯誤による意思表示の取消しが可能になるとした（民法95条1項2号・2項）。

たとえば、土地の売買をすること自体に錯誤はないので、買主は、原則として売買契約の錯誤取消しはできない。しかし、鉄道が敷設されるから土地を購入するとの動機が表示されていれば、鉄道敷設の計画に関する錯誤が重要部分の錯誤にあたる場合に、買主は、土地の売買契約の錯誤取消しが可能になる。

■ 登記の推定力
[とうきのすいていりょく]

登記があれば、登記上の権利関係と実際の権利関係が異なっていたとしても、一応登記上の権利関係があるものと推定されること。あくまでも推定されるだけなので、実際の権利関係とは違うことが証明されると推定力は覆される。民法は、占有者は適法にその権利を持っていると推定される（民法188条）と規定しているが、占有者と登記名義人が別々の場合など、占有者の推定と登記の推定が矛盾する場合には、登記の推定が優先すると理解されている。

■ 登記簿
[とうきぼ]

不動産登記法や商業登記法により定められた一定の事項を記録した公の帳簿。現在では電子化されており、磁気ディスクが対象となる物件の所在地を管轄する法務局、地方法務局、その支局などに備

え付けられている。登記簿に記録されている事項は、誰でも、登記事項証明書の交付を受けることにより、確認することができる。登記簿への記録は、申請または職権により、登記官が専門に行う。

■ 登記名義人
[とうきめいぎにん]

土地および建物の不動産の登記記録において、登記されている所有権や抵当権などの権利者として記録されている者のこと。一応はその不動産の真実の所有者と推定されるが、実際は真実の所有者と異なる場合も多い。たとえば、所有者Aに相続が発生した場合で、相続人B、Cの相続登記が済んでいない場合には、真実の所有者はB、Cであるが、登記名義人は依然としてAである。

■ 倒産
[とうさん]

広い意味での経営破綻状態のこと。倒産した債務者は大きく分けて、清算型あるいは再建型の手続を行う。清算型手続としては、破産手続が挙げられる。なお、企業が倒産した場合の倒産処理のための手続として、他に特別清算手続が会社法に規定されている。そして、再建型手続には、会社更生手続および民事再生手続が規定されている。また、倒産した場合に、法的な手続ではないが、債務者が債権者との話し合いの中で合意に達することにより債務の整理を行う私的整理も、倒産手続の一種に含まれるともいわれている。

■ 動産
[どうさん]

有体物のうち、不動産を除いた物をいう。平成29年の民法改正によって、無記名債権（入場券・乗車券・商品券など）を動産とみなす規定が削除された。動産に関しては、船舶等のように特別法で不動産に準じて扱われる動産もある。公示方

法が登記である不動産に対して、動産は事実状態を重視して、引渡しを対抗要件としている。

■ 動産及び債権の譲渡の対抗要件に関する民法の特例等に関する法律
[どうさんおよびさいけんのじょうとのたいこうようけんにかんするみんぽうのとくれいとうにかんするほうりつ]

☞債権譲渡特例法

■ 動産質
[どうさんしち]

動産を対象に質権を設定することをさす。たとえば、A（債務者・質権設定者）がB（債権者・質権者）から資金を借り入れるために、その担保としてAが所有する書画数点について質権を設定することなどが挙げられる。動産質を設定するには、当事者が合意するだけでは足りず、債権者に目的物を引き渡すことによってはじめて効力が生じる。しかも引渡方法は、現実の引渡し、簡易の引渡し、指図による占有移転に限られ、占有改定によることはできない。また、動産質権者は、継続して占有をしなければ、第三者に対して質権者であることを主張することはできない。

■ 動産執行
[どうさんしっこう]

動産を対象として、執行官が目的物を差し押さえる方法によって行う強制執行のこと。動産執行の対象となる動産には、登記できない土地定着物、未分離の天然果実、裏書が禁止された有価証券以外の有価証券を含む。動産執行は、差し押さえた動産を売却し、売却金を配当することによりなされる。

■ 動産抵当
[どうさんていとう]

動産を対象に成立する抵当権のこと。民法上は、動産抵当に関する規定がなく、

航空機や自動車など、登記または登録により公示可能な動産に限って、特別法によって抵当権の成立が認められている。質権の設定された動産は債権者によって占有され留置されることになるので、営業用の動産を動産抵当にすることは事実上不可能である。そこで、商法および各種特別法の規定で、船舶、自動車、建設機械、農業用動産への抵当権設定が認められている。

動産の先取特権
[どうさんのさきどりとっけん]

　ある債権者が、特定の動産から他の債権者より優先的に弁済を受ける権利のこと。民法では、動産の先取特権として、不動産の賃貸借、旅館の宿泊、動産の保存など、8種類の権利を規定している。たとえば、不動産の賃貸借については、不動産の賃貸による債権等は、賃借人が不動産に持ち込んだ動産から優先して回収できることを意味する。なお、一般の先取特権は債務者の総財産に及ぶのに対し、動産の先取特権は、その対象が特定の動産に限られるのが特徴である。

　☞先取特権

動産の即時取得
[どうさんのそくじしゅとく]

　平穏かつ公然に動産の占有をはじめた者がその物に対して、真正の所有者がいることを知らない（善意）、または、知らないことに不注意がない（無過失）場合にその者が動産の上に行使する権利を取得する制度。たとえば、預かっているカメラを所有者に無断で第三者に譲渡した場合、譲受人が即時取得の要件を満たすときには、譲受人はカメラの所有権を取得できる。公信の原則の表れであり、取引の安全を保護する制度である。

　☞即時取得

動産の損料
[どうさんのそんりょう]

　民法上、短期間で貸し出される動産の賃料のこと。たとえば、貸衣装、レンタルDVD、車のレンタルの使用料が挙げられる。これらは債権の消滅時効にかかる。

動産の付合
[どうさんのふごう]

　各別の所有者に属する数個の動産が結合した場合に、1個の物として単独所有権に服させる制度のこと。動産同士を分離することによる社会経済上の不利益の発生を防止するために制度化された。数個の動産を損傷しなければ分離できなくなったか、または分離のために過分の費用を要するときに付合が生じる。合成物の所有権は、原則として主たる動産の所有者に属するが、主従の区別ができないときは、各所有者が共有する。単独所有となった場合には、所有権を失った者は単独所有者となった者に対し、償金を請求することができる。

　☞付合

動産売買の先取特権
[どうさんばいばいのさきどりとっけん]

　売買契約に基づいて引き渡した目的物の上に売主が有する優先弁済権のこと。たとえば、売買契約がなされ引渡しが先履行であったが、買主が売買代金を支払わないような場合には、売主は引き渡した目的物を競売し、その売却代金から優先弁済を受けることができる。ただし、買主が目的物をさらに転売し引き渡した場合には、先取特権を第三者に行使することはできない。

動産保存の先取特権
[どうさんほぞんのさきどりとっけん]

　動産の保存行為に要した費用につき、費用を供した者が有する優先弁済権をいう。たとえば、機械の修繕を依頼したが機械の所有者が修繕費用を支払わなかっ

たような場合には、修繕をした者は当該機械を競売し、その売却代金から優先弁済を受けることができる。

■ 同時死亡の推定
[どうじしぼうのすいてい]

飛行機の墜落や遭難などの事情によって、死亡の前後が明らかでない複数の者について、同時に死亡したものと推定すること。

たとえば、夫Aには、妻B、長男Cのほか母Dがいて、AとCが飛行機の墜落事故で死亡したとする。同時死亡の推定がなければ、Aが先に死亡した場合にはDは相続人となる余地がないが、Cが先に死亡したときは、Dは相続人となり得る。

しかし、同時死亡が推定されることで、AC間では相続が起こらないため、死亡の前後にかかわらず、BとDが相続人となることになる。

もっとも、推定にとどまるため、死亡の前後に関する事情を証明すること（反証）で、推定を覆すことは可能である。

■ 当事者
[とうじしゃ]

債権者と債務者のように、特定の法律関係や事項に主体としてかかわっている者のこと。当事者およびその承継人以外の者を第三者という。

訴訟上は、特定の訴訟事件について、裁判所に裁判権の行使を求める者およびその相手方をいう。民事訴訟上、第一審は原告・被告、控訴審は控訴人・被控訴人、上告審は上告人・被上告人が当事者である。一方、刑事訴訟では、検察官・被告人が当事者であり、控訴審・上告審でも、検察官・被告人と呼称する。

■ 当事者参加
[とうじしゃさんか]

係属中の訴訟に第三者が加入する場合のうち、第三者が独立した地位を有しているため、当事者として加入する訴訟形態。当事者参加には、独立当事者参加と、共同訴訟参加とがある。

独立当事者参加とは、第三者が訴訟の当事者の双方または一方を相手方として、訴訟の目的と関連する請求を定立して、当事者として訴訟に参加することである。共同訴訟参加とは、第三者が原告または被告の共同訴訟人として参加することである。

たとえば、独立当事者参加の例として、不動産の買主Aが、売主Bに対して、所有権の移転登記請求訴訟を提起しているときに、Bからその不動産を譲り受けた（二重譲渡）と主張するCが、所有権の確認と、Bに対してCへの移転登記請求を行う場合などが挙げられる。また、共同訴訟参加の例としては、株主代表訴訟が提起されている場合において、原告側に他の株主が参加する場合などが挙げられる。

■ 当事者自治の原則
[とうじしゃじちのげんそく]

国際私法上、契約の成立および効力の準拠法は、当事者の自由意思に従って決定するという原則。意思自治の原則ともいう。各国の国際私法において広く承認されている原則であり、わが国でも、法の適用に関する通則法7条はこの原則によっている。

■ 当事者主義
[とうじしゃしゅぎ]

訴訟において、事案の解明や証拠の提出に関する主導権を当事者に委ねる原則のこと。民事訴訟においては、当事者主義の内容として、処分権主義と弁論主義の原則が採用されている。

刑事訴訟においては、裁判官を公平中立な立場に置くため、当事者主義が採られている。起訴状一本主義や、訴因制度などが当事者主義の表れとされる。

当事者照会制度
[とうじしゃしょうかいせいど]

　民事訴訟において、当事者同士が直接に質問し合うことで、事実の主張や証拠の提出のために必要な準備をする制度。

　当事者は、訴訟係属中に、相手方に対して、主張または立証を準備するために必要な事項について、相当の期間を定めて書面で回答するよう書面で照会をすることができると民事訴訟法に規定されている。もっとも、相手方が回答の義務を負わない場合、当事者照会には裁判所は関与しないので、回答拒絶が正当なものであるか否かについて裁判所の判断が示されることはなく、不当な回答拒絶に対する制裁も用意されていない。そこで、照会する当事者としては、裁判所に釈明権の行使を求めることになる。

　なお、当事者照会については、訴え提起前であっても、被告になるべき者に対して、必要な事項を書面で回答するよう照会することも可能である。この場合、提訴予告通知を行うことが要件であるが、訴えを提起した場合の主張または立証を準備するために必要であるのが明らかな事項について、照会することができる。

当事者尋問
[とうじしゃじんもん]

　民事訴訟において、当事者本人を証拠方法として、その者が認識した事実を口頭で陳述させる証拠調べの方法。本人尋問ともいう。法定代理人も当事者尋問の対象になる。

　当事者尋問には、証人尋問の規定が準用されるが、宣誓をさせるかどうかは裁判所の裁量に委ねられている。正当な理由なく出頭しなかったり、宣誓や陳述を拒絶した場合には、裁判所は、尋問事項に関する相手方の主張を真実と認めることができる。宣誓をした当事者が虚偽の陳述をした場合には、過料の制裁がある。

当事者訴訟
[とうじしゃそしょう]

　行政事件訴訟法が規定する、公法上の法律関係を争うための訴訟をいう。当事者訴訟には、形式的当事者訴訟と実質的当事者訴訟という2種類が規定されている。

当事者適格
[とうじしゃてきかく]

　民事訴訟において、当事者として一定の権利関係（訴訟物たる権利関係）について訴訟を追行し、判決を受けるために必要な資格のこと。当事者適格があることは判決を求めるための前提となるため、当事者適格は訴訟追行権とも呼ばれる。具体的事件とは離れて一般的に定まる当事者能力や訴訟能力とは異なり、当事者適格は、具体的な事件との関係で定まる地位であるとされている。訴訟物たる権利関係の主体には、原則として当事者適格が認められる。当事者適格を欠く訴えは却下される。

当事者能力
[とうじしゃのうりょく]

①民事訴訟では、訴訟において当事者になることのできる一般的な資格のこと。民法上の権利能力者には当事者能力があるので、自然人、法人には当事者能力がある。また、法人でない社団または財団で代表者または管理人の定めがあるものにも、当事者能力が認められる。

②刑事訴訟では、被告人となり得る能力のこと。自然人、法人には当事者能力がある。法人でない社団等も、犯罪能力、受刑能力が認められる場合は、当事者能力が肯定される。なお、当事者能力は責任能力とは別の概念であるので、刑を科されることのない14歳未満の者でも一般的抽象的には当事者能力がある。

当事者の確定
[とうじしゃのかくてい]

　民事訴訟の当事者を明らかにすること。

通常は、訴状に記載された原告あるいは被告が当事者となる。他人の名称を用いて訴訟が提起された場合や、死者を相手方とする訴訟が提起された場合などには、当事者を確定する基準が問題となる。確定の基準については、原告の意思によるとする意思説、訴状の記載によるとする表示説、当事者の行動によるとする行動説、これらを併用する説などがある。表示説が通説的な見解である。

なお、刑事訴訟においては、当事者の確定に相当するものを被告人の特定というが、被告人の特定の基準としては、併用説が有力である。

■ 同時傷害の特例
[どうじしょうがいのとくれい]

2人以上の者が意思の連絡なしに他人に暴行を加え、傷害結果を生じさせた場合において、傷害結果がいずれの暴行によるものか不明であったとき、個々の暴行と傷害結果との間の因果関係を推定すること。刑法207条が規定している。暴行を加えた者同士が共同正犯関係になく、単なる同時犯の場合には、本来は傷害結果については責任を問えず、それぞれに暴行罪が成立するにとどまるはずであるが、本条により傷害罪の共同正犯が法律上擬制されることになる。暴行を加えた者は、それぞれ自己の暴行と傷害結果との間に因果関係がないことを立証しない限り、傷害罪の罪責を負う。

■ 同時審判の申し出がある共同訴訟
[どうじしんぱんのもうしでがあるきょうどうそしょう]

共同被告の一方に対する請求と、他の共同被告に対する請求が法律上併存し得ない関係にある場合に、原告の申し出により、裁判所が弁論および裁判を分離することが禁止される共同訴訟の形態。「法律上併存し得ない関係にある」場合の例としては、本人に対する契約上の請求と

無権代理人に対する請求や、土地の工作物の占有者に対する損害賠償請求と所有者に対する損害賠償請求などがある。原告は、同時審判の申し出をすることによって、別々に審理判断されたとすれば生じ得る相互に矛盾した理由で、双方の請求を棄却される危険を避けることができる。

本人と無権代理人に対する訴訟の例でいえば、別訴で争った場合には、代理権の存在が本人との訴訟では否定され、無権代理人との訴訟では肯定されるという事態が生じる可能性があり、原告は双方の訴訟で敗訴する可能性があるが、同時審判の申し出がある共同訴訟では、このような事態を避けることができる。

■ 同時存在の原則
[どうじそんざいのげんそく]

被相続人の財産が相続によって移転するためには、相続開始の時点で相続人が存在していなければならないとする原則。この原則により、被相続人と相続人が同時に死亡した場合には、両者の間で相続は生じないことになる。同時存在の原則の例外として胎児の扱いがあり、胎児は、相続については、すでに生まれたものとみなされ、相続することができる。

■ 同時犯
[どうじはん]

複数の者が意思の連絡なしに、同一の客体に対し同時期に犯罪結果を生じさせること。たとえば、AとBがCに対し、それぞれが殺意をもち、偶然にも同時期にピストルを発射させてCの急所に命中させ、Cを死亡させた場合が挙げられる。A・B間に共同実行の意思が認められない以上、共同正犯は成立せず、それぞれの因果関係が不明の場合は、A・Bとも殺人未遂の罪責しか負わない。ただし、同時傷害については、刑法上の特例がある。

同時履行の抗弁権
[どうじりこうのこうべんけん]

　売買契約のように当事者双方が対価的な債務を負う双務契約で、相手方が債務の履行（債務の履行に代わる損害賠償債務の履行を含む）を提供するまでは自分の債務の履行を拒むことができる権利。たとえば、売主Ａと買主Ｂとの間で自動車の売買契約が結ばれた場合、ＡはＢに対して自動車を引き渡す義務を負い、ＢはＡに対して代金支払義務を負う。このとき、ＡＢ間で特約がない限り、ＡＢのそれぞれに同時履行の抗弁権が認められるので、相手方の義務が提供されるまで、自分の義務を果たさなくても履行遅滞にはならない。

　同時履行の抗弁権は、公平の原理を表したものといえる。留置権も同様の機能を果たすと考えられているが、同時履行の抗弁権は債権関係であるため、契約当事者間において主張できるだけであるのに対し、留置権は物権であるため、債権債務関係にない所有者に対しても主張できるという違いがある。

当然承継
[とうぜんしょうけい]

　民事訴訟において、一定の原因の発生によって当然に生じる訴訟承継のこと。包括承継ともいう。たとえば、当事者が死亡した場合には、相続人が訴訟上の地位を当然に承継する。

当選訴訟
[とうせんそしょう]

　選挙における当選の効力についての訴訟のこと。当選無効訴訟とも呼ばれ、民衆訴訟の一種である。原告は、高等裁判所に対してのみ訴えを提起することができる（専属管轄）。地方選挙と国政選挙とで違いがあり、地方選挙の場合は、すべての選挙人が原告となることができるが、国政選挙については、当選しなかった者だけが訴えを提起できると定められている。

逃走援助罪
[とうそうえんじょざい]

　法令により拘禁された者を逃走させる目的で、逃走に役立つ器具を与えまたは逃走方法を教える罪、または、手錠をはずすなど逃走を容易にする行為や、逃走を援助するために暴行・脅迫を行う罪。「法令により拘禁された者」の範囲は、たとえば逮捕状により逮捕された者だけでなく、現行犯逮捕された者も含まれる点で、単純逃走罪の「裁判の執行により拘禁された者」よりも広い。国の拘禁作用を守るために規定された。逃走を容易にする行為をしたときは3年以下の懲役に、暴行・脅迫をしたときは3月以上5年以下の懲役に処せられる。

逃走罪
[とうそうざい]

　裁判の執行により拘禁されている者が、拘禁状態から脱出する罪。刑の言渡しを受けている者（既決の者）および勾留中の被告・被疑者（未決の者）が処罰の対象となる。また、他人を拘禁状態から脱出させる罪（逃走関与罪）を含めて、広く逃走罪の語が用いられることもある。保護法益は、適法な国家の拘禁作用である。

　刑の決定があるか否かにかかわらず、裁判の執行によって拘禁された者が逃走したとき（自己逃走罪）は、1年以下の懲役に処せられる。また、拘禁場や拘束の器具などを損壊し、または看守者に暴行・脅迫を加える（加重逃走罪）など、とくに犯行態様が悪質な場合には、刑が加重され、3月以上5年以下の懲役に処せられる。裁判の執行によって拘禁された者ばかりではなく、勾引された証人など勾引状の執行を受けた者についても、処罰の対象となる。他者の逃走に関与する罪（逃走関与罪）には、ⓐ実力で拘禁されている者を奪い取る被拘禁者奪取罪（3月以上5

年以下の懲役）、ⓑ逃走を容易にさせる逃走援助罪（3年以下の懲役）、ⓒ看守や護送の任務に当たる者が逃走させる罪（1年以上10年以下の懲役）の3種類が規定されている。

■ 同族会社
［どうぞくがいしゃ］

一般には、血縁関係を有する一族で所有し、経営する会社をいう。法人税法上は、会社の3人以下の株主（または出資者）、およびこれらと特殊の関係のある者の有する株式総数（または出資額）が、発行済株式総数（または出資総額）の100分の50を超える会社が同族会社に当たると規定されている。同族会社には一定の割合を超えた内部留保（剰余金のうち会社に残すことに決めた金銭）について特別税率が適用されるなどの特則がある。

■ 到達主義
［とうたつしゅぎ］

意思表示が相手方に到達した時に効力が生じるという考え方。民法は意思表示に関して到達主義を原則としている。到達とは、相手方が意思表示を知り得る状態におかれたことをいう。たとえば、郵便受けに投入された場合や、同居の家族などに手渡された場合には、意思表示が到達したものと考えられる。対立概念は発信主義であり、意思表示が発信された時に意思表示の効力が発生するという考え方である。平成29年の民法改正により、かつては発信主義を採用していた隔地者間の契約の承諾の通知が、原則である到達主義へと変更されている。

■ 統治機構
［とうちきこう］

国家を統治するしくみまたは作用のこと。とくに近代国家においては、立法権、行政権、司法権という三権をさして、統治機構の言葉が用いられることが多い。日本国憲法においては、基本的人権を保障するための制度として、統治機構に関する規定が置かれている。つまり、国民主権や法の支配に基づき、国会（立法権）、内閣（行政権）、裁判所（司法権）という国家機関により統治機構が構成されている。

■ 統治行為
［とうちこうい］

国家の統治の基本に関する高度に政治性のある国家行為。争われている事項が、法律上の紛争として裁判所が判断することが可能である場合であっても、事柄の性質上、司法審査の対象からはずされると考えられている。学説では、統治行為の是非をめぐって議論がある。最高裁判所は、安保条約の違憲性が争われた砂川事件で、「一見明白な違憲無効」の場合は司法審査が可能であるとして例外を認めつつ、統治行為の存在を認めたと思われる判断を下したことがある。また、衆議院の解散の効力が争われた事件では、政治部門（国会や内閣）が判断する事柄であり、司法審査の対象外であると判断して、統治行為の存在を正面から認めたと評価される判断を下した。

■ 盗聴
［とうちょう］

一般には、同意を得ずに他人の会話を聴くことをいう。捜査手法として盗聴が許されるかが問題となるが、一方当事者の同意があれば許される。同意がない場合については、通信傍受法に基づき、薬物関連、銃器関連、組織性が疑われる殺人・強盗・傷害・詐欺・窃盗・児童ポルノ関連などの特定の犯罪については、傍受令状に基づいた捜査機関による盗聴が許されるようになっている。

■ 動的安全
［どうてきあんぜん］
☞静的安全／動的安全

■ 当番弁護士
[とうばんべんごし]

警察に逮捕された被疑者に、1回に限って無料で弁護士が面会に行く制度。各都道府県の弁護士会の協力によって実施されている。被疑者本人が依頼する場合には、警察官、検察官または裁判官に当番弁護士の依頼を申し出る。本人だけでなく家族でも依頼は可能である。弁護士会から派遣された弁護士は、被疑者に保障されている権利や、刑事手続の流れ等を説明し、希望があればそのまま弁護人に就任し、起訴前の権利を守るための活動をする。

■ 投票の秘密
[とうひょうのひみつ]

選挙において、誰に投票したかを他人に知られないこと。秘密選挙ともいう。公開選挙の対概念である。憲法15条4項により投票の秘密は保障されている。

■ 盗品・遺失物の特則
[とうひん・いしつぶつのとくそく]

☞遺失物の特則／盗品・遺失物の特則

■ 盗品等に関する罪
[とうひんとうにかんするつみ]

盗品その他財産に対する罪（窃盗罪や詐欺罪、横領罪など）を犯して得られた物について、ⓐ無償で譲り受ける、ⓑ運搬する、ⓒ保管する、ⓓ売買など有償で譲り受ける、ⓔ有償で処分する行為をあっせんするなどの行為をする罪。無償譲受けは3年以下の懲役、その他の行為は10年以下の懲役および50万円以下の罰金に処せられる。保護法益は、前提となっている財産犯（本犯）の被害者が、被害にあった財物を取り返そうとする追求権の侵害であると理解されている。たとえば、Aの自転車をBが盗んだ（窃盗罪）後に、Cが盗品であることを知りながら、Bからこの自転車を買い取った場合に、Cに盗品等に関する罪（盗品等有償譲受罪）が

成立する。

本犯は違法性を帯びる行為であればよく、結果として犯罪が不成立であっても、盗品等に関する罪は成立する。たとえば、上記の例で、Aの自転車を盗んだBの行為が、Bが心神喪失など、責任能力が認められず、Bについて窃盗罪が不成立の場合であっても、Cについて盗品等に関する罪が成立する。

なお、賭博罪は財産に対する罪ではなく、健全な経済活動など社会的法益に対する罪なので、賭博で得た物を譲り受けるなどしても、本罪は成立しない。

■ 動物の占有者の責任
[どうぶつのせんゆうしゃのせきにん]

特殊不法行為の一種で、動物が他人に対して損害を加えた場合には、その動物の占有者が損害賠償責任を負担することをさす。動物が持つ危険性を考慮して、動物の占有者や管理者に対して責任を課すという、危険責任を根拠としている。もっとも、動物の占有者や管理者が、相当の注意を払ったことを証明した場合には、責任を免れる。

■ 答弁書
[とうべんしょ]

①民事訴訟において、被告側の最初の準備書面のこと。答弁書には、請求の趣旨に対する答弁を記載するほか、訴状に記載された事実に対する認否および抗弁事実を具体的に記載する。さらに、立証を要する事由ごとに、当該事実に関連する事実で重要なものおよび証拠を記載する。②刑事訴訟において、控訴・上告された側が裁判所に提出する書面のこと。控訴趣意書・上告趣意書についての反論などを記載する。被告人が相手方のときは任意であるが、検察官が相手方のときは提出する義務がある。③行政審判において、一方当事者が相手方の主張に対する認否、反論を記載した

書面のこと。たとえば、特許審判の際に被請求人が提出する書面などが挙げられる。

■ 逃亡犯罪人引渡法
[とうぼうはんざいにんひきわたしほう]

外国から逃亡犯罪人（外国で罪を犯し国内に逃亡してきた者）の引渡請求があった場合の引渡しの要件・手続等について規定した法律。犯罪人引渡条約を締結していない国からの請求であっても、国際法上の義務として相互保証の下でその請求に応じることができる（相互保証）。また、その国の法令が許す限りにおいて、条約を締結していない外国から引渡しを受けることも可能である。わが国から引渡しを請求する場合、検察、警察等の依頼について外務省を経由して要請する。

■ 謄本／抄本
[とうほん／しょうほん]

原本の内容を写した書面のうち、その内容の全部を写したものを謄本といい、内容の一部を写したものを抄本という。

なお、原本とは、一定の内容を表示するため、確定的なものとして作成された文書をいう。たとえば、戸籍に記載されているすべての内容の写しが戸籍謄本であり、その中の一部の人に関する内容の写しが戸籍抄本である。

■ 登録
[とうろく]

帳簿に記録すること。とくに、公の証明のために、行政機関に備え付けられた帳簿に法律関係や事実関係を記録すること。登録によって付与される効果は、各法律が定める。たとえば、特許法においては、特許登録によって権利が発生し、医師法においては、登録によって免許が付与され、銃砲刀剣類所持等取締法においては、登録は所持の要件になる。

■ 登録質
[とうろくしち]

質権のうち、第三者に主張（対抗）す るために、法律が定める登録簿に登録することが必要な質権をさす。たとえば、著作権などの知的財産権、記名社債、株式などが挙げられる。なお、株式については、株式不発行会社の場合は、株主名簿に質権者の氏名等を記載・登録してもらわなければ会社や第三者に質権を主張することはできないが、株券発行会社では、登録株式質のほか、株券を交付するだけで株主名簿への記載・登録を行わない略式株式質も認められている。

■ 登録商標
[とうろくしょうひょう]

特許庁に設定登録され、商標権が発生した商標のこと。商標とは、商品やサービスに付す名称やマークをさすが、商品やサービスの範囲を指定して独占的、排他的な使用権を得るためには、商標法に基づき特許庁に登録出願することが必要である。登録されることで商標の無断使用に対する使用差止めや損害賠償請求をすることができる。

■ 登録免許税
[とうろくめんきょぜい]

登記の申請や特許の申請または国家資格者としての登録などの手数料として課される税金のこと。登録免許税法により、たとえば、不動産所有権保存の登記は不動産の価額の1000分の4などのように、その区分と課税標準と税額が規定されている。

■ 道路交通法
[どうろこうつうほう]

道路における危険を防止し、その他交通の安全と円滑を図り、道路の交通に起因する障害の防止に資することを目的とする法律。歩行者の通行方法、車両・路面電車の交通方法、運転者や使用者の義務、道路の使用、自動車や原動機付自転車の運転免許など、道路交通に関する基本的ルールを規定している。その他、違

反行為に対する罰則や、反則行為（軽微な一定の交通違反）に関する処理手続の特例を定めている。

近年の道路交通に係る社会情勢に対応するため、平成25年施行の改正では、悪質・危険運転者対策としての運転者に対する罰則の強化と運転者の周辺者に対する罰則の新設、自転車の検査等に関する規定の新設、軽車両が通行できる路側帯は進行方向左側に限るとする変更が行われた。平成29年施行の改正では、75歳以上の運転者が認知機能が低下したときに起こしやすい一定の違反行為をした場合に、臨時認知機能検査を受けることを義務づけた。

■ 道路法
[どうろほう]

道路網の整備を図るため、道路に関して、路線の指定および認定、管理、構造、保全、費用の負担区分に関する事項を定めた法律。道路法上の道路とは、高速自動車国道、一般国道、都道府県道、市町村道をいう。また、トンネル、橋、渡船施設、道路用エレベーターなど道路と一体となってその効用を全うする施設や、工作物および道路の附属物で当該道路に附属して設けられているものも、道路法上の道路に含むものとしている。

■ とき／時
[とき／とき]

☞場合／とき／時

■ 徳島市公安条例事件
[とくしましこうあんじょうれいじけん]

最高裁昭和50年9月10日判決。徳島市内での集団示威行進に参加したYは、交通秩序を維持しなかったことを理由に、条例3条3項違反に該当するとして起訴された。同条項は明確性に欠き、憲法31条に反するのではないかが争われた。最高裁は、明確性を有するか否かは、通常の判断能力を有する一般人の理解において、基準が読み取れるか否かという観点から判断すべきであるとし、本件条例は一般人が基準を読み取ることが可能であることを理由として、憲法31条に反しないと判示した。

■ 特赦
[とくしゃ]

政令によって罪を指定して行われる大赦に対して、有罪の判決を受けた者について、個別的に行われる恩赦の一種。特赦によって、有罪の言渡しは効力を失う。

■ 特殊決議
[とくしゅけつぎ]

☞普通決議／特別決議／特殊決議

■ 毒樹の果実
[どくじゅのかじつ]

違法に収集された第1の証拠によって発見された第2の証拠をいう。たとえば、違法な逮捕によって尿が採取され、これに対する鑑定書が作成された結果、捜索令状が交付され、居室を捜索したことにより発見された覚せい剤が、毒樹の果実に当たるとされる。

毒樹の果実に証拠能力が認められるか否かは、第1の証拠の違法性の程度や事件の重大性など、諸般の事情を考慮して判断される。

■ 特殊不法行為
[とくしゅふほうこうい]

不法行為の一般原則とは異なり、適用される範囲が限定され、一般不法行為とは異なる要件により成立する不法行為をさす。特殊不法行為は、主に以下の3種類に分類することができる。

ⓐ直接の加害者以外の者が責任を負う場合。責任無能力者の監督者責任（民法714条）、使用者責任（民法715条）、注文者の責任（民法716条）がある。

ⓑ土地の工作物や動物等が原因で他人に損害が発生した場合に、占有者や所有者に対して責任を負担させる場合。た

とえば建物が倒れて通行人が負傷した場合などの建物の占有者や所有者が負う責任であり、土地工作物責任（民法717条）、動物占有者の責任（民法718条）がある。

ⓒ損害に複数の者が関与する場合。たとえば、Ａ工場とＢ工場の両方の煙突からの煙によって呼吸器に疾患を患うような場合に、ＡＢ両者に損害賠償責任を負わせることを可能とする共同不法行為（民法719条）に関する規定が置かれている。

■ 特殊法人
［とくしゅほうじん］

特別の法律に基づいて設立される公益性の高い法人。新設・改廃には総務省の審査を必要とする。平成13年に成立した特殊法人等改革基本法に基づいて、多くの特殊法人の統廃合や民営化・独立行政法人化が進められた。平成26年10月現在、日本放送協会や日本郵便株式会社など33法人がある。

■ 独占禁止法
［どくせんきんしほう］

市場の公正で自由な競争を促進し、特定の事業者が独占的な支配力を持つことのないよう規制する法律。正式名称は「私的独占の禁止及び公正取引の確保に関する法律」。独占禁止法では、ⓐ事業者が単独で、または他の事業者と結合して、他者の活動を排除・妨害して特定の市場を独占しようとする私的独占、ⓑカルテルや入札談合などの不当な取引制限、ⓒ不当な取引拒絶、不当廉売、抱き合わせ販売などの不公正な取引方法を禁止する。その他、公正取引委員会の組織や権限等についても定めている。

なお、平成25年成立の改正により、公正取引委員会が行う審判制度が廃止された。そのため、公正取引委員会の処分に対する不服申立ては、裁判所に対する訴訟により行うことになった。

■ 督促
［とくそく］

債務の履行を促すことや、税法上の納付催告を行うこと。なお、民事訴訟法上、債権者の申立てにより、裁判所書記官が債務者に金銭債務等の履行を命じる処分を支払督促という。

■ 督促異議
［とくそくいぎ］

支払督促や仮執行宣言付支払督促を申し立てられた債務者が、その内容に異議があり強制執行されないようにするために申し立てること。督促異議の申立てをすると、支払督促は督促異議の範囲内で効力を失い、通常の訴訟手続に移行することになる。

■ 特定遺贈
［とくていいぞう］

特定の財産を目的物として行われる遺贈のこと。目的物となる財産が独立のものである限り、遺贈者の死亡後、直ちに目的物の権利が移転すると考えられている。これに対して、遺産の全部または3分の1を与えるという形で行われる遺贈を包括遺贈という。

■ 特定財産承継遺言
［とくていざいさんしょうけいいごん］

特定の相続人に対して、被相続人の遺産に属する特定の財産を相続させることを内容とする遺言のこと。従来から「相続させる」旨の遺言と呼ばれているものをさす。平成30年の民法改正に伴い明文化された。

特定財産承継遺言の法的性質については、かつての「相続させる」旨の遺言が遺産分割方法の指定であるとする判例の見解に基づき、遺産分割方法の指定であって、特定遺贈ではないことが明示されている（民法1014条2項）。特定財産承継遺言も遺言の一種であるから、相続人は

た行

その内容に拘束され、原則として特定財産承継遺言と異なる内容の遺産分割協議を行うことができない。

特定財産承継遺言によって承継された相続財産は、被相続人の死亡により、当然に特定の相続人が承継する。この点について、かつては判例によって対抗要件を備えなくても第三者に対抗できると取り扱われていた。しかし、平成30年の民法改正に伴い、承継した相続財産のうち法定相続分を超える部分は、登記、登録その他の対抗要件を備えなければ、第三者に対抗できないことになった。

■ 特定承継
[とくていしょうけい]

☞一般承継／包括承継／特定承継

■ 特定商取引法
[とくていしょうとりひきほう]

訪問販売や通信販売、電話勧誘販売、連鎖販売取引等、事業者と一般消費者の間の一定の取引形態に関する規制を定めた法律。正式名称は「特定商取引に関する法律」。消費者の利益を守るため、事業者が違法・悪質な勧誘を禁止するルールをはじめ、クーリング・オフなどのトラブル時の解決方法が定められている。

また、訪問販売とは逆に、要請していないのに貴金属等を買い取ろうとする訪問購入（押し買い）についても規制の対象になっている。

■ 特定調停
[とくていちょうてい]

金銭債務の返済が困難な債務者が、債権者と返済方法などについて話し合う民事調停の特例。金銭債務を負っており、破産するおそれのある者（特定債務者）が申立てをすることができる。ただし、一定の返済をすることを前提として話し合いをするため、減額後の債務を3年程度で返済できない、継続的な収入がないといった事情がある場合には、調停成立は難しいとされる。

■ 特定秘密保護法
[とくていひみつほごほう]

安全保障上の秘密性の高い情報の漏洩を防止し、国と国民の安全を確保することを目的として制定された法律。正式名称は「特定秘密の保護に関する法律」。安全保障に関してとくに秘匿が必要な機密情報を閣僚等が特定秘密に指定する。特定秘密の対象となるのは、防衛・外交・スパイ活動防止・テロ防止の4つの分野で、これらの情報を漏洩した公務員には10年以下の懲役、または情状により10年以下の懲役および1000万円以下の罰金が科される。国民の「知る権利」の保障につながる報道・取材の自由には十分に配慮し、正当な取材行為は処罰対象にならないことが明確にされているが、いまだに批判も多い。

■ 特定物
[とくていぶつ]

物の個性に着目して取引の対象とした目的物のこと。たとえば、複数ある中古車の中から、買主が「この自動車」と決めて取引を行った場合などが特定物の例として挙げられる。対立概念は不特定物（種類物）であり、これは一定の種類や量に着目して、その物の個性に注目しないものをいう。

■ 特定物債権
[とくていぶつさいけん]

特定物の引渡しを請求できる債権のこと。対立概念は種類債権である。たとえば、買主（引渡債権者）が「この中古車」を購入する意思を示して締結する売買契約によって生じる。この場合、売主（引渡債務者）は、善良な管理者の注意をもって保存した上で、原則として、引渡し時の目的物の状態で引き渡すこと（現状引渡し）が債務の内容である。ただし、平成29年の民法改正により、「契約その他

の債権の発生原因及び取引上の社会通念」に照らして、引渡し時の目的物の品質を定めることができるときは、現状引渡しではなく、その品質を備えた目的物を引き渡すことを要する。

上記の例で、買主が少々シートにゆがみのある自動車を選択して購入した場合には、売主は、シートのゆがみは修理する必要がなく、その品質のままで引き渡してよいといえる。

■ 独任制
[どくにんせい]

1人の者が、単独で行政庁を構成している場合をいう。行政事務を能率的にかつ統一的に処理することが可能になる。たとえば、大臣、都道府県知事、市町村長などが挙げられる。一般に、独任制の行政庁の下には、補助機関やその他の機関がピラミッド型に配置されることが多い。対立概念は合議制である。合議制は、教育委員会や収用委員会などが例として挙げられ、複数の者から構成される行政庁をさす。慎重な行政事務の処理が必要な場合に用いられることが多い。

■ 特別委員会
[とくべついいんかい]

特定の事項について審査を行うため国会の両議院に置かれる委員会。常任委員会とは異なり、対象となっている事項の議決が終わると消滅する。地方公共団体にも特別委員会が置かれることがあり、この場合は条例によって設置される。

■ 特別縁故者
[とくべつえんこしゃ]

被相続人の意思を尊重し、被相続人と特別なかかわりを結ぶ者に対して相続財産の全部または一部を分け与える制度の対象者。相続人としての権利を主張する者がない場合、家庭裁判所は、被相続人と生計を同一にしていた内縁の配偶者や、被相続人の療養看護に努めた相続人以外の者などの請求により、相続財産の全部または一部を分け与えることができる。

■ 特別会
[とくべつかい]

☞常会／臨時会／特別会

■ 特別会計
[とくべつかいけい]

国が特定の事業を行う場合など、特定の歳入をもって特定の歳出に充て、一般の歳入歳出と区分して経理する必要がある場合に、法律により特別に設けられる会計のこと。

特別会計は、単一予算の原則の例外である。単一予算の原則とは、財政健全化の観点から、国・地方公共団体の会計について、すべての歳入歳出などを単一の会計で経理する原則のことをいう。

■ 特別関係
[とくべつかんけい]

法条競合の場合において、ある行為が2つの構成要件を充足するように見えるが、これらが一般法と特別法の関係にある場合をいう。このとき、特別法は一般法に優先することから、特別法の構成要件のみ充足することになる。たとえば、業務上横領罪と単純横領罪の関係が挙げられ、業務上横領罪のみが成立することになる。

■ 特別区
[とくべつく]

東京都23区のこと。地方自治法が規定する特別地方公共団体の一種である。特別区には、原則として、市に関する規定が適用される。

■ 特別刑法
[とくべつけいほう]

刑法という名称のつく法規ではないものの、犯罪と刑罰について定める法規のこと。たとえば、軽犯罪法や道路交通法が挙げられる。

■ 特別決議
[とくべつけつぎ]

☞普通決議／特別決議／特殊決議

■ 特別権力関係
[とくべつけんりょくかんけい]

特定の者と公権力との間に成立する、特別の公法上の原因による関係をいう。かつては例として、公務員や在監者が特別権力関係にあるといわれ、国家による包括的な支配に服するため、人権を制約されても裁判所による救済を受けることができないと考えられてきた。しかし、現在の憲法では、法の支配の原理や基本的人権の尊重が基本原則になっており、包括的な人権の制限を認める特別権力関係論を否定する見解が強く主張されている。

■ 特別抗告
[とくべつこうこく]

民事訴訟で、地方裁判所や簡易裁判所、高等裁判所が下した決定・命令など、一般的には不服申立ての方法がないものについて、最高裁判所に対して憲法違反を理由に行う不服申立てのひとつ。憲法問題を理由とする特別の不服申立てである特別上訴の一種であり、違憲抗告とも呼ばれている。

判決に対しては、控訴・上告といった上訴方法が定められているが、裁判所が下す決定・命令については、最高裁判所の判断を受ける機会が保障されていない。そこで、最高裁判所の持つ違憲審査権を決定や命令にも及ぼすため、例外的に抗告を行うことができると規定している。特別抗告が可能な期間は、5日間と定められている。

刑事訴訟では、刑事訴訟法の規定に不服を申し立てる方法が存在しない裁判所の決定・命令に対して最高裁判所に抗告することをさして特別抗告という。

■ 特別公務員職権濫用罪
[とくべつこうむいんしょっけんらんようざい]

裁判官や検察官、警察官などが、職務上理由があるかのように装い、職権を濫用して人を逮捕・監禁する罪。6月以上10年以下の懲役または禁錮に処せられる。保護法益は国家の作用を担当する公務員の適正な公務の執行と、それに対する国民の信頼である。本罪によって人を死傷させた場合は、傷害罪と比較して、より重い方の刑に処せられる。

■ 特別公務員暴行陵虐罪
[とくべつこうむいんぼうこうりょうぎゃくざい]

裁判や検察、警察の職務を行う者、またはその補助する者が、職務を行う際に、被告人や被疑者その他の者に暴行・虐待を加える罪。あるいは、法令に基づいて拘禁されている者に対して、看守や護送する立場の者が暴行・虐待を加える罪。7年以下の懲役または禁錮に処せられる。保護法益は、公務執行の適正とそれに対する国民の信頼という国家的法益とともに、被害者となる者の自由や権利という個人的法益についても含んでいるとされている。

■ 特別裁判所
[とくべつさいばんしょ]

特別の人間や事件について裁判を行うために、通常裁判所から独立して設置される裁判所。明治憲法の下での皇室裁判所や軍法会議などが例として挙げられる。行政事件を専門に扱う行政裁判所も、終審であり通常の司法裁判所に訴える方法が用意されていない場合には、特別裁判所に含まれることになる。わが国の憲法は、特別裁判所の設置を明文で禁止している（憲法76条2項）が、裁判所の裁判の前審として、行政機関が行政処分についての審査請求や再調査の請求について

裁決や決定を行うことは許される。

■ 特別裁判籍
[とくべつさいばんせき]

民事訴訟において、特定の種類の事件を対象に認められる裁判籍をいう。特別裁判籍は、事件の種類や内容にかかわらず一般的に定められる普通裁判籍と競合して、またはそれに代わる専属管轄として認められる。たとえば、不法行為に関する訴えについて、不法行為が行われた地や、不動産に関する訴えに関して不動産所在地に裁判籍が認められる場合などが例として挙げられる。

■ 特別失踪
[とくべつしっそう]

戦争や船の沈没、雪崩、津波など、死亡の原因となるような危難に遭遇した場合で、その者の生死が、危難が去った後1年間不明なときに、危難が去った時点で死亡したものとみなす宣告のこと。対立概念は普通失踪である。

■ 特別支配会社
[とくべつしはいがいしゃ]

別の株式会社の議決権の10分の9以上（90％以上）を持っている会社のこと。

単独で10分の9以上持っていなくても、その会社の100％子会社が、対象の株式会社に対して持っている議決権を含めて、10分の9以上に達する場合も、特別支配会社にあたる。

たとえば、A株式会社がB株式会社の議決権の95％を持っている場合に、A社はB社の特別支配会社である。また、A社はB社の議決権を70％しか持っていないが、A社の100％完全子会社のC社が、B社の議決権を20％保有していれば、A社は特別支配会社にあたる。上記の例で、B社の事業をA社に対して譲渡する場合に、株主総会決議は不要であり、特別支配会社との間においては、略式的な方法で事業譲渡などの組織再編行為を

行うことができる。

■ 特別司法警察職員
[とくべつしほうけいさつしょくいん]

刑事訴訟法により、特殊な事件、特殊な場所・分野に限って捜査権が与えられた一般の行政職員等のこと。警察官を一般司法警察職員と呼ぶ場合に、これに対する語として用いられる。刑務所長、拘置所長や、労働基準監督官、海上保安官、麻薬取締官などが挙げられる。

■ 特別受益者
[とくべつじゅえきしゃ]

婚姻や養子縁組のため、もしくは生計の資本として被相続人から生前贈与を受けた相続人、または被相続人の遺言によって遺贈を受けた相続人のこと。たとえば、婚姻資金として被相続人から生前贈与を受けていた子が挙げられる。相続人の中に特別受益者がいる場合、公平の観点から、相続財産に生前贈与の価額を加えたものを相続財産とみなし、それを基礎として算出した相続分から生前贈与や遺贈により受けた額を差し引いて、特別受益者の具体的な相続分を決定する。

■ 特別上告
[とくべつじょうこく]

民事裁判上、高等裁判所を上告審とした判決に憲法違反がある場合に、最高裁判所に対してする不服申立てのひとつ。

簡易裁判所から始まった訴訟の場合、高等裁判所の判決をもって三審制による不服申立方法は尽きるはずである。しかし、憲法は最高裁判所に違憲審査権を認めて、終審裁判所としての権限を与えているため、最高裁判所の判断を受ける機会を保障する目的で、とくに設けられた上訴方法である。

■ 特別上訴
[とくべつじょうそ]

上告審や抗告審が高等裁判所であり、三審制を尽くしたが憲法違反がある場合

た
行

や、通常の不服申立てが許されない場合に、最高裁判所に対してする不服申立てのこと。訴訟上の制度として、特別上告と特別抗告が用意されている。

■ 特別清算
[とくべつせいさん]

解散して清算手続に入った株式会社について、裁判所の監督の下で行われる清算手続のこと。清算の遂行に著しい支障があるような事情がある場合、または債務超過(清算株式会社の財産がその債務を完済するのに足りない状態)の疑いがある場合に行われる。特別清算は、裁判所の監督によって、債権者の実質的平等を重視した公正な清算手続を実行するための手続である。

■ 特別代理人
[とくべつだいりにん]

民法上、親権者と子、後見人と被後見人との間で利益相反に当たる行為が行われる場合に、子や被後見人のために家庭裁判所により選任される代理人のこと。たとえば、親権者の債務について子の不動産に抵当権を設定する場合などが挙げられる。不当に子や被後見人の財産が害されることを防ぐ目的である。

また、民事訴訟法上、未成年者や成年被後見人などの訴訟無能力者について、法定代理人がいない場合や、その者が代理権を行使できない場合に、個別の訴訟や手続のために、裁判所により選任される臨時の法定代理人をさして、特別代理人ということもある。

■ 特別地方公共団体
[とくべつちほうこうきょうだんたい]

普通地方公共団体(国・都道府県など)を基礎に、そこから派生して形成される特殊な団体。特別地方公共団体には特別区、地方公共団体の組合、財産区の3種類がある。

■ 特別取締役
[とくべつとりしまりやく]

取締役会で決定すべき事項のうち、重要な財産の処分・譲受けと多額の借財について、取締役会の一部の者による議決をもって取締役会決議とするため選定される取締役のこと。取締役会を開く暇がないほど迅速性が要求される場面に対処するため、制度化された。取締役の数が6人以上で、かつ、1人以上が社外取締役である会社についてのみ、特別取締役を置くことが認められる。

■ 特別の犠牲
[とくべつのぎせい]

憲法29条3項が定める「正当な補償」の要否を決める基準。侵害行為の対象が特定の個人ないし集団であるかどうか、侵害行為が財産権に対する制約として受忍すべき限度を超えているかどうかによって決めると考えられている。たとえば、土地収用などは、公共事業の予定地の所有者という特定の者に課される制約であるため、特別の犠牲といえると考えられている。

■ 特別の寄与
[とくべつのきよ]

特別の寄与は、ⓐ寄与分における特別の寄与と、ⓑ特別寄与料における特別の寄与の2つに分類される。
ⓐ寄与分における特別の寄与は、特定の相続人による被相続人の財産の維持または増加に対する特別の貢献をさす。相続人が複数いる場合において、遺産分割にあたり、寄与分の存否を判断する基準として「特別の寄与」の有無が判断される。相続人間の協議が調わない場合には、家庭裁判所が特別の寄与の有無や、特別の寄与がある場合の寄与分を決定する。特別の寄与に該当するには、被相続人の財産の維持・増加に対する積極的な貢献が認められなければならない。

ⓑ特別寄与料における特別の寄与は、相続人以外の親族が、無償で被相続人の財産の維持または増加に対して行った特別の貢献をさす。特別の寄与が認められた親族は、相続人に対して、特別寄与料の請求ができる。特別寄与料の制度は、平成30年の民法改正に伴い制定された。寄与分における特別の寄与とは異なり、無償での特別の貢献が条件となっている。

■ 特別の先取特権
[とくべつのさきどりとっけん]

債務者の特定の財産から優先弁済を受けることのできる先取特権のこと。不動産の先取特権と動産の先取特権がある。不動産の先取特権には、不動産の保存・不動産工事・不動産売買の3種類がある。動産の先取特権には、不動産の賃料債権について賃借人の動産に対して認められている先取特権や、旅館の宿泊、動産の保存、動産の売買など8種類が規定されている。たとえば、旅館の宿泊の先取特権の場合、宿泊費の債権を持つ宿主は、宿泊客が宿賃を支払わない場合、宿泊客の手荷物を差し押さえて、他の債権者に優先して、その弁済を受けることができる。

■ 特別背任罪
[とくべつはいにんざい]

会社法上の犯罪。発起人、取締役等が、自己もしくは第三者の利益を図りまたは会社に損害を加える目的で、その任務に背く行為をし、当該会社に財産上の損害を加える罪。10年以下の懲役もしくは1000万円以下の罰金、または両者が併科される。会社財産を保護するために規定された。会社の経営に携わる者が、会社財産を不正に利用したときには、通常の背任よりも損害の程度が大きいことから、会社法により特別に規定された。

■ 特別法
[とくべつほう]

☞一般法／特別法

■ 特別養子縁組
[とくべつようしえんぐみ]

実親および血族との関係を法律上断絶した上で、養親子関係を唯一の親子関係と構成する養子縁組の制度。普通養子縁組においては、養子と実親・血族との親族関係は当然に終了しないが、養子を実子と同じように扱うべく、実親からの子に対する権利主張を排除するため、特別養子縁組の制度が設けられた。特別養子縁組をするには、子が原則として15歳未満（令和元年の民法改正により「6歳未満」から引上げ）、養親が25歳以上の夫婦（夫婦の一方は20歳以上であればよい）などの条件を満たした上で、家庭裁判所の審判を受けることが必要である。

■ 特別予防
[とくべつよぼう]

☞一般予防／特別予防

■ 匿名組合
[とくめいくみあい]

営業のために出資をし、利益の分配を受ける者と、その出資された財産を用いて営業をする者とで結ばれる契約のこと。このとき、出資する者を匿名組合員、出資を受け営業を行う者を営業者という。対外的には、営業者だけが第三者に対して権利義務を有する。

なお、匿名組合とはいっても、いわゆる組合とは違って団体を構成せず、法的には匿名組合員と営業者との間の双務契約に過ぎない。したがって、匿名組合員が複数いる場合でも、匿名組合員相互には法律関係が存在しない。

■ 独立行政委員会
[どくりつぎょうせいいいんかい]

中立性が必要な事項について、内閣から独立して職務を遂行する合議制の行政機関。通常、規則の制定ができるなどの準立法的権能や、裁決や審判を下すことができるという準司法的権能を有してい

た

行

ることに特徴がある。たとえば、人事院や公正取引委員会、国家公安委員会などが挙げられる。憲法が、行政権は内閣に属すると規定しているため（憲法65条）、独立行政委員会の存在が合憲であるか議論があるが、政治的中立性の要求が高いこと、最終的に国会のコントロールが及ぶことから、合憲であると一般的に考えられている。

■ 独立行政法人
[どくりつぎょうせいほうじん]

行政の実施部門から一定の事務・事業を分離し、これを担当する機関に独立して与えられた法人格のこと。国が直接実施する必要はないが、民間に委ねた場合には実施されないおそれがある事業がその対象になる。業務の質の向上や活性化、効率性の向上、自律的な運営、透明性の向上を図ることを目的としている。なお、地方自治体が設立する独立行政法人を地方独立行政法人といい、地方独立行政法人法が定めている。

■ 独立当事者参加／権利者参加
[どくりつとうじしゃさんか／けんりしゃさんか]

第三者が当事者として係属中の訴訟に加入する訴訟参加の形態のうち、従来の当事者と参加人との間に共同関係がなく、独立の当事者として参加する訴訟形態。権利者参加とも呼ばれる。これに対して、参加人が共同関係に立つ形態を共同訴訟参加という。独立当事者参加には、第三者が訴訟の結果によって権利が害されることを主張して参加する詐害防止参加と、第三者が訴訟の目的の全部もしくは一部が自己の権利であることを主張して参加する権利主張参加とがある。

独立当事者参加では、必要的共同訴訟の規定が準用され、裁判資料と審理の進行が統一される。独立当事者参加がなされると、従前の当事者は訴訟から脱退す

ることができる。

■ 独立命令
[どくりつめいれい]

行政権が法律から独立して下すことができる命令。明治憲法下で認められていた。現在の憲法では、国会が唯一の立法機関である（憲法41条）と規定されていることから、独立命令は認められていない。

■ 特例市
[とくれいし]

政令で指定する人口20万人以上の市のことをさしていた。かつては、特例市は、中核市が処理する事務のうち、政令で定める中核市が処理することが効率的である事務等を処理するとされていた。

地方自治法改正により、中核市の要件が人口20万人以上の都市に改められ、特例市と統合されることになった。それに伴い特例市制度は廃止された。

☞中核市

■ 特例有限会社
[とくれいゆうげんがいしゃ]

平成18年の会社法施行以前に有限会社法によって設立された有限会社のこと。会社法の施行により、有限会社制度は廃止され、旧有限会社は株式会社とみなされることになったが、有限会社の会社名（商号）をそのまま使用することが許され、実質的には有限会社法の規律が維持されている。特例有限会社は、いつでも定款を変更し、通常の株式会社に移行することができる。なお、会社法施行後は有限会社の新設はできない。

■ 都市計画区域
[としけいかくくいき]

都市計画を策定する対象となる場所として、都市計画法に基づいて都道府県が定める区域のこと。都市計画区域が指定されると、その区域内において都市計画が策定され、区域内の開発行為が規制される。都市計画区域には、自然的条件、社

会的条件等を勘案して、一体の都市として総合的に整備、開発および保全する必要がある地域がある。また、首都圏整備法、近畿圏整備法および中部圏開発整備法による都市開発区域、その他新たに住宅都市、工業都市その他の都市として開発および保全する必要がある区域がある。

都市計画法
［としけいかくほう］

都市の発展整備を図るため、都市計画の内容や決定手続など、都市計画に関して必要な事項を定めている法律。市街地の無秩序な拡大を防止し、総合的・計画的な土地利用の実現を図るため、都市計画区域（市街化区域、市街化調整区域、非線引き区域）の区分がなされている。

また、区域区分を担保し、良好で安全な市街地の形成と無秩序な市街化を防ぐため、建築物や工作物の建設に対する開発行為の許可制度（開発許可制度）が設けられている。

都市再開発法
［としさいかいはつほう］

都市部における区画整理をより合理的に行うために定められた法律。都市部の土地の高度利用と都市機能の更新が目的である。都市部における区画整理は、平面だけでなく空間も含む。このため、土地区画整理法では十分に対応できない。そこで、市街地の計画的な再開発に必要な事項を定め、都市における合理的な土地利用を可能にするため、この法律が設けられた。

土地管轄
［とちかんかつ］

所在地の異なる裁判所間で、どこの裁判所が事件を担当するかについての定め。民事裁判上は、原則として、被告の住所地の裁判所に提起することが定められており、一方的に訴えを提起されて裁判に巻き込まれる被告の利益を保護している。

土地基本法
［とちきほんほう］

土地に関する政策の基本的な事項を定め、適正な土地の利用と需給関係を形成する目的で規定されている法律。国民生活の安定的な向上と国民経済の健全な発展のために、国、地方公共団体、事業者、国民の責務などが定められている。土地利用についての公共の福祉の優先や投機的取引の抑制等の基本理念、土地利用計画の策定や税制上の措置等の基本施策が規定されており、土地が公共性と社会性をもった公共財であることを明確化している。

土地区画整理法
［とちくかくせいりほう］

土地区画整理事業の施行者、施行方法、費用負担等について規定した法律。この法律に基づいて行われる土地区画整理事業とは、道路、公園、河川等の公共施設を整備・改善し、土地の区画を整え、宅地の利用の増進を図る事業をいう。土地の一部収用や換地による宅地整備を行い、利用価値の高い宅地にすることが主な目的である。近年では空洞化が進む地方都市の中心市街地の活性化にも活用されている。

土地収用法
［とちしゅうようほう］

公共の利益に必要な土地の収用に関する要件、手続、損失の補償等について規定した法律。土地収用制度とは、公共の利益に必要な土地を、土地所有者の意思に反しても、正当な補償をした上で、強制的にその土地を取得することを可能にする制度である。そのために、厳格な手続が必要であり、この法律が制定された。

特許
［とっきょ］

広義では、国や地方公共団体が、ある個人や法人に対して特定の権利を与える

こと。特許法上では、権利者が発明を財産権として独占できることをいう。この場合、特許された発明は詳細が公表されるため、新たな技術開発の促進につながる。

■ 特許権
[とっきょけん]

新規性のある発明を創作した者が取得する独占的な権利。特許権を取得するためには、特許庁に対する特許出願を行い、登録されなければならない。特許出願された発明は審査を請求することで審査官により審査され、要件を具備していると判断された後、出願者が特許料を納付することで特許権が発生する。なお、特許権の行使と認められる行為は、独占禁止法の適用除外となる。

■ 特許権の移転
[とっきょけんのいてん]

財産権としての特許権を他人に譲渡または承継すること。譲渡は特定承継と呼ばれ、特許庁に対して移転登録をしなければ効力が発生しない。これに対して相続や合併などによる承継は、一般承継と呼ばれ、特許庁に対して移転登録をしなくても効力に影響はない。

■ 特許権の存続期間
[とっきょけんのそんぞくきかん]

特許権の効力が存続する期間のこと。特許権は永久に効力を持つことはなく、有限の権利である。特許権の存続期間は特許出願の日から20年とされており、存続期間中であっても、特許料を継続して支払わなければ、権利を維持できない。なお、医薬品等一部の特許権の存続期間は延長が可能であるが、最長でも25年とされている。

■ 特許公報
[とっきょこうほう]

特許庁より発行される2種類の公報のこと。特許公報には、特許出願された発明のうち、1年6か月経過すると掲載される公開特許公報と、設定登録され特許権が発生した発明が掲載される特許公報がある。

■ 特許出願
[とっきょしゅつがん]

発明の特許権を取得するために特許庁に対して行う手続のこと。特許出願では、発明の内容を詳細に記載した明細書と、発明の内容を簡潔に記した要約書、発明者等の詳細を記載する願書などを提出する。特許出願を行った日を特許出願日といい、特許権の存続期間の開始日とされる。また、特許出願を行うと提出された順番に「特願2014-00001」といった出願番号が付与される。

■ 特許請求の範囲
[とっきょせいきゅうのはんい]

特許出願に際して提出する書類のひとつで、特許権を受けようとする技術発明の範囲を記載した書面をいう。特許請求の範囲は、広ければ強い特許権となるが、審査が通りにくいというデメリットがある。しかし、逆に範囲を狭くすれば、目的の発明が保護できない可能性がある。特許請求の範囲について記載に不備があり、または不明確であれば、特許権の取得はできない。

■ 特許庁
[とっきょちょう]

発明をはじめ、実用新案や意匠、商標など知的創造に関する手続や審査を運営している経済産業省の外局。経済産業省設置法に基づいて設置されている。英文表記は、「Japan Patent Office」であり、頭を取ってJPOと略称される。

■ 特許法
[とっきょほう]

発明の保護と産業の発展促進を目的に定められた法律。発明の保護として、新規性のある発明を創作した者に独占的な権利（特許権）を付与し、同時に当該発明

を公開させることで産業の発展を促すとされている。

■ 届出
[とどけで]

行政庁に対して、法令によって義務づけられている一定の事柄を通知する行為。類似概念に申請があるが、これは国民の側が行政庁に対して一定の行為(諾否の応答)を求めるものであり、国民が一方的に通知を行う届出とは異なる。届出の例として、河川等に汚染物質を排出する工場等を建設する者は、知事に届出を行う旨が規定されている。もっとも、法文上の表記から申請と届出を区別することは容易ではなく、個別に解釈が必要である。

■ 賭博罪
[とばくざい]

偶然の勝敗に関して財物をもって賭け事をする罪。広義では、主催者として賭博場を提供して利益を図ろうとする罪(賭博場開帳図利罪)や、常習的・職業的な賭博行為者(博徒)と上下関係を結び、便宜の提供を行って利益を図ろうとする罪(博徒結合図利罪)を含めて、賭博罪の語が用いられることもある。賭博をした者は50万円以下の罰金または科料に処せられる(単純賭博罪)。保護法益は、健全な経済活動および国民の勤労の精神とされる。なお、カジノの経済効果を踏まえ、観光産業と地域経済の活性化をめざし、一定の場所においてカジノ施設を含めた統合型リゾート(IR)を認める特定複合観光施設区域整備法(IR整備法)が平成30年に成立した。もっとも、カジノが持つ射倖的要素を考慮して、賭博罪にあたるかどうかについて、議論があるところである。

■ 賭博場開帳図利罪
[とばくじょうかいちょうとりざい]

自らが主催者となり、利益を得る目的で、賭博をさせる場所を与える罪。3月以上5年以下の懲役に処せられる。

■ 苫米地事件
[とまべちじけん]

最高裁昭和35年6月8日判決。第3次吉田内閣が衆議院をいわゆる抜き打ち解散したことにより、X(苫米地義三)は議員資格を失った。Xは当該解散が憲法69条等に反し違憲無効であるとして、国に対し衆議院議員の資格確認と、任期満了までの歳費支払を求めて訴えた。衆議院の解散が統治行為として司法審査の対象から除外されないかが争われた。最高裁は、判例史上はじめて純粋な統治行為論を採用し、衆議院の解散はきわめて政治性の高い国家統治の基本に関する行為であり、司法審査の対象外であることを理由として、Xの請求を棄却した。

■ 富くじ発売罪
[とみくじはつばいざい]

富くじを発売する罪。2年以下の懲役または150万円以下の罰金に処せられる。また、富くじ発売を取り次いだ者は、1年以下の懲役または100万円以下の罰金に処せられる。さらに、富くじを購入するなど、授受した者についても、20万円以下の罰金または科料に処せられる。

■ ドメスティック・バイオレンス
[どめすてぃっく・ばいおれんす]

配偶者や内縁関係にある者など親密な関係にある者、またはかつてそうした関係にあった者から受ける暴力をいう。DVと略される。配偶者暴力防止法(DV防止法)では、法律上の配偶者だけでなく、内縁関係にある者、さらにはいわゆる同棲の状態にある者からの暴力についても対象とされている。なお、暴力は殴る蹴るなどの身体的な暴力に限られず、大声で怒鳴るなどの精神的な暴力、生活費を渡さないなどの経済的な暴力、性的行為を強要するなどの性的な暴力も含まれる。

■ 取消し

[とりけし]

☞無効／取消し

■ 取消訴訟

[とりけしそしょう]

行政事件訴訟法が定める処分の取消訴訟（処分の取消しの訴え）と裁決の取消訴訟（裁決の取消しの訴え）の総称。行政庁の処分または裁決について、その全部または一部の取消しを求めて、処分や裁決の効果をさかのぼって消滅させることを目的にして訴えが提起される。たとえば、違法な課税処分を下された者が、その処分の取消しを求める場合などがある。行政庁の処分や裁決などによって、法的利益を侵害された国民が、自己の権利・利益を守るために提起する訴えであるため、主観訴訟に分類されている。行政庁の処分や裁決には、取り消されるまでは一応有効なものとして扱われる効力（公定力）がある。また、裁判所が行政庁の処分等を取り消すことができるのは、原則として取消訴訟に限られている（取消訴訟の排他的管轄）。このため、取消訴訟は、国民の側から違法な処分等の法律関係を正すための、きわめて重要な救済手続である。

■ 取消的無効

[とりけしてきむこう]

表意者以外の者からの無効の主張を認めないなど、取消しと同様の制約が課される無効のこと。無効とは、本来であれば、誰からでも主張できるものであるが、取消的無効は主張者が制限される無効である。かつての錯誤無効（旧民法95条）が取消的無効にあたると解されていた。取消的無効については、主張者を制限する他、取消しの規定を類推して相手方が善意無過失の場合には無効主張を制限する考え方や、主張者による追認を認める考え方などがある。

■ 取り消すことができる行政行為

[とりけすことができるぎょうせいこうい]

行政行為が違法であるため、取り消されるべき場合をさす。瑕疵ある行政行為の一類型。同じ違法な行政行為であっても、重大明白な瑕疵があってはじめから効力を認めるべきではない行政行為は、無効の行政行為と呼ばれ、区別されている。したがって、違法ではあるが、権限ある行政機関または裁判所によって取り消されるまで、一応その効力を認めざるを得ない行政行為が、取り消すことができる行政行為だといえる。

■ 取り消すことができる行為

[とりけすことができるこうい]

一応有効な法律行為ではあるが、意思表示に何らかの欠陥があるために、特定の者（取消権者）の取消しの意思表示によって、さかのぼってその効果が無効になる法律行為をいう。たとえば、制限行為能力者の行為や詐欺・強迫・錯誤による意思表示などが挙げられる。

類似概念に無効な法律行為があるが、これは、意思能力のない者がした法律行為など、法律行為の効力がはじめから認められないものを意味している。無効な行為は、はじめから当然に、いつでも、そして誰もが主張できる点で、取り消すことができる行為とは異なっている。

■ 取締役

[とりしまりやく]

株式会社において、主に会社の経営を担当する機関をいう。株式会社に必ず置かなければならない機関のひとつ。取締役の権限は取締役会の有無により異なっている。取締役会設置会社では、原則として取締役は取締役会の構成員にすぎず、業務執行権・会社代表権を有しない。これに対して、取締役会非設置会社では、会社の業務を執行し、会社を代表する。取締役が2名以上いる場合には、各自が会

社を代表する権限を持ち、会社の業務は取締役の過半数で決定される。取締役は自然人でなければならず、株主総会の普通決議で選任される。取締役会設置会社では3名以上置かなければならず、それ以外の株式会社では1名以上でもよい。任期は原則として2年以内に終了する事業年度のうち、最終の定時株主総会の終結時までであると定められている。

取締役会
[とりしまりやくかい]

業務執行に関する会社の意思決定をするとともに取締役の職務執行を監督する機関のこと。取締役全員で構成される。重要な財産を処分または譲り受けることや、多額の借財を行うこと、支配人を選任・解任することなど、会社法が列挙する重要な事項については、必ず取締役会で決定しなければならない。そのため、代表取締役に決定を委ねることもできない。

取締役会設置会社
[とりしまりやくかいせっちがいしゃ]

取締役会を置く株式会社をいう。会社法の規定によると、公開会社において取締役会は必要的機関である。また、取締役会を置いた場合には、原則として、監査役の設置が必要である。ただし、指名委員会等（三委員会）、監査等委員会を置く場合には、監査役の役職と重複するため、監査役を設置する必要はない。

取締役解任の訴え
[とりしまりやくかいにんのうったえ]

取締役が不正の行為をしたとき、または法令・定款に違反する重大な事実があったときに、株主がその取締役の解任を求める訴えのこと。株主が取締役を解任するためには、まずは株主総会で解任の決議をしなければならない。この決議が否決された場合であっても、裁判所に出訴することにより再度当該取締役の解任を求めることができるとする制度である。

ただし、訴えを提起できるのは、総株主の議決権の3％以上または発行済株式の3％以上を保有していた株主に限られ、当該株主総会の日から30日以内に訴えを提起する必要がある。

取締役の会社に対する責任
[とりしまりやくのかいしゃにたいするせきにん]

取締役が、株式会社に対して負っている義務に反して、任務を怠ったことにより株式会社に生じた損害について、賠償する責任を負うこと。「任務を怠った」とは、たとえば、取締役が会社に対する善管注意義務を怠った場合である。また、会社に無断で競業取引を行った場合や、会社に無断で利益相反行為を行った場合なども該当する。なお、この責任は、株主総会の決議等によって、一定の範囲内で免除できると定められている。

取締役の職務代行者
[とりしまりやくのしょくむだいこうしゃ]

取締役選任に関する株主総会決議の無効確認や取締役解任の訴えが提起されている場合に、民事保全法上の仮処分の制度に基づき、取締役の職務執行を停止し、取締役の職務を代行する者として裁判所により選任された者のこと。訴えの提起があったにもかかわらず、その取締役にそのまま職務の遂行を認めるのは適切ではない場合もあり得るため、制度化された。

取締役の第三者に対する責任
[とりしまりやくのだいさんしゃにたいするせきにん]

取締役が職務を行うにあたって、第三者に対して損害を与えた場合に、その損害を賠償する責任のこと。もっとも、取締役が職務を行うにあたり、悪意または重大な過失がある場合に限って、第三者に対する責任が生じると定められている。たとえば、取締役の指示で会社が違法建築を行い、その結果負傷者が出たような

場合には、会社だけでなく、指示を出した取締役も、その第三者に対して、損害を賠償する責任を負う。なお、責任を負う者が複数いる場合、その債務は連帯債務になる。

取調べ
[とりしらべ]

捜査機関が供述証拠を収集する行為のこと。被疑者、被告人や参考人が取調べの対象になる。捜査機関は、犯罪の捜査をするについて必要があるときは、被疑者の出頭を求め、これを取り調べることができる。被告人の取調べについては、被告人の当事者たる地位を考慮して、なるべく避けるべきだとされるが、判例は、刑事訴訟法197条が任意捜査について何ら制限をしていないことから、被告人の取調べも任意の処分である以上許されると解している。参考人が出頭または供述を拒んだ場合には、第1回の公判期日前に限り、検察官は、裁判官にその者の証人尋問を請求することができる。

取調べ受忍義務
[とりしらべじゅにんぎむ]

逮捕・勾留されている被疑者が取調べを受ける義務のこと。もっとも、被疑者には黙秘権があるので、供述は義務ではなく、取調べが行われる場所に出頭し、そこに留まる義務があるかが問題となる。なお、逮捕・勾留されていない被疑者は、出頭を拒否し、いつでも退去できる（刑事訴訟法198条1項但書）。逮捕・勾留されている被疑者に取調べ受忍義務があるか否かについては、実務は肯定説をとるが、学説上は否定説が通説である。取調べ受忍義務を否定した場合、身柄拘束中であっても被疑者に居房から取調室へ出頭することを強制することはできず、被疑者が取調室から居房へ帰ることを求めれば、これを許さなければならないことになる。肯定説は、刑事訴訟法198条1項但書の

反対解釈を根拠としている。一方、否定説は、もし肯定説をとれば、供述の義務はないとしても、実質的には供述を強制されるに等しく、黙秘権を侵すことになると主張する。

取調べの可視化
[とりしらべのかしか]

捜査機関による取調べの過程を録音・録画して、行きすぎた捜査や冤罪の発生を防ぐために、後から裁判所などがチェックできるようにすること。平成28年の刑事訴訟法改正により、平成30年6月以降、検察官、検察事務官、司法警察職員は、裁判員制度対象事件または検察官独自捜査事件で身柄拘束中の被疑者を取り調べる場合には、例外事由に該当するときを除いて、その取調べの全過程を録音・録画することが義務づけられている。一方、参考人や身柄を拘束されていない被疑者については、取調べの可視化が義務づけられていない。なお、裁判員制度対象事件は、殺人、強盗殺人、現住建造物放火などの重大犯罪をさし、検察官独自捜査事件とは、政治家等による贈収賄事件などをさす。

取立委任裏書
[とりたていにんうらがき]

手形上の権利を行使する代理権を付与する目的でなされる裏書のこと。公然の取立委任裏書と隠れた取立委任裏書の2種類がある。取立委任裏書により、被裏書人は手形上の一切の権利を行使する権限が与えられる。

取戻権
[とりもどしけん]

破産者に属さない財産について、第三者が破産財団からの返還、引渡し、その他破産管財人の支配の排除を求める権利のこと。取戻権には、一般の取戻権と特別の取戻権がある。

一般の取戻権とは、所有者などが目的

物の返還を管財人に求めるものであり、実体法上の権利を破産手続において確認する権利である。特別の取戻権には、売主の取戻権と問屋の取戻権があり、物品を買主（委託者）に発送した場合に、代金（報酬）の全額の弁済を受けておらず、到達地でその物品を受け取らない間に破産手続開始の決定があったときは、売主（問屋）は、その物品を取り戻すことができるとする権利である。

また、破産者が破産手続開始決定前に取戻権の目的である財産を譲り渡した場合には、取戻権者は、反対給付の請求権の移転を請求することができる。これを代償的取戻権という。

■ 努力義務
[どりょくぎむ]

違反しても罰則その他の法的制裁を受けない作為義務・不作為義務のこと。法文上は、「～するよう努めなければならない」などと規定される。努力義務に違反した場合でも、違法とはならない。

たとえば、行政手続法6条が定める標準処理期間を定める義務、労働基準法1条2項が定める労働条件を向上させる義務などがある。

努力義務が定められる場合には、立法の基本理念・目的を示し、その方向に沿った当事者の努力を促す場合や、本来は、強行規定または禁止規定によって規制することが可能な事項について、立法化が時期尚早であるとして努力義務規定にとどめる場合などがある。

■ 内縁
[ないえん]

婚姻意思をもって共同生活を営み、社会的には夫婦と認められているが、婚姻届を提出していないため、法律的には夫婦と認められない男女の関係をいう。内縁夫婦間にも法律上の夫婦間と同様に、同居・協力・扶助の義務や貞操義務が生じるが、相続権は発生しない。内縁夫婦間に生まれた子は非嫡出子として扱われ、母の単独親権に服し、父子関係については父の認知が必要になる。

■ 内閣
[ないかく]

内閣総理大臣およびその他の国務大臣で組織する合議体のこと。国の統治権である立法、行政、司法のうち、行政権を担当し、国会に対し連帯して責任を負う。内閣が担当する行政権のうち、主要なものは、外交関係の処理、条約の締結、予算の作成と国会への提出が挙げられる。

■ 内閣総理大臣
[ないかくそうりだいじん]

内閣の首長をいい、他の国務大臣の上位に当たる。内閣総理大臣は、国会議員の中から国会の議決で指名され、天皇が任命する。その権能として、国務大臣の任免権、内閣を代表して議案を国会に提出する権限、国務大臣の訴追に対する同意権等を有する。

■ 内閣総理大臣の異議
[ないかくそうりだいじんのいぎ]

行政事件訴訟法上、執行停止の申立て、執行停止の決定に対して、内閣総理大臣が異議を述べること。異議には、理由を付さなければならず、異議の理由には、処分の効力を存続させ、処分を執行し、または手続を続行しなければ、公共の福祉

に重大な影響を及ぼすおそれのある事情を示さなければならない。異議が述べられた場合、裁判所は、執行停止の決定をすることができなくなり、すでに執行停止決定をしている場合には、それを取り消す必要がある。

■ 内閣総理大臣の指名権
[ないかくそうりだいじんのしめいけん]

国会が、国会議員の中から内閣総理大臣を指名する権能。任命は形式上、天皇が行う。戦前のように天皇や元老、重臣などにより決定されるのではなく、国会が内閣総理大臣を決定することを明らかにした趣旨である。内閣総理大臣を指名する必要があるときは、国政の中心である内閣総理大臣が空白とならないように、国会はすべての案件に先立って指名手続を行わなければならないと定められている。

■ 内閣の権能
[ないかくのけんのう]

憲法により認められた内閣の職権。内閣は行政権の中心として、法律の誠実な執行と国務の総理、外交関係の処理、条約の締結、官吏に関する事務、予算を作成して国会へ提出すること、政令を制定すること、恩赦を決定することなど、一般の行政事務を行う。また、天皇の国事行為に関して助言と承認を与え、最高裁判所長官を指名し、その他の裁判官を任命し、国会の臨時会の召集なども行うことができる。なお、内閣が職権を行うにあたっては、合議制の閣議に基づく。

■ 内閣の助言と承認
[ないかくのじょげんとしょうにん]

天皇の国事に関する行為（国事行為）に対して、内閣が与える事前の進言（助言）や事後的な同意（承認）をさす。憲法は、すべての国事行為について、内閣の助言と承認が必要であると規定している。もっとも、助言と承認は1つの行為であり、閣議は一度開けばよいと考えられている。

また、天皇からの発案に応じて内閣が承諾を与えるという形での助言と承認は、事前の助言を排除し、天皇が国事行為の決定権を持つことに等しいため、認められないと考えられている。天皇の国事行為の実質的決定権は内閣が持っており、その責任もすべて内閣が負う。

■ 内閣の法律発案権
[ないかくのほうりつはつあんけん]

内閣が法律案を提出する権限のこと。憲法に内閣の法律発案権を明示した規定はない。国会が唯一の立法機関であることを根拠に、内閣の法律発案権を否定する見解もある。しかし、内閣が法律案を発案することは慣行として行われており、仮に否定されても、国務大臣が議員である場合は、議員としての資格で法律案を発案することができる。そこで、通説的見解は内閣の法律発案権を肯定している。法律の発案自体は国会の議決を拘束するものではなく、憲法上認められている議案提出権の中に法律案も含まれていると解釈できることが根拠とされている。

■ 内閣の連帯責任
[ないかくのれんたいせきにん]

内閣が国会に対して一体として負う政治的な責任のこと。憲法は、内閣が行政権を行使するにあたり、国会に対して連帯責任を負うと規定している。内閣は、内閣総理大臣をはじめ内閣を構成する国務大臣が一体となって政治を行うのが原則であり、閣議と異なる意見を表明することは許されず、またその責任も一体となって負担するという趣旨である。責任の取り方の典型例は総辞職である。もっとも、特定の国務大臣に対する単独の責任を追及することが否定されているわけではなく、個別の国務大臣の不信任決議が行われることもある。

内閣府
[ないかくふ]

内閣府設置法に基づいて内閣に置かれた行政機関。内閣の重要な政策に関する事務の補助を任務とし、内閣官房を助け、行政各部の政策の統一のために必要な企画の立案や、総合調整に関する事務を執り行う。内閣府の長は内閣総理大臣であり、主任の大臣として事務を分担する。内閣府には、宮内庁が置かれるほか、外局に公正取引委員会、国家公安委員会、金融庁および消費者庁がある。

内閣不信任決議権
[ないかくふしんにんけつぎけん]

衆議院が内閣に対して信任しないという意思表示をする権利。衆議院で内閣の不信任決議が可決されると、内閣は総辞職か、衆議院を解散するかの二者択一を迫られる。議院内閣制を採るわが国では、内閣の存立が議会（衆議院）の意思に委ねられているため、議会の信任を失った内閣は、総辞職に追い込まれるしくみになっている。わが国の学説の中には、内閣不信任決議と衆議院の解散権が相互に抑制し合い均衡を保つことは、議院内閣制の本質的要素であると考える有力説がある。

内閣法制局
[ないかくほうせいきょく]

法律問題について内閣、内閣総理大臣、各省大臣に意見を述べることや、閣議に付される法律案、政令案、条約案を審査することを主な業務とする内閣に置かれる機関。内閣法制局設置法に基づいて設置されている。法律案や政令案を立案して内閣に上申することも業務に含む。法制局長官は、閣議に出席し、国会答弁も行う。「憲法の番人」とも呼ばれ、平成26年7月に内閣が集団的自衛権に関する「解釈改憲」の閣議決定をしたことから注目される存在となった。

☞議院法制局

内国民待遇
[ないこくみんたいぐう]

☞最恵国待遇／内国民待遇

内在的制約
[ないざいてきせいやく]

人権に必然的に含まれる限界をさす。とくに他者の人権とかかわりがある人権について、他人の人権を傷つけるような形で人権を行使することは許されない。わが国の憲法は、人権について「公共の福祉」による制約があると規定しているが、これは、人権相互の矛盾・衝突を調整するための実質的公平の原理であると考える見解が有力である。対立概念は外在的制約である。これは、人権自体に含まれるものではなく、人権を外から制約する一般的原理である。

名板貸し
[ないたがし]

自己の商号を使用して他人が事業または営業を行うことを許諾することをいう。商法および会社法は、許諾をした者は、許諾者がその営業を行うと誤信して許諾を受けた者と取引をした者に対し、許諾を受けた者と連帯して、その取引によって生じた債務を弁済する責任を負う旨を規定する。この規定の趣旨は権利外観法理であるため、許諾をした者が責任を負うためには、許諾をした者と受けた者の営業が同種のものであることを要するとされる。

内定
[ないてい]

正式な手続を行う前に、あらかじめ決定すること、または、決定したことを相手方に伝えること。主として、新規学卒者の就職に関して、その卒業を始期とする労働契約のことをさす。解約権留保付労働契約ともいわれ、正式の労働契約として扱われる。内定の取消しは、労働契約の解除に該当するため、客観的で合理

な
行

的、社会通念上相当と認められる理由が必要である。なお、労働者（学生）の側から契約を解除するためには、2週間の予告期間を設けて行う以上は、原則として自由に行うことができると定められている。

■ 内部者取引／インサイダー取引
［ないぶしゃとりひき／いんさいだーとりひき］

会社の重要な内部情報を知った会社役員等の会社関係者が、その情報が公表される前に会社の株式等の取引を行うこと。内部者（インサイダー）取引は、一般の投資家との不公平が生じ、証券市場の公正性・健全性が損なわれるおそれがあるため、金融商品取引法により規制されている。

■ 内部統制
［ないぶとうせい］

会社の業務の適正を確保するために、会社内部で作成される必要な機構（システム）のこと。大会社は内部統制システムの整備に関する決定が義務づけられており、取締役会設置会社の場合は取締役会で決定し、それ以外の会社では取締役が決定しなければならない。株式会社とその子会社を含めた企業集団にわたる内部統制システムについては、従来は会社法施行規則で規定されていたが、平成26年の会社法改正によって法律で規定された。また、同改正に伴う会社法施行規則の改正により内部統制システムの運用状況を事業報告に記載しなければならないと定められ、内部統制システムが適切に運用されていることを株主等に開示することが義務づけられることになった。

■ 内容証明郵便
［ないようしょうめいゆうびん］

郵便物に関して、差出日付、差出人、宛先、書面の内容等を証明する制度のこと。日本郵便株式会社が、郵便法に基づき、内容証明郵便であることを認証する。内容証明郵便は、債権回収の目的で用いられる場合が多く、たとえば、未払貸金についての督促状などが例として挙げられる。その他にも、賃貸借契約の解除を通知する書面なども、内容証明郵便として送付されることがあり、訴訟などの法的紛争に至る前段階としての機能を持っているといわれる。もっとも、内容証明郵便は、書面の内容に関する証明を行うだけで、それ以上の法的効力はない。

なお、類似概念に、配達証明郵便がある。これは、差出人に対して配達した年月日を証明するための書面であり、郵便書面の内容に関して証明するものではない点で、内容証明郵便とは異なる。実務上は内容証明郵便に配達証明郵便のサービスをつけることがよくある。

■ 内乱罪
［ないらんざい］

憲法が定める統治の基本秩序を破壊することを目的として、暴動を起こす罪。首謀者は死刑または無期禁錮刑に処せられる。謀議に参加しまたは群衆を指揮した者は無期または3年以上の禁錮に処せられ、その他の職務に従事した者は1年以上10年以下の禁錮に処せられる。そして、集団に同調して行動し、暴動に参加した者（付和随行者）は3年以下の禁錮に処せられる。保護法益は、国家の基本秩序である。

■ 内乱予備罪・内乱陰謀罪
［ないらんよびざい・ないらんいんぼうざい］

内乱の予備または陰謀をする罪。国家の存立を保護するために規定された。1年以上10年以下の禁錮が科される。内乱の予備とは、内乱のための準備行為をいう。陰謀とは、内乱を計画し、合意することをいう。本罪を犯した者が暴動に至る前に自首した場合には、刑が免除される。

■ 仲立
[なかだち]

　他人間の法律行為のあっせんをすること。営業的商行為の一種である。商行為の仲立をする者を仲立人、商行為以外の仲立をする者を民事仲立人という。

■ 長沼ナイキ基地訴訟
[ながぬまないききちそしょう]

　最高裁昭和57年9月9日判決。北海道夕張郡長沼町に航空自衛隊のミサイル基地を建設するため、農林大臣であるYは保安林の指定を解除する処分を行った。基地建設に反対する地元住民Xらは、Yに対し、自衛隊が違憲であるとして、当該処分の取消しを求めて訴えた。第一審は、自衛隊は違憲であると判示し、Xの請求を認めた。第二審は、Xの訴えに利益がないことを理由としてXの訴えを却下したが、自衛隊の合憲性については、傍論ながら統治行為論を展開し、一見極めて明白に違憲、違法であるといえない場合には、司法審査の対象外と判示した。最高裁は、自衛隊の合憲性には立ち入らず、Xの訴えに利益がないことを理由として、上告を棄却した。

■ なす債務
[なすさいむ]

　☞与える債務／なす債務

■ 並びに
[ならびに]

　☞及び／並びに

■ 軟性憲法
[なんせいけんぽう]

　☞硬性憲法／軟性憲法

■ 難民の地位に関する条約
[なんみんのちいにかんするじょうやく]

　難民の保護を目的とし、難民の定義、法的保護の種類、条約締約国から難民が受けることのできる社会的権利などが規定された国際条約。1951年7月、国連の全権委員会議で採択された。難民の権利だ

けでなく、義務や欠格事由等や、受け入れ国に対する義務等も規定されている。わが国は、1981年に1967年採択の「難民の地位に関する議定書」とあわせて加入し、翌年発効したことにより、難民を保護するため必要な行政上の措置を講ずる義務を負っている。1951年1月1日以前の難民のみを対象としていたが、その後の議定書によってすべての難民を対象にすることになった。

に

■ 二院制／両院制
[にいんせい／りょういんせい]

　議会が2つの合議体（議院）によって構成されている制度のこと。両院制とも呼ばれる。通常、民選の議員から構成される下院とそうとは限らない上院とで成立している。上院は、明治憲法下での貴族院型や、アメリカのような連邦型があるが、わが国の二院制は、衆議院・参議院ともに民選議員からなる民主的第二次院型である。二院制を採る理由は、一般に下院の軽率な行為を防止し、民意を忠実に反映するため、または、下院と政府との衝突を和らげるためであるといわれている。

　なお、わが国では、参議院と衆議院との関係は、法律案の可決や内閣不信任決議、予算先議権などについて衆議院の優越が認められている。

■ 二項道路／みなし道路
[にこうどうろ／みなしどうろ]

　建築基準法42条2項に基づいて道路として認められた幅員が4m未満の道のこと。建築基準法上、原則として幅員が4m以上の道でなければ道路として認められない。ただし、同法施行前からある道で、かつ、行政庁が道路として認めた

ものについては、同法42条2項によって道路とみなされる。したがって、みなし道路と呼ばれることもある。二項道路の指定を受けると、道路内建築制限や私道の変更・廃止制限等が生じる。

■ 二項犯罪
[にこうはんざい]

刑法において、債権や無体財産など、財産上の利益を対象に行われる財産罪をいう。利益罪（利得罪）とも呼ばれている。たとえば、財産罪によって、債務の支払いを免れることなどが挙げられる。財産罪は、個人の財産に対する犯罪であり、動産や不動産に対する財物罪が一般的である。しかし、刑法は財産罪を、財物罪と利益罪（利得罪）に分類し、財産罪に関する刑法各本条の2項に規定されていることが多いことから、二項犯罪と呼ばれている。二項犯罪が規定されている罪としては、強盗罪、詐欺罪、恐喝罪がある。

■ 二次的著作物
[にじてきちょさくぶつ]

もともと存在していた著作物を素材に、新たに作成された著作物のこと。著作権法では、著作物を翻訳し、編曲し、もしくは変形し、または脚色し、映画化し、その他翻案することにより創作した著作物のこと。翻案とは、既存の著作物に依拠して、その表現上の本質的な特徴の同一性を維持しつつ、具体的な表現形式を変更して新たな著作物を創作する行為をいう。二次的著作物が著作権法上の保護を受ける場合でも、原著作者の権利には影響を及ぼさないので、二次的著作物を利用する場合には、二次的著作物の著作者の許諾だけでなく、原著作者の許諾も必要になる。

■ 二重開始決定
[にじゅうかいしけってい]

競売開始決定のあった不動産について、さらに競売の申立てがされたときになさ

れる裁判所によるさらなる開始決定のこと。先に開始決定がなされた事件を先行事件、二重開始決定がなされた事件を後行事件という。先行事件が後行事件に優先するが、先行事件が何らかの事情により取り下げられた場合には、後行事件の手続が進行するため、先行事件が取り下げられる可能性の高いときに、二重開始決定をするメリットがある。

■ 二重起訴の禁止
[にじゅうきそのきんし]

裁判所に係属する事件については、当事者は、さらに訴えを提起することができないとする原則。重複起訴の禁止ともいわれる。民事訴訟では、民事訴訟法142条に、二重起訴の禁止が定められている。二重起訴が禁止される理由としては、同一内容の訴えを重ねて提起することには、被告にとって迷惑である、不要な裁判が行われる無駄が生じる、複数の判決が矛盾抵触するおそれがあるといった弊害があることが挙げられている。なお、刑事訴訟では、刑事訴訟法338条3号により、二重起訴は公訴棄却事由となることが定められている。

■ 二重差押えの禁止
[にじゅうさしおさえのきんし]

動産執行において、差し押さえた動産について、さらに差し押さえることを禁止すること。不動産や債権の観念的な差押えと異なり、動産の差押えは、執行官による事実上の目的物の占有取得という方法でなされることに基づく。動産について二重に差押えの申立てがなされた場合には、手続が併合される。

■ 二重譲渡
[にじゅうじょうと]

ある物を第1譲受人に譲渡した後に、第2譲受人にも譲渡すること。二重譲渡も債権的には有効であり、譲受人同士の優劣は対抗要件の有無で決せられる。例

として、土地の売主が第1譲受人に譲渡した後、第1譲受人が登記を具備する前に、売主がさらに第2譲受人に譲渡する場合が二重譲渡の典型である。

不動産であれば、対抗要件である登記を先に具備した方が確定的に所有権を取得すると定められている。動産であれば、先に引渡しを受けた者が対抗要件を備えることになると規定されている。

なお、動産について第1譲受人が引渡しを受けた後に、売主が第2譲受人に譲渡したときは、すでに第1譲受人が確定的に所有権を取得しているので、二重譲渡ではなく他人物売買の問題となる。

■ 二重処罰の禁止
[にじゅうしょばつのきんし]

一度ある罪で処罰された者が、同じ犯罪行為について、さらに別の罪として処罰されてはならないという考え方。憲法39条後段が、二重処罰の禁止を規定している。

類似の概念に、一事不再理の原則がある。憲法39条前段が規定する原則であるといわれるが、学説において対立がある。一事不再理の原則とは、被告人が一度訴追の負担を課された以上は、再度同じ負担を負わされることはない原則と考える見解がある。この見解によれば、一事不再理で禁じているのは、前の確定判決を覆して、これと違った判断が下されることである。これに対して二重処罰の禁止は、前の確定判決に加えて、新たに別の判決により処罰されることを禁じており、両者は区別可能であると考えている。

■ 二重抵当
[にじゅうていとう]

抵当権の設定された不動産に、さらに抵当権を設定すること。複数の債権者のために、ひとつの不動産の上に複数の抵当権を設定することは可能であり、その場合には抵当権に順位を付して優劣を決する。問題となるのは、第1順位を付すとの約束を破り、別の債権者に第1順位の抵当権設定登記を付した場合である。抵当権は登記の先後で優劣を決することになるため、先に抵当権設定契約を締結したとしても、登記が劣後すれば、第2順位の抵当権者となる。

もっとも、抵当権設定者（債務者）は、先に抵当権設定契約等を結んだ者に対して、抵当権登記を完了させるという義務に背いたといえる。そこで、先に登記を備えた抵当権者に対して自分が第1順位であると主張することはできないが、抵当権設定者（債務者）に対して、債務不履行に基づく損害賠償請求を行うことができる。また、判例においては、約束を破り二重抵当を行った抵当権設定者（債務者）に対して、背任罪が成立すると考えられている。

■ 二重の基準論
[にじゅうのきじゅんろん]

違憲審査の基準として用いられる考え方。経済的自由権と精神的自由権とを区別し、精神的自由権を優越した地位にある人権として、それを規制する法律の合憲性の審査には厳格な基準を適用する反面、経済的自由権を規制する立法については、より緩やかな基準により審査を行うという考え方である。

■ 日常家事債務
[にちじょうかじさいむ]

夫婦の共同生活に必要な一切の事柄に関して、第三者と法律行為をしたことによって生じる債務のこと。日常家事債務については、夫婦が連帯責任を負う。たとえば、電気料金の支払いや、生活必需品の購入費、近所等との交際にかかる費用、子の教育費、医療費などがその例として挙げられる。

■ 日米安全保障条約
[にちべいあんぜんほしょうじょうやく]

☞安全保障条約／日米安全保障条約

■ 日用品供給の先取特権
[にちようひんきょうきゅうのさきどりとっけん]

　一般の先取特権の一種で、生活に必要な日用品を供給した者が、債務者の総財産から優先的に支払い（弁済）を受ける権利のこと。日用品とは、飲食料品、燃料および電気などであり、民法は最後の6か月間に供給した日用品に関する債権について、先取特権を認めている。

■ 日照権
[にっしょうけん]

　それまで享受していた建物の日当りを他の建物などによって妨害されない権利のこと。地方公共団体の条例や建築基準法の日影規制などによって一定の保護が図られている。

■ 日本国憲法
[にほんこくけんぽう]

　わが国の成文の憲法典。大日本帝国憲法に代わって、昭和21年11月3日に公布され、翌昭和22年5月3日より施行された。前文および11章全103か条からなる。基本原理として、個々の人間に価値を認めてこれを尊重するべきとする基本的人権の尊重、国民が政治のあり方を最終的に決定する力（主権）をもつという国民主権、そして、個人の自由と生存は平和なくしてはあり得ないために、恒久的平和の実現をめざす平和主義の3つを採用している。

■ 入国の自由
[にゅうこくのじゆう]

　外国人が日本国に入国する権利。憲法上、外国人にこの権利が認められるかが問題となっている。判例・通説は、国際慣習法上、国家が自国の安全と福祉に危害を及ぼすおそれのある外国人の入国を拒否することは、主権の属性として国家の裁量に委ねられていることを理由に、憲法上、入国の自由は外国人に保障されていないとする。

■ 入札
[にゅうさつ]

　売買契約や請負契約などを締結する際に、契約希望者に内容や価格等を書いた文書を提出させて、最も有利な条件を表示した者と契約を締結する方法。競争入札ともいう。国が締結する契約は、原則として一般競争入札（入札情報を公告して参加申込みを募る入札）によらなければならないとされている。

　なお、発注者が指名した者同士で競争させる入札を指名競争入札といい、国が締結する契約では、競争に加わるべき者が少数で一般競争入札による必要がない場合、および一般競争入札によることが不利と認められる場合には、指名競争入札によるものとされている。

■ 任意管轄
[にんいかんかつ]

　専属管轄が他の管轄を排除する管轄であるのに対して、管轄の定めに強制力がなく、当事者の意思によって認められる管轄をいう（合意管轄、応訴管轄）。任意管轄違反は、控訴審では主張することができない。

■ 任意規定
[にんいきてい]

☞強行規定／任意規定

■ 任意後見契約
[にんいこうけんけいやく]

　本人が、契約の締結に必要な判断能力を有している間に、将来認知症になるなど判断能力が不十分になった際の生活や療養看護、財産管理に関する事務の代理権を自ら選んだ第三者（任意後見人）に与える契約のこと。任意後見契約は、原則として、後見の内容や報酬額について自

由に定めることができるが、公正証書で作成され、登記されることを要する。

■ 任意出頭
[にんいしゅっとう]

捜査機関による呼出しに応じて、被疑者や参考人が捜査機関に出頭すること。この場合、被疑者や参考人は出頭後いつでも退去することができる。また、被疑者には黙秘権があるため、取調べで供述しなくてもよい。

■ 任意捜査
[にんいそうさ]

任意処分による捜査をいう。たとえば、出頭要求、任意同行、実況見分が挙げられる。強制捜査と異なり、任意捜査においては捜索状などの令状は不要である。ただし、任意捜査といっても人権侵害のおそれはある以上、無制限に許されるものではなく、捜査の必要性があり、かつ具体的状況のもとで相当といえる限度でのみ許されるとするのが通説である。

■ 任意代位／法定代位
[にんいだいい／ほうていだいい]

弁済による代位（代位弁済）の分類。法定代位は、保証人、連帯債務者、物上保証人など、弁済をするについて正当な利益がある第三者が弁済をした場合に生じる。一方、任意代位は、弁済をするについて正当な利益のない人が弁済をした場合に生じる。平成29年の民法改正により、任意代位について債権者の承諾が不要となったので、法定代位と任意代位の違いは、債権譲渡の対抗要件を備える必要があるかどうかに求められる（民法500条）。つまり、任意代位の場合には、弁済者が債権譲渡の対抗要件を備えなければ、債権者に代位したことを債務者や第三者に対抗できない。しかし、法定代位の場合には、法律上当然に代位が生じることから、弁済者が債権譲渡の対抗要件を備えなくても、当然に債権者に代位したこ

とを債務者や第三者に対抗できる。

■ 任意代理／法定代理
[にんいだいり／ほうていだいり]

任意代理とは、本人が他人に代理権を授与することによって発生する代理権をいう。委任契約や雇用契約による目的を達成させるための手段としての、代理権授与契約により代理権は発生するという見解が有力である。たとえば、本人が代理人に対し、土地の売買を依頼するために委任契約を締結し、これを達成するための手段として、代理権授与契約により代理権は発生する。

法定代理とは、代理権が法律の規定によって発生する代理権をいう。たとえば、未成年者の代理人としての親権者の法定代理が挙げられる。

■ 任意的訴訟担当
[にんいてきそしょうたんとう]

第三者の訴訟担当のうち、権利関係の主体が訴訟追行権を第三者に授与し、第三者がその授権に基づいて当事者適格を取得する場合をいう。明文の規定がある任意的訴訟担当の例として、取立委任裏書に基づく被裏書人の訴訟追行や、選定当事者の制度がある。明文の規定がない任意的訴訟担当については、無制限に認めると、弁護士代理の原則や訴訟信託の禁止に反することになるため、何らかの制限がなされる。判例は、弁護士代理の原則および訴訟信託禁止の潜脱のおそれがなく、訴訟担当を認める合理的必要がある場合には、明文がない任意的訴訟担当も許容されるとする。

■ 任意的当事者変更
[にんいてきとうじしゃへんこう]

民事訴訟上、法律の規定によらず、当事者の意思によって行われる当事者変更のこと。当初、誤った当事者の間で訴訟が行われた場合に、従来の訴訟を維持しつつ、正しい当事者との間で訴訟を続行

させるために行われる。第三者が従来の当事者に追加される場合と、第三者が従来の当事者と交代する場合とがある。任意的当事者変更には、実定法上の規定がないため、その理論構成について争いがあるが、通説的見解は、任意的当事者変更を、新当事者によるまたは新当事者に対する新訴の提起と、旧当事者によるまたは旧当事者に対する訴えの取下げという2つの訴訟行為が複合されたものと構成する。

■ 任意同行
[にんいどうこう]

被疑者を取り調べるため、捜査官が被疑者に捜査機関への出頭を求め、一緒に捜査機関に赴くこと。刑事訴訟法上明文がなく、かつてはおよそ許されないとする見解もあったが、現在では被疑者の真の同意があれば任意捜査として許されるとするのが通説である。真の同意の有無は、同行を求めた態様や方法、時間、場所等から、総合的に判断される。たとえば、被疑者1人に対して、大人数の警察官で同行を求めた場合には、被疑者が同行を承諾せざるを得ない状況を作り出したといえ、真の同意はないと判断される。

■ 認可
[にんか]

私人相互間の法律行為に対し、行政庁が補充をして完成させる行政行為のこと。たとえば、農地法上の許可が挙げられる。農地の売買は、当事者の契約だけで所有権を移転させることはできず、農業委員会の許可により、所有権移転の効果が生じる。このように、法令上は「許可」という言葉が使われていても、実質は「認可」の意味であることもある。

■ 認許
[にんきょ]

外国法によって法人格を付与された社団もしくは財団に対して、日本国内にお

ける法人としての活動につき承認することをいう。

■ 認識説
[にんしきせつ]

故意犯の要件である故意の成立には、犯罪事実の認識があれば十分であるとする立場。表象説ともいう。故意の成立には犯罪事実の認識だけでは足りず、犯罪結果の発生を認容する必要があるとする認容説に対立する立場である。

■ 認識のある過失
[にんしきのあるかしつ]

犯罪結果の発生の可能性を認識しているが、結果発生を認容していないため、故意は成立せず、過失とされる場合のこと。認識のある過失は、未必の故意との境界が問題となる。学説は主に、認容説と蓋然性説とに分かれている。

通説的見解である認容説は、結果発生の可能性を認識しているに過ぎない場合を認識のある過失、可能性の認識に加えて結果発生の認容がある場合を未必の故意とする。これに対して、蓋然性説は、結果発生が単に可能であると認識していただけの場合を認識ある過失とし、結果発生の蓋然性（可能性が高いこと）を認識している場合が未必の故意であるとする。

■ 認知
[にんち]

非嫡出子と父親との間に法的な親子関係を生じさせるためにする意思表示。母とその非嫡出子との間の母子関係は、分娩の事実により当然に発生するため、母の認知は問題とならず、認知が問題となるのは父の場合だけである。認知を父の意思にかからせる任意認知と、認知の訴えによる強制認知とがある。認知により親子関係が生じ、それによる効果として扶養義務や相続が発生する。

■ 認定死亡
[にんていしぼう]

死亡したことは確実であるが死体が出てこないような場合に、官公署が死亡したものとして取り扱う制度のこと。たとえば、炭鉱のガス爆発や海難事故の被害者に適用される。戸籍法の手続に過ぎず、民法上の失踪宣告と異なり、生存の確証があれば当然に効力を失う。

■ 認容
[にんよう]

認めて受け入れることをいう。民事訴訟法上は、原告の訴えに理由があると被告が認めることをいう。刑法上は、犯罪の結果が発生することを認識しながら、それでもかまわないとする心理状態のことをいう。

■ 認容説
[にんようせつ]

故意犯の要件である故意の成立には、犯罪事実の発生の可能性を認識し、かつ、結果の発生を認容する必要があるとする立場。現在の通説であり、犯罪事実の認識だけで足りるとする認識説と対立する立場である。

ね

■ ネガティブ・オプション
[ねがてぃぶ・おぷしょん]

注文がないにもかかわらず、一方的に商品を送りつける販売方法。商品に振込用紙や請求書が同封されており、拒否の明示がなければ売買契約が成立したとして一方的な代金請求を行うという悪質な手法である。ネガティブ・オプションによって送られてきた商品は、特定商取引法に基づき、事業者に商品の引取りを請求（要請）した日から7日間以内、または商品が送られてきた日から14日間以内に事業者が引取りにこなければ、自由に処分することができる。ただし、これらの期間が経過する前に、送られてきた商品を使用・消費した場合、購入の承諾をしたとみなされる。

■ ねずみ講
[ねずみこう]

会員制であり、入会するためには金品の支払いを必要とし、別の入会者を紹介することで紹介料を得ることができるシステム。入会者が生じるたびに下位会員から上位会員に分配金が発生するが、人口が有限であるため、自ずとネットワークの拡大には限界がある。無限連鎖講の防止に関する法律で明確に違法行為とされている。商品を介在しない点で特定商取引法に定められた連鎖販売取引（ネットワークビジネス・マルチ商法）とは区別されている。

■ 根担保
[ねたんぽ]

将来的に発生することが予想される不特定の債権を被担保債権として、一定の額を限度としてあらかじめ担保権を設定すること。古くから利用されている担保権のひとつ。根抵当権・根質権・根保証の3種類がある。

通常の担保権においては、被担保債権が消滅すれば担保権も消滅する（付従性）。また、被担保債権の権利者が代われば、それに伴い担保権者も代わる（随伴性）。しかし、根担保には、これらの性質がなく、個々の被担保債権が弁済されても根担保は消滅せず、被担保債権が譲渡されても根担保は随伴しない。継続的な取引の多い会社や商人が設定者となり、設定することが多い。

■ 根抵当権
[ねていとうけん]

根抵当権者と債務者との一定の継続的取引等から生じる不特定の債権を、極度

額と呼ばれる金額を限度として担保する抵当権のこと。通常の抵当権は、被担保債権が消滅した場合には担保権も消滅し（付従性）、被担保債権の債権者が代わった場合には抵当権者も代わる（随伴性）。しかし、根抵当権の場合には、これらの2つの性質がない。ただし、元本が確定した後は、通常の抵当権と同様に取り扱われる。

■ 根抵当権消滅請求
[ねていとうけんしょうめつせいきゅう]

抵当不動産に権利を有する者が、根抵当権の元本確定後、極度額に相当する金額を支払って、根抵当権の消滅を請求すること。

消滅請求は、元本確定時に、現に存在する債務の額が根抵当権の極度額を超えている場合に行使することができる。なお、「抵当不動産に権利を有する者」とは、他人の債務の担保として根抵当権を設定した者、抵当不動産に所有権、地上権、永小作権、第三者に対抗できる賃借権を取得した者が該当する。

■ 根抵当権の確定
[ねていとうけんのかくてい]

根抵当権により担保される一定の継続的取引から生じる債権の範囲が定まり、それ以降に生じた債権はその根抵当権では担保されなくなってしまうこと。確定前の根抵当権は、一定の範囲に属する多数の債権を、極度額の範囲内において包括的に担保している。しかし、確定後は、根抵当権が担保する個々の債権は確定し、通常の抵当権と同様になる。元本の確定期日を定めなかった場合、根抵当権者はいつでも、根抵当権設定者は設定の時から3年を経過したときに、確定を請求することができる。

■ 根抵当権の全部譲渡・分割譲渡・一部譲渡
[ねていとうけんのぜんぶじょうと・ぶんかつじょうと・いちぶじょうと]

根抵当権の全部譲渡とは、根抵当権者が、元本の確定前に根抵当権全部を他の者に対して譲り渡すことである。元本の確定前においては、根抵当権設定者の承諾を得ることによって、根抵当権の全部譲渡ができると定められている。たとえば、根抵当権者AがBに対して、根抵当権を全部譲渡すると、Aは根抵当権を失い、Bは自分の債権の担保として用いることができる。

根抵当権の分割譲渡とは、元本の確定前に、根抵当権設定者の承諾を得て、1つの根抵当権を2個に分割することをさす。たとえば、極度額2000万円の根抵当権を持つCが、この根抵当権を極度額1500万円と500万円とに分けて、500万円の根抵当権について、Dに譲渡する場合などが挙げられる。全部譲渡とは異なり、極度額は減少するが、Cは依然として根抵当権者であり、新たにDが根抵当権者になる。

根抵当権の一部譲渡とは、根抵当権者が、根抵当権設定者の承諾を得て、根抵当権を分割することなく、根抵当権を他人に譲り渡すことである。一部譲渡が行われた場合、譲渡人と譲受人が極度額の全額について根抵当権を共有することになる。たとえば、極度額2000万円の根抵当権を持つEが、Fに根抵当権を一部譲渡すると、極度額2000万円の根抵当権1つをEFが共有することになる。分割譲渡のCDと異なり、極度額1500万円、500万円といったように分割するわけではない。

■ 根保証
[ねほしょう]

将来にわたって継続的に生じる不特定の債務を保証する契約。銀行と企業との

間で継続的に締結される消費貸借契約を保証する場合や、賃借人の債務を保証する場合などが該当する。根保証も保証の一種なので、書面でしなければ効力が生じない。根保証に関しては、保証期間や極度額（保証限度額）を設定しない場合に、とくに個人である保証人への負担があまりにも重くなることが問題視されていた。

そこで、平成17年の民法改正により、個人が貸金等の根保証の保証人になる契約（個人貸金等根保証契約）を結ぶ場合には、極度額を定めなければ効力を生じないとした。さらに、契約締結時から5年以内の元本確定期日を定めなければならず、これを超える期間を定めたときは、元本確定期日を定めていないとみなすことにした。そして、元本確定期日を定めていない場合には、契約締結時から3年を経過した日に元本が確定することにした。

その後、平成29年の民法改正により、個人貸金等根保証契約に限らず、根保証全般について、個人が根保証の保証人になる契約（個人根保証契約）を結ぶ場合には、極度額を定めなければ効力を生じないとした（民法465条の2第2項）。とくに不動産実務で多くみられるように、賃借人の債務を個人に保証してもらう場合、極度額を定めなければ、個人根保証契約がなかったことになる。なお、個人貸金等根保証契約に該当しない個人根保証契約には、元本確定期日に関する制約が及ばない。

年次有給休暇
[ねんじゆうきゆうきゆうか]

使用者が労働者に対して有給で付与することを義務づけられている休暇のこと。6か月以上継続勤務し、その全労働日の80％以上出勤した者に対して10日、その後、勤務期間が伸長するごとに段階的に増え、6年6か月の勤務で最大20日が付与されるのを原則とする。労働者は、い

つでも年次有給休暇の取得を請求できるが、使用者は、事業の正常な運用を妨げる場合には、その時季を変更できる（時季変更権）。また、年5日を超える有給休暇については、労使協定で定めた日に付与するという計画的付与の制度もある。なお、平成30年の働き方改革法に伴う労働基準法改正により、年10日以上の年次有給休暇が付与される労働者に対して、年次有給休暇の日数のうち年5日（労働者が自ら取得した日数や計画的付与の日数は5日から控除できる）については、使用者が時季を指定して取得させることが必要となった。

年俸制
[ねんぽうせい]

1年単位で賃金額を決定する賃金制度のこと。1時間ごとに定める時給制、1月ごとに定める月給制などとともに、賃金体系のひとつを構成し、また、成果主義的賃金制度の典型であるとされている。

年俸制により賃金が定められる場合でも、労働基準法上の賃金に関する規定が適用されるため、賃金の支払いは、年1回ではなく、毎月1回以上、一定期日に行わなければならない。また、年俸制だからといって、残業代が発生しないわけではない。「年俸の中には、1か月あたり○時間の時間外手当を含む」と規定することは可能だが、それでも当該時間を超える残業をした場合には、やはり別途、超過部分の残業代が発生する。

年齢
[ねんれい]

出生からの経過時間を表したもの。年齢の計算方法は、年齢計算に関する法律によって規定されており、出生の日から起算され、民法140条に規定される「初日不算入の原則」の例外となっている。具体的には、出生の日から起算して365日後、つまり誕生日の午前0時に満1歳と

数える。現行法では、遺言を残せるのは15歳、結婚できるのは男性が18歳、女性が16歳（令和4年4月1日から女性も18歳）など、年齢によって制限されている法律行為がある。

の

■ 農工業労務の先取特権
[のうこうぎょうろうむのさきどりとっけん]

民法で規定する先取特権のうち、農業労務および工業労務について存在する先取特権をいう。農業労務については、労務に従事した最後の1年間の賃金を確保するために、労務から生まれた農産物等にその債権の優先弁済権が及ぶ。また、工業労務については、その最後の3か月分の賃金を確保するために、労務によって生まれた製作物について、その債権の優先弁済権が及ぶ。

■ 脳死説
[のうしせつ]

人の死の判定について、脳の死（脳の機能の回復不能な喪失）をもって人の死とする説のこと。脳死説に対して、心拍の停止、自発呼吸の停止、瞳孔の散大の三徴候の存在によって人の死を判定する説を三徴候説という。三徴候説が伝統的通説である。もっとも、臓器の移植に関する法律は、本人が書面によって臓器提供の意思を表示していることや遺族が臓器摘出を拒まないことなどを要件として、脳死体からの臓器の摘出を認めており、臓器移植の場面に限って、脳死を人の死と認めているといえる。

■ 納税者訴訟
[のうぜいしゃそしょう]

普通地方公共団体の違法な財務処理行為について、納税者の立場で統制を行う

ために裁判に訴えることをさす。アメリカの制度にならって、昭和23年の地方自治法改正により導入されたが、その後の法改正によって、住民訴訟として再構成された。したがって、わが国では、問題となっている普通地方公共団体の住民であり、住民監査請求を行った者であれば、納税者であるかどうかに関係なく住民訴訟を提起できる。

☞住民訴訟

■ 納税の義務
[のうぜいのぎむ]

租税を納付する義務。憲法30条は、納税が国民の義務であると規定している。勤労の義務、子どもに教育を受けさせる義務とともに、国民の三大義務のひとつとされる。

■ 農地法
[のうちほう]

耕作者の地位の安定と農業生産力の安定を図ることを目的とした法律。不当な投機目的や開発目的などで農地の売買や転用（宅地への転用など）が行われることで、限られた資源である農地が処分されることを防ぐため、農地の売買に際しては市町村に置かれた農業委員会の許可、農地の転用または転用目的の売買に際しては都道府県知事等の許可を得なければならないと定めている。また、耕作者が容易に農地上の権利を取得できる制度を確保・整備するための規定も置かれている。

平成21年の改正では、目的に「農地を農地以外のものにすることを規制する」ことや「国民に対する食料の安定供給の確保」などが付け加えられ、「農地の農業上の適正かつ効率的な利用を確保するようにしなければならない」という責務規定が新設された。その他、農業への参入を促進するため、農地を取得する際の下限面積の緩和や、株式会社等の賃貸での参入規制の緩和が行われた。

■ 能働代理
　　［のうどうだいり］
　☞受働代理／能働代理

■ ノーワーク・ノーペイの原則
　　［のーわーく・のーぺいのげんそく］

　使用者側の事情（帰責事由）によらずに、その他の事情で、労働者から労務が提供されない場合には、その間の賃金は支払われなくてもよいという原則。主にストライキによる休業の場合が問題となる。賃金は原則として労働に対する報酬であるが、賃金の中には家族手当や住宅手当など、労務の提供とは無関係に支払われるものも多い。それらが、ストライキ休業の場合でも支払われるべきか否かが問題となった。これに対して、最高裁判決は、「労働協約等の定めまたは労働慣行の趣旨に照らして個別的に判断するのが相当」との判断を下した。

■ のれん
　　［のれん］

　長年にわたる営業活動から生じる無形の経済的価値のこと。具体的には、得意先や仕入先との特別な関係、営業上のノウハウ、長年の信用、名声などがその内容を構成する。なお、のれんを有償で譲り受けたとき、および合併により取得したときは、貸借対照表の「資産の部」に計上できる。

は

■ 場合／とき／時
　　［ばあい／とき／とき］

　「場合」とは、仮定条件を示す語である。また、すでに規定された事例を引用する場合にも用いられる。前者は「〜した場合」といった用い方であり、後者は「前二条の場合」といった用い方である。

　「とき」も、仮定条件を示す語である。「とき」は、「場合」と同じ意味で用いられ、法令上「とき」と「場合」とは、厳密な使い分けはなされていない。ただし、「場合」と「とき」を同時に使用する場合（仮定条件が2つ重なる場合）には、大きな条件に「場合」を用い、小さな条件に「とき」を用いる。たとえば、民事訴訟法90条は、「当事者が訴訟手続に関する規定の違反を知り、または知ることができた場合において、遅滞なく異議を述べないときは、これを述べる権利を失う」と規定しており、この場合、先に「場合」で示された条件が検討され、それを満たしたときに、「とき」で示された条件が検討される。

　「時」とは、時点を示す語である。時点や時期、時刻を強調する趣旨で用いられる。たとえば、民法784条は、「認知は、出生の時にさかのぼってその効力を生ずる。」と規定するが、出生の時という一時点が起算点として重要な意味を持っているため、それを強調する趣旨で「時」が用いられている。

■ ハーグ条約国内実施法
　　［はーぐじょうやくこくないじっしほう］

　「国際的な子の奪取の民事上の側面に関する条約の実施に関する法律」の通称。ハーグ条約の実施に必要な国内手続などを定めた法律。ハーグ条約は、不法に連れ去られた子の早期返還の確保などを目

的に、中央当局に対して適切な措置をとることを求め、また、司法当局または行政当局も子の返還のための手続を迅速に行うことなどを定めている。この条約を実施するために制定された。

具体的には、わが国の中央当局は外務大臣であると指定され、その権限等を定めるとともに、子の返還手続などに関して定めが置かれている。

■ パート有期労働法
[ぱーとゆうきろうどうほう]

短時間労働者（パートタイマー）および有期雇用労働者の適正な労働条件の確保と雇用管理の改善等を目的として制定された法律。正式名称は「短時間労働者及び有期雇用労働者の雇用管理の改善等に関する法律」である。平成30年の働き方改革法に伴い、かつてのパートタイム労働法（短時間労働者の雇用管理の改善等に関する法律）の名称を変更して、有期雇用労働者を適用対象に加えた。

同法の主な規律として正社員（通常の労働者）との均衡待遇および均等待遇がある。均衡待遇とは、職務内容、職務内容・配置の変更の範囲、その他の事情の違いに応じた範囲内で、短時間労働者や有期雇用労働者の待遇を決定する必要があり、正社員との不合理な待遇差を禁止することである。均等待遇とは、職務内容、職務内容・配置の変更の範囲が正社員と同じ場合、短時間労働者や有期雇用労働者の待遇について正社員と同じ取扱いをする必要があり、その差別的取扱いを禁止するものである。

■ 媒介代理商
[ばいかいだいりしょう]

代理商のうち、取引の媒介を行う者のこと。媒介とは、当事者双方の間に入り、取引の仲介をすることである。たとえば、損害保険会社のために保険契約の媒介をする損害保険代理店が挙げられる。媒介

を行う点で仲立人と同じであるが、仲立人は臨時的に媒介を行う点で、継続的に媒介を行う媒介代理商と異なる。

■ 売却基準価額
[ばいきゃくきじゅんかがく]

不動産競売において、評価人（多くの場合,不動産鑑定士）の評価に基づいて、執行裁判所が定める不動産の売却の額の基準となる価額のこと。買受けの申し出の額は、売却基準価額からその10分の2に相当する額を控除した価額以上でなければならない。

■ 配偶者
[はいぐうしゃ]

夫にとっての妻、妻にとっての夫。わが国の民法は、婚姻は届出によって成立するとの立場を採っているため、婚姻の届出をしていない内縁関係にある者は、法律上の配偶者とは認められない。もっとも、今日では、内縁関係にも法律上の婚姻と同様の効果が多く認められているが、相続等においては、内縁の配偶者が相続人となることはない。なお、配偶者は、民法752条の規定によって、互いに同居・協力・扶助の義務を負う。また、明記されてないが貞操義務を負うと考えられている。

■ 配偶者居住権・配偶者短期居住権
[はいぐうしゃきょじゅうけん・はいぐうしゃたんききょじゅうけん]

平成30年の民法改正に伴い創設された、被相続人の配偶者（生存配偶者）の居住権を保護する制度で、長期的に保護するのが配偶者居住権、短期的に保護するのが配偶者短期居住権である。令和2年4月1日以降に発生する相続に適用される。

配偶者居住権とは、生存配偶者が、被相続人の死亡後も引き続き、原則として終身にわたり、被相続人が所有していた居住用の建物に住み続けることができる権利をさす。被相続人の死亡時に建物に

居住していたことが、配偶者居住権が認められるための条件である。配偶者居住権の特徴は、生存配偶者が居住用の建物に住み続けながら、別の財産を相続することが可能となり、老後の生活費の確保に資する点にある。

配偶者短期居住権とは、被相続人が死亡した時点で被相続人が所有する建物に無償で居住しており、相続開始後も居住し続けている生存配偶者に認められる短期的な居住権をさす。具体的には、建物の取得者が決定した日または相続開始時から6か月を経過する日のうち、いずれか遅い日まで、生存配偶者は引き続き無償で建物に居住することが認められる。配偶者短期居住権の特徴は、生存配偶者が直ちに生活の基盤である住居を失う危険を回避することができる点にある。

■ 配偶者暴力防止法
[はいぐうしゃぼうりょくぼうしほう]

配偶者からの暴力の防止や、被害者に対する自立支援、保護等について定めた法律。正式名称は「配偶者からの暴力の防止及び被害者の保護等に関する法律」であり、DV防止法とも呼ばれる。配偶者暴力防止法における「配偶者」は、男女ともに対象で、事実婚のパートナー、離婚後の元配偶者も含まれる。平成25年成立の改正では、生活の本拠をともにする交際相手からの暴力やその被害者についても配偶者暴力防止法を準用する規定が置かれ、適用範囲が拡大されている。

■ 買収
[ばいしゅう]

①（土地・建物・工場・会社などを）買い取ること。使用例として、農地法7条などがある。
②他人に自分が望む行為をさせ、または望まない行為をさせないために、金銭その他の利益を与えること。使用例として、公職選挙法221条（買収罪）などがある。

■ 売春防止法
[ばいしゅんぼうしほう]

売春を助長する行為等を処罰することによって、売春を防止し、性風俗の維持を図ることを目的として制定された法律。売春を、「対償を受け、または受ける約束で、不特定の相手方と性交すること」と定義し、売春を行うおそれのある女子に対する補導処分・保護更生措置等を規定している。売春の勧誘・周旋、暴行や脅迫等を加えて売春させること、管理売春等を行った場合に、10年以下の懲役刑に処される。

■ 廃除
[はいじょ]

遺留分を有する推定相続人の相続権を失わせること。被相続人に対し、推定相続人が、虐待や重大な侮辱を加えるなど、または、その他にも著しい非行があった場合には、被相続人が、相続人からの廃除を家庭裁判所に請求することができる。廃除は、遺言によっても行うことができる。廃除請求や遺言があった場合、家庭裁判所は、審議の上、推定相続人の相続権を失わせることができる。なお、遺留分がない被相続人の兄弟姉妹は、この制度の対象にはならない。

■ 賠償額の予定
[ばいしょうがくのよてい]

☞損害賠償額の予定／賠償額の予定

■ 賠償予定の禁止
[ばいしょうよていのきんし]

☞損害賠償予定の禁止／賠償予定の禁止

■ 陪審制度
[ばいしんせいど]

一般の国民の中から選ばれた陪審員が裁判官とともに裁判を行う制度のこと。陪審制を採用する国の多くは、事実認定は陪審員のみが行い、法令の解釈・量刑は裁判官が行うものとされる。日本において導入された裁判員制度は、裁判員が

裁判官とともに事実認定・量刑を行う点で陪審制と異なる。

■ 背信的悪意者
[はいしんてきあくいしゃ]

二重譲渡において、第1譲受人を害する意図で売主から所有権を取得し、さらに第1譲受人よりも先に対抗要件を備えるような第2譲受人のことをいう。自由競争原理の下では、第1譲渡を知りながら、第1譲受人よりも先に対抗要件を具備する第2譲受人は保護され、第2譲受人は自己の所有権取得を第1譲受人に対して主張できる。しかし、単なる悪意（第1譲渡を知っていること）を超えて第1譲受人を害するような意図を有する第2譲受人は、自由競争原理を超えることから保護されず、第1譲受人は対抗要件を具備していなかったとしても、第2譲受人に対して所有権を主張できるとされている。
☞二重譲渡

■ 配達証明
[はいたつしょうめい]

郵便物の特殊取扱いのひとつで、日本郵便株式会社が郵便物を配達しまたは交付した事実を証明する書面。書留の取扱いをする郵便物について、配達証明を行うことができる。配達証明によった場合、相手に郵便が届いたときには、郵便局から配達証明書が差出人に送付される。

■ 配置転換
[はいちてんかん]

人事異動により、従業員の勤務地、職務などを変えること。一時的に変える場合と恒久的に変える場合があり、一時的に変える場合は応援ともいう。日本の雇用慣行の特色として、配置転換が頻繁かつ広範囲に行われることが挙げられ、人材育成や仕事のマンネリ化の打破などのメリットがある。ただし、使用者側の権利の濫用が認められる場合には、無効とされることがある。

■ 配当異議
[はいとうぎ]

①強制執行手続において、配当表に記載された各債権者の債権または配当の額について不服のある債権者および債務者が、配当期日においてする異議の申し出のこと。配当異議がなされると、執行裁判所は、配当異議の申し出のない部分に限って配当を実施する。

②破産手続において、届出をした破産債権者で配当表の記載に不服がある者が、裁判所に対してなす異議の申立てのこと。

■ 配当財産
[はいとうざいさん]

株式会社が剰余金の配当をする場合の対象となる財産のこと。会社は金銭以外の財産を配当財産とすること（現物配当）もできる。その場合には、株主に対して金銭分配請求権（現物配当財産に代えて金銭の交付を請求する権利）を与えない限り、株主総会決議の特別決議によらなければならない。

■ 配当要求
[はいとうようきゅう]

執行力のある債務名義の正本（執行正本）を有する債権者は、すでに執行手続が始まっている場合でも重ねて執行手続を申し立てることもできるが、すでに行われている執行手続に参加して配当を受けることもできる。後者の執行手続に参加して配当を求める手続を配当要求という。配当要求ができる債権者は、手続の種別に応じて、執行正本を有する債権者等の一定の者に制限されている。

■ 背任罪
[はいにんざい]

他人のためにその事務を処理する者が、自己の利益を図る目的等で、その任務に背く行為をし、本人に財産上の損害を加える罪。法的な信任関係の侵害による財産上の損害を守るために規定された。5

年以下の懲役または50万円以下の罰金が科される。たとえば、銀行の融資担当者が、回収の見込みがないにもかかわらず友人に貸付けをする行為が挙げられる。

なお、刑法においては、類似の犯罪として横領罪が規定されており、横領と背任の区別が問題になっている。判例は、不良貸付の事案で、本人の名義かつ計算でなされた場合を背任罪とし、自己の名義または計算でなされた場合に横領罪とする。

たとえば、村長が公金を村の計算で貸し付けた場合には背任罪として処理され、村の収入役が自己の名義で貸し付けた場合には業務上横領罪として処理されている。

■ 売買
[ばいばい]

売主と買主との間において、売主が財産権を買主に譲渡する代わりに、買主がそれに見合う対価を支払うことを約束する契約。当事者の合意のみで成立し（諾成契約）、当事者双方が互いに対価的関係を有する債務を負担する（双務契約）。そして、当事者双方が互いに対価的意味を持つ給付を行わなければならない（有償契約）。

■ 売買の一方の予約
[ばいばいのいっぽうのよやく]

将来において、当事者の一方のみが、意思表示によって売買契約を締結できることを、当事者間で事前に合意すること。この合意の後、売買の締結の意思表示がなされれば、自動的に売買契約が締結される。この意思表示をする権利を予約完結権という。たとえば、金銭を貸し付けるときに、債権者が、債務者に債務不履行があった場合には、あらかじめ決められた金額で債務者の土地を購入する予約を行う場合などが挙げられる。この場合、債務不履行があれば、債権者は予約完結権を行使し、債務者の土地を購入できる。そして、その購入代金から債権を回収し、残

額があれば債務者に返還する。売買の予約とも呼ばれるが、上記の例のように、売買の予約が担保的機能を持つ場合には、債権者のみが売買契約を締結する権利を持つため、とくに、売買の一方の予約という言葉が用いられている。

■ 売買は賃貸借を破る
[ばいばいはちんたいしゃくをやぶる]

物を借りる権利である賃借権は、その物の本権である所有権に対抗できないこと。たとえば、AがBから土地を借りて資材置場として使用収益していたところ、BがCにその土地を譲渡し、Cが所有権移転登記を備えてしまった場合、CがAに対して建物からの立退きを要求したときには、原則としてAが退去しなければならない。ただし、この原則は、建物所有目的の土地の賃借権や建物の賃借権に関しては、借地借家法により大幅に修正されている。

■ 売買予約完結権
[ばいばいよやくかんけつけん]

将来のある一定時点において売買契約を成立させることを約束した場合、将来において実際に売買契約を成立させる権利のこと。売買予約完結権が行使されると、相手方の承諾を待つまでもなく、自動的に売買契約が成立し、買主にその目的物の所有権が移転する。なお、売買予約完結権は、仮登記があれば、第三者に対して主張（対抗）することができる。

■ 破壊活動防止法
[はかいかつどうぼうしほう]

暴力主義的破壊活動を行う団体を取り締まることを目的とした法律。略称は破防法。この法律では、公共の安全を脅かす行為を未然に防ぐため、暴力主義的破壊活動に関する刑罰規定の拡充がなされている。具体的には、暴力主義的破壊活動には、刑法で定める内乱罪や外患誘致罪等の国家に対する犯罪の予備、陰謀、教

唆、せん動、宣伝行為等までが含まれる。そして、政治上の主義・政策を推進・支持・反対する目的をもって行われるさまざまな犯罪の予備、陰謀、教唆、せん動も幅広く処罰の対象としている。

このように広範囲な処罰範囲を持ち、憲法上の人権に対する不当な制約につながる危険性が高いため、具体的な適用は非常に限定的である。わが国では、旧軍人らの学生団体が「無税・無失業・無戦争」の三無というスローガンを掲げて、国家改革というクーデターを画策した三無事件がある。クーデター自体は未遂に終わったが、三無事件は、破壊活動防止法が適用され有罪判決が下される初めての適用例になった。オウム真理教事件でも検討されたが、適用は見送られた。

■ 端株
[はかぶ]

株式会社において、株式の1株に満たない端数をいう。会社法制定前の商法では、1株に満たない株式の経済的価値を無視せず、端株に一定の自益権を認める制度を導入していたが、その後の会社法の制定により、端株制度は廃止された。現行会社法においては、単元株制度が実質的に同様の機能を果たしている。

■ 破棄
[はき]

上級裁判所が、上訴に理由があると認めて原判決を取り消すこと。破棄が行われた場合、原裁判所への差戻し、または原裁判所と同級の他の裁判所への移送、あるいは原判決に代わって上級裁判所自身が判断を示す自判のいずれかが行われる。

■ 破棄差戻し
[はきさしもどし]

上級裁判所への不服申立て（上訴）によって、原判決が取り消された場合に、さらに審理が必要であるとして、原裁判所に事件を差し戻して、審判を行わせることをいう。上級裁判所自身が判断を示す（自判）程度に、事件が十分に審理されていないと考えられる場合に用いられる。

■ 破棄自判
[はきじはん]

上級裁判所への不服申立て（上訴）によって、原判決が取り消された場合に、取消しと同時に原裁判所に事件を差し戻さず、上級裁判所自らが事件に対する結論を出して判決を下すことをさす。改めて下級審での審判をやり直す必要がないほど、上級裁判所の判断が熟している場合、または下級審で審理が尽くされていると、上級裁判所が判断した場合でなければ行うことはできないと考えられている。

■ 破棄判決の拘束力
[はきはんけつのこうそくりょく]

上級裁判所が破棄判決を下した場合、差戻しまたは移送を受けた裁判所が、破棄の理由となった事実上または法律上の判断に拘束されることをさす。原裁判所が同じ意見に固執して、何度破棄しても事件が落着しないことを避ける目的である。たとえば、上級裁判所がAの訴訟能力がないと判断した根拠である年齢などに関する事実については、差戻審などで別の事実を認定することはできない。もっとも、拘束力が及ぶ判断に抵触しなければ、差戻後の裁判所等は、別の見解に基づいて同一の結論となる判断を下すことも許されると考えられている。

■ 白紙委任状
[はくしいにんじょう]

委任の相手方欄、あるいは委任事項欄を白紙にしておいて、後に他人が白紙部分を補充することを想定して交付した委任状のこと。白紙委任状は、代理人が権限を濫用する危険性も高く、その場合の（善意の）第三者の保護の問題が生じるなど、取引上のリスクが高い。

■ 派遣労働者
[はけんろうどうしゃ]

労働者派遣において、派遣元（派遣会社）との雇用契約の下で、派遣先の業務に従事する労働者のこと。派遣社員とも呼ばれる。派遣労働者は、派遣先の指揮監督の下で業務に従事しながら、自ら派遣元から賃金を支払われることになる。

なお、派遣元が派遣労働者・派遣先に対して職業紹介を行う形態の派遣（紹介予定派遣）では、派遣労働者が派遣先に直接雇用されることが予定されている。

■ 破産
[はさん]

債務者が支払不能または債務超過となり債務を完済できない状態に陥ること。または、債務者がその状態に陥った場合に、債務者の総財産を管理・換価して総債権者に公平に分配する制度のこと。破産法が債務者の破産手続について定めている。破産の制度は、債権者の経済的利益を保護するとともに、債務者に破綻した生活を立て直す再起の機会を与えることを目的としている。破産手続のうち債務者が自ら破産申立てをする場合を自己破産といい、債権者が債務者の破産申立てをする場合を債権者破産という。

■ 破産管財人
[はさんかんざいにん]

破産財団を管理し、債権者に対して公平な配当をする職務を裁判所から命じられた者のこと。破産管財人は、破産財団についての管理処分権を専属的に保有しており、破産財団に属する財産を金銭に換えて、換価金を破産債権者に配当するなどの事務を行う。なお、破産財団とは、破産債権者に対する配当の基礎となる財産のことである。

■ 破産原因
[はさんげんいん]

破産手続開始の実質的原因のこと。破産手続開始原因とは、債務者がその債務を完済できないと推測される状態のことであり、支払不能、支払停止、債務超過の3つがある。

支払不能とは、債務者が、支払能力を欠くために、弁済期にある債務につき、一般的かつ継続的に弁済することができない状態をいう。支払停止とは、債務者が債権者に対して、明示または黙示に債務の支払いができないことを表明することをいう。債務者が支払いを停止したときは、支払不能にあるものと推定される。債務超過とは、債務者が、その債務につき、その財産をもって完済することができない状態をいう。債務超過は、債務者が法人の場合に破産手続開始原因となる。

■ 破産財団
[はさんざいだん]

破産者の管理下から切り離されて、破産管財人の管理の下に置かれた破産者の総財産で、破産債権者に対する配当の基礎となる財産のこと。破産法では、破産者の財産または相続財産もしくは信託財産であって、破産手続において破産管財人にその管理および処分をする権利が専属するものと定義されている。

■ 破産手続開始決定（破産宣告）
[はさんてつづきかいしけってい（はさんせんこく）]

破産手続開始の申立てがあった場合に、破産手続開始の原因となる事実があると認められるときになされる、破産手続を開始する旨の裁判所の決定のこと。破産手続開始決定がなされると、破産管財人が選任される。また、破産者が有する財産は破産財団を構成し、破産財団に属する財産の管理処分権は、破産管財人に専属することになる。破産法の改正前は、破産手続開始決定は、破産宣告と呼ばれていた。

■ 破産廃止
[はさんはいし]

破産手続の目的を達しないまま、将来に向かって中止する裁判所の決定のこと。破産者に配当に値する財産がないことが破産手続開始決定時にすでに明らかになっている場合には、破産手続開始決定と同時に破産手続廃止決定がなされる。これを同時廃止という。破産手続を進める過程で配当可能な財産がないと判明した場合には、その時点で破産手続廃止決定がなされる。これを異時廃止という。また、破産債権者の同意によって破産手続廃止がなされる場合があり、これを同意廃止という。

■ 破産配当
[はさんはいとう]

破産管財人が、競売等により、金銭に換えた破産財団（破産者の財産の集合体）を、各債権者の債権額を割合に換算して、弁済する額を割り当てることをいう。破産配当には、最後配当、中間配当、追加配当がある。さらに、簡易な配当手続として、簡易配当、同意配当がある。

■ 破産法
[はさんほう]

破産手続について定めた法律。破産法は、債権者その他の利害関係人と債務者との間の権利関係を適切に調整する規定を設けている。債務者の財産等の適正かつ公平な清算を図り、債務者が経済生活において、再生する機会を確保することを目的としている。

■ 柱書
[はしらがき]

法令の条文中に号を用いる場合、その号の列記の前に置かれた本体となる文のこと。たとえば、憲法7条は国事行為について10号まで列記しているが、その前に置かれた「天皇は、内閣の助言と承認により、国民のために、左の国事に関する行為を行ふ」と書かれた文章が柱書に当たる。

■ 働き方改革法
[はたらきかたかいかくほう]

長時間労働の是正や、労働者の雇用形態にかかわらない公正な待遇の確保などを実現するためのさまざまな措置を推進することを目的とする法律。正式名称は、「働き方改革を推進するための関係法律の整備に関する法律」。平成30年に、「働き方改革」の実現に伴い制定され、働き方改革法に基づき、労働基準法やパートタイム労働法（パート有期労働法に名称変更）などの関係法令が改正された。

■ 破綻主義
[はたんしゅぎ]

夫婦のどちらに離婚原因があるかに関係なく、夫婦関係が実質的に破綻している場合に離婚を認めること。わが国の判例の立場は、基本的に、不倫をした配偶者のように有責配偶者からの離婚請求は認めない立場を採っている。そのため有責主義を採っているといわれ、破綻主義には消極的な姿勢がみられた。もっとも、昭和62年に、条件付ではあるが、婚姻関係が破綻していることに基づいて、有責配偶者からなされた離婚請求を認める判決が下された事例も存在する。

■ 八月革命説
[はちがつかくめいせつ]

明治憲法から日本国憲法への移行過程を説明するための理論のひとつ。日本国憲法が、外形上明治憲法の改正によって成立しており、天皇主権を定める明治憲法が国民主権の憲法へと全面的に改正することが許されないのではないかという疑問に対し、ポツダム宣言の受諾によって法的に一種の革命が起こったと説明する考え方である。そして、日本国憲法は、実質的に、新たに成立した国民主権に基づいて国民が制定した憲法であり、明治

憲法の改正ではないが、形式的な継続性を持たせるために、明治憲法の改正という手続をとったものと説明している。

■ 罰金
[ばっきん]

一定額の金銭を国庫に納付させる刑罰をいう。刑法上、罰金は1万円以上とされているが、減軽される場合には1万円未満とすることができる。上限は定められていない。罰金を完納することができない者は、労役場に留置される。同じく財産刑である科料との違いは金額の差であり、科料は1000円以上1万円未満である。

■ 発行可能株式総数
[はっこうかのうかぶしきそうすう]

会社が将来発行することができる株式の総数。あらかじめ定款によって定められ、その範囲内で取締役会決議等により株式を発行することが可能になる。新株発行により株価の経済的価値は下がり、また持株比率も下がることから、新株発行は株主にとってデメリットが多い。しかし、発行のたびに株主総会決議が必要になると、市場の状況に応じた株式発行が行えない。そこで、機動的な資金調達を可能にするべく、上記のような手続が認められている。

■ 発信主義
[はっしんしゅぎ]

意思表示を相手方に発信したときにその効力が生じる場合のこと。民法は到達主義を原則としているので、発信主義は例外と位置づけられる。発信主義を採用する例として、特定商取引法などの法律が規定するクーリング・オフの通知が挙げられる。なお、平成29年の民法改正に伴い、隔地者間の契約の承諾の通知が発信主義から到達主義へと変更された。

■ 罰則
[ばっそく]

刑罰または行政罰を科すことを定めた規定をいう。罪刑法定主義の原則から、罰則を定めるには法律に基づかなければならないのが原則である。また、下位法令で定めるときには、法律の委任が必要であると考えられている。

■ 発明
[はつめい]

自然法則を利用した技術的思想の創作のうち、高度のものをいう。特許権の対象となる。万有引力のような自然法則そのものや、自然法則を利用していない計算方法や経済理論は、発明ではない。特許法の要件を満たして登録された発明は、特許権の対象として保護される。なお、実用新案法が保護の対象とする考案も、自然法則を利用した技術的思想の創作であるが、発明とは異なり高度性が要求されていない。

■ 発問
[はつもん]

民事訴訟上、裁判長が、当事者の陳述の趣旨を確認するため、問いを発することをいう。民事訴訟法上は、裁判長が、当事者に対し発問する権能（発問権）を認め、当事者には裁判長が相手方当事者に発問することを求める権利（求問権）を認めるのみである。もっとも、実務においては、相手方に直接問いを発し、相手方がこれに応答し、裁判所がこれらを容認する形がとられている。

■ パブリック・コメント
[ぱぶりっく・こめんと]

☞意見公募手続／パブリック・コメント

■ 払込取扱機関
[はらいこみとりあつかいきかん]

会社を設立するときや新株を発行するときに、発起人や株式の引受人が株式の払込金を払い込む場所として定められた銀行やその他の金融機関のこと。発起人の不正を防止するために、この機関は、銀行や信託会社に限定されている。なお、募

集設立の場合、払込取扱機関は、発起人からの請求がある場合は、募集株式の引受人からの払込金に関する証明書を発行する義務を負っている。一方、発起設立に関しては、募集設立におけるような保管証明制度は、現在は廃止されている。

■ 払込保管証明書
[はらいこみほかんしょうめいしょ]

　株式の引受人による払込金の保管に関する証明書のこと。払込取扱機関が発起人からの請求がある場合に発行しなければならない。株式会社の募集設立の場合には、設立の登記に際して払込保管証明書を添付しなければならない。また、払込保管証明書を発行した金融機関は、その記載事項が事実と異なることを成立後の会社に対抗できないなどの責任を負うことになる。一方、発起設立の場合には、設立登記の際に払込保管証明書を添付する必要はなく、払込みがあったことを証明する書面として、預金通帳の写しなどを添付すればよい。

■ パリ条約
[ぱりじょうやく]

　約160か国が加盟する知的財産権に関する国際条約のこと。パリ条約には、出願から一定期間内に外国でも出願を行った場合、外国の出願日を自国の出願日とする優先権原則、加盟国の外国人を自国民と平等に扱う内国民待遇の原則、各国の特許出願は独立して審査し、他の国において無効等にされたことを理由に無効等にできない各国特許独立の原則などが規定されている。

■ 破廉恥罪
[はれんちざい]

　法律に違反するだけでなく、道徳的にも非難されるような犯罪の総称。殺人罪、強制性交等罪、放火罪等、懲役刑を科される犯罪の多くはこれに属する。政治犯等の禁錮刑を科される犯罪を非破廉恥罪とし、破廉恥罪と分ける解釈もあるが、一般に非破廉恥罪とされる過失犯でも懲役刑を科される場合があり、懲役刑と禁錮刑によってのみ区別されるものではない。

■ パワー・ハラスメント
[ぱわー・はらすめんと]

　同じ職場で働く者に対して、職務上の地位や人間関係などにおいて職場内で優位に立つ者が、そのような優位性を背景にして、業務の適正な範囲を超えて精神的・身体的苦痛を与える行為、または職場環境を悪化させる行為のこと。近年使用されるようになった造語（和製英語）であり、略称はパワハラ。具体的には、暴行、傷害、脅迫、名誉毀損、隔離、無視等がこれにあたる。パワー・ハラスメントが原因の精神障害は労災として認定される場合がある他、損害賠償責任や刑事責任が認められる場合もある。

　平成31年成立の労働施策総合推進法改正により、従来から厚生労働省が示していた定義に沿う形で、パワー・ハラスメントに相当する行為を「職場において行われる優越的な関係を背景とした言動であって、業務上必要かつ相当な範囲を超えたものによりその雇用する労働者の就業環境が害される」ものと定義した上で、パワー・ハラスメント防止のための雇用管理上の措置義務を事業主に義務付ける規定が新設された。ただし、法令上はパワー・ハラスメントという言葉は使われていない。

■ 判決／決定／命令
[はんけつ／けってい／めいれい]

　裁判機関がその判断を法定の形式で表示する行為である裁判の種類。裁判機関や審理方式、上訴方法の差異に応じて区別される。

　判決とは、訴訟において、裁判所が当該事件について、最終的に下す判断をいう。決定とは、裁判所が下す訴訟手続上

の付随的な事項に関する判断をいう。命令とは、裁判長または受命・受託を受けた裁判官が、訴訟を指揮するうえで行う措置や、付随事項を解決する判断をいう。

判決では口頭弁論が必要的であるが、決定・命令では任意的である。判決に対する上訴は控訴、上告によりなされるが、決定・命令に対する上訴は抗告、再抗告によりなされる。

半血／全血
[はんけつ／ぜんけつ]

半血とは、父母の一方のみが同じ兄弟姉妹をいう。これに対して、全血とは、父母の双方が同じである兄弟姉妹をいう。半血である兄弟姉妹の相続分は、全血である兄弟姉妹の相続分の2分の1である。

たとえば、長男Aが死亡した場合に、Aの相続人として、妻Bと二男（Aと父母が同一であり全血の弟）C、および三男（Aと母が異なる半血の弟）Dがいるとする。Aの相続財産が3000万円のとき、法定相続分に従うと、妻Bが2250万円（4分の3）を相続する。そして、残りの相続財産4分の1について、全血のCが500万円、半血のDが250万円を相続することになる。

☞相続分

判決原本
[はんけつげんぽん]

訴訟で判決内容が定まった後に、判決内容が記載された書面として、確定的に表示するために作成される文書。判決書の原本のことである。とくに民事訴訟では、判決原本は、原則として、判決を言い渡す前に作成されなければならず、判決の言渡しは判決原本に従って行われなければならない。一方、刑事訴訟では、判決の言渡しのときに判決原本が作成されていなくても、判決自体が違法となるわけではないと考えられている。

判決事実
[はんけつじじつ]

☞司法事実／判決事実

判決の言渡し
[はんけつのいいわたし]

判決を告知すること。通常は民事裁判上の用語であり、刑事裁判上は、刑の言渡しという言葉も用いられるが、一般には、宣告という言葉を用いる。民事訴訟においては、判決の言渡しは、判決書の原本に基づいてなされなければならない。当事者が現実に出頭していなくても言渡しをすることができる。

判決の確定
[はんけつのかくてい]

上訴期間の経過や上訴権の放棄等によって、上訴による判決の取消しの可能性が消滅した状態のこと。上告審の判決は、民事訴訟法上は、言渡しと同時に確定する。刑事訴訟法上は、判決訂正の申立期間を経過したとき、またはその期間内に申立てがあった場合には、訂正の判決もしくは申立てを棄却する決定があったときに確定する。

判決の更正
[はんけつのこうせい]

判決の表記上の明白な誤りについて、当事者の申立てまたは職権により、決定によって訂正すること。計算違いや誤記のような誤りであることが明白な場合に行われる。判決の更正は、判決の言渡し後いつでも可能であり、すでに上訴が提起されていたり、判決が確定した後であっても許される。

判決の効力
[はんけつのこうりょく]

判決の成立または確定により生ずる効力。内容的効力と形式的効力がある。内容的効力として、既判力・執行力・形成力があり、形式的効力として、自己拘束力がある。

■ 判決の自縛性
[はんけつのじばくせい]

☞ 自己拘束力／判決の自縛性

■ 判決の脱漏
[はんけつのだつろう]

　民事訴訟において、1つの訴訟で数個の審判が求められているときに、裁判所が全部判決として行った判決が結果として一部判決に過ぎなかった場合のこと。裁判の脱漏ともいう。脱漏していた部分は、なお訴訟が係属しており、裁判所はそれらの請求について判決をしなければならない。この判決を追加判決、または補充判決という。なお、攻撃防御方法について裁判所が判断を漏らした場合を判断の遺脱という。

■ 判決の訂正
[はんけつのていせい]

　刑事訴訟において、上告審で最高裁判所が、判決内容に誤りを発見した場合に、判決により訂正すること。ただし、裁判所が主体的に行うことはできず、検察官、被告人または弁護人の申立てによって、訂正が可能になる。判決の訂正は、判決内容から誤りを取り除き、司法の公正性を維持することが目的である。しかし、原則として一度言渡した判決を変更することは許されない（判決の自縛性）ため、申立期間が10日以内であるなど、厳しい要件が設けられている。

■ 判決の変更
[はんけつのへんこう]

　民事訴訟において、判決に関して、裁判所が誤りを自覚した場合に、判決内容を変更して誤りを取り除くこと。判決の変更は、判決内容が法令に違反していることに裁判所が気づいたときに限り認められる。そのため、事実の誤認は判決の変更の対象にならない。裁判所自身が、誤りを自ら取り除く機会を与えることで、上訴を防ぎ、上級審の負担を軽減するこ

とが目的である。
　しかし、原則として、一度言い渡した判決を変更することは許されない（判決の自縛性）ため、厳しい要件が設けられ、判決の変更が認められる場合は少ない。

■ 判決の無効
[はんけつのむこう]

　判決の内容・手続の違背がとくに重大である場合に、上訴や再審によらなくても判決の効力を当然に生じさせないことをいう。判決の無効という概念の存在自体に学説上争いがある。

■ 判決理由
[はんけつりゆう]

　判決主文に対応する理由部分であって、判決が導かれる判断過程が示された部分をさす。判決理由には既判力が生じないため、別訴で主文判断の前提事実を争うことは可能である。

■ 万国著作権条約
[ばんこくちょさくけんじょうやく]

　著作権に関わる2大国際条約のひとつ。1952年に締結された。著作権は著作物の創作時に発生するというベルヌ条約の無方式主義に対して、万国著作権条約では著作権登録や作品の納入、著作者表示等といった手続が必要とされている。万国著作権条約は、無方式主義と、ベルヌ条約に加盟していない国の方式主義の間を取り持つ条約である。ベルヌ条約と万国著作権条約の両方に加盟している場合には、ベルヌ条約が優先的に適用される。そして現在、万国著作権条約の加盟国のうち、ベルヌ条約を締結していない国はカンボジアのみであり、万国著作権条約の意義は低下している。

■ 犯罪学
[はんざいがく]

　犯罪と刑罰に関する学問のこと。刑法哲学、刑法史学、比較刑法学等とともに、基礎刑法学の一種である。

■ 犯罪共同説

[はんざいきょうどうせつ]

☞行為共同説／犯罪共同説

■ 犯罪収益移転防止法

[はんざいしゅうえきいてんぼうしほう]

犯罪による収益が組織的な犯罪活動の助長のために使われたり、犯罪による収益が移転して事業活動に使われたりすることを防ぐための法律。テロリズムに対する資金供与やマネー・ロンダリングへの対策のために制定された。正式名称は「犯罪による収益の移転防止に関する法律」。金融機関などの特定事業者に対して、取引時確認（顧客の本人特定事項の確認など）の実施、疑わしい取引の届出をする義務などを課している。

■ 犯罪捜査規範

[はんざいそうさはん]

警察官が犯罪の捜査を行うにあたって守るべき心構え、捜査の方法、手続その他捜査に関し必要な事項を定めた規則をいう。

■ 犯罪徴表説

[はんざいちょうひょうせつ]

刑罰は、犯罪ではなく犯罪者に対して科されるものであるという理解を前提にして、犯罪行為そのものについては、犯罪者の反社会的性格が表現されたものと考える立場のこと。徴表主義ともいう。この立場からは、犯罪行為は、行為者の危険性を認識する手段としての意味を持つにすぎないとされる。犯罪徴表説は、犯人の現実的行為に科刑の基礎を求める犯罪現実説と対立する立場である。

■ 犯罪人引渡し

[はんざいにんひきわたし]

国外にいる犯罪人に対して自国で裁判をするため、自国からの請求に応じて相手国が自国に犯罪人を引き渡すことをいう。日本が締結している犯罪人引渡条約は、アメリカと韓国を相手国とするものだけであり、条約に基づかない場合には国際礼譲（国家間の礼儀・便宜・好意等の総称）により引渡しがなされる。

■ 犯罪被害者等給付金支給法

[はんざいひがいしゃとうきゅうふきんしきゅうほう]

犯罪被害等を受けた者に犯罪被害者等給付金を支給する制度（犯罪被害給付制度）について規定した法律。正式名称は「犯罪被害者等給付金の支給等による犯罪被害者等の支援に関する法律」である。この法律で「犯罪被害者等」とは、犯罪被害者および犯罪行為により不慮の死を遂げた者の遺族をいい、「犯罪被害等」とは、それらの者が受けた心身の被害をいう。犯罪被害者等の支援や犯罪被害者等早期支援団体等についても規定している。平成30年施行の改正で、幼い遺児に関する遺族給付金の引上げや、親族間犯罪に関する減額・不支給事由の見直しをするなど、犯罪被害給付制度の拡充が図られている。

■ 犯罪被害者保護法

[はんざいひがいしゃほごほう]

刑事手続において、犯罪被害者等が刑事手続に関与できる制度を整え、犯罪被害者等の保護を図ることを目的にして制定された法律。正式名称は「犯罪被害者等の権利利益の保護を図るための刑事手続に付随する措置に関する法律」である。犯罪被害者等の公判手続の傍聴に対する裁判長の配慮義務、犯罪被害者等による公判記録の閲覧・謄写、被害者参加旅費等、被害者参加弁護士の選定等について規定されている。また、現行法における損害賠償請求に係る裁判手続の特例である「損害賠償命令の申立て等」の制度によって、犯罪被害者等による損害賠償請求に関する負担が軽減されている。

反社会的勢力
[はんしゃかいてきせいりょく]

暴力や詐欺の手法を用いて経済的利益を追求する集団や個人のこと。暴力団対策法に規定される暴力団、暴力団員、総会屋等がこれにあたる。平成19年に法務省が「企業が反社会的勢力による被害を防止するための指針」を公表し、企業と反社会的勢力との関係遮断を企業側に要請している。平成25年には、反社会的勢力に対する融資問題で、金融庁が銀行に対して業務改善命令を出すなど、企業が反社会的勢力の資金源にならないように関係各省庁が対応している。企業が締結する契約書の中には、反社会的勢力の排除に関する条項（反社条項）を置いているのが一般的である。

反射効
[はんしゃこう]

民事訴訟において、当事者が確定判決に拘束されることで、当事者と特殊な関係にある第三者に反射的な利益または不利益を及ぼすこと。反射的効力ともいう。

たとえば、保証人には、主債務者と債権者の間の判決の既判力は及ばないが、主債務者が勝訴判決を得て債権者に弁済する必要がなくなれば、保証債務の付従性から、保証人も債権者に対してその勝訴の結果を援用できる。反射効は学説上は肯定する立場が有力であるが、明文の規定なく既判力の拡張を認めることに等しいとして反対する立場もある。判例も反射効を否定しているといわれる。

反射的利益
[はんしゃてきりえき]

民法上、ある者の行為によって、他の者が間接的に受ける利益をいう。たとえば、第1順位の抵当権者の抵当権が消滅した場合に、第2順位以下の抵当権者の順位が繰り上がる場合がこれに当たる。

反証
[はんしょう]
☞本証／反証

反訴
[はんそ]

係属中の民事訴訟の手続内で、被告が原告を相手方として提起する訴えのこと。原告の訴えと関連性のある請求を同一手続で併合審理することによって、審理の重複を回避する狙いがある。たとえば、原告が売買代金の支払いを請求する訴訟を提起した場合に、被告が売買契約の有効性を争いつつ、仮に有効であれば目的物の引渡しを求めることが挙げられる。

反則金
[はんそくきん]

道路交通法上の交通反則金制度で、納付の通告を受ける金銭のこと。スピード違反や駐車違反など比較的軽微な違反行為者に対して、反則金の納付が通告され、反則者が反則金を納付した場合には公訴が提起されない。納付しないときには通常の刑事手続に移行する。反則金は罰金等とは異なり、行政上の制裁金である。

反対解釈
[はんたいかいしゃく]

法令解釈方法のひとつで、ある法令の規定について、その規定に書かれていないことについては、法令の規定と逆の効果が生じると解釈すること。たとえば、民法96条3項の「詐欺による意思表示の取消しは、善意でかつ過失がない第三者に対抗することができない」という規定から「詐欺による意思表示の取消しは、悪意または過失のある第三者に対抗することができる」という趣旨に解釈することなどが挙げられる。

反対給付
[はんたいきゅうふ]

双務契約において、一方の給付に対応する他方の給付のこと。たとえば、売買

契約における買主の売主に対する金銭債務の反対給付は、売主の買主に対する目的物の引渡しとなる。

■ 反対尋問

[はんたいじんもん]

尋問の申し出をした当事者に続いてする、相手方当事者による尋問のこと。たとえば、原告側が自己に有利な立証をするために呼び出した証人に対して、被告側弁護士が行う尋問が挙げられる。主尋問による申出当事者の行った立証に対し、反撃を加えることを目的とする。

■ 半代表

[はんだいひょう]

国の代表者である議会の議員が、選挙人の意思をできるだけ正確に反映するべきという考え方。もともとは、代表に対して直接民主的な要素を加えたフランス法由来の考え方である。わが国の議員の「代表」（憲法 43 条）という地位については、選挙により表明された国民の多様な意思をできるだけ公正かつ忠実に国会に反映する必要があるという社会学的代表であると考えられている。半代表の理論と社会学的代表の考え方は、類似した概念であると考えられている。

■ 反致

[はんち]

渉外的私法関係において準拠法を定める際、法廷地の国際私法の規定だけでなく、外国の国際私法の規定も考慮したうえで、準拠法を定めること。なお、渉外とは、ある法律事項が、国内だけでなく外国にも関係することをいう。

国際私法は、渉外的私法関係の法的規制を図ることを目的とするが、国際私法の内容が各国で統一されていない結果、どこを法廷地にするかにより準拠法が異なってくる場合がある。

そこで、準拠法に矛盾が生じる場合のうち、消極的抵触を解決するために反致

という考え方が用いられている。

消極的抵触とは、たとえば、A国の国際私法によればB国法が準拠法になるが、B国の国際私法によればA国法またはC国法が準拠法になる場合である。この例で、A国法を準拠法とする場合を狭義の反致または直接反致といい、C国法を準拠法とする場合を転致または再致という。日本においては、法の適用に関する通則法 41 条が狭義の反致を認めている。

■ パンデクテン・システム

[ぱんでくてん・しすてむ]

法典の体系的な編纂方法の一種。すべてに共通する規定（抽象的な規定）がある場合には、繰返しを避ける目的で、個別的な法律関係（具体的な規定）について規定する前に、それらの規定を置く方式をさす。

わが国の民法典は、典型的なパンデクテン・システムを採っているといわれている。

まず、すべての規定に共通する一般的な規定が、法典の冒頭に総則（民法総則）として置かれている。民法総則に続いて、たとえば債権法であれば、債権法全体の冒頭に、債権総則を、共通する抽象的な規定として配置している。その後に、売買、贈与、賃貸借など個別的な契約関係が置かれているが、ここでもすべての契約に共通する抽象的な規定が、契約総則として置かれている。そして、契約と同様に債権の発生原因（事務管理、不当利得、不法行為）を並べて規定することで、債権法の体系が整理されている。

これを物権、親族、相続に関する規定についても繰り返し、抽象的な規定から具体的な規定へと体系的な整理が行われている。

■ 半導体集積回路の回路配置に関する法律
[はんどうたいしゅうせきかいろのかいろはいちにかんするほうりつ]

半導体集積回路（IC）の回路配置の創作者の権利を回路配置利用権として保護するための法律。回路配置の模倣防止や、回路配置の取引の安定化・円滑化を図る目的も有している。回路配置利用権は、設定登録によって発生し、その日から10年間存続する。

■ 犯人蔵匿罪
[はんにんぞうとくざい]

罰金以上の刑に当たる罪を犯したとして捜査もしくは裁判の対象になっている者または拘禁されている間に逃走した者を、場所を提供してかくまう罪。刑法典上の犯罪では、侮辱罪以外はすべて罰金以上の刑に当たる。国家の刑事作用を守るために規定された。2年以下の懲役または20万円以下の罰金に処せられる。

■ 頒布権
[はんぷけん]

著作権における支分権のひとつで、映画の著作物を保護するための権利のこと。著作者は、映画の著作物の製作者が映画のフィルムや複製したフィルムの譲渡・貸与などを独占排他的に行うことができる。

■ 判例
[はんれい]

裁判における1つの判決について、後に起こった同種の事件において、同様の判断が行われるようになり、先例として機能することになった判断をさす。この判例を法源と認める法体系を判例法という。

日本において、判例法は、制度としては認められていないが、事実上、新規の裁判に対する判例の拘束力は大きく、判例と異なる判決が下される可能性は非常に低い。その意味で、判例は制定法を補充するという大きな役割を担っている。

なお、英米法系諸国では、判例法は正式に認められているが、日本を含む大陸法系諸国では、判例の効力は事実上のものに限られている。

■ 判例法
[はんれいほう]

裁判所の判決が同種の事件の判決を拘束することによって法源化される法体系。法は、その存在形式によって不文法と成文法に分けられるが、判例法は不文法の一種である。不文法を法源と認めているイギリス等では、判例法は重要な役割を果たすが、成文法中心のわが国では、判例法を法源と認めるかどうかについて学説が分かれている。しかし、最高裁判所の判例は容易に変更されることがなく、下級審でも最高裁の判例に従った判決がなされることが多いことから、判例の拘束力はきわめて大きく、法源性が高い判例も存在する。

■ 反論権
[はんろんけん]

マス・メディアによって批判された者が、当該マス・メディアを通じて反論を公表することを請求する権利。反論権は、マス・メディアに対して自己の意見の発表の場を提供することを要求する権利であるアクセス権の一類型である。反論権は、法令用語ではなく、広狭多義的に用いられる。

反論権が人権のひとつとして認められるかどうかについては争いがある。

判例は、新聞紙面に反論文の掲載を求める反論権は、容易に認めることはできないとの立場を示している。反論権制度は、新聞を発行・販売する者に、紙面を割くなど反論文の掲載を強制することになる。そのため、この負担が批判的記事の掲載をためらわせ、憲法が保障する表現の自由を間接的に侵害する危険があることが根拠として挙げられている。

ひ

■ 被害者学
[ひがいしゃがく]

犯罪の発生において、被害者側に着目した学問をいう。犯罪学の一種である。従来の犯罪学は加害者側に重点が置かれ、加害者の性格、成長過程における環境等から犯罪に至った過程が研究されてきたが、被害者学は被害者側に重点を置く。たとえば、特定の犯罪発生における被害者側の寄与度、犯罪に巻き込まれやすい被害者の性格等を研究する。

■ 被害者参加制度
[ひがいしゃさんかせいど]

刑事裁判において被害者がその遺族の申し出に基づいて裁判所が許可したときに、公判期日において、許可を受けた被害者やその遺族（被害者参加人）が、証人尋問、被告人質問、事実や法律の適用に関する意見陳述ができる他、資力の乏しい被害者やその遺族が国選被害者参加弁護士の援助を受けることのできる制度。被害者やその遺族が刑事裁判の結果に重大な関心を寄せるのが多いことを考慮し、平成19年成立の刑事訴訟法改正で導入された。その後、平成25年成立の犯罪被害者等保護法や総合法律支援法改正で、公判期日等に出席した被害者参加人に対し、被害者参加旅費等（旅費、宿泊日、日当）を支給する制度が創設された。

■ 被害者なき犯罪
[ひがいしゃなきはんざい]

犯罪が行われたが、その直接の被害者がいないように見える犯罪のこと。殺人や窃盗は、構成要件上被害者の生命や財産が侵害される犯罪であるが、被害者なき犯罪は、構成要件上侵害される被害者の法益が存在しないともいわれる。たとえば、売春、薬物犯罪が挙げられる。

■ 被害者の意見陳述
[ひがいしゃのいけんちんじゅつ]

刑事裁判の公判期日において、被害者またはその遺族等が、被害に関する心情その他の被告事件に関する意見を書面または口頭で陳述すること。通常は、証拠調べ終了後になされ、量刑の資料とされる。この意見陳述を犯罪事実認定の証拠として用いることはできず、被害者等の陳述を犯罪事実認定の証拠とするには、被害者等を証人尋問する必要がある。

■ 被害者の承諾
[ひがいしゃのしょうだく]

被害者が自己の法益を放棄し、その侵害を承諾すること。たとえば、他人の家に許可なく押し入ることは住居侵入罪の構成要件に該当するが、その他人の許可を得ている場合には、単なる訪問であり、刑法上何ら問題ない行為となる。住居侵入罪、窃盗罪のように被害者の承諾により構成要件該当性を阻却する犯罪もあれば、殺人罪に対する同意殺人罪のように被害者の承諾により違法性が減少し、法定刑が軽くなる犯罪もある。

■ 被害者の推定的承諾
[ひがいしゃのすいていてきしょうだく]

被害者の承諾は得られていないが、被害者が事情を正しく認識していたならば承諾したであろうと認められる場合に承諾の存在を推定することをいう。この場合には、構成要件に該当する行為があっても、違法性が阻却され犯罪は不成立になると解釈される。たとえば、交通事故に遭い意識不明になった患者に対して、患者の生命を救うべく、医師が緊急手術を行う場合などが挙げられる。手術等での切断行為は、傷害罪の構成要件に該当する。しかし、患者に意識があり、生命のために手術に同意したであろうといえる場合には、被害者の推定的承諾があり、違法性が阻却され、医師に傷害罪は成立

しないと考えられる。

■ 被害届
[ひがいとどけ]

犯罪の被害者等が捜査機関に対して、犯罪事実を申告すること。訴追を求める意思表示が必ずしもあるとはいえない点で、告訴とは異なる。被害届が提出された場合には、通常は捜査が開始される。

■ 比較衡量論
[ひかくこうりょうろん]

法律の違憲審査を行う基準の一種。人権を制限することで得られる利益と、それを制限しない場合に維持される利益とを比較して、得られる利益が高いと判断される場合には、人権の制約が許されると解釈する考え方。利益衡量論ともいう。わが国の判例でも採用したと考えられる例があり、公共の福祉という抽象的な原理に比べて、個々の事件の具体的状況を考慮して結論を導くことができるという利点を持つといわれる。

しかし、一般に一個人の人権を守ることで得られる利益と個人の人権を制限することで得られる国家的な利益を比較衡量した場合には、国家的な利益が優先すると判断されることが多いという批判もある。

■ 引受主義
[ひきうけしゅぎ]

☞消除主義／引受主義

■ 引受承継
[ひきうけしょうけい]

当然承継の原因以外の原因によって当事者適格の変動が生じた場合に、被承継人の相手方当事者の申立てによって行われる訴訟承継のこと。引受承継は、訴訟承継の一種であり、承継人の申立てによる場合である参加承継に対する語である。引受後の手続には、同時審判の申し出がある共同訴訟の規定が準用される。

■ 引換給付判決
[ひきかえきゅうふはんけつ]

原告の請求自体は認められるが、単純な認容判決ではなく、原告からの反対給付と引換えに被告の給付を命じる判決のこと。たとえば、売買契約の目的物引渡請求訴訟で、原告の側にも代金支払債務の不履行があったとされた場合には、原告の代金支払いと引換えに目的物を給付するよう被告に対して命じる判決が出される。この例のような同時履行の抗弁が被告から提出された場合のほか、被告が留置権の抗弁を提出した場合も、引換給付判決が出される。執行の際には、原告の反対給付の履行またはその提供が執行開始の要件となる。

■ 被疑者
[ひぎしゃ]

犯罪の嫌疑を受けて捜査の対象となったが、まだ公訴を提起されていない者のこと。一般には容疑者という。

■ 被疑者取調べ
[ひぎしゃとりしらべ]

供述証拠の一種である被疑者の供述を収集する方法のこと。検察官、検察事務官または司法警察職員は、犯罪の捜査に必要があるときは、被疑者の出頭を求め、これを取り調べることができる。ただし、被疑者は、逮捕または勾留されている場合を除いては、出頭を拒み、または出頭後、いつでも退去することができる。被疑者取調べにあたっては、黙秘権の告知がなされる。

■ 被疑者補償規程
[ひぎしゃほしょうきてい]

被疑者として抑留または拘禁を受けた者に対する刑事補償を定めた規程のこと。同規程による補償は、被疑者として抑留等を受けたが、検察官が公訴提起しなかった場合で、その者が罪を犯さなかったと認めるに足りる十分な理由があるとき

になされる。補償金は抑留等の日数に応じ、1日1000円以上1万2500円以下である。

非供述証拠
[ひきょうじゅつしょうこ]

言葉によって表現された内容が証拠となる供述証拠に対して、それ以外の証拠のこと。非供述証拠には、伝聞法則の適用がない。

引渡し
[ひきわたし]

当事者の意思に基づく占有移転のこと。たとえば、売買契約において、売主が買主に対し、目的物を現実に移転させることが挙げられる。現実の引渡し、簡易の引渡し、占有改定、指図による占有移転の4種類がある。

引渡命令
[ひきわたしめいれい]

競売物件の占有者に対し、買受人に物件を引き渡す旨を命じる裁判のこと。物件の買受人が、簡易迅速にその引渡しを受けられるようにする狙いがある。引渡命令の裁判だけで強制執行ができるようになるわけではなく、引渡命令が相手方に送達された後、1週間以内に執行抗告がなされない場合に、強制執行できる効力が生じる。

非現住建造物等放火罪
[ひげんじゅうけんぞうぶつとうほうかざい]

住居に使用されておらず、かつ、現に人がいない建造物、艦船、鉱坑を放火して焼損する罪。不特定または多数人の生命・身体・財産を保護するために規定された。建造物等が他人所有のときは2年以上の懲役に、自己所有のときは6月以上7年以下の懲役に処せられる。自己所有の建造物等への放火の場合には、公共の危険の発生が認められてはじめて処罰可能になる。

被拘禁者奪取罪
[ひこうきんしゃだっしゅざい]

法令により拘禁された者を奪取する罪。国家の拘禁作用を保護するために規定された。3月以上5年以下の懲役が科される。「法令により拘禁された者」とは、たとえば、逮捕・勾留された者や少年院に収容されている者が挙げられる。「奪取」とは、被拘禁者を自己または第三者の支配下に移すことをいい、被拘禁者を逃がす行為はこれにあたらない。

被告
[ひこく]

民事訴訟において、訴えられたことにより訴訟当事者となった者のこと。原告の相手方である。通常、第一審でのみ使われる用語であり、上訴審では、上訴提起した者を控訴人・上告人、その相手方を被控訴人・被上告人と呼ぶ。刑事訴訟においても、しばしば被告という用語が日常的に用いられるが、法律上は「被告人」が正しい。

被告適格
[ひこくてきかく]

民事訴訟上、被告として訴訟を追行し、本案判決を求めうる資格を有する者のこと。給付訴訟においては、債権の履行義務者が被告適格を有する者となる。たとえば、Aが消費貸借契約に基づき貸金返還請求訴訟を提起した場合において、AがBに対して金を貸したと主張している場合には、Bに被告適格が認められることになる。

被告人
[ひこくにん]

犯罪の嫌疑を受けて捜査の対象となり、公訴を提起された者のこと。刑事訴訟は刑罰を科すかどうかを決める手続であるから、受刑の可能性がまったくなく当事者能力を有しない者は被告人になりえない。たとえば、法人が存続しなくなった

場合や、被告人死亡の場合は当事者能力がないものと扱われ、公訴棄却の決定がなされる。

■ 被告人質問
[ひこくにんしつもん]

刑事裁判において、被告人が任意に供述をする場合に、その供述を求めること。被告人には黙秘権が認められるため、あくまでも任意に供述する場合に限られるが、裁判長はいつでも、陪席の裁判官・検察官・弁護人等は裁判長に告げて、被告人に質問することができる。被告人質問は、証人尋問と異なり、証拠調べの請求も証拠決定もなされず、宣誓させることもできない。

■ 微罪処分
[びざいしょぶん]

特定の軽微な犯罪について検察官に送致せず、警察段階で手続から離脱させること。警察は、犯罪の捜査をしたときは、事件を検察に送らなければならないのが原則であり、微罪処分はその例外である。たとえば、処罰の必要がないことが明らかにされた窃盗罪・占有離脱物横領罪などに対して行われる。

■ 被災地借地借家特措法
[ひさいちしゃくちしゃっかとくそほう]

大規模な災害の被災地で、借地上の建物が滅失した場合における借地権者の保護等を図るための法律。正式名称は「大規模な災害の被災地における借地借家に関する特別措置法」。平成25年に施行された。大規模災害が発生した際に、その災害を「特定大規模災害」として政令で指定し、借地権者の保護のために、借地契約の解約の特例や、借地権の対抗力の特例が認められることなどが規定されている。その他、被災地の暫定的な土地需要に応えるため、5年以内の更新がない被災地短期借地権の設定を認めている。なお、この法律の施行に伴って、罹災都

市借地借家臨時処理法は廃止された。

■ 非債弁済
[ひさいべんさい]

債務が存在しないのに、債務があるものとして弁済すること。たとえば、契約が成立したが無効であった場合に、無効原因があることを知らずに債務者が弁済する場合がこれに当たる。この場合、弁済をした者は弁済を受けた者に対して、不当利得返還請求をすることができる。

■ 被災マンション再建特措法
[ひさいまんしょんさいけんとくそほう]

大規模な火災・震災などの災害によって、マンション（区分所有建物）が滅失した場合や、重大な被害を被った場合に、敷地の売却や再建などを容易に行うための手続を定めた法律。正式名称は「被災区分所有建物の再建等に関する特別措置法」である。阪神・淡路大震災を契機として平成7年に制定された。

被災マンション再建特措法の適用を受ける大規模な災害が政令で定められた場合において、その災害によって重大な被害を受けたマンションについては、決議内容に応じて議決権などの5分の4以上の同意が得られれば、建物再建決議、建物取壊し決議、建物敷地売却決議などを行うことが可能である。なお、建物取壊し決議や建物敷地売却決議などは、東日本大震災を契機とする平成25年の法改正によって行うことが可能になった。

■ ビジネスモデル特許
[びじねすもでるとっきょ]

ビジネスモデル（収益を上げるためのしくみや方法）において、自然法則を利用した装置・方法の発明に対して与えられる特許のこと。ただし、ビジネスモデル自体に特許が与えられるわけではなく、ビジネス手法において不可欠となる技術的なしくみに対して与えられる。

■ 批准

[ひじゅん]

条約に拘束されることへの国家の確定的な同意を表明する方法。条約に対する同意を表明する手段としては、ほかに受諾、加入、署名、条約を構成する文書の交換などがある。批准を要する条約に関しては、批准によって同意の有無を表明するとされており、批准書の交換等の手続を経て、条約が対外的効力を持つに至る。わが国では、批准は内閣が行い、天皇が批准書を認証することになっている。

なお、批准が必要な条約の締結にあたっては、内閣は事前ないし事後に国会の承認を受ける必要がある。

■ 非訟

[ひしょう]

裁判所が後見的立場から、合目的的に裁量権を行使して権利義務関係の具体的内容を形成する裁判のこと。裁判所による一種のアドバイスであり、権利義務関係を確定するものではないため、訴訟事件とは違い、裁判の公開は求められない。たとえば、後見開始の審判が挙げられる。

■ 非訟事件

[ひしょうじけん]

裁判所が扱う民事事件のうち、必ずしも当事者間の争いを前提とせず、裁判所が私人間の生活関係に後見的に介入し、裁量によって将来に向かって法律関係を形成する事件のこと。訴訟事件と対比される。家事事件手続法が定める後見開始に関する審判や遺産の分割に関する審判などは非訟事件の例である。民事・刑事訴訟法などにより慎重・厳格さが求められる訴訟手続に対して、非訟手続は非訟事件手続法により簡易・柔軟な手続が予定されている。非訟事件の裁判は決定によってなされ、不服申立ては抗告によってなされる。

■ 非訟事件手続法

[ひしょうじけんてつづきほう]

非訟事件の手続についての通則を定めるとともに、民事非訟事件、公示催告事件および過料事件の手続を定めた法律。非訟事件手続法には、非訟事件について、非公開主義によること、職権探知主義がとられることなどが定められている。平成23年に全面改正された。

■ 非常上告

[ひじょうじょうこく]

刑事訴訟上、法令違反を理由として、確定判決またはその訴訟手続の破棄を請求する救済手段のこと。事実誤認ではなく、法令違反を理由とする場合に限られる点で再審と異なる。上告の方法は、確定判決に法令違反がある場合に、検事総長が最高裁判所に申し立てることによる。

■ 被選挙権

[ひせんきょけん]

公職の選挙において、選挙に立候補し、当選人になることができる資格のこと。資格要件として、ⓐ日本国民であること、ⓑ参議院議員・都道府県知事は30歳以上、衆議院議員・市町村長および地方公共団体の議会の議員は25歳以上であること、ⓒ地方公共団体の議会の議員はその選挙権を有することのすべてを満たす必要がある。18歳以上の日本国民に与えられる選挙権に比べ、年齢要件が厳しくなっている。

■ 被相続人

[ひそうぞくにん]

相続が起こる場合の死亡者。相続される者のこと。たとえば、夫Aに妻Bおよび長男Cがいる場合、Aが死亡すると、Aの財産はBおよびCが相続する。この場合、Aを被相続人といい、BおよびCを相続人という。

■ 卑属

[ひぞく]

☞尊属／卑属

■ 被代位権利

[ひだいいけんり]

債権者代位権の対象になる債務者の権利のこと。たとえば、債権者Aが債務者Bに対する500万円の金銭債権について債権者代位権を行使しようとする場合には、債務者Bの第三者Cに対する未回収の売買契約に基づく代金支払請求権が被代位権利に該当する。ただし、親族に対する扶養請求権など債務者の一身に専属する権利や、年金請求権など差押えが禁止された権利については、被代位権利とすることが認められない。

■ 被担保債権

[ひたんぽさいけん]

抵当権や先取特権などの担保物権が担保している債権のこと。たとえば、AがBに対して1000万円の貸付金をしていて、その貸付金の担保としてBの土地にA名義の抵当権を設定している場合、1000万円の貸付金が、抵当権の被担保債権となる。根抵当権などの一部を除いて、被担保債権が消滅すれば、担保物権も消滅し、被担保債権が移転すれば、担保物権も移転する。このように、被担保債権と担保物権は密接な関係にある。

■ 非嫡出子／婚外子

[ひちゃくしゅつし／こんがいし]

結婚（婚姻）している男女の間で生まれた子どもを嫡出子と呼ぶのに対して、結婚していない男女の間に生まれた子どものこと。婚外子と呼ばれることもある。民法の条文上は、「嫡出でない子」と表記されている。非嫡出子の父子関係は、認知によって生じるが、母子関係は分娩の事実によって当然に生じる。非嫡出子は、母の氏を名乗り、母の戸籍に入って母の親権に服する。父が認知した場合には、裁判所の許可を得て父の氏を称することができ、父母の協議または審判によって父を親権者とすることもできる。かつては、非嫡出子の相続分は嫡出子の2分の1と規定されていたが、平成25年9月の最高裁大法廷決定によって、当該規定について違憲判決が出された。これを受けて民法が改正され、非嫡出子と嫡出子の相続分は同等になった。

■ 筆界特定

[ひっかいとくてい]

土地の所有権登記名義人等の申請に基づいて、筆界特定登記官が、外部専門家である筆界調査委員の意見を踏まえて、土地とこれに隣接する他の土地との筆界の位置を特定すること。なお、筆界とは、土地が登記された際に、土地の範囲を区画するものとして定められた線のことをいう。筆界特定は、筆界を最終的に確定するための手続ではないので、筆界について依然として争いがある場合には、境界確定訴訟（筆界確定訴訟）で争うことになる。

■ 日付後定期払手形

[ひづけごていきばらいてがた]

振出日から一定の期間が経過した日を満期とする手形をさす。日付後定期払手形では、満期は、「日付後1か月」などと表示される。

■ 必要的共同訴訟／合一確定共同訴訟

[ひつようてききょうどうそしょう／ごういつかくていきょうどうそしょう]

複数の原告・被告が関与する訴訟で、共同訴訟人のすべての請求について、判決の内容が一体的に判断される必要がある共同訴訟の類型のこと。合一確定共同訴訟ともいう。必要的共同訴訟には、共同訴訟人であるべき者全員が当事者となってはじめて訴訟追行権が認められる固有必要的共同訴訟と、個別的に訴えまたは

訴えられることができるが、共同訴訟となった場合には判決が1つに確定しなければならない類似必要的共同訴訟とがある。

■ 必要的共犯
[ひつようてききょうはん]

構成要件上、複数の者が関与することが予定されている犯罪類型のこと。必要的共犯には、集団犯と対向犯とがある。

集団犯とは、同一方向に向けられた多数の者の共同行為を類型化したものをいい、内乱罪や騒乱罪などがある。

対向犯とは、相互に対向関係にある共同行為を類型化したものをいう。対向犯には、重婚罪のように、関与者双方が同一の法定刑で処罰されるもの、贈賄罪・収賄罪のように、関係者が異なる法定刑で処罰されるもの、わいせつ物頒布罪のように、関係者の一方のみが処罰されるものがある。

■ 必要的口頭弁論の原則
[ひつようてきこうとうべんろんのげんそく]

民事訴訟において、裁判所が当事者による訴えまたは上訴について裁判をするためには、口頭弁論を開いて審理を行わなければならないとする原則。必要的口頭弁論においては、口頭の陳述だけが裁判の基礎となり、書面上の陳述を裁判の基礎とすることができるのは、特別の規定がある場合に限られる。

■ 必要的弁護事件
[ひつようてきべんごじけん]

刑事訴訟において、弁護人がいなければ公判を開くことができない事件のこと。死刑または無期もしくは長期3年を超える懲役もしくは禁錮に当たる事件、公判前整理手続または期日間整理手続に付された事件、即決裁判手続による場合がこれに当たる。必要的弁護事件において、弁護人が出頭しないときもしくは在廷しなくなったとき、または弁護人がないときは、裁判長は、職権で弁護人を付さなければならない。なお、それ以前に、弁護人が出頭しないことが予想される場合等には、裁判長ではなく、裁判所が弁護人を付すことができると規定されている。

■ 必要費
[ひつようひ]

物または権利について、現在の状態を保存・維持するために支出される費用のこと。たとえば、土地に係る公租公課、故障した自動車の修理代、家屋の維持費などが該当する。物や権利の改良のための支出である有益費に対立する概念である。賃借人などの占有者が必要費を支出した場合には、賃貸人などの所有者に対して、原則として直ちにその償還を請求できる。

■ ビデオリンク方式による証人尋問
[びでおりんくほうしきによるしょうにんじんもん]

テレビモニターとマイクを通じて行う証人尋問のこと。

刑事訴訟においては、法廷で供述すれば圧迫を受け精神の平穏を著しく害されるおそれがあると認められる者について、ビデオリンク方式によることができる。

民事訴訟においては、上記場合に加えて、証人が遠隔の地に居住するときにもビデオリンク方式によることができる。

■ 非典型契約／無名契約
[ひてんけいけいやく／むめいけいやく]

法律に列挙されていない契約類型のこと。民法典は、典型的な契約類型について、売買や贈与といった13種の契約類型（典型契約または有名契約という）を列挙しているが、非典型契約はこのような名称が与えられた契約ではないため、無名契約とも呼ばれている。たとえば、出版契約やラジオ・テレビへの出演契約、プロ野球やプロサッカー選手の専属契約、ホテルの宿泊契約、リース契約などが例として挙げられる。

■ 人
[ひと]

とくに私法を中心に、法律上の権利や義務の主体となることができる資格や地位。狭義では自然人と同義であるが、広義では自然人および法人を含む語として用いられる。すべての自然人は、出生と同時に私法上の権利能力を取得し、人種・信条・性別・社会的身分または年齢に関係なく、等しく財産を持ち、身分関係に立つ能力を得る。

刑法では、人であるかどうかによって殺人罪と堕胎罪のどちらが成立するかが分かれ、一般に人の始期については、母体から一部露出した時点で人となる（一部露出説）とされる。また、殺人罪と死体損壊罪の区別について人の終期が問題となり、これについては、心拍の停止・呼吸停止・瞳孔の散大という3つの現象により判断される（三兆候説）と考えられている。

■ 一株一議決権の原則
[ひとかぶいちぎけつけんのげんそく]

株主総会において株主は、1株につき1個の議決権を有するという原則。株主平等の原則に基づくものである。例外として、自己株式、議決権制限株式などがある。なお、単元株制度を採用している場合には、1単元の株式につき1個の議決権となる。

■ 人質強要罪
[ひとじちきょうようざい]

人を逮捕・監禁することで人質にした上で、第三者に対し、義務のない行為をするように、または権利を行わないことを要求する罪。「人質による強要行為等の処罰に関する法律」により処罰されている。要求をするだけで足り、当該第三者が行為することまでは要しない。6月以上10年以下の懲役に処せられる。刑法において強要罪が規定されているが、これ
は、本人または親族に対して害を加えるという内容の告知がなければ成立しない。そこで、親族以外の第三者に害を加えることで強要する行為（第三者強要）を罰するために規定された。また、逮捕・監禁罪の加重類型として、特別に重い処罰が規定されている。

■ 避難の意思
[ひなんのいし]

刑法上の緊急避難において、現在の危難を避けようとする主観的認識のこと。緊急避難において、避難の意思が必要であるか否かについては争いがあるが、「現在の危難を避けるため」（刑法37条1項）という条文の文言や、偶然に緊急避難の結果が生じた場合に正当化されるのは妥当でないと考えられることから、一般に避難の意思は必要であると考えられている。

■ 否認
[ひにん]

民事訴訟において、一方当事者が証明責任を負う事実について主張した場合に、他方当事者による当該主張を否定する陳述のこと。否認には、相手方の主張を真実でないと直接否定する単純否認と、相手方の主張と相容れない別の事実を主張する間接否認（積極的否認、理由付否認）とがある。民事訴訟法上、不知の陳述（知らないと主張すること）は、否認と推定される。否認は、相手方が証明責任を負う事実を否定するにとどまる点で、自ら証明責任を負う事実を積極的に主張する抗弁と異なる。

■ 否認権
[ひにんけん]

債務者が財産的に危機的状況にあるときに、不当に財産を減少させるなど債権者を害する行為をした場合や、一部の債権者のみを有利に扱うなど債権者間の公平を害する行為をした場合に、その行為の効力を否定する権利のこと。否認権は、

債権者間の公平を図り、逸出した債務者の財産の回復を図ることを目的とする。否認権は、破産法のほか、会社更生法、民事再生法でも定められている。

■ 被扶養者
[ひふようしゃ]

事業所等に勤務する者が加入する健康保険等の被用者医療保険において、被保険者に扶養されている者であって、保険の給付を受けることができる者をさす。被扶養者となる資格があるのは、原則として、被保険者により生計が維持されており、かつ被保険者の直系血族または同一の世帯にある3親等内の親族に該当する者に限られている。「被保険者により生計が維持されている」とは、その親族の収入が、原則として、年間130万円未満であることが基準になっている。

たとえば、健康保険の給付者である夫Aに、同居の妻Bおよび子C、そして母親Dがいる場合、これらの者全員が、Aにより生計を維持されているのであれば、B・C・Dの3名は被扶養者として、Aが加入している健康保険の給付を受けることができる。

■ 被保険者
[ひほけんしゃ]

損害保険の場合は、保険金の支払いを受けることができる者のこと。生命保険では、保険をかけられている者のことをいい、社会保障では、保険料を支払い、保険給付を受けることができる者のことをいう。被保険者の加入要件は、保険の種類に応じてさまざまで、生命保険などは、任意に加入要件を定めることができるが、健康保険や国民年金保険、雇用保険などの社会保険に関しては、法律によって要件が規定されている。たとえば、雇用保険の場合は、一定の適用事業所に雇用される労働者で、週の所定労働時間が20時間以上、かつ雇用期間が31日以上の者

が、被保険者となる。

■ 被保佐人
[ひほさにん]

精神上の障害により事理を弁識する能力が著しく不十分である者で、家庭裁判所が保佐開始の審判をした者のこと。家裁の職権により保佐人が選任され、その権限として、民法13条列挙の行為をする場合の同意権、取消権、追認権がある。審判によって、列挙した行為以外の特定の法律行為についての代理権、同意権、取消権、追認権を与えることもできる。被保佐人は、単独で日常生活に関する行為をすることができる。

■ 被補助人
[ひほじょにん]

精神上の障害により事理を弁識する能力が不十分である者で、家庭裁判所が補助開始の審判をした者をいう。家庭裁判所の職権により補助人が選任され、その権限として、民法13条の中から特定の法律行為についての同意権、取消権、追認権、それ以外の特定の法律行為についての代理権が与えられる。被補助人は他の制限行為能力者に比べて能力が高く、本人の意思を尊重すべき要請も高いことから、審判をするには本人の請求または同意が必要である。被補助人は、同意を要する旨の審判があった行為以外の行為を単独ですることができる。

■ 被保全債権
[ひほぜんさいけん]

債権者代位権や詐害行為取消権に関して、その行使によって保護しようとする債権のこと。たとえば、AがBに債権を有し、かつ、Bが唯一の財産として土地を有している場合、BがAに対する債務の弁済ができなくなると知りながら、第三者に当該土地を不当に安価で売却した場合に、Aは詐害行為取消権を行使して、この売却を取り消すことができる。この

取消しは、AのBに対する債権を保全するために行うが、この保全される債権が被保全債権である。

■ 秘密会
[ひみつかい]

議員以外に公開されない両議院の会議のこと。わが国の議院の会議は公開が原則であるが、出席議員の3分の2以上の多数で議決したときは、秘密会を開くことができる（憲法57条1項但書）。

■ 秘密証書遺言
[ひみつしょうしょいごん]

密封した遺言書を公証人に提出して、自分のものだと確認だけを受けておく遺言のこと。秘密証書遺言は、遺言者が遺言書を作成し、署名押印したものを、公証人1名・証人2名以上の前に提出・申述して、遺言者とあわせて公証人の署名押印が行われることにより作成される。なお、実務上、この遺言の方式は、ほとんど利用されていない。

■ 秘密選挙
[ひみつせんきょ]

選挙において、誰に投票したのかを秘密とする制度。とくに、社会的な弱者の自由な投票を保護する目的であると考えられている。わが国の選挙に関しては、秘密選挙であることが憲法で定められており、投票した相手を調べることは許されない。

■ 秘密保護法
[ひみつほごほう]

「日米相互防衛援助協定等に伴う秘密保護法」の略称。秘密保護法は、特別防衛秘密の範囲を定め、日本の安全を害する目的をもって、または不当な方法で、特別防衛秘密を探知し、または収集した者等を処罰する旨を定めている。

■ 秘密漏示罪
[ひみつろうじざい]

医師、薬剤師、医薬品販売業者、助産師、弁護士、弁護人、公証人、もしくは宗教、祈禱もしくは祭祀の職にある者またはこれらの職についていた者が、業務上取り扱ったことについて知ることができた他人の秘密を漏らす罪。6月以下の懲役または10万円以下の罰金に処せられる。保護法益は、個人の秘密であるとされている。秘密とは、他人に知られていないことについて、客観的に見て秘密にしておくことが相当な利益をもたらすと考えられているものである。なお、国家公務員法、民事調停法など特別法によって、刑法上の秘密漏示罪とは別に、その職種ごとの性質に応じた秘密の漏示が処罰の対象とされている。

■ 罷免
[ひめん]

公職についている職員について、本人の意思に反して、行政処分によって職員の身分を奪い、退職させること。法令上の規定では、罷免のほかに、免職または解職の語が用いられている。国家公務員を罷免するためには、法令に違反する行為を行うなど、国家公務員法または人事院規則に定められている事由に該当していなければならない。

■ 百条委員会
[ひゃくじょういいんかい]

普通地方公共団体の議会に認められた調査権を行使するために、その議会が設置する特別委員会をさす。根拠条文が地方自治法100条であることから、一般に「百条委員会」と呼ばれている。たとえば、普通地方公共団体の長による経費の不正使用疑惑を解明する際などに設置される。百条委員会による調査権の範囲は、地方公共団体の事務全般に広く及んでいる。さらに、証人に対して出頭義務や記録の提出を義務づけることが可能であり、義務を怠った者には6か月以上の禁錮または10万円以下の罰金が科せられるため、

百条委員会には強力な権限が与えられているといえる。

■ 百日裁判
[ひゃくにちさいばん]

公職選挙法における選挙の効力に関する争訟の裁判および当選無効の効果を生じる選挙違反の裁判をさす。公職選挙法が、これらの裁判についての判決は、事件を受理した日から100日以内に行うよう努めなければならないと規定していることから、俗称として百日裁判と呼ばれるようになった。

■ 日雇派遣
[ひやといはけん]

労働者と派遣元（派遣会社）との間の雇用契約が30日以内である短期派遣のこと。仕事があるときだけ派遣元と雇用契約を結ぶという不安定な雇用形態であることから、平成24年の労働者派遣法改正で原則禁止された。ソフトウェア開発等の例外認定された業務がある他、60歳以上の者等は例外的に日雇派遣が認められる。直接雇用による日雇就労は禁止されていない。

■ 評議
[ひょうぎ]

合議制の裁判所で、裁判内容を決定するために行われる話し合い。評決ともいう。評議の内容は原則として公開されず、特別の場合を除き、過半数の意見によって裁判内容が決定される。とくに最高裁判所では、判決に各裁判官の意見を表示しなければならず、法令などに対して違憲判決を下す場合には、常に8人以上の裁判官の意見が一致していなければならない。

評議は裁判官の話し合いだけでなく、裁判員裁判で被告人の有罪・無罪を決める話し合いの場面でも使用される。

■ 表決
[ひょうけつ]

ある合議体の構成員が、審議の対象となっている事柄について、賛成または反対の意思を表示すること。国会や地方議会、または民間の株式会社などで行われている。国会では、記名投票などによって評決が行われ、原則として出席議員の過半数が賛成すれば、その審議の対象となっている法案などが可決されると定められている。

■ 表決数
[ひょうけつすう]

合議体で意思決定を行うために必要な賛成表決の数。通常、会議の意思決定の方法としては多数決の原則が用いられることが多い。多数には、相対的な多数をさす比較多数、過半数をさす絶対多数、過半数以上に引き上げられた特別多数などがある。わが国の国会は、原則として出席議員の過半数が表決数であると規定されている（憲法56条2項）。

■ 表見支配人
[ひょうけんしはいにん]

会社の本店または支店の事業の主任者や商人の営業所の営業の主任者であることを示す名称がつけられた使用人のこと。表見支配人は、一切の裁判外の行為をする権限を持つものとみなされる。たとえば、百貨店で「取締役店長」という名称を持つ者は、表見支配人に当たる。

■ 表見相続人／僭称相続人
[ひょうけんそうぞくにん／せんしょうそうぞくにん]

相続人でないにもかかわらず、戸籍上などから相続人であるかのように相続財産を引き継いでいる者のこと。僭称相続人とも呼ばれている。たとえば、婚姻や縁組の届出が虚偽であったり、相続欠格事由があるのにそれが明らかになっていない場合などが挙げられる。真正の相続

人は、表見相続人が相続財産を占有している場合には、相続回復請求権を行使して、その回復を図ることができる。

■ 表見代表取締役・表見代表執行役
[ひょうけんだいひょうとりしまりやく・ひょうけんだいひょうしっこうやく]

表見代表取締役とは、代表権を有していないにもかかわらず、社長、副社長その他株式会社を代表する権限を持つかのような名称がつけられた取締役のこと。表見代表執行役とは、代表権を有していない執行役に、代表権を有するものと認められるような名称を付した執行役をいう。表見代表取締役（表見代表執行役）の行為については、代表権を持っていないことを知らない（善意の）第三者に対して、会社が責任を負う。名称の使用について会社が明示的に認めた場合だけでなく、黙示的に認めた場合も、会社は責任を免れない。取締役（執行役）でない者に代表権を有するかのような名称を付した場合には、表見代表取締役（執行役）に関する規定が類推適用されうる。

■ 表見代理
[ひょうけんだいり]

無権代理であるにもかかわらず、代理権があるかのような外観があり、しかも相手方が外観により代理権が存在していると信頼して取引関係に入った場合に、代理権があったのと同様に扱う制度のこと。権利外観法理の一種である。代理権授与表示による場合、権限外の行為による場合、代理権消滅後の行為による場合の3種類がある。

■ 表現の自由
[ひょうげんのじゆう]

内心における思想や感情を外部に表明する自由のこと。表現の自由は、言論活動を通じて自己の人格を発展させるという個人的な価値だけでなく、言論活動によって政治的意思決定に関与するという価値をも有しているため、他の人権と比べて優越的な地位を有する。ただし、言論活動によって他者の人権と衝突するおそれはあるため、表現の自由も一定の制約を受ける。とくに、プライバシーに関係する場面や報道機関による取材・報道において問題となる。

■ 表現犯
[ひょうげんはん]

刑法上、犯罪行為者の内心が表現されることによって成立する犯罪。犯罪行為者の主観的な要素が犯罪の成立に影響を与えるため、表現犯における行為者の内心は、主観的違法要素であると考えられている。たとえば、偽証罪が典型例であるといわれる。偽証の意義について通説である主観説に立つ場合、証人が自分の記憶と反したことを表現することが違法であると考えられているからである。

■ 表示意思
[ひょうじいし]

法律効果を発生させようという意思（効果意思）を外部に発表しようとする意識をさす。意思表示の一要素である。たとえば、1箱1万円のメロンを買おうと考えることが効果意思、それを申込書で売主に対して伝えようと考えることが表示意思である。したがって、上記の例で、申込書を作成して封筒に入れ、机の上に置いていたものを家人が投函した場合、とくに発信に迷いがあったといえる事情などがあるときには、表示意思を欠く不完全な意思表示となり得る。

■ 表示行為
[ひょうじこうい]

法律効果を発生させようという意思（効果意思）を外部に発表する行為をさす。意思表示の構造の一部であり、意思表示が相手方に対して意思を伝達するという性質を持つ以上、表示行為はとくに重要な要素であると考えられている。たとえ

ば、1000万円の自動車を買おう（効果意思）と考えた者が、自動車販売業者に対して1000万円で売ってほしいと言葉を発した場合などが挙げられる。

■ **表示主義**
　　　[ひょうじしゅぎ]
　　☞意思主義／表示主義

■ **表示に関する登記**
　　　[ひょうじにかんするとうき]

　登記記録の表題部になされる不動産の物理的状況を明らかにする登記のこと。登記記録は記録される内容によって、表題部と権利部に分かれ、表題部には、その権利の対象となる不動産を特定するための情報が記録される。そして、権利部には、不動産の権利に関する内容が記録される。表題部の記載事項は、土地については、不動産の所在、地番、地目（土地の用途による分類）、地積（土地の面積）などであり、建物については、所在、家屋番号、種類、構造、床面積などである。表示に関する登記は、埋立てによって新たに土地が生じた場合や、建物が新築された場合などに行われる。

■ **標準処理期間**
　　　[ひょうじゅんしょりきかん]

　申請に対する処分について、行政庁が処理するのにかかる標準的な期間のこと。行政庁は、標準処理期間を定めるように努めなければならず、標準処理期間を定めたときには、事務所に備えつけるなどの適当な方法によって、公にしておかなければならない。つまり、標準処理期間の作成は、努力義務にとどまるが、作成した場合には、公にする義務を負う。

■ **標準報酬月額**
　　　[ひょうじゅんほうしゅうげつがく]

　社会保険料の計算の際に用いる標準的な月給のこと。保険料は、本来は実際の月給に保険料率を乗じて定められるべきであるが、それでは計算が煩雑になる。そ

のため、たとえば、月給が21万円以上23万円未満の者は、保険料の計算においては、一律に22万円を月給として、これに保険料を乗じて保険料を算出することとした。この22万円が標準報酬月額に該当する。

■ **費用償還請求権**
　　　[ひようしょうかんせいきゅうけん]

　物の占有者が、その占有物の所有者に対し、その負担した費用の償還を請求する権利のこと。占有者が占有物の必要費や有益費を負担した場合に行われる。たとえば、建物の賃借人が、建物を修繕した場合の修繕費（必要費）や、建物を改良してその経済的価値を高めた場合の改良費（有益費）は、その償還を賃貸人に請求することができる。なお、小規模な修繕などに係る必要費と有益費は、当事者の特約により、費用償還請求権の適用を排除できる。

■ **平等**
　　　[びょうどう]

　各人の性別、能力、年齢、財産、職業または各種の事実的な違いを前提としつつも、法律上の権利や義務の面では差別しないこと。わが国の憲法は、国民全員の法の下の平等を定めている（憲法14条）。もっとも、絶対的・機械的な平等ではなく、同一の事情の下では均等に扱うことを要求する相対的平等であるといわれている。したがって、たとえば税金や刑罰など、法律上取扱いに差異を置いている事柄については、合理的な区別であり、恣意的な差別でない限り、平等違反ではないと理解されている。

■ **平等選挙**
　　　[びょうどうせんきょ]

　選挙権の価値を平等にしなければならないという原則。身分、財産、教育、納税額などによって選挙権の数に差があってはならず、一人一票の原則をさす語と

して用いられてきた。もっとも、今日的にはそれにとどまらず、有権者数と議員数が選挙区間で等しく配置されるよう議席配分がなされなければならないという意味で、平等選挙の語が用いられる場合もある。つまり、投票価値の平等を意味するようになってきている。投票の価値的平等に関しては、議員定数の不均衡や小選挙区の区割りが多くの訴訟で争われている。

■ 被略取者収受罪
［ひりゃくしゅしゃしゅうじゅざい］

略取誘拐罪の被害者を受け取って、自分の支配下に置く（収受）罪。幇助した犯罪によって、異なる法定刑に処せられる。保護法益は個人の身体的移動に対する自由である。略取または誘拐された未成年者を収受する罪の場合は、3月以上5年以下の懲役に処せられる。

■ 比例代表制
［ひれいだいひょうせい］

選挙制度のひとつで、各党派の得票数に比例して議席を配分する選挙方法。比例代表制の利点は、死票が出にくいことであり、逆に欠点は、多くの党派が議席を獲得するため政情が安定しにくいことである。現在、わが国では、参議院と衆議院の選挙で一部採用されている。

ふ

■ 不安の抗弁
［ふあんのこうべん］

双務契約において、相手方の信用状態が不安定な場合に、先に債務の履行をすべき者がその債務の履行を拒む権利のこと。たとえば、請負契約において、注文者が不渡手形を出すなど、報酬の支払いに不安がある場合に、本来、先に業務を完成させる義務を負う請負人が、途中で業務の完成義務を拒むことなどが挙げられる。法律上は明文で規定されていないが、これを肯定する裁判例もある。

■ 封印破棄罪
［ふういんはきざい］

公務員が行った封印もしくは差押えの表示を損壊し、またはその他の方法で無効にする罪。3年以下の懲役または250万円以下の罰金に処せられる。保護法益は、封印や差押えの表示を通して実現されるべき公務の効力であると考えられている。たとえば、執行官による立入禁止の表示を損壊して土地内に立ち入り、耕作する行為などが処罰の対象となる。

■ 風俗営業法
［ふうぞくえいぎょうほう］

善良な風俗と清浄な風俗環境を保持し、少年の健全な育成に障害を及ぼす行為等を防止することを目的とした法律。正式名称は「風俗営業等の規制及び業務の適正化等に関する法律」。キャバクラ、ディスコ、クラブ、パチンコ、ゲームセンターなどの営業時間、営業区域、店舗の構造等を規制しており、営業の開始に許可制を設けている。また、ソープランドやファッションヘルス、アダルトショップなど性風俗営業に関する届出制も設けている。

■ 夫婦間の契約取消権
［ふうふかんのけいやくとりけしけん］

夫婦間で行った契約について、婚姻中はいつでも夫婦の一方から取り消すことができるという権利。ただし、第三者の権利を害するような夫婦間の契約取消権の行使は認められていない。

■ 夫婦財産制
［ふうふざいさんせい］

夫婦間の財産関係を規律する制度のこと。民法は、夫婦財産契約を締結することができると規定する一方、当該契約が締結されない場合には法定夫婦財産制が

適用されると規定する。なお、夫婦財産契約は、婚姻の届出までに登記をしなければ、第三者に対抗できない。

■ 夫婦別姓

[ふうふべっせい]

夫婦が婚姻後も、婚姻前からの氏を名乗ることができる制度。わが国の民法は、婚姻によって夫または妻の氏を名乗らなければならないと規定している（夫婦同氏の原則）。夫婦平等の観点や、婚姻前から継続している勤務先との関係など、従来の氏を名乗ることに対する要望は強く、選択的夫婦別姓案が審議されたこともあるが、いまだ法制化には至っていない。

■ 夫婦養子

[ふうふようし]

配偶者のある者が他人と養子縁組をすること。この場合、他方配偶者の相続、扶養等に大きな影響を与えることから、養子縁組をするためには、他方配偶者の同意が必要となる。

■ 付加一体物

[ふかいったいぶつ]

抵当権が設定された不動産に対して、付け加えられて分けることができない（一体）状態になった物のこと。たとえば、土地に植えられた樹木や、建物の建具などが挙げられる。民法では、抵当権の効力は、付加一体物に及ぶと規定されている。したがって、抵当権が実行されて土地や建物が競売される場合、付加物である樹木や造作部分も一緒に競売される。

なお、特約により、抵当権の効力が付加一体物に及ばないようにすることも可能である。

■ 付加金

[ふかきん]

裁判所が使用者に対し労働者への支払いを命じる懲罰的な金銭のこと。使用者が、労働者に対して解雇予告手当、休業手当、割増賃金、年次有給休暇中の賃金を支払わなかった場合に課される。このような賃金等の未払いがあった場合、使用者は、未払い賃金等の支払いを命じられるが、悪質と判断された場合には、未払い賃金等と同額の追加的な金銭を労働者に対して付加金として支払うことを命じられることがある。

■ 不確定期限

[ふかくていきげん]

将来訪れることは確実であるが、その到来時期が明らかになっていない期限のこと。不確定期限が付されている契約または法律行為は、その不確定期限が到来することにより、所定の法律行為の効果が発生または消滅することになる。「Aの親が死んだらAの不動産をBに譲渡する」という契約において、「Aの親が死んだら」という制限がこの不確定期限に該当する。

■ 不確定期限付債権

[ふかくていきげんつきさいけん]

将来発生することは確実であるが、その到来時期が特定の事実の発生時とされる債権。たとえば、AとBが、「Bが死んだら、Bの相続人から1000万円の譲渡を受ける」という契約を締結した場合、Aが持っている債権を不確定期限付債権と呼ぶ。この場合、Bの相続人は、Bの死亡を知った時から、この債権について履行遅滞の責任を負う。

■ 不確定的故意

[ふかくていてきこい]

行為者が、犯罪の実現を不確定なものとして認識・認容する場合のこと。不確定的故意は、概括的故意、択一的故意、未必の故意に分かれる。

概括的故意とは、一定の範囲内のいずれかの客体に結果の発生することは確実であるが、その個数およびいずれの客体かが不確実な場合をいう。たとえば、群集に向かって投石するような場合がこれ

に当たる。

択一的故意とは、数個の客体のうちのいずれかに結果が発生することは確実であるが、そのいずれに発生するかが不明である場合をいう。たとえば、A、Bのどちらかに命中させることを意図して、発砲する場合がこれに当たる。

未必の故意とは、結果の発生自体は確実ではないが、発生するかもしれないことを認識し、かつ発生するならば発生してもかまわないと認容する場合をいう。たとえば、通行人をはねる可能性を認識しながら、はねたとしてもかまわないと考えて、高速度で自動車を運転するような場合がこれに当たる。

■ 付加刑
[ふかけい]

それだけを単独で科すことができず、常に主刑に付加する形で科される刑罰のこと。没収がこれに当たる。付加刑に対して、独立してそれのみを科すことができる刑罰を主刑という。

■ 不可抗力
[ふかこうりょく]

通常必要と思われる注意や予防方法を尽くしてもなお、回避、防止することができない外部から生じた事実のこと。天災などがその典型例であるが、自然の力によるものだけではなく、人為によるものも含まれる。債務不履行や不法行為により損害が発生したとしても、それが不可抗力によるものであれば、損害賠償責任を負わない。ただし、金銭債務の不履行については、不可抗力を主張することはできないとされている。

■ 不可争力
[ふかそうりょく]

☞行政行為の不可争力／不可争力

■ 不可罰的事後行為
[ふかばつてきじごこうい]

犯罪の完成後に、その法益侵害が継続する状態においてなされた行為であって、すでにその違法性が評価し尽くされているため別罪を構成しない行為のこと。たとえば、窃盗犯人が盗品を損壊しても、別途器物損壊罪を構成しない。なお、新たな法益侵害を伴う行為は、別罪を構成する。たとえば、窃取した預金通帳を用いて預金の払戻しを受ける行為は、不可罰とはならず、詐欺罪を構成する。

■ 不可分債権・不可分債務
[ふかぶんさいけん・ふかぶんさいむ]

不可分債権とは、多数人が1個の不可分給付を目的とする債権を有する場合をいう。たとえば、3人で1頭の馬を買った場合の引渡債権が挙げられる。各債権者はすべての債権者のために履行を請求でき、1人の債権者が履行を請求すると、全員が請求したのと同様になる。

不可分債務とは、多数人が1個の不可分給付を目的とする債務を負担する場合をいう。たとえば、3人で所有する1棟の建物を譲渡した場合の、建物引渡債務が挙げられる。債権者は1人の債務者またはすべての債務者に対して、同時または順次に全部の履行を請求できる。

なお、平成29年の民法改正により、不可分債権・不可分債務における「不可分」とは、債権・債務の目的が性質上不可分である場合のみを指し、当事者の意思表示による不可分が除外された。後者の場合は、連帯債権・連帯債務として分類されることになる。

■ 不可分性
[ふかぶんせい]

担保物権は、被担保債権の全額が弁済されない限り消滅しないという原則。たとえば、1000万円の貸付金を被担保債権にして抵当権を設定している場合、その被担保債権が、950万円まで弁済されたとしても、50万円の残債務がある以上、抵当権は消滅しない。

また、不可分性は、担保物権の目的となる物の一部でも、被担保債権全額を担保できるという原則でもある。たとえば、上記抵当権が設定された目的物の一部が滅失してしまった場合であっても、滅失していない残部が1000万円全額を担保する。

不可分物
［ふかぶんぶつ］

☞可分物／不可分物

不可変更力
［ふかへんこうりょく］

☞行政行為の不可変更力／不可変更力

附款
［ふかん］

☞行政行為の附款／附款

不完全履行
［ふかんぜんりこう］

債務の履行はなされたが、不完全な場合をいう。たとえば、売買契約において売主が買主に対しビールを10本引き渡す債務を負っていて、実際に買主のもとにビールを届けた段階で、そのうちの数本が割れていた場合が挙げられる。この場合、割れていないビール数本の給付ができる（追完可能な不完全履行）ときは、履行遅滞に準じて扱われる。これに対し、ビールが限定品であるため、割れていないビール数本を後から給付できない（追完不可能な不完全履行）ときは、履行不能に準じて扱われる。

不起訴処分
［ふきそしょぶん］

公訴を提起しないこと。捜査の結果、事件が罪とならないとき、犯罪の嫌疑が不十分であるかまったくないとき、訴訟条件が不備であるときに、検察官は不起訴処分にする。また、十分な犯罪の嫌疑があり、かつ訴訟条件が備わっていても、犯人の性格、年齢、境遇等を考慮して、検察官が不起訴にする起訴猶予の場合も、不起訴処分に含まれる。

不起訴の合意
［ふきそのごうい］

☞訴訟契約／不起訴の合意

付記登記
［ふきとうき］

主登記に付記する形でなされる登記のこと。主登記で登記された権利の内容を変更する場合等に行われる。主登記には独立した順位番号が付されるが、付記登記には独立した順位番号が付されず、主登記の順位番号に枝番号を付してなされる。付記登記の順位は、主登記の順位により、同一の主登記に係る付記登記の順位は、その前後による。付記登記によってなされる登記には、所有権以外の権利の移転登記、変更登記、更正登記などがある。

復氏
［ふくし］

結婚や養子縁組によって氏に変更があった場合に、離婚や養子縁組関係の終了などにより変更前の元の氏に戻ること。現行法では、離婚または離縁があった場合には、当然に復氏するが、離婚の場合には、離婚後3か月以内に届け出ることにより、婚姻中に称していた氏を称することもできる。

福祉国家
［ふくしこっか］

☞社会国家／積極国家／福祉国家

複製権
［ふくせいけん］

著作者が自らの著作物を複製することができる排他的権利のこと。複製とは、すでに存在している著作物から、別の製品を作り出すことをいい、具体的な方法としては、印刷、写真、複写、録音、録画などが挙げられる。複製権は公共目的による制限を受け、デジタル方式以外の私的複製、図書館などにおける複製、教育

機関における複製などは、権利者の許諾がなくても許される。

副総理
[ふくそうり]

内閣総理大臣に事故があるとき、または欠けたときに、臨時にその職務を行うことが指定されている国務大臣のこと。法律上規定されている名称ではない。常に指定されるものではなく、副総理を置かない内閣もある。近年、内閣法の規定により、あらかじめ指定された臨時代理予定者の中で第1位の順位にある者に対して用いられることが慣例化している。内閣総理大臣の職務を代理するが、あくまで臨時の代理制度であることから、国務大臣の任免はできないと考えられている。

副大臣
[ふくだいじん]

平成13年の中央省庁再編に伴い、従来の政務次官に代わって新設された役職。国家行政組織法によると、各省の副大臣は、その省の政策および企画をつかさどり、政務を担当する他、あらかじめその省の大臣の命を受けて、大臣不在の場合にその職務を代行する。なお、内閣府に置かれる副大臣については、その職務内容は各省の副大臣と同様のものが内閣府設置法によって規定されている。各省の副大臣も内閣府の副大臣も、その任免は内閣が行い、天皇が認証する。

復代理
[ふくだいり]

代理人が、自分の権限内の行為を行わせるため、自分の名でさらに代理人を選任して、本人を代理させること。復代理人による効果は代理人に帰属するのではなく、直接本人に帰属する。任意代理の場合には、本人の許諾を得たか、またはやむを得ないときに限り復代理が許されるが、法定代理の場合には常に復代理が許される。

副知事
[ふくちじ]

都道府県知事を補佐する職務にある特別職の職員のこと。知事の命により政策の具体化の検討を行ったり、職員が担任する事務を監督するなどの職務を行う。知事に事故があれば、代理してその職務を行う。副知事は、原則として1人であるが、条例によって増員することも、置かないこともできる。副知事は、議会の同意を得て知事が選任する。任期は4年であるが、任期中でも知事は解職することができる。

復任権
[ふくにんけん]

代理人が、自ら本人の代理人（復代理人）を選ぶ権利のこと。任意代理人の場合には、本人の許諾がある場合、またはやむを得ない事情がある場合にのみ、復代理人を選任できる。一方、法定代理人の場合には、原則として自由に復代理人を選任できる。また、復代理人の行為については、任意代理人は、債務不履行の一般原則に基づいた責任を負う（平成29年民法改正）が、法定代理人はその全責任を負う。

副本
[ふくほん]

☞正本／副本

複利
[ふくり]

弁済期の到来した利息を元本に組み入れて元本の一部とし、これに利息をつけること。重利ともいう。特約による場合と、法律上認められる場合がある。たとえば、元本100万円で利息10万円の弁済期が到来している場合、利息の元本組入れにより元本が110万円となり、この110万円に利息がつくことになる。

付合
[ふごう]

　所有者の異なる2個以上の物が結合して、分離できない状態になること。これにより、所有権の原始取得と喪失が生じる。たとえば、Aが所有する建物（不動産）に、その建物をAから借り受けているBが建築資材（動産）を組み入れた場合などが挙げられる。

　動産が付合した場合には、不動産の所有者がその動産の所有権を取得する。動産と動産とが付合したときには、それらのうちで主となる動産を所有する者が、その結合した動産全体の所有権を取得する。

　なお、付合により所有権を失う結果になる者は、付合により所有権を取得した者に対して、損失に当たる金額を請求することができる。また、付合により主従の区別がつかないときは、複数の所有者の共有になる。

付合契約
[ふごうけいやく]

　当事者の一方があらかじめ定めた契約内容（約款など）をすべてそのまま受け入れる形で締結される契約。一般の契約では当事者双方が契約内容について話し合い、必要に応じて条項を変更するといったことが行われるが、付合契約の場合、他方の当事者には契約をするかしないかという選択肢しかない。具体的には電気・ガスなどの供給契約や公共交通機関の運送契約などがこれに当たる。

不告不理の原則
[ふこくふりのげんそく]

　☞訴えなければ裁判なし／不告不理の原則

不在者
[ふざいしゃ]

　従来の住所や居所を出て行って、帰ってくる見込みが立たない者のこと。不在者は死亡している可能性が高いことから、不在者の配偶者や推定相続人が、離婚によらずに婚姻を解消したり、相続を開始したりできるようにするため、民法は不在者を死亡したものとする失踪宣告制度を用意した。

不在者投票
[ふざいしゃとうひょう]

　選挙人名簿登録地以外の市町村に滞在中や入院中など、一定の事由により選挙の当日に投票所で投票できない人が、選挙の期日前に、または投票所以外の場所で投票する制度のこと。期日前投票制度が導入されたため、選挙人名簿に登録されている市区町村で期日前に投票する際に不在者投票が利用されることはほとんどなくなった。現在では、選挙期間中、仕事や旅行などで、名簿登録地以外の市区町村に滞在している人が、滞在地の市区町村の選挙管理委員会において不在者投票をする場合や、指定病院や指定老人ホームなどの都道府県の選挙管理委員会が不在者投票施設に指定した場所での不在者投票をする場合が、不在者投票の一般的な形態になっている。

不作為
[ふさくい]

　人が一定の行為を行わないこと（消極的挙動）。私法上では、隣の土地の所有者の眺望を妨げる高さの建物を建てない、騒音を出さないなど、不作為を内容とする義務を不作為義務と呼んでいる。対立概念は作為であり、これは物を引き渡す、住居に侵入するなどの人の積極的な動作をさす。また刑法上では、犯罪結果を不作為によって生じさせることを不作為犯と呼ぶ。

不作為の違法確認訴訟
[ふさくいのいほうかくにんそしょう]

　私人が行政庁に対して、法令に基づく申請を行ったにもかかわらず、相当な期間内に行政庁が処分・裁決をしないこと

が違法であることを確認するための訴訟。行政事件訴訟法が定める抗告訴訟の一種である。たとえば、社会保障の給付を申請しても何ら応答がない場合などに用いられる。もっとも、不作為の違法確認訴訟で申請人が原告として勝訴しても、判決では不作為の違法が宣言されるのみで、申請人が望む許認可等が下されるとは限らないため、申請型義務づけ訴訟と同時に提起されるのが一般的である。

■ 不作為犯
[ふさくいはん]

不作為によって実現される犯罪をいう。たとえば、刑法130条の不退去罪は、退去せずその場に居続けるという不作為により犯罪となる。真正不作為犯と不真正不作為犯とがある。

■ 付従性
[ふじゅうせい]

担保物権が被担保債権と運命をともにする性質のこと。抵当権などの担保物権は、被担保債権が弁済により消滅すれば、ともに消滅する。また、担保物権は、被担保債権の存在を前提としてはじめて存在する。このように、被担保債権とそれを担保する担保物権は、その成立・消滅において、一体であることを付従性という。なお、付従性は、保証債務とその対象となる主たる債務との間の関係にも存在する。

■ 侮辱罪
[ぶじょくざい]

公然と人を侮辱する罪。不特定または多数人に知れるような形で、罵言や嘲笑を浴びせかけただけで処罰の対象になる。たとえば、「あいつは馬鹿だ」と吹聴するのみで、本罪により罰せられる。単なる罵言を超えて、「あいつは高校でオール1をとったから馬鹿だ」と具体的な事実を摘示した上で吹聴する行為は、本罪ではなく名誉毀損罪により罰せられる。人の

価値に対して社会が与える評価を守るために規定された。拘留または科料に処せられる。本罪は親告罪である。

■ 不真正不作為犯
[ふしんせいふさくいはん]

構成要件が作為の形式で規定されている犯罪を不作為によって実現すること。たとえば、川で溺れたわが子をこれ幸いとばかりに見殺しにする親は、殺人罪の不真正不作為犯に当たる。殺人罪の「人を殺す」という構成要件は作為を念頭に置いていると考えられるため、不作為によって犯罪を実現する不真正不作為犯を肯定することは、類推解釈の禁止にあたり許されないのではないかという問題がある。この点については、日常用語としての「人を殺す」という言葉は、不作為による場合も含まれると解釈し、類推解釈の禁止に当たらないと考えられている。

■ 不真正身分犯
[ふしんせいみぶんはん]

身分があることによって法定刑が加重または減軽される犯罪のこと。不真正身分犯の例としては、業務上横領罪、常習賭博罪などがある。なお、行為者が一定の身分を有することによって、はじめて可罰性が認められる犯罪を真正身分犯という。

■ 不真正連帯債務
[ふしんせいれんたいさいむ]

通常の連帯債務と比較して、各債務者のつながりが希薄な連帯債務。

通常の連帯債務と同様、多数の債務者が同一内容の給付について全部履行すべき義務を負う。また、1人の債務者の履行（弁済・供託・相殺など）によって他の債務者も債務を免れる（絶対効）。

しかし、各債務者のつながりが希薄であるため、1人の債務者について生じた事由が他の債務者に影響を及ぼさない（相対効）。判例が認める不真正連帯債務

の例としては、使用者責任における使用者の賠償義務と被用者の賠償義務、数人の共同不法行為者が負担する賠償義務などがある。

■ 付審判手続
[ふしんぱんてつづき]

刑法等が規定する職権濫用の罪について、告訴または告発をした者が、検察官の不起訴処分に不服があるときに、事件を裁判所の審判に付することを請求する手続のこと。請求手続は、検察官が所属する検察庁の所在地を管轄する地方裁判所に対して行われる。準起訴手続ともいう。裁判所が、請求に理由があると認め、事件を審判に付する決定をしたときには、その事件は公訴の提起があったものとみなされる。付審判手続は、起訴独占主義の例外である。

■ 付随的違憲審査制
[ふずいてきいけんしんさせい]

☞抽象的違憲審査制／付随的違憲審査制

■ 不正アクセス行為
[ふせいあくせすこうい]

本来アクセスする権限のないネットワークに接続されているコンピュータを不正に利用する行為のこと。不正アクセス禁止法で規制されている。具体的には、他人の識別符号（パスワード）を入力したり、アクセス制御機能による特定利用の制限を免れる情報または指令を入力することにより、ネットワークに接続されているコンピュータを利用可能な状態にする行為が禁止される。たとえば、セキュリティホールを攻撃するなど、コンピュータ・プログラムの不備をつく行為が挙げられる。不正アクセス行為には罰則も設けられている。

■ 不正競争防止法
[ふせいきょうそうぼうしほう]

産業上・商業上の公正な慣習に反する競争行為を規制する法律。周知の商品等表示（商号、商標、包装、容器などの営業・商品の表示）の混同惹起、著名な商品等表示の無断使用（冒用）、他人の商品形態を模倣した商品の譲渡（提供）、営業秘密の侵害、技術的制限手段を無効化する装置の譲渡、営業上の信用を阻害する虚偽情報の流布、ドメイン名の不正取得などを不正競争として禁止している。

不正競争に対しては、営業上の利益を侵害された者による差止請求（侵害行為の予防・停止や侵害物の廃棄・除去の請求）、信用回復措置請求、損害賠償請求などの民事上の是正方法を定めている。さらに、一定の不正競争に対しては、懲役または罰金の刑事罰が科されることがある（双方が併科されることもある）。とくに営業秘密侵害罪の刑事罰を重く定めているのが特徴である。

■ 附属的商行為
[ふぞくてきしょうこうい]

商人が、自らの営業の助けになるように行う行為。たとえば、営業資金に充てるための借入れなどが挙げられ、営業により利益を上げることに結びつくため、商行為の一種であると規定されている。

商法で規定する商行為は、ⓐ営業としていなくても商行為となる絶対的商行為（手形に関する行為など）、ⓑ営業としてする場合に商行為となる営業的商行為（寄託の引受けなど）、ⓒ営業のためにする附属的商行為の3種類がある。

■ 不退去罪
[ふたいきょざい]

他人の住居または他人が管理している邸宅、建造物もしくは艦船に侵入し退去の要求を受けたにもかかわらず、退去しない罪。たとえば、住居に立ち入った当初は住民の歓待を受ける形であったが、後に住民から退去要求を受けたにもかかわらず退去しないような行為が本罪により罰せられる。当初から不法に住居に押

し入っていた場合には、その後不法侵入を住民に発見され、退去要求を受けたとしても、本罪ではなく住居侵入罪が成立する。保護法益については、住居侵入罪と同様である。3年以下の懲役または10万円以下の罰金に処せられる。

■ 附帯上訴
[ふたいじょうそ]

被上訴人が原裁判を自分の有利に変更することを求める上訴の申立てのこと。附帯上訴には、附帯控訴、附帯上告、附帯上告受理の申立て、附帯抗告の4種類がある。

■ 不逮捕特権
[ふたいほとっけん]

国会議員は、原則として国会の会期中は逮捕されず、また、会期前に逮捕された議員も、その議員の所属する議院が要求する場合には、会期中は釈放され、国会の審議に参加することができる特権のこと。議員の身体の自由を保障して、政府の権力によって議員の職務執行が妨害されることを防ぎ、議院の審議権を確保することが目的である。もっとも、議院外での現行犯の場合、そして、議院の許諾がある場合には、不逮捕特権は及ばない。

■ 付託
[ふたく]

議会などで、本会議に先立ち、審議の対象になっている事項について、他の機関に審査させること。たとえば国会では、多数の議員からなる議院の能率的な運営を目的に、法律案などを専門の委員会の予備審査に付託することで、本会議での審議の効率を上げる運用を行っている。

■ 負担
[ふたん]

義務や責任、または不利益などを引き受けること。金銭債務等の給付が必要な場合に用いられることが多い。行政法の分野では、行政庁が、許可や認可など、相手方に対するおもな意思表示に加えて、特定の義務を命じる場合に、負担の言葉が用いられることが多い。たとえば、道路使用許可に際して、使用料の支払いを求めることなどがある。

■ 負担付遺贈
[ふたんつきいぞう]

遺言者が遺言において、遺贈を受ける者に対して一定の法的な義務を負わせることを条件とした遺贈のこと。たとえば、遺贈者の子の世話をすることを条件にされる遺贈などが、これに該当する。ただし、遺贈を受ける者の義務は無制限ではなく、遺贈の目的物の価額の範囲内でのみ義務を負うことになる。また、負担付遺贈を受遺者が放棄したときは、その負担により利益を受ける者は、自ら受遺者となることができる。さらに、受遺者が負担した債務を履行しない場合には、相続人は、一定の場合に、遺贈の取消しを家庭裁判所に請求できる。

■ 負担付贈与
[ふたんつきぞうよ]

贈与を受ける者（受贈者）にも一定の義務を負わせる贈与のこと。たとえば、自動車を贈与する代わりに平日は朝晩送り迎えをしてもらう、家を贈与する代わりに老後の面倒をみてほしい、などの場合に利用される。

■ 不知
[ふち]

民事訴訟における相手方の主張に対する対応方法のひとつで、相手方の主張について知らないと陳述すること。不知の陳述は、否認と推定されるため、相手方にその事実を証明する必要が生じる。

■ 普通解雇
[ふつうかいこ]

使用者と労働者の信頼関係が破綻したことによる解雇のこと。懲罰的な解雇で

ある懲戒解雇や、経営不振・人員削減による整理解雇と区別される。具体的には、職務遂行能力が著しく劣る場合、長期の傷病により労務の提供ができない場合、専門職として採用したにもかかわらず専門技術が著しく低い場合など、が該当する。他の解雇に比べて、使用者の主観が強く反映されるため、不当解雇の問題が発生しやすい。

■ 普通決議／特別決議／特殊決議
[ふつうけつぎ／とくべつけつぎ／とくしゅけつぎ]

いずれも、株式会社の株主総会での決議の要件のこと。

普通決議とは、議決権の過半数を有する株主が出席し、出席した株主の議決権の過半数の賛成を要件とする決議である。

特別決議とは、議決権の過半数を有する株主が出席し、出席した株主の議決権の3分の2以上の賛成を要件とする決議である。

特殊決議とは、株主総会で、総株主の半数以上が出席し、かつ、総株主の議決権の3分の2以上の賛成を要件とする決議である。なお、この特殊決議には、一定の場合に、総株主の議決権の4分の3以上の賛成を必要とするという例外がある。各決議について、重要な事項になるほど、要件が加重される。

■ 普通裁判籍
[ふつうさいばんせき]

民事訴訟で、どんな事件であっても一般的・原則的に認められる裁判籍のこと。裁判籍とは、ある事件をどの裁判所が担当するかについての根拠となる関係をいう。

普通裁判籍は、被告の生活の根拠地に認められ、その土地を管轄する裁判所が事件を担当する。たとえば、自然人の場合は住所、法人の場合はその主たる事務所または営業所がある土地を管轄する裁判所が担当する。

これに対して、特定の種類・内容の事件について認められる裁判籍を、特別裁判籍という。

■ 普通失踪
[ふつうしっそう]

不在者の生死が不明のまま7年間を経過し、利害関係人の請求により、家庭裁判所が失踪宣告をすること。行方不明者は死亡したものとみなされる。特別失踪に対する概念である。

■ 普通選挙
[ふつうせんきょ]

選挙人や被選挙人の資格を、財産・納税額などの財力や、人種・性別・教育・信仰・信条・社会的身分などによって制限しない選挙制度のこと。選挙権を一定の資格を持つ者に限定して与える制限選挙が対立概念である。わが国においては、大正14年の衆議院議員選挙法改正によって、財力による差別が撤廃され男性に選挙権が与えられることになった。そして、第二次世界大戦終了後はじめて行われた昭和20年の衆議院選挙において、女性にも参政権が認められるようになった。

■ 普通地方公共団体
[ふつうちほうこうきょうだんたい]

地方自治の主体となる地方公共団体をいう。都道府県と市町村がこれに当たる。なお、地方公共団体には、ほかに特別区や地方公共団体の組合などの特別地方公共団体がある。都道府県は広域の地方公共団体であるのに対して、市町村は基礎的な地方公共団体である。もっとも、都道府県と市町村は、対等・同格の法人であり、両者に上下関係があるわけではない。

■ 普通徴収
[ふつうちょうしゅう]

地方税法上、徴税吏員（地方公共団体の長または委任を受けた職員）が税額を決定し、その税額や納期、納付場所などを記載した納税通知書を納税者に交付するこ

とで地方税を徴収すること。申告納付に対する語であり、国税の賦課課税方式に相当するものである。普通徴収においては、納税義務者は課税標準の申告義務が課されるのが一般的であり、納付すべき金額は賦課決定によって決定される。賦課決定がなされると、納税義務者には納税通知書が交付され、これによって納税義務が確定する。

■ 普通取引約款
[ふつうとりひきやっかん]

電気・ガスの供給契約やネット通販での購入契約のように、多数の顧客との間で同種の契約を結ぶ事業者が、あらかじめ画一的に定めておく契約条項の総体のこと。普通契約約款とも呼ばれる。

契約者の一方（企業者）が、普通取引約款の形であらかじめ契約条項を定型的に定めておき、相手方（消費者）は、包括的に承認して契約をするか、それとも契約をしないかの選択しかできないという形の契約を付合契約という。普通取引約款を用いた契約のほとんどが付合契約である。

普通取引約款に関連して、平成29年の民法改正で、定型約款に関する規定が新設された。同法の定義によれば、普通取引約款を用いた契約の多くが定型取引に該当し、その結果、普通取引約款の多くも定型約款に該当すると考えられる。

■ 普通養子縁組
[ふつうようしえんぐみ]

養子と実親の関係が切れない養子縁組のこと。縁組の後、養子は、養親との親子関係および実親との親子関係の二重の親子関係を持つ。一方、縁組後、実親との親子関係が消滅し、養親との親子関係のみが残るものを特別養子縁組という。

普通養子縁組の場合、特別養子縁組に比べ、要件が比較的緩やかである。それでも、年長者や尊属を養子にできないなど、一定の制約が法律上定められている。

■ 物権
[ぶっけん]

物を直接的・排他的に支配できる権利のこと。全面的に物を支配する権利である所有権が典型であり、これを本権という。本権以外にも、地上権、永小作権、入会権、地役権など、他人の土地を利用する権利である用益物権がある。また、先取特権、留置権、抵当権、質権など、一定の物を担保に供することを目的とする担保物権がある。用益物権と担保物権は、本権の内容に制限が加えられた物権という意味で、制限物権と呼ばれる。

■ 物権行為
[ぶっけんこうい]

契約当事者間に債権債務関係を発生させる意思表示とは別に、物権変動を生じさせることのみを目的とする意思表示のこと。

ドイツ民法では、物権変動にあたって、当事者の意思表示（債権契約）以外に一定の形式（物権行為と登記ないし引渡し）を要求する（形式主義）。形式主義の下では、物権変動には債権契約以外に物権行為が必要であり（物権行為の独自性）、債権契約が無効・取消しになっても、物権行為は影響を受けない（物権行為の無因性）。

これに対して、フランス民法では、当事者の意思表示（債権契約）のみによって、物権変動が生じる（意思主義）。わが国の民法は、意思主義をとっており、物権行為の独自性、無因性は認められないと解するのが通説的見解である。

■ 物権的効力／債権的効力
[ぶっけんてきこうりょく／さいけんてきこうりょく]

物権的効力とは、すべての人に対して物的な支配を主張することができること。債権的効力とは、債務者のような特定人に対してのみ一定の給付を請求できることをいう。

■ 物権的請求権
[ぶっけんてきせいきゅうけん]

物権が違法に侵害され、またはされるおそれがある場合に、その侵害を取り除くために、物権者に認められている権利。ⓐ所有物が奪われた場合にその返還を求める物権的返還請求権、ⓑ隣地の土砂が所有地に崩れたきた場合などに、排除や損害賠償などを求める物権的妨害排除請求権、ⓒ隣地の樹木が所有地に倒れてきそうな場合などに、予防措置または損害賠償の担保などを請求する物権的妨害予防請求権の３つから構成される。

■ 物権的返還請求権
[ぶっけんてきへんかんせいきゅうけん]

無権利者が物を占有している場合に、物権者が物の返還を請求する権利のこと。物権的請求権のひとつ。占有回収の訴えは、占有が侵奪された場合にのみ可能であり、譲渡人が無権利者であることを知らない（善意の）特定承継人に対しては行使できないといった制約がある。これに対して、物権的返還請求権は、無権利者が占有している場合に一般的に成立し、誰に対しても行使できるという違いがある。

■ 物権的妨害排除請求権
[ぶっけんてきぼうがいはいじょせいきゅうけん]

物権が占有以外の方法によって侵害されているときに、その侵害の除去を侵害者に対して請求することができる権利。物権的請求権のひとつ。たとえば、土地の上に他人が無権限で車を置いている場合や、隣家の樹木が自分の敷地内に倒れてきた場合には、土地の所有者は物権的妨害排除請求権を行使して、車や樹木の除去を請求できる。

■ 物権的妨害予防請求権
[ぶっけんてきぼうがいよぼうせいきゅうけん]

物の支配が将来妨害されるおそれがある場合に、物権者が、妨害の危険を生じさせている者に対して、妨害の発生を予防すべき措置をとることを請求する権利。たとえば、隣地の所有者が敷地内に産業廃棄物を積み上げており、それが自らの敷地に崩れてきそうになっている土地の所有者は、隣地の所有者に対して、崩落を防止するための措置をとることを求めることができる。

■ 物権の排他性
[ぶっけんのはいたせい]

１つの物に対しては、１つの物権しか存在しないこと。一物一権主義とも呼ばれる。所有権などの物権は、物を排他的に支配できる権利なので、１つの物に複数の物権が存在すると、混乱が生じる。したがって、この混乱を防ぐために、物権は当然に排他性を有する。たとえば、AがBとCの両方に不動産を売却した場合は、両方が所有権を取得するのではなく、先に登記した方だけが所有権を有するといった規定に、この原則が反映されている。

■ 物権変動
[ぶっけんへんどう]

物権の発生・変更・消滅のこと。物権の発生の例として、建物の新築による建物所有権の発生が挙げられる。物権の変更の例として、抵当権の順位を上昇させることが挙げられる。物権の消滅の例として、火事などによる建物の滅失に伴う建物所有権の消滅や消滅時効が挙げられる。

■ 物権法定主義
[ぶっけんほうていしゅぎ]

法律で定められたもの以外は、当事者による合意で物権を作りあげてはならないとする原則。民法175条が規定する。当事者が合意により物権を創設できるとすると、公示方法を確定できず、取引の安全を害することになる点に根拠がある。ただし、譲渡担保権は法律の規定がないものの、判例上認められた物権である。

物証

[ぶっしょう]

物的証拠の略。民事訴訟では、人証（人的証拠）以外の証拠方法のこと。物証には、文書と検証物とがある。刑事訴訟では、証拠方法は、人証、物証、書証に分かれ、物証とは、その物の存在および状態が証拠資料となる物体をいう。

物上代位

[ぶつじょうだいい]

目的物の売却、賃貸、滅失、損傷等によって債務者が受ける金銭（代金・賃料・保険金など）に対して、被担保物権者が権利を行使できること。たとえば、債務者の有する建物に抵当権が設定されたが、債務者がこれを売却した場合、抵当権者は売却代金に対しても抵当権を行使できることをいう。抵当権は抵当目的物の交換価値を把握する権利であるため、抵当目的物が建物から売却代金という金銭に姿を変えたとしても、抵当権者が把握している交換価値自体は変わらないため、物上代位が認められている。ほかに、先取特権、質権にも物上代位が認められている。

物上保証人

[ぶつじょうほしょうにん]

他人の債務のために、自分の財産を担保として提供する者のこと。たとえば、AがBに対して債務を負っている場合に、Aの叔父CがAの債務の担保として自分の土地に抵当権を設定すれば、Cは物上保証人となる。物上保証人は保証人と異なり、債務は負担せず、物について責任を負うだけである。担保権が実行されるか、物上保証人が弁済した場合には、物上保証人は債務者に対して求償できる。

物的抗弁

[ぶってきこうべん]

手形抗弁のうちのひとつであり、手形上の権利行使を受けた者が、すべての手形所持人に対して主張できる抗弁のこと。たとえば、消滅時効、手形上の記載に基づく抗弁が挙げられる。対概念は人的抗弁である。

物納

[ぶつのう]

相続税を相続財産で支払うこと。国税の支払方法は、原則として金銭による一括納付である。ただし、相続税に限っては、金銭での納付が困難である場合、物納による方法が認められている。

相続税の税額が10万円を超え、かつ期日までに一括納付が困難である場合、まずは納期限を延長する申請を行う。これを延納という。さらに、延納によっても納付が困難である場合に、物納による納付の申請を行う。物納に充てることができる相続財産とは、国債、地方債、不動産、船舶、社債、株式、証券投資信託等の受益証券、所在が日本国内にある動産である。ただし、担保権が設定されている財産や権利の帰属について係争中である株式などは、充てることができない。

物品運送契約

[ぶっぴんうんそうけいやく]

荷送人が物品の運送を運送人に依頼し、運送人がそれを目的地まで運び、そこで荷受人に引き渡す契約。運送という仕事の完成が目的であり、請負契約の一種である。商法第2編第8章第2節「物品運送」において、荷送人の請求に応じて運送人が送付状（送り状）を交付する義務、荷送人による運送中止請求、運送人が負担する損害賠償責任の範囲など、物品運送契約に関する規定が設けられている。平成30年成立の商法改正で、運送品が危険物である場合における荷送人の通知義務が新設された一方で、貨物引換証に関する規定が削除された。

■ 不定期刑

[ふていきけい]

刑期を定めずに言い渡される自由刑のこと。不定期刑は、絶対的不定期刑と相対的不定期刑とに分けられる。絶対的不定期刑とは、刑期についてまったく定めず、刑種のみを指定するものである。絶対的不定期刑は、罪刑法定主義に反するため、日本では採用されていない。これに対して、相対的不定期刑とは、刑期の長期と短期を定め、その範囲内でいつ刑が終了するかは定めないものである。相対的不定期刑は、少年法で採用されている。

■ 不貞な行為

[ふていなこうい]

夫婦の一方による貞操義務に反する行為のこと。離婚原因のひとつであり、配偶者の一方に不貞な行為があった場合、他方配偶者は、裁判によって離婚を求めることができる。

■ 不貞の抗弁

[ふていのこうべん]

認知の訴えを起こされた男性（被告）が、その子の懐胎が可能な期間に、子の母が別の男性と性交渉を持っていたと主張すること。不貞の抗弁が主張された場合には、被告の男性が子の真実の父親である可能性が低くなり、認知を拒否する被告男性に有利な作用を持つと考えられている。多数関係者の抗弁ともいう。なお、かつては、不貞の抗弁がなされた場合、原告がこれを否定できなければ、原告は敗訴するとされていた。しかし、現在では、この不貞の抗弁が主張されても、被告が父であることの心証を弱めるだけと考えられている。

■ 不当

[ふとう]

☞違法／不法／不当

■ 不当景品類及び不当表示防止法

[ふとうけいひんるいおよびふとうひょうじぼうしほう]

☞景品表示法

■ 不動産

[ふどうさん]

土地および土地の定着物のこと。土地や建物が代表例である。定着物とは、継続的に土地に固着して使用される性質を有するものをいい、建物・樹木・石垣などがこれにあたる。不動産以外の物は、すべて動産となる。そして、不動産に関しては、所在が一定であることや、一般的に取引価格が高額なことなどから、動産とは別個の取扱いを受けている。たとえば、動産は引渡しが対抗要件であるのに対して、不動産は登記が対抗要件とされている。

近年は、過疎化などが原因で、誰も住まない住宅が生じる「空き家」の問題が深刻化している。平成26年に「空家等対策の推進に関する特別措置法」を制定するなど、空き家への対策が講じられているが、空き家の増加傾向は続いている。

■ 不動産工事の先取特権

[ふどうさんこうじのさきどりとっけん]

不動産に係る工事の設計、施工、監理を行った者が、それにかかった費用を、その不動産から優先して回収できる権利のこと。たとえば、建物の建築設計を行った者が、建物の所有者から設計に要した費用の支払いを受けることができなかった場合、その設計者は、その建物を競売にかけ、あるいは優先配当を受けることで、他の債権者に優先して設計費用の回収を図ることができる。

■ 不動産質

[ふどうさんしち]

不動産を対象として設定した質権のこと。不動産を担保とする場合には、抵当権が設定される場合が多いが、質権を設

定することもできる。質権を設定した場合には、質権者は、担保となった不動産を利用できる。このほか、抵当権との違いとしては、ⓐ被担保債権について利息を請求できない、ⓑ存続期間につき10年を超えることができない、ⓒ不動産の管理費用等は質権者が負担すること、などが挙げられる。

不動産執行

[ふどうさんしっこう]

強制競売または強制管理の方法による不動産に対する強制執行のこと。強制競売とは、不動産を換価して、その代金を債権者に配当する手続であり、強制管理とは、不動産を管理人に管理させ、それによって得た収益を債権者に配当する手続である。

不動産侵奪罪

[ふどうさんしんだつざい]

他人の不動産に対して、その占有を排除して自己または第三者のために占有を設定（侵奪）する罪。10年以下の懲役に処せられる。保護法益は、不動産に対する個人の財産権である。たとえば、他人の土地に不法に住宅を建てる行為、他人の農地を無断で耕作する行為、隣接している他人の土地の上に突き出す形で自宅の2階部分を増築する行為などが不動産侵奪の例として挙げられる。

不動産賃貸の先取特権

[ふどうさんちんたいのさきどりとっけん]

不動産の賃貸人が賃借人の賃料等に関して、賃借人の動産について有する優先弁済権のこと。たとえば、不動産の賃借人が賃料を滞納している場合、賃貸人は、賃借人の所持する動産を差し押えて競売にかけ、あるいは優先配当を受けることで、他の債権者に優先して賃料の弁済を受けることができる。法定担保物権のひとつで、賃貸人の保護を目的とする。

不動産登記

[ふどうさんとうき]

不動産に関する権利関係を一般に公示するために、一定の事項が記録される制度のこと。不動産の権利者や、不動産の面積・住所などが記録される。不動産取引の安全のための重要な制度である。なお、不動産の取引において、登記は、登記の対象になっている権利について、名義人が権利者であることを第三者に対して主張することができる要件（対抗要件）である。もっとも、登記には、名義人がその権利を実際には持っていないとしても、権利が存在するのと同様の法律的効果を与える効力（公信力）は認められていない。

不動産の先取特権

[ふどうさんのさきどりとっけん]

債務者の特定の不動産を目的とする先取特権のこと。不動産保存、不動産工事、不動産売買の3種類がある。強い効力が認められることとの均衡から、登記が効力発生要件となっている。登記は、保存行為が完了した後直ちに、または工事をはじめる前にする必要がある。

不動産売買の先取特権

[ふどうさんばいばいのさきどりとっけん]

不動産の売主が、その代価および利息について、その不動産に関して持つ優先弁済権のこと。たとえば、不動産の売主は、代金未払いの旨を契約時に登記しておけば、後に買主がその未払代金を支払えないときは、不動産を差し押えて競売し、他の債権者に優先して、その未払代金と利息の弁済を受けることができる。

不動産保存の先取特権

[ふどうさんほぞんのさきどりとっけん]

不動産の保存行為をした者が、かかった費用について、その不動産について持つ優先弁済権のこと。なお、不動産保存の先取特権を行使するためには、保存行

為の終了後、直ちにその債権額を登記することが必要である。登記をしておけば、不動産の所有者が債務不履行に陥り、不動産が競売にかけられた場合、他の債権者に優先して、保存に要した費用を回収することができる。また、自ら競売手続を開始することもできる。

■ 不当執行
[ふとうしっこう]

執行法上は強制執行の要件を満たしているが、実体法上の執行を正当化する根拠がない執行のこと。たとえば、すでに弁済がなされている債務についての債務名義による執行や、差押えの対象物件が第三者の所有物であった場合などが不当執行である。不当執行に対する救済手段としては、請求異議の訴え、第三者異議の訴えなどがある。

■ 不当な抑留・拘禁の禁止
[ふとうなよくりゅう・こうきんのきんし]

何人も、理由を直ちに告げられ、かつ直ちに弁護人に依頼する権利を与えられなければ、抑留または拘禁されないこと。不当な抑留・拘禁の禁止は、憲法34条に規定されている。抑留とは、逮捕等の一時的な身柄拘束のことをいい、拘禁とは、勾留等の継続的な身柄拘束のことをいう。

■ 不当利得
[ふとうりとく]

法律上の原因がないにもかかわらず財産が移転して、ある者が不当に利益を得ること。民法は、不当に利益を得た者がいるために、他人に財産上の損害が発生した場合には、不当利得返還請求権が発生すると規定している。たとえば、売買によって物の給付を受けたが、後に、その売買が錯誤により無効とされた場合、売主は、法律上の原因なく売買代金を保持していることになる。この売買代金が、不当利得に該当する。

不当利得は、相手方に返還されなければならないが、不当利得を得た者の態様に応じて、民法は返還の範囲について異なる定めを置いている。つまり、売買が無効であることを知っている者（悪意の者）は、利得の返還に利息を付さなければならない（民法704条）。これに対して、無効であることを知らない者（善意の者）は現存利益のみを返還すればよいと定められている（民法703条）。

■ 不当労働行為
[ふとうろうどうこうい]

労働組合の活動を妨害する使用者の行為のこと。労働組合法によって、使用者による不当労働行為は禁止されている。労使関係の調整を行う労働委員会が、不当労働行為を行った使用者に対して一定の命令を発することがある。

たとえば、労働組合の組合員であることを理由に解雇される場合、解雇は無効であるため、労働者の申立てに応じて、労働委員会が原職復帰命令を発する場合がこれに当たる。

■ 不特定物／種類物
[ふとくていぶつ／しゅるいぶつ]

当事者が、物の個性を問わず、単に種類、数量、品質等を指定して取引した物のこと。種類物とも呼ばれる。対立する概念は特定物である。たとえば、プロ野球で使っているボールを注文するといった場合には、それは不特定物に該当する。一方、プロ野球選手Aがホームラン記録を達成した時のボールを注文するといった場合には、それは特定物に該当する。

■ 船荷証券
[ふなにしょうけん]

荷送人（輸出者）が運送品を海上運送人（船会社）に引き渡した際、その海上運送人から発行される有価証券。略称は「B/L」である。船荷証券は、荷送人が海上運送人に対して荷物を引き渡した証拠となる。また、船荷証券は荷受人（輸入者）

に郵送され、荷受人は、船荷証券と引換えに目的地で荷物の引渡しを受ける権利を得るのが基本である。

不能条件
[ふのうじょうけん]

およそ起こり得ないと考えられるような、実現できない事実を条件にすること。たとえば、100 mを3秒で走ることができれば100万円を贈与すると取り決めておくことや、200歳まで生きたら100万円を貸与するなどの条件が、不能条件の例として挙げられる。

前者は、不能の停止条件を付した法律行為に該当し、停止条件が成就することはありえないので、無効とされる。後者は、不能の解除条件を付した法律行為として、解除条件が成就することはありえないので、無条件とされる。

不能犯
[ふのうはん]

何らかの行為をしたが犯罪の危険性が存在しないため、未遂犯すら成立せず、不可罰になる場合をいう。たとえば、いわゆる丑の刻参りが不能犯の典型例である。殺意をもって行ったとしても、わら人形に釘を刺して人を殺すことは不可能であるから、殺人の実行行為には当たらず、不能犯として不可罰になる。刑法上、未遂犯との区別が問題になっている。

不服申立て
[ふふくもうしたて]

訴訟で、原裁判などによって不利益を受ける者が、同一のまたは上級の裁判所に対して、原裁判などの取消しや変更を求める申立て。たとえば、控訴・上告・抗告などの上訴が挙げられる。

また、国民が行政庁による公権力の行使に対して、行政機関に対して不服を申し立てることも不服申立てという。行政自ら自己統制するしくみとなっており、簡易迅速な手続で国民の権利を救済する

役割が期待されている。行政上の不服申立てに関する一般法として、行政不服審査法があり、不服申立ての詳細な手続を規定している。

不分割特約
[ふぶんかつとくやく]

☞共有物不分割特約／不分割特約

不文憲法
[ふぶんけんぽう]

憲法の形式的な分類として、成文の法典としての憲法が存在しないことをさす。対立概念は成文憲法であり、多くの立憲主義国家は成文憲法をもっている。もっとも不文憲法を採っている国家でも、憲法典に書かれているような規範の多くが慣習法として存在しているわけではなく、たとえば不文憲法によるイギリスでは、憲法典の内容にあたる規範の多くが、実際には法律により定められており、成文の憲法典が存在しないにすぎないと考えられている。

部分社会の法理
[ぶぶんしゃかいのほうり]

一般市民社会とは別個の自律的な法規範を持つ特殊な社会または団体については、内部紛争に関して、原則として司法審査の対象とはならないという考え方。判例では、地方議会の懲罰や国立大学の単位認定をめぐる争い、政党などの内部規律に関する紛争などで部分社会の法理が用いられてきた。

もっとも、除名処分など一般市民法秩序と関係がある事柄については、司法審査が及ぶと考えられており、さらには、部分社会の名の下にさまざまな異質の団体が含まれていることや、司法審査を排除する論拠としては明確さに欠けることなどに対する批判も存在する。

部分的責任能力
[ぶぶんてきせきにんのうりょく]

ある行為者の単一の人格の評価におい

て、ある方面についてだけ責任能力があるとすること。一部責任能力ともいう。たとえば、好訴妄想（自己の権利を侵害されたと独善的に確信し、常識的な範囲を越えて次々と告訴をする精神障害）を有する者は、虚偽告訴罪については責任能力が認められないが、他の犯罪については責任能力が認められることになる。部分的責任能力は、責任能力を責任の一要素であると解する立場からは肯定されるが、責任能力を責任要素の前提条件となる一般的な人格的能力であると解する立場からは否定される。

不文法
［ふぶんほう］

☞成文法／不文法

不変期間
［ふへんきかん］

民事訴訟において、法定期間のうち、裁判所が伸縮することが許されない期間のこと。不変期間に対して、裁判所が職権で期間を伸縮できるものを通常期間という。不変期間については、遠隔の地に住所または居所を有する者のために、裁判所が付加期間を定めることができる。当事者がその責めに帰することができない事由により不変期間を遵守することができなかった場合には、その事由が消滅してから1週間に限り、訴訟行為の追完をすることができる。

不法
［ふほう］

☞違法／不法／不当

不法原因給付
［ふほうげんいんきゅうふ］

不法な目的（原因）のためになされる給付のこと。たとえば、麻薬売買・賭博契約は、公序良俗に反し無効である。無効であれば、給付した者は、その返還を請求することができるはずである。しかし、その返還請求を認めると、自ら違法

行為をした者を法律が保護することになり、妥当とはいえない。そのため、不法な目的のために給付した者は返還請求ができないとされている。

不法行為
［ふほうこうい］

他人に損害を及ぼす違法な行為であって、加害者がその損害を賠償する義務を負うものをいう。契約等と並んで債権の発生原因の一種である。民法は、一般不法行為と特殊の不法行為の2種類を規定している。一般不法行為とは、意図的に（故意）、または、注意を怠った（過失）ことにより、他人の権利等を侵害し、損害を与える行為をいう。加害者は、損害賠償責任を負う。これに対して、特殊の不法行為として、監督者責任、使用者責任、土地の工作物が他人に損害を与えた場合の工作物責任、動物の占有者の責任、共同不法行為などが規定されている。たとえば、ブロック塀が壊れて通行人がけがをした場合に塀の所有者が負う賠償責任など、特殊の不法行為では、たとえ本人が無過失であっても責任を負う場合があるなど、一般不法行為の特則が定められている。

不法条件
［ふほうじょうけん］

不法な行為をすること、あるいはしないことを内容とする、法律行為につけられた条件のこと。たとえば、AとBとの間で、BがCを殺してくれたら、100万円を支払うという内容の契約を結ぶ場合などが挙げられる。また、人を殺さなかったら100万円を贈与するなどという場合も、不法条件に当たる。不法条件が付された法律行為は無効とされる。不法条件を付した法律行為を法律上保護する必要はないからである。

不法領得の意思
[ふほうりょうとくのいし]

物の所有者として振るまう意思、および経済的用法に従って利用処分する意思のこと。判例・通説は、領得罪（窃盗、強盗、詐欺、恐喝、横領）について、故意のほかに不法領得の意思を要求する。たとえば、窃盗罪において、後に返却するつもりの一時的な無断使用は、使用窃盗として不可罰と考えられている。しかし、使用窃盗の場合も、「占有侵害の認識」という意味で、故意はある。これを無罪とするには、窃盗罪の成立要件に不法領得の意思を加えなければならないとされる。

不融通物
[ふゆうずうぶつ]

☞融通物／不融通物

扶養
[ふよう]

日常生活に関する援助が必要な者に対して、金銭的な援助をしたり、一緒に住み、身の回りの世話をしたりすること。生活保護などの形で国家等が困窮者を扶養する場合もあるが、一般的には、単に「扶養」という場合、親族的扶養をさす。扶養を受ける権利は、扶養請求権と呼ばれ、第三者に対する譲渡や、その権利の差押えが禁止されている（一身専属権）。

扶養義務
[ふようぎむ]

自力で生活を維持することが困難な者を経済的に援助する義務のこと。民法は、直系血族、兄弟姉妹に互いに扶養する義務を課している。また、3親等内の親族間でも、家庭裁判所の審判により扶養義務を負うことがある。実際に誰がどのように扶養するのかについては、まず当事者の間で話し合い、それがまとまらなければ、家庭裁判所の審判によって決定される。

不要式契約
[ふようしきけいやく]

契約の成立にあたって、単純な合意以外に特別な方式が必要ない契約をさす。法律行為は原則として不要式であり、契約自由の原則は方式の自由も含んでいるため、わが国の民法では不要式契約が原則とされている。しかし、法律関係の明確さや取引の保護が必要となる場合には、一定の方式が求められる場合があり、これを要式契約という。例として、書面でしなければ効力が生じない保証契約などが挙げられる。

不要式行為
[ふようしきこうい]

☞要式行為／不要式行為

プライバシー
[ぷらいばしー]

純然たる私生活における私的な事柄。憲法上の権利として保護されるプライバシーは、個人の人格的な生存に関する重要な私的事項であるといわれており、私法上の人格権として個人の尊厳を保ち、幸福追求を保障するうえで必要不可欠な権利として、憲法13条を根拠に導かれる権利と考えられている。たとえば、個人の容ぼうや前科などに関する情報が含まれると考えられている。近年では、自己の情報をコントロールする権利として、情報プライバシー権の用語が用いられることもある。

フランチャイズ契約
[ふらんちゃいずけいやく]

親企業（フランチャイザー）が、特定の商標や商号等を使用できる権利や、物品販売、サービス提供、経営に関する指導や援助を受けて統制された事業を行う権利を与え、加盟者・加盟店（フライチャイジー）が、これらの権利を受ける対価として加盟金やロイヤリティ等を支払う契約のこと。フランチャイザーが十分な説

明義務を果たさないままフランチャイズ契約が結ばれたような場合には、損失を被ったフランチャイジーとの間で争いになることがある。法的な規制としては、中小小売商業振興法や独占禁止法による規制がある。

■ 不利益処分
[ふりえきしょぶん]

行政庁が、法令に基づき特定の者を名宛人として不利益を与える処分のこと。たとえば、許認可の取消し、行為の禁止命令、金銭の納付命令が挙げられる。不利益処分は相手方の権利を侵害するものであるから、処分を決定する前に、相手方へ当該処分の告知をし、相手方に反論・弁明の機会を付与することが必要である。

■ 不利益変更禁止の原則
[ふりえきへんこうきんしのげんそく]

①民事訴訟においては、上訴審は不服申立ての限度を超えて上訴人に不利益な判決をしてはならないという原則をいう。たとえば、被告の控訴に対し、控訴審は原審が被告に支払いを命じた金額以上の支払いを命じることはできない。ただし、この原則は処分権主義に根拠を置くため、処分権主義が妥当しない場合である訴訟要件を欠いているような場合には、この原則の適用はない。

②刑事訴訟においては、被告人のみが上訴した事件については、上訴審は原判決よりも重い刑を言い渡すことはできないという原則をいう。刑が重くなることを恐れた被告人が上訴をしない事態を防ぐという政策的の考慮に根拠を置く。なお、原判決よりも重い刑を言い渡すものでなければ、原判決よりも重い罪を認定することは許される。

■ 振替休日
[ふりかえきゅうじつ]

就業規則などであらかじめ特定されていた休日を、事前に振り替えることによって新たに休日となった日のこと。この場合、実際の出勤日は休日労働とはならないため、使用者に割増賃金の支払義務は生じない。なお、休日労働の代償として後で与えられる休日を代休というが、代休を与えた場合でも、使用者は労働者に対して休日労働についての割増賃金を支払わなければならない。この点で、振替休日は代休と異なる。

■ 府令
[ふれい]

命令の一種。内閣総理大臣が担当する行政事務について、法律もしくは政令を施行するため、または、法律・政令の特別の委任を受けて発する命令をさす。内閣府令の略称である。府令は、内閣総理大臣が内閣府の長としての資格で出す命令である。

■ フレックス・タイム制
[ふれっくす・たいむせい]

週単位や月単位などの一定の期間における労働時間数を定めることにより、労働者自身が1日における始業時間と終業時間を自由に設定できるとする制度。通常は、必ず勤務しなければならない時間帯（コアタイム）と、労働者が自由に選択できる時間帯（フレキシブルタイム）を定め、フレキシブルタイムの範囲内において、労働者に自由に勤務時間を設定させる。使用者は、3か月以内の清算期間内を平均して1週40時間の法定労働時間を超えない範囲内において、1日8時間、1週40時間を超えて労働させることができる。

■ プログラム規定
[ぷろぐらむきてい]

立法の指針や法律解釈の基準を示した訓示的な（実現に努めるべき政治的・道義的目標）規定。国民個人の訴えを救済するものと考えることのできない規定について、現実と憲法上の理想のギャップを埋

めるために主張された考え方である。生存権を定める憲法25条は、現在の通説は抽象的権利を認めたものと解されているが、かつてはプログラム規定と解釈されていた。

■ 不渡手形
[ふわたりてがた]

支払呈示期間中に適法な呈示があったにもかかわらず、支払いを拒絶された手形のこと。6か月以内に2回不渡りになると銀行取引停止処分となるため、このことをさして、事実上の倒産などとという場合がある。取引実務では、手形交換所で交換された手形のうち、支払いに応じ難いものとして返還された手形のことをさす。

■ 文化庁
[ぶんかちょう]

日本の文化力向上と文化芸術の振興のためのさまざまな政策を進める文部科学省の外局のひとつ。主に文化財の保存と活用、国際文化交流の推進、著作権の保護と活用、国語の改善と普及に努めている。

■ 分割債権関係
[ぶんかつさいけんかんけい]

複数の債権者が可分債権を有している場合、または複数の債務者が可分債務を負担している場合に、債権や債務が各債権者・債務者に均等に分割される債権債務関係のこと。債権者が複数の場合を分割債権、債務者が複数の場合を分割債務という。

たとえば、債権者AおよびBが、債務者Cに対して、1000万円の債権を持っている場合が分割債権の例である。この場合、民法は原則として、AおよびBは500万円ずつ等しい割合で権利を持つと規定している。また、債権者Dに対して、債務者EおよびFが2000万円の債務を負っている場合、EとFが負っている債務が分割債務の例である。このときも、分割債権の場合と同様で、EおよびFは原則として、1000万円ずつ等しい割合で債務を負うと規定されている。

■ 分限
[ぶんげん]

公務員としての身分およびその変更・喪失に関すること。国家公務員法では、身分保障、欠格による失職、離職、降任、免職、休職、定年による退職について定めを置いている。地方公務員法でも、同様の規定を定めている。

■ 文書偽造罪
[ぶんしょぎぞうざい]

文書を偽造する罪。現代社会においては、経済取引や身分関係等を証明するものとして、文書が重要な役割を担っていることから、文書に対する公衆の信頼を保護し、社会生活における取引の安全を守るため規定された。種類は大きく分けて、公文書を客体とするものと私文書を客体とするものがある。前者は、詔書偽造罪、公文書偽造罪、虚偽公文書作成罪、公正証書原本等不実記載罪、偽造公文書行使罪である。後者は、私文書偽造罪、虚偽診断書等作成罪、偽造私文書等行使罪である。

■ 粉飾決算
[ふんしょくけっさん]

会社が貸借対照表や損益計算書の数字を偽って、実際より多くの資産や自己資本、または利益があるように見せかけること。取引や資金調達の相手先に対して、自社の財政状態や経営成績をよく見せる目的で行われる。

おもな粉飾決算の手法としては、売上債権の水増し計上、仕入債務の過少計上、棚卸資産の過大計上などがある。株主や債権者など、会社の利害関係者を欺く行為であるため、会社法などで禁止されている。悪質であれば、刑事責任を問われる場合もある。

■ 文書提出命令
[ぶんしょていしゅつめいれい]

民事訴訟上、証拠となる文書について、裁判所の命令によってその文書を提出させること。文書によりある事実を証明しようとする者（挙証者）が、その証拠となる文書が相手方や第三者の下にある場合に、その文書の提出命令を出すように、裁判所に対して申立てを行う。文書提出命令の前提として、その文書が文書提出義務のある文書であることが必要である。文書提出命令の申立ては、文書を特定し提出義務の原因を明らかにした書面により行われる。

■ 紛争調整委員会
[ふんそうちょうせいいいんかい]

都道府県の労働局に設けられた、個別労働関係紛争の解決の促進に関する法律に基づくあっせん、および、男女の均等待遇や差別禁止を定める規定についての紛争がある際などに、調停を行う機関。たとえば、解雇や賃金切下げなどの個別の労働紛争について、紛争調整委員会の委員が当事者の間に立って話し合いを促し、事件解決に必要な案を提示する。

■ 分筆
[ぶんぴつ]

登記簿上の土地の単位である1筆の土地を、分割して2筆以上の土地にすること。たとえば、1筆の土地の一部が売却されて所有権が移転した場合、そのままでは、所有権の移転登記ができない。そのため、まず分筆を行い、その後、分筆した土地について、所有権の移転の登記を行う。分筆は、原則として当事者の申請により行うが、1筆の土地の地目の一部に変更があった場合には、登記官が職権で分筆（登記）を行うことがある。

■ 分別の利益
[ぶんべつのりえき]

保証人が複数いる場合に、主たる債務を等しく分割した金額についてのみ債権者に支払う義務を負うという各保証人の利益をいう。複数の保証人は、それぞれ主たる債務を保証人の頭数で割った金額の債務を保証すればよい。たとえば、100万円の債務を5人で保証する場合、各保証人が保証する金額は20万円になる。分別の利益は、通常の保証債務には存在するが、連帯保証債務には存在しない。したがって、上記の例が、連帯保証の場合は、全員がそれぞれ100万円の債務を保証する。

■ 墳墓発掘罪
[ふんぼはっくつざい]

墳墓を発掘する罪。健全な宗教的風俗・感情を保護するために規定された。2年以下の懲役が科される。墳墓とは、人の死体、遺骨等を埋葬して、礼拝の対象とする場所をいう。発掘とは、たとえば墓石を破壊して墳墓を損壊することをいう。

■ 文民
[ぶんみん]

軍人でない者。内閣を構成する構成員の資格のひとつ（憲法66条2項）。本来は、現在職業軍人ではない者をさすが、戦前の職業軍人を含めて除外することが、憲法9条が表す平和主義を徹底するために適切であるとして、現在そしてこれまで職業軍人であったことがない者まで含めて理解する立場もある。そして、憲法制定後に自衛隊が設立され、かつて職業軍人であった者以外に、自衛官もまた文民ではないと考えられるようになった。自衛隊の合憲性については議論があるが、文民から自衛官が除かれることで、議会に責任を負う文民である大臣が、軍事権をコントロールすることが可能になる。これによって、軍の独走を防止するという文民統制（シビリアンコントロール）の原則が達成されると考えられている。

文理解釈
［ぶんりかいしゃく］

　法令解釈の方法で、言葉の意味と文法に従い、法文の文言に忠実に解釈すること。法令の解釈は文理解釈が原則であり、必要な範囲で対立概念である論理解釈が行われる。

分類処遇
［ぶんるいしょぐう］

　受刑者などの矯正施設の収容者に対して行われる分類に応じた処遇のこと。男女の別や成年・少年の別、刑期別の分類をはじめ、複数回収容された者、はじめて収容された者との区別などが挙げられる。自分より重い犯罪を行った者と触れることで、矯正の妨げになることを防ぐ趣旨であり、早期の矯正を促す目的で行われている。かつてわが国では、監獄法によって、矯正施設の中での生活態度のよさ等に応じて、進級するごとに優遇措置を受けることができ、最上位では仮釈放も認められるという累進処遇制度が採られてきた。その後、受刑者の人権を尊重する考え方が広がったことなどの背景を受けて、刑事収容施設法の制定にあわせて、一定期間ごとの成績に応じて、誰もが優遇措置を受けることが可能な制度に改められ、累進制度は廃止された。

へ

併科
［へいか］

　刑法が定める刑罰について併存的に規定が置かれているとき、各刑罰がいずれも科せられ得ること。たとえば、売春防止法15条は懲役および罰金が併科されることが明示されている。もっとも、死刑が科される場合には、没収以外の他の刑を科すことはできないと規定されているように、併科することができない場合もある。

平均賃金
［へいきんちんぎん］

　労働基準法上の手当てや補償額などの計算の基礎となる賃金のこと。原則として、平均賃金を算定すべき事由の発生した日以前の3か月間に支払われた賃金総額を、その3か月間の総日数で割ることで求める。平均賃金には、極端に低額となることのないように、最低保証額が設けられている。なお、平均賃金によって算定されるものには、解雇予告手当、休業手当、年次有給休暇中の賃金、災害補償、減給の制裁の制限額がある。

併合罪
［へいごうざい］

　確定裁判を経ていない2個以上の罪のこと。ある罪について禁錮以上の刑に処する確定裁判があったときは、その罪とその裁判が確定する前に犯した罪とに限って、併合罪となる。たとえば、2個以上の罪について有期の懲役または禁錮に処するときは、最も重い罪について定めた刑の長期にその2分の1を加えたものが長期となる。ただし、それぞれの罪について定めた刑の長期の合計を超えることはできない。つまり、強盗罪（5年以上20年以下の懲役）と窃盗罪（1月以上10年以下の懲役）が併合されると、懲役30年が長期になる。しかし、窃盗罪と器物損壊罪（3年以下の懲役・30万円以下の罰金）が併合された場合は、加重すると15年が長期になるが、長期の合計である13年を超えるため、懲役13年が長期になる。

並行審理主義
［へいこうしんりしゅぎ］

　裁判所が同時期に複数の事件を並行して審理する方式を採用すること。対立概念は、継続審理主義である。並行審理主義を採ると、裁判所は複数の事件を同時

に処理しなければならなくなる。そのため、各事件の次回期日の間隔が長くなり、裁判官の記憶が薄れ、実質的に書面に頼った判断が下されるおそれがあるという短所が指摘されている。

■ 併存的債務引受／重畳的債務引受
[へいぞんてきさいむひきうけ／ちょうじょうてきさいむひきうけ]

債務引受によって債務を負担することになる引受人が、債務者と連帯して債務を負担すること。重畳的債務引受ともいう。平成29年の民法改正により、免責的債務引受とあわせて明文化された。併存的債務引受が行われると、債務者と引受人の負担する債務は、原則として連帯債務になる。併存的債務引受は、債権者と引受人との契約でするときは、債務者の承諾が不要であるのに対し、債務者と引受人との契約でするときは、債権者の承諾が必要である。

■ 平和主義
[へいわしゅぎ]

自衛戦争を含めた一切の戦争と武力による威嚇を放棄して、そのために戦力を保持しないことを宣言した、日本国憲法の基本原理のひとつ。また、国の交戦権を否認しており、徹底した戦争否定の態度が強調されているといわれる。憲法9条は、上記の理念を実現するために、1項では国権の発動たる戦争と武力による威嚇、武力の行使を放棄し、2項では戦力の不保持、国の交戦権の否認が、1項の目的を実現する手段として規定されている。

■ 平和的生存権
[へいわてきせいぞんけん]

平和のうちに生きる権利のこと。わが国の憲法は前文で、恐怖や物資の不足（欠乏）から解放されて、平和に生きていく権利があることを明言している。平和的生存権の主体や内容については明らかに

なっておらず、学説の中には新しい人権の一種として平和的生存権を認めるべきであるという見解もある。裁判例では、とくに名古屋で争われた自衛隊違憲訴訟で平和的生存権が主張されたが、理念的・抽象的な法規範性を持つという点でのみ共通の理解が得られている。平和的生存権が裁判で主張できるほどの権利（裁判規範性）とまでいえるかどうかについては、名古屋高裁が肯定する判決を下している。最高裁の判例は出されていない。

■ 別件逮捕
[べっけんたいほ]

本件について逮捕の要件が備わらないにもかかわらず、本件の取調べをするために、逮捕の要件が備わっている別件で逮捕すること。たとえば、殺人についての取調べをしたいが、殺人については逮捕の要件が備わっていない場合に、要件が備わっている窃盗で逮捕をして、実際には殺人についての取調べをすることが挙げられる。別件逮捕の適法性については、警察実務と学説で大きな争いがある。

■ 別除権
[べつじょけん]

破産法において、破産財団に属する財産の上に担保物権を有する債権者が、破産手続によらずに弁済を受ける権利。特別の先取特権・質権・抵当権を有する者などに認められる。民事再生法にも同様の規定がある。

■ 便宜裁量
[べんぎさいりょう]

何が行政の目的に合致するかについての裁量であり、行政庁が行政行為をするかどうか、どういう行政行為をするかについての裁量のこと。自由裁量ともいう。

■ 変形労働時間制
[へんけいろうどうじかんせい]

労働時間を弾力的に運用できるようにした制度のひとつ。具体的には、一定の

期間を平均して、1週間40時間以内の労働時間であれば、特定の日または週において、1日8時間、1週間40時間の法定労働時間を超えて労働させても違法とはならないとする制度。1週間単位の非定型的変形労働時間制、1か月単位の変形労働時間制、1年単位の変形労働時間制、フレックス・タイム制の4種類がある。

■ 変更登記
[へんこうとうき]

すでに登記簿に記載されている登記事項の一部を変更する登記。登記簿の記載内容と実際の権利関係が異なる場合に、それらを一致させるために行う。変更登記には2種類ある。

1つは、更正登記である。たとえば、氏名を誤って登記したような場合に、登記と実際の氏名をあわせるといったような、変更事項が登記前からあった場合をいう。もう一方は、（狭義の）変更登記である。たとえば、婚姻により氏名が変わった場合に、登記と実際とをあわせるといったような、変更事項が登記後に生じた場合である。一般的に変更登記という場合には、後者のことをさす。

■ 弁護士強制主義
[べんごしきょうせいしゅぎ]

民事訴訟において、弁護士を代理人として選任することを強制し、訴訟を追行する者を弁護士に限る立法の立場のこと。日本では、訴訟代理人を選任する場合には、原則として弁護士でなければならないが、弁護士強制主義は採られておらず、当事者自らが訴訟行為を行う本人訴訟は禁止されていない。

■ 弁護人
[べんごにん]

刑事訴訟で、専門家として被疑者・被告人の権利・自由を防御することを援助する者。被疑者・被告人の弁護を行う訴訟代理人としての訴訟法上の地位をさし

て、弁護人の用語が用いられることもある。通常は弁護士が選任される。弁護人が選任される趣旨は、被疑者・被告人は法律知識に乏しいのが通常であり、適切に自らの権利・自由を保護することができないことがあり得るため、その権利を保護することにある。

■ 弁護人依頼権
[べんごにんいらいけん]

被疑者・被告人が、自分の権利や自由を防御するため、必要なときに弁護士の実質的な援助を求める権利。憲法37条3項は、「いかなる場合にも」弁護人依頼権を行使することができると規定しているが、同時に憲法34条は、被疑者については、抑留・拘禁に際して、弁護人依頼権を行使できるとするにとどめている。

なお、刑事訴訟法30条は、被疑者に関しても、いつでも弁護人の選任を求めることができると規定しており、近親者による請求も可能であるとしている。これを弁護人選任権という。弁護人選任権と弁護人依頼権とは同義といわれることもあるが、弁護人選任権は、弁護人を選任する権利があることに重きが置かれているのに対し、弁護人依頼権は、選任された弁護人に対して、被疑者・被告人の権利を保護するための実質的な援助を求める権利であることに重点が置かれている。

■ 弁済／履行
[べんさい／りこう]

債務の本旨に従った給付を行うこと。弁済により債務は消滅する。債務の履行と同義である。履行は、債務者の行為という側面からの表現であり、弁済は債権の消滅という側面からの表現であり、弁済は、性質がこれを許さない場合、または、当事者が反対の意思表示をした場合を除き、債務者以外の第三者もこれを行うことができる。また、債務者の債務を弁済するについて正当な利益を有する者

は、原則として、債権者や債務者の意思に反しても弁済をすることができる。

■ 弁済期／履行期
[べんさいき／りこうき]

債務者が弁済をしなければならない時期のこと。履行期ともいう。通常は契約で定められる。一般に、ⓐ確定期限がある契約については、定められた期限が到来した時が弁済期となる。また、ⓑ期限は定めるものの、到来期日を定めない契約（不確定期限）は、期日が到来したことを債務者が知った時、または期日が到来した後に債権者が債務者に対して履行の請求をした時のいずれか早いときが弁済期となる。そして、ⓒ期限の定めがない契約においては、債権者が債務者に対して履行の請求をした時が弁済期となる。

もっとも、弁済期は、債務者の利益を考慮して定められているため、債務者がこの利益を放棄して、弁済期より前に弁済を行うことは許される。なお、弁済期に債務者が弁済をしなければ、それ以後、債務者は履行遅滞の責任を負うことになる。

■ 弁済供託
[べんさいきょうたく]

債権者が債務の弁済を拒否した場合や、行方不明の場合などに、債務を免れるため、債務者が金銭等を供託所に預ける（供託）こと。供託により、債務者は履行遅滞の責任を免れる。地代の値上げを要求する地主が現在の額の地代の受取りを拒んでいる場合に、賃借人が利用することが多い。

■ 弁済による代位
[べんさいによるだいい]
☞代位弁済／弁済による代位

■ 弁済の時間
[べんさいのじかん]

弁済をしたり、弁済を請求したりできる時間帯のこと。かつては商人間の取引について、法令または慣習により取引時間の定めがあるときは、取引時間内が弁済の時間であるとする商法の規定があったが、民法には弁済の時間に関する規定がなかった。しかし、平成29年の民法改正により、この商法の規定にならい、取引全般について、法令または慣習により取引時間の定めがあるときは、その取引時間内に限り、弁済し、または弁済を請求できることが規定された。

■ 弁済の提供
[べんさいのていきょう]

債務者が弁済の実現のために、債権者の協力を得ずに自らするべきことを行うこと。債務の内容によって、目的物に応じた弁済の提供が行われる必要があるが、民法は現実の提供と口頭の提供の2種類を定めている。現実の提供とは、債務の本旨に従った給付を現実に行うことをいう。たとえば金銭をもって支払場所に出向く（持参債務）などが挙げられる。これに対して、口頭の提供とは、債権者があらかじめ受領を拒んでいるときなどに、弁済の準備を行い、それを債権者に通知して受領を促し、または協力を求めることをいう。弁済の提供を行うと、債務者はその時点から履行遅滞の責任を免れる。

■ 弁済の場所
[べんさいのばしょ]

債務を弁済すべき場所のこと。民法では、特定物の引渡しについては、債権の発生当時にその物が存在した場所で弁済すべきとしている。また、特定物以外の引渡しについては、債権者の現在の住所で弁済すべきとしている。たとえば、中古車売買（特定物）なら店頭引渡し、新車売買（不特定物）なら買主の自宅での引渡しが原則ということになる。なお、弁済をすべき場所は、別段の意思表示により、民法の規定により定まる場所以外の場所とすることもできる。

■ 弁済費用

[べんさいひよう]

弁済に必要な費用をさす。たとえば、不動産の登記に必要な登録免許税などが挙げられる。契約上の特約や慣行などがない限り、弁済費用は債務者が負担する。もっとも、債権者側の事情により、弁済費用が追加で必要になった場合には、その増加額は債権者に請求することができる。

■ 変造

[へんぞう]

すでに存在している物を加工して、その形状や内容について変更を加えること。たとえば、刑法では、通貨、文書、有価証券等の非本質的な部分に権限なく変更を加えることを変造の罪と呼んで、処罰の対象にしている。また、手形法（小切手法）上は、手形（小切手）の記載内容を無権限で変更することが変造に当たる。対立概念は偽造であり、これは、権限なく物を新たに作成することをいう。

■ 変態設立事項

[へんたいせつりつじこう]

株式会社設立の際に、会社の財産を危うくするような行為として定款に記載しなければならない条項のこと。変態設立事項に関しては、定款に記載するとともに、原則として検査役の調査を受けることが要求されている。定款に記載がなくても定款自体が無効となるものではないが、記載しなければ効力が認められない相対的記載事項のひとつである。会社法28条は、現物出資、財産引受け、発起人の報酬その他特別の利益、設立費用の4つを、変態設立事項として規定している。会社設立時に作成する原始定款でこれらの事項を記載するとされており、内容を変更する場合は、発起設立の会社については裁判所によって、募集設立の会社については創立総会によって行うことができると定められている。

■ 片務契約

[へんむけいやく]

一方の当事者だけが債務を負担する契約のこと。贈与契約が典型例である。たとえば、Aが自分の自動車をBに対して贈与する契約を結んだ場合、Aは自動車を引き渡す債務を負うが、Bは一切債務を負担することはない。対立概念は双務契約である。

■ 弁明の機会の付与

[べんめいのきかいのふよ]

行政庁の不利益処分に際して、名宛人に意見陳述の機会を与えること。弁明手続とも呼ばれる。行政手続法が定める意見陳述の手続には、聴聞手続と弁明手続の2種類がある。許認可等の取消しや、資格または地位を剥奪する不利益処分などのとくに名宛人の不利益の程度が大きい処分は聴聞手続により、その他の処分では弁明手続によるものとされている。弁明手続は、聴聞手続よりも簡略な手続で、書面主義を原則としており、弁明書の提出をもって行われる。

■ 片面的共犯

[へんめんてききょうはん]

2人以上の者の間に、刑法上の共犯関係が成立し得る場合において、行為者間に意思の連絡がないこと。片面的共犯には、片面的共同正犯、片面的教唆、片面的幇助（片面的従犯）が含まれ、それぞれの成立について、肯定説・否定説が対立している。

■ 弁論

[べんろん]

①民事訴訟上は、当事者の申立ておよび攻撃防御方法の提出のこと。たとえば、訴訟物が消費貸借契約に基づく貸金返還請求権である場合、原告は金銭授受、返還合意、弁済期到来の事実を、被告は消滅時効の抗弁を提出することが挙げられる。民事訴訟上は、処分権主義、弁論主義が

適用され、裁判所は当事者の申立事項に拘束される。

②刑事訴訟上は、当事者双方の主張および立証のこと。原則的には民事訴訟と同様であるが、真実発見の観点から一定の制限が加えられ、例外的に、裁判所が当事者に主張の変更を命じる訴因変更命令がなされることがある。

■ 弁論主義
[べんろんしゅぎ]

裁判の基礎となる事実と証拠の収集・提出を当事者の権能かつ責任とする建前をいう。民事訴訟の対象となる事項は、私法上の私的自治の原則に服することから、訴訟で事案を解明する段階においても当事者の意思に委ねるのが望ましい点に根拠がある。弁論主義により、裁判所は当事者間に争いのない事実については、たとえ裁判所の心証と異なったとしても、そのまま裁判の基礎にしなければならない。

■ 弁論準備手続
[べんろんじゅんびてつづき]

民事訴訟において、口頭弁論期日外の期日において、もっぱら争点および証拠の整理を目的として行われる手続。証拠調べの対象は文書、準文書に限定され、多数の書証や図面等の確認が必要となる訴訟に適する。裁判所は、当事者の意見を聴いたうえで、弁論準備手続に付すことができる。公開法廷ではなく、準備手続室などでなされることが多い。

■ 弁論能力
[べんろんのうりょく]

民事訴訟で陳述や尋問などさまざまな訴訟行為を行う資格。弁論能力は、訴訟の円滑な進行と運営を実現するために要求される能力である。通常、訴訟能力を持つ者は弁論能力を有している。

一方、刑事訴訟では、第一審に関しては被告人にも弁論能力が認められているが、第二審（控訴審）以降は、弁護人のみ

が弁論能力を持つのが原則であるとされている。

■ 弁論の更新
[べんろんのこうしん]

民事訴訟において、裁判官が交代した場合に、当事者が従前の口頭弁論の結果を陳述すること。弁論の更新は、直接主義の要請を満たすために行われる。なお、直接主義とは、訴訟法上、判決をする裁判官が自ら当事者の弁論を聴き、証拠調べをするものとするという考え方をさす。

■ 弁論の制限
[べんろんのせいげん]

裁判所が弁論や証拠調べを1個の請求や争点に限定すること。民事訴訟において、1個の手続で数個の請求が審理されているとき、または1個の請求について数個の争点が審理の対象となっているときに、審理の整序のために行われる。弁論の分離とは異なり、弁論の制限では、制限の対象となった事項とその他の事項は、あくまでも同一の手続において審理され、訴訟資料や証拠資料、弁論の全趣旨は共通である。判決も1個のものとしてなされる。

■ 弁論の全趣旨
[べんろんのぜんしゅし]

民事訴訟において、当事者の陳述の内容、攻撃防御方法の提出時期など、口頭弁論における訴訟行為およびこれに付随する一切の事情のこと。弁論の全趣旨は、通常は、証拠調べの結果を補充する事項として事実認定のための資料として用いられるが、弁論の全趣旨のみをもって事実認定の資料とすることも許されると解されている。

■ 弁論の分離／公判の分離
[べんろんのぶんり／こうはんのぶんり]

①民事訴訟上は、数個の請求についての併合審理をやめて、ある請求を別個の手続において審判すべきことを裁判所が命

じる措置。たとえば、同一物についての所有権確認本訴請求と賃借権確認反訴請求を分離することが挙げられる。数個の請求が併合審理されている場合、審理の複雑化と訴訟遅延の原因となることがあるため、裁判所が職権で分離できることとされた。審判の統一性が重視されるような必要的共同訴訟や同時審判の申出がある共同訴訟においては、弁論の分離をすることはできない。

②刑事訴訟上は、数個の犯罪事実または数人の被告人について併合起訴された場合に、分離して各別に審理することをいう。とくに刑事訴訟においては、公判の分離と呼ばれることが多い。たとえば、被告人同士の防御が互いに相反する場合に、被告人の権利保護のために分離がなされる。

■ 弁論の併合
[べんろんのへいごう]

①民事訴訟上は、別々に係属している数個の請求を同一訴訟手続内で審判すべきことを裁判所が命じる措置をいう。たとえば、複数の株主が同時に株主総会決議取消しの訴えを提起した場合のように、同一の請求を目的とする会社の組織に関する訴えについては、会社法上、弁論の併合は必要的とされている。

弁論の併合により、裁判の矛盾抵触を防止でき、審理の省力化を図ることができる。

②刑事訴訟上は、数個の事件をまとめて審理する（併合審理）ことをいう。原則として、公判の審理は1つの事件（1人の被告人につき1つの訴因）ごとに成立する。しかし、1人の被告人について、併合罪の場合など数個の審理が行われる場合や、共犯などのように、複数の者が同一の訴因で起訴される場合がある。このようなときに、弁論が併合して行われる措置が採られる場合が多い。

弁論の併合により、迅速な審理が望め

訴訟経済に資するとともに、併合罪として処断されることから被告人にとっても量刑上有利になるというメリットがある。

ほ

■ 保安処分
[ほあんしょぶん]

行為者の危険性を理由に、個々の行為者に対して、犯罪を予防すること（特別予防）を目的に行われる処分のこと。限定責任能力者など、刑罰では犯罪の予防が図られない場合の補充または代替手段として用いられている。治療や改善を目的とする施設に収容することを主体とする処分である。たとえば、薬物中毒者に対する禁絶処分などが挙げられる。もっとも、わが国の刑法においては、保安処分は認められていない。

■ ポイズン・ピル
[ぽいずん・ぴる]

敵対的企業買収に対する対抗策のひとつ。敵対的企業買収を受けている企業が、既存の株主に対して時価よりも低い価格で新株を発行することで、敵対的買収者が持つ持株比率を低下させる方法である。ポイズン・ピルにより、敵対的買収者が持株比率を上げるためには膨大な買収コストを要することになる。具体的な導入としては、あらかじめ既存株主に新株予約権を割り当てておき、敵対的買収者が一定の議決権割合を取得した時点で、新株発行を開始する場合などがある。

■ 法
[ほう]

政治的に組織された社会で、その構成員によって一般的に承認された規範をさす。社会規範の一種であると考えられているが、道徳などとの違いについては、さまざまな見解が主張されている。一般に、

法は外面性を持ち、国家権力によって強制的に実現することが認められているとされている。これに対して、道徳は内面性を持つといわれるが、これは、法が一般的には人の外部的行為の規制を主な目的としているという、本質的な要素を持っていることを説明したものと考えられている。

防衛の意思
[ぼうえいのいし]

正当防衛の状況下で、防衛のために行為するという意思のこと。正当防衛が成立するために防衛の意思が必要か否かについては争いがあるが、判例・通説は必要説に立っている。防衛の意思の内容については、防衛行為は反射的に行われる場合も多いことなどを考慮して、積極的な防衛の意図や動機は不要であると解されており、「急迫不正の侵害を認識しつつ、これを回避しようとする単純な心理状態」と解するのが一般的である。

法益
[ほうえき]

法が特定の行為を禁止することなどによって、保護あるいは実現しようとしている利益のこと。法益の保護は、さまざまな法領域で行われているが、とくに刑法ではおもな目的となる。刑法が保護する法益は、その利益の帰属主体によって、個人の生命や財産のような個人的法益、流通経済の安定や社会の平穏のような社会的法益、国家作用の遂行のような国家的法益に区分される。

法益権衡の原則
[ほうえきけんこうのげんそく]

刑法上、緊急避難の成立要件として、その行為によって生じた害が、避けようとした害の程度を超えないこと。法益権衡の原則は、緊急状態の下では、同等な利益またはより大きな利益を守るためには、同等な利益またはより小さな利益を犠牲にすることも許されることを意味する。

法益侵害説
[ほうえきしんがいせつ]

刑法学上、違法性の実質について、法益の侵害またはその危険をいうとする立場。違法性の実質について、社会倫理規範に違反することをいうとする規範違反説と対立する立場である。

法解釈学
[ほうかいしゃくがく]

法規範の個々の言葉と文章の意味や内容を明らかにすることを目的とする学問体系をさす。たとえば、民法709条（不法行為）について、故意とは何か、過失とは何か、権利侵害とはいかなるものをさすのかを明らかにすることで、条文全体として不法行為とは何かを明らかにすることなどが、法解釈の例である。法解釈を行うことは、法規範を実際の事象にあてはめることができるように具体化する作業である。

妨害排除請求権
[ぼうがいはいじょせいきゅうけん]
☞物権的妨害排除請求権

妨害予防請求権
[ぼうがいよぼうせいきゅうけん]
☞物権的妨害予防請求権

放火罪
[ほうかざい]

火力の不正な使用によって建造物その他の物件を焼損し、公衆の生命・身体・財産に対し危険を生じさせる罪。不特定または多数人の生命・身体・財産の安全を保護するために規定された。刑法は放火罪として、現住・非現住建造物等放火罪、建造物等以外放火罪、これらの未遂・予備罪、延焼罪、消火妨害罪等を規定する。

包括遺贈
[ほうかついぞう]

遺言による贈与の形態のひとつで、遺産のうちの特定の財産を譲り渡すのでは

なく、遺産全体に関してその全部または一定の割合を譲り渡すこと。たとえば、被相続人Aが、全財産の5分の1をBに、5分の2をCに、5分の2をDに遺贈する、または、全財産を一括してBに遺贈するというような場合が挙げられる。全財産またはその何分の何の割合というように、包括的に遺贈するため、包括遺贈という。

包括遺贈を受けた者（包括受遺者）は、相続人と同一の権利・義務を取得すると規定されている。たとえば、上記例で、Aの全財産の5分の1を遺贈されたBは、あたかも5分の1の相続分を持つ相続人のように、他の相続人と共同して相続財産を承継することになる。

■ 包括一罪
[ほうかついちざい]

数個の行為が、それぞれ独立して特定の構成要件を充足するように見えるが、すべての行為が1個の構成要件に包括されると評価される場合をいう。同種の罪の包括一罪と異種の罪の包括一罪とがある。

前者の例として、倉庫から、一晩のうちに数十回、米を盗み出すなどの行為（窃盗罪）が挙げられる。後者の例として、無銭飲食の意図で料理を注文し、食事をした後、店員に暴行を加えて代金の支払いを免れた場合が挙げられる。この場合、詐欺罪の被害は料理であり、強盗利得罪の被害はその代金であり、両者は実質的に同一である。しかも両者の犯罪は時間的・場所的に近接している。そのため、詐欺罪と強盗利得罪がそれぞれ成立するのではなく、強盗利得罪のみが成立すると考えられている。

■ 包括承継
[ほうかつしょうけい]

☞一般承継／包括承継／特定承継

■ 包括根抵当
[ほうかつねていとう]

取引の範囲や債権の範囲などを設定することなく、取引における一切の債権をすべてまとめて極度額まで担保することができる根抵当権のこと。現在の民法では、根抵当権は、継続的取引から生じる一定の範囲に属する債権を担保するもの等の一定の場合に限って認められており、包括根抵当権は認められていない。

■ 法規
[ほうき]

一般国民の権利を制限し、または義務を課すような内容を持った法規範をいう。行政機関の内部ルールとしての法のような、直接的には一般国民の権利義務に関係しない法規範と明確に区別する意味で用いられる。わが国では、国会が唯一の立法機関であると規定されているが、（憲法41条）これは単に法律という名称を持った規範を定立することをさすのではなく、一般に法規という特定の内容を持った規範をさすと考えられている。つまり、一般国民の権利義務を拘束する規範を制定する権限は、原則として国会が持っているということである。

■ 法規裁量
[ほうきさいりょう]

☞自由裁量／法規裁量

■ 法規命令
[ほうきめいれい]

行政機関が定立する規範のうち、国民の権利や義務に関わる規範をさす。法規命令は、主に執行命令と委任命令の2種に区別されている。対立概念は行政規則であり、これは国民の権利・義務にかかわらない行政の内部基準をいう。

■ 傍系
[ぼうけい]

☞直系／傍系

法諺
[ほうげん]

法律に関する格言やことわざ。「法なければ犯罪なく刑罰なし」「疑わしきは被告人の利益に」など、法の一般原則を簡単なことわざ形式で言い表したものが多い。また、「悪法もまた法なり」「沈黙は合意とみなされる」など、古くから言われてきた思想的な内容をさす用語として、法諺の言葉が用いられることがある。

法源
[ほうげん]

裁判を行うにあたって基準となる法形式のこと。憲法、法律、命令（政令・省令）、条例などの成文法源と、慣習法、判例法、条理などの不文法源とに分けられる。

暴行
[ぼうこう]

刑法上、暴行概念は以下の4つに分類されている。

最広義の暴行とは、およそ不法な有形力の行使すべてをいう。人だけでなく、物に対する行使も含まれ、たとえば、建物を破壊する行為、騒乱罪における暴行などもこれにあたる。

広義の暴行とは、人に対する不法な有形力の行使をいう。人の身体に対する直接的な暴行だけでなく、たとえば、警察官の側に停車してあるパトカーを破壊する行為もこれに含まれる。公務執行妨害罪における暴行がこれにあたる。

狭義の暴行とは、人の身体に対する不法な有形力の行使をいう。暴行罪における暴行がこれにあたる。

最狭義の暴行とは、人の反抗を抑圧し、または著しく困難にする程度の人の身体に対する不法な有形力の行使をいう。強盗罪・強制性交等罪における暴行がこれにあたる。

暴行罪
[ぼうこうざい]

暴行を加えた者が人を傷害するに至らなかったときに成立する罪。人の身体の安全を保護するために規定された。2年以下の懲役もしくは30万円以下の罰金または拘留もしくは科料が科される。

本罪における暴行とは、人の身体に対する不法な有形力の行使をいう。たとえば、殴る行為は典型例であるが、物理的に身体に接触しない場合であっても、狭い部屋で日本刀を振り回す行為などが、暴行にあたると考えられている。

防護標章
[ぼうごひょうしょう]

商標登録により、指定外の区分の商品やサービスについても、他者による使用を差し止める権利を主張できる制度をいう。商標は原則として、指定した区分について、類似の商標の差止めを求めることができるのみである。これに対して、防護標章は、その商標に便乗する等の模倣被害や市場での混同を避けるために、著名な商標について、指定外区分についても差止めを認めている。

報酬
[ほうしゅう]

雇用関係の有無に関係なく、労働やサービスの提供による対価として得ることができる金銭やその他の物品のこと。労働者に支払われる賃金や、取締役などに支払われる役員報酬が、代表的な例である。俸給、手当、賞与その他いかなる名称であるかを問わず、労務提供の対価等の要件に該当すると報酬と呼ばれる。

なお、裁判官や地方公共団体の議会の議員等の俸給も報酬である。

報酬委員会
[ほうしゅういいんかい]

株式会社のうち、指名委員会等設置会社に置かれる3つの委員会のひとつ。報

酬委員会は、執行役や取締役・会計参与が個別に受け取る報酬などの内容を決定する権限を持つ。確定した金額で定める場合には、個人別の金額を定めなければならない。不確定金額で定める場合には、報酬の決定方法を具体的に定めなければならない。とくに株主にとっては、執行役の報酬等が適正に決定されることは関心事であるが、社外取締役が過半数を占める報酬委員会が、報酬制度を確立してこれを開示することで、報酬の不当なお手盛りを防ぐことが期待されている。

■ 法条競合
[ほうじょうきょうごう]

1つの事実が複数の犯罪や請求権の要件を充足する状態。刑法や民法それぞれで問題となる。

ⓐ刑法では、数個の犯罪の構成要件を充足するように見えるが、構成要件相互の関係で1個の構成要件しか充足しないと評価される場合をいう。評価上一罪の一類型である。法条競合には、特別関係と補充関係の2種類がある。特別関係の例として、業務上横領罪は単純横領罪の特別関係にあることから、業務上横領をした者には業務上横領罪のみが成立する。補充関係の例として、殺人予備罪は、殺人罪が成立しない場合にのみ成立する補充法であるから、殺人をした者には、殺人罪のみが成立する。なお、法条競合には、他に択一関係と吸収関係があり、全部で4種類あるとする見解もある。

ⓑ民法では、同一当事者に対して同一内容の給付を求める請求権が複数成立し得る場合に、請求権それぞれの成立を認めてよいかという問題として論じられる。たとえば、安全配慮義務違反に対する債務不履行責任と不法行為責任や、不動産取引における債権的引渡請求と物権的引渡請求が挙げられる。判

例・通説は、両請求権の成立を認めるが、当事者が結んだ契約が不法行為や物権よりも優先するとして、債務不履行や債権的請求のみ成立するという見解も有力である。

■ 報償責任
[ほうしょうせきにん]

「利益の帰属するところに責任も帰属する」という考え方。無過失責任を認める場合の根拠となる。たとえば、民法では、土地工作物の所有者は、その工作物の設置や保存に瑕疵があり、占有者が損害の発生に十分に注意したことを証明したとき、無過失であっても、その損害を賠償する責任を負う。この土地所有者の責任は、過失の有無にかかわりなく、工作物により利益を受けている者がその責任を負うべきであるという報償責任の表れである。

■ 幇助犯
[ほうじょはん]

☞従犯／幇助犯

■ 法人
[ほうじん]

自然人以外を対象に、法律が独立した法律上の権利や義務の帰属主体であると認めた団体または集合体のこと。ただし、自然人と同じ権利義務があるのではなく、法人には性質上の制限、法令による制限、目的による制限がある。とくに目的による制限では、定款その他の基本約款で定められた目的の範囲内において権利を有し、義務を負うとされる。このため、法人の事業目的を変更する際は、定款の変更が必要になる。わが国においては、法人は、会社法や、一般社団・財団法人法などの法律の規定によらなければ成立しない。これを法人法定主義と呼ぶ。法人には、公法人・私法人、営利法人・公益法人、社団法人・財団法人等がある。

■ **法人格否認の法理**
[ほうじんかくひにんのほうり]

　法人格の形骸化や法人格の濫用などがある場合、法人格を認めることが妥当ではないとして、当該法人の法人格を否定する理論構成のこと。会社の出資者・株主や役員が、会社財産と個人財産とを混同させることにより第三者に損害を与えたり、会社の法人格を利用して義務を免れようとする場合に採られる理論である。

■ **法人の権利能力**
[ほうじんのけんりのうりょく]

　法人が私法上の権利義務の主体となり得る能力のこと。民法では、法人は、定款等で定められた範囲内において、権利を有し義務を負うと規定している。このため、法人の権利能力は、自然人の権利能力とは異なり、定款等で定められた一定の範囲内に限り認められる。ただし、判例では、定款等で定められる範囲を広く解釈し、定款で定められた目的のために必要な行為についても、法人の権利能力を認める傾向がある。

■ **法人の人権**
[ほうじんのじんけん]

　法人が持っている人権をさす。本来、人権は自然人が個人として持っているものであるが、現代社会では、法人その他の団体が重要な活動を行っていることから、法人に対して人権が保障されると考えられている。そこで、わが国の判例・通説は、性質上可能な限り人権規定が法人にも適用されるとしている。もっとも、選挙権や生存権、人身の自由などは自然人にのみ認められる権利である。法人に保障される人権としては、たとえば、宗教法人などの信教の自由（憲法 20 条）、結社の自由（憲法 21 条）、報道機関の報道の自由などが挙げられる。

■ **法人の犯罪能力**
[ほうじんのはんざいのうりょく]

　法人が犯罪の主体となることができる能力のこと。この能力が認められなければ、法人を処罰することはできないが、さまざまな法律において、法人を処罰する規定が設けられている。たとえば、消防法 45 条では、法人の代表者や従業員が、事業所等から危険物を流出させた場合、その本人を処罰することに加え、その法人に対しても罰金を科すと規定している。この規定から明らかなように、法人が犯罪能力を有するという考え方が支配的である。

■ **法人の不法行為**
[ほうじんのふほうこうい]

　法人の理事や代理人が、職務を行うなかで他人に損害を与えた行為を、法人自体の行為とみなすことをいう。したがって、法人は不法行為に基づく損害賠償責任を負う。また、法人の従業員が、その職務を行っている中で他人に損害を与えた場合には、法人も使用者として、従業員に代位して責任を負うことをさして、法人の不法行為の言葉が用いられる場合もある。

■ **法治主義**
[ほうちしゅぎ]

　国家権力を行使するためには、法律の根拠が必要であるという考え方。法治主義に従って統治されている国家を法治国家という。法治主義は、形式的法治主義と実質的法治主義とに分類される。

　形式的法治主義とは、戦前のドイツに代表されるように、法律が制定されてさえいれば、その内容の正当性は保障されておらず、法律は形式的・手続的な存在にすぎないため、法律の名の下に人権を侵害するような国家活動が行われることもあった。

　これに対して、実質的法治主義とは、定

められる法律が正当な内容を持っていなければならないという考えをもとに、人権保障を含む法律によって国家権力が統制されるという考え方である。類似概念に、法の支配がある。法の支配は、専断的な国家権力の支配を排除し、権力を法で拘束することによって国民の権利・自由を保護するという考え方である。実質的法治主義は、法の支配とほぼ同様の内容を含む考え方であるとされている。

法定解除権／約定解除権
[ほうていかいじょけん／やくじょうかいじょけん]

　法定解除権とは、民法の規定に従って発生する解除権のことをいう。一般に、債務者に債務不履行があった場合に、法定解除権が発生する。たとえば、履行遅滞がある場合、債権者は相当の期間を定めて催告し、それでも履行されない場合には契約を解除できる。また、債務の履行が不可能になった場合には、債権者は直ちに契約を解除できる。

　一方、約定解除権とは、当事者の合意によって定める解除権のことをいう。たとえば、解約金を支払えば即座に契約を解除できると定める場合や、賃料の滞納があれば即座に賃貸借契約を解除できるという内容の合意を定めておく場合が、約定解除権の例として挙げられる。

法定果実
[ほうていかじつ]

　物を利用することの対価として取得することができる金銭や物のこと。建物や土地に対する家賃や地代、貸付金の利息などが法定果実に当たる。法定果実は権利の存続期間に応じて日割で分配され、賃貸中の建物が譲渡された場合には、譲渡日前の家賃は旧貸主が、譲渡日以後の家賃は新貸主が受け取ることになる。

法定管轄
[ほうていかんかつ]

　法律の規定によって定まる管轄のこと。法定管轄には、職分管轄、土地管轄、事物管轄がある。職分管轄とは、判決裁判所と執行裁判所、上級裁判所と下級裁判所のように、裁判所の裁判権の分担を定める基準である。土地管轄とは、いずれの地の裁判所に管轄権を認めるかを定める基準である。事物管轄とは、第一審裁判所の管轄の分担を定める基準として用いられる。

　管轄が発生する根拠としては、法定管轄のほかに、当事者の合意によって定まる合意管轄、被告が応訴することによって生じる応訴管轄、管轄裁判所が裁判を行うことができない場合や管轄区域が明確でない場合に裁判所が定める指定管轄がある。

法定刑／処断刑／宣告刑
[ほうていけい／しょだんけい／せんこくけい]

　法定刑とは、適用するべき刑罰法規として定められている刑をいう。たとえば、殺人罪について刑法199条は、死刑または無期もしくは5年以上の懲役に処すると規定している。法定刑に、再犯加重、法律上の減軽、併合罪の加重、酌量減軽などによって加重または減軽した刑のことを処断刑という。

　さらに、裁判所が被告人に対して実際に言い渡す刑のことを宣告刑と呼ぶ。宣告刑は、処断刑の範囲内で言い渡される。

法廷警察権
[ほうていけいさつけん]

　裁判長や裁判官が、法廷における秩序を維持するために必要な処分を下す権利のこと。具体的には、裁判長らが、その目的のために必要があると認める場合には、秩序を乱した者の退廷を命じることができる。また、裁判長らが、自らが発

する命令に従わない者を監置（監置場に留置すること）や過料に処することができる。法廷警察権は、裁判所法や「法廷等の秩序維持に関する法律」が根拠となる。

■ 法定更新
[ほうていこうしん]

借地借家法が適用される不動産の賃貸借契約に関して、契約期間が満了した後に、契約が更新されたものとみなす制度をいう。借地借家法においては賃借人の保護のために導入されている。契約期間が満了した後も、賃借人が引き続き不動産を使用しており、そのことに関して、賃貸人が異議を述べずに一定の期間が経過した場合などに、従前の契約と同一の条件により、契約が更新されたと扱われる。また、法定更新の制度は、契約の更新を望まない賃貸人の更新拒絶が認められるためには、正当な事由が必要になるという特徴もある。

■ 法定財産制
[ほうていざいさんせい]

夫婦間の財産関係について、民法の規定を適用して規律すること。婚姻の届出までに、登記をもって、民法の規律とは異なる夫婦財産契約を締結することができるが、この契約がなかった場合には、自動的に法定財産制となる。内容として、婚姻費用の分担、日常家事債務の連帯責任、夫婦別産制がある。

■ 法定実施権
[ほうていじっしけん]

特許庁に登録することで得られる通常実施権・専用実施権とは別に、一定の要件さえあれば当然に発生する通常実施権のこと。具体的には、他者が特許を出願する前から当該発明を実施していた人の実施権（先使用権）や、従業員の発明した職務発明についての使用者の実施権などをいう。

■ 法定充当
[ほうていじゅうとう]

法律の定める順番に従って弁済の充当をすること。弁済の充当とは、債務者が同一の債権者に対して数個の債務を負担している場合に、債務者の弁済が全部の債務を消滅させるに十分でないとき、どの債務の弁済に充てるかを定めることをいう。弁済の充当は、順に、ⓐ当事者の合意、ⓑ弁済者の指定、ⓒ被弁済者の指定でなされるが、これらのいずれもないときは、法定充当による。

法定充当は、順に、ⓐ弁済期にあるものを先に充当し、ⓑ債務者のために利益が多いものを先に充当し、ⓒ弁済期が先に到来したものを先に充当する。これらによって先後が決まらないときには、各債務の額に応じて充当する。

■ 法定受託事務
[ほうていじゅたくじむ]

地方自治法が定める地方公共団体が取り扱う事務の一種。具体的には、本来は国の役割である事務を都道府県・市町村・特別区が請け負うと政令で定められたもの（1号法定受託事務）、本来は都道府県の役割である事務を市町村・特別区が受託すると政令で定められたもの（2号法定受託事務）の2種類がある。国や都道府県が取り扱うべき事務であっても、より住民に身近な行政主体である地方公共団体が担当した方が、住民にとって利益となると考えられる場合などに利用される制度である。

1号法定受託事務の例としては、旅券の発給や戸籍事務が挙げられ、2号法定受託事務の例としては、都道府県議会の議員または長の選挙に関して市町村が処理する事務などがある。

なお、法定受託事務以外の地方公共団体が取り扱う事務は、自治事務と呼ばれる。

■ 法定準備金
[ほうていじゅんびきん]

会社が剰余金の配当をする際に、その後の備えとして、配当額の一定割合を準備金として積み立てた金銭をいう。剰余金のすべてを株主に分配せず、一定額を積み立てさせることで、会社債権者を保護しようとする制度。

■ 法定証拠主義
[ほうていしょうこしゅぎ]

訴訟で、裁判官がある事柄を認定すべき場合に、そのもととなる証拠方法の種類や数量をあらかじめ限定したうえで、事実判断の評価方法などを法律で定めておくべきであるという考え方。たとえば、3人の証言が一致すれば、その事柄が真実であると認定しなければならないという定めを置くことなどが挙げられる。裁判官の独断による無責任な判断を防ぐ効果を持つ。対立概念に自由心証主義がある。

■ 法定相続分
[ほうていそうぞくぶん]

遺言による相続分の指定がなく、第三者に相続分の指定を委託していない場合に適用される法律で定められた相続分のこと。相続分は、配偶者と子が相続人の場合には、各2分の1、配偶者と父母が相続人の場合には、配偶者が3分の2、父母が3分の1、配偶者と兄弟姉妹が相続人の場合には、配偶者が4分の3、兄弟姉妹が4分の1と規定されている。また、子や兄弟姉妹が複数いる場合には、上記相続分を均等割りにした分がそれぞれの持分となる。

■ 法定訴訟担当
[ほうていそしょうたんとう]

法律上の規定に従い、第三者が本人の意思と無関係に訴訟担当になること。訴訟担当とは、訴訟の対象である権利関係の主体に代わり、または主体とともに、第三者が訴訟の当事者適格を有することをいう。

たとえば、債権者代位権の債権者は、法律上当然に、本人に代わり、または本人とともに、裁判を行うことができる。これが法定訴訟担当である。

なお、共同の利益を有する者からの授権により選定され、自己の名で選定者のために訴訟追行する選定当事者制度があるが、これは本人の授権による任意的訴訟担当である。

■ 法定代位
[ほうていだいい]

☞任意代位／法定代位

■ 法定代理
[ほうていだいり]

☞任意代理／法定代理

■ 法定担保物権
[ほうていたんぽぶっけん]

☞約定担保物権／法定担保物権

■ 法定地上権
[ほうていちじょうけん]

法律上、設定したものとみなされる地上権のこと。同一の所有者に属していた土地と建物が、競売の結果、それぞれが別人の所有になったときには、地上権が設定されたものとみなされる。土地と建物が別人の所有になった場合、そのままでは建物が他人の土地の上に理由なく存在することになり、撤去を余儀なくされるはずであるが、このような不都合を避けるために、法律によって当然に地上権が成立すると規定した。法定地上権が成立した場合、地代は、当事者の請求により、裁判所が定める。

■ 法廷地法
[ほうていちほう]

国際私法上、ある裁判手続において、これが係属している裁判所が所属する国または地域の法のこと。訴訟地法ともいう。手続に関する問題については、法廷地法が適用される。また、準拠法とされた外

国法を適用することが法廷地の法秩序から容認できない場合には、外国法の適用結果が法廷地の公序良俗に反するとしてその適用が排除されることがある。

■ 法定追認
[ほうていついにん]

取り消すことができる法律行為に対して、取消権者の意思に関係なく、もはや取り消す権利を放棄したと認められる行為のこと。民法では、取り消すことができる法律行為（契約）の全部または一部の履行など、一定の事由があった場合に、追認したものとみなすと規定している。実際には追認が行われていなくても、法律上当然に追認の効果が認められることになる。

■ 法定的符合説
[ほうていてきふごうせつ]

刑法上、事実の錯誤があった場合に、行為者が認識した内容と発生した事実とが構成要件の範囲内で符合している限り故意が認められると考える立場をいう。たとえばAを狙ってピストルを発射したが、弾がそれてBに当たり、Bを殺した場合、構成要件上「人」であることに錯誤はないため故意が認められると解釈する。

判例は、この場合、Aに対する殺人未遂罪とBに対する殺人（既遂）罪の成立を認める。

☞具体的符合説

■ 法定犯
[ほうていはん]

☞自然犯／法定犯／刑事犯／行政犯

■ 法廷メモ訴訟
[ほうていめもそしょう]

最高裁平成元年3月8日判決。アメリカ人弁護士X（レペタ氏）は、裁判を傍聴した際にメモの許可を求めたが許可されなかった。当該措置が憲法21条等に違反するとして、Xが国に対し、国家賠償法1条1項に基づく損害賠償を求めて訴え

た事件。レペタ訴訟ともいう。

最高裁は、法廷警察権に基づく裁判長の措置には広範な裁量が認められており、特段の事情のない限り国家賠償法上の違法はないと判示し、Xの請求を棄却した。

なお、傍聴人のメモを取る行為については、権利として保障されるものではないとしつつも、憲法21条の精神には合致すると判示し、この事件以降、メモは原則として許されるようになった。

■ 法定利率／約定利率
[ほうていりりつ／やくじょうりりつ]

法定利率とは、法律によりあらかじめ定められている債務の利率のこと。当事者間で利率に関する特約がなければ、自動的に法定利率が適用される。平成29年の民法改正により、令和2年4月1日以降に発生した債務に適用される法定利率は、民事・商事を問わず、年3％に統一されることになった（民法404条2項）。改正後の法定利率は変動制を採用しており、3年ごとに1％を単位として法定利率を変動させることが可能になる。

約定利率とは、当事者間の合意によって定められる利率のこと。約定利率については、原則として自由に定めることができるが、利息制限法等により上限が設定されている。

■ 法的代表
[ほうてきだいひょう]

代表民主制が採られている国家で、代表の意味について、国民の法定代表機関である国会が表明する意思を、国民の意思であるとみなすという考え方。ひいては、代表である議員は、選挙母体である国民の意思に拘束され、これを守らなければ職を失うという命令委任の考え方に通じる。

わが国の憲法は、国会が全国民を代表する選挙された議員で組織されると規定している（憲法43条）が、これは法的代

表ではなく、国民は代表機関を通じて行動し、代表者である議員は、国民の意思を反映するものとみなされるという、政治的代表を意味するとされている。政治的代表は、法的代表とは異なり、選挙人の意思に拘束されることなく、自己の信念に基づいて発言・表決を行うことができる（自由委任の原則）。

■ 冒頭陳述
[ぼうとうちんじゅつ]

検察官については証拠調べのはじめに必要的に行われ、被告人・弁護士については裁判所の許可を得て行われる、証拠によって証明すべき事実を明らかにする手続のこと。冒頭陳述では、証拠とすることができない、または証拠調べ請求をする意思のない資料に基づいて、裁判所に偏見や予断を生じさせるおそれがある事項を述べることはできない。冒頭陳述には、裁判官に審理の具体的対象を知らせ、訴訟指揮を容易にし、被告人に防御の対象を知らせ、その用意をさせる意味がある。

■ 冒頭手続
[ぼうとうてつづき]

刑事裁判で、証拠調べ手続に入るまでの手続のこと。冒頭手続には、被告人と出頭した者との同一性を確認する人定質問、検察官による起訴状朗読、黙秘権等の被告人の権利告知、被告人・弁護人の陳述が含まれる。

■ 報道の自由
[ほうどうのじゆう]

報道機関が、新聞、放送等のマスメディアを通じて、国民に事実を知らせる自由。表現の自由（憲法21条）に含まれると理解されている。報道の自由が保障される根拠は、報道機関による報道が、ひいては国民の知る権利に奉仕する重要な機能をもつことが挙げられている。判例においても報道の自由の重要性は認識さ

れているが、取材の自由や取材源を秘匿する自由を含んでいるかについて争いがある。最高裁判所は、取材の自由や取材源の秘匿の自由は、十分に尊重するに値すると述べるにとどまっている。

もっとも、報道の自由に対しては、公正な裁判の実現のために、例外的に規制が許される場合があると理解されている。

■ 冒認出願
[ぼうにんしゅつがん]

特許をはじめ、商標や意匠などの登録申請に関して、出願する権利のない者が出願し権利を取得すること。審査に際して冒認出願は拒絶されるが、出願人が出願する権利を有しているかを判断することは困難であり、冒認出願により権利を取得されることがある。この場合、正式な権利を取得するべき者による無効審判請求があり、認められれば、冒認出願は無効とされる。

■ 法の解釈
[ほうのかいしゃく]

具体的事案に法を適用する際に、法の意味内容を分析し意味を明らかにすることをいう。あらゆる事態を想定して法を規定することは困難であるため、法は一般的抽象的に規定されており、法解釈が必要になる。解釈手法として、反対解釈、類推解釈等がある。たとえば、「馬は通るべからず」という規範を類推解釈すると、牛など他の家畜も通行禁止という帰結が導かれる。

■ 法の継受
[ほうのけいじゅ]

ある国（母法国）の法制度が、他の国（子法国）に体系的に取り入れられて、その国の法制度となること。日本では、明治以降、民法典や商法典などにおいて、ドイツ法やフランス法の継受が行われたといわれている。また、第二次大戦後、適正手続に関する規定が憲法にも置かれて

いるように、その他にも刑事訴訟法を中心に、アメリカ法を継受したといわれている。

■ 法の欠缺
[ほうのけんけつ]

裁判官が具体的な事件に対して法規範を適用しようとする場合に、適切な法規範が存在しないこと。刑事訴訟では、犯罪となる事実はあらかじめ法律によって定められていなければならないという「罪刑法定主義」が採られているため、法の欠缺の場合は、被告人に対して無罪判決が下されることになる。したがって、法の欠缺はとくに刑事訴訟で問題となる。法の欠缺に対しては、解釈によって解決を図ることになるが、その具体的方法としては、条理を用いるか、または多くの場合は立法者（国会）の意思を解釈する作業や他の規定を類推して適用するといった補充的な解釈によって解決を図る。

■ 法の自己保全
[ほうのじこほぜん]

法の侵害に対する反撃行為によって、法自体が守られること。法治国家においては、私人の実力行使による法益の保全を認めることは原則として許されず、法益侵害の予防・回復は国家機関の責務である。しかし、法益侵害の危険が切迫しており、国家機関が法益侵害の予防・回復を図るのが不可能な緊急状態の下では、私人による実力行使を認めることで、法益を保全し、法秩序の維持を図ることが必要になる。

そこで、法秩序の維持のために、法は、正当防衛と緊急避難という緊急行為を定め、例外的な私人による法益保全行為を認めている。このように、法の侵害に対する私人による反撃行為は、本来は違法であるが、それを法自身が許容することによって、法秩序を維持することを、法の自己保全という。法の自己保全は、正当防衛行為・緊急避難行為が違法性を阻却する理由のひとつと考えられている。

■ 法の支配
[ほうのしはい]

専制的な国家権力の支配を排除して、権力を法によって縛り、国民の権利・自由の保護を目的とする考え方。「人の支配ではなく法の支配を」といわれ、とくに英米法系での根本的な原則であるとされている。

類似の概念に、主に大陸法系で用いられる法治主義がある。法治主義が、内容にかかわらず法律の制定を要求することに重きが置かれているのに対して、法の支配では、国民の政治参加という民主主義を基礎としているために、制定される法律の内容は国民の権利・自由が保障されるような合理的な内容を持っていなければならないという差があるといわれてきた。

もっとも、大陸法系でも、戦前の反省を生かして国民の権利・自由の保護を目的とするに至った実質的法治主義が採られるようになり、法の支配との差異は小さくなったといわれている。

■ 法の段階的構造
[ほうのだんかいてきこうぞう]

実定法秩序は、憲法、法律、命令（政令、内閣府令・省令）という順に段階構造になっており、上位法は下位法によって具体化され、下位法は上位法に有効性の根拠を持つという関係にあることをいう。

■ 法の抵触
[ほうのていしょく]

内容を異にする複数の法律が、同時に同一の問題について適用されるように見える外観を呈していること。法の衝突ともいう。法の抵触には、時間的抵触と場所的抵触がある。時間的抵触を解決するための法則を時際法という。場所的抵触を解決するための法則の最も主要なもの

として、国際私法がある。なお、法の抵触という語が、国際私法と同義に用いられる場合がある。

■ 法の適用に関する通則法
[ほうのてきようにかんするつうそくほう]

法の適用関係に関する事項を規定している法律。条文の大半が国際私法に関する規定である。法の適用に関する通則法は、従来の「法例」を全部改正し、制定されたもので、これにより「法例」は廃止された。

■ 法の不知
[ほうのふち]

自分がした行為を規制する法律が存在することを知らなかったこと。一般に、法律を知らなくても、その適用を免れることはできない。このことを、「法の不知は抗弁とならない」という。刑法38条3項は、「法律を知らなかったとしても、そのことによって、罪を犯す意思がなかったとすることはできない」と規定している。この条文の解釈には争いがあるが、違法性の意識を欠いても故意を阻却しないという意味であると解する立場が有力である。

■ 法の下の平等
[ほうのもとのびょうどう]

すべての国民が等しく扱われ、差別的な扱いを受けてはならないとする原則。

「法の下」の平等を形式的・機械的に解釈すると、法律の存在を前提にその適用・執行の場面での差別的取扱いを禁止する趣旨とも読めるが、そもそもの法内容に不平等があれば、法を平等に適用しても、平等の保障は実現されない。

そこで、法の下の平等とは、国政全般を拘束する原理であって、法律の執行、適用にあたっての平等だけでなく、法内容の平等を含むものと解されている。つまり、法を執行・適用する行政権や司法権だけでなく、立法権も平等の原則に拘束される。

もっとも、憲法14条が保障する平等は、絶対的・機械的平等ではなく、合理的な差別を許容する相対的平等であるとされる。相対的平等とは、各人の事実的・実質的差異を前提として、同一の事情と条件の下では均等に取り扱うことを意味する。たとえば、各人の資力に応じて税率に差を設ける累進課税制度は、合理的な範囲のものである限り、法の下の平等には反しないものとされる。

■ 方法の錯誤／打撃の錯誤
[ほうほうのさくご／だげきのさくご]

認識していた事実と発生した事実とに不一致がある場合において、行為者の意図した客体とは別の客体に結果が発生したことをいう。打撃の錯誤ともいう。刑法上、どの客体に対する構成要件的故意が認められるかが問題となる。たとえば、行為者はAを殺害しようとして、ボーガンの矢を放ったが、矢がAではなく、隣にいたBに命中し、Aは無傷であるがBが死亡したような場合が挙げられる。学説上、A・Bに対して何罪が成立するかにつき、争いがあるが、通説は法定的符合説を採り、Aに対する殺人未遂罪、Bに対する殺人（既遂）罪が成立するとする（観念的競合）。

■ 方法の不能
[ほうほうのふのう]

不能犯のひとつであり、方法が性質上、犯罪結果を生じさせることが不可能な場合をいう。たとえば、人を殺す目的で、水に砂糖を混ぜて他人に飲ませた場合が挙げられる。

■ 法務局
[ほうむきょく]

法務省が管轄する地方支分部局（出先機関）のひとつ。国籍、戸籍、登記、供託、公証、人権擁護、司法書士や土地家屋調査士、国の利害に関する争訟などに関する事務を行う。登記に関する事務が

最も知られているため、登記所と呼ばれることもある。高等裁判所の所在する全国8か所に法務局の本局が置かれており、その他の県庁所在地などには、より小規模の地方法務局が設置されている。平成30年に成立した遺言書保管法に基づき、令和2年7月より自筆証書遺言の保管業務を行うことになっている。

■ 訪問購入
[ほうもんこうにゅう]

事業者が、自己の営業所以外の場所で買取りを行うことをいう。一般に、押し買いと呼ばれることもある。たとえば、自宅に業者が押しかけてきて、貴金属を売るよう勧誘して、買い取ることなどが挙げられる。特定商取引法においては、訪問購入における飛び込みの勧誘や、執拗な勧誘が禁止されている。また、事業者の連絡先や物品の種類、特徴、購入価格、引渡しの拒絶やクーリング・オフ制度について記載された書面を交付することが義務づけられている。

■ 訪問販売
[ほうもんはんばい]

一般的にはセールスマン等が消費者の自宅に訪問して営業すること。特定商取引に関する法律では、商品やサービスを有償で提供する事業者が自己の営業所以外の場所において売買契約の申込みや契約、サービス提供契約の締結などを行うことをいう。同法では、訪問販売に対して事業者名称の表示、再勧誘の禁止、契約に関する書面の交付義務などの規制を定めている。なお、訪問販売により購入を行った場合でも、契約に関する書面を受け取った日から数えて8日間以内であれば、申込みの撤回、契約の解除（クーリング・オフ）を行うことができる。

■ 暴利行為
[ぼうりこうい]

立場や知識および経験等において不利な立場の者を相手方に自ら給付行為をした場合において、相手の不利な立場を利用して法律的および社会一般的に不相当な対価または利益の提供を請求する行為のこと。

たとえば、金銭消費貸借においては、利息制限法で、元本10万円未満で年20%、元本100万円以上で年15%というように上限が定められているが、これを超えるような利率で消費貸借を行うことなどが該当する。また、被担保債権よりはるかに高額の土地に代物弁済の予約をし、債務不履行に乗じて土地を手に入れるような行為も暴利行為に当たる。暴利行為は、他人の窮迫や無知につけいることが多く、公序良俗違反として無効とされる。

■ 法律
[ほうりつ]

日本国憲法が定める方式に従って国会で制定される法の形式。わが国では、制定法は一般に、憲法、法律、命令、条例、規則等に分類される。そして、制定法の効力は段階的構造を採っているといわれており、法律の効力は、憲法や条約に劣り、他方で、政令や条例などに優先すると考えられている。

■ 法律関係
[ほうりつかんけい]

法律によって規律される人と人との関係をいう。典型的な法律関係は、契約当事者間の関係である。また、親子あるいは夫婦などの身分関係も法律関係である。

■ 法律行為
[ほうりつこうい]

法律効果（法律関係の変動）を直接に意欲する意思表示を基本的要素とする行為であり、その意思表示の求めるとおりの法律効果が法によって認められる行為のこと。法律行為は、一方的意思表示を要素とする単独行為、対立する2者の意思表示の合致を要素とする契約、方向・目

的を同じくする2個以上の意思表示を要素とする合同行為とに分けられる。単独行為の例としては、契約解除や遺言があり、合同行為の例としては、社団法人の設立行為がある。

■ 法律行為自由の原則
[ほうりつこういじゆうのげんそく]

人は自分の意思に基づいて、自由に自分の法律関係を形成することができるという考え方。法律行為には、単独行為や契約（双方行為）、合同行為などが広く含まれ、法律行為自由の原則から、遺言の自由、契約の自由、社団設立の自由などが導かれるとされている。たとえば、契約の自由に関しては、契約を結ぶかどうかという締結の自由、誰と契約を結ぶかという相手方選択の自由、どのような内容の契約を結ぶかという内容決定の自由、どのような方式で結ぶかという方式の自由などがある。ただし、主体的に自由な意思決定を行うことができない弱者の利益を保護する必要から、この原則にも一定の修正がなされている。

■ 法律行為的行政行為／準法律行為的行政行為
[ほうりつこういてきぎょうせいこうい／じゅんほうりつこういてきぎょうせいこうい]

法律行為的行政行為とは、行政庁に効果意思があることによって、法的効果が発生する行政行為をさす。下命や許可など、私人がもともと持っている自由を制限するような命令的行為と、私人が本来自由に行うことができない権能を特別に与える形成的行為などがあると考えられている。

これに対して、準法律行為的行政行為とは、私法上の準法律行為にならって、法律効果を発生させようとする意思（効果意思）は存在せず、それ以外の判断や認識などの精神作用である事実行為に対し

て、特別に法的効果を与えるような行政行為をさす。確認、公証、通知、受理がこれに当たるといわれている。

■ 法律効果
[ほうりつこうか]

☞法律要件／法律効果

■ 法律婚主義
[ほうりつこんしゅぎ]

婚姻が成立するには法律上一定の手続が必要であるとする考え方。わが国では、戸籍法に基づく届け出を要件とした法律婚主義が採られている。したがって、実質的な夫婦共同生活があっても、届け出がなされていなければ、法律上は婚姻とは認められない。しかし、最近では、法律婚に認められる効果を、内縁関係にも認める解釈や、法律の規定が見られるようになっており、厳格な法律婚主義ではなく、一部事実婚主義の考え方が採用されているといわれている。ただし、相続については、いまだ法律婚主義が徹底されている。

■ 法律事実
[ほうりつじじつ]

申込みと承諾が契約を成立させる要素となっているように、法律要件を成立させる要素となる事実をさす。法律事実には、法律行為、準法律行為、事件などがある。このうち事件は、時の経過や人の死のように、それ自体は人の精神作用に基づかない事実に過ぎない。しかし一定期間、不動産を占有している状態が継続して時が経過した場合には、その不動産の所有権を取得することができる（取得時効）。また、人が死亡することで、その者の財産について、配偶者や子どもなどに継承される相続という効果が起こるように、事件には一定の法律効果が発生することもある。

☞準法律行為

☞法律行為

法律上当然の指図証券
［ほうりつじょうとうぜんのさしずしょうけん］

法律上当然に裏書譲渡可能である指図証券のこと。たとえば、手形、小切手や貨物引換証等がある。したがって、振出人が指図式で振り出していない場合でも、手形は裏書を行うのみで、譲渡することが可能である。ただし、振出人は指図禁止の記載をすることも可能であり、その場合には指図禁止手形として、裏書は禁止される。

法律上の減軽
［ほうりつじょうのげんけい］
☞裁判上の減軽／酌量減軽／法律上の減軽

法律上の推定
［ほうりつじょうのすいてい］

ある特定の事実の存在が立証できれば、別の事実の存在、または権利の発生が推定されることを、法律が認めていること。公益上の要請や立証負担軽減の必要性から定められていることが多い。

法律上の推定は、推定されるのが事実か権利かで、法律上の事実推定と法律上の権利推定に分類される。法律上の事実推定の例として、物の継続占有を立証する場合に、前後両時点の占有を立証すれば、継続占有が推定されるとする民法186条2項が挙げられる。法律上の権利推定の例として、占有者が行使する権利は適法なものであるとする民法188条が挙げられる。

法律上の争訟
［ほうりつじょうのそうしょう］

当事者の具体的な権利義務または法律関係の存否に関して、法律を適用することにより終局的に解決することができる紛争のこと。司法権の対象は、原則として法律上の争訟でなければならない。

たとえば、ⓐAがBに対し、消費貸借契約に基づく貸金返還請求訴訟を提起した場合には、具体的な貸金返還請求権という債権の存在に関するAB間の紛争であり、かつⓑ民法・民事訴訟法その他の法令の適用によりその債権の存否が明らかになることから、法律上の争訟として司法権の対象になる。これに対して、国家試験の合否の判定や、学問上の知識の優劣、純粋に宗教の教義の真偽を問う訴えなどは、法令の適用により解決できないため、法律上の争訟に当たらない。

法律審
［ほうりつしん］
☞事実審／法律審

法律による行政の原理
［ほうりつによるぎょうせいのげんり］

行政活動が法律に基づいて行われなければならないという原則。法治行政の原理ともいい、行政法の最も重要な基本原則である。権力分立の観点から、行政は国会が制定した法律に従って行わなければならない。法律による行政の原理から、法律の専権的法規創造力の原則、法律の優位原則、法律の留保原則という3つの原理が導かれる。

法律の専権的法規創造力の原則とは、国民の権利・自由を変動させる規範である法規を定めることができるのは原則として法律に限られるという考え方である。

法律の優位原則とは、法律に違反する行政活動は原則として違法となることを意味する。

法律の留保原則とは、通説的見解によれば、とくに国民の権利・自由に対して一方的に変動をもたらすような行政活動については、法律による根拠がなければならないという考え方をさす。

■ 法律の錯誤／違法性の錯誤／禁止の錯誤

[ほうりつのさくご／いほうせいのさくご／きんしのさくご]

自己の行為に対して、事実としての認識はあるが、その行為が刑罰法規に反するような違法性はないと誤信すること。違法性の錯誤や禁止の錯誤ともいう。法律の錯誤には、法の不知とあてはめの錯誤という2つの類型がある。

法の不知とは、たとえば、16歳の女子と買春行為を行ったが、児童買春禁止法によって処罰される行為であるとは知らなかったような場合である。

あてはめの錯誤とは、たとえば、器物損壊罪という犯罪は知っていたが、他人の飼い犬のような「動物」が、器物損壊罪にいう「他人の物」に当てはまるとは思わなかったような場合が挙げられる。

法律の錯誤に対しては、刑法38条3項によれば、故意は否定されず、情状による減軽のみが可能である。もっとも、違法性の意識が故意の成立に必要かどうかについては学説で争いがある。

■ 法律の優位

[ほうりつのゆうい]

法律が存在する場合には、行政活動はこれに反してはならず、法律違反の行政活動は無効になることをいう。法律による行政の原理の内容のひとつであり、ほかに法律の専権的法規創造力、法律の留保がある。

■ 法律の留保

[ほうりつのりゅうほ]

ある種の行政活動には、法律の根拠規定によって権限が与えられる（授権）ことが不可欠であるという考え方。法律による行政の原理のひとつ。通説（侵害留保説）は、国民の権利を制限し、または国民に義務を与えるような行政活動には法律の留保が必要であると考えている。

そのほか、すべての行政活動に法律の根拠が必要と考える全部留保説、生活保護など社会権に関する行政活動についても法律の留保を要求する社会的留保説、権力的行政活動に法律の留保を及ぼす権力留保説、国の基本政策などに法律の留保を要求する重要事項留保説などが主張されている。

なお、憲法学では、法律によって人権を制限することが許されるかどうかという意味で、法律の留保という用語を用いている。たとえば、法律の範囲内で人権を認める明治憲法の規定は、法律により留保された人権を認めたものと考えられている。

■ 法律不遡及の原則

[ほうりつふそきゅうのげんそく]

新しく制定または改正された法令が、制定（改正）前の事実関係にまでさかのぼって適用されないという原則。刑罰法規については、事後立法を禁止する罪刑法定主義の内容をなす。ただし、新たに制定された法律が当事者にとって有利な場合には、遡及適用されることがある。

■ 法律要件／法律効果

[ほうりつようけん／ほうりつこうか]

法律要件とは、法律上の権利義務関係の変動を生じさせるための要件のこと。法律要件を構成する要素を法律事実といい、法律事実には、法律行為、準法律行為、事件などがある。

法律効果とは、法律要件を備えることで、生じる権利義務関係の変動のことをいう。

■ 暴力行為等処罰ニ関スル法律

[ぼうりょくこういとうしょばつにかんするほうりつ]

集団的暴力行為や、鉄砲刀剣類を使用した傷害等を、刑法に規定される暴行罪、脅迫罪、傷害罪よりも重く処罰することを規定した法律。現在では暴力団による

暴力行為に適用されることが多いが、平成21年には学生運動の取締りにも適用され、大学生が起訴された（平成26年に無罪が確定）。

暴力団対策法
[ぼうりょくだんたいさくほう]

暴力団員の行為を規制することにより、国民の生活や安全を守ることを目的とした法律。正式名称は、「暴力団員による不当な行為の防止等に関する法律」である。「暴力団員不当行為防止法」と略されることもある。指定暴力団員による暴力的要求行為（27類型）を禁止する他、暴力的要求行為をするよう指定暴力団員に対して要求する行為も禁止している。平成16年の改正では、指定暴力団間の対立抗争による代表者の損害賠償責任は無過失責任であることが規定された。平成20年の改正では、指定暴力団の代表者に対する損害賠償の範囲が拡大され、平成24年の改正では、新たに特定危険指定暴力団と特定抗争指定暴力団の指定が追加された。

法令
[ほうれい]

国会が定立する規範である法律および行政機関が定立する規範である命令の総称のこと。

法令違憲
[ほうれいいけん]

違憲訴訟における違憲判断の方法のひとつで、法令の規定そのものを違憲と判断する方法のこと。法令違憲の判決が下された例として、尊属殺重罰規定違憲判決、薬事法距離制限条項違憲判決、議員定数不均衡違憲判決、郵便法免責規定違憲判決などがある。

法令行為
[ほうれいこうい]

成文の法律または命令の規定に基づいて、権利または義務として行われる行為のこと。正当業務行為と並んで刑法35条が規定する違法性阻却事由のひとつである。法令行為には、被疑者・被告人の逮捕・勾引・勾留のように、一定の公務員の職務とされている行為、親権者の未成年の子に対する懲戒のように、法令の規定上、ある者の権利とされている行為、競馬法による勝馬投票券を発売する行為のように、一定の政策的理由から違法性が排除される行為などがある。

傍論
[ぼうろん]

判決の中で表示された理由のうち、判決の結論に到達するのに不可欠な理由を判決理由といい、それと関係のない部分を傍論という。判例として先例拘束性を持つのは、判決理由の部分であり、傍論は、後の裁判に影響することはあっても、先例拘束性を持つわけではない。

補強証拠
[ほきょうしょうこ]

ある証拠の証明力を補強するために提出される証拠。たとえば、a という事実を証明するために提出された証拠Aについて、証拠Aの証明力を強化して補充するために提出された証拠Bが補強証拠である。

刑事訴訟においては、自白が唯一の証拠となっている場合には、被告人を有罪とすることはできず、補強証拠が必要であると規定されている。補強証拠により補強されるべき程度については、一般に、犯罪を構成する基本的事実（罪体）について補強を行えばよいと考えられている。たとえば、被告人が「自分がその建物を放火した」という自白を行った場合、補強証拠としては、少なくとも建物を誰が放火したのかということについての補強証拠が必要であると考えられる。

補強法則
[ほきょうほうそく]

☞自白補強法則／補強法則

保険
[ほけん]

　将来起こるかもしれない危険に対し、加入者が一定の金銭（保険料）を分担し、事故に対して金銭（保険金）の給付を受けることにより、経済生活の不安定を軽減するための制度。公営保険以外の保険は、民間の損害保険会社、生命保険会社が販売する他、銀行の窓口での取扱いも行われている。平成22年施行の保険法では、損害保険、生命保険、傷害疾病定額保険の3つの分野に分類されている。平成26年成立の保険業法改正では、保険募集の際の情報提供義務、意向把握義務などの保険募集についての基本的ルールの創設や、代理店などの保険募集人に対する体制整備義務の導入が行われている。

保護観察
[ほごかんさつ]

　犯罪者を矯正するための施設に収容することなく、社会の中で指導者の補導援護と監督の下で、自発的な改善・更正や社会復帰を促すための措置。執行猶予を言い渡された者に対して行われる場合や、少年法上の保護処分のひとつとして行われる保護観察が例として挙げられる。指導者としては、一般に地域社会の有志者の中から選定された保護司が務めるとされている。

保護主義
[ほごしゅぎ]

　刑法の場所的適用範囲について、自国または自国民の利益を保護するのに必要な限りにおいて、犯人の国籍および犯罪地のいかんを問わず、自国の刑法を適用する立法主義のこと。日本の刑法は、属地主義を原則として、属人主義、保護主義、そして世界主義を補充的に併用している。

保護処分
[ほごしょぶん]

　家庭裁判所に送致された少年を更生させるために行われる少年法上の処分のこと。保護処分には、保護観察所の保護観察に付すること、児童自立支援施設または児童養護施設に送致すること、少年院に送致することの3種類がある。

保護責任者遺棄罪
[ほごせきにんしゃいきざい]

　老年、幼年、身体障害、疾病のために助けを必要とする者を置去りにするなどして遺棄するか、または生存に必要な保護をしない罪。「遺棄」と「必要な保護をしない行為」とは、助けを必要とする者と行為者が物理的に離れるかどうかで区別するのが通説である。たとえば、山に乳児を捨てたり、乳児を部屋に残したまま旅行に行く行為は遺棄に当たる。一緒に住んでいる乳児の世話をしない行為は、必要な保護をしない行為に当たる。

　本罪は、生命・身体の安全を保護するために規定された。3月以上5年以下の懲役に処せられる。同致死傷罪は、傷害の罪と比較して、重い刑に処せられる。つまり、保護責任者遺棄致死傷罪と傷害罪・傷害致死罪を比較して上限・下限ともに重いものが法定刑となり、致傷の場合は3月以上15年以下の懲役に処せられる。致死の場合は3年以上の有期懲役が科される。

保護法益
[ほごほうえき]

　法律が保護している社会生活上の利益をさす。とくに刑法では、一定の行為に対して刑罰を科す根拠を、法益の保護に求める見解が一般的となっている。したがって、犯罪が成立するためには、犯罪結果として保護法益に対する侵害が要求されている。

　たとえば、殺人罪は人を殺したことに

よって成立するが、これは人の生命という保護法益に対する侵害がなされたためである。刑法によって保護される法益は、生命、身体、自由、財産のような個人的法益、公共の安全や通貨制度、文書制度といった社会・公共の法益、そして国家の作用などの国家的法益にまで及んでいる。

■ 保佐
[ほさ]

成年後見制度のひとつ。精神上の障害により事理を弁識する能力が著しく不十分な者に対し、本人、配偶者、４親等以内の親族らの請求により、家庭裁判所の審判を経て開始される保護制度のこと。

保佐開始の審判がなされると、被保佐人は一定の法律行為について、保佐人の同意が必要となる。被保佐人が同意なしにその行為をした場合、保佐人はその行為を取り消すことができる。

■ 保佐開始の審判
[ほさかいしのしんぱん]

成年後見制度のひとつ。精神上の障害により事理を弁識する能力が著しく不十分な者に保佐人を選任し、この者に本人（被保佐人）の保護を行わせる制度である。本人、配偶者、４親等以内の親族らの請求により、家庭裁判所が必要の有無を判断し、必要と判断した場合には、保佐開始審判を下し、職権で保佐人を選任する。

■ 保佐人
[ほさにん]

保佐開始の審判を受けた者に付された保護者のこと。保佐人は、被保佐人が法律で定められた一定の行為をする場合、その行為に対して同意権を有する。保佐は保佐開始の審判により開始され、家庭裁判所の職権により、保佐人が選任される。被保佐人が元本の受領、またはその利用、借財またはその保証、重要な財産に関する権利の得喪を目的とする行為を行うような場合には、保佐人の同意を得

なければならず、この同意なしに被保佐人が行った行為は、取り消すことができる。

■ 補佐人
[ほさにん]

民事訴訟において、原告や被告などの当事者や訴訟代理人などとともに、口頭弁論等の期日に出席して、当事者等の主張を補足することを職務にする者のこと。当事者とともに訴訟に出席し、補佐人が陳述等を行うためには、裁判所による許可が必要である。補佐人が必要になるのは、訴訟において、高度な専門的、または、技術的な知識が必要になる場合であるといわれている。たとえば、原告が聴覚障害者であり、自らの主張を適切に行うことが困難な場合に、原告の主張を陳述する手話通訳者が、補佐人の例として挙げられる。なお、刑事訴訟法にも類似の規定があるが、裁判所への届出があれば補佐人の出席が認められる点で、許可を必要とする民事訴訟と異なる。

■ 保釈
[ほしゃく]

一定額の保証金の納付を条件として、勾留の執行を停止し、拘禁状態を解く制度。保釈は被告人勾留にのみ認められ、被疑者勾留には認められない。権利保釈、裁量保釈、義務的保釈の３種類がある。

■ 募集株式
[ぼしゅうかぶしき]

株式会社が、設立後に株主を募集し、その募集に応じた者に割り当てる株式のこと。募集株式を募集する方法には、ⓐ不特定多数の者に株式を割り当てる公募、ⓑ特定の第三者に株式を割り当てる第三者割当て、ⓒ既存の株主に株式を割り当てる株主割当ての３種類が存在する。

なお、この割り当てられる株式は、新しく株式を発行する方法と、自己株式を交付する方法のどちらかの方法で確保される。

■ 補充関係
[ほじゅうかんけい]

ある行為が2つの構成要件を充足するように見えるが、この2つが基本法と補充法の関係にある場合をいう。この場合、基本法は補充法を排斥することから、基本法の構成要件のみが充足される。

たとえば、殺人罪を犯した者が事前に殺人に使用した道具を準備した場合には、殺人予備罪の構成要件をも充足するように見えるが、殺人罪と殺人予備罪は補充関係にあることから、殺人罪のみが成立する。

■ 補充権
[ほじゅうけん]

白地手形の白地を補充してこれを手形として完成することができる権利。権利者が補充権を行使することにより、手形行為としての効果を発生させることができる。

■ 補充裁判員
[ほじゅうさいばんいん]

裁判員裁判において裁判員の不足が生じた場合などに、もともとの裁判員に代わって裁判員に選任される者をさす。裁判所が、審判の期間などを考慮して、補充裁判員を選任する。補充裁判員は、審理に立ち会わなければならない。裁判員と同様に、裁判員候補者の中から選任される。

■ 補充尋問
[ほじゅうじんもん]

当事者の尋問の後になされる裁判所による尋問のこと。当事者により得られた事実を検証する目的がある。

■ 補充性
[ほじゅうせい]

保証人は、主たる債務が履行されない場合にのみ、履行の責任が発生することをいう。保証債務の性質のひとつといわれている。したがって、債権者が保証人に対して、債務の弁済を求めてきた場合には、まず主たる債務者に弁済を請求するよう主張できる（催告の抗弁権）。また、債権者が財産を執行する場合においても、まず主たる債務者の財産から執行するよう主張することが認められている（検索の抗弁権）。

■ 募集設立
[ぼしゅうせつりつ]

設立時発行株式の一部を、発起人以外に引き受けさせて行う株式会社の設立方法。設立時発行株式のすべてを発起人が引き受ける発起設立に対立する概念である。発起設立の場合よりも、設立手続の公平性がより強く求められている。

募集設立の場合には、たとえば、会社の設立登記申請の際に、金融機関の発行する株式払込金保管証明書の添付が義務づけられている。また、現物出資財産の価額に不正があった場合に、発起人の責任が厳しく問われる。

■ 補助
[ほじょ]

成年後見制度のひとつ。精神上の障害により事理を弁識する能力が不十分の者に対し、本人、配偶者、4親等以内の親族らの請求により、家庭裁判所の審判を経て開始される保護制度のこと。なお、本人以外が補助開始の請求を行う場合には、本人の同意が必要とされる。補助が開始されると、本人（被補助人）が行う一定の行為について、代理権や同意権を有する補助人が選任され、本人の保護を行うようになる。

■ 保障
[ほしょう]

現在または将来における権利や地位を、これに対する侵害から保全すること。たとえば、憲法20条において、「信教の自由は、何人に対してもこれを保障する」と定められており、信教の自由が侵害さ

れた場合には、国家の責任において、これを除去するという意味である。

■ 保証
[ほしょう]

主たる債務者が債務を履行しない場合に、代わりの第三者が債務の履行に関する責任を負うこと。連帯保証でない限り、保証人が債権者から債務の履行を請求された場合、まず、主たる債務者に請求すべきと主張できる催告の抗弁権と、主たる債務者に資力がある場合に、先に主たる債務者の財産に執行すべきと主張できる検索の抗弁権を行使することができる。

なお、広義では、雇用契約などにおいて従業員の会社に対する損害賠償責任を第三者が負担する身元保証も含まれる。

■ 補償
[ほしょう]

損失、費用、代価等を償うこと。ⓐ国の公共事業等により立退きを命じられた者に対し、その転居に要する費用等を支払う場合の補償（土地収用法など）、ⓑ天災その他の災害により特定の業務を営む者が特定の損失を被った場合の補償（農業災害補償法など）、ⓒ労働者に業務上の原因による負傷・疾病が生じ、その療養費等を支払う場合の補償（労働者災害補償保険など）が該当する。一般的には、損害の原因となった行為が適法である場合に用いられ、それが違法行為の場合には賠償という語が用いられる。

■ 保証金
[ほしょうきん]

ある事柄や行為を担保するために交付される金銭のこと。たとえば、民法上では、賃料その他賃借人の債務を担保する敷金、身元保証のために担保として提供する身元保証金などが該当する。また、刑事訴訟上では、保釈の条件として支払いを命じられる金銭などが、民事訴訟上では、競売の際に入札に参加する者があらかじめ納付しなければならない金銭などが、これに該当する。

■ 保証契約
[ほしょうけいやく]

主たる債務者が債務を履行しない場合に、代わりの第三者が債務の履行に関する責任を負うことを約束する契約。保証契約は債権者と保証人との間で結ばれる。

なお、この契約は、書面または電磁的記録（磁気ディスクなど）によって締結する必要があり、この要件を満たさない保証契約は効力を有しない。

■ 補償契約
[ほしょうけいやく]

株式会社が取締役や監査役などの役員等との間で締結する契約で、一定の費用の全部あるいは一部について株式会社が補償することを内容とする。実務上導入されていたものを令和元年の会社法改正で明文化した。補償契約を締結する場合には、株主総会（取締役会設置会社の場合は取締役会）の決議が必要になる。

補償契約に基づき株式会社が補償するのは、①役員等が職務の執行に関し、法令違反を疑われ、もしくは責任追及の請求を受けたことで支出する費用、②役員等が職務の執行に関し、第三者に生じた損害を賠償する責任を負うことにより生じる損失である。ただし、役員等が支出する費用が通常要する金額を超える場合は、その超える部分を補償する必要はない。また、悪意または重大な過失により役員等が第三者に対して損害賠償責任を負う場合は、役員等に生じた損失の全額を補償する必要はない。

■ 保証債務
[ほしょうさいむ]

保証人が債権者に対して負担する債務のこと。債務者の主たる債務が消滅すると保証債務も消滅するという付従性、主たる債務が譲渡されれば保証債務の債権

者もそれに合わせて変更されるという随伴性を有する。また、保証債務は原則として、主たる債務者が弁済しない場合にのみ、補充的に弁済する義務を負う（補充性）。

☞補充性

■ 保証人
[ほしょうにん]

主たる債務者が債務の履行をしない場合に、代わりに債務を履行する責任を負うことを債権者との間で約束した第三者のこと。通常の保証人は、債権者が直接保証人に対して債務の履行を請求してきた場合に、まず、主たる債務者に請求すべきと主張できる催告の抗弁権、および主たる債務者に資力がある場合に、債権執行は主たる債務者の財産から行うべきと主張できる検索の抗弁権を有する。

また、保証人が主たる債務者に代わり弁済をした場合には、主たる債務者に求償することができる。

■ 保証連帯
[ほしょうれんたい]

2人以上保証人がいるときに、各保証人がそれぞれ債務の全額を弁済すべき旨の特約を置いた場合をいう。たとえば150万円の債務に対して3人の保証人がいる場合、それぞれの保証人は50万円ずつ負担する（分別の利益）のが原則である。しかし、保証連帯では特約によって分別の利益を排除し、3人がそれぞれ150万円の負担をすることになる。このとき、3人の保証人の間には連帯関係があり、保証人の1人が債権者に対して150万円全額の弁済を行った場合、その者は他の2人の保証人に対して50万円ずつの支払いを求めることができる。

このように、保証連帯は、複数の保証人間の連帯関係を意味し、主たる債務者と保証人の間の連帯関係を意味する連帯保証とは異なる。

■ 補助開始の審判
[ほじょかいしのしんぱん]

保護を必要とする者に、補助人を選任するべく、家庭裁判所が審判を行うこと。事理を弁識する能力が不十分であるために、一定の保護を必要とする者が対象である。たとえば、精神上の疾患や認知症により、自己の財産を適切に管理できない者を保護するため、その家族等の請求により審判がなされる。

請求権者は、本人、配偶者、4親等内の親族、後見人等である。補助人は他の制限行為能力者に比べて判断能力が高いため、本人以外の者の請求により審判を開始するためには、本人の意思を尊重するべく本人の同意が必要である。

■ 補助機関
[ほじょきかん]

行政庁の意思決定の補助をする任務を負う行政機関。たとえば、各省庁や市役所で働く職員が挙げられる。

■ 補助参加
[ほじょさんか]

他人間で行われている訴訟の結果について利害関係を持つ第三者が、自らの利益に関係する当事者の一方を勝訴させる目的で、訴訟に参加すること。補助参加人は、自らの利益のために、自分の名において、自らの費用で訴訟を行う。たとえば、貸主Xと借主Yの貸金について、Zが保証人である場合に、XがZに対して保証債務の弁済を求める訴訟を提起し、保証人Zが敗訴すると、保証人が弁済した額を直接の債務者である借主Yに請求するおそれがある。そこで、Yが、Xの請求が認められずZが勝訴するように、Z側に参加するような場合が、補助参加である。

■ 補助事実
[ほじょじじつ]

証拠の証明力に影響を与える事実。た

とえば、証人が当事者の恋人である（補助事実）場合には、証人にとって有利な証言は信用性を低める方向に作用する。

■ 補助人
[ほじょにん]

被補助人の保護者のこと。自然人はもとより、法人も補助人に就任でき、複数人が補助人となることも可能である。補助人には、民法13条1項の中から審判によって定められた特定の法律行為についての同意権、取消権、追認権、特定の法律行為についての代理権などが与えられる。

■ 補正
[ほせい]

手続や内容の不備・欠陥を、後から追加・修正をして、正しいものにすること。たとえば、裁判において、訴訟の当事者である原告や被告の名前や住所に誤りがある場合、それを後から訂正することがある。また、商標などの出願の際に、その願書に不備がある場合に、後からその不備を修正することなどが挙げられる。

なお、手続や内容の不備が、補正で訂正できる程度を超えている場合には、訴えや出願等の手続は却下されることになる。

■ 補正命令
[ほせいめいれい]

①民事訴訟において、訴状や裁判上の当事者能力、訴訟代理権などに誤りや不足がある場合、裁判長が、相当の期間を定めて、原告らに対してその訂正を求める命令のこと。原告らがこの命令に従わない場合、訴状は却下される。

②行政不服審査において、審査請求書に不備がある場合で、それが補正できるときに、審査庁が請求人に対して、相当の期間を定めて補正を命じること。

■ 補正予算
[ほせいよさん]

国または地方公共団体の本予算に対して、何らかの事情によって、追加や変更

を加えるために作成される予算案、または、その予算案について議会の議決を得た予算をさす。補正予算には、追加予算と修正予算とがある。

追加予算とは、法律上または契約上で国などの義務に関わる経費が不足する場合、または、予算作成後に生じた緊急の経費や債務の負担のために必要になる予算をいう。修正予算とは、予算作成後に生じた事情のうち、追加以外の変更を加えることをいう。

補正予算についても、原案の作成から議会の決議を経て成立するまで、本予算と同様の手続が必要である。

■ 保全異議
[ほぜんいぎ]

保全命令（仮差押命令・仮処分命令）を発した裁判所に再審理を求めること。保全命令に対する不服申立方法のひとつである。保全異議は、保全命令の発令についての同一審級における再審理の申立てであって、審理の対象は、被保全権利と保全の必要性の存否である。保全異議の申立ては、保全執行を停止する効力を当然には有しないが、裁判所は、債務者の申立てにより、一定の厳格な要件を満たした場合には、保全執行の停止、または、すでにした執行処分の取消しを命ずることができる。

■ 保全仮登記
[ほぜんかりとうき]

所有権以外の権利の保存、設定または変更に関して、将来における権利者の権利を保護する必要がある場合に、暫定的に権利関係を形成するためにあらかじめ登記すること。主にそれらの権利の順位を保全することが目的で、処分禁止の登記とともに行う。所有権の場合は、物権の排他性により、処分禁止の登記をしておけば、自分が所有権の登記をする際に、処分禁止登記以後に登記された権利を抹

消できるが、債権の場合には、このようなことができない。したがって、処分禁止の登記のほかに、順位を確保しておくための保全仮登記が必要になる。

■ 保全抗告
[ほぜんこうこく]

保全命令に対する不服申立ての方法には、保全異議と保全取消しがあるが、さらにその決定に対して行う不服申立てのこと。保全抗告は、2週間の不変期間内にしなければならず、保全抗告を受けた原裁判所は、保全抗告の理由の有無につき判断せずに、事件を抗告裁判所に送付しなければならない。

■ 保全執行
[ほぜんしっこう]

保全命令（仮差押えおよび仮処分）を執行する手続のこと。保全執行は、民事訴訟によって確定された権利の実現を保全するため、申立てによって、裁判所または執行官が行う。

■ 保全処分
[ほぜんしょぶん]

狭義では、民事保全法上の処分のこと。民事訴訟手続が進行する間に、権利実現を妨げる事情の発生を防止するために行う仮差押えや仮処分のこと。広義には、倒産手続開始前の保全処分や民事執行法上の保全処分などを含む。

■ 保全取消し
[ほぜんとりけし]

債務者の申立てによって、保全命令自体の不当（発令当時における被保全権利ないし保全の必要性の不存在）ではなく、その後に生じた事情を理由に、保全命令を取り消す手続のこと。保全取消しの事由としては、ⓐ本案の訴えの不提起等、ⓑ保全すべき権利もしくは権利関係または保全の必要性の消滅その他の事情の変更、ⓒ仮処分命令により償うことができない損害を生ずるおそれがあるときその他の特別の事情の存在が規定されている。

■ 保全命令
[ほぜんめいれい]

民事訴訟で争われている権利を保全するために、当事者の申立てによって裁判所が行う民事保全の命令のこと。仮差押命令と仮処分命令の総称である。

■ 補足意見
[ほそくいけん]

結論も理由づけも多数意見と一致した上で、それを補足する内容を述べる裁判官の意見のこと。最高裁判所の裁判書（裁判の結果、内容を記載した書面）には、裁判官の意見を表示しなければならず、意見には、多数意見、補足意見、意見、反対意見がある。なお、意見とは、結論は多数意見に賛成するが理由づけが異なるものであり、反対意見とは、多数意見の結論に反対するものである。

■ 保存行為
[ほぞんこうい]

物の現状を維持する行為や財産価値の減少を防ぐ行為のこと。たとえば、債権の時効消滅を防ぐための裁判上の請求をすること、建物の修繕を行うことなどが該当する。

■ 保存登記
[ほぞんとうき]

不動産についてはじめてする所有権の登記のこと。保存登記の申請権者は、表題部所有者またはその一般承継人、所有権を有することが確定判決によって確認された者、収用によって所有権を取得した者である。また、先取特権を保存する登記をして、保存登記の言葉が用いられる場合もある。

■ 母体保護法
[ぼたいほごほう]

不妊手術および人工妊娠中絶について、一定の基準を設けることにより、母体を保護することを目的とした法律。昭和23

年に制定された優生保護法の「不良な子
孫の出生を防止する」という優生思想が
障害者差別になっていたことから、平成
8年に改正・改称された。母体保護法に
基づいて行われる人工妊娠中絶は、原則
として本人および配偶者の同意を必要と
し、指定医師のみが行い得るもので、こ
れを満たす場合は刑法上の堕胎罪が適用
されない。なお、優生保護法の下におい
て、強制不妊手術を受けた者を救済する
ため、令和元年に「旧優生保護法に基づ
く優生手術等を受けた者に対する一時金
の支給等に関する法律」が成立している。

発起設立
[ほっきせつりつ]

　会社を設立する手続のうち、発起人が
設立時発行株式の全部を引き受ける方法
による手続。発起設立に対して、発起人
以外に株式を引き受ける人を募集して行
う設立手続のことを募集設立という。

発起人
[ほっきにん]

　本来の字義的には、会社設立の企画者
のことだが、会社法では、形式的な基準
で判断しており、発起人とは、会社設立
の際に定款に署名または記名押印した者
のことと規定する。定款に署名した者は、
実質的には会社設立の企画者でなくても
法律上は発起人とされる一方、定款に署
名しない者は、会社設立の企画者であっ
ても法律上の発起人とはならない。発起
人は、設立時発行株式を1株以上引き受
けなければならないほか、発起人は、現
物出資等の価額が著しく不足した場合の
塡補責任や、任務懈怠責任を負う。なお、
会社以外の協同組合や特殊法人等の法人
の設立を企画する者も発起人と呼ばれる。

没収
[ぼっしゅう]

　犯罪行為と関係がある一定の物につい
て、所有権を剥奪し、国庫に帰属させる
処分のこと。没収は、主刑（死刑、懲役、
禁錮、罰金、拘留、科料）に付加して言い
渡される付加刑である。没収できるのは、
ⓐ犯罪行為を組成した物（偽造文書行使罪
における偽造文書など）、ⓑ犯罪行為に用い
て、または用いようとした物（傷害罪にお
ける凶器など）、ⓒ犯罪行為によって生じ、
もしくはこれによって得た物または犯罪
行為の報酬として得た物（通貨偽造罪にお
ける偽造通貨、窃盗罪における他人の財物、
殺人行為の報酬など）、ⓓⓒの物の対価と
して得た物（盗品の売却代金など）である。

北方ジャーナル事件
[ほっぽうじゃーなるじけん]

　最高裁昭和61年6月11日判決。X（北
方ジャーナル社）は、北海道知事選挙に立
候補予定のYに関する記事を執筆し、情
報誌「北方ジャーナル」に掲載するため
の準備をしていた。Yは記事の内容が自
己を誹謗するものであり、名誉を毀損さ
れるおそれがあるとして、札幌地裁に同
雑誌の発売禁止の仮処分を申請し、同地
裁は仮処分決定をした。

　そこで、Xは仮処分により損害を受け
たと主張し、Yに対し民法709条に基づ
き、国に対し国家賠償法1条1項に基づ
き損害賠償を求めて訴えた。裁判所によ
る出版の事前差止めは憲法で禁止される
検閲に当たるか、検閲にあたらないとし
ても表現の自由を侵害し許されないので
はないかが争われた。

　最高裁は、本件差止めは裁判所が主体
となり、権利保全を目的としていること
を理由として、検閲にはあたらないと判
示した。また、公職選挙の候補者に関す
る表現行為は、公共の利害に関するもの
であるから、原則として事前差止めは許
されないとしつつ、本件では例外的に事
前差止めが許されると判示し、Xの請求
を棄却した。

補導
[ほどう]

主に少年を対象に、犯罪につながるような反社会的行為を防止するために行われる措置。刑事政策上、非行少年の早期発見・早期治療が将来の犯罪予防に役立つと考えられている。たとえば、道路その他の公共の場所で、非行少年を発見、指導し、必要に応じて親に非行事実を報告するなど、その場で必要な措置が行われている。

補導処分
[ほどうしょぶん]

売春の勧誘などを行った20歳以上の女子に対して、懲役または禁錮の執行を猶予し、婦人補導院に収容して、更生に必要な生活指導や職業訓練などを行う処分。補導処分の期間は、原則として6か月と定められている。将来の犯罪予防を重視する保安処分と類似する点が多いが、補導処分は売春婦に対する更生の促進に重点が置かれている。

ポリグラフ検査
[ぽりぐらふけんさ]

検査対象者に発生する生理的反応（脈拍や呼吸、皮膚電気反応など）を測定する検査。いわゆる「うそ発見器」である。人間はうそをつくと内心の動揺が生理的反応に表れるため、刑事訴訟手続で心理状態を鑑定する目的で行われる。供述を強制するわけではなく、黙秘権を侵害することはないと考えられているが、内心を鑑定する性質の検査であるため、強制ではなく被験者の同意を得て行われることが多い。

翻案権
[ほんあんけん]

著作権における支分権のひとつ。原著作物の特徴を活かしつつも、別の表現形態に変え、または、原著作物の一部を変更して新たな著作物を創作すること。た
とえば、小説の脚本化をはじめ、実写化、アニメ化、原曲を編曲することなどである。翻案された創作を二次的著作物といい、二次的著作物の創作者は二次的著作物の著作者として権利を取得する。ただし、原著作者も二次的著作物の利用に関して二次的著作物の創作者と同一の権利を取得するため、二次的著作物を利用する場合には、二次的著作物の著作者の許諾だけでなく、原著作者の許諾も得なければならない。

本案の申立て
[ほんあんのもうしたて]

原告が訴えをもって判決を求め、これに対して被告が請求の棄却を求める申立てのように、当事者の終局判決を求める申立てのこと。本案の申立てに対して、訴訟手続上の事項についての申立てを訴訟上の申立てという。

本案判決
[ほんあんはんけつ]

訴訟物についての裁判所の判断を内容とする判決のこと。本案判決に対して、訴訟要件または上訴要件が欠けていることを理由として、訴えまたは上訴を不適法として却下する判決を訴訟判決という。

本案判決には、原告の請求を認める請求認容判決と、それを否定する請求棄却判決とがあり、両者の中間の一部認容判決・一部棄却判決もある。請求認容判決には、請求の内容に応じて、給付判決、確認判決、形成判決があるが、請求棄却判決はすべて確認判決である。

なお、訴訟費用の裁判や仮執行宣言と対比して、基本となる裁判を本案の裁判ということがあり、この場合の本案判決には訴訟判決が含まれる。

本権
[ほんけん]

物の占有を正当づける権利のこと。具体的には、所有権、地上権、賃借権、質

権などが該当する。占有権は本権とは独立の権利である。たとえば、動産 X の所有者が A で占有者が B である場合、B の占有する動産 X を A が奪い、B が占有回収の訴えを起こせば、その訴えでは、A は X の所有者であることを理由として B の占有権を否定することはできない。

■ **本証／反証**
　　［ほんしょう／はんしょう］

　本証とは、自分が証明責任を負う事実を証明するための証拠をいう。また、証明責任を負う事実を証明する活動そのものの意味として、本証という言葉を用いる場合もある。

　これに対して、反証とは、証明責任を負う者の主張を否認する相手方が提出する証拠をいう。また、本証を証明活動の意味として用いる場合には、その証明活動を失敗させるための相手方の活動の意味として用いられる。

　本証と反証の違いとしては、証明責任の所在と関連して、要求される立証の程度が異なるという点がある。つまり、本証は、証明責任を負う側の当事者が提出する証拠、または証明活動であるため、事実の存在について裁判官に確信を抱かせる程度の立証状態に至らせて、はじめて目的を達成することができる。これに対して、反証は、否認する事実についての裁判官の心証を、存在するともしないともわからない状態に至らせればよい。この状態に至らせれば、裁判官に確信を抱かせなければならない本証は失敗となるため、反証の目的を達成できる。

■ **本籍**
　　［ほんせき］

　戸籍が保管されている市町村の地番（所在地）。戸籍法には、戸籍はその筆頭に記載した者の氏名および本籍でこれを表示すると規定されており、日本国内のいずれかの場所に本籍を定めなければな

らない。出生地や現在の住所地である必要はなく、転籍届を届け出ることによって自由に変更できる。

■ **本店**
　　［ほんてん］

　個人商人や会社が複数の営業所を持つ場合に、他の営業所に対して指揮を執るような、主たる営業所をいう。本店の所在地は定款の絶対的記載事項のひとつである。このため、本店は 1 か所しか定めることができない。これに対して、本社は、会社組織上の名称でしかなく、2 か所以上設けることができる。

■ **本登記**
　　［ほんとうき］
　　☞終局登記／本登記

■ **本予算**
　　［ほんよさん］

　年度当初に成立した予算。暫定予算や修正予算と区別するために用いられている語。当初予算ともいう。一会計年度（4 月 1 日から翌年の 3 月 31 日まで）の国の財政行為の準則となり、それに従って国の財政が運用されるため非常に重要なものであり、単なる見積もりではなく、予算という独自の法形式であると理解されている。

ま

■ **毎月払いの原則**
[まいげつばらいのげんそく]

☞賃金支払いの五原則

■ **埋蔵物**
[まいぞうぶつ]

　土地等の中に隠されており、所有者がわからない物のこと。たとえば、建物を建てるために土地を掘り返したところ、偶然にも貨幣が発見された場合の貨幣が挙げられる。埋蔵物は、公告をした後6か月以内に、誰の所有に属するのかが判明しない場合には、その埋蔵物を発見した者が所有権を取得することができる。なお、土器等の文化財については文化財保護法が適用され、国庫に帰属する。

■ **埋葬料**
[まいそうりょう]

　埋葬を行う者に対して保険者から支給される金銭。埋葬料に関しては、健康保険が適用され、被保険者または被扶養者が、業務外の事由により死亡した場合、その者により生計を維持していた者が葬祭を行ったときに支払われる。なお、被保険者の死亡に対して支払われる場合を埋葬料といい、被扶養者の死亡に対して支給される場合を家族埋葬料という。現在のところ、埋葬料、家族埋葬料とも支給額は5万円である。

■ **前**
[まえ]

☞以前／前

■ **マクリーン事件**
[まくりーんじけん]

　最高裁昭和53年10月4日判決。アメリカ人マクリーンが在留期間更新の申請をしたところ、法務大臣は、マクリーンが在留中に政治活動を行ったことを理由として、更新拒否処分を行った。そこで、マクリーンがこの処分の取消しを求めて訴えた。憲法の人権規定は外国人に及ぶか、及ぶとして在留を請求する権利は保障されるかが争われた。最高裁は、権利の性質上日本国民のみをその対象としているもの以外はすべて人権の保障は外国人にも及ぶとしつつ、在留を請求できる権利は外国人には保障されておらず、在留を更新するか否かは法務大臣の広い裁量に委ねられていることを理由として、請求を棄却した。

■ **マタニティ・ハラスメント**
[またにてぃ・はらすめんと]

　妊娠や出産に伴う精神的または肉体的な嫌がらせのこと。セクシュアル・ハラスメント、アカデミック・ハラスメントなどと並ぶ、職場内での嫌がらせの一種。たとえば、妊娠・出産したことを理由に現在就いている役職から降格されたり、妊娠しているにもかかわらず過酷な労働環境に置かれたりすることが挙げられる。男女雇用機会均等法や育児・介護休業法、労働基準法に違反するおそれがある。

　使用者が、女性労働者の妊娠中の業務転換として降格人事を行った事例について、平成26年10月最高裁判決は、マタニティ・ハラスメントは、原則として法律に反する禁止行為であるとした。もっとも、妊娠した女性労働者に対して降格などの人事を行うことが、合理的・客観的な理由に基づくといえる場合には、使用者の裁量の範囲で許されるとも判断した。

■ **又は／若しくは**
[または／もしくは]

　「又は」とは、語句を選択的に連結する接続詞である。「若しくは」も同義である。意味的には同じ「又は」と「若しくは」であるが、法令用語としては、使われる場面が異なる。選択される語に段階がないときは、「又は」を用い、選択する語に段階があるときは、最も大きな段階の接

続に「又は」を用い、それよりも小さな接続にはすべて「若しくは」を用いる。たとえば、AとBという2つの語を選択的に連結するときには、「A又はB」となる。そして、AとBを1つのまとまりとして、それとCとを選択的に連結するときには、「A若しくはB又はC」となる。

■ 抹消登記
[まっしょうとうき]

登記することができる権利において、法律的に権利自体が消滅した場合に、登記簿から当該権利に関する登記を消滅させる登記。たとえば、抵当権が被担保債権の弁済により消滅した場合、実体を正確に登記に反映させるため、その抵当権に関する表示を登記簿から抹消する登記を行う。原則として、この登記は、それにより利益を得る者を登記権利者、それにより利益を失う者を登記義務者とし、双方が共同で行う。抹消登記にかかる登録免許税は、原則として、不動産の個数1個につき1000円である。

■ マネー・ロンダリング
[まねー・ろんだりんぐ]

麻薬取引や賄賂などの犯罪によって得た不正な金銭を、いくつかの金融機関を経由させるなどして、金銭の出所や受益者を判明しにくくすることで、一般社会で使用できるようにする行為のこと。「資金洗浄」と訳される。わが国では犯罪収益移転防止法により規制されている。

■ マルチ商法
[まるちしょうほう]

☞連鎖販売取引

■ 満期
[まんき]

手形に記載された支払日のこと。手形法上、確定日払、日付後定期払、一覧払、一覧後定期払の4種類がある。似た概念として、支払をなすべき日と支払呈示期間がある。前者は満期が休日の場合にこ

れに次ぐ第1の取引日をいい、後者は支払いをなすべき日の2取引日後をいう点で異なる。

み

■ 未決
[みけつ]

☞既決／未決

■ 未決勾留
[みけつこうりゅう]

被疑者または被告人を拘束する裁判およびその執行のこと。単に勾留ともいう。未決勾留は、被疑者・被告人が罪を犯したことを疑うに足りる相当な理由がある場合であって、かつ、ⓐ被疑者・被告人が定まった住居を有しないとき、ⓑ罪証を隠滅すると疑うに足りる相当な理由があるとき、ⓒ逃亡しまたは逃亡すると疑うに足りる相当な理由があるときのいずれかに当たるときに行うことができる。

■ 未遂
[みすい]

犯罪の実行に着手したが、犯罪結果が発生することなく終わり、犯罪行為が完成しなかった場合をさす。未遂のうち、自己の意思で中止したり犯罪結果の発生を防止したりした場合を中止犯、それ以外の外部的な障害によって未遂に終わった場合を障害未遂という。

■ 未遂の教唆
[みすいのきょうさ]

正犯が未遂に終わることを知りながら教唆行為を行うことをいう。たとえば、あらかじめ、Bが財布を所持していないことを知りながら、AがCに対して、Bの所持している財布を盗んでくるようそそのかし、実際にCが窃取行為に及んだ場合などが挙げられる。この場合に、Aに窃盗未遂罪の教唆犯が成立するかが刑法

上の問題となっている。学説において争いがあるが、Ａに法益侵害の結果についての認識・認容が欠ける以上、Ａに故意犯は成立せず、また過失の教唆を処罰する規定もない以上、Ａには過失による教唆犯も成立しないという有力説がある。有力説の見解によれば、上記例のＡは不可罰になる。

■ 未成年後見監督人
[みせいねんこうけんかんとくにん]

未成年者が親権者を欠くときに指定される未成年後見人を監督する者のこと。最後に親権を行う者は、未成年後見監督人を遺言により指定することができる。また、家庭裁判所も、遺言による指定がない場合に、職権または未成年者の親族らの請求により、これを選任することができる。未成年後見監督人のおもな事務は、後見人の事務監督、後見人が欠けた場合の後任の選任の請求、急迫の場合の必要な処分などである。

■ 未成年後見人
[みせいねんこうけんにん]

未成年者が親権者を欠く場合に選任される法定代理人のこと。最後に親権を行う者の遺言によって指定されるか、親族らの請求や職権によって家庭裁判所により選任される。親権者に代わり、未成年者の監護、教育、財産管理などを行う。なお、親権者が財産管理権のみを欠く場合には、財産管理権のみを行う未成年後見人が選任され、親権者と併存して未成年者を保護する。

■ 未成年者
[みせいねんしゃ]

満20歳未満の者のこと。未成年者が法律行為を行う場合には、法定代理人の同意が必要である。法定代理人の同意を得ない未成年者の法律行為は、本人または法定代理人が取り消すことができる。なお、婚姻をした者は、満20歳未満であっても、私法上の権利関係では成年者として扱われる（成年擬制）。なお、平成30年の民法改正により、令和4年4月以降、満18歳未満の者が未成年者となるほか、成年擬制に関する規定が削除される（婚姻年齢が男女とも満18歳以上になるため）。

■ 未成年者飲酒禁止法
[みせいねんしゃいんしゅきんしほう]

未成年者の飲酒の禁止等について規定した法律。未成年者の飲酒の禁止の他、未成年者の飲酒を知った場合に、親権者等がこれを制止する義務、酒類販売業者等に対して年齢確認措置をとることや、未成年者への販売・供与の禁止などを規定している。平成30年の民法改正により、令和4年4月以降、未成年者は18歳未満の者になるが、飲酒禁止は変わらず20歳未満の者とすることが決定している。これに伴い、法律名も令和4年4月以降は「二十歳未満ノ者ノ飲酒ノ禁止ニ関スル法律」に変更される。

■ 未成年者喫煙禁止法
[みせいねんしゃきつえんきんしほう]

未成年者の喫煙の禁止等について規定した法律。未成年者の喫煙の禁止の他、未成年者の喫煙を知った場合に、親権者等がこれを制止する義務、たばこ販売業者等に対して、年齢確認措置をとることや、未成年者への販売の禁止などを規定している。平成30年の民法改正により、令和4年4月以降、未成年者は18歳未満の者になるが、喫煙禁止は変わらず20歳未満の者とすることが決定している。これに伴い、法律名も令和4年4月以降は「二十歳未満ノ者ノ喫煙ノ禁止ニ関スル法律」に変更される。

■ 未成年者略取および誘拐罪
[みせいねんしゃりゃくしゅおよびゆうかいざい]

未成年者を略取し、または誘拐する罪。被略取者等の自由とともに親権者等の監

護権を守るために規定された。3月以上7年以下の懲役が科される。略取とは、暴行または脅迫を手段にする場合をいう。たとえば、無理やり羽交い絞めにして連れ去る場合が挙げられる。誘拐とは、欺罔または誘惑を手段にする場合をいう。たとえば、あめをあげるから車に乗ってとだまして連れ去る場合が挙げられる。

■ 見せ金／預合い
[みせがね／あずけあい]

見せ金とは、株式会社の設立において、発起人などが出資をするにあたって、払込取扱機関に支払う金銭について払込取扱機関以外から借り入れた金銭で払込みを行い、会社が成立した後にその金銭を引き出して返済を行うことをいう。

類似概念に預合いがある。預合いは、発起人などが払込取扱機関から借り受けた金銭で払込みを行い、会社成立後も返済が終わるまでは、その金銭を引き出して使用することができないよう約束しておくことをいう。

見せ金も預合いも、会社成立に際して会社財産の形成を妨げる行為であるため、一般に払込みは無効であり、発起人などは依然として払込みの義務を負うものと考えられている。

■ 満たない
[みたない]

☞以下／未満／満たない／下る／下回る

■ 三菱樹脂事件
[みつびしじゅしじけん]

最高裁昭和48年12月12日判決。三菱樹脂株式会社に採用されたXは、在学中に学生運動に参加したことを入社試験時に秘匿したところ、採用期間終了後に本採用を拒否された。そこで、Xが、労働契約関係の存在の確認を求めて訴えた事件。私人間に憲法の人権規定は適用されるか、本件採用拒否は有効かが争われた。

最高裁は、私人間における憲法の人権

規定の直接適用は否定しつつも、民法1条、90条、不法行為の規定等の適切な適用を肯定し、私的自治の原則を尊重しながら、人権保障との間の調整を図るべきと判示した。その上で、本件においては、労働者の採用に際し、企業側が労働者の思想等を調査することは違法ではないことを理由として、Xの請求を棄却した。

■ 認印
[みとめいん]

取引などで個人の同一性を証明するために押捺される印章のうち、実印以外の印章をさす。実印とは異なり、印鑑証明書が交付されないため、1人がいくつも持つことができる。そのため、重要な取引で用いられることは少ない。もっとも、少なくとも法律上の効力の観点からは、実印と同一の効力が与えられると理解されている。

■ みなし道路
[みなしどうろ]

☞二項道路／みなし道路

■ みなし利息
[みなしりそく]

名称にかかわらず、利息とみなされる金銭のこと。利息制限法では、金銭を目的とする消費貸借において、礼金、割引金、手数料、調査料その他いかなる名称を問わず、利息とみなし、同法の制限を適用するとしているが、これらがみなし利息である。利息制限法では、元本の額に応じて年2割から1割5分と利息の上限を規制しているが、名称を変えることでこの規制をすり抜けることを許さない趣旨である。

■ みなし労働時間
[みなしろうどうじかん]

実際に労働した時間ではなく、労使協定などにおいてあらかじめ定められた時間を労働したものとみなす制度。労働時間の把握が困難な業務や、業務の遂行方

法を労働者の裁量に委ねる必要がある業務について定める。大きく分けると、事業場外の労働に関するもの、専門業務型裁量労働に関するもの、企画業務型裁量労働に関するものの3種類が存在する。

■ みなす／推定する
[みなす／すいていする]

「みなす」とは、一定の法律関係において、ある事柄や物があるときに、他の事柄や物があるものと確定的に擬制することである。これに対し、「推定する」とは、一定の法律関係において、ある事柄や物があるときに、他の事柄や物があるものと扱うが、それが確定的でないことである。両者の違いは、「みなす」場合は反証（他の事柄や物がないとの証明）が許されないのに対し、「推定する」場合は反証が許されるという違いがある。

たとえば、民法721条は、「胎児は、損害賠償の請求権については、既に生まれたものとみなす」と規定している。この規定によって、胎児は、不法行為による損害賠償請求権の場面では、すでに生まれていると確定的に扱われるので、この場面では「実際は生まれていない」といった反証は許されない。

一方、民法772条1項、「妻が婚姻中に懐胎した子は、夫の子と推定する」と規定している。この規定によって、婚姻中に妻が懐胎（妊娠）した子は、原則的に夫の子として扱われることになる。しかし、本条では「推定」されているだけなので、夫の側で反証することが許されており、夫の子でないことを証明すれば、夫の子とは扱われないことになる。

■ 身代金目的拐取罪
[みのしろきんもくてきかいしゅざい]

近親者等、被害者の身を心配する者の感情を利用して、財物を交付させる目的で、暴行・脅迫を用いたり（略取）、だましたり（誘拐）して人をさらう罪。被拐取者等の自由を保護するために規定された。無期または3年以上の懲役に処せられる。

■ 未必の故意
[みひつのこい]

犯罪事実の発生を確実なものとは認識していないが、それが発生する可能性を認識し、かつ認容すること。不確定的故意の一種である。たとえば、人を刃物で刺す場合、はっきりと相手を死亡させる認識があれば、確定的故意があることになる。これに対して、死ぬかもしれないが死んでもかまわないと思っているという心理状態が未必の故意であり、この場合も故意が成立する。なお、犯罪事実の発生の可能性を認識しているが、それを認容していない場合を認識ある過失という。この場合、故意は成立しない。

■ 身分権
[みぶんけん]

身分関係に基づいて親族法上有する権利のこと。夫・妻であることや、子であることに基づいて、それぞれが有する権利。たとえば、親権者が子を監護教育する権利、扶養請求権等がある。身分権は、財産権と比較して、一身専属的性格が強く、譲渡性や相続性がなく、他人による代行が原則として認められないといった特徴がある。また、身分権は義務性が強く、放棄することは許されない。

■ 身分行為
[みぶんこうい]

身分関係の取得、消滅、変更をもたらす法律行為。たとえば、婚姻、離婚、養子縁組が挙げられる。身分行為は本人の意思を尊重すべきであるから、民法総則における意思表示の規定は適用されない。たとえば、民法総則では、冗談のつもりで行った意思表示は、相手方が冗談であると知っていた（または知り得た）場合以外には、原則として有効である（心裡留

保）と規定されている。しかし、婚姻の意思表示に関して、たとえ相手方が、表意者が本当は婚姻をする意思がないと知っていた場合であっても、婚姻の意思表示は常に無効になる。

■ 身分犯
[みぶんはん]

刑罰法規の中で、犯罪行為を行う者（主体）が一定の身分を持つ者に限定されている犯罪のこと。犯罪の成立について身分が必要な犯罪を真正身分犯または構成的身分犯という。典型例は収賄罪。これに対して、身分を持つことで刑が加減される場合を不真正身分犯または加減的身分犯という。典型例は業務上横領罪である。

■ 身分法
[みぶんほう]

☞家族法／身分法
☞財産法／身分法

■ 未分離の果実
[みぶんりのかじつ]

天然から産出される果実（天然果実）のうち、元物からいまだに分離していない状態をいう。たとえば、リンゴの木についたままのリンゴの実や、稲についたままの稲穂（米）などである。民法では、天然果実は、それを元物から分離する時に、これを収取する権利を有する者に帰属すると規定している。したがって、未分離の果実は、元物から独立して所有権の対象にならず、所有権は元物の所有権に吸収されている。ただし、特約等により、未分離の果実の所有権を認め、取引の対象にする場合もある。

■ 未満
[みまん]

☞以下／未満／満たない／下る／下回る

■ 身元保証契約
[みもとほしょうけいやく]

労働者が使用者に将来与えるかもしれない損害を、保証人が担保する契約。労働者を雇用する際に、その労働者が使い込みなどにより将来使用者に対して損害を与える場合が考えられる。身元保証契約とは、これらの損害を担保するため、労働者の身元保証人と使用者が結ぶ契約のことをいう場合が多い。その他、学生を対象に、将来の損害を担保するためその親権者と学校が結ぶ契約、賃借人を対象に、同様の目的で賃借人の保証人が賃貸人と結ぶ契約なども該当する。

■ 民事再生
[みんじさいせい]

債務者・債権者間の民事上の権利関係を適切に調整して、債務者の事業または経済生活の再生を図ることを目的とする手続。債務者の財産関係を清算するのではなく、事業や経済生活を立て直すことを主眼としている。債務者が財産管理権を奪われずに事業の再建を試みることができる点で、会社更生の手続と異なる。民事再生の手続を定めた法律が「民事再生法」である。

民事再生の手続において、債務者は、事業を継続しながら、再生計画のとおりに返済し、残りの債務の免除を受ける。また、手続が債権者等の関係者にとって公平で透明なものとするために、債務者から財産の状況などについて情報の提供を受ける他、必要に応じて、債務者を監督する監督委員や債務者に代わって事業経営を行う管財人が選任される。返済の段階でも、一定期間は返済の監督または管理が続けられる他、返済しなかった場合には、債権者は債務者の財産に対して強制執行をすることができる。

民事再生の手続には、主に法人を対象とする通常の民事再生と、個人債務者のみを対象とする簡便な民事再生（小規模個人再生、給与所得者等再生）がある。

民事裁判権
[みんじさいばんけん]

　裁判所が私人間の権利関係についての争いを解決するために行使する権限の総体のこと。具体的には、裁判の場に当事者や証人を呼び出す権限や、確定した裁判に当事者を従わせる権限、裁判の執行の場面で債務者の財産を取り上げる権限などが含まれる。

　なお、一定の者について民事裁判権の行使が制限される場合がある。たとえば、外交官やその家族に対しては、個人としての活動に基づく一定の訴訟を除いて、民事裁判権の行使が制限される（外交に関するウィーン条約）。天皇に対して民事裁判権が及ぶかについては、学説では肯定する見解も見られるが、判例は否定している。

民事執行
[みんじしっこう]

　債権者の申立てにより、裁判所が債務者の財産を差し押さえて換価し、債権者に分配するなどして、債権者に債権を回収させる手続。債権者の権利を確実に実現させることなどを目的としている。民事執行の手続を定めた法律が「民事執行法」である。なお、令和元年成立の改正で、債務者の財産に関する情報開示制度が整備され、債権者は、債務者以外の金融機関や市町村などに対して債務者の財産に関する情報の提供を命じるよう、裁判所に申し立てることが可能になった。財産開示手続については申立権者の範囲が拡大され、確定判決を得た債権者の他、執行力をもつ公正証書により養育費などの支払いを受ける権利を得た債権者なども、債務者の財産の開示を裁判所に申し立てることが可能になった。

　主な民事執行の手続は、強制執行手続と担保権の実行手続である。強制執行手続とは、確定判決などの債務名義（債務の存在・範囲などを証明する公文書）を有する債権者の申立てに基づいて、自らの債権を裁判所が強制的に実現する手続である。これに対し、担保権の実行手続とは、債権者が債務者の財産に抵当権などの担保権を有するときに、確定判決などの債務名義がなくても、それを実行して債務者の財産から債権を回収する手続である。

民事訴訟
[みんじそしょう]

　私人間の紛争を、国家機関である裁判所の関与を通じて、強制的に解決するための手続。たとえば、交通事故が発生した場合、被害者が加害者に対し治療費や慰謝料を請求するが、加害者がその支払いを拒絶するなどして、当事者間で争いがある場合に、当事者双方の言い分を十分に聴いた上で、公平な立場から裁判所が判断を下すことになる。

　このような民事訴訟の手続と作用を規律する法律が「民事訴訟法」である。民法や商法など私法上の権利義務に関する規定（実体法）を訴訟で実現することが目的で、手続法としての性格を持っている。私人間の紛争を適切に解決するために、民事訴訟の手続では、訴えの提起があった時に手続が開始され、原則として当事者間で設定した争点に関する証拠を広く集めて証拠調べを行い、裁判官が得た心証に基づいて判断を下すというしくみが採られている。また、当事者間で紛争が解決されることを主眼としており、刑事訴訟と違い、真実発見の要請はそれほど強くない点にも特徴がある。

民事調停
[みんじちょうてい]

　裁判官のほかに一般市民から選ばれた調停委員2人以上からなる調停委員会が、当事者の主張を聴き、双方に歩み寄りを促して当事者の合意を形成し、妥当な解決を図る手続。たとえば、金銭・家屋の

貸借や、土地の利用関係に関する紛争で用いられる。手続は非公開であり、訴訟に比べ費用も低い点でメリットがある。

■ 民事不介入の原則
[みんじふかいにゅうのげんそく]

警察権は、社会一般の安全と秩序を維持する必要がある場合にのみ行使でき、個人間の紛争や民事上の事件には原則として関与することができないという建前をさす。

■ 民事保全
[みんじほぜん]

民事上の権利または権利関係を、民事訴訟の手続を経て強制的に実現できる状態に至るまで、暫定的に維持・確保すること。将来的に行う強制執行の手続が適切に行われるようにすることを目的にしている。民事保全の手続を定めた法律が「民事保全法」である。

民事保全の手続には、仮差押え、係争物に関する仮処分、仮の地位を定める仮処分の3種類がある。たとえば、AがBに貸金返還請求をしているような金銭債権の場合、Aが勝訴判決を得てもBが唯一の財産（不動産）をCに譲渡して登記を移転してしまうと、Aはこの不動産の差押えができなくなる。この場合は、仮差押えによって、Aの債権が実現されるかどうか明確になるまで、不動産の譲渡を禁止できる。ただし、仮差押えは暫定的な財産の保全であり、不動産を換価（金銭に換える）することまで認められるわけではない。

一方、係争物に関する仮処分は、たとえば、建物の明渡請求の可否が争われている場合に、その建物の占有を他人に移転することを禁止する占有移転禁止の仮処分として行われる。仮の地位を定める仮処分は、たとえば、労働者の解雇の有効性が争われている場合に、労働者の生活の基盤を保護するため、賃金仮払いの仮処分として行われる。

■ 民衆訴訟
[みんしゅうそしょう]

行政事件訴訟法が定める訴訟類型の一種。原告の個人的な権利・利益を保護することが訴訟の目的ではないため、原告となる者は法律で規定された者でなければならない。しかし、自分の利益に関係がない行政活動の適法性を維持する目的で提起することができる。したがって、行政活動の客観的な適法性を維持することを目的とする客観訴訟に分類される。たとえば、選挙に関する訴訟や住民訴訟などが挙げられる。

■ 民主主義
[みんしゅしゅぎ]

すべての国民が政治のあり方を最終的に決定する権力を持つという考え方。対立概念は君主制であり、これは国王（君主）が政治権力を持つという考え方。今日、多くの国で民主主義が採用されており、わが国の憲法も前文や1条で国民主権原理を採用しており、明確に民主主義の立場を採っていると考えられている。

また、民主主義は、立憲主義とも結びつくと考えられている。立憲主義は、個人の権利・自由を保障するため、憲法によって国家権力を制限することを認める考え方である。そして、国民が国家権力から自由であるためには、国民自らが積極的に政治に関与することが必要であるため、民主主義が立憲主義の実質的な原理となると考えられている。

■ 民主的行政責任の原理
[みんしゅてきぎょうせいせきにんのげんり]

国民が行政権をコントロールするためのシステムをさす。わが国では、議院内閣制が採られているが、議会（国会）の役割は、国会と内閣との間の抑制と均衡を保つことのみではなく、議会が国民に

情報を提供し、争点を提起して国民が行政権をコントロールすることに協働することであると考えられている。そのための制度として、議会には政府への質問権や国政調査権が認められていると考えられている。

■ 民定憲法
[みんていけんぽう]

☞欽定憲法／民定憲法

■ 民法
[みんぽう]

日常生活における私人間の関係について一般的な原則を定める私法の基本法のこと。狭義には、総則・物権・債権・親族・相続の5編からなる「民法典」のことをいう（形式的意義の民法）。広義には、社会における私人間の関係を規律する私法の一般法のことをいい（実質的意義の民法）、民法典に加え、商法・借地借家法・利息制限法などの特別法を含む。なお、平成29年の民法改正は「債権法改正」とも呼ばれており（令和2年4月施行）、主に総則編・債権編に大きな改正が発生している。さらに、平成30年の民法改正は「相続法改正」と呼ばれており（令和2年4月までに順次施行）、主に相続編について新たな制度が導入されている。

む

■ 無因行為
[むいんこうい]

☞有因行為／無因行為

■ 無因証券
[むいんしょうけん]

証券上の権利が、証券作成の原因となった法律関係から切り離されている有価証券。原因となった法律関係の有無や消長によって、証券上の権利が影響を受けない有価証券のこと。不要因証券ともい

う。手形や小切手は、無因証券の代表的な例である。

■ 無因証券性
[むいんしょうけんせい]

証券上の権利が、その原因関係に影響を受けないという性質をいう。手形・小切手の性質のひとつである。たとえば、約束手形が売買代金の支払いのために振り出された場合、その売買契約が無効であっても、約束手形は無効にならない。

■ 無過失責任
[むかしつせきにん]

損害賠償責任に関して、加害者に意図（故意）や注意義務違反（過失）がないにもかかわらず、発生した損害に対する損害賠償責任を負担すること。損害賠償にあたっては、故意または過失がある場合に損害賠償責任を負担するのが原則であり、これを過失責任主義という。これに対して、収益を得つつ大気汚染や水質汚濁を出す大企業や、自動車などの危険な物から利便性を得ている者は、たとえ過失がなかったとしても、それらが出す損害に対して、当然に責任を負担するのが公平の理念に合っているという考え方が、無過失責任の理論である。無過失責任が規定されている例は、労働災害や自動車事故、公害、製造物の欠陥などに対する損害賠償において、多く見られる。

■ 無期懲役
[むきちょうえき]

拘禁の期間を定めずに、終身の期間にわたって行われる懲役刑をさす。無期禁錮刑と同様に、無期刑の一種。ただし、10年を経過した後に、服役中の者に犯罪行為を悔い改める心情（改悛の情）が見てとれる場合には、刑事施設からの仮出所を許すことができるものと定められている。

■ 無記名式小切手
[むきめいしきこぎって]

小切手上に権利者を指定せず、小切手

の所持人に支払うべきであるとされている小切手のこと。持参払式小切手ともいう。日本で発行される小切手は、この方式であることが多い。たとえば、「持参人にお支払いください」などと記載される。

■ 無記名証券・無記名債権
[むきめいしょうけん・むきめいさいけん]

証券上に債権者の氏名や名称が記載されておらず、債務者としては、証券の正当な所持人に対して弁済しなければならないもの。商品券、乗車券、入場券、劇場入場券などが該当する。平成29年の民法改正により、無記名債権から無記名証券へと名称が変更され、無記名証券は有価証券のひとつとして扱われることになった。かつての無記名債権は動産とみなされていたが、このような取扱いは廃止されたことになる。

無記名証券の譲渡や質権設定は、その証券の交付が効力要件となる。無権利者からの取得については、有価証券の善意取得の制度が適用される（民法520条の20、520条の15）。

■ 無形偽造／有形偽造
[むけいぎぞう／ゆうけいぎぞう]

無形偽造とは、文書の作成権限を有する者が内容虚偽の文書を作成することをいう。たとえば、学校の校長が、中退した生徒を宛名として卒業証明書を作成した場合が挙げられる。

有形偽造とは、文書偽造において、名義人と作成者が異なることをいう。たとえば、AがBに金を貸し、借用書を用意したが、借主本人の署名が必要な欄に、AがBの代わりに勝手に署名した場合が挙げられる。

■ 無限責任社員／有限責任社員
[むげんせきにんしゃいん／ゆうげんせきにんしゃいん]

無限責任社員とは、会社債務について無限に責任を負う社員をいう。無限責任

とは、社員が会社に出資した金銭等のみではなく、社員個人の財産などに対しても、強制執行等を受けるおそれがあることをいう。合名会社は無限責任を負う社員のみで成り立っている。

有限責任社員とは、会社債務について有限の責任を負う社員をいう。有限責任とは、社員が会社に出資した分についてのみ責任を負うことをいう。株式会社と合同会社は有限責任を負う社員のみで成り立っている。

合資会社は、有限責任を負う社員と無限責任を負う社員とが混在する。また、非営利法人である一般社団法人における社員は、有限責任社員により構成されている。

■ 無権代理
[むけんだいり]

正当な代理権を持たない者が代理人として行った法律行為のこと。まったく代理権を持たない場合と、基本代理権自体は持っている場合の2種の類型がある。

代理権を持たない場合としては、たとえば、Bが父Aの土地の権利証を持ち出して、Aの代理人と称して、Cとの間でAの土地を売却する契約を結ぶ場合などが挙げられる。これに対して、代理人が基本代理権を持っていた場合の無権代理行為としては、たとえば、土地の賃貸借契約を結ぶ代理権が与えられていたが、代理人が売買契約を結んでしまった場合が挙げられる。過去に代理権を持っていた者が、現在では本人との間の委任契約が終了しているにもかかわらず、かつて持っていた代理権を用いて代理行為を行う場合も、無権代理行為に含まれる。

無権代理行為が本人にとって有利な内容であれば、本人が後から無権代理行為を追認して有効なものとすることができる。本人に不利な内容の無権代理行為が行われた場合は、原則として無権代理行為の効果が本人に帰属することはない。

もっとも、本人と無権代理人との間に特殊な関係が存在するときには、有効な代理権があったかのように扱われ（表見代理）、無権代理人と取引を行った第三者が保護される場合がある。

■ 無権代理行為の追認
［むけんだいりこういのついにん］

本人が、無効な代理行為（無権代理行為）の効果を自己に帰属させる旨の意思表示をすること。追認によって、無権代理行為には、代理権に基づいてなされたのと同一の効力が生じる。

追認（またはその拒絶）は、代理人と相手方のいずれに対してもなし得るが、相手方に対してしなければ、相手方が追認の事実を知ったときを除いて、相手方に対抗することができない。追認は、別段の意思表示がないときは、契約の時にさかのぼってその効力を生じる。

なお、民法116条但書は、無権代理行為の追認によって第三者の権利を害することができないと規定しているが、実際には対抗要件の有無で本人と第三者の優劣が決せられる場合が多く、但書が意味を持つ場合は少ない。

■ 無効／取消し
［むこう／とりけし］

無効とは、ある法律行為の法律効果が生じないことをいう。無効な行為は、いつでも、誰でも、誰に対しても、主張することができる。また、最初から行為がなかったことになるため、後で追認することもできない。

これに対して、取消しとは、法律行為に一定の欠陥があるため、取り消すことができる場合をいう。瑕疵のある意思表示（法律行為）に対して、その効力を遡及的に失わせる場合などに用いられる。たとえば、詐欺・強迫に基づく意思表示の取消しが挙げられる。

無効と取消しの差異は、無効は特定人が主張することは不要であるが、取消しは取消権者（行為者など）が主張することによってはじめてその効果が発生することである。また、取り消すまでは一応有効と扱われるが、取消権を行使すると、その行為の効力が当然にさかのぼって無効になる。なお、取消権の行使には期間制限がある。また、追認によって当初から有効であったことにすることもできる。

■ 無効確認訴訟
［むこうかくにんそしょう］

行政事件訴訟法が定める抗告訴訟の一種で、行政庁の処分や裁決の存否または効力が無効であることの確認を求める訴訟のこと。

行政処分は、原則として違法であっても当然には無効とならず、権限ある機関によって取り消されない限り、有効であると取り扱われる（公定力）。また、訴訟で行政処分の効力を否定するためには、原則として取消訴訟によらなければならない（取消訴訟の排他的管轄）。

しかし、通説的見解によれば、行政処分の違法性が重大で、かつ明白である場合には（重大明白説）公定力が及ばず、取消訴訟を経ないでその行政処分の効力を否定できると考えられている。その行政処分の無効を確認する訴えが無効確認訴訟である。無効確認訴訟は、取消訴訟とは異なり、出訴期間の制限などの制約がかからず、国民の権利・利益を救済することのできる機能が期待されている。

■ 無効行為の追認
［むこうこういのついにん］

無効な行為を有効なものとする意思表示のこと。無効な行為が追認によって効力を生じることはない。当事者が、その行為が無効であることを知りながら追認したときは、新たな行為をしたものとみなされる。

■ 無効行為の転換
［むこうこういのてんかん］

　ある法律行為としては要件を欠いているため無効となるが、他の法律行為としてであれば要件を満たしている場合に、その法律行為として有効なものとして扱うこと。民法上、秘密証書遺言としては要件を欠く遺言であっても、自筆証書遺言としての要件を備えていれば、自筆証書遺言として有効になると定められているが、これが無効行為の転換の例である。また、判例は、非嫡出子を嫡出子として出生届をした場合に、出生届に認知の効力を認めている。一方で、他人の子を嫡出子として届け出た出生届に、養子縁組届の効力を認めることは、養子縁組の要式行為性（一定の方式に従うことが要求される性質）に反するとしてこれを否定している。

■ 無効の行政行為
［むこうのぎょうせいこうい］

　無効と扱うことが当然であると考えられるような法的な欠陥（瑕疵）がある行政行為。たとえば、事実無根の非行を理由とした公務員に対する懲戒処分や、根本的に誤った課税要件の認定に基づいた課税処分などが挙げられる。無効であるかどうかの基準について、判例・通説は、瑕疵が重大であり明白である場合（重大明白説）としている。対立概念は、取り消されるべき行政行為である。

■ 無罪
［むざい］

　刑事事件において、検察官が犯罪事実の存在を証明できなかった場合、および裁判の結果、被告事件が罪にならないことが明らかになった場合のこと。罪にならないとは、起訴された事実がそもそも犯罪を構成しないか、違法性阻却事由や責任阻却事由があるため犯罪として成立しない場合をいう。

■ 無罪の推定
［むざいのすいてい］

　被疑者・被告人は、有罪の判決がなされるまでは、罪を犯してはいないと扱われるという原則。この原則は、犯罪事実については検察官に挙証責任があることを示している。被告人の側には無罪を立証する責任はない。また、犯罪事実の存在が、通常人の誰もが疑念を持つ余地がない程度までに明らかであると証明されなければならない。

■ 無償契約
［むしょうけいやく］

☞有償契約／無償契約

■ 無銭飲食
［むせんいんしょく］

　飲食店等で代金を支払わずに飲食を行うこと。刑法では、当初から代金を支払う意思がない場合には、料理という財物をだまして提供させたとして、詐欺罪が成立すると考えられている。これに対して、当初は代金を支払う意思があったが、途中から気が変わって代金の支払いを免れた場合の処理をめぐって争いがある。

　判例は、気が変わった後に、だます行為（欺罔行為）によって、代金債務を（一時的にせよ）免除・猶予する意思を相手方に起こさせることが必要であり、これが認められた場合には、2項詐欺（刑法246条2項）が成立するとしている。一方、黙って立ち去っただけの場合は、利益窃盗を処罰する規定がないため、罪に問われない。

■ 無担保裏書
［むたんぽうらがき］

　手形・小切手の裏書人が、「無担保」「支払無担保」「償還無用」などの担保責任を負担しない旨の文言（無担保文句）を記載して裏書を行うこと。裏書人は本来、支払拒絶を受けた被裏書人その他の手形・小切手等の所持人に対して、支払義務を

負担する（担保責任）が、無担保裏書をしておくことで、償還義務あるいは遡及義務から免れることになる。

■ 無名契約
[むめいけいやく]

☞非典型契約／無名契約

■ 無名抗告訴訟
[むめいこうこくそしょう]

　行政事件訴訟法に定めはないが、判例・学説において、解釈により認められ得る抗告訴訟をいう。法律に定めがなくても、国民の権利救済にとって必要があれば、新しい法定外の抗告訴訟も想定できると考えられている。無名抗告訴訟として想定されているものとしては、義務の確認訴訟や公権力の行使を差し止めるための権力的妨害排除訴訟、行政立法や行政計画の違法確認訴訟などがある。

め

■ 明確性の原則
[めいかくせいのげんそく]

①精神的自由を規制する立法は、その要件が明確でなければならないとする原則。表現行為を規制する法律の文言が、あまりにも漠然としていて、意味が不明確である場合には、本来合法である表現行為についても規制されてしまうのではないかという萎縮効果を持つため、無効になる。憲法上の根拠は、憲法21条の表現の自由および適正手続を定める憲法31条であるといわれている。

②刑法において、具体的にいかなる行為が犯罪になるのか、刑罰法規から明確にされていなければならないという考え方をいう。事前に法律により犯罪として規定されていなければ、刑罰を科せられることはないという、罪刑法定主義の派生原理のひとつであると考えられている。

■ 名義書換
[めいぎかきかえ]

　株式の譲渡がなされた場合に、譲受人が会社に対し、株主名簿上の名義を自己の名義に書き換えてもらうこと。名義書換がなされると、譲受人は会社に対して株主権を主張することができる。

■ 迷信犯
[めいしんはん]

　犯罪結果を発生させようと考えて及ぶ行為が、迷信的な手段による行為をさす。たとえば、丑の刻参りを行って、人を呪い殺そうとする場合などが挙げられる。迷信犯は、行為の性質上まったく犯罪結果を発生させることができない不能犯の一種であると考えられている。

■ 明認方法
[めいにんほうほう]

　土地から独立した取引対象とするために、樹木・果実などの所有権を公示する方法のこと。

　土地の権利関係に吸収される樹木や果実などは、原則として、それ自体が独立の物として取引の対象になることはないと考えられていた。しかし、立木や果実など、それ自体が独立した経済的価値を持っており、取引の対象にする必要がある。

　そこで民法は、立木の明認方法について規定を置き、立木や果実に関する権利を、他人に主張することができると規定している。たとえば、樹皮を削って所有者名を書いたり、立て札で所有者名を表示したりすることにより、土地から独立した所有権を公示すれば、土地と分離して取引の対象とすることができる。

■ 明白かつ現在の危険
[めいはくかつげんざいのきけん]

　法律の合憲性を判断するための基準。もともとはアメリカの判例で用いられた理論である。表現の自由に対する規制が許されるためには、その表現行為が近い

将来、実質的な害悪をもたらす確実性（蓋然性）が明白であり、引き起こされる害悪がきわめて重大かつ害悪の発生が時間的に切迫していること、そして、表現行為を規制する手段がその害悪を避けるために必要不可欠な手段であるという要件を満たす必要があると考える理論である。

下級審では、明白かつ現在の危険の基準に則して判断を下したと考えられるものが見られるが、少なくとも最高裁判所が正面からこの基準を採用したと考えられる判決は見当たらない。

■ 明白性の原則
[めいはくせいのげんそく]

経済的自由に対する規制立法の合憲性判断基準のひとつ。当該規制措置が著しく不合理であることが明白である場合に限って違憲になる基準のこと。積極目的規制の場合は、民主政の過程での自己回復が可能であり、かつ政策的判断能力に乏しい裁判所の審査能力を考慮して、できるだけ合憲の方向に導く基準である。たとえば、小売市場距離制限事件において判例は、距離制限が共倒れ防止という積極目的であることを理由に、明白性の原則を用いて、距離制限による規制の合憲性を判断している。

■ 名誉毀損
[めいよきそん]

他人の社会的評価を低下させること。ここにいう社会的評価とは、外部の者から客観的に下される評価をさし、人が自分自身に対して持っている主観的な評価（名誉感情）は含まれないと考えられている。たとえば、Bが、Aが会社の金銭を横領しているという虚偽のうわさを流すことなどが挙げられる。

民法上、名誉毀損は不法行為にあたるとして、損害賠償請求や差止めを求めることができると考えられている。また、名誉を回復するための処分として、謝罪文

の掲載などを求めることができる場合もある。なお、刑法においても、人の社会的評価を害するような事実を、不特定多数の者が認識できる形で示した場合は、名誉毀損罪が成立すると規定している。

■ 命令
[めいれい]

☞判決／決定／命令

■ 命令委任
[めいれいいにん]

議員が、自分を選出した母体である選挙区民（選挙人）の意思を、忠実に議会に反映させなければならないという考え方。議員の活動が選挙人の意思に沿っていなければ、選挙人によって罷免などの形で責任を問われることがあると考えられている。対立概念は自由委任である。

■ 命令的行為
[めいれいてきこうい]

行政行為の分類の一種。個人の権利や自由を制限するような、私人がもともと持っている自由を禁止し、あるいは一般的に禁止されている行為を特定の者に解除する性質を持つ行為のこと。下命、許可、禁止が命令的行為に当たるといわれている。たとえば、食品衛生法に基づく営業許可などが挙げられる。対立概念は形成的行為である。

■ 迷惑防止条例
[めいわくぼうしじょうれい]

公衆に著しく迷惑をかける暴力的行為等を防止し、その地区の住民および滞在者の生活の平穏を保持するために規定された条例。条例であるため、都道府県や市区町村ごとにその内容は異なる。たとえば、盗撮目的でカメラを設置する行為は迷惑行為として禁じられていることが多い。

■ 滅失登記
[めっしつとうき]

土地や建物が滅失した場合に、その事

実を登記簿に記載するための登記のこと。表示に関する登記の一種である。たとえば、建物を解体したような場合には、建物の解体証明書や、利害関係人がある場合にはその者の承諾書等を、滅失登記申請書に添付して、解体の日から1か月以内に申請する。なお、この登記は、権利に関する登記と異なり、申請義務があるため、申請を怠ると10万円以下の過料に処せられる場合がある。

■ 面会交流権・面接交渉権
［めんかいこうりゅうけん・めんせつこうしょうけん］

親権や監護権を有しない親が、子と連絡を取ったり実際に会う権利。かつては面接交渉権と呼ばれており、民法には規定されていなかったが、家庭裁判所の実務において認められ、判例においても肯定されていた。平成24年の民法改正により、子の監護に関する事項のひとつとして、面会交流権が明文で定められた。父母が離婚をする場合、子の監護をすべき者を決めるが、監護権を持たない親も、子の福祉（子どもの健全な発達・成長）に反しない限り、面会交流権を有する。

■ 免許主義
［めんきょしゅぎ］

☞許可主義／免許主義

■ 免除
［めんじょ］

①私法上、債権の消滅原因の一種として、債権者が一方的な意思表示により、無償で債務者が負う債務を消滅させること。たとえば、AがBに対して100万円を貸していた場合、AがBに対して、「100万円は返さなくてもよい」とすることが、これに当たる。
②公法上は、国や地方公共団体などが特定の個人に対して、税金や保険料などの支払義務を免れさせることをいう。たとえば、国民年金保険料の場合、本人や配偶者など所得が一定額以下の場合には、申請により、その支払いの全額または一部が免除される。

■ 免責的債務引受
［めんせきてきさいむひきうけ］

債務引受によって引受人が債務を負担するのに対し、債務者は自らの債務の負担を免れること。たとえば、債務者Aが債権者Bに対して甲債務を負っている場合、引受人Cが、Aの代わりに甲債務を負担するとともに、Aは甲債務の負担を免れることである。免責的債務引受は、債権者と引受人との契約でするときは、債務者にそのことを通知すればよいのに対して、債務者と引受人との契約でするときは、債権者の承諾が必要になる。

■ 免責特権
［めんせきとっけん］

国会議員が議院内で行った演説、討論や表決について、院外で責任を問われない特権のこと（憲法51条）。院外で問われない責任とは、一般国民であれば負うべき法的責任のことであり、損害賠償や名誉毀損といった民事上および刑事上の責任を当然に含み、弁護士資格を有する弁護士の場合の弁護士法上の懲戒責任も含まれる。

もっとも、院内で行った発言や表決について、所属政党や支持団体、選挙民等が、道義的・政治的な責任を追及することは免責特権とは無関係であり、許される。

■ 免訴
［めんそ］

刑事訴訟において、裁判所が有罪・無罪を判断することなく訴訟を打ち切る判決のこと。免訴の事由としては、ⓐ確定判決を経たとき（有罪または無罪の判決が確定している場合を意味する）、ⓑ犯罪後の法令により刑が廃止されたとき、ⓒ大赦があったとき、ⓓ時効が完成したときがある。

■ メンタル・ヘルス
　　[めんたる・へるす]

　医学的には「精神保健」、一般的には「心の健康」を意味する。心が病んでいないというだけでなく、社会環境に順応している状態という意味でも用いられる。近年、極度のストレスによる労働者の自殺や過労死が深刻化したことから、国の施策においても職場におけるメンタル・ヘルス対策が推進されている。平成26年の労働安全衛生法改正により、平成27年12月から、常時50人以上の労働者を使用する事業場において、労働者の心理的な負担の程度を把握するために、医師または保健師等によるストレスチェックを定期的に実施することが義務づけられている。

も

■ 申込み
　　[もうしこみ]

　契約の締結を望む者（申込者）が、相手方の承諾の意思表示があれば、直ちに契約を成立させることを相手方に伝える意思表示のこと。たとえば、売買契約において、当事者の一方が、相手方に対して「自己の所有物を売りたい」と申し込む場合が挙げられる。相手方がこれを承諾すれば、直ちに売買契約が成立することになる。

■ 申込証拠金
　　[もうしこみしょうこきん]

①不動産等の売買において、購入希望者が、売買契約の交渉の順位確保および購入意思の表示のために交付する金銭。通常、申込証拠金を交付した購入希望者は、他の競合する購入希望者に優先して契約交渉をすることができる。成約した場合には、通常、申込証拠金は売買代金に充

当され、購入希望者が購入の意思をなくした場合には、返還を請求できる。
②株式の引受けを申し込んだ者に、申込みの時点で払込取扱金融機関に払い込ませる金額と同額の金銭。会社法上の制度ではないが、株式割当後に金銭を払い込む形では、失権株式の数が判明する時期が遅くなり、株式の発行が遅延するため、実務上認められている。

■ 申込みの拘束力
　　[もうしこみのこうそくりょく]

　いったんした申込みは、自由に撤回ができないとする効力のこと。承諾期間を定めてした契約の申込みは、申込者が撤回をする権利を留保したときを除き、撤回することができない。承諾期間内に申込者が承諾の通知を受け取らなかった場合には、申込みは効力を失う。また、承諾期間を定めないでした申込みは、申込者が撤回をする権利を留保したときを除き、申込者が承諾の通知を受けるのに相当な期間を経過するまで、撤回することができない。

■ 申込みの誘引
　　[もうしこみのゆういん]

　申込みが相手方の承諾によって契約を成立させるものであるのに対して、相手方に申込みをさせようとする意思の通知のこと。誘引に応じた相手方の申込みに対して、申込みの誘引をした者が承諾をすることで契約が成立する。

　申込みとは異なり、申込みの誘引をしたに過ぎない者は、これを受けた相手方の意思表示（申込みにあたる）に対して承諾するか否かの自由を持つ。

　たとえば、不動産会社の店頭に「売地」と書かれた広告が張り出されていたとする。これが契約の申込みであるとすると、不動産会社に対して「買います」と名乗り出た者があれば、その時点で売買契約が成立することになる。しかし、実際に

は、買主の信用状況を調査したり、広告に書かれていない土地の詳細などを説明したりした上で、不動産会社がこの買主でよいと判断した時に売買契約が締結されると解すべきである。つまり、広告の段階は申込みの誘引に過ぎず、「買います」との申し出は契約の申込みであると解すべきである。不動産会社としては、買主を選ぶ自由を有しており、選んだ買主に「売ります」と申し出るのが契約の承諾となって、この時点で売買契約が成立することになる。

■ 申立主義
[もうしたてしゅぎ]

裁判所が行う訴訟手続は、原則として裁判所が職権で行うのではなく、当事者の申立てを待って行われるという考え方。

■ 黙示の意思表示
[もくじのいしひょうじ]

意思表示の表示行為が、外形上明確性を欠いている状態をさす。表示行為から意思表示の存在が明らかである明示の意思表示が対立概念である。表示行為を解釈することによって、意思表示が有効に存在するかどうかが判断されることになる。

たとえば、民法では、期間の定めがある賃貸借契約で、期間満了後も賃借人が引き続き使用・収益を継続しているときに、賃貸人がこれを知っていながら異議を述べない場合には、前の賃貸借契約と同一の内容で契約が更新されたものと推定される。この場合の賃貸人の態度が更新をよしとする黙示の意思表示とみなされる。

■ 黙示の更新
[もくじのこうしん]

賃貸借契約の期間が満了した後、賃借人が賃借物の使用または収益を継続する場合において、賃貸人がこれを知りながら異議を述べないときは、従前の賃貸借と同一の条件でさらに賃貸借契約をした

ものと推定されることをいう。黙示の更新がなされた場合には、契約の当事者はいつでも解約の申入れをすることができる。また、従前の賃貸借についての担保は、敷金を除いて、期間の満了によって消滅する。

なお、借地借家法が適用される不動産賃貸借については、一定の条件を満たす場合には、当然に更新がなされたものとみなされる制度があり、法定更新と呼ばれる。

■ 目的刑主義
[もくてきけいしゅぎ]

☞応報刑主義／目的刑主義

■ 目的・効果基準
[もくてき・こうかきじゅん]

憲法訴訟において、国家と宗教のかかわり合いが政教分離原則に違反するか否かを、宗教的活動の目的と効果から判定する基準のこと。津地鎮祭訴訟で最高裁は、目的・効果基準に従い、政教分離原則違反の行為は、国家等の行為の目的が、宗教的意義をもち、その効果が宗教に対する援助、助長、促進または圧迫、干渉等になる場合に限ると判断した。

■ 目的審査
[もくてきしんさ]

☞手段審査／目的審査

■ 目的的行為論
[もくてきてきこういろん]

☞因果的行為論／目的的行為論／社会的行為論／人格的行為論

■ 目的犯
[もくてきはん]

一定の行為の目的の存在が構成要件要素（主観的違法要素）とされている犯罪のこと。たとえば、公文書偽造罪は「行使の目的」を要求する目的犯である。

■ 目的論的解釈
[もくてきろんてきかいしゃく]

規律の目的・趣旨から文理を解釈する

こと。たとえば、「このマンションで犬・猫を飼ってはいけない」という規律があった場合に、この規律の目的は動物の鳴き声や体臭による住民トラブルを防止することと読み、犬・猫以外にも、鳴き声や体臭のするような鳥・ウサギも飼ってはいけないと解釈することが挙げられる。

■ 黙秘権
[もくひけん]

　刑事訴訟上、被疑者・被告人が終始沈黙し、または個々の質問に対して供述を拒む権利。憲法38条1項は、被疑者・被告人および各種の証人に対して、自己に不利益な供述を避けたことを理由に、処罰その他の法律上の不利益を与えることを禁じており、個人の権利として黙秘権を認めている。刑事訴訟法は、被疑者や被告人に自己に不利益なものに限らず、包括的な黙秘権を保障している（198条2項、311条1項）。供述（証言）拒否権ともいう。自己に有利、不利を問わず、広く供述を拒否する権利を保障しており、憲法よりもさらに手厚い保障を与えている。

■ 若しくは
[もしくは]

　☞又は／若しくは

■ 持株会社
[もちかぶがいしゃ]

　事業活動を支配する目的で他社の株式を保有する会社のこと。製造・販売などの事業活動を行わない純粋持株会社と、自らも事業を行う事業持株会社がある。独占禁止法では、持株会社は、会社の総資産の額に占める子会社の株式の取得価額の合計額の割合が、100分の50を超える会社と定義されている。

■ 持分会社
[もちぶんがいしゃ]

　株式会社を除く合名会社、合資会社および合同会社の3種類の会社の総称。原則として社員が会社の経営に関与するため、所有と経営が分離している株式会社とは性質が異なっている。合同会社については、会社法によって新たに設けられた概念である。株式会社と比べた場合、社員は原則として経営に関与するため、社員間の人間的な信頼関係に重きを置いているところに特徴があるといわれる。

■ 持分権
[もちぶんけん]

　ある財産を共有する場合に、各共有者が互いに制約を受けながら持つ所有権のこと。持分ともいう。所有権と同様の扱いを受ける。持分権を持つ各人は、共有物全体を持分権の割合に応じて使用することができ、管理費用などの負担が必要な場合には、持分権の割合に応じて分担して支払う。また、所有権と同様、自由にその権利を譲渡したり、担保に供したり、処分することが可能である。ただし、組合財産、相続財産など一部のケースで、処分について制約を受けることがある。

　各共有者は、他の共有者に対し、持分確認の訴え、持分の登記請求権、物権的請求権を行使することができる。また、第三者に対しても、物権的請求権の行使ができる。なお、共有財産が不動産である場合には、必ずその持分を登記する必要がある。

■ 持分の譲渡
[もちぶんのじょうと]

　共同所有形態において、各自が有する持分を譲渡すること。共有においては、具体的な持分が認められることから、持分の譲渡は可能である。合有においては、潜在的持分は認められるが、具体的な持分は認められないことから、持分の譲渡はできない。総有においては、潜在的な持分すら観念できないため、やはり持分の譲渡はできない。

■ 戻裏書

[もどりうらがき]

すでに手形上に署名をして手形債務者となっている者に対して裏書を行うこと。たとえば、振出人AがBに振り出した約束手形が、C、さらにDへと裏書譲渡された場合に、再びCのもとに裏書譲渡されたときなどが挙げられる。戻裏書を行った場合、上記Cは、債務者としての自己と債権者としての自己の中間にある裏書人Dに対しては、権利を行使することができない。中間の裏書人に対して遡求を認めても、事態が進展しないからである。

■ 戻手形

[もどりてがた]

遡求権者または再遡求権者がその前者の1人である遡求義務者を支払人として振り出す一覧払の為替手形のこと。遡求権者等は遡求権または再遡求権を行使することができる。戻手形の振出しを禁じる記載が、法定の任意的記載事項として認められている。

■ 物

[もの]

権利の客体となり得る有体物のこと。固体・液体・気体すべてを含む。

■ 文言証券

[もんごんしょうけん]

証券上の法律関係の内容が、証券の記載文言によって決定される有価証券。手形や小切手は、文言証券の典型とされる。文言証券は無因証券性を前提にしている。無因証券は、証券上の権利がその原因関係から切り離されているため、証券の内容を判断するには記載文言によるしかないことに基づく。

■ 問責決議

[もんせきけつぎ]

国や地方公共団体の議会で、閣僚や首長・議員などに対して、その地位にあることが不適当であると判断した場合に提出される決議案をいう。とくに国会では、内閣不信任決議案を提出することができるのは衆議院のみであるため、参議院では問責決議案によって、内閣の責任を問う途が残されているにすぎない。内閣不信任決議案が可決された場合には、内閣は総辞職か衆議院を解散するという二者択一を迫られるが、問責決議案には法的な拘束力がないという相違点がある。

■ 門地

[もんち]

家系や血統などの家柄のこと。明治憲法下では、華族・士族・平民等による差別が行われており、門地による差別が許されていた。日本国憲法は、明文で門地による差別を否定し（法の下の平等）、あわせて貴族制度の採用も禁止している。なお、皇族に認められる特別な地位は、形式的には門地による差別を認めているように見えるが、これは憲法が世襲による皇位継承を認めていることからの例外であると理解されている。

や

■ 役員
[やくいん]

法人等において、実際に業務の執行にあたる者や、業務・会計の監査や監督をつかさどる機関のこと。一般社団法人の理事や監事、特殊法人等の総裁や理事長が該当する。なお、株式会社に関しては、会社法上の役員は、取締役、会計参与、監査役のみであり、会計監査人、執行役は、取締役、会計参与、監査役を含めて役員等といわれることがあっても、役員には該当しない。

■ 役員兼任の制限
[やくいんけんにんのせいげん]

会社の役員の兼任を禁止すること。たとえば、会社法上、監査役は、会社およびその子会社の取締役・支配人その他の使用人との兼任、または子会社の会計参与・執行役との兼任が禁止されている。監査役は業務執行者を監督することを主たる任務とするため、自分で業務を執行し、これを自分で監査する自己監査が妥当でないことから、兼任が禁止されている。

■ 役員等のために締結される保険契約
[やくいんとうのためにていけつされるほけんけいやく]

株式会社が保険者（保険会社など）との間で締結される保険契約のうち、取締役や監査役などの役員等が職務の執行に関し責任を負い、あるいは責任追及の請求を受けることによって生じる可能性がある損害を保険者が補填することを約束するもの。契約者は株式会社、被保険者は役員等である。実務上は株式会社と保険会社との間で保険契約を締結する役員賠償責任保険（D＆O保険）が販売されており、これを踏まえて令和元年の会社法改正で明文化された。株式会社が役員等のために保険契約を締結する場合には、株主総会決議（取締役会設置会社の場合は取締役会決議）が必要である。

■ 薬事法
[やくじほう]

☞医薬品医療機器等法

■ 約定解除権
[やくじょうかいじょけん]

☞法定解除権／約定解除権

■ 約定担保物権／法定担保物権
[やくじょうたんぽぶっけん／ほうていたんぽぶっけん]

約定担保物権とは、当事者間の契約等により生ずる担保物権。たとえば、質権、抵当権、譲渡担保権が挙げられる。

法定担保物権とは、法律の規定により、直接的に発生する担保物権をいう。たとえば、留置権、先取特権が挙げられる。

■ 約定複利
[やくじょうふくり]

当事者の合意や契約により、未払いの利息を元本に組み入れた金額からさらに利息を計算することを定めること。複利には、このほかにも、一定の場合に法律上当然に複利計算となる法定複利（民法上の債務者滞納）と、一定の場合において当事者の意思表示がある場合にのみ複利計算となる（商法上の交互計算）ものがある。

■ 約定利率
[やくじょうりりつ]

☞法定利率／約定利率

■ 約束手形
[やくそくてがた]

手形を発行した者（振出人）が相手方（受取人）またはその者から譲り受けた者に対して、特定の期日（満期日）に一定の金額（手形金額）を支払うことを約束する有価証券。たとえば、売主Aと買主Bとの間で結ばれた売買契約で、買主Bが振出人をB、受取人をAとして、代金相当

額を手形金額として満期を3か月後の日付とする約束手形を振り出した場合、満期にAがBに対して約束手形を呈示することで、AはBから手形代金として、代金相当額の支払いを受けることができる。

これに対して、振出人が第三者に手形金の支払いを委託する有価証券を為替手形という。約束手形は、振出人自らが所定の期日に手形金を支払うことを約束する支払約束証券であるのに対し、為替手形は、たとえば、振出人Cが債権を持つDを支払人とする為替手形を、受取人Eに振り出す場合など、第三者（D）に宛てて手形金の支払いを依頼する支払委託証券である。

■ 夜警国家
　　［やけいこっか］

☞自由国家／消極国家／夜警国家

■ 約款
　　［やっかん］

契約の条項のこと。通常は不特定多数の人との契約が予定されている場合に、迅速・画一的に契約に関する事務を処理するため、あらかじめ企業側が定めておく契約の条項をさす。たとえば、運送業者において定められている損害賠償の額の上限が約款として挙げられる。

約款に関しては、平成29年の民法改正により「定型約款」の概念が導入された。

■ 雇止め
　　［やといどめ］

有期労働契約により雇用していた労働者との契約を更新せずに、契約期間の満了をもって終了すること。有期労働契約が反復継続して更新され、雇止めが無期労働契約の解雇と同等とみなされる場合などは、雇止め法理が適用される。その場合には、客観的に合理性な理由を欠き、社会通念上相当性のない雇止めが無効とされる。また、厚生労働省が公表する「有期労働契約の締結、更新及び雇止めに関する基準」によると、1年以上継続し、または3回以上更新した有期労働契約による労働者を雇止めする場合には、30日前の解雇予告または解雇予告手当の支払いが必要である。

なお、平成25年4月からは、同一の使用者との間で有期労働契約が通算5年を超えて繰り返し更新された場合、労働者の申込みによって無期労働契約に転換される制度（無期転換ルール）が施行されている。

ゆ

■ 唯一の立法機関
　　［ゆいいつのりっぽうきかん］

国会の地位として、立法権が国会にあることを示す表現（憲法41条）。具体的には、国会だけが法律を作ることができること（国会中心立法の原則）と、国会だけで法律を作ることができること（国会単独立法の原則）を意味している。

■ 有因行為／無因行為
　　［ゆういんこうい／むいんこうい］

有因行為とは、財産が移転する根拠になっている法律行為が無効である場合に、その財産の移転行為も無効になることをいう。たとえば、物の売買契約が無効であれば、売買契約に基づく、物の所有権の移転もまた無効になる場合などが挙げられる。

無因行為とは、財産が移転する根拠になっている法律行為が無効であっても、その財産の移転行為は有効であることをいう。

たとえば、手形行為が挙げられ、売買代金の支払いのために買主が売主に手形を交付した場合、売買契約が無効であったとしても、手形上の権利は影響を受けない。

■ 有因証券
[ゆういんしょうけん]

証券上の法律関係が、証券作成の原因となった法律関係の有効性によって影響を受ける証券。要因証券ともいう。たとえば、株券が挙げられ、株式会社の設立の際に株券が発行されたが、株式会社の設立に重大な瑕疵があり、設立無効が裁判で確定した場合などに、発行済みの株券は無効となる。

■ 有益費
[ゆうえきひ]

物の価値を増加させるために支出される費用。たとえば、借家人が借家に公共下水道を引くために支出した費用など、その支出の結果が賃貸借契約終了後も継続して賃貸人に利益を与える場合がこれに当たる。賃借人が支出した有益費に関しては、賃貸借契約終了時に、賃借人から賃貸人に対して、費用償還請求を行うことができる。有益費に対して、物の現状の維持・保存・管理に支出される費用を必要費という。

■ 誘拐
[ゆうかい]

☞拐取／誘拐／略取

■ 有価証券
[ゆうかしょうけん]

財産的価値がある権利を紙面によって表している証券。権利の発生、移転、行使の全部または一部が、証券の授受によって行われなければならない。有価証券の例として、手形や小切手を挙げることができる。手形や小切手は、権利の発生、移転、行使のすべてについて証券が必要であるから、完全有価証券と呼ばれている。平成29年の民法改正により、有価証券に関する原則的な規律が民法で設けられることになった。

刑法においては、有価証券を偽造・変造した場合には、有価証券偽造罪・変造罪が成立する。

■ 有価証券偽造罪
[ゆうかしょうけんぎぞうざい]

行使の目的で、有価証券を偽造または変造する罪。有価証券の真正に対する公共の信用を保護するために規定された。3月以上10年以下の懲役が科される。本罪の有価証券には、商法上の有価証券以外に、乗車券、定期券、宝くじ等も含まれる。偽造とは、作成権限のない者が他人名義や虚偽の有価証券を作成することをいい、たとえば、Aが偽物のB名義の手形を作成することなどが挙げられる。変造とは、作成権限のない者が真正な有価証券に改ざんを加えることをいい、たとえば手形の金額の改ざんが挙げられる。

■ 有形偽造
[ゆうけいぎぞう]

☞無形偽造／有形偽造

■ 有権解釈
[ゆうけんかいしゃく]

権限を持つ国家機関が行う法解釈のこと。公権的解釈とも呼ばれ、法的な拘束力があるとされている。行政処分などを担当する部局が、その行政処分等の施行にあたって行うことが多く見られる（行政解釈）。たとえば、上級行政機関が下級行政機関に対して、法令の解釈について通達を出す場合などが挙げられる。

■ 有限責任社員
[ゆうげんせきにんしゃいん]

☞無限責任社員／有限責任社員

■ 有罪判決
[ゆうざいはんけつ]

刑事訴訟で、起訴事実が証明された場合に言い渡す判決をさす。有罪判決には、刑を言い渡す判決（執行猶予の言渡しを含む）と、刑の言渡しそのものを免除する判決とがある。有罪判決の言渡しにあたり、裁判所は主文と理由を示す必要がある。主文とは、たとえば「被告人を懲役

1年に処する」という内容の判断であり、理由には、罪となるべき事実、証拠の標目、そしていかにして法令を適用したのかを示さなければならない。

■ 有償契約／無償契約
[ゆうしょうけいやく／むしょうけいやく]

有償契約とは、互いに対価たる支出をする契約をいう。たとえば、売買契約が挙げられ、売主は目的物を失うという経済的負担を、買主は目的物に見合う代金を失うという経済的負担を負う点で双方に支出がある。双務契約は、必ず有償契約である。

無償契約とは、有償契約以外の契約をいう。たとえば、贈与契約が挙げられ、受贈者は何ら経済的負担を負わない点で有償契約と異なる。

■ 融通手形
[ゆうずうてがた]

商取引の決済のような原因関係に当たるものが存在せず、手形の受取人が資金を得ることだけを目的として振り出される手形のこと。たとえば、A自身には信用がなく、手形の振出しができないようなときに、信用があるBが、Aに手形を振り出し、交付して、Aはそれを第三者に譲渡して対価を得るような場合がこれに当たる。

■ 融通物／不融通物
[ゆうずうぶつ／ふゆうずうぶつ]

融通物とは、私法上において、取引を行うことができる対象をいう。不融通物以外のすべてが融通物である。

不融通物とは、私法上において、取引を行うことができない対象をいう。たとえば、道路・河川等の公共用物や麻薬等の禁制品が挙げられる。

■ 有責主義
[ゆうせきしゅぎ]

有責行為（不貞、虐待、遺棄など）があった場合にのみ、裁判上の離婚を認める立法上の立場のこと。有責主義に対して、有責行為がなくても婚姻関係が破綻すれば離婚を認める立法上の立場を破綻主義という。近年では、各国で、有責主義から破綻主義へ離婚法の改正がなされる傾向にある。日本では、戦後、従来の有責主義的な離婚原因に加えて、「その他婚姻を継続し難い重大な事由があるとき」（民法770条1項5号）を離婚原因とし、破綻主義を導入している。

■ 優先株式
[ゆうせんかぶしき]

剰余金の配当・残余財産の分配またはその双方について、他の種類の株式よりも優先的な地位が与えられる株式。資金調達を容易にするために発行されることが多い。たとえば、業績不振の会社の株式は投資家から敬遠されがちであるが、優先株式であれば他の株主に優先して配当を分配されるため、投資家による投資を受けやすいというメリットがある。

■ 優先権
[ゆうせんけん]

他の同種の権利を持つ者に優先できる権利のこと。たとえば、ある国で特許などの出願をした者が、他の国でも同じ出願日に出願したものと主張できる権利をさして用いられる言葉である。工業所有権の保護に関するパリ条約の同盟国の間で認められる権利であり、特許、実用新案、意匠、商標それぞれで認められている。

■ 優先弁済
[ゆうせんべんさい]

抵当権や先取特権を有する者が、債務者の総財産から優先して、自己の債権の弁済を受けること。通常は、債権者平等の原則により、各債権者は、債務者の総財産からその債権額で按分した割合（等しい割合で分配）のみ、債権の弁済を受けることができる。しかし、抵当権や先取特権を持つ者は、この原則にかかわらず、

他の一般債権者に優先して、自己の債権額の全額の弁済を受けることができる。

有体物
[ゆうたいぶつ]

物理的に、空間の一部を占める形のある存在物のこと。電気、熱、光など、有形的な存在を持たない無体物に対立する概念である。有体物には、固体、液体、気体が含まれる。

有名契約
[ゆうめいけいやく]

☞典型契約／有名契約

諭旨解雇
[ゆしかいこ]

使用者が労働者に対して行う懲戒処分のひとつ。本来は最も重い処分である懲戒解雇を行うべきところ、会社側の情状酌量により、その一部を緩和して解雇すること。懲戒解雇の場合には、退職金の支払い、解雇予告手当の支払いなどは行われないのが一般的であるが、諭旨解雇の場合には、これらの支払いがある。使用者の一方的な通告による解雇ではなく、使用者と労働者の話し合いによる合意の上での解雇である。

ユニオン・ショップ制
[ゆにおん・しょっぷせい]

採用された労働者に対して、特定の労働組合への加入を義務づける制度。採用後、労働者が労働組合に加入しなかった場合、または、労働組合を脱退し、もしくは除名された場合、使用者にはその労働者を解雇する義務が生じる。労働組合の団結権を保護する制度である。

なお、一定の労働組合の組合員でなければその会社に採用しないという制度をクローズド・ショップ制といい、組合に加入するか否かを労働者の意思に委ねる制度をオープン・ショップ制という。

許された危険
[ゆるされたきけん]

社会一般に利便性が認められている行為について、他人への法益侵害が予想できる場合であっても、法益侵害を許容し、過失犯の成立を否定する考え方。たとえば、自動車等の運転が挙げられる。

いかなる理由で過失犯が否定されるかについては、さまざまな見解がある。有力な見解の1つは、自動車運転手には死亡事故の予見可能性があるとした上で、事故が起こっても自動車は社会一般に利便性が認められているため、運転手が通常の運転をしていたのであれば、結果回避義務が否定され、過失致死罪は成立しないとする。

よ

要役地
[ようえきち]

☞承役地／要役地

用益物権
[ようえきぶっけん]

特定の目的のために、他人の土地を使用してその土地から収益を受けることができ、その権利を第三者に対して主張することが許されている権利のこと。用益物権は、使用・収益に限定されており、所有権のような処分等は行えない。民法は用益物権として、地上権、永小作権、地役権、入会権を定めている。

養方
[ようかた]

☞実方／養方

容疑者
[ようぎしゃ]

一般に、犯罪の嫌疑をかけられた者を容疑者という。法律上は被疑者と呼ぶ。

■ 要件裁量
[ようけんさいりょう]

行政庁が行政行為を行う場合に、法律要件の解釈・あてはめの段階で認められる裁量のこと。要件裁量に対して、行政行為をするかどうかという権限発動段階の裁量を効果裁量という。かつては、要件裁量と効果裁量のいずれが認められるかについて学説上の争いがあったが、現在では両者とも認められると解する立場で学説・判例はほぼ一致している。

■ 要件事実
[ようけんじじつ]

権利の発生や変更、消滅などといった法律効果の発生を認めるために直接必要となる事実のこと。要件事実は、法律効果に対応して、ⓐ権利根拠事実（権利の発生要件に該当する具体的事実）、ⓑ権利障害事実（権利発生の障害となる具体的事実）、ⓒ権利消滅事実（発生した権利を消滅させる具体的事実）、ⓓ権利阻止事実（発生した権利の行使を阻止する具体的事実）に分類される。

■ 要件審理
[ようけんしんり]

行政不服申立てにおいて、申立ての要件を満たしているか否かを審理すること、または行政事件訴訟の審理において、訴訟提起の要件を具備しているか否かを審理すること。要件審理では、不服申立期間・出訴期間の制限に反していないか、不服申立適格・原告適格を満たしているか、などが審理される。

■ 要綱
[ようこう]

行政裁量基準や行政指導の指針など、行政の執行に関する内部的な基準。たとえば、行政指導を行うにあたって従来から地方公共団体で多く見られた宅地開発指導要綱などが典型的な要綱の例として挙げられる。要綱の法的性質は、原則として行政の内部的な基準である行政規則と考えられている。

■ 養子縁組
[ようしえんぐみ]

実際の血縁関係とは無関係に、親とその嫡出子との間の法律関係と同様の関係を人為的に生じさせる身分上の契約。養子縁組があると、養子は養親の嫡出子としての身分を獲得し、相続を受ける権利や扶養の義務が発生する。また、相続に関しては、原則として、養親の相続人と実親の相続人の両方になることができる。

なお、民法上、養親となる者は成年でなければならない、尊属や年長者を養子にしてはならないといった制限が設けられている。なお、令和4年4月に成人年齢が18歳以上になって以降は、養親となる者が20歳以上であることが要求される。

■ 要式行為／不要式行為
[ようしきこうい／ふようしきこうい]

要式行為とは、書面など一定の方式に従わなければ法律行為が不成立または無効となるような法律行為のこと。たとえば、婚姻の成立は届出によらなければ有効に成立しないと定められている。これに対して、特定の方式を必要とせずに成立する法律行為を、不要式行為と呼んでいる。法律行為は不要式行為が原則であると考えられている。

■ 要式証券
[ようしきしょうけん]

一定の事項についての記載が法律上要求される証券のこと。たとえば、手形・小切手が挙げられる。手形・小切手は、証券上の法律関係の内容が、証券の記載文言によって決定する文言証券性を有するため、記載に関する事項は法律上厳格に要求されている。

■ 要証事実
[ようしょうじじつ]

訴訟で主張された事実について、当事

者が存否を争った場合に、裁判所が証拠により認定を行うことが必要になる事実。民事訴訟では、裁判上の自白があった事実、顕著な事実、法律上推定される事実以外の事実について、証明が必要になる。要証事実には主要事実、間接事実、補助事実がある。

刑事訴訟では、起訴状に記載されている公訴事実のことをさして、要証事実の言葉が用いられる。要証事実を経験則上推認させる事実を間接事実といい、直接的に要証事実を証明する事実を直接証拠（たとえば自白）、間接事実を証明する証拠を間接証拠（たとえば被告人の血のついたTシャツ）と呼んでいる。

■ 養親子
[ようしんし]

☞実親子／養親子

■ 用水地役権
[ようすいちえきけん]

他人の土地の水を自分の土地の便益のために利用する権利のこと。たとえば、Aが田を所有しており、B所有の隣地に湧水がある場合、Bの土地の湧水をAのために使用する契約を結ぶことで、AはBの湧水を利用できる。この契約により発生する権利を用水地役権という。なお、用水地役権は物権であるからこの権利を第三者に対抗するためには、地役権の登記が必要である。

■ 容積率
[ようせきりつ]

建物を建築する場合に、建築予定の敷地面積に対して、実際の建築物の各階の床面積の合計（延面積）が占める割合のこと。たとえば、敷地面積50㎡の土地に2階建てで床面積の合計が50㎡の建物がある場合、容積率は100％となる。都市計画において、工業地域や商業地域など用途地域ごとに50％～1300％の間で指定される。この指定容積率を超える床面

積の建物は建築できない。周囲の道路など公共施設の能力に応じ、調和的で機能的な都市を構築することが、この規制の目的となっている。

■ 要素従属性
[ようそじゅうぞくせい]

共犯が成立するためには、正犯が犯罪成立要件・処罰条件のうちどの要素まで満たしている必要があるのかという議論のこと。共犯の成立をめぐり、刑法上の問題になっている。通説は、共犯の処罰根拠が正犯の実行行為を通じて間接的に法益を侵害する点にあることを重視し、正犯が構成要件に該当し、違法である必要があるとする制限従属性説に立っている。

■ 要素の錯誤
[ようそのさくご]

法律行為の目的および取引上の社会通念に照らして、重要な部分につき表意者の意思と外部への表示との間に食い違い（錯誤）が生じていること。「その部分に錯誤がなければ、契約の当事者はもちろん、通常人（一般人）もそのような意思表示はしなかったであろう」といえる程度に重要な部分についての錯誤をいうと考えられている。たとえば、相手方Aを他人Bと間違えて民事弁護を依頼する委任契約を結ぶ錯誤（人違い）や、1500万円の手形を150万円と誤信して裏書を行う表示上の錯誤が、要素の錯誤の例として挙げられる。なお、平成29年の民法改正により、錯誤による意思表示が無効事由から取消事由へと変更された。

■ 用途地域
[ようとちいき]

都市計画法上の市街化区域において、必ず定めなければならない地域地区の総称。土地の有効利用を図る上で基本的な骨子となる。具体的には、第一種低層住居専用地域など住居系が8種類、商業地域など商業系が2種類、工業専用地域な

ど工業系が3種類、合計13種類の用途地域が設けられている。平成30年4月から、住居系として田園住居地域が追加されている。用途地域が定まれば、建築基準法により建築規制がかかり、それにより、住宅地、商業地、工業地など定められた用途に応じた地域へと誘導していくことになる。

要物契約
[ようぶつけいやく]

契約が成立するために、当事者の意思が合致することのほか、実際の物の引渡しなどの給付が必要である契約のこと。対立概念は諾成契約であり、これは、契約当事者の意思が合意に至るのみで成立する契約をいう。平成29年の民法改正により、要物契約として規定されるのは消費貸借契約（書面による場合を除く）のみとなっている。たとえば、貸主Aと借主Bとの間で、金銭の消費貸借契約を結ぶ場合には、返済の合意とあわせて、AがBに実際に金銭を給付することで、消費貸借契約が成立することになる。

予告手当
[よこくてあて]

使用者が解雇予告なく労働者を解雇する場合に、支払いが義務づけられている手当のこと。労働基準法では、労働者を解雇する場合には、解雇の日の30日前までにその予告をするか、または、平均賃金の30日分以上の金銭を支払わなければならないと規定している。なお、解雇の通知から実際の解雇までに一定の期間がある場合には、30日からその期間の日数を差し引いた分を支払えばよい。

余罪
[よざい]

逮捕・勾留や起訴の原因となっている事実以外の犯罪事実のこと。余罪は、逮捕・勾留や起訴の対象にはなっておらず、逮捕・勾留の際に余罪の取調べは許され

るか、余罪を量刑の資料として利用できるかといった形で問題となる。

予算
[よさん]

国や地方公共団体の資金について、あらかじめ定められた基準をいう。主に、収入に当たる歳入と、支出に当たる歳出の見積もりから構成されている。国の予算は、国会の議決を経て成立するため、国家の法の一形式であるといわれる。もっとも、予算の法的効力に関しては、学説において争いがある。憲法は、予算について、内閣が会計年度ごとに作成して、国会に提出しなければならないと規定している。

予算行政説
[よさんぎょうせいせつ]

予算の法的性質に関する学説のひとつ。予算は、国会が内閣に対して1年間の財政計画を承認する意思表示であって、効力はもっぱら国会と政府との間に限られるという考え方。予算承認説とも呼ばれる。これに対して、予算はそれ自体が法律であるという予算法律説や、予算に法的性格を認めるが、法律とは異なった国法の一形式であるという予算法形式説とが対立している。わが国の財政を処理する権限は、国民の代表者である国会の決議に基づかなければならないという原則（財政民主主義）に基づいている。しかし、予算が国会と内閣との間でしか効力を持たないと考える予算行政説は、財政民主主義と矛盾するため、わが国では支持を失っている。そこで、予算は直接一般国民を拘束しない特別の法形式であると考える予算法形式説が、通説的地位にあると考えられている。

予算と法律の不一致
[よさんとほうりつのふいっち]

予算が成立したにもかかわらず、その支出を命じる法律が制定されていない場

合や、法律は制定されたが、その法律の執行に必要な予算が存在しないか不成立の場合などをさす。

予算と法律は、憲法上の形式や立法手続が異なっているため、予算と法律との間に不一致が起こる可能性がある。予算は成立したが法律が制定されていない場合には、内閣は法律案を提出して国会の議決を求めることになるが、国会には法律制定の義務はなく、必ずしも不一致を解消できるとは限らない。

また、法律は制定されたがそれに見合う予算が存在しない場合、内閣は法律を誠実に執行する義務を負っているため、補正予算や予備費の支出のほか、法律の施行の延期などによって対処することが必要であると考えられている。

■ 予算の執行
[よさんのしっこう]

国の一会計年度の財政行為一切を行うこと。主に歳入歳出が中心となるが、国費の支出や国の債務負担行為なども含まれる。わが国の予算は単なる見積もりではなく、政府の行為を規律する法規範であると考えられていることから、予算の執行についてさまざまな準則に従うことが要求される。国の歳入は、各種租税法令などにより徴収・収納されるが、予算に定められた歳入金は原則として、その会計年度内に徴収・収納しなければならないと財政法に規定されている。また、歳出予算は、国の支出を目的・金額・時期について限定しており、それに従うことが要求され、目的外の支出などは許されない。あわせて、その年度の歳出予算について、原則として翌会計年度に支出することも許されない。

■ 予算の種類
[よさんのしゅるい]

予算について、目的別に分類したものをさす。予算は主に、本予算、補正予算、暫定予算の種類があるといわれている。本予算とは、当初提出された予算案または議決によって成立した予算をさし、当初予算ともいう。補正予算には、追加予算と修正予算が含まれ、追加予算では、経費の不足を補うほか、予算作成後に生じた事由に基づく緊急の経費の支出や債務負担を行う。これに対して修正予算とは、予算に対する追加以外の変更をいう。そして暫定予算とは、予算が新年度の開始前に成立しない場合に、内閣が一会計年度のうちの一定期間のために作成した予算案または議決された予算をいう。

■ 予算の流用
[よさんのりゅうよう]

予算を執行するにあたって行われる同一の項目間での金額のやり取りのこと。歳入予算や歳出予算または継続費は、実際に執行されるに際して、さらに詳細な項目に分類される。そこで、同一の予算の中で、細分化された項目同士の間で融通することが許されると考えられている。

細分化された項目については、国会の議決は不要であり、財務大臣の承認を得ることで、予算の流用が認められると財政法に規定されている。

■ 予算法形式説
[よさんほうけいしきせつ]

予算の法的性質に関する学説のひとつ。予算に法的性格を認めるが、法律とは異なった国法の一形式であるという考え方。予算法規範説ともいう。予算は一会計年度の国の財政行為の準則であり、国会の議決を経て成立する国法の一形式であると考えられている。わが国では、予算は直接一般国民を拘束しないことなどを理由に、予算を法律とは異なるものと考える予算法形式説が通説的地位にあると考えられている。

■ 予算法律説
[よさんほうりつせつ]

予算の法的性質に関する学説のひとつ。予算は法律それ自体であるという考え方。憲法83条が規定する国会による財政民主主義の原則を中心に置いて、一般の法律とは制定手続が異なっているが、予算の成立には国会による議決が必要である以上、それは法律であると解釈するべきだとする。

■ 与信契約
[よしんけいやく]

融資を行ったり、融資の枠を設定したりする契約のこと。与信とは、信用を与えるという意味であり、金銭的な信用をして、金銭を貸し与えることをいう。

■ 予断排除の原則
[よだんはいじょのげんそく]

刑事裁判において、裁判官が公判前に起訴事実について一定の心証を抱くことがないようにしなければならないとする原則。旧刑事訴訟法では、起訴と同時に一切の捜査記録と証拠物が裁判所に提出され、裁判官は捜査官の心証を引き継ぐ形で裁判に臨んでいた。これは、被告人にとって不利・不公平であるので、現在の刑事訴訟法では、予断排除の原則がとられている。予断排除の原則を担保する制度としては、起訴の際には起訴状のみを提出しなければならないとする起訴状一本主義や、公訴提起後第1回公判期日までの勾留に関する処分を事件の審判に関与する裁判官以外の裁判官に行わせる制度などがある。

■ 予備
[よび]

犯罪の実行の着手に至らない準備行為のこと。予備は、とくに重大な犯罪について、個別に規定が置かれている場合にのみ処罰の対象となる。具体的には、内乱予備罪、外患予備罪、放火予備罪、殺人予備罪、強盗予備罪などがある。

■ 予備的訴因
[よびてきそいん]

起訴状には数個の訴因および罰条を記載することができ、この場合に、主たる訴因に加えて、予備的に記載する訴因のこと。たとえば、主たる訴因（主位的訴因）としては傷害致死罪を主張し、予備的訴因としては重過失致死罪を主張するような場合である。予備的訴因が記載されている場合には、主たる訴因（主位的訴因）が認定できれば、予備的訴因については審判する必要がないが、主位的訴因を認定できないときには、予備的訴因について審判しなければならない。

■ 予備的併合
[よびてきへいごう]

①実体法上両立しない関係にある数個の請求について、一方については無条件に審判を求め、他方については一方の請求（主位的請求）が認容されないときに審判を求める併合形態のこと。訴訟の対象（客観）に関する予備的併合形態であるため、訴えの客観的併合の態様のひとつであるといわれている。このときの一方の請求を主位的請求、他方の請求を予備的請求と呼ぶ。たとえば、贈与契約に基づく目的物の引渡しを主位的に請求し、これが認容されなかった場合の予備的請求としては、売買契約に基づいて、代金の支払いと引換えに目的物の引渡しを請求するような場合がある。予備的併合の場合、裁判所は、まず主位的請求について審判をし、それが認容されないときに予備的請求について審判をすることが義務づけられる。

②訴訟の当事者（主観的地位）についても、主位的請求と予備的請求を併合した訴訟形態について、主観的予備的併合の言葉が用いられる場合がある。

☞主観的予備的併合

☞主観的追加的併合

■ 予備登記
[よびとうき]

権利変動が生じる前や、権利変動は生じているが本登記をすることができない場合に、本登記の前になされる登記のこと。対抗力を備えるために行われる。

具体的には、仮登記と予告登記のことをさす。しかし、登記原因の無効または取消しを理由として登記の抹消請求等がなされた場合に、裁判所の嘱託によりあらかじめなされる予告登記が廃止されたため、現在ではあまり使わない概念となっている。

■ 予備の共同正犯
[よびのきょうどうせいはん]

複数人が意思の連絡のもとに予備行為を共同して行った場合のこと。予備の共同正犯が成立するかは、刑法上の問題になっている。刑法上、最も問題となる場面は、殺人を犯す目的を有する者とともに、自らは殺人を犯す目的は有していない者が、殺人に使う道具を意思の連絡のもとに共同して準備した場合である。自ら殺人を犯す目的を有する者には、当然、殺人予備罪が成立するが、自らは殺人を犯す目的を有していない者に殺人予備罪が成立するかが問題になる。通説的見解は、単独犯としての殺人予備罪は成立しないが、殺人予備罪の共同正犯が成立すると考えている。

■ 予備費
[よびひ]

予測が困難な歳出予算の不足を補うために認められる財源をさす。憲法は、国会の議決に基づき予備費を設けることができ、内閣の責任でこれを支出することができると規定している（憲法87条1項）。したがって、もともとは予算とは別に設けられることが想定されていたと考えられるが、実際には歳入歳出予算自体の中で、細分化される項目のひとつとして計上し、予備費として一定の金額を計上することについて国会の議決を必要とする。予備費の管理は財務大臣に任され、支出されている。

■ 予約完結権
[よやくかんけつけん]

予約契約を本契約に移行させる権利のこと。予約とは、将来、契約を締結するという当事者間の合意である。たとえば、将来、AがBから自動車を購入するという予約をした場合、Aが、「自動車を買います」という意思表示をすれば、相手方の承諾の有無にかかわらず、自動的に契約が成立する。この一方的な意思表示をする権利が予約完結権である。当事者の一方が予約完結権を持つ場合を一方の予約、双方が予約完結権を持つ場合を双方の予約という。

■ より制限的でない他の選びうる手段の基準
[よりせいげんてきでないたのえらびうるしゅだんのきじゅん]

☞LRAの基準／より制限的でない他の選びうる手段の基準

や行

り

■ リース契約
[りーすけいやく]

リース会社が、企業などの選んだ商品・設備などを買い入れ、その所有権を保持したまま、当該企業に対してその商品・設備などを比較的長い期間賃貸する取引のこと。企業としては、自ら購入した場合とほとんど同じように商品・設備などが使用できるため、わが国でも設備投資の方法として広く用いられている。金融の要素も含むため、俗に「物融」ともいわれる。

■ 吏員
[りいん]

広く地方公務員すべてをさす。地方公共団体の長、議会の議員などを広く含む概念である。なお、かつては地方自治法で長の補助機関である一般職員をさして吏員の語が用いられていたが、平成18年の同法の改正によって、吏員という言葉は職員に置き換えられることになった。

■ 利益供与の禁止
[りえききょうよのきんし]

株主の権利行使に関して、株式会社が財産上の利益（金銭など）を供与することが禁止されること。いわゆる総会屋に対する利益供与を禁止することで、会社経営の健全性を確保するとともに、会社財産の浪費を防止する目的がある。利益供与を受けた者に返還義務があるほか、利益供与に関与した取締役等には、供与した利益の額を会社に対して支払う義務がある。利益供与を受けた者や利益供与に関与した取締役等に対する罰則も設けられている。

■ 利益衡量
[りえきこうりょう]

法的判断を行う際に、当事者間の相対立する法的利益・法的価値を比較衡量して、結論を導くこと。憲法訴訟で利益衡量を行う場合には、公共的または社会的利益と個人の利益を比較することになり、公共の利益が優先される結論の先取りになると批判されることがある。そこで、利益衡量にあたっては、どのような利益を取り上げ、それをどのように比較するのか、衡量の基準を明確にすることが必要であるといわれる。

■ 利益準備金
[りえきじゅんびきん]

会社が利益剰余金を原資とする剰余金の配当を行う際に、利益剰余金の一部を割いて積み立てることが要求される準備金のこと。資本準備金とともに法定準備金のひとつ。資本準備金の額とあわせて準備金が資本金の4分の1に達するまで、その他利益剰余金を原資とする配当額の10分の1を積み立てなければならない。

■ 利益相反行為
[りえきそうはんこうい]

当事者間で利益が相反することになる行為のこと。一方当事者の利益が害されるおそれがあるため、利益相反行為に当たるものは、法によって規制される場合がある。たとえば、契約の当事者の一方が相手方の代理人となること（自己契約）や、当事者双方の代理人となること（双方代理）は、禁止されている。また、親権を行う父母と子の利益が相反する行為（父母の借金のために子の不動産に抵当権を設定する行為など）を行う場合には、子のための特別代理人の選任を家庭裁判所に請求しなければならない。

■ 利益相反取引
[りえきそうはんとりひき]

会社と取締役間の取引のうち、両者の利益が相反する取引のこと。会社法は、取締役が利益相反取引を行おうとする場合には、取締役会または株主総会の承認を

受けなければならないと規定している。利益相反取引には、直接取引と間接取引の区別がある。直接取引とは、取締役自身が自己または第三者の利益のために、会社と取引を行うことである。たとえば取締役Aが自己所有の1000万円相当の土地を1500万円で会社に譲り渡す行為などが挙げられる。これに対して、間接取引とは、株式会社が取締役の債務を保証したり、取締役以外の者との間で会社とその取締役との利益が相反する取引をしたりする場合をいう。たとえば、取締役Aが銀行から借入れを受ける場合に、株式会社が保証人となる場合が挙げられる。

■ **離縁**
[りえん]

養子縁組を解消すること。普通養子の場合、離縁には、養親と養子との合意により戸籍上の届け出によって行う協議離縁のほか、裁判所の手続を経て行う離縁もある。たとえば、家庭裁判所に調停を申し立てることによる調停離縁や、審判による審判離縁がある。また、協議が調わないため縁組の解消の訴えを裁判所に提起して行う裁判離縁がある。

一方、特別養子の離縁は厳しく制限され、養子のためにとくに必要であると家庭裁判所が認容した場合に限って認められる。その場合、養子と実親およびその血族との親族関係が、離縁の日から復活することになる。

■ **利害関係人**
[りがいかんけいにん]

当事者以外の者で、一定の法律行為、事実、法律関係などによって法的地位に変動がもたらされ、利益を受け、または不利益を被る者をいう。株主・従業員・消費者や配偶者・相続人など法律上の利害関係を有する者のみを意味し、親友などといった事実上の利害関係を有するに過ぎない者は含まれない。

■ **離隔犯**
[りかくはん]

犯罪行為と犯罪結果との間に時間的または場所的な間隔が存在するような犯罪をさす。刑法43条は、犯罪の実行に着手してこれを遂げなかった場合に未遂犯の成立を肯定しており、離隔犯について実行の着手がいつ認められるのかが問題となる。たとえば、Aが遠隔地に住むBを殺そうと考えて、Bに毒入りまんじゅうを郵送し、毒殺しようとする場合、Aが毒入りまんじゅうを郵送した時点で殺人未遂罪が成立すると考える見解と、毒入りまんじゅうがBのもとへ届き、食べることが可能となった段階で殺人未遂罪の成立を認める見解がある。後者が判例の立場である。

■ **履行**
[りこう]
☞弁済／履行

■ **履行期**
[りこうき]
☞弁済期／履行期

■ **履行遅滞**
[りこうちたい]

債務不履行の態様のひとつ。債務の履行が可能であるにもかかわらず、期限までに履行がなされないこと。ⓐ確定期限があるときは、期限の到来した時から、ⓑ不確定期限があるときは、期限の到来した後に履行の請求を受けた時または債務者が期限の到来したことを知った時のいずれか早い時から、ⓒ期限を定めなかったときは、履行の請求を受けた時から、それぞれ債務者は遅滞の責任を負う。

■ **履行の強制**
[りこうのきょうせい]
☞強制履行／履行の強制

■ **履行の提供**
[りこうのていきょう]

債務者が債務の本旨に従った履行の準

備をして、債権者に受領を求めること。た とえば、債権者Aが債務者Bに対して金 銭を貸している場合、Bは、Aの住所や 営業所に出向くなどして、借りた金銭を 返却する義務がある。これを実行するこ とが、履行の提供である。実際に金銭を 債権者が受領すれば、履行したことにな る。債権者が債務の受領を拒んだ場合で も、履行の提供があれば、債務者は履行 遅滞の責任を免れる。

■ 履行の引受け
[りこうのひきうけ]

債権者に対する債務の履行を、第三者 が引き受けることを債務者に約束するこ と。債務引受けとは異なり、債権者の合 意は不要である。また、債権者は、債務 の履行を引き受けた者に直接履行を請求 できない。したがって、債権者は、原則 としてこの契約には無関係であり、債務 者と履行を引き受けた者の間においての み効力を有する契約だといえる。民法上 明文の規定はないが、第三者による弁済 が可能な場合には認められている。

■ 履行不能
[りこうふのう]

債務不履行の態様のひとつで、債務の 履行が契約その他の債務の発生原因およ び取引上の社会通念に照らして不能であ ることをさす。平成29年の民法改正によ り、後発的不能（契約成立後に不能になっ たこと）だけではなく、原始的不能（契約 成立時に不能であること）も履行不能に含 めることになった。履行不能であるかど うかは、債務発生原因や取引上の社会通 念（社会一般に通用している考え方）によっ て決まるため、目的物が物理的に滅失し た場合に限らず、目的物の取引が法律に よって禁止されていた場合や、不動産が 第三者にも譲渡されて当該第三者に登記 が経由された場合も履行不能に含まれる。 なお、履行不能となった場合、債権者は、

債務者に対して債務の履行を請求できな くなるが、契約解除権や損害賠償請求権 を取得する。

■ 履行補助者
[りこうほじょしゃ]

債務者による債務の履行を補助する第 三者のこと。履行補助者については、債 務者が履行にあたって自己の手足として 利用する者（狭義の履行補助者・真の意味 の履行補助者）のほかに、債務者に代わっ て独立した立場で債務の履行を引き受け る者（履行代行者）を含めて呼ぶことがあ る。狭義の履行補助者の例としては、企 業に雇用される労働者（従業員）や建物の 賃借人などがあり、履行代行者の例とし ては、受寄者に代わって受託物を保管す る者などがある。

■ 履行補助者の故意・過失
[りこうほじょしゃのこい・かしつ]

履行補助者（狭義の履行補助者・真の意 味の履行補助者）の故意または過失。債務 者の手足として使用される履行補助者の 故意・過失について、債務者は常に責任 を負うとされていた。たとえば、酒屋で 配達のために雇われたアルバイト従業員 が、配達途中でビールを割ってしまい、約 束の日時に債権者にビールを届けられな かった場合、酒屋の店主は、アルバイト による引渡債務の不履行について責任を 負わなければならないとされていた。

しかし、平成29年の民法改正により、 債務不履行責任が過失責任主義に依拠し ないことになった結果、履行補助者の故 意・過失の理論が不要になったとされて いる。

■ 履行利益
[りこうりえき]

債権者が契約における損害賠償を請求 する場合に対象となる利益のひとつで、 契約が完全に有効であり、完全に履行さ れていれば債権者が得ることができたと

考えられる利益のこと。たとえば、AがBに土地を売る売買契約を締結し、後に、Aがその土地をCに売却したため、Bとの間の契約を取り消したとする。この場合、購入した土地をDに転売して譲渡益を得ようとBが計画していた場合には、その実現できなかった譲渡益が履行利益に該当する。履行利益は、Aに対するBの債務不履行による損害賠償請求の際に考慮されることになる。

■ リコール
[りこーる]
☞解職請求／リコール

■ 離婚
[りこん]

夫婦の両方が生存しているときに、一度有効に成立した婚姻関係を将来に向かって解消すること。

民法上、協議離婚と裁判離婚が規定されている。協議離婚は、離婚することを記載し、夫婦が署名した書面（離婚届）を市町村長に提出し、受理されることによって成立する。協議離婚が不成立の場合には、家庭裁判所が間に入る調停が行われる（調停離婚）。調停離婚は、夫婦が調書に記載することにより成立する。さらに調停が不成立の場合には、審判離婚という制度も予定されている。もっとも、審判離婚はあまり利用されていない。

一方、裁判離婚が認められるためには、離婚原因が必要である。

■ 離婚原因
[りこんげんいん]

裁判上の離婚が認められるための事由のこと。民法は、具体的離婚原因として、不貞行為、悪意の遺棄、3年以上の生死不明、精神病を規定し、抽象的離婚原因として、婚姻を継続し難い重大な事由を規定している。婚姻を継続し難い重大な事由とは、たとえば、暴行・虐待、著しい性格の不一致が挙げられる。

■ 利息
[りそく]

貸し付けた金銭に対し、その使用したことに対する対価として債務者が債権者に支払う金銭で、元本債権に対して一定の利率により計算された金額のこと。利息には、法定利息と約定利息がある。平成29年の民法改正により、法定利息の利率（法定利率）は年3％になった。約定利息の利率（約定利率）については、当事者の契約で自由に定めることができるが、利息制限法に定める上限を超えることはできない。一般に、約定利息が定められていない場合には、法定利息が支払われることになる。

■ 利息債権
[りそくさいけん]

金銭の貸し借りにおいて、債権者が債務者に対して、元本債権の使用の対価としての利息を請求することのできる権利のこと。利息も発生させる権利という意味での基本的な利息債権と、一定の期間ごとに利息の一部をそれぞれ請求することができる支分権としての利息債権に分かれる。民法上、債務の一部が弁済されたときは、元本より先に利息に充当される。

■ 利息制限法
[りそくせいげんほう]

金銭を目的とする消費貸借契約で課せられる利息について規定した法律。元本が10万円未満の場合は年2割、10万円以上100万円未満の場合は年1割8分、100万円以上の場合は年1割5分が利率の上限とされており、超過分については、原則として無効とされている（同法1条）。

かつて、同法1条2項には、超過分を債務者が任意に支払ったときは返還請求ができないと規定されていた。しかし、消費者金融等で多額の借金を抱え、破産に追い込まれる人の多くが長期にわたり超過利息を支払っている現状があった。そ

こで判例は、元本が残っている場合には、超過利息を元本に充当することを認めた。

また、判例は、超過利息を元本に充当した結果、元本が完済となった場合には、残りの金額について返還を求めることができるとしていた。これらの判例理論の進展にあわせて、平成18年改正によって、同法1条2項の規定も削除されることになり、債務者から超過利息の返還請求が認められる旨が規定された。

■ 利息の天引
[りそくのてんびき]

金銭の消費貸借契約にあたって、貸主が借主に対して、あらかじめ利息の名目で、一定の金額を元本から差し引いた金額を借主に交付すること。たとえば、貸主Aが借主Bに対して、5万円を1年間の消費貸借契約として貸し付けるにあたり、年2割の利息を付した契約を結んだとする。このとき、AがBに対して利息分を差し引いた金額（4万円）をBに交付することが、これに当たる。利息の天引は、利息制限法に規定されている制限利息の範囲内で行われる限りは有効であると考えられている。

■ 立憲主義
[りっけんしゅぎ]

権力の行使を憲法に基づかせようとする考え方。もともとは、絶対王政の下で、国民の側が国王の権力の行使を制約しようとする要求の中で生まれた概念である。したがって、立憲主義の主たる目的は、個人の権利や自由を保障することにあると考えられている。もっとも、行政権の役割が増大した今日の国家では、立憲主義の考え方に変化がもたらされているといわれており、国家の政策によって人間の自由と生存を確保することが、国家の役割であるという社会国家思想を採り入れて、積極的な国家の介入を認めている。

■ 立憲的意味の憲法
[りっけんてきいみのけんぽう]

国家権力を制限し、国民の権利や自由を守ることを目的とする憲法をさす。国家権力を憲法によって制限するべきであるという立憲主義の考え方にとって必要とされる憲法である。したがって、自由権を保障し、権力の制限を可能とするような統治機構として、権力分立を採用していることが必要であると考えられている。近代的意味の憲法ともいう。

■ 立憲民主主義
[りっけんみんしゅしゅぎ]

国の政治のあり方を国民が決定するという考え方（民主主義）のうち、とくに権力の行使の根拠を憲法に求め、国民の権利や自由の保障を目的とする考え方をさす。国民が権力の支配から自由であるには、国民自らが国政への積極的な参加ができる体制であることが望ましいと考えられている。また、民主主義といっても単なる多数者支配ではなく、すべての国民の自由と平等が保障されることで、はじめて民主主義が発展・進化するという考え方に基づいている。

■ 立証
[りっしょう]
☞主張／立証

■ 立証趣旨
[りっしょうしゅし]

証拠調べを請求するにあたって、当事者は当該証拠でいかなる事実を証明しようとしているのかという、証拠と証明すべき事実との関係のこと。立証趣旨を明示することにより、相手方が証拠調べの請求に対し意見を述べる際の参考になり、裁判所が証拠決定をするにあたっての証拠能力や証拠の必要性を判断する手がかりになる。また、立証趣旨は、証人尋問にあたっては、尋問の範囲を画し、逸脱した尋問を制限する基準になる。

■ 立体商標

[りったいしょうひょう]

通常の平面的な文字・図形・記号ではなく、立体的な形状によって商品や役務を表す商標。主に特別な形状と結びついた商品そのものや、特殊な形状をしている商品の容器、人形、看板などが立体商標として認められ、登録されている。

■ 立法

[りっぽう]

国家の法規範の一形式である法律を、国会が制定すること。これは、規範の中身にかかわらず形式だけを問題とするため、形式的意味の立法と呼ばれる。これに対して、国民の自由や権利を制限する内容を持った規範である法規の定立をさして、実質的意味の立法と呼んでいる。

わが国の憲法は、国会を唯一の立法機関であると定めているが、これは実質的意味の立法であると考えられている。なお、実質的意味の立法は、不特定多数の人に対して、不特定多数の事件に適用されるという一般性・抽象性という性質を持っていると考えられている。

■ 立法裁量

[りっぽうさいりょう]

立法に関して、憲法上立法府に委ねられた判断の自由のこと。憲法は、立法をすること自体や、その時期、内容に関して一義的に拘束しておらず、立法府の裁量に委ねているが、立法府が裁量権を逸脱した場合には、裁判所は違憲判断を下すことができる。

■ 立法事実

[りっぽうじじつ]

法律を制定する場合の基礎として、その法律の合理性を支える社会的・経済的・政治的・科学的な事実をさす。訴訟で法律の合憲性が争われている場合に、法律が制定された目的（立法目的）と、それを達成する手段の合理性を判断する際に、それを基礎づける事実として考慮される事実である。

法律が合憲であるためには、法律の背後にある立法事実が妥当性をもっていなければならない。

たとえば、薬局の開設に対して配置規制を置いている（旧）薬事法の規定の違憲性が争われた事件が挙げられる。薬事法の規制においては、距離制限がないことによって薬局の過当競争が起こり、経営の不安定化が生じ、ひいては国民に安全性が確保されていない薬事品が供給されるおそれがあり、国民の健康を害するおそれがあるということが根拠と考えられていた。これが立法事実である。最高裁は、距離制限がないことで過当競争が起こり、経営の不安定さが生じたとしても、そのことが不良医薬品の供給と結びつくという根拠はなく、行政監督を強化することで対処できるとし、立法事実に関して検討を加えた結果として、薬事法の距離制限規定を違憲と判断した。

立法事実の対立概念は、司法事実（判決事実）である。これは訴訟で具体的な事件を解決する場合に、誰が、いつ、どこで、何を、いかに行ったかという、認定すべき事件の個別的な事実をさす。

☞司法事実／判決事実

■ 立法者意思

[りっぽうしゃいし]

法律の制定権を持つ国会が、その法律を制定した目的をさす。わが国では、立法権は国会が持っているため、立法者意思というとき、国会がいかなる目的を持ってその法律を制定したのかということをさして、立法者意思の語が用いられる。具体的な法律の条文の起草者の意思をさして、立法者意思の語が用いられることも多い。

法律の文言をめぐって解釈が必要になった場合に、立法者意思に従って判断す

るべきであるという考え方を立法者意思説という。もっとも、正確に立法者の意思を知ることは困難で、また、立法者が立法当初、想定していなかった事案が生じる場合もある。

結局、立法者意思のみで解決することは困難であるため、わが国では立法者意思説は通説とはなっていない。

■ 利得償還請求権
[りとくしょうかんせいきゅうけん]

手形上の権利が行使できなくなった手形の所持人が、利得をしている手形債務者にその償還を求める権利。遡求権の保全ができなかった場合や、手形を時効にかけてしまったような場合に認められる。

■ 略式質
[りゃくしきしち]

株式に対する質権のうち、質権者に株券を交付することで成立し、質権者がそれを占有することで、第三者に対する対抗要件を備える質権のこと。

類似概念に登録質がある。これは、同じく株式に対する質権のうち、株主名簿に記載・記録することで成立し、かつ第三者に対する対抗要件を備える質権である。略式質は登録質と比較して、その成立手続や第三者に対する対抗要件の獲得手続が簡略化されている。

■ 略式組織再編行為
[りゃくしきそしきさいへんこうい]

会社が特定の会社に支配されている関係にある場合に、通常の組織再編手続よりも簡略な手続によって組織再編を行うこと。会社が、特別支配会社（その会社の総株主の議決権の10分の9以上を有する会社）との間で一定の組織再編行為を行う場合には、当該会社の株主総会の決議を必要とせずに組織再編行為ができる。具体的には、事業の全部の譲渡、事業の重要な一部の譲渡、事業の全部の譲受け、事業の全部の賃貸・経営の委任等、吸収合併、吸収分割、株式交換で株主総会の決議が不要になる。

■ 略式手続
[りゃくしきてつづき]

簡易裁判所が、その管轄に属する軽微な事件について、公判を開くことなく、検察官の提出した資料に基づいた書面審理だけで、比較的少額の財産刑を科す手続のこと。略式裁判ともいう。略式手続によってなされる裁判を略式命令という。

検察官は、被疑者に異議のないことを確かめたうえで、公訴の提起と同時に略式命令を請求することができる。請求を受けた裁判所は、請求が不適法であるか、略式命令をすることができないか、略式命令をするのが不相当と判断したときは、通常の手続（正式裁判）によって審判をしなければならない。略式命令を受けた者または検察官は、その告知を受けた日から14日以内に正式裁判の請求をすることができる。

■ 略取
[りゃくしゅ]

☞拐取／誘拐／略取

■ 略取誘拐罪
[りゃくしゅゆうかいざい]

人をさらって行為者の実力支配下におき、人身の自由を侵害する罪。刑法は、略取誘拐罪として、未成年者略取・誘拐罪、営利目的等略取・誘拐罪、身の代金目的略取・誘拐罪、身の代金要求罪、所在国外移送目的略取・誘拐罪、人身売買罪、被略取者等所在国外移送罪、被略取者引渡罪を規定した。保護法益は、被拐取者等の自由に加え、親権者等の監護権とするのが通説である。

■ 流質
[りゅうしち]

質権を設定している場合で、債務者が弁済期に履行しないときに、質物の所有権が質権者に移転すること、または、質

物を自由に売却した代金から、優先的に
債権を回収することをいう。

■ 流質契約
[りゅうしちけいやく]

質権の設定契約や、債務の弁済期前の
契約によって、あらかじめ、債務が履行
されない場合に質権者が質物の所有権を
取得することや、任意に質物を処分する
ことを可能にする契約。流質契約は、債
権者が、債務者の窮乏に乗じ、わずかな
額の債務不履行のために高額の質物の所
有権を取得するなど、暴利行為となる場
合が多いため、禁止されている。ただし、
商事債務および営業質屋については、こ
の契約は禁止されていない。

■ 留置権
[りゅうちけん]

他人の物を占有している者が、その物
から生じる債権を有している場合に、債
権の弁済を受けるまで、その物を自己の
下に留め置く権利のこと。民法は、担保
物権の一種として規定している。物を留
め置くことで、その物の引渡しを望む債
務者の心理を圧迫して、弁済を促す効果
があるといわれている。

たとえば、時計店Aに対してBが時計
の修理を依頼し、Aは時計の修理を終え
たが、Bが修理代金を支払わない場合、A
は時計に関して留置権を主張して、Bが
時計の引渡しを要求してきた場合でも、
これに応じないことができる。

なお、商法においても留置権が規定さ
れている（商事留置権）。これは、民法上
の留置権よりも成立範囲が広く、債権と
留置物の間に対応関係がなくても成立す
るという特徴がある。

☞商事留置権

■ 留置権の消滅請求
[りゅうちけんのしょうめつせいきゅう]

債務者が留置権者に対して、留置権の
消滅を請求すること。留置権者が善管注

意義務に違反したり、無断で留置物を使
用・賃貸・担保供与をした場合に、債務
者は留置権の消滅を請求できる。

■ 留置的効力
[りゅうちてきこうりょく]

被担保債権の弁済を受けるまで、担保
の目的物を留置して、その引渡しを拒絶
することができる効力のこと。留置的効
力は、留置権の主たる効力であり、質権
にもこの効力がある。留置権には優先弁
済権はないが、留置的効力があることに
よって、事実上、優先弁済を受けること
ができる。留置的効力は、債務者のほか、
目的物の譲受人、競落人等にも主張でき
る。ただし、質権者は、自己に対して優
先権を有する債権者に留置的効力を主張
することはできない。

■ 理由の付記
[りゆうのふき]

行政処分に際して、行政機関がその理
由を処分書等に付記して相手方に知らせ
ること。理由の付記を要求することで、行
政機関の決定が慎重になり（恣意抑制機
能）、相手方は行政不服申立て等の事後的
な争いをしやすくなる（争訟便宜機能）と
いわれる。行政手続法制定前には、個別
法が定める場合にのみ、理由付記が求め
られていたが、行政手続法では、一定の
行政処分について、処分の理由の提示が
義務づけられた。

■ 立木法
[りゅうぼくほう]

立木の登記および抵当権設定の方法を
規定した法律。正式名称は「立木ニ関ス
ル法律」。この法律で立木とは、土地に生
育している樹木の集団をいい、土地から
独立して登記ができる。登記された立木
は、土地とは別個の不動産として扱われ、
独立して売買等の対象とすることができ
る。この法律によって、土地や建物と同
様、売買等の所有権移転登記のほか、立

木を担保として抵当権設定の登記をすることが可能になっている。

■ 両院協議会
[りょういんきょうぎかい]

国会で、両院の議決が異なった場合に、相互の調整を行うために設けられる協議機関。両院協議会は、各議院で選挙された10名ずつの委員で構成される。両院協議会は、予算の議決、条約の締結の承認、そして内閣総理大臣の指名について、両院の意見が一致しなかったときには、必ず開かなければならない。両院協議会でも意見がまとまらないときには、衆議院の議決が国会の議決となる。これに対して、法律案の議決について意見が一致しなかった場合には、衆議院が再議決を採る方法が存在することから、両院協議会の開催は任意であると定められている。

なお、両院協議会では、出席委員の3分の2以上で議決されたときに成案となる。成案は、まず両院協議会を求めた議院に送付され、審議が行われ、その後、もう一方の議院に送付されるが、成案に対して修正を行うことはできない。

■ 両院制
[りょういんせい]

☞二院制／両院制

■ 領海
[りょうかい]

12海里の範囲内で沿岸国が設定した海域。原則として沿岸国の主権が及ぶが、一定の例外がある。たとえば、すべての外国船には、沿岸国の平和・秩序・安全を脅かさない限り、自由に航行できるという無害通航権が認められる。また、一定の場合を除き、領海を航行する外国船には沿岸国の民事裁判権が及ばず、また、官憲による逮捕、捜査ができない。

■ 領空
[りょうくう]

国家の領域のうち、領土と領海の上空一帯のこと。国家は、領空に対して完全な主権を持つといわれており、領空を外国航空機等が飛行しようとする場合は、領空を持つ国家の許可を得なければならない。したがって、領海の場合に認められている外国船に対する無害通航権のような権利は認められていない。

なお、領空の上限に関して、宇宙空間とその下の空域との境界が明確ではなく議論が存在する。

■ 量刑／刑の量定
[りょうけい／けいのりょうてい]

裁判所が、具体的に言い渡すべき刑の種類と重さを決定すること。刑の量定ともいう。たとえば、懲役刑と罰金刑が規定されている場合の刑種の選択、5年以上の懲役刑が規定されている場合の具体的な懲役期間の程度、執行猶予の有無等が決定される。決定に際しては、被告人の性格、年齢、境遇、犯罪の情状、犯罪後の状況、さらには被告人の経歴、習慣その他の事情が広く考慮される。量刑は、基本的には事実審裁判所の裁量行為であるが、量刑が重すぎたり軽すぎたりして、裁量の範囲を逸脱していると判断される場合には上訴理由となる。

■ 量刑検索システム
[りょうけいけんさくしすてむ]

刑事訴訟で、裁判員裁判が行われる場合に、量刑の目安とするために最高裁判所が開発したシステムのこと。過去の類似の訴訟で、いかなる量刑が行われたのかを調べるために、裁判員裁判対象事件のデータが入力されたシステムに、犯罪名や犯行態様、情状などの条件を入力することで、量刑の例が示される。必ずしも法律や訴訟に詳しくない市民が裁判員として、被告人の刑の重さを決定する際の助けとなる役割が期待されている。

量刑不当

[りょうけいふとう]

刑事訴訟上、被告人に言い渡された宣告刑について、量刑が不当に重すぎる場合、または不当に軽すぎる場合をいう。刑の量定は事実審の裁判所の裁量行為であるため、控訴審では、原判決の量刑が控訴裁判所が考える量刑と異なっていることを理由に、直ちに原判決を破棄することはできない。さまざまな事実の認定や評価を前提にした総合的判断によっても、量刑が合理的な範囲を逸脱してしまっている場合に限って、原審判決を破棄できると考えられている。なお、法律審である上告審では、量刑不当の程度が甚だしい場合に限り、原判決を維持することが著しく正義に反することを理由に、裁判所が、職権で原判決の破棄を行うことができる。

利用行為

[りようこうい]

☞改良行為／利用行為／管理行為

良心の自由

[りょうしんのじゆう]

☞思想・良心の自由

両性の本質的平等

[りょうせいのほんしつてきびょうどう]

家族生活での男女の平等のこと。憲法24条は、婚姻で夫婦が同等の権利を持つこと、そして、家族に関する法律は個人の尊厳と両性の本質的平等に基づいて制定しなければならないことを規定している。明治憲法下で、男尊女卑思想に基づく家制度が置かれていたことの反省から、明文で規定された。長男の家督相続制度や妻の財産取引上の無能力制度などは認められず、憲法の理念に則って、民法もまた男女の一切の差別を禁じている。

近年、婚姻に関しては、両性の本質的平等に向けた動きが見られる。平成30年の民法改正により、婚姻適齢の区別が廃止され、男女とも満18歳が婚姻適齢になる（令和4年4月以降）。また、女性のみの再婚禁止期間は、平成28年の民法改正により100日に短縮された。一方、夫婦同姓に対して選択的夫婦別姓の導入などが主張されているが、夫婦同姓は憲法24条などに違反しないとするのが判例である。

領置

[りょうち]

捜査機関や裁判所が遺留された物や所有者から任意に提出された物の占有を取得することをいう。取得の際には任意の形態をとるが、いったん領置された物は強制的に占有できる点で強制力が働く。

たとえば、捜査機関による任意の採尿が挙げられ、尿の提出は提出者の任意であるが、いったん提出された場合には捜査機関は提出者に尿を返さなくてよい。

領土

[りょうど]

国家の主権が及ぶ範囲（領域）のうち、陸の部分をさす。河川や湖沼等の内水面、本土に付属する島嶼部がこれに含まれる。国家の社会経済的活動の基礎となる。日本においては、領土に関して定められた法律は存在せず、第二次世界大戦後まもなく連合国と日本国の間で締結された平和条約（サンフランシスコ講和条約）を主とした国際条約により定められている。

領得罪

[りょうとくざい]

刑法上、他人の財産を自分自身の所有物のように扱い、その財産の経済的価値から生じる利益を得るために利用・処分を行うことで成立する罪。窃盗罪、不動産侵奪罪、強盗罪、詐欺罪、恐喝罪、横領罪が領得罪である。

両罰規定

[りょうばつきてい]

法人の従業員が違法行為をして処罰される場合に、使用者である法人自身もあ

わせて処罰する規定のこと。

■ 旅館宿泊の先取特権
[りょかんしゅくはくのさきどりとっけん]

旅館主が、宿泊客の負担する宿泊料や飲食料金について、旅館にある宿泊客の手荷物などから優先的に回収する権利。動産に対する先取特権の一種である。

■ 旅券
[りょけん]

国民が外国に旅行する際や外国に滞在する際に、その者の国籍や身分を証明するとともに、外国の官憲に対して、便宜や保護を依頼する性質をもつ文書をさす。いわゆるパスポートである。一般に、旅券を持たない者は外国に入国をすることができないと規定されており、その他旅券の発給や効果に関しては、旅券法が詳細を定めている。

■ 臨時会
[りんじかい]

☞常会／臨時会／特別会

■ 臨時総会
[りんじそうかい]

☞通常総会／定時総会／臨時総会

る

■ 類似商標
[るいじしょうひょう]

すでに商標登録されている商標と同一あるいは類似した商標であって、同一または類似の商品もしくは同一または類似のサービスに使用する商標のこと。類似するかどうかを判断する基準として、商標の有する外観、称呼（呼び名）、観念という3つの判断要素を総合的に考察しなければならない。

■ 類似必要的共同訴訟
[るいじひつようてききょうどうそしょう]

必要的共同訴訟の類型のひとつ。判決の合一確定の必要性（判決が同一内容にならなければならないこと）が認められるため、いったん共同訴訟となった場合には、判決は合一に確定されなければならないが、訴えを提起する（提起される）こと自体は、各当事者が独自に行える共同訴訟のこと。類似必要的共同訴訟に対して、共同訴訟人となるべき者全員が共同して訴えまたは訴えられることが必要である必要的共同訴訟を固有必要的共同訴訟という。

類似必要的共同訴訟とされる例としては、数人の提起する会社合併無効の訴え、株主総会決議取消または無効確認の訴え、数人の債権者による債権者代位訴訟などがある。

■ 累進処遇
[るいしんしょぐう]

受刑者の処遇の内容について、あらかじめ制限の度合いが異なる区分を設け、受刑者が改善するに従って、上位の区分の処遇に移し、順次制限を緩和するという受刑者の処遇方法。累進処遇は、監獄法の改正とともに廃止され、制限の緩和と優遇措置に改正された。

制限の緩和とは、受刑者の自発性や自律性を養成するために、改善更生の意欲や社会生活に適応する能力の程度に応じて、刑事施設の規律および秩序を維持するための生活および行動に対する制限を順次緩和していく制度である。

優遇措置とは、まじめに受刑生活を送っている受刑者によりよい待遇を与え、受刑者の改善更生の意欲を喚起することを目的として、比較的短期間の受刑態度を評価し、優遇区分を指定して、その優遇区分に応じて、外部交通の回数を増加させたり、自弁使用できる物品の範囲を広げるなどの措置を講じる制度である。

■ 類推解釈の禁止
[るいすいかいしゃくのきんし]

刑罰法規の解釈においては、類推解釈

は許されないとする原則。類推解釈の禁止は、罪刑法定主義の派生的原理のひとつである。類推解釈は、法文の意味の範囲を超えることによって、行為者に予測可能性の範囲を超える責任を負わせる危険性があることから、罪刑法定主義の下では許されない。

一方で、拡張解釈は、法文の意味を日常言語として包含できる範囲内で拡大することにとどまり、行為者の予測可能性が害されないため、禁止されない。なお、類推解釈は、行為者にとって不利益となるために禁止されるものであるから、行為者にとって有利な類推解釈は禁止されない。

■ 類推適用・類推解釈
[るいすいてきよう・るいすいかいしゃく]

法解釈の方法の一種。ある事柄を直接適用の対象としている法律がない場合に、その事柄と重要な部分で共通する事項を発見する類推解釈を行い、発見した事項に関する規定を、問題になっている事柄に適用することをいう。

類推解釈とは、法律の条文を一般化することにより、そこから規範を読み取り、その法律が直接適用の対象としていない事柄であっても、重要な点で類似していることを根拠に、その事柄についても法律の規定を及ぼすことをいう。

たとえば、馬の進入を禁止する立札があった場合に、馬と牛とが重要な点で類似していることから、馬に対する立札を牛に対しても適用しようとすることなどが挙げられる。類推適用は、立法当時想定していなかった事柄に対処できるという利点を持つが、文理上の制約が無視されるおそれがあり、濫用の危険性も大きい。したがって、罪刑法定主義が基本原則である刑法では、原則として類推適用は禁止されている。

■ 累積式共同根抵当
[るいせきしききょうどうねていとう]

共通の被担保債権を担保するために、複数の不動産に設定される根抵当権の一形態。この形態は、複数の不動産にそれぞれ極度額が定められ、それぞれが独立して共通の被担保債権を担保するところに特色がある。共同担保全体の極度額は、それぞれの極度額の累積になるので、累積式と呼ぶ。一方、この形態以外の共同根抵当の形態には純粋共同根抵当がある。

■ 累積投票
[るいせきとうひょう]

①取締役の選任にあたって、株式1株につき、候補者の人数分の議決権を与える制度。累積投票によれば、1人に集中して投票することで、少数派の株主にも取締役を選任する機会が与えられる。株主は累積投票によることを請求できるが、累積投票は定款の定めによって排除することができる。

②大選挙区制において連記投票制をとる場合に、選挙人に同一の候補者に重ねて投票することを認める制度。日本の選挙では採用されていない。なお、大選挙区制とは、一選挙区から2人以上の議員を選出する制度であり、連記投票制とは、投票用紙に2人以上の候補者名を記載させる制度である。

■ 累犯
[るいはん]

広義には、確定判決を経た後に、再び罪を犯すことをいう。とくに懲役刑に当たる犯罪を、再び犯すことを再犯と呼んでいるが、累犯はより広い概念として用いられている。また、狭義には、広義の累犯に対して、一定の要件を満たすことにより、刑を加重することをさす。刑法は懲役に科された者が、前犯の刑の執行の終わった日または執行の免除のあった日から5年以内に、有期懲役にすべき後

犯を行った場合について規定している。狭義の累犯に当たる場合は刑が加重され、懲役の長期（上限）が2倍になる。ただし、30年を超えることはできず、短期（下限）は加重されない。また、三犯以上の累犯についても、上記と同様の刑が加重される取扱いになると規定されている。

れ

■ 礼金／敷金
［れいきん／しききん］

礼金とは、主に借家に関する賃貸借契約を結ぶにあたって、借主が貸主に支払う謝礼金のこと。賃料の他に授受される権利金の一種であると説明されている。法的性質は必ずしも明らかではない。経済の変動が激しい昨今では賃料が目減りするおそれがあるため、貸主が賃貸借開始時に、礼金の名目で一時金を取得する慣習が生まれたといわれている。

一方、敷金とは、賃貸借契約を結ぶにあたって、借主から貸主に交付される賃料の数か月分に相当する金銭のこと。平成29年の民法改正により、敷金に関する規定が新設された（民法622条の2）。敷金の法的性質は「賃料債務その他の賃貸借に基づいて生ずる賃借人の賃貸人に対する金銭の給付を目的とする債務を担保する」ものである。たとえば、滞納家賃や損傷した家屋の補修代金を担保したものである。

したがって、敷金については、賃貸借契約の終了時点で、賃料の滞納などがなければ返還請求権が生じるが、礼金については、返還請求権は認められない。

■ 令状主義
［れいじょうしゅぎ］

人権侵害の危険がある逮捕や捜索差押えなどの強制捜査は、現行犯で逮捕される場合などの例外を除いて、あらかじめ裁判官・裁判所が発した令状によらなければならないとする原則。憲法上保障された権利であり（憲法33条、35条）、刑事訴訟法にさらに具体化した条文が置かれている。令状主義は、公正な司法官憲（裁判官）による令状審査によって、人権侵害を防止するためのものである。

■ 礼拝所および墳墓に関する罪
［れいはいじょおよびふんぼにかんするつみ］

公衆の宗教的感情を害する死体損壊、墳墓発掘などの罪。刑法は、礼拝所および墳墓に関する罪として、礼拝所不敬罪、説教等妨害罪、墳墓発掘罪、死体損壊罪、墳墓発掘死体損壊罪、変死者密葬罪を規定した。保護法益は、現に存在している健全な宗教的風俗・感情である。

■ 礼拝所不敬罪
［れいはいじょふけいざい］

神道、仏教、キリスト教等、宗教により神を祀った施設や、死者を祀った場所において、不特定または多数人がわかるような形で、神体を足げにしたり落書きをするなど、礼拝所の尊厳を冒瀆する行為をする罪。健全な宗教的風俗・感情を保護するために規定された。6月以下の懲役もしくは禁錮または10万円以下の罰金に処せられる。

■ 列記主義
［れっきしゅぎ］

行政不服申立てや行政事件訴訟において、不服申立事項や訴訟提起事項を法が列記した事項に限定する立法の立場。列記主義に対して、不服申立事項や訴訟提起事項を特定の事項に限定せず、原則としてあらゆる行政処分に対して不服申立てや訴訟提起を認める立法の立場を概括主義という。明治憲法下の訴願法では列記主義が採られていたが、現行の行政不服審査法や行政事件訴訟法では、概括主

義が採られている。

■ 劣後株式
[れつごかぶしき]

剰余金の配当、残余財産の分配の一方または双方について、劣後的な地位が与えられている株式。後配株ともいう。劣後株式に対して、優先的な地位が与えられている株式を優先株式、基準となる株式を普通株式という。劣後株式が発行される場合には、募集による新株発行の際に、既存の株主の剰余金配当額を下げることを避けるために発行される場合や、会社再建の際に、会社と特別の関係にある者があえて引き受ける場合などがある。

■ 連結決算
[れんけつけっさん]

子会社、関連会社を含めて1つのグループとみなし、グループ全体の貸借対照表や損益計算書などを作成し、外部に公表すること。金融商品取引法により、上場企業などに義務づけられている決算の方法である。グループ全体の資力や収益力を把握することができるのが特徴である。

■ 連結財務諸表
[れんけつざいむしょひょう]

子会社、関連会社を含むグループ全体の連結決算において作成された貸借対照表や損益計算書などの決算報告書類の総称。連結財務諸表では、親子会社間における金銭の貸借や売買など、親子会社間の取引で発生した内部利益は排除するしくみになっている。金融商品取引法で定める連結財務諸表とは、連結貸借対照表、連結損益計算書、連結株主資本等変動計算書、連結キャッシュフロー計算書、連結附属明細書の5つをいう。

■ 連座制
[れんざせい]

選挙候補者の関係者が選挙違反をした場合に、たとえ候補者自身が選挙違反に直接関与していなくても、候補者本人に対して、当選無効や立候補制限などの不利益を与える制度。わが国においては、選挙運動の総括主宰者・出納責任者・秘書などが買収などの選挙違反を犯した場合、公職選挙法により、候補者本人の当選が無効とされ、その選挙区からの立候補が5年間禁止される。

■ 連鎖販売取引
[れんさはんばいとりひき]

特定商取引法において規制対象となる販売方法であり、一般的にネットワークビジネスやマルチ商法がこれに当たる。具体的には、商品を購入し、組織に入会した会員が他者を入会させ、同様に新たに会員になった者がさらに新しい会員を募り、組織を拡大していく商法をさす。連鎖販売取引は、禁止こそされていないが、非常に厳格な規制がなされている。具体的には、氏名等の明示、広告に記載すべき事項の法定、誇大広告の禁止、契約解除を妨げるために不実を告げることや威迫することの禁止、書面交付義務などが課せられている。

■ 連署
[れんしょ]

法律および政令が制定される際に、主任の国務大臣および内閣総理大臣が連なった署名をすること。主任の国務大臣とともに、内閣の一体的な責任を示すために、内閣総理大臣が、法律や政令に連署しなければならないと規定されている（憲法74条）。また、地方自治法が定める直接請求や解職請求を行うために必要な署名についても連署の語が用いられる。たとえば、議会の解散請求を行うには、選挙権者総数の3分の1以上の者の連署が必要であると定められている。

■ 連帯債権・連帯債務
[れんたいさいけん・れんたいさいむ]

連帯債権とは、数人の債権者が、性質上可分である債権について、各自が債務

者に全部または一部の履行を請求できる権利のこと。平成29年の民法改正で明文化された。たとえば、債権者ABCが共同して、1000万円の金銭を債務者Dに貸し付ける場合が挙げられる。ABCの各自が、Dから独立して債権全部の給付を受ける権利を持つため、ABCのうち1人が債務の履行を受けると、他の連帯債権者の権利も消滅する。

連帯債務は、数人の債務者が、性質上可分である債務について、各自が独立してこれを負担し、そのうちの1人が履行すれば、すべての債務者について消滅する債務のこと。債権者は、連帯債務者の1人に対して、または、同時にもしくは順次に全員に対して、債務の全部または一部の履行を請求できる。たとえば、債権者Aが貸し付けた金銭1000万円について、BCDが連帯債務を負っているとする。この場合、Aは、BCDの3名全員に対して、または3名のうちの1名または2名を選んで、1000万円全額の請求ができる。

■ 連帯責任
[れんたいせきにん]
☞内閣の連帯責任
☞連帯債権・連帯債務

■ 連帯保証
[れんたいほしょう]

保証人が主たる債務者と連帯して債務を保証すること。通常の保証の場合、保証人は、まず主たる債務者に対して請求すべきと主張できる催告の抗弁権、まず主たる債務者の財産に対して執行すべきと主張できる検索の抗弁権を有するが、連帯保証の場合には、これらの抗弁権が認められていない。また、数人が保証人となった場合、債務の額を保証人の数で割った金額を各保証人が負担すればよいという分別の利益も、連帯保証には認められていない。

ろ

■ 労役場
[ろうえきじょう]

刑事訴訟において、確定判決に基づく罰金または科料の納付が完了できない者について、一定期間所定の作業を行わせるための施設のこと。労役場に留置して作業を行わせることを労役場留置といい、罰金を完納することができない者は1日以上2年以下の期間、科料を完納できない者は1日以上30日以下の期間、留置される。現在、多くの裁判で1日の留置を罰金5000円相当で換算している。

■ 労災保険
[ろうさいほけん]
☞労働者災害補償保険／労災保険

■ 労使委員会
[ろうしいいんかい]

使用者およびその事業場の労働者を代表する者を構成員として、賃金・労働時間などの労働条件に関する事項について審議を行い、事業主に対し意見を述べることを目的とする委員会のこと。とくに企画業務型裁量労働制や高度プロフェッショナル制度を導入する際には、導入する事業場に設置された労使委員会の委員の5分の4以上の多数による決議が必要とされる。

■ 労使協定
[ろうしきょうてい]

労働者の代表と使用者との間で行う書面による協定のこと。事業場の労働者の過半数を代表する労働組合がある場合にはその労働組合、それがない場合には事業場の過半数の労働者を代表する者が、労働者を代表して協定を結ぶ。時間外・休日労働、使用者による労働者の貯蓄金の管理、財形貯蓄などのための賃金の一部控除、1年単位の変形労働時間制の導

入などに関しては、労使協定による定めが必要である。

労働安全衛生法
[ろうどうあんぜんえいせいほう]

労働災害を防ぐための危険防止基準を設定して、責任体制の明確化や自主的活動の促進の措置を講ずるなどして、職場における労働者の安全と健康を確保するとともに、快適な作業環境の形成を促進することを目的として制定された法律。安全衛生管理体制、労働者の健康障害防止措置、危険物・有害物に関する規制、健康診断、ストレスチェックなどの規定が置かれている。なお、労働安全衛生法は大枠を定めるだけであり、具体的な規制内容は数多くの命令や規則などによって規定されている。

労働委員会
[ろうどういいんかい]

労使関係の利害の調整や、不当労働行為の審査を行うことなどを目的に設置された行政委員会のこと。労使間で紛争が生じ、当事者同士での解決が困難な場合に、公平な第三者機関として、迅速に解決へと導くことを目的にしている。労働委員会は、国の機関である中央労働委員会と、都道府県の機関である都道府県労働委員会の2種類が設置されている。

労働関係調整法
[ろうどうかんけいちょうせいほう]

労働者と使用者との間の公正な関係を築き、労働争議の予防・解決を目的とする法律。労働争議に対して、労働委員会による解決のあっせん・調停・仲裁などに関する規定が置かれている。労働基準法、労働組合法とあわせて労働三法を構成する。たとえば、労働者が労働条件の向上などを目的としてストライキなどを起こした場合、この法律に基づき、中立的な立場の労働委員会のあっせんや調停の手続を利用することで、早期の解決を

図ることができる。

労働基準監督署
[ろうどうきじゅんかんとくしょ]

主として事業場に対する監督や、労災保険の加入手続や保険給付を行う厚生労働省の出先機関のこと。労働基準監督署の職員は、監督業務等を行う労働基準監督官、労災保険業務等を行う厚生労働事務官、安全衛生業務を行う厚生労働技官らで構成される。

労働基準法
[ろうどうきじゅんほう]

賃金、労働時間、休憩、休日などの労働条件についての最低限の基準（最低基準）を規定した法律。憲法において労働条件を法律で定めると規定していることが根拠になって制定された。労働条件の最低基準を示すことで、労働者が人間らしい生活を送ることを保護する目的がある。労働基準法が規定する最低基準に違反した場合には、労働基準監督署による監督指導を受ける他、刑事訴追されて罰金刑や懲役刑が科されることもある。

労働基準法が定める最低基準は、たとえば、労働時間に関しては、1日8時間かつ1週40時間までと規定されている（法定労働時間）。会社の1日の労働時間が8時間と決められていれば、1週間の労働日数は5日が上限となる。この法定労働時間を超える労働をさせるためには、事業場において三六協定の締結が必要である。また、休日に関しては、少なくとも毎週1日（または4週間を通じて4日）の休日を確保しなければならないと規定されている（法定休日）。

労働基本権・労働三権
[ろうどうきほんけん・ろうどうさんけん]

労働者が人間に値する生活をするために、労働者に対して認められた権利。憲法は、勤労を国民の義務であると定めるとともに、労働基本権を保障している（憲

法28条）。労働基本権とは、具体的には、団結権、団体交渉権、団体行動権の3つからなり、労働三権とも呼ばれている。

団結権とは、労働者の団体（労働組合）を組織する権利をさし、労働者と使用者の地位を対等に立たせることが目的である。団体交渉権とは、労働者の団体が使用者と労働条件について交渉する権利であり、交渉の結果として結ばれるものが労働協約である。そして、団体行動権とは、労働者の団体が労働条件の実現のために団体行動を行う権利であり、中心は争議行為（ストライキ）である。

■ 労働協約
[ろうどうきょうやく]

労働組合と使用者間で、組合員の賃金・労働時間・休日・休暇などの労働条件や団体交渉のやり方などについて合意し、書面によって交わした協定。労働協約に違反する労働契約や就業規則は無効となり、無効となった部分は労働協約で取り決めた内容が労働契約の内容となる。

■ 労働組合法
[ろうどうくみあいほう]

労働組合の結成の保障、正当な組合活動に対する民事・刑事上の免罰、労働協約や労使委員会について規定した法律。この法律の目的は、労働者が労働組合を結成することを促進し、団体行動により、使用者と対等な立場で、労働者の地位向上のための交渉を行えるようにすることである。この法律により、使用者等が合法的に労働組合の結成を妨害することは不可能になった。労働基準法、労働関係調整法とともに労働三法を構成する。

■ 労働契約
[ろうどうけいやく]

契約の一方当事者である労働者が労務を提供することを約束し、他方当事者である使用者が、労務の提供の対価として報酬を支払うことを約束する契約。民法

の特別法である労働基準法や労働契約法により、労働者保護を強化する規定で規制されている。

■ 労働契約承継法
[ろうどうけいやくしょうけいほう]

会社分割に際して行われる、労働契約の承継に関して規定する法律。「会社分割に伴う労働契約の承継等に関する法律」の略称。

会社分割が行われるときには、元の分割会社の事業に従事していた労働者も承継されることになる。そのため、労働者の保護を図ることを目的として、労働者に対する通知や労働協約の承継などに関する規定を設けている。

■ 労働契約法
[ろうどうけいやくほう]

労働者と使用者との間で結ぶ労働契約に関する基本的な事項について規定した法律。基本的な事項とは、労働契約の成立、労働契約の変更、労働契約の終了に関する事項である。使用者と比較して弱い立場である労働者の地位が不安定にならないよう、労働契約に関する基本的な事項を規定して、合理的な労働条件が決定・変更されること通じ、労働者を保護することを目的としている。

労働基準法は労働条件の最低基準を規定した法律であり、労働基準法が定める最低基準に違反すると労働基準監督署の監督指導や刑事罰の対象になる。これに対して、労働契約法に基づく労働契約の基本的事項は、私法上の権利義務に関する規定であるため、労働契約法に違反する行為がなされても労働基準監督署の監督指導や刑事罰の対象にならず、最終的には民事裁判によって解決を図ることになる。

■ 労働三法
[ろうどうさんぽう]

憲法が定める労働基本権を保障するた

めに、労使間を対等な地位に立たせることを目的に定められた労働基準法、労働組合法、労働関係調整法の3つの法律をさす。憲法27条および28条で規定している勤労の権利および労働三権の実現のために制定された。第二次世界大戦後の日本の労使関係は、この三法によって形成されたといってよい。なお、2008年には、増加する個別労働紛争に対応して労働契約法が制定され、この三法以外に、新たに労使関係を規定する法律として、注目されている。

労働時間
[ろうどうじかん]

労働者が使用者の指揮命令下にあって、労務を提供する時間のこと。使用者の指揮命令下にある限り、実際に労働していない待機のための時間も労働時間に含まれるが、休憩時間は、拘束時間内であっても労働時間には含まれない。

労働施策総合推進法
[ろうどうしさくそうごうすいしんほう]

国に対して、労働人口の変化などに応じた適切な労働市場体制の実現を義務づけ、労働者の雇用の安定や職業生活の充実を目的とする法律。正式名称は、「労働施策の総合的な推進並びに労働者の雇用の安定及び職業生活の充実等に関する法律」。パワハラ防止法とも言われている。かつては雇用対策法という名称であったが、平成30年に成立した働き方改革法の成立に伴い、名称が変更された。また、令和元年の改正により、パワーハラスメントの定義が明確化され、中小企業以外の事業者は、令和2年6月以降、パワーハラスメントの防止に必要な雇用管理上の措置をとらなければならない。

労働者
[ろうどうしゃ]

一般には、他人のために労務を提供し、報酬を受ける者のこと。被用者ともいう。

労働基準法は、労働者の定義として、業種を問わず、事業または事務所に使用され、賃金を支払われる者と定めている。また、労働組合法では、賃金、給料その他これに準ずる収入により生活する者をさすとしている。

労働者災害補償保険／労災保険
[ろうどうしゃさいがいほしょうほけん ／ろうさいほけん]

労働者災害補償保険法により、業務上または通勤途上で災害に遭った労働者またはその遺族に対し、保険給付を行う制度のこと。略して労災保険という。なお、この保険のおもな事業は、災害に遭った労働者等に対する保険給付であるが、このほかにも、独立行政法人労働者健康福祉機構が行う社会復帰促進事業に基づく各種特別支給金などの支給事業等も行う。この保険の管掌は政府とされており、これに関する責任は厚生労働大臣が負う。

労働者派遣法
[ろうどうしゃはけんほう]

労働者派遣事業の適正な運営の確保と派遣労働者（派遣社員）の保護を目的として制定された法律。正式名称は「労働者派遣事業の適正な運営の確保及び派遣労働者の保護等に関する法律」。労働者派遣とは、派遣元（派遣会社）が自ら雇用する派遣労働者を、派遣先の指揮命令を受けて、派遣先のために労働に従事させることをいう。直接雇用の場合は、労働者が労働契約を締結する企業と指揮命令を受ける企業が同じである。しかし、労働者派遣の場合は、派遣労働者が労働契約を結ぶ企業（派遣元）と指揮命令を受ける企業（派遣先）が異なる。そのため、派遣労働者は弱い立場に置かれ、過去には「偽装派遣」「派遣切り」などが社会問題化したこともある。

直近の改正としては、平成24年施行の改正では、日雇派遣（30日以内の労働者派

遣）が原則禁止となった。平成27年施行の改正では、派遣期間（派遣労働者が派遣先の業務に従事する期間）の原則が最長3年となり、継続して3年派遣される見込みのある派遣労働者に対し、派遣元が雇用安定措置（派遣先への直接雇用の依頼など）を講じることが義務づけられた。平成30年成立の改正では、派遣労働者と派遣先の通常の労働者との不合理な待遇差を解消するため、派遣先均等・均衡方式（派遣先の通常の労働者との均等・均衡待遇）、労使協定方式（一定の要件を満たす労使協定による待遇）のいずれかの方式により、派遣労働者の待遇を確保することが義務化された。

■ 労働条件
[ろうどうじょうけん]

賃金、労働時間・休憩、休日・有給休暇など、労働者と使用者との間で交わされる労働者の就労に関する条件のこと。労働基準法は、労働条件の最低基準を定め、違反した使用者に対する罰則の規定を設けている。また、労働条件を決める際には、労働基準法以外にも、男女雇用機会均等法・最低賃金法などの法律を遵守することも求められる。

■ 労働審判
[ろうどうしんぱん]

労働者と使用者との間の労働関係に関する紛争を、裁判所において迅速かつ実効的に解決することを目的として設けられた制度。裁判官である労働審判官1名と、労働関係に関する専門的な知識・経験のある労働審判員2名とで構成される労働審判委員会が審理にあたる。原則として3回以内の期日で審理を終えるという目標が決められているため、訴訟に比べて時間がかからない点に特徴がある。

■ 労働法
[ろうどうほう]

労働関係・労使関係や労働者の地位の向上などに関して規定する法律などの総称。このなかには、労働三法と呼ばれる労働基準法・労働組合法・労働関係調整法のほか、職業安定法・労働者派遣法・育児介護休業法・男女雇用機会均等法など多数の法律や政令・省令・通達なども含まれる。

■ 労働保険
[ろうどうほけん]

労災保険と雇用保険をあわせて労働保険という。労災保険とは、業務上の事由または通勤により、負傷、疾病、傷害、死亡した労働者または遺族に対して、必要な保険給付を行う制度である。一方、雇用保険とは、労働者が失業や雇用の継続が困難になった場合に、必要な保険給付を行う制度である。この2つの制度は、保険料の徴収の際に一括されることが多いため、労働保険と総称される。

■ 論告求刑
[ろんこくきゅうけい]

刑事裁判で、証拠調べが終わった後の当事者（検察官、弁護人、被告人）の意見陳述のことを最終弁論といい、このうち、検察官が、事実および法律の適用について意見を陳述することを論告という。論告の際には、通常、具体的な刑の量定についての意見もあわせて述べられ、これを求刑という。論告求刑は、検察官の主張であり、裁判所はこれに拘束されない。

■ 論理解釈
[ろんりかいしゃく]

法令解釈の方法で、他の条文や法秩序との関連性など、法文の論理的意義に着目して解釈すること。法令解釈の原則である文理解釈の対立概念である。論理解釈の手法として、拡張解釈、縮小解釈、反対解釈などがある。

わ

■ ワーク・シェアリング
[わーく・しぇありんぐ]

　従業員1人あたりの労働時間を減らすことで、雇用を維持すること。たとえば、不景気により業務量が減少した結果、1日あたり所定労働時間8時間の労働者4人分、計32時間分が必要な業務量であったものが、計24時間分に減少した場合、1人を解雇するのではなく、1人の1日当たりの労働時間を6時間として、4人の雇用を維持しながら、業務量の減少に対応する。ワーク・シェアリングは、解雇を伴わない雇用調整方法として注目されている。

■ ワーク・ライフ・バランス
[わーく・らいふ・ばらんす]

　仕事と生活を調和させること。働き過ぎにより心身の健康を害したり、仕事以外の活動の時間が極端に少なくなることがかねてより問題視されている。そこで、仕事上の責任を果たしつつ、家庭や地域生活にも時間と労力を割くことが可能な働き方が求められるようになった。具体的には、労働時間の短縮、男性の育児参加、育児中の女性の就業などである。しかし、産業構造の変化や競争の激化により、企業環境は厳しさを増しており、実現には課題も多い。なお、平成19年に「ワーク・ライフ・バランス憲章」が策定されており、環境整備や支援策などの取り組みが進められている。

■ わいせつ
[わいせつ]

　一般には性的にみだらなこと、いやらしいこととされるが、判例は「いたずらに性欲を興奮または刺激させ、かつ普通人の正常な性的羞恥心を害し、善良な性的道義に反するもの」であるとしている。

わいせつ的表現と、憲法21条で保障される表現の自由との関係については、学説上の争いが続いており、いまだに定説がない。

　なお、刑法においては、公然わいせつ罪、わいせつ物頒布罪などが規定され、わいせつな行為を不特定多数の認識できる状態（公然）に置いた者や、わいせつな文書などを広く配布等した者を処罰している。

■ わいせつ物頒布罪
[わいせつぶつはんぷざい]

　わいせつな文書、図画その他の物を頒布し、または公然と陳列、電気通信の送信によりわいせつな電磁的記録を頒布する罪。健全な性的風俗・性秩序を保護するために規定された。2年以下の懲役または250万円以下の罰金もしくは科料に処される。

　「図画」とは、たとえば、映画フィルムやDVDが挙げられる。「頒布」とは、不特定または多数人に有償無償を問わず交付することをいう。「公然と陳列」とは、不特定または多数人がわいせつ物を認識できる状態にすることをいう。たとえば、パソコンのハードディスクにわいせつ画像を記憶させ、不特定多数人によるダウンロードが可能な状態に置くことが挙げられる。

　「電気通信の送信によりわいせつな電磁的記録を頒布する」とは、電子メール等により、わいせつな電磁的記録を不特定または多数の人の記録媒体に存在させることをいう。有償で頒布する目的で、わいせつ物またはわいせつな電磁的記録を、所持または保管した者も同様に処罰される。

■ ワイマール憲法
[わいまーるけんぽう]

　第一次世界大戦後に制定されたドイツ共和国憲法の通称。当時最も先進的な人権規定をもち、世界ではじめて社会権を

わ
行

規定した憲法としても有名である。国民主権、議会制民主主義、社会保障などについて明記されている。1933年にナチス・ドイツが成立したことによって、この憲法は無視され、事実上廃止された。

■ 賄賂罪
[わいろざい]

刑法が規定する収賄の罪と贈賄の罪の総称。収賄の罪として、収賄罪、受託収賄罪、事前収賄罪、第三者供賄罪、加重収賄罪、事後収賄罪、あっせん収賄罪を規定する。贈賄の罪としては、贈賄罪を規定する。賄賂罪の保護法益について、判例は、職務の公正とこれに対する社会一般の信頼と解釈している。

■ 賄賂の没収および追徴
[わいろのぼっしゅうおよびついちょう]

犯人または犯人以外の者が賄賂と知って賄賂を受け取った場合に、その賄賂は没収されるか、または没収することができないときには金銭に換算されて追徴されることをいう。「没収することができないとき」とは、たとえば、受け取った金銭を費消した場合や、賄賂が饗応接待だった場合が挙げられる。刑法総則に規定された没収・追徴は任意的なものであるが、賄賂の没収・追徴は必要的である。

■ 和解
[わかい]

当事者が、対立する主張を話し合いによって譲り合い、紛争を解決することを約束する契約のこと。和解には、裁判外の和解と裁判上の和解がある。裁判上の和解には、さらに訴え提起前の和解と、訴訟係属中に裁判所の下で行われる訴訟上の和解とがある。

■ 和解調書
[わかいちょうしょ]

民事訴訟において、訴訟上の和解および訴え提起前の和解が成立した場合に、その内容を記録するために作成される書面のこと。民事訴訟法は、和解を調書に記載したときは、確定判決と同一の効力を有すると規定しているが、その効力については解釈上の争いがある。既判力を有するかについては、既判力を有することを認めつつ、和解に無効・取消事由がある場合には既判力は生じないとする制限的既判力説と呼ばれる立場が通説である。一方、執行力が認められることには争いがなく、給付内容が記載された和解調書を債務名義として強制執行をすることができる。

■ 忘れられる権利
[わすれられるけんり]

インターネット上の各種の個人情報が消えずに残っている場合に、その削除や消滅を請求する権利。インターネットやSNSの急速な普及によって、さらにプライバシーを保護する必要性が高まり、新しい権利の一種として主張されるようになった。

インターネットの性質上、記載された事項がホームページなどに記録され、情報が消去されずに長期間にわたり残存することがある。そこで、一定期間を経た個人情報について、消去を請求する権利として主張される。EUデータ保護規則改正案においては、忘れられる権利が明文で認められているが、わが国においては、いまだ明確な権利としての認識が薄いといわれている。

■ 藁の上からの養子
[わらのうえからのようし]

戸籍上、実子としての外観を与えるため、養子を嫡出子として届け出て養育すること。判例は、この場合の虚偽の出生届について無効行為の転換を認めることは、養子縁組の要式行為性に反するとして、出生届に養子縁組届としての効力を認めることを否定している。しかし一方で、藁の上からの養子がなされた場合の

親子関係不存在確認の訴えについて、親子関係の不存在を確定することが著しく不当な結果をもたらすときには、確認請求が権利の濫用に当たり許されない場合があることを認めている。

■ 割印

[わりいん]

複数の文書が存在する場合に、各文書にまたぐように印を押すこと。たとえば、契約書の原本と写しの両方にまたいで押印される場合などが挙げられる。各文書の関連性を証明する趣旨で行われる。

■ 割増賃金

[わりましちんぎん]

労働者に支払われる通常の賃金よりも多い賃金のこと。時間外労働、休日労働、深夜業労働について、使用者は労働者に対し、割増賃金を支払わなければならない。具体的な割増しの割合は、ⓐ時間外労働については2割5分（1か月の時間外労働の時間が60時間を超える場合には、その超える部分について5割）以上、ⓑ深夜労働については2割5分以上、ⓒ休日労働については3割5分以上となる。なお、1か月の時間外労働の時間が60時間を超える場合の割増賃金は、令和5年3月まで中小企業への適用が猶予されている。

そして、時間外労働が深夜帯になったときや、休日労働が深夜帯になったときは、割増賃金は重複して計算され、前者の場合は通常の5割以上、後者の場合は通常の6割以上の割増となる。

わ

行

装　丁　　やぶはな　あきお

デイリー法学用語辞典　第2版

2015 年 4 月 1 日　初版第 1 刷発行
2020 年 4 月 8 日　第 2 版第 1 刷発行
2022 年 6 月 6 日　第 2 版第 2 刷発行

編　者　　三省堂編修所
発行者　　株式会社　三省堂　代表者　瀧本多加志
印刷者　　三省堂印刷株式会社
発行所　　株式会社　三省堂
　　　　　〒 101-8371　東京都千代田区神田三崎町二丁目 22 番 14 号
　　　　　電話　編集（03）3230-9411　　営業（03）3230-9412
　　　　　https://www.sanseido.co.jp/
〈2 版デイリー法学用語辞典・640pp.〉

ISBN978-4-385-13727-8